D1998160

Taxis · Geelen

Traumdeutung
und
Lexikon der Traumsymbole

Adrienne von Taxis · Eva Geelen

TRAUM DEUTUNG und Lexikon der TRAUM SYMBOLE

tosa

Dieses Buch wurde in der neuen deutschen Rechtschreibung gesetzt.

Wir waren bemüht, die Inhaber sämtlicher Urheberrechte (inkl. Coverbild) ausfindig zu machen. Sollten wir unabsichtlich bestehende Rechte verletzt haben, so bitten wir die Betroffenen, sich mit dem Verlag in Verbindung zu setzen.

Alle Rechte vorbehalten
Traumdeutung herausgegeben von Adrienne von Taxis
Lexikon der Traumsymbole von Eva Geelen
Umschlag von Josef Koo
Innenillustrationen der Traumsymbole von Der Graph, Wien
Copyright © 2002 by Tosa Verlag, Wien
Printed in Slovenia

Inhalt zu Traumdeutung

Vorwort zu Traumdeutung

Morgan Robertson war ein ehemaliger Seemann, der sein New Yorker Appartement wie eine Schiffskajüte eingerichtet hatte. 1898 lag Robertson eines Abends auf seinem Bett und »träumte«, wie ein riesiger Luxusdampfer irgendwo im Atlantik aus einer dichten Nebelbank hervorkam. Er war etwa 300 Meter lang und von drei Schrauben angetrieben, die unglaubliche 23 Knoten erreichten. Im Vorbeifahren sah er die Decks voller sorgloser Passagiere – mindestens 2000, mehr als jedes Schiff seiner Zeit fassen konnte. Daraufhin zählte er die Rettungsboote. Es waren 24 – längst nicht genug für alle Passagiere. Da hörte er, wie eine Stimme das Schiff für »unsinkbar« erklärte, und sah den Namen, der ihm auf dem Bug in großen Lettern drohend entgegenragte: »Der Titan«.

Robertson stand ganz verwirrt auf und begann mit einer Beschreibung seiner Vision. Und so entstand sein Roman *Futility*, der 1898 erschien. Der Leser wird es bereits gemerkt haben: Die Handlung besitzt eine bestürzende Ähnlichkeit mit dem Untergang der Titanic vierzehn Jahre später.

Was war geschehen? Vordergründig könnte man sagen, Robertson habe geträumt und aus den Elementen seines Traums eine spannende Geschichte gestrickt, die er als Roman veröffentlichte. Ähnliches ist von anderen Autoren bekannt.

Bei Robertsons Traum fallen jedoch zwei Dinge aus diesem Schema heraus. Das erste ist die Tatsache, dass dieser Traum vierzehn Jahre später wahr wurde. Robertson hatte einen Wahrtraum, der ihn die Zukunft sehen ließ. – Das zweite ist die Persönlichkeit des Träumers. Robertson war ein einfacher, ungebildeter Mann. In normalem Wachzustand war er kaum fähig, zwei zusammenhängende Sätze zu formulieren. Dennoch verfasste er über 200 Kurzgeschichten und erfolgreiche Romane. Er selbst erklärte stets, sein reicher Output beruhe darauf, dass sein Körper und Geist von einem »Geistwesen mit literarischen Fähigkeiten« kommandiert wurden, dass ihm seine Geschichten diktiert wurden, mit ausgefeilten Charakteren und allen Details der Handlung, fertig zum Tippen nach dem Erwachen. Sein Traum war also kein einfacher Traum, sondern eine außersinnliche Wahrnehmung, eine Vision, die ihm »diktiert« wurde. Sein Halbschlaf- oder Dämmerzustand wäre präziser als Trance zu bezeichnen.

Um genau diese Bereiche geht es im vorliegenden Buch: Um Träume und Verwandtes, um Schlaf und Verwandtes, um unser Bewusstsein und unser Unterbewusstsein, und auch darum, wie wir dahin kommen können, unsere Träume kreativ zu nutzen. Es muss ja nicht gleich ein prophetischer Roman über den Untergang der Titanic sein, der dabei entsteht. Eine Bewältigung unserer Alltagsprobleme durch die Kraft der Träume steht uns etwas näher und ist mindestens ebenso hilfreich.

Sie werden hier erfahren, wie andere Völker mit ihren Träumen umgehen, wie Träume in der psychosomatischen Medizin der Antike eingesetzt wurden, wie Träume im gesamten Mittelalter gedeutet wurden, was die Psychoanalyse eines Sigmund Freud dazu sagte und wie C. G. Jung mit Träumen umging. Sie werden erfahren, wie Sie Träume gezielt herbeiführen können und wie Sie sogar Trauminhalte steuern können. Sie werden den modernen praxisnahen Umgang mit Träumen und die Prinzipien ihrer Deutung erleben.

Der Traum galt Freud als Königsweg in das Unterbewusstsein – erfahren Sie in diesem Buch, was Sie auf diesem Königsweg erwarten können. In diesem Sinne wünsche ich Ihnen aufschlussreiche, kreative Träume!

Adrienne von Taxis

Teil I:

Wozu Traumdeutung? – Träume zwischen Schäumen und Notwendigkeit

> »Es ist doch immer das Traumreich wie ein falscher Lostopf, wo unzählige Nieten und höchstens kleine Gewinnstchen untereinander gemischt sind. Man wird selbst zum Traum, zur Niete, wenn man sich ernstlich mit diesen Phantomen beschäftigt.«
>
> Goethe an Herder, 27. Dezember 1788

Wären wir heute alle dieser Ansicht, wäre dieses Buch kaum entstanden. Goethe zeigt sich in dieser Äußerung ganz als Vertreter seiner Zeit, der Aufklärung. »Vernunft« hieß die Devise, und mit Vernunft kann man Träumen bekanntlich nicht »beikommen«.

Die Aufklärung verbannte Träume weitgehend in den Bereich des Unvernünftigen, Sinnlosen. Und damit waren Träume vom Tisch und zunächst kein Thema mehr. Vorbei die Zeiten, da Shakespeare einen ganzen hinreißenden Sommernachtstraum komponieren konnte, der uns bis heute immer neu fasziniert. Vorbei die Zeiten, da die heilige Therese im Traum den Engel erlebte, der sie mit dem Pfeil der göttlichen Liebe durchbohrte. Vorbei die Zeiten, da eine richtige Traumdeutung ein ganzes Land vor einer mehrjährigen Hungersnot bewahrte.

Träume galten der Aufklärung als Schäume, waren unvernünftig und irreal, Luftschlösser oder Seifenblasen, und diese Begriffe blieben noch sehr lange negativ besetzt. Philosophen wie Johann Gottlieb Fichte und Johann Friedrich Herbart, die im 19. Jahrhundert Träume als Gegenstand ernsthafter psychologischer Studien anzusehen begannen, bildeten die Ausnahme.

Obwohl: Das Goethezitat oben ist nur die halbe Wahrheit. Derselbe Goethe, der Träume als Nieten bezeichnete, war dafür bekannt, lange Gespräche mit eingebildeten Gesprächspartnern zu führen. Gute Freunde, die nicht anwesend waren, stellte er sich sehr plastisch und lebhaft vor, als Teilnehmer recht einseitiger, ausführlicher Gespräche, in denen sich ihre Rolle auf bestätigende Äußerungen beschränkte, die Goethe selbst in seinem Gedankengang unterstützten. Den Tagtraum zumindest wusste Goethe also sehr kreativ zu nutzen.

Bis heute gibt es genug Menschen, darunter auch Wissenschaftler, die Träume zwar nicht gerade als Phantom oder Niete bezeichnen würden, aber doch als trivial ablehnen. Träume machen es dem Träumer ja auch nicht gerade leicht: Beim Aufwachen sind sie meist verschwunden, es bleibt oft nur die Erinnerung an ein gutes oder unbefriedigendes Gefühl.

»Wenn auch ein Tag uns klar-vernünftig lacht / In Traumgespinst verwickelt uns die Nacht«, sagt Goethes Faust einmal. Das beschreibt das Gefühl sehr treffend, das uns nach einer traumreichen Nacht befällt, von der wir nicht viel mehr in Erinnerung haben mögen als »Verwicklungen in Traumgespinste«. Doch diese Verwicklungen haben es in sich und die Traumgespinste nicht minder: Wir finden uns in Rollen, die uns völlig fremd sind, wir können fliegen, Räume verändern sich völlig unerklärlich, die Logik der Dinge ist aufgehoben, alles ist anders, alles ist fremd, und nicht zuletzt sind wir uns selbst fremd. Erinnern wir uns an Träume und wollen wir sie beschreiben, so zerrinnen sie beim Formulieren. Was bleibt, sind Worte, die als höchst unzureichende Krücken für etwas empfunden werden, was eine eigene Qualität besitzt.

Dass manche Träume immer wiederkehren, ist ein erstes Argument für ihre Wichtigkeit. Und diese Träume können wir recht gut beschreiben, vielleicht gerade deshalb, weil wir uns oft mit ihnen beschäftigen. Es gibt also innerhalb der Traumwelt durchaus Unterschiede.

Ausgerechnet die naturwissenschaftliche Forschung war es, die die Träume in ein Licht rückte, das klarmachte: Träume sind alles andere als Schäume. Die Schlafforschung hat nachgewiesen, dass das Träumen eine für das Überleben des Menschen wichtige Funktion darstellt. Schlafentzug, mehr jedoch noch Traumentzug, hat fürchterliche Folgen für die seelische und die körperliche Gesundheit des Menschen. Zum anderen wurde wissenschaftlich nachgewiesen, was Tierfreunden schon immer bekannt war: Auch Tiere träumen. Das aber bedeutet, dass das Träumen eine evolutionär sehr alte Tätigkeit ist, die eine biologisch wichtige Funktion ausübt. Welche das genau ist, darüber herrscht allerdings innerhalb der Wissenschaft noch Uneinigkeit.

In Träumen nur geistige Abfallprodukte der täglichen Gehirntätigkeit zu sehen, ist bei näherem Hinsehen jedenfalls nicht haltbar. Die tiefe biologische Verankerung der Träume und das Phänomen, dass nach Phasen des Traumentzugs Träume nachgeholt werden, sind deutliche Hinweise auf die ungeheure Wichtigkeit, die Träume für uns Menschen haben.

»Wenn Leute ihre Träume aufrichtig erzählen wollten, da ließe sich der Charakter eher daraus erraten als aus dem Gesicht«, schrieb Georg Christoph Lichtenberg 1776 in eines seiner Sudelbücher[1]. Genau das ist gar nicht so einfach. Sie kennen das gewiss auch: Über manche Träume mögen Sie gar nicht gern reden. Wenn Sie für eine Menge Geld anderer Leute die Verantwortung tragen, dann dürfte es Sie sehr verunsichern, wenn Sie träumen, wie Sie es im Spielcasino oder einer absurd-phantastischen Walpurgisnacht ge-

1 Georg Christoph Lichtenberg, Einfälle und Bemerkungen, Heft E Nr. 490

nussvoll zwischen den Fingern zerrinnen lassen. Über solch einen Traum zu sprechen, fällt sicher schwerer, als wenn es umgekehrt wäre.

Sie wären auch bei dieser Art von Traum in guter Gesellschaft, wie Sie noch sehen werden. Kein Geringerer als der Kirchenvater Augustinus rang schwer damit, dass sich sein früheres »Lotterleben« auch nach seiner Bekehrung immer wieder in seine Träume drängte und dass er den Anfechtungen, denen er am Tag mühelos widerstand, nachts genussvoll erlag.

Sehr alt ist daher die Vorstellung, im Traum erlebten wir eine Gegenwelt zu unserer Realität. Was uns der Traum genau zeigte, wurde unterschiedlich formuliert: den dunklen Teil unserer Seele, jenseitige Welten, die andere Wirklichkeit, unbewusste Gedanken, verdrängte Wünsche und vieles mehr.

Sigmund Freud war einer der Ersten, die Träume als Ausdrucksform der Seele wieder ernst nahmen. Träume galten ihm als Möglichkeit, etwas auszudrücken, für das der wache Verstand keine Worte findet. Im Traum äußerten sich Teile unserer Seele, die normalerweise verborgen lagen, tiefere Schichten des Bewusstseins. – Und schon wurden Träume und ihre Deutung zum Zankapfel der Psychologen. Sigmund Freud und Carl Gustav Jung, die Väter der Psychoanalyse, zerstritten sich über der Frage, wie Träume zu deuten seien, woher die Symbole kämen, die beide in Traumschilderungen ihrer Patienten erkannten. Der eine führte sie auf verdrängte, frühkindliche sexuelle Wünsche und Bedürfnisse zurück, der andere erkannte darin Archetypen, die allen Menschen und Kulturen gemeinsam seien.

In letzter Zeit tritt ein aktiverer Umgang mit Träumen in den Vordergrund. Traumsteuerung, luzides Träumen, induzierte Träume sind aktuelle Stichworte. Die Gegenwelt Traum wird nicht mehr nur analytisch gedeutet, um sich selbst zu erkennen, sondern kreativ eingesetzt. Träume sollen helfen, Probleme zu überschlafen, zu verarbeiten, zu lösen. Der Träumer sucht gezielt nach einem Weg in das Unbewusste, in die eigene Seele, in die andere Welt.

Diejenigen, die nicht erlebt haben, dass sie dazu in der Lage sind, stehen diesem Bereich mit der gleichen Skepsis gegenüber, mit der Goethe Träume pauschal zu Nieten abgestempelt hatte. Doch mit der kreativen Traumarbeit ist es wie mit vielen Künsten: Man kann sie lernen.

Als Vorbilder zum Lernen bieten sich alte Traditionen des Umgangs mit Träumen an, auch alte Traditionen des Herbeiführens von Träumen. Der Tempelschlaf der Griechen ist wieder genauso aktuell wie die Trommeltrance der Schamanen. Zwar geht es uns nicht mehr so ausschließlich darum, die Zukunft vorherzusagen wie den Babyloniern, Ägyptern und Griechen, und zu einer Geistheilung Kranker in der Trance fühlen sich wohl auch nur wenige berufen. Stattdessen wird in Buchwerbungen die »andere Wirklichkeit« als verborgene Kraftquelle nicht zuletzt für gestresste Manager angepriesen. Was es damit auf sich hat, werden wir noch genauer sehen.

Dass sich gerade unsere Zeit mit der Welt der Träume beschäftigt, ist eigentlich nur nahe liegend. Die Erkenntnis, dass unser Seelenleben stark verkümmert ist, dass diese Verkümmerung sich aber nicht als Gewinn erweist, diese Erkenntnis hat dazu geführt, dass wir uns intensiver mit Äußerungen unserer Seelen befassen – vielleicht in der Hoffnung, zu retten, was da noch zu retten sei.

Die derzeitige verstärkte Beschäftigung mit Träumen fällt in eine Zeit der Beschäftigung mit den Dingen jenseits der Schulweisheit, jenseits des Rationalismus, jenseits der sichtbaren Welt. Astrologie, alternative Heilmethoden, Rutengehen, Reiki, die chinesische Kunst des Feng Shui, nonverbale Kommunikation, Magie, »Aberglauben« sind aktuell wie nie. Auch die Beschäftigung mit Drogen seit den sechziger Jahren, die Hinwendung zu östlichen Religionen, die neue Mystik und neue Geistigkeit gehören zu diesen Strömungen, die unter New Age pauschal zusammengefasst werden. Und dass hier Träume eine ganz bedeutende Rolle spielen, werden wir in diesem Buch noch sehen.

Doch einfach und von vorn. Beginnen wir mit einer ganz einfachen Frage.

Was ist ein Traum?

Eine einfache Frage? – Von wegen. Was ist ein Traum? Was ein Traum von einem Mann ist, weiß jede Frau, obgleich fast jede Frau darunter etwas anderes verstehen dürfte. Was ein Traumauto ist, darüber sind sich achtjährige Buben einig. Die Sache mit der Traumfrau versuchte einmal ein Film zu fassen. Doch ein Traum? Vom Sprachgebrauch her ist das kein Problem: Wir sagen: »Ich habe schlecht geträumt«, und jeder ist voll des Mitleids. Doch was ist das genau, das Träumen?

Zunächst einmal: Träumen wir überhaupt selbst, oder sucht sich der Traum uns als Gefäß, durch das er Realität wird? Die Antike glaubte, Träume seien von Göttern gesandt und der Träumer empfange den Traum nur passiv. Augustinus hatte mit Trauminhalten zu kämpfen, die sich so hartnäckig seinem Willen entzogen, dass er sich in die Formulierung rettete, er sei es jedenfalls nicht, der diese Traumbilder erzeuge. Bis zu Georg Christoph Lichtenberg hielt sich diese Vorstellung: »Dass man solch närrisches Zeug träumt, wundert mich nicht; allein, dass man glaubt, man wäre es selbst, der so was täte und dächte, das wundert mich«, notierte er einmal[2]. Mit Freud war es dann mit dieser Art des Seelenfriedens endgültig vorbei. Seither gilt: Wir selbst sind die Urheber unserer Träume.

Das Träumen ist nicht auf den Menschen beschränkt. Ich erinnere mich an meine Überraschung, als ich zum ersten Mal erlebte, wie der schlafende Dackel einer Freundin, ein ausgebildeter Jagdhund, im Schlaf Spurlaut gab, weil er gerade von einer wunderbaren Fährte träumte, die er im Traum verfolgte. Auch Katzen träumen, und zwar ebenso wie der Dackel von der Jagd. Ein französischer Wissenschaftler entfernte bei Katzen operativ jenen Gehirnteil, der die Körperbewegungen beim Traumschlaf unterdrückt. Wenn die Katzen nach der Operation träumten, bewegten sie dabei ihre Gliedmaßen, und man konnte erkennen, dass sie sich im Traum wie reißende Tiger auf imaginäre Beute stürzten.

Das Träumen ist also eine angeborene Fähigkeit, die Menschen mit Tieren, zumindest Säugetieren, verbindet.

Noch eine banal erscheinende Tatsache: Der Traum ist eine Leistung unseres Gehirns. (Das ist keineswegs selbstverständlich: Platon hatte im 4. Jahrhundert v. Chr. noch die Leber als Sitz des Traumes bezeichnet.) In einem späteren Kapitel werden wir daher einen Blick in die Gehirnphysiologie tun müssen. Der physiologische Aspekt des Träumens ist inzwischen recht gut erforscht, wir wissen, welche Arten von Gehirnströmen mit welcher Art des Träumens einhergehen. Das Wesen des Träumens allerdings wurde dabei nicht geklärt. Was auch nicht verwunderlich ist: Schließlich erklärt die Kenntnis sämtlicher Sehnerven, die an der Wahrnehmung eines roten Kreises beteiligt sind, noch lange nicht das Wesen des roten Kreises.

Zwei Fakten seien hier klar und programmatisch vorweggestellt.

Erstens: Das Träumen als Leistung unseres Gehirns unterscheidet sich von anderen Leistungen unseres Gehirns in einer grundlegenden Hinsicht: Es entstammt nicht unserem Bewusstsein. Der Traumzustand ist ein veränderter Bewusstseinszustand.

Zweitens: Traumwahrnehmungen sind nicht Wahrnehmungen unserer Sinnesorgane. Träume sind außersinnliche Wahrnehmungen.

Wir kennen auch andere veränderte Bewusstseinszustände: Halluzinationen, Telepathie, Hypnose, Trancen und so fort. Und wir kennen auch andere Arten von außersinnlichen Wahrnehmungen: Visionen, Prophezeiungen, Begegnungen mit der Vergangenheit, Tagträume und so fort. Nun sind keineswegs bestimmte außersinnliche Wahrnehmungen auf bestimmte veränderte Bewusstseinszustände beschränkt. Auch Träume können Visionen, Prophe-

2 Georg Christoph Lichtenberg, Einfälle und Bemerkungen, Heft F (1776–79) Nr. 778

Die Besessenheit ist ein veränderter Bewusstseinszustand, der in vielen Kulturen als prophetisch galt, da er mit außersinnlichen Wahrnehmungen verbunden war.

zeiungen, Begegnungen mit der Vergangenheit und so fort sein. Bereits in der Bibel wird nicht konsequent zwischen Traum und Vision unterschieden. Wir werden daher im Folgenden keine künstliche Trennung zwischen Trauminhalten und anderen außersinnlichen Wahrnehmungen einführen, ebenso wenig wie zwischen dem Traumzustand und anderen veränderten Bewusstseinszuständen.

Das Verhältnis der Träume zum Schlaf ist oft thematisiert worden. Auch Freud warf die Frage auf: Träumen wir, um zu schlafen? Oder schlafen wir, damit wir träumen können? Anders formuliert: Benötigen wir den Zustand des Schlafes als Rahmen für das Träumen? Nun, jeder, der sich bei Tagträumereien ertappt hat – und ein Großversuch zeigte, dass diese gar nicht so selten sind, wie man meinen möchte –, weiß, dass man keineswegs zu schlafen braucht, um träumen zu können. Schon 130 Jahre vor Freud hielt Lichtenberg fest: »Man kann ebensogut träumen, ohne zu schlafen, als man schlafen kann, ohne zu träumen.«[3]

Die Frage, wozu wir eigentlich träumen, wird einen zentralen Raum in diesem Buch einnehmen. Diese Frage ist ebenso umstritten wie ungeklärt. Ein Ansatz, der auf den ersten Blick einiges für sich hat, ist die Psychomüll-Theorie. Die Eindrücke, die auf uns einströmen, wechseln so rasch wie nie zuvor. Wenn in Filmen die Sequenzen bis zum nächsten Schnitt immer kürzer werden und in Jugendsendungen Schnitte von einer Sekunde keine Seltenheit mehr sind, wenn alle Anbieter von Informationen sehr bewusst psychologische Effekte einsetzen, um unsere »normale« Wahrnehmung zu unterlaufen, dann können wir uns vorstellen, welchem Druck unser gesamter Wahrnehmungsapparat ausgesetzt ist. Die Psychomüll-Theorie besagt, dass es dieser Druck sei, der im Traum vom Gehirn verarbeitet werde. Dieses Abbauen von Psychomüll scheint heute so notwendig wie nie zuvor.

Doch Träumen ist mehr als das. Denn unsere Träume sind ja – richtig gedeutet – sinnvoll. Und: Wir träumen nicht alle nach denselben Abendnachrichten im Fernsehen das Gleiche. Vielmehr rufen die Abendnachrichten in jedem von uns ein anderes Echo hervor, etwas, was aus uns selbst kommt. Trauminhalte, so halten wir fest, sind individuell.

Das wirft die nächste Frage auf: Wenn unsere Träume so individuell sind, wie können wir dann davon ausgehen, dass sie sich überhaupt deuten lassen? Gibt es eine Sprache, die den Träumen verschiedener Menschen gemeinsam ist? In folgenden Kapiteln werden wir darüber mehr erfahren.

3 Georg Christoph Lichtenberg, Einfälle und Bemerkungen, Heft F (1776–79) Nr. 743

Teil II:

Wie wurden Träume bisher gedeutet? – Geschichte der Traumdeutung

Die älteste Überlieferung von Träumen, die uns erhalten ist, stammt aus dem späten 4. Jahrtausend v. Chr. Babylonische Keilschrifttäfelchen enthalten immer wieder Warnungen, die Götter den Königen und Priestern in ihren Träumen gesandt hatten. In den großen Dichtungen des 1. Jahrtausends v. Chr., dem Gilgameschepos und Homers Ilias, wimmelt es von Göttern, die den Menschen im Traum Botschaften senden, sei es, dass sie vor Gefahren warnen, sei es, dass sie Siege ankündigen. Diese Traumbotschaften sind zunächst direkt und unverschlüsselt, unmittelbare Mitteilungen eines verständlichen Ereignisses oder Auftrags.

Derartige Begegnungen kennen wir auch aus einem uns viel näher stehenden, wenn auch wahrscheinlich zu wenig gelesenen Buches, der Bibel. Sie enthält im Alten Testament bekanntlich die Geschichte des Volkes Israel. Und sieht man einmal von der Genesis ab, die die prähistorischen Ereignisse von der Erschaffung der Welt bis zur Einwanderung des Volkes Israel in Ägypten schildert, dann lässt sich diese Erzählung auch in historische Zeiträume einordnen: Der Auszug der Israeliten aus Ägypten fand etwa um die gleiche Zeit statt wie der Krieg der Griechen gegen Troja, nämlich um 1250 v. Chr., die Babylonische Gefangenschaft begann 598 v. Chr.

Träume sind in der Bibel ausschließlich Mitteilungen Gottes an Menschen. Sie können verschiedene Form annehmen, auf einen bestimmten äußeren Rahmen, ja, sogar auf bestimmte Personen beschränkt sein. Sie können Zwiegespräche sein, Anweisungen oder verschlüsselte Prophezeiungen. Nicht immer steht dabei, dass es sich um Träume handelt, manchmal werden sie als Visionen bezeichnet, manchmal spricht Gott scheinbar direkt mit einem Menschen.

Die Formen der Kommunikation zwischen Gott und den Menschen decken etliche Formen von außersinnlichen Wahrnehmungen ab. Da sie in der Bibel nicht ausdrücklich unterschieden werden, seien sie hier zunächst einmal in chronologischer Reihenfolge untersucht. Rückschlüsse aus der Art, in der sich die Form der Kommunikation oder auch die Form der außersinnlichen Wahrnehmungen verändert, werden im Kapitel über die Biologie des Traums gezogen.

Abrahams Gesprächspartner oder: Die Allgegenwart Gottes

»Der Herr sprach zu Abraham . . .«, »Nach diesen Ereignissen erging das Wort des Herrn in einer Vision an Abraham . . .«, »Bei Sonnenuntergang fiel auf Abraham ein tiefer Schlaf; große, unheimliche Angst überfiel ihn. Gott sprach zu Abraham: . . .« – Mit solchen oder ähnlichen Worten beginnen in der Frühzeit Berichte über außersinnliche Wahrnehmungen[4]. Diese Einleitungsformeln sind auf die handelnden Hauptpersonen beschränkt. Das Wort Traum kommt dabei nicht vor – dass es sich um einen Traum handelt, ist kein Thema. Zu selbstverständlich ist diese Art der Kommunikation mit dem eigenen Gott, als dass ihre Form eigens jedes Mal benannt würde. Es ist auch nicht wesentlich, ob es sich um einen Traum, der mit Schlaf verbunden ist, um eine Vision, wie sie manchmal beim Namen genannt wird, um einen Tagtraum oder um eine Halluzination handelt.

Wo derselbe Gott mit Fremden Kontakt aufnimmt, wird in der Erzählung allerdings angegeben, dass das in Form eines Traumes geschieht. Dass diese Träume aber nicht ganz in das Schema der göttlichen Verkündigung an einen Schlafenden passen, sei an einem Beispiel illustriert. Die Situation ist folgende: Nach der Zerstörung Sodoms und Gomorrhas zog der in der Nähe ansässige Abraham nach Gerar in den Negeb. Er gab seine Frau Sara als seine Schwester aus, damit er nicht als ihr (störender) Mann erschlagen, sondern um seiner schönen Schwester willen am Leben gelassen werde. Abimelech, der König von Gerar, schickte prompt seine Leute und ließ Sara zu sich holen.

> »Nachts kam Gott zu Abimelech und sprach zu ihm im Traum: Du musst sterben wegen der Frau, die du dir genommen hast; sie ist verheiratet. Abimelech aber war ihr noch nicht nahegekommen. Mein Herr, sagte er, willst du denn auch unschuldige Leute umbringen? Hat er mir nicht gesagt, sie sei seine Schwester? Auch sie selbst hat behauptet, er sei ihr Bruder. Mit arglosem Herzen und mit reinen Händen habe ich das getan. Da sprach Gott zu ihm im Traum: Auch ich weiß, dass du es mit arglosem Herzen getan hast . . .«

Die Fortsetzung dieser Verhandlung kann jeder im 20. Buch der Genesis nachlesen. Das Besondere an diesem Traum – und nicht nur diesem – ist aber, dass der Träumer mit Gott verhandelt. Nicht passiv lässt er eine Verkündigung über sich ergehen, sondern erarbeitet im Dialog eine Lösung für ein Problem.

Ähnliche Verhandlungen kennen wir auch von Abraham, der sich bemühte, Sodom zu retten – vor den Toren Sodoms hatte sich sein Neffe Lot niedergelassen. Er rang Gott im Gespräch das Versprechen ab, die Stadt um zehn Gerechter willen zu schonen, falls er sie in der Stadt fände. Das Ende der Geschichte ist bekannt: Nur Lot, seine Frau und seine Töchter wurden gerettet, Sodom und Gomorrha wurden zerstört[5].

4 Genesis 15, 1 und 12 f.

5 Genesis 18 und 19

Die Jakobsleiter oder: Traumbotschaft aus Distanz

Qualitativ andere Träume finden wir zwei biblische Generationen später, immer noch geraume Zeit vor der Einwanderung des Volkes Israel in Ägypten. Da ich annehme, dass auch bei Ihnen die Erinnerung an den Religionsunterricht bereits etwas verschwommen ist, ein kurzes Resümee der Geschichte: Abrahams einziger Sohn von Sara war Isaak. Als dieser 40 Jahre alt war, nahm er sich Rebekka zur Frau, die 20 Jahre lang unfruchtbar blieb. Erst als Isaak für sie gebetet hatte, wurde sie schwanger.

> »Als seine Frau Rebekka schwanger war, stießen die Söhne einander im Mutterleib. Da sagte sie: Wenn das so ist, was soll dann aus mir werden? Sie ging, um den Herrn zu befragen. Der Herr gab diese Antwort: Zwei Völker sind in deinem Leib, zwei Stämme trennen sich schon in deinem Schoß. Ein Stamm ist dem andern überlegen. Der ältere muss dem jüngeren dienen.
>
> Als die Zeit ihrer Niederkunft gekommen war, zeigte es sich, dass sie Zwillinge in ihrem Leib trug.«[6]

Bemerkenswert ist die Art, in der der Umgang Rebekkas mit »dem Herrn« geschildert wird. Um ihn zu befragen, muss sie (wohin auch immer) gehen, und sie erhält eine halb verschlüsselte Antwort, deren Sinn ihr erst deutlich wird, als sie die Bestätigung bekommt: Sie trug Zwillinge im Leib. – Hier ist nichts von dem unmittelbaren Umgang eines Abraham mit seinem Gott im Tagtraum zu spüren, nichts von einem achtungsvoll-vertrauten Zwiegespräch oder gar von Verhandeln. Rebekkas Zugang ist der einer Bittstellerin, und sie bekommt eine Antwort zugeteilt wie andere vom Delphischen Orakel.

Eine ähnliche Art der Mitteilung erlebte Jahre später ihr Sohn Jakob. Zwar brauchte er sich nicht an eine orakelhafte Instanz zu wenden, um seine Verkündigung zu erhalten, doch die Mitteilung selbst erfolgte genau so einseitig wie bei Rebekka.

Wieder kurz die Geschichte: Jakob kaufte seinem Bruder Esau das Erstgeburtsrecht um ein Linsengericht ab und betrog ihn später – mit Hilfe seiner Mutter, die ihre Rechtfertigung dazu aus besagtem Orakel vor der Geburt ihrer Söhne zog – um den Segen des todkranken Vaters. Um der Rache des Betrogenen zu entgehen, drängte ihn die Mutter, das Elternhaus für einige Zeit zu verlassen. Jakob macht sich auf den Weg zu seinen fernen Verwand-

6 Genesis 25, 21–24

In der Genesis wird der Traum Jakobs geschildert, in dem sich Gott am oberen Ende einer Leiter offenbart. Auffällig ist die Darstellung des Baumes, der fast aus dem Träumenden herauswächst. Der Baum gilt als Symbol der eigenen Seele.

ten, um eine Frau zu finden. An einem unbewohnten Ort, an dem er übernachetete, hatte Jakob einen Traum.

> »Er sah eine Treppe, die auf der Erde stand und bis zum Himmel reichte. Auf ihr stiegen Engel Gottes auf und nieder. Und siehe, der Herr stand oben und sprach: Ich bin der Herr, der Gott deines Vaters Abraham und der Gott Isaaks; das Land, auf dem du liegst, will ich dir und deinen Nachkommen geben . . .«

Als Jakob aufwachte, richtete er den Stein, der ihm als Kopfkissen gedient hatte, als Steinmal auf und goss als Opfer Öl darüber. In einem Gelübde versprach er, nach seiner Rückkehr aus dem Stein ein Gotteshaus entstehen zu lassen.

Ein reiner Verkündigungstraum, in dem der Träumer passiv empfängt. Und erstaunlicher noch: Dieser Gott stellt sich zunächst einmal vor. Von der Vertrautheit im Umgang mit der Gottheit, die noch Jakobs Großvater eigen war, ist hier nichts mehr zu spüren. Es ist der ferne Gott, der von oben herab einseitige Botschaften sendet, und der Träumer steht am nächsten Morgen auf und errichtet ihm zu Ehren ein Heiligtum.

Die Garben auf dem Feld oder: Allegorische Träume

Joseph war der erste Sohn von Jakob und seiner geliebten Frau Rahel, für die Jakob 14 Jahre bei seinem Onkel Laban gedient hatte. Von Rahels älterer Schwester Lea und den Mägden der beiden Schwestern hatte Jakob weitere Söhne, doch Joseph war Jakobs Lieblingssohn, und er bevorzugte ihn sichtbar. Da Joseph außerdem seine Halbbrüder bei seinem Vater verpetzte, hassten sie ihn zusätzlich »und sie konnten mit ihm kein gutes Wort mehr reden«.

Als Joseph nun etwas träumte, geschah etwas Eigenartiges. Joseph erlebte nicht Gott den Herrn im Traumdialog, und er erhielt auch keine einseitige Botschaft wie sein Vater von einem Gott, der sich erst vorstellen musste. Joseph erlebte einen allegorischen Traum. Das heißt einen Traum, der mit Symbolen arbeitet und der einer Deutung bedarf.

> »Einst hatte Joseph einen Traum. Als er ihn seinen Brüdern erzählte, hassten sie ihn noch mehr. Er sagte zu ihnen: Hört, was ich geträumt habe. Wir banden Garben mitten auf dem Feld. Meine Garbe richtete sich auf und blieb auch stehen. Eure Garben umringten sie und neigten sich tief vor meiner Garbe.«[7]

Was Joseph nicht klar gewesen sein dürfte, war die Bedeutung dieses Traumes. Denn sonst hätte er ihn nicht seinen Brüdern erzählt. Dass seine Brüder mit der Deutung keinerlei Probleme hatten, geht aus dem unmittelbar anschließenden Text hervor:

> »Da sagten seine Brüder zu ihm: Willst du etwa König über uns werden oder dich als Herr über uns aufspielen? Und sie hassten ihn noch mehr wegen seiner Träume und seiner Worte. Er hatte noch einen anderen Traum. Er erzählte ihn seinen Brüdern und sagte: Ich träumte noch einmal: Die Sonne, der Mond und elf Sterne verneigten sich tief vor mir. Als er davon seinem Vater und seinen Brüdern erzählte, schalt ihn sein Vater und sagte zu ihm: Was soll das, was du da geträumt hast? Sollen wir vielleicht, ich, deine Mutter und deine Brüder, kommen und uns vor dir zur Erde niederwerfen?«[8]

Wieder sind die anderen in der Lage, Josephs Traum zu deuten, und diese Deutung ist für sie kein Problem: Joseph hat die Träume eines Königs – das kann nur jemandem widerfahren, der auch in Wahrheit ein echter König ist.

---

7 Genesis 37, 5–7
8 Genesis 37, 8–10

Die Träume machen den Brüdern klar, dass Joseph sich über sie erheben will. Um dies zu verhindern, beschließen sie, ihn umzubringen. Nur Ruben zeigte Erbarmen: ». . . denn er ist doch unser Bruder und unser Verwandter.« Die anderen ließen sich überzeugen, warfen ihn zunächst in eine leere Zisterne und verkauften ihn dann an midianitische Kaufleute, die auf dem Weg nach Ägypten vorbeikamen. Joseph kam so nach Ägypten als Sklave des Potiphar, des Obristen der Leibwache des Pharao.

Karriere in Ägypten oder: Der Beruf des Traumdeuters

So wie Träume zu Josephs Versklavung geführt haben, so waren auch Träume – wenngleich die Träume anderer – für seinen Aufstieg in Ägypten verantwortlich. Im Lied von der »Bar zum Krokodil« wird die Situation geschildert, wenn auch nicht gerade bibeltreu. Joseph, der Sklave, wurde Verwalter im Hause Potiphars, eine ausgesprochene Vertrauensstellung. Dessen Gattin begehrte ihn und brachte ihn in eine fatale Situation, als deren Folge er so dastand, als habe er sie nicht etwa abgewiesen, sondern das Vertrauen ihres Gatten missbraucht. Joseph landete im Gefängnis und wurde alsbald mit der Betreuung seiner Mitgefangenen betraut. Eines Nachts hatten zwei hohe Beamte des Pharaos, die in Ungnade gefallen und ins Gefängnis gekommen waren, Träume, die sie beunruhigten. Auf Josephs Aufforderung erzählte der Obermundschenk Joseph seinen Traum.

> »Im Traum sah ich vor mir einen Weinstock. Am Weinstock waren drei Ranken, und es war mir, als triebe er Knospen. Seine Blüten wuchsen, und schon reiften die Beeren an seinen Trauben. Ich hatte den Becher des Pharaos in meiner Hand. Ich nahm die Beeren, drückte sie in den Becher des Pharaos aus und gab dem Pharao den Becher in die Hand.«

Weintrauben im Traum bedeuten Tränen.
(Deutscher Aberglaube)

Joseph schickte eine aufschlussreiche Bemerkung vorweg: »Ist nicht das Träumedeuten Sache Gottes?«[9] Er hatte dann aber mit der Deutung dieses Traumes eines Fremden ebenso wenig Schwierigkeiten wie seine Familie bei der Deutung seiner eigenen Träume. Er deutete die drei Ranken als drei Tage und die Geste des Becherüberreichens als Vorzeichen der bevorstehenden Wiederein-

9 Genesis 40, besonders 8 ff.

setzung des Mundschenks in sein Amt. Auch den Traum des zweiten Gefangenen, des Oberbäckers, konnte er richtig deuten, wenngleich die Deutung für den Träumer nicht günstig war.

Als zwei Jahre später der Pharao zwei lebhafte, aber beunruhigende Träume hatte, fiel dem Mundschenk Josephs Fähigkeit, Träume richtig zu deuten, wieder ein. Der Pharao ließ ihn aus dem Gefängnis holen und sagte zu Joseph:

> »Ich hatte einen Traum, doch keiner kann ihn deuten. Von dir habe ich aber gehört, du brauchst einen Traum nur zu hören, dann kannst du ihn deuten ... In meinem Traum stand ich am Nilufer. Aus dem Nil stiegen sieben wohlgenährte, stattliche Kühe und weideten im Riedgras. Nach ihnen stiegen sieben andere Kühe herauf, elend, sehr hässlich und mager. Nie habe ich in ganz Ägypten so hässliche Kühe gesehen. Die mageren und hässlichen Kühe fraßen die sieben ersten, fetten auf. Sie verschwanden in ihrem Bauch, aber man merkte nicht, dass sie darin waren: sie sahen genauso elend aus wie vorher. Dann wachte ich auf. Weiter sah ich in meinem Traum: Auf einem einzigen Halm gingen sieben volle, schöne Ähren auf. Nach ihnen wuchsen sieben taube, kümmerliche, vom Ostwind ausgedörrte Ähren. Die kümmerlichen Ähren verschlangen die sieben schönen Ähren. Ich habe das den Wahrsagern erzählt, aber keiner konnte mir die Deutung sagen.«

Joseph deutete die Träume als Mitteilungen Gottes und erklärte dem Monarchen, dass Gott ihm im Traum ansagte, was er vorhabe. Die sieben fetten und die sieben mageren Kühe bedeuteten sieben Jahre Überfluss, gefolgt von sieben Jahren Hungersnot. Die vollen und die tauben Ähren sagten dasselbe voraus, die Verdopplung des Traums sei ein Hinweis auf Gottes Entschlossenheit und darauf, dass diese Ereignisse bald eintreffen werden.

Auch der Deutung dieses Traums geht etwas voraus, was einen Hinweis auf die Quelle dieser Träume und natürlich auch die Quelle ihrer Deutung andeutet: »Nicht ich, sondern Gott wird zum Wohle des Pharaos eine Antwort geben.« Beim ersten Mal konnte der Hinweis, es sei Gott, der die Träume deute, noch als mehr oder minder aufgesetzte Bescheidenheit aufgefasst werden. Durch die Wiederholung ist das nicht mehr möglich. Die Aussage, Gott sei der wahre Deuter der Träume, ist ernst zu nehmen. Damit wird auch der Deutung ein viel größeres Gewicht verliehen, als wenn es sich nur um die persönliche Interpretation Josephs handelte. Joseph stellt sich hier nicht als Privatperson hin, die Träume zu deuten in der Lage ist, sondern implizit als Sprachrohr Gottes.

Der Rest der Geschichte ist bekannt. Joseph schlug Maßnahmen zur Vermeidung der Hungersnot vor. Der Pharao war beeindruckt und gab ihm alle Vollmachten, die notwendigen Vorbereitungen zu treffen. Er stellte ihn »über ganz Ägypten«. Als die Hungersnot kam, war sie nicht auf Ägypten beschränkt, auch die Familie Josephs litt unter der durch die lang anhaltende Trockenperiode verursachte Hungerkatastrophe. Und so sandte Jakob zehn seiner Söhne von Kanaan nach Ägypten, um dort Getreide einzukaufen. Nun verknüpfte sich die Geschichte von Josephs Verhandlungen mit seinen Brüdern mit seinen eigenen Träumen von den Ähren auf dem Feld und den sich verneigenden Gestirnen.

Es ist sehr schwierig, den historischen Zeitpunkt, zu dem diese Geschichte spielt, zu bestimmen. Anhand der in den Texten erwähnten Sitten und Gebräuche lässt sich keine exakte Periode der ägyptischen Geschichte erkennen. Aufgrund der konservativen Gesinnung der alten Ägypter, die ihre Kultur über Jahrhunderte hinweg unverändert ließen, kann man nur Vermutungen anstellen. Auch wird der Name des Pharaos nicht erwähnt, und so ist es sehr schwierig, einen Zusammenhang zwischen der Josephs-Erzählung und einem bestimmten Zeitpunkt in der ägyptischen Geschichte herzustellen. Doch so verlockend es auch wäre, die Geschichte Josephs mit historischen Ereignissen in Verbindung zu bringen – die biblische Erzählung zielt auf etwas ganz anderes ab: um das in volkstümlichen Erzählungen häufig vorkommende Motiv eines scheinbar unbedeutenden Menschen – in diesem Falle Jakobs jüngster Sohn –, dessen wahre Größe schließlich zutage tritt.

Diese verschlüsselten biblischen Träume lassen sich auch im Licht der modernen Traumdeutung deuten. Psychologen wie Jung und Erich Fromm haben alte Träume analysiert, um zu ermitteln, wie viel sie von ihren Traummustern enthüllen oder bis zu welchem Grad die Alten ihre Erfahrungen mit Träumen dazu nutzten, Einblick in den Traumprozess selbst zu gewinnen. Und wenn wir annehmen, dass in unseren Träumen Gedanken und Möglichkeiten aufscheinen, von denen wir im Wachleben nichts wissen, können wir die Träume Josephs und des Pharaos auch als Beispiele intuitiven Wissens ansehen, die sich in der Symbolsprache des Traumes äußern. Josephs Traumbild von den sich niederbeugenden Garben kann sowohl das innere Erkennen seiner Talente enthüllen als auch seinen Ehrgeiz, der ihn zu hohen Würden führen soll. Der Pharao dagegen könnte »unbewusst« klimatische Veränderungen wahrgenommen haben, die zu einer siebenjährigen fruchtbaren Periode und sieben nachfolgenden Hungerjahren führen müssen.

Das Sprachrohr des Herrn oder: Das Ende der Prähistorie

Nach diesen allegorischen Träumen, wie sie auch Thema der Psychoanalyse sein könnten, kommt eine neue Ebene der Kommunikation zwischen Mensch und Gottheit auf den Plan. Ein bestimmter Mensch wird zum Sprachrohr Gottes. Das ist zunächst Moses. Die Geschichte seiner wunderbaren Rettung aus dem Binsenkörbchen durch die Tochter des Pharaos ist wohl bekannt; später bekam er Ärger, weil er sich mit ausgeprägtem Gerechtigkeitssinn in Streitigkeiten einmischte und einen Ägypter erschlug. Er floh nach Midian, mischte sich schon wieder in einen Streit ein, diesmal als Helfer der Töchter eines Priesters, woraufhin er eine der Töchter heiratete und dort blieb.

Die Kommunikation zwischen Gott und Mose beginnt recht spektakulär:

> »Moses weidete die Schafe und Ziegen seines Schwiegervaters . . . Eines Tages trieb er das Vieh über die Steppe hinaus und kam zum Gottesberg Horeb. Dort erschien ihm der Engel des Herrn in einer Flamme, die aus einem Dornbusch emporschlug. Er schaute hin: Da brannte der Dornbusch und verbrannte doch nicht. Mose sagte: Ich will dorthin gehen und mir die außergewöhnliche Erscheinung ansehen. Warum verbrennt denn der Dornbusch nicht?
>
> Als der Herr sah, dass Mose näher kam, um sich das anzusehen, rief Gott ihm aus dem Dornbusch zu: Mose! Mose! Er antwortete: Hier bin ich. Der Herr sagte: Komm nicht näher heran! Leg deine Schuhe ab; denn der Ort, wo du stehst, ist heiliger Boden. Dann fuhr er fort: Ich bin der Gott deines Vaters, der Gott Abrahams, der Gott Isaaks und der Gott Jakobs. Da verhüllte Mose sein Gesicht; denn er fürchtete sich, Gott anzuschauen.«[10]

Hier wird es also nach einem beinahe theatralischen Einstieg mit der Vision vom brennenden Dornbusch, die als äußerer Rahmen für die Berufung des Mose herhält, endlich wieder unverschlüsselt. Allerdings kommt ein neuer Zug hinein, der sich am Ende der langen Debatte zwischen Mose und dem Herrn unverhüllt zeigt: die Individualität der außersinnlichen Wahrnehmung. Mose ist nicht austauschbar. Mose versuchte bekanntlich, sich vor Gottes Auftrag, das Volk Israel aus Ägypten zu führen, zu drücken. Sein letztes Argument ist, er sei keiner, der gut reden könne, seine Zunge sei so schwerfällig, und der Herr möge bitte einen andern schicken.

---

10 Exodus 3, 1–6

> »Da entbrannte der Zorn des Herrn über Mose, und er sprach: Hast du nicht noch einen Bruder, den Leviten Aaron: Ich weiß, er kann reden; ... Sprich mit ihm, und leg ihm die Worte in den Mund! Ich aber werde mit deinem und seinem Mund sein, ich werde euch anweisen, was ihr tun sollt, und er wird für dich zum Volk reden. Er wird für dich der Mund sein, und du wirst für ihn Gott sein.«[11]

Mose werde für Aaron Gott sein. Etwas später kommt diese Formulierung erneut, allerdings auf den Pharao bezogen:

> »Der Herr sprach zu Mose: Hiermit mache ich dich für den Pharao zum Gott; dein Bruder Aaron soll dein Prophet sein. Du sollst alles sagen, was ich dir auftrage; dein Bruder Aaron soll es dem Pharao sagen, und der Pharao muss die Israeliten aus seinem Land fortziehen lassen.«[12]

Dass die Geschichte zunächst daran scheiterte, dass der Herr Mose und Aaron lauter Proben ihrer Gottgesandtheit ablegen ließ, die die ägyptischen Wahrsager mit Hilfe ihrer Zauberkunst wiederholen konnten, ist ein amüsantes Detail am Rande. Interessanter ist die Arbeitsteilung zwischen Mose und Aaron: Der Herr spricht manchmal zu beiden, meist jedoch zu Mose, mit dem Auftrag, es Aaron zu sagen, und dieser wird zum handelnden Teil dieses ungleichen Paares.

Die Berufung Moses beruht offenbar auf einer Fähigkeit, die dieser ausgeprägter als andere besaß: die Fähigkeit zu außersinnlichen Wahrnehmungen. Er sah den brennenden Dornbusch, er hört den Herrn. Dass er auch handeln kann, ist nicht so wichtig, das können andere für ihn tun; wichtiger ist, dass er Gott wahrnimmt.

Die Fähigkeit zu außersinnlichen Wahrnehmungen war demnach im ägyptisch-vorderasiatischen Raum um 1250 v. Chr. nicht mehr allgemein verbreitet. Wo sie vorhanden war, funktionierte die Aufnahme allerdings ausgezeichnet. Die Rolle des Mose beschränkte sich lange Zeit auf die des reinen Hörenden, die Kommunikation war also über lange Strecken einseitig. Dafür aber, und das macht Moses besondere Begabung aus, funktionierte sie »auf Knopfdruck«. Denn bei allen Problemen, die auf Mose während des Auszugs des Volkes Israel aus Ägypten zukamen, erhielt er fast immer unmittelbar eine Antwort Gottes.

---

11 Exodus 4, 14
12 Exodus 7, 1–2

Möglicherweise gibt es für die Kommunikation »auf Knopfdruck« zwischen Mose und Gott eine wissenschaftliche Erklärung, die auch einige Ungereimtheiten der Erzählung aufklären würde.

Sigmund Freud hatte in einer sehr anregenden Schrift[13] aus der strikten Aufgabenteilung zwischen Mose und Aaron den Schluss gezogen, dass Mose eigentlich Ägypter war – als solcher wird er bei seiner Ankunft bei seinem Schwiegervater auch in der Bibel bezeichnet – und Aaron schlichtweg als Dolmetscher benötigte, und dass es Mose war, der als Religionsstifter den Juden eben jene monotheistische Religion gab. Sie erlebte unter dem Pharao um 1350 v. Chr. in Amarna in der ausschließlichen Verehrung des Sonnengottes Aton eine kurze Blütezeit, fiel dann aber einer religiösen Säuberung zum Opfer. Diese Theorie hat etliches für sich, wirft allerdings die Frage auf, ob das »Volk Israel« hier wörtlich noch als die Nachkommen Jakobs (= Israel) zu verstehen sind, als Anhänger des Atonkultes (mithin eine religiöse, unterdrückte Minderheit unter den Ägyptern), oder als Anhänger des Mose, die dieser unter den unteren Schichten der Bevölkerung Ägyptens sammelte.

In diesem Fall käme der Vision des brennenden Dornbuschs besondere Bedeutung für die Legitimation des Mose als Werkzeug Gottes zu, auch wenn er laut Bibel Aaron und dem Pharao als Gott erscheinen solle. Der Gedanke, Mose habe sich die Vision und die Aufträge Gottes nur ausgedacht, um seine persönliche Macht über das Volk Israel zu festigen, ist ausgesprochen modern und daher von der Hand zu weisen. Zumindest zu Moses Legitimation vor sich selbst muss eine solche Initiationsvision stattgefunden haben. Moses Rolle als Religionsstifter (und was sonst ist jemand, der seinem Volk die Tafeln mit den Zehn Geboten gibt?) würde auch seinen »direkten Draht« zu seinem Gott erklären. Dieses Verhältnis ändert sich im Laufe der nächsten Jahrhunderte erheblich, wie der folgende Abschnitt zeigt.

Die Rolle des Propheten oder: Das Ende der Kommunikation

Im ersten Buch Samuel gibt es einen Hinweis, der zu denken gibt, was die damals aktuelle Kommunikationsform zwischen Gott und Mensch anbelangt. Kurz die Geschichte: Samuel war von seiner Mutter, die sich sehnlichst ein Kind wünschte, Gott versprochen worden, und so lebte er von frühester Jugend an im Tempel unter dem Hohepriester Eli.

13 S. Freud, Der Mann Moses und die monotheistische Religion (1939), Fischer Taschenbuch Verlag, Frankfurt/Main 1975

> »In jenen Tagen waren Worte des Herrn selten; Visionen waren nicht häufig. Eines Tages geschah es: Eli schlief auf seinem Platz; seine Augen waren schwach geworden, und er konnte nicht mehr sehen. Die Lampe Gottes war noch nicht erloschen, und Samuel schlief im Tempel des Herrn, wo die Lade Gottes stand. Da rief der Herr den Samuel, und Samuel antwortete: Hier bin ich. Dann lief er zu Eli und sagte: Hier bin ich, du hast mich gerufen. Eli erwiderte: Ich habe dich nicht gerufen. Geh wieder schlafen! Da ging er und legte sich wieder schlafen. Der Herr rief noch einmal: Samuel! Samuel stand auf und ging zu Eli und sagte: Hier bin ich, du hast mich gerufen. Eli erwiderte: Ich habe dich nicht gerufen, mein Sohn. Geh wieder schlafen!
>
> Samuel kannte den Herrn noch nicht, und das Wort des Herrn war ihm noch nicht offenbart worden. Da rief der Herr den Samuel wieder, zum drittenmal. Er stand auf und ging zu Eli und sagte: Hier bin ich, du hast mich gerufen. Da merkte Eli, dass der Herr den Knaben gerufen hatte. Eli sagte zu Samuel: Geh, leg dich schlafen. Wenn er dich (wieder) ruft, dann antworte: Rede, Herr; denn dein Diener hört. Samuel ging und legte sich an seinem Platz nieder. Da kam der Herr, trat (zu ihm) heran und rief wie die vorigen Male: Samuel! Samuel! Und Samuel antwortete: Rede, denn dein Diener hört. Der Herr sagte zu Samuel: Fürwahr, ich werde in Israel etwas tun, so dass jedem, der davon hört, beide Ohren gellen. An jenem Tag werde ich an Eli vom Anfang bis zum Ende alles verwirklichen, was ich seinem Haus angedroht habe . . . Samuel blieb bis zum Morgen liegen, dann öffnete er die Türen zum Haus des Herrn. Er fürchtete sich aber, Eli von der Vision zu berichten.«[14]

Eli bringt ihn dazu, ihm die Worte des Herrn mitzuteilen, und so ist es möglich, dass Samuels Auserwähltheit offenkundig wird:

> »Samuel wuchs heran, und der Herr war mit ihm und ließ keines von all seinen Worten unerfüllt. Ganz Israel von Dan bis Beerscheba erkannte, dass Samuel als Prophet des Herrn beglaubigt war. Auch weiterhin erschien der Herr in Schilo: Der Herr offenbarte sich in Samuel in Schilo durch sein Wort.«[15]

Was für eine Veränderung! Die Worte des Herrn waren selten in jenen Tagen (wir befinden uns in der Zeit um 1080–1040 v. Chr.) und Visionen waren

14 1 Samuel 3, 1–15
15 1 Samuel 3, 19–21

nicht häufig. Der Herr muss in einem eigenen Akt kennen gelernt werden, sein Wort muss sich offenbaren. Der Traum wird als Vision bezeichnet (ein Grund mehr für uns, die Trennung zwischen Traum und anderen Formen der außersinnlichen Wahrnehmungen nicht zu stark zu betonen). Zu einem Dialog kommt es nicht, sondern zu einer reinen Verkündigung, einer reinen Vision eines zukünftigen Ereignisses. Der Träumer ist rein auf die Rolle des Empfängers beschränkt, die Vision hat auch mit ihm selbst nichts zu tun. Der erste Prophet ist geboren, der zum auserwählten Sprachrohr herangebildet wird. Durch das Eintreffen der Prophezeiungen ist seine Beglaubigung als Prophet des Herrn gesichert.

Soweit die offenkundige Aussage über das Verhältnis Gott – Mensch. Was sagt diese Erzählung von der Berufung Samuels aber über die Beziehung Mensch – Gott aus? Die Mehrheit der Menschen ist nicht mehr in der Lage zur Wahrnehmung Gottes oder des Göttlichen in ihrer Umwelt. Die Fähigkeit zur außersinnlichen Wahrnehmung, zur Vision, zum Traum, muss erst gelernt werden. Und dann bleibt sie zunächst auf eine reine Rolle als passiver, aufnehmender Empfänger beschränkt. Vorbei das traute, völlig selbstverständliche Zwiegespräch zwischen Abraham und seinem Gott.

> Wer von einer *Zither* träumt, der muss genau aufmerken: Sieht er sie nur, so bedeutet das Vergnügen; hört oder spielt er sie, bedeutet das Verdruss, einem anderen Traumbuch zufolge bedeutet selber spielen, anderen angenehm zu sein, hingegen steht ein Mädchen die Zither schlagen sehen für die Hoffnung, geliebt zu werden.
>
> *(Deutscher Aberglaube)*

Die Form, in der die Wahrnehmung des Wortes Gottes abläuft, wird zunehmend ritualisiert. An einer Stelle heißt es: »Der Herr aber hatte Samuel, einen Tag bevor Saul kam, das Ohr für eine Offenbarung geöffnet . . .«[16], an anderer Stelle sagt Samuel zu Saul : ». . . Wenn du dort in die Stadt hineingehst, wirst du eine Schar von Propheten treffen, die von der Kulthöhe herabkommen, und vor ihnen wird Harfe, Pauke, Flöte und Zither gespielt. Sie selbst sind in prophetischer Verzückung. Dann wird der Geist des Herrn über dich kommen, und du wirst wie sie in Verzückung geraten und in einen anderen Menschen verwandelt werden. Wenn du aber all diese Zeichen erlebst, dann tu, was sich gerade ergibt; denn Gott ist mit dir.«[17]

---

16 1 Samuel 9, 15
17 1 Samuel 10, 5–7

> Träumt man von einer *Pfeife* oder *Flöte*, bedeutet das Elend, hört man sie im Traum, bedeutet das Betrübnis, pfeift man selbst, bedeutet das Verdruss.
>
> *(Deutscher Aberglaube)*

Die Kommunikation mit der Gottheit ist also nur noch möglich, wenn das Ohr eigens geöffnet wird – der spontane Gedanke an eine Trance oder »prophetische Verzückung«, in die der Prophet zum Hören des Wortes Gottes versetzt werden (oder sich versetzen) muss, wird durch die Beschreibung ebendieses Zustandes bei anderen Propheten bestätigt. In diesem Zustand ist für einen geübten Propheten offenbar auch ein Dialog mit Gott möglich, sofern die Überlieferung hier verlässlich genau ist. An einer späteren Stelle (1 Sam 16, 1–3) erhält Samuel von Gott einen Auftrag, stellt eine Rückfrage und erhält daraufhin genauere Handlungsanweisungen. Vom Feilschen eines Abraham um das Überleben von Sodom und Gomorrha ist hier aber nichts mehr zu spüren, und dem entspricht völlig die an jener Stelle nachfolgende Formulierung: »Samuel tat, was der Herr befohlen hatte.«

Für den nicht zum Propheten berufenen Menschen gab es zu dieser Zeit mehrere Möglichkeiten, ein Zeichen der Götter zu erbitten. Sie waren für ihn selbst jedoch unerreichbar, wie das Beispiel Sauls lehrt, der ab 1010 einige Jahre lang König über Israel war:

> »Da befragte Saul den Herrn, aber der Herr gab ihm keine Antwort, weder durch Träume noch durch die Losorakel, noch durch die Propheten. Daher sagte Saul zu seinen Dienern: Sucht mir eine Frau, die Gewalt über einen Totengeist hat; ich will zu ihr gehen und sie befragen.«[18]

Die Frau, an die er verwiesen wurde, die Hexe von Endor, holte ihm den inzwischen verstorbenen Samuel aus dem Totenreich herauf, der ihm Gottes Entscheidung in der fraglichen Angelegenheit noch einmal erläuterte. Die Szene ist nicht ohne Spannung und sei zur selbstständigen Lektüre empfohlen. Nachher war Saul so erschöpft (und die Frau wohl auch), dass sie mitten in der Nacht ein rasches Mahl zubereiteten.

An dieser Art der mittelbaren Kommunikation zwischen Mensch und Gott ändert sich auch bei einem Wechsel der Protagonisten nichts. Daniel, der mit Gottes Segen 1006–966 regiert, hat die Möglichkeit, den Herrn zu »befragen« oder zu ihm zu beten. Antworten auf Fragen bekommt er entweder durch Losorakel – dann sind sie kurz und knapp und besagen nicht viel mehr als »Ja« oder »Nein« – oder durch Propheten. In seinem Fall ist das Natan, zu dem der Herr in der Nacht »sein Wort ergehen lässt«.

---

18 1 Samuel 28, 6 ff.

Weisheit auf dem Thron oder: Das geträumte Regierungsprogramm

Die Zeit von Salomos Herrschaft (ca. 966–922 v. Chr.) war eine Periode des Friedens und Wohlstandes. Salomo wird vor allem als Verkörperung der Weisheit dargestellt. Und Weisheit war im israelitischen Denken eine praktische Qualität, etwas, das alle Menschen brauchten, um Erfolg in ihrem Leben zu haben.

Bald nach Beginn seiner Herrschaft besuchte Salomo Gibeon, die »angesehenste Kulthöhe«, die damals von Jerusalem noch nicht verdrängt worden war. In Gibeon hatte er einen Traum, in dem ihm Gott erschien und ihn aufforderte:

> »Sprich eine Bitte aus, die ich dir gewähren soll. Salomo antwortete: Du hast deinem Knecht David, meinem Vater, große Huld erwiesen; denn er lebte vor dir in Treue, in Gerechtigkeit und mit aufrichtigem Herzen. Du hast ihm diese große Huld bewahrt . . . Verleih daher deinem Knecht ein hörendes Herz, damit er dein Volk zu regieren und das Gute vom Bösen zu unterscheiden versteht. Wer sonst könnte dieses mächtige Volk regieren? Es gefiel dem Herrn, dass Salomo diese Bitte aussprach. Daher antwortete ihm Gott: Weil du gerade diese Bitte ausgesprochen hast und nicht um ein langes Leben, Reichtum oder um den Tod deiner Feinde, sondern um Einsicht gebeten hast, um auf das Recht zu hören, werde ich deine Bitte erfüllen . . . Da erwachte Salomo und merkte, dass es ein Traum war.«

Vorn und hinten wird betont, dass es sich bei diesem Dialog um einen Traum handelt. Vom Charakter her ist der Dialog zwar ganz vertrauensvoll und erinnert an das Zwiegespräch Abrahams mit seinem Gott. Es braucht aber, um stattfinden zu können, den abgesonderten, wohl umgrenzten Rahmen des Traums. Im lauten Tagesgeschehen wäre dieses Gespräch nicht mehr möglich gewesen. Bei Abraham ging es allerdings auch noch nicht um die Regierung eines großen Volkes. Das Tagesgeschehen war bei Abraham viel »leiser«.

Von der Funktion her ist dieser Traum als Initiationstraum zu bezeichnen. Bei Indianern spielte diese Art Traum eine große Rolle, wie wir noch sehen werden.

Die gezielte Vision oder: Traumdeutung in Babylon

Haben Sie Verdis »Nabucco« vor Augen? Nicht nur den »Gefangenenchor«, sondern auch die Verrücktheit des Königs? Dorthin begeben wir uns jetzt.

Wir befinden uns nach einem Zeitsprung von fast 400 Jahren in Babylon, dem Zentrum des chaldäischen, neubabylonischen Reiches. Die Juden hatten sich mit Ägypten verbündet, das mit Babylon im Krieg lag, woraufhin Nebukadnezar II., der von 604–562 regierte, 598 v. Chr. Jerusalem besetzte und die Stadt im Jahre darauf zerstörte. Die Bevölkerung wurde nach Babylon in die Gefangenschaft gebracht. Das Schicksal des Volkes Israel ist ab nun die Zerstreuung, die Diaspora, symbolisiert durch den Turmbau zu Babylon.

Babylon war damals ungebrochen die hohe Schule der Weissagekunst. Sterndeuter und Wahrsager aller Art standen in hohem Ansehen. Die Chaldäer führten die alten babylonischen Traditionen ungebrochen fort, so dass die Bezeichnung »Chaldäer« bis in griechisch-römische Zeit, als Babylon längst vom Perserkönig Kyros und später von Alexander dem Großen erobert worden war, ein Synonym für Wahrsager oder Sterndeuter war. In Babylon entstand im 4. und 5. Jahrhundert. n. Chr. auch die größte Sammlung heiliger jüdischer Schriften, der babylonische Talmud. Er enthält neben den rein jüdischen Traditionen auch Hinweise auf Träume, Regeln für ihre Deutung und Ratschläge, wie böse Träume zu vermeiden seien.

Die Babylonier betrachteten den Kosmos als ein Ganzes. Sie glaubten, dass Ereignisse, die in einem seiner Teile stattfanden, in einem anderen Teil reflektiert würden, und suchten daher ständig nach solchen Vorgängen. Sie meinten, einem Ereignis folge immer ein bestimmtes anderes. Und die Wiederkehr des ersten konnte ein Zeichen dafür sein, dass sich das zweite ebenfalls wiederholen würde. Das betraf den Bereich der Sternkunde, in dem sie große Meister waren, ebenso wie den der Träume. Träumte zum Beispiel ein Priester von Kranichen, die über seinem Kopf kreisten, und es gab kurz darauf eine Überschwemmungskatastrophe, schloss man sofort auf eine bevorstehende Überschwemmung, wenn wieder einmal ein Priester von Kranichen träumte. Aus einem zufälligen »Wenn – dann«-Zusammentreffen wird ein »Immer wenn – dann« und schließlich ein »Weil«. Diese Logik beschäftigte später die griechischen und europäischen Philosophen.

Dieser Glaube verlieh in der Praxis jedem Omen eine besondere Bedeutung. Die Träume bedeutender Männer wurden geprüft und in »heilige« Träume, deren Botschaften unbedingt Folge geleistet werden musste, und »gewöhnliche« Träume, die sowohl von Göttern als auch von Dämonen gesandt sein konnten, unterschieden. »Gute« oder »böse« Träume zu beurteilen, oblag Priestern oder Magiern.

Die Juden waren zur Traumdeutung in besonderem Maße befähigt, wie das Beispiel Josephs in Ägypten gezeigt hatte. Ihr Gott, der Gott der Juden, war für sie die alleinige Quelle der in den Träumen enthaltenen Offenbarungen.

> »Im Traum, im Nachtgericht, wenn der Schlaf auf die Leute fällt, wenn sie schlafen auf dem Bette, da öffnet er das Ohr der Leute und schreckt sie und züchtigt sie«, heißt es etwa im Buch Hiob[19].

Daniel gehörte zu einer Gruppe junger Leute aus Israels vornehmen Familien, die zum Zweck der »Umerziehung« als Geiseln an den babylonischen Hof gebracht worden waren. Dieses Verfahren wendeten auch die Römer bis in die Spätantike an; noch der Hagen des Nibelungenliedes wurde zu diesem Zweck als junger Mann an den Hof eines Siegers verschleppt, in seinem Fall an den des Hunnenkönigs Attila/Etzel.

Die biblische Erzählung schildert Daniel als gottesfürchtigen Menschen. Er schützte sich und seine Freunde durch eine vegetarische Diät vor der Verletzung der jüdischen Speisevorschriften, und »Gott verlieh diesen vier jungen Leuten Wissen und Verständnis in jeder Art Schrifttum und Weisheit; Daniel verstand sich auch auf Visionen und Träume aller Art ... So oft der König in Fragen, die Weisheit und Einsicht erforderten, ihren Rat einholte, fand er sie allen Zeichendeutern und Wahrsagern in seinem ganzen Reich zehnmal überlegen.«[20]

> »Im zweiten Jahr der Herrschaft Nebukadnezars hatte dieser einen Traum. Sein Geist wurde davon so beunruhigt, dass er nicht mehr schlafen konnte. Da ließ der König die Zeichendeuter und Wahrsager, die Beschwörer und Chaldäer zusammenrufen; sie sollten ihm Aufschluss geben über seinen Traum. Sie kamen und traten vor den König. Der König sagte zu ihnen: Ich habe einen Traum gehabt; mein Geist ist voll Unruhe, und ich möchte den Traum verstehen. Die Chaldäer sagten zu ihm: O König, mögest du ewig leben. Erzähl deinen Knechten den Traum, dann geben wir dir die Deutung ...«[21]

So weit, so gut, das klingt auch alles sehr vertraut. Nun aber zeigte sich, dass der König seinen Traum nicht erzählen konnte – ein Problem, das Ihnen durchaus vertraut sein wird. Er konnte dies natürlich nicht zugeben, ohne sein Gesicht zu verlieren, sondern überspielte sein eigenes Unvermögen,

19 Hiob 33, 15–16
20 Daniel 1, 17, 20
21 Daniel 2, 1 ff.

indem er die Fachleute scheinbar auf die Probe stellt und wilde Drohungen gegen sie ausstieß. Der Text geht nahtlos weiter wie folgt:

> »Der König antwortete den Chaldäern: Das ist mein unwiderruflicher Entschluss: Wenn ihr mir nicht den Traum und seine Deutung sagen könnt, dann werdet ihr in Stücke gerissen und eure Schultern werden in Schutthaufen verwandelt. Sagt ihr mir aber den Traum und seine Deutung, dann empfangt ihr von mir Geschenke, Gaben und hohe Ehrungen. Gebt mir also den Traum und seine Deutung an!«

In dieser Form ging das Gespräch noch zweimal hin und her, bis die Chaldäer schließlich das Handtuch warfen:

> »Es gibt keinen Menschen auf der Welt, der sagen könnte, was der König verlangt . . . Was der König verlangt, ist zu schwierig. Es gibt auch sonst niemand, der es dem König sagen könnte, außer den Göttern; doch diese wohnen nicht bei den Sterblichen. Darüber wurde der König so wütend und zornig, dass er befahl, alle Weisen in Babel umzubringen.«

Nun trat Daniel auf den Plan, denn als einer der Weisen in Babel war er nun selbst in Gefahr. Er ging zum König und bat ihn um eine Frist, um ihm die Deutung des Traumes zu geben.

> »Dann eilte Daniel nach Hause, teilte seinen Gefährten Hananja, Mischael und Asarja alles mit und sagte, sie sollen wegen dieses Geheimnisses den Gott des Himmels um Erbarmen bitten, damit nicht Daniel und seine Gefährten samt den anderen Weisen Babels umkämen. Darauf wurde ihm das Geheimnis in einer nächtlichen Vision enthüllt, und Daniel pries den Gott des Himmels dafür. Er betete: Der Name Gottes sei gepriesen von Ewigkeit zu Ewigkeit . . .«

Was sagt diese Erzählung über das Verhältnis der handelnden Personen zu ihren Träumen aus? Eine ganze Menge, wie Sie sicher bereits bemerkt haben. Der König kann sich ganz wie ein heute Lebender nicht an seinen Traum erinnern, weiß aber, dass er einen beunruhigenden Traum gehabt hat. Daniel ist zwar mit Gottes Hilfe in der Lage, diesen Traum zu erfahren und zu deuten, doch dazu bedarf es der Hilfe seiner drei Gefährten, die gemeinsam beten müssen, damit ihm Gottes Mitteilung an Nebukadnezar in einer nächtlichen Vision enthüllt werden kann. Von den Menschen aus und mit heutigen Worten formuliert, heißt das: Vier Personen müssen ein starkes Energiefeld aufbauen, das einem von ihnen zu seiner Vision verhilft. Von der »prophetischen Verzückung« eines Samuel ist hier keine Rede mehr, das Suchen nach dieser Vision ist ein konzentrierter und streng rationaler Akt von vier Weisen, was bedeutet: vier Wissenden, vier Personen, die wissen, wie es geht. Das Verhältnis zu Gott als der Quelle dieser Vision ist auch entsprechend distanziert, im Dankgebet fehlt die direkte Anrede, Gott scheint sehr weit weg zu sein. Auch als Daniels drei Freunde später im Feuerofen landen, bleibt Gott selbst weit entfernt, er sendet einen Engel zu ihrem Schutz in die heißen Flammen.

Fast schon uninteressant ist in diesem Zusammenhang der eigentliche Traum: Es handelte sich um einen allegorischen Traum von der Art, wie er bereits zu Josefs Zeiten überliefert war. Interessanterweise handelte es sich bei Nebukadnezar wie beim Pharao um Vertreter einer alten Hochkultur, bei den Träumern aus dem Volke Israel aber vorwiegend um Hirten und einfache Menschen. Auch darauf komme ich im Kapitel »Warum träumen wir?« noch zurück.

Das Herz eines Tieres oder: Die Stimme vom Himmel

In einem Text desselben Buches Daniel schildert Nebukadnezar in der ersten Person in einem Schreiben »an alle Völker, Nationen und Sprachen auf der ganzen Erde« einen weiteren Traum und dessen Deutung durch Daniel. Hier allerdings fehlt der Hinweis darauf, dass die Deutung des Traumes durch Gott gesandt war, was wohl mit der veränderten Erzählperspektive zu erklären ist. Nebukadnezar träumte von einem Baum, der so groß war, dass er allen Lebewesen Nahrung und Schatten spendete.

> »Während ich auf meinem Lager noch das Traumbild sah, stieg ein Wächter, ein Heiliger, vom Himmel herab. Er befahl mit mächtiger Stimme: Fällt den Baum, und schlagt seine Äste ab! . . . Sein Herz sei nicht mehr ein Menschenherz; ein Tierherz soll ihm gegeben werden, und sieben Zeiten sollen über ihn hingehen . . .«[22]

> Wer von einer *Zypresse* träumt, der wird daran erinnert, dass Glück und Unglück langsam kommen und dass er Ausdauer anwenden solle.
>
> *(Deutscher Aberglaube)*

Daniel deutete den Traum. Der Baum, sagte er, symbolisiere Nebukadnezar, der seines Amtes enthoben und für sieben Jahre verstoßen werden müsse. Er werde bei den wilden Tieren des Feldes leben. Im folgenden Text schildert

22 Daniel 4, 1 ff., bes. 10, 11, 13

Nebukadnezar »eine Stimme vom Himmel«, die ihm das Eintreten dieser Prophezeiung ankündigte. Und dann folgt ganz offen der Hinweis auf seine Verrücktheit:

> »Als die Zeit verstrichen war, erhob ich, Nebukadnezar, meine Augen zum Himmel, und mein Verstand kehrte zurück . . . Zu derselben Zeit kehrte mein Verstand zurück, und ich erhielt zum Ruhm meines Königtums auch meine Herrlichkeit und meinen königlichen Glanz zurück . . .«[23]

Wenn man berücksichtigt, dass damals als Sitz des Verstandes das Herz galt, so ist deutlich, was die Formulierungen »ein Tierherz soll ihm gegeben werden« und »er werde bei den wilden Tieren des Feldes leben« bedeutet. Nicht als vernunftbegabtes Wesen, sondern wie ein wildes Tier verbrachte er diese sieben Jahre. Bei Verdi und in der Bibel wird diese Erzählung auf Nebukadnezar bezogen. Vom historischen König Nebukadnezar II. ist nichts Derartiges bekannt, aber es könnte sich um seinen Nachfolger Nabonid handeln, einen Emporkömmling, der 555–539 regierte und als »Archäologe auf dem Thron« bezeichnet wird. Er musste Babylon verlassen und begab sich in die Oasenstadt Teima, neueren Forschungen zufolge weniger wegen Streitigkeiten mit der Priesterschaft, sondern weil er an einem Geschwür litt. Nach vergeblichen Gebeten zu verschiedenen Göttern heilte ihn ein jüdischer Exorzist, der ihn sein Gebet zum Ruhm des wahren Gottes schreiben ließ.

Noch zwei weitere Arten außersinnlicher Wahrnehmungen werden in diesem an großen allegorischen Träumen und Visionen so reichen Buch erzählt.

Die eine hatte der »Nachfolger« Nebukadnezars, König Belsazar. Bei einem großen Gastmahl, bei dem die Gäste aus eroberten heiligen Gefäßen aus dem Tempel von Jerusalem tranken und die »Götter aus Gold und Silber, aus Bronze, Eisen, Holz und Stein« lobten, erschienen die Finger einer Menschenhand und schrieben gegenüber dem Leuchter etwas auf die weiß getünchte Wand des königlichen Palastes. Daniel wurde gerufen und konnte die hebräischen Buchstaben mühelos als »mene, mene tekel upharsin« entziffern (ja, davon kommt die Sache mit dem Menetekel!). Es deutete auf eine Verurteilung des Königs durch Gott und eine bevorstehende Teilung des Reiches hin. Der Herrscher wurde noch in derselben Nacht getötet, als sein Nachfolger bestieg der Meder Darius den Thron.[24]

---

23 Daniel 4, 31 ff.

24 Daniel 5, 4, 5, 25 und 6, 1

Der Erzengel Gabriel oder: Der Stress der Visionen

In den späteren Kapiteln des Buches entwickelt sich Daniel vom Traumdeuter zu jemandem, der selbst Träume hat. Es handelt sich um apokalyptische Visionen, in denen es um Endzeitgeschehen oder einen Messias geht, um einen »Menschensohn«. Der griechische Ausdruck »apokalypsis« bedeutet »Enthüllung« einer geheimen Botschaft, kurz bevor sie eintritt. So wurde Daniel aufgefordert, seine Worte niederzuschreiben, und »diese Worte bleiben verschlossen und versiegelt bis zur Zeit des Endes«. »Apokalyptische« Werke enthalten oft Rückblicke auf die Weltgeschichte in Form von Voraussagen. Da diese vergangenen Ereignisse stattgefunden haben, belegen sie die Vertrauenswürdigkeit des Sehers bei echten Voraussagen.

Bemerkenswert ist an diesen Visionen zweierlei: zum einen die verschlüsselte Form der Aussage – diese Visionen sind genauso allegorisch wie die Träume Nebukadnezars oder des ägyptischen Pharaos –, zum anderen der äußere Rahmen, in dem sie stattfinden – sie nehmen Daniel körperlich stark mit. Ein paar Textzitate mögen das belegen, sie sind im Buch Daniel in den Kapiteln 7 bis 12 nachzulesen.

> »Ich hatte während der Nacht eine Vision . . . Hier endet die Mitteilung. Mich, Daniel, erschreckten meine Gedanken sehr, und ich erbleichte.«

> »Ich hatte eine Vision . . . Während ich, Daniel, noch diese Vision hatte und sie zu verstehen suchte, da stand vor mir einer, der aussah wie ein Mann. Und über den Ulai-Kanal hörte ich eine Menschenstimme, die rief: Gabriel, erkläre ihm die Vision! Da kam er auf mich zu. Als er näher kam, erschrak ich und fiel mit dem Gesicht zu Boden . . . Während er mit mir redete, lag ich ohnmächtig da, mit dem Gesicht am Boden . . . Die Vision . . . die dir offenbart wurde, ist wahr; doch du sollst sie geheimhalten . . . Darauf war ich, Daniel, erschöpft und lag mehrere Tage krank zu Bett . . . «

> »Im dritten Jahr des Königs Kyros von Persien empfing Daniel . . . eine Offenbarung. Das Wort ist zuverlässig und kündigt große Not an. Er suchte das Wort zu verstehen, und das Verständnis wurde ihm in einer Vision gegeben. In jenen Tagen hielt ich, Daniel, drei Wochen lang Trauer. Nahrung, die mir sonst schmeckte, aß ich nicht; Fleisch und Wein kamen nicht in meinen Mund; auch salbte ich mich nicht, bis drei volle Wochen vorbei waren . . .«

Hier wird also eine weitere Schicht in die Kommunikation zwischen Gott und Mensch eingeschoben: Die Vision wird in der Vision gedeutet, der Vermittler

Die Apokalypse des Johannes ist eine einzige großartige Vision, die den mystischen Charakter des Christentums enthüllt. Hier die Vision der Berufung des Johannes nach Offenbarung 1, 10–17: »Als ich mich umwandte, sah ich sieben goldene Leuchter und mitten unter den Leuchtern einen, der wie ein Mensch aussah ... In seiner Rechten hielt er sieben Sterne, und aus seinem Mund kam ein scharfes, zweischneidiges Schwer, und sein Gesicht leuchtete wie die machtvoll strahlende Sonne.«

zwischen dem Sender der Botschaft und dem Träumenden ist der Erzengel Gabriel. Daniel seinerseits hatte diese große Vision nicht einfach im Schlaf, sondern er bereitete sich in einer dreiwöchigen Fastenperiode gezielt darauf vor.

Die Zeiten eines Dialogs wie zwischen Abraham und seinem Gott sind endgültig vorbei.

Götter, Leib und Seele oder: Die Kritik der Philosophen

> Heraklit sagte, dass die Wachenden ein und dieselbe Welt haben, während sich von den Schlafenden ein jeder zu seiner eigenen abwendet.

In der griechisch-römischen Antike nahm man den Traum, der von Plutarch als »ältestes Orakel der Menschheit« bezeichnet wird, als Erkenntnisquelle für zukünftiges Geschehen sehr ernst. Im Unterschied zu den biblischen Träumen aber galten Träume längst nicht unangefochten als Mitteilung der Götter. Vielmehr lässt sich hier eine Spaltung in zwei völlig getrennte Traditionen beobachten: den philosophisch-kritischen Zugang zur Frage der Herkunft der Träume und den volkstümlich-gläubigen Zugang zum Traum als göttliche Offenbarung.

Träume galten damals noch keineswegs als Gehirnleistung. Die Pythagoreer glaubten, dass die Luft mit Seelen von Dämonen und Heroen erfüllt sei. Diese nähmen Kontakt mit ihnen verwandten Menschenseelen auf und schickten ihnen bedeutsame Zeichen. Da die Seele sich im Schlaf vom Körper lösen könne – eine Vorstellung, die uns an ganz anderer Stelle wieder begegnen wird –, seien in diesem Zustand auch ihre Eindrücke und Erkenntnisse von höherem Wahrheitsgehalt. Demokrit fasste im 5. Jahrhundert v. Chr. Träume als Bilder auf, die kontinuierlich von Personen und Dingen ausströmen und durch die Poren in die Körper der Schlafenden eindringen. Der Träumende ist demnach nicht der Urheber, sondern nur der Empfänger des Traumes. Mit der Formulierung »mir hat schlecht geträumt« klingt diese Vorstellung noch heute nach.

Philosophen bezweifelten recht bald, dass Träume tatsächlich von den Göttern gegeben seien. Der Widerspruch zwischen Tugend am Tag und Trieben in der Nacht forderte etwa Sokrates zu der Schlussfolgerung heraus: »Der schlechteste Mensch ist jener, der im Wachen so ist, wie wir den Träumenden dargestellt haben.«[25]

---

25 Platon, Der Staat, zitiert nach Martin Bartels (Hrsg.), Traumspiele, Junius Verlag, Hamburg 1994, Seite 52

Auch Aristoteles[26] sah im 4. Jahrhundert v. Chr. Träume nicht mehr als Gabe der Götter an, sondern erklärte ihr Eintreten aus dem Träumenden selbst heraus, als Verarbeitung von Tagesgeschehen:

> »Was aber der Traum ist und wie er entsteht, können wir besonders aus den Vorgängen entnehmen, die sich beim Schlafen abspielen.
>
> Die sinnlichen Objekte bewirken in uns je nach den einzelnen Sinnesorganen eine Wahrnehmung, und der durch sie hervorgerufene Eindruck ist in den Organen nicht nur während der Tätigkeit der Sinne vorhanden, sondern auch noch nach deren Aufhören . . .
>
> Daraus sieht man also, dass nicht nur, wenn man wach ist, die von den Sinneseindrücken herrührenden Bewegungen erscheinen, mögen diese Bewegungen nun von außen oder vom eigenen Leibe kommen und in einem ruhen, sondern auch wenn diese Affektion, die Schlaf heißt, eintritt, ja, dann nicht eher. Denn tagsüber, wenn Sinne und Verstand in Tätigkeit sind, werden sie verdrängt und verschwinden wie schwächeres Feuer vor starkem und kleine Schmerzen und Freuden vor großen, während wenn das Große aufhört, auch das Kleine zum Vorschein kommt. Nachts aber, wenn die Einzelsinne feiern und . . . nicht tätig sein können, werden sie nach dem Zentralsinne geleitet und treten in die Erscheinung, wenn die Unruhe zum Stehen kommt . . .«

Diese Theorie wurde in unserer Zeit als Psychomüll-Theorie wieder ernsthaft ventiliert.

Anschließend geht Aristoteles auf die Rolle der Träume als Weissagung der Zukunft ein und versucht, streng logisch zu klären, in welcher Beziehung der Inhalt eines Traumes zu dem Träumer und seinem Leben stehen kann. Dazu unterscheidet er zwischen Ursache, Zeichen oder Symptom – wir würden heute vielleicht sagen: Ursache, Anzeichen (Symptom im medizinischen Sinn) und zufälligem Zusammentreffen:

> »Was aber die Weissagung betrifft, die im Schlafe geschehen und in Träumen sich vollziehen soll, so ist es weder leicht, sie zu verachten, noch leicht, an sie zu glauben . . .
>
> Notwendig sind nun aber die Träume entweder *Ursachen* der Begebenheiten, oder deren *Zeichen,* oder deren *Symptome,* und zwar entweder alles dieses insgesamt, oder zum Teil, oder nur eines davon. Mit Ursache

26 Aristoteles. Von Schlafen und Wachen. Von den Träumen. Von den weissagenden Träumen, in: Kleine naturwissenschaftliche Schriften, übersetzt von Eugen Rolfes, Leipzig 1924 passim

> meine ich, dass z. B. der Mond an der Sonnenfinsternis und die Anstrengung am Fieber schuld ist, mit *Zeichen,* dass der Aufgang oder das Sichtbarwerden des Sterns die Finsternis und die Rauheit der Zunge das Fieber verrät, und mit *Symptom,* dass sich beim Spaziergang die Sonne verfinstert. Denn der Spaziergang ist so wenig *Zeichen* oder *Ursache* der Finsternis, wie die Finsternis des Spaziergangs. Deshalb fällt ein *Symptom* wieder immer noch meistens mit dem, was man etwa aus ihm ablesen möchte, zusammen.
>
> Sind nun etwa Träume teils Ursache, teils Zeichen, Zeichen für etwas, was am Leibe vorgeht?
>
> Tatsache ist, dass auch die tiefer angelegten Ärzte sagen, man müsse auf die Träume wohl achtgeben. Es finden aber auch diejenigen diese Ansicht begründet, die zwar keine medizinischen Fachmänner sind, aber doch ein wenig nachdenken und philosophieren.
>
> Denn die Bewegungen, die bei Tage vorkommen, treten, wenn sie nicht sehr groß und stark sind, vor anderen, größeren Bewegungen im wachen Zustand zurück. Im Schlafe aber ist es umgekehrt: da kommen einem auch die kleineren Bewegungen groß vor. Man sieht das an dem, was häufig im Schlafe stattfindet: man meint, es blitze und donnere, wenn ein schwacher Schall das Ohr trifft, glaubt Honig und süße Geschmäcke zu kosten, wenn man etwas Schleim verschluckt, und durch Feuer zu gehen und entsetzlich heiß zu werden, wenn einzelne Glieder ein wenig warm werden. Erwacht man aber, so überzeugt man sich bei allen diesen Dingen vom wahren Sachverhalt. Und da der Anfang aller Dinge klein ist, so sieht man, dass das auch bei Krankheiten und anderen körperlichen Zuständen, die noch im Werden begriffen sind, zutrifft. Dieselben müssen also offenbar im Schlaf eher zum Vorschein kommen als im wachen Zustand.«

So. Für die Früherkennung von Krankheiten haben Träume also durchaus ihren Wert, meint Aristoteles. Er geht aber noch einen Schritt weiter und wird hier sehr modern:

> »Aber auch die Annahme ist gewiss nicht unbegründet, dass manche Traumbilder die förmliche Ursache für Handlungen sind, die zu den persönlichen Lebensgewohnheiten gehören. Denn wenn wir zu handeln im Begriffe stehen oder etwas unter Händen haben oder es schon getan haben, so verweilen wir oft in einem objektiven Traumgesicht dabei und führen es aus – der Grund ist, dass die Bewegung durch die am Tag

Die griechische Personifikation der Nacht, die Nyx, im Sternengewand, mit ihren Kindern auf dem Schoß, den Zwillingen Hypnos, der Schlaf, und Thanatos, der Tod.

> stattgehabten Anfänge im voraus eingeleitet wurde –. Ebenso müssen nun aber auch wieder die Bewegungen im Schlaf oft den Anfang für die am Tag zu vollziehenden Handlungen bilden, weil auch wieder dem Gedanken an sie in den nächtlichen Phantasmen der Weg im voraus bereitet worden ist.
>
> So können denn wirklich manche Träume sowohl *Zeichen* als auch *Ursache* sein.«

Mit dem Hinweis auf Wunschträume, die selbst zum Auslöser des angestrebten Ereignisses werden können, nimmt Aristoteles einen Mechanismus zur Erklärung von »self-fulfilling prophecies« vorweg. In Paul Watzlawicks »Anleitung zum Unglücklichsein« werden sie anschaulich und amüsant erklärt.

Viele Menschen in der Antike glaubten an die göttliche Herkunft der Träume. In der Theogonie des Hesiod sind Hypnos, der Schlaf, Thanatos, der Tod, und die Träume Kinder der Nyx, der Nacht. Sie wohnen als mächtige Götter im Tartaros. Einen der antiken Traumgötter kennen Sie vielleicht aus romantischen Seufzern vom Liegen in Morpheus' Armen.

Für Xenophon sind alle Träume direkt von den Göttern gesandt. Der Körper muss ruhen, also schlafen, damit die Seele Kontakt mit übersinnlichen Kräften aufnehmen kann. So schreibt Xenophon: »Im Schlaf bekundet die Seele eindeutig ihre göttliche Natur. Im Schlaf wird ihr eine Art Einblick in die Zukunft gewährt, und das geschieht offenbar, weil sie im Schlaf vollkommen frei ist.« Xenophon meint damit, dass der Traum ein Mittel der göttlichen Offenbarung ist, und dies ist tatsächlich eine Einstellung, die sich seit homerischer Zeit belegen lässt. Alle Götter, aber ganz besonders Göttervater Zeus, trat durch den Schlaf mit den Menschen in Verbindung.

In der Frühzeit, etwa in Homers Ilias und Odyssee, waren fast alle Träume unverschlüsselt (theorematisch), das heißt, wenn jemandem träumte, er werde eine Reise machen, dann bedeutet das, er werde eine Reise machen. Im Laufe des 5. Jahrhunderts v. Chr. nimmt die Zahl der allegorischen, also verschlüsselten Träume zu. Den ältesten überlieferten allegorischen Traum hat Odysseus in der Odyssee: Er träumte, 20 Gänse werden von einem Adler getötet – die Deutung: Ebenso werde er selbst, der Adler, die 20 Freier töten, die in seinem Haus um seine Frau buhlten.

Zur Unterscheidung zwischen wahren und falschen allegorischen Träumen bedurfte es der Auslegung, die durch den Träumer selbst oder durch einen berufsmäßigen Traumdeuter erfolgen konnte – die Chaldäer galten hier als besonders berufen. Die Person und die Lebensumstände des Träumers waren dabei zu berücksichtigen, derselbe Traum war anders zu deuten, wenn er von einem König oder von einem Sklaven geträumt wurde, denn im ersten Fall bezog er sich auf das Wohl des Staates, im letzten Fall war er als unzuverlässig einzustufen und es kam ihm keine weitere Bedeutung zu.

Dieser praktische Umgang mit Träumen blieb bis in die römische Kaiserzeit weit verbreitet. Besonders wichtige Themen waren Krankheiten, Königsträume und zukunftsweisende Träume von Privatpersonen.

Inkubation und Psychiatrie oder: Wenn Kranke träumen

Der griechische Reiseschriftsteller Pausanias schreibt über den Schlaf im Heiligtum des Heilgottes Amphiaraos in Oropos in Böotien:

> »Ich glaube, dass Amphiaraos sich besonders der Traumdeutung widmete; dafür spricht, dass er, als er als Gott anerkannt war, ein Orakel durch Träume einrichtete. Und zuerst muss sich derjenige reinigen, der gekommen ist, um Amphiaraos zu befragen, und die Reinigung besteht aus einem Opfer an den Gott. Man opfert aber ihm und allen, deren Namen auf dem Altar verzeichnet sind. Nachdem dies zunächst ausgeführt worden ist, opfert man einen Widder, breitet das Fell aus und schläft darauf in Erwartung der Traumoffenbarung.«[27]

Auch an vielen anderen Orten existierten Heiligtümer heilender Götter, am berühmtesten aber war der Kult des Asklepios, der sich im Verlauf des 6. Jahrhunderts v. Chr., vielleicht von Thessalien ausgehend, ausbreitete.

Das bekannte Asklepieion von Epidauros lag auf der argivischen Halbinsel, etwa 9 km landeinwärts südlich der antiken Stadt Epidauros. Von den Bauten aus dem 5. Jahrhundert v. Chr., der Zeit nämlich, in der das Heiligtum berühmt wurde, ist kaum etwas nachzuweisen. Was man heute sieht, stammt großteils aus dem 3. Jahrhundert v. Chr.

Das Heiligtum lag in einer wasserreichen Ebene am Fuß des Kynortionberges, auf dessen Höhe seit mykenischer Zeit der Heros Maleatas verehrt wurde, dessen Kult in klassischer Zeit von Apollon mit dem Beinamen Maleatas übernommen wurde. Im Heiligtum selbst wurde der Tempel des Asklepios, der das goldelfenbeinerne Bild des Gottes beherbergte, von einer Ansammlung von Gebäuden umgeben. Vor dem Tempel lag ein Altar, auf dem der Pilger dem Gott ein Opfer in Form von Honigkuchen oder ähnlichem darbrachte. Ein Rundbau im Asklepieion lenkte sicher die Aufmerksamkeit der Besucher auf sich. Zu Zeiten des Pausanias, im 2. Jahrhundert n. Chr., wurde

27 Pausanias I, 34, 5

er als Museum genutzt. Vielleicht war er ursprünglich für den Kult des Asklepios als Heros gedacht. Unwahrscheinlicher ist dagegen, dass in dem dunklen Unterbau die heiligen Schlangen des Gottes gehalten wurden; die oft dort lokalisierte Schlangengrube scheint eher aus der Phantasie der Archäologen des 19. Jahrhunderts heraus entstanden zu sein.

Die Patienten legten sich in einfachen Hallen, den Enkoimeterien oder den Abatoi, auf ein Lager. Aristophanes von Aigina schildert am Beispiel des Asklepieions von Aigina:

> »Die Priester löschten die Lichter, ermahnten die Patienten zur Ruhe und ließen sie dann allein. Irgendwann fielen sie, den Kopf noch voll mit all dem, was sie seit Betreten des Heiligtums erlebt hatten, in den Schlaf und träumten. Die Kranken schliefen ein oder versanken in einen tranceähnlichen Zustand zwischen Wachen und Schlafen.«[28]

Und im Schlaf geschahen dann auch die Heilungen: Asklepios erschien mit Gehilfen und seinen heiligen Tieren, der Schlange und dem Hund; er heilte durch Berührung, durch eine Operation oder Anweisungen, die der Kranke am nächsten Tag auszuführen hatte.

Aus den Berichten, die die Patienten am nächsten Tag von ihren Traumerlebnissen gaben, wissen wir, dass Asklepios sich ihnen in der Regel so zeigte, wie ihn die Menschen von seinen Abbildungen als Statuen kannten: als bärtiger Mann mittleren Alters, der zu ihnen mit angenehmer, milder Stimme sprach.

Wie aber heilte Asklepios die Patienten im Traum?

Erstaunlich groß war die Zahl der Spontanheilungen. Nach dem Inkubationstraum waren viele Patienten am nächsten Morgen gesund und beschwerdefrei. Schlange und Hund des Gottes beleckten manchmal die befallenen Stellen des Köpers, und mit dieser Therapie war der Kranke geheilt. Bei der ungiftigen Baumschlange *Elaphe longissima,* die in Südosteuropa heimisch ist, dürfte es sich um die hier beschriebene Äskulapnatter handeln.

Andere Patienten träumten, dass Asklepios ihnen bestimmte Medikamente verordnete, oder aber er empfahl Bädertherapien sowie andere Heilkuren. Die Träume scheinen jedenfalls in den meisten Fällen klar zu verstehen gewesen zu sein, ein Grund, warum die gewerbsmäßigen Traumdeuter, die am Rande des Heiligtums ihre Interpretationen anboten, nicht viel Arbeit bekamen.

28 Aristophanes, Ploutos 663 ff.

29 Pausanias II 27, 3

Auch die Priester hielten sich offenbar bei der Traumdeutung weitgehend zurück. Der von manchen Archäologen geäußerte Verdacht, die Inkubationsträume seien »fauler Zauber«, quasi so eine Art Kurschwindel gewesen, lässt sich nicht erhärten. Auffällig bleibt auch, dass aus dem Heiligtum in Epidauros keine medizinischen Instrumente stammen, mit denen man den Träumen der Patienten etwa hätte nachhelfen können.

Von den Wunderheilungen von Epidauros zeugen zahlreiche Inschriften. Als der Reisende Pausanias um 170 n. Chr. das Asklepieion von Epidauros besuchte, erwähnte er die im heiligen Bezirk aufgestellten Stelen: »Auf ihnen sind die Namen von Männern und Frauen verzeichnet, die von Asklepios geheilt wurden und dazu die Krankheit, an der jeder litt, und wie er geheilt wurde. Geschrieben ist das im dorischen Dialekt.«[29] Vier der erwähnten Stelen sind im Jahre 1883 gefunden worden, zwei davon völlig unversehrt. Sie enthalten Kurzberichte von insgesamt 66 Wunderheilungen, den *iamata*. Diese Zusammenstellung scheint im 4. Jahrhundert v. Chr. von den Asklepiospriestern vorgenommen worden zu sein. Im Folgenden seien einige dieser Texte zur Illustration zitiert.[30]

> ALKETAS VON HALIEIS. Dieser war blind und sah einen Traum: es träumte ihm, der Gott komme zu ihm und öffne mit den Fingern seine Augen, da habe er zuerst die Bäume im Heiligtum gesehen. Als es Tag geworden war, kam er gesund heraus.
>
> HERAIEUS VON MYTILENE. Dieser hatte auf dem Kopf keine Haare, am Kinn aber sehr viele. Da er sich schämte, weil er von den anderen ausgelacht wurde, schlief er im Heilraum. Ihm salbte der Gott mit einer Arznei den Kopf und ließ ihm wieder Haare wachsen.
>
> EUHIPPOS trug eine Lanzenspitze sechs Jahre im Kiefer. Als er im Heilraum schlief, nahm ihm der Gott die Lanzenspitze heraus und gab sie ihm in die Hände. Als es Tag geworden, ging er gesund heraus mit der Lanzenspitze in den Händen.
>
> EUPHANES VON EPIDAUROS, EIN KNABE. Dieser war steinleidend und schlief im Heilraum. Da träumte ihm, der Gott trete vor ihn hin und sage: »Was willst du mir geben, wenn ich dich gesund mache?« Er habe gesagt: »Zehn Klicker.« Da habe der Gott gelacht und gesagt, er werde ihn erlösen. Als es Tag geworden, kam er gesund heraus.

---

30 Inscriptiones Graecae IV^2, 121–124, übersetzt von R. Herzog, zitiert nach Laura Hermes a. a. O. 169 ff.

EIN MANN MIT EINEM GESCHWÜR INNERHALB DES BAUCHES. Dieser sah im Heilraum einen Traum: es träumte ihm, der Gott befehle den Gehilfen in seinem Gefolge, ihn zu ergreifen und festzuhalten, um ihm den Bauch zu schneiden; da sei er geflohen, sie hätten ihn aber ergriffen und an einen Türring gebunden. Hierauf habe Asklepios den Bauch aufgeschlitzt, das Geschwür herausgeschnitten und ihn wieder zugenäht, und er sei aus den Fesseln gelöst worden; und daraufhin kam er gesund heraus, der Fußboden im Heilraum aber war voll mit Blut.

Von Blut träumen, bedeutet Feuer oder den baldigen Tod eines Blutsverwandten. Träumt man aber, man trinke oder sammle Blut, so ist das ein gutes Zeichen.

(Deutscher Aberglaube)

Die Bereitschaft und der Wille der Kranken, sich heilen zu lassen, gehörten zu den eigenen Leistungen, die gegenüber Asklepios zu erbringen waren. Aber auch wankelmütigen Patienten half Asklepios im wahrsten Sinne des Wortes auf die Beine:

NN VON EPIDAROS, LAHM. Dieser kam als Bittfleher in das Heiligtum auf einer Bahre. Als er im Heilraum schlief, sah er ein Gesicht: es träumte ihm, der Gott zerbreche seinen Stab und befehle ihm, eine Leiter herbeizubringen und so hoch wie möglich auf den Tempel zu steigen. Er habe es zuerst versucht, dann den Mut verloren und oben auf dem Gesims ausgeruht, zum Schluss aber habe er es aufgegeben und sei die Leiter langsam Tritt für Tritt heruntergestiegen. Asklepios habe sich zuerst geärgert über sein Handeln, dann habe er ihn ausgelacht, dass er so feig ist. Er wagte es, als es Tag geworden, die Aufgabe zu erfüllen, und ging ohne Leibschaden von dannen.

Die psychosomatischen Grundlagen vieler Krankheiten lassen sich am leichtesten als Anlass für ganz spontane Heilungen ohne Heilschlaf begreifen, wie die folgenden Beispiele zeigen:

NIKANOR, LAHM. Wähend dieser dasaß, raubte ihm ein Knabe im Wachen seinen Stab und floh. Er stand auf, verfolgte ihn und wurde gesund.

EIN MÄDCHEN, STUMM. Als dieses im Heiligtum herumlief, sah sie eine Schlange von einem der Bäume im Hain herabkriechen; voller Furcht schrie sie sofort nach ihrer Mutter und ihrem Vater; und sie ging gesund weg.

All diese Heilungen dürfen natürlich nicht darüber hinwegtäuschen, dass viele Menschen vergeblich auf Heilung warteten. Entweder wurden ihnen keine Traumvisionen zuteil oder aber ihre Träume erfüllten sich nicht.

Zweifel gab es schon in der Antike; so verulkt Aristophanes in seiner oben bereits zitierten Komödie »Ploutos« die Traumgläubigkeit in Zusammenhang mit dem Asklepioskult. Auch Diogenes Laertios – er lebte wahrscheinlich gegen Ende des 3. Jahrhunderts n. Chr. –, der gar nichts von der Traumgläubigkeit hielt, sagte beim Anblick eines mit Weihgeschenken überhäuften Heiligtums sarkastisch: Es wären noch weit mehr Weihgeschenke, wenn auch die *nicht* Geretteten solche Stiftungen machten.[31]

Auch aus dem Heiligtum selbst stammen kritische Stimmen. Sie finden sich unter den *iamata,* das sind die auf Marmorstelen aufgezeichneten Kurzberichte von Wunderheilungen. So lachte die einäugige Ambrosia, die im Heiligtum herumspazierte, weil ihr einige der Heilungen unmöglich erschienen. Als sie aber selbst im Heilraum schlief, träumte sie, dass der Gott vor sie trete und verlange, sie solle ein silbernes Schwein stiften in Erinnerung an ihre Ungläubigkeit. Dann schlitzte er ihr das kranke Auge auf, goss ein Heilmittel hinein, und sie verließ am nächsten Tag das Heiligtum gesund.

Interessant ist die Stellung der antiken Medizin zum Asklepioskult und den Heilungen im Inkubationsschlaf: Dieser Kult hatte im medizinischen System der Antike seinen festen Platz. Denn auch Ärzte wählten ihren Beruf oft auf der Grundlage eines Traums, anerkannten also die Bedeutung der Träume für ihr eigenes Leben. Und von Galen, dem berümten Arzt der Spätantike, ist überliefert, dass er Asklepios' Einfluss auf die Psyche der Patienten sehr hoch einschätzte. Die Existenz psychosomatischer Krankheiten war in der antiken Medizin bereits bekannt. Asklepios begann seine heilende Tätigkeit dort, wo die Tätigkeit des Arztes enden musste, an der Psyche der Patienten, und galt für Galen somit als der erste Seelenarzt (das griechische Fachwort hierfür ist uns geläufiger: Psychiater) schlechthin.

Voraussetzung für eine erfolgreiche Heilung im Schlaf war der eigene Glaube an diese Heilung, die feste Erwartung einer Begegnung mit Asklepios im Traumschlaf. Das Heiligtum war ganz danach angelegt, solche heilenden Traumerlebnisse zu fördern. Die aufgestellten Weihgeschenke stärkten den Glauben an ihre Möglichkeit, und die Tatsache, dass der Heilschlaf nicht in Einzelzimmern, sondern in einem großen Schlafsaal stattfand, verstärkte die Energie des Einzelnen zur Mobilisierung der Selbstheilungskräfte im Schlaf.

31 Diogenes Laertios VI 59

Politik im Traum oder: Wenn Herrscher träumen

Wichtige Traumbotschaften erreichten vor allem angesehene, wichtige Personen und Regenten. Die ägyptische Überzeugung, dass Pharaonen anders träumen als Sklaven, galt also in der ganzen griechischen Welt ungebrochen. Kein Wunder, dass Träume immer wieder den Lauf der Weltgeschichte bestimmten!

Ein berühmtes Beispiel für Weltgeschichte, die durch Träume geschrieben wurde, sind die Kriege zwischen Persien und Griechenland. Es wird von Herodot im siebten Buch seiner Historien erzählt:

> Im Jahre 490 v. Chr. hatte der persische König Dareios bei seinem Angriff auf Griechenland eine schwere Niederlage erlitten. In der Schlacht von Marathon wurde das persische Heer vernichtend geschlagen. Daraufhin gab Dareios den Feldzug vorerst auf und zog sich nach Asien zurück. Der Plan aber, Griechenland zu unterwerfen, war damit keineswegs aufgegeben, und in den kommenden Jahren rüsteten die Perser mächtig auf. Durch seinen Tod im Jahr 486 v. Chr. kam Dareios aber nicht mehr dazu, seinen Plan umzusetzen. Seinem Nachfolger Xerxes stellte sich die Frage, ob er Dareios' Plan eines Griechenlandfeldzugs wieder aufnehmen sollte. Der von ihm einberufene Kronrat plädierte zwar für die Expedition, doch Artabanos, ein Onkel des Xerxes, riet von dem Feldzug ab. Xerxes verwarf seine Einwände zunächst, kurz vor dem Schlafengehen kamen ihm jedoch Zweifel an der Richtigkeit seiner Entscheidung, und in der nachfolgenden Nacht hatte er einen Traum, der ihn sehr verunsicherte.
>
> Es erschien ihm ein großer Mann, der ihn aufforderte, seinen ursprünglichen Plan weiterzuverfolgen. Xerxes sagte den Feldzug trotzdem ab; da erschien ihm die Traumgestalt erneut und forderte ihn auf, gegen die Griechen zu ziehen. Um das Orakel auf die Probe zu stellen, bat Xerxes seinen Onkel, sich verkleidet als König in der folgenden Nacht auf sein eigenes Lager zu legen. Artabanos aber erschien dieselbe Traumgestalt und warnte ihn davor, weiterhin Widerstand gegen den Feldzug zu leisten. Dieser Traum beeindruckte Artabanos so sehr, dass er seine Opposition aufgab und Xerxes zu dem geplanten Feldzug riet.
>
> Daraufhin träumte Xerxes in der darauf folgenden Nacht, er trüge einen Kranz aus Olivenzweigen, welche die ganze Erde bedeckten. Die Traumdeuter interpretierten dies als glückliches Vorzeichen und verhießen ihm die Herrschaft über die Welt.

> Wenige Jahre später unterlag Xerxes den Griechen in den Schlachten der Jahre 480 und 479 v. Chr. Damit war der Traum von einer persischen Weltherrschaft ausgeträumt. Xerxes' eigene Herrschaft aber dauerte noch bis in das Jahr 465/4 v. Chr. an.

Interessant ist die Sache mit dem Stellvertreter. Es geht nicht darum, die Götter, die die Träume senden, zu täuschen. Vielmehr erhält der Herrscher seine »wichtigen« Träume von den Göttern nicht in seiner Eigenschaft als Person, sondern in seiner Funktion als Herrscher. Daher ist derjenige, der im richtigen Gewand im richtigen Bett liegt, der richtige Empfänger der Traumbotschaft.

Zukünftige Eroberungen oder: Wenn Eltern träumen

Alexander der Große galt schon zu seinen eigenen Lebzeiten nicht als gewöhnlicher Sterblicher. Seine Mutter Olympias, eine Prinzessin aus der epirotischen Dynastie der Aiakiden, war zwar eine Sterbliche, aber eine durchaus ungewöhnliche Person. Sie war Teilnehmerin am Dionysoskult – einem Kult, in dem Verzückung und Ekstase eine große Rolle spielten – und an den Mysterien auf der Insel Samothrake. Der Umgang mit veränderten Bewusstseinszuständen, um es einmal ganz modern auszudrücken, war ihr also vertraut. Philipp II. von Makedonien wurde mit ihr zusammen in die Mysterien eingeweiht, als beide noch sehr jung waren. Er verliebte sich in die ungewöhnliche Olympias und heiratete sie.

> Wie Plutarch berichtet, hatte Olympias als Braut »in der Nacht, bevor sie im Brautgemach zusammengegeben wurden, einen Traum. Es war ihr, als donnere es und ein Blitz schlüge in ihren Leib. Von dem Schlag entzündete sich ein heftiges Feuer, das in hellen Flammen aufloderte, nach allen Seiten hin um sich griff und dann verlöschte. Philipp aber träumte einige Zeit später nach der Hochzeit, er drücke ein Siegel auf den Leib seiner Frau, auf welchem ein Löwe abgebildet sei.«

Aristandros von Telmessos, der später auch zum Vorzeichen- und Traumdeuter Alexanders aufstieg, interpretierte das Traumbild von allen Traumdeutern als einziger richtig, so Plutarch, und zwar folgendermaßen: Olympias sei schwanger, denn man versiegele nichts, was leer sei. Sie sei schwanger mit einem Sohn, der die Kraft und die Kühnheit eines Löwen haben werde.[32]

32 Plutarch, Alexander Kap. 2 f.

Alexander der Große, hier nach einer Abbildung des 18. Jahrhunderts, galt schon zu seinen Lebzeiten nicht als normaler Mensch. Träume wurden als Bekräftigung für seine göttliche Abkunft herangezogen.

Waren diese allegorischen Träume schon Vorzeichen genug, dass es sich bei dem in dieser Nacht gezeugten Kind um ein ganz besonders mutiges und tatkräftiges Wesen handele, so gab das exzentrische Wesen der Olympias noch Anlass zu einer konkreteren Ausformung der Ansicht, dieses Kind sei kein gewöhnliches Kind:

Von Olympias wird berichtet, dass sie oft eine Kultschlange bei sich hatte, die ihr bei bestimmten Anlässen als Inkarnation des Ammon-Zeus, des höchsten ägyptisch-griechischen Gottes, erschien. Philipp II. verlor angeblich sein eines Auge, als er durch einen Türspalt beobachtet hatte, wie die Schlange Zeus-Ammons seiner Frau beiwohnte. Olympias jedenfalls soll ihrem Sohn vor seinem ersten Auszug in die Schlacht enthüllt haben, dass es diese göttliche Schlange war, die ihr in der Hochzeitsnacht beiwohnte, und dass er daher in Wirklichkeit der Spross des höchsten Gottes sei und diesem seinem Vater keine Schande machen solle.

Eingedenk der Bedeutung, die das Herrscherpaar für Makedonien hatte, kam seinen Träumen natürlich besondere Bedeutung zu; sie waren eine Angelegenheit des öffentlichen Interesses. Nur so ist es zu verstehen, wie die Träume dieser Eltern in so starker Form als Mittel politischer Rechtfertigung und Legitimierung des Anspruches ihres Kindes auf die Weltherrschaft eingesetzt werden konnten.

Die Iden des März oder: Wenn Ehefrauen träumen

Die Ermordung Caesars am 15. März des Jahres 44 v. Chr. ist, wie bekannt, das Werk einer Verschwörergruppe. Ebenso bekannt ist, dass Caesar von einem Seher vor den Iden des März gewarnt worden war. Weniger bekannt ist, dass Caesar auch durch einen Traum seiner Frau Calpurnia gewarnt worden war. Plutarch berichtet hierzu Folgendes:

> »Am Tag zuvor war Caesar zum Essen bei Marcus Lepidus und unterschrieb bei Tisch wie gewöhnlich einige Briefe. Da kam das Gespräch darauf, welcher Tod der schönste sei, und er kam allen mit der Antwort zuvor, indem er ausrief: ›Der unerwartete!‹ Später legte er sich wie sonst an der Seite seiner Gattin zum Schlafen nieder. Auf einmal sprangen alle Türen und Fenster des Schlafgemachs auf, und Caesar fuhr von dem Geräusch und dem plötzlich hereinflutenden Mondlicht erschrocken in die Höhe. Dabei bemerkte er, dass Calpurnia fest weiterschlief, gleichzeitig aber unverständliche Worte und tiefe Seufzer ausstieß. Sie träumte, sie hielte ihren ermordeten Gemahl in den Armen und beweinte ihn. Andere erzählen den Traum Calpurnias etwas anders: An Caesars Haus war, wie Livius berichtet, auf Senatsbeschluss zum Schmuck und Zeichen seiner Würde ein Giebel angebracht worden. Diesen Giebel sah Calpurnia nun abgebrochen. Und darüber klagte und weinte sie. Als es Tag wurde, flehte sie Caesar an, er solle, wenn irgend möglich, zu Hause bleiben und die Senatssitzung verschieben. Und wenn er auf ihre Träume nichts geben wolle, dann solle er sich durch andere Zeichen der Wahrsagekunst oder durch Opferschau einen Blick in die Zukunft tun. Da kamen anscheinend auch ihm Argwohn und Besorgnis. Er hatte nämlich noch nie eine Gespensterfurcht, wie Frauen oft an sich haben, bei Calpurnia bemerkt, und nun sah er sie völlig außer Fassung. Als ihm jetzt auch noch die Seher nach zahlreichen Opfern verkündeten, sie

hätten unglückbedeutende Vorzeichen gefunden, da beschloss er, die Senatssitzung durch Antonius absagen zu lassen.

Indessen geriet Decimus Brutus mit dem Beinamen Albinus in Furcht, die Verschwörung könne entdeckt werden, wenn Caesar ihnen an diesem Tag einen Strich durch die Rechnung machte ... Er machte sich nun lustig über die Seher und hielt Caesar vor, er werde sich Klagen und Beschwerden beim Senat einhandeln, weil dieser sich für beleidigt halten werde. Die Senatoren seien ja auf seinen Befehl zusammengekommen ... Und nun wolle er den versammelten Senatoren melden lassen, sie sollten wieder heimgehen und ein andermal wiederkommen, wenn Calpurnia besser geträumt hätte?«[33]

Das Ergebnis ist bekannt, Caesar ging in den Senat und sprach auf dem Weg noch den Seher, der ihn vor den Iden gewarnt hatte, mit den spöttischen Worten an: »Nun, die Iden des März sind da!« Der andere aber antwortete gelassen: »Ja, sie sind da, aber sie sind noch nicht vorüber.«

Calpurnias Träume waren teils prophetisch (die Beweinung Caesars), teils allegorisch (der herabgebrochene Giebel). Es gibt keinen erkennbaren Absender, getreu der Auffassung, derzufolge Träume das Produkt der Seele des Träumenden seien.

Dass Calpurnias Traum von Brutus erfolgreich an die Grenze der Lächerlichkeit geschoben werden konnte, hängt zum Teil damit zusammen, dass zu dieser Zeit bereits eine mächtige Stimme in Rom laut geworden war, die die Traumdeutung heftig kritisierte und in den Bereich des Aberglaubens verbannte: Cicero. Sein Einfluss machte sich natürlich auch bei seinen Zeitgenossen bemerkbar. Doch darüber weiter unten mehr. Zunächst noch mal zurück in die Bibel und dann zum Papst der antiken Traumdeutung, zu Artemidor und seinem Traumbuch.

Wieder der Erzengel Gabriel oder: Die Sicherheit von Gottes Sohn

Einige Jahre nach Calpurnias Träumen hatte ein gewisser Josef bemerkt, dass seine Verlobte schwanger war, allerdings nicht von ihm. Während er noch darüber nachsann, ob er sich in aller Stille von ihr trennen solle, »erschien ihm ein Engel des Herrn im Traum und sprach: Josef, Sohn Davids, fürchte

33 Plutarch, Caesar Kap. 63 f.

dich nicht, Maria als deine Frau zu dir zu nehmen, denn das Kind, das sie erwartet, ist vom Heiligen Geist.«[34]

Derselbe Engel erscheint den Heiligen Drei Königen im Traum und gebietet ihnen, nach der Anbetung Jesu nicht mehr zu Herodes zurückzukehren. Wer sind diese Heiligen Drei Könige, von denen Matthäus als einziger Evangelist berichtet? Sie werden als »Sterndeuter aus dem Osten« bezeichnet, als Fremde, die Jesus huldigen. Es ist gut möglich, dass es sich bei dem Stern, der die Weisen zu Jesus führte, um ein ungewöhnliches Naturphänomen gehandelt hat: Der Halleysche Komet soll um ca. 10 v. Chr. sichtbar gewesen sein.

Im griechischen Text werden die Besucher als *mágoi* bezeichnet, als Magier aus dem Osten. Diese Magier waren ursprünglich ein Meder-Clan, der in Persien eine Priesterklasse bildete. Zur Zeit Jesu waren die *mágoi* professionelle Traumdeuter und Astrologen. An anderer Stelle im Neuen Testament werden die Magier nicht so positiv dargestellt. In der Apostelgeschichte werden die Zaubereien der Magier Simon und des jüdischen Zauberers und falschen Propheten Barjesus oder Elymas von den Aposteln abgelehnt. Der zeitgenössische Philosoph Philo bringt den echten *mágoi* viel Achtung entgegen. Matthäus übernimmt Philos positive Sichtweise der Magier: Ihre Weisheit macht es ihnen somit möglich, die Bedeutung des Sternes und den königlichen Status von Jesus zu erkennen, und sie haben auch die Macht, göttliche Botschaften in Träumen zu empfangen.

Die Magier fragen in Jerusalem, wo der König der Juden geboren wurde. Der Hohepriester und die Schriftgelehrten sagen ihnen, dass nach dem Propheten Betlehem der Ort sein wird. König Herodes, der die Voraussagen über die Geburt des Menschensohnes kennt und um seine Machtposition fürchtet, weiß nun zwar den Ort, an dem das Kind zu finden ist, aber nicht die Familie. Nur die Weisen aus dem Morgenland werden vom Stern dorthin geführt. Im Traum wird den Weisen nahe gelegt, nicht zu Herodes zurückzukehren, um ihm, wie versprochen, zu berichten. Der König ordnet daraufhin an, in Bethlehem alle Kinder unter zwei Jahren zu töten, damit der Messias nicht am Leben bleibe. Wieder erscheint Josef im Traum ein Engel des Herrn und fordert ihn auf, mit seiner Familie nach Ägypten zu fliehen, um dem Massaker zu entgehen. Dort leben sie so lange, bis nach Herodes' Tod wieder ein Engel des Herrn Josef in einem weiteren Traum auffordert, mit seiner Familie zurückzukehren.

Vor der Geburt von Johannes dem Täufer tritt ebenfalls ein Engel des Herrn in Erscheinung. Dem Zacharias, dem Vater des Täufers, der Priester

34 Matthäus 1, 18–20

war, erschien während des Opfers »ein Engel des Herrn; er stand auf der rechten Seite des Rauchopferaltars. Als Zacharias ihn sah, erschrak er, und es befiel ihn Furcht. Der Engel aber sagte zu ihm: Fürchte dich nicht, Zacharias!«, und er verkündigt ihm, dass seine Frau ein Kind bekommen werde. »Zacharias sagte zu dem Engel: Woran soll ich erkennen, dass das wahr ist? . . . Der Engel erwiderte ihm: Ich bin Gabriel, der vor Gott steht, und ich bin gesandt worden, und mit dir zu reden und dir diese frohe Botschaft zu bringen. Aber weil du meinen Worten nicht geglaubt hast, . . . sollst du stumm sein und nicht mehr reden können, bis zu dem Tag, an dem all das eintrifft. Inzwischen wartete das Volk auf Zacharias und wunderte sich, dass er so lange im Tempel blieb. Als er dann herauskam, konnte er nicht mit ihnen sprechen. Da merkten sie, dass er im Tempel eine Erscheinung gehabt hatte.«[35]

Als Gabriel zu Maria kommt, ist von Erscheinung keine Rede, auch wird sie nicht als Schlafende geschildert. Vielmehr tritt er einfach bei ihr ein und begrüßte sie. Im Folgenden entwickelt sich das bekannte Zwiegespräch, mit dem Maria den göttlichen Auftrag annimmt.

Ob die außersinnliche Wahrnehmung des Engels im Wachen oder im Traum, in einer Vision stattfand, wird hier offenbar im Sinne einer Rangordnung zur Kennzeichnung Marias als eines besonders gottesnahen Wesens eingesetzt. Josef und die Magier haben Träume, Zacharias hat eine Vision, Maria erlebt einen Tagtraum. Später, nach der Geburt seines Sohnes, wurde Zacharias vom Heiligen Geist erfüllt und begann prophetisch zu reden. Die Hirten auf dem Felde sind ebenfalls in der Lage, bei der Nachtwache den Engel des Herrn wahrzunehmen, der unter sie trat und ihnen Christi Geburt verkündete.[36]

Die Frau des Pilatus oder: Ein missachteter Traum

Jesu Prozess vor dem judäischen Statthalter Pontius Pilatus war eine von vielen Gerichtsverhandlungen in der römischen Provinz. Die römischen Statthalter hatten als Richter die Pflicht und die Macht, die öffentliche Ordnung sicherzustellen. Ein Prozess begann mit der Anhörung der Ankläger – in diesem Fall waren das die Hohepriester, Ältesten und Schriftgelehrten. Sie beschuldigten Jesu nicht eines bestimmten Verbrechens, sondern der Störung der Ordnung: Jesus soll das Volk aufgerührt und Steuern hinterzogen

35 Lukas 1, 10–22
36 Lukas 2, 8–11

haben. Außerdem soll er behauptet haben, der Messias zu sein, wodurch er den Aufstand gegen Rom anführe. Anfangs wollte Pilatus keine Entscheidung treffen. Bei Johannes möchte er die Verantwortung auf die jüdischen Gerichte abwälzen – »Richtet ihn nach eurem Gesetz.« Diese Vorgangsweise war nicht ungewöhnlich; die Statthalter ließen häufig bei unangenehmen Fällen Angeklagte in ihrer Heimatgemeinde vor Gericht stellen. Jesu Gegner setzten Pilatus weiter unter Druck und beschuldigten ihn selbst des Verrats gegen Caesar.

Pilatus' Frau bittet ihren Mann in die Gerichtsverhandlung hinein um die Freilassung dieses Angeklagten: »Lasse deine Hand von diesem Gerechten: ich habe heute viel erlitten im Traum seinetwegen.«[37]

Diese Stelle ist besonders bemerkenswert, weil alle sonstigen biblischen Träume erfüllt werden. Gewöhnlich gehorcht der Träumer der göttlichen Botschaft. Der Träumer tat dies auch, konnte sich aber nicht durchsetzen: Pilatus geht nicht auf die Botschaft seiner Frau ein, Jesus wird gekreuzigt.

In diesem Zusammenhang sei an eine andere Überlieferung erinnert, die in der koptischen Kirche noch lebendig ist, in welcher Jesus als mächtiger Zauberer bezeichnet wird, der die Gabe der Wunder, der Visionen und der Heilungen besitzt. In dem apokryphen Evangelium des Nikodemus sagen die Hohenpriester zu Pilatus, nachdem ihm die Botschaft seines Weibes ausgehändigt worden ist: »Sagten wir dir nicht, dass er ein Zauberer ist? Siehe, er veranlasst deine Frau zu träumen.« Das Träumen wird hier mit Magie und Geisterbeschwörung in einen Topf geworfen und als Gegensatz zu Wahrheit und Wirklichkeitssinn hingestellt. Pilatus verfügt über keinen festen Standpunkt, von dem aus er die »wirkliche« Realität hätte erkennen können; er ist unfähig, einen Entschluss zu fassen, und daher »wusch der seine Hände in Unschuld«.

Interessant ist, dass nach Caesars Frau Calpurnia die Frau des Herodes die zweite ist, die Träume hat, die eigentlich ihr Mann hätte haben sollen. In beiden Fällen betrifft das Geträumte nicht den Träumenden persönlich, sondern eine andere Person – ein Phänomen, das sonst nur bei Propheten auftritt. Daniels nach längerem Fasten herbeigeführte Endzeitvisionen betreffen ja ebenfalls nicht sein eigenes, persönliches Schicksal.

Diese »Ehefrauen«-Träume weisen auf ein Phänomen hin, das man so formulieren könnte: Der Träumer selbst ist für Gottes Wort beziehungsweise die Warnung der Götter unempfänglich – also offenbart sich die Botschaft in einer ihm nahe stehenden Person. Der Stellvertreter als Empfänger, der der

37 Matthäus 27, 19

Traumbotschaft nicht erfolgreich Gehör verschaffen kann, symbolisiert nur die Aussage: Gott/die Götter hat/haben ja versucht, den eigentlichen Empfänger Pilatus/Caesar zu warnen, er wollte aber nicht auf die Warnung hören.

Die Tatsache, dass in beiden Fällen Frauen die Empfänger der Traumbotschaften waren, für die ihre Männer zu unempfänglich sind, darf nicht in dem Sinne überbewertet werden, dass daraus geschlossen werden könne, die Fähigkeit zu träumen gehe den Männern zu dieser Zeit verloren. Allein das Beispiel Josefs belegt das Gegenteil. Allerdings ist die Rollenverteilung geschickt gewählt und trägt den gehirnphysiologischen Unterschieden zwischen Männern und Frauen und ihrer möglichen Auswirkung auf die Fähigkeit zu träumen Rechnung.

Artemidors Traumbuch oder: Ein Fachmann packt aus

Einen gründlichen Einblick in die Theorie und die Praxis der Deutung allegorischer Träume in der Antike erlauben die fünf Bücher des »Oneirokritikon«, des so genannten Traumbuchs des Artemidor. Es handelt sich um eine lexikonartige Sammlung von etwa 1400 Traummotiven und ihrer Deutung.

Artemidor lebte im 2. Jahrhundert n. Chr., etwa von 100 bis 180 n. Chr., und zwar im kleinasiatischen Ephesos, also in der heutigen Türkei. Er selbst bezeichnete sich als Artemidoros von Daldis, nach der lykischen Herkunft seiner Mutter.

Als Leserschaft stellte sich Artemidor eine an Traumdeutung interessierte größere Öffentlichkeit vor, also Menschen, die nach einem Traum zuerst mal in einem Lexikon nachschlagen wollten. Sein Traumbuch ist in klare Kategorien gegliedert: Geburt, Körper, einzelne Körperteile, Kleidung, Nahrung, Freizeit und Götter sind einige der Ordnungskriterien. Artemidor hat offenbar an alle Gesellschaftsschichten gedacht, weil seine Traumdeutung auffällig oft differenziert nach dem Beruf und der sozialen Stellung des Träumenden. Dabei fällt auf, wie häufig auch die Sklaverei bzw. die Sklaven erwähnt werden, somit erhalten auch die Unfreien ihren Platz in der Gesellschaftsstruktur.

Durch diese Differenzierung können den etwa 1400 gesammelten Traummotiven wesentlich mehr Deutungen entnommen werden, die sich je nach der Person des Träumenden erheblich unterschieden. Mit dieser Einbeziehung der persönlichen Lebensumstände des Träumenden nimmt Artemidor etwas vorweg, das in der modernen Traumdeutung wieder eine bedeutende Rolle spielt.

Die beherrschende Frage war die nach der Zukunft des Träumenden. Die Traumdeutung verstand sich als eine Art praktische Lebenshilfe. Im Gegensatz zur heutigen Traumanalyse, bei der man vorwiegend etwas über sich selbst erfahren möchte, ging es hier den Menschen darum zu erfahren, was die Zukunft für ihn bereithielt.

Diese Rolle des Traums steht ganz in der antiken Tradition. Dagegen ist von einer göttlichen Herkunft der Träume, wie sie noch hinter dem Glauben an den Inkubationsschlaf im Asklepiosheiligtum stand, bei diesen alltäglichen Traummotiven nichts mehr zu spüren. Träume werden zu einer Art Selbstgespräch der Seele, die sich kraft ihrer prophetischen Fähigkeiten selbst die Zukunft vorhersagt. Da sie ihre eigenen Äußerungen jedoch nicht verstehen kann, wird der Traumdeuter als Helfer bei der Deutung benötigt. Auch sein Wissen beruht nicht so sehr auf göttlicher Inspiration wie auf menschlicher Erfahrung und auf genauer Kenntnis der Lebensumstände des Träumers.

Besonders allegorischen Träumen galt Artemidors Aufmerksamkeit. »Allegorische« Träume sind solche, in denen sich die Zukunft dem Träumenden nicht offen und direkt, sondern verschlüsselt, in einer Symbolsprache, enthüllt. Die Entschlüsselung dieser Symbolsprache geschieht in Artemidors eigenen Worten als ein Vergleichen von Ähnlichkeiten.

Ein Thema, das Artemidor erstaunlich differenziert behandelt, ist das der Träume über Geschlechtsverkehr. Im Kapitel über so ein heikles Thema wie »Geschlechtsverkehr mit der Mutter«[38] findet man bei ihm genaue Analysen dessen, was »Mutter« für den jeweiligen Träumer bedeutet, und danach richtet sich die von ihm vorgenommene Deutung des Traums:

Beim Handwerker ist »Mutter« ein Synonym für sein Handwerk, das ihn ernährt; die Vereinigung mit ihr könne daher nichts anderes bedeuten als rastlose Tätigkeit und gute Einnahmen.

Dem Politiker bedeute dieser Traum Glück, denn »Mutter« stehe für das Vaterland. Und wie nun der Mann beim Verkehr nach Aphroditens Gesetz ganz und gar Herr über den Körper der Beischläferin ist, wenn diese ihm zu Willen ist und sich gerne hingibt, so wird der Träumende alle Machtbefugnisse im Staat erringen.

Je nach der Stellung, in der man die Mutter gebraucht, ist die Aussage des Traumes, ähnlich argumentiert, eine grundsätzlich andere. Keinen Nutzen bringe es dann, wenn der Träumer in einem Traum wechselnde Stellungen beim Verkehr mit der Mutter gebraucht, denn mit der Mutter solle man kein frevelhaftes Spiel treiben.

---

38 Artemidor, Oneirokritos Buch I, Kap. 79; diese und die im Folgenden angeführten Textstellen sind nach der Übersetzung von Karl Brackertz (Artemis Verlag. Zürich/München 1979) zitiert

Von Freud'schem Komplexdenken noch weit entfernt, trägt Artemidor durch die Ausführlichkeit, mit der er gerade das Thema Geschlechtsverkehr abhandelt, der Häufigkeit Rechnung, mit der sexuelle Träume auftreten. Seine Deutungen sind aber unbefangen und sachlich, und stets hängen sie von der persönlichen Situation des Träumenden ab.

Artemidors Traumbuch beruht keineswegs allein auf eigener Erfahrung mit Träumen. In seinen Beschreibungen unterscheidet er selbst in der Wortwahl zwischen Fällen, die ihm persönlich bekannt sind, und anderen Deutungen, die »man« anzuwenden hätte. Bisweilen nennt er auch einen Traumdeuter – etwa Aristandros aus Telmessos, den Seher und Traumdeuter Alexanders des Großen –, der als erster einen Themenkomplex vernünftig gedeutet habe. Seine Traumdeutung kann daher als um eigene Erfahrung bereicherte Zusammenfassung des Wissens – kritische Zungen behaupten: des Aberglaubens – seiner Zeit zur Traumdeutung gelten.

Im Mittelalter wurde das Traumbuch des Artemidor häufig abgeschrieben und viel gelesen, es wurde damals sogar ins Arabische übersetzt. In der Moderne hat sich Sigmund Freud intensiv mit Artemidor und seiner Traumdeutung auseinander gesetzt.

Heute sind die Traumdeutungen Artemidors als gesellschaftsgeschichtliche Quelle nur wenig beachtet – unverdientermaßen, denn durch die beiläufige Art, unter dauernd wechselnden Blickwinkeln die alltägliche Welt zu beleuchten, besitzen sie besonderen Reiz. Dort, wo sie uns fremd erscheinen, sagen sie zugleich etwas über die Natur der Träume aus: Diese spiegeln die Kultur des Träumenden wider, hier also die griechisch-römische Welt des 2. Jahrhunderts n. Chr.

Die Macht der Elemente

Himmel (II 8)

> Ein reiner, heller Himmel ist allgemein ein Zeichen von guter Vorbedeutung, besonders für Leute, die auf der Suche nach etwas Verlorenem sind, und für solche, die auf Reisen gehen wollen; denn bei reinem Himmel ist alles deutlich zu erkennen.
>
> Ein dunkler, trüber oder bewölkter Himmel zeigt Stillstand der Geschäfte und Kummer an. Verwandelt er sich in irgendeinen Stoff, bringt er nur denen, die mit demselben Beruf umgehen, Glück, allen anderen dagegen nach Ausweis der Erfahrung Unglück.

In mittelalterlichen Klosterstuben wurden alte Manuskripte kopiert, vervielfältigt und schön gestaltet. Auch für die Erhaltung und Verbreitung von Artemidors Traumbuch spielten sie eine große Rolle.

Ein niedrig hängender Himmel begünstigt nur Weissager und Astronomen, die übrigen Menschen versetzt er in niedrige Lebensverhältnisse.

Ein Regen ohne Sturm und heftigen Wind ist allgemein gut, ausgenommen für jene, die sich zu einer Reise rüsten, und für Leute, die ihre Arbeiten unter freiem Himmel verrichten; diesen ist es hinderlich.

Sprühregen und Rauhreif sind Bauern höchst zuträglich, während sie den übrigen Menschen mäßige Geschäfte ankündigen.

Platzregen, Wirbelwind und Sturm sind Vorboten von Gefahren und Schäden; einzig Sklaven, Armen und Leuten, die sich in einer Klemme befinden, prophezeien sie Befreiung von den sie bedrängenden Widerwärtigkeiten; denn auf gewaltige Stürme folgt gutes Wetter.

Schaut man Schnee und Eis zu der entsprechenden Jahreszeit, so ist das ohne Vorbedeutung; denn während der Körper schläft, erinnert sich die Seele nur an die eisige Kälte vom Tag. Zu einer anderen Jahreszeit geschaut, sind sie nur Bauern von Nutzen, den übrigen Menschen zeigen sie an, dass ihre Vorhaben und geplanten Unternehmungen ziemlich frostig verlaufen werden, und Reisen verhindern sie.

Hagel prophezeit Aufregungen und Niedergeschlagenheit und bringt wegen seiner Farbe Verborgenes zutage.

Ein Donner ohne Blitz bedeutet, weil er unerwartet kommt, Anschläge und Überfälle, ein Blitz ohne Donner eitle Furcht; denn nach dem Blitz erwartet man einen Donnerschlag, der wegen des Getöses nichts anderes als eine Drohung ist. Wenn er nicht zu hören ist, ruft er Furcht hervor, die unbegründet ist.

Feuer (II 9)

Ein strahlendes, reines und kleines Feuer am Himmel zu schauen bedeutet eine Drohung von seiten Mächtiger, ein großes, unermessliches aber prophezeit das Herannahen von Feinden, Unfruchtbarkeit und Hungersnot.

Wo sich das Feuer zeigt oder aus welcher Richtung es kommt, ob von Norden oder Süden, von Westen oder Osten, von dorther werden die Feinde heranrücken oder in jenen Gebieten wird Unfruchtbarkeit herrschen.

Am allerschlimmsten ist es, wenn man Feuer auf die Erde niederstürzen sieht. Dasselbe bedeuten brennende Fackeln am Himmel. Alle diese Erscheinungen beschwören über das Haupt des Träumenden Gefahren herauf. Denn wie der Himmel das Weltall überragt, so der Kopf den ganzen Körper.

Schaut man das im Alltag verwendete Feuer mit kleiner und reiner Flamme brennen, so ist es [. . .] von Segen, lodert es aber gewaltig und ungezügelt, zeigt es Unheil an.

Am besten ist es, das Herdfeuer leuchtend und rein zu sehen. Es bedeutet großen Wohlstand, denn wo keine Mahlzeiten zubereitet werden, kann man kein Feuer auf dem Herd sehen.

Erlischt es, droht bittere Armut, und ist jemand im Haus krank, kündigt es dem Betreffenden den Tod an.

Günstig ist es, besonders für junge Leute, zu träumen, nachts brennende Fackeln zu tragen; es bedeutet für gewöhnlich angenehme Liebesabenteuer und erfolgreiche Unternehmungen, weil man das, was einem vor den Füßen ist, sehen kann.

Dagegen ist es für Leute, die im Dunkel bleiben wollen, von Übel, einen anderen mit einer Fackel zu sehen.

Eine im Haus hell brennende Lampe bringt Glück, es verheißt jedermann Zuwachs an Sachvermögen und Wohlstand, Unverheirateten die Ehe und Kranken Gesundheit;

eine dunkle und trübe bezeichnet Niedergeschlagenheit und rafft Kranke in Kürze hinweg.

Sonne (II 36)

Helios bringt allen Heil, wenn er im Osten strahlend und rein aufgeht und im Westen untergeht; den einen prophezeit er Unternehmungen, er weckt nämlich aus dem Schlaf und treibt zum Tätigsein an; anderen verheißt er die Geburt von Söhnen; denn Eltern pflegen ihren Buben den Kosenamen »Sonnen« beizulegen.

Sklaven macht er frei; die Menschen nennen auch die Freiheit »Sonne«.

Allen anderen verhilft er zu Besitz und Vermögen.

Dagegen schadet er Leuten, die das Licht der Öffentlichkeit scheuen und unentdeckt bleiben wollen; denn er deckt alles auf und macht alle Dinge leicht erkennbar.

Helios, im Westen aufgehend, bringt die Geheimnisse derjenigen an den Tag, die glauben, verborgen geblieben zu sein, er gibt dem Kranken, wenn er schon verzweifelt ist, wieder Zuversicht und zeigt dem Augenkranken an, dass er nicht erblinden wird, denn nach langer Nacht wird dieser das Tageslicht wieder schauen.

Erscheint Helios dunkel, blutigrot oder von schrecklichem Aussehen, zeigt er jedermann Übel und Unheil an; bald prophezeit er Stillstand der Geschäfte, bald den Kindern des Träumenden Krankheit oder irgendeine Gefahr oder dem Träumenden ein Augenleiden. Dagegen ist er erfahrungsgemäß Leuten förderlich, die verborgen bleiben wollen oder in Furcht leben; die einen werden unentdeckt bleiben, die anderen nichts Schlimmes erleiden; denn Helios mit dunklem Licht erhellt weniger.

Zeus (II 35)

Zeus selbst zu schauen, so wie wir ihn uns vorzustellen pflegen, oder sein Standbild mit der ihm eigentümlichen Kleidung, ist für einen Herrscher und für einen Reichen glückverheißend; denn es festigt des ersteren Stellung, des letzeren Reichtum. Einem Kranken verheißt er Genesung, und auch denn übrigen Menschen bringt er Segen.

Immer ist es besser, den Gott ruhig stehen oder auf seinem Thron sitzen und ohne Bewegung zu sehen; bewegt er sich jedoch, so bringt er Glück, wenn er sich nach Sonnenaufgang wendet; Unglück aber, wenn nach Sonnenuntergang, ebenso wenn er nicht die ihm eigentümliche Kleidung trägt.

Mond (II 36)

Selene bedeutet die Gattin und die Mutter des Träumenden; sie wird ja als Nährerin verehrt; dann die Tochter und Schwester; denn sie wird Kore genannt.

> Wenn ein Mädchen den Neumond als erste sieht, wird sie von ihrem Zukünftigen träumen.
>
> *(Deutscher Aberglaube)*

Ferner bedeutet sie Geld, Wohlstand und das Geschäft (weil man am Ende eines jenen Monats abrechnet).

Weiter die Schiffahrt, denn nach ihrer Bahn richten die Steuerleute den Kurs; dann eine Reise, denn sie zieht immer ihre Bahn;

ferner die Augen des Träumenden, weil sie gleichfalls Urheberin des Sehens ist und Herrin.

Meer (II 23)

Immer ist es ein Zeichen von guter Vorbedeutung, das Meer in sanfter Bewegung und in ruhigem Wellenschlag zu schauen, es prophezeit glänzende geschäftliche Erfolge;

Windstille dagegen, wegen der Unbeweglichkeit, Stillstand der Geschäfte, ein Sturm Aufregungen und Verluste; denn er verursacht sie.

Fluss (II 27)

Flüsse, die reines, klar durchsichtiges Wasser haben und ruhig dahinströmen, bringen Sklaven, Prozessierenden und Leuten, die auf Reisen gehen wollen, Glück; es gleichen nämlich die Flüsse Herren und Richtern, weil sie ihren Willen ohne Rechenschaft schuldig zu sein und nach freiem Ermessen durchsetzen, ferner Reisen und Bewegungen, weil ihr Wasser nicht stillsteht, sondern weiterfließt.

Ist das Wasser aber schlammgetrübt und strömt es reißend dahin, bedeuten sie eine Drohung von seiten der Herren und Richter und verhindern jede Reise.

Schwemmen sie irgendein Hab und Gut des Träumenden fort und entführen sie es, fügen sie ihm ganz empfindlichen Schaden zu. Noch größeren Schaden und obendrein Gefahr bedeuten sie, wenn sie den Träumenden selbst fortschwemmen, und besonders, wenn sie ihn ins Meer auswerfen.

Hafen (II 23)

Häfen und alle Ankerplätze bedeuten stets Freund und Wohltäter, Vorgebirge und Buchten dagegen Menschen, die wir notgedrungen, aber nicht aus freien Stücken schätzen und die auch ihrerseits uns nicht aus Wohlwollen Gutes erweisen.

Anker weisen auf das Notwendigste und Sichere in den Geschäften hin, verhindern aber eine Reise; denn sie werden immer ausgeworfen, um den Schiffen festen Halt zu geben.

Menschenleben

Geburt (I 13)

Träumt jemand, er werde von einer Frau geboren, so ist folgende Deutung angezeigt:

Einem Armen bringt es Glück; er wird gleich den Säuglingen jemanden bekommen, der ihn ernährt und bemuttert, ausgenommen, der Betreffende ist ein Handwerker; einem solchen kündigt er Arbeitslosigkeit an; denn die Kleinen arbeiten nicht und ihre Hände sind eingewickelt.

Einem Reichen bedeutet es, dass er nicht Herr im Haus ist, sondern von Leuten bevormundet wird, die ihm zuwider sind; denn Säuglinge werden von anderen, die nicht nach ihrem Willen sind, bevormundet.

Einem Mann, dessen Ehefrau nicht schwanger ist, bedeutet es, er werde sie verlieren; denn Säuglinge pflegen mit Frauen keinen Geschlechtsverkehr.

Wessen Ehefrau aber guter Hoffnung ist, dem kündigt es die Geburt eines Sohnes an, der ihm in allem aufs Haar gleichen wird; auf diese Weise wird es ihm vorkommen, als werde er selbst noch einmal geboren.

Einem Sklaven bedeutet es die Liebe seines Herrn und, im Fall einer Verfehlung, Verzeihung, aber noch nicht die Freilassung; denn Säuglinge verfügen nicht über sich selbst, auch wenn sie frei geboren sind.

Athleten bringt es Unglück; Säuglinge können nämlich weder gehen noch laufen, noch viel weniger jemanden zu Boden strecken, wo sie nicht einmal einen Fuß vor den anderen setzen können.

Demjenigen, der in der Fremde lebt, verheißt es die Rückkehr in die Heimat, so dass er, wie ein Neugeborenes, an den Ursprung zurückkehrt oder dass er wiederum die Mutter Erde, d. h. den Heimatboden, betritt: denn die Mutter Erde ist allen ohne Unterschied Heimat.

Einem Kranken zeigt es den Tod an, weil Verstorbene ebenso wie Säuglinge in zerissene Tücher eingewickelt und auf die Erde gelegt werden, und wie der Anfang zum Ende in Beziehung steht, so das Ende zum Anfang.

Denjenigen, der einen Fluchtversuch unternimmt, lässt dieses Traumgesicht nicht entkommen, und einen, der auf Reisen gehen will, nicht die Heimat verlassen; denn die Kleinen können nicht dem aus dem Weg gehen, was vor ihren Füßen ist, stolpern sie jedoch jedesmal.

Bei Prozessen ist das Traumgesicht für den Kläger von ganz schlimmer Vorbedeutung; er wird die Richter wegen seiner stammelnden Zunge nicht überzeugen;

dagegen kann ein gerichtlich Angeklagter und besonders einer, der einen Schuldspruch befürchtet, nach diesem Traumgesicht unbesorgt sein; denn kleinen Kindern verzeiht man, wenn sie eine Dummheit begangen haben.

Stiefmutter

Eine Stiefmutter zu schauen, sei es lebend oder tot, bringt kein Glück.

Grollt, zankt oder fügt sie dem Träumenden Schaden zu, steigert sie das Unheil.

Benimmt sie sich aber anständig, ist das Unheil, das sie anrichtet, geringer. Zeigt sie sich dem Träumenden durch Worte und Taten gefällig, werden dessen Hoffnungen trügen; denn eine Stiefmutter liebt niemals das Stiefkind mit gutem Gewissen und von Herzen.

Der Stiefvater bedeutet dasselbe wie die Stiefmutter, nur mit weniger Gewicht.

Schwangerschaft (I 14)

Träumt ein Armer, schwanger zu sein, so wird er ein stattliches Vermögen erwerben, Geld in Hülle und Fülle verdienen und auf diese Weise dick und rund werden.

Einem Reichen dagegen werden Prüfungen und Sorgen heimsuchen.

Ein Verheirateter wird seine Gattin verlieren; er benötigt gewissermaßen keine Frau mehr, die Kinder zur Welt bringt.

Ein Lediger wird eine so herzensgute Frau heiraten, dass er Lust und Schmerz mit ihr zu teilen vermeint.

Allen übrigen prophezeit es Krankheit.

Heirat, Hochzeit (II 65)

Eine Jungfrau heiraten bedeutet einem Kranken den Tod; denn dieselben Bräuche, die bei einer Heirat, Hochzeit geübt werden, kommen auch bei einer Bestattung vor.

Von guter Vorbedeutung ist es hingegen für einen, der in ein neues Unternehmen einzusteigen beabsichtigt – es zeigt das Gelingen seines Vorhabens an – und für einen Mann, der von irgendeiner Seite einen Profit erhofft; in jedem Fall übernimmt ja derjenige, der heiratet, ein Vermögen, das ihm die Braut in die Ehe bringt.

Allen anderen zeigt es Aufregungen und üble Nachreden an; denn ohne Wirrwarr geht es bei keiner Heirat, Hochzeit aus.

> Den Tod bedeutet es, wenn man von einer *Heirat, Hochzeit* träumt.
>
> *(Deutscher Aberglaube)*

Heiratet einer ein Frauenzimmer, das keine Jungfrau mehr ist, so wird er sich nicht auf neue, sondern auf alte Unternehmungen verlegen, aber dabei nicht schlecht fahren.

Dünkt es einen, seine Frau heirate einen anderen, so zeigt es einen Wechsel im Beruf oder die Scheidung an.

Träumt eine verheiratete Frau, sie eheliche einen anderen Mann, so wird sie, wie die Alten sagen, ihren Mann zu Grabe tragen oder sich sonstwie von ihm trennen.

Streit (III 9)

Mit Familienangehörigen zu streiten ist nicht gut, auch nicht mit Fremden, doch weniger schlimm.

Träumt ein Kramer zu streiten, so wird er verückt werden.

Mit Bessergestellten zu streiten, z. B. mit Herren, Herrschern, Mächtigen und jeder Art von Höhergestellten, bedeutet, man werde von den Betreffenden, mit denen man aneinander geriet, übel bedacht werden.

Lügen (III 4)

Lügen bringt niemandem etwas ein, ausgenommen Bühnenkünstlern, Gauklern und Leuten, bei denen Lügen zum Metier gehört.

Weniger schlimm ist es, Fremde zu belügen als seine Angehörigen; denn diesen droht großes Unglück, auch wenn man glaubt, in einer unbedeutenden Sache zu lügen.

Krankheit (III 22)

Krank sein ist nur für Leute von guter Vorbedeutung, die in Fesseln schmachten oder in einer großen Zwangslage sind, weil Krankheit den Körper schlaff macht.

Den übrigen Menschen kündigt es große Untätigkeit an: Kranke sind ja zur Untätigkeit verurteilt; ferner Mangel an den lebensnotwendigen Dingen; denn Kranke entbehren, was dem Körper am meisten nottut. Reisen verhinderte es; Kranke können sich nämlich nur schwer bewegen.

Wünsche lässt es nicht in Erfüllung gehen; denn auch die Ärzte gewähren einem Kranken nicht die Erfüllung seiner Wünsche, wegen des Risikos, das damit verbunden ist . . .

Träumt man, dieselben Leiden wie irgendein Bekannter auszustehen, z. B. an demselben Fuß, an derselben Hand oder an einem anderen Körperteil, oder überhaupt dieselbe Krankheit oder dieselben Schmerzen zu haben, so wird man sich dieselben Verfehlungen zuschulden kommen lassen wie jener. Es gleichen nämlich die körperlichen Krankheiten und einzelnen Gebrechen den Zügellosigkeiten und unvernünftigen Leidenschaften der Seele, und wer dieselben Leiden hat, begeht ganz natürlich dieselben Verfehlungen.

Gehängt werden (II 50)

Gehängt werden und sich selbst erhängen zeigt Drangsale und Beklemmungen an, weil Erhängte solche Qualen erdulden, ferner das Verlassen der Heimat oder des Ortes, wo man sich befand, als man das Traumgesicht hatte, denn der Erhängte hat keinen Boden mehr unter den Füßen noch einen festen Sitz.

Tod durch Köpfen (I 35)

Träumt man, geköpft zu sein – infolge eines richterlichen Urteils, durch Räuberhand, im Gladiatorenkampf oder sonstwie: das macht keinen Unterschied –, so droht den Eltern und dem, welcher Kinder hat, Unglück. Der Kopf gleicht den Eltern, weil er die Ursache des Lebens ist; den Kindern wegen der Ähnlichkeit des Gesichtsausdrucks.

Einige verloren nach diesem Traumerlebnis ihre Gattin, einen Freund und einen guten Hausverwalter, und es fehlte ihnen von da ab eine zuverlässige Person, die auf ihr Hab und Gut ein wachsames Auge gehabt hätte.

Ein Hausbesitzer kam um sein Haus; denn der Kopf ist sozusagen das Haus der Sinne.

Besitzt aber einer alles dies zusammen, so erfüllt sich das Traumgesicht selbstverständlich nicht in jeder der erwähnten Beziehungen, sondern nach meiner Erfahrung nur im Hinblick auf die Person, welche der Träumende am meisten schätzt, die er liebt und die ihm besonders nahe steht.

Von guter Vorbedeutung ist dieses Traumerlebnis für den, der in einen Prozess verwickelt ist, bei dem es um Kopf und Kragen geht; denn alle Geschehnisse, die sich nur einmal ereignen, unmöglich aber ein zweites Mal, werden, wenn sie sich im Traum abgespielt haben, sich nicht mehr verwirklichen. Sie haben sich ja bereits im Traumgesicht ereignet.

Bankiers, Gläubigern, Eranarchen, Reedern, Großkaufleuten und allen, die Gelder eintreiben, droht, wegen der Gleichnamigkeit, Verlust des Kapitals.

Aus demselben Grund ist es für Schuldner günstig.

Wer in der Fremde lebt, wird in die Heimat zurückkehren, und jemand, der einen Prozess um Grund und Boden führt, denselben gewinnen. Ist nämlich der Kopf abgehauen, fällt er zur Erde, bleibt dort liegen und bereitet dem übrigen Körper keine Pein mehr.

Trinken (Wasser, Wein, Öl) (I 66)

Kaltes Wasser trinken bringt jedermann Glück; warmes dagegen zeigt allen mit Ausnahme derer, die es gewohnt sind, Krankheiten oder Stillstand der Geschäfte an; denn das Trinken von warmem Wasser ist nicht naturgemäß.

Wein in bescheidenem Maß aus nicht zu großen Bechern trinken und sich nicht zu berauschen ist gut. Passend kann man hier den Ausspruch des Sokratesschülers Xenophon anführen: »Der Wein schläfert die Sorgen ein wie der Alraun die Menschen, den Frohsinn weckt er so wie das Öl die Flamme.« Deshalb ist es günstig, im Traum maßvoll und wenig Wein zu trinken, denn reicher und unmäßiger Genuss verursacht allen ohne Unterschied viele Übel.

Aber nicht nur das viele Weintrinken ist von Übel, so behaupte ich, sondern auch, in der Gesellschaft vieler Zecher zu sein. Denn immer folgt dem Rausch Leichtsinn, aus welchem Entzweiung entsteht, die Mutter des Krieges.

Das Trinken von Met, honigsüßem Quittenwein, Quittensaft, Myrtenwein und jeder Art von künstlich zubereitetem Wein ist für Reiche wegen des Schwelgens und Prassens ein gutes, für Arme ein böses Vorzeichen; denn letztere greifen nur dann zu solchen Getränken, wenn Krankheit sie dazu zwingt.

Essig zu trinken kündigt Zank und Streit mit den Verwandten an, weil Essig den Mund zusammenzieht.

Fischextrakt bedeutet Schwindsucht; dieser ist ja im Grunde nichts anderes als ein Produkt der Fäulnis.

Das Trinken von Öl zeigt Vergiftung oder Krankheit an. Immer ist es gut, aus Durst zu trinken.

Wenn man nichts zu trinken vorfindet oder zu einem Fluss, einer Quelle oder Zisterne kommt, ohne Wasser schöpfen zu können, so wird man nichts von dem zustande bringen, wonach man trachtet. Dürsten ist ja nichts anderes als ein Verlangen, und Trinken stillt das Verlangen.

Laufen (I 58)

Der Kurzstreckenlauf ist für alle, Kranke ausgenommen, glückbringend, wenn sie zu siegen wähnen; die ersteren werden ans Ziel ihrer Wünsche gelangen (aus diesem Grund werden auch Sklaven nach diesem Traumgesicht freigelassen werden), die letzteren durch den Tod an das Ziel ihres Lebens.

Der Doppellauf, der dasselbe wie der Kurzstreckenlauf bedeutet, pflegt alles nach seinem Aufschub, so wie der Langlauf nach vielen Aufschüben, zu vollenden.

Insbesondere prophezeit der Langlauf Frauen Hurerei und die Lebensweise einer Hetäre.

Schreiben (von rechts nach links) (III 25)

Von rechts nach links schreiben bedeutet, man werde sich irgendein Gaunerstück leisten und jemanden durch Betrug und Schliche übervorteilen und schädigen, häufig auch, man werde Ehebruch treiben und heimlich uneheliche Kinder in die Welt setzen.

Geld (II 58)

Es behaupten einige, dass Geld und Münzen insgesamt Unglück bedeuten; nach meiner Beobachtung verursachen kleine, kupferne Münzen Missstimmungen und kränkende Worte, Silbermünzen dagegen bezeichnen Absprachen bei Verträgen über wichtige Angelegenheiten, Goldmünzen über das noch wichtigere.

> Von *Silbergeld* zu träumen bedeutet, dass man weinen muss. *Kupfergeld* im Traum verkündet eine Freude. Den Tod bedeutet es, wenn man von *Pfennigen* träumt.
>
> *(Deutscher Aberglaube)*

Immer ist es besser, wenig Gut und Geld als viel zu besitzen, denn großer Reichtum bedeutet Sorgen und Kummer, weil er ebenso wie ein Schatz schwer zu verwalten ist.

Theater (I 56)

Träumt jemand, er trete in einer Tragödie auf, er besitze tragische Stücke oder Dichtungen, er höre Tragödien oder rezitiere tragsche Iamben, so wird alles dem Inhalt entsprechend eintreten, wenn er sich an das Gesprochene erinnert; wenn nicht, kommen über ihn Plagen, Sklavendienste, Hader, Misshandlungen, Gefahren und noch Entsetzlicheres oder Grässlicheres als dieses; denn davon sind die Tragödien voll.

Dagegen zeigt das Auftreten in einer Komödie, das Anhören von Komödianten oder der Besitz von komischen Dingen oder Büchern, wenn es sich um Stücke der alten Komödie handelt, Verspottungen und Zwistigkeiten an; sind es Stücke der zeitgenössischen Komödie, bedeutet es in allen übrigen dasselbe wie die Tragödie, nur dass sie ein gutes und glückliches Ende verheißen; den darauf läuft für gewöhnlich die Handlung der Komödien hinaus.

Singen (I 76)

Mit schöner, wohlklingender Stimme Lieder singen bringt Sängern, Musikern und allen übrigen Menschen Glück, schlecht und unrein singen ist dagegen ein Zeichen von schlechten Geschäften und Armut.

Erinnert man sich noch der Lieder, die man gesungen hat, so gehe man bei der Deutung von ihrem Inhalt aus.

Unterwegs zu singen ist günstig, besonders wenn man einem Zugtier folgt, ungünstig dagegen, wenn man es in einer Badeanstalt tut.

Jenes bedeutet, man werde sein Leben anständig und wohlgemut verbringen, dieses, man könne keine deutliche Sprache führen. Viele erhielten nach diesem Traumgesicht eine Kerkerstrafe.

Lieder auf öffentlichem Marktplatz oder auf Straßen zu singen bedeutet einem Reichen Skandale und Verspottungen, einem Armen Wahnsinn.

Kränze (I 77)

Mit einem Kranz geschmückt zu sein, der aus Blumen geflochten ist, die im großen und ganzen der Jahreszeit, in der man sich befindet, entsprechen, bringt Segen; unheilvoll dagegen ist es, wenn sie einer anderen Jahreszeit angehören.

Kränze aus Rosen, zur Zeit ihrer Blüte, verheißen jedermann Segen, ausgenommen Kranken und Leuten, die unentdeckt bleiben wollen; denn sie raffen sie dahin, weil sie schnell verwelken, die anderen verraten sie durch ihren Geruch. Überall dort, wo man auch im Winter Rosen bekommt, deute man sie auf jeden Fall als ein gutes Vorzeichen.

> Wer von *Moschusgeruch* träumt, erhält bald eine frohe Nachricht.
>
> *(Deutscher Aberglaube)*

Der menschliche Körper

Schönheit (I 50)

Glück verheißend sind ferner nach meiner Erfahrung Schönheit, edler Wuchs und Körperkraft, sofern sie nicht Menschenmaß überschreiten, denn träumt jemand, ungewöhnlich schön, stattlich oder stark zu sein, bedeutet es dasselbe, wie wenn man glaubt, hässlich oder gelähmt oder kraftlos zu sein. All dies bringt Kranken den Tod, Gesunden Kraftlosigkeit und Siechtum.

Zähne (I 31)

Was die Deutung der Zähne anbetrifft, die eine vielfache Bestimmung zulässt, so ist erst in unseren Tagen von ganz wenigen Traumdeutern ein echtes Verständnis erarbeitet worden, wobei Aristandros aus Telmessos die meisten und besten Richtlinien gegeben hat. Es verhält sich damit folgendermaßen:

Die oberen Zähne weisen auf die Bessergestellten und die Standespersonen im Haus des Träumenden hin, die unteren auf die kleinen Leute. Man hat nämlich den Mund als ein Haus, die Zähne als die Menschen im Haus aufzufassen; dabei bezeichnen die der rechten Reihe Männer, die der linken Frauen; von dieser Regel gibt es nur wenige Ausnahmen, z. B. wenn ein Bordellbesitzer nur Frauenzimmer oder ein Landwirt nur Männer in Dienst genommen hat; bei denen bedeuten die rechten Zähne die älteren, die linken die jüngeren Männer oder Frauen.

Ferner bezeichnen die sog. Schneidezähne, d. h. die Vorderzähne, die ganz jungen Leute, die Eckzähne Personen von mittlerem Alter, die Backenzähne die bejahrten.

Welcher Art der Zahn ist, den einer zu verlieren träumt, dementsprechend wird er den Verlust eines Menschen beklagen, dessen Symbol er ist.

Da die Zähne aber nicht nur Menschen, sondern auch Hab und Gut bedeuten, hat man die Backenzähne auf die Kostbarkeiten, die Eckzähne auf die weniger wertvollen Gegenstände, die Schneidezähne auf die Hausgeräte zu beziehen. Ganz folgerichtig zeigt also ihr Ausfallen den Verlust eines Hab und Gutes an.

Sodann bedeuten Zähne die Lebensbedürfnisse, und zwar die Backenzähne die geheimen und unaussprechlichen, die Eckzähne diejenigen, die nur wenigen Leuten bekannt sind, die Schneidezähne aber die ganz offenkundigen und die durch Wort und Stimme verrichtet werden. Ausfallende Zähne sind somit ein Hindernis in der Befriedigung der entsprechenden Bedürfnisse.

> Wer von *Haarausfall* träumt, der wird bald einen Freund durch Tod verlieren.
>
> *(Deutscher Aberglaube)*

Zunge (I 32)

Eine geschwollene Zunge kündigt der Ehefrau des Träumenden, falls dieser verheiratet ist, Krankheit an, ist er es nicht, ihm selbst.

Eine aus dem Mund heraushängende Zunge bedeutet Schaden infolge frecher Reden, häufig auch Verleumdung der Gattin des Träumenden als Ehebrecherin.

Nase (I 27)

Eine schöne, wohlgeformte Nase haben ist für jedermann ein gutes Vorzeichen; es bedeutet großes Einfühlungsvermögen, Weitblick in den Unternehmungen und Verkehr in den besten gesellschaftlichen Kreisen; denn durch die Nase ziehen die Menschen bessere Luft ein und profitieren dadurch.

Keine Nase haben zeigt allen Menschen Mangel an Empfindung, Haß gegen hervorragende Persönlichkeiten und einem Kranken den Tod an. Denn die Totenschädel findet man ohne Nasen.

Zwei Nasen haben bedeutet Zwist mit den Verwandten; Zwist, weil alles Zweifache, das wider die Natur ist, Sinnbild des Zwistes ist; mit den Verwandten, weil die Nase zu uns gehört.

Herz und andere Organe (I 44)

Das Herz bedeutet die Ehefrau des Träumenden beziehungsweise den Ehemann, wenn eine Frau träumt, weil es der Mittelpunkt unseres Lebens ist; ferner den Mut und den Lebensatem des Träumenden; beide schließt es nämlich ein.

> Wer von vielen *braunen* oder *schwarzen Dingen* träumt, der hat viel Galle oder Melancholie im Leib.
>
> *(Deutscher Aberglaube)*

Dasselbe bezeichnet die Lunge; die Leber aber das Kind, die Lebenskraft und die Sorgen; die Galle den Zorn und die Ehefrau; die Milz die Vergnügungen, das Lachen und den Hausrat.

Der Bauch und die Eingeweide bedeuten zuerst die Kinder, dann die Gläubiger, weil sie mit großem Ungestüm Nahrung verlangen; die Nieren die Brüder, nahe Verwandte, außerdem noch Namensvettern und die Kinder.

> Von einem Blutegel zu träumen ist ein gutes Zeichen und verkündet einen Geldgewinn.
>
> *(Deutscher Aberglaube)*

Verharren diese Organe in ihrer normalen Lage, bleibt das durch sie Bezeichnete unverändert, verdoppeln sie sich, alle insgesamt oder jedes einzelne für sich, wird das Angedeutete zweifach sich erfüllen.

Brust (I 41)

Eine gesunde, heile Brust ist ein gutes Vorzeichen; eine zottige und dicht behaarte prophezeit nur Männern Glück und Gewinn, Frauen dagegen Witwenschaft; denn es fehlt die Mannsperson, für die sie sich putzen und pflegen, lassen sich gehen und werden haarig.

Glückbringend sind auch Frauenbrüste, wenn sie keinerlei Spuren von Krankheit zeigen. Werden sie dazu noch größer, ohne ihr Ebenmaß und ihre Anmut zu verlieren, verheißen sie Zuwachs an Kindern und Sklaven.

Befällt sie aber ein Leiden, sind sie z. B. voller Geschwüre, bedeuten sie Krankheit und, wenn sie abfallen, den Kindern des Träumenden den Tod. Sind Kinder nicht vorhanden, sind sie das Symbol von Mangel, vielfach auch von Trauer, besonders für Frauen. Diese pflegen sich ja bei einem Trauerfall die Brüste zu entstellen. Bei einer Amme, die ein Kind nährt, wird sich das Gesicht in Hinblick auf den Säugling erfüllen.

Viele Brüste haben bedeutet dasselbe wie das Größerwerden derselben, einer Frau auch Ehebruch.

Von irgendeinem Bekannten an der Brust verwundet zu werden, kündigt alten Leuten eine betrübliche Nachricht von irgendwo an, während es jungen Leuten beiderlei Geschlechts Liebesleidenschaft offenbart.

Geschlechtsverkehr (I 78)

Das Kapitel über den Geschlechtsverkehr gliedert man am besten in der Weise, dass man zuerst denjenigen bespricht, der im Einklang mit Natur, Gesetz und Sitte steht, dann den gesetzwidrigen und schließlich den widernatürlichen.

Hinsichtlich des nach dem Gesetz erlaubten Geschlechtsverkehr gilt folgendes:

Seiner eigenen Frau beizuwohnen, wenn sie einwilligt, dazu Lust hat und sich gegen den Verkehr nicht sträubt, ist für alle ohne Ausnahme gut; denn die Gattin bedeutet das Handwerk des Träumenden oder sein Geschäft, aus dem er Lust und Freude schöpft, dem er wie seiner Frau vorsteht und das er leitet. Das Traumgesicht bezeichnet also den materiellen Nutzen, den man aus seinen Tätigkeiten zieht, denn ebenso wie der Liebensgenuss bereitet auch materieller Gewinn den Menschen Freude.

Sträubt sich aber die Gattin oder ist sie nicht zu Willen, bedeutet es das Gegenteil. Dasselbe gilt von der Gebliebten.

Der Verkehr mit Hetären in Bordellen bedeutet einerseits einen kleinen Skandal und geringfügige Ausgaben; denn Männer, die sich mit diesen Personen einlassen, schämen sich und zahlen obendrein.

Andererseits sind Hetären im Hinblick auf jedes Vorhaben von guter Vorbedeutung, sie werden ja von einigen »Geschäftstüchtige« genannt, und sie geben sich ohne Widerstreben preis.

Ein gutes Zeichen ist es ferner, wenn man ein Freudenhaus betreten und ungeschoren wieder verlassen kann, denn das Gegenteil zeigt Unheil an. Ich kenne jemand, dem es träumte, er gehe in ein Bordell hinein und finde nicht mehr heraus, und wenige Tage darauf starb er, wobei das Traumerlebnis sich ganz folgerichtig an ihm erfüllte; denn ein Freudenhaus wird ebenso wie ein Friedhof ein gemeiner Ort genannt, und viel menschlicher Samen geht da zugrunde. Es gleicht also ganz natürlich dieser Ort dem Tod. Die Frauenzimmer jedoch haben mit dem Ort nichts gemein; sie selbst bedeuten Glück, nur der Ort nicht. Deshalb ist es günstiger, im Traum herumstreichende Hetären zu sehen.

Glückbringend sind auch die, welche vor dem Bordell ihre Reize zur Schau stellen, die etwas verkaufen und den Liebeslohn kassieren, gleichgültig, ob man sie nur sieht oder mit ihnen verkehrt.

Wähnt man, eine unbekannte Frauensperson zu beschlafen, und ist diese wohlgewachsen, anmutig, kostbar und fein gekleidet, mit goldenen Halsketten behängt und bietet sie sich selbst an, so ist das für den Träumenden ein gutes Zeichen und kündigt ihm einen großen Erfolg in seinen Unternehmungen an; ist es aber ein altes, hässliches, missgestaltetes und in Lumpen gehülltes Weibsbild, das sich übel aufführt und sich nicht hergeben will, so bedeutet es das Gegenteil von dem, was die vorige bedeutet. Unbekannte Frauenspersonen haben nämlich als Abbilder von Unternehmungen zu gelten, die für den Träumenden einen Ausgang nehmen werden. Je nachdem das Frauenzimmer geartet ist und sich gibt, dementsprechend wird die Unternehmung des Träumenden sich abwickeln.

Gut ist es ferner, seiner eigenen Sklavin oder seinem eigenen Sklaven beizuwohnen; denn die Sklaven machen das Vermögen des Träumenden aus. Deshalb bedeuten sie ihm ganz natürlich Befriedigung in seinem Vermögen, das größer und ansehnlicher wird.

Übel dagegen ist es, von einem Haussklaven gebraucht zu werden, weil man Verachtung und Schaden von ihm zu gewärtigen hat. Dasselbe gilt, wenn einem solches von seinem Bruder widerfährt, gleichgültig, ob er jünger oder älter ist, oder von einem persönlichen Feind.

Träumt man, mit einer gut bekannten und befreundeten Frau zu verkehren, in die man verliebt ist und die man begehrt, so hat das Traumerlebnis infolge der entfachten Leidenschaft keine Bedeutung.

Hat der Träumende aber kein Verlangen nach einer Frau, beschert es ihm etwa Gutes, falls die Betreffende vermögend ist; denn in jedem Fall wird der Mann von der Frau, die er im Traum erblickte, unmittelbar oder mittelbar einen Nutzen haben. Ganz natürlich ist eine, die sich selbst anbietet, auch mit ihrer Habe freigebig.

Häufig bringt dieses Traumgesicht dem Träumenden, weil er in die Geheimnisse der Frau vorgedrungen ist, Vorteil; denn solch eine Frauensperson gibt die Möglichkeit, auch das Geheimste zu berühren.

Nichts Gutes bringt es, wegen des Gesetzes, eine gesetzlich Verheiratete zu beschlafen. Dieselben Strafen, die das Gesetz über den beim Ehebruch Ertappten verhängt, zieht auch das Traumgesicht nach sich.

Dagegen ist es für eine Frau von Nutzen, von einem Bekannten, sei er, wer er sei, in Anspruch genommen zu werden.

Einem Mann wiederum bringt es Vorteil, von einem reicheren und älteren gebraucht zu werden; denn von solchen Personen bekommt man gewöhnlich etwas; übel dagegen ist es, wenn einem solches von einem jüngeren oder bettelarmen widerfährt; denn solchen Leuten pflegt man doch etwas dazuzugeben.

Dasselbe bedeutet es, wenn der, welcher in Anspruch nimmt, zwar älter, aber ein Bettler ist.

Träumt einer, sein Glied mit den Händen zu erigieren, wird er einen Sklaven oder eine Sklavin gebrauchen, weil die Hände, die dabei betätigt werden, Hilfsdienste leisten. Besitzt er keine Sklaven, wird er Schaden erleiden, wegen der nutzlosen Ausscheidung des Samens.

Ich kenne einen Sklaven, dem es träumte, er masturbiere seinen Herrn; er wurde Betreuer und Erzieher von dessen Kindern; denn er hatte das Glied seines Herrn, das dessen Kinder bezeichnet, in die Hand genommen.

Ein anderer wiederum ist mir bekannt, der träumte, dasselbe widerfahre ihm von seiten seines Herrn. Er wurde an eine Säule gebunden, erhielt eine Tracht Prügel und wurde auf diese Weise von seinem Herrn gestreckt.

Hinsichtlich des gesetzwidrigen Geschlechtsverkehrs hat man folgendermaßen zu entscheiden:

Seinen noch nicht fünfjährigen Sohn zu gebrauchen, bedeutet diesem den Tod, wie ich häufig festgestellt habe; diese Auslegung ist ganz folgerichtig, weil das Kind verdorben wird; »Verderben« nennen wir aber den Tod.

Ist der Junge älter als fünf Jahre, aber noch nicht zehn, wird er erkranken, während der Träumende sich unbedacht in Geschäfte einlassen und dadurch ruinieren wird. Denn der vor der Reife missbrauchte Knabe wird infolge seines zarten Alters Schmerzen leiden und dadurch erkranken, der Vater aber sich wegen seiner Unvernunft ruinieren; denn niemand, der gesunden Menschenverstand besitzt, denkt daran, seinen Sohn oder überhaupt einen Knaben dieses Alters zu gebrauchen.

Ist der Sohn aber über die Kinderjahre hinaus, wird der Vater, falls er arm ist, ihn in die Schule schicken, den Unterricht sich etwas kosten lassen und sich so für ihn verausgaben.

Hat ein Reicher dieses Traumerlebnis, wird er seinem Sohn viel zuwenden und vererben und ihm auf diese Weise von seiner Fülle abgeben.

Glück bringt es, wenn der Träumende sich mit seinem schon erwachsenen Sohn, falls dieser in der Fremde lebt, einzulassen glaubt; denn der Traum bedeutet, dass beide zusammenkommen und miteinander verkehren werden, wegen der Bedeutung des Ausdrucks »Verkehr«.

Übel dagegen ist es, wenn der Sohn daheim ist und mit dem Vater zusammenlebt; Vater und Sohn werden sich zwangsläufig trennen, weil der Geschlechtsverkehr unter Männern meistenteils abwendig erfolgt. Wird man von seinem eigenen Sohn gebraucht, wird man empfindlichen Schaden durch ihn erleiden; freilich wird ihn auch der Sohn zu spüren bekommen.

Träumt jemand, sich mit seinem eigenen Vater einzulassen, wird er seine Heimat als Verbannter verlassen oder sich mit seinem Vater überwerfen; entweder wird der Vater selbst sich von ihm abwenden oder seine Mitbürger, die dasselbe bedeuten wie der Vater.

Sein ganz kleines, noch nicht fünfjähriges Töchterchen [. . .], ist es aber jünger als zehn, bedeutet es dasselbe wie beim Sohn.

Ist das Mädchen heiratsfähig, wird es einen Mann ehelichen, und der Träumende wird es aussteuern und auf diese Weise der Tochter von seiner Fülle mitteilen. Ich kenne jemand, der diesem Traumgesicht zufolge seine Gattin verlor, wobei das Traumgesicht sich ganz folgerichtig erfüllte. Denn von da ab führte die Tochter ihm den Haushalt und nahm damit die Pflichten von Gattin und Tochter wahr.

Wähnt jemand, mit seiner verheirateten Tochter zu verkehren, so wird diese sich von ihrem Mann trennen und zum Vater zurückkehren, so dass sie nunmehr mit ihm zusammenlebt und mit ihm verkehrt.

Gut ist es für einen Armen, der eine reiche Tochter hat, wenn er diese beschläft; er wird große Zuwendungen von ihr erhalten und so seine Lust an ihr haben. Häufig machten reiche Väter nach diesem Traumgesicht auch gegen ihren Willen größere Ausgaben für die Aussteuer ihrer Töchter, und kranke Väter starben und ließen ihre Töchter als Erben zurück.

Von der Schwester zu sprechen erübrigt sich; sie bedeutet dasselbe wie die Tochter.

Günstig ist es für den Träumenden, wenn er seinen Bruder, sei er älter oder jünger, gebraucht; er wird ihn überflügeln und geringschätzig behandeln.

Wer sich mit seinem Freund einlässt, wird sich mit ihm verfeinden, zuvor aber Schaden durch ihn erleiden.

Penis (I 45)

Das männliche Glied gleicht den Eltern, weil es zum Samen in Beziehung steht, den Kindern, weil es deren Ursache ist; der Gattin und der Geliebten, weil es für die Freuden der Liebe geschaffen ist; den Brüdern und allen Blutsverwandten, weil vom Geschlechtsglied das verwandtschaftliche Verhältnis der ganzen Familie abhängt.

Sodann bedeutet es Körperstärke und Manneskraft, weil es auch deren Urheber ist; deshalb wird es von einigen »Mannheit« genannt.

Ferner bezeichnet es die Rede und die Bildung, weil das Geschlechtsglied ebenso wie das Wort das Allerzeugungsfähige ist. Ich habe einmal in Kyllene ein Kultbild des Hermes gesehen, das auf Grund einer natürlichen Auffassung lediglich als männliches Glied gearbeitet war.

Ferner zeigt es Überfluss und Besitz an, weil es sich bald vergrößert, bald wieder zurückgeht und sowohl gewähren als auch ausscheiden kann.

Weiterhin bedeutet es geheime Plätze, weil diese auch Medea genannt werden ebenso wie das Glied;

dann gleicht es Armut, Knechtschaft und Fesseln, weil es »das Notwendige« heißt und das Symbol von Not und Zwang ist. Ferner gleicht es der Würde; denn *aidos* bedeutet Scham und Würde.

Daraus folgt: Ist das Glied vorhanden und befindet es sich in der gehörigen Ordnung, so werden auch alle durch dasselbe angedeuteten Dinge und Verhältnisse in ihrer alten Ordnung verharren; es vergrößert sie, wenn es sich vergrößert, es zeigt deren Verlust an, wenn es abgenommen wird.

Verdoppelt es sich, wird sich alles verdoppeln, mit Ausnahme der Gattin und der Geliebten; diese verliert man, denn zwei Geschlechtsglieder kann man nicht auf einmal gebrauchen.

> Träumt man, jemand sei gestorben, so wird er noch sehr alt werden.
>
> *(Deutscher Aberglaube)*

Geschlechtsumwandlung (I 50)

Mit der Qualität der Verwandlung verhält es sich folgendermaßen: Verwandelt sich ein Mann in eine Frau, ist das für einen Armen und einen

Sklaven eine gutes Vorzeichen. Der eine wird wie eine Frau einen Ernährer finden, der andere bei seiner Sklavenarbeit weniger schuften müssen; denn die Arbeiten der Frau sind weniger anstrengend. Für einen Reichen hingegen ist es von Übel, besonders wenn er im politischen Leben steht; denn für gewöhnlich walten und schalten die Frauen im Haus. Deswegen wird das Traumgesicht ihn von allen höheren Ämtern ausschließen. Sportlern bedeutet es Krankheit; denn Frauen sind von zarterer Natur als Männer. Verwandelt sich eine Frau in einen Mann, so wird sie, falls sie unverheiratet ist, heiraten, ist sie kinderlos, einen Knaben gebären, und auf diese Weise wechselt sie in die männliche Natur über. Hat sie einen Mann beziehungsweise einen Sohn, wird sie als Witwe ihr Leben beschließen; denn der Mann bedarf nicht des Mannes, sondern der Frau. Einer Sklavin legt dieses Traumerlebnis ein noch schwereres Sklavenjoch auf, einer Hetäre dagegen bringt es Glück. Die eine wird noch länger wie ein Mann schuften müssen, die andere ständig in Anspruch genommen werden.

Die Pflanzen- und Tierwelt

Ackerbau (I 51)

Das Bestellen des Ackers, das Säen, Pflanzen oder Pflügen ist für Heiratslustige und für Kinderlose von guter Vorbedeutung; das Ackerland bedeutet ja nichts anderes als die Frau die Samen und die Pflanzen die Kinder, und zwar Weizen: Söhne, Gerste: Töchter, Hülsenfrüchte aber Fehlgeburten; allen übrigen Menschen zeigt es Anstrengung und Drangsal an. Ist jemand im Hause des Träumenden krank, wird der Betreffende sterben; denn Samen und Pflanzen werden ebenso wie die Verstorbenen mit Erde bedeckt.

Wenn eine Frau träumt, sie gebäre einen *Pfirsichbaum*, so wird sie einen liebreizenden Sohn gebären, der jedoch nicht lange leben wird.

(Deutscher Aberglaube)

Eiche (II 25)

Die Eiche bezeichnet wegen ihres Nährwertes einen reichen, wegen ihres hohen Alters einen hochbetagten Mann oder aus demselben Grund die Zeit. Der Lorbeer bedeutet wegen seines immergrünen

Wuchses eine reiche und wegen seiner Anmut eine schöne Frau, ferner eine Reise, eine Flucht und enttäuschte Erwartungen wegen der Geschichte, die von dem Baum erzählt wird.

Oleander und Myrten (II 25)

Buchsbäume, Myrten und Oleanderbäume bedeuten Frauenzimmer, die der lockeren Zukunft angehören und liederlich sind, unternehmungslustigen Leuten Enttäuschungen, Kranken jedoch Genesung und - Gesundheit. Allen anderen Menschen sind sie Sinnbilder vergeblicher Anstrengungen.

Äpfel (I 73)

> Träumt man von gelben *Birnen,* so bedeutet das einen Todesfall in der nächsten Verwandtschaft.
>
> *(Deutscher Aberglaube)*

Der Anblick und das Verzehren von süßen, reifen Sommeräpfeln ist gut; es bedeutet reichen Liebesgenuss, besonders denen, die um eine Frau oder Geliebte werben, denn der Apfel ist der Aphrodite geweiht.

> Von *Obst* zu träumen bedeutet Freude, wenn es süßes, Trauer, wenn es saures Obst ist. Im Traum viel gemischtes Obst zu essen ist ein Zeichen für einen Hang zur Sinnlichkeit.
>
> *(Deutscher Aberglaube)*

Saure Äpfel dagegen bezeichnen Aufruhr und Streitigkeiten; denn sie sind der Eris zugehörig. Die Winteräpfel, die man auch Quitten nennt, bringen wegen ihrer zusammmenziehenden Wirkung Kummer.

> Wer von reifen *Pflaumen* träumt, dem steht ein Trauerfall in der Familie bevor. Wenn eine Schwangere von Pflaumen träumt, so kommt das Kind nicht lebend zur Welt.
>
> *(Deutscher Aberglaube)*

Fleisch (I 70)

Die Erfahrung lehrt, dass das Verzehren und Zubereiten von Fleisch, abgesehen von ein paar Einschränkungen, von guter Vorbedeutung ist. Schaffleisch freilich ist für alle ein unheilvolles Zeichen und kündigt Trauer in der eigenen Familie an (denn Schafe bedeuten nichts anderes als Menschen), ebenso Rindfleisch wegen seiner Zähigkeit; dieses bedeutet außerdem wegen seines niedrigen Kaufpreises geringe Geschäftseinnahme; Sklaven drohen wegen der Riemen und des Ochsenziemers Folterqualen. Ziegenfleisch zeigt allgemein Leuten, die sich auf See in einem Sturm befinden, Rettung an, allen übrigen schlechte Geschäfte; den ersteren wendet es die Gefahren ab, weil man der Sturmflut gleichnamige Tiere opfert, den letzteren bringt es wegen des knochigen Fleisches nur schmale Einkünfte.

Von einem *Eber* träumen, deutet Gefahr an.
(Deutscher Aberglaube)

Am günstigsten für jedermann ist Schweinefleisch, und ganz zu Recht. Denn von einem lebenden Schwein hat niemand Nutzen, ist es aber geschlachtet, ist sein Fleisch schmackhafter als das der übrigen Tiere; letztere dagegen haben lebend größeren Wert, als wenn sie geschlachtet sind. Gebratenes Schweinefleisch zu essen ist in jedem Fall ein gutes Vorzeichen; wegen des Feuers werden die materiellen Gewinne sich rascher einstellen. Einfach gekocht, zeigt es dieselben Gewinne an, doch mit Verzögerung, während das von Köchen entsprechend zubereitete einen Profit bringt, der mit Ärger oder vorausgehenden Aufwendungen verbunden ist. Das Verzehren rohen Fleisches kündigt in keinem Fall etwas Gutes an; es bedeutet den Verlust eines Teils von unserem Hab und Gut, weil unsere Natur rohes Flsich nicht verträgt.

Das größte und höchste Glück bringt nach meiner Beobachtung der Genuss von Menschenfleisch, wenn es nur nicht das eines Bekannten oder Familienangehörigen ist; denn wer vom Fleisch eines Angehörigen gegessen hat, wird diesen begraben, und er selbst wird nur mit geringen Bissen sein Leben fristen. Denn es ist ganz natürlich, dass man nur unter großem Zwang großer Entbehrung, wie es in Kriegszeiten und Hungersnöten der Fall ist, zu solcher Nahrung greift. Am allerschlimmsten aber wäre es, das Fleisch seines eigenen Sohnes zu verzehren; es prophezeit jähen Tod, ausgenommen, man träumt, von denjenigen Körperteilen des Sohnes zu essen, durch welcher dieser sich seinen Lebensunterhalt verdient; z. B. wenn er ein Läufer ist, von den Füßen, wenn er ein Handwerker ist, von den Händen, oder wenn er ein Ringkämpfer ist, von den Schultern. In diesem Fall beschert das Traumerlebnis dem Sohn Reichtum, dem Vater Nutzen von seinem Sohn. Vorteilhaft ist es, das Fleisch aller anderen Menschen zu essen; denn irgendwie leben die einen von der Substanz der anderen, wenn sie sich wechselseitig nützen.

Immer ist es besser, das Fleisch von Männern als das von Frauen zu essen, desgleichen das von Kindern als das von alten Leuten.

> Von *Eiern* zu träumen bringt Unglück. Träumt eine junge Frau von Eiern, so wird sie von ihrem Mann betrogen.
>
> *(Deutscher Aberglaube)*

Geflügel und Gänsefleisch ist jedermann zuträglich; Geflügel bringt Nutzen von Frauen oder von Rechtshändeln, Gänsefleisch von Prahlern. Etwas Gutes bedeutet es auch, Wildbret jeder Art zu essen; es verspricht großen materiellen Gewinn auf Kosten des Vermögens seiner Feinde.

Zwiebeln, Knoblauch (I 67)

Zwiebeln und Knoblauch essen bringt Unglück, ihr Besitz aber Glück. Nur für Kranke geht der Traum von Ziebeln anders aus. Über diesen Punkt ist Alexander von Myndos in großer Verlegenheit gewesen und zu keiner Lösung gekommen. Ich vertrete folgende Auffassung: Träumt einer, der krank ist, er esse viele Zwiebeln, so wird er zwar wieder auf die Beine kommen, aber den Tod eines anderen beklagen. Isst er nur wenige, wird er sterben. Denn die Sterbenden vergießen nur wenig Tränen, die Trauernden dagegen viele, weil sie ja lange Zeit weinen.

Mandeln, Nüsse (I 73)

Mandeln, Nüsse, die sogenannten Haselnüsse und alles, was aufgeknackt wird, bedeutet wegen des Geräusches Aufregungen und, weil sie von Natur bitter sind, Kümmernisse. Ich kenne einen vornehmen Griechen, dem es träumte, er bekomme von jemandem eine Nuss, und als er aus dem Schlaf erwachte, hielt er sie tatsächlich in der Hand. Es ergab sich, dass viel Unheil über ihn [hereinbrach] und er schließlich seine bürgerlichen Rechte verlor.

Zahme Tiere (II 12)

Zahme Tiere, die wild werden, bedeuten Unheil, wilde, die zahm werden, Glück und Gewinn. Großen Segen verheißt es, wenn Tiere plötzlich ihre Stimme ertönen lassen und wie Menschen sprechen, ganz besonders, wenn sie etwas Glückverheißendes und Angenehmes sagen. Alles, was sie sprechen, ist die reine Wahrheit, und man muss dem Glauben schenken. Ist das Gesagte einfach und verständlich, richte man sich danach, ist es rätselhaft, versuche man, es zu deuten.

Bienen (II 22)

Bienen bringen Bauern und Bienenzüchtern Segen; allen anderen Menschen prophezeien sie wegen des Summens Aufregungen, wegen des Stachels Verwundungen und wegen des Honigs und Wachses Krankheit.

> Von schwärmenden *Bienen* zu träumen heißt, dass jemand aus der Familie stirbt oder kündet eine Feuersbrunst an.
>
> *(Deutscher Aberglaube)*

Wespen (II 22)

Wespen sind von schlimmer Vorbedeutung; sie prophezeien, dass man unter Schurken und Rohlinge fallen wird.

Stechmücken (III 8)

Stechmücken, die sogenannten Schnaken und ähnliche Insekten, bedeuten, dass üble Kerle dem Träumenden ins Haus kommen, die ihn schädigen und obendrein noch in Verruf bringen. Schankwirten und Weinhändlern prophezeien sie, dass der Wein zu Essig übergehen wird; sie lieben nämlich den Essig.

Läuse (III 7)

Läuse in geringer Zahl zu haben, sie am Körper oder in den Kleidern zu finden und sie zu töten, bringt Glück. Man wird nach diesem Traumgesicht von jedem Kummer und jeder übermächtigen Sorge frei werden. Sind es aber viele und überviele, so ist das ein böses Vorzeichen und prophezeit langwierige Krankheit, Kerkerqualen oder große Not.

Schlange (II 13)

Die Schlange bedeutet Krankheit und einen Feind. So wie sie jemanden zurichtet, so werden auch die Krankheit und der Feind den Träumenden zurichten.

Uräusschlangen und Sandvipern bedeuten wegen ihres starken Giftes Geld und aus demselben Grund reiche Frauen. Nach meinen Erfahrungen bringen sie auch dann Glück, wenn sie beißen, sich nähern oder jemanden umschlingen. Hält die Ehefrau eine Schlange in ihrem Schoß verborgen und hat sie ihr Vergnügen daran, wird sie zum Ehebruch verführt werden, und zwar meist von einem Feind des Träumenden; empfindet sie aber Furcht oder Ekel dabei, wird sie erkranken. Geht sie schwanger, wird sie die Leibesfrucht verlieren und nicht austragen.

Fische (I 70)

Auch Fische essen ist günstig, besonders gebratene, aber genauso alle anderen, die sonstwie zubereitet sind, die kleinen ausgenommen; diese haben mehr Gräten als Fleisch und bedeuten deswegen in keinem Fall materiellen Gewinn, sondern Feindschaft mit den engsten Verwandten und leere Hoffnungen.

Der Fang von kleinen Fischen zeigt Ärger und keineswegs Gewinn an, wie ich bereits im ersten Buch im Kapitel über die Nahrung ausgeführt habe, dazu zähle ich die Sardinen, Anchovis, Sardellen, Sprotten und die Aphye.

> Wenn man von einem *Fisch* träumt, steht ein Unwetter oder ein Todesfall bevor.
>
> *(Deutscher Aberglaube)*

Sodann bedeuten Fische nach ihrem äußeren Erscheinungsbild etwas Verschiedenes; im einzelnen verhält es sich damit folgendermaßen: Fische von gefleckter Färbung bedeuten Kranken Vergiftungen, Gesunden Betrügereien und Anschläge, z. B. der Lippfisch, die Phykis, der Seebarsch, der Ulfisch, der Stromateus und ähnliche [. . .]

Fische, die sich häuten, sind Kranken, Eingekerkerten, Armen und allen, die sich in einer Drangsal befinden, von guter Vorbedeutung; diese werden sich die Übel, von denen sie geplagt sind, vom Hals schaffen. Es häuten sich aber von den Fischen die weichschaligen, z. B. die Garnele, die Languste, die Krabbe, der Hummer, der Taschenkrebs, die sogenannte Vettel und andere dieser Art. Diese prophezeien häufig auch Schläge, weil sie sich selbst schlagen, und Reisen, weil sie Amphibien sind.

Schwan (II 20)

Der Schwan bedeutet einen Musiker und die Musik selbst, ferner bringt er wegen seiner Farbe Verborgenes ans Licht. Kranken prophezeit seine Erscheinung Heilung, sein Gesang aber Tod; denn erst im Sterben lässt er seine Stimme ertönen.

Taube (II 20)

Ringel- und Haustauben bedeuten Frauen, und zwar Ringeltauben solche, die ganz und gar der lockeren Zunft angehören, Haustauben mitunter haushälterische und ordentliche Frauen. Man darf auch von vielen Frauen auf eine Frau und von einer Taube auf viele Frauen schließen. Haustauben bedeuten ferner die Lust und das Vergnügen an den Geschäften, weil sie der Aphrodite heilig sind, und schließlich im Hinblick auf Freundschaften, Geschäftsverbindungen und jede Art von Übereinkommen glückverheißend, weil sie gesellig zusammenleben.

Falke (II 20)

Der Falke bedeutet eine königliche und reiche Frau, die auf ihre Schönheit stolz ist, Klugheit und feine Umgangsformen besitzt.

> Träumt man von einem *Eisbären,* kommt Sturm aus dem Osten.
>
> *(Deutscher Aberglaube)*

Hund (II 11)

Fremde Hunde, die einen anwedeln, bedeuten Anschläge und Hinterhältigkeiten von nichtswürdigen Kerlen oder Weibern und, wenn sie beißen oder bellen, Gewalt- und Übeltaten; des näheren prophezeien die weißen Hunde offene, die schwarzen heimliche, die rötlichen nicht ganz offene, die gefleckten ziemlich schlimme Gewaltakte. Sie ähneln nämlich ganz und gar nicht adeligen oder freien, sondern gewalttätigen und unverschämten Menschen.

Ciceros knallharte Logik oder: Träume sind doch Schäume

Traumdeutung war für die Menschen des Altertums nur *eine* mehr oder minder zuverlässige Quelle, um zu erfahren, was die Zukunft bringen kann. Man kannte auch die Eingeweideschau, die Interpretation des Vogelfluges, die Befragung von Orakeln und die Astrologie.

Aus dem Jahre 44 v. Chr. stammt ein Buch »Über die Weissagung« (De Divinatione), verfasst vom berühmten Redner und Schrifsteller Cicero[39], der das Für und Wider all dieser Methoden erörtert – um es gleich vorwegzunehmen: hauptsächlich das Wider. Cicero schrieb dieses Buch zusammen mit seinem Bruder Quintus bei einem Aufenthalt auf einem Landgut bei Tusculum. Unter dem Motto: Wehe dem, der sich auf Träume verlässt, schreibt er da zum Beispiel:

> »Ein ähnlicher Irrtum (wie bei den Orakeln) liegt bei den Träumen vor. Wie weit hergeholt ist deren Rechtfertigung! Göttlich, meinen sie, seien unsere Seelen; sie seien von außen gesteuert, und das Weltall sei durch eine Menge miteinander empfindlicher Seelen gefüllt. Infolge dieser Göttlichkeit des Geistes selbst also und aufgrund der Verbindung mit Geistern außerhalb könne man Künftiges wahrnehmen . . .
>
> Wenn man also sonst Sinnestäuschungen nicht trauen darf, so sehe ich nicht, was an einem Traume so Besonderes ist, dass dabei Falsches für wahr gelten soll. Denn wenn es von der Natur so eingerichtet wäre, dass die Schlafenden das täten, was sie träumten, müsste man jeden anbinden, der zu Bette geht – denn die Träumenden würden sich dann viel heftiger bewegen als irgendein Geistesgestörter.
>
> Wenn also den Gesichten der Geistesgestörten kein Glaube zu schenken ist, weil sie Täuschungen sind, so verstehe ich nicht, weshalb man den Gesichten der Träumenden glauben soll, die noch viel verworrener sind. Vielleicht, weil die Geistesgestörten ihre Gesichte keinem Traumdeuter erzählen, wohl aber diejenigen, die geträumt haben?

39 M. T. Cicero, De Divinatione, Kapitel 119 ff.

> Ja, ich frage, ob ich erst auf einen Traum warten muss, ehe ich etwas schreibe, lese, singe oder auf der Leier spiele oder ehe ich ein geometrisches, naturwissenschaftliches oder logisches Problem löse – oder ob ich die Regeln der Kunst und Wissenschaft anwenden soll, ohne die nichts von alledem geschehen oder zum guten Ende geführt weden kann? Aber dass ich nur nicht, wenn ich zu Schiff fahre, so steuere, wie ich geträumt habe – die Strafe würde nicht auf sich warten lassen!
>
> Wie schickt es sich also, wenn Kranke lieber von einem Traumdeuter als von einem Arzt ein Heilmittel verlangen? Kann uns etwa Äskulap oder Serapis durch einen Traum die richtige Behandlung vorschreiben, Neptun aber das Entsprechende für die Seeleute nicht? Und wenn Minerva ohne Arzt ein Heilmittel gibt, müssten dann nicht die Musen den Träumenden die Kunst des Schreibens, Lesens und so weiter vermitteln?«

Wenn also Götter angeblich Heilmittel für Krankheiten im Traum verleihen, so müssten sie eigentlich auch ganz andere Gaben verleihen. Da das aber nicht der Fall ist, so Cicero, »entfällt die ganze Glaubwürdigkeit der Träume. Aber das lag ja auf der Hand.« Also vorbei der Tempelschlaf? Vorbei die Deutung der Zukunft aus dem Traum? Natürlich nicht, denn Artemidors Traumbuch erschien ja erst 200 Jahre nach Ciceros »De Divinatione«.

Doch damit nicht genug. Cicero weiter:

> »Jetzt wollen wir zum Kern der Sache kommen. Entweder bewirkt nämlich irgendeine göttliche Kraft, die für uns sorgt, die Bedeutung der Träume, oder die Traumdeuter erkennen vermittels irgendeines Zusammenhanges und einer inneren Verbindung in der Natur, die sie *sympátheia* nennen, was die reale Entsprechung ist und welche Folgen sich ankündigen – oder keines von beiden trifft zu, sondern es ist eine ständige, über lange Zeit bestätigte Beobachtung, dass einem bestimmten Traumgesicht ein bestimmtes Ereignis oder eine bestimmte Folge zu entsprechen pflegt.
>
> Zunächst also muss man festhalten, dass nicht eine göttliche Kraft die Träume bewirkt. Völlig klar ist, dass Traumgesichte keineswegs durch einen Wink der Götter entsandt werden. Das würden die Götter nämlich unsertwegen tun, damit wir die Zukunft erkennen könnten.«

Genau dies ist aber der Standpunkt, der den alttestamentlichen Träumen zu Grunde liegt. Cicero sieht es anders. Er argumentiert: Da die meisten Menschen auf ihre Träume nicht achten und sie nicht befolgen, wäre es gar nicht sinnvoll, den Menschen in Träumen wichtige Dinge mitzuteilen, denn die Gefahr, dass diese untergehen, wäre viel zu groß. Etwas aber »vergeblich und ohne Grund zu tun, ist eines Gottes unwürdig«, und wenn »die meisten Träume nicht gemerkt oder nicht beachtet werden, wo weiß die Gottheit das entweder nicht, oder sie gibt vergeblich Zeichen durch Träume. Aber keins von beiden passt auf einen Gott; man muss also zugeben, dass ein Gott nichts durch Träume anzeigt.«

Ciceros Kritik ist natürlich berechtigt. Wie die Träume der Frauen von Pilatus und Caesar zeigen, besteht die Gefahr, dass Träume nicht gehört oder nicht befolgt werden. Das lässt sie als uneffizientes Medium für gezielte Mitteilungen eines Gottes erscheinen.

Bleibt, so Cicero, zu prüfen, ob Träume auf der Grundlage irgendeines Zusammenhanges und einer inneren Verbindung in der Natur gedeutet werden können. Hier nun findet Cicero in den zahlreichen Widersprüchen, die in den Deutungen der Traumdeuter stecken, reiches Wasser auf seine Mühlen:

> »Offenbaren nicht gerade die Vermutungen der Traumdeuter eher deren geistige Anlagen als eine Kraft und Übereinstimmung mit der Natur? Ein Läufer, der in Olympia zu starten gedenkt, träumt, er fahre mit einem Viergespann. Er morgens zum Traumdeuter. Und der sagt: ›Du wirst siegen; das zeigt nämlich die Schnelligkeit und Kraft der Pferde.‹ Darauf der gleiche zu Antiphon. Der aber sagt: ›Du wirst sicher geschlagen werden. Siehst du nicht, dass viere *vor dir* gelaufen sind?‹ ... Eine Frau, die sich ein Kind wünschte und zweifelte, ob sie schwanger sei, träumte, ihr sei der Schoß versiegelt. Sie erzählte einen Traum. Der Traumdeuter sagte, sie habe nicht empfangen können, da sie versiegelt gewesen sei, ein anderer dagegen, sie sei schwanger, denn ein leeres Gefäß werde nie versiegelt.
>
> Über was für eine Kunst oder Wissenschaft kann also ein Traumdeuter verfügen, wenn er solche Spiegelfechterei treibt?«

Cicero ist hier natürlich parteiisch. Denn nur deshalb, weil rivalisierende Traumdeuterschulen einen Traum verschieden deuten, bedeutet das noch lange nicht, dass es keine »Sprache« des Traums gebe. Auch mit ihrer Unterscheidung zwischen »wahren« und »falschen« Träumen erregen die Traumdeuter seinen Spott. – Doch weiter. Bleibt noch zu prüfen, ob es wenigstens auf Beobachtung, auf Erfahrung beruhende Zusammenhänge zwischen Träumen und nachfolgenden Ereignissen gibt.

> »Aber um alles in der Welt – kann man denn Träume beobachten? Wie denn? Es gibt doch so unzählige verschiedene Arten! Nichts noch so Verdrehtes, noch so Unbegründetes, noch so Widernatürliches lässt sich denken, das wir nicht träumen könnten. Wie können wir also diese un-

endlichen und immer neuen Erscheinungen im Gedächtnis behalten, beobachten und klassifizieren? Die Sternkundigen haben die Bewegungen der Wandelsterne [= Planeten] aufgezeichnet: Da fand man eine Ordnung in diesen Sternen, die man nicht vermutet hatte. Ich gebe schließlich zu, dass es eine Ordnung der Träume und eine Beziehung zur Wirklichkeit geben könnte – wie aber können wahre Träume von falschen unterschieden werden, wenn der gleiche Traum verschiedenen Leuten Verschiedenes bedeutet und selbst den gleichen nicht immer dasselbe? . . . Wenn also weder ein Gott die Träume bewirkt noch die Natur in irgendeiner Verbindung mit den Träumen steht und auch durch Beobachtung kein sicheres Wissen hat erworben werden können, so ist das Ergebnis, dass man den Träumen weiter keine Bedeutung zusprechen darf.«

Eine ähnliche Überlegung hatte auch bereits Aristoteles angestellt, indem er die Frage erörterte, ob Träume eine Ursache, ein Symptom oder ein Zeichen eines Ereignisses seien. Indem Cicero die Möglichkeit jeder statistisch relevanten Beobachtung der Träume bezweifelt, geht er noch eine Stufe weiter. Erst im Laufe des 20. Jahrhunderts wurden Möglichkeiten geschaffen, Träume zu beobachten. Und seither sind wir auch wieder der Ansicht, dass man Träumen sehr wohl Bedeutung zumessen darf.

Die gespaltene Persönlichkeit oder: Augustinus' schwarze Stunden

Wenn ein frisch Bekehrter, der gerade der Fleischeslust entsagt hat, in seinen Träumen erotische Abenteuer erlebt, ist ihm das ein Problem.

Augustinus hatte dieses Problem. Der Kirchenvater aus Hippo Regius in Nordafrika, dem wir unter anderem die Schrift vom Gottesstaat »De Civitate Dei« verdanken, die unsere Hoffnungen auf das Jenseits prägte, war zwar Sohn einer frommen Christin, führte aber vor seiner Bekehrung ein recht wildes Leben. Eine Phase des Müßiggangs und der sinnlichen Verwirrungen mündete sogar in einem unehelichen Kind. Darüber wissen wir aus Augustinus' Bekenntnissen, den »Confessiones«.

Aus den »Confessiones« wissen wir auch, dass ihn Bilder von »Fleischeslust, Augenlust und Hoffart dieser Welt« verfolgten. Tagsüber, so Augustin, drängten sich diese Bilder zwar bisweilen an ihn heran, gewannen über ihn aber keine Macht. Im Schlafe jedoch werde daraus ein Wohlgefallen, und von seiner Standhaftigkeit und Entsagung bleibe nichts mehr übrig. Dieser Verlust jeglicher Selbstkontrolle verunsichert Augustinus zutiefst: »Bin ich dann

Fleischliche Liebe galt als Widerspruch zum christlichen Enthaltsamkeitsideal, das sich im Zölibat der Priester bis heute ausdrückt. Daher stand jede Liebesbeziehung unter dem Verdikt der Sünde oder unter dem Einfluss des Teufels, wie auf diesem Holzschnitt des 16. Jahrhunderts.

nicht ich, Herr, mein Gott? Wahrhaftig, solch ein Unterschied ist zwischen mir und mir, schon innerhalb des Augenblicks, wo ich von hinnen in den Schlaf hinübergehe oder vom Schlafe zurück herüberkomme. Wo bleibt alsdann die Vernunft, kraft welcher sich der Wache solcher Traumbetörung widersetzt . . .? Schließt sie sich zugleich mit den Augen?«[40]

Also der Gegensatz zwischen dem sauberen, geordneten, sittsamem Tagesleben und dem wilden nächtlichen Traumleben der Seele ist es, der Augustinus so sehr beschäftigt. Dieser Gegensatz bildet bis heute für viele den Ansatz zu einer Beschäftigung mit den eigenen Träumen, sind sie doch oft so erschre-

40 Augustinus, Confessiones, übers. von Joseph Bernhart (München 1955), Seite 51 ff., zitiert nach Martin Bartels (Hrsg.), Traumspiele, Junius Verlag, Hamburg 1994, Seite 79 f.

ckend weit von dem Tages-Selbstbild entfernt. Es sei hier nur darauf hingewiesen, dass Augustin auch in Zusammenhang mit den Anfechtungen (sexuellen Phantasien), denen er als Wacher ausgesetzt ist, von Traumbetörung spricht.

Doch Augustinus bleibt nicht bei diesem Lamento stehen. Er sieht seine eigene Rolle in seinen Träumen sehr differenziert, wenn er fortfährt: »Und wie kommt es, dass wir oft auch im Schlafe widerstehen und eingedenk unseres Vorsatzes, keusch in ihm verharrend, solchen Lockreizen jegliche Zustimmung versagen?« Es verwirrt ihn sichtlich, dass auf die Traumwelt als rein negatives Gegenbild seines wachen Ich kein »Verlass« ist, dass die Geschichte mit den Träumen und ihrer Beherrschbarkeit durch die Vernunft so plakativ und einfach wiederum auch nicht ist.

Ohne sich auf eine weitere Spekulation über die Natur der Träume einzulassen, rettet er sich zu folgender Schlussfolgerung: »Und doch ist jener Unterschied so groß, dass, wenn es eben anders kam [das heißt, wenn sich seine Vernunft und sein standhafter Wille im Traum nicht durchgesetzt haben], wir beim Erwachen zurückfinden zur Ruhe des Gewissens und dank gerade jener Ungleichheit erkennen, dass nicht wir es getan, was da immerhin als irgendwie an uns Geschehenes uns traurig macht.«

Augustin konstatiert, dass dieser Unterschied zwischen moralischem Wohlverhalten und Nicht-Wohlverhalten seines Traum-Ichs unerklärbar groß ist, und gibt das Ringen um eine bewusste Kontrolle des Nachtlebens des eigenen Ichs auf, indem er sich auf den Standpunkt stellt, »er« sei es jedenfalls nicht gewesen. Abschließend bittet Augustinus Gott, dafür zu sorgen, dass seine Seele nicht mehr rebelliere gegen sich selbst (und zu bewirken, dass er von den nächtlichen Anfechtungen befreit werde).

Augustinus erlebte also den Traum als veränderten Bewusstseinszustand, erlebte die Schwierigkeit, ihn mit der Vernunft zu steuern, aber auch das Phänomen, dass sich seine Tagträume leichter steuern (wegschieben) ließen als seine Nachtträume. Die Trauminhalte führte er nicht auf göttliche Eingebung zurück, sondern auf sein eigenes früheres Lotterleben. In dieser Hinsicht ist Augustinus' Auseinandersetzung mit seinen Träumen also durchaus modern. (Jeder, der weiß, wie groß die Bedeutung der Schriften Ciceros für Augustinus war, wird sich hierüber kaum wundern.)

Von Gott und den Dämonen oder: Die Quelle der Träume

Zwischen den rivalisierenden Vorstellungen der Antike betreffend die Herkunft und Bedeutung der Träume entschied sich das Christentum mühelos für die populärere, derzufolge Träume von den Göttern gesandt waren. Sie deckte sich ja auch mit der Beschreibung von Träumen in der Bibel. Synesios, der Bischof von Kyrene, schrieb in seinem Traktat »Über die Träume« im 5. Jahrhundert n. Chr., das er im Auftrag Gottes verfasste:

> »Im Wachzustand ist es der Mensch, der lehrt; im Traum aber befruchtet Gott die Menschen mit seiner Kraft, so dass das Lehren zusammenfällt mit dem Erreichen einer Sache. Befruchten ist nämlich mehr als lehren.«

Nun stellte sich aber immer wieder das Problem, dass keineswegs alle Träume so aufgebaut waren, dass man sie auf Gott zurückführen mochte. Die Verbindungslinie Gott–Träume–Mensch war offenbar nicht so einfach strukturiert, wie es die Träume in der Bibel nahe legten.

Heidnische antike Traumdeuter hatten dieses Problem erkannt und es als ihre erste Aufgabe erklärt, vor jeder Deutung »wahre« von »unwahren« Träumen zu unterscheiden. Die wahren Träume kamen von den Göttern, die unwahren aus einer anderen Quelle. Cicero hatte diese – wie er kritisierte, subjektive und willkürliche – Unterscheidung als Beweismittel dafür gewertet, dass Träume nicht von den Göttern geschickt sein könnten:

> »Was unterscheidet wahre von falschen Träumen? Und wenn die wahren von einem Gott geschickt werden, wie entstehen die falschen? Denn wenn auch sie göttlich sind, so wäre die Gottheit sich selbst nicht treu: Das wäre doch ein ganz schlechter Scherz, die Sterblichen mit falschen und trügerischen Erscheinungen zu narren. Wenn aber die wahren Träume göttlich sind, die falschen und nichtssagenden menschlich, so ist es doch eine vollkommen willkürliche Bestimmung, dass dies ein Gott, jenes die Natur bewirkt haben soll, anstatt zu sagen, alles komme von der Gottheit – was ihr leugnet – oder alles von der Natur.«

Kirchenväter und frühe Theologen brachten nun anstelle der »Natur« eine weitere Traum gebende Instanz auf den Plan: den Teufel. Unversehens machten sie aus der Inkubation, dem Tempelschlaf, den Inkubus, einen Dämon, der nachts für unzüchtige Träume sorgte. Bei Frauen. Bei Männern hieß er Sukkubus. Wahrscheinlich ist er Ihnen als Alb vertrauter.

Wenn aber Gott und der Teufel gleichermaßen Macht über die Schlafenden hatten, bedurfte es eines zureichenden Kriteriums, anhand dessen man den »Absender« der eigenen Träume erkennen konnten. Cicero hatte aus dem offensichtlichen Fehlen eines solchen Kriteriums noch geschlossen, dass man Traumdeuter überhaupt nicht anzuhören brauche, da sie hierüber nicht mehr wissen als wir anderen auch.

Gregor von Nyssa unterschied zwischen Träumen, die ganz im aristotelischen Sinne ein Widerhall der Verdauung des Träumers waren, und solchen, die wunderbarer Ausdruck des Willens Gottes waren. – Träume, die Ausdruck der Verdauung des Menschen waren, wurden zu Beginn unseres Jahrhunderts übrigens Thema der ersten Comicserie überhaupt: Little Nemo aß abends immer wieder Welsh Rarebits, obwohl er doch wusste, dass sie schwer verdaulich waren, und hatte daraufhin heftige Alpträume.

> Träumt man von *Bohnen,* so gibt es Not und Zwietracht oder es stirbt jemand in der Familie.
>
> *(Deutscher Aberglaube)*

Der Kirchenvater Septimius Tertullianus Florens, ein Zeitgenosse Artemidors, kannte noch weitere Quellen von Träumen. Er beschrieb das Träumen als eine Tätigkeit der Seele, welche an der Ruhe des Körpers nicht beteiligt ist, als eine Analogie zur Ekstase des Körpers. Die meisten Träume kommen zwar von den Dämonen (dies sind die »falschen«, die täuschenden, verwirrenden, schlüpfrigen und schmutzigen Träume), andere stammen jedoch auch von Gott (die ehrbaren, heiligen, prophetischen, offenbarenden, erbaulichen, erweckenden Träume), noch andere von der Seele selbst, wieder andere gehören in das Gebiet der Ekstase.

> »Die nennen wir Verzückung, in welcher die sinnliche Seele auf eine Weise außerhalb ihrer selbst steht, die sogar dem Irresein gleicht. Seit Anbeginn war der Schlaf von Verzückung begleitet: ›Da ließ Gott der Herr einen tiefen Schlaf fallen auf den Menschen, und er schlief ein‹ (Genesis 2, 21). Der Schlaf kam über seinen Körper und gab diesem die Ruhe, Verzückung aber ergriff seine Seele und nahm die Ruhe von ihr; aus demselben Grund ist es noch heute üblich, dass sich Schlaf mit Ekstase vereint. In der Tat, mit welch echtem Gefühl, welcher Beklemmung, welchem Leiden erleben wir Freude und Trauer und Sorge in unseren Träumen.«

Viele Mysterienreligionen der Antike waren mit religiöser Ekstase verbunden, einem Zustand, der ebenso wie der Traum zu den veränderten Bewusstseinszuständen gehört. Und über Träume und Ekstasen werden wir noch etliches hören.

Papst Gregor der Große überließ die Unterscheidung zwischen von Gott und vom Teufel gesandten Träumen der Intuition der dazu befähigten »heiligen Männer«. Das war fraglos gut gemeint. Historisch gesehen hatte es aber grauenhafte Folgen: Solange die Entscheidung darüber, ob ein Traum von Gott oder von einem Teufel gesandt war, nicht dem Träumer selbst, sondern »heiligen Männern« oblag, hatten diese ein erstklassiges Mittel der Zensur in

In den antiken Mysterienreligionen spielten Rausch und tänzerische Ekstase, mithin veränderte Bewusstseinszustände, eine bedeutende Rolle. Hier ein berauscht tanzender Satyr mit der Weinschale in der linken Hand, und vor ihm eine rasende Mänade, in der Linken den Hinterleib eines Zickleins, das sie in der ekstatischen Raserei zerrissen hat.

der Hand: Alle Träume, die Kritik an der Praxis der Kirche übten, konnten zu Eingebungen des Teufels, zu »teuflischem Blendwerk« erklärt und verdammt werden. Bisweilen wurden die Träumenden einem Exorzismus unterzogen, als dessen Resultat zwar ihre Seele gerettet war, ihr Körper aber nicht selten auf den Friedhof gebracht werden musste, sofern der Träumer nicht gleich als Ketzer auf dem Scheiterhaufen der Inquisition endete.

Um diesem Dilemma auszuweichen, entwickelte sich seit der Zeit der Ketzer- und Hexenverfolgungen der Renaissance eine neue Form wissenschaftlicher Traumforschung. Sie ließ alle religiös-mystischen Vorstellungen fahren und verfiel ins andere Extrem, indem sie Träume zu rein körperlichen Vorgängen erklärte, die rein körperliche Ursachen hätten. Damit wurde Traumforschung eine Aufgabe der Medizin. Diese klammerte aber das Seelenleben des Menschen noch lange Zeit völlig aus. Zumindest sah sie keinerlei Zusammenhang zwischen Seelenleben und Träumen.

Die Versuche, Träume ausschließlich aus körperlichen Prozessen und streng rational zu erklären, trugen eigenartige Blüten. Man unternahm zum

Der von einem Dämonen besessene liegt in krampfartiger Verrenkung zwischen den Priestern auf einem Tisch. Durch Gebete und das Vorhalten des Kreuzes versuchen sie hier, den Dämon zu vertreiben.

Beispiel Versuche mit körperlichen Reizen, denen man bestimmte Träume direkt zuordnete, oder führte Angstträume auf bestimmte Stellungen des Körpers beim Schlafen zurück. Zwar gibt es auch solche körperbedingten Träume, doch lässt sich beileibe nicht jeder Traum auf diese Weise erklären. Diese Art der Traumforschung entpuppte sich auf lange Sicht als Sackgasse.

Erzengel Gabriel zum dritten Mal oder: Die Träume des Propheten

Auf einer persischen Miniatur begegnet uns ein auf den ersten Blick seltsames Paar: links sitzt in seinem Bett aufgerichtet der Prophet Mohammed, rechts kniet neben dem Bett der Erzengel Gabriel. In einer Folge nächtlicher Visionen war er es, der Mohammed seine Mission als Prophet offenbarte. Engel galten in der muslimischen Mystik als Repräsentanten der höheren Fähigkeiten in der menschlichen Natur. Und Gabriel hatte ja bereits in den Visionen Daniels eine entsprechende Rolle übernommen.

Träume spielten auch bei der Entstehung der muslimischen Religion eine große Rolle. Mohammed selbst wurde – ganz der jüdischen Tradition entsprechend – im Traum zum Propheten berufen. Im Koran wird geschildert, wie ihm der Erzengel Gabriel erscheint, ihn auf einer silbernen Stute nach Jerusalem führt und von dort aus in den Himmel, wo er Christus, Adam und den vier Aposteln begegnet; schließlich betritt er den Garten der Freude und erhält Anweisungen von Gott. Auch in der weiteren Entwicklung seiner Glaubensgemeinschaft wurde auf Träume großen Wert gelegt:

Zu Mohammeds Zeit riefen die Juden mit Trompeten zum Gebet, die Christen mit Hilfe von Rasseln – stellen Sie sich vor, wie ruhig es gewesen sein muss, damit Rasseln gehört werden konnten, wo heute Kirchenglocken im Verkehrslärm untergehen! Als es nun für die moslemische Gemeinde darum ging, ein Pendant zu den Trompeten oder Rasseln zu finden, träumte einer von Mohammeds ersten Gefolgsleuten, Abdullah ben Zayd, von einem grün gekleideten Mann, dem er eine Rassel abkaufen wolle, um sie zum Gebetsruf zu verwenden. Der Mann gab ihm die Antwort: Rufe aus: Es gibt keinen Gott außer Gott, und Mohammed ist sein Prophet. So wurde der Berufsstand des Muezzin ins Leben gerufen, der bis heute fünfmal täglich die Gläubigen zum Gebet ruft. Gegen den Verkehrslärm hat er inzwischen ein Mikrofon und Lautsprecher bekommen.

Mohammed forderte jeden Morgen seine Schüler zum Erzählen ihrer Träume auf. Solche, die ihm wichtig waren, deutete er für alle. Dass Träume am besten gleich nach dem Erwachen erzählt werden, war in seinem Kreis ebenso bekannt, wie dass ein Traumdeuter einiges über die persönlichen Lebensumstände des Träumers wissen muss, um eine sinnvolle Deutung vorbringen zu können. In der Einbeziehung dieser Informationen geht die islamische Traumdeutung über diejenige Artemidors noch hinaus: Während bei jenem die soziale Stellung des Träumers und der Beruf eine wichtige Rolle gespielt hat, ist es bei Mohammed auch die Religion, der Familienstand, die Herkunft, das Alter, der Name und so weiter.

Bei einer solchen Differenzierung nach der Person des Träumers kann natürlich dasselbe Symbol bei verschiedenen Träumern ganz unterschiedlich gedeutet werden. Diese relativ individuelle Anpassung der Traumdeutung an die persönlichen Lebensumstände des Träumenden wird mit einer Deutung der Symbole nach Mohammeds Schriften, Formulierungen und sprachlichen Bildern verquickt und erhält so gewisse Grundstrukturen. Von einem schematischen Nachschlagen in einem lexikonartigen Traumbuch wie dem des Artemidor ist hier keine Rede mehr.

Dagegen maß Mohammed den Träumen von Herrschenden keine höhere Bedeutung bei als Träumen von Dienern. Falsche Träume waren auszuscheiden, nämlich Träume von Kindern, von Weintrinkern (hierauf kommen wir noch zurück), Träume von Menschen mit schlechtem Charakter und Träume nach Genuss schwer verdaulicher Speisen wie Pökelfleisch und Linsen. Die Bezeichnung dieser Träume als falsche Träume bezieht sich auf die Psyche des Träumenden, jedoch nicht wie in der christlichen Debatte auf die Herkunft des Traums. Dass bestimmte Träume von Dämonen kommen, ist eine dem Islam fremde Vorstellung.

Die Verantwortung der Seele oder: Träume bei Naturvölkern

»Zwischen subjektiver und objektiver Wahrnehmung, zwischen Einbildung und Wirklichkeit selbst im Zustand völligen Wachseins zu unterscheiden und damit zu erwirken, was zu den grundlegenden Resultaten wissenschaftlicher Bildung gehört, haben die Wilden niemals gelernt.«

Edward Tyler, Mitbegründer der Anthropologie

Allen Naturvölkern ist gemeinsam, dass sie ihre Träume beachten und Trauminhalte ihr Tagesleben beeinflussen. Die Irokesen betrachteten den Traum als das Ausdrucksmittel der Seele, in dem sie ihre Wünsche mitteilte. Das war so wichtig, dass die ganze Gemeinschaft mit Zeremonien daran arbeitete, diese verborgenen Wünsche erfahrbar zu machen, auch für diejenigen, die ihre Träume vergessen hatten.

Die Grenze zwischen sujektiver und objektiver Wahrnehmung war nicht nur von etlichen Naturvölkern nicht klar gezogen, sie existierte für sie kaum. Und das auch auf einer Ebene, die für ihr Schicksal entscheidend sein konnte: Die Menschen übernehmen voll und ganz die Verantwortung für ihre Träume. Augustins Feststellung, »dass nicht wir es getan, was uns . . . traurig macht«, entpuppt sich als sehr westlich und modern. Bei vielen Naturvölkern hätte er mit diesem Versuch, die Verantwortung für seine eigenen Träume wegzuschieben, Schiffbruch erlitten:

Zum Beispiel glauben die Mekeo, ein Stamm in Neuguinea, dass ihre Seele während des Träumens fortgeht und Abenteuer erlebt – eine von der christlichen völlig abweichende Vorstellung. Die Seele gehört zwar einem bestimmten Körper, doch dessen Gehirn kann ihre nächtlichen Taten nicht steuern. Wenn ein Mekeo aufwacht, ist er oft beunruhigt, was seine Seele angestellt hat, denn die Folgen ihres Tuns können auf sein waches Ich zurückwirken.

Wenn in Borneo ein Mann träumt, seine Frau habe Ehebruch begangen, so handelt er am nächsten Tag so, als hätte sie es getan.

Träumt in Kamtschatka ein Mann, er habe mit einer Frau geschlafen, so schuldet ihm diese die Umsetzung des Traumes in Wirklichkeit. (Allerdings ist nicht überliefert, wie der Fall geregelt wurde, wenn es sich um eine gesellschaftlich über ihm stehende Frau handelt, deren Mann noch dazu der beste Feind des Träumers war.)

Ein afrikanischer Aschanti, der träumt, mit der Frau eines anderen zu schlafen, muss eine Strafe zahlen.

Wenn in Paraguay ein Missionar das Pech hatte, im Traum eines Indios aufzukreuzen und gar auf diesen zu schießen, dann musste er damit rechnen, dass der Träumer am nächsten Tag auf ihn zukommen werde, um ihn zu töten.

Immerhin: Wurde ein Cherokee im Traum von einer Schlange gebissen, so wurde er am Tag so behandelt, als sei er tatsächlich gebissen worden – und da die indianische Medizin sich nicht auf ein Aussaugen der Wunde beschränkte, war das fraglos ein sinnvolles Vorgehen.

Bei den Inuit ist die Seele nachts auf Wanderschaft – einen schlafenden Inuit darf man nicht wecken, da sonst seine Seele Gefahr läuft, nicht mehr in seinen Körper zurückzufinden. Kennen wir das nicht auch von Hunden? Der Grund ist derselbe. Es kommt aber auch im ganz »normalen« Aberglauben des deutschsprachigen Raums vor. Da gibt es die verbreitete Vorstellung, man dürfe nicht mit offenem Munde an einem Gewässer schlafen, weil sonst die Seele in Gestalt einer Kröte aus dem Munde entweichen könne, um ein Bad zu nehmen; sie krieche nachher wieder in den Körper des Schlafenden zurück. Wird der Schlafende zu früh geweckt, so findet ihn seine Seele nicht mehr. In Indien galt es daher als Kapitalverbrechen, das Aussehen eines Schläfers zu verändern, insbesondere sein Gesicht zu bemalen.

In Westafrika ist die Vorstellung verbreitet, im Traum erhalte die Seele Besuch von Ahnen. Deren Anregungen und Vorschläge werden respektvoll aufgenommen und beachtet.

Interessant ist, dass sich die Menschen in vielen Kulturen auch für das verantworten müssen, was sie im Traum eines Dritten getan haben.

Viele Traummotive sind bei Völkern auf der ganzen Welt identisch oder mit ähnlicher Symbolik nachweisbar. Ein Beispiel ist das Essen von rohem Fleisch, das von unglaublich vielen Völkern, wenn es im Traum geschieht, mit Begräbnis, Tod oder Unglück in Verbindung gebracht wird. Die Vorstellung von der Universalität der Traumsymbole – die demnach nicht kulturabhängig sind – wurde durch einen Vergleich zwischen der Deutung bestimmter Ereignisse bei Artemidor und bei Häuptlingen eines Stammes in Malawi gestärkt. Feuer am Himmel als Vorzeichen von Krieg oder Hungersnot, der Verlust eines Zahns als Voraussage des Verlustes eines Familienmitglieds, eine Schlange um den Körper oder ein Bein gewickelt als Symbol für den Verlust der Freiheit, eine Überschwemmung als Vorankündigung eines unglücklichen Ausgangs von Rechtsstreitigkeiten – in solchen Deutungen stimmten beide Quellen miteinander überein.

Keine Kind ohne Traum oder: Die Schöpferkraft der Aborigines

»Wir können keine Kinder mehr träumen.« So fasste ein Ureinwohner Australiens die Folgen der modernen Zivilisation auf sein Volk zusammen[41]. Das klingt zunächst unbegreiflich. Der Vorgang des Träumens hat doch mit der »Kunst der Vermehrung« nichts zu tun – oder war den Aborigines der Zusammenhang zwischen ehelichem Geschlechtsverkehr und Kinderkriegen unbekannt? Dies glaubten einige Forscher tatsächlich, als sie hörten, dass eine Empfängnis ohne vorherigen entsprechenden Traum nicht möglich sei. Doch ganz im Gegenteil: Die Aborigines gingen lediglich davon aus, dass der physiologische Zeugungsakt im Verhältnis zum seelischen ganz unwesentlich ist.

Dem Prinzip des »Kinderträumens« liegt ein Schöpfungsmythos zugrunde, in dem der Traum einen breiten kreativen Raum einnimmt. Himmel und Erde waren demzufolge von Anfang an vorhanden. Ehe es jedoch Trinkwasser auf der Erde gab, waren sie ohne Leben. Da schenkte der Himmel der Erde das Süßwasser und sie sammelte es in Seen und Flüssen, der Regen entstand und das Leben konnte beginnen. (Assoziationen an den historischen Urregen bei der Entstehung des Lebens auf der Erde sind hier durchaus angebracht. Die Bedeutung des Trinkwassers als Quelle allen Lebens wird jedem bewusst, der einmal eine Gegend wie Nordwestaustralien besucht hat.)

Der Himmel, der natürlich personifiziert wird, erschafft und träumt ständig Geschöpfe und schickt sie als Seelenkräfte zur ebenfalls personifizierten Erde hinab. Ohne Materie erscheinen sie dort zunächst nur als Bilder. Im Traum findet die Erde Urwesen, zum Beispiel die Personifikation der Fruchtbarkeit des Wassers. Bei den Griechen hießen diese Wesen Götter. Wesentlich ist hieran, dass Himmel und Erde sich die Schöpfung nicht ausdachten, sondern träumten. Ein anderer Ursprungsmythos berichtet davon, wie der Mann träumt und aus dem Traumbild des Yaccabaumes, unter dem er liegt, die Frau erträumt. »Sie traten aufeinander zu und umarmten sich. Ihre Füße berührten kaum den Boden bei dem ersten Tanz, mit dem sie ihre Vereinigung feierten. Es war nicht mehr Traum, sondern Wirklichkeit. Der Tanz war zu Ende. Mit bebender Brust, eng umschlungen, standen sie still, um die Welt

41 Ich beziehe mich hier auf die Arbeiten A. Lommels bei den Unambal und Nordwestaustralien, referiert nach Gerda Cramer-Bochow, Ur-Energie Traum, Kösel Verlag, München 1995, Seite 49–58

anzusehen, für die sie, wie sie wussten, geschaffen worden waren und die sie mit dem Allvater teilten.«[42]

Den Tod bedeutet es, wenn man von einem Tanzfest träumt.
(Deutscher Aberglaube)

Der Traum als Ursprung aller Dinge gibt dem gesamten Dasein Halt und Struktur. Feste und religiöse Riten, Beschwörungen der Ahnen in Tanz, Malerei und Gesang, all dies ist der Traumwelt zugeordnet. Die Traumwelt ist nicht etwa eine längst vergangene, ideale Welt, die in einem Gegensatz zur Gegenwart steht, sondern eine außerzeitliche Welt, in der die Dinge einfach sind. Zu dieser anderen Welt hat der Australier über den Traum Zugang. Der Traum gilt als eine Art Schöpfungsakt, in dem etwas aus der zeitlosen Traumwelt in die Gegenwart herübergeholt wird. Traum und Anfang ist ein und dasselbe – in den meisten australischen Eingeborenensprachen auch dasselbe Wort. »Dabei bedeutet Traum und Träumen nicht notwendigerweise das, was wir darunter verstehen, sondern umfasst viel mehr, ein breites Spektrum veränderter Bewusstseinszustände. Die Eingeborenen sprechen von ›träumen‹, wenn sie ihre Mythen erzählen und von der Erschaffung der Welt berichten. Die ersten Wesen schufen ›träumend‹ die Gesetze, die Heroen der Urzeit sind ›träumend‹ über das Land gegangen. Träumend nimmt der Schamane Kontakt mit den Geistern auf, Eltern träumen ihre Kinder, träumend schafft der Künstler seine Bilder oder die Tänze«, wie es Gerda Cramer-Bochow formuliert.

Traum steht hier ganz offensichtlich für eine bestimmte Art von Bewusstsein. Immer dann, wenn ein Mensch etwas tut, was über die rein animalischen Bedürfnisse hinausgeht, träumt er. Wir werden in einem späteren Kapitel auf genau denselben Sachverhalt stoßen: In der Ilias treten immer dann, wenn ein Mensch etwas tut, was über die rein animalischen Bedürfnisse hinausgeht, die Götter auf den Plan, die ihm sagen, was er tun soll. Auch in der Bibel tritt ja Gott als Ursprung der Handlung auf, wie wir gesehen haben. Doch so viel hier nur nebenbei, wir kommen darauf noch einmal zurück.

Was bedeutet das für die oben stehende traurige Aussage, »wir können keine Kinder mehr träumen«? Erste Voraussetzung für den Anfang neuen Lebens ist ein Traum – oder das Bewusstsein – des Vaters. Seine Traumseele muss einen Kinderkeim suchen. Diese leben in der Tiefe der Wasserlöcher als Teil der Fruchtbarkeits»götter« des Wassers. Auf dem Weg dorthin muss

42 Nach A. W. Reed, Am Anfang war die Traumzeit. Die Legenden und Mythen der Aborigines, Köln 1981, zitiert nach Cramer-Bochow a. O., S. 50

die Traumseele des Vaters gut auf alle Pflanzen, Tiere und sonstigen Wesen achten, die ihr unterwegs begegnen, denn sie werden dann neben seinen eigenen die Totems des Kindes. Hat der Vater den Kinderkeim, die Seele seines Kindes gefunden, so muss er sie in einem zweiten Traum an seine Frau weitergeben, denn noch ist sie nur ein Bild. Erst dann bekommt sie eine menschliche Gestalt.

Erst durch den Weg über den zweiten Traum wird die Frau schwanger. Die Befruchtung muss geträumt werden, sonst findet sie nicht statt. Mir fällt hierzu etwas ein, was ich immer schon sehr eigenartig gefunden habe: Mehrere Freundinnen haben mir berichtet, dass sie in dem Moment, in dem sie mit ihren Kindern schwanger wurden, gewusst haben, dass »es diesmal geklappt hat«, dass »es jetzt so weit ist«, oder wie immer sie es ausdrückten. Offenbar schlafen wir »anders« miteinander, wenn wir ein Kind zeugen, als wenn das nicht der Fall ist. Die Zeugung eines Kindes als bewusster Akt, genau das besagt der zweite Traum des Vaters bei den Aborigines in Nordwestaustralien. Die meisten von uns haben zwar die Fähigkeit verloren, eine Zeugung »bewusst« einzuleiten, aber immerhin sind wir noch nicht so unsensibel, dass wir sie nicht mehr bemerken würden. Ganz platt gesprochen heißt das, dass bei der Zeugung eines Kindes zum Beischlaf ein Bewusstsein dazukommt, nämlich das der Schaffung von Leben.

Die australischen Aborigines beklagen den Verlust der Fähigkeit, Kinder zu träumen. Ihnen ist unter dem Einfluss der modernen Zivilisation der Weg über den Traum an den Ursprung, der Glaube an die Schöpferkraft des Traumes verloren gegangen. Was bei uns seit undenklichen Zeiten funktioniert, nämlich Kinder auch ohne das entsprechende Bewusstsein zu zeugen, ist ihnen nicht möglich. Wo der Traum fehlt, wird auch keine Kinderseele gefunden.

Stellen wir uns einmal vor, was das für uns bedeuten würde. Ehe wir ein Kind zeugen können, müssen wir es erst geistig zeugen, müssen wir es erst wollen, uns erträumen, ihm einen Platz in unserem Leben einräumen ... Wie schön für das Kind. Es kommt in eine Welt, in der es willkommen ist, in eine Welt, die es gewollt hat. Keine unerwünschten Kinder mehr! Dies ist, wenn es »funktioniert«, die natürlichste und ehrlichste Form der Geburtenkontrolle. Das australische Beispiel zeigt allerdings, dass unsere Zivilisation diesem Prinzip ganz furchtbar im Wege steht, denn sie verhindert ja in der Praxis die seelische Zeugung.

Dass wir vielleicht doch noch nicht so furchtbar weit von der schöpferischen Kraft des Träumens entfernt sind, wie es scheint, zeigen die erschreckend vielen Beispiele, in denen Paare keine Kinder bekommen, ohne dass es hierfür erkennbare organische Ursachen gäbe. Etliche Ärzte und Psychologen sind davon überzeugt, dass hier die Unfruchtbarkeit seelische Ursachen hat, sie nennen das dann »seelische Blockaden«. Formulieren wir es einmal in der Sprache des Bildes vom Kinder-Träumen: Vielleicht führen sie eine »unfruchtbare« Beziehung, vielleicht geht die Seele des Vaters nur »halbherzig« auf die Suche nach der Seele seines Kindes, vielleicht »hört« auch die Frau »nicht hin«, wenn er ihr die Seele im Traum weitergeben will. »Unfruchtbar«, »halbherzig«, »nicht hinhören«, das sind nicht die Attribute einer Welt, in der ein Kind wirklich willkommen wäre. Hören wir genau hin, so zeigen diese Worte zugleich auch mögliche Ansätze, das Problem zu beheben: die unfruchtbare Beziehung zu einer fruchtbaren machen, anstatt halbherzig mit ganzem Herzen dabei sein, nicht weg- sondern aufeinander hören . . . Doch zurück zu den Träumen.

Uralte Mitbringsel oder: Träume von Dichtern und Medizinmännern

Jeder Mensch kann – den australischen Ureinwohnern zufolge – im Traum Zugang zum schöpferischen Urzustand erhalten. Manche weniger, manche mehr. Die, die es besser können, werden Dichter (fallen Ihnen gerade Goethes eingangs zitierte Tagtraumgespräche mit seinen guten Freunden ein?) oder Medizinmann. Die es weniger gut können, tun es nur zu besonderen Gelegenheiten, etwa dann, um bei dem Beispiel zu bleiben, wenn sie eine Kinderseele suchen.

Dichter holen aus der außerzeitlichen Traumwelt die Anregungen für uralte Tänze und Lieder, die auf der Basis strenger Traditionen immer wieder neu variiert werden. – Und dies ist kein Widerspruch in sich.

Wieder ist es das Beispiel der Ilias, das dies erläutern kann: Die Ilias wurde jahrhundertelang mündlich überliefert, ehe sie schriftlich niedergelegt wurde. Das ist seit langem bekannt und erklärt, warum ein und dieselbe Person in derselben Szene Panzerelemente trägt, die verschiedenen Traditionen der Bewaffnung entstammen. Im Zuge der mündlichen Überlieferung wurden also neue Variationen hinzugefügt. Dennoch ist es ein »uralter« Text geblieben, denn das Wesentliche ist unverändert: Singe den Zorn, o Göttin, des Peleiaden Achilleus. Mit Rhythmik und floskelhaften, mehrfach wiederholten Formulierungen vereinfachte sich für den Erzähler die Aufgabe, sich die Geschichte vollständig zu merken. (Immerhin sind es 24 Gesänge, deren jeder zwischen 400 und 900 Zeilen umfasst!) Die Erzählung wurde jedes Mal wieder aus dem Unterbewusstsein neu »geschaffen«. Was dem homerischen

Erzähler sein »Unterbewusstsein«, ist dem Dichter der Aborigines der Traum als Quelle des Schöpferischen. Jeder Erzählvorgang schuf eine neue Ilias, jeder Traum schuf einen neuen Tanz – und dennoch sind beide uralt und (bis auf Details) unverändert.

Der Medizinmann kann mehr, er bringt aus der Traumwelt vermehrte Seelenkraft mit, die Fähigkeit zu heilen. In den Berufungsträumen ist oft die Rede von durchsichtigen Kristallen, die er in der Tiefe der Traumwelt erhält. Sie gehen in seinen Körper ein, und zwar in den Unterleib oder die Oberschenkel, und erfüllen ihn dort mit einem inneren strahlenden Licht. Das Bild der prismenartig wirkenden Quarzkristalle, die das Licht in alle Regenbogenfarben brechen, erklärt sich darin, dass sich die personifizierte Erde unter anderem als Regenbogen zeigt. Ein Quarzkristall ist also ein sehr anschauliches Symbol für die Kraft der Erde – auch wenn es nur geträumt ist. Der Ort, an dem dieses Licht im Medizinmann seinen Platz findet und strahlt, weckt ganz passende Assoziationen an die kreative Kraft der Kundaliniim Wurzelchakra.

Die Energie, die der Medizinmann aus der außerzeitlichen Traumwelt mitgebracht hat, setzt er als gesunde Kräfte gegen die zerstörerischen eines Kranken oder einer ganzen Gemeinschaft ein. Natürlich muss er seine eigenen Kräfte immer wieder erneuern; und das kann er eben durch jenen Kontakt zur Traumwelt, durch seinen Zugang zum schöpferischen Universum im Traum.

Die Traumwelt hat hier einen festen, unangefochtenen Platz im Weltbild und verbindet das Individuum mit der Welt des Unsichtbaren mit all dem, was über die unbewusste Befriedigung körperlicher Bedürfnisse hinausgeht.

Erziehung im Traum oder: Die Traumschule der Senoi

C. G. Jung führt das Volk der Senoi als Beispiel einer hoch entwickelten Traumpsychologie mit einem hohen Grad an Individuation an. Bei den Senoi, einem Volk, das im Dschungel des Zentralhochlandes von Malaysia lebt, stellt diese Traumpsychologie den Mittelpunkt eines kollektiven Lebens dar und dient der sozialen Integration.

Kilton Steward, der 1935 ein Jahr mit den Senoi lebte, schrieb: ». . . das völlige Fehlen von Gewaltverbrechen, bewaffneten Konflikten, Krankheit an Geist und Körper . . . lässt sich nur durch Einrichtungen erklären, die einen hohen Stand der psychologischen Integration und der Reife des Gefühlslebens erzeugen, ferner durch die Einstellung zur Gesellschaft, die kreative, nicht destruktive zwischenmenschliche Beziehungen begünstigt.«

Nach der Überzeugung der Senoi sollte jeder Mensch versuchen, sein eigenes, geträumtes, spirituelles Universum zu regieren, indem er die Zusammenarbeit aller Gestalten und Kräfte, die darin vorkommen, erbittet und empfängt. Diese Gestalten und Kräfte sind wirklich. Nehmen sie eine drohende Haltung ein, so muss der Träumende mit ihnen kämpfen und, wenn nötig, die »Imagines« von Freunden aus seinen Träumen zu Hilfe rufen; Traumgestalten sind nur dann gefährlich, wenn man Angst vor ihnen hat. Wenn es dem Träumer gelingt, die Traumschlacht zu gewinnen, dann wird der gegnerische Geist zum Diener oder Verbündeten, der imstande sein wird, in zukünftigen Träumen und auch im wachen Leben zu helfen.

Der Kampf mit der Angst

Jeden Morgen diskutiern und analysieren die Familienmitglieder die Träume der vergangenen Nacht. Die Kinder erhalten für ihr Traumleben ebenso Belehrung und Unterstützung wie für ihr übriges Leben. Wenn ein Senoiknabe von einem Traum erzählt, in dem er fiel, antworten die Erwachsenen mit Begeisterung: »Das ist ein wundervoller Traum, einer der besten, die der Mensch haben kann. Wohin bist du gefallen? Was hast du dabei zu sehen bekommen? . . . Du musst entspannt und vergnügt sein, wenn du im Traum fällst. Das Fallen ist der rascheste Weg, mit den Mächten der Geisterwelt in Berührung zu kommen . . . Bald wirst du wieder vom Fallen träumen und dich dann an das erinnern, was ich dir jetzt sage . . . und du wirst finden, dass du zu der Quelle der Macht unterwegs bist, die das Fallen bei dir bewirkt hat.«

Angenehme Träume werden absichtlich und bewusst fortgesetzt, bis sie einen Punkt erreichen, an dem aus dem Traum etwas Schönes oder Nützliches für das wache Leben der Gruppe mitgebracht werden kann. Wenn zum Beispiel jemand im Traume fliegt, wird er so lange weiterfliegen, bis er auf Wesen stößt, von denen er ein Lied oder irgendeine Fähigkeit lernt, die er seinem eigenen Volk mitbringen kann. In sexuellen Träumen sucht der Träumer einen Orgasmus zu erreichen und bittet dann seinen geträumten Partner um eine Melodie. In Träumen hat er keine Bedenken, auch solche Partner zu lieben, die er im Wachen nicht lieben darf, zum Beispiel Bruder oder Schwester, denn solche Traumgestalten sind nicht tatsächliche Aspekte von Bruder oder der Schwester, sondern psychische Einheiten, die diese Gestalt als Verkleidung angenommen haben. Ebenso verhält es sich mit Aggressionsträumen: Wenn das Traumwesen, das einen Senoi bedroht, als die Imago eines Freundes erscheint, ist es nicht wirklich der Freund, sondern eine auf solche Weise verkleidete Traumfigur.

Nach der Familiendiskussion der Träume versammeln sich die Männer der Senoi im Rat, dem ein *halak*, ein Schamane, vorsteht. Hier werden sämtliche Träume diskutiert, analysiert und die eingebrachten Tänze und Gesänge erklärt und vorgeführt. Schamanismus, Adeptentum, Wissen sind das Ziel aller Senoimänner, und der Titel *halak* bezeichnet keineswegs ein Amt, sondern einen spirituellen Status, der grundsätzlich von jedem erreicht werden kann.

Die Traumtheorie der Senoi beschreibt die Existenz eines spirituellen Körpers, der aus einer primären Herz-Seele, *sengin*, besteht, von der das Leben abhängt, und aus vier sekundären Seelen: *jereg*, die ihren Sitz in der Leber hat und in Raum und Zeit wirken kann; *hinum*, im Atem, die den Körper bei Rede oder Gefühlsausdruck verlassen kann; *ruai*, im Kopf, die den Körper während des Schlafes verlässt; und *kenlok*, mit dem Sitz im Auge, die das Gefühl und das gewöhnliche Wissen kontrolliert. Schamane kann nur jemand werden, wenn seine *ruai* und noch mindestens eine weitere Seele den Körper zu verlassen im Stande sind. Beim *halak* der höchsten Ebene müssen alle Seelen – außer *sengin*, die den Körper nur im Tode verlasst – fähig sein, aus dem Körper hinauszugehen und in der Traumwelt mit *ruai* zu kooperieren. Diese nicht körperlichen Aspekte des Seins sind daher nicht auf eine Erscheinungsform beschränkt, die einen bestimmten Senoi darstellt, sondern treten, durch den Gedanken übertragen, mit weit entfernten Menschen und Dingen in Verbindung.

Der Tag – ein gelebter Traum

Betrachten wir einmal den Tagesablauf in einem Senoidorf.

Es ist noch früh am Morgen im Haushalt der Senoifamilie. Die Mutter bereitet Früchte für das Frühstück vor. Im Inneren des gemeinschaftlichen Langhauses herrscht ein geschäftiges Treiben. Überall in den benachbarten Räumen wird Frühstück zubereitet von den Onkeln und Tanten, Vettern und Basen. Die Großfamilie sammelt sich am Tisch. Der Vater findet nun die Zeit, die wichtigste Frage des ganzen Tages zu stellen: »Nun – was habt ihr geträumt?«

Beim Morgenessen erzählt nun jedes Familienmitglied seine Träume – vom jüngsten bis zum ältesten. Kein einziger wird sagen: »Ich weiß nichts zu erzählen«, oder: »Ich kann mich nicht erinnern.« – Jedes Stammesmitglied erinnert sich seiner Träume. Von Geburt an bis zum Tode sind weitgehend alle Tätigkeiten von den eigenen Träumen bestimmt. Kaum können Kinder sprechen, beginnen sie ihre Träume beim Frühstück zu erzählen. Und alle –

Vater, Mutter, Großeltern Schwestern und Brüder – loben sie dafür und freuen sich mit ihm. Sie befragen jedes Kind, wie es sich im Traum verhalten habe, und sagen ihm, was ihrer Auffassung nach falsch gewesen sei. Von allen Seiten wird das Kind beglückwünscht, wenn es sich richtig verhalten hat. Man ermutigt es und gibt ihm Ratschläge, wie es sein Traumverhalten ändern könne und welchen Standpunkt es in Zukunft einnehmen muss.

Schließlich geben sie ihm auch Empfehlungen, was es auf Grund gewisser Traumereignisse heute noch alles in der Gemeinschaft tun solle.

Nach der Traumbesprechung beim Frühstück gehen viele Familienmitglieder zur Versammlung des Dorfrates. Hier wird die ernsthafte Auseinandersetzung mit den Träumen fortgesetzt. Alle Männer, heranwachsende Jugendliche und einige Frauen berichten nun in der größeren Gruppe von ihren Träumen. Hier wird die Bedeutung jedes Traumsymbols und jeder Traumsituation besprochen. Jedes Ratsmitglied äußert seine Meinung über die Bedeutung der einzelnen Trauminhalte. Alle, die gleicher Meinung sind, bilden eine Gruppe und übernehmen ein Traumvorhaben, das dann ausgeführt wird. Fast alle Beschäftigungen des täglichen Lebens entstehen bei den Senoi aus der Deutung der Träume und den Entscheidungen, die aus den Traumbesprechungen gewonnen wurden: Freundschaften werden geknüpft; Stammesmitglieder organisieren sich, um einen aus den Träumen gewonnenen Plan durchzuführen; auf Grund von Traumbesprechungen beschließt man sogar, das Lager abzubrechen und weiterzuziehen. Erwachsenen helfen den Kindern, wenn es darum geht, die von den Kleinen im Traum gesehenen künstlerischen oder mechanischen Dinge zusammenzubasteln. Einige schließen sich zusammen, um Kostüme anzufertigen, zu malen, Tänze aufzuführen und Lieder zu singen, die sie im Traum gesehen oder gehört haben. Fast der ganze Tag ist ausgefüllt mit Tätigkeiten, die von den Träumen inspiriert worden sind. Und nachts ziehen sich alle zurück, um zu schlafen. Dann träumen die Senoi einem neuen Tag entgegen, der wiederum von all dem bestimmt sein wird, was sie im Traum erfahren haben.

Die Senoi sind ein ziemlich großes Volk, das etwa 12 000 Seelen umfasst, die in den gebirgigen Dschungelgebieten Malaysias leben. Auf der Halbinsel leben drei Gruppen von Ureinwohnern, die in malayischer Sprache *Orang-Asli* genannt werden. Die eine Gruppe sind die Senoi, die nicht so primitiv leben wie die Negrito-Gruppe und nicht so zivilisiert sind wie die Proto-Malayen. Alle drei sind aber primitiver als die moderne malayische und chinesische Bevölkerung der Halbinsel und leben von ihr ziemlich isoliert.

Die Senoi sind von hoch gewachsener, schlanker Gestalt, haben eine hellbraune Haarfarbe und besitzen feines, gewelltes Haar. Sie bilden weitläufige Familiengemeinschaften und leben in großen Langhäusern, die so gebaut sind, dass sie fünf bis sechs Jahre halten. Jede Familie hat darin ihren eigenen Wohnbereich und kocht für sich. Die Mitglieder eines einzelnen Langhauses verhalten sich zueinander wie eine dörfliche Gemeinschaft *(kampong)*, wobei der geräumige Mittelgang etwa der Dorfstraße entspricht.

Gemeinsam mit anderen Großfamilien bearbeiten sie ein gerodetes Gebiet im Dschungel *(Iadang)* und ziehen Feldfrüchte: Kürbisse, Yamswurzeln, Bananen, Reis, Maniok u. a. Auf dem guten Boden lassen sich mehrere Jahre hindurch mit Leichtigkeit reiche Ernten erzielen. Lässt der Ertrag nach, weil der Boden ausgelaugt ist, so ziehen die Großfamilien einfach weiter.

Die Senoi leben vorwiegend vegetarisch. Manchmal jagen sie im Dschungel mit Blasrohren. Auch durch Fischfang wird der Speisezettel bereichert. Sie zerdrücken auf einem Stein dicht am Ufer des Flusses eine Frucht, deren Saft ins Wasser läuft und die Fische betäubt. Diese schwimmen alsbald an der Wasseroberfläche und können leicht aufgegriffen werden.

Die Senoi sind ein Volk, das die Musik liebt. Gruppengesänge werden mit Trommeln, Gongs, Röhren- und Bambuszithern, Maultrommeln, Nasen- und Kernspaltflöten begleitet. Ihre Zählkunst beschränkt sich auf vier Mengenangaben: eins, zwei, drei und »viel«. Nur einzelne Gruppen kennen noch die Zahlwörter vier und fünf. Die am Rande des Dschungels lebenden Senoi haben von den in der Nähe wohnenden Malayen ein paar Zivilisationsbräuche übernommen, bleiben aber trotz allem ein unzivilisiertes Volk – wenigstens gemäß unserer intellektuellen, wissenschaftlichen und materiellen Sichtweise.

»Zivilisiert« ist nun ein sehr relatives Wort, dessen Gebrauch maßgeblich vom eigenen Standpunkt abhängt. Obwohl wir den Senoi in materieller Hinsicht weit überlegen sind, sind sie auf anderen Gebieten weit fortgeschrittener als wir. Sie haben Dinge erreicht, um die wir uns vergeblich bemüht haben – die Senoi leben in Frieden. Jede Art von Gewalt ist außerordentlich selten. Angehörige der Klinik für die Ureinwohner in Gombak berichten, dass sie sich nicht entsinnen können, jemals einen Senoi mit einem seiner Stammesgenossen oder mit einem Fremden sich schlagen gesehen zu haben – und das während einer Beobachtungsdauer von zwölf Jahren. Die Senoi behalten ihre Freundlichkeit, obgleich kriegerische Stämme ganz in der Nähe leben. Aber diese Stämme fürchten sich vor dem, was sie als die magische Macht der Senoi ansehen, und lassen sie in Ruhe.

Die Senoi sind in hohem Maße zur Zusammenarbeit bereit, und eine grundsätzliche Ermahnung lautet: »Hilf deinem Mitmenschen – musst du einmal Hilfe ablehnen, dann tue es freundlich.« Man hat ein Gefühl gemeinsamer Verantwortlichkeit, teilt unter sich das Essen auf, hat das Land in gemeinschaftlichem Besitz und lebt das Leben gemeinsam.

Trotz ihres Gemeinschaftssinnes sind die Senoi individualistisch und schöpferisch. Jeder Einzelne entfaltet sich zu einer einmaligen Persönlichkeit und ist kreativ tätig. Die Lösungen für gesellschaftliche Fragen und solche des häuslichen Familienkreises sind mannigfaltig und anpassungsfähig. Es gibt neben der üblichen Monogamie auch Polygamie und Polyandrie.

Vielleicht ist das verblüffendste Merkmal der Senoi ihre außergewöhnliche seelische Ausgeglichenheit. Neurosen und Psychosen, wie wir sie kennen, sollen bei ihnen nicht vorkommen. Westliche Psychotherapeuten können das kaum glauben, obwohl es immer wieder von Forschern betont wird, die lange Zeit mit den Senoi zusammengelebt und sie beobachtet haben. Die Senoi zeigen eine bemerkenswerte emotionale Reife. Es mag sein, dass gerade wegen ihrer fortgeschrittenen seelischen Entwicklung das Streben nach Macht und Besitz nur eine ganz untergeordnete Rolle spielt. Sie wenden nur sehr wenig Zeit zur Befriedigung der materiellen Bedürfnisse auf – beispielsweise braucht die Gruppe nur eine Woche, um das Langhaus zu bauen, das fünf bis sechs Jahre hält. Eine weitere Woche ist nötig, um den Dschungel für die Pflanzungen zu roden. Die gemeinschaftlich durchgeführte Nahrungsbeschaffung dauert nur zwei bis drei Stunden pro Tag. Die restliche Zeit verbringen sie dann damit, ihre Traumvorhaben in die Tat umzusetzen.

Vom Monster zum Traumfreund

Es gibt keine nachprüfbare wissenschaftliche Untersuchung, die beweisen würde, dass Friedfertigkeit, Bereitschaft zur Zusammenarbeit, Kreativität, seelisches und geistiges Wohlbefinden und emotionale Reife die Folge davon sind, dass die Senoi einen derart umfassenden Gebrauch von ihren Träumen machen. Aber trotzdem weist vieles darauf hin, dass zumindest die Beachtung der Träume ein ganz wichtiges Element für die Entstehung dieser Eigenschaften darstellt.

Wenn die Senoikinder ihre ersten Träume erzählen, dann berichten sie von Träumen, die denen aller Kinder sehr ähnlich sind: Da gibt es viele Tiere und sogar Monster, die hinter ihnen herjagen. Bis sie aber erwachsen sind, haben sie alle Alpträume längst ausgemerzt und gelernt, regelmäßig kreative Anregungen aus ihren Träumen in die Tat umzusetzen.

Wie bringen die Senoi diesen bemerkenswerten Wechsel in ihrem Traumleben zustande?

Durch die Zusammenfassung von Gesprächen mit den Senoi und den mit ihnen lebenden Forschern sowie den Erkenntnissen des Anthropologen und Psychoanalytikers Kilton Stewarts, der mehrere Jahre in Malaysia verbracht hat, konnten drei Regeln abgeleitet werden, die bei ganz verschiedenen Traumsituationen angewendet werden.

Die erste Regel lautet: *Stellen Sie sich im Traum der Gefahr und überwinden Sie sie.* Nehmen wir einmal an, ein Senoikind würde seinen Eltern beim Frühstück erzählen:

> »Ich habe in der Nacht geträumt, dass mich ein Tiger verfolgte.« Das Gespräch könnte folgendermaßen weitergehen: »Oh – was hast du dann getan?«, erkundigt sich der Vater.
>
> »Ich rannte, so schnell ich nur konnte. Aber er kam immer näher und näher. Meine Beine konnte ich gar nicht schneller bewegen. Da bin ich ganz erschrocken aufgewacht.«
>
> »Es war gut, dass du einen solchen Traum hattest, mein Junge, aber du hast einen großen Fehler gemacht!«, äußert sich kritisch der Vater. »Tiger, denen du tagsüber im Dschungel begegnest, können dich verletzen, weswegen du weglaufen musst; aber Tiger, denen du nachts im Traum begegnest, können dich nur verletzen, wenn du vor ihnen wegrennst. Sie verfolgen dich so lange, wie du dich vor ihnen fürchtest. Wenn du das nächste Mal diesen Traum hast – und das wird bestimmt bald der Fall sein –, musst du dich umwenden und dich dem Tiger entgegenstellen. Wenn er dich dann immer noch angreift, so musst du ihn selbst angreifen.«
>
> »Aber wenn er zu stark für mich ist?« – »Dann ruf deine Traumfreunde, damit sie dir helfen; aber kämpfe allein weiter, bis sie eintreffen. Greife immer selber dein Traumbild an, wenn es dich bedrängt. Verstehst du? Lass dich im Traum niemals angreifen und renne nicht davon. Stell dich stets der Gefahr.«

Der erste allgemeine Grundsatz, *sich der Gefahr zu stellen und sie zu bezwingen,* ist die wichtigste Regel der Traumkontrolle bei den Senoi.

Diese Regel mag in der Tat die Grundlage für die ausgeglichene Persönlichkeitsstruktur sein, für die die Senoi bekannt sind.

Sicher wird jeder, der sich seiner Träume erinnert, bestätigen können, dass es ganz normal ist, wenn man in seinen Träumen Gefahren begegnet. Der amerikanische Psychologe Calvin Hall, der Unterlagen über die Häufigkeit verschiedener Traumerfahrungen gesammelt hat, schließt daraus, dass Aggression in mindestens 50 Prozent der Träume jugendlicher amerikanischer Erwachsener vorkommt. Gewöhnlich sind diese aggressiven Bilder von Angst, Furcht oder sogar von Terror begleitet.

Es ist nicht ungewöhnlich, dass im Traum aggressive Geschehnisse auftreten. Außerdem ist auch zu beobachten, dass ganz besondere Formen von Aggression in Erscheinung treten. Zitat Hall:

> »In durchschnittlich zwei Dritteln aller Fälle sieht sich der Träumer als Opfer. Navajo-Träumer sind zu 89 Prozent Opfer, während ihre Nachbarn, die Hopis, es nur zu 60 Prozent sind. Natürlich gibt es Unterschiede bei den einzelnen Träumern. In einigen Traumserien ist der Träumer sogar häufiger der Angreifer als das Opfer. Besonders Kinder sehen sich in ihren Träumen vielfach als das Opfer von Erwachsenen oder von Tieren. Frauen träumen etwas häufiger als die Männer, dass sie das Opfer seien.«

Hall folgert weiter, dass bei aggressiven Begegnungen häufiger männliche als weibliche Traumpersonen auftreten, und stellt fest, dass am häufigsten Tiere als Feinde des Träumers auftreten und in zweiter Linie dann männliche Personen, die dem Träumer fremd sind.

Man ist in seinen Träumen derart oft das Opfer von Aggressionen, dass es schier unbegrenzte Gelegenheiten gibt, die Senoiregel anzuwenden, *sich der Gefahr zu stellen und sie zu überwinden.* Wenn Sie diese Regel anwenden, so haben Sie es als Träumer selbst in der Hand, den Inhalt ihrer Träume zu verändern, was immense Auswirkungen haben wird. Genau wie die Senoi es tun, können auch zivilisierte Menschen aus ihrem Traumleben beklemmende Alpträume ausschalten.

Die zweite Regel der Senoi lässt sich mit der ersten vergleichen, doch bedient man sich bei ihr eines anderen Anreizes: *Erlebe im Traum immer größere Beglückungen.* Das Kind wird dazu ermuntert, im Traum angenehme erotische Erfahrungen zu machen, die Empfindung zu genießen und sie bis zum Äußersten zu steigern. Das Kind wird auch dazu angehalten, die herrlichen Gefühle des Fliegens im Traum voll auszukosten und sich dabei total zu entspannen.

Die dritte allgemeine Regel: *ein positives Erlebnis zu erreichen.* Hören wir wieder einem Senoikind zu, das seinen Traum erzählt:

> »Ich habe geträumt, ich sei von einem hohen Felsen hinuntergefallen.« Dann könnte die Unterhaltung etwa folgendermaßen weitergehen.
>
> Der Vater oder die Mutter sagt: »Das ist ein herrlicher Traum! Was hast du getan dabei?«
>
> »Ich habe gar nichts gemacht. Ich bin einfach gefallen, das war überhaupt nicht schön. Im Gegenteil, es war schrecklich. Bevor ich unten aufschlug, erwachte ich mit Schrecken.«

»Oh – das war ein Fehler, denn die Erdgeister lieben dich. Sie haben dich gerufen, weil sie dir was zeigen wollten. Du musst weiterschlafen, selbst wenn du erschrocken bist. Versuche dich zu entspannen, lass dich ruhig fallen und lande unten, damit du erfährst, was für interessante Dinge deiner dort harren. Nächstes Mal, wenn du so etwas träumst, versuche zu fliegen und lass dich nicht einfach fallen. Versuche zu spüren, wie herrlich das Fliegen ist. Fliege irgendwohin zu einem interessanten Ort.«

So wird das Kind veranlasst, eine Furcht beim Fallen in eine Freude am Fliegen umzuwandeln.

Sogar die schlimme Erfahrung, im Traum verwundet oder gar getötet zu werden, wird in ein positives Erlebnis umgestaltet. Sollte das Kind im Traum verwundet worden sein, so lehrt man es, dass die Kraft des Angreifers vermindert worden sei, da er einen Teil seiner Stärke verbraucht habe. Und wenn es im Traum getötet wurde, so hat es ein für alle Mal die Macht des Gegners erschöpft. Es muss unverzüglich in einer besseren Gestalt wieder geboren werden. Diese so genannten »Primitiven« haben augenscheinlich eine hoch entwickelte Auffassung von der »Kraft des positiven Denkens« – die tatsächlich außerordentlich wirksam ist, wie wir noch sehen werden.

Ein äußerst positives Ergebnis eines Traumes liegt dann vor, wenn der Träumer von einer Traumgestalt ein Geschenk empfängt. Der Träumer muss eine schöne oder nützliche Gabe mitbringen, um seine Familie, seine Freunde und den ganzen Stamm daran teilhaben zu lassen.

Der Träumer sollte nicht zulassen, dass sein Traum endet, ohne dass eine positive Handlung zum Abschluss gekommen ist. Wenn er fällt oder fliegt, sollte er irgendeinen Ort erreichen; wenn er liebt, sollte er bis zum Orgasmus kommen; er sollte stets bis zum Letzten kämpfen (oder selbst getötet werden) und immer versuchen, etwas Kreatives zu erhalten.

Betrachten wir nun, wie diese allgemeinen Regeln auf spezielle Traumsituationen anzuwenden sind. In jedem Traum, in dem Sie selbst das Opfer und damit aggressiven Handlungen ausgesetzt sind, sollten Sie zu dem werden, was Hall »reziprok aggressiv« nennt. Sie sollten Ihren Traumfeind angreifen und bis zum Tod bekämpfen. Wenn es nötig sein sollte, dann rufen Sie Ihre Traumfreunde zu Hilfe – kämpfen Sie aber bis zu deren Eintreten weiter.

Die Senoi sehen im Tod eines Traumfeindes etwas Gutes, weil daraus der Geist des Gegners als Diener und Verbündeter des Träumers hervorgeht. Nach Stewart wird mit dem Tod eines Traumfeindes eine positive Kraft freigesetzt. Diese entstammt dem Teil des Träumers, der das gegnerische Traumbild erzeugt hat. Der Wesenskern des Traumfeindes entsteht dann aufs Neue als hilfreiche, positive Gestalt.

Jede Traumfigur, die Ihnen feindlich gesinnt ist oder sich weigert, Ihnen zu helfen, ist als Gegner zu betrachten. Solche, die so tun, als wären sie Freunde, dann aber angreifen und Hilfe verweigern, sind Wölfe im Schafspelz. Traumgstalten sind nur so lange Feinde, wie Sie sich als Träumer vor ihnen fürchten.

Gaben aus der Traumwelt

Wenn man sich einmal einem Traumfeind gestellt und ihn überwunden hat, dann – so sagen die Senoi – sollte man seinen Geist zwingen, dem Träumer ein Geschenk zu geben. Nur wenn es nötig ist, sollte der Träumer dem Gegner eine Gabe abhandeln. Geht die Gefahr nicht von einem Traumangreifer aus, sondern offenbart sie sich gestaltlos, dann soll der Träumer in diesen unbestimmten, bedrohlichen Bereich hineintauchen (z. B. in dichten Nebel) – und er wird das Geschenk dort finden. Dieses Geschenk kann irgendetwas sein: ein Gedicht, eine Geschichte, ein Lied, ein Tanz, ein Entwurf, ein Bild oder sonst etwas Schönes. Es kann auch etwas Praktisches sein wie eine Erfindung oder die Lösung eines Problems. Der Wert des Geschenkes sollte so bemessen sein, dass der Träumer im Wachzustand gesellschaftliche Anerkennung dafür erhält.

Die maßgeblichen Stammesmitglieder raten, dass nach einer gegnerischen Auseinandersetzung im Traum ganz bestimmte Handlungen im Wachzustand ausgeführt werden müssen: Wenn der Träumer in der Gestalt, die ihn angreift, seinen Freund erkennt, sollte er das seinem Freund im Verlaufe des Tages mitteilen, so dass der Freund die Gelegenheit bekommt, sein angeschlagenes Image wieder in Ordnung zu bringen. Falls der Träumer selbst sich in seinem Traum nicht gewehrt hat, dann sollte er sich vornehmen, es in zukünftigen Träumen zu tun.

Anders liegt der Fall, wenn der Träumer selbst aggressiv gegen einen seiner Freunde gewesen ist oder sich geweigert hat, ihm zu helfen. Nach dem Aufwachen sollte er sich dann dem Freund gegenüber besonders freundlich und zuvorkommend verhalten.

Wenn der Träumer beobachtet, dass jemand, den er kennt, angegriffen wird, dann muss er ihn warnen. Der Träumer selbst sollte sich vornehmen, in zukünftigen Träumen das aggressive Gegenüber zu töten, bevor es Gelegenheit findet, selbst anzugreifen. Zum Thema des »Tötens« in den Träumen der Senoi ist hier anzumerken, dass das Töten einer Traumfigur den Anschauungen der Senoi nach nicht als schädlich zu bezeichnen ist, weil man ja bemüht ist, an ihrer Stelle eine positive Gestalt zu erzeugen – einen Diener, einen Freund oder Verbündeten. Bei dieser Art von »Tötung« wird nur der negative Teil des Bildes zerstört. Es ist jedem selbst überlassen, ob er einem negativen Traumbild auf irgendeine Weise entgegentreten oder es »töten« will, um an seiner Stelle ein positives Bild zu erzeugen.

Diese durchdachten Verhaltensweisen der Übertragung von Traumhandlungen in den Alltag sind es vielleicht, die der friedlichen, auf Zusammenarbeit ausgerichteten Kultur der Senoi zu ihrer inneren Festigkeit verhelfen. Träumer der westlichen Welt dürften nicht imstande sein, die Konzepte der Senoi in vollem Umfang anzuwenden. Doch könnte ein an ihnen orientiertes Verhältnis innerhalb einer begrenzten Gruppe verständnisvoller Freunde durchaus die gegenseitigen Beziehungen vertiefen.

Der Traum und die Liebe

Wenden wir uns von den Träumen mit aggressiven Auseinandersetzungen solchen mit sexuellem Geschehen zu. Nach Auffassung der Senoi sollte der Träumer, wenn er im Traum einen erfreulichen sexuellen Kontakt (z. B. Küssen, Liebkosungen) erfährt, den Genuss bis zur vollständigen körperlichen Vereinigung mit dem Traumpartner auskosten und die Glücksempfindungen zu steigern suchen. Hat der Träumer einmal im Traum mit der sexuelllen Begegnung begonnen, dann soll er sie bis zum Orgasmus weiterführen. Die Senoi glauben, dass der Träumer nicht genug Liebe im Traum erfahren kann. Er sollte sich im Traum auch nicht vor anscheinend unanständiger und inzestuöser Liebe fürchten. Alle Traumgestalten sind ja Teile des Selbst des Träumers, die integriert werden müssen.

Jedes Mal wenn der Träumer mit einem Liebespartner zum Orgasmus gekommen ist, dann sollte er sie oder ihn um ein Erinnerungsgeschenk bitten. Dabei sollte es sich, wie oben beschrieben, um etwas Schönes oder Nützliches handeln. Bei der Begegnung mit einem furchtbaren Traumbild gilt es für den Träumer, mutig an es heranzutreten, sich ihm zu stellen, es zu bezwingen und ein Geschenk zu *fordern.* Bei einer liebenswerten Traumbegegnung jedoch sollte sich der Träumer der Gestalt nähern, sich mit ihr erfreuen, einen Höhepunkt erleben und von ihr ein Geschenk erbitten. Bei jeder Art von Erfahrung wird stets etwas Positives gewonnen.

Kommt es in einem Traum zu einem Sturz, zum Fallen, so drängen die Senoi darauf, das Fallen, das gewöhnlich Angst hervorruft, in die Freude des Fliegens zu verwandeln. Während des Fallens sollte der Träumer ruhig weiterschlafen, sich entspannen und landen. Für spätere Träume sollte er sich jedoch vornehmen, zu fliegen statt zu fallen. Gelingt ihm der Flug, dann sollte er immer weiter fliegen und das schöne Gefühl in vollen Zügen genießen. Aber ob er nun fällt oder fliegt, stets soll der Träumer sich darum bemühen, an einer interessanten Stelle zu landen. Dort sollte er sich genau umsehen und alles beobachten: die Menschen, die Kleidung, die sie tragen, welche Tänze sie vollführen, welche Musik sie spielen und wie sie ihre Bauten entworfen haben. Im günstigsten Falle behält der Träumer alles im Gedächtnis und bringt es mit zurück, um es seinen Stammesgenossen mitzuteilen. In diesem Fall finden sie ihr Geschenk; sie brauchen es also weder zu fordern noch darum zu bitten.

»Vater« der Hilfsgeister

Begegnet der Träumer in irgendeinem Traum einer freundlichen Traumgestalt – zufällig oder auf Wunsch –, dann sollte er ihre Hilfe annehmen; so lautet der Rat der Senoi. Man bekunde ihr auch seine Dankbarkeit für die Freundlichkeit und bitte sie um ein Geschenk. Die erhaltenen Gaben sollten genutzt und mit anderen geteilt werden. Wenn die Traumgestalt ganz besonders freundlich ist, kann der Träumer sie bitten, sein Helfer zu werden (der größte Freundschaftsdienst nach den Hall'schen Kategorien der geoffenbarten Trauminhalte). Ein Forscher unserer Zeit, der sich auf das religiöse System der Senoi spezialisiert hatte, weiß zu berichten, dass der gewöhliche Senoi in seinen Träumen einen oder mehrere Hilfsgeister erwirbt, z. B. den einer Blume oder eines Felsens. Nur der hoch geachtete Senoi, der auch als großer Schamane gilt, kann viele Hilfsgeister haben, auch solche von anderer Beschaffenheit wie z. B. den eines Tigers. Diese Hilfsgeister erscheinen in den Träumen und nennen den Träumer »Vater«. Sie werden zu kleinen Freunden, die dem Träumer vielerlei erzählen von Tänzen und Liedern, von der Religion und von vielem mehr. Solche Mitteilungen führen sogar zu Veränderungen in der religiösen Struktur, weshalb die religiösen Auffassungen von Dorf zu Dorf verschieden sind. Sie hängen von den persönlichen Traumoffenbarungen ihrer Mitglieder ab.

Blick über die Grenzen

Beachtenswert ist der geradezu dramatische Gegensatz dieser Traumauffassung der Senoi zu jener der amerikanischen Indianer. Für den Indianer ist der Träumer das leidende *Kind*, dem der großväterliche Geist aus Mitleid hilft, während für den Senoi der Träumer der *Vater* ist, dem der kindliche Hilfsgeist aus lauter Freundschaft hilft.

Was für ein psychologischer Unterschied! Das amerikanische Indianerkind muss in der Wachrealität fasten und sich den Naturgewalten preisgeben, es weint sehr lange und verstümmelt sich sogar selber, damit die großväterlichen Geister es bedauernswert finden und sich veranlasst fühlen, ihm im Traum zu Hilfe zu kommen. Das Senoikind dagegen muss seine Traumgestalten bezwingen, um sich Freunde zu schaffen, und wird Vater von vielen kindlichen Hilfsgeistern, die ihm dann in seinem Leben helfen. Dieser Unterschied im Grad des Selbstvertrauens, der Unabhängigkeit, in der Fähigkeit der Lebensbewältigung und in seiner gesamten positiven Selbstbewertung ist beachtenswert. Ein Träumer, der sich selbst als Vater vieler freundlicher kleiner Hilfsgeister sieht, verschafft sich dadurch einen zuverlässigen Rückhalt.

Erblickt der Träumer in einem Traum Bilder von Speisen, so soll er sie mit anderen Traumgestalten teilen. Das spiegelt sehr schön den Gemeinschaftssinn und die gegenseitige Verantwortlichkeit der Senoi wider.

Die Traumkontrolle nach dem Senoisystem führt zu einer Umgestaltung der inneren Erfahrungswelt des Träumers, zu einer Vervollkommnung der ganzen Persönlichkeit. Die Auswirkungen unangenehmer Erlebnisse im wachen Leben werden zuerst einmal in den Träumen neutralisiert und dann zu positiven Erfahrungen umgestaltet. Negative Bilder – sollten sie überhaupt noch auftreten – werden nicht mehr als beängstigend empfunden und die Anspannung hat nachgelassen. Die Energie, die zur Schaffung negativer Bilder gebraucht wurde, hat sich in positive, kreative Formen umgewandelt.

Einige Psychologen der westlichen Welt sind sich sehr wohl der durchschlagenden Wirkung bewusst, welche die Beachtung dieser Verhaltensformung nach sich zieht. Wenn eine Mutter den Temperamentsausbrüchen ihres Kindes nachgibt, wird sie es noch oft tun müssen. Jedes Kind, das für seine Träume Aufmerksamkeit und Lob erntet, wird sicherlich schnell lernen, sich an noch mehr Träume zu erinnern, weil es dafür belohnt wird. Hier im Westen heißt es immer noch sehr oft, Träume sind »Schäume« und daher unsinnig, allenfalls gelten sie noch als amüsant oder psychologisch gesehen aufschlussreich; dementsprechend vergessen wir sie, lachen darüber oder prüfen sie mit ängstlichem Interesse. Wir hören fast nie, dass Träume aktiv genutzt werden können. Wir beschäftigen uns nicht bewusst mit unseren Träumen, um uns damit zu helfen.

Es ist leicht einzusehen – wenn das auch eine neuartige Auffassung sein mag –, dass ein Kind seine Träume ganz in Übereinstimmung mit den Wünschen der Respektspersonen seiner Umgebung gestaltet. Die Lerntheorie bestätigt, dass die Einstellung, welche die Gesellschaft gegenüber den Dingen einnimmt, die Haltung eines Kindes formt. Wer zum ersten Mal von den Senoi hört, mag einwenden, dass die Senoi nur ihre Traum*erzählungen* gestalten und nicht die Träume selber. Man hat jedoch während ganzer Nächte Tonbandaufzeichnungen gemacht – von Senoi, die im Schlaf sprechen – und dank dieser Aufzeichnungen bestätigen können, dass die am nächsten Morgen erstmals vorgesungenen neuen Lieder tatsächlich, da mit den Tonbändern aufgezeichnet, im Traum vorgekommen waren. Es kann also kein Zweifel daran bestehen, dass die Träume selbst und nicht nur die Erzählungen der Träume bewusst gestaltet wurden.

Wenn ein Senoikind erwachsen ist, hat es keine Alpträume mehr. Seine Träume verändern sich im Laufe der Jahre, bis sie dem von seiner Gemeinschaft geforderten Grundmuster entsprechen. Ein Junge gilt erst dann als Mann, wenn seine Traumgestalten mit ihm zusammenarbeiten und ihm auf gesellschaftlich gebilligte Art und Weise dienen.

In den meisten Kulturen ändert sich das Traumerleben nicht; bei den Senoi hingegen entwickelt es sich von Jahr zu Jahr zu einem immer positiveren Bestandteil ihres Lebens.

Und da die Senoi die Träume um einiges wichtiger nehmen und sie auch anders bewerten als andere Völker, erhalten sie auch mehr hilfreiche Träume.

Berufswahl und Vision oder: Träume der panamerikanischen Indianer

Bei allen amerikanischen Indianerstämmen wird den Träumen eine ganz besondere Bedeutung zugeschrieben. Die Weißen trafen bei ihrer Ankunft in Amerika nahezu eine Million Indianer. Die Eingeborenen lebten in verschiedenen Gebieten des riesigen Landes, in sehr unterschiedlichen Klimazonen und hatten sehr verschiedene Lebensweisen. Entdecker und Siedler stießen zuerst auf Indianer aus den östlichen Wäldern. Darunter waren die Irokesen, die vom Maisbau und der Jagd auf Hirsche lebten. Ein anderer Stamm, Ojibwas, fristete sein Dasein im kalten Nordosten und jagte Karibus und Elche. Wieder andere Stämme weiter im Süden wie die Huronen bauten Tabak an. Als die Spanier im 17. Jahrhundert ankamen, brachten sie auch Pferde mit, die sich schnell über die Prärien verbreiteten. Deshalb trafen die Siedler später auf Indianergruppen wie die Cheyenne, die mit ihren neu erworbenen Tieren in die Prärien gezogen waren, um die dort herumstreifenden Büffelherden zu jagen. Siedler im trockenen Südwesten stießen auf die Puebloindianer, die in großen terrassenförmig angelegten Dörfern wohnten, deren Häuser aus luftgetrockneten Ziegeln gebaut waren – sie trieben Ackerbau und züchteten Schafe. Einige Indianer lebten einfach vom Sammeln wilder Pflanzen und Früchte; die Navajo webten auch Decken und fertigten Silberschmuck an. Als die Siedler weiter nach Westen zogen, fanden sie Stämme wie die Shoshonen, welche sich hauptsächlich von Eicheln und anderen Samen ernährten, sowie einige wenige, die gar geröstete Heuschrecken aßen. Als die Siedler die milde Küste im Nordwesten erreichten, trafen sie auf reiche Stämme wie die Kwakiutl, die aus den kalten Strömen reichlich Lachs fischten und sogar Wale fingen, Beeren sammelten und wunderschöne Schnitzereien aus Zedernholz herstellten. Diese Indianerstämme zeigten beträchtliche Unterschiede in Sprache, Sitte und Lebenshaltung, wie das auch heute noch der Fall ist. Einen Glauben aber teilten sie alle: die Überzeugung, dass das Traumleben von überragender Bedeutsamkeit sei.

Unter den Indianern waren es hauptsächlich die Maricopa in Colorado und die Irokesen der Konföderation der fünf Nationen vom Staate New York, deren Kultur sich um den Traumzustand entfaltete. Nun besteht trotz gegenteiliger Behauptungen kein Zweifel, dass die Irokesen sehr wohl den Traum vom Wachzustand zu unterscheiden wussten; allerdings hatte der Traumzustand eine größere ontologische Realität. Im 17. Jahrhundert schrieb der französische Jesuitenmissionar Père Fremin, dass sie »genau genommen nur eine einzige Gottheit haben – den Traum. Ihm unterwerfen sie sich und folgen seinen Befehlen mit peinlicher Genauigkeit . . . was immer es sein mag, das sie im Traum getan haben, sie halten es für unbedingt nötig, es zum frühest möglichen Zeitpunkt (am nächstfolgenden Tage) auszuführen. Die übrigen Nationen geben sich damit zufrieden, denjenigen unter ihren Träumen Beachtung zu zollen, die am wichtigsten sind; aber dieses Volk, das in dem Rufe steht, religiöser zu sein als seine Nachbarn, würde sich eines großen Verbrechens schuldig fühlen, wenn es die Befolgung eines einzigen Traumes unterließe. Die Leute denken nur daran, sie sprechen über nichts anderes, und ihre Hütten sind erfüllt von ihren Träumen.«

Die Irokesen sahen den Traum als die Sprache der Seele, als das Mittel, durch welches sie ihren Wünschen Ausdruck verlieh. Ganz ähnlich wie Freud waren sie überzeugt, dass der Traum eine Wunscherfüllung sei und dass er zudem die Wünsche in seine eigene Sprache kleidete.

Die Überbewertung des Traums bei den Irokesen erscheint als eine Spiegelverkehrung des westlichen Rationalismus in seiner verbreiteten Form: Hier wird der Wachzustand als die überlegene Realität und der Traum als ein unwirklicher Zustand betrachtet, bei welchem der Geist computerartig die

Eindrücke des Wachseins durcheinander mengt. Beides sind Extreme, die der Vollständigkeit ermangeln.

Die Art und Weise, wie man sich in den indianischen Kulturen der Träume bediente, war unterschiedlich. Träume bildeten oft einen Teil des religiösen Systems. Sie ermöglichten es, dem Träumer mit übernatürlichen Geistwesen zu verkehren und Stärke von ihnen zu erlangen. Oft waren Träume auch ein Teil des sozialen Systems, wobei dem Traumdeuter ein besonderer Status und eine bestimmte Aufgabe zugesprochen wurde. Träume benutzte man fast allgemein, um die Zukunft vorauszusagen. Man verfügte über Rituale, um schlechte Träume abzuwehren und gute zu ermutigen. Manchmal wurden Träume beigezogen, um psychologische Probleme zu meistern. Es war dies eine Art primitiver Psychotherapie, bei der Träume entweder Wünsche offenbarten oder Anweisungen gaben, gewisse Heilungsrituale vorzunehmen. Jeder Stamm hielt seine Art der Traumnutzung für die wichtigste.

Das Studium der Verwendungsarten der Träume in den ungemein komplizierten Kulturen der amerikanischen Indianer ist eine Lebensaufgabe, die Beachtung verdient. Wir wollen uns einige positive und vorteilhafte Techniken ansehen.

Als Erstes gilt auch hier wieder, dass Menschen, die glauben, Träume seien wichtig und sogar notwendig, um im Leben zu bestehen, hilfreiche Träume erhalten werden und sich an sie erinnern können. Im Gegensatz zu Menschen des modernen Westens besaßen die Indianer diese Einstellung.

Die Suche nach der Vision

Sehen wir uns, wie bei den Senoi zuvor, einmal die überlieferte Geschichte des Ojibwa-Jungen Bärenspur zur Verdeutlichung an.

> Bärenspur ist ungefähr 13 Jahre alt. Seit frühen Kindheitstagen haben ihn die Eltern angehalten zu träumen. Bald kommt die Zeit, da Bärenspur sich darüber klar werden muss, was er aus seinem Leben einmal machen will. Er muss sich darauf vorbereiten, eine Vision zu erhalten; ein großer Traum zählt im Leben weit mehr als alle irdischen Güter. Ohne ihn wäre Bärenspurs Leben ein Fehlschlag. Doch mit ihm gewinnt er das Anrecht auf jede bedeutende Stellung in der Stammesgemeinschaft – er kann Jäger, Fischer, Medizinmann und Zauberer oder sogar Krieger werden. Auch andere Kräfte äußern sich in einem visionären Traum – die Fähigkeit, die Zukunft vorauszusagen oder in der Liebe glücklich zu werden.

Zeit seines bisher nicht allzu langen Lebens hat man den Knaben aufgefordert zu träumen, sich auf seinen großen Traum vorzubereiten. Während der letzten Monate hat er oft am Morgen gefastet – manchmal sogar den ganzen Tag über. Er weiß, dass sein knurrender Magen ihm hilft, sich für seinen Schutzgeist *(Manido)* bereitzumachen. Jetzt kann es jederzeit geschehen, dass Bärenspur von ihm aufgesucht wird – aber erst dann, wenn seine Seele wach und offen genug ist.

Kann Bärenspur die bevorstehende Prüfung nicht bestehen, so wird er keinen persönlichen Schutzgeist haben, der ihn mit übernatürlichen Kräften ausstattet. Er braucht also unbedingt einen großen Traum!

Bis jetzt hat Bärenspur mit einer »geborgten« übernatürlichen Kraft gelebt. Da seine Eltern keinen Traum gehabt hatten, der ihnen den Namen ihres Sohnes offenbart hätte, baten sie einen Freund, der berechtigt war, Namen zu verleihen, ihrem Sohn Pate zu sein. Dieses besondere Traumereignis brachte er in eine kurze Wortfolge, die er so rätselhaft verschlüsselt hielt, dass sich daraus nicht der ganze Traum ersehen ließ. Dann gab er dem Knaben den Namen Bärenspur und schenkte ihm eine große Bärentatze. Die Mutter hing sie an den Traggurt der Wiege, wo das kleine Knäblein sie mit seinen Händchen zum Schwingen bringen konnte. Als er dann gehen lernte, legte man die Bärentatze zusammen mit anderen wertvollen Dingen in einen gewebten Beutel. Aus diesem konnte sie dann der Knabe jederzeit herausnehmen, wenn er fühlte, dass er wieder etwas von der Stärke seines Paten nötig hatte. Jahrelang haben Bärenspur und sein »Namensgeber« Geschenke ausgetauscht, aber jetzt ist der Knabe alt genug, um sich seine eigenen Kraftquellen erschließen zu können.

> Wer träumt, dass ein Verstorbener seinen *Namen* ruft, muss bald sterben. Wird der Name im Traum von einem Lebenden gerufen, so wird man diesen bald besuchen.
>
> *(Deutscher Aberglaube)*

Im Frühling hat nun einer der Ältesten des Dorfrates geträumt, dass die Zeit für das Pubertätsfasten gekommen sei. Jeder trifft seine letzten Vorbereitungen, und auch Bärenspur ist dabei. Er muss fasten gehen, solange er noch »rein« ist, d. h. solange er noch keinen gegengeschlechtlichen Kontakt gehabt hat. Seine Eltern begleiten ihn bis zu einem einsamen Ort im Bergwald nahe der Baumgrenze. Hier bauen sie miteinander in einem hohen Baum ein »Nest«, wozu etwa viereinhalb Meter über dem Boden Stangen quer über die Äste gelegt werden, so dass eine Plattform entsteht. Hier soll Bärenspur während mehrerer (bis zu zehn) Tage bleiben, bis er eine Vision hat. Hinabsteigen darf er nur zur Verrichtung der Notdurft. Es ist ihm erlaubt, einige Schlückchen Wasser aus einem Lederbeutel zu trinken und ein paar getrocknete Bohnen zu essen. Er weiß zu gut, dass seine Verpflegung gerade genug ist, um ihn am Leben zu erhalten.

Bärenspur konzentriert sich mit aller Kraft auf seinen persönlichen Wunsch, Medizinmann zu werden. Er denkt darüber nach, stellt sich vor, wie er seinem Volk helfen wird, wenn er Mitglied der Medizingesellschaft *(Midewiwin)* geworden ist. Stunden, Tage vergehen. Manchmal hört er die weichen Tritte von Tieren unter ihm. Der Hunger zehrt an ihm. Am Morgen des zweiten Tages wie auch an den folgenden erscheinen Vater und Mutter, um ihn nach seinem Traum zu fragen sowie ihn zu ermahnen, sich vor dem Traumbesuch eines üblen Geistes zu hüten. Am dritten oder vierten Tag befindet sich Bärenspur bereits in einem tranceartigen Zustand voller Erwartung seines mächtigen Schutzgeistes. Er weiß, wenn ein besonderer Segen auf ihm liegt, wird er die Sonne oder den Donner als Schutzgeist erhalten – und selbst der Mond ist mächtiger als ein Schutzgeist in Tiergestalt.

Er fühlt sich schwindlig, verwirrt und benommen, beginnt immer wieder mit Gebeten und flehentlichen Bitten. Zwischendurch schläft er ein, wacht wieder auf und versucht es von neuem . . . und versucht es nochmals . . . und immer wieder.

Man mag sich fragen, ob er schläft und träumt oder ob er wach ist und halluziniert – die Indianer kümmern sich nicht um solche Unterscheidungen – nur die »Vision« zählt.

Bärenspur – ob wach oder schlafend – schreckt auf. Da ist jemand. Langsam, von Angst fast gelähmt, wendet er den Kopf. Ein alter Mann! Dicht neben ihm. Sein Blick ist voller Güte. Große Weisheit spricht aus seinen Zügen. Sanft berührt er Bärenspurs fiebrige Stirn und sagt: »Mein Enkelkind, ich bin gekommen, weil ich Mitleid mit dir habe. Was möchtest du?« Mit zitternder Stimme antwortet Bärenspur: »Oh Meister, ich würde gerne in dein Wigwam kommen. Gewähre mir diese Ehre.« – »Dann komm . . .« Der alte Mann dreht sich um und schwebt mit wehenden Kleidern hinab in ein kleines Zelt. Bärenspur klettert unsicher hinunter. Es ist dunkel im kleinen Zelt, das gerade groß genug ist, beide aufzunehmen. Und doch spürt Bärenspur genau, dass noch eine dritte Person anwesend sein muss. Draußen kommen Winde auf, die das ganze Zelt durchschütteln, es peitschen und beuteln. Laut kreischen sie auf, wie sie das Zelt in die Höhe heben und in eine andere Welt hinwegtragen. Der alte Mann drückt Bärenspur eine Wurzel in die Hand. »Halte sie 21 Monate lang fest«, sagt er und fängt an, langsam im Kreis herumzugehen. Bärenspur folgt ihm. Wieder und wieder gehen die zwei, gefolgt von der dritten schemenhaften Gestalt, im Kreis herum. Der alte Mann gibt fremdartige, rhythmische Laute von sich, ein Grunzen, und dann ruft er immer wieder: »Himmel, Himmel.« Mit einem gewaltigen Aufschrei wirft er die Arme hoch und brüllt: »Öffne den Himmel von der Mitte aus!« Alles beginnt sich zu drehen, die Winde wirbeln umher, und Bärenspur wird fortgerissen, in einer Spirale nach oben getragen und immer weiter fortgeblasen – bis er sich mit einem Ruck in seinem »Baumnest« wiederfindet, auf dem Rücken liegend. – Er ist gekommen, der große Medizinmann ist wahrhaftig gekommen! Nie mehr wird Bärenspurs Leben sein wie früher.

Bärenspur weiß jetzt intuitiv, dass die dritte Gestalt der Geist *Mikinaks,* der Geist der großen Schildkröte war. Er weiß auch aus der Traumtradition, dass ihm der große Medizinmann und Mikinak noch dreimal im Traum erscheinen werden. Der letzte dieser Träume wird seine Inhaltlichkeit auf der Erde finden. In diesem wird ihn der Meister lehren, das Beschwörungszelt zu bauen. Bärenspur wird mit allergrößter Sorgfalt jedes Zeichen und jeden Hinweis befolgen müssen. Erst nach 21 Monaten darf er mit den Beschwörungen beginnen. Die Wurzel, die ihm der Meister übergeben hat, wird er am Fuß des Baumes finden. Er wird sie stets bei sich tragen und zusammen mit den Traumliedern verwenden, um den Meister zu rufen oder um in gefährlichen Zeiten seine Kraft zu beschwören. Er darf die neu gewonnene Macht aber nicht allzu oft verwenden, sonst verbraucht sie sich zu schnell.

Bärenspur wird diesen Traum niemandem erzählen, auch seinen Eltern nicht, denn es ist sein eigener Traum, sein großer Traum, seine ganz persönliche Quelle der Kraft. Sie werden das Ergebnis sehen, wenn er mit seinen Beschwörungen beginnt, und ihre Schlüsse ziehen, wenn er die Erlaubnis erträumt, Namen zu verleihen und dann kleine Teile seines großen Traumes für Namen verwendet. Weitere Hinweise werden ihnen die neuen Zeichen geben, die er an seine Kleider gehängt hat. Und sie werden ihm zuhören, wenn er seinen Traumgesang murmelt, um seine Kraft herbeizurufen. Seine Worte wird er jedoch undeutlich aussprechen, damit sie nicht zu verstehen sind. Er wird die Geheimnisse seines Traumes niemals preisgeben, denn das würde die Macht und sein Leben bedrohen. Seine Eltern werden das respektieren und ihm raten, noch mehr zu träumen und zu versuchen mit seinem *Manido* (Traumgeist) zu sprechen.

Der gravierende Unterschied der Traumauffassung bei den Indianern und den Senoi tritt hier deutlich hervor. Es wird hier anschaulich geschildert, wie der großväterliche Geist dem leidenden Kind aus Mitleid hilft, während bei den Senoi ja der Träumer der Vater ist, dem der Hilfsgeist aus lauter Freundschaft hilft. Was für ein Unterschied auch in der Behandlung der Träume: Während bei den Senoi eine allmorgendliche Traumbesprechung stattfindet, um dem sozialen Wohl aller zu dienen, muss Bärenspur seinen Traum für sich behalten, um seine Macht und sein Leben nicht zu bedrohen. Dadurch findet eine ganz andere Sozialisierung und Individualisierung statt als bei den Senoi – eine Sozialisierung, die auf einer Position der Macht und des Geheimnisses beruht. Ebenso verhält sich ein Träumer, der sich als vorerst leidendes Indianerkind betrachtet, das von einem Großvater bemitleidet wird, im Alltag sicher anders den Menschen gegenüber als ein Träumer, der sich selbst als Vater vieler kleiner Hilfsgeister sieht. Das Verhältnis von Macht und Autorität durch Mystifizierung wird anhand von Bärenspur sehr deulich aufgezeigt.

Der normative Traum

Doch haben die Indianer durch das Anerkennen der Wichtigkeit ihrer Träume auch gelernt zu wissen, welche Träume nötig sind, um Erfolg zu haben. Auch sie sind einem kulturellen Druck ausgesetzt, um so genannte »kulturgemäße Träume« hervorzubringen, also Träume, die von der Gemeischaft verlangt werden. Psychologen würden sagen, der passende Traum sei »erzwungen« worden, da ihm hohe Anerkennung gezollt wurde, so dass sich die Wahrscheinlichkeit, ihn zu träumen, erhöhte. Sowohl die Träumer der Antike als auch die indianischen Träumer hatten im Falle des richtigen Traumes große Wertschätzung und Vorteile zu erwarten. Erhielt man die richtige Antwort, den richtigen Traum, so folgten Reichtum oder Macht. Wenn gesellschaftliche Stellung und Anerkennung vom richtigen Traum abhängen, wird dieser wahrscheinlich auch eintreten. Unsere Gesellschaft verlangt keine kulturgemäßen Träume, noch bietet sie für Träume gesellschaftliche Bewunderung. Die Belohnung für kreatives Träumen besteht in der Freude über die eigenen Träume, deren kreativen Schöpfungen oder der zunehmenden Fähigkeit, ein ausgefüllteres Leben zu führen.

Die Maricopa-Indianer glaubten, dass der Erfolg im Leben vom Geist abhänge und dass man zum Geistigen durch das Träumen gelange: »Jeder, der wohlhabend oder erfolgreich ist, muss von etwas geträumt haben. Nicht weil er ein guter Arbeiter ist, kam er zum Wohlstand, sondern weil er träumte.« Von einem Nez Perce ist die Begründung überliefert, mit welcher er die Arbeitsethik des weißen Mannes entschieden ablehnte: »Meine jungen Männer sollen niemals arbeiten. Männer, die arbeiten, können nicht träumen, und Weisheit kommt vom Träumen.«

Im Traum sucht die Seele nach einem Geist, der einen Gesang oder ein Heilverfahren offenbaren will. Auch alle Maricopa verschrieben sich im Prinzip dieser Theorie, doch in der Praxis unternahmen nur wenige die Traumreise zur Suche nach Belehrung in Dichtkunst oder Medizin. Der Pfad des Wissens war schwierig und manchmal gefährlich, und nicht jeder Maricopa hatte das Herz dazu. Es war ein ausgedehnter Prozess, denn die Belehrungen wurden dem Träumer von einem Beschützer oder belehrenden Geist in Träumen erteilt, die sich über einen Zeitraum von vielen Jahren erstrecken konnten. Während dieser Zeit der Lehre war dem Träumer nicht erlaubt, seine Träume zu erwähnen noch irgendeine Information zu verraten, die er darin erhalten hatte. Sprach er zu früh darüber, ohne ausreichendes Verstehen, so würde dies den Beschützer kränken und er würde den Träumer verlassen.

Wie wichtig das Einhalten dieser Spielregeln war, schildert die Geschichte von Papago Foot:

> »Papago Foot, der Kohuana, ging in eine Höhle in einem Berg bei einem Tempel. Er rauchte, während er dort lag, eine der magischen Rohrpfeifen und schlief sofort ein. ›Das war es gerade, was er wollte, denn er dachte, selbst wenn er sterben würde, wäre dies besser, als zu leben wie bisher, und vielleicht konnte er ein Schamane werden.‹ Er träumte von einem menschlichen Wesen, das er nicht erkannte und das zu ihm kam und ihm sagte, es wolle ihm helfen zu beginnen. Der Geist zog einen Spinnenfaden von jedem Hügel zum Tempe-Berg und von dort nach Four peaks, zu den San-Francisco-Bergen, und von dort nach . . . Needles. Er bewegte sich an diesem Faden fort und hatte ihn an jedem Berg mancherlei Heilungen gelehrt. Aber er (Papago Foot) sprach zu früh davon, da sagte der Geist: ›Du hast erst den halben Weg (der Rundreise geschafft). Ich beabsichtige, dich den ganzen Weg mitzunehmen. Aber da du zu früh gesprochen hast, hast du nur die Hälfte von dem gesehen, was ich dir zu zeigen hatte; nun geh mit dem, was du gesehn hast.‹ So heilte dieser Mann ausschließlich Darmbeschwerden. Die anderen aber schalten ihn häufig, weil er zu früh geredet hatte.«[43]

---

43 Zitiert nach David Coxhead, Susan Hiller, Träume, Umschau Verlag, Frankfurt am Main 1976, S. 18

Traumgesänge und Medizin

Auch Lieder, die im Traum gehört werden, üben eine sehr starke emotionale und zukunftsprägende Wirkung auf die Träumer aus. Bärenspur hatte seinen Gesang vom »Meister des Beschwörens«, vom »Großen Medizinmann« gehört und gelernt. Andere Träumer erhielten ihre Traumlieder von einem Gegenstand, einer Pflanze oder einem Tier. Diese Lieder scheinen einen tief empfundenen Teil des innersten Wesens mit einzuschließen. Wenn der Träumer sein Lied in Zeiten der Gefahr oder bei schwierigen Unternehmungen leise vor sich hin sang, war er davon überzeugt, dass sich die übernatürliche Kraft verstärke, die er in seinem großen Traum bekommen hatte.

Vielleicht ist der Mensch im Traumzustand in einem Bewusstseinszustand, der besonders für musikalische Schöpfungen geeignet ist. Eine Expertin für indianische Traumgesänge ist der Meinung, dass durch Nahrungsmangel (Fasten) im Gehirn ein Zustand abnormer Aktivität hervorgerufen wird, wie man ihn durch Einnahme von Rauschmitteln hervorrufen kann. Sie beobachtete nämlich bei vielen Indianerstämmen, dass die Lieder während oder unmittelbar nach veränderten Bewusstseinszuständen komponiert wurden. Da das Verdauungssystem beim Fasten kaum tätig ist, wird ansonsten gebundene Energie frei für die schöpferischen Elemente von Geist und Seele. In meinem Abschnitt über das Fasten komme ich auf dieses Prinzip zurück.

Im Zusammenhang mit einer beabsichtigten Veränderung des Bewusstseinszustandes mit Hilfe von Drogen berichtet der Anthropologe Jeremy Narby über eine Entdeckung während der Arbeit bei den Ashaninca-Indianern im peruanischen Regenwald. Das ungeheure medizinische und pharmakologische Wissen dieses Volkes stützt sich auf die von ihnen gefundene Möglichkeit, sich mittels des Halluzinogens Ayahuasca in eine Art Traumzustand (Vision) zu versetzen. Ihnen wurden in diesem Zustand Heilmittel und Rezepturen kundgetan.

Ein Beispiel hierfür ist Curare: Das muskellähmende Gift, das auf Pfeilspitzen geträufelt wird, verhindert, dass erlegte Affen sich mit dem Schwanz um einen Ast rollen und so außerhalb der Reichweite des Jägers bleiben, ohne das Fleisch dabei jedoch zu vergiften. Curare wird heute in leicht veränderter Zusammensetzung auf synthetischer Basis hergestellt und ist als Betäubungsmittel aus den Operationssälen der »entwickelten« Welt nicht mehr wegzudenken.

Die herkömmliche Erklärung besagt, dass die Amazonasindianer sich ihr Wissen in der mehrtausendjährigen Geschichte ihrer Kultur über Erfahrung und Experimente angeeignet haben. Angesichts des Pflanzenreichtums des tropischen Regenwaldes, der etwa 80 000 verschiedene Arten enthält (und damit Milliarden von Kombinationsmöglichkeiten), sowie der äußerst komplizierten Form der Zubereitung scheint das Versuch-und-Irrtum-Schema jedoch bar jeder Plausibilität. Zur Herstellung von Curare müssen zwei Pflanzen vermengt und 72 Stunden lang gekocht werden. Das Substrat wirkt nur intravenös. Die Wahrscheinlichkeit, dass die Eingeborenen Curare und andere Stoffe auf »experimentellem« Weg gefunden haben, dürfte gleich null sein.

Unter anderem erschien und erscheint ihnen auch heute noch die Doppelhelix der DNA, als gigantische, ineinander geflochtene Schlangen. Diese »Doppelschlange« gilt bei ihnen als das Leben erschaffende Prinzip schlechthin und verbindet als *axis mundi* (Achse der Welt) Himmel und Erde.

Kulturelles Umfeld und Traumleben

Bei den Indianern, die zunehmend unter den Einfluss unserer Kultur gerieten, begannen ihre kulturgemäßen Träume zu verschwinden. Untersuchungen der vorgefundenen Trauminhalte derjenigen Indianer, die unserer Kultur ausgesetzt waren, haben ergeben, dass die kulturgemäßen Träume immer seltener auftraten und stattdessen immer mehr von ganz persönlichen Problemen geträumt wurde. Das Gleiche gilt auch von etlichen afrikanischen Stämmen.

Daraus lässt sich eine Art Grundregel ableiten, die besagt, dass die ständige Ermutigung, aktiv zu träumen, notwendig ist. Indianische Träumer werden wie auch die Träumer der Senoi schon von Kindheit an ständig zum Träumen angehalten. Und es ist ihnen möglich, bereits vorhandene und angelegte Fähigkeiten allein dadurch weiterzuentwickeln, indem sie sich auf ihre Träume richtig einstellen. Dieses Ziel haben die indianischen Täumer in weit höherem Maße erreicht, als wir bisher herausgefunden haben.

Die Träumer der Antike und andere kreative Träumer haben nur den allgemeinen Inhalt ihrer Träume geplant. Dagegen wurde ein Indianer dazu angehalten, den Trauminhalt in aller Ausführlichkeit vorauszuplanen. Das haben wir bei Bärenspur gesehen, der genau wusste, dass einer, der Medizinmann werden wollte, vier Träume ganz besonderer Art, in einer im Voraus bekannten Gegend und in einer festgelegten Ordnung haben muss. Das hat uns das Beispiel von Papago Foot gezeigt, der wusste, dass er nicht sprechen durfte, es aber trotzdem zum Leidwesen seiner späteren »Patienten« tat. Das zeigte uns auch die sehr zielbewusste Art der Ashaninca-Indianer, sich mit dem erklärten Ziel in eine Art visionären Zustand zu versetzen, die genaue Anleitung zur Herstellung eines Giftes oder einer Medizin zu »erträumen«.

Viele Forscher sind überzeugt, dass die meisten der bis in die Einzelheiten hinein vorgeschriebenen Träume tatsächliche Traumgeschehnisse sind, somit »durchlebt« und nicht etwa nur erdacht wurden. Viele Schöpfungen der indianischen Kultur sind direkt aus Träumen hergeleitet. Von manchen Indianergesängen weiß man, dass sie von Kriegern stammen, die sie in ihren Traumvisionen gehört haben. Noch vor ihrem Tode gingen die Gesänge in das Eigentum der Gemeinschaft über. Einige Indianerstämme pflegten auch Traumgesänge untereinander auszutauschen. Viele Indianertänze haben ihren Ursprung in Träumen. Auch kulturelle Kunstwerke aller Art – Trommeln, Pfeifen, Kopfputz – gehen, wie man annimmt, auf Traumbilder zurück. Viele dekorative Muster auf Töpferwaren, Schmuck, Bildern, Tüchern und Kleidung stammen ebenfalls aus der »Traumfabrik«.#

Von Ojibwa-Frauen wird auch berichtet, dass sie von ihren Niederkünften träumen. Ein vorteilhafter Traum konnte sich für eine Frau segensreich auswirken und ihr die Kraft für die Geburt geben – oder zur Voraussetzung für eine Berufswahl werden. Der erforderliche kulturgemäße Traum war der eines Tieres, das eine leichte Niederkunft hatte, das konnte eine Hündin, eine Stute oder eine Kuh sein. Die Ojibwa-Frauen glaubten, dass die Hündin am leichtesten werfen könne – das war denn auch das günstigste Zeichen. Eine erfolgreiche Ojibwa-Hebamme erzählte einen Traum, in dem eine Wölfin vorgekommen war, die aussah wie ein Mensch und die Stimme eines Wolfes hattte. Die Wölfin erzählte der Täumerin, dass sie fünf Kinder haben werde – was auch tatsächlich der Fall war –, leckte ihr die Hand und sagte, dass sie ihr bei diesen Geburten beistehen werde. Was wohl der Fall gewesen sein muss, da eine erfolgreiche Geburtshelferin der Ojibwa ein paar leichte Geburten gehabt haben musste.

> Von einem *Wolf* zu träumen bedeutet Unglück, Krankheit oder Tod, Überfall und Mord.
>
> *(Deutscher Aberglaube)*

Viele Indianer haben wohl die erhofften Träume nie gehabt. Oder sie haben sich möglicherweise gescheut, die Macht ihrer Träume von der Gemeinschaft prüfen zu lassen. Es war sicherer, die erforderlichen Träume nicht gehabt zu haben, als für einen Scharlatan gehalten zu werden. Alle Stämme waren der Auffassung, dass ein Betrüger, der z. B. einen Beschwörungsversuch ohne die erforderlichen Träume durchführt, sich selber oder seiner Familie körperliche und seelisch-geistige Krankheiten zufügt. Erfolglose Beschwörer verdächtigte man der Scharlatanerie. So wurde über den Traum auch die Möglichkeit einer Machtverteilung und die Einrichtung von Hierarchien hergestellt.

Die neunzehn Münder oder: Vom Umgang Indiens mit Träumen

In der indischen Kultur wurde Jahrhunderte hindurch der Traumzustand als Teil der Schichtenstruktur des psychischen und geistigen Universums und als ein möglicher Bewusstseinsbereich verstanden, durch den die Illusion der Wirklichkeit erfahren, wahrgenommen und schließlich auch überschritten werden kann. Im »Mandukya Upanishad«, das mehrere esoterische Traditionen Indiens in sich vereint, gilt das wichtige Mantra AUM(OM) – der Urton und das mit dem höchsten Chakra, dem Mittelpunkt der Vollendung, vereinte Mantra – als Modell zur Verdeutlichung der homologenen Bewusstseinsebenen. Jeder der Buchstaben, AUM, und ihre Gesamtheit, OM, stellen eines der vier Stadien des Bewusstseins dar, die vier Viertel des *brahman* (Weltgeist, Weltseele) und die vier Viertel der Einzelseele, des *atam*.

»Der Wachzustand, äußerlich wahrnehmend ... mit neunzehn Mündern, das Grobe genießend, das allen Gemeine«, genannt *vaisvanara*, ist das erste Viertel; dies ist der Laut A, die konventionelle Realität.

»Das Träumen, innerlich wahrnehmend ... mit neunzehn Mündern, das Besondere genießend, das Glänzende«, genannt *taijasa*, ist das zweite Viertel; dies ist der Laut U, die Realität des persönlichen geistigen Lebens, der Traumzustand.

»Wenn ein Schlafender nicht den geringsten Wunsch spürt, überhaupt keinen Traum sieht, das ist tiefer Schlaf. Der Zustand des tiefen Schlafs ist amorph und besteht aus Seeligkeit ... sein Mund ist Gedanke, das Erkennende«; er wird *prajna* genannt und stellt das dritte Viertel dar; dies ist der Laut M, das Bewusstsein der undifferenzierten Einheit.

Vom vierten Viertel wird gesagt, es sei »nicht innerlich wahrnehmend, nicht äußerlich wahrnehmend, nicht auf beide Arten wahrnehmend, nicht eine Menge Wahrnehmungen, nicht kognitiv, nicht nicht-kognitiv, ungesehen, mit ihm kann kein Umgang sein, es ist unerfaßbar, hat kein Unterscheidungsmerkmal ... das Aufhören der Entwicklulng, still, heilsam, ohne seinesgleichen, so denkt man, ist das vierte«, genannt *turiya*. Dies ist der Ort OM, der bewusste Universalgeist (das Wort, das am Anfang war).

Mit der zentralen Idee der Upanishaden, wonach die Seele des Individuums und die Weltseele im Wesentlichen eins waren – das heißt, dass das Individuum durch wahres Wissen den göttlichen Status erreichen konnte –, wurden die asketischen und experimentellen Yogatechniken verknüpft. Das Ziel des Lebens und die höchste Pflicht des Menschen war es sogar, die Freiheit und Unsterblichkeit eines Gottes zu realisieren: durch das klare Erkennen der Illusion der Welt in praktischer Übung.

Das Mandukya Upanishad erzählt von einem Traumzustand, der als »neunzehn Münder besitzend« beschrieben wird; im Wachen wie im Traum erleben wir diese neunzehn Münder als Illusion (dabei handelt es sich um Sinnesorgane und Handlungsformen des Menschen). Indem Traum ebenso wie Wachzustand als Illusion betrachtet wird, bewältigt die indische Tradition das Paradoxon, dass die »Realität« des Traumes der »Realität« des Wachzustandes entspricht.

Um auf dem Pfad zum OM jedes der drei Bewusstseinsstadien – Wachen, Träumen und traumloser Schlaf – zu »durchdringen«, muss man sie in vollkommener Klarheit, ohne Unterbrechung des Bewusstseins, durchqueren. Die spezifische Technik zur Aufrechterhaltung dieser fortdauernden Bewusstheit ist die Atemkontrolle; dabei wiederholt man im Geist AUM, damit Einatmen, Ausatmen und Zurückhalten der Luft in der Lunge in ihrer Dauer einander angeglichen werden. Der Yogi »durchdringt« das Traumstadium, ohne das volle Bewusstsein zu verlieren, indem der seine Atmung fortschreitend verlangsamt, bis der Schlafrhythmus erreicht ist.

Sechs Stufen auf dem Pfad zum Wissen

Das Beispiel von Milarepa, einem der Begründer der Kargyupta-Schule des tibetischen Buddhismus aus dem 12. Jahrhundert, zeigt die Schwierigkeiten bei der Bemühung, das bewusste Träumen zu erreichen, und was diese Bemühung einbringt. Milarepa träumte nach acht Jahren des Studiums unter seinem Guru Marpa, sein Elternhaus liege in Trümmern und dass er sich für den Aufbruch vorbereitete: »Mein Lehrer begab sich daran, das Mandala-Diagramm aufzuzeichnen ... Dann erteilte er mir die letzten und höchsten Weihen und führte mich in die Mysterien der Traumsymbole ein, und durch den Guru flüsterte das Tantra in das Ohr des Schülers.« Nach Jahren der Entbehrungen und des Umherziehens war Milarepa noch immer nicht fähig, auch nur die unterste Ebene der sechs Lehren zu erreichen, die Marpa ihm gegeben hatte. Die *Chosdrug* (Sechs Lehren) sind ein tibetischer Yoga-Text, der die Stufen auf dem Pfad zum Wissen beschreibt: 1. Lebenswärme, die treibende Kraft, die man braucht, um den Weg zur spirituellen Entwicklung anzutreten; 2. Illusorischer Körper, eine Lehre, durch welche der Yogi erkennt, dass sein Körper und alle anderen Objekte in der Natur trügerisch sind; 3. Träume, eine Lehre, durch die der Yogi erkennt, dass ebenso wie die Träume auch alle *sangsara*-Erlebnisse im Wach- wie im Traumzustand illusorisch sind; 4. Helles Licht; 5. Bardo oder Zwischenstadium; 6. Übertragung.

Unfähig, selbst die Stufe der Lebenswärme zu erreichen, nahm Milarepa acht Jahre einsamer Meditation und Reinigung in der Dragkar-Taso-Höhle auf sich, wo er nur so viel aß, wie er brauchte, um sich am Leben zu erhalten. Am Ende dieser Zeit hatte er die dritte Ebene der Chosdrug erreicht:

> »Nachts in meinen Träumen konnte ich um den Gipfel des Berges Meru bis hinunter zu seinem Fuß gehen, und ich sah alles ganz deutlich, während ich ging. Desgleichen konnte ich mich in meinen Träumen zu Hunderten von Personen vervielfachen, und alle waren mit den gleichen Kräften ausgestattet wie ich. Jede meiner vielen Formen konnte den Raum durchqueren und zu irgendeinem Buddhahimmel gehen, dort den Belehrungen zuhören und dann zurückkommen und viele Menschen das Dharma lehren.
>
> Auch konnte ich meinen materiellen Körper in ein gewaltiges loderndes Feuer verwandeln oder in eine weite Fläche stehenden oder fließenden Wassers. Da ich nun sah, welche unbegrenzten erstaunlichen Kräfte ich gewonnen hatte, sei es auch nur im Traum, war ich erfüllt von einem Gefühl der Glückseligkeit und der Ermutigung.«[44]

Der Yogi, der die »Traumlehre« verwirklicht, das Studium des Träumens durchdringt und im Reich des *taijsa* aktiv und schöpferisch wird, hat begonnen, die Illusion zu erfassen und das Problem der Realität zu lösen. Wenn er schlafen geht, »nimmt er den Stoff dieser alles enthaltenden Welt mit sich, er selbst reißt sie auseinander und baut sie erneut auf, und er träumt durch seine eigene Helligkeit, sein eigenes Licht. Dann wird dieser Mensch selbst-erleuchtet. Es gibt dort keine Wagen, keine Brücken, keine Straßen. Da sind keine Zisternen, keine Lotusteiche, keine Flüsse. Doch aus sich selbst heraus schafft er Zisternen, Lotusteiche, Flüsse. Denn er ist ein Schöpfer . . . ein Gott.«

Die Chakraleiter

Ein interessantes Modell, um Bewusstseinsformen vom gewöhnlichen Ich-Bewusstsein bis hin zu anderen Bewusstseinszuständen wie z. B. dem Träumen zu erlangen, stellt auch das Chakrasystem dar. Im Osten hat man die Chakraleiter mit einem Gerät verglichen, mit dessen Hilfe man von einer Ebene zur nächsten, höheren gelangt. Hat das Gerät, die Technik, das Modell seinen Zweck erfüllt, so bleibt es liegen.

---

44 Zitiert nach David Coxhead, Susan Hiller, Träume, Umschau Verlag, Frankfurt am Main 1976, S. 19 f.

Der Sinn dieses Systems besteht unter anderem darin, die Chakrapunkte als ein Bezugssystem zu sehen, welches sehr tief greifende Einblicke in die menschliche Natur gestattet. Phänomene, die in anderen Beschreibungsmodellen als unvereinbar erscheinen, lassen sich durch Erleben und Klassifizieren der Chakren oft ohne weiteres miteinander verbinden. Schon die Tatsache, dass die Chakrapunkte vom physischen Körper über das ätherische Energiefeld (Aura) und die psychologische Sichtweise bis in symbolische und bewusstseinshafte Nuancierungen hineinreichen, ermöglicht ein hohes Maß an Zusammenhang und Verständnis.

Kraft der ausgleichenden Funktion des Chakrasystems ist es z. B. möglich, eine Krankheit in einem bestimmten Körperbereich mit entsprechenden Farben in Träumen und mit alltäglichen Verhaltensweisen zu verbinden.

Vorab eine Definition des Begriffes Chakra:

Chakra:: Sanskrit, wörtlich: Rad, Kreis; 1. Im Hinduismus ein Kreis von Gottesverehrern. 2. Bezeichnung für die Zentren subtiler oder »feinstofflicher« Energie (Prana, Kundalini) im Energieleib (Astralkörper) des Menschen. Sie sammeln, transformieren und verteilen die sie durchströmende Energie. Wenn die Chakras auch Entsprechungen auf der grobstofflichen Ebene haben (z. B. Herz oder Solarplexus), so sind sie mit diesen Entsprechungen jedoch nicht identisch, sondern gehören einer anderen Ebene der phänomenalen Wirklichkeit an. Die Chakras sind Punkte, an denen Seelisches und Körperliches ineinander übergehen und sich durchdringen. Die sieben Hauptchakras der indischen Kundalini-Yoga (diese Zentren sind unter anderen Namen auch in anderen Kulturen bekannt) liegen entlang der Sushumna, des durch die Wirbelsäule aufsteigenden Hauptkanals subtiler Energie, durch den die Kundalini im Verlauf des geistigen Erwachens eines Menschen emporsteigt.

Die ersten sechs Chakras liegen innerhalb des grobstofflichen Körpers, das siebte Chakra außerhalb von diesem über dem Scheitelpunkt des Kopfes. Erwacht die Kundalini, was im Allgemeinen durch besondere Übungen eines auf diesem System aufbauenden Yoga herbeigeführt wird, so steigt sie vom ersten, untersten Haupt-Chakra, ein Chakra nach dem anderen aktivierend, zum siebten, obersten auf. In jedem Chakra, zu dem der Yogi die Kundalini hinführt, erfährt er eine besondere Art von Glückseligkeit (Ananda), erwirbt er besondere psychische Kräfte (Siddhi) und verwirklicht er eine besondere Form der Erkenntnis, weshalb die Chakras auch als Zentren des Bewusstseins (Chaitanya) bezeichnet werden. Von jedem Chakra strahlt eine bestimmte Zahl von Energiekanälen (Nadi) aus.

Medial begabte Menschen, die den Astralkörper des Menschen sehen können, beschreiben die Chakras als »Lotusblüten« mit unterschiedlich vielen

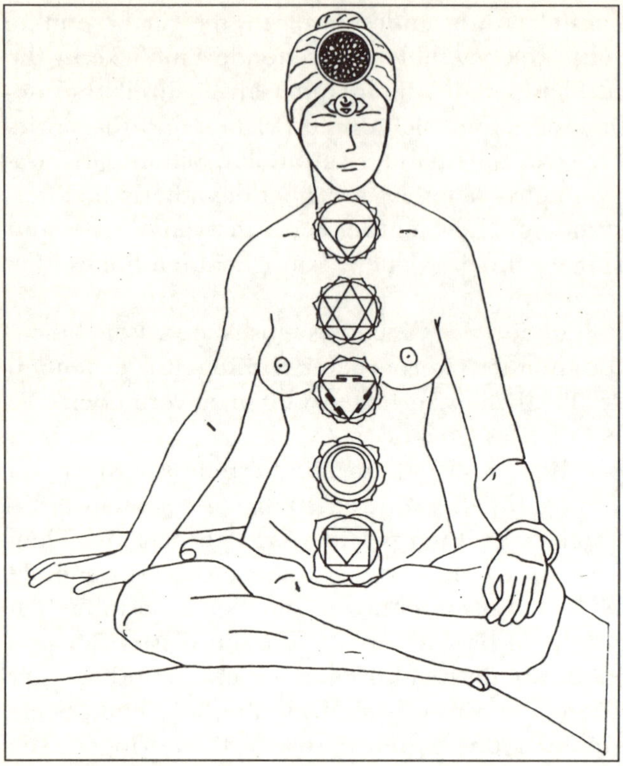

Die Lage der sieben Chakras an einer meditierenden, aufrecht sitzenden Figur. Erläuterungen siehe im Text

Blütenblättern, und so werden sie auf Abbildungen traditionellerweise dargestellt. Die Zahl der Blütenblätter entspricht der Zahl der von dem jeweiligen Chakra ausstrahlenden Nadis. Diese »Lotosblüten« befinden sich in kreisender Bewegung, wodurch der Eindruck eines »Rades« (wie bei einem wirbelnden Feuerrad) entsteht; daher die Bezeichnung Chakra. Nach dem System des Kundalini-Yoga entsprechen dem Chakra bestimmte geistig-körperliche Eigenschaften, die durch verschiedene Symbole (Formen, Farben, mantrische Silben, Tiersymbole, Gottheiten usw.) ausgedrückt werden.

Zur genaueren Beschreibung des transformatorisch-diagnostischen Aspektes des Traumdeutens im Chakrasystem wollen wir eine Gruppe von Symbolen und Prozessen beschreiben, die jeweils mit einem Chakra verbunden sind und die in ihm enthaltenen Verwandlungsmöglichkeiten und Potentiale charakterisieren.

Zu jedem Chakra gehört ein Mandalasymbol. Diese geometrischen Symbole bauen sich alle primär aus drei geometrischen Grundsymbolen auf: dem Kreis, dem Dreieck und dem Quadrat, die verschiedene Formen der Zentrierung illustrieren.

Der Kreis drückt Ganzheit, Totalität aus. Er ist ein in sich selbst einmündender

Kreislauf, der als solcher Unendlichkeit symbolisiert. Der Kreis bezeichnet, was wir psychologische Zentrierung nennen können: Seine Peripherie ist der Umfang der gesamten Psyche oder der Mensch in seiner Ganzheit; das Zentrum ist der Kern, in den das Gefühl für die Ganzheit oder der Kontakt mit dieser den Menschen darstellt. Der Kreis ist ein Symbol des Selbst.

Das Dreieck ist ein Symbol des Gleichgewichts und bezieht sich daher vor allem auf die Zentrierung des Energiefeldes. Wie Exzentrität und fehlendes Gefühl für die Ganzheit des Kreises Formen des psychologischen Ungleichgewichtes aufweisen, so zeigt das Dreieck, ob das Energiefeld unausgeglichen oder ausgeglichen ist. Das Urdreieck zwischen Vater, Mutter und Kind ist die konkrete Gestaltung der energetischen Struktur einer Familie.

Das Quadrat oder Viereck drückt die schwerkraftmäßige Zentrierung aus, die Existenz einer angemessenen ausgeglichenen Erdung. Instinktives, sexuelles und materielles Gleichgewicht drückt sich oft im Quadrat aus.

1. Die Symbole des Wurzelchakras »Muladhara-Chakra«

Es liegt an der untersten Stelle der Shushumna, zwischen der Wurzel des Zeugungsorgans und dem Anus. Im Wurzelchakra ruht (im unerweckten Zustand) die Kundalini, die als Schlange dargestellt wird (weshalb man auch von Schlangenkraft spricht) und allen Chakras Macht und Energie verleiht. Vier Nadis gehen von diesem Chakra aus und stellen die vier Blütenblätter dieses Lotos dar; die ihm zugeordnete Farbe ist gelb, die »Keimsilbe« ist LAM, das Tiersymbol ein Elefant mit sieben Rüsseln, die Gottheiten sind Brahma und Dakini, die Brahma als Shakti zugeordnet ist. Der Yogi, der in das Muladhara-Chakra durch geistige Übung eingedrungen ist, hat die Erdeigenschaft besiegt und hat keine Furcht mehr vor dem körperlichen Tod. Indem er sich auf dieses Chakra konzentriert und darüber meditiert, erlangt er vollkommene Erkenntnis der Kundalini und damit die Mittel, diese zu erwecken. Ist sie erwacht, empfängt er *Darduri-Siddhi,* die Kraft, sich vom Boden zu erheben und den Atem, das Bewusstsein und den Samen zu beherrschen. Sein Prana tritt in die mittlere Brahma-Nadi ein. Seine Sünden werden ausgelöscht. Er erkennt Vergangenheit, Gegenwart und Zukunft und erfreut sich der natürlichen Glückseligkeit.[45]

45 Zitiert nach Sivananda, 1953, S. 71 f.

Das Viereck ist die geometrische Entsprechung des Erdchakras. Es wird, wie auch die Zahl Vier, zur Ordnung und Beschreibung der physischen Welt verwandt: die vier Himmelsrichtungen, die vier Kardinalpunkte der Uhr, die vier Temperamente des Menschen, die vier Funktionen des Bewusstseins.

Die dem untersten Chakra entsprechende Lebensform entfaltet sich in sachgebundener Begrenzung, in kantigen Ansichten, Härte, Sturheit, Rigidität, Erdgebundenheit. Treten solche Vierecks- oder Quadratsymbole im Traum, in der Meditation oder in der Aura auf, so werden mit dem physisch verankerten Aspekt verbundene Energieprobleme oder Phänomene ausgebildet.

2. Die Symbole des Harachachakras »Svadisthana-Chakra«

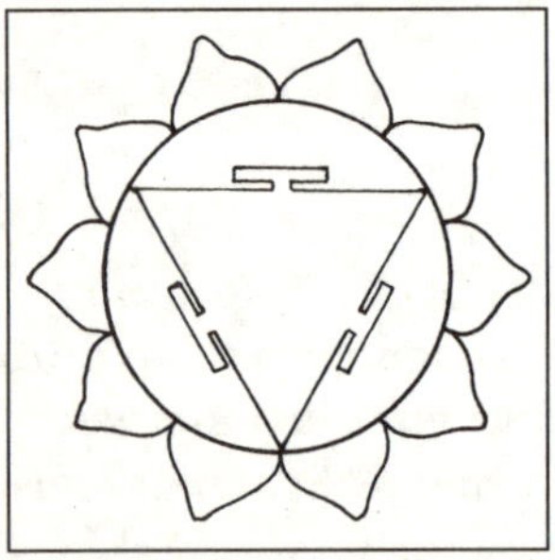

Es liegt im Energiekanal Shushumna an der Wurzel der Genitalien. Es entspricht Bhuvarloka, und seine körperliche Entsprechung ist der *Plexus hypogastricus,* der die inneren Organe der Ausscheidung und Fortpflanzung beherrscht. Von seiner Mitte gehen sechs Nadis (oder Blütenblätter) aus. Seine Farbe ist weiß, die Keimsilbe VAM, das Tiersymbol das Krokodil, die zugeordneten Gottheiten sind Vishnu und als Shakti die niedere Gottheit Rakini. »Wer sich auf dieses Chakra konzentriert und über die Devata meditiert, hat keine Furcht vor dem Wasser und beherrscht das Wasserelement vollkommen. Er erwirbt verschiedene psychische Kräfte, intuitive Erkenntnis, vollkommene Beherrschung seiner Sinne und Erkenntnis der astralen Wesenheiten. Begierde, Zorn, Gier, Täuschung, Stolz und andere Unreinheiten sind ausgelöscht. Der Yogi wird zum Sieger über den Tod.«[46]

Wasser entspricht als an- und ausfüllende Energieform der Ganzheit, dem Gefülltsein. Das Unbewusste ist ein solches allumfassendes Phänomen. Ebenso ist Sexualität eine verbindende, eine integrierende Erscheinung. Der Halbmond – der Halbkreis – bezeichnet das Phasenhafte, Rhythmengebundene, Launische, das diese umfangreichen Energieformen auszeichnet. Das Unbewusste, die Sexualität, jedes sich aus Unbewusstheit und Sexualität ergebende Projektionsspiel hat Phasen und Rhythmen.

46 Zitiert nach Sivananda, 1953, S. 73 f.

Das Erscheinen dieser Kreissymbole im Traum weist auf Ganzheit, Sammlung, Überblick hin. Sie kompensieren oft Zerstreutheit, Getrenntsein, Konflikt und Spaltung.

3. Die Symbole des Solarplexus »Manipuraka-Chakra«

Es liegt im Energiekanal Shushumna in der Nabelgegend. Das ihm entsprechende körperliche Zentrum, der *Solarplexus,* beherrscht Leber, Magen usw. Von diesem Chakra gehen zehn Nadis aus, die die Blütenblätter dieses Lotos darstellen. Seine Farbe ist rot, die Keimsilbe ist RAM, das Tiersymbol der Widder, die beherrschenden Gottheiten sind Rudra und Lakini. »Der Yogi, der sich auf dieses Chakra konzentriert, erlangt Satala-Siddhi und vermag verborgene Schätze zu finden. Er ist von allen Krankheiten befreit und kennt keine Furcht vor Feuer. Selbst wenn er in brennendes Feuer geworfen wird, bleibt er ohne Todesfurcht am Leben.«[47]

Dieses Symbol beschreibt die emotionalen astralen Energieformen. Das Gleichgewicht des Symbols entspricht dem Sachverhalt, dass die emotional astrale Energie – durch das Dreieck symbolisiert – von der übergeordneten psychologischen Ganzheit und von ihrem Verständnis umfasst, in sie eingelagert ist.

Das Problem der emotional astralen Energieform ist, dass sie eigenmächtig wird. Dass die Emotionen ohne Verankerung in einem größeren Zusammenhang ihr Spiel treiben und die Persönlichkeit beherrschen. Emotionalität ohne höhere Perspektive, ohne Verständnis ihrer tieferen Bedeutung und Funktion zerstört das notwendige Gleichgewicht zwischen dem emotional astralen Energiefeld – das sich beispielsweise im Schatten, in psychotischen Zuständen, in Halluzinationen manifestiert – und der psychologischen Ganzheit, dem Selbst.

47 Zitiert nach Sivananda, 1953, S. 74 f.

4. Die Symbole des Herzzentrums »Anahata-Chakra«

Es liegt in der Herzgegend innerhalb des Energiekanals Shushumna. Das dem Anahata-Chakra entsprechende körperliche Zentrum ist der *Plexus cardiacus;* er beherrscht das Herz. Von diesem Chakra strahlen fünfzehn Nadis aus, die die Blütenblätter dieses »Lotos« darstellen. Seine Farbe ist graublau, die Keimsilbe ist YAM, das Tiersymbol die Gazelle, die beherrschenden Gottheiten sind Isha und Kakini.

»In diesem Zentrum wird der Klang Anahat, der Klang des Shabda-brahman, offenbar. Man vernimmt ihn sehr deutlich, wenn man sich auf dieses Zentrum konzentriert ... Wer über dieses Zentrum meditiert, beherrscht in vollkommener Weise Vayu-Tattva (Luft-Eigenschaft), die voller Sattvas (harmonische Eigenschaften) ist. Er vermag durch die Luft zu fliegen und in den Körper anderer einzudringen. Kosmische Liebe und andere göttliche Eigenschaften werden ihm zuteil.«[48]

Dies ist der zentrale Gleichgewichtspunkt des Menschen, psychologisch im Selbst ausgedrückt, im Kreis, energetisch im Gleichgewicht zwischen männlich aufwärts und weiblich abwärts gewandtem Dreieck, waagerecht und senkrecht, wie wir es vom christlichen Kreuz her kennen, dessen waagerechte Achse das irdische Leben und dessen senkrechte Achse den geistigen Drang symbolisiert.

Dieses Symbol erscheint im Traum, in der Medidation und in der Aura, wenn sich ein Kontakt mit dem Selbst anbahnt.

5. Die Symbole des Halszentrums »Visshudha-Chakra«

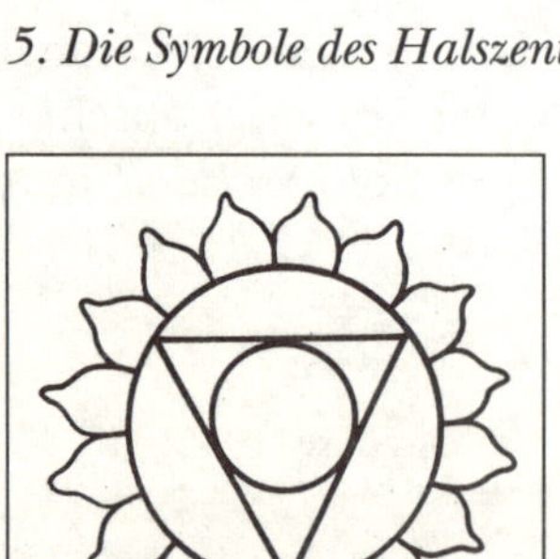

Es liegt in der Sushuma-Nadi am untern Ende des Halses und ist das Zentrum des Äther-Elements. Von diesem Chakra, dem als körperliches Zentrum der *Plexus laryngeus* entspricht, gehen sechzehn Nadis aus, die den Blütenblättern des »Lotos« entsprechen. Seine Farbe ist weiß, die Keimsilbe ist HAM, das Tiersymbol ein Elefant mit sechs Stoßzähnen, die beherrschenden Gottheiten sind Sada-Shiva

48 Zitiert nach Sivananda, 1953, S. 76

und die Göttin Shakini. »Die Konzentration auf die Eigenschaften dieses Chakra heißt Akashi-Dharana. Wer diese Konzentration übt, wird selbst beim Untergang des Kosmos (Pralaya) nicht vergehen, denn er erlangt die höchste und vollkommene Erkenntnis der vier Veden. Er wird zu einem Trikala-Jnani, der Vergangenheit, Gegenwart und Zukunft kennt.«[49]

Hier ist der energetische, der aurische Gesichtspunkt dem psychologischen übergeordnet, astral emotional dagegen das Psychologische dem Energetischen. Bedingung für emotionales Gleichgewicht ist, wie erwähnt, dass die psychologische Ganzheitsperspektive den emotionalen Mechanismus durchdringt und versteht.

Die höheren Bewusstseinszustände des Halschakras repräsentieren einen höheren kosmischen Gesichtspunkt – das Dreieck als himmlischen Repräsentanten –, der die Tatsache des Selbst umfasst: den nach innen verlagerten Kreis.

6. Die Symbole des Augenbrauenzentrums »Ajna-Chakra«

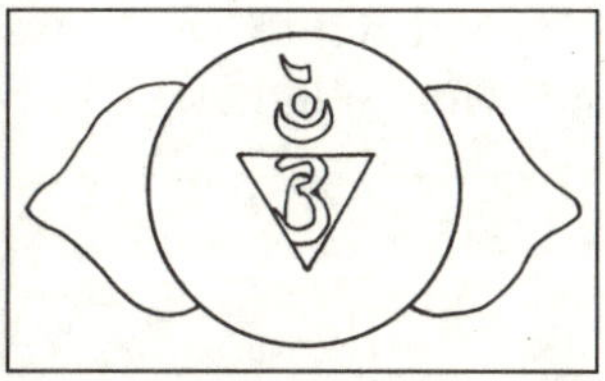

Es liegt in der Sushumna-Nadi und hat seine physische Entsprechung im Zwischenraum zwischen den beiden Augenbrauen. In westlichen esoterischen Systemen wird dieses Chakra als das »Dritte Auge« bezeichnet. Dieser Lotos hat zwei Blütenblätter, d. h., es strahlen zwei Nadis von der Mitte des Chakra aus. Seine Farbe ist ein milchiges Weiß, die Keimsilbe ist das kurze A, die zugeordneten Gottheiten sind Parama-Shiva in der Form von Hamsa und die Göttin Hakini. Dieses Chakra, dem als körperliches Zentrum der *Plexus cavernosus* entspricht, wird als Sitz des Bewusstseins angesehen. »Wer sich dieses Chakra konzentriert, zerstört alles Karma aus vergangenen Leben. Deshalb sind die Wohltaten solcher Meditation, die den Yogi zum Jivanmukti, zu einem im Leben Befreiten macht, unbeschreiblich bedeutsam. Der Yogi erwirbt alle höheren und zweiunddreißig niederen Siddhis.«[50]

Hier geht die Zentrierung endgültig vom physischen und psychologischen Selbst auf die kosmischen Zusammenhänge über.

49 Zitiert nach Sivananda, 1953, S. 77
50 Zitiert nach Sivananda, 1953, S. 78

7. *Die Symbole des Kronenchakras »Sahasrara-Chakra«*

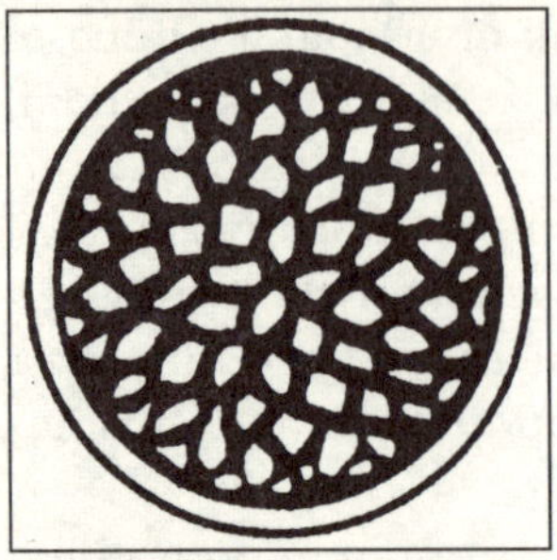

Dieses Chakra liegt über dem Scheitelpunkt des Kopfes, also außerhalb des grobstofflichen Körpers, über dem oberen Ende der Sushuma. Wie der Name des Chakra besagt, hat dieser Lotos tausend Blätter, d. h., es strahlen tausend oder unzählige Nadis von ihm aus. Die physische Entsprechung des Sahasrara-Chakra ist das Gehirn, seine Keimsilbe ist OM, der heilige Laut. Die fünfzig Buchstaben des Sanskrit-Alphabets laufen auf den tausend Blütenblättern dieses Lotos zwanzigmal rundum, so dass diese Lotosblüte die Gesamtheit aller Keimsilben und Chakras darstellt, die das Sahasrara-Chakra als allen anderen übergeordnetes Chakra umfasst. Es strahlt ein Licht wie »zehn Millionen Sonnen« aus und gehört zu einer höheren Ebene der Wirklichkeit als die sechs anderen Haupt-Chakras, die als die Sechs Chakras (shat-chakra) die Chakras im engeren Sinn des Wortes ausmachen. Das Sahasrara-Chakra, das als die Behausung des Gottes Shiva angesehen wird, entspricht dem kosmischen Bewusstsein. »Ist Kundalini mit dem Gott Shiva im Sahasrara-Chakra vereint, erfährt der Yogi höchste Glückseligkeit, Überbewusstsein und höchste Erkenntnis.«[51]

Die Aura mischt mit: Die Farben der Chakren

Nun zu den Farben der Aura und in Träumen: Das Vorkommen von Spektralfarben im Traum liegt in der Selbstabbildung der ätherischen Aura begründet. Die Energie, das Leben, welches das Funktionieren des physischen Körpers ermöglicht, entspricht dem ätherischen Energiefeld. Die Gesundheit des Körpers erfordert Gleichgewicht in diesem Energiefeld. Das Chakrasystem beschreibt die Fokuspunkte des ätherischen Energiefeldes am Körper. Die Spektralfarben im Traum lassen sich daher zu Recht den relevanten Chakrapunkten zuordnen, und sie haben Bedeutung für die Funktion des jeweiligen Chakras oder seinen Zusammenhang mit anderen Chakren. Farben erscheinen im Traum normalerweise in Verbindung mit etwas, das diese Farbe hat oder ausstrahlt. Man sieht eine blaue Blume, ein grünes Auto oder Ähnliches. Ein solches Traumbild hat daher zwei Aspekte: den energiefeldbezogenen, der sich in der Farbe ausdrückt, welche das Symbol im ätherischen

---

51 Zitiert nach Sivananda, 1953, S. 78

Chakrasystem festlegt; und den rein symbolischen Aspekt, also den Inhalt, der das Symbol ausmacht.

Da das ätherische Chakrasystem mit seinen Spektralfarben der ausgleichenden und körpererhaltenden Funktion der Chakren dient, können wir sagen, dass die Traumfarben vor allem dem balancierenden und stabilisierenden Aspekt des Traumprozesses angehören. Aus Vorhandensein oder Mangel der Spektralfarben im Traum lässt sich ermessen, welchen Kontakt das Bewusstsein mit dem Körper und dem innewohnenden Leben hat und ob das jeweilige Chakra im Gleichgewicht ist.

1. Wurzelchakra und die Farbe Rot

Die Erdung eines Menschen, seine Erdverbundenheit und Verwurzelung, bildet sich in roten Farben und Symbolen des Traumes ab.

Menschen, die zu sehr im Kopf leben, intellektuell fixiert sind, träumen von roten Symbolen; z. B. sie tragen rote Schuhe, bewegen sich auf rotem Boden, fahren in roten Autos oder auf roten Fahrrädern. All diesen sehr unterschiedlichen Symbolen ist nicht nur die rote Färbung, sondern auch die Betonung des Wurzelchakras (Beine, Füße, Bodenkontakt) gemein.

2. Harachachakra und die Farbe Orange

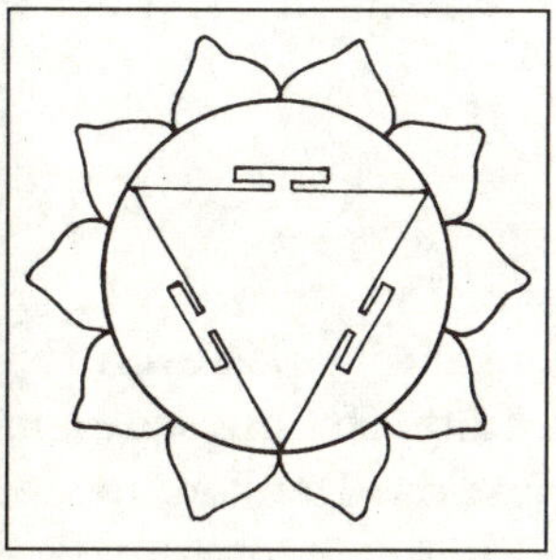

Orange steht symbolisch im sexuellen Bereich für die instinktive Bewegung, den Rhythmus, Spontaneität. Ein vergnügter orangefarbener Fisch, frische Möhren, eine orangefarbene Katze oder Schmetterling zeigen ein gelassenes Verhältnis zum Unbewussten, dem Instinktiven und den sexuellen Verwandlungsmöglichkeiten an. Angst vor dem Unbewussten spiegelt sich dagegen zum Beispiel in einer großen, gefährlichen Feuerqualle, aufgestaute Sexualität in einer orangefarbenen Spinne und dergleichen mehr.

3. Solarplexus und die Farbe Gelb

Gelbe Symbole bilden die Skala vom direkt Emotionalen in seinen positiven und negativen Aspekten ab.

Emotionale Projektionen und Umsetzungen finden sich in Symbolen von der Art gelber Handschuhe, eines gelben Postautos, eines gelben Daches, eines fröhlichen, gelb gekleideten Kindes. Das ausgleichende ätherische Chakra symbolisiert sich in einer gelben Seerose, und das höhere intuitive Verständnis, das entsteht, wenn der emotionale Bereich von Bewusstsein und Kontrolle durchdrungen ist, kann sich in einer ruhig brennenden gelben Kerze oder einem gelben Mandala abbilden.

4. Herzchakra und die Farbe Grün

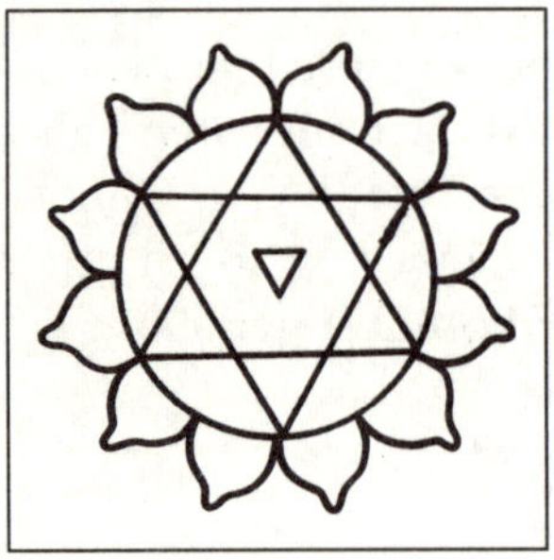

Grün bedeutet die fundamentale Offenheit für das Licht, für die Sonne, es ist die Farbe der Pflanzen.

Der ätherische Zustand des Herzchakras ist im Traum am Zustand von Pflanzen ablesbar, in dem sich das Wachstum eines Menschen, das letztlich zur Selbstentfaltung, also zum Selbst hin tendiert, spiegelt. Kranke, verschnittene, verdorrte Pflanzen zeigen gehemmten Wuchs, schlechte Bedingungen für den Kontakt mit dem Selbst an. Sprossende Pflanzen, reichliches Laub, große gesunde Bäume weisen auf die Wachstumskraft der Persönlichkeit zum Selbst hin.

5. Halschakra und die Farbe Blau

Die Farbe Blau symbolisiert in ihrem positiven Extrem höheres Bewusstsein und Heilungsenergie und in ihrem neutralen Aspekt das Denken; in negativer Richtung wird diese Energieform zum Verdrängen benutzt.

Die höheren Aspekte zeigen sich in Träumen von der Unendlichkeit des blauen Himmels, in blauen Kirchenfenstern, blauen Schmetterlingen. Der gedankliche Aspekt erscheint in blauen Autos oder blauen, abstrakten oder geometrischen Gegenständen und Figuren. Blau im unteren Bereich der Aura deutet oft Verdrängung an; dies kann sich zum Beispiel in blauen Schuhen, blauen Beinen oder dergleichen zeigen.

6. Die indigo-violette Farbskala

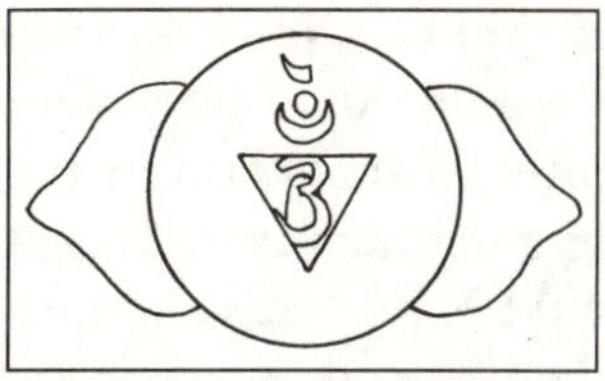

Da das Kronenchakra mit seiner violetten Ausstrahlung im Allgemeinen nicht in die ausgleichende Arbeit einbezogen ist, werden indigo- und violettfarbene Symbole dem Augenbrauenchakra zugeordnet.

Diese Energieform ist dank ihrer raschen Vibration durchdringend, aber auch Unruhe erregend. In ihrem durchdringenden, hohen Aspekt symbolisiert sich diese Farbe als Licht, in der Kleidung von Weisheitsgestalten, in Blumen. Unruhe erregende Aspekte zeigen sich in flackernden, schnellen, unkontrollierbaren Phänomenen.

Damit haben wir die verschiedenen mit dem Chakrasystem verbundenen Farben und Symbole. Die dem Chakrasystem zugrunde liegenden geometrischen Formen spiegeln sich auch in der Beschreibung der Energiestrukturen, die die Chakrapunkte mit der außerhalb des Menschen liegenden *Aura* verbinden. Diese geometrischen Strukturen sind die bestmögliche Symbolisierung für die tatsächliche Erscheinungsform eines Menschen in erweitertem Bewusstsein.

Üblicherweise entspricht die physische Beschreibung auch dem Traumdeutungsniveau. Träume werden gedeutet, sein Aussehen wird gedeutet, das Verhalten eines Menschen wird gedeutet. Dem ist so, weil man nicht unmittelbar weiß und sieht. Nur das nicht unmittelbar Verstandene wird gedeutet. Ansichten, der gesamte Vorrat an Vermutungen und Annahmen des Ich-Bewusstseins, sind nötig, weil das unmittelbare, einleuchtende Verständnis fehlt.

Ein Mensch wird im üblichen westlichen Deutungssystem als geschlossener Gegenstand mit einem unverständlichen und geheimen Inneren angesehen. Diese Auffassung vom Menschen entspricht der Struktur des Ich-Bewusstseins und erfordert sowohl Deutungen als auch Ansichten. Lernt dann die betreffende Person durch Selbsterkenntnis und Ausgleich, Energie als Strahlung und Pulsierung zu erleben, so beginnt das Bewusstsein, den Menschen als vibrierendes, offenes Energiefeld zu erfassen. Wird das Energiefeld wahrgenommen, so öffnet sich das Innere. Es durchstrahlt den Menschen und verhält sich wie eine ihn umgebende Atmospäre (Aura). Ein Mensch – als pulsierendes Energiefeld wahrgenommen und beschrieben – symbolisiert sich in den Chakras und in den geometrischen Aurastrukturen.

Beobachtungen von Chakra-Traumdeutungen haben ergeben, dass Traum und Aura einander recht genau entsprechen. Es scheint festzustehen, dass die Täume in gewisser Weise die Eigenabbildung der Aura sind. Dank der Träume kann das Unterbewusstsein entdecken, was in der Aura vor sich geht. Sehr oft wird ein Bewusstsein von klaren archetypischen Symbolen in der Aura eines Menschen erlangt, die erst Monate später in abgeschwächter Form in den Träumen dieser Person auftauchten. Ein weiteres interessantes Faktum ist, dass die Essenz des Menschen, die sich an einem Punkt über dem Kronenchakra symbolisiert, sich im Traum nur dann ausdrückt, wenn die Persönlichkeit mit der Weisheitsschicht in Berührung gekommen ist. Erfasst dagegen das höhere Bewusstsein selbst den Essenzpunkt eines Menschen, so lassen sich die Symbolisierungen unmittelbar im meditativen Bewusstsein ablesen. Diesen überaus wichtigen Punkt nennt man den Identitätspunkt; es ist dies die Stelle, wo das höhere Selbst eines Menschen – also die wirkliche Identität – berührt werden kann.

In Indien sagt man: Träume sind eine Verstreuung von Energie.

Durch eine Verbindung von Meditation und Traum gelingt es den Indern, direkt im Traum daran zu arbeiten, diese Energie wieder zu sammeln. Eine derartige Arbeit mit dem Traum überführt seine Energie und Bewusstseinsform direkt in den Wachzustand. Meditation verwandelt die Bewusstseinsform selbst, die den Traum trägt. Meditation heißt, das Bewusstsein von seinen Inhalten freizumachen oder alle Inhalte und Bilder in die Bewusstseinslatenz zurückzuführen. Bilder in einem Spiegel entstehen bekanntlich nicht aus diesem. Die Bilder im Spiegel des Bewusstseins aber verwenden dieselbe Latenzenergie, dasselbe Latenzbewusstsein, aus dem auch der Bewusstseinsspiegel entstanden ist. Werden Bilder, Symbole und Träume in einem Latenzzustand gehalten, fließen ihre Energie und ihr Latenzbewusstsein stattdessen in das spiegelnde aufmerksame Bewusstsein und verstärken die Klarheit in diesem.

Das heißt, dass sich die Inder die verborgen gehaltenen Energien des Traumes mittels Meditation im Wachzustand zunutze machen können.

Tibetische Yogis betonen, die Kontrolle über Körper und Geist so weit entwickelt zu haben, dass ihr Körper in einen natürlichen Schlafzustand eintritt, während der Geist völlig bewusst bleibt. Sie treten bewusst in den Traumzustand ein, in welchem sie willentlich agieren können. Diese Yogis versichern, dass »der Traumbildcharakter verändert und umgeformt werden kann allein durch den Willen, dass es geschehe«. Und dann kehren sie mit vollständiger Erinnerung an alles, was im Traum geschehen ist, in den Wachzustand ihres Körpers zurück.

Und wieder die sechs Stufen: Tibetische Yogis

Auf dem Weg der »rechten Erkenntnis« muss der tibetische Yogi sechs Lehren beherrschen:

1. Lehre von der psychischen Wärme

Hiebei muss die eigene Körperwärme beeinflusst werden. Durch Meditation und Übung schult er sich, die grimmigste Kälte leicht zu ertragen. Seine Fähigkeit, »psychische Wärme« zu erzeugen, wird an einem bitterkalten Winterabend geprüft. Die Yogis sitzen mit gekreuzten Beinen nackt im eisigen Wind am Ufer eines zugefrorenen Gewässers. Auf ihren Körpern liegen Tücher, die zuvor ins eisige Wasser getaucht worden waren und die sie nun mit ihrer eigenen Körperwärme trocknen müssen. Diejenigen, die imstande sind, mindestens drei dieser Tücher zu trocknen, haben die Prüfung bestanden, tragen fortan ein einziges Baumwollhemd und werden ehrerbietig als *»Repa«* (der mit Baumwolle bekleidete) bezeichnet. Der Yogi gewinnt durch diese und noch einige andere Prüfungen die Überzeugung, dass der Körper nur eine von seinem eigenen Geist geschaffene Illusion darstellt. Dies führt zur zweiten Lehre, die eigentlich ein Teil der ersten ist:

2. Lehre vom trugvollen Körper

Diese ist mit der Kontrolle des Körpers und der Erkenntnis desselben als Illusion bereits gelernt bzw. erfüllt.

3. Lehre vom Zustand des Traumes

Wenn der Yogi klar erkennt, dass sowohl die im Wachzustand als auch die während des Schlafens im Traum gemachten Wahrnehmungen von ihm selbst erzeugt werden, also »Illusionen« sind, wird er unter Umständen die ekstatische Klarheit der Wahrnehmung erleben und damit die

4. Lehre vom reinen Licht

realisiert haben. Wenn er diese vierte Stufe erreicht hat, wird er verstehen, dass alles im Universum nur ein Teil des »Höchsten Traumes«, des Traumes des Buddha ist. Wenn Buddha erwacht, dann endet sein Traum und damit die Schöpfung. Der Yogi ist nur ein winziges Teilchen dieses gewaltig großen Traumes. Wenn er sich dieser Tatsache voll bewusst wird und damit zur Erleuchtung erwacht ist, erfährt er das Einssein *(nirvana)* mit der ganzen Schöpfung.

5. Lehre vom Zustand nach dem Tode

Nachdem ein Yogi gestorben ist, wird er den Nachtod-Zustand *(Bardo)* erleben, der symbolisch gesprochen 49 Tage dauert. Doch kann er ebenso 500 bis 1000 Jahre andauern, das hängt ganz von der spirituellen Entwicklung des einzelnen Yogi ab. Der *Bardo* wird als eine Art verlängerter Traumzustand betrachtet. Hier erlebt der Verstorbene je nach der Glaubenshaltung, die er im Leben eingenommen hat, entsprechend schreckliche Versionen. Der Guru bereitet seine Schüler auf diese Erfahrung des »Von-Angesicht-zu-Angesicht-Setzens« vor, indem er ihnen beschreibt, was sie im nachtodlichen Zustand zu erwarten haben. Der Yogi muss wissen, wie er mit den grauenhaften Visionen des nachtodlichen Zustandes fertig werden kann, um frei zu werden vom ewigen Wechsel von Tod und Wiedergeburt. Gelingt ihm das nicht, dann wird er im *Bardo* leiden müssen und sich gezwungen sehen, diesem Zustand durch eine Wiedergeburt zu entkommen. Daher hat das Erlernen der Traumkontrolle für den Yogi einen äußerst essentiellen Effekt: nämlich die Befreiung von der Wiedergeburt. So kommen wir zur letzten Lehre.

6. Lehre der Bewusstseinsübertragung

Hier lehrt der Guru seinen Schüler, wie er sein Bewusstsein aus dem Nachtod-Zustand in einen neuen Körper übertragen kann. So gerüstet, wird der Yogi auf alles vorbereitet sein, was auch immer geschehen mag.

Diese Lehren werden wir unten noch einmal wiederfinden, wenn es um die Arten der Träume geht.

Botschaften des Unbewussten oder: Freud und die Traumdeutung

»Nicht was der Traum sagt, sondern was er eigentlich sein wollte, dies erst führt in den unbewussten Raum des Seelenlebens hinein . . .«

Stefan Zweig

Eine Jugend in Wien

Ehe man begreifen kann, welche revolutionäre Entdeckung Sigmund Freud mit seiner Traumdeutung der Welt geschenkt hat, muss man sein Umfeld betrachten, muss man wissen, warum dieser geniale Mann von seinen Mitmenschen angefeindet, missverstanden und bekämpft wurde.

Als Sigmund Freud am 6. Mai 1856 als Sohn eines Wollhändlers und Enkel eines Rabbiners in der mährischen Kleinstadt Freiberg geboren wurde, war die österreichisch-ungarische Monarchie ein Großreich im Herzen Europas, beinahe identisch mit dem heutigen geographischen Begriff »Mitteleuropa«, mit Ausläufern nach Südost- und Osteuropa. Die Donaumonarchie war der zweitgrößte Staat des alten Kontinents, an Fläche nur noch übertroffen vom europäischen Teil Russlands. Es war durchaus üblich, innerhalb der Grenzen der Monarchie – der westlichste Punkt war Vorarlberg, der östlichste Chiliszeny in der Bukovina, im Norden war Hilgersdorf in Böhmen die Grenze, im Süden Spizza in Dalmatien – zu übersiedeln, und unzählige Familien aus den Kronländern zogen auf der Suche nach Glück und Reichtum in die Reichs-, Haupt- und Residenzstadt Wien. Auch die Familie Sigmund Freuds machte sich 1859 auf die Wanderschaft. In der Abhandlung »Über Deckerinnerungen« lässt Freud den Leser Einblick nehmen in seine damalige Situation: »Ich bin das Kind von ursprünglich wohlhabenden Leuten, die, wie ich glaube, in jenem kleinen Provinznest« – nämlich Freiberg – »behaglich genug gelebt hatten. Als ich ungefähr drei Jahre alt war, trat eine Katastrophe in dem Industriezweig ein, mit dem sich der Vater beschäftigte. Er verlor sein Vermögen, und wir verließen den Ort notgedrungen, um in eine große Stadt zu übersiedeln.«[52] Die Furcht vor der Armut, vor der wirtschaftlichen Unmöglichkeit, die Familie zu erhalten, suchte Freud immer wieder heim, auch in den späteren Jahren, als er ein etablierter, begüterter Arzt war. Diese Angst vor Hunger und Armut soll später noch näher behandelt werden, denn

52 Freud, S.: Über Deckerinnerungen, Gesammelte Werke, S. 543

dieses Motiv liefert den Beweis für eine von Freuds größten Entdeckungen, doch das war zu diesem Zeitpunkt noch nicht abzusehen. Dazu später.

Schon als Schüler fiel Sigmund Freud durch seine sprachlichen Fähigkeiten auf: Er beherrschte zum Zeitpunkt seiner Reifeprüfung Hebräisch, Griechisch, Latein, Englisch, Französisch, Italienisch und Spanisch. Obwohl er sich als Schüler noch keineswegs zur Medizin berufen gefühlt hatte – er berichtet später: »Eine besondere Vorliebe für die Stellung und Tätigkeit des Arztes habe ich in jenen Jugendjahren nicht verspürt, übrigens auch später nicht. Eher bewegte mich eine Art von Wissbegierde, die sich aber mehr auf menschliche Verhältnisse als auf natürliche Objekte bezog und auch den Wert der Beobachtung als eines Hauptmittels zu ihrer Befriedigung nicht erkannt hatte.«[53] –, begann er 1873 an der Wiener Universität sein Medizinstudium und habilitierte sich 1885 als Privatdozent für Neuropathologie. Er entdeckte die schmerzdämpfende Wirkung des Kokains und ebnete der Anästhesie damit den Weg. 1886 heiratete er seine Jugendliebe Martha Bernays, mit der ihn eine Beziehung verband, über die Martha nach seinem Tod meinte, es wäre in den 53 Jahren der Freud'schen Ehe kein böses Wort gefallen. Es war eine »Modellehe«, die ganze Familie – Sigmund Freud inklusive – nannte Martha »Mama«. Freuds patriarchalische Haltung gegenüber Frauen im Allgemeinen und seiner Frau im Speziellen ist typisch für seine Zeit. Als er einen Artikel über Frauenemanzipation von John S. Mill mit übersetzte, fand er dieses Essay reichlich übertrieben. Dass der Autor die Lebensbedingungen der Frauen mit Sklaverei verglich, konnte er nicht wirklich nachvollziehen, es irritierte ihn, sein »zartes liebes Mädchen als Konkurrenten (zu) denken«[54], und so antwortet er einem Schüler auf dessen Frage, ob es nicht am besten wäre, wenn beide Partner gleichberechtigt wären, mit folgenden Worten: »Das ist praktisch eine Unmöglichkeit. Ungleichheit muss es geben, und die Überlegenheit des Mannes ist das kleinere Übel.«[55]

»Sapere aude« – Wage zu wissen!

Doch zurück in die achtziger Jahre des 19. Jahrhunderts: Der junge Arzt wohnte mit seiner Frau Martha im »Kaiserlichen Stiftungshaus«, das Kaiser Franz Joseph mit Mitteln aus seiner Privatkasse an jene Stelle bauen hatte lassen, an der das berüchtigte Ringtheater gestanden war, das 1881 bei einer

53 Freud, S.: Selbstdarstellung, Gesammelte Werke, S. 34
54 Freud, S.: Briefe 1873–1939, S. 73 ff.
55 Worthis, J., zitiert nach Fromm, E.: Sigmund Freud, S. 30

schrecklichen Feuersbrunst abgebrannt war. Dieses von Emil von Förster 1873 erbaute Theater wurde am 8. Dezember 1881 vor einer Aufführung von »Hofmanns Erzählungen« ein Raub der Flammen – 386 Todesopfer waren zu beklagen. – Die schreckliche Katastrophe führte übrigens zur Einführung des eisernen Vorhangs als Schutz gegen Feuer. Friedrich Schmidt, Architekt des Wiener Rathauses, baute dann an die Adresse Schottenring 7 im ersten Wiener Bezirk ein Haus, in dem auch eine Kapelle integriert war. Die Mieten, die diesem »Sühnhaus« bezahlt wurden, flossen den Hinterbliebenen der Opfer und den Überlebenden zu. Und hier lebte nun Freud, als er sein erstes von fünf Kinders bekam: seine Tochter Mathilde, die übrigens denselben Namen trug wie die Frau seines Mentors und Kollegen Josef Breuer, zu der Freud eine innige, freundschaftliche Beziehung pflegte.

Freud litt unter der Kälte der Wiener Ärzteschaft, die für seine innovativen Ideen und seine Erkenntnisse aus der Zusammenarbeit mit dem Pariser Neurologen Jean Martin Charcot am Hospiz der Salpétrière und bei dem für seine Forschung im Gebiet der Hypnose bekannten Hippolyte Bernheim wenig Interesse zeigten. Das Geld war knapp, die soziale Anerkennung gering. Freud hielt als Privatdozent Vorlesungen an der Universität Wien und besuchte dreimal in der Woche kranke Kinder am Kassowitzschen Institut für Kinderheilkunde. Im Jahr 1887 begann er auf Anregung Josef Breuers hin – auf den später noch näher eingegangen werden soll –, seine Patientinnen mit Hypnose zu behandeln. 1889 kam Jean Martin – benannt nach Charcot – zur Welt, 1891 Oliver. Die Familie benötigte eine größere Wohnung und übersiedelte in die Berggasse.

Träumt man von einem Wohnungswechsel, so stirbt man bald.

> Was man in der ersten Nacht im neuen Haus träumt, geht in Erfüllung.
>
> *(Deutscher Aberglaube)*

Das Familienbudget war nicht sonderlich hoch, da Freud nicht nur für Frau und Kinder – 1892 wurde Ernst geboren, 1893 Sophie – zu sorgen hatte, sondern auch für seine Eltern und für vier unverheiratete – und damit unversorgte – Schwestern. Erst 1894 wurde die finanzielle Situation etwas entspannter, und doch war Freud nicht ohne Sorgen, denn er litt an einigen Symptomen, die er sowohl mit seinem Berliner Freund, dem Arzt Wilhelm Fließ, diskutierte als auch mit Josef Breuer. Freud hatte Depressionen und fürchtete zu sterben. Während Frau und Kinder auf Sommerfrische in Reichenau an der Rax waren, wie es für gutbürgerliche Wiener so üblich war, sinnierte er über den Tod und über das Ende der ehelichen Erotik, denn feurige Umwerbungen der Verlobungszeit waren einer leidenschaftslosen Beziehung zu Martha gewichen, und er schrieb an seinen Freund Fließ: »Die Libido ist längst überwunden.« Dass das nicht ganz den Tatsachen entsprach, beweist die Geburt von Tochter Anna im Jahr 1895. Eine einigermaßen glückliche Familie waren die Freuds, die sich auf den ersten Blick in nichts unterschieden von vielen anderen Familien, die die Patrizierhäuser zwischen Ringstraße und Stephansplatz, zwischen Universtiät und Donau bevölkerten.

Freud, »der große Fürsprecher der Sexualität«, wie ihn Erich Fromm nannte, war, wie Erich Fromm in seinem Buch »Sigmund Freud. Seine Persönlichkeit und seine Wirkung« bestätigt, »in Wirklichkeit ein typischer Puritaner«[56]. Und doch wurde dieser Mann, dessen Leben so vorbildhaft und bürgerlich aussieht, von vielen seiner Zeitgenossen aufs tiefste bekämpft, denn er hatte mit Tabus gebrochen, die in dieser Zeit, im Wien des ausgehenden 19. Jahrhunderts, als absolut sakrosankt galten: Er enttarnte die Menschen, die sich gerne als von Vernunft und von bewusstem Willen geleitet sahen, und hielt ihnen einen Spiegel ihres wirklichen Ich vor Augen. Und eine der revolutionärsten – und dem Bürgertum unbequemsten – Erkenntnisse war die Entdeckung der frühkindlichen Sexualität. Mit diesem für damalige Begriffe schockierenden Phänomen gingen noch weitere Freud'sche Ideen einher, die nicht nur den Wienern die Schamesröte ins Gesicht trieb, sondern Freuds Ruf auch über seinen Lebensmittelpunkt hinaus bekannt machten: der Hass des Kindes auf den gleichgeschlechtlichen Elternteil, ein Phänomen, das später als »Ödipuskomplex« in die Literatur und in den Sprachgebrauch von Analytikern und Therapeuten einging. Freud erkannte das »Über-Ich« als Instanz der moralischen Verantwortung und die sexuelle Energie als Triebfeder. Kein Wunder, dass seine Ansichten in einer Zeit, in der alles Körperliche und Sexuelle verpönt und verdrängt war, auf Entsetzen und heftige Ablehnung stießen. Natürlich erkannten auch viele seiner Zeitgenossen den Wert seiner Forschungen, und seine Theorien beeinflussten nicht nur die Arbeit seiner Ärztekollegen, sondern fanden ihren Niederschlag auch in der Kunst: Maler und Schriftsteller nahmen sich fasziniert des Themas des Unbewussten und der triebhaften Wünsche des nach außen hin so rationalen Menschen an.

Als Freud im Jahr 1895 mit der Niederschrift seines Buches »Die Traumdeutung« begann, waren die Brüder Lumière gerade im Begriff, ihren ersten Film vorzuführen: Das Kino war erfunden. Eine gewisser Wilhelm Conrad Röntgen experimentierte – sehr erfolgreich – in Würzburg mit später nach ihm benannten Strahlen herum, und Hendrik Antoon Lorentz entwickelte die elektromagnetische Theorie der Materie. Neue Wissenschaften wurden entdeckt, die Welt

56 Fromm, E.: Sigmund Freud, S. 27

veränderte sich in einem rasanten Tempo, und sogar im walzerseligen, gemütlichen Wien roch es mehr nach sozialer Revolution als nach Flieder.

Die Sitten waren streng. So lässt Ernst Hanisch in seinem Buch »Der lange Schatten des Staates« eine alte Dame eine Szene aus ihrer Kindheit in Wien erzählen, in der ein zwölfjähriger Junge und ein neunjähriges Mädchen, beide von bürgerlicher Herkuft, einander im Spiel küssen. »Was für eine Kränkung für sie das sei, dass ihre Tochter sich so vergessen konnte, das könne ich mir gar nicht vorstellen, sagte Mama. Ich müsse doch wissen, dass ein Mädchen gegenüber einem Mann sich gar nicht genug stolz und abweisend, kalt und zurückhaltend verhalten könne.«[57] Diese Geschichte gibt ein gutes Beispiel für die Beziehung der Geschlechter untereinander, die geprägt waren von formellen Höflichkeiten und strengen Ritualen, die körperfeindlich und in höchstem Maße lustfeindlich waren. Die Doppelmoral der Zeit fand es nur natürlich, dass Männer sich sehr wohl nahmen, wonach ihnen war – so gehörte zur »Stellenbeschreibung« eines typischen Dienstmädchens selbstverständlich dazu, dass sie dem Sohn des Hauses ohne Widerspruch ihren Körper für seine ersten ungelenken Sexualübungen zur Verfügung stellt. Für Frauen galten noch immer die berühmten drei K: Kirche, Kinder, Küche. Die Machtverhälntisse waren klar: Die katholische Kirche bestimmte den familiären Alltag. Dass der Hausherr sich auch auswärts amüsierte, galt als sein Recht. Lebte doch selbst der Kaiser mit seinen Damen Nahowsky und später Schratt vor, dass Freundinnen außerhalb der Ehe durchaus salonfähig waren. Doch für Frauen des ausgehenden 19. Jahrhunderts gab es als einzig akzeptierte Lebensform in Gemeinschaft mit einem Mann die Ehe, und die wiederum diente ausschließlich der Reproduktion. Sexualität war etwas für Dirnen. Kisch schrieb sogar noch im Jahr 1907 in einem Buch über die Sexualität der Frau, sie dürfe keinen geschlechtlichen Verkehr fordern, sie müsse sich durch Willensübungen, Diät, eine harte Matratze und kalte Bäder bezwingen. Kein Wunder, dass die Frauen des Bürgertums an Neurosen litten! Und nun kam dieser junge Arzt, als Jude im antisemitischen Wien ohnehin schon sehr misstrauisch betrachtet, und erwartete von »unschuldigen«, bürgerlichen Frauen, dass sie sich auf seine Couch legten und dort ihre geheimsten und intimsten Träume und Gedanken offenbarten. Die schwüle Phantasie der verklemmten, gottesfürchtigen Bürger tat noch das Ihrige dazu – und der Skandal war perfekt. Nicht, dass Freud der einzige skandalöse Geist seiner Zeit war: Zur gleichen Zeit wie die »Traumdeutung« erschien auch ein höchst anstößiges Werk Arthur Schnitzlers, nämlich sein berühmtes Stück »Der Reigen«, in dem der Autor – selbst Arzt und sehr an Psychologie inte-

57 Hanisch, Ernst: Der lange Schatten des Staates, S. 19

ressiert – erstmals den »Inneren Monolog« als literarische Form einsetzte, den wir auch aus seinem Werk »Fräulein Else« kennen. Im »Reigen« wird Freuds Theorie, dass Sexualität eine der stärksten Triebfedern jedes Handelns ist, in die Bühnensprache übersetzt: Der Geschlechtstrieb bestimmt die menschlichen Beziehungen der Protagonisten. Obwohl Freud und Schnitzler einander geistig so nahe standen, kam es doch nie zu einer engen Beziehung – vielmehr schien es, als würde Freud den genialen Zeitgenossen meiden. Die Wiener Schriftstellerin, Philosophin und Journalistin Hilde Spiel erläutert in ihrem Werk »Glanz und Untergang – Wien 1866—1938« diese Beziehung: »Zu Schnitzlers 60. Geburtstag im Jahr 1922 schrieb Freud ihm (Schnitzler) noch einmal und sagte, dass er ihn aus einer Art ›Doppelgängerscheu‹ gemieden habe. ›Ich habe mich mit der Frage gequält, warum ich eigentlich in all diesen Jahren nie den Versuch gemacht habe, Ihren Verkehr aufzusuchen und ein Gespräch mit Ihnen zu führen.‹ Nachdem er eben jene Doppelgängerscheu als Grund angibt, fährt er fort, ›ich habe immer wieder, wenn ich mich in Ihre schönen Schöpfungen vertiefe, hinter deren poetischem Schein die nämlichen Voraussetzungen, Interessen und Ergebnisse zu finden geglaubt, die mir als die eigenen bekannt waren.‹«[58] Und Hilde Spiel erinnert an einen früheren Brief Freuds an Schnitzler aus dem Jahr 1906, in dem er mitteilte, dass er sich seit langem der weitgehenden Übereinstimmung der Ansichten über psychologische und erotische Probleme bewusst sei, dass er sich oft erstaunt gefragt habe, »woher Sie diese oder jene geheime Kenntnis nehmen konnten, die ich mir durch mühselige Erforschung des Objektes erworben, und endlich kam ich dazu, den Dichter zu beneiden, den ich sonst bewundert«[59].

Auf dem Weg zur Traumdeutung

»Glaubst Du eigentlich, dass an dem Hause dereinst auf einer Marmortafel zu lesen sein wird: ›Hier enthüllte sich am 24. Juli 1895 dem Dr. Sigmund Freud das Geheimnis des Traumes‹?«

Als Sigmund Freud diese Zeilen in einem Brief an seinen Freund Wilhelm Fließ schrieb, war die vom franko-josephinischen Geist geprägte Monarchie mitten im Umbruch: Künstler und Intellektuelle rüsteten zum Aufbruch in die Moderne. Freud arbeitete von 1895 bis 1897 an seinem Werk »Die Traumdeutung«, doch zu diesem Thema gelangte er über Umwege.

58 Spiel, Hilde: Glanz und Untergang, S. 127
59 Spiel, Hilde: Glanz und Untergang, S. 127

Freud hatte zwei große Leidenschaften: die Psychologie und die Archäologie, und als Archäologe der Seele verstand er sich auch. Schicht für Schicht, meinte er, müsse von der Psyche abgetragen werden, erst durch mühevolle Grabungen und Schürfungen könne sich der »Archäologe« an den Kern der menschlichen Seele heranarbeiten.

Drei große Themenbereiche stehen im Mittelpunkt von Freuds Forschungsarbeiten: die Traumdeutung, die Theorie der frühkindlichen Sexualität, die Entdeckung des Unbewussten. All diese revolutionären Ansätze brachten ihn zu seinem größten Erfolg, auf den die Psychologie, vor allem im Bereich sämtlicher Gesprächstherapien, seither aufbaut: die Psychoanalyse. Die Erkenntnis der Traumprozesse, die Entdeckung des verdrängten Unbewussten und die der infantilen Sexualität des Kindes waren grundlegende Ideen, die eine potentielle Zerreißkraft in sich bargen und die die Gesellschaft veränderte. Es lässt sich beobachten, dass es immer, wo neue, revolutionäre Ideen geboren werden, drei mögliche Reaktionen der Gesellschaft gibt: Entweder kommt es zum Umsturz, oder die Etablierten der Gesellschaft verhindern den Durchbruch der Idee, oder, drittens, die Gesellschaft nimmt die Idee an und modifiziert sie eventell in einer entschärften Version. Alle drei Effekte stellten sich auf Freuds »Traumdeutung« ein. Und doch gingen Freuds Erkenntnisse über die reine Traumdeutung weit hinaus und bildeten Grundlagen für die Erkenntnis seelischer Krankheiten, der Neurosen und der Psychosen, und deren Therapie.

Wünsche und Erinnerungen – der Analytiker als Kaminfeger

Die heutige Wissenschaft, also die Hirnforschung, geht zum Teil davon aus, dass Träume Entspannungsübungen des Hirns sind. In den USA der fünfziger und sechziger Jahre ließen sich unzählige Psychiater als Analytiker ausbilden, die Traumforschung erlebte einen Boom. 1953 wurde an der Universität von Chicago das Phänomen des Rapid-Eye-Movements (REM) entdeckt, einer Schlafphase, die mit der Traumzeit identisch ist. Träumen scheint für die geistige und körperliche Gesundheit notwendig zu sein: Menschen, die immer wieder zu Beginn ihrer REM-Phasen geweckt und damit am Träumen gehindert werden, träumen in den folgenden Nächten bis zu viermal so lange wie gewöhnlich. Dieser Vorgang wird vom Hirnstamm gesteuert und kann durch chemische Einflüsse verhindert werden. – Offenbar muss der Mensch also jede Nacht eine gewisse Zeit träumen. Wir wissen nicht, was Freud zu den Erkenntnissen der modernen Traumforschung gesagt hätte und ob er aufgrund dieser wissenschaftlichen Entdeckungen seine Traumdeutung umgeschrieben hätte, doch ist nicht alles, was wir heute wissen, ein Widerspruch zu Freuds Erkenntnissen. Freud betrachtete das Träumen als Offenbarung des wahren Charakters, für ihn war jeder Traum ein Wunschtraum, wenngleich diese Charakteristik nicht immer auf den ersten Blick (und auch nicht auf den zweiten) offenbar wurde. Doch wie kam nun der junge Arzt, der zeit seines Lebens heftig bestritt, dass seine Ausbildung als Neurologe unbedingt Bedingung für die Erforschung der menschlichen Psyche sei, zur Traumdeutung? Hier muss wieder die Biographie herangezogen werden.

Freud studierte Medizin, eines der wenigen Fächer, das Juden im antisemitischen Wien Zukunftsperspektiven bot. Man bedenke: 1897, also zu einem Zeitpunkt, zu dem Freud mit der Niederschrift seiner »Traumdeutung« begann, wurde Karl Lueger, ein offener Antisemit, als Bürgermeister von Wien bestätigt. Freud widmete sich dem Fachgebiet der Neurologie, arbeitete nach seinem Studium in verschiedenen Spitälern und Kliniken und eröffnete schließlich, auf Anraten seiner Lehrer und Mentoren, Ostern 1886 seine berühmte Praxis in der Berggasse 19, deren Mittelpunkt einerseits die Couch war, die seither als Sinnbild der Psychoanalyse Generationen von Analytikern und Therapeuten beeinflusst hat, andererseits seine je nach finanzieller Situation anwachsende Antiquitätensammlung. In dieser Ordination also empfing der junge Freud seine Patienten tagsüber, in der Nacht schrieb er akribisch seine Diagnosen, Gedanken und Erkenntnisse nieder. Er experimentierte mit Kokain und verfasste ein Werk darüber: »Über Coca«. Erst viel später bemerkte er, welche negativen Folgen diese von ihm anfangs so geschätzte Droge haben konnte.

Als sein Freund Josef Breuer ihm Mitte der achtziger Jahre von einem interessanten Fall erzählte, hörte Freud aufmerksam zu – nicht ahnend, dass sein eigenes Leben und seine Arbeit durch diesen Fall eine entscheidende Richtung einschlagen sollte. Breuer behandelte damals die junge Bertha Pappenheim, die er der Diskretion halber Anna O. nannte – Breuer verwendete immer die Buchstaben, die den Initialen seiner Patienen direkt vorstanden, als Pseudonym. Diese Bertha P. oder Anna O. – übrigens eine enge Freundin Martha Freuds aus Jugendtagen – hatte Breuer wegen merkwürdiger Symptome aufgesucht. Das überaus intelligente, gebildete und geistreiche Mädchen litt unter hysterischen Lähmungen, die so weit gingen, dass sie es zu gewissen Zeiten nicht schaffte, ein Glas Wasser zum Mund zu führen. Breuer kam auf die Idee, seine Patientin sich selbst behandeln zu lassen: Hinter jedem Symptom, so vermutete Breuer, verberge sich eine Erinnerung, und wenn der Geist kathartisch »gereinigt« würde, könnten die Erinnerungen ins Bewusstsein aufsteigen und damit die Symptome behandeln. Bertha Pappenheim nannte diese »Reinigung« »chimney sweeping«, also »Kaminfegen«, und es muss als großes Glück bezeichnet werden, dass die Patientin so intelligent war und sich selbst in einen gesunden Zustand hineinreden konnte, indem sie die Einzelheiten ihres Alltags beschrieb.

Die Behandlung endete, als Breuer Probleme mit der Übertragung seiner Patientin bekam: Die gegenüber dem Therapeuten oder Analytiker durchaus übliche Zuneigung, in der sich die Übertragung manifestiert, bewirkte Breuers Gegenübertragung – und das gefiel seiner eifersüchtigen Frau gar nicht. Immerhin verbrachte Breuer viele Stunden des Tages mit seiner jungen, attraktiven Patientin, und seine Frau Martha hatte keine Lust mehr, ihre eigenen Wünsche hinter den hehren Zielen der Medizin zu verstecken.

Egal, ob Gegenübertragung oder Schuldbewusstsein: Breuer brach die Behandlung ab, als Bertha einen Anfall von Bauchkrämpfen hatte und dabei unter der Vorstellung litt, sie entbinde ein Kind – von Breuer. Im Juni 1932 schreibt Freud über diesen Fall, den er nach dem abrupten Ende später rekonstruiert hatte, an Stefan Zweig: »In diesem Moment hatte er den Schlüssel in der Hand, der den Weg zu den Müttern geöffnet hätte, aber er ließ ihn fallen.«[60]

Bertha Pappenheim wurde später übrigens eine führende Persönlichkeit in er Sozialfürsorge: Zwar war sie nicht geheilt, doch sie nützte die Neurose als Energiequelle. Der Fall Bertha Pappenheim ging in die Literatur als Fall Anna O. in den von Freud und Breuer verfassten »Studien über Hysterie« ein. Durch die Auseinandersetzung mit Breuers Fall, durch den Versuch, Bertha Pappenheims »clouds«, ihre hypnoiden Zustände zu entwirren, kommt Freud auf die Grundidee des geteilten Bewusstseins: Das Phänomen der Verdrängung ist entdeckt und wird von Freud so erklärt: Der Patient versucht, sich von einer »unerträglichen« Vorstellung zu befreien. »Durch solche Verweisung wird letztere nicht zunichte gemacht, sondern bloß ins Unbewusste gedrängt . . . Eigentlich geschieht etwas anderes, als das Individuum beabsichtigt; es möchte eine Vorstellung aufheben, als ob sie gar nie angelangt wäre, es gelingt ihm aber nur, sie psychisch zu isolieren . . .«[61]

Hypnose und Traum

Es war also Josef Breuer, der den jungen Sigmund Freud erstmals auf die Idee brachte, hysterische Symptome mittels Hypnose zu behandeln: Sobald es ihm gelang, die Kranke unter Hypnose erzählen zu lassen, womit sie sich beschäf-

60 Freud, S.: Briefe, S. 428

61 Freud, S.: Studie über Hysterie, Gesammelte Werke I, S. 182

tigte und worunter sie litt, verschwanden ihre Symptome, sowohl die schweren Depressionen als auch die geistige Verwirrtheit. Die Patientin, die ihre Symptome hartnäckig gegen die Suggestion verteidigte, hatte im Lauf der Hypnose wesentlich weniger Probleme, die Schranken zu durchbrechen und sich an Vorfälle zu erinnern, die sie aus ihrem Bewusstsein längst verdrängt hatte.

Wie nun funktioniert die Hypnose und was unterscheidet sie von der Suggestion, die vermutlich älteste psychotherapeutische Behandlungsmethode? Suggestibilität, so erfahren wir in Hans Strotzkas »Psychotherapie und Tiefenpsychologie« ist die »emotionelle Beeinflussbarkeit der Menschen ohne Argumentation« und »eine allgemeine menschliche Eigenschaft«[62]. Dieses Phänomen, so Strotzka weiter, hängt mit der »langen Hilflosigkeit des Menschen nach seiner Geburt zusammen«. Denn in jenem Zeitraum muss der Säugling all das annehmen, was ihm die Erwachsenen an Informationen zukommen lassen. Die Reste davon trägt jeder Mensch als »Suggestibilität« mit sich herum. Das heißt weiter aber auch, dass jeder Reiz suggestiv wirken kann.

Die Hypnose hingegen ist eine Reizausschaltung durch monotone Wiederholung, dabei konzentriert sich der Patient völlig auf den Suggestor. Durch diese Technik lassen sich unterschiedliche Trancezustände herbeiführen bis zur Amnesie und zur Möglichkeit, posthypnotische Aufforderungen auszuführen. Milton Erickson, einer der bekanntesten Psychotherapeuten, der sich der Technik der Hypnose bediente, berichtet über den Fall eines jungen Ehemannes, der sich verzweifelt an den Arzt wendet, da es ihm nicht möglich sei, die Ehe zu vollziehen. Es gelänge ihm keine Erektion, und die enttäuschte Braut wäre schon drauf und dran, die Scheidung einzureichen. Erickson versetzt den jungen Mann in Hypnose und suggeriert ihm, dass er natürlich in der Lage sei und dass er auch wisse, dass er es könne. Er erklärt dem jungen, noch immer in Trance befindlichen Mann, »[...] nichts wird Sie davon abhalten, dass es immer und wieder gelingt«. Und tatsächlich, es gibt nie wieder sexuelle Probleme in dieser Beziehung.[63]

Doch zurück zu Breuer und seinen Fall Anna O.: Freud befasste sich eingehend mit dem Fall und kam schließlich zu einer interessanten Erkenntnis: Er beschreibt in Zusammenhang mit diesem Fall seine Theorie von der Abwehr, also von der Verdrängung. Es handelt sich bei den »vergessenen« Erlebnissen um Dinge, die der Kranke bewusst vergessen will und die er deshalb »absichtlich aus seinem bewussten Denken verdrängt«. Weitere Ana-

62 Strotzka, Hans: Psychotherapie und Tiefenpsychologie, S. 32
63 Haley, J.: Die Psychotherapie Milton H. Ericksons

lysen des Falls bringen ihn zur Überzeugung, dass die Symptome der Patientin von frühkindlichen sexuellen Erlebnissen, die seither verschüttet waren, herrühren könnten. Ein gewagter Ansatz in einer Welt, in der Sexualität erstens nicht gesellschaftsfähig war und zweitens erst im Leben der Erwachsenen, wenn überhaupt, stattzufinden hatte.

Doch Freud ließ sich von herber Kritik nicht abhalten. Gemeinsam mit seinem Freund und Kollegen Josef Breuer arbeitet er unermüdlich am Gebiet der Hypnose und an der Psychoanalyse. Die von ihm entdeckte Psychoanalyse wurde zu seinem Lebensinhalt.

Anfänglich hypnotisierte Freud seine Patienten noch, bald ging er zu einer neuen und von ihm entwickelten Technik über: der freien Assoziation. Das bedeutete, er ließ seine Patienten reden, sie sollten all das sagen, was ihnen eben einfiel, und der Arzt hörte nur zu, ohne das Gespräch zu lenken. Die freie Assoziation, die Übertragung und schließlich die Verführungstheorie waren Meilensteine in Freuds Werk. Der Energiefluss zwischen Körper und Geist, vor allem die sexuelle Energie, sind Schlüsselthemen, die Freuds Forschung prägten. Seine Verführungstheorie beruhte darauf, dass Symptome, die bei erwachsenen Menschen aufscheinen, durch frühkindlichen sexuellen Missbrauch beziehungsweise durch frühkindliche Verführung ausgelöst werden. Dass solche Erlebnisse verdrängt und verschüttet wurden, ist nicht weiter verblüffend, doch wie konnte man nun an solche verschüttete Erinnerungen herankommen?

Das Motto, das über Freuds Buch »Die Traumdeutung« steht, lautet: »Flectere si nequeo superos, Acheronta movebo«, also: »Wenn ich die höheren Mächte nicht beugen kann, werde ich die Unterwelt aufrühren.« – Übrigens zog er dieses Zitat nach einiger Überlegung dem Spruch von John Milton aus »Paradies Lost« vorzieht: »Let us consult / what reinforcement we may get from hope / If not what resolution from despair.« Dieses Epigramm musste hinter Vergil zurückstehen, da er das Motiv der Unterwelt vorzog.

Freud beobachtete seine Träume, schrieb sie nieder und versuchte sie zu deuten, voll Überzeugung, dass sich dem Seelenforscher auch dort etwas offenbart, wo ein anderer nichts mehr zu vernehmen meint, denn: »Wer Augen hat zu sehen und Ohren zu hören, überzeugt sich, dass die Sterblichen kein Geheimnis verbergen können. Wessen Lippen schweigen, der schwätzt mit den Fingerspitzen; aus allen Poren dringt ihm der Verrat.«[64]

64 Freud, S.: Die Traumdeutung, S. 95

Von *Ohren* zu träumen hat etwas mit einer Frau zu tun: Sind die Ohren schön, erlebt man mit Frauen, Schwestern oder Töchtern Freude, deren Verlust bedeutet es, wenn die Ohren abgeschnitten werden.

(Deutscher Aberglaube)

Von Ödipus zur Traumdeutung

Eine Krise in seiner Forschung erlitt Freud, als er schon glaubte, den Schlüssel zur Hysterie in Händen zu halten: Hatte er doch mit Bestimmtheit angenommen, diese Symptome rührten von Missbrauch in der Kindheit her, und nun – genauer gesagt etwa 1896 – musste er feststellen, dass vieles, das ihm die erwachsenen Hysteriker während der Analyse in der Hypnose oder auch in Folge der freien Assoziation mitteilten, nur Phantasie-Charakter hatte. Und das, nachdem Freud schon früher einen Tiefschlag erleiden musste, als sich die Elektrotherapie als unsolid herausstellte. »Wie schade«, schrieb Freud damals, »dass die Traumdeutung ihren Mann nicht ernährt.« Und doch soll es wieder ein Traum sein, der ihm den Weg zum Thema Ödipus ebnet, und zwar ein Traum, der sich auf seine älteste Tochter Mathilde bezieht. Dazu Freud: »[. . .] träumte ich von überzärtlichen Gefühlen für Mathilde, sie hieß Hella und ›Hella‹ sah ich dann nochmals fett gedruckt vor mir. Auflösung: Hella heißt eine amerikanische Nichte, deren Bild wir bekommen haben. Mathilde könnte Hella heißen, weil sie unlängst über die Niederlage der Griechen so bitter geweint hat. Sie begeistert sich für die Mythologie des alten Hellas und sieht in allen Hellenen natürlich Helden. Der Traum zeigt natürlich meinen Wunsch erfüllt, einen Vater als Urheber der Neurose zu ertappen und macht so meinen noch immer sich regenden Zweifeln ein Ende.«[65] So verdeckt Freud seine Angst, er könnte an sich eine sexuelle Zuneigung zu seiner Tochter entdecken, mit der Theorie des Traumas als Auslöser einer Neurose. Der Ödipuskomplex offenbarte sich Freud – zufällig? – wenige Tage vor dem ersten Todestag seines Vaters, nämlich am 15. Oktober 1897. Alles fügt sich schließlich zusammen: die Übertragung auf seinen Freund Fließ, die Beziehung zu den Kindern, die Traumanalyse, der Tod des Vaters. Freud erkennt: »Ich habe die Verliebtheit in die Mutter und die Eifersucht gegen den Vater auch bei mir gefunden und halte sie jetzt für ein allgemeines Ereignis früher Kindheit, wenn auch nicht immer so früher wie bei hysterisch gemachten Kindern . . . Wenn das so ist, so versteht man

65 Freud, S.: Aus den Anfängen der Psychoanalyse

die packende Macht des Königs Ödipus trotz aller Einwendungen, die der Verstand gegen die Fatumsvoraussetzung erhebt, und versteht, warum das spätere Schicksalsdrama so elend scheitern musste. [...] Jeder der Hörer war einmal im Keime und in der Phantasie ein solcher Ödipus, und vor der hier in die Realität gezogenen Traumerfüllung schaudert jeder zurück und mit dem ganzen Beitrag der Verdrängung, der seinen infantilen Zustand von seinem heutigen trennt.«

So hatte der Traum sehr viel beigetragen zur ersten Analyse, doch bald erschloss sich Sigmund Freud noch eine weitere Bedeutung: Der Traum, so erkannte er, ist eine Art von normalem »pathologischem« Phänomen, das besonders gut geeignet ist, pathologische Hintergründe zu begreifen. Das heißt, der Analytiker kann durch die Traumanalyse zu den unbewussten Gedanken des Patienten vordringen, sie vermittelt Kenntnis des Unbewussten und beweist dessen Existenz. Ein wichtiger Schritt zur Psychoanalyse ist allerdings die »Selbstheilung«, das heißt, Sigmund Freud musste sich zunächst als Kranken betrachten und selbst heilen. In seiner »Traumdeutung« verweist er auf einen Traum, den er den »Bequemlichkeitstraum« nennt. In diesem Traum ist ein Medizinstudent morgens wieder eingeschlafen und nicht, wie er eigentlich sollte, ins Spital gegangen. Er träumt aber, im Spital zu sein. Und um sein Bedürfnis nach Schlaf zu rechtfertigen, sieht er sich im Traum in einem Spitalsbett liegen mit seinem Namen darüber. So kann er einen – scheinbar – logischen Kompromiss eingehen: Er kann weiterschlafen und ist trotzdem im Spital. Doch noch weitere Dinge entschlüsselt Freud: nämlich die Identifikation des Arztes mit dem Kranken, ein Thema, das auch in einem früheren hier beschriebenen Traum schon einmal vorkommt.

Manifester Traum – latenter Trauminhalt

Der Traum, so wie er sich darstellt – und immerhin träumt der Mensch im Laufe seiner REM-Phasen durchschnittlich fünf- bis sechsmal pro Nacht –, ist bei Freud der manifeste Traum, also der Inhalt, den man sich beim Aufwachen merkt, symbolisierter Ausdruck eines anderen Inhalts, den das Bewusstsein nicht zulässt – zumeist aus moralischen Gründen. Diese chiffrierte Botschaft ist der latente Trauminhalt. Dass dieser latente Trauminhalt tatsächlich dem manifesten Traum zugrunde liegt, zeigt sich in der Reaktion des Patienten, der – dank der Analyse – mit der eigentlichen Botschaft konfrontiert wird. Diesen Augenblick der Erkenntnis oder des Erinnerns an längst Verschüttetes nennt Karl Bühler das »Aha-Erlebnis«.

Freud hält die latenten Trauminhalte meist für infantile Sexualwünsche und betrachtet die Traumdeutung als »Via regia« zum Unbewussten, während C. G. Jung beispielsweise davon ausgeht, dass Träume, die durch verschiedene Sinnesreize wie Geräusche, Erinnerungen und Tagesreste, Körpergefühle oder Gefühle beeinflusst werden, eine Kompensation des Bewussten darstellen. Heute neigt die Traumforschung dazu, Traummaterial als Äußerung des Patienten zu betrachten, wie viele andere auch.

Wenn man von *Räubern* träumt, bedeutet das viel Geld.
(Deutscher Aberglaube)

Aber zurück zu Sigmund Freud: In seiner »Traumdeutung« erläutert er die zwei Methoden der »Laienwelt«, Träume zu deuten: einerseits auf ihrem symbolischen Inhalt, andererseits das »Dechiffrieren« der Träume mit Hilfe so genannter »Traumbücher«, die für jedes Stichwort eines Traumbildes eine »Rätsellösung« parat haben, aber von Wissenschaftlern natürlich kategorisch abgelehnt wird. Freud teilt diese ablehnende Haltung nicht, er schreibt dazu: »Allein ich bin eines Bessern belehrt worden. Ich habe einsehen müssen, dass hier wiederum einer jener nicht seltenen Fälle vorliegt, in denen ein uralter [. . .] Volksglaube der Wahrheit der Dinge näher gekommen zu sein scheint, als das Urteil der heute geltenden Wissenschaft. Ich muss behaupten, dass der Traum wirklich eine Bedeutung hat und dass ein wissenschaftliches Verfahren der Traumdeutung möglich ist.«[66]

Die Traumdeutung, 1899

Seit Freud seine Patienten frei assoziieren ließ, arbeitete er auch darauf hin, dass sie ihm seine Träume erzählten. Er selbst hatte längst begonnen, seine Träume minutiös aufzuschreiben. Am 24. Juli 1895, während er – was selten genug vorkam – im Schloss Bellevue in der Nähe von Wien Urlaub machte, analysierte er zum ersten Mal detailliert und systematisch einen seiner Träume. Dieser Traum ist auch das erste Beispiel – und eines der berühmtesten – seines Buches »Die Traumdeutung«, die im Winter 1899, vordatiert auf 1900, erschien. »Die Traumdeutung« ist wie viele andere von Freuds Büchern eine umfangreiche Sammlung von Beispielen, von Träumen, Analysen und einem theoretischen Kapitel am Ende. Dieser Aufbau entspricht Freuds Arbeitsmethode: Die Fälle sollen von selbst sprechen, auch liest man sehr oft im Text, dass Freud erst anhand seiner geschriebenen Ausdrücke und Wörter, unbe-

66 Freud, S.: Die Traumdeutung, S. 236

wusst verwendet, Zusammenhänge und Hinweise erkennt. Den Traum selbst erkennt Freud als »Modell« des Wahns, der Halluzination, so wie die Trauer das Modell der Melancholie ist. Jahre später bringt Freud all diese Zustände miteinander in Verbindung: den Traum, den Schlaf, die Liebe und die Trauer, die eines gemeinsam haben: Sie sind zwar normale Zustände, doch unterscheiden sie sich vom normalen Wachzustand. Der Traum also vermittelt dem Analytiker Gedanken aus dem Unbewussten, wobei es nicht die Traumgedanken sind, sondern der Text des Traumes, der zu analysieren ist. Die Assoziation führt wohl zu längst vergessenen Erinnerungen, die Motiven des Traums zugrunde liegen, aber es sind die textlichen Verkleidungen und Entstellungen, die die Syntayx des Unbewussten offenbaren. Der manifeste Trauminhalt gibt einen latenten Gedanken wieder, und es ist die Aufgabe des Analytikers, die Verfälschung zu erkennen und das Original darunter zu erkennen. Der Traum hat also seinen Sinn nicht in sich selbst, und auch die Regeln, nach denen die Geschichte aufgebaut ist, sind nicht identisch mit Regeln, nach denen Gespräche im Allgemeinen aufgebaut sind. Wobei Freud darauf hinweist, dass es einfacher ist, einen verfälschten Text zu rekonstruieren, als einen Traum zu deuten. Meist steht ein unbewusster Wunsch aus der Kindheit des Träumers im Zentrum des Traumes, der aber wieder der Zensur unterworfen wird. Dieser Wunsch wird übersetzt in einen gegenwärtigen Wunsch, er wird in das normale Denken übertragen. Dadurch kommt es zur Darstellung einer Szene, die die Wunscherfüllung, also die Befriedigung dieses ursprünglichen kindlichen Wunsches, repräsentiert. Was sich in der Theorie sehr undurchsichtig anhört, wird vielleicht klarer anhand der Fallbeispiele in diesem Text.

Die »Traumdeutung« besteht aus sieben Kapiteln, die Beispiele sind in Kategorien aufgeteilt, die die Grundidee der »Traumdeutung« illustrieren sollen, nämlich die These, dass der Traum eine Wunscherfüllung darstellt. Der weit verbreitete Irrtum, der Traumgedanke käme aus den Tiefen des Unbewussten, stammt noch vom platonischen Denken und auf eine Neigung zum Mystischen. An diesem Punkt finden Freud und C. G. Jung, auf den in diesem Buch in einem eigenen Kapitel eingegangen wird, keinen gemeinsamen Weg. Jung macht die Analyse zur Hermeneutik auf der Suche nach der Offenbarung des Unbewussten.

Doch nicht nur Jung kritisierte Freuds Traumanalyse. Fließ beispielsweise warf dem Freund vor, er baue seine Analysen auf Wortspielen auf, und auch seine Patienten konnten den Interpretationen oft nicht folgen und taten sie als oberflächlich oder konstruiert ab. Doch Freud ließ sich nicht beirren. Er sagt in seiner »Traumdeutung«: »Jedesmal, wenn ein psychisches Element mit einem anderen durch eine anstößige und oberflächliche Assoziation verbunden ist, existiert auch eine korrekte und tiefergehende Verknüpfung zwischen den beiden, welche dem Widerstande der Zensur unterliegt.«

Überlegungen zu Traumproblemen

Im ersten Kapitel seiner »Traumdeutung« mit dem Titel »Die wissenschaftliche Literatur der Traumprobleme« geht Freud auf unterschiedliche Ansätze zum Thema »Traum« ein; viele von ihnen sind in diesem Buch an anderer Stelle behandelt. Freud möchte das alte Vorurteil, der Traum entführe den Träumer in eine andere Welt, ausräumen und ersetzen durch seine Theorie, der Traum kommt aus dem Schläfer selbst, aus seinem Unbewussten, und ist verdeckter Ausdruck einer konkreten Aussage. Oft wird gegen diese Theorie vorgebracht, dass es immer wieder zu Träumen kommt, in denen der Schlafende über ein Wissen verfügt, das er im Wachzustand nicht hat und niemals hatte. Am Beispiel eines Traums des Philosophen Delboef[67] weist Freud darauf hin, dass das Wissen immer vorhanden ist, nur häufig nicht mehr erinnerlich. So berichtet Delboef von einem Traum, in dem er – eingebettet in ein Erlebnis mit Eidechsen – eines der Tiere mit einer Pflanze füttert, deren lateinischer Name Apslenium ruta muralis ihm im Traum geläufig ist, im Wachsein aber ganz und gar nicht. Bei Überprüfung (im Wachzustand) erfährt Delboef zu seiner großen Verblüffung, dass es diese Pflanze und diese Bezeichnung auch tatsächlich gibt. Was ist also in diesem Traum passiert? Nicht-Freudianer könnten rasch vorschnell daraus schließen, dass der Schlafende tatsächlich eine Reise tut in eine andere Wirklichkeit, in der er tatsächlich über mehr oder anderes Wissen verfügt. Nicht so Freud, er liefert gleich die Lösung: Beinahe zwei Jahrzehnte nach diesem Traum entdeckt der Philosoph ein altes Büchlein mit getrockneten Blumen, und eine dieser Blumen ist tatsächlich mit ebenjener lateinischen Bezeichnung – in der Handschrift des Träumers – ausgewiesen. Na also! Der Traum lässt den Schlafenden also über Erinnerungen verfügen, die ihm im Wachsein nicht zugänglich sind.

Eine grundsätzliche Frage wird im ersten von sieben Kapiteln der »Traumdeutung« aufgeworfen, und zwar die Frage nach den Traumquellen und Traumreizen. Hier gehen die Meinungen auseinander, denn während die heutige Hirnforschung meint, Träumen wäre eine Entspannungsübung des Gehirns, hielt man es zu Freuds Zeiten mehr mit der Theorie, Träume wären

---

67 Freud, S.: Die Traumdeutung, S. 20

Reaktionen auf Störungen des Schlafs. Freud unterscheidet vier Arten von Traumquellen, und zwar äußere (objektive) Sinneserregung, innere (subjektive) Sinneserregung, innere (organische) Leibreize und psychische Reizquellen.

Freuds Methoden der Traumdeutung

Als Beispiel für klassische Traumdeutungsmuster führt Freud im zweiten Kapitel seiner »Traumdeutung«, in dem er sich mit den »Methoden der Traumdeutung« auseinander setzt, den berühmten Traum des biblischen Pharaos an, den Joseph deuten konnte: Sieben magere Kühe verzehren sieben fette Kühe, ein symbolischer Ersatz für die Vorhersagung von sieben Hungerjahren in Ägypten, die all den Wohlstand aufzehren, den die sieben fetten, also fruchtbaren Jahre davor geschaffen hatten. Freud weist hier allerdings auf die Problematik der »artifiziellen« Träume hin, das heißt, diese Träume sind von ihren Autoren nur zum Zwecke der Symbolik erfunden worden und waren nicht wirklich Gegenstand eines Traums. Der Dichter verkleidet seinen Gedanken vielmehr in eine der Erlebniswelt seiner Zuhörerschaft angepasste Geschichte, um zu überzeugen. Diese artifiziellen Träume haben also im Sinne Freuds nicht, mit der tatsächlichen Traumanalyse zu tun und finden daher in seinen Darstellungen nur marginale Erwähnung. Die zweite klassische Methode der Traumdeutung ist die von Freud so bezeichnete »Chiffriermethode«, die bestimmte Trauminhalte »übersetzt«, das heißt, wenn man von einem Brief träumt, ist das laut »Traumbuch« – und derer gibt es ja bis zum heutigen Tage noch massenhaft – mit »Verdruss« oder »Leichenbegängnis« gleichzusetzen.

> Eine Heirat, Hochzeit bedeutet es, wenn man von einer *Leiche* träumt, oder eine große Freude, Tauwetter, Regen oder einen Todesfall. Wer sich selbst im Traum als Toten sieht, der heiratet bald.
>
> *(Deutscher Aberglaube)*

Dieser Methode kann der Analytiker nichts abgewinnen, allein schon aus dem einfachen Grund, dass die Träume von zwei Menschen mit völlig unterschiedlichen Geschichten, völlig unterschiedlichen Erlebnissen und Erinnerungen, die zufällig beide von einem Brief träumen, niemals auf dieselbe Weise interpretiert werden können und auch niemals denselben Ursprung haben können. Beide Methoden sind zweifelhaft, doch über den Weg der Auflösung »gewisser pathologischer Gebilde« kommt Freud schließlich zu seiner Methode der Traumdeutung, der Analyse. Er geht davon aus, dass er Träume seiner

Patienten – und an ihnen führte er ja üblicherweise seine Behandlungen durch – mit Symptomen einer Krankheit gleichsetzt. Die Patienten müssen sich verpflichten, alle Einfälle und Gedanken, die sie zu diesem Traum haben, mitzuteilen, mögen sie noch so unwichtig, zusammenhanglos und unlogisch erscheinen, also auch all das, was im üblichen Gespräch nicht zur Erwähnung kommt. Wichtig ist dabei die gesteigerte Aufmerksamkeit des Kranken und eine Ausschaltung der Kritik, das heißt der Selbstzensur. Der Patient, der »frei assoziiert«, muss völlig unparteiisch gegen seine Gedanken sein, um sich nicht zu bewerten und damit mögliche weitere Assoziationen wertlos oder unerheblich zu unterdrücken.

Der erste Schritt bei der Anwendung des Verfahrens, so erläutert Freud seine Methodik weiter, verlangt nun, den Traum nicht als Ganzes zu betrachten, als abgeschlossene Geschichte, sondern ihn vielmehr in Teilstücke zu zerlegen, bis ins kleinste Detail, denn wie auch die später angeführten Beispiele beweisen, birgt jedes noch so kleines Teilchen verschiedene Hinweise auf unterschiedliche Erinnerungen. Hier nähert sich die Methodik sogar der »Chiffriermethode«, denn auch die nimmt sich der Details an und nicht, wie die »Symbolikmethode«, der ganzen Geschichte, die der Traum scheinbar erzählt.

Der Traum als Wunscherfüllung

Dass jeder Traum eine Wunscherfüllung ist, belegt Freud mit einem Beispiel, das er selbst sehr häufig erlebt: Wenn er abends Sardellen isst, Oliven oder gesalzene Speisen, dann hat er immer denselben Traum: Er trinkt Wasser »in vollen Zügen, es schmeckt mir so köstlich, wie nur ein kühler Trunk schmecken kann, wenn man verschmachtet ist, und dann erwache ich und muss wirklich trinken«. Das bedeutet, dass der Träumer, um durch das Bedürfnis zu trinken nicht aufgeweckt zu werden, den Trinktraum träumt, es handelt sich also scheinbar um einen Bequemlichkeitstraum. Einen ähnlichen Traum in abgewandelter Form beschreibt Freud, wenn er erzählt, er hätte vor dem Schlafengehen das Wasserglas, das üblicherweise auf seinem Nachtkästchen steht, ausgetrunken. Im Traum sieht er seine Frau, die ihm aus einem Gefäß zu trinken gibt, und zwar aus einem etruskischen Gefäß, das er von einer italienischen Reise mitgebracht – man erinnere sich an Freuds Leidenschaft für Archäologie! – und dann verschenkt hatte. Hier entdeckt der Analytiker gleich zwei Wunschmotive: einerseits den Wunsch, seine Frau möge ihm zu trinken bringen, andererseits den egoistischen Wunsch, die verschenkte Vase wieder zurückzubekommen. In diese Kategorie fällt auch der an einer anderen Stelle angeführte Traum des Studenten, der nicht aufstehen möchte und sich selbst als Patient im Krankenhausbett liegen träumt. Ein berührendes Zeugnis eines Wunschtraums liefert Freud in seiner »Traumdeutung« im Zusammenhang mit seiner Tochter Anna, damals ein Kind, später weltberühmte Analytikerin und Begründerin der Kinderpsychoanalyse: Die kleine Anna also, neunzehn Monate alt, träumt nicht nur, sondern spricht auch im Schlaf. Eines Nachts, und zwar nach einem Tag, an dem sie sich übergeben hatte und deshalb nichts essen durfte, hört sie der Vater im Schlaf rufen: »Anna F(r)eud, Er(d)beer, Hochbeer, Eier(s)peis, Papp!« Die eingeklammerten Buchstaben in Freuds Text bezeichnen wohl jene, die die kleine Anna noch nicht aussprechen konnte oder die er nur undeutlich verstanden hatte. Auf jeden Fall lässt dieser Traum keinen Zweifel daran, dass es sich um einen kulinarischen Wunschtraum handelt: Der Name am Beginn der Aufzählung deutet das Besitzverhältnis an, wie bei Kindern so üblich, die erst später den sprachlichen Umgang mit der 1. Person lernen. Dass zweimal die Erdbeeren vorkommen, interpretiert der Vater als Rache an jenem Kinderfräulein, die Annas Übelkeit auf das gierige Verzehren von zu vielen Erdbeeren zurückführte. Das Kapitel »Wunschträume« beschließt Freud mit einem Verweis auf die Umgangssprache, die diese Wahrheit, dass Träume Wunscherfüllung sind, schon längst erkannt hat, denn wie oft hört man den entzückten Ausdruck: »Das hätte ich mir in meinen kühnsten Träumen nicht vorgestellt!«[68]

Die Träume, so erkannte Freud, vermitteln Botschaften der Seele, vor allem solche, die von der moralischen Selbstzensur nicht zugelassen werden, also sexuelle und aggressive Wünsche. Natürlich nicht direkt, sondern verkleidet, und diese Verkleidung zu lüften war Aufgabe der Traumdeutung. Ähnlich wie beim Witz – Freud befasste sich intensiv damit, warum Witze die Menschen unterhalten und mit den verschlüsselten Wahrheiten, die in Witzen stecken, dazu seine Abhandlung »Der Witz und seine Bedeutung im Unterbewussten« – konnte im Traum ein Wunsch verborgen werden, der frei ausgesprochen zu schockierend wäre, also musste das Unterbewusstsein verklausulieren und verschlüsseln. Freud unterschied drei Bereiche der Psyche, die für diese Verschlüsselungen verantwortlich sind: das Unbewusste, in dem sexuelle und aggressive Wünsche, Triebe, Erinnerungen und Phantasien angesiedelt sind, das Vorbewusste, das darüber entscheidet, ob diese Wünsche ins Bewusstsein vordringen dürfen oder nicht, und das Bewusste, der eigentliche Sitz der Wahrnehmung. Kommen diese Bereich in Konflikt miteinander, so kommt es zu Träumen oder zu neurotischen Symptomen.

---

68 Freud, S.: Die Traumdeutung, S. 119

»Der Traum stellt einen gewissen Sachverhalt so dar, wie ich ihn mir wünschen möchte. Sein Inhalt ist also eine Wunscherfüllung. Sein Motiv ein Wunsch.« Freud, und man darf nie vergessen, dass auch er ein Kind seiner Zeit war, maß den Trieben, die an die Oberfläche dringen wollen und sich durch den Traum ein Ventil schaffen, nicht nur große Bedeutung bei, sondern hielt sie auch für höchst gefährlich – eine Attitüde, die durchaus der Sichtweise des 19. Jahrhunderts entspricht.

Freuds Modell der menschlichen Psyche – unterteilt in Ich, Es und Über-Ich, die die Wechselwirkung zwischen Gefühl, Vernunft und Moral repräsentierten, und seine Erforschung der Psychoanalyse machten ihn bald weit über die Grenzen der Monarchie hinaus bekannt. 1911 etablierte sich eine internationale Psychoanalytikervereinigung um Freud, doch die etablierte Wissenschaft lehnte die Psychoanalyse weiterhin ab. Auch in seinem engsten Kreis hatte Freud strenge Kritiker, wie beispielsweise C. G. Jung, der in Freuds Arbeiten die Sexualität überbewertet findet.

Da die Psychoanalyse also an den etablierten Universitäten verpönt war, bildeten sich eigene Ausbildungsstätten. Die zwanziger Jahre brachten der Psychoanalyse eine Hochblüte, und viele Analytiker, wie beispielsweise Franz Alexander, verließen Europa und verbreiteten die Psychoanalyse weltweit.

Die Theorie der Traumentstellung

Nicht immer liegen die latenten Inhalte so offenbar wie bei den oben erwähnten Wunschträumen, die doch sehr einfach zu interpretieren sind. Nicht mehr so einfach sieht die Sache aus, wenn Träume aus irgendwelchen Gründen, die im Unbewussten oder aber in der moralischen Grundhaltung zu suchen sind, entstellt sind. So eine Entstellung passiert zum Beispiel im peinlichen Traum. Auf den ersten Blick nicht im Geringsten als Wunschtraum zu erkennen, verkleidet der Traum die Wunscherfüllung oft in einen peinlichen Traum. Dieser Traum enthält also etwas, das der zweiten Instanz, die nicht schöpferisch ist, peinlich ist, aber andererseits einen Wunsch der ersten Instanz erfüllt. Daher ist es wichtig, die Botschaft der ersten Instanz, also des Unbewussten, zu hinterfragen und nicht sich mit dem augenscheinlichen Inhalt der zweiten Instanz, die den Wunsch entstellt, auseinander zu setzen. Die Traumentstellung kann so weit führen, dass Träumende sogar den Tod eines geliebten Menschen sehen; da man in den meisten Fällen davon ausgeht, dass kaum jemand sich den Tod eines Kindes oder eines Partners wünscht, ist diese Art des Traums ein wahres Muster für die Maskierung, für die Entstellung. Als Beispiel dafür, dass der Wunsch auch lange zurückliegen und längst nicht mehr aktuell sein kann, erzählt Freud den Traum einer Bekannten, die im Rahmen eines längeren Traumes ihre fünfzehnjährige Tochter in einer Schachtel tot liegen sah. Freud deutet an, dass die Dame diesen Traum als Gegenbeweis gegen seine Theorie der Wunscherfüllung anführte, doch die Analyse brachte ein ganz anderes Ergebnis: Am Abend vor diesem Traum war in einer abendlichen Gesellschaft die Rede auf das englische Wort »box« gekommen, das ja für mehrere deutsche Ausdrücke steht: für Schachtel ebenso wie für Loge, etymologisch gibt es gemeinsame Wurzeln mit dem Wort »Büchse«. Dieses Wort wiederum wird – so erfahren wir von Freud – offenbar zu seiner Zeit auch als »vulgäre Bezeichnung des weiblichen Genitals« verwendet. Das Bild der Tochter in der Schachtel entspräche nach dieser Auslegung also dem Bild einer »Frucht im Mutterleib«, der versteckte Wunsch der Frau also nach einem weiteren Kind. Als die Analyse so weit gediehen ist, gibt die Frau zu, tatsächlich während der Schwangerschaft manchmal gewünscht zu haben, das Ungeborene möge sterben. Und diese Erinnerung wird nun also in diesem Traum verdeckt, der natürlich nicht zulassen kann, dass die Frau ihrer geliebten Tochter den Tod wünscht. Doch dazu mehr im Kapitel »Typische Träume«.

Ob Hut, ob Stock, ob Regenschirm – Sexualsymbole im Traum

Der Traum, so Freud, bedient sich einer Symbolik zur maskierten Darstellung seiner latenten Gedanken. Besonderes Augenmerk schenkt Freud in der Auseinandersetzung mit Traumsymbolen den Sexualsymbolen. So beschreibt er sämtliche längliche Gegenstände, wie Baumstämme, Äste, Schirme, aber auch Messer und Dolche, im Traum stellvertretend für das männliche Glied; Dosen, Schränke, Kisten und Kästchen, Höhlen, Schiffe, wie überhaupt alle Arten von Gefäßen, symbolisieren die weiblichen Geschlechtsorgane (wie in einer hier beschriebenen Traumanalyse – der Traum mit der »box« – auch deutlich zum Ausdruck kommt). Leitern, Treppen und Stiegen sowie das Treppensteigen symbolisieren den Geschlechtsverkehr. Auch Krawatten erwähnt Freud als typisches Traumsymbol des männlichen Glieds, Traumlandschaften hingegen interpretiert er als Genitalbeschreibungen.

Zur Beweisführung der Sexualsymbolik beschreibt Freud einen Traum[69], den eine junge, laut Freud infolge von Versuchungsangst agoraphobische Frau ihm berichtete: Die Träumerin sieht sich im Traum auf der Straße

69 Freud, S.: Die Traumdeutung, S. 299

spazieren gehen, sie trägt einen eigenartigen Strohhut, der in der Mitte aufgebogen ist, dessen Seiten aber unterschiedlich weit hinunterhängen. Die junge Frau fühlt sich selbstbewusst und ist fröhlich, und als sie an einigen jungen Offizieren vorbeigeht, denkt sie: Ihr alle könnt mir nichts anhaben.

Während der Analyse fällt der Patientin zunächst nichts ein, was sie mit dem Motiv des Strohhuts assoziieren könnte. Freud hilft ihr aus und schlägt ihr vor, den Hut als Symbol des Mannes zu betrachten, was sich ja beispielsweise auch in der Redensart »unter die Haube zu kommen« niederschlägt. Und weiter entschlüsselt er, dass sie, da sie so einen prächtig ausgestatteten Mann habe, sich auch vor den Offizieren nicht zu fürchten brauche, vielmehr auch von ihnen nichts wünschen würde. Das ist ein Hinweis auf die Versuchungsphantasien der Patientin. Als die Frau Freuds Interpretation hört, nimmt sie das vorhin Erzählte zurück und behauptet, sie hätte nichts von den herabhängenden Seitenteilen gesagt. Erst ein wenig später wagt sie den Arzt zu fragen, was denn das bedeute, wenn einer der beiden Hoden eines Mannes höher stünde als der andere; offenbar hat sie also Freuds Dechiffrierung akzeptiert.

Aus seiner Arbeit mit dieser Patientin liefert Freud noch einen weiteren Traum[70] zum Thema Sexualsymbolik. Ihre Mutter schickt im Traum ihre kleine Tochter allein weg und fährt unterdessen mit der jungen Patientin mit der Eisenbahn. Da sieht sie das kleine Mädchen auf den Schienen liegen, sie hört die Knochen krachen, als die Bahn darüber fährt. Die Patientin dreht sich um, um nachzusehen, ob man »nicht Teile von hinten sieht«, und macht im Traum ihrer Mutter Vorwürfe, die Kleine allein gehen lassen zu haben. Freud analysiert dahingehend, dass er zunächst einmal den historischen Grund dieser Eisenbahnfahrt erläutert. Die Kranke fuhr von einer Nervenheilanstalt weg, in deren Leiter sie verliebt war (natürlich verliebt war, wie Freud anmerkt). Am Bahnhof wurde sie von ihrer Mutter in Empfang genommen, die dann Zeugin wurde, wie sich der Arzt mit einem Blumenstrauß von seiner Patientin verabschiedete, was der vor der Mutter wiederum unangenehm war. Die Mutter störte hier also entschieden die Liebesbestrebungen ihrer Tochter. Für das Motiv, dass sich die Patientin umdreht und nachsieht, ob man nicht die Teile von hinten sieht, hat Freud zwei Interpretationen: Zunächst weist diese Sequenz natürlich auf die überfahrene Tochter hin, doch es gibt noch einen weiteren, subtileren Hintergrund. Die junge Frau erinnert sich daran, einmal ihren Vater von hinten nackt gesehen zu haben, und sinniert über die Unterschiede zwischen den Geschlechtern, vor allem über die Tatsache, dass männliche Genitalien auch von hinten zu sehen sind.

---

70 Freud, S.: Die Traumdeutung, S. 300

Dann setzt sie die »Kleine« aus ihrem Traum mit dem männlichen Genital gleich, ihre eigene »Kleine«, die Tochter, symbolisiert ihre Vagina. Damit ist auch das Motiv geklärt, dass die Mutter die Kleine wegschickt: Die Mutter hat laut Freud tatsächlich ihre Tochter angehalten, sich so zu benehmen, als hätte sie keine Geschlechtsorgane. Das Alleingehen auf der Straße symbolisiert die Männerlosigkeit.

> Wer träumt, dass er plötzlich *nackt* ist, der erlebt üble Nachrede oder den Verrat eines Geheimnisses. Wer sich dagegen im Traum nackt auszieht, um zu baden, dem stehen Unannehmlichkeiten bevor.
>
> *(Deutscher Aberglaube)*

Doch noch viel tiefer dringt Freud in die Seele dieses jungen Mädchens vor, als die ihm einen weiteren Traum derselben Nacht schildert, in dem sie sich als ihren Bruder träumte. Das »Kleine« ist also ihr nicht vorhandenes männliches Genital. Freud interpretiert dieses Motiv damit, dass die Patientin als kleines Mädchen sehr bubenhaft gewesen sei, dass sie sich auch sehr mit ihrem Bruder identifiziert hätte. Die Kastrationsdrohung durch die Mutter kündigt die Strafe für Onanie an. Und damit bestätigt sich dem Analytiker, dass die Patientin sich also als kleines Mädchen selbst befriedigt hat. Das »Überfahrenwerden« interpretiert er als Geschlechtsverkehr, doch darauf geht er in der Niederschrift dieser Traumanalyse nicht näher ein.

Ein anderer Traum, der als »Stiegentraum«[71] in die psychologische Literatur eingegangen ist, stammt von Freuds Kollegen Otto Rank, der in der »Traumdeutung« öfter Eingang findet. Dieser Traum also spielt in einem Stiegenhaus, durch das der Träumende läuft, er jagt hinunter zu einem Mädchen, das er bestrafen will. Eine vermutlich weibliche Person hält das Kind unten auf, der Träumer packt es, »weiß aber nicht, ob ich es geschlagen habe, denn plötzlich befand ich mich mitten auf der Stiege, wo ich das Kind (gleichsam wie in der Luft) koitiere. Eigentlich war es kein Koitus, sondern ich rieb nur mein Genitale an ihrem äußeren Genitale, wobei ich dieses sowie ihren seitwärts zurückgelegten Kopf überaus deutlich sah.« Weiters beschreibt er, wie er zwei Gemälde sieht, die Landschaften beziehungsweise ein Haus im Grünen darstellen. Auf einem der Bilder steht der Name des Schlafenden geschrieben, als wäre das Bild ein Geschenk für ihn. Ein weiterer Zettel auf den Bildern informiert darüber, dass es auch billigere Bilder gibt. Der Träumer erwacht durch die Feuchtigkeit im Bett, die, wie er eingesteht, »von der erfolgten Pollution herrührt«.

---

71 Freud, S.: Die Traumdeutung, S. 305

Wieder gibt Freud zuerst seinen Lesern Einblick in den historischen Hintergrund dieses Traums. Der Träumer war am Tag vor diesem Traum in einer Buchhandlung gewesen, wo Bilder ausgestellt waren, Landschaften, die so ähnlich aussahen wie die Bilder seines Traums. Auf einem, das ihm besonders gut gefällt, sucht er nach der Signatur, stellt aber fest, dass er den Maler nicht kennt. Am selben Tag hört er in einer Gesellschaft von einem böhmischen Dienstmädchen, das berichtet hätte, ihr Kind auf der Stiege empfangen zu haben. Doch das Stiegenhaus hat noch eine andere Bedeutung für den Träumer, und zwar als der Bereich seiner Kindheit, in dem er gerade zur Zeit der ersten erwachenden Sexualempfindungen und damit verbundener -probleme viel Zeit verbrachte. Da das Hinunterlaufen über Stiegen nach Freud nahezu immer den Geschlechtsverkehr symbolisiert, ist der Traum sofort als libidinöser erkannt. Dafür sprechen auch die Bilder: Es handelt sich im Traum um ein großes und um ein kleines Bild, das steht symbolisch für die große, also erwachsene Frau und das kleine Mädchen. Der Hinweis, dass es auch billigere Bilder gäbe, interpretiert Freud als Verweis auf den Prostituiertenkomplex.

Und noch einen Stiegentraum bietet Freud zur Untermauerung seiner These an, der allerdings für den Laien nicht so klar als sexueller Traum zu erkennen ist wie der vorhergegangene: Ein Mann träumt, sein Klavierlehrer werfe ihm vor, sein Spiel vernachlässigt zu haben, die Etüden »von Moscheles sowie den Gradus an Parnassum von Clementi« nicht geübt zu haben. Was dem unbedarftem Leser vielleicht als schlechtes Gewissen wegen zu wenig Übung oder aber als Angst vor Unzulänglichkeit erscheinen mag, stellt sich Freud ganz anderes dar: Gradus ist ja auch eine Stiege, und damit steht außer Zweifel, dass es sich auch bei diesem scheinbar ganz und gar unerotischen Traum um einen sexuellen handelt. Dazu bemerkt Freud, dass dieser Traum vermutlich daher rührt, dass er dem Patienten, der unter einer schweren Mutterbindung leidet, geraten hätte, sich nicht mit reiner Enthaltsamkeit zu quälen, sondern lieber zu masturbieren. Wie heißt es schon im Schlager? »Man müsste Klavierspielen können!« . . .

Fehlleistungen im Traum

Ein besonders wichtiges Element sowohl in Freuds »Traumdeutung« als auch in der Psychologie des Alltagslebens sind die Fehlleistungen, die in unterschiedlicher Form auftauchen und dem Analytiker wertvolle Hinweise auf unbewusste Gedanken und Vorstellungen ermöglichen. Versprechen, das Verwechseln von Wörtern, zum Teil auch der Gebrauch eines Wortes in einer anderen Sprache und natürlich auch das Vergessen von Wörtern, Namen und Zusammenhängen sind solche Fehlleistungen, die vor Freud als Zufälligkeiten betrachtet wurden, erst von ihm aber als Brücken zum Unbewussten erkannt worden sind.

Die Traumdeutung – Fälle und Analysen

Irmas Injektion

Zur Illustration seiner Theorie berichtet Freud von einem seiner Fälle: Eine Patientin, die an hysterischen Angstsymptomen leidet, sucht den Arzt und Freund Sigmund Freud auf. Er behandelt sie, ist aber nicht ganz zufrieden mit dem Erfolg. Einesteils gibt er dafür seiner amikalen Beziehung zu der jungen Dame die Schuld, denn das »persönliche Interesse des Arztes ist größer, seine Autorität geringer«, auch hat Freud das Gefühl, der Patientin möglicherweise zu viel versprochen zu haben. Dazu kommt, dass ein Freund, ein gewisser Otto, ihm diesbezüglich, wie er meint, einen Vorwurf macht. In der Nacht vom 23. auf den 24. Juli 1895, nachdem er die Krankengeschichte der Patientin Irma niedergeschrieben hat, träumt Sigmund Freud von einer großen Halle und vielen Gästen, die er empfängt, darunter Irma, der er sagt: »Wenn du noch Schmerzen hast, so bist du selber schuld.« Sie antwortet, dass sie unter starken Schmerzen litte, die ihr Hals, Magen und Leib zusammenschnüren. Freud erschrickt, stellt fest, wie bleich und aufgedunsen seine Patientin aussieht, und hat Angst, doch eine organische Krankheit übersehen zu haben. Er zieht sie zum Fenster, um ihr in den Hals zu sehen, dabei sträubt sie sich ein wenig, wie Frauen, die ein künstliches Gebiss tragen. Freud sieht im Traum in ihrem Rachen weiße Flecken, nasenähnliche Gebilde und seltsame Schorfe. Er holt einen weiteren Arzt herbei, einen gewissen Dr. M., der aber ganz anders aussieht als im wirklichen Leben. Er ist bleicht, bartlos und hinkt. Dr. M. konstatiert eine Infektion, die von einer Injektion herrührt, die ihr eben jener Otto kürzlich verabreichte, und zwar eine Injektion, so Freud in seinen Aufzeichnungen, »mit einem Propylpräparat, Propylen, ... Proprionsäure ... Trimethylamin (dessen Formel ich fettgedruckt vor mir sehe) ... [...]«.

Der Inhalt dieses Traums als Tagesrest ist nicht weiter verwunderlich, merkwürdig ist, dass die Symptome, die die Traum-Irma zeigt, nicht identisch sind mit jenen, derentwegen sie Doktor Freud behandelt. Er analysiert also diesen Traum: Die Halle und die Gäste, die er und seine Familie empfängt, antizipiert eine künftige Situation. Freuds Frau gibt demnächst ein Geburtstagsfest und will dazu etliche Freunde und Bekannte einladen, darunter auch Irma.

Die Schuldzuweisung wegen Irmas Schmerzen sieht Freud darin begründet, dass er zu diesem Zeitpunkt der Meinung war, er könne als Arzt nur Lösungen anbieten, ob die dann vom Patienten angenommen würden, läge nicht in seinem Ermessen. Die Angst, eine organische Krankheit übersehen zu haben, ist wahrscheinlich eine latente Angst jeden Arztes, also nicht weiter Aufsehen erregend. Dass die Patientin bleich und aufgedunsen aussieht, scheint Freud ein Indiz zu sein, dass er eigentlich eine andere Person meint. Erst die Szene am Fenster verrät ihm auch, welche Person: eine Freundin von Irma, die er aber gar nicht behandelt, die er aber in ebenjener Situation einmal mit Dr. M. gesehen hat und die an Hysterie leidet. Das falsche Gebiss allerdings leitet Freud zu einer weiteren Frau, die er nicht als Patientin hat und auch nicht haben möchte. Er substituiert also im Traum zwei andere Frauen. Die krankhaften Veränderungen der nasenähnlichen Formen im Rachen Irmas bezieht er auf sein eigenes Problem: Nach ausgedehntem Gebrauch von Kokain kommt es eben zu jener Nasenschwellung, und damit manifestiert sich Freuds unbewusste Angst vor den Folgen der Droge, die er noch einige Jahre vor Niederschrift seiner »Traumdeutung« heftig empfohlen hat (Sigmund Freud: »Über Coca«).

Der hinkende Dr. M. steht im Traum für Freuds Bruder, der sich eben einer Hüftoperation unterzogen hatte und der – und das scheint der Grund zu sein, warum die beiden Figuren im Traum zu einer zusammenschmelzen – vor kurzem genauso wie Dr. M. einen Vorschlag, den Freud machte, zurückgewiesen hat. Die Injektion ist wiederum Symbol für Freuds ambivalentes Verhältnis zu Kokain und erinnert an einen Vorfall in Freuds Bekanntenkreis, bei dem sich ein Freund mit übermäßig injiziertem Kokain vergiftete.

Nun wird's spannend: Das Propylpräparat im Traum erklärt Freud mit der Erinnerung an Freund Otto, der Freuds Frau eine Flasche Likör geschenkt hatte, die sie am Abend vor dem Traum öffnete. Der Fuselgeruch des Likörs veranlasste Freud, die Flasche dem Dienstpersonal weiterzuschenken mit der Bemerkung, sie mögen sich hoffentlich nicht vergiften. Im Traum ersetzte Freud dann das gerochene Amyl durch Propyl. Das Trimethylamin, wie wir wissen, sogar fett gedruckt, bringt Freud jetzt endlich zu seinem Schlüsselthema: Es erinnert den Traumanalytiker an ein Gespräch mit einem befreundeten Arzt, der meinte, eines der Produkte des Sexualstoffwechsels im Trimethylamin zu erkennen. Damit ist der Schritt getan zur Sexualität, laut Freud »jenes Moment, dem ich für die Entstehung der nervösen Affektionen, welche ich heilen möchte, die größte Bedeutung beilege«. Auch die krausen Nasengebilde im Rachen der Patientin verweisen auf die Sexualität, denn

Freud vertrat einige Zeit, wie auch ein weiterer befreundeter Arzt, die These, die Vorgänge in der Vagina fänden ihren Ausdruck in der Nase (!), ein Ansatz, der sich glücklicherweise nicht wirklich durchsetzte.

Insgesamt, resümiert Freud, gäbe ihm dieser Traum, der in seinem manifesten Inhalt dem Laien ganz plausibel erscheinen mag, Hinweise auf folgende Themen: »[...] die Krankheit meiner Tochter und die einer gleichnamigen Patientin, die Kokainschädlichkeit, die Affektion eines in Ägypten reisenden Patienten, die Sorge um die Gesundheit meiner Frau, meines Bruders, des Dr. M., meine eigenen Körperbeschwerden, die Sorge um den abwesenden Freund, der an Naseneiterung leidet.« Also gesamt: »Sorge um die Gesundheit, eigene und fremde, ärztliche Gewissenhaftigkeit«, und daraus leitet Freud ab, finde man, wenn man »die hier angezeigte Methode der Traumdeutung befolgt [...], dass der Traum wirklich einen Sinn hat und keineswegs der Ausdruck einer zerbröckelnden Hirntätigkeit ist [...]. Nach vollendeter Deutungsarbeit läßt sich der Traum als eine Wunscherfüllung erkennen.«

Dass sich das nicht immer leicht nachvollziehen lässt, erläutert Freud in seiner »Traumdeutung« im Kapitel »Traumentstellung«, in dem er unter anderem über eine Patientin berichtet, die zu ihm kommt, um ihm anhand eines Traums zu beweisen, dass die Theorie »Traum = Wunscherfüllung« nicht zulässig ist. Sie hätte also, erzählt die Patientin, einen Traum gehabt, in dem sie ein Souper geben möchte, aber nichts anderes vorrätig hat als geräucherten Lachs. Sie überlegt, einkaufen zu gehen, doch es fällt ihr ein, dass am Sonntagnachmittag alle Läden gesperrt sind. Auch kann sie keinen Lieferanten anrufen, denn das Telefon ist gestört. Also muss sie ihren Plan, ein Essen zu geben, aufgeben. Auf den ersten Blick erscheint der Traum also wie das Gegenteil einer Wunscherfüllung, doch Freud kann auch diesen Traum überzeugend analysieren:

Der Mann seiner Patientin hat Angst, zu dick zu werden, und möchte eine Diät machen – und vor allem keine Einladungen mehr zu Soupers annehmen. Nach weiterer Befragung erfährt Freud noch Weiteres, das ihm bei der Dechiffrierung des manifesten Traums hilft: Die Patientin hat eine Freundin, die sehr schlank ist. Der Mann der Patientin bewundert die Frau sehr, doch ist sie ihm, der üppige, weibliche Formen bevorzugt, zu dünn. Die Freundin möchte gerne ein wenig zulegen und spricht mit der Patientin auch drüber, und sie fragt, wann sie denn wieder zum Souper eingeladen wird. Damit ist für Sigmund Freud alles klar: Die Patientin ist eifersüchtig auf ihre Freundin und will daher auf keinen Fall ein Souper geben, denn das könnte ja dazu führen, dass die Freundin dem Mann besser gefällt – was die Patientin auf alle Fälle vermeiden möchte. So liegt also auch diesem Traum, der zunächst gar nicht so aussieht, ein Wunsch zugrunde, der aber zensuriert wird, denn wer missgönnt der Freundin schon ein Souper?

Ein weiteres Indiz für diese Deutung ist der Umstand, dass die Patientin nur noch Lachs zu Hause hat: die Lieblingsspeise der Freundin. So sieht es, meint Freud, so aus, als wäre auch eine Identifizierung im Spiel, denn nicht nur der Patientin, auch der Freundin wird vordergründig ein Wunsch nicht erfüllt. Die Identifizierung wiederum betrachtet Freud als höchst wichtiges Moment für den Mechanismus der hysterischen Symptome. Hysteriker imitieren oft Symptome anderer, Freud spricht dabei von einer »psychischen Infektion«. »Die Identifizierung«, meint er und kommt damit wieder zu seinem zentralen Thema, »wird in der Hysterie am häufigsten benützt zum Ausdruck einer sexuellen Gemeinsamkeit.« Was in diesem speziellen Fall Freud zum Schluss bringt, dass die Identifizierung mit der Freundin die Patientin an deren Stelle bei ihrem Mann setzen soll, sie möchte also dieselbe Bewunderung von ihrem Mann erfahren wie diese. Da sie sich diese Eifersucht und diesen Neid nicht eingestehen kann, verklausuliert sie ihre Empfindungen – und drückt diese Chiffrierung in ihrem Traum aus.

Der Zug-Traum Sigmund Freuds

Einer der bekanntesten Träume aus Freuds »Traumdeutung«, der auch ein wunderbares Zeit- und Lokalkolorit abgibt, ist wohl der folgende, der hier wörtlich wiedergegeben wird, wobei Freud zunächst noch einen ausführlichen realen Vorbericht gibt:

> »Ich bin auf den Westbahnhof gefahren, um meine Ferienreise nach Aussee anzutreten, gehe aber schon zum früher abgehenden Ischler Zug auf den Perron. Dort sehe ich nun den Grafen Thun dastehen, der wiederum zum Kaiser nach Ischl fährt. Er war trotz des Regens im offenen Wagen angekommen, direkt durch die Eingangstür für Lokalzüge hinausgetreten und hatte den Türhüter, der ihn nicht kannte und ihm das Billett abnehmen wollte, mit einer kurzen Handbewegung und ohne Erklärung von sich gewiesen. Ich soll dann, nachdem er im Ischler Zug abgefahren ist, den Zug wieder verlassen und in den Wartesaal zurückgehen, setze es aber durch, dass ich bleiben darf. Ich vertreibe mir die Zeit damit, aufzupassen, wer da kommen wird, um sich auf dem Protektionsweg ein Coupé anweisen zu lassen, nehme mir vor, dann Lärm zu schlagen, das heißt, gleiches Recht zu verlangen. Unterdes singe ich mir etwas vor, was ich dann als die Arie aus ›Figaros Hochzeit‹ erkenne:

Will der Herr Graf ein Tänzlein wagen, Tänzlein wagen, soll er's nur sagen, ich spiel ihm eins auf.

Ich war den ganzen Abend in übermütiger, streitlustiger Stimmung gewesen, hatte Kellner und Kutscher gefrozzelt, [...]; nun gehen mir allerlei freche und revolutionäre Gedanken durch den Kopf, wie sie zu den Worten Figaros passen und zur Erinnerung an die Komödie von Beaumarchais, die ich in der Comédie francaise aufführen gesehen. Das Wort von den großen Herren, die sich die Mühe gegeben haben, geboren zu werden; das Herrenrecht, das der Graf Almaviva bei Susanne zur Geltung bringen will, die Scherze, die unsere bösen oppositionellen Tagschreiber mit dem Namen des Grafen Thun anstellen, indem sie ihn Graf ›Nichtsthun‹ nennen. Ich beneide ihn wirklich nicht; er hat jetzt einen schweren Gang zum Kaiser und ich bin der eigentliche Graf Nichtsthun; ich gehe auf Ferien. [...] Es kommt nun ein Herr, der mir als Regierungsvertreter bei den medizinischen Prüfungen bekannt ist und der sich durch seine Leistungen in dieser Rolle den schmeichelhaften Namen des ›Regierungsbeischläfers‹ zugezogen hat. Er verlangt unter Berufung auf seine amtliche Eigenschaft ein Halbcoupé erster Klasse, ich höre den Beamten zu einem anderen sagen: Wo geben wir den Herrn mit der halben ersten hin? Eine nette Bevorzugung; ich zahle meine erste Klasse ganz. Ich bekomme dann auch ein Coupé für mich, aber nicht in einem durchgehenden Wagen, so dass mir die Nacht über kein Abort zur Verfügung steht. Meine Klage beim Beamten hat keinen Erfolg; ich räche mich, indem ich ihm den Vorschlag mache, in diesem Coupé wenigstens ein Loch im Boden anbringen zu lassen, für etwaige Bedürfnisse der Reisenden. Ich erwache auch wirklich und dreiviertel drei Uhr morgens mit Harndrang aus folgendem Traum:

Menschenmenge, Studentenversammlung. – Ein Graf (Thun oder Taffe) redet. Aufgefordert, etwas über die Deutschen zu sagen, erklärt er mit höhnischer Gebärde für ihre Lieblingsblume den Huflattich und steckt dann etwas wie ein zerfetztes Blatt, eigentlich ein zusammengeknülltes Blattgerippe, ins Knopfloch. Ich fahre auf, fahre also auf, wundere mich aber doch über diese meine Gesinnung. Dann undeutlicher: Als ob es die Aula wäre, die Zugänge besetzt, und man müsste fliehen. Ich bahne mir den Weg durch eine Reihe von schön eingerichteten Zimmern, offenbar Regierungszimmern, mit Möbeln in einer Farbe zwischen Braun und Violett, und komme endlich in einen Gang, in dem eine Haushälterin, ein älteres, dickes Frauenzimmer, sitzt. Ich vermeide es, mit ihr zu sprechen; sie hält mich aber offenbar für berechtigt, hier zu passieren, denn sie fragt, ob sie mit der Lampe mitgehen soll. Ich deute oder sage ihr, sie soll auf der Treppe stehenbleiben, und komme mir dabei sehr schlau vor, dass ich die Kontrolle am Ende vermeide. So bin ich drunten und finde einen schmalen, steil aufsteigenden Weg, den ich gehe. Wieder undeutlich . . . Als ob jetzt die zweite Aufgabe käme, aus der Stadt wegzukommen, wie früher aus dem Haus. Ich fahre in einem Einspänner und gebe ihm Auftrag, zu einem Bahnhof zu fahren. ›Auf der Bahnstrecke selbst kann ich nicht mit Ihnen fahren‹, sage ich, nachdem er einen Einwand gemacht hat, als ob ich ihn übermüdet hätte. Dabei ist es, als wäre ich schon eine Strecke mit ihm gefahren, die man sonst mit der Bahn fährt. Die Bahnhöfe sind besetzt, ich überlege, ob ich nach Krems oder Znaim soll, denke aber, dort wird der Hof sein, und entscheide mich für Graz oder so etwas. Nun sitze ich im Waggon, der ähnlich einem Stadtbahnwaggon ist, und habe im Knopfloch ein eigentümlich geflochtenes langes Ding, daran violettbraune Veilchen aus starrem Stoff, was den Leuten sehr auffällt. Hier bricht die Szene ab.

Ich bin wieder vor dem Bahnhof, aber zu zweit mit einem älteren Herrn, erfinde einen Plan, um unerkannt zu bleiben, sehe diesen Plan aber auch schon ausgeführt. Denken und Erleben ist gleichsam eins. Er stellt sich blind, wenigstens auf einem Auge, und ich halte ihm ein männliches Uringlas vor (das wir in der Stadt kaufen mussten oder gekauft haben). Ich bin also ein Krankenpfleger und muss ihm das Glas geben, weil er blind ist. Wenn der Kondukteur uns so sieht, muss er uns als unauffällig entkommen lassen Dabei ist die Stellung des Betreffenden und sein urinierendes Glied plastisch gesehen. Darauf das Erwachen mit Harndrang.«

Ein ausführlicher Traum, der da im Zugabteil von Wien nach Aussee den Vater der Traumdeutung heimgesucht hat. Und schon wird er auch analysiert: Freud beschreibt den Eindruck seines Traumes als Phantasie, die »den Träumer ins Revolutionsjahr 1848 versetzt [. . .]«. Den Grafen erklärt Freud mit einer Begebenheit aus seiner Jugend: Ein unbeliebter Lehrer sollte Opfer einer Verschwörung werden, dessen Kopf ein Schüler war, der sich Heinrich VIII. zum Vorbild genommen hat. Einer der anderen Konspiranten war ein junger Aristokrat, den seine Schulkollegen wegen seiner Länge »Giraffe« nannten. Die Sequenz, in der der Traumgraf seine Rede hält, ist eine Kopie einer realen Situation dieser »Giraffe«. Die Symbole der Lieblingsblume und das Ins-Knopfloch-Stecken erinnern den Analytiker an Shakespeares Königsdramen, in denen der Bürgerkrieg zwischen der roten und der weißen Rose eröffnet wird – das führt wiederum zu Heinrich VIII. Die weißen Nelken waren im Wien zur Zeit Freuds das Zeichen der Antisemiten, die roten Nelken hingegen – wie auch heute noch – Symbol der Sozialdemokraten. Hier spielt auch die Erinnerung an eine antisemitische Herausforderung mit – ein Thema übrigens, das für Freud sehr zentral war: Seine Entdeckung des Ödipuskomplexes verdankt er, wie in einem Brief an seinen Freund Fließ nachzulesen ist, der Erkenntnis, dass er eine starke Liebe zu seiner Mutter und Hass- und Eifersuchtsempfinden gegen seinen Vater hegte. In einer anderen Schrift tritt deutlich zutage, dass Freuds Ablehnung des Vaters seinen Ursprung in einer Szene hat, in der der Vater vor den Augen des entsetzten Sohnes einen antisemitischen Angriff demütig und ohne sich zu wehren hinnimmt.

Eine dritte Szene im Zug-Traum repräsentiert eine Verbindung zu Freuds Studentenzeit: In einem deutschen Studentenheim wohnte er einer Diskussion über das Verhältnis zwischen Philosophie und Naturwissenschaften bei. Freud selbst vertrat bei diesem Diskurs einen sehr, wie er sagt, »einseitigen« Standpunkt. Ein älterer Kollege, der den Namen eines Tieres trägt (!), machte den jungen Studenten Freud herunter, der daraufhin »saugrob« wurde. Der Kollege, so Freud, »war zu verständig, um das Ansinnen einer Herausforderung, das man an ihn richtete, anzunehmen, und ließ die Sache auf sich beruhen«.

Auch der Huflattich wird einer Analyse unterzogen: Freud schafft eine Assoziationsreihe, bestehend aus Huflattich – Lattice-Salat – Salathund, was wieder auf einen Vorrat von Schimpfwörtern hindeutet: Giraffe, Schwein, Sau, Hund. Huflattich übersetzt Freud (mehr oder weniger plausibel) mit »pisse-en-lit« (eigentlich ist es der Löwenzahn, der diesen Namen trägt; in manchen Gegenden Deutschlands heißt er auch »Bettseicher«), auch der »Flatus«, die »Produktion gasförmiger Exkretionen«, hat seinen Platz in dieser Traumanalyse. Und schon schließt sich der Kreis, denn über den Spruch »Flavit et dissipati«, das nach dem Sieg gegen die spanische Armada auf eine englischen Münze geprägt wurde, kommt Freud auch wieder zu Isabelita (der Hinweis auf den Figaro) und den bereits mehrmals aufgetauchten Heinrich VIII.

Der zweite Teil des Traumes fällt bei Freud weitgehend unter die Zensur, da es sich bei seinem Traum-Protagonisten um einen hohen Herrn der Revolutionszeit handelt. Die Reihe von Zimmern hingegen sind als Hommage an den Salonwagen des Kaisers zu verstehen, in den Freud am Perron einen Blick werfen konnte. Doch wie immer lautet auch hier das Motto »cherchez la femme!«, und daher kann es nicht ausbleiben, dass die Reihe von Zimmern auch für das weibliche Geschlecht, nämlich für Frauenzimmer, ein zu Freuds Zeiten durchaus gebräuchlicher Ausdruck, steht. Die Haushälterin identifiziert Freud als eine Dame, bei der er kürzlich zu Gast war, die Lampe ist – ganz eindeutig, wie es Freud scheint – eine Reminiszenz an Grillparzer und sein »Hero und Leander«, mit seinem Stück »Des Meeres und der Liebe Wellen« findet sich der Analytiker auch im Nu wieder bei der spanischen Armada und dem Spruch über den Sturm.

Für besonders wichtig hält Freud die beiden Kinderszenen, die er sehr ausführlich erläutert: Für die Reise hatte er sich einen neuen braunvioletten Koffer gekauft, der im Traum vorkommt, und zwar in Gemeinschaft mit einem Möbel, das man »Mädchenfänger« nannte. Dazu erfährt der Leser, dass Freud als Zweijähriger gelegentlich ins Bett gemacht hat und dafür von Vater Freud bittere Vorwürfe gehört habe (der Ödipuskomplex war prädestiniert). Klein Freud versuchte den Vater (nun wieder im realen Leben) zu trösten, indem er ihm versprach, ein rotes Bett zu kaufen – hierin erkennt Freud einen Bezug zu dem Uringlas, das entweder bereits gekauft wurde oder aber gekauft werden musste.

Eine andere Kindheitserinnerung des großen Freud bezieht sich auf eine Begebenheit, bei der der Junge das Verbot, die Bedürfnisse im Schlafzimmer im Beisein der Eltern zu verrichten, ignorierte. Der Vater war wieder mal böse und meinte: »Aus dem Buben wird nichts werden.« Diese Kränkung, so berichtet Freud, kehrt in seinen Träumen immer wieder, dürfte also einen starken Eindruck auf das Kind gemacht haben. Meist erscheint diese Sequenz auch mit geträumten Erfolgserlebnissen, als Beweis sozusagen, dass er es entgegen der väterlichen Prognosen ja doch geschafft hätte. Im Traum, so analysiert nun Freud weiter, sind als Rache die Rollen vertauscht. Der ältere Mann repräsentiert den Vater, und er uriniert, wie damals das Kind, vor dem Träumer. Die beiden Urinierszenen brachten den Analytiker dazu, während der Fahrt zu erwachen mit dem dringenden Bedürfnis, eine – in diesem Abteil nicht vorhandene – Toilette aufzusuchen.

Freud nimmt den Einwand möglicher Kritiker, dass vielleicht eher der Harndrang den Trauminhalt bewirkte als umgekehrt, gleich vorweg und widerspricht: »Es ist bei mir ganz ungewöhnlich, dass ich durch irgendein Bedürfnis geweckt werde, am wenigsten um die Zeit dieses Erwachens, dreiviertel drei Uhr morgens.«

Anhand dieses exemplarischen Traumes stellt Freud den Beweis an, dass nicht nur mehrere Wunscherfüllungen im Traum nebeneinander bestehen können, sondern dass auch eine Wunschvorstellung die andere decken kann, bis – wie im obigen Beispiel – die Erfüllung eines Wunsches aus der Frühkindheit zutage kommt.

Überröcke, Vogelschnäbel und Freuds Ödipuskomplex

Freuds Verhältnis zu seinen Eltern ist Thema zahlreicher Aufsätze und Kapitel in Biographien. Doch besser als jeder Biograph zeichnet Freud die Beziehung zu seiner Mutter in seinen Träumen. Erich Fromm, selbst Psychoanalytiker, hat in seinem Buch »Sigmund Freud. Seine Persönlichkeit und Wirkung« zwei von Freuds Träumen analysiert, um seine Mutterbindung zu erläutern.

> Einer der beiden Träume ist der Traum von den »drei Parzen«, in dessen Verlauf Freud in eine Küche geht, um sich Mehlspeisen zu geben lassen. In der Küche stehen drei Frauen, »von denen eine die Wirtin ist und etwas in der Hand dreht, als ob sie Knödel machen würde«. Die Wirtin fordert Freud auf, zu warten, bis sie fertig ist, er aber ist ungeduldig und geht beleidigt weg. Er zieht einen Überrock an, »der erste, den ich versuche, ist mir aber zu lang. Ich ziehe ihn wieder aus, etwas überrascht, dass er Pelzbesatz hat.« Der zweite Überrock hat einen »langen Streifen mit türkischer Zeichnung eingesetzt«. Ein fremder spitzbärtiger Mann kommt zu Freud und hindert ihn daran, den »türkischen« Rock anzuziehen, denn der sei für ihn bestimmt. Freud zeigt dem Mann, dass der Überrock türkisch wäre, der Mann meint, das ginge ihn nichts an, und doch »[sind wir] aber dann ganz freundlich miteinander«[72].

Lassen wir nun also Freud und Fromm jeweils diesen Traum analysieren, und dem Träumer soll natürlich der Vortritt gelassen werden: Freud stellt diesen Traum in seiner »Traumdeutung« an das Ende eines Abschnitts über Kindheitserinnerungen innerhalb des Kapitels »Das Traummaterial und die Traumquellen« und setzt der Beschreibung seines Traumes voraus, dass er in diesem Traum ein lang vergessenes Kindererlebnis als Traumquelle erkennt. In der Analyse fällt ihm zunächst der erste von ihm als Kind gelesene Roman ein, dessen Titel und Autor er vergessen hat, dessen Schluss ihm aber in lebhafter Erinnerung ist. Der Held dieses Romans verfällt am Ende dem Wahnsinn und ruft drei Frauennamen, die ihm in seinem bisherigen Leben größtes Glück, aber auch größtes Unglück bedeutet haben. Einer dieser Namen, so erinnert sich Freud, lautet Pélagie. Dann denkt er an die drei Parzen, die das Schicksal der Menschen spinnen, und er erkennt, dass eine der Frauen, nämlich die Wirtin, seine Mutter ist, daher auch die Versorgungsinstanz, die für die Ernährung des Träumers zuständig ist. Mit einem Querverweis auf eine Anekdote,

72 Freud, S.: Die Traumdeutung, S.176

in der ein junger Mann bedauert, die Zeit an der Brust seiner schönen Amme nicht besser genutzt zu haben, gibt Freud schon einen entscheidenden Hinweis auf seine Theorie, die als »Ödipuskomplex« in die Literatur eingehen soll. Hier spricht er in diesem Zusammenhang allerdings von der Nachträglichkeit im Mechanismus der Psychoneurosen. Warum aber nun macht die eine der Parzen nun eine Handbewegung, die – für Parzen ganz unüblich – an das Drehen von Knödeln erinnert?

Zur Klärung dieser Traumsequenz erzählt Freud von einer weiteren Kindheitserinnerung, und zwar von einem Erlebnis als Sechsjähriger. Seine Mutter unterrichtete ihn zu Hause, und sie versuchte dem kleinen Sigmund klarzumachen, dass auch die Menschen aus Erde sind und wieder zu Erde werden, indem sie die Handflächen aneinander rieben, bis sich kleine Fusseln, die Freud in seiner Analyse »Epidermisschuppen« nennt, abrieben. Er interpretiert diese mütterliche Naturunterweisung dahingehend, dass er »[...] der Natur einen Tod schuldig [sei]«.

Doch der Knödel hat noch weitere Bedeutung: So musste just der Professor Freuds, dem er sein Wissen über die Epidermis verdankt, einen gewissen Knödl wegen Plagiats belangen. Und dieses Thema des Plagiats leitet, so Freud, über zum zweiten Teil des Traums, dem Teil mit den Überröcken. Hier enthüllt sich Freud auch gleich eine Assoziationskette: Und zwar kommt er vom Frauennamen Plágie aus dem Roman seiner Jugend über das Plagiat hin zu Plagiostomen, also Haifischblasen, die er mit den Überziehern gleichsetzt, also Verhütungsmittel, die auch schon zu seiner Zeit gebräuchlich waren. Der Fremde mit dem Spitzbart wiederum trägt die Züge eines Kaufmanns in Spalato, bei dem Martha Freud türkische Stoffe einkaufte. Dieser Einkauf wieder erinnert an einen anderen in Cattaro, bei dem Freud die Gelegenheit nicht nützte, einige schöne Stücke zu erwerben. Und schon hat er einen Traumgedanken dechiffriert, und zwar das Motto »carpe diem«: »Man soll sich nichts entgehen lassen, was man haben kann, auch wenn ein kleines Unrecht dabei mitläuft; man soll keine Gelegenheit versäumen, das Leben ist so kurz, der Tod unvermeidlich.« Da dieser Traumgedanke natürlich sexuell gemeint ist, wird klar, warum der träumende Freud den Traum verklausulieren musste.

Doch nun zu Fromm. Auch er erkennt in diesem Traum den Wunsch des Träumers, von der Mutter, also der Wirtin, gefüttert zu werden. Ihm fällt besonders die Ungeduld des Träumenden auf. Die Wirtin gibt ihm zu verstehen, er müsse warten, er geht beleidigt ab. Dann kommt die Szene mit den beiden Mänteln, der eine mit dem Pelzbesatz, der andere mit dem türkischen Muster. Und schon liegt der Schlüssel vor uns: Freud möchte von seiner Mutter ernährt werden, was gleichbedeutend ist mit geliebt, versorgt, bewundert, beschützt. Als er nicht sofort genug Aufmerksamkeit erhält, zieht er sich einen Mantel an, der ihm zu lang ist: Er versucht also, in die Rolle eines größeren Mannes zu schlüpfen – was liegt näher, als anzunehmen, dass es der eigene Vater ist, den er hier ersetzen möchte?

Und noch ein zweiter Traum ist es, in dem Erich Fromm die Botschaft des ersten bestätigt sieht:

> In diesem Traum, den Freud mit sieben oder acht Jahren hatte, sieht er die Mutter mit ruhigem, schlafendem Gesichtsausdruck, die von einigen Personen mit Vogelschnäbeln ins Zimmer getragen und auf das Bett gelegt wird.

Freud berichtet in seiner »Traumdeutung«, er sei »weinend und schreiend« aufgewacht. Bei diesem Traum handelt es sich offensichtlich nicht um einen typischen Traum nach Freuds Theorie der drei typischen Träume, in dem der Träumer tatsächlich den Tod des Menschen wünscht, denn dann würde er ja keine Angst verspürt haben. Fromm erklärt diesen Traum im Zusammenhang mit dem ersten, indem er die Annahme des Freud-Biographen Jones bestätigt, »dass es in Freuds frühester Kindheit außerordentlich starke Beweggründe gegeben hat, eine wichtige Phase seiner Entwicklung zu verbergen. Vielleicht vor ihm selbst. Ich möchte die Hypothese wagen, es handele sich um die tiefe Liebe zu seiner Mutter.«[73]

Dass Freuds Zuneigung zu seiner Mutter ganz ungewöhnlich groß war, zeigt sich nicht nur in seinen Schriften immer wieder, sondern auch in dem Umstand, dass er sich für sie mehr Zeit nahm als für seine restliche Familie und für seine Freunde. Freud besuchte seine Mutter sein Leben lang, Mama Freud war jeden Sonntag sowohl morgens als auch abends bei ihrem Sohn und seiner Familie zum Essen eingeladen. Diese Bindung dürfte mitverantwortlich sein für eine seiner grundlegenden Entdeckungen: den schon mehrmals erwähnten Ödipuskomplex, ein Phänomen, das die sexuelle Anziehung der Mutter ihrem kleinen Sohn gegenüber beschreibt. Offenbar fiel es Freud nicht leicht, seine starke Mutterbindung sich selbst gegenüber einzugestehen; diese Verdrängung erklärt, warum er die Liebe zur Mutter in diesem doch sehr eingeengten Sinn interpretierte, nämlich nach der Sehnsucht des kleinen Jungen nach Befriedigung seiner triebhaften Bedürfnisse durch die Mutter. Auch Freuds ständige Angst vor Hunger und Armut, auf die schon hingewiesen wurde, deutet auf eine starke Abhängigkeit von der Mutter hin, denn sie ist es ja, die ernährt und pflegt, und damit letztlich diejenige, die diese oral-orientierten Ängste befriedigt.

---

73 Jones, E.: Das Leben und Werk von Sigmund Freud

Fromm erkennt auch in Freuds häufig wiederkehrenden Ängsten, zum Zug zu spät zu kommen, einen Hinweis auf die Affinität zu seiner Mutter, denn das Reisen, meint er, sei ein Symbol dafür, »die Sicherheit der Mutter und des elterlichen Heims zu verlassen, selbständig zu sein und sich von den Wurzeln loszureißen«. Zu dieser Angst vor Reisen, vor Entwurzelung, gehört auch Freuds Unlust, zu übersiedeln. Sein Unglück darüber, aus seiner Heimatstadt Freiberg wegziehen zu müssen, wurde schon erwähnt, auch die Tatsache, dass er seine Wohnung in der Berggasse von einem sehr frühen Zeitpunkt seiner jungen Ehe weg bis hin zur seiner – durch die Umstände erzwungenen – Emigration niemals aufgab. Auch die Sommerfrische konnte Freud nicht reizen: Wie im ersten Kapitel schon angeführt, schickte er lieber Martha und die Kinder nach Reichenau an die Rax, als selbst hinzufahren. Übrigens war diese Art, die Familie zumindest unter der Woche loszuwerden, im Wien der Jahrhundertwende durchaus üblich: Es gab einen so genannten »Hofratsexpress«, das war der Zug, der freitags am späten Nachmittag all die »Werktagswitwer«, die ihre Familien schon zu Beginn des Sommers Richtung Semmering verfrachtet hatten und nur zum Wochenende nachkamen, zu Frau, Kind und Dienstboten karrte. Nicht so Sigmund Freud: Er liebte es, die Sommer allein in Wien zu verbringen und zu arbeiten, möglichst in der vertrauten Geborgenheit der Berggasse, möglichst in der Nähe seiner Mutter.

Onkel Josef – zwischen Wunschdenken und übler Nachrede

Ein Traum, der ganz besonders deutlich zeigt, wie sehr der manifeste Traum manchmal ganz einfach zu entschlüsseln scheint und doch einen ganz anderen Inhalt verdeckt, ist der Traum von Onkel Josef, den Sigmund Freud im Jahr 1897 hatte und niederschrieb. Bevor Freud diesen Traum hatte, war er zum Honorarprofessor vorgeschlagen worden, doch machte er sich diesbezüglich keine allzu großen Hoffnungen. Als Jude war man im Wien dieser Zeit fast überall benachteiligt, und auch aus der praktischen Erfahrung war Freud ein Fall bekannt, bei dem ein jüdischer Arzt, ein gewisser Dr. R., ebenfalls nominiert und nicht berufen worden war. Und auf diesen Kollegen bezog sich sein Traum:

> »Im Traum empfand Freud eine tiefe Zuneigung zu R., ja, er meinte sogar, er wäre sein Onkel. Das Gesicht des Mannes erscheint im Traum anders als in der Realität: Es ist in die Länge gezogen und wird von einem gelben Bart umrahmt.«

So weit der Traum, so weit die manifeste Traumaussage. Nachdem Freud zunächst meint, dieser Traum verdiene aufgrund seiner Kürze und Banalität keine Analyse, besinnt er sich im Lauf des folgenden Tages doch eines Besseren und versucht, hinter den latenten Inhalt des Traumes zu kommen. Das Ergebnis ist verblüffend: Ausgehend vom Bild des Onkels, klappert Freud geistig seine Onkel ab und bleibt bei seinem Onkel Josef hängen. In diesem Zusammenhang fällt ihm ein, dass dieser Onkel Josef vor vielen Jahren für ein Delikt bestraft worden war. Freuds Vater hätte dazu gemeint, Onkel Josef wäre kein schlechter Mensch, wohl aber ein Schwachkopf. So viel zu den Familieninterna.

Die Veränderung des Gesichts und die Farbe des Bartes deuten auch darauf hin, dass Dr. R. im Traum nicht nur eine Person, sondern verschiedene Menschen symbolisiert. Freud nennt das eine »Verdichtung«. »Ich ahne noch gar nicht, zu welchem Zweck ich diese Beziehung hergestellt, gegen die ich mich unausgesetzt sträuben muss«, schreibt Freud und erinnert sich einen Absatz später an ein Gespräch, das er mit einem weiteren Kollegen, einem Dr. N., kürzlich auf der Straße führte. Auch dieser Arzt war für die Ehrung vorgeschlagen, gratulierte Freud aber zu seiner Ernennung. Freud lehnte diese Glückwünsche, die er als Scherz betrachtete, entrüstet ab, doch N. erklärte ihm, dass seine, also Freuds Ernennung zum Honorarprofessor viel wahrscheinlicher sei, da gegen ihn, Dr. N., gerichtlich schon einmal etwas vorgelegen hätte.

Und das gibt Freud den ersten Schlüssel für die Analyse in die Hand: Wenn er nämlich davon ausginge, dass Juden prinzipiell nicht für dieses Amt berufen würden, wäre auch er von der Honorarprofessur ausgeschlossen. So aber gibt er sich im Traum zwei weitaus triftigere Gründe, warum Kollegen nicht diesen Karriereschritt machen konnten: Der eine ist ein Schwachkopf, der andere ein Verbrecher! Damit ist auch dieser Traum als Wunscherfüllung identifiziert, denn Freud opfert seine Kollegen – und deren guten Ruf in seinem Traum – seinem Wunsch, entgegen allen Wahrscheinlichkeiten doch die ersehnte Professur zu bekommen. Damit ist ein Teil des Traumes entschlüsselt, doch bleiben noch einige Details unerklärt.

Woher kommt diese Zuneigung gegenüber dem Onkel, die Zärtlichkeit, die der träumende Freud empfindet? Hier wird übrigens sehr anschaulich demonstriert, dass ein Traum nicht nur aus Bildern besteht, sondern aus Gedanken und Emotionen, die der Träumer als selbstverständlich empfindet, ohne sie als Bild vorgeführt bekommen zu haben.

Zu keiner der vorhin genannten Personen hat Freud eine Beziehung, die dieser Zärtlichkeit angemessen wäre. Also, entschlüsselt er, handelt es sich bei dieser Zuneigung um eine Zwecklüge, eine üble Nachrede. Diese üble Nachrede wird maskiert, denn hier legt das Bewusstsein Zensur ein. Also wird sie in Zuneigung umgedreht.

Dann rätselt Freud, woher sein Wunsch kommt, unbedingt die Professur zu bekommen, mit einem anderen Titel angesprochen zu werden. Zwei Kindheitserinnerungen fallen ihm dazu ein: Zum einen hat eine alte Bäuerin bei seiner Geburt prophezeit, dass seine Mutter der Welt einen großen Mann geschenkt hätte, zum anderen fällt ihm eine Szene in einem Wirtshaus ein, wo ein Bettler oder vielmehr Lohndichter verkündet hätte, der damals elfjährige Sigmund würde dereinst Minister werden. Dadurch springt die Erinnerung zum Bürgerministerium und danach zur Erinnerung, dass Freuds Vater kurz davor die Bilder der bürgerlichen Doktoren Herbst, Giskra, Unger, Berger u. a. nach Hause gebracht hatte und jeder jüdische Schüler voll Stolz diese Ministerportefeuille in seiner Schultasche getragen hätte. Und über diesen Gedanken kommt Freud zu einer weiteren Dechiffrierung: Aus Rache, weil der Kaiser ihm, dem Juden, eventuell die Honorarprofessur verweigert, sieht er sich als Minister oder setzt sich, wie er es beschreibt, »an seine Stelle«. Eine Interpretation, die, wie auch Freud-Biograph Octave Mannoni bemerkt, etwas Überraschendes hat: »Kein Symbolismus, keine Geschicklichkeit, Rätsel zu lösen, nicht einmal irgendein Wissen vom unbewussten Denken könnten dem nützen, der nichts als den Text des Traums hätte.« Die Traumanalyse ist eine Kunst, die man wohl besser dem Meister selbst überlässt. Keine Sorge also, wenn hausgestrickte Interpretationsversuche nach zwei Semestern Psychologie nicht so wirklich klappen!

Wenn Chemiker träumen – zwischen Äther und Onanie

Ein sehr berühmter Traum ist jener eines Chemikers, der zwischen Onanieren und Geschlechtsverkehr schwankt. Diesem zweiteiligen Traum schickt Freud voraus, dass der Chemiker am Tag vor dem Traum einen Studenten über die Grignard'sche Reaktion unterrichtet hat, bei der Magnesium unter katalytischer Jodeinwirkung in reinem Äther aufgelöst wird. Kurz davor hat sich ein Arbeiter bei einer Explosion während desselben Experiments die Hand verbrannt.

> »Im ersten Teil des Traums also träumt der Chemiker, er soll Phenylmagnesiumbromid machen, hat sich aber selbst für das Magnesium substituiert. Er fühlt sich schwebend und ermuntert sich immer mit Zurufen, seine Füße lösten sich schon auf. Dann nimmt er seine Beine aus dem Kolben heraus und wundert sich, fürchtet sich aber vor der

Auflösung des Traums. Im zweiten Teil ist der Chemiker mit seiner Familie am Land, weiß aber, dass er zu einem bestimmten Zeitpunkt beim Schottentor in Wien sein muss, denn da ist er mit einer Dame verabredet. Doch als er (im Traum) erwacht, ist es schon halb zwölf, der Zeitpunkt des Rendezvous, er sieht die Familie um den Tisch versammelt und weiß, dass es zu spät ist, wenn schon alle beim Mittagessen sind.«

Freud deutet schon den ersten Teil des Traumes in Zusammenhang mit dem Treffen mit der Dame. Die Beine im Kolben erinnern an die Tanzstunde, in der der junge Chemiker die Dame getroffen hatte. Er hat sie bei diesem Zusammentreffen heftig an sich gezogen und dabei ihre Beine an seinen gespürt. Die Wahrnehmungen an seinen Knien deutet Freud als Hinweis auf die Selbstbefriedigung, und indem der Mann im Traum verschläft, zeigt er, dass er sich gegen die körperliche Liebe mit der Frau wehrt und die Masturbation vorzieht. Natürlich geht der Analytiker noch weitaus mehr ins Detail, doch die Grundrisse der Deutung sind klar.

Vom Zähneziehen und der Ökonomie des Geschlechtslebens

Einen besonderen Stellenwert im Kapitel »Traumarbeit« in der »Traumdeutung« haben die so genannten Zahnreizträume. Obwohl diese Art von Träumen, die fast jeder Mensch kennt, im Volksmund als Symbol für den Tod eines Angehörigen stehen, ist Freud anderer Meinung: Zahnreizträume sind für ihn Onanieträume, und wieder ist es der Arzt Otto Rank, der für die Beweisführung herhalten muss.[74]

»Er träumt also, er sei beim Zahnarzt. Der bohrt in einem der hinteren Zähne und bastelt dabei so lange daran herum, bis der Zahn völlig kaputt ist. Dann zieht er ihn mit einer den Träumer verblüffenden Leichtigkeit heraus und tröstet den Patienten, das sei ja gar nicht der behandelte Zahn. Der Zahnarzt legt den Zahn auf den Tisch, wo er in mehrere Schichten auseinanderfällt. Der Patient klettert vom Stuhl und stellt interessiert Fragen. Der Arzt pulverisiert die einzelnen Teile des auffallend weißen Zahns und erklärt, dass der Zahn so einfach zu ziehen sei, hänge mit der Pubertät zusammen. Bei Frauen wäre der entscheidende Zeitpunkt die Geburt eines Kindes. Im zweiten Teil des Traums

74 Freud, S.: Die Traumdeutung, S. 321 ff.

läßt der Träumer Hut und Mantel in der Ordination zurück, in der Hoffnung, jemand würde ihm die Kleidungsstücke nachbringen. Nur mit dem Überrock angetan, läuft er einem abfahrenden Zug nach und springt auf den letzten Waggon auf, wo schon jemand steht. Dadurch gerät der Patient in eine etwas unbequeme Stellung, aus der er sich aber befreien kann. Der Zug fährt durch einen Tunnel, und in der Gegenrichtung fahren zwei Züge durch den Zug durch. Der Mann beobachtet das von außen, durch ein Waggonfenster.«

Den Tod bedeutet es, wenn man im Traum einen *Zahn* verliert.
(Deutscher Aberglaube)

Soweit der Traum. Hier gibt Rank einige Vorabinformationen: Zur Zeit des Traums steht er wegen andauernder Zahnschmerzen in zahnärztlicher Behandlung, auch die Position des kranken Zahns im Unterkiefer stimmt. Am Nachmittag dieses Tages hat der Patient seine üble Laune einer Bekannten gegenüber mit Zahnschmerzen entschuldigt. Die Frau erzählt daraufhin von ihrer Angst, sich eine Wurzel ziehen zu lassen, deren Krone zerbrochen sei. Dann berichtet sie von einem Bekannten, dem ein falscher Zahn gezogen wurde. Rank verweist auf eine Volksweisheit, derzufolge eine Schwangere, wenn sie Zahnschmerzen hat, einen Jungen gebären wird. Dieses Motiv bringt Rank mit Freuds Theorie, jeder Zahnschmerztraum sei ein Onanietraum, in Verbindung und findet auch noch eine Assoziation zum Zahnreißen: nämlich das umgangssprachliche »Herunterreißen« als Metapher für die Masturbation. Die Goldkrone erinnert an eine Überlegung, nach der die Onanie vom ökonomischen Gesichtspunkt her günstiger sei als die Liebe zu einem Objekt; für dieses Objekt stehen im Traum die Kronen aus Gold. Das Motiv des leicht herauszureißenden Zahns deutet Rank als Erinnerung an die Zeit seiner ersten Onanieversuche, es handelt sich also um eine Deckerinnerung. Freud erwähnt weiter die Zusammenhänge zwischen Zahnziehen und Zug, zwischen Reißen und Reisen, und interpretiert den Tunnel, durch den die Züge hindurchfahren, als der mit Schwierigkeiten verbundene Übergang von der Masturbation zum Geschlechtsverkehr.

Nacktheit, Paradies und Exhibitionismus

In seiner Abhandlung über »das Traummaterial und die Traumquellen« definiert Freud drei typische Träume, die immer wieder aufscheinen. Obwohl er natürlich nicht in der Lage ist, den Traum eines Patienten zu deuten, wenn der nicht seine Gedanken preisgibt, existieren doch einige Träume, die, egal bei welchem Träumer, auch immer einander so ähnlich sind, dass Freud hinter ihnen auch jeweils dieselbe Bedeutung vermutet.

Zu dieser Kategorie der »typischen Träume« gehören laut Freud der Verlegenheitstraum der Nacktheit, der Traum vom Tod teurer Personen und der Prüfungstraum.

Der Verlegenheitstraum dreht sich immer um eine Situation, in der der Träumer in Gegenwart Fremder nackt oder schlecht bekleidet ist. Das mag in unserer Zeit eher überholt erscheinen, doch geht mit dem typischen Nacktheitstraum auch das Gefühl einher, dieser peinlichen Situation nicht entfliehen zu können, nicht von der Stelle zu können. Schon in Freuds Niederschrift meinte er, dass bei diesen Träumen oft der Mangel an Toilette in keinem Verhältnis zum Ausmaß des Schamgefühls steht. Die Menschen, denen man in seiner Nacktheit begegnet, sind erstens Fremde und zweitens an der Bekleidung des Träumers offenbar nicht interessiert. So weit, so gut, aber wo, fragt man sich, ist hier die Wunscherfüllung? Auch hier gibt Sigmund Freud bereitwillig Antwort: Die der Scham entbehrende Kindheit ist es, die »in unserer Rückschau später als Paradies« erscheint. Die Nacktheitsträume sind also Exhibitionsträume, die auf infantile Exhibitionslust zurückzuführen sind, und damit stimmt auch wieder die Theorie der Wunscherfüllung. Im Exhibitionstraum äußerst sich auch das Phänomen der Verdrängung: Das Gefühl der Peinlichkeit entsteht dadurch, dass der vom Vorbewussten zensurierte Inhalt trotzdem durchdringt und wahrgenommen wird. Der Willenskonflikt, das Nein zur kindlichen Exhibitionslust, wird durch das Gefühl der Scham chiffriert.

Tod, Trauer und sehnlichste Wünsche

Den Traum von Tod teuren Personen, meist eines geliebten Verwandten, unterteilt Freud in zwei Gruppen: Die Träume der ersten Gruppe haben keine Anspruch darauf, typisch zu sein, sondern symbolisieren ganz persönliche Wünsche. So bezeichnet Freud beispielsweise den Traum einer Frau, die ihren toten Neffen sieht, als Wunschvorstellung: Diese Frau wünscht nun keineswegs den Tod des Kindes, sondern sehnt sich vielmehr nach einem Wiedersehen mit einer ihr nahe stehenden Person, die sie früher schon einmal am Sarg eines anderes Menschen nach langer Zeit wieder getroffen hat. Diese Träume zeichnen sich dadurch aus, dass angesichts des Todes eines Menschen keine Trauer empfunden wird.

Die zweite Gruppe beinhaltet den typischen Traum vom Tod einer geliebten Person: Hier wird aber auch Schmerz empfunden, und Freud behauptet, dass diesen Traum tatsächlich der Wunsch nach dem Tod dieses Menschen zugrunde liegt. Wohl wissend, dass jeder, der schon einmal einen derartigen Traum hatte, dem heftig widersprechen wird, erklärt Freud, dass dieser Wunsch keineswegs ein aktueller sein muss. So führt er ein Beispiel an, in der eine Mutter den Tod ihres Kindes träumt: Der Grund dafür liegt in der Vergangenheit, als die Frau erfuhr, dass ihre Mutter wiederum während der Schwangerschaft an schweren depressiven Stimmungen litt und dem Kind in ihrem Leib den Tod wünschte. Die Tochter, nun selbst erwachsen und Mutter, folgt nun diesem Beispiel der – bewunderten und vorbildhaften – Mutter mit ihrem Wunschtraum. Ebenso kann sich der Wunsch, den anderen tot zu sehen, auf ein Empfinden in der Kindheit beziehen. Mehr Menschen, als es sich zugestehen werden, haben ihren Geschwistern als Kinder den Tod gewünscht, vielleicht nicht so deklariert, aber welches Kind hat nicht schon einmal heimlich daran gedacht, wie viel angenehmer das Leben wäre, ohne die Liebe der Eltern teilen zu müssen.

Eine Patientin Freuds, die abstritt, jemals den Tod ihrer Schwester gewünscht zu haben, erinnert sich allerdings an einen Traum, in dessen Verlauf ihre Geschwister und Cousins und Cousinen Flügel bekommen und in Richtung Himmel aufsteigen. Es bedarf keiner besonderen Analyse, um dieses Bild zu deuten.

Die Vorstellung, ein Elternteil könnte sterben, hängt laut Freud wieder mit dem Ödipuskomplex zusammen. Meist ist es nämlich der gleichgeschlechtliche Elternteil, der im Traum stirbt, und das erklärt Freud mit dem schon bei Kindern ausgeprägten – durchaus sexuellen – Wunsch, den gegengeschlechtlichen Elternteil für sich allein beanspruchen zu können. Der Vater beziehungsweise die Mutter als störender Mitbewerber wird zumindest im Traum vernichtet. Dieser Wunsch nach dem Einnehmen des Platzes eines Elternteils drückt sich auch im oft gesagten kindlichen »Wenn ich groß bin, heirate ich den Papa/die Mama« aus. In seinem Verweis auf die Schicksaltragödie des Königs Ödipus geht Freud auch auf ein Zitat der Iokaste ein, mit dem sie ihren durch die Orakelsprüche beunruhigten Sohn mit der Erwähnung eines Traums tröstet, »den ja so viele Menschen träumen, ohne dass er, meint sie, etwas bedeutet: ›Denn viele Menschen sahen auch in Träumen schon sich zugesellt der Mutter: Doch wer alles dies für nichtig achtet, trägt die Last des Lebens leicht.‹ Der Traum, mit der Mutter sexuell zu verkehren, wird ebenso wie damals auch heute vielen Menschen zuteil [. . .].«

Durchgefallen – nur im Traum

Der dritte typische Traum nach Freud ist der Prüfungstraum. Ein Traum, in dem man sich in einer tatsächlich stattgefundenen Prüfungssituation sieht – und – anders als in der Wirklichkeit – durchfällt. Interessanterweise, berichtet Freud, haben Menschen, die bei großen Prüfungen durchgefallen sind, diese Träume niemals. Die wahre Botschaft hinter diesem Angsttraum ist die, dass der Träumer ja die Prüfung in Wirklichkeit geschafft hat, also auch vor aktueller Herausforderung keine Angst zu haben muss, denn er wäre ja durchaus in der Lage, schwierige Situationen zu bestehen. Diese Situationen, die dem Träumer Angst machen, müssen nun keineswegs Prüfungsszenen sein, sondern können sich sowohl auf berufliche als auch – laut Freud sehr häufig – auf »sexuelle Erprobung« beziehen.

Vorahnung oder Zensur – unerfüllte Liebe

Immer wieder wird man mit Berichten konfrontiert, die Zeugnis ablegen von einer sehr seltsamen und eventuell beunruhigenden Form des Traumes: Vom vorahnenden Traum, der dem Träumer Dinge offenbart, die erst in der Zukunft eintreten werden. Auch mit diesem Phänomen hat sich Freud auseinander gesetzt, denn natürlich sah er sich mit der Frage konfrontiert, wie denn diese Art des Traumes in seine Theorie, dass jeder Traum Wünsche artikuliert, passe. In seiner Arbeit »Schriften über Träume und Traumdeutungen« hat er die Ergebnisse seiner diesbezüglichen Überlegungen aus dem Jahr 1899 im Kapitel »Eine erfüllte Traumahnung«[75] niedergeschrieben.

In diesem Aufsatz berichtet Freud den Fall einer Frau B., einer, wie er sagt, ausgezeichneten, auch kritischen Person. Diese Dame erzählt also Dr. Freud, dass sie einmal vor Jahren geträumt hätte, ihren früheren Hausarzt und Freund Dr. K. in der Wiener Kärntner Straße wieder getroffen zu haben, vor einem Geschäft namens Hies. Am folgenden Vormittag sei sie durch eben jene Geschäftsstraße gegangen und hätte – just vor dem genannten Laden – den Arzt getroffen.

Freud analysiert diesen Traum und zerstört sämtliche Hoffnungen, dass es sich dabei um eine präkognitive Wahrnehmung oder ein anderes außersinnliches Phänomen gehandelt haben könnte, indem er argumentiert, es gäbe keinen Beweis dafür, dass die Frau den besagten Traum tatsächlich vor ihrem

75 Freud, S.: Schriften über Träume und Traumdeutungen, S. 31

Treffen geträumt habe. Weder hatte sie ihren Traum niedergeschrieben (wie es Freud doch immer zu tun predigt und auch selbst korrektest praktiziert), noch hatte sie jemandem nach dem Erwachen darüber berichtet. Also, schließt der Traumkundige, hat sich die Sache doch anders zugetragen. Die Dame hätte zuerst den Arzt vor dem Geschäft namens Hies getroffen. Erst nach dieser Begegnung hätte sie sich daran »erinnert«, dieselbe Situation im Traum bereits erlebt zu haben. »Nach den für die Deutung neurotischer Symptome geltenden Regeln«, lässt Freud in seinen Aufzeichnungen wissen, »muss diese Überzeugung«, nämlich die, den Traum vor dem Treffen geträumt zu haben, »eine berechtigte sein«. Und was der Psychoanalytiker dann zutage bringt, dürfte nicht ganz das gewesen sein, was die Patientin zu hören gehofft hatte: Zunächst erzählt Freud aus der Biographie der Patientin, dass sie als junges Mädchen gegen ihren Willen an einen älteren, reichen Mann verheiratet wurde, der kurz darauf verarmte und an Tuberkulose starb. Während seiner Krankheit war die junge Frau für den Lebensunterhalt beider aufgekommen, indem sie Musikunterricht gab. In dieser schwierigen Zeit stand ihr Dr. K., der Mann, den sie im Traum zu sehen glaubte, freundschaftlich bei. Ein zweiter Mann, interessanterweise ebenfalls ein Dr. K., war ein Advokat, der sich um die finanzielle Situation des Paares bemühte – und um das Herz der jungen Frau. Doch die – beiderseitige – Liebe konnte nicht erblühen, denn die strenge Erziehung und bedenkliche Moralvorstellungen hinderten die Frau daran, sich ihrer Leidenschaft hinzugeben, auch, nachdem ihr ungeliebter Mann gestorben war. Die Frau erzählte Freud im Zusammenhang mit ihrem Traum auch von einer tatsächlichen Begegnung mit dem jungen Advokaten, der gerade dann zur Tür hereinkam, als sie vor Sehnsucht und Verzweiflung weinend vor einem Stuhl kniete und den Kopf darauf gelegt hatte. Und genau diese Begebenheit, schließt Freud, war der tatsächliche Inhalt des Traumes. Obwohl zwischen jener Szene und ihrem Traum ein Vierteljahrhundert vergangen war, hängt die Patientin noch immer an Dr. K., der nach wie vor ihr Vermögen verwaltet und den sie oft sieht. Sie erwartet seinen Besuch, er aber kommt nicht. In der folgenden Nacht hat die Patientin einen Wunschtraum, der sie in die Zeit zurückversetzt, als Dr. K. überraschend genau dann bei ihr auftauchte, als ihre Sehnsucht am größten war. Da sie mittlerweile schon ein zweites Mal verwitwet ist und sich nicht allzu gerne an diese Zeit der unerfüllten Leidenschaft zurückerinnert, verändert sie, als sie den Arzt Dr. K. zufällig trifft, den Trauminhalt, ohne es zu wissen, in eine weniger belastende Variante ab. Sie entstellt also den Traum und schiebt anstelle des früher so geliebten Dr. K. den Arzt ein, dem gegenüber sie ganz leidenschaftslos ist. Und so, vernichtet Freud mit wenigen Worten ein Phänomen, das sich vielleicht doch nicht so einfach entschlüsseln lässt, »ist die nachträgliche Traumschöpfung, die allein die prophetischen Träume ermöglicht, auch nichts anderes als eine Form der Zensurierung, die dem Traum das Durchdringen zum Bewusstsein ermöglicht«. Schade eigentlich ...

Angst um den Job oder Kinderwunsch – Pflegerinnenträume

In seinem Buch »Schriften über Träume und Traumdeutungen« nimmt sich Sigmund Freud eines Traumes einer Pflegerin einer Patientin an, der sozusagen der Beweisführung dient. Dazu sei gesagt, dass die Patientin an »Zweifelsucht und Zwangszeremoniell« litt. Freud erläutert diesen Zustand so:

> »[Sie] stellt an ihre Pflegerinnen die Anforderung, von ihnen keinen Moment aus den Augen gelassen zu werden, weil sie sonst zu grübeln beginnen würde, was sie in dem unbewachten Zeitraum Unerlaubtes getan haben mag.«

In diesem speziellen Fall vermutet die Patientin – im Wachzustand – nun, die Pflegerin sei eingeschlafen, und sie fragt sie, ob sie sie gesehen hätte. Die Pflegerin antwortet mit einem klaren Ja, doch die Patientin gibt sich nicht zufrieden und fragt noch einmal. Die Pflegerin versichert ihr wieder, sie gesehen zu haben.

> In der darauffolgenden Nacht hat die Pflegerin einen Traum, den sie der Patientin erzählt, die wiederum die Geschichte an Freud weitergibt: Jemand hätte ihr, der Pflegerin, ein Kind überantwortet, dessen Mutter abgereist sei, doch sie hätte das Kind verloren. Auf der Straße fragt sie die Passanten, ob sie das Kind gesehen hätten, sie kommt an ein Gewässer, das sie auf einem schmalen Steg überquert. Sie kommt in eine vertraute Gegend und trifft eine Verkäuferin in einem Lebensmittelgeschäft, die sie schon als Mädchen kannte und die bald geheiratet hat. Sie fragt wieder, ob die Verkäuferin das Kind gesehen hätte, doch die scheint sich nicht dafür zu interessieren, sondern erzählt von ihrer Scheidung und davon, dass es auch in der Ehe nicht immer glücklich geht. Die Frau wacht auf mit dem beruhigenden Gedanken, das Kind wird bei einer Nachbarin sein.

Nach dem Erwachen denkt die Pflegerin bei diesem Traum an ein an einer Augenentzündung erkranktes Kind, dessen Mutter allerdings nicht abreiste. Auch fällt ihr der Mann der oben beschriebenen Patientin ein, der seine Frau der Pflegerin beim Abschied anvertraut hat, mit der Bitte, auf sie wie auf ein

Kind Acht zu geben. Das sind nun also die Erinnerungen, die im Traum verwendet werden.

Die Patientin vermutet, der Traum bedeute, sie hätte tatsächlich nicht auf die Patientin Acht gegeben, nun analysiert sie mit Freuds Hilfe und erzählt weiter, dass sie bei dem Gewässer an den Rhein denke, und erinnert sich an die Geschichte von Jonas und dem Wal, wobei sie an einen Lehrer denkt, der auf die Frage eines Schülers, wie denn Jonas durch den schmalen Schlund gelangt wäre, zur Antwort gab, Jonas wäre eben ein Jude gewesen, »der drückt sich überall durch«[76]. Auf dem Steg im Traum sieht die Schlafende eine andere Pflegerin, sie denkt an eine ihr nicht persönlich bekannte Pflegerin, die aus Angst, entlassen zu werden, in den Rhein gegangen ist. Ein Indiz für die Patientin, dass die Pflegerin tatsächlich ihre Aufgabe vernachlässigt hat und nun Angst hat, gekündigt zu werden.

Die Begegnung mit der Verkäuferin und die Frage nach dem kleinen Mädchen stellt die analysierende Patientin gleich mit ihrer eigenen Frage an die Patientin, ob sie sie gesehen hätte. Freud fragt sich im Rahmen dieser Analyse, wo denn nach der Deutung seiner Patientin die Wunscherfüllung in diesem Traum bleibe, der doch eigentlich wie ein Geständnistraum wirkt. Obwohl er einräumt, dass eine Unterscheidung von Wunsch-, Geständnis- und sonstigen Träumen so sinnlos ist wie die Differenzierung in Frauen- oder Kinderärzte (!), macht er sich doch auf die Suche nach der Wunscherfüllung, und er wird fündig.

Einige der Motive aus dem Traum stammen, so Freud, aus dem Bereich des Gebärens und Kinderhabens. Das Gewässer entspricht der Geburtsymbolik, auch kommt die Träumende dorthin, wie sie selbst sagt, auf der Suche nach dem Kind. Die Walfisch- und Jonasgeschichte und die damit verbundene Frage des Schülers, wie er denn durch diesen engen Spalt komme, weist auf dasselbe Material hin. Den engen Steg sieht Freud – obwohl er zugibt, dass hier die »genauere Erkenntnis noch aussteht«[77] – als Symbol für den männlichen Geschlechtsteil.

Der im Traum versteckte Wunsch ist also dieser: Die Pflegerin hat Angst, weggeschickt zu werden und ihr Pflegekind – die Patientin – zu verlieren, also wünscht sie sich ein eigenes Kind. Freud findet seine Analyse durch die Lebengeschichte der Pflegerin unterstützt, denn er erfährt, dass die Frau einen Mann heiraten wollte, das aber wegen des Verbots einer Tante nicht tat. Die Tante ist selbst Oberpflegerin und fungiert so einerseits als Vorbild, andererseits aber hat sie doch das Liebes- und Familienglück der Träumerin

76 Freud, S.: Schriften über Träume und Traumdeutungen, S. 121

77 Freud, S.: Schriften über Träume und Traumdeutung, S. 126

zerstört. Für diese Tante steht im Traum die Verkäuferin des Lebensmittelladens, die bekannte Gegend im Traum ist auch tatsächlich die, in der die Tante in der Realität lebt. Sie, also die symbolisierte Tante, ist dem Kind gegenüber gleichgültig, auch die Scheidung wird ihr angehängt, die auch für das entgangene Eheglück der Pflegerin steht.

Das Erwachen

Als die »Traumdeutung« erschien, war das Interesse an diesem Meilenstein der Psychoanalyse eher gering. Mit einer Auflage von 600 Exemplaren war das Werk kein Bestseller, und Freuds Kollegen schienen sich nicht allzu sehr um die revolutionären Erkenntnisse des Analytikers zu kümmern. Im Vorwort zur zweiten Ausgabe, das Freud im Sommer des Jahres 1908 verfasste, merkt er in einigen bissigen Kommentaren in Richtung seiner Kollegenschaft an, dass das Totgeschwiegenwerden das Schicksal seines Buches sein werde, er wirft der medizinischen Welt vor, sich keine Mühe gegeben zu haben, »über das anfängliche Befremden hinauszukommen, welches meine neuartige Auffassung des Traumes erwecken konnte«[78]. Obwohl Freud im Lauf der Jahre sehr wohl bemerkt, dass seine »Traumdeutung« eine gewissen Überarbeitung erfahren sollte, da sich die Wissenschaft weiter bewegte und neue Erkenntnisse manche seiner Ansichten veränderten, doch blieb der Text seit 1911 in seinem damaligen Zustand, ein »historisches Dokument«, das der Autor nicht aktualisieren möchte.

Neben Protesten und Skandalen, die die »Traumdeutung« auslöste, blieben Freuds Theorien und Erkenntnisse aus seinen Traumanalysen natürlich nicht unumstritten, und manche seiner Thesen wirken heute, mehr als hundert Jahre nach ihrer Niederschrift, ein wenig überholt. Und doch würde es ohne der Freud'schen Psychoanalyse keine Gesprächstherapie geben, beinahe alltägliche Begriffe wie »Verdrängung«, »Übertragung« oder »Ödipuskomplex« gehörten vermutlich nicht zu unserem Wortschatz, und die damit beschriebenen Phänomene wären wahrscheinlich unerforscht geblieben.

Die Theorien des österreichischen Psychiaters, Traumdeuters und Kulturkritikers prägten das ausgehende 19. und ebenso das 20. Jahrhundert ähnlich wie die physikalischen Erkenntnisse Albert Einsteins oder die Kunst von Pablo Picasso.

78 Freud, S.: Die Traumdeutung, S. 8

Träume, Mythen und Symbole oder: Jung und die Archetypen

Man kann es sich nicht leisten, im Umgang mit Träumen naiv zu sein. Sie gehen aus einem Geiste hervor, der nicht ganz menschlich, sondern eher ein Hauch der Natur ist, jener schönen und freigiebigen, aber auch grausamen Göttin.
C. G. Jung, Symbole und Traumdeutung (1961)

Zur Melodie von »Glory Glory Hallelujah« sang Melanie vor einigen Jahren den Text: »A thing's a phallic symbol if it's longer than it's wide / and the Id goes marching on / Glory Glory Psychotherapy . . .« (Ein Ding ist ein Phallussymbol, wenn es länger ist als breit / und das Es marschiert voran . . .) Das Unbehagen darüber, dass jedes Ding zum Phallussymbol werden könne, sofern es nur länger ist als breit, wird hier ironisch auf den Punkt gebracht. Jahre zuvor hatte dieses Unbehagen zum Bruch zwischen Carl Gustav Jung und Sigmund Freud geführt. Jung lehnte die Gewichtung der Sexualität in Freuds Psychoanalyse ab. Für ihn waren Träume zwar auch Äußerungen des Unbewussten, doch schöpften sie aus einer ganz anderen Quelle.

C. G. Jung wurde 1875 in der Nähe von Basel in Kesswil geboren, studierte Medizin und war zunächst als Assistent am Anatomischen Institut, dann als Oberarzt, zuletzt als Professor in Zürich tätig, ab 1944 in Basel. In Küsnacht am Zürcher See hatte er seine psychoanalytische Praxis. Hier starb er auch am 6. Juni 1961. Als Jung 1907 Freud begegnete, war er 32 Jahre alt und bereits ein gestandener Wissenschaftler. Von 1909 bis 1913 dauerte die intensive Zusammenarbeit, doch auch nach dem Bruch zwischen ihnen zollte Jung Freuds Werk gebührende Anerkennung.

Mit Freuds Traumtheorien hat Jung einige Dinge gemeinsam: Ebenso interessant wie einflussreich, lassen sich beide weder beweisen noch widerlegen. Beide gingen von einem mehrschichtigen Modell der Psyche aus: Unter dem Bewusstsein liegt das Unbewusste. Und beide hielten Träume für den Ausdruck des Unbewussten. Doch hier enden bereits die Gemeinsamkeiten.

Wo für Freud die Wunscherfüllung im Mittelpunkt der Träume stand, betrachtet Jung den Traum ganz neutral als »eine spontane Selbstdarstellung der aktuellen Lage des Unbewussten in symbolischer Ausdrucksform«. Auch die Bedeutung und Herkunft der Traumsymbole deutete Jung anders als Freud. Gelegentlich übt Jung auch ironische Kritik an Freud, wenn er etwa schreibt:

> »Freud hat einen ernsthaften Versuch unternommen zu zeigen, warum das Unbewusste keine bessere Beurteilung verdient, und seine Lehre hat versehentlich die bereits bestehende Verachtung für die Psyche vergrö-

ßert und bestärkt. Wurde sie bis dahin nur übersehen und vernachlässigt, so ist sie jetzt zur moralischen Abfallgrube geworden, vor der man ausgesprochene Angst hat.«[79]

Der Traum – ein ganz normales Ereignis

Träume sind ganz normale Ereignisse. Träume sind verworren, unlogisch, traumhaft, erschreckend, beglückend, beunruhigend, verführerisch, unklar oder herrlich. Sie können an Ihren Trauminhalten verzweifeln oder ratlos davor stehen, sich darüber freuen oder sie für Schäume halten, doch das ändert nichts daran: Träume sind ganz normale Ereignisse.

Wenn man das einmal akzeptiert, ergibt sich daraus eine Schlussfolgerung: Sie müssen Träume für das Produkt einer rational erklärbaren Ursache betrachten oder für zielgerichtet halten. Genau das war ja bereits in der Auseinandersetzung griechischer Philosophen mit dem Thema Traum ausgesprochen worden. Gleichgültig, ob Träume auf ein Abendessen aus Linsen und Speck oder Welsh Rarebits zurückgeführt werden, die Suche nach einer materiellen, handfesten Ursache, mit der Geträumtes erklärt und in seinen gebührenden, etwas distanzierten Rahmen gesperrt werden kann, ist so alt wie unsere Kultur.

Träume für zielgerichtet zu halten, fällt uns fast noch schwerer. Sollen diese sich auflösenden Gestalten, die Räume und Plätze, die nahtlos ineinander übergehen, diese Handlungen, zu denen wir gar nicht stehen mögen, diese Welten der verschwommenen Grenzen tatsächlich zielgerichtet sein? Die Antwort lautet: Ja. Die Erzählstruktur eines Traums ist die gleiche wie bei einem Ereignis, das sich im Wachen abspielt. Vorbereitung der Handlung, Zuspitzen des Problems, Lösung. Diesen Aufbau, vielleicht ein wenig anders formuliert, kennen wir aus der Schule für Deutschaufsätze. Und dass auch Ihre Träume genau diesem zielgerichteten Aufbau gemäß »gestrickt« sind, merken Sie dann, wenn Sie vor dem Schluss aufwachen. Es bleibt ein unbefriedigtes Gefühl. Manchmal wiederholt sich der Traum, und Sie bekommen die Gelegenheit, ihn zu Ende zu träumen. Oft ist es anders, oft wachen Sie immer wieder an derselben Stelle auf. Es fehlt Ihnen der Schluss, das Ende, die Lösung, und so wird Ihnen zumindest deutlich, dass Träume tatsächlich auf ein Ziel hin angelegt sind.

---

79 Soweit nicht anders angegeben, stammen alle Zitate in diesem Kapitel aus Jungs spätem Aufsatz »Symbole und Traumdeutung« (1961), abgedruckt in C. G. Jung, Traum und Traumdeutung, Deutscher Taschenbuch Verlag München, 1990, S. 7–87

Träume sind entweder Produkte einer rationalen Ursache oder zielgerichtet oder beides. Daraus folgt: Man muss sie als sinnvoll betrachten.

> »Wenn man einen Traum verstehen will, dann muss man ihn ernst nehmen und muss voraussetzen, dass er meint, was er offensichtlich meint, denn es gibt keinen triftigen Grund für die Annahme, dass er etwas anderes sei, als er ist [...] Der Durchschnittsmensch«, so Jung weiter, »denkt bei uns wenig oder gar nicht über Träume nach, und selbst der gründlich Gebildete hat in der Regel an der allgemeinen Unwissenheit teil und wertet alles ab, was auch nur entfernt mit dem ›Unbewussten‹ zu tun hat.«

Oft wurde Jung gefragt, warum Träume nicht verständlich sind. Auch Jung war oft erstaunt über die aufreizende Weise, in der Träume klaren Mitteilungen auszuweichen schienen.

Freud hatte die Existenz eines spezifischen Faktors postuliert, den er »Zensor« nannte. Dieser hatte die Funktion, die Traumbilder zu entstellen und irreführend zu machen, um das Traumbewusstsein über den wirklichen Traumgegenstand, nämlich den inkompatiblen Wunsch, hinwegzutäuschen. Durch die Verhüllung des kritischen Punktes solle der Schlaf des Träumers vor der unangenehmen Erinnerung geschützt werden. Dem kann sich Jung jedoch nicht anschließen.

Jung antwortet an einer Stelle mit dem Hinweis darauf, dass Träume ein Naturereignis seien und dass die Natur keinerlei Neigung bekunde, ihre Früchte gewissermaßen gratis und der menschlichen Erwartung entsprechend zur Verfügung zu stellen. Der Einwand, ein nicht verstandener Traum wirke nicht, trifft nicht: Nur weil unser Bewusstsein die Sprache der Symbole nicht mehr selbstverständlich versteht, heißt das noch lange nicht, dass unser Unbewusstes damit nicht umgehen kann.

An einer anderen Stelle vermutet Jung, das Bewusstsein selbst sei es, das bei seiner Annäherung an subliminale Inhalte (unterschwellige, unterhalb der Grenzen des Bewusstseins angesiedelte Inhalte) eine auslöschende Wirkung ausübe. Sie gehe mit einem Absinken der energetischen Spannung einher, bei dem psychische Inhalte die Eigenschaften verlieren, die sie im bewussten Zustand besitzen. Ihre Bestimmtheit und Deutlichkeit gehen verloren, die Zusammenhänge werden vage, werden analog statt rational und verständlich. Sobald ihre Spannung steigt, werden sie weniger unterschwellig, rationaler und bewusster. Jung wörtlich:

> »Dies ist ein rein energetisches Phänomen, das sich in allen traumhaften Zuständen, seien sie nun durch Übermüdung, Fieber oder Toxine ver-

ursacht, beobachten läßt. Es besteht kein Grund anzunehmen, dass das abaissement [das Absinken der geistigen Grundspannung] dazu dient, inkompatible Wünsche vor einer Entdeckung zu schützen, obschon es gelegentlich vorkommen kann, dass ein unannehmbarer Wunsch mit dem Absinken des Bewusstseins verlorengeht. Da der Traum seinem Wesen nach ein subliminaler Prozeß ist, kann er keine klar umrissenen Gedanken hervorbringen, es sei denn, er höre auf, Traum zu sein, und würde sofort zum Bewusstseinsinhalt. Der Traum kann nicht anders, als alle die Punkte zu überspringen, die dem Bewusstsein besonders wichtig sind.«

Auf das energetische Verhältnis zwischen Bewusstsein und Traum kommen wir in einem späteren Kapitel noch zu sprechen.

Bewusstsein und Unbewusstes – die Beziehung zweier Welten

> »Selbst die Existenz einer unbewussten Psyche wird von einer großen Anzahl von Naturwissenschaftlern und Philosophen bestritten, die sich oft des naiven Arguments bedienen, dass, wenn es eine unbewusste Psyche gäbe, im Individuum zwei Subjekte statt nur eines vorhanden wären. Doch genau das ist der Fall, trotz der angeblichen Einheit der Persönlichkeit. Es ist sogar das große Problem unserer Zeit, dass so viele Leute existieren, deren rechte Hand nicht weiß, was die linke tut.«

Jeder, der sich schon einmal über sich selbst und seine Handlungen im Traum gewundert hat, auch jeder, der sich schon einmal über seine eigenen Freud'schen Fehlleistungen gewundert hat, kennt diese zwei Subjekte in einem Individuum. Augustinus hat sie erlebt und die Spaltung formuliert. Anderen vor und nach ihm ging es nicht besser. Die Frage, die daraus resultierte, ist ebenso klassisch wie falsch gestellt: Wozu brauchen wir eine unbewusste Psyche? Woher kommt unser Unbewusstsein überhaupt?

Fangen wir mit einer leichter zu beantwortenden Frage an: Wozu brauchen wir ein Bewusstsein und woher kommt es? Jung gibt auf diese Fragen sehr aufschlussreiche Antworten:

> »Die Entwicklung und Erweiterung des Bewusstseins ist ein langsamer und mühsamer Prozess, der ungezählte Äonen gebraucht hat, um die Stufe der Zivilisaton zu erreichen, die wir etwas willkürlich bei der Erfindung der Schrift um etwa 4000 v. Chr. ansetzen. Obschon unsere Entwicklung seit dieser Zeit beträchtlich zu sein scheint, ist sie jedoch von

Die Seele des Menschen, seine Psyche, wurde in der Antike als Schmetterling betrachtet. Hier die Darstellung einer trauernden Psyche, der der geflügelte Liebesgott Eros den Helm eines verstorbenen Geliebten vorweiset. Dass er gestorben ist, geht aus der gesenkten Fackel hervor, auf die sie sich stützt und die der Stecher des 18. Jahrhunderts fälschlich als Hacke wiedergegeben hat.

> ihrer Vollendung noch weit entfernt. [. . .] Das Bewusstsein ist offenbar eine sehr neue Errungenschaft der Natur und befindet sich als solche noch in einem ›experimentellen‹ Stadium, das heißt, es ist zerbrechlich, von bestimmten Gefahren bedroht und leicht verwundbar.«

Denken Sie auch gerade an Halluzinationen, Schizophrenie, an Geisteskrankheiten, die wie Verwundungen des Bewusstseins wirken?

Bei Naturvölkern gibt es das Bild vom »Verlust der Seele«, das nach Jung eine Dissoziation des Bewusstseins beschreibt. Sie denken sich die Seele im Normalzustand nicht als Einheit, sondern als mehrteilig; verbreitet ist die Vorstellung, dass jeder neben seiner eigenen noch eine »Buschseele« besitzt, die in einem Baum, Busch oder wilden Tier inkarniert und ihm brüderlich oder väterlich verbunden ist. Wessen Buschseele zum Beispiel ein Krokodil ist, den lassen Krokodile in Ruhe, wenn er in ihre Nähe kommt. Mir fallen dazu Totemtiere der Indianer und der Umgang der griechischen Heroen vor Troja mit ihren göttlichen Verwandten ein. – Wird die Buschseele verletzt, so ist auch das Individuum entsprechend verletzt.

Moderne Bewusstseinsspaltungen, eine unzureichende »Selbst-Beherrschung« oder der »Verlust der Buschseele« sind Anzeichen dafür, dass unser Bewusstsein, wie Jung schreibt, »noch keinen angemessenen Kontinuitätsgrad erreicht hat. [. . .] Es führt in der Tat ein weiter Weg von der Primitivität bis zu einer zuverlässigen Kohärenz des Bewusstseins. Selbst in unserer heutigen Zeit ist das Bewusstsein noch eine zweifelhafte Angelegenheit, insofern als es nur eines geringen Affektes bedarf, um seine Kontinuität zu sprengen.«

Qualitäten wie Mannigfaltigkeit, Farbe, Wärme und Charme betrachtet Jung nicht als Leistungen des Bewusstseins. Daher sei eine perfekte Beherrschung der Gefühle (und damit eine Kohärenz des Bewusstseins) eine fragwürdige Errungenschaft.

Unser Bewusstsein ist demnach eine relativ neue evolutionäre Errungenschaft. Es befindet sich, salopp ausgedrückt, noch in der Testphase und ist noch keineswegs »dicht«. Da es nicht für Mannigfaltigkeit, Farbe, Wärme und Charme »zuständig« ist, muss darauf geschlossen werden, dass es für klares, zielgerichtetes Handeln, Berechnung, Sachzwänge, für Konzentration, Einschränkung und Ausschließlichkeit zuständig sei, mithin für all diese »notwendigen« Dinge, die in unserem heutigen Leben so viel Aufmerksamkeit erfordern und von Träumen meilenweit entfernt sind.

Das Unbewusste spielt jedoch ebenfalls eine wesentlich Rolle in unserem Leben. Fast die Hälfte des Lebens spielt sich im Unbewusstsein ab. Es verkörpert die primäre und schöpferische Kraft der menschlichen Seele.

Die Vorstellung vom Unbewussten, wie sie die Psychoanalyse entwickelte, stieß bei etlichen Menschen auf Widerstand. Viele versuchten, seine Existenz grundsätzlich zu bestreiten. Sie nehmen damit indirekt an, dass unsere Kenntnis der Psyche vollständig sei und es keinen Raum mehr für künftige Entdeckungen gebe. Doch, um es mit Jungs Worten zu sagen: »Was wir als ›Psyche‹ bezeichnen, ist keineswegs mit unserem Bewusstsein und dessen Inhalt identisch.«

Eine Ursache für das ungute Gefühl, das mit der Existenz eines Unbewussten Teils unserer Psyche verbunden wurde, war ihr Widerspruch zur Willensfreiheit. Dagegen wendet Jung gezielt ein, dass das Negieren des Unbewussten noch lange nicht die Willensfreiheit des modernen Menschen garantiere. Ganz im Gegenteil: Unserem Bewusstsein scheint es global derzeit nicht besonders gut zu gehen. Unsere Psyche leidet unter dem Mangel an moralischen und spirituellen Werten, unter Desorientiertheit und Verwirrung. Wir versuchen zwar, jeglichen Aberglauben aus unserem Leben zu verbannen, leiden aber zunehmend an der Erkenntnis, dass wir uns immer weiter von unseren Wurzeln entfernen.

Es ist jedoch weder möglich noch sinnvoll, unsere Geschichte als Lebewesen zu leugnen. Der menschliche Geist besitzt bis heute Wesenszüge, die den Jahrtausenden seiner Geistesentwicklung entstammen: altmodische Vorurteile, hartnäckige Missdeutungen und blinde Unwissenheit stehen neben Skepsis und wissenschaftlichen Überzeugungen.

So kühn ist die Idee, dass es da einen unbewussten Teil unserer Psyche gebe, überhaupt nicht. Vom klaren sprachlichen Bild ausgehend, ist sie ungemein nahe liegend. Wir lernen etwas und behalten es bis zur Prüfung, in der es abgefragt wird, im Bewusstsein – im Idealfall auch länger. Wenn es häufig zu einer Anwendung kommt, behalten wir diese Lerninhalte auch im Bewusstsein. Dann kommt vielleicht eine längere Phase, in der wir sie nicht benötigen, und sie verschwinden aus unserem Bewusstsein. Sie werden vom Bewusstsein getrennt oder schlicht »unbewusst«. Das bedeutet keineswegs, dass sie aufhören zu existieren. Sie sind nur nicht mehr bewusst greifbar oder abrufbar.

Das Unbewusste besteht nach Jung »in erster Linie aus einer Vielheit vorübergehend verdunkelter Inhalte, die, wie die Erfahrung zeigt, die Vorgänge im Bewusstsein weiter beeinflussen«. So wie nämlich Inhalte in das Unbewusste verschwinden können, so können auch Inhalte aus dem Unbewussten aufsteigen. Das können gleichermaßen Erinnerungen, neue Gedanken und schöpferische Ideen sein, die nie zuvor Inhalt des Bewusstseins waren, die noch nicht bewusst sind.

Für das Bewusstsein wirkt das Unbewusste wie ein Überlaufbecken. Das Bewusstsein kann nur ein paar Vorstellungen in voller Klarheit auf einmal festhalten, und selbst diese Klarheit ist Schwankungen unterworfen. Wenn bestimmte bewusste Inhalte durch »Ablenkung der Aufmerksamkeit ihre spezifische Energie einbüßen«, werden sie vergessen. Vergessene Inhalte aber hören nicht auf zu existieren, sondern werden nur an einer anderen Stelle gespeichert: im Unbewussten.

Bewusstseinsinhalte werden aber nicht nur ganz normal vergessen, sondern bisweilen gezielt aus dem Bewusstsein entfernt. Dies sind dann in der Psychologensprache die verdrängten Inhalte. Auch sie landen im großen Überlaufbecken des Unbewussten. Der Prozess der Verdrängung funktioniert erstaunlich gut: Unter Druck werden eigene Überzeugungen ebenso wie eigene Wahrnehmungen verdrängt; der Druck kann eine gruppendynamische Situation sein, wie sie in Sekten oder bestimmten politischen Systemen an der Tagesordnung war und ist. In diesem Fall sprechen wir schlicht von Gehirnwäsche. Es kann sich auch um einen Konflikt mit Erziehungsidealen, dem eigenem Stolz oder extremen Erlebnissen handeln, die so schrecklich sind, dass der Gedanke daran unerträglich scheint. Daher wurden sie verdrängt.

Computerfreaks drängt sich wahrscheinlich ein anderes Bild auf, das das Verhältnis zwischen Bewusstsein und Unbewusstem erläutert: Das Bewusstsein ist der Festplatte vergleichbar. (Dem Kurzzeitgedächtnis entspräche in diesem Bild der Arbeitsspeicher.) Unbewusste Inhalte sind gelöschte Inhalte, die ja auch im Computer nicht wirklich gelöscht werden. Vielmehr wird nur der Anfang des Dateinamens überschrieben. Mit Hilfe von bestimmten Programmen können diese Dateien (diese Inhalte) wieder lesbar gemacht werden. Auch unser Gehirn kennt ein Mittel, das Unbewusstes hervorholen kann: den Traum.

Träume, davon ist auch Jung überzeugt, sind Ausdruck des Unbewussten. Wer sich mit seinen Träumen beschäftigt, tut es meist deshalb, weil er glaubt, dass sie der bewussten Erkenntnis etwas Wesentliches hinzuzufügen haben. Für Jung stellen Träume für uns die Verbindung zur Instinktgrundlage her, und durch die Traumdeutung erlernt unser Bewusstsein die Sprache der Instinkte wieder. Ein anderes Argument für die Beschäftigung mit Träumen ist ihre erstaunliche Kreativität.

Die erstaunliche Schöpferkraft des Traums hatte bereits der Mathematiker, Jurist und Philosoph Gottfried Wilhelm Leibniz (1646–1716) bewundert:

> »Auch glaube ich nicht, dass es irgendeinen Sterblichen gibt, der mir nicht gestehen würde, dass ihm oft im Traum von selbst gleichsam im Augenblick entstandene, fein und kunstvoll verfertigte Gebilde erscheinen, Gesänge, Lieder, Bücher, Reden, Häuser, Gärten, je nachdem, was einen jeden interessiert, und die er selbst im Wachen nicht ohne Mühe so im Geiste geformt hätte. [. . .] Es muss also in unserem Geist irgendein schöpferisches Prinzip geben – ich weiß nicht, was für eines – welches, einmal davon befreit, Ideen trennend zu beurteilen, sich daranmacht, solche zu bilden.«[80]

Wenn wir etwas über unsere primäre schöpferische Kraft oder über unsere verdrängten negativen Erlebnisse, die uns in unserem Wachleben behindern, über verdrängte Wünsche und Befürchtungen, über unerbittliche Wahrheiten, philosophische Sentenzen, Illusionen, wilde Phantasien, Erinnerungen, Pläne, Antizipationen, ja sogar telepathische Visionen oder irrationale Erlebnisse wissen wollen, müssen wir uns mit unseren Träumen befassen.

---

80 Aus: Vorarbeiten zu den Elementa de Mente et Corpore, Sämtliche Schriften und Briefe, hrsg. von der Deutschen Akademie der Wissenchaften zu Berlin, 6. Reihe Bd. 2, hrsg. von der Leibniz-Forschungsstelle der Universität Münster, Berlin 1966, S. 278, zitiert nach Martin Bartels (Hrsg.), Traumspiele, Junius Verlag, Hamburg 1994, S. 96

Die Sprache der Träume – zwischen Bild und Symbol

Wer sich mit seinen Träumen befassen will, dem stellen sich einige Hindernisse in den Weg: Die Form der Träume ist oft dergestalt, dass die ihnen zugrunde liegende Idee und Absicht gar nicht so leicht zu erkennen ist. Die Sprache der Träume ist nämlich eine Symbolsprache. Was das genau heißt, sei an einem Beispiel erläutert:

Ein Hindu kam von einer Reise aus England zurück und erzählte, die Engländer beteten Tiere an. Er hatte die Symbole der vier Evangelisten Markus = Löwe, Lukas = Stier, Matthäus = Adler, Johannes = Engel nicht als Symbole erkannt, sondern »nur« als Zeichen gelesen.

Ein Symbol ist mehr als das Zeichen, das ihm die Form verleiht, in der es uns begegnet. Der Löwe ist ein Säugetier, und das Bild eines Löwen kann genau dies meinen, nicht mehr und nicht weniger. Der Löwe ist zugleich ein Symbol für den König der Tiere, für Macht und Stärke, für den Evangelisten Markus, einige Brauereien, männliche Potenz oder sehr scharfen Senf. Der Symbolgehalt, der dem Bild des Löwen zukommen mag, ist von Fall zu Fall unterschiedlich und geht meist aus dem Zusammenhang, in dem er steht,

Die Dartellung der vier Evangelistensymbole Adler, Stier, Engel und Löwe geht auf die Vision des Johannes in seiner Apokalypse zurück. Dass sie hier nicht erzählerisch gemeint sind, zeigen allein die Heiligenscheine über ihren Köpfen.

Der Löwe als Wappentier, hier in einer Darstellung aus der Kirche S. Maria Novella in Florenz.

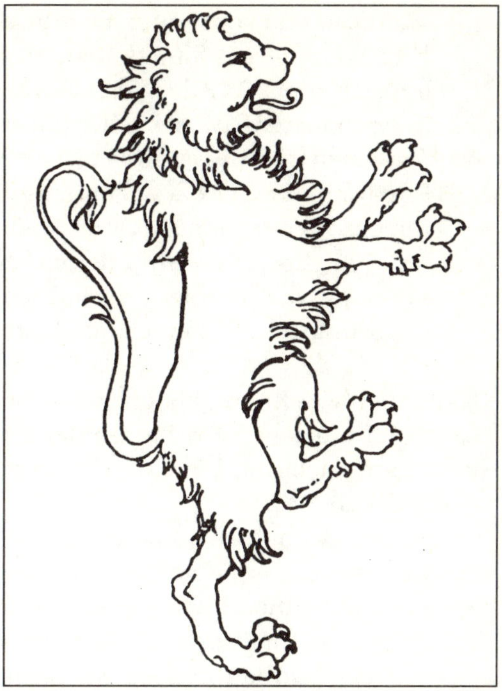

hervor. Findet man ihn in Braunschweig als Stadtwappen, so verweist er auf den Stadtgründer Heinrich den Löwen. In Venedig ist er dagegen das symbolische Tier des Evangelisten Markus, des Schutzpatrons der Stadt. Das Bild, das Zeichen, mag ähnlich sein, das Symbol ist jeweils ein unterschiedliches. Um solche Symbole zu verstehen, muss man also etwas wissen, was über das reine Bild eines Löwen hinausgeht. Ohne dieses zusätzliche Wissen erscheint uns das Geflecht der verschiedenen Deutungen wie ein undurchdringlicher Dschungel, und das Ergebnis ist möglicherweise eine Meldung von der Art wie: Die Engländer beten Tiere an.

Genau so ist es mit den Träumen. So verworren sie uns erscheinen mögen, ihre Sprache ist verständlich, wenn man sie gelernt hat: Es ist die Sprache der Symbole. Jung geht sogar so weit, zu erklären: Träume sind die Quelle all unseres Wissens um die Symbolik. Symbole werden von uns spontan hervorgebracht, man kann sie nicht erfinden – und das unterscheidet sie von Zeichen: Man denke etwa an die Flut von Zeichen für Ausgang, WC, Telefon, Information etc., die moderne Verkehrsflächen international bevölkern.

> »Symbole sind ebenso wie Träume Naturprodukte, aber sie kommen nicht nur im Träumen vor; sie können in jeder Form von psychischer

Manifestation auftreten: Es gibt symbolische Gedanken und Gefühle, Handlungen und Situationen, und oftmals sieht es so aus, als arrangierten sich nicht nur das Unbewusste, sondern sogar leblose Gegenstände in symbolischen Mustern. Es gibt zahlreiche, wohlverbürgte Geschichten von einer Uhr, die im Augenblick des Todes ihres Besitzers stillstand, wie Friedrichs des Großen Pendeluhr in Sanssouci, von einem Glas, das zersprang, oder einer Kanne kochenden Kaffees, die explodierte, während ihr Eigentümer in oder vor einer Krise stand. [. . .] Viele Symbole, und zwar die wichtigsten, sind jedoch ihrer Natur und Herkunft nach nicht individuell, sondern kollektiv.«

Der Reihe der stehen gebliebenen Uhren sei noch ein Beispiel hinzugefügt, das mich immer berührt hat: In der Nacht, in der Prinz Eugen von Savoyen starb, starb auch sein Löwe, den er in seiner Menagerie im oberen Belvedere in Wien hielt.

Die im Traum vorkommenden Symbole müssen sorgsam analysiert werden. Jung spricht von einer regelrechten Umkreisung des Traums. Er verwendet zwar die Methode der Assoziation, die uns bereits von Freud vertraut ist. Allerdings legt Jung großen Wert auf die Feststellung, dass es für ihn nicht um die freie Assoziation gehe, sondern stets um eine am Traum sebst orientierte. Die freie Assoziation führe letzten Endes immer zu emotionalen Gedanken oder Komplexen, die unseren Geist unbewusst fesseln. Doch um

Das Rosenkreuz ist ein archetypisches Symbol, das wie ein Mandala zur Meditation verwendet werden kann. Man lässt das Bild tief in sein Bewusstsein eindringen, wo es eine Flut von intuitiven Gedanken auslösen kann.

dahin zu gelangen, müsse man die Leute nur lange genug um den heißen Brei herumreden lassen, dann bemerkt man ganz von selbst, welche Themen sie sorgsam vermeiden wollen. Dazu allerdings braucht niemand einen Traum. Im Zentrum steht also bei Jung wesentlich mehr als bei Freud der Traum selbst. Etliche Patienten hatten damit Schwierigkeiten und zeigten immer wieder die Tendenz, aus Furcht vor dem Unerwarteten und Unbekannten die freie Assoziation als Fluchtweg zu wählen. Er musste sie immer wieder auf ihren Traum zurückholen.

Solche Traumsymbole, die Assoziationen zu Mythen, Riten und Ideen von Naturvölkern aufweisen, hatte Freud als »archaische Überreste« bezeichnet und als überlebte psychische Anhängsel des Geistes aus seiner frühen Vergangenheit abgetan. Hier findet sich bereits die Vorstellung, das Unbewusste diene als Psychomülleimer, wenn auch noch nicht als Mülleimer für das hektische Tagesgeschehen, eher als Gefäß für historisch gewachsene, unsinnig gewordene Strukturen.

Jung wehrt sich gegen diese Abwertung solcher Assoziationen und Bilder. Für ihn sind sie keineswegs tote, bedeutungslose Anhängsel. Sie übten noch immer eine Funktion aus und seien daher von lebenswichtigem Interesse, gerade wegen ihres historischen Charakters. Sie bildeten nämlich eine Brücke zu einer bildreicheren Ausdrucksweise, die Gefühle und Emotionen unmittelbar anspricht und natürlich auch unmittelbarer Ausdruck von Gefühlen und Emotionen sein kann.

> »Wir sollten uns heute nicht mehr der antiquierten Vorstellung hingeben, dass Mythen und Symbole müßige Erfindungen einer spielerischen Phantasie seien, sondern einsehen, dass sie in der Hauptsache Manifestationen einer Psyche darstellen, die sich außer Reichweite unserer bewussten Kontrolle befindet. [. . .] So wie die Pflanze ihre Blüte hervorbringt, so erzeugt die Psyche ihre Symbole. Jeder Traum legt für diesen Vorgang Zeugnis ab.«

Die Botschaften des Unbewussten, die im Traum zutage treten, sind von größerer Wichtigkeit, als vielfach geglaubt wird. Das Unbewusste drückt darin seine Kritik an Fehlentwicklungen des Bewusstseins aus und steuert diesen entgegen. Bewusstseinszustände, die von fiktiven Annahmen, unrealistischer Selbstüberschätzung und phantastischen Plänen gekennzeichnet sind, werden oft von Träumen begleitet, in denen Flugzeuge, Fallschirme, Schwindel erregende Höhen oder andere Motive des Fliegens und Fallens auftreten.

Der Traum ist oft nur eine Warnung. Wird sie überhört, können echte Unfälle an ihre Stelle treten. Von einem mir persönlich bekannten Fall, für den so etwas zutrifft, werde ich weiter unten berichten. Jung zitierte einen

Mann, der sich rettungslos in zwielichtige Affären verstrickt hatte, in denen er die Rolle eines argen Hochstaplers eingenommen hatte. Als eine Art Kompensation entwickelte er eine fast morbide Leidenschaft fürs Extrembergsteigen, sah sich aber in einem Traum vom Gipfel eines hohen Berges in die Luft hinaussteigen. Jung interpretierte den Traum als Vorhersage eines Todes durch ein Bergunglück und warnte den Mann – vergeblich. Ein halbes Jahr später stieg er auch de facto in die Luft hinaus und stürzte in den Tod.

Dieses Beispiel zeigt wunderbar die Ebene, in der der Traum symbolisch spricht. Der Mann hatte im wirklichen Leben keinen festen Boden unter den Füßen. Der Schritt in die Luft, den er im Traum vornahm, machte ihm dies deutlich. Abgesehen von der Deutung als Vorhersage eines Bergunglücks hätte dem jungen Mann die Bedeutung dieses zweifachen Verlustes »des Bodens unter den Füßen« bewusst werden sollen.

Eine solche Warnung des Traums ist nach Jung »nicht unbedingt ein Wunder oder eine Vorahnung. Die meisten kritischen oder gefährlichen Situationen haben eine lange Inkubationszeit, nur das Bewusstsein weiß nichts davon. Aber die Träume können das Geheimnis preisgeben. Häufig tun sie das auch, doch genau so oft tun sie es anscheinend nicht. Deshalb ist die Annahme einer schützenden Hand, die uns rechtzeitig vor Schaden bewahrt, fragwürdig. [. . .] Die geheimnisvolle Hand kann uns sogar den Weg ins Verderben weisen.«

Eine weitere Funktion der Träume – neben der Warnung – ist die des Ausgleichens zwischen einem mehr oder weniger künstlichen Leben und der gesunden Grundlage der Instinkte, Natur und Wahrheit. Indem Träume den Zustand des Unbewussten in Form von Bildern ins Bewusstsein bringen, versuchen sie hier zu vermitteln. Vom Standpunkt des seelischen Gleichgewichts aus ist es viel gesünder, wenn das Bewusste und das Unbewusste miteinander verbunden sind und sich parallel zueinander bewegen, als wenn sie dissoziiert sind. Dann nämlich bringen Träume so unbequeme und schockierende Inhalte ins Bewusstsein, dass sie den Schlaf stören und sogar physiologische Auswirkungen haben können. Daher kann Jung der Freud'schen Formulierung, der Traum sei der Hüter des Schlafs, nicht viel abgewinnen.

Träumer, Traumdeuter und das Problem der Wahrheit

Die Traumdeutung ist eine verantwortungsvolle Tätigkeit, und das aus folgendem Grund: Oft spürt der Träumende sehr genau, dass ein Traum, an den er sich erinnern kann, etwas sehr Intimes, Persönliches anspricht, das für sein

Leben »irgendwie« wichtig ist, und er geht mit genau dieser Erwartungshaltung zum Traumdeuter. Wenn jetzt eine falsche oder platte Deutung erfolgt, kann etwas Wertvolles, sehr Wesentliches im Träumer zerstört werden. Jung spricht hier explizit eine Warnung aus.

»Die Deutung von Träumen und Symbolen verlangt einige Intelligenz. Sie läßt sich nicht mechanisieren und dummen, phantasielosen Köpfen eintrichtern. Sie fordert eine stets wachsende Kenntnis der Individualität des Träumers ebenso wie eine stets wachsende Selbsterkenntnis auf seiten des Interpreten. Keiner, der auf diesem Gebiete erfahren ist, wird bestreiten, dass es Faustregeln gibt, die sich als hilfreich erweisen können, doch müssen sie mit Umsicht und Intelligenz angewandt werden.«

Dass Intelligenz mit Intuition und Einfühlungsvermögen gepaart werden muss, macht die verantwortungsvolle Deutung eines Traums nicht gerade leichter. Ein standardisiertes Traumlexikon wird nur in den wenigsten Fällen vollständig befriedigende Auskünfte geben. Die meisten Träume sind individuell und atypisch. Typische Motive sind unzulängliche Bekleidung, Verfolgungsträume, Fallen, Fliegen, mit unbrauchbaren Waffen kämpfen oder wehrlos sein, in großer Eile nicht vom Fleck zu kommen.

Bedeutsame Träume erkennt Jung daran, dass sie sich wiederholen. Das sagt aber noch nichts über ihre Deutung aus: Sie können ebenso eine eigentümlich defekte Einstellung zum Leben kompensieren, auf ein traumatisches Erlebnis zurückgehen oder etwas Zukünftiges voraussagen.

Wie sich ein problematisches Verhältnis zwischen Träumendem und Traumdeuter in die Deutung des Traums einschleichen kann, schildert Jung anhand seines eigenen Verhältnisses zu Sigmund Freud. Während der Zeit seiner Zusammenarbeit mit Freud hatte Jung folgenden Traum:

> »Ich träumte, ich wäre in ›meinem Haus‹, offenbar im ersten Stock. Ich befand mich in einer Art Wohnzimmer, das angenehm und behaglich und im Stile des 18. Jahrhunderts eingerichtet war. Ich war ziemlich erstaunt, weil ich erkannte, dass ich es nie zuvor gesehen hatte. Ich wusste, dass ich im oberen Stockwerk war, und begann mich zu fragen, wie es wohl im Erdgeschoß aussehen mochte. Ich ging nach unten und fand es dort ziemlich dunkel, mit holzverkleideten Wänden und schweren Möbeln, die aus dem 16. oder sogar aus dem 15. Jahrhundert stammten. Ich war äußerst überrascht, und meine Neugier nahm zu, weil das alles eine völlig unerwartete Entdeckung darstellte. Um den ganzen Aufbau des Hauses besser kennenzulernen, beschloss ich, in den Keller hinabzusteigen. Ich fand eine Türe mit einer steinernen Treppe, die in einen großen, gewölbten Raum führte. Der Fußboden bestand aus

großen Steinplatten, und die Wände kamen mir sehr altertümlich vor. Ich untersuchte den Mörtel und stellte fest, dass er mit Backsteinsplittern vermischt war. Offenbar war es eine alte römische Mauer. Nun begann ich aufgeregt zu werden. In einer Ecke sah ich in einer der Steinplatten einen eisernen Ring. Ich hob die Steinplatte hoch und sah eine schmale Treppe, welche in eine Art Höhle hinabführte, die offenbar eine prähistorische Grabstätte war. Ich sah zwei Schädel, ein paar Knochen und zerbrochene Gefäße. Dann erwachte ich.«

Jung deutet seinen Traum selbst wie folgt:

»In der Tat ist der Traum ein kurzes Resümee meines Lebens, das heißt meines geistigen Lebens. Ich bin in einem zweihundert Jahre alten Haus aufgewachsen, unsere Einrichtung bestand aus Möbelstücken, die etwa hundert Jahre alt waren, und mein bisher größtes Geistesabenteuer war die Philosophie Kants und Schopenhauers gewesen. Die große Neuigkeit der Zeit war Charles Darwin. Bis kurz davor hatte ich mit meinen Eltern in einer noch mittelalterlichen Welt gelebt, wo über Mensch und Welt eine göttliche Omnipotenz und Vorsehung herrschte. Diese Welt war nun überlebt und veraltet. Mein christlicher Glaube war durch die Begegnung mit den östlichen Religionen und der griechischen Philosophie relativiert worden. Aus diesem Grunde war auch das Erdgeschoß so still, dunkel und offensichtlich unbewohnt.

Meine damaligen historischen Interessen hatten sich aus einer ursprünglich intensiven Beschäftigung mit der vergleichenden Anatomie und Paläontologie entwickelt.«

Wenn Freud den Traum nach der Jung'schen Methode der Umkreisung analysiert hätte, hätte er diese Erklärung höchstwahrscheinlich als weitschweifige Flucht vor einem ganz bestimmten Thema aufgefasst, einem Thema, das jedoch Freuds eigenes war. Das Thema Schädel, Skelette oder Leichname war bei Freud nicht beliebt. Er war nämlich davon überzeugt, dass Jung seinen frühen Tod herbeiwünschte. Zu dieser Überzeugung war Freud gelangt, als Jung intensives (natürlich rein paläontologische) Interesse an den mumifizierten Leichnamen im so genannten Bleikeller in Bremen zeigte, den sie gemeinsam 1909 besuchten. Freud hatte darin sofort eine Verdrängung gesucht und auch gefunden. – Nachdem ihr Verhältnis solcherart getrübt war, hielt Jung es für sicherer, seine eigenen tatsächlichen Gedanken zu verschweigen, der Diskussion auszuweichen und Freud den gewünschten »Happen« zuzuwerfen: Freud suchte bei der Analyse dieses Traums einen »unverträglichen Wunsch« bei Jung, und dieser schlug vor, die Schädel könnten auf bestimmte Familienmitglieder seiner Familie verweisen, denen er aus verschienenen Gründen den Tod wünschen könnte.

> »Während ich noch nach einer passenden Antwort auf Freuds Fragen suchte, wurde ich plötzlich von einer Intuition über die Rolle, die der subjektive Faktor im psychologischen Verständnis spielt, überfallen ... [Die] Verlegenheit, in die ich geriet, indem ich Freud meinen Traum erzählte, ... ist ein gutes Beispiel für die Schwierigkeiten, in die man im Verlaufe einer wirklichen Traumanalyse verwickelt wird. So vieles hängt von den persönlichen Unterschieden zwischen dem Analytiker und dem Analysanden ab.
>
> Die Traumanalyse ist auf dieser Ebene weniger eine Technik als ein dialektischer Prozess zwischen zwei Persönlichkeiten. Würde man sie als eine Technik handhaben, so würde die persönliche Eigenart des Träumers übergangen, und das therapeutische Problem würde auf die einfache Frage reduziert werden: Wer wird wen unterdrücken?«

Außerdem spielt die spezifische Art des Zugangs zur Welt, die Art der Wahrnehmung, die Art der Intelligenz des Träumenden eine wichtige Rolle, über die sich, so Jung, der Analytiker nicht hinwegsetzen darf. Wenn er das doch tut, so entgehen ihm Informationen über und Einsichten in die Psyche seines Analysanden.

Jung schildert einen eindrucksvollen Fall eines Patienten, bei dem die Behandlung neun Jahre lang in einem Kreisen um den heißen Brei herum bestand. Jung hatte zwar das Problem des Mannes erkannt, aber auch gesehen, dass die unmittelbare Konfrontation damit auf heftige Selbstverteidigung und Abwehr seitens des Patienten stoßen würde. Nun hielt Jung also jahrelang eine stabile vertrauensvolle Atmosphäre zu dem Mann aufrecht, in der dessen Problem kunstvoll umschifft wurde. Nach dieser Zeit kam der Patient und gestand, dass auch er selbst das Problem gesehen hatte, aber außerstande gewesen war, darüber zu sprechen. Jungs Takt habe ihm jedoch Vertrauen eingeflößt und letztlich bewirkt, dass sich sein Zustand gebessert habe.

Die große Zurückhaltung, mit der Jung an die Deutung eines Traumes nach einem theoretischen Schema geht, beruht auf solchen Erfahrungen. Auch Symbole bedeuten möglicherweise etwas Unterschiedliches, je nachdem, wer sie träumt. Diese Weisheit ist nicht neu, wir kennen sie bereits aus Artemidors Traumbuch. Jung schildert folgendes Traumbild:

> ». . . ein weites Feld, durch welches eine Gesellschaft junger Männer auf Pferden reitet. Der Träumer ist den anderen voraus und springt über

einen mit Wasser gefüllten Graben, was er gerade noch schafft. Die anderen fallen ins Wasser.«

Nehmen wir einen jungen Mann als Träumer, der von Natur aus vorsichtig und zurückhaltend ist und sein Leben eher ängstlich angeht. Der Traum zeigt ihm, was er tun sollte, und ist eher als Aufmunterung gemeint. – Derselbe Traum von einem alten Mann geträumt, besitzt eine ganz andere Aussage: Stets draufgängerisch und furchtlos, hatte er ein sehr aktives Leben gelebt. Zum Zeitpunkt des Traumes war er Invalide, widerspenstig seinen Betreuern gegenüber, und der Traum zeigte ihm, was er noch immer tat, aus gesundheitlichen Gründen aber besser nicht mehr tun sollte.

Ein anderes Beispiel ist das des Tisches. Ein Tisch im Traum kann von kommenden Gästen bei den alten Ägyptern über das Bevorstehen einer leichten Krankheit (wenn er im Traum abgeräumt wird) bis hin zum Symbol eines geordneten Hausstandes (wenn im Traum ein weißes Tischtuch aufgelegt wird) so manches bedeuten. Bei einem Patienten Jungs stand der Tisch als Symbol für seine eigene Unfähigkeit: Bei dem Tisch, der in seinen Träumen immer wieder auftauchte, handelte es sich um jenen Tisch, an dem der Träumer gesessen war, als ihn sein Vater als unfähigen Träumer beschimpft und aus dem Haus geworfen hatte.

Traumebenen zwischen Kompensation und Selbstwerdung

»Als Zugang zum Traum stellen wir die Hypothese auf, dass er dem Zweck der Kompensation dient.« Nicht mehr und nicht weniger. Die Kompensation zielt auf eine Herstellung eines normalen seelischen Gleichgewichts ab. Sie ist so etwas wie eine Selbststeuerung des psychischen Systems.

Weinen im Traum bedeutet künftige Freude.
(Deutscher Aberglaube)

Der Traum wird zum Hinweis auf etwas, was schief läuft. Wenn Bewusstes und Unbewusstes nicht übereinstimmen, äußert sich das vielleicht in Form einer psychosomatischen Erkrankung, eines Unglücksfalles, einer Freud'schen Fehlleistung oder eines Traums. Die kompensatorische Funktion des Traums liefert nicht nur dem Träumer selbst, sondern auch dem Analytiker bei der Behandlung von Neurosen eine wichtige Hilfe. Nicht etwa, dass moderne Träume noch unmittelbar Behandlungsmittel enthielten, wie sie sich die alten Griechen im Inkubationsschlaf im Asklepiosheiligtum »holten«. Doch sie enthalten Einsichten, Erinnerungen, Erlebnisse, Verdrängtes, Unbewusstes, Schlummerndes, die aus der Sackgasse so mancher persönlicher Problematik herausführen.

Mit dem Begriff der Kompensation hat Jung allerdings nur eine ganz allgemeine Charakterisierung der Traumfunktion gegeben. Er weist darauf hin, dass sich hinter einer längeren Traumserie außer der reinen Kompensation noch etwas anderes erkennen ließe, nämlich eine Art Entwicklungsvorgang in der Persönlichkeit. Diesen Vorgang bezeichnet Jung als Individuationsprozess.

Von *Reisbrei* zu träumen bedeutet Armut und Dürftigkeit.
(Deutscher Aberglaube)

Da Jung sich hier auf seine Patienten bezieht, ist diese Erkenntnis nicht weiter verwunderlich. Wer die Beratung eines Psychologen aufsucht, steckt meist in einer Krise vor einem seelischen Entwicklungsschub. Dass sich in einer solchen Situation auch in seinen Träumen eine Entwicklung ablesen lässt, ist eigentlich zu erwarten. Wenn sie im Sinne eines Individuationsprozesses abläuft, ist das ein gutes Zeichen: Die Krise löst sich in kreativer Weise, die Entwicklung des Individuums macht Fortschritte auf das Ziel seiner Selbstwerdung hin.

Diese Träume, die etwas über den Individuationsprozess des Träumenden verraten, sind so genannte »große« Träume. Die Unterscheidung »kleiner« von »großen« Träumen wird auch von Naturvölkern getroffen. Große Träume haben Medizinmänner und Häuptlinge, sie bedürfen eines entsprechenden kulturellen Umfeldes, um zu entstehen. Bei etlichen afrikanischen Stämmen hörten große Träume in dem Moment auf, in dem die Autorität der Engländer an die Stelle der zu befragenden Götter trat.

Große Träume haben Pharaonen und babylonische Könige, große Träume hat jeder von uns in wichtigen Situationen. Es sind Träume, die vielleicht immer wiederkehren, die man im Gedächtnis behält, die eine wichtige Bedeutung haben, die eine Entwicklung anzeigen. Die vollständige Deutung dieser Träume setzt beim Deutenden eine gewisse Vorbildung voraus, damit er im Traum mehr erkennt als einen reinen Kompensationstraum.

> »Ich habe oben erwähnt, dass die Traumdeutung nebst anderem auch ein spezifisches Wissen erfordere. Während ich es einem intelligenten Laien mit einigen psychologischen Kenntnissen, einer gewissen Lebenserfahrung und Übung durchaus zutraue, die Traumkompensation praktisch richtig diagnostizieren zu können, halte ich es für ausgeschlossen, dass jemand ohne Kenntnisse auf mythologischem und folkloristischem Gebiet, ohne ein Wissen um die Psychologie der Primitiven und um die vergleichende Religionswissenschaft das Wesen des Individuationspro-

> zesses versteht, der nach allem, was wir wissen, der psychologischen Kompensation zugrunde liegt.«[81]

Jung hat nämlich festgestellt, dass in Träumen des Individuationsprozesses eine Besonderheit durchgehend erkennbar ist, die sie von allen anderen Träumen unterscheidet: Es kommen in ihnen symbolische Gebilde vor, die uns auch in der Geschichte des menschlichen Geistes begegnen, mythologische Motive beziehungsweise Mythologeme, die Jung als Archetypen bezeichnet hat.

> »Darunter sind spezifische Formen und bildmäßige Zusammenhänge zu verstehen, die sich in übereinstimmender Form nicht nur in allen Zeiten und Zonen, sondern auch in den individuellen Träumen, Phantasien, Visionen und Wahnideen finden. Ihr häufiges Vorkommen in individuellen Fällen sowohl wie ihre ethnische Ubiquität beweisen, dass die menschliche Seele nur zu einem Teil einmalig und subjektiv oder persönlich ist, zum anderen aber kollektiv und objektiv.«[82]

Die Archetypen verdanken ihre Entstehung der angeborenen Neigung des menschlichen Geistes, mythische Vorstellungen zu bilden. Da sie in der biologischen Stammesentwicklung sehr alt sind, sind Archetypen allen Menschen gemeinsam. Wie alt sie sind, zeigt sich darin, dass sie sich in Form von Bildern, von Symbolen äußern und zudem allen Völkern gleich sind: Sie müssen sich vor der Entstehung der Sprache entwickelt haben. Wie eine Erbanlage sind sie in der menschlichen Psyche angelegt und führen dazu, dass sie zeit- und kulturübergreifend in ähnlichen Situationen immer wieder ähnliche Vorstellungen erzeugt, immer wieder ähnliche Symbole bildet.

Aufgrund seiner Forschungen auf dem Gebiet der vergleichenden Religionswissenschaft, der Mythologie und der Alchemie (1944 erschien sein Buch »Psychologie und Alchemie«) kam Jung zu der Vortellung vom kollektiven Unbewussten. Es liegt gleichsam als tiefere dritte Schicht unter dem Bewusstsein und dem bewusstseinsnäheren persönlichen Unbewussten.

Die großen, bedeutungsvollen Träume entstammen dieser tieferen Schicht des kollektiven Unbewussten. Solche Träume ereignen sich meist in entscheidenden Lebensabschnitten: in der frühen Kindheit, in der Pubertät, in der Midlife-Crisis oder angesichts des Todes. Die Motive, die in diesen Träumen auftreten, haben kaum noch etwas mit den persönlichen Erfahrungen des

81 Jung, Vom Wesen der Träume (1945), abgedruckt in C. G. Jung, Traum und Traumdeutung, Deutscher Taschenbuch Verlag, München 1990, S. 142

82 Jung a. O. S. 142

Auch das Christliche Kreuz, hier ein schönes schmiedeeisernes Kreuz aus Süddeutschland, ist ein uraltes archetypisches Symbol, das sich in dieser hier gezeigten Form dem Mandala anlehnt.

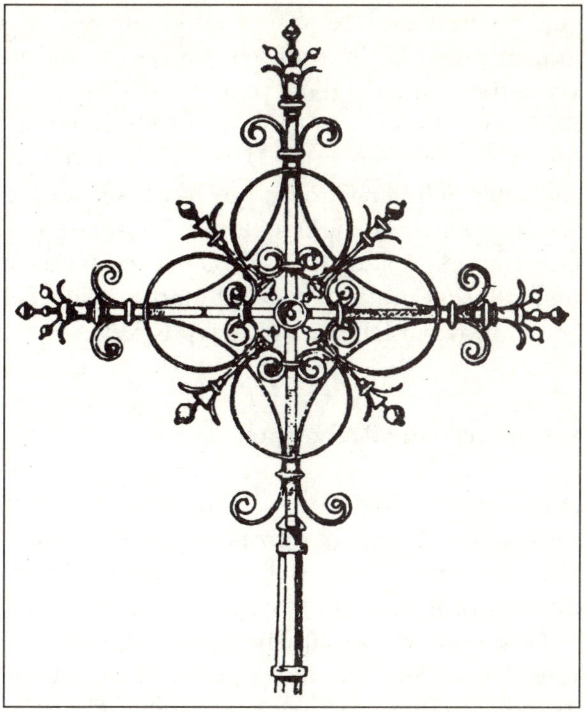

Träumers zu tun, sondern sind allgemeinere Ideen, Symbole von außerzeitlicher Bedeutung.

Haben Sie schon einmal von einer großen Schlange geträumt, die in einem unterirdischen Gewölbe einen goldenen Schatz bewacht? Nein? Ich auch nicht. Aber das wäre ein solcher Jung'scher Archetypus. Das Motiv der Schlange mit dem Schatz, der der jugendliche Held in einer Bewährungsprobe gegenübertreten muss, kommt in vielen Märchen und Mythen verschiedener Völker vor. Dabei geht es – grob vereinfacht – um die Erkenntnis des Lebensinhalts in der Lebensmitte. Ein solcher Traum bedient sich kollektiver Figuren und Ausdrucksmittel, weil er nicht eine persöniche, auf ein Individuum beschränkte Erfahrung wiedergibt, sondern ein sich ewig, unendlich wiederholendes, allgemein menschliches Problem schildert.

Andere Archetypen sind das Einhorn, der Drache, der Weise, die Tiermenschen, verborgene Schätze, Wunschbäume, Brunnen, Höhlen, ein ummauerter Garten und vieles mehr. Einige werden wir näher kennen lernen.

Doch vorher sei noch ein Missverständnis ausgeräumt: Unter dem Begriff Archetypus wird oft ein bestimmtes, scharf umrissenes mythologisches Motiv verstanden. Das ist jedoch nicht gemeint, denn dies wären »bloße Vorstellungen, ... und es wäre absurd zu glauben, dass solche veränderlichen Vorstellungen vererbt sein könnten. Im Gegenteil ist der Archetypus eine Tendenz, Vorstellungen zu erzeugen, die sehr variabel sind, ohne ihr Grundmuster zu verlieren.« Es ist streng zwischen Motiv (zum Beispiel »feindliche Brüder«) und Vorstellungen oder Darstellungen davon zu unterscheiden (*Kain und Abel* oder Schillers *Räuber*, um nur zwei Beispiele zu nennen). »Es läßt sich«, so Jung weiter, »lediglich als eine Tendenz zu dieser Art Vorstellungsbildung beschreiben. Als solche stellt sie eine Erbanlage der menschlichen Psyche dar und läßt sich praktisch überall und zu allen Zeiten antreffen. Dieses Motiv ist gemeint, wenn ich von Archetypus rede.«

Die Sprache der Archetypen

Archetypische Bilder verwirren den Träumer meist beträchtlich. Denn einerseits treten sie nur in »großen« Träumen auf, also in Träumen, an die man sich erinnert oder die sich wiederholen, andererseits aber entstammen sie oft überhaupt nicht dem bewussten Erfahrungsschatz des Träumers.

Jung schildert ausführlich den Fall eines zehnjährigen Mädchens, das seinem Vater ein Heft mit eigenen Traumschilderungen schenkte. Es waren Träume, in denen Motive wie Wiedergeburt, Tod, Transformation, Ursprung der Welt oder Erneuerung eine bedeutende Rolle spielten. Alle Träume begannen mit »Es war einmal ...«, und die Träumerin war ein durch und durch aufrichtiges, wahrheitsliebendes Kind. Zum Zeitpunkt des Träumens war sie acht Jahre alt gewesen.

Bemerkenswert oder beunruhigend an diesen Träumen war, dass sie voller Symbole und Motive steckten, die das Kind nachweislich nicht aus eigener Erfahrung kennen konnte. Die Wiederherstellung der Ordnung am Ende der Welt etwa, die in vielen Religionen in mystischer Form und stark allegorischen Bildern auftaucht, war dem Kind weder aus dem Religionsunterricht noch von Bildern bekannt. Jung schreibt, nachdem er die Symbole und ihre Herkunft genauer analysiert hat:

> »Wäre die Träumerin ein primitiver Medizinmann gewesen, so würde man wohl in der Annahme nicht fehlgehen, dass sie Variationen über das philosophische Thema Tod, Wiederauferstehung oder Wiederherstellung, Ursprung der Welt, Erschaffung des Menschen und Relativität der Werte ... darstellen.«

Den Schluss, die Träumerin könne in einem früheren Leben ein »primitiver Medizinmann« gewesen sein, zieht Jung nicht. Er deutet ihre Träume als archetypische große Träume, wie sie in der Pubertät, der Midlife-Crisis oder einer todesnahen Situation auftreten. – Bald nachdem sie die Schilderungen ihrer Träume dem Vater zum Geschenk gemacht hatte, starb die Tochter.

Wenn uns Träume solcher Art mit Elementen konfrontieren, die nicht nur im täglichen Leben unmöglich sind, sondern die uns auch im tatsächlichen Leben nie zuvor begegnet sind und die uns in das »Reich von Mythos und Magie« führen, ist das direkt ein Anzeichen dafür, dass wir uns in der Welt der Archetypen befinden. Tiere, die sprechen, Bäume, die sich verwandeln, tödliche Wunden, die nicht zum Tode führen – all dies gehört hierher. Der Traum kann in einer historischen oder mythologischen Umgebung angesiedelt sein, die weit von der realen Welt des Träumenden entfernt ist. Oft vermittelt er unterschwellig ein Gefühl von Wichtigkeit, welches dazu führt, dass wir in ihm eine Art Erleuchtung, Warnung oder übernatürliche Hilfe sehen. Jung sprach davon, dass archetypische große Träume eine »kosmische Eigenschaft« besäßen, ein Gefühl zeitlicher oder räumlicher Unendlichkeit, das von Traumerlebnissen ausgelöst wird, in denen man in irgendeiner Form eine atemberaubende Erweiterung des Seins erfährt, sei es, dass man kometengleich durch den Weltraum schwebt, in rasender Geschwindigkeit über die Erde schwebt oder seine Körpergrenzen verliert.

Magische Reisen sind in vielen archetypischen Träumen notwendig, ob es um die Suche nach dem Heiligen Gral, nach dem Schatz des Drachen oder nach der Jungfrau geht, die vor dem Ungeheuer zu retten ist. Oft kommt es zu einer nächtlichen Seefahrt, die von einem Monster gefährdet wird. Wenn der Held das Monster von innen her besiegt, ihm entkommt und festes Land erreicht, symbolisiert dies meist seinen erfolgreichen Versuch, aus den Tiefen des Unbewussten Lebensenergie zurückzuholen und sein bewusstes Verhalten selbst in die Hand zu nehmen. Die Elemente der Erzählung, die hier auftreten, symbolisieren üblicherweise eine Reise ins eigene Unbewusste, wo der Träumer voneinander getrennte Teile der Seele findet und zu verbinden sucht, um zu einer seelischen Ganzheit zu gelangen.

Wichtig ist auch das häufige Motiv des Untergehens und Wiederauftauchens, sei es in Form einer Taufe, einer Höhlenbegehung oder in Form des Phönix, der aus der Asche aufsteigt. Stets geht es dabei um rituelle Initiation, ein Ablegen der Vergangenheit, einen Aufbruch zu einem neuen Leben, zu einer gestalteten Zukunft.

Mir fällt zu diesen Reisen eine köstliche Schilderung eines großen Traums ein, die voller Archetypen steckt, aber von einem so ironisch-abgehobenen Standpunkt aus erzählt wird, dass die Haltung des Erzählers zu seinen Erlebnissen nur an ganz wenigen Stellen zu ahnen ist. Mark Twain schildert den Fall eines Mannes, der im Zuge einer Rauferei bewusstlos geschlagen wird

Mandalas wie dieses lassen sich mit einfachen Mitteln selbst anfertigen. Derzeit ist es in Schulen große Mode, die Kinder solche Mandalas ausmalen zu lassen. Es bringt sie zur Ruhe und einer entspannten Konzentration. Probieren Sie es ruhig aus!

und sich bei seinem Aufwachen in einer Welt der gelebten Archetypen wieder findet. Als der »Yankee an König Artus' Hof« ausziehen muss, um ein Ungeheuer zu bekämpfen, muss ihn die ständig plappernde Jungfrau auf seinem Pferd begleiten ...

Den Tod bedeutet es, wenn man von einem *Schimmel* träumt.
(Deutscher Aberglaube)

Ein Archetypus, der heute geradezu boomt, ist das Mandala. Es handelt sich dabei um ein Symbol aus dem asiatischen Raum, um eine symbolische Zeichnung, die die Vereinigung von Kreis und Quadrat zum Thema hat und sehr unterschiedliche Ausformungen finden kann. Sie dient vielfach als Zentrum von Meditationen, die die Selbstwerdung zum Ziel haben.

Einige Archetypen, die immer wieder auftreten, werden im Folgenden geschildert.

Der Schatten

»Eine Dame, die viel von ihrem intelligenten psychologischen Verständnis hielt, träumte immer wieder von einer Frau, der sie gelegentlich auf Gesellschaften begegnete. Sie konnte diese Frau nicht leiden und hielt sie für eitel, unehrlich und intrigant. Sie wunderte sich, warum sie von einer Person, die ihr selber so unähnlich war, auf eine freundschaftliche, intime, ja schwesterliche Weise träumen sollte. Der Traum wollte offenbar darauf hindeuten, dass sie von einem unbewussten Charakter wie dem der Frau ›beschattet‹ wurde. Da sie von sich selber eine ganz bestimmte Vorstellung hatte, war sie sich ihres eigenen Machtkomplexes und ihrer eigenen unlauteren Motive nicht bewusst. Mehr als einmal hatten diese unangenehme Situationen heraufbeschworen, die aber immer anderen Leuten zugeschoben und nie auf ihre eigenen Machenschaften zurückgeführt wurden.«

Der Schatten ist für Jung »dasjenige, was eine Person nicht sein möchte«. Er ist unsere primitive, instinktive Seite, die wir gern unterdrücken und aus unserem Bewusstsein verdrängen. In einem Augenblick der Unachtsamkeit jedoch bricht der Schatten unvermittelt hervor. Verborgen unter dem Firnis unserer Zivilisiertheit zeigt sich der Schatten in den selbstsüchtigen, gewalttätigen, oft brutalen Handlungen von Individuen, Gemeinschaften und Nationen. Er nährt sich von Habgier und Angst und kann nach außen als der Hass projiziert werden, der Minderheiten zu Sündenböcken macht und sie verfolgt.

In Träumen tritt der Schatten meist als gleichgeschlechtliche Person auf, die oft alptraumhaft sein kann und fast immer unverwundbar ist. Unser Schatten kann uns verfolgen oder uns mit Dingen konfrontieren, die wir nicht sehen wollen. Der Schatten löst in uns starke Angstgefühle, Zorn oder moralische Entrüstung aus. Doch Jung weist darauf hin, dass es im Traum (wie übrigens auch im Horoskop) kein Gut und Böse gibt. Der Schatten ist nicht an sich böse, sondern nur ein wenig minderwertig, primitiv, unangepasst und unbeholfen. Er entstammt einer ursprünglicheren, unzivilisierten Welt und handelt nach deren Spielregeln.

Wenn er erscheint, ist das oft ein Hinweis darauf, dass wir ihn nicht übersehen sollten. Als Teil von uns sollten wir ihn nicht nur akzeptieren, sondern auch integrieren lernen. Eventuell sind größere moralische Anstrengungen nötig, damit sich der Träumer mit seinen dunklen Energien versöhnt.

Die Persona

Ist der Schatten unsere negative, dunkle Seite, so steht die Persona für unser vorgebliches Ich, für unsere Schokoladenseite, von der wir gern hätten, dass die Welt sie und nur sie von uns wahrnimmt. Als Schutz ist sie nützlich, doch wir sollten nicht den Fehler machen, sie mit unserem wahren Selbst zu verwechseln.

Die Persona kann als Vogelscheuche erscheinen, als Landstreicher, als einsame Landschaft oder auch durch das Gefühl dargestellt werden, dass wir gesellschaftlich geächtet werden. Sind wir im Traum plötzlich nackt, so kann das symbolisieren, dass uns unsere Persona abhanden gekommen ist.

Der oder die weise Alte

Als Symbol für die Urquelle des Wachstums und der Vitalität, die sowohl heilen als auch zerstören kann, die anziehen oder abstoßen kann, steht der weise alte Mann oder die weise alte Frau. Er vermittelt das Gefühl, dass der Träumer einen höheren Bewusstseinszustand zu erreichen vermag.

Im Traum tritt dieses quasigöttliche Wesen als Magier, als Arzt, Professor, Priester, auch als Vater auf, als Fee, Heilerin oder Ahnin. Jung bezeichnete dieses Wesen als Mana-Persönlichkeit, und es heißt, er habe eine lebenslange Beziehung zu seiner eigenen Mana-Persönlichkeit, seinem »Philemon« gepflegt, mit der er sich immer wieder unterhielt.

Die Figur des Merlin, des Zauberers an der Schwelle zwischen Heidnischem und Christentum, hat Künstler und Literaten gleichermaßen fasziniert. Hier die Fassung von Aubrey Beardsley.

Der Narr

Der Narr ist der klassische Antiheld. Wie der Gott Hermes (dessen Weisheit in der Person des Hermes Trismegistos zur Begründung der Alchemie und der Astrologie führte), ist der Narr zwiespältig. Hermes war zugleich Gott der

Diebe und Kaufleute, änderte ständig seine Gestalt und war stets zu boshaften Scherzen bereit. Er spielt uns Streiche, witzelt über unseren Ehrgeiz, unsere hehren Ziele und Fehleinschätzungen, ist ungezähmt, unmoralisch und anarchisch.

Im Traum erscheint er als Clown oder als Schelm – Till Eulenspiegel, der Hofnarr und vor allem der Harlekin der Commedia dell'Arte sind seine Darstellungen. Er macht sich über unsere Eitelkeiten, besonders über die Persona lustig. Er ist aber auch die finstere Gestalt, die unsere ehrgeizigen Pläne durchkreuzen kann, uns unsere Freude im Traum verdirbt oder uns auslacht. Positiv ausgedrückt, wirft er uns immer wieder auf den Kern der Sache und unsere eigentlichen Ziele und Aufgaben zurück.

Animus und Anima

Wohl die berühmtesten und am häufigsten zitierten Jung'schen Archetypen sind Animus und Anima. Keine Angst: Sie werden nur einem davon in ihren Träumen begegnen. Sind Sie eine Frau, so wird es der Animus sein, die männliche Seite Ihrer Persönlichkeit. Sind Sie ein Mann, so ist es die Anima, die die weibliche Seite Ihrer Persönlichkeit verkörpert.

Jeder von uns trägt das gesamte menschliche Potential, also männliche und weibliche Anlagen, in sich. Das geht nicht nur aus Jungs Forschungen zur vergleichenden Anthropologie und Kulturwissenschaft hervor, sondern auch aus klinischen Experimenten. Die männliche Seite in der weiblichen Persönlichkeit, das sind Stimmungen, Anlagen, Impulse, Reaktionen, Verpflichtungen, Überzeugungen, Inspirationen, eben die Arten des Zugangs zur Welt, zu anderen Menschen, zu sich selbst. Der Satz: »An diesem Mädchen ist ein Junge verloren gegangen« beschreibt diese Ebene, wenn sie nach außen sichtbar wird.

Die Anima erscheint in der mythischen Form einer schönen, idealen Göttin, als Venus, Athena oder Helena, der Animus umgekehrt als Apoll, Hermes oder Herakles.

Wenn Animus oder Anima in Ihren Träumen auftreten, ist das typischerweise ein wichtiger Hinweis darauf, dass Sie die männlichen und die weiblichen Teile in Ihrer Persönlichkeit zu einem Gesamten verbinden müssen. Der Umgang gerade mit diesen Archetypen drückt sich sehr lebendig in unserem Leben aus: Wo es uns nicht gelingt, diesen Partner in unser Bewusstsein zu integrieren, wird er leicht besitzergreifend, und dann beherrschen Wesenszüge des anderen Geschlechts unser Verhalten.

Noch eine weitere Folge hat es, wenn man diese Archetypen ignoriert: Es führt leicht zu einer Suche nach einem idealisierten Liebespartner. Und mit

Das Ideal des Menschseins ist die Verbindung männlicher und weiblicher Züge in einer Person, die Integration des Animus bei Frauen, der Anima bei Männern. In der Figur des Androgyn findet dieses Ideal seinen bildhaften Ausdruck.

diesem setzt dann ein Prozess ein, der in den neun Offenbarungen von Celestine sehr treffend beschrieben ist: Wer nicht in der Lage ist, sein eigenes anderes Geschlecht (seinen Animus resp. seine Anima) zu integrieren, versucht, seinen Bedarf an gegengeschlechtlicher Energie in einer Liebesbeziehung zu stillen.

> »Wir sehen aus wie der Buchstabe C. Wir sind ausgesprochen angezogen von Personen des anderen Geschlechtes, die ebenfalls Halbkreise darstellen und sich mit uns vereinen wollen, um so endlich einen Kreis zu bilden – und uns eine enorme Zufuhr an Euphorie und Energie zu verschaffen ... Das Problem mit dem nun entstandenen O, der vermeintlich kompletten Person, besteht darin, dass es zwei unterschiedliche Menschen braucht, um sie zu erschaffen; einer liefert die weibliche Energie, der andere die männliche. Diese eine Person verfügt konse-

Erst die christliche Interpretation macht aus Venus den Inbegriff von sündhafter Weiblichkeit. Als Archetypus repräsentiert sie eine der Möglichen Erscheinungsformen der Anima.

quenterweise über zwei Köpfe beziehungsweise Egos. Beide wollen die eine Person, die sie ja erschaffen haben, dirigieren. Genau wie in der Kindheit wollen beide das Kommando über den anderen haben, als handele es sich bei ihm um ihre eigene Person. Die Illusion, ein Ganzes zu sein, bricht bei den folgenden Machtkämpfen gewöhnlich völlig zusammen. Am Ende wird jeder den anderen als höchst gewöhnlichen Menschen betrachten und sogar versuchen, ihn zu schwächen, damit das angeblich vollständige Selbst in die gewünschte Richtung gelenkt werden kann. Natürlich funktioniert das nicht, wenigstens heutzutage nicht mehr. In der Vergangenheit mag einer der Partner willens gewesen sein, sich unterzuordnen – gewöhnlich die Frau, manchmal auch der Mann. Doch jetzt sind die meisten aufgewacht, und kaum jemand möchte den Unterworfenen spielen.«[83]

83 James Redfield, Die Prophezeiungen von Celestine. Ein Abenteuer. Wilhelm Heyne Verlag, München 1994, S. 242 f.

Die große Mutter

Die große Mutter als Archetypus steht für die Instanz, die Wachstum und Fruchtbarkeit fördert, zugleich aber verschlingt und Besitz ergreift. Sie ist die Erdmutter, Gaia, aus der die Götter hervorgehen, aus der die Fruchtbarkeit der Felder entsteht, die Erntebringerin, die Quelle alles Lebens. Sie steht für die weibliche Kraft und das »Ewigweibliche«.

Im Traum erscheint sie vielleicht als Himmelskönigin, als Gorgo Medusa, als Lilith, als Hexe, als weibliche Kraftgestalt.

Es ist interessant, dass Freud von dieser Figur im Reigen der Archetypen nicht viel hielt. Für ihn spiegelte sie die Beziehung des Träumenden zur eigenen Mutter und damit das Thema Eifersucht und Ödipus- oder Elektrakomplex, je nach dem Geschlecht des Träumenden.

Die Gorgo Medusa galt im griechischen Mythos als Ungeheuer mit Schlangenhaar, dessen Blick versteinert. Hier ein Stich nach einer antiken Schale im Museum in Neapel.

Vom Nutzen der Traumdeutung

Kurz vor seinem Tod beklagte Jung, dass viel Energie auf die Erforschung der Natur, aber nur wenig Aufmerksamkeit auf das Wesentliche am Menschen, auf seine Psyche, verwendet wurde. Die Erforschung der Symbole lag ihm stets besonders am Herzen. Sie hatte ihn selbst zu dem Schluss geführt, dass Träume und ihre Symbole keineswegs barer Unsinn seien. Sie lieferten im Gegenteil wesentliche Informationen. Mit der Welt des Habens, wie sie Erich Fromm beschrieb, haben diese nur höchst wenig zu tun.

Die Bedeutung der Traumsymbole lag für Jung auch darin, dass sie Fragen wie die nach dem Sinn des Lebens beantworten können. Wie sehr wir solche Antworten in Gestalt allgemeiner Ideen und Überzeugungen benötigen, liegt auf der Hand:

> »Der Mensch kann die unglaublichsten Nöte durchstehen, wenn er von ihrem Sinn überzeugt ist, und er fühlt sich vernichtet, wenn er zusätzlich zu seinem Missgeschick auch noch zugeben muss, dass, was er tut, sinnlos ist.«

Sicher fallen auch Ihnen genug Beispiele hierzu ein. Jung zitiert Paulus: Hätte er sich selbst nur als fahrenden Teppichweber gesehen, so wäre er nicht er selbst gewesen. Die Gewissheit, in Gottes Auftrag zu handeln, verlieh seinem Leben Sinn und ihm selbst Größe und Standvermögen (Ähnliches gilt sinngemäß für alle Märtyrer). Besonders die religiösen Symbole erfüllen diesen Zweck, dem menschlichen Leben Sinn zu verleihen. Das Kreuz der Christen ist ein vielfältiger Ausdrucksträger, der Phallus oder Lingam der Hindus ist ganz ohne erotisch-schwülstige Anspielung ein geradezu allumfassender Bedeutungsträger.

Dabei ist es völlig belanglos, ob das Weltprinzip als männlicher Vatergott und damit Geist oder als weibliche Muttergöttin und damit Materie bezeichnet wird. Wichtig ist, dass es sich bei ihnen um numinose Symbole handelt, also im weitesten Sinne göttliche, geistige Symbole. Wenn sie ihrer Numinosität entkleidet werden, hat das schwerwiegende Verluste zur Folge: Unser Lebenssinn, unsere Gesellschaftsordnung gehen verloren. Bei Naturvölkern ist zu beobachten, was geschieht, wenn die wichtigen Männer (Medizinmann, Häuptling) keine »großen« Träume mehr haben: Sie lösen sich auf und verfallen allmählich.

Die emotionale Energie aber, die an numinose Symbole gebunden war, verschwindet im Unbewussten, wo sie willkürlich irgendwelche Tendenzen belebt und aktiviert, die ansonsten keine Gelegenheit zur Entfaltung bekommen hätten. »Selbst solche Tendenzen, die einen höchst heilsamen Einfluss ausüben könnten, verwandeln sich in wahre Dämonen, wenn sie verdrängt werden«, schreibt Jung wörtlich. Und er fügt hinzu: »Deshalb haben viele wohlmeinende Leute sehr zu Recht Angst vor dem Unbewussten und nebenbei auch vor der Psychologie.«

Das Schwergewicht auf Naturwissenschaften, das bis vor kurzem unsere Gesellschaft und bis heute die Wissenschaftsförderung unserer Gesellschaft beherrschte, ist auf uns alle nicht ohne Folgen geblieben. Der Donner ist nicht mehr die Stimme Gottes, der Blitz übt nicht mehr Zeus' Rache, in Bäumen und Quellen wohnen keine Nymphen mehr, Schlangen sind nicht mehr die Verkörperung der Weisheit, Berge werden nicht mehr von Dämonen bewohnt. Pflanzen und Tiere sprechen nicht mehr zu uns, unsere direkte Kommunikation mit der Natur ist im Unbewussten versunken. Wir sprechen von Geistern, doch wir rufen sie damit nicht mehr machtvoll herbei – und wenn sie doch kommen, wissen wir nicht so recht, was wir mit ihnen anfangen sollen. Oder es geht uns wie Goethes Zauberlehrling: »Die ich rief, die Geister, werd' ich nun nicht los.«

Nun, inzwischen wird wieder getrommelt, gechantet und getanzt, und moderne Hexen, Erleuchtete und Abergläubische üben sich wieder im Umgang mit der Welt der Geister und Naturgewalten. Und sofern sie Steine nicht nur deshalb mit nach Hause tragen, weil Luisa Francia das auch so macht, sind sie wichtige Träger eines Wissens, das früher allen vertraut war.

Früher lebte man Symbole, ohne über sie nachzudenken: Manche Naturvölker begrüßten den Sonnenaufgang, indem sie in die Hände spuckten und diese dann ins Licht hielten. Damit verliehen sie ihren Händen magische Wirkung. Nichts anderes tun die Abergläubischen unter uns, wenn sie gestolpert sind: Indem sie danach zurückgehen und an die Stelle spucken, an der sie gestolpert sind, bannen sie mit ihrer magischen Kraft das Unheil. Christus verwendete Speichel in ganz ähnlichem Sinn, um den Blinden zu heilen. Und Sie? Kennen Sie das nicht auch? Ein Kind stößt sich an der Tischkante und kommt heulend angelaufen, meist mehr vom Wunsch nach liebevoller Beachtung als vom Schmerz getrieben. Ich habe jahrelang etwas Spucke auf die Stelle gegeben und darüber geblasen, weil ich an den kühlenden Effekt dachte, den die Verdunstungskälte auf die Schmerzrezeptoren in der Haut ausüben würde. Dass ich damit auch banne und wegblase, war mir lange Zeit nicht in den Sinn gekommen.

Unsere Kommunikation mit der Natur findet über physikalische Gesetze statt. Wir brauchen die Bestätigung, dass das, was wir zum Zwecke einer

Immer wieder waren Künstler, Architekten wie Maler, von geometrischen symmetrischen Formen fasziniert. In dieser Illustration des 16. Jahrhunderts wird dieses Bild als »Figur des Geistes« bezeichnet.

Heilung oder Schmerzlinderung unternehmen, auch eine naturwissenschaftliche Berechtigung hat, um daran zu glauben. Anders können nur noch die wenigsten von uns mit der Natur im weitesten Sinne umgehen.

Diesen Verlust der direkten Kommunikation mit der Natur kompensieren Traumsymbole. Sie bringen unsere ursprüngliche Natur mit ihren Instinkten und eigentümlichen Denkweisen wieder zum Vorschein. Dass sie sich in der Sprache der Natur ausdrücken, erleichtert das Verständnis zwar nicht gerade, liegt aber in der Natur der Sache. Der heutige Mensch jedenfalls zeigt sich auch in seinen Träumen als gewachsenes Ergebnis seiner Geschichte, seiner Geistesentwicklung während der letzten Jahrtausende. Nebeneinander existieren wissenschaftliche Skepsis all den Dingen gegenüber, die man nur erahnen kann, alte Vorurteile und Traditionen, überlieferte Denk- und Gefühlsmuster, Aberglauben und Unwissenheit – eine wahrlich kuriose Mischung!

Damit kommen wir nochmals auf die Probleme einer verantwortungsbewussten Traumdeutung zurück. Jung nennt das Beispiel der Zahl 13. Ehe man sie als Unglückszahl deutet, sollte man unbedingt herausfinden, welchen Stellenwert sie für den Träumer haben. Wenn er sie selbst als Unglückszahl deutet, empfindet er die Situation, in der sie auftritt, als unangenehm. Ist sie ihm aber gleichgültig und macht er sich höchstens über den »Aberglauben« anderer lustig, der sich an diese Zahl knüpft, so ist ihr nichts Numinoses geblieben, sie ist für ihn ein neutraler Informationsträger.

Es hätte Jung vielleicht gefreut zu erfahren, welchen Aufschwung die Schlafforschung bald nach seinem Tod genommen hat und dass sie zu »wissenschaftlichen« Resultaten geführt hat, die erhellendes Licht auf den unbekannten, uralten Teil der Psyche warf, jenem Teil, der »uns jede Nacht seine Signale« sendet, wie Jung selbst es formulierte.

Archetypen in den Träumen sind als Boten aus den Tiefen der Psyche besonders aussagefähig. Sie bringen urmenschliche Erfahrungen zum Ausdruck, die in einer langwierigen Psychoanalyse oft nur schwer an die Oberfläche des Bewusstseins zu heben sind. Über die Archetypen und das kollektive Unbewusste treten wir vielleicht in Bereiche ein, die jenseits unserer dreidimensionalen Alltagswelt liegen. Dafür könnte man sogar einige Theorien der modernen Mathematik und Physik anführen. Wer das nicht von vornherein ausschließt, gelangt durch die Deutung der Archetypen möglicherweise zu tiefen, erschütternden Erfahrungen. Wer sich nicht darauf einlassen mag, dem ist es unbenommen, sie als zu esoterisch, zu wenig handgreiflich abzulegen.

In James Redfields »Prophezeiungen von Celestine« feiern Jungs Archetypen fröhliche Urständ. Jung wird zwar im dazugehörigen Arbeitsbuch nicht genannt, steckt aber unverkennbar dahinter, wenn es heißt:

»Traumstudien zufolge unterteilen sich Träume in solche mit persönlicher Konnotation und solche, die das kollektive Unbewusste reflektieren. Zu den letzteren gehören die Träume, in denen für die Menschheit bedeutende Führer auftreten, und solche, die auf Strukturveränderungen für die Menschheit hinweisen. Während eine kritische Masse von Menschen mehr und mehr Erfahrungen mit spirituellen Bereichen sammelt, besteht die Möglichkeit, dass Träume verstärkt zum Träger von lichterfüllten Archetypen werden, die auf diese Weise in das kollektive Bewusstsein dringen.«[84]

Traumdeutung für jedermann oder: Träume ohne Psychoanalyse

Die Traumdeutungen von Freud stießen wegen ihrer Einseitigkeit auf zunehmende Kritik. Immer mehr Patienten fühlten ihre Träume gewaltsam über einen Kamm geschoren, nur damit er in die Deutungskriterien der Freud'schen Schule hineinpasste. Und immer mehr Patienten erkannten, wie die Wünsche und Vorstellungen ihres Therapeuten in die Traumdeutung hineinspielten und damit die Mitteilungen ihres Unbewussten verfälschten oder doch in bestimmter Weise filterten. Wo Interpretationen aber zur Vergewaltigung des Traums wurden, konnten sie nur Schaden anrichten.

Jungs Art der Traumdeutung setzte weitgehende mythologische Kenntnisse beim Patienten voraus – etwa solche, wie sie auf der Basis seines eigenen breiten Horizonts europäischer Bildung vorausgesetzt werden konnten. Eben diese Voraussetzung aber erfüllten und erfüllen immer weniger Menschen.

Jung selbst hatte eigenen Aussagen zufolge keine Theorien über Träume, und er wisse auch nicht, wie diese entstehen. – Dass Jung hier sein Licht ein wenig unter den Scheffel stellt, werden wir im Folgenden sehen. – Er bezweifle sehr, dass seine Art, Träume zu behandeln, überhaupt die Bezeichnung »Methode« verdiene. Traumdeutung aus Ungewissheit und Willkür lehne er ab. Andererseits habe er die Erfahrung gemacht, dass Träume sinnvoll seien .

Eine der Folgen von Jungs Wirken bestand darin, dass er aus dieser Erkenntnis die Konsequenzen zog und auch Nichtpsychologen einen Zugang zur Deutung ihrer Träume anbot. Er riet allen seinen Patienten und Lesern, über ihre Träume nachzudenken, bis sie eine Deutung gefunden hätten. Die

84 James Redfield, Carol Adrienne, Das Handbuch der zehnten Prophezeiung von Celestine. Wilhelm Heyne Verlag München, 1997, S. 82

Methode, die er dazu verwendete, war die des inneren Dialogs. Der Träumer sollte sich mit einer seiner Traumfiguren unterhalten. Dabei findet eine stärkere Identifizierung und ein genaueres Hinsehen statt, als wenn der Traum nur zusammenhängend einem Fremden, und sei er ein noch so sorgfältig ausgebildeter neutraler Beobachter, erzählt würde.

Der amerikanische Traumforscher Calvin Hall machte etwas, was manchmal sehr fruchtbar ist: Er trat einen Schritt zurück. Nachdem Freud und Jung zwar Wesentliches für die Bewertung der Träume und ihrer Rolle für den Menschen geleistet hatten, gab es dennoch einen kleinen methodischen Haken bei ihrer Traumanalyse: Sie hatten als Psychiater die Träume von Kranken untersucht und gedeutet. Es fehlte der Vergleich zu dem, was normal war. Niemand hatte bis dahin (ausgenommen vielleicht Artemidor) Träume von Gesunden systematisch gesammelt und ausgewertet. Das tat er. Halls »The Meaning of Dreams« (Die Bedeutung der Träume) erschien 1953. Es enthielt die Resultate der Auswertung von 10 000 Träumen »normaler Durchschnittsbürger«. Damit legte er das statistische Vergleichsmaterial vor, aus dem seither geschöpft wird. Die meisten Träume spielen an nahe liegenden Orten: in der Wohnung, im Auto, auf der Straße, in einem Laden, allerdings nur selten am Arbeitsplatz. Aggressivität, Besorgnis, Bedauern oder Zorn waren Emotionen, die wesentlich häufiger auftraten als Freude, Liebe, Geborgenheit und andere positive Gefühle. Die Personen, von denen der normale Durchschnittsbürger träumt, sind ebenfalls ihm nahe stehende, ganz normale Durchschnittsbürger und nur höchst selten Persönlichkeiten des öffentlichen Lebens.

Eigentlich ist das ernüchternd. Doch sagt das wirklich etwas über unsere Trauminhalte aus? Darüber, was jeder einzelne Traum für den Träumer bedeutet? Ich meine, nein. Ich stelle Ihnen im hinteren Teil dieses Buches etliche Träume vor, die sich in genau diesem »hausbackenen« Rahmen abgespielt haben. Und dennoch besagen sie für den Träumer sehr Wesentliches.

Hall kam angesichts seiner Fülle von Material zu dem Schluss, dass Träume wie ein Brief des Träumers an sich selbst sind. Ihr Ziel ist es keineswegs, den Träumer zu täuschen oder irrezuführen. Im Gegenteil: Träume enthüllen klar und ökonomisch (ein Argument, das im nächsten Abschnitt eine Rolle spielen wird) den gegenwärtigen Geisteszustand des Träumers. Der Traum tarnt keine Gedanken und entstellt sie auch nicht. – Das macht ihn ja gerade so erschreckend: Wenn ich von meinem Partner träume, er verwandle sich jedes Mal, wenn ich ihn etwas fragen will, in einen Esel, dann sollte ich unsere Beziehung einmal daraufhin abklopfen, ob sie meinen Anforderungen an Intellektualität entspricht. Vor allem mit den unendlich vielen verborgenen Phallussymbolen räumte Hall auf.

Von einem *Maultier* träumen bedeutet Ungemach und eine beschwerliche Reise.

(Deutscher Aberglaube)

Die gezählten 102 verschiedenen Traumsymbole, die als Tarnungen für den Penis in der psychoanalytischen Literatur angegeben werden, machen sich selbst lächerlich. Dagegen kannten Freud und Schüler »nur« 95 Vaginasymbole. Wenn all diese Gegenstände, sobald sie auftauchen, nur Maskierungen für verbotene Sexualität wären, könnte man jede Traumdeutung bleiben lassen, denn dann ist das einzige Ergebnis ohnedies bekannt: Wir sind Sexualfetischisten. Dieses Ergebnis mag für die verklemmte Jahrhundertwende, für das Ende des Viktorianischen Zeitalters in England, etwas Aufregendes haben. Doch wir haben inzwischen vom Schulmädchen-Report bis zum Sex-Atlas in Schulen genug Verdrängungslösungen zu diesem Thema erlebt, sollte man meinen.

Auch Hall rät übrigens dazu, eigene Traumserien zu sammeln, ehe man sich an die Deutung der eigenen Träume macht. So lassen sich Überbewertungen unwichtiger Traummotive verhindern, so fallen offenbar wichtige Themen ganz von selbst ins »Auge«. Und er empfahl auch, dass sich psychisch Gestörte lieber in Begleitung eines Psychiaters an die Deutung ihrer eigenen Träume wagen sollten.

Der innere Dialog und die Gestalttherapie

Einen anderen Aspekt von Jungs Ansatz zur Beschäftigung mit Träumen griff Fritz Perls auf: den des inneren Dialoges. Perls (1893–1970) war geborener Österreicher, fast 20 Jahre jünger als Jung und wanderte in den vierziger Jahren nach Amerika aus. Sein Name ist mit der Gestalttherapie verknüpft. Bei ihr steht ein äußerst praktischer Aspekt im Mittelpunkt, nämlich die Klärung der Art und Weise, wie der Einzelne Tatsachen, Wahrnehmungen und Verhaltensweisen in seinem Leben organisiert. Sie will den Menschen helfen, ihr Leben und ihre Persönlichkeit als Ganzes zu sehen und zu diesem Ganzen zu finden. Daher lehnt er auch die langwierige Einzeltherapie ab und arbeitete mit intensiven Kurzzeittherapien oder Trainings, wie es so schön auf Neudeutsch heißt, die in kleinen Gruppen stattfinden. Auch unser Leben spielt sich in Gruppen ab, daher sei diese Form realistischer.

Das Jetzt und Hier steht wie bei Hall und Jung im Mittelpunkt der Träume. Ein Traumsymbol repräsentiert die Art und Weise, wie wir derzeit unser Leben gestalten. Verdrängte frühkindliche Neurosen sind auch hier kein Thema mehr. Neu ist die Methode, die Perls entwickelt hat, um sich der eigentlichen Aussage der Träume anzunähern. In seinen Gruppensitzungen forderte er den einzelnen Träumer auf, seine Traumbilder wie auf einer Bühne zu spielen. Der Träumer schlüpft dabei nacheinander in die Rolle der einzelnen Komponenten des Bildes, um ihre Bedeutung für sein Leben zu erfahren. Dabei spielt er Dialoge, möglicherweise mit einem Wechsel des Sitzplatzes verbunden, was zunächst fraglos komisch wirkt, aber sehr aufschlussreich sein kann. Die Rolle des Therapeuten besteht darin, darauf zu achten, welche Themen, welche Symbole, welche Rollen der Teilnehmer geschickt umschifft.

Ein Mann träumt, er habe auf einen Teppich uriniert.[85] Aufgefordert, einen Dialog daraus zu machen, erkundigt sich der Teppich zunächst leicht beleidigt, warum er das gemacht habe. Der Mann rechtfertigt sich, etwas von oben herab: Er habe den Teppich kaum bemerkt, der sei doch eh schon alt und zu nicht mehr viel nütze, und es sei doch nicht weiter schlimm. Woraufhin der Teppich beleidigt protestiert. Der Seminarleiter greift ein, der Teppich müsse überzeugender protestieren. Die therapeutische Wirkung besteht jetzt darin, dass der Mann der ganzen Gruppe überzeugend klarmachen muss, er lasse sich nicht länger bepinkeln. Dann kann er seine Vorzüge als Teppich überzeugt anpreisen und hat Selbstbewusstsein gewonnen.

Für die Redeweise des Mannes, die von oben herab aus dem »Eltern-Ich« stammt, prägte Perls die Bezeichnung »Topdog« (wörtlich »Oberhund«), für die des Teppichs, die weinerlich-beleidigte aus dem »Kind-Ich«, die Bezeichnung »Underdog« (»Unterhund«). Beide sind in jedem von uns vorhanden und prägen unser Verhalten in den erstaunlichsten Situationen. Achten Sie einmal bei sich selbst darauf, wann Sie ihren Topdog herauskehren, wann Ihr innerer Underdog sich nicht traut, sich überhaupt zu rühren. Das allein ist sehr aufschlussreich und kann von Ihnen allein zu Hause durch die Technik des inneren Dialoges erarbeitet werden. Darüber hinaus besteht die Aufgabe der Therapie darin, mit Hilfe der Gruppe die Macht des Topdogs zu brechen und dem Underdog zu erlauben, seine Bedürfnisse offen zu äußern, seine Wünsche ehrlich zu vertreten. Am Ende sollte etwas mehr an »Erwachsenen-Ich« dabei herauskommen, um die Transaktionsanalyse ein weiteres Mal zu bemühen.

Mit diesen Wegen zu einer Deutung des eigenen Traums ist das Diktat der Freud'schen Deutungsansätze gebrochen. Was bleibt, ist die Verantwortung für sich selbst. Oder gibt es die Archetypen vielleicht doch? Darüber erfahren Sie mehr im nächsten Kapitel, auch wenn es überhaupt nicht danach aussieht.

---

85 Ich entnehme dieses Beispiel Ann Faraday, Positive Kraft der Träume. Gondrom Verlag, Bindlach, 1996, S. 149

Teil III:

Auf dem Weg zu einer Biologie des Traums

Das Problem, zwischen Traum und Wachen zu unterscheiden, ist uralt. Angelo Branduardi macht in einem Lied den Traum des chinesischen Philosophen Zhuang-tse zum Thema, der träumte, er sei ein gelber Schmetterling. Oder träumte der gelbe Schmetterling, er sei ein alter Mann?

Der französische Philosoph und Mathematiker René Descartes (1596–1650) gibt sich dem gleichen Zweifel hin: Da er bisweilen ganz alltägliche Dinge träume, könne er bei der Verrichtung alltäglicher Dinge im Wachzustand niemals ganz sicher sein, ob er sie wach oder im Traum erlebe. Dass sich Traum und Wachsein nie ganz sicher unterscheiden ließen, mache ihn betroffen, und gerade diese Betroffenheit bestärke ihn beinahe in der Meinung, dass er träume.

Der englische Mathematiker und Philosoph Thomas Hobbes (1588–1679) stellte im Wachsein oft die Absurdität seiner Trauminhalte fest, dachte aber im Traum nicht über die Absurdität seiner wachen Gedanken nach. Daran könne er unterscheiden, ob er wach sei oder träume.

Arthur Schopenhauer (1788–1860) kommt zu dem Schluss, dass der Traum jedenfalls kein Phantasieprodukt sei, denn während des Traumes wie während des Wachens sei die Phantasie zusätzlich, also unabhängig vom Zustand disponibel. Eher könne man ihn als kurzen Wahnsinn (und den Wahnsinn als langen Traum) bezeichnen, denn wie der Wahnsinn unterscheide sich das Traumbewusstsein vom wachen Bewusstsein durch das Fehlen besonnener, zusammenhängender Rückerinnerung. Ansonsten stehen alle Geisteskräfte während des Traums zur Verfügung.

Von einer ganz anderen Denkrichtung her erklärte sich Immanuel Kant (1724–1804) die Notwendigkeit des Träumens. Der Traum ist notwendig, denn er stellt den Unterschied zwischen Schlaf und Sterben sicher. Beim Schlafen vergessen wir leicht zu atmen, wird die Bewegung des Herzens gehemmt und besteht die Gefahr eines Stillstands des Blutes. Indem uns ein Traum zu tiefem Atemholen oder zum Wechseln der Stellung veranlasst, verhindert er, dass im Schlaf unserem Leben unversehens ein Ende gemacht werde.

1990 erschütterte ein britischer Schlafforscher beim 10. Europäischen Kongress für Schlafforschung die Welt der Träumer mit der Meldung, dass Träume überflüssig seien. Zur Erholung des Körpers reichen vier Stunden Schlaf vollkommen aus, so James A. Horne, und die längeren Traumschlafphasen der zweiten Nachthälfte seien reiner Luxus, ein Relikt aus einer Art Schlaftrieb, dem wir uns willenlos hingeben.

Die Reaktion war ein allgemeiner Aufschrei des Protestes, gefolgt von einer Fülle an Gegenargumenten. Keineswegs kämen alle Menschen mit den vier Stunden Schlaf der ersten Nachthälfte aus, bei den meisten führte das zu

Müdigkeit, Abgespanntheit, Gereiztheit und Depressionen; Träume hätten anerkannte therapeutische Funktionen, lassen zum Beispiel nachweislich zuverlässige Rückschlüsse auf seelische Vorgänge zu; und nicht zuletzt müsse es einen Grund geben, aus dem die Natur dafür sorgt, dass alle höheren Tiere und Menschen träumen. Es gibt in der Natur nichts, was keinen biologischen Sinn hat. Allein deshalb kann diese Theorie nicht richtig sein. Doch nun endlich zu der Frage: Was ist am Traum biologisch, und wozu brauchen wir Träume?

Träume von Blinden

Sehen und Sehen ist nicht dasselbe. In der Antike waren die größten Seher blind. Sie hatten einen unmittelbareren Zugang zu den Göttern und konnten deren Botschaften vermitteln. Unter dem Eindruck des gerade Gehörten über die Entstehung des Bewusstseins und die vorbewusste Psyche macht dies neuen Sinn: Seher waren nicht durch bewusste Wahrnehmung an der bikameralen Wahrnehmung gehindert.

Im 14. Jahrhundert fasste der arabische Gelehrte und Traumforscher Safadi sein Wissen über Träume von Blinden wie folgt zusammen: Der Blinde sieht im Traum nur dann, wenn ihn die Blindheit erst befallen hat, nachdem er bereits ein Unterscheidungsvermögen für Dinge entwickelt hatte, weil sich die Formen der äußerlich sichtbaren Dinge in all ihren verschiedenen Gattungen und Arten dann schon in seine Vorstellungskraft eingeprägt haben. Ist der Blinde aber blind geboren und hat er nie das Dasein und die im Dasein befindlichen Dinge gesehen, so kann er nur träumen, was er berührt und fühlt; zum Beispiel, dass er isst und trinkt, reitet oder streitet. Der Traum eines Blinden entstammt also seiner erfahrbaren Welt.

Der Hüter des Schlafs oder: Alpträume und Schlafmittel

In der modernen zivilisierten Welt leidet jeder Dritte unter Schlafstörungen. Das schafft Probleme, denn wir brauchen den Schlaf. Schlaflosigkeit gilt inzwischen als Krankheit, und wie die meisten anderen Krankheiten in unserer Kultur wird sie mit Medikamenten behandelt. Dass das unsinnig ist, wissen inzwischen viele. Viele Menschen, die unter Schlaflosigkeit leiden, sind schlicht und ergreifend nicht müde, sollten also am besten aufstehen, sich ein nettes Buch, eine komplizierte Handarbeit oder auch ihr seit Jahren nicht geputztes Silber zur Hand nehmen und etwas tun, das sie entspannt, anstrengt oder ermüdet, das aber ein befriedigendes Gefühl erzeugt, wenn es getan ist. Ausnahmen bestätigen die Regel, es gibt auch andere Ursachen der Schlaflosigkeit, wie wir noch sehen werden.

Eine davon ist zum Beispiel ein »schlechter« Traum. Schweißgebadet wachen wir auf, und manchmal sind wir richtig erleichtert, uns in unserem Bett zu finden und nicht mitten in einem Schiffsuntergang oder im freien Fall von einem Kirchturm. Solche Alpträume sind es, die Freuds Formulierung vom Traum als Hüter des Schlafs Lügen strafen. Allzu oft ist der Traum der Jäger des Schlafs, und wir würden auf den Traum gern verzichten, um in Ruhe ein wenig Schlaf zu bekommen. Über dieses Problem weiter unten mehr.

Schlafmittel jedenfalls sind oft die falsche Therapie, um in Ruhe schlafen zu können. Denn sie versetzen zwar den Körper in einen bleiartigen Schlaf, haben jedoch zur Folge, dass wir am nächsten Morgen nicht etwa ausgeruht und erfrischt erwachen, sondern wie gerädert sind. Ganz abgesehen davon führt die regelmäßige Einnahme von Schlafmitteln Ärzten zufolge zu chronischer Schlaflosigkeit. Selbst Naturmittel wie Baldrian können zu psychischer Abhängigkeit führen. Mit dem Gefühl des Gerädertseins am nächsten Morgen hat es jedoch eine andere Bewandtnis.

Der Grund dafür ist ein ganz eigenartiger: Viele Schlafmittel führen zwar dazu, dass wir schlafen, verhindern jedoch gleichzeitig, dass wir träumen. Träume aber sind ungemein wichtig für uns. So wichtig, dass sie nach längerem Schlaf- oder Traumentzug als Erstes nachgeholt werden. Leute, die nach einer langen Wachphase endlich schlafen dürfen, beginnen als Erstes mit Traumschlaf. Das gilt für Menschen, die in Schlaflabors lange künstlich wach gehalten wurden ebenso wie für Alkoholiker, wenn sie eine Entziehungskur unternehmen. Sie holen Träume nach.

Traumstörungen liefern möglicherweise wichtige Informationen darüber, warum wir träumen. Schauen wir einfach nach, wodurch sie ausgelöst werden und wie sie sich äußern. Von Alkohol weiß man mit Sicherheit, dass er schon in kleinen Mengen die Traumschlafphasen stört, sie in größeren Mengen sogar verhindert. Unter anderem werden solche Gehirnaktivitäten unterdrückt, die Träume produzieren. Auch Barbiturate schränken die Gehirnaktivitäten ein. Sind die Träume nur eine Nacht gestört, vielleicht weil man zu viel Alkohol getrunken hat, ist man am nächsten Morgen meist unausgeschlafen, abgespannt, gereizt und unkonzentriert. Hält dieser Zustand länger an, etwa indem jemand im Schlaflabor systematisch geweckt wird, sobald er zu träumen beginnt, so zeigen sich bereits nach zwei Tagen heftige Gereiztheit, Angstzustände und Aggressivität. Nach vier Tagen Schlafentzug kamen körperliche Funktionsstörungen oder zum Beispiel Fieber hinzu. Auf die Dauer beginnt eine solche Person in einer Art Dämmerzustand zu halluzinieren, wobei ihr Zeitgefühl verloren geht. Spätestens nach elf Tagen wird der Schlaf von Körper und Seele erzwungen. Und nun passiert etwas Erstaunliches: Unser Körper holt nicht nur allgemein Schlaf nach, sondern er holt auch Traumzeiten nach, und das vordringlich.

Bei Tieren sind die Auswirkungen von Schlafentzug und die Auswirkungen von Traumentzug übrigens noch wesentlich schlimmer. Eine Entzugsdauer, mit der ein Mensch zwar nicht mühelos, aber doch fertig wird, führt bei einem kleineren Säugetier bereits zum Tod. Das spricht dafür, dass bei Tieren die Gehirnteile, die für Schlaf und Traum zuständig sind, wesentlich wichtiger für ihr Überleben sind. Wird ihre normale Funktion gestört, zu der der Schlaf ebenso gehört wie der Traum, dann ist ihre Funktion als Lebewesen in Frage gestellt. Der augenfälligste Unterschied zwischen Säugetieren wie Katzen und Hunden und dem Menschen besteht in der Größe des Großhirns, im Anteil des Großhirns am Gesamtgehirn. Die Abbildung auf Seite 250 zeigt dies deutlich.

Wenn also Tiere von Traumentzug stärker betroffen sind als Menschen, dann deshalb, weil Schlaf und Traum bei ihnen wie beim Menschen von alten Gehirnteilen gesteuert werden, die beim Menschen nur deshalb eine relativ geringere Bedeutung einnehmen, weil das Großhirn die Gewichtung verschiebt.

Wir brauchen, um uns wohl zu fühlen, offenbar die Möglichkeit, dass unser Gehirn nachts ungestört aktiv sein kann. Unser Unbewusstes, aus dem die Träume kommen, muss offenbar in Ruhe denken können. Und was passiert da eigentlich genau, wenn wir träumen?

Zwischen Seele und Gehirn oder: Früchte der Schlafforschung

Die Beschäftigung mit dem Träumen erhielt ausgerechnet in einer Zeit neuen Aufschwung, als sich die psychoanalytischen Schulen längst heftig bekriegt hatten und bereits zum Thema von Witzeleien geworden waren. In den fünfziger Jahren erregten Träume die Aufmerksamkeit von Experimentalpsychologen. Sie machten sich alsbald an die Entwirrung ihrer physischen Grundlagen.

Voraussetzung dafür war die Erfindung eines Gerätes, das Veränderungen der elektrischen Gehirnaktivität messen konnte. Bereits 1874 hatte ein englischer Arzt in Kaninchen- und Affengehirnen mit Elektroden elektrische Ströme nachgewiesen und dazu vermerkt, dass diese schwankten, wenn Licht auf die Augen des Tieres fiel. Ein deutscher Psychiater und Neurologe, Hans Berger, setzte hier an. Er brachte außen am Kopf von Versuchspersonen

Elektroden an, die er mit Mull und Gummibinden befestigte. Über Drähte verband er die Elektroden mit einem Verstärker, an dem ein Schreiber angeschlossen war, der die Veränderungen der Gehirnströme auf Papier festhielt. Das Elektroenzephalogramm war damit 1929 erfunden. Als EEG ist es heute wohl jedem ein Begriff. Aus der Diagnose von Gehirnströmen ist es nicht mehr wegzudenken. Dass die aufgezeichneten Schwankungen tatsächlich die elektrische Tätgkeit der Gehirnzellen repräsentieren, wurde inzwischen mehrfach experimentell nachgewiesen. Im Schlaf, im Ruhezustand oder bei der Reaktion auf einen Weckreiz sendete das Gehirn rhythmische Impulse aus, die charakteristisch für den jeweiligen Zustand waren. Im Lauf der Jahre wurde das EEG verbessert, und heute ist ein Fachmann in der Lage, die Kurven zu lesen und mit ihrer Hilfe Störungen in der Gehirntätigkeit zu erkennen.

Ein Amerikaner namens Jacobson hatte 1930 festgestellt, dass Augenbewegungen auftraten, sobald Menschen träumten. Da er nicht an einem großen Forschungszentrum arbeitete, das sich mit Schlafforschung befasste, verhallte diese Entdeckung zunächst fast ungehört, als sie 1938 publiziert wurde. Sie wurde zu Beginn der fünfziger Jahre erneut gemacht, diesmal vom »Richtigen« und an der richtigen Stelle, und nun wurde sie zum Anstoß eines aufregenden wissenschaftlichen Abenteuers: der Schlafforschung.

Eugene Aserinsky war einer der Assistenten von Professor Nathan Kleitmann an der Universität Chicago. Er suchte nach Gesetzmäßigkeiten beim Ablauf des Schlafs und beobachtete zu diesem Zweck Neugeborene. Dabei fiel ihm auf, dass sich die Augen der Kinder unter den geschlossenen Lidern eine Zeit lang weiter bewegten, nachdem alle größeren Körperbewegungen mit dem Einsetzen des Schlafes aufgehört hatten. Die Augenbewegungen hörten nach einer Weile auf und setzten von Zeit zu Zeit wieder ein, und sie waren auch die ersten feststellbaren Bewegungen beim Erwachen des Kindes. Zur Unterscheidung zwischen ruhigem und Traumschlaf waren sie ein zuverlässigeres Mittel als starke Körperbewegungen.

Nun stellte sich die Frage, ob es die gleichen Zyklen auch bei Erwachsenen gebe. Kleitmann und Aserinsky beschlossen, das EEG zur Überwachung des Schlafs erwachsener Testpersonen einzusetzen. Sie erweiterten die Sonden um solche, die über, unter und seitlich beider Augen aufgeklebt wurden – diese dienten der Messung von Augenbewegungen. Außerdem, so überlegten sie, könnte es wichtig sein, auch die Atemfrequenz der Schläfer in den verschiedenen Schlaf- und Traumphasen zu messen. Gesagt – getan. Freiwillige Testpersonen wurden mit Sonden und Elektroden nur so zugekleistert, ehe sie sich zum Schlafen hinlegten, und dann wurde geschlafen, geträumt und eifrig aufgezeichnet. Bald zeigte sich, dass Erwachsene nicht nur die sanft rollenden Augenbewegungen von Babys aufwiesen, sondern auch viel lebhaftere, geradezu hektische. Sie dauerten zwischen einigen wenigen Minuten und mehr als einer halben Stunde an. Diese Phasen bekamen bald einen Namen, nach der englischen Bezeichnung für rasche Augenbewegungen, *rapid eye movement,* wurden sie als der REM-Schlaf bezeichnet. Wieder andere Phasen gab es, in dem die Versuchsperson ruhig und tief zu schlafen schien.

Was hatten die verschiedenen Phasen des Schlafs zu bedeuten – waren sie Zufall? Traten sie unwillkürlich ein, gleichsam in Folge unbewusster Muskelanspannungen? Oder hatten sie etwas mit den Träumen zu tun?

In ihren Schlaflabors weckten Kleitmann und Aserinsky Personen in verschiedenen Schlafphasen und befragten sie nach ihren Träumen. Sie bemerkten, dass diejenigen, die während der Schlafphasen mit raschen Augenbewegungen, also während des REM-Schlafs geweckt wurden, zum größten Teil besonders lebhafte Träume erzählten, während in anderen Schlafphasen geweckte Schläfer weitaus weniger bunte Träume hatten, die normalem Denken viel ähnlicher waren, und das auch nur in 25 Prozent der Fälle.

Es zeigte sich, dass das Träumen ein regelmäßiger, systematisch ablaufender Vorgang ist. Außerdem schien es bereits nach diesen ersten Ergebnissen so, als habe jeder Mensch mehr oder weniger die gleiche Menge an Träumen und als habe man eine Technik gefunden, mit deren Hilfe man den Traumvorgang messen könne. – Wissenschaftsgeschichtlich ist es hochinteressant, die Befriedigung festzustellen, mit der notiert wurde, dass man so etwas Subjektives und Individuelles nun endlich »messen« konnte. Der Vorteil bestand darin, dass man nun nicht mehr auf Aussagen von Traumverdrängern angewiesen war, die behaupteten, sie träumten nie, sondern genau wusste, dass viele Menschen etwa gleich viel und lange träumen.

Ein anderer Assistent Kleitmanns, William Dement, studierte die EEG-Kurven von Schizophrenen und verglich sie mit EEG-Kurven von gesunden Testpersonen. Dazu erhöhte er zunächst die Stromkosten der Projektgruppe erheblich: Er schaltete das EEG alle fünf Minuten ein. Damit war aber plötzlich eine Fülle an auswertbarem EEG-Material geschaffen, die sehr viel genauer zeigte, was sich während welcher Schlafphase im Kopf der Versuchsperson abspielte. Dement konnte EEG-Muster regelrecht den Schlafphasen eindeutig zuordnen, in dem Sinne wie: Nur dann, wenn im EEG ein bestimmtes Wellenmuster erschien, zeigte sich an den Augenbewegungen, dass die Testperson in der REM-Schlafphase war, und umgekehrt. Jetzt wurden auch die Rhythmen viel deutlicher erkennbar, in denen zwischen den einzelnen Schlafphasen gewechselt wird.

Der Schlaf einer typischen Nacht umfasst demnach vier bis fünf REM-Phasen, die am Ende eines jeden Tiefschlafzyklus auftreten und etwa zwanzig

Prozent der Gesamtschlafzeit ausmachen. Am Ende einer REM-Phase ist der Mensch besonders leicht aufzuwecken.

Der 90-Minuten-Rhythmus, der unserem Schlaf zugrunde liegt, basiert auf einem fundamentalen biologischen Zyklus. Wir entscheiden zwar darüber, wann wir schlafen gehen wollen, doch unser Bewusstsein hat keinen Einfluss darauf, ob wir und wann wir in Tiefschlaf, leichten Schlaf oder REM-Schlaf verfallen. Dieser 90-Minuten-Rhythmus des Erwachsenen ist bei Neugeborenen noch ein 60-Minuten-Rhythmus. Die Beobachtung, dass ein sehr kleines Kind entweder drei, vier oder fünf Stunden schläft, ist also keine Phantasie einer faszinierten Mutter, sondern entspricht den Hirnstrommessungen und den Ergebnissen der Schlafforschung. Dieser Rhythmus entzieht sich der Kontrolle durch unser Bewusstsein und dürfte mit dem autonomen oder vegetativen Nervensystem verbunden sein, das den Stoffwechsel unseres Körpers reguliert. Das Wachen ist offenbar eine Funktion der Großhirnrinde, das Schlafmuster hingegen nicht. Manche Schlafforscher vermuteten aufgrund all dieser Erkenntnisse, der REM-Schlaf sei die Urform des Schlafs und der Tiefschlaf sei erst im Laufe der Evolution aus der Entwicklung des Großhirns hervorgegangen.

Träume zwischen REM- und Tiefschlaf oder: Ruhe des Bewusstseins

REM-Schlaf und Tiefschlaf – man spricht auch von REM- und Non-REM-Schlaf oder von paradoxem und orthodoxem Schlaf – unterscheiden sich nicht nur hinsichtlich der veränderten Hirnstromwellen und des Auftretens von Augenbewegungen im Schlaf voneinander.

Im Tiefschlaf werden Körperfunktionen auf Sparflamme reduziert, die Skelettmuskulatur wird gelähmt – das führt bisweilen zu vereinzelten, deutlichen Zuckungen der Glieder; sie sind »Zeichen zentralnervöser Spannungsentladungen in der Gehirnrinde« –, der Blutdruck sinkt, der Herzschlag wird langsamer, die Atmung wird flacher und verlangsamt, der Sauerstoffverbrauch sinkt, die Körpertemperatur geht zurück, und nur die Verdauungsorgane werden verstärkt durchblutet. Das Prinzip, das dahinter steckt, ist offensichtlich Energie sparen, wo immer es möglich ist, gleichzeitig Energie dort abbauen, wo sie noch ungenutzt vorhanden ist – in Nahrungsresten im Darm. Deutlich erkennbar ist die lebenserhaltende Absicht und Wirkung bei diesem Vorgehen.

Auch die Sinnesorgane werden im Tiefschlaf abgedichtet. Am deutlichsten sieht man das bei den Augen, die geschlossen werden und deren Pupillen sich zusammenziehen. Bei Nase und Ohren sowie den Tast- und Temperatursensoren der Haut ist ein solches »Dichtmachen« rein technisch nicht möglich, bei ihnen wird stattdessen die Reizschwelle erhöht; Reize werden jetzt erst ab einer wesentlich höheren Stärke oder Intensität wahrgenommen.

Der Tiefschlaf ist keineswegs eine traumlose Zeit. Erhebungen, bei denen die Schlafenden in allen (am EEG ablesbaren) Phasen des Schlafes geweckt und nach ihren Träumen befragt wurden, waren ja zunächst unergiebig geblieben und hatten nur bei 25 Prozent der Versuchspersonen zu einer positiven Antwort geführt, wenn sie aus dem Non-REM-Schlaf geweckt wurden. Fragte man sie allerdings, ob ihnen gerade etwas »durch den Sinn gegangen sei«, als sie geweckt wurden, so antworteten 75 Prozent mit Ja. Die meisten Versuchspersonen hätten nur diese klaren, nüchternen »Tagesgedanken« niemals als Träume bezeichnet.

Non-REM-Träume sind anders als REM-Träume. Sie sind meist sehr kurz, plausibel, nicht so detailreich und dramatisch, und vor allem sind sie rational und nicht so emotional wie Non-REM-Träume. Ein Traumbericht von der Art: »Ich trank eine Tasse Milch hier im Bett. Und ich redete mit irgendwem, aber ich weiß nicht, wer das war. Das ist alles«, ist unzweifelhaft als Non-REM-Traum erkennbar.[86] – Ein solcher Traum macht die Vorstellung in der Tat sehr wahrscheinlich, dass der Tiefschlaf sich erst mit der Großhirnrinde entwickelt habe. Er entstammt einem trockenen, rationalen Denken, wie wir es als Wachbewusstsein kennen.

Der REM-Schlaf ist im Unterschied zum Tiefschlaf mit einer erstaunlichen Menge an körperlicher Aktivität verbunden, auch wenn diese nicht sofort sichtbar zutage tritt. Während des REM-Schlafs steigt der Puls, und die Gehirntätigkeit ähnelt stark der des wachen Zustandes (dies ist einer der Gründe, weshalb der REM-Schlaf auch als paradoxer Schlaf bezeichnet wird). In der REM-Periode beginnen wir wesentlich rascher zu atmen, und wir atmen wieder ruhiger, wenn wir wieder in tiefere Schlafstadien absinken. Es geschieht ganz offensichtlich etwas mit unserem gesamten Organismus, während wir träumen, und zwar mit unserem gesamten Kreislauf und Nervensystem.

Eine weitere Entdeckung zeigte etwas ganz Erstaunliches. Mit der Phase des REM-Schlafs geht eine Erektion einher, und nächtliche Erektionen treten auch nur in dieser Phase auf. Bei Männern ließ sie sich relativ leicht feststellen, bei Frauen wurde inzwischen zur gleichen Zeit erhöhte Scheidenfeuchtigkeit und eine geschwollene Klitoris nachgewiesen. Passt das nicht hervorragend zu der Tatsache, dass Hunde und Katzen von Jagd und Beutefang

86 Zitiert nach Ann Faraday, Positive Kraft der Träume. Gondrom Verlag, Bindlach, 1996, S. 39

träumen, also lebenswichtiges Verhalten im Traum trainieren? Unsere lebhaften Träume sind offenbar aufs Engste mit unserer Biologie, mit unserem »Funktionieren« und Überleben als Lebewesen verbunden. Dass wir diesen Teil unserer Biologie auch dann »erleben«, wenn unsere Träume überhaupt keinen erotischen Inhalt haben, macht die Sache nur noch spannender.

Trotz der Augenbewegungen, die praktisch zum Erkennungszeichen ersten Ranges für Traumschlaf wurden, ist der Rest der Skelettmuskulatur des Körpers wie gelähmt. Während des REM-Schlafes ist das Gehirn also sehr aktiv, aber in einem bewegungslosen Körper gefangen. Seine motorischen Zonen können mit den Muskeln nicht kommunizieren, und seine sensorischen Zonen erhalten keine Reize vom Körper. Wenn wir also träumen, dass wir gehen, ist das besonders real, da die gleichen Gehirnzonen verwendet werden wie beim Gehen im Wachzustand – nur werden die Muskeln nicht verwendet, und wir spüren auch nicht, dass wir sie nicht verwenden.

Versuche mit Katzen, denen bestimmte Gehirnteile operativ entfernt wurden, ergaben Aufschluss darüber, wie diese Unterdrückung der Muskeln und Sinne im REM-Schlaf entsteht. Sie erfolgt durch einen ganz bestimmten Gehirnteil, nämlich die *Pons* in der *formatio reticularis.* Das ist ein Teil eines sehr alten Gehirnteils, der auch bei höheren Tieren ausgebildet ist. Natürlich bedeutet es, rein biologisch gesehen, eine wesentlich höhere Überlebenschance, wenn beim Träumen die Skelettmuskulatur unterdrückt wird, denn sonst würden viele Lebewesen, Tiere wie Menschen, nachts den Tod finden – sei es, dass sie ihre Nachbarn im Schlaf umbringen, weil sie gerade von einen Kampf träumen, sei es, dass sie über eine Klippe oder in einen Fluss rennen, weil sie gerade vom schnellen Laufen träumen.

Im Traumzustand verbringt der Erwachsene einen großen Teil seines Lebens; noch viel größer allerdings ist der Anteil des Traums am Leben eines Kleinkindes. Bereits lange, bevor sein Gehirn sehen gelernt hat oder das Kind irgendeine Kontrolle über sein bewusstes Verhalten erlangt hat, erlebt es das REM-Stadium, das wir bei Erwachsenen als die Phase der meisten Träume kennen gelernt haben. Dieser Tatsache zeigt wieder einmal mehr, dass dem REM-Schlaf ein fundamentaler biologischer Mechanismus zu Grunde liegt.

Von Alpha bis Theta oder: Bewusstsein ist Energie

Der Traum als veränderter Bewusstseinszustand zwischen Schlafen und Wachen – diese Sicht wird durch das Bild der Gehirnströme bestätigt, wenn wir es etwas genauer betrachten.

Der Schlaf beginnt mit einer Art Dämmerzustand zwischen Wachen und Schlafen, in dem das Bewusstsein wie benebelt ist. In diesem Zustand treten bei der Messung der Hirnströme im EEG gezackte Linien mit niedrigen Ausschlägen nach oben und unten auf. Sie haben eine Frequenz von acht bis zwölf Hertz und werden als Alphawellen bezeichnet. Dieser Zustand ist mit wohliger Entspannung, ruhig fließenden Gedanken und einer eher zuversichtlichen Grundstimmung verbunden.

Im Schlaf und während tiefer Meditation befindet sich das Gehirn in einem Zustand, in dem das plastische Vorstellungsvermögen und die Lern- und Erinnerungsfähigkeit erhöht sind. In diesem Zustand treten bei der Messung der Hirnströme im EEG spindelförmige an- und abschwellende Zacken. Sie haben eine Frequenz von vier bis sieben Hertz und werden als Thetawellen bezeichnet.

Im Tiefschlaf sinkt die Gehirnwellenfrequenz weiter ab, auf ein bis drei Hertz. Diese Wellen werden als Deltawellen bezeichnet. Sie haben wahrscheinlich wichtige Funktionen für alle Heilungsvorgänge und das Immunsystem. Im EEG sind dies ruhige Wellen mit größeren Ausschlägen. Dieser Zustand des Tiefschlafes kann auch durch Tiefenhypnose erreicht werden. Es ist jetzt fast unmöglich, den Menschen aufzuwecken.

Im Wachzustand hingegen befindet sich das Gehirn hellwach in Alarmbereitschaft; wir sind reaktionsbereit, verteidigungsbereit oder ängstlich; Stresshormone werden ausgeschüttet und unser Denken ist zielgerichtet, auf Handeln ausgerichtet, Sinnesreize werden bewusst verarbeitet. In diesem Zustand treten bei der Messung der Hirnströme im EEG enge, dicht gezackte Linien mit starken Ausschlägen nach oben und unten auf. Sie haben eine Frequenz von 13 bis 30 Hertz und werden als Betawellen bezeichnet.

Der Traum steht demnach auch von den Hirnströmen her zwischen Schlaf und Wachsein. Er wird manchmal explizit als Wachheit im Unbewussten bezeichnet.

Der Alpha- und der Thetazustand sind jene Zustände, in denen unser Gehirn aktiv ist, auch wenn unser Körper bereits stark entspannt ist oder schon regelrecht schläft. In diesen Zuständen tauchen Phantasiebilder auf, und zwar sowohl reproduktive, in Form gesteigerter Gedächtnisleistungen, als auch kreative, in Form von Neuschöpfungen oder ungewöhnlichen Lösungen für anstehende Probleme. Diese Alpha- oder Thetazustände sind physiologisch die Basis für unsere verschiedenen Formen von außersinnlichen Wahrnehmungen. Wie wir in sie gezielt eintreten und sie auch zur Lösung der unterschiedlichsten Probleme und Fragestellungen einsetzen können, werden wir in diesem Buch noch erfahren.

So viel zur reinen Biologie. Jetzt wissen wir also, wie die Tätigkeit unseres

Gehirns nach außen hin in Erscheinung tritt, während wir träumen. Doch immer noch stellt sich die Frage: Wozu das Ganze? Bis heute gibt es keine allgemein anerkannte, überzeugende biologische Erklärung für unser Traumleben, nur mehrere widersprüchliche Theorien.

Eine davon lautet: Träume dienen dem Eiweißaustausch im Gehirn und sind zur Bewahrung der Persönlichkeit nötig. Während des REM-Schlafes programmiert sich dieser Erklärung zufolge die DNS des Individuums (sein genetisches Material) neu. Durch Drogen, die das Träumen unterdrücken, was sich ja bekanntlich in Gereiztheit, Unausgeschlafenheit und ähnlichen Zuständen sehr rasch bemerkbar macht, wird auch die genetische Programmierung unterdrückt, und die Fähigkeit, aggressiv zu sein, man selbst zu sein, einen freien Willen zu haben, geht schließlich verloren. Wenn diese Theorie zutrifft, ist Träumen nicht nur eine andere Bewusstseinsebene, sondern sogar eine, von der unser normales, bewusstes Verhalten in hohem Maße abhängig ist. In die gleiche Richtung geht die Erklärung, der REM-Schlaf spiele eine bedeutende Rolle für das Gleichgewicht der Neurotransmitter im Gehirn. Deren Störung ist es nämlich, die die Gereiztheit ausmacht, die infolge von nicht genügend REM-Schlaf auftritt.

Eine weitere Theorie besagt, das Träume Gedächtniswege festigen. Auch sie hat einiges für sich. Als Lerntechnik ist die Methode bekannt (die ich selbst immer wieder erfolgreich anwende), sich abends vor dem Schlafengehen etwas noch mal durchzulesen und das Heft oder Buch dann unters Kopfkissen zu legen. Der Inhalt landet unter den letzten Inhalten unseres Kurzzeitgedächtnisses für diesen Tag, und weil ihn keine nachfolgenden Inhalte verdrängen, bleibt er darin und wird im Laufe der Nacht repetiert, eingehämmert, ins Gehirn eingebrannt.

Der Inhalt, der während des Traums wiederholt oder auch aus dem Unbewussten herausgegraben wird, muss gar nicht besonders lebenswichtig sein. Ob es Straßennamen sind, die Taxilenker während der Vorbereitung auf die Prüfung träumen, oder ob es Preise sind, die Kassiererinnen während der Intensivschulung bei einem Lebensmitteldiskonter auswendig zu lernen hatten, bis sie sie wie im Schlaf »intus« hatten – auf das Ergebnis kommt es an: Der Lerninhalt geht den Träumenden in »Fleisch und Blut« über.

Das Einstudieren und ständige Wiederholen angeborener, lebensnotwendiger Mechanismen scheint jedoch der von unserer Biologie geplante Lerninhalt zu sein. Denn genauso, wie wir im Traum nachweislich Sexualverhalten repetieren (wären andere lebenswichtige Funktionen nach außen ebenso leicht erkennbar, würde ich sie hier gern anführen), genauso repetieren Hund und Katze immer wieder ihr überlebenswichtiges Verhalten: das der Jagd und des Beutefangs.

REM-Schlaf und Nicht-REM-Schlaf, so weit herrscht Einigkeit, unterscheiden sich so stark voneinander wie Wachen von Schlafen: Es sind eigene Bewusstseinszustände. Beide sind wegen der unterschiedlichen Körperfunktionen, die sich in ihnen abspielen, biologisch notwendig.

Neuerdings nehmen immer mehr Forscher an, dass Träume nur eine »Draufgabe« sind, dass das, um was es des Nachts eigentlich geht, der Schlaf mit seinen komplizierten physiologischen Funktionen für Körper und Gehirn ist. REM-Träume unterbrechen den Schlaf nur deshalb, weil er in dieser Phase besonders leicht ist und nicht vom Großhirn gesteuert wird, genauso wie Tagträume und Halluzinationen den Wachzustand unterbrechen. Das, was wir als Traum oder Phantasie bezeichnen, steigt in beiden Fällen aus Teilen des Gehirns auf, die von dem Wechsel zwischen Schlafen und Wachen relativ unbeeinflusst bleiben. Träume als reine Draufgabe, die deshalb, weil sie nicht weiter stören, mitgeschleppt wurden aus älteren Zeiten?[87] Es drängt sich mir der zugegebenermaßen etwas boshafte Verdacht auf, dass mit solchen Theorien die Frage »Wozu träumen wir?« nur in eine graue Vorzeit verdrängt wird, um es aus der netten, sauberen Gehirnforschung herauszuhalten. Die Begegnung mit der Quelle der eigenen Emotionalität ist solchen »Wissenschaftlern« vielleicht zu emotionsgeladen . . .

Vom Physiker Jack Sarfatti stammt der lapidare Satz: »Wir haben erkannt, dass Bewusstsein und Energie eins sind.« Um uns einer, wie ich meine, zufriedenstellenderen Antwort auf die Frage anzunähern, warum unser Gehirn nicht nachts einfach genauso auf »Sparflamme« gehen kann wie unser Körper, unternehmen wir jetzt einen kleinen Abstecher in die Evolution des menschlichen Geistes.

Archäologie unseres Gehirns oder: Wo sitzen die Träume?

Freud und Jung haben in einem Modell unsere Seele in Schichten gegliedert. Diese Schichten heißen bei jedem ein wenig anders, und es ist auch nicht ganz korrekt, sie direkt miteinander in Relation zu setzen. Im Laufe der Forschungsgeschichte wurde dieses Schichtenmodell jedoch von anderen aufgegriffen und mit anderen Vokabeln gefüllt. Was hierbei entstand, ist ungemein aufschlussreich und soll hier etwas genauer betrachtet werden.

---

87 Eine solche Ansicht vertritt etwa Owen Flanagan in seinem fast unlesbaren Aufsatz »Hirnforschung und Träume. Geistestätigkeit und Selbstausdruck im Schlaf«, in Thomas Metzinger (Hrsg.), Bewußtsein. Beiträge aus der Gegenwartsphilosophie. Ferdinand Schöningh, Paderborn 1995

Jung kannte mehr als drei Schichten des Bewusstseins: das kollektive Unbewusste, das persönliche Unbewusste, das Mitbewusste, das Vorbewusste und das Bewusste. Freud schied zwischen dem Unbewussten, dem Unterbewussten und dem Bewussten, denen er sein Es, Ich und Über-Ich zuordnete. Rothacker unterschied analog zwischen dem (animalischen) Leben in mir, dem Kind in mir und dem Ich, Wellek chrakterisierte die Schichten als beherrscht von Vitalität, von Empfindung und von Verstand, und Koestler schrieb diesen Schichten Instinkt, Gewohnheit und Reflexion als Handlungsmaxime zu. Das wäre alles nur leerer Dampf, wenn nicht Neurologen wie Cabanis und MacLean (Sie können alle Namen gleich wieder vergessen, wenn Sie wollen) diesen Schichten bestimmte Gehirnbereiche zugeordnet hätten, und zwar das Stammhirn, das Zwischenhirn und das Neuhirn (Cabanis) oder, wissenschaftlicher klingend, doch in der Sache fast dasselbe: Paläocortex, Mesocortex und Neocortex. Das schauen wir uns nochmals auf einer Tabelle an:

Unbewusstes	Unterbewusstes	Bewusstes
Es	Ich	Über-Ich
(animalisches) Leben in mir	Kind in mir	Ich
Vitalität	Empfindung	Verstand
Instinkt	Gewohnheit	Reflexion
Stammhirn	Zwischenhirn	Neuhirn
Paläocortex	Mesocortex	Neocortex

Dieses Schichtenmodell kann als Bildhypothese verstanden werden, die komplizierte Zusammenhänge veranschaulichen soll. Denn natürlich ist es ganz so einfach wieder nicht. Zwar lassen sich nach den Forschungen von MacLean und Eccles »Schichten« des Gehirns feststellen, ihre Funktionen jedoch erscheinen eng ineinander verzahnt. Zum Beispiel ist zwar das Neuhirn (Neocortex) für das vernünftige Denken verantwortlich, doch wird es von zahlreichen Strukturen der »primitiveren« Schichten des Paläo- und Mesocortex beeinflusst. Aus diesem Grund kann es zu Konflikten zwischen den irrationalen Wunschregungen und der eigenen, rationalen Kontrolle kommen, zum klassischen »zwei Seelen wohnen ach in meiner Brust«.

Mit der Parallelisierung der Schichten unserer Seele mit verschieden alten Gehirnteilen ist der Faktor Zeit ins Spiel gekommen. Bereits Freud hatte die archäologische Datierungsmethode der relativen Chronologie (die besagt, was in einer Grabung unten liegt, ist älter als das, was oben liegt; was in einer Schicht

Zahlreich sind die Versuche, den einzelnen Geistesleistungen bestimmte Gehirnzonen zuzuordnen, die diese Leistungen steuern. In diesem Modell des 17. Jahrhunderts steht über allem im Strahlenkranz die geistige Welt mit dem dreieinigen Gott, links schließt die Welt der Vorstellungen *(mundus imaginabilis)* an, gefolgt von der Welt der Sinne *(mundus sensibilis)* vor der Stirn. Interessant ist in diesem Modell, dass immer dort, wo sich zwei Funktionsbereiche, verdeutlicht durch Kreise, im Kopf überlappen, die Seele gesehen wird *(hic anima est)*. Sie hat demnach also mehrere Sitze in unserem Gehirn.

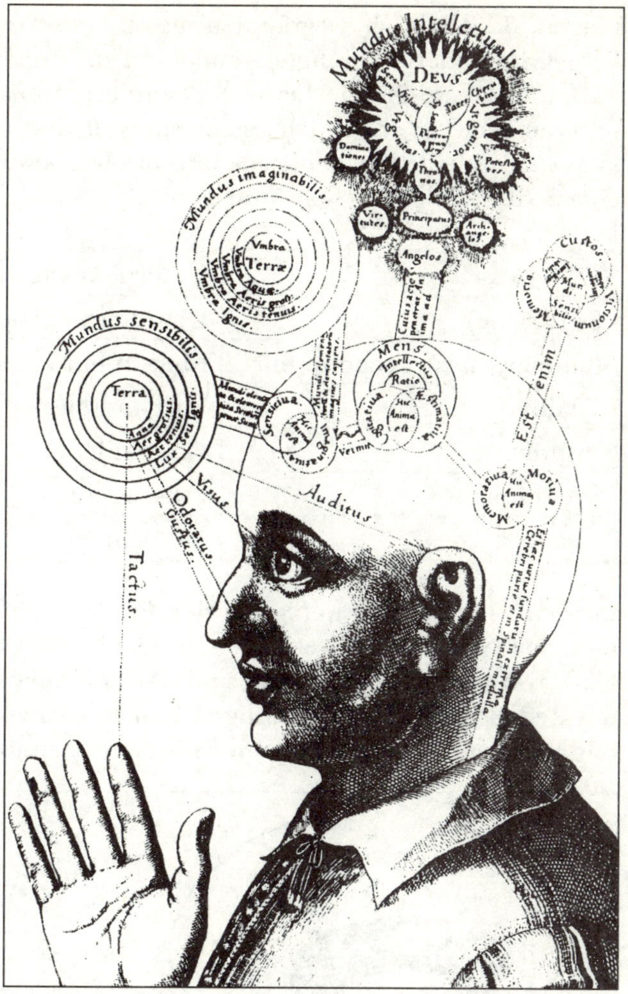

liegt, ist vermutlich gleich alt – hierin steckt keine absolute Aussage über die Datierung einzelner Schichten, sie werden lediglich relativ, also im Verhältnis zueinander datiert) auf die menschliche Psyche übertragen, indem er deren unterste beziehungsweise älteste Schicht, das Es, als die Triebregungen definierte, die wir von unseren tierischen Vorfahren übernommen haben. Dieser weitgehend unbewusste Bereich unserer Psyche wird vom Ich, unserer bewussten Kontrollinstanz, überlagert. Die oberste Schicht von Freuds Persönlichkeitsmodell, das Über-Ich, setzt sich aus den verinnerlichten und daher weitgehend unbewussten Normen der Gesellschaft zusammen. Freud sah sich in der Rolle des Ausgräbers, der zunächst die obersten Schichten, die sozialen Wertvorstellungen, das Über-Ich, wegräumen musste, um die Inhalte tieferer Schichten, Vergessenes oder Verdrängtes, aufdecken zu können.

Da das Über-Ich kein bewusster, sondern ein sehr wohl unbewusster Teil unserer Seele ist, halte ich es für sinnvoll und angemessen, wenn ich die klassische Tabelle hier umdrehe und das Ich bewusst mit dem Bewusstsein in eine Spalte stelle. Das sieht nun so aus:

Unbewusstes	Unterbewusstes	Bewusstes
Es (Triebe)	Über-Ich (soziale Normen)	Ich
(animalisches) Leben in mir	Kind in mir	Ich
Vitalität	Empfindung	Verstand
Instinkt	Gewohnheit	Reflexion
Stammhirn	Zwischenhirn	Neuhirn
Paläocortex	Mesocortex	Neocortex

Bleiben wir noch ein wenig bei den Funktionen der einzelnen Gehirnteile und den Schichten unserer Psyche. Schließlich suchen wir ja gerade den Platz, von dem unsere Träume sind. Da ist einmal ein ganz alter Bereich, der mit Reflexen und lebenswichtigen Funktionen zu tun hat: das Rückenmark mit Hirnstamm und Mittelhirn. Es steuert Atmung, Kreislauf und Sexualität.

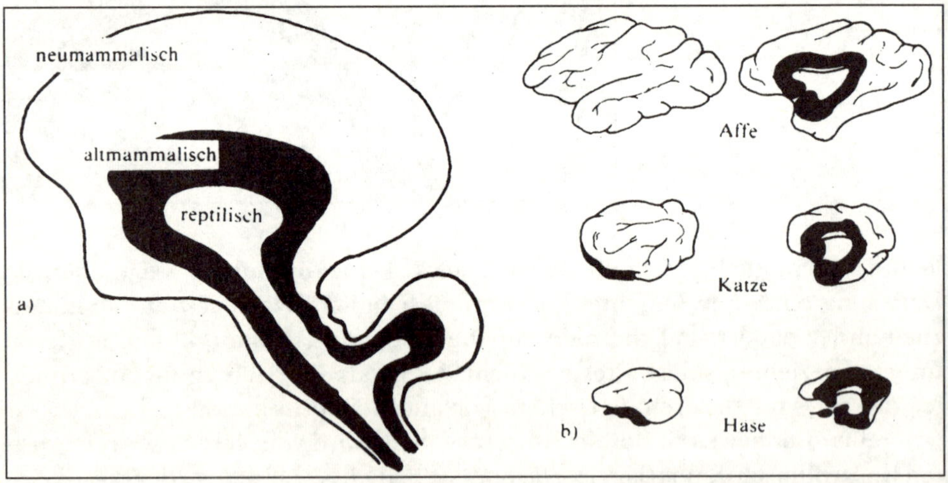

Schematische Darstellung der Gehirnentwicklung. Links der Anteil der reptilischen, altmammalischen und neumammalischen Gehirnteile, die im Laufe der Evolution nacheinander entstanden sind, beim Menschen, rechts ihre Anteile im Gehirn dreier Säugetiere (von oben nach unten: Affe, Katze, Hase).

Darüber liegt der älteste Teil des Vorderhirns, der so genannte Reptilienkomplex (Paläocortex). Er entstand vor etwa 300 Millionen Jahren auf der Stufe der Reptilien. Genetisch festgelegte Verhaltensweisen sind hier beheimatet: Wahl der Wohnstätte, Revierabgrenzung, Jagdinstinkt, Ortssinn, Paarungsverhalten, Brutpflege, Bildung von Rangordnungen und die Prägung. Darüber sind wir meilenweit erhaben? Von wegen. Diese Bereiche laufen in uns halb automatisch ab und spielen, ohne dass wir darüber nachdenken, in unserem Verhalten eine ausgeprägte Rolle – denken Sie nur an das Hackordnungs-Verhalten am Arbeitsplatz, unter Kindern auf dem Spielplatz oder die gesamte nonverbale Kommunikation. Eine florierende Beraterkultur lebt davon, uns einen bewussteren, gezielteren Umgang mit diesen genetisch angelegten, unbewusst ablaufenden Verhaltensweisen beibringen zu wollen . . .

Dieser Reptilienkomplex wird vom limbischen System überlagert. Es entstand bei den frühen Säugern vor etwa 150 Millionen Jahren und ist für Geruchs- und Geschmacksreize und für Gefühle wie Angst, Zorn oder Zuneigung zuständig. Denken Sie jetzt ruhig an den Anfang der Ilias: »Singe den Zorn, o Göttin, des Peleiaden Achilleus, ihn, der entbrannt, den Achäern unnennbaren Jammer erregte.« Auf diesen Zorn werden wir noch zurückkommen und auch auf die Frage, welche Göttin es ist, die da singen soll.

Darüber schließlich, also über dem limbischen System, bildete sich vor etwa zehn Millionen Jahren der Neocortex aus. Das ging sehr langsam, vor etwa 100 000 Jahren war gerade der Zustand des Neandertalers erreicht. Doch immerhin: Dieser Neocortex ist der Sitz des abstrakten Denkens und des Bewusstseins. Durch die fortschreitende Vergrößerung des Neocortex, also unserer Großhirnrinde, wurden die stammesgeschichtlich älteren, instinktiv-emotionalen Schichten durch die jüngeren, vorwiegend rational-kontrollierenden Gehirnteile überlagert. Das Bewusstsein ist also eine relativ neue Leistung unseres Gehirns und begann erst mit der Entwicklung des Neocortex.

Dieser Prozess lässt sich anhand der Gehirnentwicklung des Säuglings deutlich machen, die ja einschließlich der Embryonalzeit eine verkürzte Form unserer Stammesgeschichte ist. Beim Säugling sind zunächst nur die Reflexgebiete des Rückenmarks und das Stammhirn funktionstüchtig. Festhalten, Atem, Verdauung und Saugen als Mittel der Nahrungsaufnahme funktionieren bereits bei der Geburt. Die Großhirnrinde wird erst später aktiv.

Dazu passt folgende Feststellung der Traumforschung: Lange vor der Geburt träumt das Kind bereits. Seine Gehirnwellen sind dabei im Alphazustand. Es beginnt mit dem REM-Schlaf zu einer Zeit, in der sein aktives Gehirn nur aus dem ältesten besteht, und zu dieser Zeit kann es noch kaum

Eindrücke von außen verarbeiten. Allerdings kann es sehr wohl lebenswichtige Mechanismen trainieren – ein Hinweis auf die Bedeutung des Träumens für jeglichen Lernprozess. Als Neugeborener befindet er sich meist im Alphazustand oder im Tiefschlaf, und zwar im bereits erwähnten 60-Minuten-Rhythmus. In dem Maße, wie der Säugling auf Reize von außen zu reagieren beginnt, tritt er allmählich immer häufiger in den Betazustand ein, der mit unserem Wachbewusstsein einhergeht. Vorher, dies sei noch einmal wiederholt, verbringt er den größten Teil des Tages im Tiefschlaf oder im Alphazustand.

Aus den Tiefen des Geistes oder: Der Weg zu den Archetypen

Unser Wissen über das menschliche Gehirn und seine Funktion nimmt derzeit rapide zu, und ständig bestätigen oder widerlegen neue Erkenntnisse alte Vermutungen. Ein Bestseller der Sachbuchliteratur macht uns mit dem Prinzip der emotionalen Intelligenz vertraut, in der Gehirnforschung ist von mehrfachen Intelligenzen die Rede, und laufend werden neue Methoden zur Dokumentation von Gehirnteilen, die an einer bestimmten Aufgabe beteiligt sind, entwickelt, welche über das EEG weit hinausreichen, was die Differenziertheit angeht. Computertomographie, Magnetic Resonance Imaging und Positronenemissionstomographie sind die aktuellen Stichworte.

Betrachtet man das menschliche Gehirn unter dem Gesichtspunkt der Systemtheorie, so zeigt sich, dass unser Denkapparat hierarchisch aufgebaut ist. Das bedeutet, dass er als ein System unzähliger, einander über- und untergeordneter Einheiten beschrieben werden kann, die einander wechselseitig steuern. Zuunterst in der Hierarchie dieser Untersysteme sind automatische, stereotype Leistungen angesiedelt wie Reflexe und Instinkthandlungen, die darüber liegenden höheren Instanzen sind für immer komplexere und meist weniger vorausberechenbare Leistungen verantwortlich wie rationale Entscheidungen oder logische Folgerungen. Die »niederen Instanzen« sind ihrem Alter entsprechend auch in den älteren Gehirnbestandteilen lokalisiert.

C. G. Jung ging nun so weit, in den älteren Schichten der menschlichen Seele kollektive Tendenzen zur Erzeugung von Vorstellungen zu lokalisieren, Archetypen, die allen Menschen gleichermaßen eigen sind und so alt sind, dass sie nur in Symbolen und Bildern hervortreten können; denn als sie entstanden, besaßen wir noch keine Sprache. Es ist wichtig, hier bei der Begriffswahl genau zu sein, sonst geht es uns wie den Jung-Kritikern, die sich sagen lassen mussten, dass sie Jung offenbar weder gelesen noch verstanden haben.

»Der Begriff Archetypus wird oft dahingehend missverstanden, dass er ein bestimmtes, scharf umrissenes mythologisches Motiv oder Bild bedeute. Dies würden jedoch bloße Vorstellungen sein, und es wäre absurd zu glauben, dass solche veränderlichen Vorstellungen ererbt sein könnten. Im Gegenteil ist der Archetypus eine Tendenz, Vorstellungen zu erzeugen, die sehr variabel sind, ohne ihr Grundmuster zu verlieren. Es gibt zum Beispiel viele Darstellungen des Motivs der feindlichen Brüder, aber es gibt nur ein Motiv ... Zur Schaffung von ›représentations mystiques‹, wie Lévy-Bruhl sie nennt, besteht ebenso eine instinktive Neigung wie zum Nestbau, zur Migration und so weiter. Man findet diese praktisch überall, und immer sind sie durch das gleiche Motiv oder ähnliche Motive gekennzeichnet. Sie sind allgegenwärtig in Raum und Zeit, unbekannten Ursprungs, und können sich selbst da reproduzieren, wo Überlieferung durch Völkerwanderung ausgeschlossen ist.«[88]

Soweit Jungs eigene Klarstellung. Die Symbole in unseren Träumen, so Jung weiter, »bringen unsere ursprüngliche Natur mit ihren Instinkten und eigentümlichen Denkweisen wieder herauf ... Die symbolerzeugende Funktion unserer Träume stellt einen Versuch dar, unseren ursprünglichen Geist dem Bewusstsein zuzuführen, wo er nie zuvor gewesen ist und sich nie kritischer Selbstbetrachtung ausgesetzt hat.«

Ist das nicht spannend? Dieser Vorgang aus dem Inneren unseres Geistes, den Jung hier schildert, entspricht völlig den Erkenntnissen über die Geschichte und Entstehung unseres Gehirns und Bewusstseins: Alte Strukturen bleiben intakt, funktionieren weiter (verbinden Sie nur die Erektionen im REM-Schlaf mit der Lokalisation des Fortpflanzungstriebs in einem sehr alten Teil unseres Gehirns). Sie finden jedoch auf einer Wellenlänge statt (nämlich im Alpha- und Thetazustand unseres Gehirns), die gegen den rascheren Gang unseres Bewusstseins (in den viel höheren Hirnfrequenzen des Betazustands) keine Chance mehr hat und von diesem nicht verstanden wird. Daher kommen Inhalte alter Strukturen in Form von Symbolen herauf, und daher kommen sie nur dann herauf, wenn das Bewusstsein einmal »Pause macht«, mit anderen Worten: im Traum.

Wir sind dieser Geist zwar im Laufe unserer Evolution gewesen, haben ihn aber nie gekannt. Wir haben uns seiner scheinbar entledigt, noch bevor wir ihn begriffen haben. Der Vorgang des Begreifens schloss diesen ursprünglichen Geist per definitionem aus. In dem Moment, wo wir über uns selbst

88 Jung in Symbole und Traumdeutung (1961), zitiert nach Traum und Traumdeutung, dtv, (1990), S. 52 und 55

nachdenken konnten, fand das im Betazustand statt, und da hatte, wie gesagt, unser ursprünglicher Geist keine Chance mehr.

Unser Bewusstsein »entwuchs seiner Wiege und streifte alle seine primitiven Wesenszüge wie lästige und wertlose Hülsen von sich ab. Es sieht so aus, als wenn das Unbewusste den Niederschlag dieser Überreste darstellte«, schreibt Jung weiter, und hier ist er ein wenig zurechtzurücken: Das »Unbewusste« stellt nicht den Niederschlag von etwas Abgestreiftem dar, sondern es enthält bis heute all jene älteren Funktionen unseres Geistes, die auch ohne Bewusstsein, das heißt, ohne tätige Steuerung und Kontrolle ablaufen, und natürlich auch die dazugehörigen Bilder und Erlebnisse. Die Träume und ihre Symbole nehmen ständig Bezug auf sie, so als beabsichtigten sie, all die alten, primitiven Dinge, die das Bewusstsein im Zuge seiner Evolution zugedeckt hatte, auch einmal zum Vorschein zu bringen. Hierher gehören Illusionen, kindliche Phantasien, archaische Denkformen bis hin zu den primitiven Instinkten. – Da das Bewusstsein diese Inhalte nicht kennt und sie in einer Sprache geschrieben sind, die ihm viel zu wenig rational, viel zu emotional ist, sträubt es sich gegen sie, und dieses Sträuben ist die Quelle des jahrhundertelangen Unbehagens unseren Träumen gegenüber. Wenn wir unsere Träume zulassen oder sogar mit ihnen arbeiten, können wir viele Probleme lösen, wie wir in einem späteren Teil dieses Buches noch sehen werden.

Den Zugang zu den verschiedenen Ebenen der infantilen und prähistorischen Welt bis hinunter zur Ebene der primitivsten Instinkte, den Zugang zu den archetypischen psychischen Funktionsweisen – das ist es, was uns unsere Träume und ihre Symbole bieten. Archetypische psychische Funktionsweisen oder urtümliche Denkformen – das sind, modern ausgedrückt, Assoziation, Projektion, Analogiedenken, Schematisierung, Phantomisierung, Subjektzentrismus, die angeborenen Verfahrensweisen unseres Geistes.

Die bikamerale Psyche oder: Das vorbewusste Denken

So genannte »primitive« Kulturen, die heute als Naturvölker bezeichnet werden, erregten bei Forschern wegen ihrer besonderen Art, miteinander und mit ihren Träumen umzugehen, großes Interesse. Da man ihre Geisteshaltung nicht begriff, entstand der Eindruck, dass sie nicht nur körperlich, sondern auch seelisch andersartig sein müssen, ja womöglich sogar anders denken. Mit dem Denkansatz, sie stehen sowohl körperlich als auch geistig den wilden Tieren näher und seien in der Evolution gleichsam stecken geblieben, glaubte man, bei diesen »lebenden Fossilien« urtümliche Formen unseres Denkens zu finden, durch deren Studium sich die Stammesgeschichte der menschlichen Denkmuster rekonstruieren ließ.

Rätselhafte Mythen und Legenden über die Entstehung der Welt, Geisterglaube, Ahnenkult, Menschenopfer und viele andere Gebräuche der fremden Völker veranlassten den französischen Philosophen und Psychologen Lucien Lévy-Bruhl (er lebte von 1857 bis 1939, war also ein Zeitgenosse Freuds und etwas älter als Jung), von einem »vor- oder prälogischen« Denken der Naturvölker zu sprechen. Er wusste zwar, dass diese Menschen in der Lage waren, sich durch die Jagd zu ernähren und Werkzeuge oder Geräte herzustellen, erkannte aber, dass nicht so sehr das kausale, ursächliche, als vielmehr ein vorlogisches Denken ihre Handlungen bestimme. Die vielen Rituale, Kulthandlungen und Zaubertänze der so genannten Primitiven zeigen, dass sie sich auf geheimnisvolle Weise mit den Naturkräften und auch mit Geistern verbunden fühlten. Lévy-Bruhl bezeichnete dieses Phänomen als mystische Teilhabe, zu Französisch: »participation mystique«: Die Menschen glauben, durch Beschwörungen, Gebete und so weiter an den Vorgängen um sie herum »teilhaben« zu können. Durch magische Handlungen versuchten sie, Glück oder Unheil bringende Kräfte zu beeinflussen.

Er schloss daraus, dass die Inhalte der Aussagen der »Primitiven« mystisch und die Form der verknüpfenden Gedanken vorlogisch sei. Denn für Naturvölker gibt es keinen Zufall, sondern alle Dinge stehen in einem geheimen Zusammenhang, der entschlüsselt und beeinflusst werden könne. Bei den Aborigines in Nordwestaustralien erfolgte dieser Zugang ganz gezielt im Traum, wie wir gesehen haben. Bei ihnen drückt sich das vorbewusste Denken im Traum aus, sobald eine über das rein Animalische hinausgehende Entscheidung getroffen werden muss, holt sich der vorbewusste Mensch den Anstoß zum Handeln aus dem Traum.

Das Erstaunliche ist, dass wir über historische Dokumente verfügen, die die Entwicklung des Bewusstseins sehr genau schildern oder besser: ablesbar machen. Man muss sie nur entsprechend lesen. Der Erste, der das konsequent tat, war Julian Jaynes. Er las die Ilias, zog daraus seine Schlüsse und schrieb ein Buch darüber: »Der Ursprung des Bewusstseins durch den Zusammenbruch der Bikameralen Psyche«, heißt es in einer Anlehnung an Darwins berühmtes Buch über den »Ursprung der Arten durch natürliche Auslese«, das gut hundert Jahre früher erschien. Das Spannende an Jaynes' Buch ist: Er weist (unter anderem) nach, dass die handelnden Personen in der Ilias noch kein Bewusstsein hatten.

Achill ohne Bewusstsein? Wie das? Denkt er nicht, handelt er nicht wie ein Mensch mit Herz und Empfindung? Die enttäuschende Antwort lautet: Nein!

Und das ist einer der Gründe, warum Christa Wolf in ihrer herrlichen Erzählung »Kassandra« den strahlenden Achill nur als »Achill, das Vieh« bezeichnen konnte, ohne die historische Figur übers Knie zu brechen.

Doch langsam und von vorn.

Stimmen hören

Die heilige Johanna von Orléans hörte Stimmen. Sie fühlte sich daraufhin von Gott berufen und handelte danach. Solange sie nur im Auftrag der Stimmen handelte, ging alles gut; als sie ihre Rolle als Kriegerin Gottes missbrauchte und ohne Auftrag kämpfte, gerät sie prompt in Gefangenschaft. Ihr Ende auf dem Scheiterhaufen ist die beklagenswerte Folge.

Abraham hörte Stimmen. Um genauer zu sein: Er hörte eine Stimme, die seines Gottes. Manchmal sah er ihn auch. Moses hörte Stimmen. Samuel hörte Stimmen.

Die meisten Menschen haben dies auch schon einmal erlebt. Meine Freundin Jolanta zum Beispiel, die eigentlich immer für eine Tasse Kaffee zu haben ist, lehnte diese vor kurzem mit einer etwas eigenartigen Begründung ab: Sie könne jetzt nicht bleiben, denn sie habe eine Stimme gehört, die ihr sagte, sie solle jetzt sofort zum Bahnhof gehen und ihre Platzreservierung für eine bevorstehende Reise durchführen. Ich war überrascht, hielt sie jedoch nicht auf. Als ich sie das nächste Mal traf, brachte sie ganz von selbst die Sprache auf dieses Ereignis. Sie war zum Bahnhof gegangen, hatte ihren Sitzplatz bestellt und erfuhr daraufhin von dem Bahnangestellten, es sei der allerletzte im ganzen Zug gewesen. – Fast ist es überflüssig zu erwähnen, dass sie ihre »Stimmen« sehr wohl ernst nimmt.

Die Helden der Ilias hörten Stimmen, die Stimmen ihrer Götter. Sie vernahmen deren Reden und Befehle genauso deutlich, wie manche Epileptiker oder Schizophrene »ihre« Stimmen hören.

Die Götter sind es, denen die Helden der Ilias ihre Handlungsimpulse verdanken. Die Helden haben kein Bewusstsein in unserem Sinn. Bei wichtigen Entscheidungen und Gemütsbewegungen, stets sind es die Götter, die eingreifen. Für uns mit unserer Subjektivität ist es unmöglich, nachzuvollziehen, wie das ist. Als Agamemnon, der Anführer der Griechen vor Troja, dem Achill seine schöne Gefangene wegnimmt (diese Episode ist bekanntlich der Anlass für den »Zorn des Peleiaden Achilleus, der im Kampfe entbrannt, den Achäern unnennbaren Jammer erregte«), wurde dieser wütend und zog im Zorn sein Schwert hervor, im Zweifel, wie er reagieren soll. Da kommt vom Himmel die Göttin Athene, zeigt sich ihm allein und ermahnt ihn, das

Schwert nicht zu zücken: »Magst du mit Worten ihn doch beleidigen, wie es dir einfällt« – und das tut Achill, steckt das Schwert zurück und beschimpft Agamemnon mit den herrlichen Worten: »Trunkenbold, mit dem hündischen Blick und dem Mute des Hirsches! . . .« – Ich gebe zu, ich referiere diese Geschichte auch wegen der Freude an diesen großartigen sprachlichen Bildern etwas ausführlicher. Auch diese haben jedoch ihre Funktion, wie wir noch sehen werden. – Als die schöne Gefangene abgeholt wird, geht er weinend ans Meeresufer und lässt sich von seiner Mutter, einer Göttin, trösten. Eine Göttin verbirgt Paris in einer Nebelwolke, Götter treiben Helden an oder schützen sie, stiften Zwietracht, lenken Geschosse um und vernebeln den Helden das Gesichtsfeld. Götter flößen Helena Sehnsucht nach der Heimat ein, unterrichten Hektor oder nehmen Achill das Versprechen ab, nicht mehr am Kampf teilzunehmen. Kurz: Götter spielen die Rolle des Bewusstseins.

Auch im Umgang der Helden miteinander ist diese Rolle akzeptiert. Achill wirft Agamemnon vor, dass er ihm ja die schöne Briseis geraubt habe, und Agamemnon weist jede Schuld von sich: Nicht er sei es gewesen, sondern die Götter, die ihn dazu getrieben haben. Und Achill akzeptiert diese Erklärung, denn er hat ja ständig genauso auf Geheiß seiner Götter gehandelt.

Die Götter waren also Stimmen, die die Rolle des noch nicht vorhandenen Bewusstseins spielten. Meist waren sie nur für diejenigen Helden hörbar, an die sie gerade das Wort richteten. Meist bleiben sie unsichtbar, seltener erscheinen sie in nebelhafter Aura. Diese Beschreibung heißt zusammengefasst nicht mehr als: Die Stimmen der Götter der Ilias waren ebenso wie die Stimme des Gottes der Bibel Halluzinationen, Träume, außersinnliche Wahrnehmungen. Die für die Menschen der Ilias nicht mit veränderten Bewusstseinszuständen verbunden sind, weil sie ja noch kein Bewusstsein in unserem Sinne besitzen, das zu verändern ist, damit diese außersinnlichen Wahrnehmungen möglich sind.

Psychobiologisch ausgedrückt, waren die Götter Organisationsformen des Zentralnervensystems, innere »personae« mit dem Aufgabenbereich Ratgeber – Eltern – Erzieher – Autoritätspersonen. Kurz, sie spiegelten das eigene Über-Ich. Noch mal Jung und seine Archetypen: »Tatsächlich ist es fast die Regel, dass . . . selbst diejenigen, welche zugeben, dass es sie gibt, sie wie Bilder behandeln und völlig vergessen, dass es lebendige Wesenheiten sind, die einen Großteil der menschlichen Psyche ausmachen.« Da haben wir sie wieder, die Götter mit den Stimmen. Lebendige Wesenheiten, die einen Großteil der menschlichen Psyche ausmachen. Und in diesem Zusammenhang, den Jung freilich so nicht kennen konnte, wird auch klar, was Archetypen eigentlich sind: Von Hermes, dem Narren, bis zu Kronos, dem weisen

Alten, mit ein bisschen gutem Willen finden wir sie auch im Olymp der Götter wieder.

Warum ist aber in der Ilias überhaupt von Göttern die Rede, wenn diese doch »nur« die Rolle von Halluzinationen mit Leben erfüllen? Die Götter sind ein dichterischer Kunstgriff. Er bestand in einer Verdoppelung der natürlichen Bewusstseinsursachen. Indem man den Handlungsantrieben einen Namen gab (Götter) und sie außerhalb des Individuums stellte, ließen sich vorbewusste psychologische Zusammenhänge viel anschaulicher darstellen. Der Kunstgriff des »inneren Monologs« der modernen Literatur wird in der Ilias in entgegengesetzter Richtung vollzogen und zum »äußeren Monolog«, zum Dialog mit den Göttern. Und durch diesen Kunstgriff sind es nach außen hin die Götter, die im Trojanischen Krieg das Kommando führen und die Entscheidungen fällen. Das klingt hübscher, als wenn man sagt: Im Trojanischen Krieg führten Halluzinationen das Kommando, und die Griechen vor Troja waren »erlauchte Roboter, die nicht wussten, was sie taten«. Die Ilias handelt von Handlungen. Worum es geht, sind Achills Taten (und die der übrigen Helden vor Troja) und nicht sein Geisteszustand. Und auch ohne Bewusstsein war Achill durchaus lebens- und handlungsfähig. Die Liste der Dinge, die wir ohne Einschaltung unseres Bewusstseins, gleichsam wie im Schlaf tun (können), ist lang. Sie endet beim Klavierspiel, wenn wir lange genug geübt haben. Wir werden darüber noch mehr im Kapitel »Arbeiten wie im Schlaf oder: Der Traum als Kollege« hören.

Was die Götter nicht sind, ist ein dichterischer Notbehelf, um die Geschichte spannender zu machen. Denn sie haben ja funktioniert, wenn jeder der Helden die Aufträge der Götter des anderen als Erklärung für dessen Verhalten akzeptierte. Diese Unterstellung wäre, wie Julian Jaynes in einem anschaulichen Beispiel schreibt, »das gleiche, als wolle man unterstellen, Jeanne d'Arc habe der Inquisition nur deshalb von ihren Stimmen berichtet, um die ganze Angelegenheit für ihre Henker etwas abwechslungsreicher zu gestalten«.

Das Auftreten von Stimmen, denen gehorcht werden musste und wurde, war in jeder Hinsicht die Vorbedingung für das bewusste Geistesstadium, das sich innerlich mit sich selbst auseinander setzen und sich selbst Befehle und Direktiven erteilen kann. Zustande gekommen ist dieses Selbst als Kulturprodukt. Wir sind gewissermaßen unsere eigenen Götter geworden. Wir benötigen die außerhalb unserer selbst stehenden Götter nicht mehr, wir haben unser Über-Ich internalisiert und zusätzlich ein Bewusstsein entwickelt.

Die Macht der Stimmen

Die Geistesverfassung der Mykener, wie sie in der Ilias geschildert wird, bezeichnet Jaynes im Unterschied zu unserer als Zwei-Kammer-Psyche oder als bikamerale Psyche. Wollen, Planung und Handlungsanstoß kommen ohne irgendwelches Bewusstsein zustande und werden sodann dem Individuum fix und fertig in seiner vertrauten Sprache »mitgeteilt«, manchmal mit einer optischen Erscheinung verbunden, manchmal allein in einer akustischen Erscheinung. Das Individuum gehorcht diesen Stimmen, weil es nicht »sieht«, was es von sich aus tun könnte.

Ein Beispiel möge erklären, worin der Unterschied zwischen einem bikameralen (vorbewussten) und einem bewussten Menschen besteht. Sie sitzen im Auto, fahren, unterhalten sich dabei mit Ihrer Mutter, hören nebenbei Radio, füttern Ihre Kinder mit Bananen und überlegen sich, was Sie zum Mittagessen einkaufen wollen. Das geht (vielleicht mit Ausnahme des Gesprächs mit Ihrer Mutter) ohne viel Bewusstsein, fast wie im Schlaf. Dies alles hätte auch ein trojanischer Held, ein bikameraler Mensch fertig gebracht. – Da, plötzlich, taucht vor Ihnen ein tiefes Schlagloch auf. Sofort wenden Sie Ihre Aufmerksamkeit, ihr gesamtes Bewusstsein diesem Loch zu, um sich zwischen Bremsen, Ausweichen und Hineinkrachen zu entscheiden. Das kann der bikamerale Mensch nicht. Er wartet jetzt auf eine Halluzination, auf seine bikamerale Stimme, mit der ihm seine aufgespeicherte praktische Lebensweisheit mitteilen würde, was er tun soll.

Ein Trost, damit wir den armen bikameralen Menschen nicht allein in dieser Gefahr lassen: Jeder Mensch hat die Fähigkeit zu halluzinieren, denn sie ist angeboren. »Für Halluzinationen muss es eine angeborene Basis im Nervensystem geben. Das zeigt sich ganz klar, wenn man das Phänomen an Menschen untersucht, die von Geburt an oder seit frühester Kindheit taub sind: auch sie können – auf diese oder jene Weise – Gehörshalluzinationen haben, wie sich gemeinhin an tauben Schizophrenen beobachten läßt.«[89] Von 22 untersuchten tauben Schizophreniepatienten beharrten 16 darauf, dass sie irgendwelche Mitteilungen *hörten*.

Das Beispiel des unschlüssigen Achill liefert ebenso wie das des Autofahrens einen guten Anhaltspunkt darüber, wann Halluzinationen auftreten: unter Stress. Wir können davon ausgehen, dass in der Ära der bikameralen Psyche wesentlich weniger Stress als heute bereits ausreichte, um Halluzinationen auszulösen. »Der einzig erforderliche Stress war der, der

89 Jaynes, a. a. O., S. 117 f.

auftritt, wenn irgend etwas hinzutretend Neuartiges an einer Situation eine Verhaltensänderung notwendig macht. Alles, womit nicht auf habitueller Basis fertig zu werden war, jeder Konflikt zwischen Leistungsanforderung und Erschöpfungsgrad, zwischen Angriffs- und Fluchtneigung, jede Wahl, wem man gehorchen und was man tun solle, kurzum alles, was irgendeine Entscheidung erforderte, reichte aus, um eine Gehörshalluzination zu bewirken.« Tierversuche haben inzwischen geklärt, dass die Verpflichtung zur Entscheidung genau das ist, was Stress ausmacht. Magenkrebs entwickelt sich nicht nur bei Managern, sondern auch bei Ratten und Affen, wenn sie ständig Entscheidungen treffen müssen. »Der entscheidende Faktor dabei ist das Schweben in der Ungewissheit. Ist das Experiment dergestalt angelegt, dass ein Tier wirksam reagieren kann und sofort die Rückmeldung über den Erfolg erhält, dann treten keine derartigen Manager-Geschwüre auf.«[90] In dieser Hinsicht ging es unseren bikameralen Freunden Achill und Abraham besser als uns: Sie hatten ihre Götter zur Linderung von Stress.

Der Haken war: Sie konnten sich diesen Stimmen nicht entziehen. Sie waren nicht in sichere Distanz zu schieben, denn die Götter sind eben nur ein dichterischer Kunstgriff. In Wirklichkeit sitzen die Stimmen der homerischen Erzähler genau da, wo sie bei heutigen Schizophreniepatienten auch sitzen: im eigenen Kopf. Damit unterschreiten sie aber ganz massiv sämtliche Schutzfilter gegen die Macht des Wortes. Von der werden wir in diesem Buch noch etliches hören. Schizophrene berichten, dass ihre »Stimmen« viel präsenter seien als die der Außenwelt, und sie folgen ihnen, als spräche aus ihnen die objektive Wirklichkeit selbst, auch wenn dies völlig gegen die eigene Erfahrung und den gesunden Menschenverstand spricht. Hören und gehorchen sitzen eng beieinander, und wie wir auch bei den homerischen Göttern gesehen haben, geht es ums Gehorchen, wenn die Götter einschreiten. Dagegen gibt es keine Auflehnung. Nicht umsonst wird noch in der Odyssee Odysseus als der den Göttern Gehorchende hingestellt, woraus unsere moderne Interpretation, die auch andere Möglichkeiten der Reaktion auf Stimmen kennt, den »großen Dulder« gemacht hat. Voraussetzung für diese anderen Reaktionen ist allerdings Distanz.

Wenn ein Kind sich die Ohren zuhält, will es nicht Lautstärke dämpfen, sondern Eindringlichkeit; nicht »Hören« verringern, sondern den »Druck zu gehorchen«. Stimmen von außen, besonders, wenn sie aus großer Nähe kommen, haben nicht nur Zugang zu unseren Ohren, sondern auch zu unserem

90 Jaynes, a. a. O., S. 121 mit der entsprechenden Fachliteratur

Unbewussten. Diese Tatsache wird bei Lernmethoden wie dem Superlearning gezielt eingesetzt, wo der Schüler selbst im Schlaf akustisch mit – erfolgreich abrufbaren – Informationen gefüttert wird, aber auch beim autogenen Training oder bei Meditationen. Sie liegt der Wirksamkeit von Mantras ebenso zugrunde wie der Gehirnwäsche durch die politische Berieselung aus dem Volksempfänger im Dritten Reich. Räumliche Entfernung und die innere Einstellung zur Quelle der Stimmen bieten einen gewissen Schutz vor der Macht des Wortes. Doch diese Möglichkeit ist weder Schizophrenen noch bikameralen Menschen gegeben. Sie sind beziehungsweise waren ihren Stimmen hörig, oder umgekehrt: Die Stimmen waren für sie Ausdruck ihres Willens. Jaynes drückt es etwas komplizierter aus: Der »Wille [des bikameralen Menschen] zeigte sich als Stimmphänomen, das dem Wesen nach ein neurologischer Imperativ war und das den Imperativ und die Vollzugshandlung unauflöslich in sich vereinigte: die Stimme hören hieß, ihr gehorchen«.

Die Quelle der Stimmen

Unser Gehirn, das ist keine Neuigkeit, ist in zwei Hälften gegliedert. Jede Gehirnhälfte hat eigene Funktionsbereiche, die bei Männern normalerweise strikter getrennt sind als bei Frauen. Dies ist eine der Ursachen für das dumme Gerede von der »Weiberlogik«: Frauen denken mit dem ganzen Hirn und neigen daher zum reicheren Assoziieren, Männer denken mit den gerade erforderlichen Teilen, boshaft ausgedrückt: auf Sparflamme. Entsprechend unterschiedlich fällt die resultierende Logik aus. – Die linke Gehirnhälfte ist diejenige, die unsere Handlungen, unsere aktiven Kontakte mit der Außenwelt steuert, darunter auch die rechte als die bei den meisten Menschen aktive Hand. Die rechte Gehirnhälfte ist die leise, die in Bildern denkt. Wenn wir wach sind, dominiert die linke Gehirnhälfte. Im Traum schaltet sie, sehr kurz gesagt, ab.

Im Falle von Verletzungen können unter gewissen Voraussetzungen beide Gehirnhälften Funktionen von der geschädigten anderen Seite übernehmen, denn die Hälften sind untereinander verbunden. Die größte Brücke zwischen beiden Gehirnhälften ist das Corpus callosum. Zwischen den Schläfenlappen gibt es zusätzlich eine direkte, allerdings auch recht enge Verbindung, die Commissura anterior.

Was nicht ganz so allgemein bekannt ist: Sämtliche Sprachzentren, und wir kennen ihrer drei, sitzen in der linken Gehirnhälfte. Das ist nur logisch, denn Sprache ist etwas, mit dem wir uns äußern, also aktiv nach außen treten.

Bei Verletzungen in frühem Kindesalter wandert allerdings der gesamte Sprachmechanismus in die rechte Gehirnhälfte, die normalerweise »stumm« ist.

Jaynes versuchte nun herauszubekommen, welche Funktion die stummen Partien der rechten Gehirnhälfte haben, die denen der Sprachzentren genau gegenüberliegen. Besonders wichtig war ihm dabei dasjenige Sprachzentrum, das für Verstehen, Bedeutung und Aufbau der Sprache zuständig ist. Es wird nach seinem Entdecker Wernicke-Zentrum genannt und liegt im linken Schläfenlappen. Im Unterschied dazu ist das Broca-Zentrum im linken Stirnlappen für Artikulation, Tonfall, Grammatik und Wortschatz zuständig, also für das eigentliche Sprechen. Die dem Wernicke'schen Sprachzentrum gegenüberliegende Zone in der rechten Gehirnhälfte hat im Wachzustand keine erkennbare Funktion. Reizt man sie allerdings im Zuge einer Operationsvorbereitung bei Schizophreniepatienten gezielt mit schwachen elektrischen Impulsen, so haben diese Patienten lebhafte, ihnen vertraute Halluzinationen.

Die Schlussfolgerung hieraus war für Jaynes klar: Die rechte Gehirnhälfte hat deshalb keine Sprachfunktion, weil hier Platz bleiben musste für die Stimmen der Götter. Er meint, dass die Rede der Götter unmittelbar in derjenigen Gehirnpartie »strukturiert« wurde, die dem entspricht, was linksseitig das Wernicke-Zentrum ist, und dass sie über die Commissura anterior diesem »zugesprochen« wurde, also von diesem »gehört« wurde. Die Leistung, größere Mengen an verarbeiteten Informationen, komplexe Erfahrungen, von der einen Hirnhälfte in die andere zu transferieren, hätte die enge Commissura anterior überfordert, wenn sie in ungekürzter Form erfolgt wäre. Es wurde daher ein Code gefunden und verwendet, »der hochkomplexe Verarbeitungsergebnisse auf eine einfachere Form reduziert, in der sie die zahlenmäßig verminderten Nervenbahnen speziell der vorderen Kommissur zu passieren vermögen. Und wo in der Evolution des animalischen Nervensystems ist jemals ein besserer Code aufgetreten als die menschliche Sprache?« Die Halluzinationen Achills und Abrahams sind deshalb sprachlicher Natur, weil Sprache die effizienteste Methode ist, die Ergebnisse komplizierter Denkvorgänge von einer Seite des Gehirns auf die andere zu übermitteln.

Diese Hypothese unterstützen einige Sachverhalte. Beide Hemisphären verstehen Sprache – lähmt man die linke Gehirnhälfte vorübergehend mit Medikamenten, kann der Patient den Arzt dennoch verstehen. Selbst sprechen kann normalerweise nur die linke.

In der rechtsseitigen Entsprechung des Wernicke-Zentrums lassen sich Halluzinationen auslösen, die Patienten erleben sich selbst darin als Empfänger, niemals als aktiv handelnd; die Stimmen empfanden sie als Gegenposition zum Selbst und nicht als Verarbeitung von Erinnerungen.

Epilepsiepatienten, denen das Corpus callosum, also die große Verbindung zwischen den Gehirnhälften durchtrennt wurde, so genannte Split-brain-Patienten, zeigen bei entsprechender Versuchsanordnung zwei völlig getrennte Persönlichkeiten, es kann dazu kommen, dass die linke Hand etwas tut, was von der rechten Gehirnhälfte gesteuert wird, und die linke Gehirnhälfte behauptet steif und fest: »Ich war's nicht!«

»Ich war das nicht!« – Kennen wir das nicht von irgendwoher? »Bin ich dann nicht ich, Herr, mein Gott? Wahrhaftig, solch ein Unterschied ist zwischen mir und mir, schon innerhalb des Augenblicks, wo ich von hinnen in den Schlaf hinübergehe oder vom Schlafe zurück herüberkomme . . . Und doch ist jener Unterschied so groß, dass, wenn es eben anders kam, wir beim Erwachen zurückfinden zur Ruhe des Gewissens und dank gerade jener Ungleichheit erkennen, dass nicht wir es getan, was da immerhin als irgendwie an uns Geschehenes uns traurig macht.« So Augustinus im vierten Jahrhundert n. Chr., zeitlich auf halbem Weg zwischen uns und der Zeit, in der die Ilias handelt.

Genauer: Lässt man einen solchen Split-brain-Patienten nur mit dem rechten Nasenloch an einer widerlich stinkenden Sache riechen, so erhält er die Botschaft in der rechten Gehirnhälfte (die Geruchsnerven sind nicht gekreuzt), kann ihre Quelle jedoch nicht benennen, da die Verbindung zur redenden linken Gehirnhälfte fehlt, kann sehr wohl aber sein Missfallen darüber äußern, in Mimik und einfachen Lauten. Der Affekt »Ekel« landet also beim limbischen System und dem Hirnstamm und führt zu einer diesen alten Gehirnzentren entsprechenden Reaktion.

Man kann mit diesen Split-brain-Patienten auch eine Testsituation arrangieren, in der man die rechte Hemisphäre die richtigen Antworten auf die vorgelegten Fragen jedes Mal wissen lässt; muss sie dann mit anhören, wie die linke (dominante) Gehirnhälfte offenkundige Fehlantworten gibt, so kann es vorkommen, dass der Patient die Stirn runzelt, zusammenzuckt oder den Kopf schüttelt. Die rechte Gehirnhälfte wirkt auch hier als Auslöser von Unlustreaktionen auf das limbische System und den Hirnstamm ein, die für Affektausdruck zuständig sind.

Die rechte Gehirnhälfte bildet also eine Brücke zwischen unseren alten Gehirnteilen und unserem heutigen Bewusstsein.

Die Götter und die rechte Gehirnhälfte

Die bikamerale Psyche ist eine zweigeteilte. Die eine Hälfte erscheint uns als Mensch, die andere als Gott. Der bikamerale Mensch handelte für uns nachvollziehbar meist »wie im Schlaf«. Auch in seine handelnde linke Gehirnhälfte wirken alte Gehirnteile massiv und direkt hinein: das Instinktverhalten, das Sexualverhalten und so weiter. Achill zieht »instinktiv« das Schwert gegen Agamemnon, ehe Athene, seine rechte Gehirnhälfte, mit einer Halluzination eingreift und ihm eine Handlungsdirektive anbietet. Diese Handlungsdirektiven waren, wie wir gesehen haben immer dann gefragt, wenn eine Stress-Situation auftrat, die eine Abweichung vom habituellen Verhalten erforderlich machte. Sie bildeten die Quintessenz des bisherigen erworbenen und angeborenen Wissens, das »taxonomisch« gegliedert und zu einer figürlichen Ganzheit integriert und in Form von Stimmen der Götter der handelnden linken Gehirnhälfte mitgeteilt wurde.

»Das Bild, das sich ergibt, wenn wir daraufhin eine Reihe von göttlichen Verlautbarungen in der Ilias, dem Alten Testament oder anderen literarischen Zeugnissen des Altertums überprüfen, stimmt damit überein. Die Mannigfaltigkeit vergangenen wie zukünftigen Geschehens wird gesiebt und kategorisiert und zu einem neuen Bild synthetisiert, letzteres häufig vermittels des A und O aller Synthese, der Metapher. Und diese Funktionen dürfen wir demnach als Charakteristika der rechten Hirnhemisphäre anzutreffen erwarten.«[91]

Klinische Tests haben genau das bestätigt, und im EEG wird die Arbeitsteilung der Gehirnhälften sogar messbar: Die (dominante) linke Gehirnhälfte sieht – wie die menschliche Komponente der bikameralen Psyche – einzelne Dinge als solches und kann sie benennen. Die rechte Gehirnhälfte begreift – wie die Götterseite der bikameralen Psyche – den Sinn von Einzelheiten nur aus ihrer Zusammengehörigkeit zu einem größeren Ganzen; sie sieht Ganzheiten.

Als Kind hatte ich eine Mathematiklehrerin, die neuen Lehrstoff nur als Ganzes vermitteln konnte. Sie begriff ihn nicht als Einzelschritte, sondern als sinnvollen Zusammenhang. Erst wenn dieser hergestellt war, konnte sie Einzelfragen beantworten und klären. Uns Schüler brachte das zur Verzweiflung, denn wir hätten den Stoff gern Häppchenweise serviert bekommen und häppchenweise verdaut. Oft gingen wir am Ende der Stunde mit einem Fragezeichen im Kopf nach Hause, weil wir weder mit dem Zusammenhang

91 Jaynes, a. a. O., S. 149

noch mit den Einzelschritten etwas anfangen konnten. In der nächsten Stunde wurde die Geschichte dann auf der Basis des Ganzen aufgerollt und schrittweise erklärt, und mit einem Male waren Zusammenhang und Einzelschritte hergestellt. Diese Denkweise hat mir als Zehnjährige zwar Probleme bereitet, insgesamt aber mein Denken und mein Lernverhalten fruchtbar geprägt.

Denken in Zusammenhängen ist also eine typische Leistung der rechten Gehirnhälfte, der Götterseite.

Eine Anwendung dieser Leistung, über die wir uns meist keinerlei Gedanken machen, ist das Wiedererkennen von Gestalten aus Details. Wenn Sie unter einem Schrank ein längliches pelziges Etwas hervorragen sehen, das sich bewegt, haben Sie kein Problem damit, dies als den Schwanz Ihrer Katze zu erkennen und daraus zu schließen, dass sich Ihre Katze unter dem Schrank befindet. Die linke Gehirnhälfte sieht »pelziges Etwas, das sich bewegt«, die rechte Gehirnhälfte sieht »Katze«. Wiedererkennungsleistungen sind Sache der Götter. Identifizierung von Personen ebenso wie von Gesichtsausdrücken, das Wahrnehmen von Körpersprache, um es mit moderneren Vokabeln auszudrücken. Wozu brauchen wir das? Nun, wenn Ihr Partner grantig wirkt, gehen Sie vorsichtiger mit ihm um. Wenn Sie in einen Raum kommen, sehen Sie sich erst einmal nach bekannten Gesichtern um und grüßen freundlich.

Meine kurzsichtige Freundin Andrea, die aber zu eitel ist, ihre Brille aufzusetzen, kam in ihrer neuen ländlichen Umgebung damit in soziale Schwierigkeiten, weil sie nicht eher grüßte, als bis sie die Leute erkannte, und das war in einer Distanz von etwa einem Meter. Ihr Partner war eine Weile damit beschäftigt, die Dorfbewohner über die Ursache ihrer »Hochnäsigkeit« zu informieren. Inzwischen hat man sich daran gewöhnt, und man schätzt sie trotz ihres eigenartigen Verhaltens.

Andreas Fall zeigt auf einer »harmlosen« Ebene, wie wichtig das Wiedererkennen von Menschen sein kann. Ging es in ihrem Fall aber nur um den Vorwurf der Hochnäsigkeit, so ging es im Lebensbereich eines Achill ums nackte Überleben: In ungewohnten Situationen Freund und Feind auseinander zu halten, dies war eine der typischen Funktionen der Götter. Wenn aber die Götter so überlebenswichtige Funktionen ausübten, wie kam dann der Mensch vor der Entstehung der bikameralen Psyche aus? Wie lebte er ohne sie?

Vom Urweltaffen zum Propheten

Jetzt sind wir an einem Punkt angelangt, der nach der Entstehung der menschlichen Kultur überhaupt fragt. Vor der bikameralen Psyche war der Mensch noch kein Mensch, sondern auf dem gehirnphysiologischen Zustand eines frühen Säugetiers (siehe oben die Abbildung auf Seite 250). Er lebte, den Gorillas im Nebel vergleichbar, in kleinen Horden, in denen er ohne Götter jedes Problem »rein instinktiv« oder »wie im Schlaf« lösen konnte. Auch die Kommunikation mit den Hordenmitgliedern bildete noch kein Problem, sie erfolgte mit einer Fülle von visuellen und stimmlichen Signalen, aber noch ohne Sprache. Die Grundlage war Vertrautheit, die Gruppenstärke auf etwa 30 beschränkt.

Auch bei den frühen Menschen lässt sich archäologisch eine Gruppenstärke von etwa 30 Personen rekonstruieren. Zu Zeiten optimaler Klimabedingungen stieg die Gruppenstärke allerdings nachhaltig an. »Und«, so Jaynes hierzu, »es dürfte so sein, dass die Götter aus keinem anderen Grund auf der Bühne der Evolutionsgeschichte erschienen sind, als um dieses Problem des von vornherein eingeschränkten Gruppenumfangs zu lösen.«[92]

Die Sprachentwicklung hat die gleiche Funktion. Kommunikation bei einer größeren Gruppe ist rein nonverbal nicht möglich.

Die Halluzinationen, also die Stimmen der Götter waren das Mittel, erhaltene knappste Aufträge immer wieder ins nicht vorhandene Bewusstsein zu rufen. Knappste Handlungsdirektiven von Stammesoberhäuptern wurden gewissermaßen in eine Art Endlosschleife gelegt und so lange repetiert, bis ein Auftrag erfüllt war. Eine Funktionstrennung zwischen Was und Wie (Mensch und Gott, linke und rechte Gehirnhälfte) scheint in einer solchen Situation nur ökonomisch. Und an der ökonomischen Arbeitsweise unseres Gehirns hat sich bis heute nichts geändert.

Wer sich für diese Entwickung im Einzelnen interessiert, den verweise ich auf Jaynes' Buch. Er schildert die Funktionsweise bikameraler Gesellschaften sehr anschaulich und genau. Hier seien nur noch wenige Elemente apodiktisch genannt. Die bikamerale Welt war eine hierarchisch gegliederte, in der Götter auch die Stimme des Oberhaupts wiedergeben. Im Begriff des Ka ist dies bei den Ägyptern besonders anschaulich. Er wurde mit Geist, Seele, Geschick, Lebenskraft, Vorsehung mühsam übersetzt. Der Ka war nach den ägyptischen Texten die für den Einzelnen deutlich vernehmbare Stimme, die ihm sagte, was er zu tun hatte. Seine Halluzination aus der rechten Gehirn-

92 Jaynes, a. a. O., S. 162 und 163

hälfte der bikameralen Psyche, um es abzukürzen. Die alten Ägypter verhielten sich dem Ka gegenüber ebenso passiv, gehorchend, wie Achill seinen Göttern gegenüber. Höflinge halten in Inschriften fest, sie hätten so gehandelt, wie es »seinem Ka« gefiel, gemeint ist der Ka des Königs. Der Ka des Gottkönigs wurde als Stimme des Königs vom gesamten Hofstaat gehört. Für den König war er ein ständiger Begleiter bei allen Handlungen. In einem Geburtsmythos wird er zugleich mit dem König geschaffen und deutet zum Zeichen seiner Sprechbereitschaft mit dem linken (!) Zeigefinger auf seinen Mund.

Die bikamerale Psyche hatte ihre Blütezeit vom 9. bis zum 2. Jahrtausend vor Christus. Im 2. Jahrtausend beginnt ihr Zusammenbruch, weil sie den veränderten Anforderungen einer neuen Welt nicht mehr gerecht wird. Auslöser des Zusammenbruchs waren die Wanderungsbewegungen dieser Zeit, im Zuge derer die halbe Bevölkerung des östlichen Mittelmeerraumes auf Wanderschaft musste, im Zuge derer der semitische Stamm der Hyksos, in der Bibel die Familie Josephs, nach Ägypten einwandern, im Zuge derer auch die Griechen nach Kleinasien drängen und Troja belagern. Anlass für diese Wanderungen waren geologische Katastrophen unvorstellbaren Ausmaßes, der Ausbruch des Vulkans Thera, dessen Wirkung um ein Vielfaches über alle Vulkanausbrüche hinausgeht, die wir in historischer Zeit seither erlebt haben, und die nachfolgenden Klimaveränderungen. In dieser Zeit prallten Zivilisationen aufeinander, die einander schlicht fremd waren.

Kaufleute lernten fremde Zivilisationen und ihre Götter, ihren Ka nicht nur kennen, sondern auch »verstehen«, denn sie wollten ja mit diesen Menschen handeln. In dem Erkennen kultureller Unterschiede ist aber der Abschied von der Normativität der eigenen Götter angelegt. Deren Relativierung, die Erkenntnis, dass diese auch nur eine der möglichen Spielarten denkbarer Götter sind, liegt nun in der Luft. Oder, um es mit Jaynes auszudrücken: »In der Beobachtung kultureller Unterschiede liegt möglicherweise der Ursprung des Analog-Raums des Bewusstseins.« Die Erkenntnis der Andersartigkeit der anderen bildete demnach die Voraussetzung zur Erkenntnis des Selbst und damit zur Entstehung von Bewusstsein.

Das sich bildende Bewusstsein hatte zur Folge, dass von nun an die Kommunikation mit den Göttern immer schwieriger wurde, wie man an den Träumen in der Bibel verfolgen konnte. Von Abraham, der völlig selbstverständlich Stimmen hörte, die Stimme seines Gottes nämlich, bis zum Propheten Daniel, der tagelang fastet, um eine Vision zu haben, ist – im wahrsten Sinne des Wortes: geistesgeschichtlich – ein weiter Weg. Diesen haben wir anhand wichtiger Stellen in der Bibel nachvollzogen. Vielleicht verstehen Sie jetzt, warum bei der Behandlung der Träume und ihrer Deutung die Träume selbst so wenig Raum einnahmen. Stattdessen wurde immer wieder auf die Form der Kommunikation zwischen Gott und Mensch, oder besser: zwischen Mensch und Gott, hingewiesen und darauf, wie sie sich entwickelte.

Auch Jaynes klopft die Schilderung der Bibel auf die Frage nach dem Ausmaß der verbleibenden Bikameralität der Psyche ab. Eine der aufschlussreichsten und zugleich traurigsten Figuren ist dabei Saul. Wir erinnern uns: Samuel war als Knabe in den Tempel gesandt und von Gott berufen worden. Er wählt David in bikameraler Manier aus den Söhnen Isais aus. Dessen Sohn ist Jonathan, sein Nachfolger Saul. Hören wir, wie ihn Jaynes sieht:

»Den Abschluss der Reihe bildet der subjektive Saul, der hagere verdatterte Jüngling vom Lande, dem eine irrationale Regung von Samuels bikameraler Stimme die politische Führerrolle zuspielt und der sich seinerseits um Bikameralität bemüht, indem er sich zu einer Rotte ekstatischer *neb'im* gesellt [Plural von *Nabi,* wird in der Einheitsübersetzung mit Propheten übersetzt], um unter Einwirkung von Psalterklang und Paukenschall schließlich selbst zu glauben, dass er die göttlichen Stimmen höre (Samuel 10. 5). Aber auf sein subjektives Bewusstsein wirken sie so wenig überzeugend, dass er sogar, nachdem die drei beglaubigten Zeichen eingetroffen sind, davonzulaufen und sich vor seinem Schicksal zu verstecken sucht. Der subjektive Saul sucht wie wild in seiner Umgebung nach Hinweisen, was er tun soll. Kaum tritt eine ungewohnte Situation ein ... schon will Saul mit einem Brandopfer eine Stimme herbeizwingen (13. 12) und muss sich dafür von Samuel einen Toren heißen lassen. Und dann Saul, der dem Seienden, den er nie gehört hat, einen Altar baut, um ihn, vergebens, zu befragen (14. 37). Warum spricht der Gott nicht zu ihm? Jetzt Saul, wie er durch Los den vermeintlichen Sünder ermittelt, der Schuld ist am Schweigen Gottes; und Saul, der sich beugend unter das Orakel, das Todesurteil über den Erlosten ausspricht, auch wenn es sein eigener Sohn ist. Doch selbst das kann nicht richtig sein, denn das Volk lehnt sich auf und weigert sich, die Hinrichtung zu dulden – ein Verhalten, das in bikameraler Zeit unmöglich gewesen wäre ... Aber also diese *neb'im* ihm auch nicht sagen können, was er tun soll, vertreibt er sie zusammen mit allen anderen bikameralen Magiern aus dem Land (28. 3), um im Traumorakel und in der Kristallschau ... nach einiger Gewissheit über den göttlichen Willen zu suchen. Und als auch das nichts fruchtet, greift er, am Ende mit seinem Bewusstseins-Latein, verzweifelt zum letzten Mittel: In Verkleidung (eine Maßnahme, wie sie nur ein subjektiv bewusster Mensch zu treffen vermag), sucht er nächtens Rat bei der Hexe zu Endor oder vielmehr bei der bikameralen Stimme, die von dem Weib Besitz ergreift, während der in seinem Bewusstsein ratlose Saul sich vor ihm demütigt, indem er ihm seine Unschlüssigkeit eingesteht, um dann von den Lippen der Zauberin Worte zu vernehmen, die er für Worte des toten Samuel hält . . . und dann kommt die grauenhafteste unter allen subjektiven Taten zur Ausführung – der Selbstmord: der erste historisch belegte, dem jedoch der zweite, der von Sauls Waffenträger, unmittelbar auf dem Fuße folgt.

Die Zeit des berichteten Geschehens ist das elfte Jahrhundert v. Chr., die Zeit der Niederschrift des Berichts das sechste Jahrhundert v. Chr.: Mithin dürfte die Psychologie des Ganzen etwa dem Stand des achten Jahrhunderts v. Chr. entsprechen.«[93]

An die Stelle der Götter, an die Stelle der halluzinierten Stimmen im eigenen Kopf tritt ein beschränktes Orakel. Zunächst ist es auf eindrucksvolle Orte beschränkt, wo es aber von allen Menschen gehört werden kann, die guten Willens sind. Dann sind nur noch wenige in der Lage, die Stimme des Gottes zu hören, diese werden zum Propheten oder Priester des Orakels. Nachwuchs wird unter den Bauernmädchen gesucht und für Delphi gezielt geschult. Schließlich müssen auch diese Orakel in einen veränderten Bewusstseinszustand eintreten, um die Stimmen zu hören, meist ist es ein Zustand der Besessenheit. Schließlich werden die Äußerungen immer unklarer, und es bedarf eigener Interpreten, sie dem Fragesteller zu deuten. Die Distanz zwischen Mensch und Gott ist hier unüberbrückbar geworden. Die Zeiten, in denen sie sich zwei Hälften einer bikameralen Psyche geteilt hatten, sind vorbei.

Die Sprache der Götter

Noch etwas zur Sprache der Götter und zur Sprache der Ilias. Sie ist keine Prosa, sondern gebundene Sprache, Poesie, daktylische Hexameter. Auch das Orakel des Apollontempels in Kolophon ganz in der Nähe von Ephesos, wo zu Tacitus' Zeit ein Mann weissagte, sprach in Versen. Dichter und Seher sind in vielen Sprachen dasselbe, Glossolalie findet in metrischen Klangmustern statt, die Poesie ist die Sprache der Götter. Die älteste Dichtung war überhaupt Gesang. Rhythmische Tonhöhenwechsel und metrische Schrittfolge als Sprache der Götter stehen der normalen Prosa gegenüber. Die Erzähler der Ilias hätten sich die Ilias niemals in Prosaform merken können.

Wundert es Sie noch zu hören, dass Menschen mit schweren Schäden in der linken Gehirnhälfte, zum Beispiel nach einem Hinrschlag, zwar nicht mehr sprechen, sehr wohl aber noch singen können? Das Singen ist in erster

93 Jaynes, a. a. O., S. 373 ff.

Linie eine Funktion der rechten Gehirnhälfte. Säuglinge reagieren auf Gesang, wie jede Großmutter weiß oder einmal gewusst hat, indem sie sich beruhigen, indem sie zuhören – und zuhören, das hieß, den Stimmen der Götter gehorchen. Gesang und gebundene Sprache kommen aus unserer rechten Gehirnhälfte und eröffnen einen Zugang dorthin. (Warum gehen mir die Stare auf dem Baum vor meinem Fenster nicht aus dem Sinn?)

> Wenn man von *Staren* träumt, bedeutet das ein Kriegsvolk, das im Felde liegt.
>
> (Deutscher Aberglaube)

Bei Schamanen und Indianern, bei Aborigines in Australien und meditierenden Yogis ist dieses Wissen um die Herkunft und Wirkung des Gesanges noch vorhanden und wird entsprechend eingesetzt. Und auch bei modernen Visualisierungen, in Selbsterfahrungs- und Therapiegruppen wird Musik dazu verwendet, Erlebnisse oder Erfahrungen im Unbewussten, in der rechten Gehirnhälfte zu verankern. Später reicht es dann aus, ein bestimmtes Musikstück zu hören, um ein bestimmtes seelisches Erlebnis wieder vor Augen zu haben. Sollten Sie selbst einmal so etwas inszenieren, empfehle ich Ihnen, nicht gerade den aktuellen Madonna-Hit zu wählen. Das könnte zu Problemen mit Ihrem Wachleben führen.

Dichterische Inspiration hat, wie die Quellen zeigen, nicht nur bei den Aborigines etwas mit der Welt der Träume zu tun – oder der Welt der Götter, um beim Bild der bikameralen Psyche zu bleiben. Bis ins 8. Jahrhundert vor Christus geriet der Dichter nicht von Sinnen, wenn er dichtete, sondern er hörte auf seine Stimmen. Im 6. Jahrhundert v. Chr. muss er ausdrücklich geübt sein in der Gabe der Musen (so wie auch ein Prophet eingeweiht werden muss). Zur Zeit Platons fand die Inspiration bereits in dichterischer Ekstase, in einem veränderten Bewusstseinszustand statt, und das Werk kam über ihn als eine außersinnliche Wahrnehmung.

Als optische »Halluzinationshilfen« gab und gibt es Idole, Mandalas, Marienbilder. Weitere lernen wir im nächsten Kapitel kennen.

Um es zusammenzufassen: Jung hat völlig Recht mit seiner Beobachtung: Wir träumen ständig. Meist merken wir es nur nicht, nämlich dann, wenn unser Bewusstsein sich über unser Träumen legt, unsere Träume überlagert und übertönt. Wir erkennen die Phasen, in denen unser Bewusstsein aktiv ist, im EEG an den Betawellen. Dies sind aber jene, die die höchste Frequenz aufweisen und damit am meisten Energie »verbrauchen«. Sobald es möglich ist, spart unser Körper Energie, und das ist die Erklärung dafür, dass wir im Laufe eines Tages immer wieder in den Tagtraum abgleiten. Diese Erkenntnis drückte der Physiker Jack Sarfatti so aus: »Wir haben erkannt, dass Bewusstsein und Energie eins sind.«

Unser Bewusstsein ist mit einem höheren Energieaufwand verbunden als unser Träumen. Vor der Entstehung des Bewusstseins war während des Wachzustands unseres Körpers das Energieniveau unseres Gehirns niedriger als heute. Wir würden heute sagen: Wir träumten damals den ganzen Tag. – Was wir auch heute in diesem Zustand alles leisten können, erfahren Sie weiter unten im Abschnitt »Arbeiten wie im Schlaf oder: Der Traum als Kollege«. – Jaynes nennt es: Halluzinieren. Stimmen hören. Botschaften der Götter empfangen.

Wenn wir träumen, sehen wir Bilder unserer rechten Gehirnhälfte, und sie verarbeitet Informationen aus den älteren Gehirnteilen. »Gehirnphysiologisch bewegt sich der Wachheitsgrad im Tagtraum im Bereich der Alphawellen. Traum und Tagtraum folgen einem rhythmischen Geschehen und sind der rechten Gehirnhälfte verbunden«, hatte schon Gerda Cramer-Bochow festgestellt.[94]

94 Cramer-Bochow, Ur-Energie Traum. Kösel Verlag, München 1995, S. 316

Teil IV:

Unter Umgehung des Bewusstseins – Wege in den Traumzustand

Veränderte Bewusstseinszustände sind mit herabgesetzten Gehirnfrequenzen verbunden. Dass diese dem Schlaf vorbehalten seien, ist ein weit verbreiteter Irrtum. Wir Menschen der westlichen Welt haben allerdings verlernt, diesen Zustand willentlich herbeizuführen und so zu erleben, dass wir ihn hinterher nachvollziehen können.

In anderen Kulturen ist dies ganz anders. Indische Yogi, asiatische Qi-Gong-Meister und indianische Schamanen haben kein Problem, sich ganz bewusst in eine Trance zu begeben. Ihr Gehirn taucht sozusagen »auf Abruf« in den Bereich des Tiefschlafes ein, etwa wenn sie als spirituelle Heiler zu einem Kranken gerufen werden. Für uns ist dies oft ausgesprochen erstaunlich zu beobachten. Noch verblüffender ist für uns Zivilisationsgeschädigte jedoch, diese Meister in ihrer Trance sehr logisch reden zu hören. Sie kontrollieren ihren Zustand so weit, dass sie in der Lage sind, folgerichtig zu denken, zu analysieren und ihre Ergebnisse der Außenwelt mitzuteilen. Gleichzeitig gehen ihre Gehirnfrequenzen in Bereiche hinunter, die für uns im unkontrollierten Koma enden können.

Es existieren unzählige Mittel und Wege, die Hirntätigkeit gezielt zu verändern und kontrolliert in die Welt der Träume einzusteigen. Einige hängen stark an der Kultur, die sie entwickelte, andere tauchen rund um den Erdball in sehr ähnlichen Formen immer wieder auf. Allen gemeinsam ist der Versuch, die Hirntätigkeit aus dem wachen Frequenzbereich zwischen 40 und 14 Hertz in den Bereich von Schlaf und Trance zwischen 4 und 13 Hertz zu senken. In diesem Traumstadium ist die linke Hirnhemisphäre bereit, ihre Dominanz vorübergehend aufzugeben und die bild- und gefühlsreiche Welt des Unterbewussten aufsteigen zu lassen. Dies wird durch sehr unterschiedliche Stimulationen sonst wenig genutzter Hirnbereiche erreicht. Viele dieser Techniken eignen wir uns auf unserer Suche nach dem Sinn unseres Lebens ungeprüft an. Wir vergessen, welche Funktion die Traumsuche in ihrem ursprünglichen kulturellen und sozialen Umfeld erfüllte und manövrieren uns in Situationen, in denen sich die Sehnsucht nach Bewusstseinserweiterung ins Gegenteil verkehrt.

Unsere Suche ist nun schon viele Jahrzehnte alt. Sie begann, als unsere traditionellen Kirchen als spirituelle Führer durch das tägliche Leben an Bedeutung verloren. Vom autogenen Training der dreißiger Jahre führt uns ein folgerichtiger Weg bis zum Mentaltraining der neunziger Jahre.

Doch leben wir nicht umsonst in einer materiellen Welt. Warum sollten wir ausgerechnet bei unserem Versuch, unsere Träume zu steuern, das Materielle loslassen? Und so leitet eben auch ein Weg von den LSD-Trips der sechziger Jahre zu spirituell angehauchten Ritualen mit Ecstasy oder Peyote.

Jede Suche provoziert Irrläufer. Es gibt bequemere und unbequemere

Wege, Schnellstraßen und Saumpfade, Irrwege, Sackgassen und Umwege. Eine Route, die jeden Menschen immer und ewig zum Ziel führt, bleibt eine Illusion. Jeder muss seinen eigenen Weg, seinen eigenen Zugang zu seiner Traumwelt finden. Er sollte sich nur über die Konsequenzen seiner Wahl im Klaren sein. Im Folgenden werden deshalb einige beliebte Methoden, Träume zu suchen, exemplarisch herausgegriffen und ihre möglichen Auswirkungen beschrieben.

Das Prinzip, das hinter all diesen Techniken steht, heißt: Langeweile für die linke Gehirnhälfte. Unsere beiden Gehirnhälften leben nämlich mit strikter Arbeitsteilung. Die rechte ist für das bildhafte Denken zuständig. Mit ihr erfassen wir gesamtheitliche Zusammenhänge, ordnen gleichartige Dinge zu Gruppen und schaffen kreative, unerwartete Lösungen. Die linke Gehirnhälfte kümmert sich dagegen um die Details. Sie analysiert, kümmert sich um Ursache und Wirkung und pocht auf rationales Verhalten. Sie hat in unserer Gesellschaft das Sagen.

Schäfchen zählen oder: Konzentrierte Langeweile

Die bildhafte Sprache der Träume kommt aus der rechten Gehirnhälfte. Daher muss die dominante linke Hemisphäre zunächst einmal ausgeschaltet werden. Uns Europäern gelingt das erfahrungsgemäß am leichtesten, wenn wir ihr eine Aufgabe geben, die sie langweilt. Jeder kennt das berühmte »Schäfchenzählen« vor dem Einschlafen. Was uns schon unsere Mütter und Urgroßmütter gegen Schlaflosigkeit empfahlen, ist nichts anderes als der Versuch, links »auszuknipsen«. Das Gehirn stellt sich anfangs der Aufgabe. Die Bilder kommen von rechts, die Zahlen von links. Während die rechte Hemisphäre mit ihrer Aufgabe, Bilder zu produzieren, zufrieden ist, schaltet die linke Seite bald ab. Sie fühlt sich mit dem stereotypen Mitzählen immer gleicher Bilder unterfordert. Entweder verweigert sie nach einiger Zeit den Gehorsam. Dann denken wir plötzlich an etwas anderes als unsere Schäfchen, und der Versuch einzuschlafen ist missglückt. Oder sie gibt ihre Dominanz auf und schaltet ab, da sie offensichtlich nicht gefordert wird. Der Versuch ist geglückt, wir sind eingeschlafen.

Dieses altbekannte Hausmittelchen, um einzuschlafen, hat einen gravierenden Nachteil: Man braucht Disziplin, um beide Hirnhälften bei der Stange zu behalten. Denn bevor die dominante linke Seite aufgibt und den Weg für die rechte Seite frei macht, wehrt sie sich in der Regel noch einmal kräftig. Sie führt uns mit aufregenden oder anregenden Ideen und Erinnerungen an Ereignisse des Tages oder ungelöste Probleme in Versuchung.

Gelingt es doch, dann sind wir meist sehr gründlich eingeschlafen und bekommen nur manchmal die Chance, die aufsteigenden Bilder bewusst festhalten zu können.

Viele schamanisch geprägte Naturvölker kennen dieses Problem offensichtlich auch. Sie umgehen es, indem sie Trommeln, Rasseln, Tänze und Gesänge als Verbündete gegen die dominante linke Gehirnhälfte einsetzen. Mit ihrer Hilfe gelingt es ihnen, ihren Bewusstseinszustand gezielt zu verändern, ohne dass sie den Bezug zu dem Erlebten und ihrer Umgebung verlieren.

Daher ist es eigentlich auch nicht ganz korrekt, in diesem Zusammenhang von Trance zu sprechen. Denn anders als die Teilnehmer an Voodoo-Kulten und anders als westliche spiritistische Medien verlieren Schamanen durch ihren verschobenen Bewusstseinszustand weder ihre rationalen Bezüge noch die Erinnerung oder die Fähigkeit, sich mitzuteilen. Ein Teil ihres Bewusstseins bleibt mit dem Alltäglichen verbunden.

Und dies macht ihre Methoden für uns so unvergleichlich attraktiv, um uns gezielt und gesteuert auf unsere Traumbilder einzulassen.

José Silva kennt eine weitere Methode, sich in den Alphazustand zu versetzen. Nach ihm reicht es aus, an zehn aufeinander folgenden Tagen beim Schlafengehen von 100 bis 0 rückwärts zu zählen. An den nächsten zehn Tagen zählen Sie von 50 bis 0, an den darauf folgenden zehn Tagen beginnen Sie erst bei 25, an den nächsten zehn Tagen reicht es bereits aus, von zehn rückwärts zu zählen. Nach 40 Tagen dieses Trainings brauchen Sie nur noch von fünf rückwärts bis null zu zählen, um sich in den Alphazustand zu versetzen.

Ich kann mir sehr gut vorstellen, dass dieses Verfahren erfolgreich ist, auch wenn ich es noch nie ausprobiert habe. Das liegt daran, dass ich selbst schönere, weniger mechanische Methoden vorziehe, um in veränderte Bewusstseinszustände zu gelangen.

Atemkontrolle oder: Körperliche und seelische Ruhe

Auch der Atem ist eine jedem Menschen leicht zugängliche Möglichkeit, seinen Bewusstseinszustand zu verschieben. Mit dem Rhythmus der Atmung schließt sich der Mensch an den ewigen Kreislauf des Lebens an, mit jedem Ein und Aus greift er die unendlichen Wiederholungen von Tag und Nacht, Freude und Schmerz, Geburt und Tod, Anfang und Ende auf. Grundsätzlich lassen sich alle Atemtechniken zur Bewusstseinsverschiebung in folgende Kategorieren einteilen: Mit den schnellen Atemtechniken lässt sich das Unterbewusste zügig durchqueren. Sie eigenen sich daher besonders gut, Träume zu suchen, sind allerdings auch nicht ungefährlich. Die langsameren Atemtechniken entspannen uns und schaffen dadurch die Grundlage für den Erfolg anderer Meditations- und Traumtechniken.

Grundsätzlich kann man den Atem in drei große Energiezentren des Körpers steuern: den oberen und den mittleren Teil des Brustkorbes sowie den Bauch. Mit einiger Erfahrung kann man auf diese Art und Weise die Wirkung der einzelnen Atemübungen noch weiter differenzieren und ausprobieren, welche Energiezentren einen bei einem Besuch im Land der Träume am besten unterstützen.

Eine weitere Unterscheidung gilt dem Weg, den die Atemluft nimmt. Auf der rein organischen Ebene aktiviert die Atmung durch den Mund den Blutkreislauf, die inneren Organe werden stärker mit Sauerstoff versorgt. Auf der energetischen Ebene bringt ein Einatmen durch den Mund nach kurzer Zeit Blockaden zum Vorschein. Dies kann durch große Emotionen wie Freude oder Verzweiflung geschehen, die oft durch intensive Bilderlebnisse noch verstärkt werden. Die Atmung durch die Nase wirkt auf den ersten Blick weniger spektakulär. Sie unterstützt das Nervensystem, was eine gute Grundlage für eine ruhige Innenschau ist. Auch in diesem Fall werden oftmals Bilder lebendig, doch sind diese von einer weniger großen Gefühlsintensität. Kein Wunder, hilft das gestärkte Nervensystem dem Bewusstsein doch, eine stabile Selbstkontrolle aufzubauen.

> Wer im Traum plötzlich eine unförmige *Nase* hat, dem gelingt ein Unternehmen, auf das jedoch üble Nachrede folgt; ist sie verstopft, so droht ihm eine Gefahr.
>
> *(Deutscher Aberglaube)*

Als effiziente Vorbereitung für eine nachfolgende Meditationsübung wird häufig die Bauchatmung eingesetzt. Der Betreffende setzt sich mit gestreckter Wirbelsäule entspannt auf einen Stuhl, zieht leicht sein Kinn ein und schließt die Augen. Zunächst atmet er für drei Minuten ganz normal, wobei sich das Bewusstsein auf die Kälte der Atemluft beim Einatmen und die Wärme beim Ausatmen konzentriert. Nach drei Minuten beginnt er, die Luft schrittweise bis hinunter in den Bauch zu ziehen: Beim ersten Atemzug atmet er in den oberen Brustbereich, beim zweiten in den mittleren Brustbereich, schließlich in den Bauchraum. Zwischen diesen drei Atemzügen wird nicht ausgeatmet. Eine Hand ruht auf dem Bauch und spürt die Luft dort ankommen. Dann wird in drei Stufen ausgeatmet, wobei die Luft zunächst den oberen Teil der Brust, dann den mittleren und schließlich den Bauchraum verlässt.

Nach rund zehn Minuten tritt eine Ruhe und Entspannung ein, die eine optimale Grundlage für weiterführende Traumreisen bildet. Das Gehirn gibt nach der »langweiligen« Konzentration auf den Atemrhythmus den Weg frei für bildhafte Assoziationen, und der Körper hat einen Teil des Alltagsstresses »abgeatmet«.

Eine weitere, leichte und unverfängliche Form der meditativen Atmung begegnet uns in Form der Alpha-Atmung. Sie versetzt uns in einen Zustand innerer Klarheit und tiefer Ruhe. Da sie auch unser Wahrnehmungsvermögen schärft, bietet sie nicht nur eine tragfähige Basis für nachfolgende Meditationsübungen, sondern ist bereits für sich allein genommen eine Möglichkeit, in die Traumwelten des Unterbewussten einzutauchen.

Für eine Alpha-Atmung ist es sehr wichtig, dass der Rücken gerade bleibt. Entweder sitzt man aufrecht auf einem Stuhl oder im Lotossitz auf den Boden oder man liegt gestreckt auf dem Boden. Die Wirkung der Atmung wird noch verstärkt, wenn man die geschlossenen Augen leicht zur Mitte der Stirn hin verdreht und die Zungenspitze gegen den oberen Gaumen rollt. Die Atemübung beginnt mit fünf Minuten Bauchatmung. Dabei ist es besonders wichtig, dass der Atmende mit seiner gesamten Aufmerksamkeit den Weg der Atemluft durch den Körper verfolgt. Die linke Hand liegt auf dem Herzen, die rechte über der linken. Für fünf Minuten konzentriert sich der Atmende auf den Schlag seines Herzens.

Dann beginnt die eigentliche Alpha-Atmung. Man atmet während sechs Herzschlägen tief ein, hält für drei Herzschläge den Atem an, atmet während sechs Herzschlägen langsam wieder aus und hält wiederum für drei Herzschläge den Atem an. Diesen Rhythmus sollte der Atmende fünfzehn Minuten hindurch beibehalten. Nach rund einer Woche ist man in der Regel in der Lage, diese Atmung auch mit geöffneten Augen zu praktizieren. Nun kann man die Übung abwandeln: So kann man den Rhythmus beispielsweise so weit verlangsamen, bis man bei einem Takt 12:6:12:6 angelangt ist. Mit ihm verliert man das Gefühl, überhaupt noch zu atmen.

Wer in diesem Zustand noch keine Bildfolgen erlebt, kann mit einem Yantra, einer einfachen Zeichnung, nachhelfen. Zu diesem Zweck klebt man ein weißes Quadrat auf eine etwas größere schwarze Fläche. Im Zentrum des weißes Quadrates befindet sich ein kleiner schwarzer Punkt, der unser Bewusstsein symbolisiert. Nun atmet man rund eine halbe Stunde im Alpharhythmus. Diese Übung sollte man einige Tage wiederholen. Spätestens am fünften Tag stellen sich ganz unbeschreiblich intensive Bild- und Gefühlserlebnisse ein.

All diese langsamen Atemtechniken kann man auf der Suche nach seinen Träumen durchaus auch allein ausprobieren. Man braucht allerdings ein gerüttelt Maß an Beharrlichkeit, da sie alle einige Übung erfordern und oft beim ersten Mal noch nicht die erhofften Erfolge bringen.

Anders sieht die Sache bei einer schnellen Intensivatmung aus, die auch Anfänger sehr schnell und sehr weit in einen Zustand der Trance entführt. Doch egal, woher die Technik stammt, derer man sich bedient, Vorsicht ist immer am Platz. Diese Atemübungen gehören unter die Aufsicht erfahrener Therapeuten und nicht als Auflockerung in Seminare zur Persönlichkeitsbildung oder als Abenteuerreise in Selbsterfahrungsgruppen. Denn es drohen eine Vielzahl körperlicher und seelischer Gefahren, die zumindest die gleiche Achtsamkeit erfordern wie beim Einsatz von Drogen. Anthroposophen – allen voran Rudolf Steiner – lehnten die Manipulation des Atems selbst in behutsam meditativer Weise strikt ab, da dadurch in den feinstofflichen Körper des Menschen eingegriffen werde. Doch zu den Gefahren später.

Quer über den Erdball finden sich sehr ähnliche Atemtechniken, die den Bewusstseinszustand unmittelbar und heftig beeinflussen. Sie fußen in der Regel auf dem Prinzip der Hyperventilation. Es wird schnell und stark eingeatmet, aber nur kurz und flach ausgeatmet. Dadurch kommt es zu einer Überversorgung mit Sauerstoff, das Gehirn verliert seine üblichen Koordinaten und beginnt nach einiger Zeit, Traumbilder zu produzieren.

In den tantrischen Praktiken und den Yogaübungen Indiens findet sich diese Form der Atmung genauso wie etwa in schamanischen Ritualen. Meist wird mit dem Einatmen die Vorstellung verbunden, eine Energiesäule entlang des Rückgrates durch den Körper bis in den Kopf zu ziehen und mit dem Ausatmen wieder loszulassen. Diese visualisierte Säule sinkt mit der Zeit beim Ausatmen immer weniger ab, bis sie zum Schluss stabil bleibt. Der Atmende bekommt das Gefühl, an einer Steckdose zu hängen und seine »innere Batterie« aufzuladen.

Der Körper beginnt allerdings recht schnell, die Verschiebung des Sauerstoffgehaltes im Blut anzuzeigen. Sehr häufig spürt der Atmende ein Kribbeln in den Händen und Füßen. Es existierien eine ganze Reihe von Atemmeditationen, die an diesem Punkt beginnen, den Atem zu dosieren. Die Anstrengung der Atmung wird aufrechterhalten, doch so eingestellt, dass die Verkrampfungen noch vor der Entstehung abgefangen werden. Wie eine Frau im Kreißsaal, die zu schnell und flach geatmet hat, hält sich der Meditierende die Hände trichterförmig vor den Mund und atmet einige Male die eigene ausgeatmete Luft wieder ein.

Selbst solch abgefangene Varianten der Intensivatmung führen bereits zu leichten, vorübergehenden Veränderungen im Zentralnervensystem. Folgt auf die verstärkte Atmung eine Ruhephase, stellen sich oft sehr intensive Bilderlebnisse ein. Zum Teil sind sie ein Produkt der ungewöhnlichen Reize in wenig genutzten Gehirnregionen. Zum anderen sind sie aber auch eine Folge der plötzlichen Ruhe nach großer Anstrengung.

Versuche zeigen, dass für uns Europäer Anstrengung die beste Meditationsvorbereitung ist. Einerseits werden stressbedingte Stoffwechselprodukte abgebaut. Andererseits fällt uns die willentliche Anspannung leichter als die willentliche Entspannung. Wird die Anstrengung auch noch so gestaltet, dass die linke Hirnhemisphäre nach einiger Zeit gelangweilt abschaltet, gleiten wir wie von selbst in tiefe innere Ruhe.

Solche Atemmeditationen erfordern einige Übung; nicht, weil sie sonst nicht funktionieren würden, sondern weil sie sich leicht zum Horrortrip entwickeln können. Zunächst muss man ein Gefühl für die Dosierung des Atems entwickeln, um unangenehme Krämpfe rechtzeitig abfangen zu können. Außerdem darf man nicht zu schnell enttäuscht aufgeben, wenn sich die gewünschten Bilder nicht sofort einstellen. Atemmeditationen erfordern wie fast alles auf dieser Welt einige Übung. Oft berichten Anfänger auch irritiert, sie könnten ihre Gedanken nicht konzentriert bei der Sache halten. Dieser Eindruck täuscht in der Regel. Geführte Atemmeditationen sind meist so aufgebaut, dass man sich für 15 bis 20 Minuten ausschließlich mit dem Fließen der eigenen Ein- und Ausatmung beschäftigt. Dies langweilt unsere analytischen Hirnbereiche. Sie versuchen zwar, sich mit »querschießenden Gedanken« der ungeliebten Aufgabe zu entziehen, doch werden sie durch die ständig wiederholte Aufforderung zu Atmen immer wieder eingefangen.

Entsteht tatsächlich einmal ein längeres Blackout, so ist dies viel eher ein Zeichen für das Funktionieren der Meditation als für den Misserfolg. Schließlich ist es erklärtes Ziel, die Hirntätigkeit in die niedrigen Frequenzen des Schlafes herabzusenken. Da ist es nur natürlich, dass man nicht mehr jeden Gedanken in voller Wachsamkeit zu beobachten vermag.

Interessanterweise entspannen sich aber auch jene Menschen, die ihren hohen Leistungsanspruch bis in die Meditation mitnehmen, in der Ruhephase nach einer beschleunigten Atmung. Die Bilder- und Gefühlswelt wird so intensiv, dass für die selbstkritische Beobachtung der meditativen »Leistungen« wenig Raum bleibt. So erweist sich eine dosierte Atemmeditation als hervorragende Einstiegsmöglichkeit in gelenkte Traumwelten.

Intensivatmung oder: Jenseits des Krampfs

Es gibt allerdings Atemtechniken, die weit über eine dosierte Atmung hinausgehen. Bei einer Intensivatmung oder Hyperventilation atmet man beim Auftreten des ersten Kribbelns unvermindert weiter. Häufig verkrampfen sich daraufhin die Extremitäten und es treten Hasenpfötchen wie bei einem Spastiker auf: Die gesamte Streckmuskulatur der Finger erstarrt, die Hände können nicht mehr geballt werden. Gleichzeitig wandert das Gefühl des Kribbelns die Arme und Beine hinauf.

Es ist ein unangenehmes Gefühl, das viele Menschen beim ersten Mal veranlasst, die Atmung zurückzunehmen. Wer jetzt aufhört, kann damit rechnen, dass die Krämpfe bis zu 30 Minuten anhalten und erst ganz langsam schwächer werden. Wer hingegen unvermindert weiteratmet, erlebt meist nach wenigen Minuten ein ekstatisches Gefühl der Befreiung. Die Krämpfe und das Kribbeln sind plötzlich verschwunden, der Atmende bekommt zu diesem Zeitpunkt oft ein schier unbeherrschbares Bedürfnis, mit seinen Muskeln einen Widerstand zu spüren.

Gleichzeitig beginnt das Gehirn zu halluzinieren. Ist der Atmende entspannt und angstfrei, verliert er jeden Bezug zur Zeit und zur Umwelt. Er kann sich über viele Stunden in diesem Zustand halten und immer wieder fast mühelos mit einem leichten Forcieren der Atmung neue Bildfolgen auslösen. Oftmals hat der Atmende nach vier bis fünf Stunden das Gefühl, maximal 20 bis 30 Minuten »auf Reise« gewesen zu sein.

Welche Bilder im Einzelnen das Geschehen beherrschen, hängt wie beim Nachttraum ganz von der psychischen Situation des Betroffenen ab. Vom ekstatischem Glückserleben bis zur schrecklichen Angstvision ist alles möglich. Zwischen beiden Extremen treten oftmals auch recht unspektakuläre Ereignisse aus dem täglichen Leben auf den Plan. Welche Bildfolgen überwiegen, hängt zu einem großen Teil von der Intensität ab, mit der sich der Betreffende auf die Atmung einlässt.

Außerdem spielen die Erwartungen eine große Rolle. Der Schamane, der sich mit Atmung in Trance bringt, um zu heilen, wird auf seiner Traumreise Anhaltspunkte finden, wie seinem Patienten zu helfen sein könnte. Heranwachsende in indianischen Kulturen werden mit großer Wahrscheinlichkeit ihrem Krafttier begegnen, weil ihre Gesellschaft eine solche Begegnung erwartet. Und Mitteleuropäer in einem Rebirthing-Seminar werden mit ebenso großer Wahrscheinlichkeit ihre Geburtssituation nochmals durchleben.

Ob eine solche, durch Atem provozierte Trance ein angenehmes oder ein unangenehmes Erlebnis wird, hängt nicht zuletzt von den Gefühlen in der Einstiegsphase ab. Spätestens in dem Augenblick, in dem Krämpfe auftreten, ist Angst ein allzu natürliches Gefühl. Hier bedarf es der Begleitung durch kompetente und erfahrene Therapeuten. Sie sollten dem Atmenden die gesamte Zeit hindurch das Gefühl geben, bei ihm zu sein, ihn zu unterstützen und zu beschützen. Sie sollten ihn ermutigen, sich durch seine Krämpfe durchzuatmen, sollten sein Erleben unter Umständen bereits während der

Atmung erklären und ihn in der Ruhephase nach der Hyperventilation ständig daran erinnern, ruhig weiterzuatmen.

Die Überversorgung mit Sauerstoff schaltet nämlich den Atemreflex aus. Der wird nur dann ausgelöst, wenn die Kohlendioxyd-Konzentration eine gewisse Schwelle erreicht. Ist nun das übliche Verhältnis deutlich verschoben, kann es passieren, dass die Atmung aussetzt. Aus der Überversorgung wird unbemerkt eine Unterversorgung mit Sauerstoff, und der Mensch wird noch vor dem Wiedereinsetzen der Atmung ohnmächtig. Taucher beispielsweise fürchten dieses Phänomen. Es gilt als unverzeihlich leichtsinnig, vor dem Schnorcheln einige Minuten zu hyperventilieren, um länger unter Wasser bleiben zu können.

Die Beeinträchtigung des Atemreflexes ist nicht das einzige Risiko, das in einer Hyperventilation über Stunden liegt. Der Atmende taucht sehr tief in seine Trance ein. Entsprechend labil ist jener kleine Rest von ihm, der im Wachbewusstsein bleibt. So ist das Unterbewusste zwar durchaus in der Lage, Länge und Intensität der Trance durch die Steuerung des Atmens zu beeinflussen. Wird jedoch der Körper massiv gestört, verliert es unter Umständen die Herrschaft über die Kontrollmechanismen. So kann eine Katze, die durch den Raum spaziert, mit einer unerwarteten Berührung einen solchen Schock auslösen, dass dem Atmenden das Herz stehen bleibt. Labile Menschen reagieren auf solcherart forcierte Tranceerlebnisse manchmal auch mit einem vorübergehenden Gedächtnisverlust.

Die medizinisch fassbaren, körperlichen Gefahren sind jedoch bei weitem nicht die einzigen Risiken, denen man sich bei der Intensivatmung aussetzt. Auch die seelischen Probleme, die sich im Zuge einer Atemtrance einstellen können, sollten nicht unterschätzt werden. So berichten erfahrene Therapeuten, dass sich Menschen hin und wieder weigern, aus dem Trancezustand ins Wachbewusstsein zurückzukehren. Dies passiert vor allem nach befreienden Traumerlebnissen, in denen sich der Atmende zunächst durch alle seine unbewussten Beschränkungen und Beklemmungen durcharbeitet, um dann ekstatische Gefühle der Freude und Freiheit zu erleben.

Schließlich sei noch eine letzte Warnung vor einer Gefahr angebracht, die sogar vielen Alternativtherapeuten offensichtlich nicht bewusst scheint. Wie der Trommelschlag reizt auch die Hyperventilation wenig verwendete Bereiche im Gehirn und stellt neue Vernetzungen her. Es können sich während der Trance hellsehende oder »hellfühlende« Bilder einstellen, die einen ziemlich genauen Vorgeschmack auf eine mögliche Zukunft liefern. Und die sind gar nicht so leicht wieder auszuschalten, wie wir noch sehen werden.

Trommeln oder: Training für die Hörzentren

Die indianischen Wege, Träume zu steuern, sind derzeit in esoterisch bewegten Kreisen besonders in. Da wird in Wochenendseminaren getrommelt und gerasselt, bei jährlichen Sommertreffen tagelang bis zur völligen Erschöpfung gechantet und getanzt.

Das diese Veranstaltungen so beliebt sind, mag daran liegen, dass die Methoden der Indianer aktionsbetonter erscheinen als jene meditativen Methoden der Asiaten. Uns Europäern liegt es offensichtlich mehr, den Körper anzustrengen als dem Geist eiserne Disziplin abzuverlangen.

Auf den ersten Blick funktionieren die indianischen Methoden auch sehr viel schneller als die asiatischen. Richtig gemacht, ist eine Trommeltrance für einen Anfänger kein Problem.

Unverzichtbar für das Hervorrufen einer schamanischen Bewusstseinsveränderung ist die Trommel. Gleichmäßig schlägt der Schamane auf einer großen Rahmentrommel 202 bis 220 Schläge in der Minute. Er horcht dabei in sich hinein, versucht Atmung, Herzschlag und Trommelschlag zu synchronisieren. In den meisten Kulturen sind diese Trommel und die Rassel der schamanischen Arbeit vorbehalten. Dadurch genügt bereits das Geräusch, um das Gehirn zum »Umschalten« zu veranlassen.

Doch ist dies nicht der einzige Trick, mit dem die Trommel den Schamanen in die Trance zieht. Zwei weitere Faktoren spielen eine wichtige Rolle. Während sich der Schamane zunächst auf Atmung, Herz und Trommelschlag konzentriert, passiert etwas Ähnliches wie in westeuropäischen Betten beim »Schäfchenzählen«. Die linke Hirnhälfte fühlt sich von der an sie gestellten Aufgabe unterfordert. Sie beginnt, sich zu langweilen, schaltet ab und überlässt der bildreichen Welt der rechten Gehirnhälfte das Feld.

Gleichzeitig läuft im Gehirn ein zweiter, höchst interessanter Vorgang ab. Laboruntersuchungen haben nämlich gezeigt, dass der Klang der Trommel Veränderungen im Zentralnervensystem hervorruft. Diese Veränderungen haben mehrere Ursachen. Zum einen verursacht ein einziger Trommelschlag gleich eine Vielzahl von Frequenzimpulsen. Diese Impulse werden auf einer Reihe von Nervenbahnen übertragen und stimulieren im Gehirn Bereiche, die sonst brachliegen. Mit Hilfe von EEG-Messungen können elektrische Aktivitäten gleich in mehreren Sinnes- und motorischen Zentren nachgewiesen werden. Die Medizin geht davon aus, dass diese sonst ungenutzten Zentren nicht nur stimuliert, sondern auch miteinander vernetzt werden, was zu außergewöhnlichen Wahrnehmungsmöglichkeiten führt.

Die Impulse, die vom Trommelschlag ausgehen, erreichen nicht nur ungewöhnliche Bereiche in unserem Kopf. Sie kommen dort auch mit unüblich großer Intensität an. Es handelt sich durch die Bank um niedrige Frequenzen, gegen die das menschliche Ohr weitaus weniger empfindlich ist als gegen hohe Frequenzen. Das bedeutet, dass sie sehr viel lauter und dadurch auch sehr viel reicher an Energie auf uns eindringen können, bevor wir Schmerz empfinden.

Zudem entsprechen diese niedrigen Frequenzen genau jenem Alpha- und Thetawellenbereich des Gehirns, in dem der Mensch schläfrig wird und in Träume oder Tagträume abgleitet.

Wenn dies nach einigen Minuten passiert, übergibt der Schamane seine Trommel üblicherweise einem Assistenten. Er selber gibt nur mehr mit einer Rassel den Takt der Trommelschläge vor. Auf die Begleitung der Trommel kann er auf seiner Reise in andere Bewusstseinszustände nicht völlig verzichten. Dazu ist die so eingeleitete Trance nicht tief genug; schließlich sollen ja weite Teile des Bewusstseins mit ihrem Bezug zur aktuellen Gegenwart »wach« bleiben. Selber weiterzutrommeln wäre jedoch zu anstrengend, zumal einige schamanische Kulturen auch den Tanz und/oder einen monotonen Singsang zur weiteren Unterstützung einsetzen.

Die Rassel reizt höhere Frequenzbahnen im Gehirn. Da sie jedoch nicht so laut ist wie der Trommelschlag, löst auch sie keine Schmerzen aus. Gemeinsam entsteht ein Klangkörper, der die Erregung und Vernetzung im Gehirn optimal verbindet.

In einigen Kulturen beginnt der Schamane nun zu tanzen. Damit nutzt er auch jene Energie, die durch die Bewegung seines Körpers entsteht. Meist wird er immer schneller, je näher er dem schamanischen Bewusstseinszustand rückt. Und oft beginnt er dann auch zu singen. Es ist ein monotones, ständiges Wiederholen kurzer Silben und Worte, die mit einer wenig variierenden Tonfolge unterlegt werden. Chanten heißt dieser Singsang. Diese Kraftlieder werden nicht komponiert. Entweder handelt es sich um uralte Überlieferungen, oder es sind individuelle Lieder, die der Schamane aus seinen Träumen mitbringt. Unter Umständen unterstützen Helfer den Schamanen auch beim Singen.

Tritt er solchermaßen stimuliert in den schamanischen Bewusstseinszustand ein, befindet er sich nach eigener Definition in »der anderen Wirklichkeit«. Die Bilder und Abläufe, die ihm nun begegnen, werden von ihm als unmittelbare Wirklichkeit interpretiert. Allerdings ist er ständig in der Lage, zwischen dieser und »der anderen« Wirklichkeit zu unterscheiden. Er weiß stets, wo er sich gerade befindet und welche Regeln in der jeweiligen Wirklichkeit zu beachten sind. Das unterscheidet ihn beispielsweise von Drogenabhängigen oder Geisteskranken, die dies nicht vermögen.

Für uns Westeuropäer kann eine mit Trommeln hervorgerufenen Trance durchaus ein lohnender Versuch sein, um an unsere sonst so gut vom Schlaf verborgenen Bilder heranzukommen. Wir sollten es nur nie unbegleitet tun und uns an die Regeln jener Menschen halten, die mit diesen Instrumenten schon lange umgehen und entsprechend große Erfahrung besitzen. Außerdem muss uns stets bewusst sein, in welchem Umfeld und mit welchem Hintergrund fremde Kulturen ihre Träume inszenieren und wie sie hinterher mit dem Erlebtem umgehen. Das gilt für eine Trommeltrance genauso wie für andere provozierte Träume.

Im Ablauf ist eine Trommeltrance nicht sonderlich schwierig nachzuvollziehen. Ein erster Versuch könnte dem Eintritt in die »andere Wirklichkeit«, dem schamanischen Bewusstseinszustand, gelten. Zu diesem Zweck legen Sie sich entspannt hin, schließen die Augen und denken an ein Loch im Boden oder einer Mauer. Sie versuchen, sich die Einzelheiten dieses Loches genau zu vergegenwärtigen, während ein Helfer beginnt, gleichmäßig eine Felltrommel zu schlagen. 205 bis 220 Schläge pro Minute sind optimal.

Versuchen Sie nun zu den Trommelschlägen sich vorzustellen, wie Sie in das Loch hineinschlüpfen und einen Gang dahinter entdecken. Wenn es leicht und mühelos geht, können Sie diesem Gang folgen, bis sie irgendwo wieder an die Oberfläche kommen. Sollten Sie auf Hindernisse stoßen, dann geben Sie nicht sofort auf. Manchmal genügt ein Schritt zur Seite oder ein neuer Anlauf. Haben Sie jedoch das Gefühl, nur unter allergrößten Mühen vorwärts zu kommen, haben Sie Angst oder fühlen Sie Beklemmungen, sollten Sie lieber umkehren. Dann ist die Zeit einfach noch nicht reif, um in die »andere Wirklichkeit« zu reisen. Bedenken Sie, dass sich ein Schamane unter Umständen Jahre auf diese erste Reise vorbereitet.

Geht Ihre Reise jedoch im Großen und Ganzen unproblematisch vor sich, werden Sie nach einiger Zeit wieder an der Oberfläche auftauchen. Was Sie dort erwartet, ist schwer vorherzusagen. Manche Besucher sehen eine ganz reale Umgebung aus ihrem täglichen Umfeld, andere erleben unbekannte, spektakuläre Kraftplätze der Natur, wieder andere sehen eine realistische Umwelt in unrealistische Farben getaucht. Egal, was es ist: Ihre Aufgabe bei Ihrer ersten Reise ist die eines Beobachters. Nehmen Sie alles sorgsam in sich auf. Verändern Sie nichts. Nehmen Sie nichts mit. Denn als Neuling in dieser »anderen Wirklichkeit« sind Sie ein Unwissender. Sie haben keine Ahnung, wie sich Veränderungen auswirken können; ob das, was sie mitnehmen wollen, gefährlich oder ungefährlich ist.

Nach genau zehn Minuten wird Ihr Helfer mit vier harten, akzentuierten Schlägen auf die Trommel das Zeichen für die Rückkehr geben und dann eine halbe Minute lang Ihre Rückreise mit sehr schnellen Schlägen begleiten. Sollten Sie nicht sofort Ihren Tunnel für die Rückkehr finden, ist dies kein

Grund zur Aufregung. Oft muss man zunächst erst desorientiert suchen, um dann gegen Ende der Rückreise, wie von einem mächtigen Sog erfasst, zurückzugleiten. Vier weitere kräftige Schlägen markieren das Ende des Besuches in der »anderen Wirklichkeit«.

Menschen mit meditativen Erfahrungen fällt eine Trommeltrance in der Regel recht leicht. Wer sich zum ersten Mal in veränderte Bewusstseinssphären begibt, braucht dagegen meist mehrere Anläufe, bis die Reise klappt. Lassen Sie sich von ersten Fehlschlägen nicht entmutigen. Wie gesagt: Schamanen brauchen oft Jahre, bis sie zwischen den beiden Wirklichkeiten spontan hin und her wechseln können. Der Aufwand lohnt sich jedenfalls auch für uns. Denn von diesen Reisen bringt das Unterbewusste oft erstaunliche Bilder mit, die für eine Weile auch in den üblichen nächtlichen Träumen auftauchen können.

Autogenes Training oder: Die Überzeugungskraft des Wortes

Im weitesten Sinne arbeiten alle bislang vorgestellten Formen der Traumsuche mit Impulsen »von außen«. Ob Drogen im Spiel sind oder der eigene Stoffwechsel manipuliert wird, ob zusätzliche Reize durch Trommeln, Tanzen oder Schütteln (siehe Seite 346) ausgelöst werden: Der Geist reagiert auf außergewöhnliche Umstände, die ihm helfen, in die Traumwelt zu wechseln.

Unerwähnt blieb bislang das mächtigste Instrument des Menschen, das gänzlich ohne äußere Impulse auskommen kann: Des Menschen Wille sei sein Himmelreich – oder in diesem Fall: sein Traumreich.

Wobei nicht jener »eiserne Wille« gemeint ist, mit dem wir in unserer erfolgsorientierten Welt versuchen, Dinge herbeizuzwingen. Vielmehr geht es um eine tiefe innere Bereitschaft, eine Haltung der Selbstverantwortung auch für jene Bereiche, die wir sonst »widrigen Umständen« zuzuschreiben pflegen. Jeder Mensch kann sich – bildlich ausgedrückt – selbst bei der Hand nehmen und in das Reich der Träume führen. Alles, was er dazu braucht, ist eine Vorstellung, der er zu folgen bereit ist.

Lange Zeit galt es in unserer Schulmedizin als unvorstellbar, dass der Mensch die Funktionen seines autonomen Nervensystems willentlich beeinflussen kann. Heute wissen wir es besser. Mit Entspannungsübungen und den hilfreichen Rückmeldungen des Biofeedbacks können wir sehr wohl Blutdruck und Muskelverspannungen, Darmperistaltik und Magensekretion steuern. Wobei wir uns als wahre Anfänger beweisen. Für die spirituellen Hochkulturen des Fernen Ostens und die Naturvölker in Amerika und der Südsee ist es selbstverständlich, lebensentscheidende Funktionen wie Körpertemperatur, Atmung oder Schmerzkontrolle im Griff zu haben.

In Europa erwies sich der deutsche Arzt J. H. Schulz bereits in der Zwischenkriegszeit als bahnbrechender Pionier der autosuggestiven Steuerung. Seine Entspannungstechnik wurde zunächst eingesetzt, um Fehlfunktionen wie übermäßiges Schwitzen, Erröten oder Herzklopfen zu kurieren. Mittlerweile kann man Schulz getrost als Vater einer Vielzahl suggestiver Heilverfahren betrachten, auch wenn in dem ursprünglichen Verfahren der bildhaften Selbstbeeinflussung noch keine wesentliche Rolle zufällt.

Im autogenen Training nach Schulz werden nacheinander die einzelnen Gliedmaßen und Organe mit der Vorstellung angesprochen, ruhig und warm zu werden. Tatsächlich ist es schon nach wenigen Tagen möglich, bei einem Menschen mit Durchblutungsproblemen während des Trainings einen Temperaturanstieg in den Füßen zu messen. Es stellt sich eine Form der Tiefenentspannung ein, die auf dem Weg ins Traumland gleich doppelt genutzt werden kann.

So kenne ich Menschen, die sehr erfolgreich mit Hilfe des autogenen Trainings in eine Meditation einsteigen. Sie begleiten die eingeleitete Ruhe mit dem so oder ähnlich formulierten Vorsatz: »Ich verfolge die auftauchenden Bilder, Gedanken und Gefühle aufmerksam.« Damit soll verhindert werden, dass die Entspannung in den Schlaf abgleitet. Es ist allerdings nicht nur eine Möglichkeit, schnell und gezielt in andere Bewusstseinszustände einzusteigen und ins Reich der Träume zu steuern. Mit Hilfe des autogenen Trainings oder anderer Entspannungsverfahren lassen sich nächtliche Träume beeinflussen. So konnte ein von Alpträumen gequälter Mann durch regelmäßiges autogenes Training nach dem Zubettgehen und den formelhaften Vorsatz »Ich begegne Traumfreunden« wirksam in sein Traumgeschehen eingreifen. »Ich träume klar« oder »Ich träume bewusst« sind Vorsätze, die oft ohne weitere Umschweife die Tiefenentspannung in einen bilderreichen Schlaf führen.

Schließlich ist Entspannung auch eine wertvolle Hilfe, um kreierte Traumbilder Wirklichkeit werden zu lassen. Dazu später mehr im Kapitel »Träume steuern – Wege und Möglichkeiten«.

Entspannung ist das Zauberwort, das in das Reich der Träume führt. Selbstverständlich muss man nicht unbedingt das autogene Training verwenden, um in einen Zustand innerer und äußerer Ruhe und Gelassenheit einzutreten. Es hat sich nur als ausgesprochen einfach und praktikabel erwiesen. Doch welche Form man nun tatsächlich wählen möchte, ist eine Frage der persönlichen Vorlieben und bleibt einem jeden selbst überlassen. Die einen hören schöne Musik, die anderen setzten sich in die Sonne oder legen sich ins Bett. Wieder andere praktizieren die progressive Muskelentspannung nach Jacobsen, einem Zeitgenossen von Schulz.

Jacobsens Entspannungstechnik fußt auf dem Prinzip, zunächst einmal genau das Gegenteil des Angestrebten zu tun, ganz so, wie ein Diskuswerfer zunächst einmal nach hinten ausholt, um weit nach vorne zu werfen. Die Muskeln des Körpers werden nacheinander für einige Sekunden so stark wie irgendwie möglich angezogen und dann in einem willentlichen Akt losgelassen. Dadurch steigt nicht nur die Durchblutung der Muskulatur. Der Übende bekommt sehr schnell ein Gespür für den Grad seiner Anspannung. Mit der Zeit braucht er die Kontraktionsübungen gar nicht mehr ausführen, sondern kann seine Muskeln willkürlich und gezielt locker lassen.

Von Schubladen und wirksamen Vorsätzen

Ganz unabhängig von der Wahl des Entspannungsverfahren gelten einige Grundregeln auf der weiteren autosuggestiven Reise in die Traumwelt. So sollten Sie es tunlichst vermeiden, sich während der Entspannung zu kritisch zu beobachten. In meinen Seminaren rate ich meinen Teilnehmern immer wieder, sich nicht über abschweifende Gedanken zu ärgern. Es macht wenig Sinn, eine Meditation mit dem Groll auf eine verpasste Gelegenheit zu verbringen, statt sich schleunigst zu sammeln und neu in die Ruhe einzutreten. Oft hilft das Bild einer großen Kommode, in deren Schubladen man die störendsten Gedanken liebevoll verstaut. Dort können sie, ohne verloren zu gehen, warten, bis man sich Zeit für sie nehmen kann. Erstaunlicherweise vermag diese Vorstellung tatsächlich sehr viele Menschen zu beruhigen, die sonst atemlos hinter jedem kleinen Störgedanken herlaufen.

Auch der Vergleich der Geisteskraft mit einem großen, ruhigen Fluss, dem man sich anvertraut, verhilft vielen, bei der Sache zu bleiben. Werden Sie gestört, dann nehmen Sie dies einfach zur Kenntnis und überlassen Sie sich wiederum dem Tempo ihres Flusses. Je ruhiger und passiver Sie werden, desto stärker können die Suggestionskräfte ihre Wirksamkeit entfalten.

Haben Sie zu einer derart tiefen Entspannung gefunden, tritt die Vorstellung als Etappenziel ihrer Reise ins Land der Träume auf den Plan. Formelhafte Vorsatzbildung nennt Schulz diese Vorgehensweise. Diese Vorsätze sind mit einem Navigationssystem vergleichbar, mit denen man seinen Bewusstseinszustand an eine bestimmte Stelle im Meer der Träume steuern kann. Um sich nicht zu verirren, sollte man einige Grundregeln beachten, die für die Vorsätze des autogenen Trainings genauso gelten wie für jede andere Methode der Autosuggestion.

»Knapp, saftig und knackig«: So lässt sich die optimale Formulierung eines Vorsatzes auf einen anschaulichen Nenner bringen. »Knapp« entspricht dem Wunsch ihres Unterbewussten, sich nicht mit komplizierten Sprachgebilden herumschlagen zu wollen. Je einfacher und prägnanter ihr Satz ausfällt, desto größer und eindeutiger wird seine Wirkung sein. Modernere Untersuchungen belegen, dass Rhythmik und Reim noch ein Übriges tun können. Viele Menschen sprechen auf Sätze, die sich beispielsweise »atmen« lassen, besonders gut an. »Ich fasse Mut und träume gut«, wäre eine solche Möglichkeit in der Auseinandersetzung mit Alpträumen. Doch Vorsicht! Lassen Sie sich von gelungenen Wortspielen nicht dazu verführen, Ihr eigentliches Anliegen aus den Augen zu verlieren. Ein weniger originell formulierter Vorsatz, der dafür schärfer ihr Anliegen trifft, ist tausendmal mehr wert als die witzigste Formulierung. Autosuggestion ist schließlich kein Feld für Schüttelreime.

»Saftig« ist das zweite Kriterium, dem ihr Vorsatz standhalten sollte. Eine »saftige« Formulierung löst in Ihnen Emotionen aus, Sie verbinden sie mit einem eindeutigen Gefühl. Im Idealfall können Sie ihr gesamtes Körpergefühl in ihren Vorsatz einbringen, ihn »mit Haut und Haaren« spüren.

»Knackig« ist Ihre Formulierung schließlich, wenn Sie ihre Worte mühelos mit einem entsprechenden Bild verbinden können. Wobei der Ausdruck Bild nicht auf die Augen beschränkt bleiben sollte. Hier sind alle ihre Sinnesorgane gefragt, die mit Ihrem Vorsatz etwas verbinden sollten.

So scheiterte eine Studentin im Kampf gegen ihre nächtlichen Verfolgungsträume mit dem Vorsatz »Ich halte stand«. Auf den ersten Blick war dies recht erstaunlich, denn die Formulierung schien allen Kriterien zu entsprechen, war sie doch sichtlich einem Lehrbuch des autogenen Trainings entnommen. Meine Verwunderung legte sich, als ich bemerkte, dass die junge Frau jedes innere Bild an ihren Traum sorgsam vermied, aus Angst, unwillkürlich in ihre innere Erregung zu rutschen. Außerdem schien ihr »Standzuhalten« keine nachvollziehbare Qualität zu sein.

Zunächst machte ich ihr klar, dass es bei dem geforderten inneren Bild nicht um eine naturgetreue Abbildung ihrer Angstsituation ging, sondern um eine brauchbare Alternative. Zunächst sahen wir uns den Traum gemeinsam an. In ihm sah sie sich von einer dunklen Gestalt verfolgt, die zunächst langsam und dann immer schneller hinter ihr her ging. Zum Schluss rannten beide, sie stolperte – und erwachte regelmäßig.

Als Alternative kamen wir zu einer kurzen Sequenz, in der sie sich mit erhobenem Kopf umdreht und ihrem Angreifer in die Augen schaut. Mit der Formulierung »Ich bleibe cool« hatten wir dann auch die passenden Worte gefunden, ihre innere Betroffenheit zu aktivieren. Zugegeben, die Wortwahl mag aufs Erste unpassend klingen. Doch sind formelhafte Vorsätze nur individuell zu verstehen. Und für die junge Frau waren ihre Worte genau der passende Ausdruck für ihr innerliches Aufrichten und Standhalten.

Neben der Formel »kurz, saftig, knackig« sind zwei weitere, wesentliche Bedingungen zu beachten, um sich nicht im Nebel des Unterbewussten zu verlieren. So sollte der Vorsatz in der Gegenwart gefasst werden, ganz so, als sei man bereits am Ziel angekommen. Außerdem sollte man eine Formulierung wählen, an die man auch glauben kann. »Ich bin mutig« ist eine völlig ungeeigneter Satz, wenn der bloße Gedanke an ihn eine Lawine an Zweifeln auslöst. »Klappt's nicht, schadet's nicht« ist hier ein völlig ungeeignetes Prinzip. Manchmal reichen bereits kleine Zweifel aus, um den Vorsatz in sein genaues Gegenteil zu verkehren.

In meinen Seminaren habe ich eine beliebte Methode, zu prüfen, ob die Teilnehmer zweifelsfreie Bilder kreieren. Ich verteile rohe Kartoffeln und einen Strohhalm und fordere meine Seminarbesucher auf, sich zum Thema »Ich schaffe es« einen Vorsatz aus Wort, Bild und Gefühl zu kreieren. Dann fordere ich sie auf, in einen kurzen Augenblick der Entspannung zu gehen, sich ihren Vorsatz abzurufen und danach den Strohhalm durch die Kartoffel zu treiben. Sie mögen es vielleicht nicht glauben, aber bisher hat es noch jeder geschafft.

Die Formelhaftigkeit spielt eine wesentlich größere Rolle, als wir zunächst glauben mögen. Unser Bewusstsein reagiert auf Formeln nämlich leicht gelangweilt und gibt den Weg frei ins Unbewusste. Es ist kein Zufall, dass die Ilias in Hexametern erzählt. Die gebundene Sprache verleiht den Worten ungeheure Eindringlichkeit. Ihre Funktion ist es, die elektrische Aktivität des Gehirns herabzusenken und die Erzählung am kritischen »Wenn und Aber« des Bewusstseins vorbei zu transportieren. Dadurch wird der normative Charakter des Erzählungsinhalts gesteigert: Eine frühe Dichtung wie die Ilias wird nicht als Dichterlesung mit anschließender Kritik von Marcel Reich-Ranicky gehört, sondern als gültige, normative Wahrheit. Ein ganz ähnliches Bedürfnis nach Formelhaftigkeit erleben wir, wenn wir Kindern, besonders kleinen Kindern, Märchen erzählen. Sie bestehen darauf, dasselbe Märchen scheinbar unendlich oft zu hören, und zwar in stets genau denselben Formulierungen. Abweichungen werden unerbittlich kritisiert. Auch hier entpuppt sich die Formelhaftigkeit der Erzählung als direkter Weg ins Unbewusste, in die Welt, aus der die Träume kommen. Vielleicht gehört in dieses Suchen nach formelhafter, normativer Wahrheit auch das »Gell, Mutti, so geht ein Krokodil!« meines Sohnes, mit dem dieser nicht die Gangart des Reptils, sondern die »Richtigkeit« seiner Zeichnung bestätigt haben wollte.

Fasten oder: Freiheit von der Last der Verdauung

Disziplin ist das Schlüsselwort, das wir allzu gerne übersehen, wenn wir die Traumsuche anderer Kulturen nachahmen. Vielleicht ist deshalb ein bei uns kulturell tief verwurzeltes Verfahren, mit Hilfe halluzinogener Stoffe Träume zu provozieren, aus der Mode gekommen. Es geht um das Fasten, das bereits nach einer relativ kurzen Zeit von zwei bis drei Tagen körpereigene Morphine freisetzt. Jeder, der schon einmal für einige Tage die Nahrungsaufnahme eingestellt und sehr viel Wasser getrunken hat, weiß, was für überraschend euphorische Gefühle auftauchen können.

Der Körper kommt durch den Verzicht auf Essen zur Ruhe, wird im Extremfall sogar schläfrig. Viele Menschen in unserem Kulturkreis verwechseln dieses Gefühl mit Mattigkeit und Kraftlosigkeit. Eine krasse Fehlinterpretation! Denn während der Körper möglichst kraftsparend in Ruhestellung geht, schwingen sich Seele und Geist zu Höchstleistungen auf. Sie profitieren von jener Energie, die sonst von der Verdauung blockiert wird.

Stellt sich der Fastende auf die Nahrungsumstellung ein, das heißt, schafft er sich bewusst Ruhe und Abstand vom üblichen Alltagsgeschehen, kann er mit Hilfe der Stoffwechselvorgänge und der energetischen Verschiebungen in seinem Körper Bilder und Traumgeschehen initiieren. Naturvölker, indische Yogi und asiatische Buddhisten setzten diese Form der Traumsuche ebenfalls schon seit Jahrhunderten ein. Und auch im Christentum nutzten Propheten, Lehrer und Heiler immer wieder die unglaublich euphorischen Kräfte des Fastens, die direkt in die Trance führen.

Die Bilder spendende Kraft des Fastens ist nicht allein Eliten vorbehalten. In vielen Indianerkulturen gehen die jungen Männer an der Schwelle zum Erwachsenen fastend in die Natur, um in einer Traumvision Auskunft über den Sinn ihres Lebens und ihre Bestimmung zu erhalten. Frauen müssen sich solchen Initiationsriten nicht unterwerfen. Ihr Leben bekommt durch Schwangerschaften und Geburten einen Sinn. Was nicht heißt, dass ihnen dieser Weg auf Dauer versperrt wäre. Es gibt Schamaninnen, die ihre Berufung in Fastenträumen empfingen, nachdem ihre Kinder ihrer Fürsorge entwachsen waren.

Himmlische und höllische Visionen

Im frühen Mittelalter machten irische Augustinermönche in Donegal eine Höhle auf einer Insel in der Nähe ihres Klosters zum Schauplatz von Höllenqualen und Paradiesesfreuden – in Form von Visionen. Zur Vorbereitung spielte das Fasten eine wichtige Rolle. Die Sache war für die Pilger nicht ungefährlich, denn wer nur aus Neugier hineinging, so eine Weissagung, werde darin bleiben müssen bis zum Jüngsten Tag.

Mit einer denkbar intensiven körperlich-geistigen Vorbereitungsarbeit wurde dafür gesorgt, dass sich Visionen fast zwangsläufig einstellten. Erst musste der Pilger sieben Tage lang fasten, den achten Tag verbrachte er in einer sargartigen Zelle, die keinerlei Bewegungsfreiheit bot, und am neunten Tag wurde er nach Empfang der Sterbesakramente zum Höhleneingang geführt. Nach einem Tag in der Höhle – sofern er den Ausgang wieder fand – hatte der Pilger in der Regel von Visionen zu berichten, die von den Mönchen auch ehrfürchtig aufgegriffen wurden, befand sich aber vermutlich auch am Rande des Wahnsinns, wie ein Bericht schildert.

»Kaum hatte ich die vorgeschriebene Lage eingenommen, als entsetzliches Geheule anhob. Von allen Seiten quollen schreckliche Ungeheuer aus der Erde hervor. Sie schienen unter dem Befehl eines schwarzen Mannes zu stehen, der den Kopf und die Füße eines Ziegenbocks hatte und mit seinen riesigen Fledermausflügeln genau so aussah, wie man den Satan auf den Bildern der Maler abgebildet sieht . . . Dann fühlte ich mich aufgehoben von einem mächtigen Sturm und über Wolken aus eisigem Nebel in eine unendliche, düstere Ebene getragen, die schwarz war wie ein abgebrannter Wald. Es schien mir, als flöge ich in einer beträchtlichen Höhe über diese verlassene Stätte, deshalb vermochte ich die grauenerregenden Szenen zu beobachten. Eine große Zahl Männer und Frauen jeden Alters bevölkerten die Ebene. Diese Elenden erlitten allerlei Martern, je nach den Verbrechen, die sie zu Lebzeiten begangen hatten. Die einen waren mit dem Gesicht nach unten an die Erde gekettet, und in ihre Körper schlugen Dämonen mit Hämmern riesige glühende Nägel. Andere wurden von Echsen und Schlangen gefressen . . .«[95]

Ausdauersport oder: Körperliche Monotonie

Wer sich gerne bewegt, sollte auch einmal einen meditativen »Geheimtipp« ausprobieren: den Ausdauersport. Joggen, Schwimmen oder Wandern beschwören Traumbilder geradezu herauf, auch wenn dies von den wenigsten Menschen wahrgenommen wird. Wichtig ist nur, dass es sich um eine Tätigkeit handelt, die ohne große Aufmerksamkeit für die Umwelt gefahrlos aus-

95 Zitiert nach Norman MacKenzie, Träume. Emil Vollmer Verlag, Wiesbaden, in Lizenz vom Ariston Verlag, Genf 1978, S. 69–71

geübt werden kann. So können sich beim Radfahren durch die ungarische Puszta beispielsweise durchaus meditative Bilder einstellen. Die gleiche Tätigkeit auf der Hauptverkehrsstraße einer Großstadt wird dagegen wirkungslos bleiben.

Auf physiologischer Ebene ist es völlig logisch, warum Jogger, Schwimmer oder einsame Wanderer in eine Bilderwelt eintauchen. Wird ihre Aufmerksamkeit nicht von gefährlichen Wegen, dichtem Menschengetümmel oder anderen Reizen gefangen genommen, beginnt sich die linke Hirnhemisphäre durch die monotone Tätigkeit zu langweilen. Sie schaltet ab und gibt der rechten Hälfte den Weg frei. Gleichzeitig kommt es zu interessanten Veränderungen im Stoffwechsel des Sportlers: Er beginnt nämlich, die Produkte seines Alltagsstresses wie Hormone, erhöhte Blutfette und Blutzucker zu verbrennen. Der Körper atmet erleichtert auf. Energien, die bislang in schädigenden Stressprodukten gebunden waren, werden frei und beginnen, Seele und Geist auf ihrer Wanderschaft zu unterstützen.

Bei Joggern kommt oft noch ein weiterer Faktor hinzu. Nach einigen Minuten scheint der Körper zu ermüden. Überwindet der Läufer diese erste Müdigkeit, scheint der Körper plötzlich wie ausgewechselt. Ganz mühelos geht es dahin, losgelöst vom Willen des Menschen, der zu seinem eigenen Beobachter wird. Das Geheimnis dieser Veränderung liegt ebenfalls im Stoffwechsel verborgen. Denn ähnlich wie beim Fasten reagiert der Körper des Menschen auch auf große Anstrengung mit der Produktion körpereigener Morphine.

Es mag paradox klingen, ist allerdings längst wissenschaftlich nachgewiesen: Während der Körper seine Ausdauer beweist, kommt das Gehirn im Alphabereich zur Ruhe. Es bedarf allerdings einiger Übung, derartige Meditationsphasen in Bilder zu übersetzen. In anstrengenden Situationen achten wir instinktiv zu stark auf unsere Umwelt, um die auftauchenden Gefühle in Bilder verwandeln zu können. Weniger anstrengende Bewegungsformen wie das einsame Wandern oder Schwimmen eignen sich für eine bildreiche Innenschau in der Regel besser.

Meditationen oder: Träume auf Abruf

Auch eine Meditation ist eigentlich nichts anderes als ein Traum. Bei ihr allerdings überschneiden sich bisweilen Weg und Ziel. Mit Trommeln, Tanzen und Singen, Atmen und Fasten leiten wir eine gesteuerte Veränderung unserer Hirnfrequenz aus dem Bereich der Betaschwingungen in den Alpha- und Thetazustand ein. So gesehen sind Trommeln, Tanzen und Singen, Atmen und Fasten nichts anderes als eigene Meditationstechniken oder Teile von Meditationstechniken. Und eine Meditation ist nichts weiter als ein gesuchter Traum.

Meditationsgeübte werden diesen Gedanken nicht weiter erstaunlich finden. Sie wissen aus Erfahrung, dass die Informationen in Meditationen in erster Linie als Bilder und Farben, in zweiter Linie als Gefühle und nur sehr zu vernachlässigend in Form von Worten auftauchen.

Als große Vorbilder in unserer westlichen Welt gelten die Yogi und spirituellen Meister des Fernen Ostens und des indischen Subkontinentes. Sie sind wahre Traumkünstler, die sich anscheinend mühelos auf den Boden setzen und auf Abruf sofort in die Welt der Bilder und Träume eintauchen können.

Versuchen wir, es ihnen gleichzutun, ist die Enttäuschung oft groß. Entweder spazieren unsere Gedanken völlig undiszipliniert durch unseren Kopf oder wir schlafen ein. Wer in einem solchen Augenblick enttäuscht aufgibt, ist einem unserer größten Feinde aufgesessen: unserem Leistungsanspruch. Das Absenken der Hirntätigkeit in jene Regionen des Schlafes ist ja das erklärte Ziel unserer Übungen. Trotzdem ärgern wir uns, wenn wir nicht hellwach jede einzelne Regung unserer Innenwelt verfolgen können. Was für eine Kuriosität!

Auch die scheinbar so disziplinlosen Gedanken, die nicht bei der gestellten Aufgabe wie der Beobachtung des Atems bleiben wollen, sind kein Zeichen des Versagens, sondern Beweise unseres Erfolges. Wenn wir an die Traumbilder des Unterbewussten herankommen wollen, so müssen wir zunächst einmal den Anspruch aufgeben, alles fest im Griff zu haben.

Selbstverständlich gibt es Formen der Meditation, die uns Europäern leichter fallen und Formen, die schwieriger sind. Ganz unspektakulär die innere Ruhe zu suchen und ein Traumgeschehen zu lenken, gehört für uns offensichtlich zu den schwierigen Übungen. Kein Wunder, gibt uns unsere Kultur doch Tempo und Leistung als Wertmaßstäbe vor. Wir sind weder von klein auf darin geschult, uns gezielt zum Träumen hinzulegen wie die Senoi in Malaysia, noch können wir uns übergangslos in uns selbst versenken, wie es den Yogi und Mönchen Indiens, Tibets oder Nepals selbstverständlich zu sein scheint. Unsere Meister sind die Herren über Macht und Geld und nicht die Grenzgänger zwischen den Welten.

Wer sich dies einmal bewusst gemacht hat und akzeptieren kann, hat einen Meilenstein bereits hinter sich. Er kann auf viele spektakuläre Anleihen anderer Kulturen eher verzichten und seinen eigenen Weg in die Traumwelt gehen. Was allerdings nicht heißen soll, das man alle Elemente anderer Traumkulturen negieren muss. Im Gegenteil, der eine oder andere Ausflug mit der Unterstützung bislang unbekannter Methoden ist sicherlich bereichernd. Allerdings sollte man sich vorher gründlich vor Augen halten, aus welchem Umfeld sie stammen, zu welchem Zweck sie dort eingesetzt werden und welche Auswirkungen sie auf unser mitteleuropäisches Leben haben.

Bevor wir uns in irgendwelche Abenteuer stürzen, sollten wir uns so etwas wie einen soliden Urgrund erarbeiten, eine Meditationstechnik, mit der wir auch in Krisenzeiten durch alle inneren Turbulenzen hindurch zur Ruhe kommen können.

Formen langsamer Atemmeditationen haben wir uns bereits angesehen. Sie unterstützen die rechte Hirnhemisphäre dabei, kurzfristig die Dominanz der linken zu beseitigen, und sind für viele Europäer recht gut geeignet. In den allermeisten Meditationstechniken spielt der Atem die eine oder andere Rolle – und sei es nur als Hilfsmittel, um die Gedanken zu beruhigen und zu zentrieren.

Sehr wirksame und schöne Atemübungen als Starthilfe zu Meditationen sind uns aus den Exerzitien der katholischen Kirche vertraut. Solche Veranstaltungen empfehlen sich als »Grundschule der Traumsuche«, da sie eine ganze Palette unterschiedlicher Möglichkeiten vermitteln und zudem den großen Vorteil haben, fest in unserer Kultur verwurzelt zu sein. Allerdings sind Kirche und Religion für viele Menschen so eindeutig besetzt, dass die Barrieren schier unüberwindbar scheinen. Das ist wirklich schade, denn dort könnten viele Suchende das finden, was ihnen in den Techniken ferner Kulturen letztlich doch fremd bleiben wird.

Yoga oder: Geistige Durchlässigkeit

Hilfreiche Meditationsanleitungen, die immer populärer werden, finden sich schließlich auch im Yoga. Allerdings sollte man sich – wie überall sonst auch – die Lehrenden und ihre Weltanschauung sehr genau ansehen.

Genauer Prüfung bedürfen vor allem die Mantren, das sind formelhafte Glaubenssätze, mit denen manche Yogi ihre Schüler in den Ruhephasen befeuern. Die Mantren werden unendlich oft wiederholt und brennen sich dabei dem Unterbewusstsein fast unauslöschlich ein. Dieser Vorgang ist etwa vergleichbar dem Rosenkranzgebet, das ja etwas unglaublich Meditatives hat .

Mir persönlich ist der Fall eines jungen Kärntners bekannt, der von einem asketisch orientierten Yogi über Mantren eine panische Angst vor Büchern und erotischen Kontakten vermittelt bekam. Schon nach kurzer Zeit bekam der 24-jährige Student lebensbedrohliche Herzrhythmusstörungen, wenn er versuchte, eines seiner Lehrbücher aufzuschlagen. Betraten Frauen das gleiche Geschäft wie er, reagierte sein Herz ebenfalls mit Panikattacken. Nach kurzer Zeit kamen Depressionen hinzu, so dass der junge Mann nicht mehr in der Lage war, ein normales Leben zu führen. Die Einweisung in die Psychiatrie bescherte ihm eine Behandlung mit schweren Psychopharmaka, bis ihn seine Eltern mit Hilfe einer yogakundigen Ärztin aus der Landesklinik holten.

Die Behandlung des jungen Mannes funktionierte fast nur über Bilder, die ihm in Entspannungsphasen als Alternative zu den zuvor programmierten angeboten wurden. Allerdings erwies sich die Behandlung als ausgesprochen langwierig. Der Weg der Besserung war so lange von Rückschlägen begleitet, bis auch die Eltern und die Schwester des Studenten zum Yoga und zur Traumtherapie kamen. Denn eines muss man betonen: Der Yogi war kein bösartiger Hexenmeister. Seine Mantren wirkten nur deshalb so zerstörerisch, weil sie in dem jungen Kärntner bislang unbewältigte Probleme aus der Kindheit und dem Elternhaus zum Schwingen brachten.

Das erwähnte Beispiel soll auch keinesfalls als unreflektierte Warnung vor Yoga verstanden werden. Im Gegenteil, eine der eindrucksvollsten Übungen, in die Traumwelt zu wechseln, die ich kenne, stammt aus dem indischen Kulturkreis. Sie führt Sie direkt in die innersten Bereiche der Seele. Der Yogi Wanastil Radscha Sekaran aus Kerala lehrte mich diesen kaum vergleichbaren Weg ins Traumgeschehen, zu dessen Höhepunkt unvorstellbarerweise sogar die Bilder ausbleiben.

Setzen Sie sich für diese Übung in einem dunklen Raum vor einen Spiegel und stellen Sie eine Kerze so neben sich, dass Ihr Gesicht beleuchtet wird. Schauen Sie unverwandt in den Spiegel und bemühen Sie sich dabei, Ihren Lidschlag so gut wie möglich auszuschalten. Das mag schwer vorstellbar sein, ist in Wirklichkeit aber gar nicht so schwierig. Nach den ersten Minuten, in denen Sie zugegebenerweise stark mit dem Zwinkern kämpfen müssen, geht es ganz mühelos. Sollten Tränen kommen, so erlauben Sie sich, sie fließen zu lassen. Tränen wirken reinigend.

Rund 40 Minuten lang sollten Sie mit offenen Augen vor dem Spiegel sitzen, und zwar drei Wochen lang jeden Tag zur gleichen Zeit. Schauen Sie unermüdlich in Ihr Spiegelbild und versuchen Sie dabei, an so wenig wie möglich zu denken. Nach wenigen Tagen passiert etwas sehr Merkwürdiges: Ihr Gesicht verliert zunächst seine Konturen, um Ihnen in neuen Gestalten wieder zu begegnen. Reinkarnationstherapeuten führen diese Erscheinungen auf frühere Leben zurück, die Ihnen aus dem Spiegel entgegensehen, einige Tiefenpsychologen interpretieren die Gesichter als jene Masken, die sie sich in ihrem Leben aufzusetzen pflegen. Mit Jung gesprochen, begegnet Ihnen hier Ihre Persona.

Nach etwa einer Woche folgen die Masken aufeinander wie die Bilder eines Films. Sie können Probleme bekommen, sich während der Meditation an Ihr eigentliches Gesicht zu entsinnen. Und dann bleibt irgendwann zwischen dem 18. und dem 21. Tag der Spiegel überhaupt leer, wenn Sie hineinschauen. Schließen Sie nun Ihre Augen und begeben Sie sich auf die Reise durch jene andere Welt.

In einer tantrisch inspirierten Spielart dieser Übung sitzen Sie Ihrem Partner gegenüber. Sie schauen sich unverwandt in die Augen, ohne das Lid zu bewegen. Gleichzeitg versuchen Sie, Ihren Atem mit jenem ihres Gegenübers zu synchronisieren. Nach einiger Zeit stellen sich explosionsartige, ekstatische Gefühle ein, die Sie mit ihrem Partner ganz ohne jegliche Berührung intensiv verschmelzen lassen.

Diese Form der Meditation existiert übrigens nicht nur bei den Indern. In Variationen findet man sie quer über den Erdball. So sitzen beispielsweise die Indianer mit starren Augen vor ihrem Spiegelbild im Wasser und warten stundenlang darauf, ihr Krafttier zu erblicken. Und tatsächlich, mit dieser Erwartung im Hinterkopf muss man nur beharrlich genug den Lidschlag bekämpfen und in sein Spiegelbild schauen: Nach nicht allzu langer Zeit schaut einem ein Bär, ein Adler oder ein anderes hilfreiches Tier entgegen.

Was passiert während einer solchen Meditation? Durch den ausgeschalteten Augenreflex wird der Mensch durchlässiger, er kann auch die kleinsten Informationsschwingungen von außen in vollem Umfang aufnehmen und in sich verstärken. Es ist, als hätte er eine Barriere gegen die Außenwelt eingerissen und ließe nun all jene Dinge, die er üblicherweise herausfiltert, in vollem Umfang in sich wirken.

Drogen oder: Kulturell geprägter Anstoß

Drogen sind als Einstieg in Traum- und Trancezustände wieder »in«. Da wird in Esoterikzirkeln vom heimischen Fliegenpilz bis zum mittelamerikanischen Wolfsmilchgewächs eifrig die Giftküche bemüht. Distinguierte Herren in den Mittfünfzigern werben in der besten Sendezeit im Fernsehen für den spirituellen Gebrauch von Ecstasy, einem »Herzöffner« aus den Kellerlaboratorien der Drogenszene. Und lateinamerikanische Schamanenclans beglücken heimische Provinzstädte mit berauschenden Tanz- und Drogenritualen. Als wenn unsere Gesellschaft nicht schon genug Probleme mit der Alltagsflucht durch Alkohol hätte!

Doch offensichtlich sind wir westlichen Menschen noch nicht einmal bei unserer spirituellen Suche bereit, das gewohnte Konsumverhalten aufzugeben. Da wird eine Pille geschluckt oder ein Wolfsmilchgebräu mit all seinen unangenehmen Folgen auf Magen und Darm heruntergewürgt, und schon stellen sich die Bilder aus dem Unterbewussten ein. Wie praktisch!

Natürlich setzen Naturvölker seit jeher auch die unterschiedlichsten Arten von Drogen ein, um Trancezustände zu provozieren. Und auch unsere Kultur kennt solche Traditionen. Schließlich heißt der Fliegenpilz nicht zufällig so, wie Kräuterfrauen im Waldviertel noch heute zu erzählen wissen.

Doch unterscheidet sich ein Drogeneinsatz, der in alte Rituale und Kulturtechniken eingebetteter ist, deutlich von jenem Konsum, der zur Zeit von vielen esoterisch bewegten Menschen gepflegt wird.

Ein Beispiel erzählte der peruanische Heiler Don Eduardo de Calderon immer wieder mit großem Vergnügen. Eine Zeit lang wurde er von einigen Europäern begleitet, die mit ihm auch an drogenunterstützten Tranceheilungen teilnahmen. Niemand wusste, dass die Droge quasi »homöopathisch« wirkt und in dem offerierten Trank nur in kaum nachweisbaren Dosen enthalten ist. Auf den Magen und Darm der Europäer wirkt sie jedoch trotz der geringen Dosierung oftmals verheerend. Die Gäste schütteten den Trank gleich literweise in sich hinein, obwohl sie immer wieder im Gebüsch verschwinden mussten. Ganz nach dem Motto: viel hilft viel. Niemandem schien aufzufallen, dass der Schamane mit einigen wenigen Schlucken auskam.

Offensichtlich ist vielen Europäern nicht klar, dass Drogen bei Naturvölkern oft nur als kleiner »Kick« eingesetzt werden, um dem Gehirn neben vielen anderen Anstößen einen weiteren anzubieten, in die Traumwelt einzutauchen. Und so kommen dann ausschweifende Drogenpartys zustande, die alles andere als die angestrebte Klärung des Unterbewussten bewirken. Bewusstseinserweiterung lässt sich eben nicht konsumieren.

Das Nachahmen im Zeichen des Konsums birgt jedoch gleich eine ganze Reihe schwerwiegender Gefahren. Und hier soll noch nicht einmal von den körperlichen Gefahren die Rede sein, die jeder Drogeneinsatz mit sich bringt.

Naturvölker betten ihren Umgang mit Halluzinogenen in eine komplizierte und streng festgelegte Abfolge von Ritualen ein. Der Schamane etwa, der zu Drogen greift, tut dies nicht ausschließlich »ichbezogen«. Er erfüllt damit eine gesellschaftliche Aufgabe, eine heilende oder problemorientierte Funktion. Indische Yogi behalten ihre Schüler streng im Auge, wenn sie ihnen Drogen für die weitere Entwicklung ihres Bewusstseins verordnen. Und sie verlangen ihnen in der Folge eine ganze Reihe von Übungen ab, die außerordentlich viel Disziplin erfordern. Ähnliches passiert übrigens auch bei jenen modernen nordamerikanischen Therapieansätzen, die mit halluzinogenen Stoffen arbeiten.

Dies alles wird derzeit in esoterisch bewegten Kreisen gern übersehen. Da gilt die Suche nach dem »Ich« bereits als höherer Zweck, die Drogentrance selbst als ausreichende Disziplin. Im besten Fall wird ein eigenes Ritual kreiert. Es leidet jedoch meist darunter, dass es nicht den gleichen strengen gesellschaftlichen Normen unterworfen ist wie die uralten Vorbilder. Dies führt dann dazu, dass sich einzelne Mitglieder der Drogensession dem Ritual entziehen, sobald es ihnen unangenehm wird.

So harmlos das klingen mag, so gravierend sind unter Umständen die Folgen für die Gruppe. Denn Drogen lassen Grenzen verschwimmen. In Trance können Dinge zur Sprache kommen, die im Wachzustand tief im Bewussten oder sogar noch tiefer im Unterbewussten des Menschen verborgen bleiben. Die meisten Rituale ranken sich daher am nächsten Tag um das gemeinsame Gespräch im Wachzustand. Wird dies auch nur von einem der Teilnehmer verweigert, leidet die Möglichkeit aller, das Erlebte gründlich zu verarbeiten.

Denn eines muss klar sein: Eine Drogenerfahrung überflutet den Menschen mit Erfahrungen und Bildern, die es zu integrieren gilt. Ohne diese Integration ist sie im besseren Fall nicht viel mehr als ein Zeitvertreib, vergleichbar mit einem Abend im Kino. Im schlechteren Fall kommt der Mensch mit seinem Leben nach einer derartigen Trance noch viel weniger zurecht als vorher. Er hat Dinge über sich und seine Umgebung erfahren, die ohne wegweisende Rituale, alte Traditionen oder erfahrene Begleiter zu schwerwiegenden Missverständnissen führen können. So wie bei jenem jungen Mann, der während eines von Indianern geleiteten Drogenrituals in seinen Imaginationen eine Krone überreicht bekam. Er leitete für sich den Anspruch ab, zu herrschen. Die folgenden Verhaltensänderungen irritierten nicht nur die Freundin, sondern auch seinen Geschäftspartner, was schließlich zu einer Trennung von beiden führte.

Im Übrigen ist es mit dem Erleben während der Trance auch beim Drogeneinsatz oftmals nicht getan. Denn auch Trancen sind in der Lage, das Bewusstsein auf Sicht zu verändern. Genau wie nach Hyperventilationen kann es nach dem Einsatz von Halluzinogenen im Wachzustand zu außersinnlichen Wahrnehmungen kommen. Ein problematischer Zustand, wenn er erfolgt, bevor der Mensch reif dafür ist.

Indische Yogi wissen um dieses Problem. Sie setzten bei der Ausbildung ihrer Schüler Drogen durchaus ein, um ihnen das Ziel – die Erweckung der Kundalini-(Lebens-)Energie – kurz vorzuführen. Gleichzeitig warnen die meisten jedoch vor einer unkontrollierten Verwendung ohne die Aufsicht eines Meisters. Denn die Energien, die auf solch künstliche Weise geweckt werden, erweisen sich leicht als zu stark. Ohne Vorbereitung und ohne gründliche Befreiung von Blockaden ist ihnen der Mensch nicht gewachsen. Er stirbt oder wird verrückt. Übrigens entscheidet der Yogi, welche Droge sein Schüler bekommt. Nicht jedes Halluzinogen ist für jeden Suchenden und jeden Weg geeignet.

Auch bei den Schamanen ist der Tod als Begleiter in der Trance ein guter Bekannter. Ein Schamane, so heißt es, stirbt tausend Tode, bevor er berufen ist. Und dies ist durchaus nicht nur symbolisch als Bild des Loslassens von alten Mustern und Gewohnheiten zu verstehen. Tatsächlich befinden sich Schamanen oft jahrelang in einem Prozess der Initiation, in dem sie tatsächlich todesähnliche Zustände zu überwinden haben. Ein Freiburger Notarzt, der bereits mehrmals zu indianischen Drogenritualen gerufen wurde, kann bestätigen, dass es europäischen Trancesuchenden nicht anders geht. Für sie kommt noch erschwerend hinzu, dass sie den Ängsten, die in solchen Situationen ausgelöst werden, weitaus weniger gut gewachsen sind als schamanische Initianten. Uns Europäern fehlt eben der kulturelle Hintergrund, der anderen Völkern den Grenzübertritt zwischen den Welten um so vieles leichter macht.

Kleine Anthropologie des Rauschs

Träume, Fiebervisionen, Rauschzustände und Sinnestäuschungen, mithin veränderte Bewusstseinszustände aller Art, hatten für die Menschen seit jeher etwas Besonderes. Sie waren alles zwischen interessant und Quellen mythisch-magischer und religiöser Vorstellungen. Außer dem selbstverständlichen »Stimmen hören«, das wir bei den Helden der Ilias und Abraham kennen gelernt haben, gibt es eine vermutlich ebenso alte Tradition der drogeninduzierten Bewusstseinsveränderungen.

Unabsichtlicher Genuss von Drogenpflanzen rief bei den frühen Jägern und Sammlern nicht nur gelegentlich zu Krankheit und Tod führende Vergiftungen hervor, sondern auch interessante Bewusstseinsveränderungen. Rauschzustände wurden als außergewöhnliche und bedeutsame Phänomene alsbald bewusst durch den Verzehr entsprechender Gewächse erzeugt. Die Geschichte der Menschheit ist auch gleichzeitig die Geschichte der Rauschmittel. Es existiert kaum ein Volk auf dieser Erde, das nicht Genussmittel oder Drogen verwendet. Schon in prähistorischer Zeit schien man entdeckt zu haben, dass zuckerhaltige Flüssigkeiten im Gärungszustand ein berauschendes Getränk ergeben. Aus Honigwasser wurde Met, aus Traubensaft Wein, aus Getreideabkochungen Bier hergestellt. So dürfte der Alkohol einer der ältesten Begleiter des Menschen sein.

Eine Mohnblüte. Aus den Kapseln des Schlafmohns *(Papaver somniferum)* wird Opium gewonnen.

Von *Bier* zu träumen bedeutet Streit.
(Rheinländischer Aberglaube)

Auch Tiere lehnten Rausch erzeugende Pflanzen nicht ab. In Afrika holen sich die Elefanten mit Vorliebe in der Mittagshitze gegorene Früchte von den Bäumen, um sich schließlich torkelnd davonzumachen. In Mexiko berauschen sich Rinder an einer Pflanze namens Chacquila, die sie gewohnheitsmäßig fressen und nach der sie schließlich süchtig werden. Solche Reaktionen von Tieren konnte auch der »frühe Mensch« beobachten und daraus lernen.

Durch die Einnahme von Rauschmitteln wird die Kontrollfunktion der Großhirnrinde teilweise ausgeschaltet, es kommt zu Bewusstseinstrübungen, zu mit Glücksgefühlen verbundenen Erregungszuständen, aber auch zu Schrecken erregenden Visonen und Angstzuständen. Die Pharmakologie unterscheidet zwischen Euphorika (Opium, Kokain, Morphium, Betel und Kawa), Halluzinogenen (Haschisch, Marihuana, Soma, Meskalin, Psilobycin u. a.) und Narkotika. Die Drogen der ersten Gruppe erzeugen seelisches und körperliches Wohlbehagen mit sowohl dämpfenden als auch erregenden Nebenwirkungen. Sie sind Suchtgifte. Die zweite Gruppe verändert das Zeit-

und Raumgefühl, erzeugt Visionen und Illusionen, bei denen die Traumwelt als real erlebt wird, zeitweise kommt es zur Persönlichkeitsspaltung. Diese Drogen machen selbst nicht unmittelbar süchtig, können jedoch als so genannte »Einstiegsdrogen« suchtfördernd wirken. Eine dritte Art von Drogen sind die Narkotika. Zu ihnen gehören Pflanzen aus der Familie der Nachtschattengewächse (Solanaceae) und die Alkaloide der Tollkirsche, des Bilsenkrauts, des Stechapfels und der Alraune.

Von Fliegenpilz und Hexensalben

Bereits im 3. Jahrtausend v. Chr. wurde in Ägypten und Babylon eine Art Bier gebraut, dem Alraunen zugesetzt wurden. In Deutschland war Bilsenkraut als Zusatz zum Bier (Pils!) allgemein üblich und wurde immer wieder durch Reinheitsgebote bekämpft, die die zugelassenen Zutaten vollständig aufzählten.

Der Afrikanische Waldstrauch *(Tabernanthe iboga)*, dessen Wurzeln den Wirkstoff Ibogain enthalten.

Die Skythen warfen in ihren Jurten Hanfsamen auf glühende Steine und atmeten den entstehenden (Haschisch-)Dampf begierig ein, wie uns Herodot um 450 v. Chr. berichtet.

Im Kongo kauen viele Stämme die Wurzel des afrikanischen Waldstrauches, *Tabernanthe iboga,* aus denen die Droge Ibogain destilliert wurde. Von den Mitsogho ist überliefert, dass der Schamane vor Beginn eines nächtlichen Rituals, in dessen Verlauf er versuchen wird, eine richtige Diagnose zu stellen, Iboga nimmt und dabei die Menge so bemisst, dass er »mit dem Herzen denken und Visionen haben kann, die ihm die Ursache der Krankheit zeigen«.

Man nimmt an, dass auch bei vielen »offiziellen« religiösen Erlebnissen bewusstseinsverändernde Eigenschaften bestimmter Pflanzen eine Rolle gespielt haben. Dafür sprechen auch archäologische Funde: Schon sumerische Keilschrifttäfelchen aus dem 3. Jahrtausend v. Chr. berichten, dass im Zweistromland Mohn angebaut wurde. Auf Kreta wurde die Statue einer Mohngöttin aus dem 16. bis 15. Jahrhundert v. Chr. gefunden, die geritzte Mohnkapseln als Kopfschmuck trägt. Opium, Mohnkapseln und andere Drogen haben in den Sagen und der Mythologie des Altertums eine große Rolle gespielt. Schon in der Odyssee ist von dem Trank Nephentes die Rede, »ein Mittel, Kummer zu tilgen und Groll und jeglicher Leiden Gedächtnis«. Die Göttin Demeter wird mit einem Bündel aus Getreideähren und Mohnkapseln in der Hand dargestellt. Griechische Zauberinnen, die »Pharmakides« ge-

Die Tollkirsche *(Atropa belladonna)*, aus der Atropin gewonnen wird.

Der Fliegenpilz *(Amanita muscaria)* wurde in weiten Teilen der Welt als halluzinogene Droge verwendet.

nannt wurden – wörtlich »Giftmischerinnen«, wahrlich schmeichelhaft für jeden modernen Pharmazeuten –, verwendeten Mandragora (= Alraune), Belladonna und andere Pflanzen. Die Trance der Teilnehmer bei den antiken Mysterienspielen zum Beispiel in Eleusis mag mit Rauschmitteln unterstützt worden sein. Auch in anderen Zusammenhängen ist von ausschweifenden Orgien mit Hilfe von Rauschmitteln die Rede.

Eine weit verbreitete Droge war der Fliegenpilz. Durch seinen Genuss werden Zeit- und Raumgefühl verändert und farbige Visionen erzeugt. Aufgrund seiner bewusstseinsverändernden (psychotrophen) Wirkung wird er auch Glückspilz genannt. Wenn Sie also zum nächsten Neujahrsfeste Glückspilze geschenkt bekommen oder verschenken, ist das zwar nicht direkt eine Aufforderung, den Pilz zu sich zu nehmen, aber möglicherweise eine Anregung, das Leben von einem etwas veränderten Gesichtspunkt aus zu betrachten. Vielleicht bringt es Ihnen ja Glück.

Die Tschuktschen, Korjaken, Jugakiren und Kamtschadalen in Sibirien verwendeten den Fliegenpilz von alters her zur Herstellung eines magischen Trankes. Einen regelrechten Fliegenpilzkult sollen vor 3500 Jahren die Arier in Indien eingeführt haben; er soll auf den dort bestehenden geheimnisvollen Soma-Kult eingewirkt haben. Soma ist eine geheimnisvolle Pflanze, aus der der »Heilige Trank«, ein berauschender Saft, gewonnen wurde, der in 120 ayurvedischen Hymnen gepriesen wird. R. Gordon Wasson, der diesen

Kult auf Grund seiner Forschungen in Mexiko (siehe unten) rekonstruieren zu können glaubt, meint, bei dieser Pflanze handele es sich um den Fliegenpilz. Der »Heilige Trank«, der aus der als göttlich verehrten Soma-Pflanze hergestellt wurde, spielte bei kultischen Handlungen der vedischen Religion eine große Rolle.

Auch im Abendland wurden halluzinogene Drogen wie der Fliegenpilz gezielt eingesetzt. Harald Schönhaar, der Begründer des norwegischen Reiches, besaß eine ständige Leibwache, die so genannten Berserker, wörtlich die im Bärengewand. Sie sollen wild und mutig wie Bären gewesen sein. Agrippa von Nettesheim führte im 16. Jahrhundert ihre Bärenwut auf einen Trank zurück, vermutlich einen Fliegenpilzabsud, den sie vor einem Kampfeinsatz zu sich nahm. Auch der viel bespöttelte *furor teutonicus,* mit dem teutonische Truppen assoziiert wurden, geht höchstwahrscheinlich auf die Einnahme solcher bewusstseinsverändernden Stoffe vor dem Kampf zurück.

Eine Mischung aus Narkotika, aus Mohn, Zichorien, Schierling, Wasserteppich, Nachtschatten, Eisenhut und Ackerwurz, aus Fünffingerkraut und Tollkirsche oder Taumelloch, Bilsenkraut und Wolfsmilch, die in verschiedenen Mengenverhältnissen und Zusammensetzungen auf Fettbasis zur Salbe verarbeitet wurden, bildete die Grundlage des Hexenfluges. In die Magengrube, die Herzgegend, auf die Schläfe oder in die Achselhöhlen gerieben, führten

Das Bilsenkraut *(Hyoscamus niger)* galt seit babylonischer Zeit als Mittel gegen Zahnweh. Es ruft Halluzinationen hervor und ist fester Bestandteil von Hexensalben.

Der Flug der Hexen beruhte allen volkskundlichen Selbstversuchen mit Hexensalben zufolge auf Halluzinationen, erregte aber dennoch die Phantasie der Künstler, wie auf diesem Kupferstich des 16. Jahrhunderts.

sie zu veränderten Bewusstseinszuständen, in denen das Gefühl zu fliegen ebenso eine Rolle spielte wie außersinnliche Wahrnehmungen, das Erlebnis des Hexensabbats, die Begegnung mit Wesen aus der anderen Welt. Die Stärke der außersinnlichen Wahrnehmungen hing vom Grad der Alkaloidvergiftung ab.

Bestimmte Drogen induzierten Überlieferungen des so genannten Aberglaubens zufolge ganz bestimmte Trauminhalte, wie das folgende Beispiel zeigt, das hier allerdings nicht zur Nachahmung empfohlen wird:

> Um die Liebe zu einem Menschen, der im Wachleben unerreichbar war, wenigstens im Traum zu erleben, koche man zwei Unzen Skammonium und römische Kamille mit drei Unzen Schellfischknochen und Schildkrötenschale sowie fünf Unzen Biberfett mit Opium, lasse das Gebräu

zwölf Wochen lang versiegelt stehen, vergrabe es alsdann in einem kühlen Keller, wo man es überwintern lasse, und streiche es sich dann auf den Nabel und den Nacken, ehe man sich zum Schlafen hinlege.

Böse Zungen behaupten, dass nach einer mindestens neunmonatigen mentalen Vorbereitungszeit, wie sie hier beschrieben wird, nach einer Zeit, während der man sehnsüchtig auf die Einsatzfähgkeit des Mittels wartete, sich der gewünschte Traum wohl auch ohne diese Droge eingestellt haben dürfte.

Von heiligen Kakteen und Zauberpilzen

Die Azteken und Mayas in Mittelamerika bedienten sich ebenfalls zu kultischen Zwecken halluzinogener Drogen, und die Namen dieser Drogen sagen sehr klar, wie ihre Rolle gesehen wurde: Teonanactl (»Speise der Götter«) und Peyote (»Bote Gottes«) sind die mit den sprechendsten Namen.

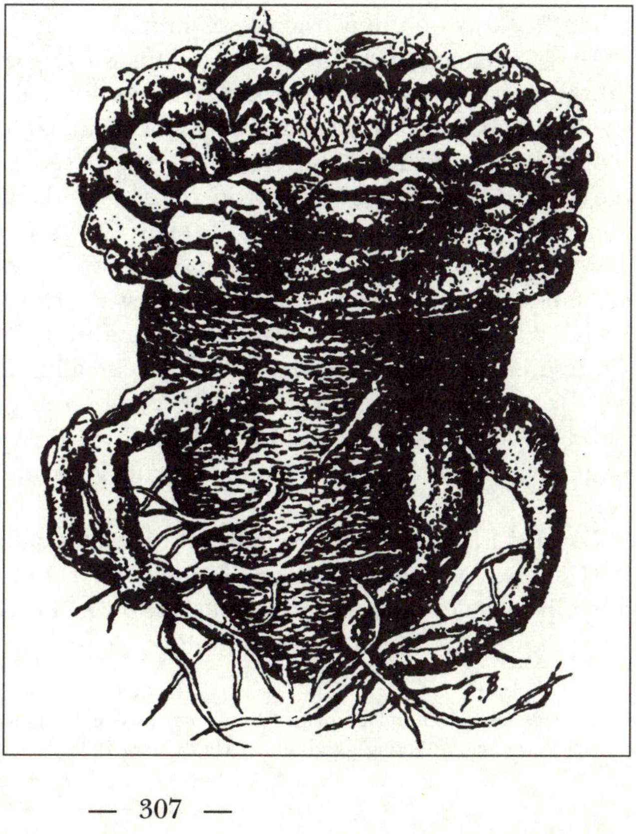

Der Peyote-Kaktus wächst größtenteils unterirdisch und ist so vor Austrocknung geschützt. Nur der Teil mit den stachelbesetzten, fleischigen Blättern ist überirdisch zu sehen.

Als Peyotl bezeichneten sie die Kaktusart *Lophophora williamsii,* die den Wirkstoff Meskalin enthält. Er ist bereits seit über 2000 Jahren gebräuchlich. Dem Hofarzt Ferdinands II. von Spanien, Francisco Hernández, verdanken wir einiges Wissen darüber: Bei mehreren Reisen nach Mexiko sammelte er Informationen über die Pflanzenheilmittel der Indianer. Dabei stieß er auch auf den Peyote-Kaktus, den die Indianer als heilig betrachteten. Die Wirkung probierte er nicht an sich selbst aus, beschrieb sie jedoch eindrucksvoll: »Diejenigen, die ihn essen oder kauen, haben erheiternde oder erschreckende Visionen ... schreckliche Bilder, die an den Teufel erinnern.«[96]

Die mexikanischen Indianer ließen sich vom Christentum bekehren, verschmolzen jedoch ihre eigenen religiösen Traditionen und Praktiken mit der neuen Religion, und behielten die Verwendung von Peyote in ihrem Gottesdienst bei. Nach und nach wurde er nicht nur in Mexiko, sondern auch bei einigen nordamerikanischen Indianern gebräuchlich. 1918 war in Oklahoma sogar eine »Native American Church of the United States« gegründet und offiziell anerkannt worden, die Peyote zu kultischen Zwecken einsetzte. Sie war in den sechziger Jahren der wichtigste religiöse Kult der Indianer zwischen Rocky Mountains und Mississippi.

Die wirksame Droge im Peyote-Kaktus wurde bereits zu Ende des vorigen Jahrhunderts von dem deutschen Wissenschaftler A. Heffter identifiziert, es handelt sich um Meskalin, ein wirksames Halluzinogen. Anhänger des Peyote-Kultes der »Native American Church« weisen allerdings darauf hin, dass die Wirkung von Peyote sich von reinem Meskalin unterscheide. Wie dem auch sei: Da Meskalin als Wirkstoff relativ schwach ist, muss ein voll bewusster Europäer, um gleichsam aus dem Stand eine psychedelische Wirkung zu verspüren, so viel davon einnehmen, dass er schwere Darmstörungen davon trägt. Wo sie »kulturell korrekt« im traditionellen heiligen Kontext des Gottesdienstes eingebaut wird, ist die Droge allerdings in wesentlich geringeren Dosen erforderlich. Die geistige Vorbereitung durch den religiösen Inhalt und seine Rahmenhandlungen tun hier ein Übriges, damit bereits eine ungefährliche Menge die halluzinogene Wirkung zu erzeugen im Stande ist.

Für den Einsatz in der Psychiatrie wurde Meskalin bald chemisch verändert und in der Wirkung verstärkt. Einige dieser Derivate wurden bald darauf auch in illegalen Labors hergestellt und in amerikanischen Großstädten ver-

96 Zitiert nach Solomon H. Snyder, Chemie der Psyche. Drogenwirkungen im Gehirn. Spektrum der Wissenschaft-Verlagsgesellschaft, Heidelberg 1988

Diese Skulptur aus Guatemala mit dem Pilzkopf war eines der Idole des »Pilzkultes« und eine Halluzinationshilfe. Sie entstand zwischen 500 und 1250 n. Chr.

kauft. Methylendioxy-N-methylamphetamin, abgekürzt MDMA, wurde in der Drogenszene als Ecstasy in den achtziger Jahren zum großen Renner, wie wir gesehen haben.

Der mexikanische Zauberpilz Teonanactl ist in Mexiko und Zentralamerika beheimatet. Auch er wurde für religiöse Rituale eingesetzt, wie etliche Pilzskulpturen belegen, von denen die ältesten etwa 500 v. Chr. entstanden sein dürften. Doch im Unterschied zu Peyote blieben der Pilz und die damit verbundenen Rituale bis in unser Jahrhundert hinein ein Geheimnis. Aus dem Kreis der spanischen Priester, die mit Cortez nach Mexiko gelangt waren, stammen vereinzelte Berichte über Visionen nach dem Genuss des Pilzes. Sie befassten sich mit dem eigenen Tod im Kampf oder durch wilde Tiere. Als die Wirkung der Pilze nachließ, saßen die Teilnehmer an dem Ritual zusammen und erzählten einander, was sie in ihren Visionen gesehen hatten. Auch hier also ist der Gebrauch der Droge ein soziales, kulturell verankertes Erlebnis.

Die Identität des Pilzes wurde erst 1955 durch den damaligen Vizepräsidenten einer amerikanischen Großbank und seine Gattin, eine Kinderärztin, gelüftet. Jahrelang waren R. Gordon und Valentina Wasson regelmäßig nach Mexiko gereist und hatten Kontakte geknüpft, in der Absicht, mehr über diesen Teonanactl-Kult zu erfahren. Endlich war es so weit. Sie durften an einer Teonanactl-Zeremonie teilnehmen, ihn selbst probieren und etwas von dem Pilz zur Laboranalyse mitnehmen. Das Ergebnis war ein biologischer Name, eine Formel und eine wissenschaftliche Theorie. Der Name des Pilzes wurde als *Psilocybe mexicana* bestimmt und festgesetzt, die Formel der Wirkstoffe Psilocin und Psilocybin wurde geklärt, und Wasson sammelte Hinweise auf weitere Verwendungen von Pilzen in kultischen Zusammenhängen und stellte daraufhin die Theorie eines internationalen alten Pilzkultes auf, der auch nach Indien gelangt sein soll.

Auch Psilocin und Psilocybin sind halluzinogene Stoffe. Strukturell sind sie dem Neurotransmitter Serotonin sehr ähnlich, und aus dieser Ähnlichkeit ließen sich auch Rückschlüsse auf die Weise ihrer Wirkung in unserem Gehirn ziehen.[97]

Mutterkorn, Veitstanz und die Psychiatrie

Wegen der Asche eines Joints im Aschenbecher seines Autos wurde in den USA ein Mann, noch dazu ein Professor in Harvard, zu dreißig Jahren Gefängnis verurteilt. Dieses Urteil war ebenso unangemessen wie politisch, denn dieser Professor war damals der Erzfeind Nummer Eins des amerikanischen Establishments. Es handelte sich um Timothy Leary, der zum Beispiel von den Moody Blues in einem Lied besungen wurde und für die Jugend der westlichen Welt zu einer Art Guru geworden war. Durch seine Forschungen war er unangenehm aufgefallen: Leary hatte sich mit Lysergsäurediäthylamid befasst. Bekannter wurde der Stoff unter seiner Abkürzung LSD, besungen möglicherweise von den Beatles in »**L**ucy in the **S**ky with **D**iamonds«.

Lysergsäurediäthylamid ist ein Stoff, der halbsynthetisch aus einem Schlauchpilz gewonnen wurde, der als Mutterkorn bekannt ist. Auf Roggen lebt dieser Pilz als Parasit, und bei den Ernte- und Dreschverfahren der Vergangenheit gelangte er mit dem Korn ins Mehl und so ins Brot. Besonders um 1500, als in Europa eine »kleine Eiszeit« herrschte, kam es sehr oft zu schlechten Ernten, in deren Folge auch mutterkornverseuchtes Getreide gegessen werden musste, wollten die Menschen nicht verhungern.

> Wenn man von heißem *Brot* träumt, bedeutet das Reichtum und Angst, träumt man von kaltem Brot mit Käse, so steht einem Reichtum und Wohlfahrt bevor.

97 Solomon H. Snyder, Chemie der Psyche. Drogenwirkungen im Gehirn. Spektrum der Wissenschaft-Verlagsgesellschaft, Heidelberg 1988, S. 183 ff. berichtet hierüber mehr und Genaueres

Die Wiedergabe des ersten historisch überlieferten Ausbruchs von Veitstanz in einem Stich des 17. Jahrhunderts.

Wer von einem *Butterbrot* träumt, bekommt bald einen Brief.
(Deutscher Aberglaube)

Die Folge waren veränderte Bewusstseinszustände, die epidemisch auftraten und als Veitstanz bekannt wurden. Eine der Folgeerscheinungen ist, dass Arme oder Beine wegen mangelnder Durchblutung so nekrotisch wurden, dass sie amputiert werden mussten, bisweilen kam es auch zu tödlichen Krämpfen. Der erste historisch belegte Veitstanz fand 1021 als Weihnachtstanz auf dem Friedhof in Kölbigk statt. Als die erkrankten Menschen vor der Kirche tanzten, versuchte der Sohn des Pfarrers, seine Schwester aus dem unheimlichen Kreis herauszuziehen. Vergeblich: Er behielt ihren Arm in der Hand, ohne dass auch nur eine Spur Blut zu sehen war.

Mutterkorn wurde, und daher hat es seinen Namen, in der ländlichen Medizin seit dem Mittelalter als wehenförderndes Mittel eingesetzt. Es bewirkt eine lang anhaltende Kontraktion der Gebärmutter und wirkt daher auch nach der Geburt blutstillend. Zu Beginn unseres Jahrhunderts wurde mit seiner chemischen Analyse begonnen. Dabei wurden mehrere Derivate des Mutterkorns isoliert: ein Migränemittel, ein Kontraktionen des Uterus bewirkendes Mittel und der Grundstoff aller Mutterkornalkaloide, die Lysergsäure. Mit dieser wurde nun auf halbsynthetischer Basis experimentiert. Das fünfundzwanzigste Alkaloid, das der Chemiker Albert Hofmann herstellte, ist jenes, das ihn selbst beim Synthetisieren, ohne dass er es bemerkt hatte, in einen eigenartigen Rauschzustand versetzte. Er ging daraufhin nach Hause und schlief seinen »Rausch« aus, nicht ohne etwas verwundert über die unverhofft auftretenden »phantastischen Bilder von außerordentlicher Plastizität und mit intensivem, kaleidoskopartigem Farbenspiel« zu sein. Drei Tage später ging er der Sache nach und nahm eine winzige Menge dieses Stoffes ein. Die Folgen waren verheerend, und diesmal dauerte der Rausch 14 Stunden. LSD-25 war geboren, ein halbsynthetisches Halluzinogen. Bald trat es seinen Siegeszug durch die Psychiatrien und Drogenhöhlen der Welt an.

Halluzinogene wirken psychotomimetisch, das heißt, sie können beim gesunden Menschen Anzeichen einer Psychose hervorrufen. Man schrieb ihnen großen Wert für die Therapie zu, da sie »psychedelisch« seien, wörtlich: die Seele offen legend. Sie erzeugen Geisteszustände, in denen sich eine Person an verdrängte Erlebnisse und Gefühle erinnert. Im Zuge der ersten Euphorie verabreichte man Patienten in psychiatrischen Kliniken »reihenweise« LSD-25.[98] Die Wirkung war unbestritten, doch die Nebenwirkungen, die sensorischen und psychotomimetischen Störungen, die die Droge hervorrief, wurden von einigen Ärzten sehr ernst genommen und führten letztlich zu einer Abkehr von diesem Mittel. Anfänglich standen enthusiastische Berichte der Patienten im Vordergrund, bis sich herausstellte, dass die Zahl der Horrortrips, die die Patienten erlebten, ebenso groß war wie die der positiv erlebten.

In der Drogenszene war LSD durch Timothy Learys Aufsehen erregende Forschungen beliebt geworden. Leary hatte aus den Bewusstseinserweiterungen durch LSD geschlossen, dass die Möglichkeiten, die unser Gehirn zur Schaffung der verschiedensten Realitäten besitzt, noch in keiner Weise von uns erschlossen seien. Er hält es für möglich, dass wir die gegenwärtigen Konditionierungen hinter uns lassen und das »zelluläre Wissen in den DNS-Archiven unserer Zellen anzapfen«. Unsterblichkeit, Identitätswechsel und die Besiedlung neuer Planeten sind seine Zukunftsvisionen. – Der Gedanke, dass Unsterblichkeit (der Seele) und Identitätswechsel (in Form einer Wiedergeburt) uralte Inhalte von Traditionen sind, die ganz ohne LSD auskommen, ist wohl sehr konservativ . . .

98 Norman MacKenzie, Träume (1978), ist in dieser Hinsicht noch ganz euphorisch

Im Banne der Halluzinationen des LSD-Trips jedenfalls begingen viele Menschen Selbstmord, die Droge löste lang anhaltende Schizophrenien aus, und bei regelmäßigem Gebrauch veränderte sie Denkprozesse in einer Weise, die den Begriff der Bewusstseinserweiterung in ein eigenartiges Licht rückte. Die Folgen sind bekannt, die Droge wurde zum illegalen Suchtmittel und die Forschungen am Menschen fast völlig eingestellt.

Rausch ohne Drogen oder: Der High-Traum

> »Als ich noch studierte, hatte ich einen Traum, der sich von allem, was ich bisher schlafend oder wachend erlebt hatte, radikal unterschied. In diesem Traum stand ich auf der Veranda meines Elternhauses und blickte in den Garten hinab, der in voller Blüte stand. Plötzlich wurde der Garten mit einer ganz neuen Art Leben erfüllt. Die Blumen und Bäume pulsierten mit Energie und strahlten exotische Farbkaskaden aus, und mein eigener Körper fügte sich in den ekstatischen Tanz der Natur ein. Dieses Erlebnis schien nur eine oder zwei Minuten zu dauern, dann verwandelte sich der Garten in seinen normalen Zustand zurück, und ich wachte auf. Es war ein einzigartiges, ungewöhnliches Erlebnis für mich, und erst sehr viel später, als ich mich an einem Experiment zur Erforschung psychedelischer Drogen beteiligte, wurde mir klar, dass sich mein Gehirn auf irgendeine merkwürdige Weise in den Zustand versetzt hatte, den der Genuss von LSD, Meskalin oder in geringerem Maße Cannabis hervorruft.«[99]

So schildert Ann Faraday ihren ersten High-Traum, einen Traum, in dem sie »high« war wie von Drogen. Ganz ohne Drogen können wir also einen Zustand erreichen, in dem wir uns so fühlen wie mit den Drogen. Das hat eine biochemische Ursache. Unser Gehirn funktioniert nicht nur als gigantisches Stromnetz aus Ladungen und elektrischen Impulsen, in diesem Netz spielt auch eine Menge Chemie eine Rolle. Bei der Impulsweitergabe von einer Zelle auf eine andere werden Stoffe freigesetzt, die den Zwischenraum zwischen den Zellen (die Synapsen) überspringen und in der Zielzelle an ganz bestimmte Stellen andocken. Damit ist der Impuls weitergegeben, und aus der Summe der andockenden Chemikalien von dieser und allen anderen Zellen, die ihr Impulse schicken, »entscheidet« die Zielzelle, ob sie einen Impuls weiterleiten will oder nicht. Diese Stoffe produziert das Gehirn, und

99 Ann Faraday, Positive Kraft der Träume, Gondrom Verlag 1996, S. 299

sie heißen Neurotransmitter. Chemisch sind sie den psychedelischen Drogen (siehe das vorige Kapitel über Drogen) ungeheuer ähnlich. Was deren Wirkungsweise erklärt und sie als Eingriffe in dieses ungemein fein austarierte Netz aus Elektrizität und Chemie, das unser Gehirn bildet, ja auch so problematisch macht.

Die biochemische Grundlage des High-Dream ist vermutlich ein »simpler« Stoffwechselprozess. Während der Nacht regeneriert sich etlichen Forschern zufolge der Stoffwechsel des Gehirns. Wozu ist das nötig? Eine Ebene ist der Abtransport von ganz normalen Abfallprodukten. Eine andere Ebene ist der Abbau von überflüssigen Neurotransmittern, die zwar produziert, aber letztlich doch nicht gebraucht wurden. Das kann in gefährlichen Situationen der Fall sein. Ein Beispiel: Sie fahren auf der Autobahn, vor Ihnen taucht plötzlich ein Stau auf. Warnblinker an, runter vom Gas, bremsen, o. k. Die große Angst kommt erst beim Blick in den Rückspiegel. Da hat nämlich die Weitergabe der Information mit dem Warnblinker nicht rasch genug funktioniert, und Sie sehen entsetzt, wie ein Auto mit fast unverminderter Geschwindigkeit in die vor ihm fahrenden Fahrzeuge rast. Hinter Ihnen kommt es zu einer Massenkarambolage, Sie schalten voll auf Flucht. Ihr Herz tobt, Ihr Adrenalinspiegel ist auf Hochtouren, alle inneren Alarmglocken läuten auf einmal – und nichts passiert. Das letzte Auto, das von dem Aufprall betroffen ist, ist das Auto hinter Ihnen. Bis Sie das begreifen, dauert es eine Weile. Bis Ihr Adrenalinspiegel und Ihr Kreislauf wieder normal ist, dauert es eine Weile, und bis Ihre bereitgehaltenen Neurotransmitter abgebaut werden, dauert es ebenfalls eine Weile. Denn Sie sind ja in dieser Situation nicht sofort rechts rangefahren und haben »sich abreagiert«, einen Boxkampf inszeniert oder wenigstens zehn Minuten lang wütend schreiend Teppiche geklopft. Eben. Und daher müssen Sie die Chemie Ihres Gehirns in der folgenden Nacht wieder normalisieren, und das kann zu eigenartigen Träumen wie High-Träumen führen.

Ein anderer Bericht eines High-Traumes, den der amerikanische Psychologe Charles Tart mitteilt, der übrigens auch diesen Begrif geprägt hat, bestätigt die chemische Grundlage dieser Träume:

> »Ich träumte, ich würde high durch eine Art gasförmiger Substanz, etwa wie LSD in Gasform. Der Raum weitete sich und wurde hoch, mein (Traum-)Körper war erfüllt von einem köstlichen Gefühl der Wärme, mein Geist ›high‹ in offensichtlicher, aber nicht zu beschreibender Weise. Dies dauerte nur eine Minute, dann wurde ich wach, weil eines unserer Kinder laut rief und meine Frau aufstand und fragte, was los sei. Und nun trat etwas ganz Erstaunliches ein; ich blieb auch im Wachzustand high! ... das Gefühl der Wärme und der Ausgedehntheit von Zeit

> und Raum übertrug sich auf meine Wahrnehmung des Zimmers. In diesem Zustand blieb ich noch minutenlang und wunderte mich darüber, dass ich eindeutig high war, und zugleich darüber, dass ich mich an meinen *high dream* erinnerte.«[100]

Psychedelika versetzen den Menschen in einen überwachen Zustand; er erlebt eine ungeheure Steigerung seiner Wahrnehmungsmöglichkeiten, eine übergroße Wachheit der Sinne und ein Gefühl von mehr »Realität« als im Wachzustand. Psychedelika-Befürworter sind davon überzeugt, dass dieses Erlebnisniveau buchstäblich »übermenschlich« sei. In diesem Zustand sei der Mensch dem Übernatürlichen näher, als er es je auf andere Art und Weise sein könne.

Forscher, die sich mit mystischen Religionslehren wie dem Buddhismus oder dem Christentum auseinander gesetzt haben, weisen häufig darauf hin, dass ein ganz ähnliches psychedelisches Erlebnis auch auf dem Wege tiefer Meditation erreicht werden könne. In einem interessanten Experiment versuchte 1962 ein Theologe und Psychiater herauszufinden, was an dem sei. Er gab 20 Studenten der Theologie, die alle behauptet hatten, bereits mystische religiöse Erlebnisse gehabt zu haben, einen Wirkstoff, den er ihnen als Psilocybin vorstellte, den Wirkstoff des mexikanischen Zauberpilzes. In Wirklichkeit erhielt nur die Hälfte der Studenten die Droge, die anderen erhielten ein Vitamin-B-Präparat, das eine Wärmeempfindung und ein Kribbeln der Haut verursacht, wie sie auch bei Psilocybin vorkommen, ohne jedoch dessen psychedelische Wirkung zu besitzen. Das Ergebnis war ein wenig enttäuschend. Zwar behauptete keiner der Vitamin-Empfänger, psychedelische Wahrnehmungen religiöser Art gehabt zu haben, doch auch von den anderen zehn Personen, die die Droge bekommen hatten, gaben nur drei an, dass sie deutliche mystische Erlebnisse gehabt hätten, die dem ähnelten, was sie ohne Drogen in religiöser Trance erlebt hatten.

Immerhin lässt dieser Versuch und die Erfahrung des High-Traumes eine Schlussfolgerung zu: Um in einen psychedelischen Zustand zu gelangen, benötigen wir keine Drogenzufuhr von außen. Unser Körper schafft das von ganz allein. Wenn es Ihnen gelingt, durch Meditation oder eine der anderen Techniken, die ich in den vorangegangenen Kapiteln beschrieben habe, in einen Traumzustand zu gelangen, versäumen Sie grundsätzlich nichts gegenüber jemandem, der dies mit Drogen versucht.

Sie ersparen sich allerdings viele unangenehme Nebenwirkungen.

---

100 Zitiert nach David Coxhead, Susan Hiller, Träume, Umschau Verlag, Frankfurt 1976, S. 30

Teil V:

Träume, außersinnliche Wahrnehmungen und unser sechster Sinn

Wer kennt sie nicht, jene mehr oder weniger glaubhaften Geschichten von Menschen, die hellsehen oder sich ganz ohne technische Hilfsmittel über Tausende Kilometer hinweg verständigen. Meist stehen wir solchen Berichten zwiespältig gegenüber. Einerseits geht etwas sehr Anziehendes von Menschen aus, die solche Fähigkeiten für sich reklamieren. Andererseits sind wir skeptisch, ob uns der Wahrsager oder der Telepath übers Ohr haut. Ja, oft haben wir sogar unsere eigene Einbildungskraft im Verdacht, dass sie uns einen Streich spielt.

Dabei würden unser gesunder Menschenverstand und einige Beobachtungsgabe durchaus ausreichen, die Existenz solcher Phänomene anzuerkennen. Wie sonst als mit Hilfe der Telepathie ist bei einem Naturvolk die Jagd auf Großwildherden vorstellbar? Wie sonst sollten unsere Vorfahren überlebt haben, wenn sie tagelang ein Beutetier verfolgten und dabei oft noch nicht einmal Sichtkontakt behielten?

Im üblichen, schulmedizinischen Sinn ist der Mensch bei der Wahrnehmung seiner Umwelt auf seine fünf Sinne angewiesen. Er kann nur das erfassen, was er sieht, hört, riecht, schmeckt oder tastet. Auge, Ohr, Geruchs-, Geschmacks- und Tastsinn arbeiten wie der Regler eines Fernsehgerätes oder eines Radios, mit dessen Hilfe im »Wellensalat der Informationen« bestimmte Sender klar eingestellt werden können. Streng genommen kommt der Gleichgewichtssinn im Innenohr als weiterer Sinn hinzu. Seine Informationen nehmen wir jedoch nur dann bewusst zur Kenntnis, wenn das Organ gestört ist und seine Befehle an unsere Muskulatur fehlerhaft werden.

Ignorieren wir diesen »sechsten Sinn« ganz im Sinne des Sprachgebrauches, so erahnen wir die Existenz eines weiteren »sechsten Sinnes«: die außersinnlichen Wahrnehmungen, die selbst in unserem modernen Leben hin und wieder ihre Wirkung entfalten. Dann haben wir plötzlich das Gefühl, zu sonst ungenutzten Informationsnetzen Zugang zu bekommen. Interessanterweise scheinen die Erfahrungen, die wir mit unseren herkömmlichen fünf Sinnesorganen machen, an diesen Wahrnehmungen beteiligt zu sein.

Der Begriff des »Hellsehens« wird oft verallgemeinernd gebraucht. Im engeren Wortsinn handelt es sich um die Fähigkeit, auf die Zukunft bezogene Bilder vor dem inneren Auge aufsteigen zu lassen. Parallel dazu weist die Literatur aber auch Fälle des »Hellhörens« und »Hellfühlens«, ja sogar des »Hellriechens« und »Hellschmeckens« nach. Um eine möglichst genaue Vorstellung der außersinnlichen Wahrnehmung zu bekommen, dürften alle Spielarten des sechsten Sinnes zu einem einzigen Eindruck verschmelzen. Je nach persönlicher Veranlagung sind die einzelnen Bereiche allerdings sehr unterschiedlich im Einsatz. Verallgemeinernd bezeichnen wir das Ergebnis als »hellsichtig«, vermutlich, weil wir gewohnt sind, ein Bild nur mit dem Auge aufzufassen.

Mit Hilfe unseres sechsten Sinnes sind wir in der Lage, unsere gewohnten Bezugsgrößen von Raum und Zeit aufzuheben. Mittels Telepathie werden Informationen ohne technische Hilfsmittel über Tausende von Kilometern hinweg ausgetauscht. Hellsichtiges kann sich auf alle denkbaren Zeitebenen beziehen, auch wenn die Zukunft meist im Brennpunkt unseres Interesses steht. Neben der Vorschau auf kommende Ereignisse können die Bilder genauso gut nicht allgemein sichtbare Phänomene der Gegenwart, wie etwa die Aura um einen Körper, sichtbar machen.

Bilder aus der Vergangenheit oder: Retrospektive Träume

Manchmal steigen Bilder aus tiefer Vergangenheit in uns auf. Wie intensiv solche Erfahrungen werden können, zeigte sich während eines Workshops im Harz besonders eindrucksvoll. Ein Teilnehmer fiel bereits in den ersten drei Tagen durch seine ungeheure Sensibilität für Unausgesprochenes auf. Olaf war bereit, sich restlos auf eine Begegnung mit sich selbst einzulassen und war mit voller Kraft bei den angebotenen Meditations- und Stilleübungen dabei. Der Veranstaltungsort, ein bei Geomanten und Esoterikern bekannter und sehr beliebter Kraftplatz, schien ein Übriges zu tun. Am dritten Abend ging die Teilnehmerrunde mit dem Auftrag ins Bett, die nächtlichen Träume so gut wie irgend möglich zu beobachten und festzuhalten. Eine Aufforderung, die eine ungeheure Kraft beweisen sollte ...

Gegen drei Uhr früh durchbrach ein ungeheurer Schrei die nächtliche Stille unseres Quartiers. Olaf rannte von offensichtlichem Entsetzen gepeinigt schreiend in den Hof. Zitternd zeigte er auf die andere Seite des Hofes und stammelte unzusammenhängend: »Krieg«, »Tod«, »Grauen«, »Soldaten«, »Blut« – so und ähnlich klangen die Wortfetzen, die wir mühsam verstehen konnten. Der Mann schien offensichtlich in einem Alptraum gefangen, obwohl er seine Augen weit aufgerissen hatte. Wir brauchten eine ganze Weile, um zu ihm durchzudringen. Langsam beruhigte er sich, bestand allerdings noch immer darauf, auf der Wiese vor der Hofeinfahrt eine grauenvolle Kampfszene beobachtet zu haben. Erst ein vorsichtiger Blick aus dem Fenster beruhigte ihn sichtlich.

Am nächsten morgen war unsere ganze Gemeinschaft noch immer von Olafs aufwühlendem Alptraum gefangen. Wir versuchten auf allen klassischen, alternativen und individuellen Schienen, dem Traum sein Geheimnis zu entlocken. Doch egal, wie phantasievoll oder schlüssig uns unsere Erklärungen schienen, Olaf schüttelte zu jeder einzelnen skeptisch den Kopf. Nein, er lebe weder beruflich noch privat in einer Situation, die einen solchen Kampf heraufbeschwören könne, und er spüre auch keine unterdrückten Aggressionen, außer einem zunehmendem Bedürfnis, unserer Deutungswut ein Ende zu bereiten.

Unser Gastgeber bereitete dem Rätselraten dann ein tatsächlich erstaunliches Ende. Während des Frühstücks war er an unseren Tisch gekommen und hatte sich das Traumgeschehen noch einmal in allen Einzelheiten schildern lassen. Erstaunt hob er die Augenbrauen und verschwand kopfschüttelnd im privaten Teil des Hofes. Kurze Zeit später tauchte er mit einem alten Stich wieder auf. Das Bild zeigte den Hof im 17. Jahrhundert als Schauplatz einer wüsten Kampfhandlung des Dreißigjährigen Krieges. Unser Gastgeber zeigte Olaf das Szenario und fragte, ob die Bilder der Nacht so oder ähnlich ausgeschaut hätten. Erschaudernd bestätigte Olaf seine Vermutung. Unser Erstaunen wuchs noch weiter, als der Hofherr uns berichtete, unser Workshop-Teilnehmer sei bereits der dritte Gast des Hauses, der mit einem Traum derart tief in die Geschichte des Hauses vorgedrungen sei.

Olafs Traum schien Schleusen geöffnet zu haben. Zwei Tage später berichtete Leonore, ein Hausfrau in den Fünfzigern, von einem ebenso spektakulären nächtlichen Erlebnis.

»Ich sehe ein fünf- bis sechsjähriges Mädchen in einem ärmlichen Kleidchen und ohne Schuhe vor einem Holzhaus in den Bergen stehen. Das Kind sieht zwar ganz anders aus als ich in diesem Alter. Außerdem deuten die Umgebung, die Art des Hauses und die Kleidung darauf hin, dass sich die Szene vor rund 200 Jahren abspielt. Trotzdem bin ich mir völlig sicher, dass es sich bei diesem Kind um mich handelt. Ängstlich nähere ich mich dem Haus, bis ich durch eine Spalte des Fensterladens hineinblicken kann. Drinnen spielt sich eine furchtbare Szene ab. Ein Mann neigt sich mit einem vor Wut verzerrtem Gesicht über eine Frau. Ich erkenne sie sofort als meine Mutter, wenngleich auch sie völlig anders aussieht als meine wirkliche Mutter.

Die Szene im Haus wird immer bedrohlicher. Zitternd vor Angst drücke ich mich an den Spalt im Fenster. Ich will meiner Mutter zur Hilfe kommen, kann aber nicht. Der Mann presst seine Hände um den Hals meiner Mutter, und plötzlich sackt sie zu Boden. Ich will weglaufen, stehe aber wie gelähmt da. Zitternd vor Angst erwache ich.«

Zunächst versuchten wir, auch diesen Traum in eine Beziehung zu Leonores Erlebnissen und zu ihren Emotionen zu bringen. Doch ähnlich wie Olaf zwei Tage zuvor schüttelte auch sie jedes Mal skeptisch den Kopf. Es war kein vehementer Widerstand, der als Verdrängungsreaktion unsere Vermutungen ebenso bestätigt hätte wie ein vorsichtiges Annehmen der angebotenen Interpretationen. Schließlich tippten wir auf eine Rückführung im Traum. Leonore war im Schlaf in die Vergangenheit gereist. Allerdings nicht in die Vergangenheit des Ortes, wie zuvor Olaf, sondern in die Vergangenheit ihrer eigenen Seele. Sie hatte offensichtlich von einem besonders traumatischen Erlebnis in einem ihrer Vorleben geträumt.

Angeregt von dieser Traumerfahrung, besuchte Leonore einige Zeit später einen Reinkarnationstherapeuten, der sie gezielt mit Hilfe einer leichten Trance in diese Zeit zurückführte. Hinterher berichtete sie mir, dass ihr Harzer Traum voll bestätigt worden sei und sie Gelegenheit erhalten habe, diese Szene in einem größeren Zusammenhang noch einmal zu sehen. Mittlerweile verstehe sie auch, welche Spuren diese weit zurückliegenden Erlebnisse in ihrer Seele hinterlassen hatten. »Ich fühle mich seither total befreit, und letztlich verdanke ich das meinem Traum während eures Workshops.«

Praktische Bilder aus der Zukunft oder: Projektive Träume

Am ehesten erwischen wir einen »Zipfel« unseres außersinnlichen Wahrnehmungsreglers im Traum oder kurz danach. So kennt wohl jeder das Gefühl, aufzuwachen und nicht so genau zu wissen, ob man geträumt hat oder das Erlebte tatsächlich passiert ist. Das Erlebnis der Nacht nimmt jedoch im Verlaufe des Tages so konkrete Formen an, dass man sich unwillkürlich danach richtet und dabei auch recht gut fährt.

Wie so etwas aussehen kann, erzählte mir Manfred, ein Ingenieur für Hochbau:

> »Ich träume, dass ich mit dem Auto zu einer Baustelle unterwegs bin. Ich fahre mit etwas überhöhter Geschwindigkeit, als an einer unübersichtlichen Stelle eine Polizeistreife auftaucht. Ich versuche noch zu bremsen, aber da kommt auch schon die Kelle, und ich werde an den Fahrbahnrand gewinkt. Sogar im Schlaf kann ich spüren, wie ich mich ärgere.«

Soweit ist an diesem Traum kaum etwas besonders Bemerkenswertes. Nach dem Erwachen erinnert sich Manfred noch nicht einmal, geträumt zu haben. Zwei Tage später ist er dann auf der besagten Strecke unterwegs. Etwa einen halben Kilometer vor der besagten unübersichtlichen Stelle fallen ihm die nächtlichen Traumbilder ein. Einmal – zweimal – dreimal hat er ganz kurz das Bild einer Radarfalle vor seinem inneren Auge. Und er bekommt ein Gefühl, als habe er diese Situation schon einmal erlebt.

Manfred reduziert das Tempo, und tatsächlich taucht hinter der nächsten Kurve die erwartete Polizeistreife auf. Zunächst tut der Techniker das Erlebte als reinen Zufall ab. Er ist ein kühler, von seinem Verstand regierter Mann, der von außersinnlichen Wahrnehmungen nichts hören möchte.

Seine Träume versetzen Manfred mit der Zeit allerdings ins Staunen.

> »Ein anderes Mal träume ich, wie ich auf der Fahrt nach Hause knapp 200 Meter vor der Garageneinfahrt ins Schleudern gerate. Mehrmals hintereinander komme ich an dieser Stelle vorbei und immer wieder passiert das Gleiche. Diesmal kann ich mich am nächsten Morgen sogar erinnern. Allerdings verschwindet auch dieser Traum kurz nach dem Aufstehen wieder. Auf dem Heimweg sind plötzlich die warnenden Bilder wieder da. Knapp vor der letzten Kurve bremse ich und rolle nur noch ganz vorsichtig weiter. Unter einer dünnen Neuschneedecke hatte sich eine heimtückische Eisplatte gebildet. Bei meinem üblichen Fahrstil wäre ich sicherlich in der Scheune des Nachbarn gelandet.«

»Praktisch« ist wohl die angemessenste Bezeichnung für Manfreds Träume. Vermutlich traute er sich deshalb auch, mir seine Erlebnisse zu erzählen. Üblicherweise sind es nämlich zum überwiegenden Teil Frauen, die mir ihre nächtlichen Bilder anvertrauen.

Typisch für Manfred war seine zwiespältige Haltung. Einerseits beeindruckte ihn allein die Tatsache, mit Hilfe seiner Träume viel Geld gespart zu haben. Trotzdem hatte er Schwierigkeiten, sich selbst zu glauben. Immer wieder machte er den puren Zufall für seine Erlebnisse verantwortlich und beschuldigte sich, zu viel Einbildungskraft zu besitzen.

Dabei sind Manfreds Erfahrungen gar nicht so selten. Vermutlich hat jeder von uns schon einmal dieses unerklärliche Gefühl von Gefahr gespürt, das sich im Nachhinein bestätigt. Es ist unser sechster Sinn, der sich in derartigen Augenblicken zu Wort meldet. Bei Naturvölkern löst unser Erstaunen über solche Phänome Erstaunen aus. Ein malaiischer Senoi oder ein zentralafrikanischer Pygmäe wäre kaum in der Lage, in seiner Umwelt zu überleben, wenn ihn sein sechster Sinn nicht ständig vor Gefahren warnen würde.

In Manfreds technisiertem Weltbild war für diesen sechsten Sinn kein Platz. Er hatte gelernt, sich nur auf das zu verlassen, was man nachrechnen oder nachmessen kann. Kein Wunder also, dass sich diese Instanz mit der Kraft des Traumes verbünden musste, um ihn zu erreichen. Denn der Regler des sechsten Sinnes lässt sich im Schlaf sehr viel leichter und sehr viel intensiver einstellen als im Wachen. Unser Unbewusstes verfügt eben über einen weitaus größeren und vielschichtigeren »Weitblick« als unser Bewusstsein.

Berühmt wurde ein Fall einer solchen Zukunftsvision im Traum, den 1865 der amerikanische Präsident Abraham Lincoln erlebte: Er ging im Traum durch das Weiße Haus, in dem alle Zimmer erleuchtet, jedoch seltsam leer waren, wie tot. Auf seinem Weg folgte er einem jämmerlichen Schluchzen in ein Zimmer, in dem ein Leichnam zur Beerdigung aufgebahrt lag. Das Gesicht des Toten war verdeckt. Als Lincoln die Trauernden fragte, wer der Tote sei, erhielt er zur Antwort: »Der Präsident wurde won einem Attentäter getötet.« Woraufhin die Anwesenden laut in Klagen ausbrachen und Lincoln erwachte. Wenige Tage später wurde er, wie bekannt, bei einem Theaterbesuch erschossen.

Nach dem Untergang der Titanic häuften sich die Berichte über Träume, in denen er (in wie verschlüsselter Form auch immer) vorhergesehen wurde. – Nach einem Bergbau-Unglück, bei dem 140 Menschen in Wales lebendig begraben wurden, erschien in einer Zeitung ein Aufruf, doch bitte Träume mitzuteilen, die sich prophetisch auf dieses Ereignis bezogen haben könnten. Das Resultat war so eindrucksvoll, dass es sowohl in Großbritannien als auch in den USA zur Gründung eines Vorwarnungsbüros führte, in dem solche Träume und andere außersinnliche Wahrnehmungen prophetischen Inhalts registriert wurden.

Vorder- und Hintergründe der Bilder

Durch die gesamte Menschheitsgeschichte ziehen sich Berichte über funktionierende Orakel und realisierte Wahrträume. Für unsere rationale Welt liegen die meisten allerdings viel zu weit zurück, um nachvollziehbar zu sein. Die Visionen und Voraussagen lebender Schamanen und spiritueller Meister, die tatsächlich eingetroffen sind, werden jedoch nicht weniger ungläubig beiseite geschoben. Stattdessen werden all jene Prophezeiungen mehr und weniger seriöser Wahrsager aufgezählt, die nicht eingetroffen sind. Ihre Fehlerquote scheint die rationalen Geister zu beruhigen. Auch wenn sie ganz offensichtlich auf einem Missverständnis basiert. Dem Missverständnis nämlich, dass die Vision oder Prophezeiung ein 1 : 1-Modell der Zukunft präsentiert, das genau so eintreffen muss, wie es der Hellseher vorhergesagt hat.

Es wäre wirklich ausgesprochen praktisch, wenn es tatsächlich so wäre. Würde es uns doch mit einem Schlag von der Verantwortung unserer Lebensgestaltung befreien. Das Schicksal wäre schuld, das unabänderlich seinen

Lauf nimmt, unangefochten von unseren Bemühungen. Es ist nur allzu verständlich, dass sich die Menschen nach einer solchen Kraft sehnen. Es entspringt unserem Bedürfnis nach Sicherheit, die Prüfungen des Schicksals und unser Abschneiden bei diesem Test vorab zu kennen. Wir reagieren wie Schüler, die versuchen, vor einer wichtigen Schularbeit an die Fragen heranzukommen. Als wenn sich das Leben so einfach betrügen ließe!

Eine Vision, eine Prophezeiung oder ein hellsichtiges Traumgeschehen geben nichts weiter als einen Blick auf eine mögliche Zukunft preis. Ihnen wird das Kräfteverhältnis unterschiedlicher Prinzipien offenbart, die zwangsläufig zu jenem Zukunftsbild führen, wenn Sie nichts dagegen unternehmen. Im Idealfall folgen Sie nicht nur den offensichtlichen Handlungsanweisungen Ihres Traumes, sondern setzen sich auch mit dem dahinter verborgenen Mechanismen auseinander.

Im Fall von Manfreds Verkehrsträumen wird dies ganz offensichtlich. Die Geschwindigkeit vor der Radarfalle zu reduzieren, bringt einen kurzfristigen Erfolg. Manfred erspart sich eine teure Strafe oder sogar den Verlust seines Führerscheins. Darüber hinaus wäre es allerdings auch sehr angebracht, sich mit dem Symbolgehalt des Traumes auseinander zu setzen. In welchen Lebensbereichen ist Manfred derzeit viel zu schnell unterwegs? Welche Begrenzungen ignoriert er? Wo kommt er in Gefahr, mit Autoritäten aneinander zu geraten? In diese Kette passt auch der zweite Traums sehr gut. Wo könnte Manfred ins Schleudern geraten und die Kontrolle über sein Leben verlieren? Wie ist das Glatteis beschaffen, das er in seinem Leben nicht sehen kann? Welche Hüllen anderer Menschen könnte er bei seiner üblichen Form zu leben verletzten?

Erst mit der Beantwortung dieser Fragen könnte Manfred das gesamte Zukunftspotential seiner Träume ausschöpfen. Auch wenn die vordergründigen Bilder so realitätsnah sind, dass ihre Beachtung schon ein Erfolg an sich darstellt.

In Manfreds Fall hat die praktische Seite seiner Träume leider die volle Kraft des Traumes verdeckt. Er war mit der Tatsache, Polizei und Unfall entgangen zu sein, bereits vollauf zufrieden. Mit einer »Sprache des Lebens«, wie sie beispielsweise Thorwald Dethlefsen und Rüdiger Dahlke beschreiben, konnte er sich zunächst nicht anfreunden. Zumal sein Unfall als Hinweis des Lebens auf bestimmte Problemstellungen ausgeblieben war.

Ich hingegen bin von der Möglichkeit fasziniert, Zukunftsträume, deren Realisierung vermieden werden konnte, mit der »Sprache des Lebens« zu deuten, als wären sie eingetroffen. Denn erst dadurch offenbart sich auch der symbolisch verschlüsselte Teil, der auch im realitätsnahsten und offensichtlichsten Traum enthalten ist. Und damit bekommt man eine Botschaft ohne unangenehme oder gefährliche Begleiterscheinungen, wie sie beispielsweise ein Unfall mit sich bringt.

Bei Manfred suchte sich das Leben leider einen anderen Weg, ihn erneut und sehr viel massiver als in den Träumen auf die Schleudergefahr hinzuweisen. Seine Frau zog kurze Zeit nach diesen Ereignissen aus dem gemeinsamen Haushalt aus. Sie konnte die ständige Abwesenheit des Mannes, der auf seinen Baustellen zu wohnen schien, nicht länger ertragen. Manfred fiel in Gewohnheiten aus seiner Studienzeit zurück. Er begann zu trinken und in den Tag hinein zu schlafen. Erst der Verlust seines Jobs brachte ihn dazu, sich therapeutische Hilfe zu suchen, um sein ins Schleudern geratenes Leben wieder unter Kontrolle zu bringen. Heute weiß er, wovor ihn die verborgene Eisplatte, das schleudernde Auto und die Radarfalle warnen wollten.

Bitte ein anderes Bild oder: Die abänderliche Zukunftsvision

Ein ganz banales Beispiel, wie falsch die prophetische Kraft der Träume gedeutet werden kann, präsentierte mir meine liebe Freundin Agnes. Nach der Geburt ihres zweiten Kindes schien Agnes völlig die Kontrolle über ihre Figur verloren zu haben. Auch nach dem Abstillen schien sich nichts zu verändern. Im Gegenteil, Agnes wurde immer dicker und dicker. Zuletzt sah ich sie in einer Jogginghose auf der Straße, obwohl sie bis zu ihren Schwangerschaften immer auf eine elegante und gepflegte Erscheinung Wert gelegt hatte.

Natürlich sprach ich sie darauf an und bekam folgende Erklärung:

> »Seit einiger Zeit verfolgt mich ein Traumgesicht sogar bis in den Kinderstress des Alltages hinein. Es trägt meine Züge, gehört aber offensichtlich zu einer Frau mit ordentlichem Übergewicht. Da ist meine derzeitige Figur noch nichts dagegen. Dieses Frauengesicht lächelt mich ständig ganz entspannt und glücklich an. Und wenn sie so schaut, dann spüre ich, wie ich in sie hineinwachse. Das ist immer das gleiche Gefühl, egal, ob sie mir nachts im Schlaf oder tagsüber als Bild begegnet. Ich glaube, ich werde mich einfach damit abfinden, dass dies meine künftige Erscheinungsform ist und ich am glücklichsten lebe, wenn ich mich damit abfinde.«

Ganz schön gemein, wie unser Traumbewusstsein uns manches Mal zu manipulieren versteht. Keine Frage, dieses glückliche, dralle Gesicht versprach ein zufriedenes Leben und entlastete Agnes in ihrem Kummer über ihre Figur. Doch ganz so einfach sollte man es sich dann doch nicht machen. Zukunftsvisionen können, müssen aber nicht eintreffen. Wobei eines überdeutlich war: Sollte Agnes nicht in der Lage sein, ihre Ernährungsweise drastisch umzustellen, dann würde das Gesicht genau so Realität werden.

Gemeinsam sprachen wir lange über Glück und Unglück, Lust und Frust im Leben der völlig überlasteten Mutter. Neben ganz praktischen Dingen wie dem Entschluss, eine Putzfrau zu organisieren und den älteren Buben vormittags versuchsweise in eine Spielgruppe zu geben, kamen auch Agnes Glaubenssätze und Verhaltensmuster zur Sprache. Natürlich war eine schützende Speckschicht nicht die einzig vorstellbare Form, Stress, Unlust und Unglücklichsein aus ihrem Leben fern zu halten. Agnes verband nur die runde Körperform ihrer Großmutter mit ihren eigenen, unbeschwerten Kindertagen.

Auf ihre Ehe – das war Agnes schon vorher nur allzu klar – hatten Gewichtszunahme und ungepflegte Kleidung keinen guten Einfluss. Agnes Mann, ein erfolgreicher Manager, nahm sie bereits jetzt sehr viel seltener zu Abendverpflichtungen mit. Dies kristallisierte sich mehr und mehr als Kernproblem im Leben meiner Freundin heraus. Ihr Kopf wusste nur zu gut, dass ein Fortsetzen des eingeschlagenen Weges in die eheliche Katastrophe führen würde. Das Gesicht, das stets auftauchte, wenn Agnes ihrem Problem zu Leibe rücken wollte, schien sich beinahe schon lustig über sie zu machen. Um ihm auszuweichen, hatte sich Agnes bereits in »ihr Schicksal« gefügt. Indem es ihr unentrinnbar erschien, war sie die Verantwortung für sich selbst losgeworden.

Mir schien es vordringlich, dem Gesicht ein anderes, ebenso vergnügtes, aber gepflegtes Erscheinungsbild entgegenzusetzen. Das Thema Gewicht ließ ich zunächst bewusst offen. Gemeinsam entwarfen wir also ein frohes und erleichtertes Gesicht, indem sich Agnes wieder erkennen konnte. In gezielten Tagträumen setzten wir es der pummeligen Vision entgegen. In einem späteren Kapitel zeige ich, wie so etwas geht. Für diesen Fall ist nur wichtig, zu erkennen, wie stark wir Zukunftsvisionen gestalten können.

Agnes begann eine Diät. Nachdem die ersten zehn Pfund gepurzelt waren, begann sich das ursprüngliche Traumgesicht auch in den nächtlichen Träumen aufzulösen und in unser nachträglich geschaffenes Bild zu verwandeln. Je zufriedener Agnes mit ihrer tatsächlichen Erscheinung wieder wurde, desto prompter trat unser kreiertes Gesicht auf den Plan. Schließlich stieg das ursprüngliche Gesicht in einem dramatischen Traum von einem Bergrücken in die Weiten des Universums auf. Das zweite Gesicht, das Agnes tatsächlich sehr ähnelt, taucht nur noch ganz selten auf. Agnes meint, wenn es auftauche, sei es ein untrügerisches Anzeichen für Probleme, die sie bisher nicht gesehen habe.

Naturvölker, bei denen dem Traum eine große Bedeutung zukommt, teilen übrigens großteils die Auffassung, dass Traumvisionen nicht zwingend eintreffen müssten. Bei den Irokesen zum Beispiel war der Traum zentrale Instanz der gesamten Kultur. Träume entschieden über Glück oder Unglück, Jagderfolg, Gesundheit, persönliche Beziehungen und politische Fragen. Was immer ein Traum vorgab, ihm musste sofort Folge geleistet werden. Trotzdem wussten sich auch die Irokesen vor unliebsamen Folgen dramatischer Träume zu schützen und gestaltend in das Geschehen einzugreifen. Träumte ein Indianer von einem schweren Unfall, so ließ er ihn in milderer Form ablaufen, um dem Geschehen die zerstörerische Kraft zu nehmen.

Ferngespräche ohne Netz und Kabel oder: Vom Nutzen der Telepathie

Mit der Telepathie hat es eine ähnliche Bewandtnis wie mit den hellsehenden Träumen. Wir alle machen Erfahrungen, die darauf hindeuten, dass es tatsächlich funktioniert. Trotzdem bleiben wir der ganzen Angelegenheit gegenüber skeptisch und nutzen sie daher auch nicht.

Jeder hat wohl schon einmal von einem guten Freund oder einem Familienmitglied einen Anruf erhalten, knapp nachdem er intensiv an ihn oder sie gedacht hat. Mir geht es immer wieder so, dass ich den Telefonhörer bereits in der Hand halte, um einen lieben Menschen anzurufen. Bruchteile von Sekunden, bevor ich abhebe, klingelt es, und er ist am anderen Ende der Leitung. Mütter berichten immer wieder, dass sie genau spürten, ob es ihren Kindern während eines Ferienlagers oder einer Klassenreise schlecht ging, sie krank wurden oder andere Probleme hatten. Und eine gute Freundin von mir wurde eines Nachts knapp nach drei Uhr ohne ersichtlichen Grund aus dem Schlaf gerissen. Ihr Mann war wenige Minuten zuvor am Lenker seines Wagens eingeschlafen und auf einen geparkten LKW aufgefahren.

Ich könnte diese Reihe von Ereignissen, die alle auf das Funktionieren telepathischer Kräfte verweisen, fast endlos fortsetzen. Ich bin mir sicher, dass sie höchst wirkungsvoll arbeiten. Letztlich sogar noch sehr viel wirkungsvoller, als es in meinem westeuropäischen Umfeld zum Vorschein kommt. Das beweisen völkerkundliche Berichte etwa über die australischen Aborigines zur Genüge. Aber ob wir Europäer in der Lage seien, die Wurzeln dieser Fähigkeiten noch einmal freizulegen, habe ich lange Zeit bezweifelt.

1996 wurde ich eines Besseren belehrt. Ich war am Rande des Wiener Psychotherapeuten-Kongresses mit einer mexikanischen Schamanin verabredet, die ich eineinhalb Jahre zuvor auf einer Reise durch ihre Heimat kennen gelernt hatte. Während meines Mexikobesuches bekam ich erstmals jene beeindruckenden Garnbilder der Huichol-Indianer zu Gesicht. Die Schamanin erklärte mir, wie die Motive dieser Kunstwerke geträumt werden, um im Garnbild Gestalt anzunehmen und auch in unserer Alltagswelt zu wirken. Wir verabredeten, dass sie mir ein solches Kunstwerk, das sich ihr im Traum als meines offenbaren würde, zum Therapeuten-Kongress nach Wien mitbringen würde.

Eine Woche vor Beginn des Kongresses kamen überraschend gute Freunde zu Besuch, denen wir einen geliebten Teil unserer Heimat zeigen wollten. Gemeinsam fuhren wir für einige Tage in die Berge auf eine der zahlreichen reizvollen Selbstversorgerhütten. Ich wollte erst am Abend des ersten Kongresstages zurück in Wien sein und sofort Kontakt zu meinem Gast aus Mexiko aufnehmen.

Plangemäß marschierten wir am Tag unserer Abreise drei Stunden von unserem Bergquartier zurück zum Auto. Dort angekommen, erwartete uns jedoch eine böse Überraschung. Der Wagen sprang nicht mehr an. Also mussten wir zurück zur Hütte, wo es ein Funkgerät gab, mit dem wir Kontakt zur Bergrettung aufnehmen konnten. Die versprachen, gleich am nächsten morgen einen Pannenhelfer zu unserem Auto zu schicken.

In der ganzen Aufregung hatte ich meine abendliche Verabredung mit der mexikanischen Schamanin ganz vergessen. Erst im Bett fiel sie mir siedend heiß wieder ein. Ich machte mir Gedanken, dass die alte Frau mein Fernbleiben als Missachtung ihrer Person und ihrer Traumgabe missverstehen könnte. Stundenlang quälte mich diese Sorge, bis ich endlich in einen unruhigen Schlaf fiel. Gleich am nächsten Morgen brachen wir wieder zu unserem Auto auf. Tatsächlich war der Pannenhelfer bereits dort, als wir ankamen. Er konnte das Problem glücklicherweise schnell finden und den Wagen wieder flottmachen. Trotzdem wurde es später Nachmittag, bis wir endlich in Wien ankamen.

Sofort versuchte ich, die Mexikanerin in ihrem Hotel zu erreichen. Sie war jedoch nicht dort. Ich probierte es an diesem Abend noch zwei weitere Male vergeblich. Erst beim dritten Mal traf ich die Frau in ihrem Hotelzimmer an. Wir verabredeten uns für den nächsten Morgen. Als ich mich am folgenden Tag wortreich für meine eintägige Verspätung entschuldigen wollte, sah sie mich fragend an. Ich hätte ihr doch am Abend der Verabredung die Nachricht geschickt, dass mich eine Autopanne in den Bergen festhalte. Tatsächlich hatte sie diese Information erhalten, kurz nachdem ich ins Bett gegangen war. Die Mexikanerin zeigte sich allerdings ganz erstaunt, dass mir meine eigene Fähigkeit der Nachrichtenübermittlung so wenig bewusst gewesen war.

Telepathie und Spionage

Aus den USA dringen derzeit ganz erstaunliche Aktivitäten zum Thema Telepathie an die Öffentlichkeit. So verfügte beispielsweise der US-Geheimdienst in den siebziger und achtziger Jahren über eine eigene florierende Geheimdienstabteilung, die sich mit Hellsehen und telepathischen Reisen beschäftigte. Zeitweise beschäftigten sich fast 100 Geheimdienstmitarbeiter auf Traumreisen mit der Erforschung russischer Sperrgebiete, die Hunderttausende von Kilometern entfernt lagen.

Zu einem erstaunlich großen Teil handelte es sich um ganz »gewöhnliche« Armeebedienstete, die vor ihrer Ausbildung zum »Hellreisenden« nie mit paranormalen Phänomen in Kontakt gekommen waren. Denn grundsätzlich, so die Erfahrung der US-Armee, schlummere die Kraft der außersinnlichen Wahrnehmungen in jedem Menschen. Der einzige Unterschied bestehe im Aufwand, der notwendig sei, sie zu aktivieren.

Die Armee-Hellseher bedienten sich für ihre Reisen einer Art von Trance, die dem Schlaf sehr nahe kommt. Noch im Golfkrieg orteten hellsichtige Spione aus dem fernen Amerika die feindlichen irakischen Stützpunkte – und zwar deutlich präziser als alle Spionagesatelliten. Erst das Ende des Kalten Krieges schränkte die Aktivitäten der »PSI-Spione« ein.

Auch die Sowjets experimentierten während der Phase des Kalten Krieges heftig mit telepathischen Kräften – wie könnte es anders sein. Allerdings drangen weniger kampfzielorientierte Forschungsergebnisse an die Öffentlichkeit. Was publik wurde, ist allerdings um keinen Deut weniger interessant als die US-amerikanischen Versuche. Im Gegenteil, mich beeindrucken sie noch viel stärker.

In einer ganzen Versuchsreihe wurden Kaninchenmütter von ihrem Nachwuchs getrennt. Die kleinen Kaninchen gingen mit auf die Reise eines Atomunterseeboots, die Mutter blieb am Forschungsstützpunkt. Die Mutter hing während der ganzen Reise ihrer Jungen an einem EEG, das ihre Gehirntätigkeit genau aufzeichnete. Zu einer vorab ausgemachten Zeit wurden die Kleinen geschlachtet – Hunderte Meter unter der Wasseroberfläche, Tausende Kilometer vom Forschungsstützpunkt entfernt. Die Kaninchenmutter brach im Augenblick des Todes ihrer Kinder in Panik aus. Das EEG schlug in einer Heftigkeit aus wie kein zweites Mal während der gesamten Zeit der Reise, egal, mit welchen Situationen man das Kaninchen konfrontierte.

Vielleicht mögen solche Berichte den Argwohn logischer Naturen etwas beruhigen. Vor allem die US-amerikanischen Versuche legen nahe, dass man auch zu außersinnlichen Wahrnehmungen einen gewohnt beruhigenden, technisierten Zugang finden kann. Folgt man ihm, dann ersetzt vielleicht eines nicht allzu fernen Tages diese uns innewohnende Telekommunikationsform künstliche Technologien wie Radar, Telefon oder Fernlenksysteme. Diese rein theoretische Überlegung sollte aber unsere Achtsamkeit schärfen. Auch bei jenen uns innewohnenden Fähigkeiten sollten wir uns die gleiche Frage stellen wie bei künstlich geschaffenen technischen Möglichkeiten: Setzen wir sie tatsächlich zu unserem Besten ein?

Balanceakt zwischen den Welten oder: Träumen bei Bewusstsein

> »Ich empfehle Träume nochmals; wir leben und empfinden so gut im Traum als im Wachen und sind jenes so gut als dieses, es gehört mit unter die Vorzüge des Menschen, dass er träumt und es weiß. Man hat schwerlich noch den rechten Gebrauch davon gemacht. Der Traum ist ein Leben, das, mit unserm übrigen zusammengesetzt, das wird, was wir menschliches Leben nennen. Die Träume verlieren sich in unser Wachen allmählich herein; man kann nicht sagen, wo das Wachen eines Menschen anfängt.«
> »Man kann ebensogut träumen, ohne zu schlafen, als man schlafen kann, ohne zu träumen.«
>
> Georg Christoph Lichtenberg[101]

Wenn Sie ganz normal mit Ihrer Großmutter plaudern, bis Ihnen plötzlich einfällt, dass sie ja schon lange tot ist, sollten Sie sich fragen, ob sie vielleicht gerade träumen. Bei diesem Gespräch mit Ihrer Großmutter kann es sich nämlich um einen luziden Traum handeln.

> Den Tod bedeutet es, wenn man von einem *Verstorbenen* träumt.
>
> *(Deutscher Aberglaube)*

101 Georg Christoph Lichtenberg, Einfälle und Bemerkungen, Heft F (1776–79) Nr. 737 und Nr. 743

1913 bezeichnete der niederländische Arzt Willem van Eeden, der den Begriff des luziden Träumens prägte, die Welt dieser Träume als eine »klug imitierte Welt, aber mit kleinen Fehlern«. Der Fehler besteht in diesem Fall darin, dass Ihre Großmutter längst tot ist. Während des luziden Träumens hat der Träumer möglicherweise Zugang zu allen Erinnerungen und Denkfunktionen des Wachzustands und erlebt keinen wirklichen Unterschied zwischen Schlafen und Wachsein. Aber vor allem ist er sich bewusst, dass er träumt. Und eben das bemerkt er an kleinen Fehlern, die ihn plötzlich mit der Frage konfrontieren, ob das Erleben Wirklichkeit oder Traum sei. Von »normalen« Träumen unterscheiden sie sich durch die Rationalität, die sie zu einem Teil dieser Welt zu machen scheinen; es fehlt ihnen das spezifisch Traumhaft-Unlogische.

Für die Wissenschaft waren die luziden Träume in zweierlei Hinsicht bedeutsam. Zum einen sind sie ein Argument für Jungs These, dass wir ständig träumen und dass es nur die Ablenkungen des Wachzustands sind, die uns diesen Umstand übersehen lassen. Zum anderen trugen sie dazu bei, die Frage zu klären, wie schnell ein Traum abläuft. Es gab die Theorie, derzufolge Traumerlebnisse wie in einem ungeheuren Zeitraffer abliefen. Ein Beispiel: Sie träumen, Sie stehen in der Küche und bereiten das Essen für Ihre Familie und schälen Kartoffeln, waschen Salat, raspeln Karotten, schneiden Zwiebeln, verrühren Eier und Milch und setzen die Pfanne auf den Herd ... – plötzlich klingelt es an der Tür, und das ist dann Ihr Wecker. Der Einbau eines realen Ereignisses, des Weckerklingelns nämlich, in den Traum, gab Anlass zu der Theorie, der gesamte Traum sei erst in Sekundenbruchteilen vor dem Weckerklingeln um dieses Ereignis herum gewebt worden. Dass dem nicht so ist, zeigten Untersuchungen mit luziden Träumern: Sie sollten an bestimmten Stellen eines vorher verabredeten Traumes bestimmte Handbewegungen machen, die ein Beobachter stoppte. Diese Experimente führten zu dem Ergebnis, dass die Traumzeit etwa genauso groß ist wie die Realzeit. Von rasendem Zeitraffer jedenfalls kann keine Rede sein.

Sie werden bei dieser Versuchsbeschreibung vermutlich gestutzt haben: Da war von einem »vorher verabredeten Traum« die Rede. Damit haben Sie an einer ganz entscheidenden Stelle gestutzt: Luzide Träume lassen sich steuern. Ich selbst kann mich gut an mein erstes derartiges Erlebnis erinnern, weil es mich so verblüfft hat.

> Ich gehe durch einen heißen italienischen Ort, vielleicht ist es Assisi. Die Sonne brennt, es ist Mittagszeit und alle Geschäfte und Kirchen sind geschlossen. Mein Mund wird vor lauter Staub immer trockener. Ich dachte: Wie schön, wenn es jetzt einen schattigen Park mit einer freien Bank und einem Trinkwasserbrunnen gäbe! Als mir in diesem Moment

blitzartig bewusst wird, dass ich träume, beschließe ich, ebendiesen Park und Brunnen hinter der nächsten Straßenbiegung auftauchen zu lassen. Und tatsächlich kamen da die ersten Platanen zum Vorschein, eine leichte Brise, der plätschernde Brunnen und die gewünschte Bank.

Der »Beweis«, dass diese Elemente nicht ohnehin da gewesen wären, ist für mich durch die Klarheit des Ortsbildes »Assisi« gegeben; die Bänke mit Brunnen und Windhauch stammten eindeutig aus Perugia, waren also tatsächlich von mir dorthin geträumt worden.

Die Traumsteuerung hat eine lange Tradition und ist in vielen Kulturen verankert. Sie beruht auf der Fähigkeit, die Ereignisse eines Traums zu kontrollieren, aus einem hohen Maß an mentaler Kontrolle im Wachzustand. Der Träumer überlässt sich nicht willenlos den Mitteilungen seines Unbewussten, er steht ihnen nicht passiv und hilflos gegenüber, gespannt oder befürchtend, was dieses Kino als Nächstes zu bieten hat. Sein Bewusstsein und sein Unbewusstes sind im luziden Traum vielmehr zu einer wirksamen Verständigung und Zusammenarbeit verbunden. Die Frucht dieser Zusammenarbeit kann für den Träumer sehr hilfreich dabei sein, sich mit seinem eigenen Inneren auseinander zu setzen. Wenn er sich des Verlaufs eines Traumes bewusst ist und diesen sogar bestimmt, kann er sich seinen Ängsten stellen, seinen Traummonstern begegnen – auf der Basis des Wissens, dass sie ja nur geträumt sind. Mein eigener Traum war in dieser Hinsicht zwar harmlos, aber dennoch sehr aufschlussreich. Er hat mir gezeigt, dass ich den Bereich der Lebensfreude weniger stark aus meinem Leben aussperren sollte – die Kirchen waren ohnehin geschlossen, also gab es keinen vernünftigen Grund, in der Mittagshitze durch eine zu besichtigende italienische Stadt zu marschieren. Der Park mit seinem Wasser und Schatten steht hier für Innehalten und Genießen, für das Abstreifen von Verpflichtungen und das Einlassen auf Empfindungen.

Wir haben solche systematische Traumsteuerung zur Verarbeitung von Ängsten bereits von den Senoi kennen gelernt. Weiter unten werden wir uns mit den kreativen und therapeutischen Möglichkeiten der Traumsteuerung, die uns selbst offen stehen, noch genauer befassen.

Der Yogi und der Traumzustand

Indischen Yogi gelingt es, während des Traums die Kontrolle über ihre Gedanken zu bewahren. Wie das möglich ist, ist Thema der Lehre des Traumzustandes und der Lehre des Zustandes nach dem Tode.

Die Lehre vom Traumzustand umfasst vier Stufen, die der Yogi beherrschen muss: die Natur des Traumzustandes verstehen; den Trauminhalt verwandeln; erkennen, dass der Traumzustand eine Illusion ist; und über den Traumzustand meditieren.

Um den Traumzustand verstehen zu lernen, muss der Yogi eine Bewusstseinskontinuität im Schlafen und Wachen erreichen und aufrechterhalten. Er wird vom Guru angewiesen, sich ständig zu vergegenwärtigen, dass alle Dinge der Natur nach traumhaft und damit illusorisch sind. Durch Atemtechniken wird eine Steigerung der Vorstellungskraft erreicht. Zugleich übt der Yogi sich darin, sich vor dem Einschlafen auf einen Gedanken zu konzentrieren, und strebt so dessen Wiederkehr im Traum an. Der Yogi ist durch diese Übungen nun so weit, den Traum als Illusion zu begreifen.

Der Träumer muss darauf achten, dass sein Traum ihm nicht »zerfließt«, dass er nicht während des Traumes sein Bewusstsein verliert – oder wiedererlangt; er wird gewarnt, dass er in dem Moment aufwachen könne, in dem er nahe daran ist, die Natur des Traumzustandes zu begreifen. Der Guru verschreibt als bestes Mittel dagegen kräftige Nahrung und körperliche Arbeit bis zur Ermüdung. Wie die Senoi werden auch Yogi angehalten, sich mit auftretenden Traumgestalten anzufreunden. Anders als die Senoi bringen die Yogi allerdings im Wachzustand Opfer dar, wobei das Ziel dieses Handelns, nämlich Traumfreunde zu gewinnen, ähnlich ist wie bei den Senoi. Der Yogi konzentriert sich täglich darauf, zu erkennen, dass seine Traumbilder den eigenen Gedanken entspringen, und bemüht sich, während der Träume bewusst zu bleiben.

Dann erst solle er damit beginnen, die Form der Traumbilder zu verändern: In einem Traum vom Feuer beispielsweise solle er denken: »Was soll die Furcht vor einem Feuer, das mir in einem Traum begegnet!« Diesen Gedanken festhaltend, solle er auf dem Feuer herumtrampeln. In der gleichen Weise möge er alles Bedrohliche mit den Füßen zertrampeln, was auch immer er träumen möge.

So lernen die Yogis, ihre Traumbilder zu verändern, seien diese nun Furcht erregend oder nicht, um zu beweisen, dass sie fähig sind, eine Umwandlung herbeizuführen. Handelt ein Traum von Wasser, so erhält der Schüler die Aufgabe, es in Feuer verwandeln, also in das ganze Gegenteil. Sind im Traum kleine Gegenstände vorhanden, so sind sie in große zu verwandeln und vice versa, um »das Wesen der Dinge« zu verstehen.

Nachdem es gelungen ist, die Trauminhalte willkürlich zu verändern, besteht die nächste Aufgabe, die der Guru seinem Schüler aufgibt, darin, verschiedene Buddha-Reiche willentlich im Traum zu bereisen und seinen eigenen Körper und alles andere im Traum Gesehene wieder als das zu erkennen, was es ist: Illusionen von Gottheiten. Ferner wird der Schüler angewiesen, vor keinem einzigen Traumbild Angst oder Grauen zu empfinden. Man kann hier wieder eine Analogie zum Traumkonzept der Senoi erkennen: Man muss sich seinen Traumfeinden stellen. Der Rat ist derselbe, jedoch die Begründung ist eine andere: Der Yogi darf sich vor den Traumbildern nicht fürchten, weil sie nur Illusionen seiner eigenen *Gedanken* sind und einfach aufgegeben werden können. Der Senoi darf keine Angst haben, weil die Traumbilder Illusionen sind. Sie können bekämpft und gezwungen werden, ihm zu dienen.

Sind diese drei Stufen abgeschlossen – das heißt, der Yogi ist auf diese Weise zum Verständnis der Beschaffenheit des Traumzustandes gelangt, er hat auch die Fähigkeit gelernt, Trauminhalte zu verändern, und ist sich vollkommen gegenwärtig, dass Träume Illusionen sind –, meditiert der Yogi zusätzlich über die verschiedenen Formen der Gottheiten, die er in seinen Träumen sieht. Er hält sein Bewusstsein frei von Gedanken und im Zustand der Ruhe, um diese göttlichen Gestalten in Einklang mit dem »gedankenfreien Zustand des Bewusstseins« zu bringen. Der Schüler ruft seine Traumbilder hervor, um über sie zu meditieren. Wenn er diesen Vorgang beherrscht, erkennt er, dass das Wesen sowohl des wachen wie auch des träumenden Zustandes eine Täuschung ist. Alle subjektiven Erfahrungen werden als Emanationen des »reinen Lichts« erkannt, das heißt als Schöpfung des Buddha. Und in diesem Moment verschmelzen die illusionären Erscheinungen (Täuschungen) mit dem reinen Bewusstsein. Wenn der Schüler einmal erkannt hat, dass das Wesen des Wachzustandes und das Wesen des Traumzustandes Illusionen sind, dann »ist der Schüler bereit, weiter auf dem Pfad voranzuschreiten, an dessen Ende der völlig traumlose Zustand erreicht wird, der frei ist von der Illusionshaftigkeit aller Lebensbedingungen, denen des Wachzustandes und denen des Schlafzustandes«. Damit endet die Lehre vom Traumzustand.

Zwischen Tod und Wiedergeburt

Auch der Zustand zwischen Tod und Wiedergeburt ist indischer Lehre zufolge eine Art Traumzustand, in der das Bewusstsein des Toten eine aktive, wesentliche Rolle spielt.

Als Bardo wird der Nachtodzustand, der Zustand zwischen dem Tod und der Wiedergeburt in einem nächsten Leben bezeichnet. Er wird als eine Art Traumzustand aufgefasst, obgleich der Träumer tot ist. Der »Bardo Thödol« (das »Tibetanische Totenbuch«) ist als Führer durch diese Zwischenzeit gedacht und enthält Anweisungen, die der Verstorbene während seiner nachtodlichen Erfahrung befolgen soll. Das tibetanische Totenbuch besteht aus drei Teilen:

Der erste Teil schildert die seelischen Ereignisse (die subjektiven Erfahrungen) im Moment des Todes und wie der Yogi richtig sterben soll. Der zweite Teil behandelt die traumartigen Erscheinungen, die während des Bardo auftreten. Im dritten Teil werden Anweisungen gegeben, welche die natürliche Neigung zur Wiedergeburt und die Wahl eines neuen Mutterleibes betreffen. Am Sterbebett eines jeden Tibeters, sei er nun Yogi oder nicht, wird der »Bardo Thödol« vorgelesen. Allein schon das Anhören hilft den Nicht-Yogis im Nachtodzustand und gibt ihnen die Möglichkeit, die Buddhaschaft ohne Vorbereitung und Meditation zu erlangen, weshalb der »Bardo Thödol« auch »die Lehre von der Befreiung durch Hören im (oder vom) Nachtodzustand« genannt wird.

Der zweite Teil des Totenbuches lehrt wie auch die Lehre vom Traumzustand die Aufgabe der Furcht, die Notwendigkeit, sich selbst den grauenhaftesten Bildern zu stellen und trotz allem weiterzugehen. Der Verstorbene wird ständig den Bildern der entsetzlichen »Friedlichen Gottheiten« und der

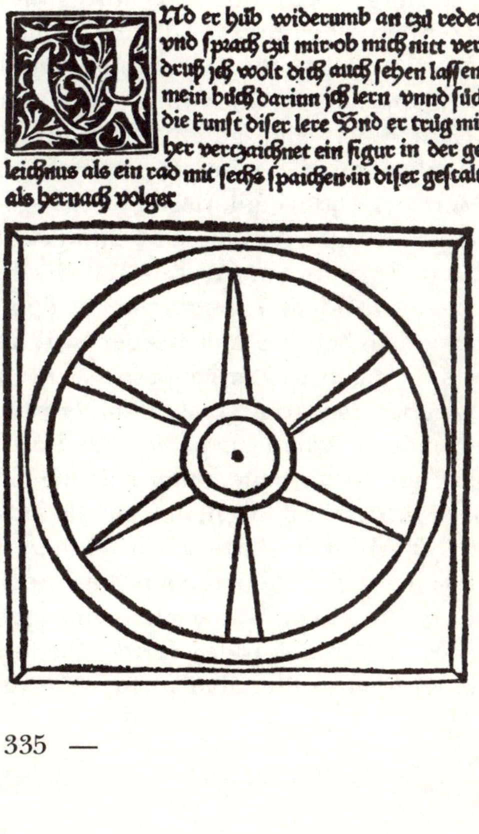

Das Radbild des Nikolaus von Flüe, das dem Einsiedler des 15. Jahrhunderts als Mandala diente. Er selbst beschrieb es einem deutschen Pilger. »Die Mitte bedeutet die dreieinige Gottheit . . . die drei Spitzen, die in der Mitte bei inneren Ring hineingehen, bedeuten die drei Personen. Sie gehen aus von der einigen Gottheit und haben dem Himmel umfangen, und alle Welt ist in ihrer Macht . . .«

grauenhaften »Zornigen Gottheiten« ausgesetzt. Einmal sieht sich der Verstorbene beispielsweise allen 58 »Bluttrinkenden Gottheiten« gegenüber. Und das ist bestimmt so grauenhaft wie irgendeine Alptraumerfahrung im Traumzustand eines Lebenden. Wenn man mit diesen Gottheiten fertig werden kann, dann ist es fast ein Kinderspiel, Alpträume zu bewältigen. Die Yogis bezeichnen Traumbilder als Gedankenformen. Die Fähigkeit, Traumbilder (ob als Lebender oder Verstorbener) als seine »eigenen Gedankenformen« zu erkennen, ist das Geheimnis der Yogi-Traumkontrolle.

Der dritte Bardo-Zustand wird als der »Übergang zur Wiedergeburt« bezeichnet. Auch hier wird der Verstorbene weiteren Illusionen ausgesetzt: Er erlebt schemenhafte Trugbilder, in denen er von verschiedenen schrecklichen Raubtieren verfolgt wird; ferner Schnee, Regen, Dunkelheit, heftige Windstöße und Halluzinationen, in denen ihn auch Menschen verfogen; auch Klänge wie von Bergen, die zusammenbrechen, oder von zornig überschäumenden Meeren und Geheul von Feuer und von auffahrenden Winden.

Der Verstorbene ist aufgefordert zu erkennen, dass alle seine Leiden eine Folge seines Verhaltens und seiner seelischen Einstellung sind. (Denken Sie auch gerade an das Fegefeuer der katholischen Seelen?) Wie auch seine Erfahrungen sein mögen, er wird anfangen, sich nach einem neuen Körper zu sehnen, doch muss er diesem Wunsch noch widerstehen.

Hat sich bis zu diesem Zeitpunkt immer noch keine Erkenntnis im Zusammenhang mit der Illusion ergeben, wird der Verstorbene als Nächstes ein Gericht über seine guten und bösen Taten über sich ergehen lassen und anschließend die schrecklichsten Leiden erdulden müssen, die ihm der »Herr des Todes« auferlegen wird. Seine Rettung wäre auch hier wie immer die Erkenntnis, dass die Täuschungen ihren Ursprung in ihm selbst haben. Hat der Verstorbene diesen Teil des Bardo überstanden, wird er »die verschiedenen Lichter sehen, die aus den sechs unterschiedlichen Welten herstammen«. Sein eigener Körper wird nun die Farbe derjenigen Welt annehmen, in die er wieder geboren werden soll. Jetzt kann er durch eine Meditation über das »reine Licht« immer noch versuchen, seine Wiedergeburt zu verhindern. Wenn auch dies scheitert und keine Erkenntnis bringt, dann wird der Verstorbene einen mächtigen Drang zur Wiedergeburt verspüren. Der Mutterschoß erscheint ihm als Zufluchtsort, in dem er vor Schnee, Regen, Dunkelheit, stürmischen Winden und Halluzinationen sicher sein wird. Er kann seine Wiedergeburt nun noch immer verhindern, indem er sich weigert, in einen Mutterschoß einzugehen, oder indem er die »Lehre über das Schließen der Todespforte« (die ihm sein Guru mitgegeben hat) anwendet. Gelingt es ihm aber nicht, seine Wiedergeburt zu verhindern, sollte er wenigstens versuchen, in einem Land wieder geboren zu werden, in dem die Religion geachtet wird. Dann wird er in einen Mutterschoß eintreten, und mit der Geburt wird seine Reise auf dem Weg zum Nirwana fortgesetzt.

Unser Bewusstsein macht Pause oder: Der wertvolle Tagtraum

Es gibt eine Sorte von Träumen, die wir uns noch viel weniger zugestehen möchten als unsere nächtlichen Erlebnisse im Schlaf: die Tagträume. Und dies ist kein Wunder. Sind sie doch seit Kindertagen verpönt. Unsere Bildungseinrichtungen verabsäumen nämlich nicht nur, unseren Kindern die Bedeutung des Träumens nahe zu bringen. Nein, im Gegenteil, sie wirken in einer alten Tradition des Traumverdrängens, indem sie jeden Tagträumer rigoros bestrafen.

Weiter unten werden wir uns noch ansehen, welche enormen kulturellen, wissenschaftlichen und künstlerischen Leistungen erträumt wurden. Bedenken wir diese Produktivität, müssen wir ins Zweifeln geraten, ob der Bildungsauftrag, den unsere Schulen und Universitäten mit ihrer Aversion gegen das Träumen vertreten und sehr ernst nehmen, heute noch angemessen ist. Die immer chaotischeren Systeme, in denen wir leben, erfordern zur Bewältigung Kreativität. Und diese kann nur unter Einbeziehung unserer rechten Gehirnhälfte, unseres Unbewussten, unserer Träume entwickelt werden.

Viele Studien zeigen, dass gewöhnliche Männer und Frauen, die weder gestört noch neurotisch sind, einen großen Teil jedes Tages einer Art Phantasie, Träumerei oder Tagtraum verbringen. In einer ungewöhnlichen Untersuchung hielt der britische Psychologe E. J. Dearnley fest, was er innerhalb von 24 Stunden gerade dachte oder tat, wenn in regelmäßigen Abständen ein Summer ertönte. Er stellte fest, dass Phantasien oder Tagträume erstaunliche elf Prozent seiner wachen Zeit ausmachten.

Auch Menschen, deren Arbeit hohe Konzentration erfordert, können in Tagträume abgleiten. Eine Untersuchung in Chicago wies nach, dass selbst Chirurgen während einer Operation in finanzielle oder sexuelle Träumereien gleiten können. Diese raschen Phantasien haben selten eine Erzählstruktur. Es sind Momente, in denen wir nicht mehr auf das achten, was wir sehen oder hören, und in eine innere Vorstellungswelt wechseln, in der zum Beispiel unsere Wünsche erfüllt werden.

Jeder Mensch, der schon einmal durch sehr stressgeladene Zeiten gegangen ist, kann vermutlich Jungs These, dass wir permanent träumen, recht gut nachvollziehen. Zumindest mir geht es immer wieder so, dass ich im allergrößten Stress ab und zu innehalte und das Gefühl bekomme, kurz aus einem etwas vernebelten Zustand aufzutauchen. Gleichzeitig arbeite ich unter Hochdruck. Allerdings nicht in den kurzen Pausen des Auftauchens, sondern vielmehr in den langen Nebelphasen. Ein befreundeter Spitzenmanager der deutschen Pharmaindustrie gestand mir, dass es ihm ähnlich gehe, dass er dies öffentlich allerdings nie zugeben könnte. In unserem Weltbild schließen Traum und Leistung einander leider aus.

Woher kommt diese bemerkenswert große Ablehnung des Träumens? Woher kommt die felsenfeste Überzeugung, im (Tag-)Traum nichts zustande zu bringen? Wenn wir alle die meiste Zeit unseres Lebens im Traum verbringen, können wir doch kaum uns selbst und unseren Mitmenschen permanente Arbeit im Wachen abverlangen?

Ich vermute, dass wir an dieser Stelle auf eine der größten Mangelerscheinungen unserer Gesellschaft stoßen: auf unsere fehlende Traumkultur. So, wie wir nie gelernt haben, uns der nächtlichen Träume zu erinnern, so können wir auch tagsüber nicht zwischen Tagtraum und Wachbewusstsein unterscheiden. Wir merken es schlicht nicht, wenn wir ins Reich der Träume abgleiten. Und was man nicht einmal merkt, kann man schlecht steuern.

Da sind wir an einem weiteren Schwachpunkt unserer Kultur angelangt: dem übertriebenen Bedürfnis nach Kontrolle. Wir haben verlernt, uns der Welt der Träume ganz einfach zu überlassen, und wissen daher nicht, was dann passieren könnte. Das macht uns unsicher, und aus der Unsicherheit entsteht Angst. Nun haben wir es ebenfalls verabsäumt zu lernen, wie man Träume steuert und zu seinem Besten wendet. Wir haben der Angst vor dem Traum also keine aktive Handlungsalternative entgegenzusetzen. Was bleibt uns da anderes übrig, als den Traum und seinen Bruder, den Tagtraum, möglichst komplett zu verneinen?

Dabei ist es ganz einfach, sich auf die Spuren des Tagtraumes zu heften. Und dies macht ihn zu einem so hervorragenden Übungsfeld. Man braucht nur ein wenig Beobachtungsgabe. Nehmen Sie doch einmal für zwei oder drei Tage ihren Tagesablauf genau unter die Lupe. Legen Sie ein Heft bereit. Tragen Sie dort jede Situation ein, bei der Sie das Gefühl bekommen, gerade aus einer Art Nebel aufgetaucht zu sein. Einige wenige Stichworte zur Charakterisierung der Situation reichen völlig. Am Anfang mag Ihnen diese Übung schwer vorkommen. Wahrscheinlich finden sich am ersten Tag nur ganz wenige Eintragungen in Ihrem Heft.

Setzen Sie Ihre Selbstbeobachtung jedoch einige Tage lang fort, dann werden Sie erstaunt sein, wie viele Augenblicke Ihnen auffallen werden.

Machen Sie sich keine Sorgen. Es ist völlig in Ordnung, wenn Sie sich mehrmals pro Stunde beim Auftauchen ertappen. Das geht jedem so. Problematisch wird dieses Ab- und Auftauchen nur, wenn Sie es nicht bemerken und kein Gefühl dafür entwickeln, in welchem Zustand Sie aktuell sind und wie der angemessene Umgang damit ist. So betrachtet, machen Sie viele Eintragungen in Ihrem Heft nicht zum »Traumtänzer«, sondern zum »Traumvirtuosen«.

Haben Sie erst einmal ein Gefühl dafür entwickelt, in welchem Arbeitsrhythmus ihr Gehirn gerade steckt, können Sie darangehen, dieses Wissen produktiv umzusetzen. Nicht jede Phase eignet sich für jede Tätigkeit. Schauen Sie sich Ihre Tagtraumnotizen einmal genauer an. Wahrscheinlich werden Sie feststellen, dass zu einigen Tageszeiten deutlich mehr Tagträume auftreten als zu anderen. Prüfen Sie die Aufzeichnungen aber auch unter dem Aspekt, ob Sie als Reaktion auf bestimmte Tätigkeiten oder Menschen in den Traum ausweichen.

Langeweile oder ein Gesprächspartner, der Sie mit Worthülsen bombardiert, lösen sehr schnell Trancezustände aus. Das Gleiche gilt für Stress. So gut wie jeder kennt Situationen, in denen er unter großem Druck versucht, ein berufliches Problem zu lösen. Im Hintergrund spielt das Radio, zwei Kollegen unterhalten sich und Ihr Telefon klingelt. Kommt in diesem Augenblick der Chef, um komplizierte Anweisungen zu geben, kann es durchaus passieren, dass Sie für einige Sekunden in Trance verfallen. Ihrem Gehirn war die Reizüberflutung zu viel, es hat sich kurzerhand in einen Tagtraum verabschiedet. Erst das unwillige Räuspern des Chefs und die hämischen Blicke der Kollegen holen einen in die Wirklichkeit zurück. – Mir selbst ist es einmal so gegangen, als ich kurzzeitig in einem Arbeitsbereich einspringen musste, der mir völlig fremd war. Das Unternehmen war mir unbekannt, die Maske auf dem Bildschirm des Computers mitten auf dem Schreibtisch hatte ich noch nie zuvor gesehen, und der Leiter der Abteilung erklärte mir sein aktuelles Problem komplett »von innen heraus«. Ich verstand nur Bahnhof und bemerkte verzweifelt, wie mein Gehirn abschaltete. Um nicht völlig abzudriften, konzentrierte ich mich auf seine Augen. Nach einer Weile drangen wieder Worte durch mein Ohr zu meinem Gehirn durch: ». . . und daher würde ich mich freuen, wenn Sie jetzt . . .« Ich weiß bis heute nicht, was er mir vorher mitgeteilt hat. Die »Lücke« fiel aber auch niemals auf.

Schlüssel zum Tagtraum

In verschiedenen Formen des Kommunikations- und Persönlichkeitstrainings begegnen einem Übungen, die mit Hilfe von Reizüberflutungen Trancezustände auslösen. Die theoretische Grundlage wurde unter anderem im Neurolinguistischen Programmieren (abgekürzt NLP: basiert auf einer Kombination der erfolgreichsten Kommunikations- und Verhaltenstrainings) sehr anschaulich formuliert. Mehr als fünf bis neun Informationen kann unser Gehirn nicht parallel bearbeiten. Wobei selbst intellektuell anspruchslose Dinge durchaus genügen: auf einem Bein stehen, dabei die Zehen des angezogenen Beines bewegen, die Finger der linken Hand vor den Augen spreizen, mit der rechten Hand neben dem Körper Kreise zeichnen, gleichzeitig langsam von 100 rückwärts zählen und die Augen Richtung drittes Auge nach oben drehen und nun zugleich einem Übungspartner zuhören, der eine Geschichte vorliest.

Eine solche Übung ist ein beeindruckendes Erlebnis. Später genügt oft die Erinnerung daran, um sofort wieder in eine Trance zu verfallen. So wie übrigens jede intensive Erinnerung an Augenblicke großer Gefühle den Start für Tagtraumreisen bilden können. Wenn Sie dies wissentlich nutzen wollen, müssen Sie sich entspannen und ihre gesamte Konzentration auf jene Informationen lenken, die in Ihnen von jenem Ereignis gespeichert sind. Was haben Sie gesehen, was gehört, gefühlt, geschmeckt, gerochen?

Als Auslöser für Tagträume dient auch unser Wunsch, Frust zu vermeiden. Wer kennt ihn nicht, jenen Lebenskünstler, der munter in den Tag hineinlebt, sich keinen Deut um Gesundheit und Vorsorge kümmert, regelmäßig mehr Geld ausgibt, als er verdient, und eines Tages völlig erstaunt vor den Konsequenzen seines Lebenswandels steht. »Ein Träumer«, würde der Volksmund sagen, und er hat Recht. Solch ein Mensch lebt in seiner wunderbar zurechtgelegten Innenwelt und vermeidet jeden Kontakt mit der Realität, die ihm aus irgendwelchen Gründen unangenehm ist. Holt sie ihn ein, muss er unsanft erwachen.

Ähnlich gelagert ist es mit Verlockungen, die einem Menschen versprechen, ihn aus sehr unangenehm erlebten Lebensumständen herauszuholen. Auch sie haben die Kraft, ihn den Kontakt zur Wirklichkeit verlieren zu lassen. Nur so lässt es sich beispielsweise erklären, dass so viele hochintelligente und bislang rational lebende Menschen falschen Propheten und Gurus hinterherlaufen. Sie befinden sich in einer Art immer währendem Tagtraum, aus dem sie nicht mehr herausfinden. Schließlich können uns auch irritierende Äußerungen, die unser Weltbild gefährden könnten, uns geradlinig in einen Tagtraum befördern.

Bemerken Sie bei einem Gesprächspartner, dass er offensichtlich nicht mehr bei der Sache ist, lohnt es sich, nach den Ursachen zu forschen. Haben Sie lange, komplizierte Sätze von sich gegeben oder inhaltsleere Worthülsen verwendet? Haben Sie etwas gesagt, das die Lebenseinstellung Ihres Gegenübers gefährden könnte? Oder haben Sie vielleicht an seine tief verborgenen Ängste oder Sehnsüchte gerührt? Halten Sie kurz inne und versuchen Sie herauszufinden, womit Sie Ihren Gesprächspartner in eine andere Bewusstseinsebene abgleiten ließen.

Versuchen Sie, den Tagtraum nicht als Unhöflichkeit, sondern als entscheidenden Hinweis zu verstehen. Wenn Ihnen das gelingt, haben Sie einen entscheidenden Schlüssel in der Hand, das gesamte Verhältnis zwischen Ihnen und Ihrem Gesprächspartner auf eine bessere Basis zu stellen. Das sage ich auch all jenen Eltern immer wieder, die sich darüber beklagen, dass Ihre Kinder Ihnen keine zwei Minuten aufmerksam zuhören würden.

Was für die Tagträume Ihrer Gesprächspartner gilt, gilt natürlich genauso für Sie. Nehmen Sie sich Ihre Aufzeichnungen vor und versuchen Sie, den Tagträumen die dazugehörenden Auslöser zuzuordnen. Sie werden dadurch wesentlich resistenter für versteckte Manipulationen und können künftig selbstbestimmt mit Traum und Wachsein umgehen.

Vom Umgang mit den Schlössern

Grundsätzlich ist ein Traum zwar nichts Negatives, doch gibt es einfach Situationen, in denen es nicht angemessen ist, zu träumen. Ich neige zum Beispiel beim Autofahren zum Tagträumen. Die Monotonie des Motorengeräusches und die immer gleichen Bewegungsabläufe beim Schalten versetzen mich nicht nur auf der Autobahn, sondern auch im dichtesten Stadtverkehr ins Land der Träume. Oft zucke ich, knapp bevor es brenzlig wird, zusammen und bin wieder voll da. Ein lieber Freund scherzte einmal, mein Schutzengel müsse einen Führerschein haben.

Tagträumen und Autofahren sind jedoch zwei Tätigkeiten, die absolut unvereinbar miteinander sind. Unser Straßenverkehr ist selbst für Fußgänger viel zu rasch und chaotisch geworden, um ihn als »Traumtänzer« überleben zu können. Da Sie nun wissen, dass in diesem Fall die Monotonie der auslösende Faktor des Traumes ist, sollten sie ihm auch grundsätzlich auf dieser Ebene begegnen.

Beim Autofahren ist dies allerdings leichter gesagt als getan. Denn alle Tätigkeiten, die Abwechslung in Ihre Tätigkeit bringen, bergen gleichzeitig die Gefahr der Überforderung. Denn so monoton es im Auto auch sein mag, so vielfältig sind doch in Wahrheit die Anforderungen an unsere Aufmerksamkeit. Sie müssen die übrigen Verkehrsteilnehmer im Auge behalten, Ampeln und Verkehrszeichen sehen und interpretieren und zugleich auch Ihr Fahrverhalten und die Technik Ihres eigenen Wagens ständig überprüfen. Also alles andere als monoton? Leider nicht. Denn wir sind es gewöhnt. Unsere Routine unterdrückt unsere Aufmerksamkeit.

Ich habe eine ganz eigene Art entwickelt, mit diesem Problem umzugehen. In Zeiten, in denen es besonders schwierig ist, die Tagträume aus dem Auto fern zu halten, fahre ich nicht die gewohnten Wege. Bevor ich auch nur ins Auto einsteige, suche ich mir bereits einen alternativen Weg aus dem Stadtplan heraus. Hilft auch das nichts, schlage ich meine Tagträume mit ihren eigenen Waffen.

Wenn ich bemerke, wie ich ins Träumen abgleite, fahre ich sofort rechts heran. Mit einer einfachen Entspannungsformel verstärke ich auf meinem Parkplatz meine Neigung zu Träumen. Mit etwas Übung schafft man das auch unter den ungewöhnlichsten Umständen und an den merkwürdigsten Orten in ganz wenigen Minuten. Mein Gehirn ist mittlerweile schon regelrecht darauf »abgerichtet«. Ein »Parkplatz« in zweiter Spur und ein Ruck, um den Sitz ein wenig nach hinten zu schieben, reichen mir völlig aus. Dann schließe ich kurz die Augen und sage mir langsam: »Ich bin ganz ruhig. Vollkommen ruhig und entspannt.« Diese Formel lasse ich einige Sekunden wirken und füge dann hinzu: »Wenn ich jetzt die Augen aufschlage, bin ich wach und konzentriert. Es geht mir gut.« Je länger ich diese Methode praktiziere, desto begeisterter bin ich. Probieren Sie es einmal. Sie werden erstaunt sein, wie frisch Sie aus Ihrem selbstbestimmten kleinen Tagtraum zurückkehren.

Es gibt natürlich noch unzählige weitere Gelegenheiten, bei denen uns unsere Tagträume nicht sonderlich hilfreich sind. Der Chef etwa hat vermutlich genauso wenig Verständnis für Ihren starren Blick aus dem Fenster wie ein Gesprächspartner, der eine Antwort von Ihnen erwartet. In solchen Augenblicken ist es oft enorm hilfreich, kurz im Geist die möglichen Anstöße durchzugehen, die das Gehirn in den Tagtraum driften ließen. Sind Sie auf den »Schuldigen« gestoßen, dann wissen Sie bereits, auf welcher Ebene Sie reagieren müssen. Im Falle einer Reizüberflutung hilft nur eines: Stellen Sie mindestens fünf Störquellen ab. Wenn Sie dies ruhig und bestimmt machen, wird Ihnen niemand böse sein. Oft haben Sie sich Ihre Reizüberflutung auch selbst zuzuschreiben. Wer beim Autofahren mit seinem Beifahrer redet, Radio hört und gleichzeitig überlegt, was er kochen will und daher einkaufen muss, kann zunächst bei sich beginnen.

Langeweile als Traumauslöser ist allerdings ein Kapitel für sich. Ihr auf gleicher Ebene zu begegnen hieße, sich interessantere Reize zu verschaffen. Das kann nicht nur beim Autofahren auf enge Grenzen stoßen. Welcher Lehrer etwa reagiert auf schwatzende Schüler mit der Erkenntnis, dass er gerade einen Schutzvorgang gegen eine fremdbestimmte Trance beobachtet? Auch als Erwachsene sind wir häufig Situationen ausgesetzt, in denen wir gute Miene zum bösen Spiel machen müssen. Dabei lähmt meist noch nicht einmal das Thema die Aktivität unseres Gehirns. Vielmehr schlagen Worthülsen und verworrene Vortragsweise unseren Geist in die Flucht.

Manchmal hilft nur ein Gegenmittel: sich dem Tagtraum zu überlassen. Allerdings sollte man dabei eine wesentliche Regel beachten. Der Tagtraum sollte das gleiche Thema haben wie der Vortrag, dem zu folgen Sie nicht mehr imstande sind. Probieren Sie es doch einmal aus. Sagen Sie sich in jener Phase, in der Ihre Aufmerksamkeit schwindet: »Ich bleibe beim Thema.« Wiederholen Sie diese Formel einige Male, und lassen Sie sich in Ihrer Vorstellung als Wächter im Hintergrund bestehen. Dabei kann Ihnen beispielsweise die Vorstellung enorme Dienste leisten, wie Sie den Satz auf eine Tafel schreiben und an den Rand des Geschehens schieben.

Nun überlassen Sie sich Ihren Träumen. Sollten Sie sich dabei erwischen, wie Sie vom Thema abschweifen, dürfen Sie ruhig ein bisschen streng mit sich umgehen. Schauen Sie auf die Tafel vor Ihrem geistigen Auge. Suchen Sie nach interessanten Aspekten des Themas. Schließlich hatten Sie ursprünglich einen guten Grund, sich dieser Situation auszusetzen. Gelingt es Ihnen allerdings nicht, in Ihrem Tagtraum zum Thema zurückzukehren, sollten Sie aus der Trance aussteigen. Bewegen Sie sich, strecken Sie sich so gut, wie es sich unauffällig machen lässt. Ballen Sie dreimal kurz hintereinander Hände und Füße, so fest Sie können. Zwingen Sie sich nun, dem Vortragenden zu folgen. Sie können Ihr Traumbewusstsein nämlich durchaus erziehen. Dazu muss es allerdings merken, dass es unangenehme Folgen hat, nicht bei der Sache zu bleiben.

Mir hat diese Methode bislang nicht nur hilfreiche Dienste gegen die Langeweile erwiesen. Nein, darüber hinaus habe ich eine ganz erstaunliche Erfahrung gemacht. Blieb ich konsequent beim Thema, verpasste ich keine für mich wichtige Aussage des Redners. Offensichtlich war mein Traumbewusstsein sehr gut in der Lage, das Relevante herauszufiltern und so zu speichern, dass ich es auch im Wachbewusstsein abrufen konnte. Mehr noch, kamen mir doch die erstaunlichsten Ideen und kreativsten Lösungsansätze. Ich bin überzeugt, dass mir so manch durchträumter Vortrag wesentlich mehr gebracht hat als hoch konzentriert verfolgte Langeweile.

Spaziergänge im Unbewussten oder: Visualisierungen vom Band

Vertrautheit, die Vertrauen schafft – das ist vermutlich das Erfolgsrezept der Visualisierungen, die immer mehr Menschen recht gekonnt in das Land der gelenkten Träume entführen. Eigentlich verbirgt sich hinter einer Visualisierung nichts weiter als die gezielte Umsetzung eines Wortes, eines Gedankens oder eines Gefühles in ein Bild, das man vor seinem inneren Auge auftauchen lässt. Eine Visualisierung wäre also ein gezielt eingeleiteter, gesteuerter Tagtraum zu einem bestimmten Thema.

Mittlerweile beschreibt »Visualisierung« jedoch eine regelrechte Technik, mit der sich das Bewusstsein auf eine Phantasiereise entführen lässt. Die Aufgaben, die es dort zu bestehen hat, sind meist nur mit Hilfe des Unterbewussten möglich, so dass »der Reisende« manches Mal mit außerordentlich verblüffenden Informationen und Lösungsansätzen zurückkehrt.

Die Themen und Inhalte der gängigen Visualisierungen orientieren sich eng an den Themen der nordamerikanischen und europäischen Menschen auf ihrer Suche nach persönlicher Entwicklung und spirituellem Wachstum. Trost, Rat und zusätzliche Kraft für unser aufreibendes Leben gehören zu den häufigsten Motiven, die einem in Visualisierungen begegnen. Ihre Beliebtheit dürften sie nicht zuletzt der Tatsache verdanken, dass sie auch für Anfänger recht unterhaltend sind.

Visualisierungen folgen bestimmten »Strickmustern«. Sollten Sie bereits einige kennen gelernt haben, dann schauen Sie sie doch dahingehend einmal genau an. Nach einer Eingangsphase der Entspannung, in der man sich auf seinen Atem oder ein anderes, rhythmisches, fließendes oder schwebendes Geschehen konzentriert, steigt man in ein genau vorgegebenes Bildergeschehen ein und versucht, es vor seinem inneren Auge nachzuvollziehen. Die Abfolge ist meist vorgegeben: Ein reinigendes Bad gehört in der Regel genauso dazu wie der Wechsel der Kleidung. Oft verwendete Motive sind ein Berggipfel oder eine Höhle, wo man die Gelegenheit zu einem kräftigenden und motivierenden Bad im Licht erhält. Dort kann man so lange bleiben, wie einem danach zumute ist.

Danach erhält man etwa die Gelegenheit, seine innere Meisterinstanz zu treffen, einen Ort aufzusuchen, wo einem Fragen beantwortet werden oder die eigene Lebenssituation in der Gestalt eines Baumes zu betrachten. Reinigende Visualisierungen, in denen man Augenzeuge eines Vulkanausbruches wird, sind ebenso denkbar wie eine Schau aus einer höheren Perspektive auf vorhandene Beziehungen.

Die verwendete Sprache bleibt vage und richtet sich gezielt an das bildhafte Verständnis der rechten Hirnhemisphäre. In Gesprächen würde man diese Worthülsen kaum zur Kenntnis nehmen. In Visualisierungen ist dies anders. Der Freiraum, den sie schaffen, können vom individuellen Vorstellungsvermögen und den persönlichen Assoziationen bestens genutzt werden.

Erstaunlicherweise gibt es immer wieder Teilnehmer, die eine Visualisierung zu ersten Mal machen und trotzdem dem Sprecher und seinen Anweisungen ständig einige Schritte vorauseilen. Für mich beweisen diese Menschen immer wieder aufs Neue sehr eindrucksvoll, wie sehr sich die Abfolge dieser Bilderreisen an allgemein gültige Gesetzmäßigkeiten und weit verbreitete Bedürfnisse anlehnen. Andere hingegen klagen darüber, dass ihre inneren Bilder verschwommen bleiben oder allzu schnell hin- und herhüpfen, um den angebotenen Alternativszenarien zu entsprechen. In solchen Fällen hat der Teilnehmer offensichtlich Probleme, sich in Ruhe und ohne Leistungsdruck den auftauchenden Bildern und Gefühlen zu überlassen.

So unterschiedlich die einzelnen Bilderreisen sein mögen, etwas haben sie alle gemeinsam: Das Unterbewusste offeriert einem die Tatsachen des Lebens sehr unverhüllt, auch wenn man sich im Einzelnen oft durch Interpretationen erst herantasten muss. Aber warum sollte es einem mit derartigen Träumen anders gehen als mit den gewohnten nächtlichen? In jedem Fall kann es passieren, dass man recht unvermitttelt mit heftigen Emotionen konfrontiert wird. Da man diese jedoch mit geschlossenen Augen erleben darf, ist es manchmal leichter, sie zuzulassen, als im Wachbewusstsein.

Die gängigsten Visualisierungsmotive sind von verschiedensten spirituellen Lehrern auf Kassetten erhältlich und werden auch ständig in unterschiedlichsten Funktionen auf Seminaren präsentiert. Es entsteht dabei allerdings leicht eine Form von Abhängigkeit. (Denken Sie auch gerade an das, was wir weiter oben über die Macht des Wortes gehört haben?) Teilnehmer solcher Seminarveranstaltungen berichten, dass sie zu Hause nicht mehr in der Lage waren, die erlernten Methoden ohne die Stimme ihres Lehrers nachzuvollziehen.

Grundsätzlich handelt es sich um eine ganz normale Erscheinung, die man allerdings nicht ohne weiteres hinnehmen sollte. Die bekannte Stimme und die verwendete Musik haben Anker im Unterbewussten gesetzt, auf die man angewiesen zu sein scheint, um vergleichbare Grade der Bewusstseinsverschiebung zu erreichen. Doch diese Abhängigkeit ist nur scheinbar unausweichlich. Ich ermuntere meine Seminarteilnehmer immer wieder, zu Hause heftig zu üben. Haben Sie die zugrunde liegenden Strukturen erst einmal begriffen, hindert Sie niemand daran, Ihre ganz persönlichen Visualisierungen ohne fremde Stimme im Hintergrund zu kreieren. Sie werden sehen, dass diese Eigenproduktionen mit der Zeit um keinen Deut weniger intensiv sind als jene vom Band. Ganz im Gegenteil. Ihr Unterbewusstes ist ein sehr viel verlässlicherer und zielgenauerer Führer durch die Welt ihrer Träume, als es eine fremde Tonbandstimme jemals sein kann.

Per aspera ad astra oder: Die Kraft der Schüttelmeditation

Eine andere, für Europäer gut funktionierende Art der Meditation findet sich ebenfalls in Variationen in zahlreichen Kulturen. Wir stellen wiederum die indische Variante vor: Mit der so genannten Kundalini- oder Schüttelmeditation wecken Sie höchst effizient die in Ihnen schlummernden imaginativen Kräfte. Allerdings muss man sich auch an diese Form der Meditation zunächst gewöhnen.

Ich kenne Menschen, die zunächst einige Wochen brauchten, bis sie die Schüttelmeditation zu schätzen wussten. Denn spektakuläre Bilder tauchen oft erst mit der Zeit auf. Zunächst steht die Anstrengung im Vordergrund. Wenn es nach einiger Zeit der Übung funktioniert, dann erweisen sich die Bildfolgen dieser Meditationsform als überwältigend schönes Geschenk.

Die Kundalini-Meditation ist eine Abfolge unterschiedlicher Bewegungsformen, die zum Ziel haben, die Lebensenergie zumindest zeitweise von Blockaden zu befreien. Diese Lebensenergie schlängelt sich nach Auffassung der Inder wie eine Schlange aus dem Schoß des Menschen über das Rückgrat bis in seinen Kopf.

In der ersten Phase schütteln Sie rund 15 Minuten mit aller Kraft alles Negative von sich. Schließen Sie Ihre Augen und achten Sie auf ihren Kopf, ihre Schultern und all jene anderen Körperpartien, die sie üblicherweise verkrampfen. Jeder einzelne Teil ihres Körpers sollte gründlich durchgeschüttelt und aufgelockert werden. Nun schließt sich eine 15-minütige Phase des Tanzes an. Lassen Sie Ihre Augen weiterhin geschlossen. Keine Angst, erfahrungsgemäß stoßen Tänzer weder gegeneinander noch gegen Wände und Möbel. Versuchen Sie, Ihren Gefühlen in kreisenden und schwingenden Bewegungen Ausdruck zu verleihen. Die Inder sagen, durch das Schütteln hole man sich die Energie des Universums, für die man sich durch den anschließenden Tanz bedanke. In der dritten Phase stehen oder sitzen Sie mit aufrechter Wirbelsäule.

Nach dieser Vorbereitung treten Sie in die eigentliche Ruhephase ein. Wurden die drei ersten Abschnitte noch mit indischer Musik unterlegt, so herrscht nun absolute Stille. Sie legen sich hin und lassen die Bilder, die nun in Ihnen an die Oberfläche drängen, aufsteigen.

Doch wie gesagt, diese Meditation bedarf einiger Übung. Anfangs werden Anstrengung und Schweiß oft als recht störend empfunden. Auch die ungewohnte indische Musik irritiert viele Westeuropäer. Haben Sie sich jedoch daran gewöhnt, werden Sie von der Wirkung der Kundalini-Meditation erstaunt sein. Ich kenne eine Mittvierzigerin, die mit dieser Methode einen völlig neuen Zugang zu ihrem Leben fand. Ursprünglich hatte Helga eine tiefe Abneigung zur Kundalini-Meditation gefasst. Sie lernte sie während eines Seminars kennen und konnte ihr dort nur die Gefühle unangenehmer Pflichterfüllung entgegenbringen.

Wieder zu Hause, erzählte sie ihrem Mann von den Inhalten des Seminares. Unter anderem kam auch die Schüttelmeditation zur Sprache, für die er sich heftig interessierte. Ihm zuliebe besorgte sich Helga die Musik, erklärte den Ablauf und ließ sich nochmals auf eine Kundalini-Meditation ein. Und gemeinsam mit ihm, befreit von allem Gruppendruck, erlebte sie zum ersten Mal die enorme Kraft dieser Stille-Übung. Fast mühelos schüttelte, tanzte und ruhte sich Helga durch die drei Eingangsphasen, um dann ungeahnt intensive Bilder zu empfangen.

Sie sah sich mit einem Schwert in der Hand halbwüchsige Mädchen vor schrecklichen schwarzen Schatten verteidigen. Im Wachen erinnerten Helga diese Bilder an ihre eigene Kindheit, als der sexuelle Missbrauch durch den deutlich älteren Halbbruder zum täglichen Schrecken gehörte.

Schon Jahre hatte sie an diese traumatischen Erfahrungen nicht mehr gedacht. Erstaunlicherweise erschreckten sie ihre Traumbilder jedoch kaum. Im Gegenteil, sie schienen ihr sogar eher Mut zu machen. Denn erstmals begegnet sie sich nicht als hilfloses Opfer, sondern als mutige Streiterin mit einer Waffe in der Hand.

Helga interpretierte ihre Meditationsbilder als Hinweis auf eines möglichen beruflichen Wiedereinstiegs, den die Mutter von zwei halbwüchsigen Töchtern bislang nur als drohenden Schatten spürte. Das imaginative Schwert wird zum Schlüsselsymbol. Mit ihm in der Hand erlebte sie sich erstmals wehrhaft. Und sie spürte das Bedürfnis, ihre neue Fähigkeit nicht nur für sich, sondern für alle anderen Mädchen und jungen Frauen in ihrer Situation einzusetzen.

Gleich am Tag nach dieser Kundalini-Meditation kontaktierte Helga eine Selbsthilfegruppe für missbrauchte Frauen und Kinder. Dort hatte am Vortag die langjährige Sekretärin gekündigt. Helga, die vor der Geburt ihrer Kinder als Stenotypistin gearbeitet hatte, bewarb sich um die Stelle. Heute ist sie der gute Geist des Hauses. Die Kundalini-Meditation ist zu einem fixen Bestandteil ihres Alltags geworden, vor allem, wenn sie Hilfe in Entscheidungs- oder Krisensituationen sucht. Das sie all »ihren Mädels« die Alltagsunterstützung gesuchter Bilder vermittelt, versteht sich dabei wohl von selbst.

Dauerhafte Veränderungen oder: Der Schalter für den sechsten Sinn

Einer der oben beschriebenen Wege in veränderte Bewusstseinszustände, die Intensivatmung, hat es in sich. Sie geht zwar völlig ohne Drogen vor sich, jedoch ist mit dem Ende der Trance noch nicht alles vorbei. Die Intensivatmung wirkt nach der Rückkehr ins Wachbewusstsein weiter. Denn mit der neuen Vernetzung hat sich etwas im Gehirn verändert. Es sind Bahnen entstanden, die sonst nicht existieren würden – oder zumindest nicht zu diesem Zeitpunkt. Und so etwas bleibt natürlich nicht ohne Folgen.

Die Hyperventilation dehnt unser Bewusstsein. Und manchmal überdehnt sie es. Dann erwacht ein »sechster Sinn«, mit dem der Betroffene überhaupt nicht umgehen kann. Ihm fehlt die innere Reife. Und so beginnt unter Umständen ein jahrelanger Kampf, die persönliche Entwicklung mit dem eigenen Bewusstsein wieder in Einklang zu bringen. Man ist zwar mit Hilfe der Atmung über sich selbst hinausgewachsen, hat sein Leben quasi aus einer höheren Perspektive wahrgenommen und die Fähigkeit mitgebracht, auch im Wachen »Traumbilder« zu empfangen. Man hat jedoch nicht gelernt, wie man gezielt und selbstbestimmt das Wahrnehmungsvermögen aus diesen Bereichen zurückzieht.

Dies sollte man jedoch vor dem »Abheben« lernen, damit man nicht zum Opfer der eigenen Bilder wird. Häufig erleben Menschen, die durch eine Intensivatmung eine dauerhafte Veränderung ihrer Wahrnehmung erfahren, ihre Umwelt wie ein auf Dauerempfang eingestelltes Radio. Permanent schalten sie zwischen den Kanälen hin und her, unfähig, einmal für Ruhe zu sorgen. So wird jede Bewusstseinserweiterung zur Qual.

Dies alles sind gute Gründe, nur mit wirklich sachkundiger Begleitung und mit guten Gründen in eine Atemtrance einzusteigen. Alternativ-therapeutische Ansätze wie jene von Stanislav und Christina Grof arbeiten sehr erfolgreich mit Formen der Intensivatmung und den durch sie hervorgerufenen Bildern und Traumerlebnissen. Doch gerade deshalb sollte man nicht vergessen, dass diese Form der Trance kein Zeitvertreib für Neugierige, sondern ein machtvolles Instrument zur Erforschung des Innenlebens darstellt. Und man sollte überlegen, ob man diesem »Heraustreten« aus dem üblichen Wachzustand auch eine Form des »Hereintretens« in die Erfordernisse des Alltags entgegenzusetzen hat.

Wie wichtig es ist, seine Wahrnehmungen gezielt »abschalten« zu können, zeigt das Beispiel von Julia W. Julia kam kurz nach der Geburt ihres dritten Kindes zum ersten Mal zu mir. Sie war verwirrt, fühlte sich durch einen immer wiederkehrenden Traum in einen tiefen Loyalitätskonflikt gestürzt.

Auf den ersten Blick wirkte dieser Traum wenig spektakulär. Julia träumte von einem Besuch bei ihrer Mutter:

»Das Chaos in der mütterlichen Wohnung springt mir sofort ins Auge, und ich spüre genau, dass es sich um einen fremden Ort handelt.

Ich betrachte den Raum mit Widerwillen. Ich habe das Gefühl, dass meine Mutter die Kontrolle über ihr Leben völlig verloren hat. Das macht mich wütend.

Plötzlich entdecke ich zwischen Bergen schmutziger Wäsche und ungewaschenen Geschirrs meine beiden Kinder und meine kleine Nichte. Die Kinder sind verwirrt. Ich spüre Unbehagen in mir aufsteigen. Außerdem liegen da Unmengen verdreckter Messer, Gabeln und Löffel, die offensichtlich aus meiner Küche stammen. ›Du hast wahrscheinlich keinen einzigen Eierlöffel mehr zu Hause‹, schießt mir durch den Sinn.

Wäsche im Traum bedeutet den Tod eines Verwandten oder Bekannten, Krankheit oder Verlästerung.

(Deutscher Aberglaube)

Mein Unbehagen wächst weiter, während ich versuche, das Besteck einzusammeln und die Kinder aus dem Chaos herauszuholen. Aber allein schaffe ich es nicht. Sobald ich ein Kind anziehe, packen die anderen das Besteck wieder aus. Wende ich mich daraufhin dem Besteck zu, verschwinden die Kinder. Irgendwie gelingt es mir dann aber doch, meine beiden Kinder und das Besteck zum Auto zu bringen. Was mit meiner Nichte passiert, weiß ich nicht.

Ich kann mich auch nicht darum kümmern, denn an dieser Stelle erwache ich regelmäßig.«

Noch viele Wochen später merkte man ihr an, wie sehr sie der Traum mitgenommen hatte. Mehr als ein Dutzend Mal träumte sie in den ersten Tagen und Nächten nach ihrer Entbindung immer wieder den gleichen Ablauf, oft sogar vier- bis fünfmal unmittelbar hintereinander. Die Bilder wurden so beherrschend, dass er die Wöchnerin sogar in Phasen des Halbschlafes einholte.

So wundert es mich nicht, dass sich dieser Traum überdeutlich in das Wachbewusstsein der jungen Frau eingegraben hat und sie die nächtlichen Abläufe bis in die kleinsten Details wiedergeben kann.

Von Traumdeutung hat Julia keine Ahnung. Trotzdem begann sie, ihren Traum zu interpretieren. Für sie stand die unbekannte Umgebung und das Chaos im Mittelpunkt ihrer Erklärungsversuche. Außerdem litt die Mutter in der Vergangenheit unter ständig wachsenden beruflichen und privaten

Sorgen. Julia kombinierte beides und schließt daraus: Die Mutter wird untertauchen und Julias Nichte, die Enkelin, die sie abgöttisch liebt, mitnehmen.

Auf den ersten Blick erschien mir diese Interpretation sehr weit hergeholt. Ich versuchte daher sanft, der jungen Frau Alternativen anzubieten. Doch sie winkte entschieden ab und erklärte auch sogleich, warum. Die Entwicklung der letzten Wochen hatte ihr bereits Recht gegeben. Die Mutter war spurlos verschwunden und hatte das Kind mitgenommen.

Julia hatte offensichtlich einen Wahrtraum, einen Traum, der ihr völlig unverschlüsselt einen Blick in die Zukunft gestattete.

Mit solchen Träumen können sehr viele Menschen nur schwer umgehen. Vor allem, wenn es um bedrohliche Bilder oder Situationen geht, fühlen sich die meisten schutz- und wehrlos dem nächtlichen Geschehen ausgeliefert. Wir haben völlig verlernt, mit solchen Phänomenen umzugehen.

Für Naturvölker, die sich nach wie vor der Welt der Träume stark verbunden fühlen, stellen solche kurzen Ausblicke in die Zukunft ein sehr viel geringeres Problem dar. Ob sie diesen Traum unmittelbar nach dem Aufwachen der Gruppe erzählen, ob sie beim Schamanen um Interpretationshilfen bitten oder ob sie sich in Schweigen hüllen, ist je nach Kultur verschieden. Fast allen gemeinsam ist jedoch, dass jenes bedrohliche Traumgeschehen symbolisch oder real nachgestellt und durchlebt wird. So nehmen sie den Bildern ihre Kraft. Im Extremfall wird ein Indianer, der von einem Autounfall mit tödlichem Ausgang träumt, sein Fahrzeug absichtlich mit Schwung gegen einen Baum steuern und zerstören.

In Julias Fall hätte eine solche Lösung etwa darin bestehen können, Mutter und Nichte auf eine Urlaubsreise zu schicken. Nur war es dazu ja bereits zu spät.

Meine Gesprächspartnerin litt sichtlich unter dem Gefühl, für die derzeitige Situation verantwortlich zu sein. Sie machte sich Vorwürfe, die Mutter nicht zurückgehalten und den Vater nicht gewarnt zu haben. Sie musste zwar selber zugeben, dass ihr Traum weder den Vater von der Gefahr überzeugt noch die Mutter von ihrem Vorhaben abgebracht hätte. Doch wirklich zu trösten vermochte sie dieser Gedanke nicht.

Was Julia jedoch völlig aus der Fassung brachte, war ein Folgetraum, der sie schließlich auch zu mir führte.

> »Ich schwebe irgendwo weit draußen in der Unendlichkeit des Universums. Plötzlich zieht mich eine rätselhafte Kraft magisch an. Immer schneller falle ich nach unten, direkt auf die Erde zu. Ich weiß, im nächsten Augenblick bin ich bei meiner Mutter. Doch bevor ich die ersten Straßenschilder oder Autokennzeichen entziffern könnte, reißt mich etwas zurück und ich sause mit ungeheurer, atemberaubender

Geschwindigkeit zu meinem Ausgangspunkt zurück. Fünf-, zehn-, zwanzigmal hintereinander schleudert es mich hin und her, bis ich wie gerädert erwache.«

Zurück auf den Boden der Tatsachen

Den psychotherapeutischen Aspekt dieses Traumes ignorierte ich zunächst ganz bewusst. Da die junge Mutter ihre drei Kleinkinder allein betreuen musste, schien mir eine sofort wirkende Krisenintervention angebrachter. Zunächst erklärte ich Julia, dass man unsere fünf Sinne mit einem Fernseher vergleichen kann. Sehen, Hören, Riechen, Schmecken und Fühlen arbeiten wie eine Fernsteuerung. Im allgemeinen »Wellensalat« der Informationen stellen sie bestimmte Sender ein: Wir sehen ein klares Abbild oder hören konkrete Töne. Hinzu käme eigentlich noch unser Gleichgewichtssinn. Er wird in unserer Kultur als wichtige Informationsquelle jedoch oft erst dann wahrgenommen, wenn eine Krankheit ihn stört.

Das, was wir üblicherweise als sechsten Sinn bezeichnen, ist das Reich der außersinnlichen Wahrnehmungen. Ihm vertrauen wir noch viel weniger als dem Gleichgewichtssinn. Trotz allem fasziniert er die Menschen bis heute.

Tief in uns schlummern noch immer Fähigkeiten, die wir mit Hilfe von Fernsehen und Radio, Telefon und Radar mühsam ersetzen. Doch genau wie der Mensch diese technischen Hilfsmittel ausschalten kann, ist er auch fähig, sich seinen träumerischen und visionären Kräften zu entziehen.

Voraussetzung für jeden Erfolg in dieser Richtung ist der feste Wille, dem nächtlichen Wellenreiten des sechsten Sinnes ein Ende zu bereiten. Doch damit haperte es bei Julia. Zugegeben, die Träume lösten großes Entsetzen in der jungen Frau aus. Gleichzeitig ging jedoch eine gehörige Portion Faszination von ihnen aus.

Hellseher werden in unserer Gesellschaft nicht ernst genommen. Gleichzeitig gelten sie aber auch als etwas Besonderes. Genau dieser Einstellung war auch Julia erlegen. Einerseits scheute sie sich, den Zukunftsgehalt ihrer Träume anzuerkennen. Andererseits fühlte sie sich aus der Masse ihrer Mitmenschen herausgehoben. Schließlich können sich die meisten morgens noch nicht einmal erinnern, überhaupt geträumt zu haben.

Nachdem sie diese Faszination einmal zugegeben hatte, fiel es Julia leicht, sich zwischen ihrer Nachtruhe und dem quälend-lockenden Traum zu entscheiden. Zumal ich ihr versprach, dass sie künftig nicht völlig auf ihre Zukunftsträume verzichten müsse.

Der entscheidende Schritt war getan. Julia spürte den festen Willen, ihren sechsten Sinn gezielt aus dem »nächtlichen Wellensalat« zurückzuziehen. Nun konnte ich damit beginnen, ihr einfache Entspannungs- und Konzentrationsübungen beizubringen. Im Mittelpunkt all dieser Aufgaben stand, Kontakt mit der Erde aufzunehmen. Sie sollte alle Sinne auf ihre Füße richten, nichts weiter bemerken als die Verbindung zwischen ihren Fußsohlen und dem Boden.

Ich riet ihr, diese Übungen mehrmals täglich zu üben. Vor allem vor dem Schlafengehen sollte sie eine Viertelstunde den Kontakt zur Erde suchen und sich dabei vornehmen, im Schlaf bei sich zu bleiben. Und wirklich, bereits in der ersten Nacht war der Traum verschwunden. Einige Tage später tauchte er noch einmal auf. Doch Julia wurde sofort wach, machte kurz ihre Übungen und konnte ungestört weiterschlafen.

Doch warum waren die Zukunftsträume ausgerechnet zu diesem Zeitpunkt in Julias Leben aufgetaucht? Die Geburt des Kindes war ein wertvoller Hinweis. Nach einigem Nachbohren erzählte mir die junge Frau, dass sie zwei Jahre zuvor während eines Persönlichkeitsseminares auch eine vierstündige Intensivatmung gemacht habe. Die Erfahrung enttäuschte sie zunächst. Zum einen waren ihr die Bilder und Gefühle während der Atemübung alles andere als angenehm. Zum anderen stellten sich nicht die angekündigten Änderungen in ihrem Leben ein. Sie hatte weder das Gefühl, zu bislang verschlossenen Bewusstseinsebenen Zugang zu finden. Noch lösten sich ihre großen inneren Konflikte in das versprochene Wohlgefallen auf.

Zum Zeitpunkt der Geburt des dritten Kindes hatte Julia die Erfahrungen des Seminars längst verdrängt. Wer sich allerdings noch recht gut zu erinnern schien, war ihr Gehirn. Dem reichte die Geburt, in deren Verlauf die junge Frau einige Stunden verfrühte Presswehen veratmen musste, völlig aus, um an die frühere Erfahrung anzuknüpfen. Bereits im ersten erschöpften Schlaf nach der Geburt träumte Julia vom Verschwinden der Mutter.

Interessanterweise reichte diese zweite, sehr kurze Erfahrung, die ihren Körper nur an die Grenzen zur Hyperventilation führte, für dauerhaft und bewusst erlebte Veränderungen aus. Noch heute, geraume Zeit nach der Geburt des Kindes, hat Julia im Schlaf wie im Halbschlaf außersinnliche Wahrnehmungen. Nur kann sie heute mit ihren einfachen Konzentrationsübungen bewusst abschalten und sich so vor ungewollten Aufregungen schützen.

Viele Indianerstämme sehen diese Notwendigkeit des Abschaltens ganz deutlich. Sie lösen es auf ihre eigene, sehr erdverbundene Art und Weise. Viele Stämme schließen große Visionsrituale erst dann ab, wenn die Teilnehmer wieder den gleichen inneren Zustand wie vor dem Ritual erreicht haben. Tritt er nicht von selbst nach einiger Zeit wieder ein, knien sie sich hin, berühren mit der Stirn die Erde und verharren in dieser Haltung, bis sie wieder ihren Ausgangszustand erreicht haben.

Teil VI:

Vom Traum ins Bewusstsein – Die Erinnerung an Träume

Sie kennen das sicher von Gesprächen: Sie wollen etwas sagen, doch plötzlich ist der Gedanke weg. Oft hilft es, wenn Sie daraufhin das gesamte Gespräch rekapitulieren, denn damit wiederholen Sie die gleichen Assoziationsketten, und die gleiche Gedankenverbindung kann nochmals geknüpft werden. So ähnlich ist es bei Träumen. Sie wachen des Morgens auf, wissen, dass Sie etwas Wichtiges geträumt haben, aber es fällt Ihnen nicht ein, was das war. Und da Sie nicht Nebukadnezar sind, der einfach seine Wahrsager zusammentrommeln und von ihnen verlangen konnte, ihm seinen vergessenen Traum zu erzählen, sind Sie ein wenig hilflos. In einem solchen Fall kann es übrigens helfen, nach dem Aufwachen noch ein Weilchen liegen zu bleiben und sich mit dem Ziel, den verlorenen Traum zu suchen, noch einmal zu entspannen. Erstaunlich häufig schleicht er sich ganz unauffällig zurück ins Bewusstsein. Während der kleinen »Draufgabe« im Bett ist er dann meist noch nicht greifbar. Steht man dann jedoch auf und geht zu den morgendlichen Routinetätigkeiten über, fällt er einem plötzlich wieder ein.

Die Amerikanerin Joyce Petcheck, Verfasserin dreier Bücher übers Träumen, empfiehlt zum Erinnern von Träumen,

> ». . . dass der Schläfer sich in die Königs-Position begibt, auf dem Rükken liegend, so dass sich die Zehen kreuzen. Die Finger werden dabei in Form eines Dreiecks über dem Solarplexus plaziert, die Augen geschlossen, und man lauscht auf den Rhythmus des eigenen Atems. Wenn Sie diesen Empfehlungen folgen, wird sich Ihr Verstand automatisch beruhigen. Lassen Sie jeden der auftauchenden Gedanken wieder gehen, ohne ihn halten zu wollen oder ihn nach seinem Inhalt zu beurteilen. Ihr Mund sollte dabei leicht geöffnet sein. Nach einigen Minuten, wenn der Verstand sich endlich beruhigt hat, stellen Sie im Geist eine kurze Frage, die Sie im Traum beantwortet haben möchten. Es kann sich dabei um Fragen der Selbstheilung, um ein kreatives Projekt, Anleitung oder Hilfestellung handeln. Erkundigen Sie sich in möglichst kurzer Form nach Informationen, die Sie anderweitig nicht erhalten können. Wiederholen Sie Ihre Frage dreimal, und schlafen Sie dann beruhigt ein . . . Sobald Sie erwachen, halten Sie die Augen geschlossen und rollen sich auf den Rücken. Erinnern Sie sich an die letzte Szene in Ihrem Traum, dann lassen Sie die vorhergehende in Ihrem Bewusstsein aufsteigen und so fort – gerade so, als würden Sie sich einen Film von hinten anschauen. Dann lassen Sie den Film auf Ihrem [geistigen] Traumschirm von vorn abrollen und prägen sich jede Szene ein. Sobald Sie richtig wach sind, schreiben Sie die Szenen nieder. Es wird Sie über-

raschen, wie viele zusätzliche Fragmente aus Ihrem Traum dabei auftauchen werden. Es kann hilfreich sein, Ihrem Traum einen Titel zu geben und jedes Thema zu definieren, das in Ihrem Traum angesprochen wurde.«[102]

Der Schrecken der Alpträume oder: Traumverweigerer

Gehören Sie zu jenen Menschen, die in unregelmäßigen Abständen von Alpträumen aus dem Schlaf gerissen werden? Die sich zitternd im Bett aufsetzen und erst langsam das Bild eines Verfolgers, eines gefährlichen Tieres oder eines Sturzes aus großer Höhe loswerden? Die vielleicht sogar aufstehen müssen, um einen Schluck Wasser zu trinken, bevor Sie wieder einschlafen können? Sie wissen ja gar nicht, wie glücklich Sie sind!

Es mag provokant klingen, ist jedoch wahr. Die Erinnerung nimmt Alpträumen den größten Schrecken. Denn wer sich erinnert, kann seinen Ängsten ins Auge sehen. Ein erster, wichtiger Schritt zur Bewältigung ist bereits getan. Wer sie dagegen verdrängt, obwohl sein Körper bereits in Alarm versetzt ist, wird zu ihrer willenlosen Beute.

Veronika ist ein gutes Beispiel dafür. Als ich die Mittvierzigerin kennen lernte, zappelte sie hilflos wie ein Fisch in den Fängen ihrer verdrängten, nächtlichen Träume. Rund neun Monate vor unserem ersten Treffen hatte Veronikas Tortur begonnen. Kurz bevor ihr Mann die gemeinschaftliche Wohnung verließ, um zu einer wesentlich jüngeren Frau zu ziehen, bekam Veronika ernste Schlafprobleme. Obwohl sie todmüde zu Bett ging, wälzte sie sich stundenlang von einer auf die andere Seite. Gelang es ihr endlich einzuschlafen, schreckte sie bereits nach kurzer Zeit wieder auf. Zitternd saß sie dann im Bett, hellwach und innerlich aufgewühlt, konnte jedoch nicht sagen, was sie derart erschreckt hatte.

Mehrmals pro Nacht ging dies so, bis Veronika im Morgengrauen für drei bis vier Stunden Ruhe fand. Die Frau war in einem entsprechend schlechten nervlichen Zustand und suchte Hilfe bei einem Psychotherapeuten. Ihre Angst, verlassen zu werden, war schnell dingfest gemacht. Intellektuell konnte Veronika diese Angst leicht nachvollziehen und mit sehr logischen Argumenten entkräften. In Wahrheit war aber auch das nichts anderes als ein Schutzverhalten, um den großen Schmerz in ihrem Leben nicht zu spüren. Daher kam sie in ihrer Therapie leider auch nicht weiter.

---

102 Zitiert nach James Redfield, Carol Adrienne, Das Handbuch der zehnten Prophezeiung von Celestine. Wilhelm Heyne Verlag München, 1997, S. 88

Eine der grausamen und schrecklichen Gottheiten, die im tibetischen Buddhismus für Trugbilder der Seele stehen, die der in einer trügerischen Welt verhaftete Geist projiziert.

Als Veronikas Mann endlich auszog, machte ihr der Therapeut Mut. Nun, da das Schlimmste eingetroffen sei, könnte sie sich ihren Ängsten besser stellen. Die nächtliche Erlösung sei damit nur noch eine Frage der Zeit.

Leider war dem nicht so. Obwohl Veronika gehofft hatte, ihre Schlafprobleme endlich in den Griff zu bekommen, schreckte sie weiterhin drei- bis viermal pro Nacht auf, ohne zu wissen, warum. Selbst unter Anleitung des Therapeuten war sie nicht in der Lage, sich an die nächtlichen Situationen des Schreckens zu erinnern. Sie brach die Therapie ab und versuchte ihr Glück bei ihrem Hausarzt. Der verschrieb zunächst starke Schlafmittel, später sogar Betablocker. Nun konnte Veronika zwar etwas schneller einschlafen, die nächtlichen Störungen stellten sich jedoch unverändert ein. Außerdem litt Veronika unter Depressionen, die immer unerträglicher wurden und sie komplett lähmten. Tagsüber war sie durch die Wirkung der Psychopharmaka völlig benebelt und unfähig, ihrer Arbeit nachzugehen. An diesem Tiefpunkt in ihrem Leben begann sie auch noch, zu Alkohol zu greifen.

Ich lernte Veronika durch unsere gemeinsame Freundin Nora kennen. Sie hatte von den Absichten des Noch-Ehemannes gehört, Veronika in eine Nervenheilanstalt abzuschieben. Nora war durch den rapiden Verfall ihrer Freundin verunsichert, wollte ihr die Psychiatrie jedoch trotzdem gern ersparen. Sie kam zu mir, weil sie hoffte, als Traumgeübte könnte ich über die nächtliche Unruhe Zugang zu Veronikas verschütteter Seele bekommen. Wir arrangierten ein gemeinsames Wochenende auf dem Land in einem jener gemütlichen kleinen Hotels, in denen ich gerne meine Seminare abhalte.

Das Wochenende war ein erster kleiner Erfolg. Stundenlang streiften wir durch die wunderschöne Natur in der Umgebung unseres Quartiers. Zurück im Hotel zeigte ich den beiden sehr wirksame Entspannungsübungen. Am Sonntagabend schien Veronika so viel Zutrauen zu mir gefasst zu haben, dass sie sich bereit erklärte, einen mir gut bekannten Psychiater aufzusuchen. Gleich am Montagmorgen nahm ich mit ihm Kontakt auf und besprach mit ihm, wie man sie dazu bewegen könnte, sich an ihre Träume zu erinnern.

Hilfe aus der Traumfabrik oder: Anstöße für die rechte Gehirnhälfte

Veronikas Totalverweigerung, ihre nächtlichen Alptraumbilder einmal näher anzusehen, ist nur allzu verständlich. Schließlich haben wir nie gelernt, mit diesen Bildern umzugehen, sie von Feinden in Freunde zu verwandeln und sie zu unserem Besten zu nutzen. Gibt es Probleme, müssen wir bei Null beginnen.

In Veronikas Fall stiegen wir mit ausgedehntem Fernsehen ein. Das mag aufs Erste komisch klingen, ist aber gar nicht so weit hergeholt. Nicht umsonst heißt Hollywood die Traumfabrik. Da geht es nicht nur um die Wunschträume der Filmsternchen, die nach Kalifornien pilgern, um berühmt zu werden. Da geht es vor allem und in erster Linie um die fremden Träume, die uns, auf Zelluloid gebannt, präsentiert werden. Überlassen wir uns ihnen einfach, geraten wir in die Gefahr, die eigenen Träume gegen fremde zu vertauschen. Bewahren wir dagegen kritische Distanz und Selbstbeobachtungsgabe, sind Filme eine hervorragende Art, die eigenen Träume kennen zu lernen. Ähnlich kann auch das Ansehen von Bildern eingesetzt werden. Dadurch werden nicht bereits bestimmte Assoziationsketten geschaffen, sondern lediglich die rechte Gehirnhälfte, das Bilderdenken aktiviert. Um bei dem Bild vom Gehirn als Radioempfänger zu bleiben: Mit dem Anschauen von Bildern stellen Sie Ihren Empfänger nicht auf ein bestimmtes Programm ein, sondern auf eine bestimmte Funktion: Bildempfang.

Ich setzte mich also mit Nora und Veronika vor den Fernseher. Auf dem

Programm stand eine jener endlosen kitschigen Familienserien, die sich für mein Vorhaben hervorragend eignete. Ich »bewaffnete« uns mit Papier und Bleistift und forderte die anderen beiden auf, all jene Szenen zu notieren, die in ihnen Emotionen auslösten. Außerdem sollten sie auf einer Gefühlsskala von minus fünf bis plus fünf bewerten, wie heftig ihre Reaktion ausfiel. Minus fünf stand für heftige Abwehr verbunden mit dem Impuls, wegzulaufen oder zumindest wegzuschauen. Plus fünf sollte für besonders positive Gefühle vergeben werden, die mit dem Wunsch verbunden waren, an der Stelle des Darstellers zu sein.

Veronika notierte während der 40-minütigen Serie vier Szenen, drei im stark negativen und eine im leicht positiven Bereich. Betrachtete man ihre Situation, konnte dies kaum überraschen. Die sehr viel unbeschwertere Nora brachte es dagegen gleich auf 15 Szenen, die sich fast gleichmäßig über die Skala verteilten.

Gemeinsam ließen wir unsere Szenen noch einmal Revue passieren. Jede erzählte sie frei aus ihrer Erinnerung heraus nach. Bereits diese einfache Übung zeigte, wie unterschiedlich unser Zugang war, wie sehr sich die Auslöser unserer Emotionen voneinander unterschieden. Nach einer kurzen Pause und einer Entspannungsübung stellte ich uns nun die Aufgabe, Träume aus unserer Vergangenheit aus dem Gedächtnis hervorzukramen, bei denen es um die gleichen Themen wie bei den Filmszenen ging. Bei Nora funktionierte diese Übung auf Anhieb. Veronika verweigerte auch diesmal mit der Behauptung, sich noch nie in ihrem Leben an einen Traum erinnert zu haben. Also bat ich sie, für jedes Thema einen Traum zu erfinden. Die Produkte ihrer Phantasie klangen zwar noch etwas holprig, machten uns allen jedoch großes Vergnügen.

Zwei Tage verbrachten wir auf diese Art und Weise, nur unterbrochen von ausgedehnten Waldspaziergängen, Entspannungsübungen, gemütlichen Mahlzeiten und einem Besuch des befreundeten Psychiaters. Am zweiten Tag tauchte erstmals ein Traum in Veronikas Gedächtnis auf. Knapp vor ihrer Hochzeit hatte sie mehrmals geträumt, durch einen riesigen See zu schwimmen. Doch je mehr sie sich anstrengte, desto weiter schien sich das andere Ufer zu entfernen. Gemeinsam überlegten wir, wie sich Veronika zu dieser Zeit ihres Lebens gefühlt hatte. Nach einigem Nachdenken bestätigte sie, dass die Aussicht, zu heiraten und von zu Hause fortzugehen, mit diesem Gefühl im Wasser sehr viel Ähnlichkeit hatte.

Von diesem Zeitpunkt an fielen Veronika immer häufiger lange vergessene Traumszenen zu ihren Filmthemen ein. Die erfundenen Träume verlegten wir daher auf den Abend. Bereits im Bett, so die Aufgabe, wollten wir je eine positive und eine negative Traumszene erfinden. Danach machten wir eine

Entspannungsübung, die wir mit der Formel schlossen: »Ich möchte mich an einen Traum erinnern, und ich werde mich an einen Traum erinnern.«

Am nächsten Morgen konnte uns Veronika zwar keinen Traum präsentieren, hatte jedoch zum ersten Mal seit Monaten ohne Unterbrechung durchgeschlafen. So ging es die nächsten vier Tage, bis uns in der fünften Nacht ein lauter Schrei aus Veronikas Zimmer aus den Federn holte. Tränenüberströmt saß sie in ihrem Bett und stammelte: »Nein, bitte nicht! Bleib hier! Mami, bleib bei mir! Bitte, bitte bleib bei mir!« Behutsam weckten wir sie. Noch immer weinend, erzählte sie ihren Traum:

> »Ich bin vielleicht vier Jahre alt und sitze ganz hoch oben auf einem Brett. Unter mir lauern viele scharfe, spitze Messer. Ich recke meiner Mutter meine Arme entgegen, damit sie mich da herunterholt. Aber sie weicht vor mir zurück. Je mehr ich mich nach ihr ausstrecke, desto weiter wird der Abstand. Schritt für Schritt. Ich gerate in schreckliche Panik. Ich weiß, wenn sie rückwärts aus der Tür des Raumes tritt, ziehen sie das Brett unter mir weg und ich falle in die Speere unter mir. Jetzt steht sie im Türrahmen. Ihr Gesicht ist ganz hart und abweisend. Ich bäume mich auf, schreie aus tiefstem Herzen um Hilfe. Da tritt sie durch die Tür. Das Brett unter mir gibt nach und ich falle.«

Nur mühsam beruhigte sich Veronika. Das Traumgeschehen hatte sie noch immer fest im Griff. Erst langsam kehrte sie zu uns zurück. Beruhigend streichelte ich ihr über den Kopf, deckte sie zu und versprach ihr, dass jetzt alles gut werden würde. Als ich merkte, dass sie sich entspannte, verließen wir sie. Für die restliche Nacht hatte Veronika Ruhe vor ihrem Traum.

In den nächsten Tagen begann sie, sich ähnlicher Träume in der Vergangenheit zu erinnern. Sie führten sie direkt zu einem der traumatischsten Augenblicke in ihrer frühen Kindheit zurück. Mit knapp vier Jahren erkrankte Veronika schwer an Diphtherie und musste für einige Wochen auf die Quarantänestation des Krankenhauses. Die Begleitung eines kleines Kindes durch einen Elternteil oder eine andere Bezugsperson war in den damaligen Krankenhäusern noch nicht vorgesehen. Außerdem wäre es Veronikas Mutter auch kaum möglich gewesen, die 80 Kilometer entfernt von der Kreisstadt ein kleines Kolonialwarengeschäft, ihren Haushalt und vier weitere Kinder zu betreuen hatte. Der Frau blieb nichts anderes übrig, als sich innerlich gegen die verzweifelten Schreie ihres Kindes zu wappnen und möglichst rasch den Raum zu verlassen. Für Veronika begannen die schrecklichsten Wochen ihres Lebens. Und als wäre es noch nicht genug gewesen, geriet sie auch im Verlaufe ihres späteren Lebens immer wieder in die Situation, verlassen zu werden.

Kein Wunder also, dass Veronika auch in ihren Träumen immer wieder verlassen wird. Ihr Unterbewusstes versucht, sie auf diese unverheilte Wunde ihres Lebens aufmerksam zu machen. Erst in jenem Augenblick, in dem sich Veronika endlich einmal dem Schrecken dieser Kindheitstage stellt, bekommen diese alten Verletzungen eine Chance, zu verheilen. Es bedarf noch einiger Anstrengung, bis die Frau dieses zerstörerische Muster in ihrem Leben überwinden kann. Mit der Bereitschaft, die Botschaft ihres Traumes anzusehen, ist allerdings ein erster wichtiger Schritt gelungen.

Tips und Tricks oder: Werkzeug für Traumdetektive

Ich habe Veronikas Leidensweg bis zur ersten Erinnerung an ihren Alptraum deshalb so ausführlich geschildert, weil ich in ihrem Fall fast alle mir bekannten Register zog. Ich kombinierte dabei ganz unterschiedliche Methoden, um ans Ziel zu kommen.

Mittlerweile ist es medizinisch längst nachgewiesen: Jeder gesunde Mensch träumt. Nur tun sich offensichtlich einige Menschen leichter als andere damit, ihre Träume ins Wachbewusstsein zu retten. Und da es in unserer Gesellschaft allgemein akzeptiert ist, nicht zu träumen, unternehmen auch die wenigsten etwas gegen ihre nächtliche Vergesslichkeit.

In traumerprobteren Kulturen ist das ganz anders. Dort wird die geistige und seelische Gesundheit des Einzelnen genauso aus dem Traum abgeleitet wie das Funktionieren der gesamten Gemeinschaft. Bei den Senoi misstraut niemand einem Menschen, der für sich Vorteile erträumt. So wird ein Vater das Ansinnen eines jungen Mannes gründlich prüfen, wenn der behauptet, im Traum mit der Tochter geschlafen zu haben. Es ist sogar sehr wahrscheinlich, dass er einige Nächte mit dem Mädchen verbringen darf, wenn es nichts dagegen einzuwenden hat. Niemand käme auf die Idee, der junge Mann könnte seinen Traum nur erfunden haben. Ganz anders verhält es sich hingegen, wenn ein Senoi von sich behauptet, nicht zu träumen oder sich seiner Träume nicht entsinnen zu können. Ähnlich wie die panamerikanischen Indianer drängen auch die malaiischen Traumvölker ein solches Stammesmitglied an den Rand ihres sozialen Gefüges. In Mexiko gibt es Völker, die ihre Schamanen über ein loderndes Feuer hängen, wenn diese ihre Träume vergessen haben. Die Angst soll ihrem Gedächtnis auf die Sprünge helfen.

Ganz so drastisch sind meine Vorschläge nicht. Es gibt schließlich eine ganze Reihe wesentlich weniger spektakulärer und unangenehmer Arten, den eigenen Traumbildern auf die Spur zu kommen. Oft wirken sie schon nach erstaunlich kurzer Zeit, manchmal braucht es etwas Übung und Beharrlichkeit.

Die innere Einstellung

Die wichtigste Grundvoraussetzung ist – wie bei fast allem auf dieser Welt – unsere Grundeinstellung. Wer seine Träume unwichtig findet, wird sie auch häufig übersehen. Manchmal reicht es schon aus, sich die Bedeutung des bildhaften Geschehens vor Augen zu führen, um lebendige Träume aus der Nacht mitzubringen. In einem meiner Seminare hatte ich mit Paul-Otto einen strengen Logiker vor mir.

Was ihn in meinen Workshop verschlagen hatte, kann ich bis heute nicht sagen. Vermutlich war es ein Versehen, denn Paul-Otto begann vom ersten Augenblick an, sich über uns und unsere Träume lustig zu machen. Ich war am ersten Nachmittag schon knapp davor, ihn zu bitten, das Seminar zu verlassen. Dass er doch noch Zugang zur Welt der Träume gewann, verdankte er dem Tagesprogramm. Am Abend standen nämlich die biologischen Vorgänge rund ums Träumen auf dem Programm. Da schienen mir Störungen nicht möglich, so dass ich beschloss, Paul-Otto noch eine Chance zu geben.

Ich begann den Abend mit einem kurzen Tierfilm. Der Hauptdarsteller war ein Dackel, der im Schlaf sichtlich erregt eine Fährte aufgenommen hatte und nun hechelnd hinter seiner Beute her war. Dem Hund zuckten nicht nur seine Gliedmaßen im wilden Jagdeifer, er winselte und quietschte und gab schließlich auch einige kurze, ganz hohe Beller von sich. Paul-Otto war offensichtlich irritiert. Der Film hatte ihm offensichtlich erstmals vor Augen geführt, dass Tiere träumen. Nun trug ich meine bereits ausführlich behandelten Schlussfolgerung vor, dass man den Traum nicht auf seine Funktion als Müllhalde der Psyche reduzieren könne. Zum ersten Mal an diesem Tag hörte mir mein Problemteilnehmer aufmerksam zu.

Gemeinsam erarbeiteten wir an jenem Abend noch unterschiedlichste Traumszenarien und ihre Bedeutung für uns und unser Lebensgefüge. Wir streiften dabei auch jenen unbefriedigenden Zustand, in dem die Träume im Wachen ihre Offenbarung verweigern. Schließlich wünschte ich meinen Teilnehmern »aufschlussreiche Träume« und bat sie, Papier und Bleistift zum Festhalten eventuell in der Nacht auftauchender Träume bereitzulegen.

Am kommenden Morgen trug Paul-Otto während unseres ersten Erfahrungsaustausches ein Gedicht vor. Er, der Traumverweigerer, hatte es in der Nacht zuvor geträumt! Offensichtlich reichte bei ihm eine ernsthafte Einstellungsänderung bereits aus, um seine Träume aus der Versenkung zu zaubern.

Oft ist es auch notwendig, bewusst Mut zu sammeln, die eigenen Träume anzusehen. Träume können nämlich sehr unangenehm werden. Entweder stoßen sie einen beharrlich auf Eigenschaften oder Situationen, die man lieber vergessen würde. Oder sie äußern sich in der Gestalt eines Angsttraumes, der einen in Schweiß gebadet aus dem Schlaf schrecken lässt.

Besäßen wir eine Traumkultur, wäre sehr viel weniger Mut notwendig, unseren Träumen in die Augen zu sehen. Denn dann hätten wir gelernt, im Zweifel in ihren Ablauf einzugreifen und zu unseren Gunsten zu verändern. Kein Senoi überlässt sich im Traum dem freien Fall, er verwandelt das Geschehen so, dass er zu fliegen beginnt.

Außerdem wüßten wir mit einer ordentlichen Traumschulung auch in den tiefsten Gründen unseres Seins, dass uns Träume lebenstüchtiger machen und auf Gefahren vorbereiten. So träumen bei vielen Naturvölkern die Jäger alptraumartige Jagdszenen immer und immer wieder, um für den Augenblick der tatsächlichen Gefahr gerüstet zu sein.

Schließlich sollten wir uns und unsere Beobachtungsgabe während des Tages einmal scharf unter die Lupe nehmen, bevor wir eine der zahlreichen »Traumkontrolltechniken« anwenden. Erfahrungsgemäß sind vergessliche Träumer auch schlechte Beobachter am Tag. Versuchen Sie einmal bewusst einen ganzen Tag lang, die Kleinigkeiten in ihrer Umgebung wahrzunehmen. Konzentrieren Sie sich am nächsten Tag vielleicht auf die Farben Ihres Umfeldes, am dritten Tag auf die Töne, am vierten Tag auf die Gerüche. Zwei bis drei Tage sollten der Beobachtung Ihres Verhaltens und Ihrer Gefühle gehören, ein weiterer den Reaktionsmustern Ihrer Mitmenschen. Mit einem derart geschärften Bewusstsein wird es Ihnen vermutlich auch leichter fallen, die Eindrücke der Nacht in den Tag hinein zu retten.

Neben solchen Übungen, die große Auswirkungen auf unsere innere Einstellung, auf unsere Wertesysteme und Verhaltensmuster haben, gibt es natürlich auch weit weniger tief schürfende Methoden. In der Regel wirken sie jedoch nur, wenn wir zumindest die Bedeutung unserer Träume akzeptiert haben und bereit sind, der »Traumrealität« ins Gesicht zu sehen.

Papier und Bleistift

Ein weit verbreiteter und gleich doppelt wirksamer Trick besteht darin, Papier und Bleistift auf der Bettkante bereitzulegen. Erstens signalisiert man sich auf diese Art und Weise die eigene Aufmerksamkeit. Und zweitens kann man mit Hilfe eines Schreibzeuges tatsächlich Traumeindrücke festhalten, die sonst verloren gingen. Meist steigen unsere Träume des Nachts so weit in unser Bewusstsein, dass wir durchaus in der Lage wären, sie kurz zu notieren. Versäumen wir diese Chance, dann entwischen sie uns in der Regel. Selbst routinierte Traumerinnerer sollten auf diese pragmatische Hilfe nicht verzichten. Auch wer gewöhnt ist, seinen Bewusstseinssensor auf seine Träume einzustellen, rettet selten den gesamten Traum ins Tagbewusstsein.

Mir selbst geht es manchmal so, dass ich aus Bequemlichkeit auf die nächtlichen Notizen verzichte und mir bereits während des Traumes fest vornehme, ihn bis zum nächsten Morgen zu behalten. Meist wache ich dann tatsächlich mit der Erinnerung auf. Doch während ich den Traum formuliere, um ihn auszusprechen und damit besser in meinem Gedächtnis zu verankern, merke ich, wie Teile unwiederbringlich verschwinden. Das ist schade, denn oft handelt es sich um wichtige Aspekte, denen wir uns häufiger erfolgreich verschließen.

Anfangs finden es viele Menschen auch sehr schwierig, Träume angemessen zu beschreiben. Denn entweder wirken die Worte auf dem Papier völlig absurd und zusammenhangslos, oder sie treffen das Wesen des Traumes nicht. Wenn Sie aus einer Welt erwachen, in der Sie sich sehr sicher und geborgen gefühlt haben, in der Licht und Wind und Luft »irgendwie anders«, dichter, wärmer waren, und in der Ihnen jemand, der seit langem tot ist, mit einem Satz einen Ansatz zur Lösung für ein Problem gegeben hat, das Sie sehr beschäftigt – dann ist es einfach nicht angemessen, wenn Sie hinterher Ihrem Partner erzählen: »Ich habe heute von meinem Großvater geträumt. Er hat mir geraten, vor der Entscheidung erst noch mit Gisela zu sprechen.« Das passt nicht zusammen. Tagessprache ist dem Traumerleben nicht angemessen, sie kann viele Qualitäten davon gar nicht ausdrücken. Gerade deshalb ist es aber sehr wichtig, die Erinnerungen an Träume so ausführlich wie möglich festzuhalten. Sie bewerben sich mit Ihren Traumnotizen nicht um einen Nobelpreis für Literatur. Sie halten damit nur etwas fest, was ansonsten unwiederbringlich verloren geht: Botschaften aus Ihrem Unbewussten.

Traumtagebuch und Tagesausklang

Im Idealfall bleibt es nicht bei einzelnen Notizen. Wer seinen Träumen ernsthaft auf den Grund gehen will, sollte die nächtlichen Zettel nicht nur sammeln, sondern auch in ein eigenes Traumtagebuch eintragen. Während Sie die Schmierzettel der Nacht übertragen, können Sie diese Gelegenheit auch gleich dazu nutzen, sich noch einmal die Einzelheiten des nächtlichen Traumes vor ihr geistiges Auge zu rufen. Schmücken sie den Traum durchaus auch mit Hilfe Ihrer Phantasie weiter aus. Markieren Sie allerdings, was Ihr Traumprodukt im engeren Sinn ist und was Sie später hinzugefügt haben.

Das Traumtagebuch eignet sich auch hervorragend dazu, durch Erinnerungen an ähnliche Gefühle und zurückliegende Träume, Interpretationsansätze und aktuelle Ereignisse ergänzt zu werden. Wichtig ist nur, dass alles, was Sie in Ihr Traumtagebuch eintragen, für Sie mit Ihrem nächtlichen Traum zusammenhängt.

Sehr hilfreich kann es auch sein, sich vor dem Einschlafen auf das Träumen vorzubereiten. Dies können Sie wie Nora, Veronika und ich dadurch tun, dass Sie kurze Phantasieträume vor dem Einschlafen erfinden oder den abendlichen Fernsehfilm als Projektionsfläche Ihrer Gefühle auswerten. Ich sehe mir im Bett noch gerne einen schönen Bildband an oder lese einige Seiten in einem guten Buch. Und eine sehr liebe Freundin von mir hört jeden Abend im Bett 15 Minuten Mozart, der ihre Seele offensichtlich so beflügelt, dass sie des Morgens mit den anregendsten Traumbildern erwacht. All diese Methoden bringen keine bestimmten Assoziationsketten in Gang, sondern stimulieren vor allem Ihre rechte Hirnhemisphäre.

Egal, welche Technik Sie bevorzugen, hilfreich ist es immer, mit Hilfe einer Entspannungstechnik die Hirnfrequenz bereits in den ruhigeren Alphabereich zu senken. Wie dies im Einzelnen gehen kann, habe ich im Kapitel »Wege in den Traumzustand« beschrieben. Dabei ist jede Methode so gut wie die andere. Nach meiner Erfahrung ist es eine reine Frage des persönlichen Geschmacks, welche Sie für sich verwenden. Ich persönlich wähle meine Methoden je nach Verfassung und Ablauf des vorangegangen Tages aus.

Nach stressreichen Stunden wähle ich »strengere« Methoden, die meinen Geist in einen genau vorgegebenen Ablauf bringen. Rückwärts von 100 bis 0 zu zählen, erweist sich an solchen Abenden oft als ganz besonders wirksame Hilfe dabei, aus der Anspannung des Tages auszusteigen. Auch die genau vorgegebenen Formeln des autogenen Trainings lassen mir wenig Spielraum, mich in unkontrollierten Gedankenspielen zu verlieren.

Leichten, freudigen Tagen lasse ich ebenso leichte Abende folgen. Einige Minuten der Atembeobachtung reichen dann oft aus, um in wunderschöne Phantasiereisen abzutauchen, die übergangslos in einen traumhaften Schlaf übergehen. In solchen Stunden ist mir oft, als flöge mein Geist losgelöst von meinem Körper durch Zeit und Raum. Die Geschenke, die ich von dort mitbringe, bereichern mein Leben auf eine unbeschreibliche Art und Weise.

Warnen möchte ich dagegen vor Empfehlungen wie jener, den Wecker im Stundenrhythmus zu stellen. Bei einigen Zeitgenossen mag das Wachbewusstsein nur stresserfüllt funktionieren. Sie scheinen zu glauben, auch das Traumbewusstsein könne nur so arbeiten. Und vielleicht ist das ja auch so. Ich kenne jedoch eine ganze Reihe von Beispielen, wo solch verkrampfte Zutrittsversuche in die Traumwelt nicht nur den Traum, sondern auch den Schlaf verscheuchten. Ich kann es beiden nicht verdenken.

Ich bevorzuge einen anderen Ansatz. Nach meiner Erfahrung sind unsere Träume köstliche Erfahrungen, auch wenn sie uns manches Mal arg mitnehmen. Echte Geschenke sollte man nicht erzwingen. Sie kommen dann nicht von Herzen. Und ähnlich verhält es sich auch mit unseren Träumen. Wir können unsere Wünsche mit formelhaften Sätzen äußern, wir können ihnen mit geeigneter Stimulation den Weg ebnen. Und wir können ihnen mit aufmerksamer Beobachtung unsere Achtung erweisen. Mehr geht nicht. Wenn sie dann eintreffen, haben wir allen Grund zu feiern. Stellen Sie bei Ihren Festen im Stundentakt den Wecker? Na also!

Teil VII:

Träume steuern – Wege und Möglichkeiten

Traumbilder zeigen uns innere Vorstellungen, die der Träumer von sich selber und von anderen hat. Traumhandlungen zeigen uns die Art, wie der Träumer mit sich selbst und mit seiner Umwelt umgeht. Wenn diese Voraussetzungen zutreffen, so können Änderungen der Traumereignisse auch die Vorstellungen, die der Träumer von sich selber und der Welt hat, verwandeln.

Diese Auffassung ist für die Traumsteuerung ungemein wichtig. Wenn man sein Verhalten in den Träumen ändert und diese Änderung zu einer Veränderung der Einstellung gegenüber dem Alltagsleben führt, dann wird sich auch das Verhalten im Alltagsleben wandeln. Diese Verhaltensänderung im Wachzustand bewirkt ihrerseits weitere Änderungen im Traumleben – und so kann es zu einer Art positiver Wachstumsspirale kommen.

Beispiele aus der Welt der Naturvölker zeigen, wie die Möglichkeiten der Traumkontrolle die Welt im Wachzstand beeinflussen. Bei den Senoi führt anerzogene, kontrollierte Traumsteuerung zu einem friedlicheren, aggressionsfreieren, ganzheitlicheren Sozialgefüge innerhalb der Stammesgemeinschaft. Die Erfahrung der Traumkontrolle eröffnet einen sanften Weg zur Ganzwerdung und kann auch von Bewohnern des Abendlandes durchaus erlernt werden.

Dass sich ein Verhalten aus dem Traumleben auf das Alltagsleben überträgt, ist auch bei uns ein vertrautes Phänomen. Es gleicht der Wirkung der modernen Therapie, die im Wachzustand durchgeführt wird. Wird bespielsweise ein Mann, der unter Impotenz leidet, von einem Analytiker behandelt, der ihm oft jahrelang nur hilft, seine Ressentiments gegenüber Frauen aufzudecken, so kann es sein – muss aber nicht –, dass der Betreffende von seiner Impotenz geheilt wird. Wenn jedoch derselbe Mann seine Impotenz direkt von einem Verhaltenstherapeuten, einem so genannten Behaviouristen behandeln lässt, so dass sie innerhalb weniger Wochen bseitigt ist, dann wird er unweigerlich feststellen, dass sein geändertes Verhalten zugleich seine Einstellung sich selbst und Frauen gegenüber gewandelt hat.

Ähnlich liegt der Fall, wenn wir unsere Verhaltensweisen, wie sie sich in unseren Träumen ausdrücken, einfach nur »verstehen«. Mit dieser Erkenntnis sind wir vielleicht im Stande, unser Verhalten im Wachzustand zu ändern, vielleicht aber auch nicht. Wenn wir aber unser Traumverhalten ändern, dann wird sich in der Folge auch das Verhalten im wachen Leben wandeln.

Indem man bewusst Einzelheiten in seinem Traumleben ändert, kann man lernen, sich vielen seiner Probleme dort zu stellen, wo sie ihren Ursprung haben – nämlich in seiner eigenen Seele –, und nicht erst Jahre später in der Praxis eines Psychotherapeuten. Für die Gestaltpsychologen stellt jedes

Traumbild einen Aspekt des Träumers dar. Selbst wenn das Traumbild eine andere Person darstellt, ist es die Vorstellung des Träumenden von dieser Person (und nicht die betroffene Person selbst), also immer noch ein Teil des Träumenden selbst. Wenn man die Senoi-Methode der Traumkontrolle anwendet, lassen sich diese widerstreitenden Teile der Seele umgestalten und auf positive Weise miteinander verbinden. Und das alles während der anderthalb oder wenig mehr Stunden, die man jede Nacht träumend verbringt. Wer als Träumer seine Träume richtig nutzt, kann ein einheitliches Zusammenwirken aller seiner seelischen Komponenten erreichen und in eine harmonische Übereinstimmung mit sich und seiner Umwelt gelangen.

Hat der Träumer einmal diese friedvolle Einswerdung in seinem Traumleben erreicht, dann dürfte es nicht allzu weit hergeholt sein, folgende Vermutung zu äußern: Gewappnet mit dem Erreichten ist der Träumer nun fähig, mit der Gesellschaft auf eine ähnlich friedfertige Art und Weise in Beziehung zu treten.

Die dramatische Umstellung vom Angsterregenden zum Kreativen geschieht auch im Traumleben allmählich. Selbst bei den Senoi bedarf es einer gewissen Zeit, bis schließlich der hohe Grad an Selbstkontrolle erreicht ist, der bei ihnen den erwachsenen Träumer auszeichnet. Kinder träumen nicht sofort in allen Einzelheiten gemäß dem Grundmuster, das ihnen die Eltern empfohlen haben. Tag für Tag werden die Träume gebilligt. Nacht für Nacht versucht das Kind, seine Träume zu verändern und sie in Übereinstimmung mit der Glaubensauffassung seiner Gesellschaft zu bringen. Und Jahr für Jahr schreitet dieser Prozess fort. Ganz allmählich, Schritt für Schritt und nicht auf einmal, fängt das Kind an, in seinen Träumen das zu tun, was ihm aufgetragen wurde. Und wenn es dann zum Erwachsenen geworden ist, hat es eine umfassende Kontrolle über seine Träume gewonnen.

Die Senoi erlangen die Traumkontrolle über bestimmte Erscheinungsformen eher als über andere. Nach Stewart beherrschen sie zuerst Traumbilder von Gegenständen und Tieren, dann von Gefährten und Ebenbürtigen und schließlich solche von einflussreichen Personen und von Göttern. Zuerst sterben diese Gestalten in den Träumen, oder – als zweite Möglichkeit – sie arbeiten mit dem Träumer zusammen und helfen, andere Erscheinungsformen zu bezwingen. Später ist der Träumer dazu allein im Stande. Wichtige Traumgestalten aus dem sozialen Bereich und der Umwelt des Träumers (z. B. Vater, Mutter, Bruder, Freund, Sonne, Wind, Blitz) sterben nicht nur oder arbeiten mit ihm zusammen, sondern geben dem Träumer auch etwas Wertvolles für seinen alltäglichen Gebrauch. Auf diese Weise nimmt die Kontrolle von Jahr zu Jahr mehr zu, bis der Senoi-Träumer schließlich immer irgendwo hinkommt, wo er in seinen guten Träumen eine Kostbarkeit findet oder in seinen schlechten einem Traumfeind entgegentritt, ihn bezwingt und von ihm eine Gabe erhält.

Obwohl es in unserer Gesellschaft an kultureller Unterstützung zur Erlernung der Traumkontrolle fehlt, lässt sich die Senoi-Methode der Traumkontrolle erlernen und mit Erfolg in das Traumleben des westlichen Träumers einbeziehen. Die Wirkung ist für uns fast ebenso groß wie für die Senoi, laut zahlreicher Erfahrungen von Einzelpersonen oder Familien.

Die Begegnung mit der Auffassung der Senoi hat eine tief greifende Umwandlung im Traumleben (bei Menschen des Westens) zur Folge. Es liegt allerdings nahe, dass die Menschen des Westens für die vollständige Entwicklung des Senoi-Konzeptes wesentlich mehr Zeit brauchen als die Senoi, die in ihrer Gesellschaft volle Unterstützung finden. Der westliche Träumer wird in seiner Kultur keineswegs dazu ermutigt, seine Träume zu verändern. Und auch paradigmatisch denkende Psychologen sehen es nicht gerne, wenn jemand selbst an seinen eigenen Täumen »herumpfuscht«.

Das Tor geht auf oder: Eine Übung zur Traumsteuerung

Wer sich gezielt entspannen kann, wer gezielt seinem Bewusstsein eine Pause verordnen kann, hat den Schlüssel zum Tor in die Traumwelt in der Hand. Und damit eröffnen sich spannende Handlungsalternativen. Mit Hilfe gesteuerter Träume können Sie sich Antworten auf Fragen holen, problematische Situationen einige Male üben, bevor sie sich Ihnen stellen und so dafür sorgen, dass sie Ihre Arbeit neu beflügeln. Ja, gewusst wie, lässt sich mit eigens geschaffenen Traumbildern sogar ein Stück Realität schaffen. Deshalb verzichtet heutzutage kaum ein Gesundheits-, Verhaltens- oder Persönlichkeitstraining auf die Kraft unserer Träume.

Wagen Sie doch einfach einmal einen Versuch. Für Anfänger eignet sich der Tagtraum am besten, da er bereits über leichte Entspannungsübungen zugänglich ist und vergleichsweise leicht gesteuert werden kann. Machen Sie aus Ihrem ersten Versuch einen feierlichen Augenblick. Entzünden Sie einige Kerzen, stellen Sie ein Duftlampe auf oder drapieren Sie einige hübsche Tücher an dem Ort, wo Sie ins Traumreich eintreten wollen. Dann legen Sie sich hin, schließen Sie die Augen und vergegenwärtigen sich Ihr erstes Traumziel. Ich empfehle Ihnen, beim allerersten gelenkten Traumversuch einen Körperteil, wie zum Beispiel die eigene Hand, anzusteuern.

Machen Sie nun Ihre Entspannungsübungen. Ob Sie einen Einstieg über das autogene Training, die Beobachtung Ihres Atems oder eine andere Technik wählen, bleibt völlig Ihnen überlassen. Wichtig ist nur, dass Sie sich nicht anstrengen sollten. Sobald Sie merken, wie Ihr Körper in die Ruhe sinkt, versuchen Sie, sich Ihre Hand vorzustellen. Nehmen Sie jede Einzelheit wahr. Betrachten Sie die gesamte Hand und jeden einzelnen Finger, fahren Sie mit Ihrer Aufmerksamkeit die Linien auf den Fingerkuppen und in den Handflächen nach. Betrachten Sie Ihre Fingernägel, den Schmuck, den Sie unter Umständen tragen, oder leichte Verletzungen.

Sagen Sie Ihrer Hand auch, sie möge sich nun auf Ihr Kommando bewegen. Fordern Sie sie auf, sich zu einer Faust zu ballen, sich zu strecken und zu spreizen. Beobachten Sie diese Abläufe ganz genau. Anfangs kann es durchaus sein, dass Sie diese Aufgabe sehr ermüdet. Wann immer Sie merken, dass Ihre Aufmerksamkeit abschweift, holen Sie Ihre Gedanken unerbittlich zurück. Traumsteuerung hat auch sehr viel mit Selbstdisziplin zu tun. Seien Sie gleichzeitig aber nicht zu kritisch. Ablenkungen sind ganz normal. Bedenken Sie, dass Ihr Gehirn im Alphazustand arbeitet. Da ist es ganz normal, nicht jeden einzelnen Bruchteil einer Sekunde verfolgt zu haben.

Nach derartigen Anfangsübungen können Sie Ihre Steuerungsversuche bereits auf »echtes« Traumgeschehen lenken. Vielleicht kommt Ihnen ein Traum aus jüngster Zeit in den Sinn, der abrupt abbrach, unbefriedigend endete oder unklar blieb. Solche Träume eignen sich hervorragend für eine »Nachbearbeitung« im Tagtraum.

Bereiten Sie Ihr Umfeld nach Möglichkeit wiederum feierlich vor, um die Besonderheit des Augenblickes zu würdigen und bewusst aus dem Alltag auszusteigen. Machen Sie Ihre Entspannungsübungen und gleiten Sie dann behutsam in jene Szene Ihres Traumes, die Ihnen am nachdrücklichsten in Erinnerung geblieben ist. Versuchen Sie nun, den Faden der Traumhandlung aufzunehmen und weiterzuspinnen.

Manchmal stößt man an den heiklen Stellen des ursprünglichen Traumgeschehens auf Schwierigkeiten. Möchte man den Nebel über bestimmten Bildern lichten, Wände beiseite schieben, über Mauern schauen oder andere Hindernisse beiseite schieben, dann kann es passieren, dass das Traumbewusstsein auch im gesteuerten Tagtraum auszuweichen trachtet. Geben Sie in solchen Situationen nicht zu schnell auf. Manchmal lohnt es sich, die Perspektive zu wechseln. Versuchen Sie, in Ihrem Traum um das Hindernis herumzugehen. Sehen Sie sich nach Hilfsmitteln, hilfreichen Menschen oder anderen Wesen um. Wenn Sie Ihr Ziel nur hartnäckig genug verfolgen, werden Sie am Ende Erfolg haben.

Gelichtete Nebel oder: Wenn Horror fortgeträumt wird

Wie so etwas funktionieren kann, zeigt das Beispiel von Hans Günther. Der Familienvater träumte seit einiger Zeit wiederholt von einem Spaziergang mit seiner Frau und seinen beiden Söhnen.

> »Aus der Vogelperspektive beobachte ich, wie wir an einem kleinen Bachbett entlang über sonnige Felder gehen. Vögel zwitschern, der Wind rauscht leise in den Baumwipfeln und es riecht intensiv nach Frühling. Langsam schlendert die kleine Gruppe unter mir auf einen Waldrand zu und folgt dem Bachbett weiter in den Wald hinein. Doch je tiefer sie in den Wald eindringt, desto dunkler und unheimlicher wird die Szenerie. Die Luft ist dumpf und stickig, und aus dem Bachbett steigt dichter Nebel auf. Ich überblicke das Ganze plötzlich nicht mehr von oben, sondern stehe einsam auf dem Boden und taste um mich. Kein Mensch ist in meiner Nähe, weder meine Frau noch die Jungen antworten auf meine Rufe. Das Rauschen der Bäume wird immer bedrohlicher, und ich kann meine eigene Hand vor Augen nicht mehr erkennen. Wie angewurzelt bleibe ich stehen und habe das Gefühl, keinen Atem mehr zu bekommen.«

Die Symbolik seines Traumes ist Hans Günther sofort klar. Er hat ein hervorragendes berufliches Angebot bekommen, das jedoch mit einer Übersiedelung nach Übersee verbunden wäre. Er traut sich jedoch kaum, seiner Familie diesen Vorschlag zu unterbreiten. Seiner Frau ist erst kürzlich den Wiedereinstieg in den Beruf geglückt, und die beiden Söhne scheinen den Wechsel in die weiterführende Schule nach Anfangsschwierigkeiten gerade gut überwunden zu haben. Hans Günthers Chef signalisiert ihm allerdings recht deutlich, dass eine Ablehnung des neuen Postens einem Karrierestopp gleichkäme. Nun weiß der Mittvierziger nicht, was er tun soll. Ja, mehr noch, traut er sich doch noch nicht einmal, die anstehenden Entscheidungen in der Familie zur Diskussion zu stellen. Und genau diese Situation begegnet ihm auch im Traum.

Ich empfehle dem ratlosen Mann, zu versuchen, den Nebel im Traum mit Hilfe eines gesteuerten Tagtraums zu lichten. Nach einer Entspannungsübung zum Einstieg findet sich Hans Günther als Beobachter der Familie aus der Vogelperspektive wieder. Aber anders als während des nächtlichen Vorbildes bleibt er nicht als Beobachter in der Luft, sondern gesellt sich bereits dort mit seiner Wahrnehmung zur Gruppe. Gemeinsam betreten die vier den Wald und geraten langsam, aber sicher immer tiefer in Dunkelheit und Nebel. Schließlich steht Hans Günther wieder wie angewurzelt am Rand des Bachbettes.

»Ich bin wie festgenagelt, komme keinen Schritt vorwärts. Langsam strecke ich die Arme aus, um zu versuchen, einen Arm oder den Zipfel einer Jacke von meiner Frau oder einem meiner Söhne zu erwischen. Aber vergeblich. Mit aller Kraft versuche ich, mich aus meiner Position zu befreien. Aber es ist unmöglich. Im Gegenteil, ich merke, wie mir bei meinen Versuchen die Kräfte schwinden. Ich bin völlig verzweifelt. Hilflos krame ich in meinen Taschen, in der Hoffnung, ein Feuerzeug oder Streichhölzer zu finden. Doch während ich suche, weiß ich schon, dass das vergeblich ist. Ich bin Nichtraucher und trage nie Feuer mit mir herum.

Ich rufe nach meiner Frau und den Kindern, aber niemand antwortet. Erschöpft setzte ich mich hin. Aus unerfindlichen Gründe beginne ich plötzlich, den Boden rund um mich herum abzutasten. Ich weiß nicht, was ich suche, aber ich weiß, dass ich es finden werde. Millimeter für Millimeter taste ich mich vorwärts, bis ich plötzlich eine Lederschlaufe in Händen halte. Ich ziehe daran, aber das Etwas am anderen Ende hat sich offensichtlich in den Zweigen eines Strauches verhängt. Mit einem kräftigen Ruck kann ich es befreien und halte die Handtasche meiner Frau in Händen. Aufgeregt durchsuche ich den Inhalt. Und nun werde ich fündig.

Ganz zum Schluss, als ich die Handtasche schon beiseite legen will, stoße ich auf eine Taschenlampe. Mit zittrigen Händen hole ich sie heraus und knipse sie an. Sie wirft einen ganz schwachen Strahl, der kaum in der Lage ist, den dichten Nebel um mich herum zu durchdringen. Aber wenn ich mich genau an diesen Strahl halte, kann ich vorsichtig einen Fuß vor den anderen setzen. Das Licht führt mich auf einen Weg, an dessen Ende sich der Nebel zu lichten scheint. Ich strebe darauf zu, bis sich vor mir eine Lichtung öffent. Dort sitzen meine Frau und die beiden Jungen vor einer Waldhütte im Sonnenschein und winken mir zu. Erleichtert laufe ich auf sie zu und setze mich zu ihnen.«

Leicht war für Hans Günther sein Weg durch den Nebel seines Traumes wirklich nicht. Immer wieder muss er neue Anläufe nehmen, bis er schließlich auf eine Lösung trifft. Sein Beispiel zeigt deutlich, dass nicht nur nächtliche Träume, sondern auch gezielte Tagträume manchmal recht überraschende Wendungen nehmen können. Für Hans Günther wird durch den Tagtraum einiges klar. Er erkennt, dass er durch seine Weigerung, der Familie den Scheideweg seines Lebens deutlich zu zeigen, deren Verlust riskiert hat. Während er handlungsunfähig in seinem Nebel gefangen schien, sind

Frau und Kinder nämlich in Unkenntnis seines Problems ihrer Wege gezogen. So wird das Tagtraumerlebnis zum Ausgangspunkt eines offenen Gespräches zwischen den vieren.

Die gläserne Mauer oder: Geträumte Alternative

Hans Günther hatte Glück, dass es ihm bereits beim ersten Anlauf gelang, den Nebel zu lichten. Manchmal muss man mehrere Traumversuche starten, bis es einem gelingt, ein Hindernis beiseite zu schieben oder zu überwinden, um einen klaren Blick zu gewinnen.

Marion war bei ihren ersten gesteuerten Tagtraumversuchen weniger erfolgreich. Sie sah sich regelmäßig vor einer unüberwindlich hohen Mauer, die ihr den Weg zu versperren schien.

> »Ich trete aus einem Urwald. Alle möglichen Hindernisse habe ich dort überwunden. Ich bin durch dichtestes Unterholz gekrochen, habe einen unendlich breiten Fluss überquert und mich auf einer Hängebrücke über einen Abgrund getastet. Aber jetzt stehe ich an. Wohin ich auch schaue, ich finde keine Tür. Aber ich weiß, ich muss unbedingt weiter. Hinter der Mauer erwartet mich etwas Wunderschönes. Ich weiß zwar nicht genau, was es ist, will es aber unbedingt haben.«

Mehrmals nähert sich Marion in gesteuerten Tagträumen dieser Stelle. Endlos geht sie an dieser Mauer entlang, um einen Spalt oder ein Tor zu finden. Vergebens. Sie irrt so lange herum, bis sie spürt, verärgert aus ihrer Entspannung aufzutauchen. Der Tagtraum ist zu Ende, das Hindernis steht unverändert dort.

In einem Gespräch wird sehr schnell deutlich, welche Hindernisse Marion in ihrem Leben unüberwindlich erscheinen. Die Studentin steht knapp vor dem Abschluss eines ungeliebten Studiums. Um Auseinandersetzungen mit dem Vater zu vermeiden, hat sie sich entgegen ihren Neigungen durch das schwierige Studium gebissen. In ihrem Innersten ist sie zwar entschlossen, nie in ihrer Profession zu arbeiten, trotzdem scheint ihr der Studienabschluss der Schlüssel zu einer erfolgreichen beruflichen Zukunft zu sein.

Vor dem nächsten gesteuerten Tagtraumversuch besprechen wir kurz die Alternativen zu ihrer Strategie, einfach nur an der Mauer entlangzugehen und nach einer Tür zu suchen. Spontan fällt Marion ein, eine Leiter zu bauen, selber eine Bresche in die Mauer zu schlagen oder mit Hilfe eines Steinhaufens darüber zu klettern.

Nach der einleitenden Entspannungsphase steht Marion wieder vor ihrer Mauer.

»Ich blicke mich unschlüssig um. Im Hinterkopf weiß ich, ich sollte versuchen, eine Leiter zu bauen oder einen Steinhaufen anzuschütten, aber mir fehlt das Werkzeug. Jetzt, wo ich mich hier an der Mauer umsehe, bemerke ich erst die Umgebung so richtig. Der Urwald hinter mir wird plötzlich viel plastischer. Ich drehe mich um und gehe wieder hinein. Die Tierstimmen und die Gerüche um mich herum faszinieren mich. Ziellos lasse ich mich herumtreiben, bis ich zu einer kleinen Lichtung komme. Zwischen zwei hohen Urwaldbäumen baumelt eine Hängematte. In die lege ich mich hinein und schlafe ein.«

An diesem Punkt reißen Marions Erinnerungen ab. Ein Kommentar des Geschehens erübrigt sich wohl von selbst. Was bleibt, ist die Mauer, auf die die Studentin in ihren nächtlichen Träumen nach wie vor stößt.

Da die Prüfungstermine näher rücken, wächst Marions Wunsch, das Hindernis zu überwinden. Zumal sie von ihrem Traum immer wieder aus dem bitter notwendigen Schlaf gerissen wird. Wir verabreden einen dritten Versuch, bei dem ich durch eine Visualisierung behutsam probieren werde, ihre Bilder zu lenken. Dies geschieht so, dass ich ihr Szenarien vorschlage und sie mir in der Entspannung sagt, welche Bilder zu meinen Anregungen in ihr auftauchen.

Gesagt, getan. Marion besitzt durch zurückliegende Meditations- und Visualisierungsübungen zum Glück bereits genug Routine, um schnell in die Entspannung zu finden und sich von meiner Stimme nicht weiter irritieren zu lassen. Ihren Weg durch den Urwald bis zur Mauer findet sie noch alleine. Dann sagt sie mir leise, dass sie angekommen ist. Ihre Stimme gibt mir einen wichtigen Anhaltspunkt, wie tief Marion in den Alphazustand eingedrungen ist. Ihre Entspannung erscheint mir noch reichlich labil, deshalb schlage ich ihr zunächst allgemeinere Meditationsbilder vor. Ich fordere sie auf, die Umgebung der Mauer noch einmal ganz besonders gründlich zu betrachten und auch jene Details an den Bäumen, Sträuchern und der Wiese vor der Mauer wahrzunehmen, die bislang ihrer Aufmerksamkeit entgangen sind.

Zögernd beginnt Marion, das Flussufer zu beschreiben. Ich greife die Anregung auf und fordere sie auf, ein reinigendes und klärendes Bad im Wasser dieses Flusses zu nehmen. Solcherart gestärkt, kommt Marion wieder zur Mauer zurück. An dieser Stelle ziehe ich mich sanft aus dem Tagtraumgeschehen zurück. Die Studentin nimmt nun widerum ihre Versuche erneut auf, die Mauer zu überwinden. Die Geschichte, die sie erzählt, bekommt eine völlig überraschende Wende.

»Verträumt sitze ich vor der Mauer und schaue auf die Kleider, die noch vom Bad im Fluss vor mir auf dem Boden liegen. Ich überlege, ob ich mir aus ihnen eine Strickleiter knüpfen kann. Der Gedanke ist mir allerdings nicht sonderlich angenehm, denn dann müsste ich nackt über die Mauer klettern, und dazu verspüre ich nicht die geringste Lust. Da fällt mein Blick auf meinen Walkman. Ich stülpe mir die Kopfhörer über und beginne, Musik zu hören.

Die Musik ist so laut, dass man die Kopfhörer gar nicht braucht. Also nehme ich sie ab und sehe mich nochmals um. Da tauchen auf der Mauer zwei lustige Affen auf. Sie turnen herum und schneiden Grimassen. Langsam kommen sie auf mich zu. Der eine schnappt sich den Walkman, der andere die Kopfhörer, dann springen sie auf die Mauer zurück und grinsen mich an. Der eine Affe hält mir plötzlich seine Hand hin, ich greife hinein und lasse mich auf die Mauer ziehen. Auf der anderen Seite sehe ich ein Zirkuszelt, vor dem ein Klavier steht. Plötzlich weiß ich, dass es nur auf mich gewartet hat. Vorsichtig lasse ich mich herabgleiten, setze mich an das Instrument und beginne zu spielen. Ein letztes Mal schaue ich mich um und sehe zu meinem großen Erstaunen in der Mauer hinter mir ein weit geöffnetes Tor.«

Phantasievoller hätte der Weg über Marions Mauer wohl kaum ausfallen können. Gemeinsam werten wir die Bilder des Tagtraumes aus. Die Mauer ist eine Zäsur, die Marion von ihrem jetzigen Leben als Jurastudentin von ihrer musikalischen Profession trennt. Schon vor den Tagtraumversuchen war die junge Frau sicher, dass es sich bei der Mauer nur um ein Symbol der vor ihr liegenden Prüfungen handeln könne. In dieser Meinung fühlt sie sich nun bestätigt.

Bislang hatte sie allerdings noch keinen Blick auf »das Danach« geworfen. Im Traum erhascht sie einen Blick auf eine mögliche Zukunft als Musikerin. Auch diese Vorstellung liegt bei einer begeisterten Klavierspielerin wie Marion noch recht nahe. Was sie und mich jedoch verblüfft, ist der Hinweis, auch die trockenen Rechtsexamen mit Hilfe der Musik und einer gehörigen Portion Selbstironie anzugehen. Denn genau dies legen ihr die Affen, die sich ihrer Musik bemächtigen und ihr über die Mauer helfen, nahe.

Zwei Monate später besteht Marion mit dem Studienabschluss in der Tasche die Aufnahmeprüfung am Konservatorium.

Des Pudels Kern oder: Umgeträumte Angstträume

Unüberwindbar erscheinende Hindernisse oder nebulose Szenen können uns fraglos den Schlaf vermiesen, vor allem, wenn sie in schöner Regelmäßigkeit in unseren Träumen auftauchen. Im besten Fall hinterlassen sie ein schales Gefühl des Misserfolges oder ängstliche Ungewissheit. Doch um wie vieles schlimmer sind Alpträume, die unsere nächtliche Ruhe mit Angst und Panikattacken rüde unterbrechen.

Nur gänzlich hartgesottene Traumverdränger haben noch nie erlebt, wie das ist, in unregelmäßigen Abständen von immer der gleichen Szene aus dem Schlaf gerissen zu werden. Oft kommen diese Träume eine Zeit lang Nacht für Nacht, ja manchmal suchen sie uns sogar gleich mehrmals hintereinander in einer Nacht heim. Dann schrecken wir auf, sitzen zitternd im Bett und brauchen eine Weile, bis wir uns orientiert haben.

Es gibt Traumgeschehen, die völlig unabhängig von Zeitalter und Kultur die Menschen plagen. Nur der Umgang damit, der unterscheidet sich von einer Kultur zur anderen ganz entschieden. Während beispielsweise die Senoi von klein auf lernen, aktiv in ein unangenehmes Traumgeschehen einzugreifen, müssen wir es mangels Alternativen passiv über uns ergehen lassen.

Fritz erzählte während eines Wochenend-Workshops einen solchen Traum, wie er auf der ganzen Erde vorzukommen scheint. Fritz träumt, er falle, bis er mit einem unangenehmen Ruck, der seinen gesamten Körper erschüttert, aufwacht und sich mit wild klopfendem Herzen im Bett wieder findet. Es ist nur diese eine winzig kleine Szene. Meist tritt sie gleich mehrmals hintereinander auf, dann spürt Fritz bereits beim ersten Zurücktasten in den Schlaf, wie er wiederum in den freien Fall gerät. Nur hin und wieder ist dieser Traum in ein ganzes Geschehen eingebettet. Da Fritz unter Herzrhythmusstörungen leidet, hat ihm sein Arzt Medikamente verordnet, um die nächtlichen Angstzustände künstlich zu unterdrücken. Der Frührentner scheut sich jedoch, sie zu nehmen, da er sich durch sie am kommenden Tag unausgeruht fühlt.

Die Senoi verstehen es bekanntlich, dieses Gefühl vom freien Fall in einen selbstbestimmten Flug zu verwandeln, ohne dabei aufzuwachen. Das scheint Fritz zunächst unmöglich zu sein. Also versucht er es mit einem Tagtraum. Um das Gefühl abzurufen, stellt er sich vor, am Fenster eines Hochhauses zu stehen und nach unten zu blicken. Plötzlich verliert er das Gleichgewicht und kippt nach vorne. Und dann ist es tatsächlich da, jenes Gefühl, das Fritz nachts aus dem Schlaf reißt.

> »Ich sause in einem rasanten Tempo nach unten, weiß aber gleichzeitig, dass mir genug Zeit bleibt, nach einem Ausweg zu suchen. Hilfe suchend schaue ich mich um. Da bemerke ich, wie etwas auf meinem Rücken drückt. Ich taste nach hinten und spüre ganz überrascht die Reißleine eines Fallschirmes zwischen meinen Fingern. Ich ziehe daran und der Fallschirm öffnet sich. Langsam schwebe ich nach unten.«

Auch Herta litt bereits seit mehr als einem Jahr unter immer dem gleichen Alptraum. Es war eine klassische Verfolgungsszene, wie sie ebenfalls bei allen Menschen dieser Welt in Abwandlungen auftauchen dürfte:

> »Ich gehe durch eine dunkle, enge Straße. Plötzlich höre ich Schritte hinter mir. Ich werde verfolgt, das weiß ich sofort. Hastig beschleunige ich meinen Schritt, biege fast schon rennend um ein Eck. Doch die Schritte nähern sich unaufhaltsam. Ich spüre bereits den heißen, unangenehmen Atem meines Verfolgers in meinem Genick. In Panik stolpere ich und stürze. Dabei wache ich auf.«

Herta gehört zu jenen armen Menschen, die von ihren Alpträumen mehrmals pro Nacht heimgesucht werden. Wochenlang dauert solch eine Alptraumphase bei der Seniorin. Dann hat sie einige Tage Ruhe, doch plötzlich ist der nächtliche Schrecken wieder da. Die Mittsechzigerin, die mir von ihren Enkeln als liebe, gemütliche Oma geschildert wurde, war nur mehr ein ungeduldiges Nervenbündel. Nächtelang traute sie sich aus Angst vor ihrem Traum überhaupt nicht mehr einzuschlafen. Überwältigte sie dann doch die Müdigkeit, war die Erholung nur von kurzer Dauer. Knapp nach dem Eintauchen in den Tiefschlaf trat Hertas Verfolger bereits wieder auf den Plan.

Mit immer wiederkehrenden Alpträumen verhält es sich ähnlich wie mit nebulosen oder abgerissenen Traumfragmenten. Oft reicht es schon aus, dem Geschehen in einem Tagtraum eine andere Wendung zu geben, um den Alpdruck auch aus dem nächtlichen Schlaf zu verbannen. Ich schlage Herta also vor, einen Versuch zu wagen. Da sie allerdings in ihren nächtlichen Träumen derart heftig in Panik gerät, erkläre ich mich bereit, sie zunächst mit einer Visualisierung in die Entspannung zu führen und auch bei den folgenden Lösungsversuchen zu begleiten.

Ich wähle einen Visualisierungstext, bei dem Herta die Gelegenheit bekommt, Kraft und Selbstvertrauen zu tanken, indem ich sie in ihrer Vorstellung auf einen Berg führe und auf dem Gipfel ins Licht stelle. Nach der Rückkehr vom Berg nähern wir uns behutsam der nächtlichen Schreckensszene. Mit meiner Hilfe gelingt Herta die Vorstellung, bei der ersten Annäherung der Schritte stehen zu bleiben und sich ganz langsam umzudrehen. Zögernd tut sie es, blickt auf und beschreibt eine ganz erstaunliche Begegnung:

> »Ich drehe mich um und glaube zunächst, allein zu sein. Doch wie ich mich suchend umschaue, sehe ich ganz unten auf der Erde eine winzig kleine Gestalt. Ein freundlicher kleiner Zwerg steht zu meinen Füßen und amüsiert sich sehr über den Streich, den er mir gespielt hat.«

Auch in diesem Fall ist die Symbolik klar. Kaum gelingt es Herta, sich ihren Ängsten zu stellen, schrumpfen sie auf Zwergengröße zusammen. Der psychotherapeutische Aspekt eines solchen Traumes sei einmal dahingestellt. Mir geht es an dieser Stelle vor allem darum, zu zeigen, wie man durch ein »Umträumen« sogar quälende Alpträume entschärfen kann.

Und wirklich. Herta begegnet ihrem nächtlichen Verfolgungstraum nur noch ein einziges weiteres Mal. Da wir den Ablauf des Tagtraumes einige Male wiederholt hatten, gelingt es ihr jedoch selbst im Schlaf, standzuhalten und der Gefahr ins Auge zu blicken. Und siehe da, im nächtlichen Traum begnet ihr kein Zwerg, sondern ein Hund, der mit dem Schwanz wedelt und gemeinsam mit ihr den Weg fortsetzt. Aus der vermeintlichen Gefahr ist ein Gefährte geworden.

Der Übung kommt sowohl in Fritz' wie auch in Hertas Beispiel eine entscheidende Rolle zu. Indem sie die neuen Handlungsalternativen in Tagträumen mehrfach durchspielen und variieren, lernen sie ein aktives Traumverhalten, das auch nachts Wirkung zeigt. Herta erzählt einige Zeit nach Ende ihrer Alptraumphase, dass sie immer häufiger in der Lage sei, ein unangenehmes Traumgeschehen günstig zu beinflussen. Ihre Angst und ihr Unbehagen rütteln sie auf, ohne sie jedoch vollständig zu wecken. An dieser Bewusstseinsgrenze gelingt es ihr, ihren Willen so weit zu mobilisieren, dass sie gezielt in den Traum eingreifen kann. »Manchmal denke ich mir gleich drei bis vier akzeptable Fortsetzungen des Traumes aus, wobei ich übergangslos immer wieder an der kritischen Stelle einsteige. Zum Schluss erlebe ich noch einmal die beste Lösung, um danach traumlos weiterzuschlafen.« Dass Herta bei diesen Traumsequenzen tatsächlich weiterschläft, beweist die Tatsache, dass sie sich am nächsten Tag nur durch Notizen in ihrem Traumtagebuch an die Ereignisse der Nacht erinnert.

Auf Hertas Leben hat die neue Traumqualität übrigens ungeahnte Auswirkungen. Ihre Familie erzählte mir, dass die Seniorin seit der Überwindung ihrer Alptraumphase dazu neige, Probleme anders als bislang üblich zu lösen. Ja, sie sei sogar dazu übergegangen, mehrere Möglichkeiten auszuprobieren, bevor sie sich für eine entscheide. Ein früher unvorstellbares Verhalten!

Das wahre Gesicht der Bosheit oder: Geträumte neue Sehweisen

Sie müssen übrigens nicht unbedingt auf einen nächtlichen Alptraum warten, um eine unangenehme Situation mit Hilfe des Tagtraumes zu entschärfen. Die Methode wirkt nämlich auch zur Bearbeitung von Alltagsszenen aus dem Wachleben. Ich muss allerdings gestehen, dass ich nicht selbst auf diese Idee gekommen bin. Es war Christel, eine befreundete Journalistin, die mir davon erzählte.

Die junge Frau war bald nach ihrem Abitur ins Ausland verzogen und hatte dort in einer Zeitungsredaktion zu arbeiten begonnen. Der Job machte ihr Spaß, und sie hatte auch das Gefühl, bei ihren Vorgesetzten anerkannt zu sein. Mit wem sie allerdings ganz und gar nicht zurecht kam, waren zwei Kolleginnen und die Sekretärin. Offensichtlich stand so etwas wie eine kulturelle Barriere zwischen den jungen Frauen.

Ging es anfangs noch halbwegs gut, so eskalierte die Situation während Christels zweiter Schwangerschaft. Das erste Kind hatte sie aus Sorge um ihre persönliche und finanzielle Unabhängigkeit quasi »nebenbei« bekommen und war nach Auslaufen der gesetzlichen Schutzfrist sofort wieder zur Arbeit erschienen. Nun war sie wieder schwanger, kämpfte mit wachsender Übelkeit und fühlte sich von den kettenrauchenden Kolleginnen schlecht behandelt.

Abgesehen von der rücksichtslosen Raucherei nahm das Verhalten von Christels Kolleginnen tatsächlich Züge systematischen Mobbings an. Am Höhepunkt schickten sich die drei Frauen – alle im Alter zwischen 25 und 35 Jahren – Computernachrichten, in denen sie sich über die Schwangere mokierten. Und diese Meldungen blieben so lange auf den Bildschirmen, bis Christel sie gesehen hatte. Die junge Frau war bereits in einem so schlechten nervlichen Zustand, dass ihr Arzt einen vorzeitigen Mutterschutz in Erwägung zog.

Um sich von ihren beruflichen und privaten Problemen abzulenken, kam Christel in meinen Traumworkshop. Auf mich wirkte sie sehr nachdenklich, fast schon verschlossen. Während alle anderen Teilnehmer von eigenen Träumen berichteten und Fragen stellten, schien sie das Gehörte wie ein nasser Schwamm aufzusaugen. Dann hörte ich eine Weile nichts von ihr.

Nach der Geburt des zweiten Kindes sahen wir uns wieder. Christel hatte gerade gekündigt und kam mit folgender Geschichte:

> »Schon während des Seminares habe ich mir überlegt, dass ich keinen echten Alptraum brauche. Mein Leben war zu diesem Zeitpunkt wahr-

> lich Alptraum genug, um den Versuch zu wagen, es umzuträumen. Aber schon die Entspannung stellte mich vor ein riesiges Problem. Die Aussicht, die Redaktion zu betreten, versetzte mich derart in Unruhe, dass an Entspannung kaum zu denken war.«

Mit der Methode, rückwärts zu zählen, gelingt es Christel dann aber doch. Sie steht vor der Tür ihres Büros, atmet tief durch und betritt den Ort des Geschehens.

> »Die ganze Runde ist versammelt. Mit den üblichen schnippischen Gesichtern schauen sie mich an. Ich spüre, wie ich Herzklopfen bekomme und wie ich zu überlegen beginne, womit ich wenigstens eine auf meine Seite ziehen kann. Während ich noch überlege, beginnen sich ihre Gesichter ganz langsam zu verändern. Sie verbiegen und verziehen sich, bis die drei alberne Faschingsmasken zwischen ihren Schultern tragen. Ich beginne, herzhaft zu lachen.«

Noch dreimal besucht Christel in einem Tagtraum ihren Arbeitsplatz. Jedes Mal nimmt sie sich vor, das Mobbing der Kollegen in ein rücksichtsvolles oder wenigstens neutrales Verhalten zu verwandeln. Doch vergebens. Es läuft immer wieder auf das gleiche Bild heraus. Die Kolleginnen verwandeln sich vor Christels Augen in Witzfiguren.

Zunächst hält Christel ihren Versuch für gescheitert. Mit Bangen sieht sie ihrem nächsten Arbeitstag entgegen. Doch welch ein Wunder. Zurück in der Redaktion, entfaltet der Tagtraum eine ganz unerwartete Kraft. Denn jedes Mal, wenn Christel auf das überhebliche Gewitzel der Kolleginnen und die distanzlose Schnippigkeit der Sekretärin trifft, verwandeln sich deren Gesichter vor ihrem inneren Auge in die bekannten Masken. Christel ist amüsiert. Die letzten Wochen bis zum Mutterschutz beginnt sie sogar insgeheim, die Unfreundlichkeiten der drei Frauen zu provozieren, nur um eine Gelegenheit zu bekommen, sie verwandelt zu sehen. Gleichzeitig beschließt sie, zu kündigen.

Seit ich Christels Geschichte kenne, habe ich bereits selber mehrere Male versucht, eine problematische Situation zunächst in einem Tagtraum zu üben. Vor allem in jenen Fällen, wo viel von mir und meinem Verhalten abhing, ist mir das auch bestens gelungen.

In Christels Fall kam es wohl aufgrund der speziellen Umstände zu keiner positiven Wende der gesamten Situation. Das Mobbing hatte sich bereits über lange Zeit eingespielt und Eigendynamik gewonnen. Christels Verhalten hätte sich sehr stark ändern müssen, um eine nachhaltige Verbessung zu erwirken. Dazu war sie knapp vor der Geburt ihres Kindes aber verständlicherweise weder bereit noch fähig. So konnte ihr der Tagtraum nur eine für sie erträgliche Interpretation anbieten und ihr die notwendigen Konsequenzen vor Augen führen.

Auf die notwendigen Gespräche mit dem direkten Vorgesetzten und dem Personalchef bereitete Christel sich ebenfalls in Tagträumen vor. Dort blieb sie ruhig und sachlich. Genauso verliefen dann auch die tatsächlichen Gespräche. Seither übt die junge Frau so gut wie jede Situation, die ihr wichtig ist, zunächst in ihrer Vorstellung. Egal, ob es sich um ein bevorstehendes Rendezvous handelt oder einen Termin mit einer künftigen Vermieterin: Christel schwört auf ihre Methode. Denn seither ist ihr kaum etwas schief gegangen.

Arbeiten wie im Schlaf oder: Der Traum als Kollege

Alle diese Beispiele illustrieren deutlich die Kraft, die in gesteuerten Tagträumen stecken kann. Indem man die Chance nutzt und bislang im Nebel liegende oder angstbesetzte Traumsequenzen nochmals durchlebt, verändert und zu klären trachtet, bekommt man Impulse für das tägliche Leben. Deshalb nutzen immer mehr Menschen den Tagtraum auch, um Probleme zu lösen und kreative Entscheidungen zu treffen, selbst wenn die Themen noch nicht in ihren nächtlichen Träumen aufgetaucht sind.

Meine Erfahrungen mit meinen Tagträumen während langweiliger Vorträge hat mir auch in anderen Lebensbereichen sehr zu Denken gegeben. Es gibt so viele Gebiete, aus denen wir unsere Träume aus reiner Gewohnheit fern halten, weil man uns von klein auf beigebracht hat, sie könnten unsere Leistung trüben. Mit einer solchen Einstellung sitzt man dann tatsächlich häufig am Arbeitsplatz, weiß vor lauter Arbeit nicht, womit man beginnen soll und verliert sich in Tagträumen. Die Arbeit bleibt liegen, der Traum hinterlässt nichts weiter als das schale Gefühl, nichts geleistet zu haben. Das Vorurteil wurde wieder einmal bestätigt.

Wagen Sie doch einmal, aus diesem erlernten Verhalten auszusteigen und die Kraft ihrer Tagträume ganz gezielt einzusetzen. Geben Sie Ihrem Traum die Chance, sich kreativ zu entfalten. Wählen Sie für Ihren Versuch ruhig einen Zeitpunkt, zu dem Sie stark unter Arbeitsdruck stehen und eigentlich nicht wissen, wo Sie beginnen sollen.

Sortieren Sie in einem ersten Schritt all jene Arbeiten aus, bei denen Sie Kontakt zu anderen aufnehmen müssen. Der Tagtraum spielt sich in Ihnen ab, Kontakte nach außen sind darin nur in sehr eingeschränktem Maße möglich. Dann ordnen Sie die verbleibenden Tätigkeiten nach dem Kriterium, wo etwas Neues entsteht und wo Sie nur reproduzieren.

Am einfachsten wird es Ihnen fallen, Ihre Traumproduktivität zunächst bei den kreativen Aufgaben zu entfalten. Dabei spielt es keine Rolle, ob Sie Texte übersetzen, juristische Schriftsätze verfassen, Computer programmieren oder Bilanzen erstellen müssen. Wichtig ist nur, dass Sie mit dem rein mechanischen Ablauf der Tätigkeit vertraut sind. Sie sollten also nicht erst die richtigen Tasten auf dem Computer suchen oder einen Formularberg nach den richtigen Rubriken durchforsten müssen.

Wenn Sie eine in Frage kommende Tätigkeit gefunden haben, lüften Sie zunächst Ihren Raum, damit Sie genug Sauerstoff haben. Ich habe es mir darüber hinaus zur Angewohnheit gemacht, eine Duftlampe mit einem angenehmen Aromaöl auf meinen Tisch zu stellen und eine Kerze anzuzünden. Ein guter Freund von mir, der als Unternehmensberater arbeitet, hat einen großen Bergkristall auf seinem Schreibtisch. Schauen Sie sich einmal bewusst um in Ihrer Umgebung. Auch wenn Sie produktiv arbeiten wollen, sollte Sie Ihre Umgebung zum Träumen einladen. Legen Sie sich in jedem Fall auch Papier und einen Stift bereit, und tragen Sie alles in Griffweite zusammen, was Sie für Ihre Arbeit brauchen könnten.

Haben Sie sich ein solches Umfeld geschaffen, dann setzen Sie sich entspannt auf Ihren Schreibtischstuhl und schließen Ihre Augen. Nehmen Sie sich fest vor, sich von einem klingelnden Telefon nicht stören zu lasssen. Anfangs kann es hilfreich sein, das Telefon auszustellen. Später sollten Sie es ganz bewusst klingeln lassen. Es ist eine hervorragende Übung, die Wahrnehmung auf einen erwünschten Punkt gezielt einzustellen und sich auch von jenen reflexartig anerkannten Signalen unserer Lebens- und Arbeitswelt nicht stören zu lassen.

Nun gehen Sie schrittweise daran, Ihr auf Hochtouren laufendes Gehirn sachte zu bremsen. Jede gängige Entspannungstechnik kann Ihnen dabei wertvolle Hilfestellung leisten. Ich verwende abhängig von meinem aktuellen Befinden und der bevorstehenden Aufgabe sehr unterschiedliche Methoden. Oft ist es auch reine Lust und Laune, wie ich mich entspanne. In der Regel habe ich jedoch meine Kriterien. Sehr kreative Tätigkeiten leite ich oft damit ein, dass ich versuche, mich gezielt an eine ähnliche Aufgabe zu erinnern, die mir leicht von der Hand gegangen ist. Vor meiner Steuererklärung beschäftige ich mich dagegen auch vor meinem inneren Auge mit Zahlen.

Wenn Sie spüren, dass Ihr Körper in der Entspannung angekommen ist, lenken Sie Ihre Aufmerksamkeit auf die bevorstehende Arbeit. Wählen Sie zu diesem Zweck ein Bild, das Ihren Erfolg darstellt. Das kann ein Ausblick auf das fertige Produkt Ihrer Bemühungen sein oder ein Bild Ihrer Person, wie Sie befriedigt die Arbeit abschließen. Betrachten Sie gründlich alle Details. Wenn Sie glauben, alles wahrgenommen zu haben, können Sie versuchen, der Szene Dynamik zu verleihen. Vielleicht entwickelt sich eine kurze Sequenz, in der sie verfolgen können, wie sie zu ihrem Ergebnis kommen. Vielleicht verändert sich aber auch das Produkt Ihres Bemühens.

Machen Sie sich ruhig Notizen, wenn Ihnen irgendetwas in Ihrem Tagtraum bemerkenswert vorkommt. Sie werden staunen, wie wenig Ihre Entspannung durch solch kurze Unterbrechungen gestört wird. Später werden Ihnen Ihre Aufzeichnungen wertvolle Dienste bei der Umsetzung des Traumes in produktive Ergebnisse leisten. Grenzen Sie sich dagegen vor Störungen Dritter ab. Ignorieren Sie Ihr Telefon und bitten Sie Kollegen, die Sie ansprechen, später wiederzukommen. Unter Umständen können Sie einen Zettel an Ihre Türe hängen, auf den der Chef oder die Mitarbeiter Wünsche notieren können. Auch eine Mailbox hilft, die als elektronische Sekretärin alle Anliegen sammelt.

Haben Sie das Gefühl, das erwünschte Ergebnis greifbar vor sich zu haben, öffnen Sie Ihre Augen und beginnen zu arbeiten. Fällt es Ihnen schwer, einen Anfang zu finden, vergegenwärtigen Sie sich noch einmal kurz das Zielbild. Dann beginnen Sie zu arbeiten. Sie werden merken, dass Sie den Zustand der Entspannung weitgehend aufrechterhalten können, obwohl Sie arbeiten. Nutzen Sie ihn. Sie werden auf Ideen kommen und Verbindungen herstellen, die Ihnen überlicherweise nie in den Sinn kommen.

Unter Umständen bleiben regelrechte Bilder aber auch aus. Selbst geübten Tagträumern passiert es immer wieder, dass sich ihr Traumbewusstsein nicht auf die konkrete Arbeit steuern lässt. Erlauben Sie sich in diesem Fall ruhig, mit Ihren Vorstellungen und Gedanken eine Weile herumzuschweifen. Erstaunlich oft werden Sie schlussendlich doch an einem Punkt ankommen, der Ihnen bei der Arbeit weiterhilft. Manchmal stellen sich auch keine konkreten Bilder, sondern Formen, Farben oder Töne ein. Nehmen Sie auch diese Tagtraumergebnisse als wertvolles Geschenk.

Öffnen Sie Ihre Augen und beginnen Sie mit Ihrer Arbeit. Wenn immer Sie ins Stocken geraten, schließen Sie wieder kurz Ihre Augen, vergegenwärtigen sich die Formen, Farben oder Töne und arbeiten Sie dann weiter.

Ignorieren Sie aber auch weiterhin das Telefon und Anliegen anderer Kollegen. Vermeiden Sie unnötige Unterbrechungen, wie sie der suchende Gang in die Küche oder andere Ablenkungen darstellen. Bleiben Sie an Ihrem Platz sitzen. Nehmen Sie maximal einige Schluck Wasser zu sich. Besser ist jedoch, ohne Essen und Trinken auszukommen. Wenn Sie merken, wie Ihr Arbeitsfluss ins Stocken gerät, schließen Sie Ihre Augen und vergegenwärtigen Sie sich Ihr Traumziel. Bleiben Sie eine Weile so sitzen und registrieren Sie die Bilder, die in Ihnen aufsteigen. Meist enthalten sie wertvolle Hinweise auf die Hindernisse, die sich Ihnen und Ihrer Arbeit gerade in den Weg stellen und den Arbeitsfluss stocken lassen. Ist dies der Fall, können Sie sie in Ihrer Traumvorstellung beiseite räumen. Bevor Sie nun die Augen öffnen, atmen Sie tief durch und stellen sich vor, wie Sie sich mit diesem Atemzug mit Energie aufladen. Dann arbeiten Sie weiter.

Unterbrechen Sie sich nicht künstlich mit der schlechten Angewohnheit, ständig Bestandsaufnahmen der erledigten Arbeit durchzuführen. Wer seinen Fluss immer wieder durch Erfolgskontrollen unterbricht, holt sich unnötig aus der Entspannung. Lassen Sie Ihre Arbeit fließen, bis Sie fertig sind oder das Gefühl haben, keinesfalls mehr weiterzukommen. Dann stehen Sie zunächst auf und beenden ganz bewusst die Entspannungsphase.

Strecken Sie sich einmal kräftig, gehen Sie ein paar Schritte und trinken Sie ein Glas Wasser. Erst dann kehren Sie zu Ihrem Arbeitsplatz zurück und bewerten das Produkt Ihrer Traumarbeit. Sollten Sie nicht zufrieden sein, empfehle ich Ihnen, es zunächst ohne weitere Korrekturen oder Veränderungen ruhen zu lassen und zu einer anderen Tätigkeit überzugehen. Schauen Sie es sich erst am kommenden Tag wieder an. Oft zeigt sich dann, dass es trotz anfänglicher Skepsis hervorragend gelungen ist. Oder Sie träumen in der Nacht, wie es noch besser werden könnte.

Der Blick in die Zukunft oder: Entscheidungshilfe Traum

Auf einem Seminar begegnete mir vor einigen Monaten ein bekannter deutscher Manager, der mir gestand, sich mit Hilfe gesteuerter Träume mit ungewöhnlichen Ideen zu versorgen. Selbst höchst rationale Themen wie eine anstehende Investitionsentscheidung beleuchte er mit Hilfe von Tagträumen. »Natürlich darf das nicht die einzige Entscheidungsgrundlage sein. Aber die Assoziationsketten, die sich da vor meinem inneren Auge aufbauen, haben mich viele bislang unbedachte Gefahren erkennen und zusätzliche Chancen nutzen lassen. Ich bin überzeugt, dass unser Unternehmen deshalb so erfolgreich auf unserem schwer umkämpften Markt besteht, weil wir gelernt haben, unsere Träume in unsere Arbeit einzubeziehen«, gestand mir der Textilfachmann. Vom Facharbeiter bis zum Finanzvorstand schickt er seine Mitarbeiter deshalb regelmäßig zu Kreativitäts- und Traumseminaren, um seinen Wettbewerbsvorteil nicht zu verlieren.

Ich muss gestehen, ich mache es nicht viel anders. Vor einigen Jahren stand ich vor der wichtigen Entscheidung, einen hervorragenden Job anzunehmen. Alle objektiven Informationen sprachen für das Angebot. Das Aufgabenfeld schien interessant, man versprach mir alle erdenklichen Entscheidungsspielräume, und die Bezahlung stimmte ebenfalls. So gut wie alle

Freunde und Bekannten redeten mir zu, zuzusagen. Ich hatte bereits den Telefonhörer in der Hand, als mir in letzter Minute noch einmal Bedenken kamen. Ich beschloss, in einem gesteuerten Tagtraum jene Assoziationen abzurufen, die bislang in den Tiefen meines Unterbewussten schlummerten.

Gedacht, getan. Sorgfältig bereitete ich meine Umgebung vor, stellte das Telefon ab und entzündete einige Kerzen und meine Duftlampe. Dann wählte ich eine Meditation mit einer leicht verstärkten Atmung, um möglichst tief in einen Alphazustand einzutauchen. Diese Form der Entspannung bewährt sich für mich nämlich immer dann, wenn es um unerwartete Verknüpfungen bereits vorhandener Informationen geht.

Da ich mit dieser Atemtechnik sehr viel Übung habe und nicht mehr viel Aufmerksamkeit für die Dosierung des Atems aufwenden muss, glitt ich sehr schnell in die Welt des Tagtraumes. Ich sah mich auf einem Kutschbock. Vier Pferde waren angespannt, und ich hatte die Leinen von allen vieren fest in der Hand. Aber der Druck, der von den Tieren ausging, wuchs, je weiter wir fuhren. Schließlich hatte ich die Kontrolle über die Tiere verloren. Sie rasten ungebremst vorwärts, während die Kutsche unter mir in ihre Einzelteile zerfiel. Schließlich sprang ich ab. Mir war nichts passiert, doch musste ich beobachten, wie das Gespann, knapp bevor es meinem Blick entschwand, in einem Teich versank.

> Von einem *Pferd* träumen bedeutet, dass man einen Brief bekommt (reitender Bote). Es darf allerdings kein Schimmel sein.
>
> *(Deutscher Aberglaube)*

Das Traumgeschehen beeindruckte mich sehr, obwohl ich mit der Symbolik zunächst nicht besonders viel anfangen konnte. Mein Unbehagen, das mit den durchgehenden Pferden verknüpft war, sprach allerdings eine eindeutige Sprache. Der Job, signalisierte mir mein Traumbewusstsein, könnte eine zerstörerische Eigendynamik entwickeln. Letztlich wäre ich nicht in der Lage, die Situation zu kontrollieren, käme allerdings mit heiler Haut davon. Ich entschloss mich, entgegen aller guter Ratschläge den Job abzulehnen.

Ein drei viertel Jahr später war ich klüger. Langsam sickerten Einzelheiten über die finanzielle Situation meines Beinahe-Arbeitgebers durch. De facto war die versprochene Entscheidungsfreiheit auf dem Posten gleich null, da das knappe Budget keinerlei Spielräume ließ. Weitere sechs Monate später kam das Aus, der Arbeitgeber ging in Konkurs, jener Kollege, der an meiner Stelle den Job angenommen hatte, stand auf der Straße. Allerdings war jedem in der Branche klar, dass die mäßigen Leistungen seiner Abteilung in der jüngsten Vergangenheit weniger auf seine Unfähigkeit als auf die allgemeine

Situation des Arbeitgebers zurückzuführen waren. Ich sah ihn vor mir, wie er an meiner Stelle noch mit den Zügeln in der Hand der lädierten Kutsche auf dem letzten Stück ihres Weges hinterhersah; noch unter dem Schock dieser unangenehmen Situation, jedoch mit heiler Haut davongekommen.

Seither ist es bei uns schon fast Routine geworden. Bevor wir wichtige persönliche oder berufliche Entscheidungen treffen, sammeln wir sehr sorgfältig alle rationalen Gründe, die dafür und die dagegen sprechen. Doch zum Abschluss begeben wir uns ganz gezielt auch noch in einen Traum, um weitere Hinweise zu bekommen und altbekannte Argumente miteinander zu verbinden.

Die gesuchte Vision oder: Das Traumsymbol als Antwort

Meine alte Freundin Gabriele hat dieses Verfahren für sich auf eine ganz unübliche Art und Weise noch weiter ausgebaut. Sie imitiert die Vision der panamerikanischen Indianer, wenn sie besonders wichtige Entscheidungen zu treffen hat, und begibt sich für rund eine Woche fastend und wachend in die Natur. Da sie im gesamten Freundes- und Bekanntenkreis als leicht exzentrisch gilt, wundert sich auch kaum noch jemand darüber. Ihre diesbezüglichen Erlebnisse beschreibt die Völkerkundlerin und Nordamerika-Expertin folgendermaßen:

> »Auf eine Vision bereite ich mich einige Tage vor. Ich beginne zu fasten, schiebe meine Alltagspflichten beiseite und beschäftige mich ausschließlich mit jenen Fragen, die ich in der Natur klären möchte. Gleichzeitig suche ich meine Ausrüstung zusammen und wähle einen stillen Flecken in einem Wald. Das Grundstück, das ich üblicherweise zu diesem Zweck aufsuche, gehört Freunden von mir. Deshalb ist es auch kein Problem, wenn ich dort ein kleines rituelles Feuer entfache. Ich kann nur jedem empfehlen, seine Anwesenheit anzukündigen. Nichts stört eine einsetzende Vision empfindlicher als die Polizei oder Forstbeamte, die wegen nächtlicher Brandstiftung angerückt kommen.
>
> Sobald sich in mir aus einer Vielzahl von Fragen, die ich zu einem Thema in mir spüre, eine klare Formulierung herauskristallisiert, suche ich meinen Visionsplatz auf. Dort setze ich mich auf meinen Schlafsack und harre der Dinge, die da kommen mögen. Oft tut sich tagelang nichts.
>
> Bei meiner ersten, professionell geleiteten Visionssuche ärgerte ich

mich vier Tage im heißen Wüstensand der Sierra Nevada über das viele Geld, das ich für ausbleibende Träume ausgegeben hatte. Mit zwei Kanistern schalem Trinkwasser und einem dürftigen Sonnenschutz schien mir mein Wunsch, auf den Spuren der panamerikanischen Indianer meinen Träumen zu begegnen, einfach nicht mehr nachvollziehbar. Ich war schon knapp davor, aufzugeben und zum Sammelpunkt der Gruppe zurückzukehren, als mir ein Rat meines Lehrers einfiel. Er hatte uns geraten, unsere inneren Widerstände im Zweifel zu tanzen und zu singen und ihnen damit Ausdruck zu verleihen. Ein wertvoller Hinweis, den ich mittlerweile in fast allen Situationen beherzige, wenn rätselhafte Hindernisse meinen Schaffensdrang lähmen.

Und dann stand sie plötzlich vor mir, meine Vision. Zwei vorwitzige Käfer, die im Wüstensand ihre Kapriolen schlugen, erregten meine Aufmerksamkeit. Plötzlich wuchsen sie, nahmen unvorstellbare Ausmaße an und begannen, auf mich zu zu krabbeln. Mir war die ganze Zeit über bewusst, dass es sich ›nur‹ um ein Traumbild handelte. Aber es hatte eine solche Intensität, dass ich mich ihm kaum entziehen konnte. Außerdem war ich ja aus genau diesem Grunde dort. Der Gedanke beruhigte mich, denn in einem ersten Impuls hätte ich mich am liebsten schleunigst in die gewohnte Realität zurückgezogen.

Plötzlich hatte der eine Käfer eine riesige Mistkugel, die er vor sich herschob. Ich hatte den Eindruck, als würde sie mich im nächsten Augenblick überrollen. Panisch sprang ich beiseite und fiel hin. Mit einem Mal waren der Käfer und seine Kugel wieder auf ihre übliche Dimension geschrumpft. Zitternd saß ich vor meinem Feuer und ließ meinen Traum noch einmal Revue passieren.

Die beiden Käfer, so viel war mir auf Anhieb klar, waren Stellvertreter für meinen Mann und mich. Nach dem Studium hatten wir uns mit Feuereifer auf unsere Forschungsarbeiten geworfen und mit unkonventionellen Ansätzen die eingefahrenen Arbeits- und Denkabläufe in unserem Institut ordentlich durcheinander gewirbelt. Doch mittlerweile war uns die Lust am Aufstand vergangen. Wir waren an den Grenzen des Möglichen angelangt, unsere eigentlichen Ziele schienen jedoch so weit entfernt wie nie zuvor.

Knapp bevor ich zum ›Selbsttest‹ der zuvor nur wissenschaftlich beschrieben Visionssuche in die Wüste von Nevada reiste, entstand die Idee, das sichere Umfeld des Institutes zu verlassen und uns auf eigene Füße zu stellen. Mein Mann war auf die Idee gekommen, gemeinsam mit einem Managementtrainer unseren völkerkundlichen Background in ein Verhaltenstraining für Führungskräfte einzubauen. Mir war diese Idee wie die buchstäblichen Perlen vorgekommen, die man nicht vor die Säue schmeißen soll. Daran musste ich denken, als ich mir die Mistkugel des kleinen Käfers vergegenwärtigte. Für mich war es Mist, für ihn die Existenzgrundlage. Und als solche hatte sie die gleiche Berechtigung wie ein fünfgängiges Menü im besten Restaurant der Stadt.

Perlen im Traum bedeuten Tränen.

(Deutscher Aberglaube)

Drei Tage verbrachte ich noch im Wüstensand. Zeit genug, um mir gründlich zu überlegen, warum mich die kleine Mistkugel in meiner Vision fast zu erschlagen drohte. Langsam wurde mir mein zwiespältiges Verhältnis zu den wirtschaftlichen Grundlagen unseres Lebens bewusst. Einerseits hatte ich panische Angst davor, künftig auf das sichere Einkommen des Institutes zu verzichten, auch wenn es meinen Entfaltungsdrang aufs Ärgste beschnitt. Andererseits hielt ich es fast schon für unmoralisch, Geld zu verdienen. Das hatten mir die beiden Käfer jedenfalls klar vor Augen geführt.

Ich war ohne konkrete Fragestellung nach Amerika gereist, nur getrieben von dem Wunsch, das bislang Gelesene praktisch nachzuvollziehen. Mit der tiefen Einsicht in die Beschränkungen meiner bisherigen Sichtweise des Lebens kehrte ich zurück. Ich gab meinen Widerstand, die ›hehre Wissenschaft‹ mit den ›Niederungen der Wirtschaft‹ zu verbinden, auf. Mein Mann tat sich mit dem Personalentwickler zusammen und gründete eine Firma. Mittlerweile hat diese ›Nutzung‹ unseres Wissens auch für mich die Bedrohung verloren.«

Darüber hinaus nutzt Gabriele die Mechanismen der Visionssuche auch für »alltäglichere« Fragen. Ausgerüstet mit ausreichend viel Wasser, Tee, Brennmaterial und einem Schlafsack verbringt sie immer wieder einige Tage in der Einsamkeit deutscher Wälder. Egal, ob es um berufliche oder um private Entscheidungen geht, die Kraft der Traumbilder hat Gabriele seither nicht mehr im Stich gelassen. Die Bilder der Visionen nähren sich auch bei uns aus den gleichen Quellen wie in Amerika: den Bäumen und Sträuchern der Umgebung, den kleinen und großen Tieren rund um den Lagerplatz, den Steinen und dem Schimmer des Feuers; kurz, der Natur. Es gibt kaum eine Entscheidung, die Gabriele nicht dem Visioneering anvertrauen würde; allerdings besteht sie auf die »Heiligkeit« der Handlung. Allzu profane Dinge bleiben ausgeblendet.

Vom Benzolring zum Werbetext oder: Traumerfindungen

Können Sie sich noch erinnern, wie Sie als Kind vor Schularbeiten Ihr Buch unter das Kopfkissen gelegt haben? Ich habe es über Jahre vor jeder Prüfung so gemacht und war felsenfest davon überzeugt, dass auf geheimnisvolle Art und Weise der Inhalt meiner Unterlage in meinen Kopf wandert. Ich hatte dafür ein festes Ritual entwickelt. Kurz vor dem Zubettgehen fasste ich auf einen eigenen Zettel die wichtigsten Punkte zusammen. Dann legte ich ihn auf meinen Nachttisch und bereitete mich für die Nacht vor. Im Bett las ich ihn mir noch einmal durch und löschte dann ganz schnell das Licht. Ich war davon überzeugt, dass mein letzter Gedanke dem Inhalt meiner Zettel gehören musste, damit der Zauber wirkt. Früh am nächsten Morgen angelte ich als Erstes meine Unterlage hervor und überzeugte mich bei einem flüchtigen Durchlesen, dass auch tatsächlich alles in meinem Kopf angekommen war. Bis weit in die Studienzeit hinein praktizierte ich meine nächtliche Lernmagie und muss gestehen, dass sie meist geholfen hat.

Was als weit verbreiteter kindlicher Aberglaube gehandelt wird, hat einen handfesten Hintergrund. Mit meiner Art der Prüfungsvorbereitung spannte ich wie Millionen andere Kinder vor und nach mir meine Träume als Wegbereiter für eine erfolgreiche Prüfung ein. Da die letzten Gedanken vor dem Einschlafen dem Gelernten galten, war die Wahrscheinlichkeit sehr groß, dass sich auch das Traumbewusstsein weiter mit dem Gelernten beschäftigte, es in unterschiedlichen Varianten durchspielte und auf verschiedene Arten verknüpfte. Dadurch festigte sich der Stoff und bereitete die kleine Schläferin auch auf überraschende Fragestellungen vor. Mir wurde dies nie sonderlich bewusst, weil sich mein kindliches Traumbewusstsein bedeckt hielt. Ich konnte mich am nächsten Morgen nie an Träume erinnern, in denen die bevorstehende Prüfung oder das Gelernte eine Rolle gespielt hätte. Bei vielen Menschen ist dies jedoch anders. Sie erwachen und haben fix und fertige Antworten auf bislang ungelöste Fragen parat.

Von Robert Louis Stevenson ist bekannt, dass er an Tuberkulose starb. Aus diesem Grunde war er zeit seines Lebens eher kränklich, musste aber für den Lebensunterhalt seiner Familie sorgen. Also gewöhnte er es sich an, seine Krankheit, die sich oft in Fieberträumen äußerte, kreativ zu nutzen. Zunächst waren seine Träume bloß reine Alpträume, wie er in seinem Buch »Across the Plains« schrieb. Dann kamen Landschafts- und Reiseträume hinzu, bis er schließlich während seines Studiums anfing, längere, zusammenhängende Geschichten zu träumen, noch dazu solche, die sich vermarkten ließen. Dies war wirklich zielgruppenorientierte Kreativität auf Kommando – das Kommando gab die leere Haushaltskasse. Jede Nacht konnte er am Traum der vorigen anknüpfen – und auf diese Weise erlebte er an sich selbst das Doppelleben eines Dr. Jekyll und Mr. Hyde. Letztlich entstanden einige Schlüsselszenen zu diesem Buch in Stevensons Träumen, wieder ausgelöst durch eine aktuelle finanzielle Krise, den Rest der Geschichte schrieb er durchaus wach und bewusst.

Der italienische Komponist Giuseppe Tartini (1692–1770) nannte eine seiner Sonaten die »Teufelstrillersonate«. Er hatte geträumt, er habe einen Pakt mit dem Teufel geschlossen, der ihm im Traum eine wahrlich teuflische Sonate vorspielte. Indem er sich im Wachzustand an das Gehörte erinnerte, konnte er die Noten hinschreiben, und so entstand 1713 sein bestes Werk. Hector Berlioz komponierte im Tagtraum seine »Symphonie phantastique«, deren Musik er zuvor im Traum erlebt hatte. Den Prozess des Komponierens erlebte er als »einen dieser überirdischen, ekstatischen Zustände«.

Bei Künstlern ist es scheinbar leicht nachzuvollziehen, dass sie sich im Traum ihre Inspirationen holen. Doch wie ist es mit hoch wissenschaftlichen Zusammenhängen? Erstaunlicherweise auch nicht viel anders. So scheinen viele naturwissenschaftlichen Genies vor allem genial geträumt zu haben: Von Einstein wird beispielsweise berichtet, er könne die frühesten Ideen zur Relativitätstheorie auf einen Jugendtraum zurückverfolgen. Mendeljew hat angeblich die Struktur des Periodensystems der Elemente geträumt, August Kekulé von Stradonitz die Ringstruktur des Benzols, Nils Bohr das Atommodell.

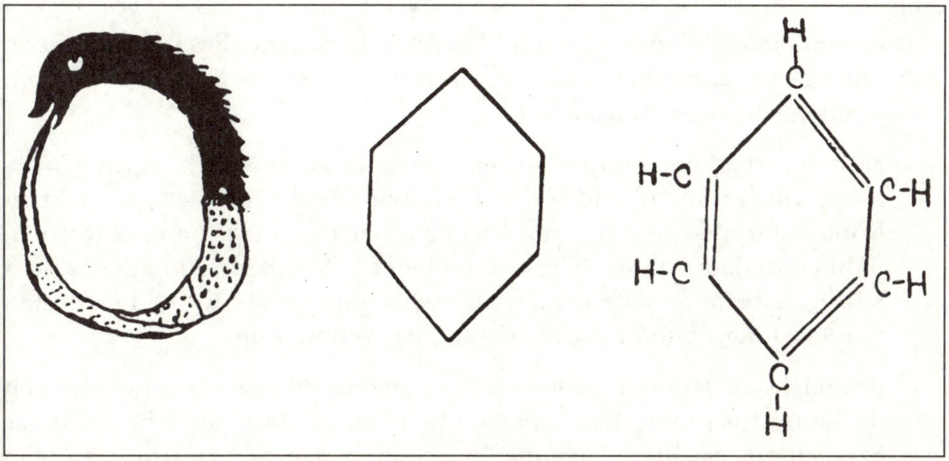

Als der Chemiker August Kekulé von Stradonitz auf der Suche nach einem Modell, dass das Atomgewicht mit den Bindungseigenschaften des Benzols erklären sollte, nicht mehr weiterkam, verfiel er in einen Halbschlaf. Die Atome kreisten vor seinen Augen, er musste an das uralte Ewigkeitssymbol in Gestalt der Schlange denken, die sich in den Schwanz beißt, und dieses Bild suggerierte ihm die gesuchte Struktur des Benzols: Es ist ein Ring.

Die Reihe Aufsehen erregender »Traumerfindungen« könnte noch endlos fortgesetzt werden. Bewundernd und staunend stehen wir vor solchen Berichten und neigen dazu, sie in die unereichbaren Sphären menschlicher Genies zu rücken. Dabei stecken in uns allen ebenso bedeutende Traumlösungen. Als einzige Voraussetzung ist nur das erforderlich, was bereits in unserer Kindheit Grundlage des nächtlichen Wissenstransfers vom Buch durch das Kopfkissen in unser Gehirn war: Wir mussten uns unmittelbar vor dem Zubettgehen mit der Materie beschäftigt haben.

Eine ganz besonders interessante Art traumhafter Problemlösung begegnete mir vor einigen Jahren in der Gestalt der Werbetexterin Vera. Die junge Frau fiel mir auf, weil sie sehr treffsicher und elegant zu formulieren verstand. Kein Wunder, dass sie sofort im Mittelpunkt unserer kleinen Partygesellschaft stand. Offensichtlich gefiel sie sich auch in ihrer Rolle. Um sie auf die Probe zu stellen, fragte ich sie, ob ihr ein geeigneter Titel für mein neues Buch einfiele.

»Darüber muss ich schlafen«, entgegnete sie. Ich vermutete zunächst, sie habe sich nur elegant aus der Affäre gezogen und glaubte nicht, jemals wieder von ihr zu hören. Umso erstaunter war ich, als Vera am nächsten Tag anrief, um mir eine brillante Idee zu präsentieren. Offensichtlich spürte sie meine Überraschung und erzählte mir von einer Angewohnheit aus der erst kurz zurückliegenden Endphase ihres Betriebswirtschafts-Studiums. In dieser Zeit hatte sie nämlich damit begonnen, Probleme mit in den Schlaf zu nehmen.

Doch anders als bei den meisten Menschen bedeutete dies für Vera nicht, sich endlos von einer Seite auf die andere zu wälzen. Nein, sie begann, Lösungsmöglichkeiten zu träumen.

> »Mit dem mathematischen Teil meines Studiums hatte ich enorme Probleme. Die Formeln und Zahlen wollten überhaupt nicht in meinen Kopf. Während die restlichen Fächer wie nebenbei vorbereitet wurden, nahm die Mathematik völlig von meinem Leben Besitz. So kam es, dass ich sogar beim Schlafengehen an nichts anderes als an die ungelösten Vorbereitungsfragen für die Prüfung denken konnte.
>
> Am nächsten Morgen fühlte ich mich regelmäßig so, als hätte ich mich die ganze Nacht mit den Aufgaben beschäftigt. Und wahrscheinlich war es auch so. Nachdem ich mehrfach mit ausgesprochen guten Ideen aufgewacht war, gewöhnte ich mir an, einen Block mit einem Bleistift an den Bettrand zu legen. Und tatsächlich verging in der heißesten Phase der Prüfungsvorbereitung kaum eine Nacht, in der ich nicht irgendwelche Formeln aufs Papier kritzelte. Am nächsten Morgen hatte ich oft

Schwierigkeiten, die nächtlichen Hieroglyphen zu entziffern. Außerdem beschritt ich in der Nacht offensichtlich oftmals Wege, die ich wach überhaupt nicht verstand. Wenn ich bei der Deutung absolut stecken blieb, machte ich es mir gemütlich, trank Kaffee und dachte an nichts Bestimmtes. Und dann war die Erklärung plötzlich da.«

Diese Erzählung faszinierte mich. Offensichtlich war Vera in der Lage, im Traum ihr Unterbewusstes gezielt auf Dinge lenken zu können, die ihr Verstand tagsüber verweigerte.

Ich verlor die junge Frau nach diesem ersten Zusammentreffen für einige Jahre aus den Augen. Als ich sie Jahre später auf einer Party wieder sah, war aus der jungen Absolventin eine erfolgreiche Werbetexterin geworden. Sie galt als Paradebeispiel einer erfolgreichen Frau, die Karriere und zwei Kinder locker zu vereinbaren schien. Allerdings wirkte sie müde und abgespannt.

Im Verlaufe unseres Gespräches fragte ich sie nach ihren Träumen. Verwundert sah sie mich an. Daran hatte sie schon Jahre nicht mehr gedacht.

Was war passiert? Nach dem hart erkämpften und erträumten Studienabschluss wirkte die Arbeit zunächst wie ein einziges großes Fest auf die junge Frau. Die Ideen flogen ihr zu, die Formulierungen schienen ihr nie auszugehen. Unaufhaltsam kletterte sie die Karriereleiter nach oben, gründete als Krönung ihre eigene Firma. Parallel dazu heiratete sie und bekam kurz hintereinander zwei Kinder. »Ein wenig ungeplant, schließlich hätte der Aufbau der Firma Vorrang gehabt«, meinte sie fast schon resignierend.

Bei unserem nächsten Treffen war die Verzweiflung der jungen Frau sofort spürbar. Sie hatte sich in den vergangenen Jahren in eine Situation der Überforderung hineinmanövriert, die nun über ihr zusammenzuschlagen drohte. »Die Ideen wollen einfach nicht mehr so locker kommen wie früher. Ich brauche immer mehr Zeit, selbst für simple Aufträge. Und manchmal verstecke ich mich sogar schon hinter meinen Mitarbeitern. Wenn das so weitergeht, muss ich sehen, dass ich die Agentur verkaufe. Sonst bleibt am Ende nichts mehr übrig.«

Die Werbetexterin, deren Beruf zu einem guten Teil aus Optimismus besteht, sah nur noch schwarz. »Nur manchmal«, musste sie einräumen, »da geht es mir wie früher traumhaft von der Hand.« Ohne es zunächst zu bemerken, sprach Vera einen Schlüsselsatz aus, der ihr die Lebensfreude zurückgeben sollte.

Gemeinsam kamen wir darauf, dass es vor allem an jenen Tagen bestens funktionierte, denen ein entspannter Abend vorangegangen war. Galt ihr letzter positiver Gedanke vor dem Einschlafen einem ungelösten Problem, schien sich am nächsten Morgen die Lösung wie von selbst aufzudrängen.

Es handelte sich um das gleiche Prinzip, mit dem sie schon ihre Prüfungen ausgezeichnet bestanden hatte. Allerdings nahm sie damals ihre Träume wie ein gütiges Schicksal hin. Sie begriff nicht, dass die nächtlichen Bilder und Abläufe eine Kraft entwickeln, die man bewusst einsetzen kann. So war die Möglichkeit, Lösungen zu träumen, zwischen Arbeitstrubel und Mutterpflichten in Vergessenheit geraten.

Gefängnisse der Seele oder: Künstler und Träume

Bei Künstlern, die schon lange tot sind, ist es leider nicht möglich, die Probe aufs Exempel zu machen, ob sie sich am Abend eine Gedächtnisstütze zu einem neuen Werk unter das Kopfkissen gelegt hatten. Oft sind es ganz andere Verfahren, die zur Entstehung von Kunstwerken führen, die zumindest weltfern, wenn nicht explizit als Traumbotschaften erkennbar sind.

Aus der Literatur und Kunst sind ein ganze Reihe berühmter Beispiele bekannt. Die Kreativität der Seele im Traum war etwas, was schon Gottfried Wilhelm Leibniz (nicht der mit den Keksen, sondern der mit der Besten aller möglichen Welten) zu Ende des 17. Jahrhunderts faszinierte. Es müsse, so Leibniz, also in unserem Geist irgendein schöpferisches Prinzip geben, welches, einmal davon befreit, Ideen trennend zu beurteilen, sich daranmacht, solche zu bilden. Wohl jeder habe bereits im Traum spontan entstandene, kunstvolle Gesänge, Lieder, Bücher, Reden, Häuser, Gärten, oder was ihn sonst beschäftige, gesehen, die er selbst im Wachen in dieser Form nur mit Mühe hätte formen können.

Einen wahren Boom erlebten Träume ganz programmatisch im Surrealismus. André Masson malte Bilder in einer Art Trancezustand, während dessen er sein Bewusstsein möglichst ausschaltete. Diese wie »automatisch« entstandenen Zeichnungen und Gemälde sollten ohne Kontrolle durch den denkenden Geist einfach fließen. André Breton, der Theoretiker des Surrealismus, verglich diesen Vorgang explizit mit dem Traumzustand. Nach einem eigenen Traum, in dem er ganz enttäuscht war, nach dem Erwachen ein Buch, von dem er geträumt hatte, nicht mehr vorzufinden, hatte er selbst sich vorgenommen, von nun an derartige Traumgestalten nachzubilden.

Jean Arp nannte seine frühen Reliefs »geträumte plastische Arbeiten«.

Giorgio de Chiricos leere Marktplätze mit der obligatorischen Eisenbahn im Hintergrund, Marc Chagalls Traumbilder ohne Perspektive und Zusammenhang, Salvadore Dalís Traumszenarien aus Mythos und Wahn, dies sind wohl die bekanntesten modernen Ausdrucksformen des Traums in die bildende Kunst. Dalís zerflossene Uhren tauchen auch in Hitchcocks Film »Ich

Die Engländer führten einen der absurdesten Kriege der Geschichte, um China dazu zu zwingen, den Opiumimport zuzulassen. Im 19. Jahrhundert entstanden in ganz Europa eine wahre Flut von Opiumhöhlen, in denen die Kunden ihrem Rausch bedürfnis nachgehen konnten. Charles Dickens beschreibt sie in einem unvollendeten Roman.

kämpfe um dich« auf, einer Rezeption der Pschoanalyse, in dem es um ein verdrängtes Kindheitserlebnis geht, das dazu führt, dass der Protagonist bei parallel verlaufenden Linien und der Farbe Weiß panisch reagiert.

Traum und Opiumrausch vermischten sich erstmals bei Thomas de Quincey. In seinen »Bekenntnissen eines Englischen Opium-Essers« schildert er 1822 die stimulierende und beklemmende Wirkung des Opiums auf die Imagination – erste Erforschung und Erfindung des Unterbewussten als eines Abgrunds der Seele. Und hier ist es eine Vision von Piranesis »Carceri«, die zitiert wird, hier als frühes Beispiel für die gefährdende Bewusstseinsveränderung durch Drogen:

> »Vor vielen Jahren, als ich mir Piranesis ›Antichità Romane‹ ansah, beschrieb mir Coleridge, der danebenstand, eine Blätterfolge dieses Künstlers, ›Träume‹ genannt, in welcher sich die Szenerie seiner Visionen während eines Fieberdeliriums aufgezeichnet findet. Einige dieser Blätter (ich beschreibe sie nur aus der Erinnerung an Coleridges Bericht) stellen riesenhafte gotische Hallen dar; auf ihrem Boden stehen mächtige Maschinen und Geräte, Seile, Steinschleudern, Räder etc., Ausdruck ungeheuren Machtaufwands oder gebrochenen Widerstands. An den Seiten der Wände sich hochwindend, nimmt man eine Treppe

> wahr, und auf dieser, sich einen Weg nach oben tastend, ist Piranesi selbst zu sehen. Folge den Stufen ein wenig weiter, und du siehst sie jäh abbrechen, ohne jedes Geländer, und kein weiterer Schritt ist dem erlaubt, der diesen äußersten Punkt erreicht, außer in die Tiefe unter ihm. Ganz gleich, was aus dem unseligen Piranesi werden soll, umsonst vermutest du, dass seine Mühen nun auf irgendeine Weise zu ihrem Ende kommen. Denn erhebe deine Augen und sieh eine zweite Treppe noch darüber, auf der du wieder Piranesi gewahrst, diesmal direkt am Rande des Abgrundes stehend. Und richte deinen Blick noch einmal höher, und du entdeckst eine noch schwindelndere Treppe; und wieder steht der fiebernde Piranesi da und verfolgt sein mühevolles Trachten; und so fort, bis die unfertigen Treppen und der verzweifelte Piranesi sich im oberen Dunkel der Halle verlieren. Mit derselben Identität endlos wachsend und sich vervielfältigend entfaltete sich die Architektur in meinen Träumen . . .«[103]

In den nebelhaften, kaum erkennbaren Staffagefigürchen Piranesi zu sehen, ist ein genialer Kunstgriff de Quinceys, der die Radierungen erst zum Ausdruck von Angst und Verzweiflung werden lässt, zum Ergebnis von Fiebertraum oder drogeninduzierter Halluzination. Unversehens wird Piranesis Fieberwahn, in dem die Stiche angeblich geschaffen worden sein sollen, zum Alptraum des Opiumessers, die Unendlichkeit der Raumfolgen zu dessen eigenem Ich, in welches der Träumende hinabtaucht und aus dem er sich vergeblich zu befreien sucht.

Die Schöpferkraft des Traums – hier findet sie ihren monumentalen Ausdruck. Und es ist kaum erstaunlich, dass es fast hundert Jahre dauert, ehe sie wahrgenommen, geschätzt, ja bewundert wird.

Nur wenige Jahre nach Piranesis »Carceri« erschien eine Geschichte, die für die romantische Hinwendung zum gotischen Mittelalter grundlegend wurde: »The Castle of Otranto«. Der Autor erklärt ein Jahr später in einem Brief:

> »Soll ich Ihnen gestehen, wovon der Ursprung meiner Erzählung herrührt? Ich erwachte eines Morgens, zu Anfang Juni letzten Jahres, aus einem Traum, von dem ich nicht mehr zurückbehalten habe, als dass ich mich in einem alten Schloss wähnte (ein sehr natürlicher Traum für einen Kopf, der wie der meine mit gotischen Geschichten und Vorstel-

103 Zitiert nach Norbert Miller, Archäologie des Traums. Versuch über Giovanni Battista Piranesi, Carl Hanser Verlag, München 1978, Ullstein Taschenbuchausgabe 1981, S. 384 f., Übersetzung N. Miller

lungen vollgestopft ist) und auf der obersten Balustrade eines großen Treppenhauses eine riesige, gepanzerte Hand gewahrte. Am Abend setzte ich mich hin und begann zu schreiben, ohne noch im mindesten zu wissen, was ich sagen oder berichten wollte.«[104]

Wieder ist es ein Traum, der hier den Anstoß zu einer kreativen Leistung gibt.

In der französischen Literatenszene um 1850 war eine drogenunterstützte romantische Abkehr von der Gegenwart »in«, die sich ein etwas verblüffendes Ventil für ihre Begeisterung suchte: die damals bereits 100 Jahre alten Stiche des Venezianers Giovanni Battista Piranesi, auf denen dieser die Größe und den versunkenen Glanz des antiken Rom verherrlicht. Doch wieder ist es nicht der Piranesi der Archäologen, der wundervoll präzise Ansichten und Schnitte einzelner antiker Monumente stach, der die Romantiker interessiert, es ist der finstere Piranesi der »Carceri«.

Können Sie sich an die Verfilmung von Umberto Ecos »Der Name der Rose« erinnern? An den Bibliotheksturm, kurz ehe er in Flammen aufgeht? An dieses irrwitzige Treppenhaus mit Gängen, die im Nichts verschwinden, mit versperrten Durchblicken und sich öffnenden Abgründen? So ungefähr sehen Piranesis »Carceri d'invenzione« aus, seine »Erfundenen Gefängnisse«. (Möglicherweise überlagern Piranesis »Carceri« aber auch meine Erinnerung an den Bibliotheksturm ...) Jeder Maßstab, jeder realistische Bezug fehlt, gigantische Innenräume türmen sich zu Ruinen, darin Wege und Seile erscheinen wie Lianen und Brücken durch Raum und Zeit. Der Gedanke an das Innere von Gehirnwindungen drängt sich bei längerem Betrachten auf. Hans Magnus Enzensberger setzt in seinem Gedicht »Carceri d'invenzione« die undurchdringliche Welt dieser Gewölbe mit der Undurchdringlichkeit unserer träumenen Häupter gleich.

In Gérard de Nervals »Voyage en Orient«, die 1851 erschien, fällt die perfekt durchgestylte Architektur des salomonischen Tempels in Jerusalem der Verachtung anheim, wohingegen allein der Traum eines Bauwerks als der Würde des Menschen angemessen geschildert wird. Die französischen Romantiker um Victor Hugo – lärmend-genialisch, ichversessen, regelfeindlich und voller Verachtung für die in der Gewöhnlichkeit etablierte Gesellschaft ihrer Gegenwart – stürzten sich förmlich auf die rätselhaft-sinistren Radierungen des Venezianers Giovanni Battista Piranesi, die bald nach der Mitte des 18. Jahrhunderts entstanden waren. Zum ersten Mal vielleicht war bei Pirane-

104 Zitiert nach Miller, a. O., S. 380

si das gesicherte Verhältnis von Ich zu Außenwelt, von Traum zu Realität nicht nur gestört, sondern sehenden Auges aufgehoben. Künstler, besonders Literaten, besonders solche, die auf eigene Drogenerfahrungen zurückblicken konnten oder süchtig waren, fanden auf Piranesis Stichen die eigenen Alpträume in der unendlichen Flucht seiner Gänge und Treppen wieder, das eigene Entsetzen vor einer verstörten Realität, die sie andererseits mit Lust erfüllte und festhielt, in der die Grenzen der Innen- und Außenwelt gefallen waren. Piranesis Stiche verkörperten für diese Künstler das Spiel mit der mächtigen Sphäre des Unterbewusstseins, die sich im Haschisch- und Opiumrausch ihrer eigenen Zeit aus den Einfriedungen der Vernunft befreit.

Piranesis »Carceri« wurden von da an für die »wechselnden Generationen der künstlerischen Avantgarde zum hieroglyphischen Text über die Geheimnisse einer vom Subjekt nur mehr scheinbar beherrschten Wirklichkeit, zu einer chiffrierten Botschaft, deren Aufschlüsselung Einsicht in die je eigene Befindlichkeit versprach«[105]. Piranesi wurde so zum vorromantischen Interpreten Roms, »der die Träume und Verwirrungen seines Ich in die waghalsigen Perspektiven ... gespenstisch aufragender Bauwerke gebannt hat«.

Die Kerkervisionen wurden noch in unserem Jahrhundert zum »Sinnzeichen für die Tiefenschichten des menschlichen Ich«, wie Norbert Miller in der Einleitung seiner »Archäologie des Traums« schreibt. Aldous Huxley hatte aufgrund eigener Drogenerfahrungen und der Auseinandersetzung mit dem Existentialismus 1949 Piranesis »Carceri« bezeichnet als »Variationen eines einzigen Symbols, das sich auf Dinge bezieht, die in den physischen und metaphysischen Tiefen der Menschenseele vorhanden sind«.

Zurück zur Kreativität oder: Schöpferische Träume

Doch nun zurück zu Vera, der Werbetexterin, die plötzlich »ihre Träume verloren« hatte. Zunächst musste Vera verstehen, dass ihr Traumerleben durchaus nichts Ungewöhnliches ist. Auf der ganzen Welt nutzen Naturvölker ihre Träume für kreative Leistungen. Viele Indianerkulturen Nordamerikas bestehen beispielsweise darauf, ihre Lieder nicht zu komponieren, sondern zu träumen. Auch Tänze fallen ihnen im Schlaf zu. Das ist für diese Indianer ganz besonders wichtig, denn mit ihrem ureigenen Traumtanz sind sie in der Lage, ihr Krafttier und ihre Schutzgeister zu rufen. Die Schnitzerei-

105 Norbert Miller, a. a. O., Einleitung passim

en der Südseeinsulaner sind ebenso Ergebnis vorheriger Träume wie Stick- und Webmuster mexikanischer Eingeborener oder die Sandbilder der nordamerikanischen Indianer.

Man kann davon ausgehen, dass die schöpferische Kraft des Traumes auf der ganzen Erde von allen Urkulturen intensiv genutzt wurde und weiterhin genutzt wird. Und dabei geht es nicht nur um Kreativität im Sinne von Tanz und Musik, Malerei und darstellender Kunst. Die schamanischen Gesellschaften unserer Erde haben die geträumte Problemlösung zu einem zentralen Bestandteil ihres Weltbildes entwickelt. Wird ein Schamane zu einem Kranken gerufen, so träumt er nicht nur die Diagnose, sondern auch den Weg zur Heilung. Das unterscheidet ihn ganz wesentlich vom Medizinmann, der auf ein überliefertes Wissen rund um heilkräftige Kräuter, wundertätige Dinge und kräftigende Rituale zurückgreifen kann.

Diese »Traumkulturen« warten allerdings nicht ergeben auf einen Traum. Sie stellen Erwartungen: an das Eintreffen des Traumes, an seinen Inhalt, seine Symbolik und Deutlichkeit. Und sie werden selten enttäuscht. Schließlich üben sie von klein auf, Träume herbeizurufen und sich ihnen bewusst zu stellen.

Dies gilt übrigens nicht nur für auserwählte Schamanen, sondern für jedes Mitglied einer schamanisch orientierten Gesellschaft. So müssen sich die Heranwachsenden oftmals für einige Tage fastend und allein in die Wildnis begeben, um dort ihre künftige Bestimmung in einem Traum zu empfangen. Wer sich diesem Visionierung entzieht, etwa indem er die Fastenzeit unterläuft oder heimlich des Nachts den rituellen Platz in der Wildnis verlässt, dem wird auch der Eintritt in die Welt der Erwachsenen verwehrt.

Die kreative Kraft des Traumes umspannt die Welt und ist in Ansätzen wahrscheinlich in uns allen nach wie vor vorhanden. Genau das machte ich auch Vera klar. In ihrer Studienzeit hatte sie sich offensichtlich intuitiv an diese Kraft angeschlossen. Leider verdrängte ihr Verstand in den folgenden Jahren diese Fähigkeit. Nun galt es, ihre Träume wieder zum Leben zu erwecken.

Zunächst forderte ich Vera auf, sich wie damals Papier und Bleistift auf ihren Nachttisch zu legen. Außerdem sollte sie sich vor dem Einschlafen ein Thema vorgeben. Urlaub, Erholung, Entspannung, Freude – derartig angenehme Situationen empfahl ich ihr besonders für ihren Wiedereinstieg ins kreative Reich der Träume.

Schon nach kurzer Zeit kamen die ersten Erfolgsmeldungen. Tatsächlich gelang es ihr immer häufiger, die abendlichen Vorgaben in der Nacht abzurufen. Langsam füllten sich auch die Zettel neben ihrem Bett, ohne dass sie dabei aufgewacht wäre. Vera erinnerte sich nicht nur an ihre unbewusste

Strategie, Probleme im Traum zu lösen. Sie machte sie sich auch bewusst und lernte, sie gezielt zu verwenden.

Und dann passierte etwas absolut Außergewöhnliches: Nach einem entspannten Abend und einer erholsamen Nacht kam Vera morgens in ihr Arbeitszimmer und fand dort ihren Computer mit flimmerndem Bildschirm vor. Irritiert durchsuchte sie die Dokumente. Um 3.30 Uhr, so der Computer, wurde an ihrem wichtigsten derzeitigen Auftrag eine Änderung vorgenommen. Aufgeregt klickte sie auf die Datei und hielt die Luft an. Vor ihr auf dem Schirm erschien ein fix und fertiges Konzept, das vor ungewöhnlichen Ideen nur so zu sprühen schien.

Die Werbeexpertin hatte es geschafft. Sie konnte nicht nur an ihre alte Gewohnheit des kreativen Träumens anknüpfen. Nein, sie perfektionierte diese Gabe sogar noch weiter. Selbst das Passwort für ihren Computer fiel ihr im Schlaf ein. Nur mit dem Abdrehen des Geräts war das Unterbewusste offensichtlich überfordert.

Solche extremen »Traumarbeiten« sind für Vera mittlerweile wieder zur Ausnahme geworden. Zum Glück, muss man sagen. Schließlich sollte niemand seine Welt der Träume nur der Arbeit und der Leistung opfern. Es gibt noch sehr viele andere, nicht minder »lohnenswerte« Träume, auch wenn sie sich nicht in klingende Münze umsetzen lassen. Zudem litte auf die Dauer die Schlafqualität, wenn man allabendlich mit einer Aufgabenliste ins Bett ginge.

Doch als Rettungsanker in extremen Situationen bewährt sich die nächtliche Hilfe hervorragend. Vera ist aus ihrer Erstarrung aufgewacht, sie kann nun auch tagsüber flüssig arbeiten. Und damit wird die »Nachtarbeit« auch immer seltener notwendig.

Zum Nutzen aller oder: Mitbringsel aus der Traumwelt

Wir Europäer neigen dazu, aus allem ein Problem zu machen, sogar aus unseren kreativen Träumen. Um wie vieles leichter tun sich dagegen die Naturvölker dieser Erde, die von klein auf lernen, zu träumen. Sie suchen die Einsamkeit, schaffen die richtige Umgebung, legen sich hin und träumen; in der Gewissheit, dass sie ihr Traum mit den Kräften der geistigen Welt verbindet.

Überall dort auf der Welt, wo der Traum noch eine mythische Bedeutung hat, ermuntert man die Kinder, ihrem Traum Ausdruck zu verleihen: Tanze deinen Traum, singe ihn, male, schnitze, heile! Der Traum sagt nicht nur, was unmittelbar ansteht. Er zeigt dir auch deinen Platz im Leben, deine Bestimmung.

»Teile deine Vision mit deinem Volk oder du wirst krank und stirbst«, meinen Nordamerikas Indianer, die eine ausgeprägte Traumkultur besitzen. Und nicht nur sie denken so. Von den Akha im Norden Thailands bis zu den Zulu im Süden Afrikas hat der Traum die Kraft einer göttlichen Botschaft.

Es ist Gottesdienst in Reinkultur, wenn diese Menschen zur Ruhe kommen und sich ihren inneren Bildern überlassen. Träumer sollen daher ihre wertvollen nächtlichen Geschenke dem ganzen Volk zugute kommen lassen. Als Zierde auf Alltagsgegenständen, als geschnitzte Gottheit, als Lied oder als Tanz erobern sich die Träume einen gebührenden Platz in der körperlichen Welt. So verwirklichen diese Menschen ihre Träume im ursprünglichsten Sinn des Wortes. Wer keine Träume vorweisen kann, wird an den Rand der Gesellschaft gedrängt.

In unserer modernen Gesellschaft ist solch ein unkomplizierter, unmittelbarer und intensiver Zugang zum Reich der Träume selten geworden. Der eine oder andere besitzt ihn jedoch noch, wie meine liebe Freundin Gisela beweist. Ich besuche die »alte Dame der Architektur« besonders gerne am Nachmittag, um bei ihr eine Tasse Tee zu genießen. Oft arbeitet sie an ersten Entwurfsskizzen, während wir plaudern. Natürlich sprechen wir auch häufig über unsere Träume. Sie träumt ungewöhnlich anschaulich und versteht, höchst amüsant zu erzählen. Ab und zu passiert es, dass sie munter die Einzelheiten eines nächtlichen Ausfluges in südliche Gefilde beschreibt, während ihre Zeichnung mehr und mehr mediterranes Flair gewinnt. Oder sie berichtet von antikem Kriegsgetümmel, während das Gebäude auf ihrem Papier die Züge einer Trutzburg annimmt.

Mache ich Gisela auf diesen Zusammenhang aufmerksam, zuckt sie mit den Schultern, lächelt und führt die begonnene Zeichnung stilistisch sicher zu Ende. Für sie ist es überhaupt kein Problem, woher ihre Ideen kommen. Im Gegenteil, ihre Träume liefern willkommene Anstöße, die üblichen Pfade zu verlassen. Kommen die Bilder nicht in der Nacht, dann steigen sie in ihr während der Arbeit als Tagträume auf.

Allerdings hat es Gisela in dieser Beziehung auch leicht. Mit ihren 74 Jahren eilt ihr schon lange der Ruf voraus, unkonventionell zu arbeiten.

Von der Berufung zum Beruf oder: Lebenshilfe Traum

Manches Mal haben unsere Träume allerdings schlechtere Karten als die Ideenlieferanten von Gisela, der Architektin, Albert Einstein, dem genialen Physiker, Robert Louis Stevenson, dem unterhaltsamen Autor, oder Maria, der kreativen Garnknüpferin in Mexiko. Sie präsentieren ohnehin nichts anderes als jene Dinge, mit denen sich die Träumer ohnehin beschäftigen.

Ganz anders sieht es mit jenen Träumen aus, die uns erst auf völlig neue Ideen bringen. Jutta ist ein gutes Beispiel. Als Abiturientin träumte die junge Frau davon, Schriftstellerin zu werden. Später wandelte sie ihren Berufswunsch auf Kinderbuchlektorin ab. Das schien ihr realistischer, hoffte sie doch, mit einem Pädagogikstudium und ihrer ausgeprägten Freude an der deutschen Sprache eine tragfähige Basis schaffen zu können. Für den Vater der jungen Frau galten jedoch nur solch konservative Studien wie Wirtschaft, Recht oder Naturwissenschaften etwas. So studierte sie Betriebswirtschaft und begann in der Lokalredaktion einer bedeutenden deutschen Zeitungsgruppe. Ihr Sprachgefühl kam ihr auch als Journalistin zustatten, so dass Jutta mit der Zeit ihr ursprüngliches Berufsziel aus den Augen verlor.

Dann wurde Jutta Mutter. Nach einer sechsjährigen Kinderpause stand sie vor der Entscheidung, wieder ins Berufsleben einzusteigen. Doch als Journalistin schien ihr Zug abgefahren. Der Nachwuchs drängte auf den Markt, und niemand schien an einer Wiedereinsteigerin Ende dreißig interessiert zu sein, deren berufliche Kontakte mehrere Jahre zurücklagen. Vermutlich war diese Situation der Anstoß für Juttas Traumbewusstsein, auf die Suche nach einer geeigneten Beschäftigung zu gehen.

Zunächst träumte die junge Frau wiederholt, dass sie ein Buch schreibe. Dunkel erinnerte sie sich an ihren ursprünglichen Berufswunsch. Da sie als Journalistin die Recherche und die korrekte Wiedergabe sachlicher Zusammenhänge gewohnt war, kam sie auf die Idee, ein Buch über das Kinderkriegen zu schreiben. Jutta glaubte an die Kraft der Träume, da sie bereits in mehreren Seminaren den Umgang mit der nächtlichen Bilderwelt bei mir geübt hatte. Umso erstaunter war sie, dass sich die Umsetzung ihres Projektes so ungeheuer mühsam gestaltete. Wen sie auch als Koautorin ansprach, Interesse und Engagement potentieller Mitarbeiterinnen blieb gering. Und allein traute sich die ehemalige Journalistin kein derart großes Projekt zu.

Notgedrungen nahm sie für kleinere Werbeagenturen Public-Relation-Aufträge an. Bei dieser Gelegenheit traf Jutta eine Verlegerin, die noch auf der Suche nach einer Lektorin war. Begeistert rief mich Jutta an, um mir zu erzählen, dass ihre ursprünglichen Berufsträume nach jahrelangen Umwegen endlich Wirklichkeit würden. Ich blieb skeptisch. Zunächst erinnerte ich mich an die sehr viel selbstbewussteren Träume des jungen Mädchens knapp nach dem Abitur. Zudem gaben mir Juttas Träume in jüngster Vergangenheit zu denken.

Ein Anfang auf dem Weg in Richtung Traumberuf war allerdings gemacht. Die zweifache Mutter verdiente sich einige Zeit ihr Brot als Lektorin. Eines

Tages kam sie zu mir und präsentierte mir den Inhalt eines Traumes aus der Nacht zuvor. Ob sie daraus nicht ein nettes Kinderbuch machen könne, lautete ihre Frage. Mittlerweile reagierte ich bereits fast etwas amüsiert auf ihre Orientierungslosigkeit. Warum traute sie sich nicht zu, den ursprünglichen Traumberuf und ihre aktuellen Trauminhalte zu verbinden? Warum musste es immer die Abschwächung einer – in ihren Augen – vernünftigeren Variante sein? Auf meine behutsamen Fragen reagierte Jutta nicht. Sie schien fest entschlossen, für sich keine traumhafte Zukunft in Anspruch zu nehmen.

Schlussendlich musste nochmals der Traum als Regisseur auf den Plan treten. Jutta erlebte sich mehrmals hintereinander im Hochsommer hinter ihrer Schreibmaschine in ihrem Garten. Im Hintergrund hörte sie ihre Kinder spielen, während der Mann in einer Hängematte lag. Dieses Bild war der jungen Frau bereits aus gelenkten Tagträumen während meiner Seminare vertraut. Das Neue an diesem Bild war etwas, das neben ihrer Schreibmaschine lag. Jutta sah einen Stapel Bücher, alle mit ihrem Namen versehen. Und sie wusste mit einem Mal ganz genau, dass es sich weder um Sach- noch um Kinderbücher handelte. In einer der folgenden Nächte träumte Jutta die Rahmenhandlung für ihren ersten Roman. Endlich war ihr Traum so weit zu ihr durchgedrungen, dass sie sich an ihren ursprünglichen Traumberuf erinnern konnte – selbst durch all die begrenzenden Nebelschichten ihrer Erziehung hindurch.

Sieger sehen anders aus oder: Der geträumte Erfolg

Haben Sie Ihren Traummann, Ihre Traumfrau schon gefunden? Wie sieht es aus mit Ihrem Traumjob, der Traumkarriere, dem Traumurlaub unter Palmen? Leben Sie in einem traumhaft schönen Haus? Geht es Ihnen traumhaft gut? Leben Sie wie im Traum oder gehen Sie als Träumer durchs Leben?

Wir sprechen eine deutliche Sprache, auch wenn wir dies leider nur allzu selten merken. Vermutlich sollten wir uns angewöhnen, uns selber wieder mehr zuzuhören. Vielleicht schaffen wir es dann ja auch wieder, wie Naturvölker mit der Kraft unserer Wünsche und Sehnsüchte in ein erfülltes Leben aufzubrechen.

Spitzensportler und Manager haben die Kraft der Traumbilder längst für sich entdeckt. Eine Reihe von Champions beschränken bereits einige Wochen vor großen Wettbewerben ihr hartes Training auf leichte Ausdauer- und Konditionsübungen. Die restliche Zeit gehört der mentalen Vorbereitung.

Plakativ ausgedrückt sitzt der Sportler in einem bequemen Sessel und tut nichts weiter, als seinen Erfolg herbeizuträumen. Bis ins kleinste Detail stellt er sich den Ablauf des Wettkampfes vor, sieht, wie er zielsicher Schritt für Schritt setzt und souverän alle Konkurrenten hinter sich lässt. Als krönenden Abschluss besteigt er schließlich in seinen gelenkten Tagträumen das Siegerpodest. Er sieht, hört, riecht den Erfolg, spürt ihn mit Haut und Haaren. Erfüllt von der Gewissheit, sein Ziel bereits erreicht zu haben, kommt er von seinem geistigen Training zurück.

Oft kann man einem Sportler eine solche Vorbereitung bereits vor dem Wettkampf ansehen. Bei aller Aufregung, die auch den ältesten Routinier vor einer Entscheidung packt, strahlen sie Ruhe und Siegesgewissheit aus. Es ist jener Anblick, bei dem wir schon vor dem Wettkampf ahnen, wer hinterher auf der Siegertreppe stehen wird. Sieger sehen eben anders aus.

Auch im Wirtschaftsleben werden Methoden, den eigenen Erfolg herbeizuträumen, immer beliebter. Die Kunst, Erfolgsbilder entstehen zu lassen und sein Traumziel zu erreichen, ist aus einschlägigen Weiterbildungsveranstaltungen kaum mehr wegzudenken. Dabei ist es völlig gleichgültig, ob es um die Führungsfähigkeit leitender Manager oder um die notwendige selbstsichere Ausstrahlung von Verkäufern im Außendienst geht.

Vor allem in den USA erfreut sich das gesteuerte Traumbild als Managementinstrument geradezu erstaunlicher Beliebtheit. Ich wurde selber Zeugin einer derartigen Szene: Ein Werbefilmer leitete die Präsentation seines Spots vor der Dame und den Herren des Vorstandes damit ein, dass er die Vorhänge zuziehen ließ. Dann forderte er 15 hochkarätige Manager zwischen 50 und 70 Jahren auf, ihre Augen zu schließen und mit ihm eine Reise in die erfolgreiche Zukunft des Unternehmens zu unternehmen. Mit eindringlichen Worten schilderte er nicht nur den wirtschaftlichen Erfolg der Zukunft. Zugleich entwarf er ein gesellschaftliches und ökologisches Umfeld, das die Werte einer verantwortungsbewussten Firmenleitung widerspiegelte und eine tragfähige Lebensgrundlage für die nachfolgenden Generationen darstellte.

Mit der vorangestellten kurzen Entspannungsphase dauerte diese Traumreise knapp acht Minuten. Danach öffneten die Vorstandsmitglieder ihre Augen und folgten hoch konzentriert dem kurzen Werbefilm. Am Ende applaudierten sie begeistert und bekräftigten nicht nur die offensichtlichen Werbebotschaften des Filmes, sondern auch die zuvor beschriebenen Werte der Firmenleitung. Der Filmemacher konnte beruhigt die Abnahme seiner Arbeit verbuchen, während die anwesenden Manager bestärkt aus dem Termin hervorzugehen schienen.

Neugierig wendete ich mich beim Herausgehen an die einzige Frau in der Runde, eine Mittfünfzigerin. Ich zeigte mich über das unkonventionelle Vorgehen des Werbemannes erstaunt. Ja, mehr noch schien mir sein Vorgehen anmaßend und manipulativ. Ann winkte ab. Die ethischen Werte habe er nicht erfunden, erklärte mir die Marketingexpertin. Sie stammten aus den Ausschreibungsunterlagen und sollten – direkt oder indirekt – in der Werbebotschaft aufgegriffen werden.

Weiters erfuhr ich, dass man diese Werte im Kreise des Vorstandes und der leitenden Manager während eines intensiven Workshops erarbeitet hatte. Dort formte man nicht nur auf die herkömmlich rationale Art und Weise eine Firmenphilosophie für die Jahrtausenwende. Darüber hinaus ließ man sich auch auf geführte Traumreisen ein, in denen jeder Teilnehmer seine individuellen Vorstellungen einer lebenswerten Zukunft kennen lernte. Diese Bilder wurden mit der vorab erarbeiteten Firmenphilosophie so weit wie möglich verknüpft und anschließend mit Hilfe geführter Meditationen und musikalischer Begleitung bei den Teilnehmern auch emotional geankert.

»Wir können dieses Bild unserer Zukunft und jenes unserer Firma bei so gut wie jeder Gelegenheit vor unserem inneren Auge abrufen. Es nimmt eine zentrale Stellung in unserer Arbeit ein«, erklärte mir Ann. Mein Erstaunen und meine Skepsis über ein derartiges Vorgehen waren jedoch noch nicht völlig behoben. Den Vorwurf der Manipulation wollte ich dem Werbefilmer trotz dieser neuen Informationen nicht ersparen. Immerhin hatte er zunächst bei den Beteiligten das gute Gefühl des eigenen Wertesystems abgerufen, bevor er den solcherart positiv Stimulierten sein Werk präsentierte.

Ann wischte auch diese Bedenken vom Tisch. Gut gelaunt erklärte sie mir, dass ein solches Vorgehen in vielen Chefetagen des Landes längst gang und gäbe sei. Außerdem halte sie sich und ihre Kollegen durchaus für fähig, das eigene Hochgefühl genau zuordnen zu können. Die Managerin konnte dieser in meinen Augen ungewöhnlichen Abfolge sogar eine eigene Qualität des Vergleiches abgewinnen. Schließlich ist ein Film nichts anderes als eine Abfolge von Bildern. »Da wir vorab unsere Werte und Ziele in Bilder übersetzt haben, können wir nun viel besser beurteilen, ob der Werbefilm unseren Absichten entspricht.«

Teil VIII:

Der Ankerplatz des Erfolgs – Das morphogenetische Feld

Egal ob Sportler oder Manager – sie alle versuchen mit der Aktivierung ihrer imaginativen Kräfte nichts anderes als die meisten nordamerikanischen Indianer und unzählige andere Naturvölker rund um den Erdball. Bevor Irokesen oder Sioux beispielsweise auf die Jagd gingen, mussten sie zunächst vom Jagderfolg träumen. Blieben derartige nächtliche Bilder aus, bliesen sie die Jagd vorerst ab und versuchten mit abendlichen Trancetänzen und Gesängen oder durch Fasten, entsprechende Träume vom Jagdglück auszulösen.

Heute kommen wir langsam dahinter, dass sich die Naturvölker mit ihrer aus Jahrhunderten stammenden praktischen Erfahrung mit diesen Mechanismen mehr zunutze gemacht haben als pure Massensuggestion. Jüngste Ergebnisse aus so unterschiedlichen wissenschaftlichen Disziplinen wie der Hirnforschung, der Biochemie, der Mikrobiologie, der Verhaltensforschung und der Chaostheorie – um nur einige zu nennen – legen die Existenz eines universellen Informationsfeldes nahe. In dieses Feld, so die revolutionär anmutenden Schlussfolgerungen der verschiedensten Wissenschaftler, könne ein Lebewesen seine Wünsche »einspeisen« und Informationen über andere Lebewesen erhalten.

Am klarsten und zugleich denkbar revolutionär formulierten der englische Mikrobiologie und Biochemiker Rupert Sheldrake und der Theoretische Physiker und Philosoph David Bohm die Existenz gestaltgebender Informationsfelder. Zentraler Punkt ihrer Theorie der morphogenetischen Felder ist die Annahme, dass jeder Form und jedem Verhalten ein unsichtbarer »Konstruktionsplan« zugrunde liegt. Jedes Lebewesen hat bereits im Augenblick der Zeugung ein individuelles gestaltgebendes Organisationsmuster, das seinerseits Teil größerer Gattungsfelder ist. Diese Felder treten in Wechselwirkung miteinander und mit einer übergeordneten Struktur, die parallel zu Jungs Ansätzen auch als kollektives Unbewusstes bezeichnet werden könnte.

Das individuelle morphogenetische Feld sorgt beispielsweise dafür, dass ein Schnitt im Finger genauso heilt, wie eine zurückgeschnittene Pflanze früher oder später wieder in ihre alte Form zurückstrebt. Es erklärt auch, auf welche Art und Weise bei einem Fötus die komplizierte Differenzierung nach der Befruchtung der Eizelle gesteuert wird.

Die Information fließt jedoch keinesfalls in einer »Einbahnstraße«. Ändert ein Lebewesen sein Verhalten, so verändert sich damit auch automatisch sein eigenes morphogenetisches Feld. Behält es seine neue Gewohnheit lange genug bei oder findet es ausreichend viele Nachahmer, so die Forscher, ist es in der Lage, die Organisationsstruktur der gesamten Gattung nachhaltig zu beeinflussen.

Als berühmtestes Beispiel für diese Theorie gilt bis heute eine kleine

Affenpopulation auf einer kleinen südostasiatischen Insel. Verhaltensforscher hatten Ende der sechzige Jahre wie zufällig beobachtet, dass ein junger Affe begann, vor dem Essen seine Süßkartoffeln zu waschen. Schnell versuchten es immer mehr, bis es nach wenigen Wochen keinen Affen auf der Insel gab, der sich von dem neuen Geschmackserlebnis ohne Sand zwischen den Zähnen nicht überzeugen ließ. Soweit ist noch nichts wirklich Erstaunliches an diesem Beispiel.

Nach einigen weiteren Wochen mussten die Forscher jedoch erstaunt zur Kenntnis nehmen, dass auch die Affenpopulationen auf den Nachbarinseln begannen, ihre Süßkartoffeln vor dem Verzehr zu waschen. Zwischen den Inseln bestand keinerlei Sichtkontakt, und es war ebenfalls ausgeschlossen, die Distanz schwimmend oder auf einem Baumstamm zu überwinden.

Eine ähnliche Geschichte wird übrigens von englischen Schwalben berichtet; nachdem die ersten den Trick heraushatten, mit dem sie den Verschluss der vor den Haustüren stehenden Milchflaschen aufpiken und den Rahm herunternaschen konnten, verbreitete sich diese Erkenntnis derartig rasch in der Schwalbenpopulation, dass eine wie auch immer gestaltete direkte Informationsweitergabe als Quelle dieses Wissens ausgeschlossen werden muss.

Etwa zur gleichen Zeit drang aus europäischen und nordamerikanischen Forschungslabors ein weiteres, irritierendes Ergebnis von Rattentests. Bei komplizierten Labyrinthversuchen hatten die Tiere geraume Zeit benötigt, die gestellten Aufgaben zu meistern. In der zweiten Generation gelang es allerdings nicht nur den Nachkommen jener Versuchsratten sehr viel schneller, sondern auch Ratten in weit entfernten Laboratorien, die nie mit einem der ursprünglichen Versuchstiere in Kontakt getreten waren.

Stehen Affen, Schwalben und Ratten weltweit in einem mysteriösen Kontakt miteinander? Der Gedanke mag uns extrem provokant erscheinen, doch steckt eine gehörige Portion Wahrheit darin. Allerdings haben nicht nur Affen und Ratten einen »geheimen Draht«, sondern alle Lebewesen auf dieser Welt. Ja, offensichtlich scheinen auch unbelebte Formen ihre morphogenetischen Felder zu kreieren, die mit jenen von Tieren und Pflanzen in Wechselwirkung treten können.

Aus unserem alltäglichen Leben kennen wir genug ähnliche Phänomene, über die wir uns allerdings nur selten Gedanken machen. Denken Sie doch einmal über folgende simple Tatsachen nach: Warum fällt es uns heutzutage um vieles leichter, den Umgang mit einer Schreibmaschine zu lernen, als den Menschen um 1900? Sind wir um so vieles klüger oder geschickter geworden?

Oder warum tüfteln die größten Geister jahrzehntelang an dem gleichen Problem, ohne auf eine Lösung zu stoßen? Und plötzlich, kurz nachdem einer in seinem hermetisch abgeschirmten Labor auf eine Antwort stößt, tauchen in vielen anderen, Tausende Kilometer entfernten Laboratorien parallele Antworten auf.

Zukunftsforscher Peter Russell bemüht für seine Erklärung solcher Phänomene ebenfalls das morphogenetische Feld. Er definiert eine kritische Masse an Individuen, die notwendig sei, um nachhaltige Veränderungen bei der gesamten Menschheit zu bewirken. Bei sehr speziellen Problemen genügt einer, der seine neue Information ins morphogenetische Feld einspeist. Die übrigen Spezialisten beschäftigen sich derart intensiv mit ähnlichen Fragen, dass sie auch an spärlich vorhandene Informationen herankommen.

Bei Zivilisationstechniken ist dagegen eine große Zahl von Menschen notwendig, die sich eine Fähigkeit zunächst aneignen muss. Ist das erst einmal passiert, geht es den Menschen ähnlich wie den Ratten im Labyrinth des Versuchslabors. Sie scheinen mit dem Wissen beziehungsweise mit der Fähigkeit, das Problem schnell lösen zu können, geboren zu werden.

Auf das Schicksal unserer Erde gemünzt, folgert Russell überraschend positive Auswirkungen bislang rein negativ interpretierter Tatsachen: Die Überbevölkerung der Erde, so der Zukunftsforscher, unterstütze das Entstehen einer kritischen Masse bewusster Menschen, die das Verhalten aller zum Besseren wenden werde.

Der Eingriff ins morphogenetische Feld oder: Traum mit Folgen

Doch was hat dies alles mit unseren Träumen und der Macht der Traumbilder zu tun? Joseph Murphy, Serge King, José Silva, Louise Hay, Kurt Tepperwein . . . die Liste der mentalen Führer, die Menschen mittels Autosuggestion und anderen imaginativen Ansätzen aus großen Lebenskrisen heraus und in eine erfülltes Leben hineinführen will, könnte beliebig verlängert werden. Einige stammen in ihren Ursprüngen bereits aus den sechziger Jahren, lange bevor Sheldrake und Bohm mit ihrem Konzept des morphogenetischen Feldes aufhorchen ließen. Der Bezug zu einem Resonanzraum wie einem individuellen und einem universellen gestaltgebenden Informationsfeld scheint sich jedoch nahtlos in die meisten Verfahren dieser Zeit einzufügen. Ja, mehr noch, er erklärt einige Erfolge, die bislang nur empirisch nachgewisen werden konnten.

Damit lässt sich die Wirkung jener imaginativen Verfahren nahtlos in die Praktiken großer Schamanen einreihen. Die Kräfte dieser Geistheiler lassen sich nämlich anhand des Erklärungsmodells eines immer und überall sowie für alle Wesen und Formen vorhandenen Informationsfeldes ebenfalls erklären. So sind die Jäger und Krieger der Naturvölker durchwegs der Meinung, durch Erfolgsträume Jagdglück und Kampfgeschehen positiv zu beeinflussen. Und der Schamane, der sich in eine Heiltrance versetzt, glaubt fest daran, in »der anderen Wirklichkeit« Informationen zu erhalten und Veränderungen zu bewirken, die den Kranken in »der einen Wirklichkeit« heilen.

Letztlich werden mit Hilfe der morphogenetischen Felder sogar die außersinnlichen Wahrnehmungen des Hellsehens und Hellfühlens, der Zeitsprünge und der Raumsprünge mittels Telepathie logisch nachvollziehbar.

Es scheint, als könnte die universelle Sprache bildhafter Information besonders leicht ins morphogenetische Feld eingespeist und gut von anderen abgerufen werden. Weiters hat sich herauskristallisiert, dass es am wirkungsvollsten ist, unterschiedliche Wahrnehmungs- und Kommunikationsebenen miteinander zu verknüpfen. So scheint der reine Gedanke in Form von Worten oder in der Gestalt eines Bildes längst nicht so viel zu bewirken wie die Kombination eines Bildes, eines Wortes und des dazu passenden Gefühles. Und damit wären wir wieder genau bei jener Technik, die von Spitzensportlern, Managern und Menschen in großen Lebenskrisen wie schweren Krankheiten immer öfter genutzt werden.

Im Folgenden beschreibe ich, wie man eine Botschaft sehr wirkungsvoll im morphogenetischen Feld bekannt geben kann. Es ist sicherlich nicht die einzige Methode. Gerade in jüngster Zeit kommen etwa unter dem Schlagwort »Mindcontrol« die unterschiedlichsten Verfahren auf den Markt. Die Bezeichnungen mögen verschieden sein, ebenso wie Herkunft und Anwendungsbereiche. Im Großen und Ganzen gelten jedoch für alle Methoden ähnliche Grundregeln.

Schaffen Sie sich zunächst einmal die notwendige Ruhe. Treten Sie bewusst aus dem Alltag heraus. Stellen Sie das Telefon ab und sorgen Sie dafür, dass Sie auch von Familienmitgliedern nicht gestört werden. Nach meiner Erfahrung ist besonders hilfreich, diese einfachen Vorbereitungen in ein kleines Ritual zu kleiden. Stellen Sie sich vielleicht ein hübsches Glas mit Wasser bereit, legen Sie eine schöne Decke auf den Boden, auf die Sie sich setzen oder legen. Und zünden Sie vielleicht auch Kerzen an. All diese einfachen Handgriffe verstärken das Gefühl, nun für einige wichtige Augenblicke das Alltägliche hinter sich zu lassen.

Wunsch, Glaube und Erwartungen – diese drei Aspekte sind ausschlaggebend, ob Sie ihr Traumziel erreichen werden oder nicht. Machen Sie sich nun noch einmal Ihre Ziele und Ihre Motive klar. Was wollen Sie erreichen? Und warum wollen Sie es? Zwei gute Gründe geben Ihrem Ziel doppelt so viel Kraft wie ein guter Grund.

Prüfen Sie jedoch auch, ob Ihre Ziele rein auf Sie selber bezogen sind?

Treffen die Auswirkungen nur Sie? Schaden Sie unter Umständen jemandem? Sie sollten sichergehen, dass Ihre Ziele und Ihre Motive möglichst frei von allen manipulativen Absichten sind. Wer andere mit dieser Form der mentalen Steuerung beeinflussen will, erreicht im besseren Fall gar nichts. Im schlechteren Fall fällt sein Tun voll auf ihn zurück. Er muss die Verantwortung für Auswirkungen auf sich und Dritte übernehmen, die ihm vielleicht vorab überhaupt nicht klar waren. »Tu, was du willst, aber schade niemandem!« Mit diesem Grundsatz der alten Hexentraditionen sind Sie auch bei der mentalen Verwirklichung Ihrer Träume auf der sicheren Seite.

Berücksichtigen Sie bei der Klärung Ihres Zieles und Ihrer Motive die Vergangenheit. Wollen Sie ein Problem oder eine Krankheit beseitigen, fragen Sie sich zuvor: »Warum ist mir das passiert? Was kann ich daraus lernen? Was habe ich bereits daraus gelernt? Welche Verhaltensmuster und Glaubenssätze werden dadurch in mir berührt?« Wenn Sie beispielsweise Ihren »Kummerspeck« bekämpfen wollen, überlegen Sie, ob es entsprechende Glaubenssätze aus Ihrer Kindheit gibt. Bei einem Kind kann es während eines Wachstumsschubs durchaus sinnvoll sein, es dazu anzuhalten, den Teller leer zu essen, damit es groß und stark wird. Doch wie sieht das im Fall eines Erwachsenen aus, der den halben Tag hinter dem Schreibtisch verbringt und sich nur mit Hilfe seines Autos fortbewegt?

Wollen Sie permantem Misserfolg den Kampf ansagen, sollten Sie einmal prüfen, was Ihnen als Kind zum Thema Lernen gesagt wurde. Waren Sie ein mittelmäßiger Schüler? Und hieß es bei Ihnen: »Man lernt fürs Leben!«? Und vergessen Sie den Satz möglichst schnell. Er hat in Ihnen vermutlich Arbeitsleistung mit mittelmäßigen Erfolgen verknüpft.

Hinterfragen Sie jedenfalls auch, was Ihr Anteil bei der Verwirklichung Ihres Traumzieles ist. Müssen Sie vielleicht eine Gewohnheit ändern? Was sind Sie bereit zu tun oder zu geben, um Ihr Ziel auch auf rationalem Weg anzusteuern? Sonst geht es Ihnen unter Umständen wie jenem Mann in einem Witz, der sich bei Gott monatelang beschwert, noch immer keinen Lotto-Sechser gewonnen zu haben. Schließlich reißt dem lieben Gott der Geduldsfaden und er donnert auf die Erde: »Gib mir endlich eine Chance – kauf dir ein Los!«

Nach den äußeren Vorbereitungen und der Klärung von Zielen und Motiven kommt die innere Sammlung. Sie können jede beliebige Entspannungs- oder Meditationstechnik wählen. Besonders hilfreich sind jene Verfahren, bei denen Sie mit der Beobachtung Ihres Atems langsam in die Ruhe gleiten. Denn erstens verbindet Sie Ihr Atem mit dem ewigen Rhythmus der Schöpfung, und zweitens erreichen Sie durch die Konzentrationsübung ein gewisses Maß an Gedankendisziplin. Sie können allerdings auch die Zeitspannen kurz vor dem Einschlafen und knapp nach dem Aufwachen nutzen. In diesen Phasen arbeitet ihr Gehirn im Alpharhythmus, die Tore zu Ihrem Unterbewusstsein sind weit offen.

Am Anfang war das Bild. Ich empfehle meinen Seminarteilnehmern zumindest immer, ihre Assoziationskette um ein Bild herum aufzubauen. Nach meiner Erfahrung ist die Gefahr, bei einem Wort sich zunächst zu vergreifen, deutlich größer als bei einem Bild. Das passende Gefühl mit all seinen Qualitäten steigt ohnehin erst auf, wenn man sich innerlich auf die beiden anderen eingelassen hat.

Sollten Sie Probleme haben, ein geeignetes Bild vor Ihrem inneren Auge aufsteigen zu lasen, können Sie sich zunächst ein materielles Abbild schaffen. Greifen Sie doch einmal zu Stiften, zu Schere und Klebstoff und Naturmaterialien oder Zeitungsbildern und stellen Sie sich eine Kollage zusammen. Durchstöbern Sie auch alte Fotoalben. Fotos von uns in ganz besonders glücklichen Augenblicken können eine ganz unglaubliche Kraft während einer imaginativen Reise entwickeln.

Ihr Zielbild sollte schließlich so beschaffen sein, als wäre ihre Wunschvorstellung bereits eingetroffen. Joseph Murphy beschreibt beispielsweise in seinem Klassiker »Die Macht Ihres Unterbewusstseins« einen jungen angestellten Drogisten in bescheidenen Verhältnissen, der ständig mit dem Bild des eigenen Geschäftes vor seinem geistigen Auge durchs Leben ging. Die »Ein-Bild-ung« half. Vier Jahre später konnte sich der junge Mann seinen Wunschtraum erfüllen und die eigene Drogerie anzahlen. Die sah übrigens bis ins allerkleinste Detail so aus, wie er sie sich in seinen Tagträumen ausgemalt hatte.

Es versteht sich fast von selbst, dass zu Ihrem Bild auch das entsprechende Gefühl gehört. Ich weise trotzdem auch noch einmal ausdrücklich darauf hin: Sie müssen Ihr Ziel wirklich aus ganzem Herzen wollen, es mit jeder Faser ihres Körpers herbeisehnen. Halbherzige »Es wäre schön, wenn . . ., aber . . .«-Formulierungen entfalten keine gestaltende Kraft. Zu Ihrem Gefühl gehört auch der vertrauensvolle Glaube, das Erwünschte umsetzten zu können. Selbstzweifel sind wirklich nicht am Platz, zumal Sie Ihr Ziel und Ihre Motivation bereits auf ihre »Sozialverträglichkeit« hinterfragt haben. Zum Glauben an ein Ziel gehört auch, dass man es sich überhaupt zugesteht. Formulieren Sie einmal probeweise im Stillen den Satz: »Es steht mir zu, dass mein Traumziel in meinem Leben jetzt Wirklichkeit wird.« Beobachten Sie genau, welche Gefühle dabei in Ihnen aufsteigen.

Schließlich formulieren Sie Ihr Ziel in möglichst knapper Form. Halten Sie sich beispielsweise an die weiter oben beschriebene Art, formelhafte Vorsätze zu gestalten. Je knapper und präziser Ihr Satz wird, desto leichter fällt es Ihnen, ihn sich immer wieder ins Gedächtnis zu rufen. Erstens gewinnt Ihr Traumbild erst durch ständige Wiederholungen Kraft. Und zweitens können Sie sich einen knappen, knackigen Satz auch in Krisensituationen als Hilfestellung abrufen. Achten Sie außerdem unbedingt darauf, Ihr Ziel so zu formulieren, als wäre es bereits Wirklichkeit. Sie beachten damit eine uralte Spielregel, ein Traumziel anzusteuern. »Darum sage ich euch: Alles, was ihr bittet in eurem Gebet, glaubet nur, dass ihr's empfangt, so wird's euch werden« (Markus, Kapitel 11, 24).

Befinden Sie sich schließlich in tiefer Entspannung, aktivieren Sie Ihr Bild und fügen Sie ihm Ihren formelhaften Satz und das Gefühl in Ihrer Vorstellung hinzu. Suchen Sie zunächst Schritt für Schritt den Ort der Wandlung auf und erheben Sie dabei Ihr Bewusstsein. Sie können dies beispielsweise mit einem Gedankenspaziergang in eine Berghöhle verbinden. In ihrem Inneren treffen Sie auf ein wunderschönes helles, stärkendes Licht, in das Sie sich stellen. Dann zählen Sie langsam bis drei und geben mit Ihren Händen Wort, Bild und Gefühl ins Licht.

Eine solche Visualisierung ist allerdings nur eine Möglichkeit, Ihr Traumbild freizusetzten. Suchen Sie sich ein Ritual, das für Sie stimmt. Es ist beispielsweise auch durchaus denkbar, im Anschluss an eine Meditation den Abendhimmel zu betrachten und Wort, Bild und Gefühl den Sternen zu übergeben. Oder Sie verbinden es mit einer kleinen Feuerzeremonie, bei der Sie ihr Traumziel der transformierenden Kraft des Feuers anvertrauen. Egal, für welchen Weg Sie sich entscheiden – wichtig ist, dass Sie aus dem entspannten Zustand der Alphafrequenz Ihres Gehirns heraus agieren.

Ganz zum Abschluss, wenn Ihr Traumziel schließlich Ihren gesamten Körper erfüllt, sollten Sie innerlich einen kleinen Schritt zurücktreten und in Gedanken die Worte anfügen: »Wenn es sein darf.« Um Ihr Traumziel anzusteuern, ist dieser Zusatz allerdings nicht notwendig. Ich lege ihn meinen Seminarteilnehmern jedoch besonders ans Herz. Denn er wirkt wie eine Rückversicherung. Mit ihm stellen Sie ihre Wünsche und Ziele in einen größeren Zusammenhang.

Vielleicht haben Sie Ihre Ziele falsch interpretiert. Vielleicht sind Sie Täuschungen oder Selbsttäuschungen erlegen. Vielleicht hat Ihr Problem auch noch eine wichtige Rolle in Ihrem künftigen Leben zu spielen. Vielleicht würde Ihr Ziel aber auch das Leben eines anderen Menschen negativ beeinflussen. Wer weiß? Zahlreiche Stolperstricke machen es oftmals sehr schwer, die eigenen Ziele frei von Manipulation und Egozentrik zu verfolgen. Vor entsprechenden Versuchungen schützen Sie sich mit diesem simplen mentalen Zurücktreten.

Was wirklich wichtig ist oder: Der Traum als Korrektiv

Mit künstlich geschaffenen und im universellen Informationsfeld geankerten Traumzielen haben Menschen bereits beeindruckende Resultate erzielt. Doch auch wenn diesbezügliche Berichte hundertprozentig sichere, leichte Erfolge versprechen, sollten Sie nicht dem Irrtum der unbegrenzten mentalen Möglichkeiten unterliegen. Es gibt gleich eine Reihe guter Gründe, warum ein angesteuertes Traumziel unerreichbar bleibt.

Nehmen wir einmal an, Sie haben formal alles richtig gemacht. Ihr Bild ist klar und treffend, ihre Formulierung kurz gehalten und so formuliert, als wäre sie bereits eingetroffen. Und Ihr Gefühl spiegelt ihre sehnlichen Wünsche. Trotzdem scheint sich irgendetwas der Realisierung entgegenzustemmen. Nehmen wir einmal weiters an, dass Sie auf den Zusatz »Wenn es sein darf« verzichtet haben und mit ihrem Ziel einem anderen Menschen in die Quere gekommen sind. Ein gutes Beispiel wäre etwa das Ziel, in die Ehe eines bekannten Paares einzudringen und den einen Partner für sich zu gewinnen. Dann werden ihre Sehnsüchte unter Umständen sehr massiv mit jenen des gefährdeten Ehepartners zusammenprallen. Denn auch er ist mit seinen Wünschen und Zielen im weltumspannenden Informationsfeld präsent, selbst wenn er keine Technik beherrscht, sich dort bewusst einzuklinken. Unter Umständen lösen Sie eine Konfrontation zwischen ihm und sich aus, obwohl Sie in der Realität keinerlei Aktivitäten gesetzt haben, um Ihren verheirateten Traumpartner für sich zu gewinnen.

Neben möglicherweise missachteten Bedürfnissen Dritter kann aber auch Ihr Unterbewusstes als Hindernis zwischen Sie und Ihr Traumziel treten. In einem Seminar für Führungskräfte erlebte ich dies einmal sehr nachdrücklich. Michael, ein Nachwuchsmanager der zweiten Führungsebene, war bereits zum zweiten Mal bei der Beförderung übergangen worden. Im Seminar hoffte er, eine künftige berufliche Erfolgsbasis legen zu können. Mit Traumarbeit und kreativen Assoziations- und Problemlösungstechniken entwarfen wir eine Vision einer befriedigenden Zukunft. Es stellte sich heraus, wo er selber Veränderungen vorzunehmen hätte und wo er auf die Kraft seiner Bilder setzen könnte. Auch das notwendige Bild, der Satz und das Gefühl kristallisierten sich dabei heraus.

Dann ging es daran, die Vision in einer meditativen Entspannung in ihm zu ankern und dem morphogenetischen Feld bekannt zu geben. Zu diesem Zweck wählte ich eine Visualisierung, bei der die Teilnehmer in Gedanken einen Berggipfel erklimmen und dort ihr Traumziel ins Licht geben. Doch jedes Mal, wenn Michael auf dem Gipfel stand, war die Erinnerung an das zuvor Erarbeitete plötzlich weg. Stattdessen sah er seine Lebenspartnerin und seine beiden Kinder allein zu Hause im Garten. Offensichtlich hielten sie auf der Straße nach ihm Ausschau, während er hinter ihnen aus dem Haus trat. Während alle anderen Teilnehmer die vorbereiteten Bilder, Gefühle und Worte freisetzten, sah sich Michael neben seine Partnerin treten und dachte dabei: »Ich gebe und ich nehme Geborgenheit.« Gleichzeitig stellte sich ein ganz starkes Zusammengehörigkeitsgefühl zu diesen drei Menschen ein.

Nachdem sich diese Szene durch drei Tage wiederholt hatte, reagierte Michael verärgert. Er fühlte sich schon wieder als Versager, der wie im Job auch hier bei uns seine Chancen laufend verpasste. Nur ganz behutsam drang zu ihm durch, dass ihm sein Unterbewusstes mit diesen Traumbildern ein ganz besonderes Geschenk gemacht hatte. Es hatte ihn aufs nachdrücklichste darauf aufmerksam gemacht, was zu diesem Zeitpunkt wirklich wichtig und das wahre Traumziel seines Lebens war.

Ein halbes Jahr nach dem Seminar rief Michael an. Er hatte am Vortag die Mutter seiner beiden Kinder geheiratet. »In Wahrheit ist meine Karriere total nebensächlich. Zum Leben reicht es allemal. Aber das habe ich erst begreifen müssen«, berichtete er mir. Und bevor er auflegte, berichtete er noch ganz nebenbei, dass er auch im Job mittlerweile auf dem besten Wege weiter nach oben sei.

Paul war ein ähnlich auf Beruf und Erfolg fixierter Mann wie Michael. Nachdem er einiges zum Thema Mind Control und Erfolg durch Traumsteuerung bereits gelesen hatte, kam er mit einem vorgefassten Bild zu mir in einen Workshop. Er war wild entschlossen, seine angestrebten Karriereziele in einem Flug zu symbolisieren. Was wir zur Vorbereitung auch machten, es schien ihn kaum zu interessieren. Ich versuchte zwar auf alle erdenklichen Wege, Paul zumindest einmal zum Nachdenken über seine wahren Ziele und Motive zu bewegen, doch vergebens. Insgeheim dachte ich mir, sein Bild vom Fliegen sei durchaus angebracht. Denn der ganze Mann mit seinem Gehabe wirkte recht abgehoben. Ich war allerdings sehr neugierig, was das Unterbewusstsein dem Meditationsgeübten präsentieren würde.

Um es kurz zu machen: Paul flog tatsächlich. Allerdings nicht wie erhofft leicht wie ein Vogel den Mitbewerbern davon. Nein, Paul sah sich plötzlich aus dem Fenster seines Büros fliegen, und zwar im freien Fall. Anders als in Michaels Fall konnte man dieses Bild natürlich nicht ohne weiteres stehen lassen. Aber ein besonderes Eingreifen war auch gar nicht notwendig. Bereits in der ersten Seminarpause sah ich Paul über seine Unterlagen gebeugt, um doch noch einen Teil unserer Vorbereitungen nachzuvollziehen.

Manchmal braucht man auch nur etwas Geduld, wenn alle Anzeichen darauf hindeuten, dass ein angesteuertes Traumziel nicht erreicht wurde. Mit

Freude denke ich dabei an meine liebe Freundin Regina, die unter meiner Anleitung ihr erträumtes berufliches Umfeld entwarf. Im Team wollte sie arbeiten und doch alleine. Es entstand das Bild einer Gruppe von Frauen, mit denen sie in regem emotionalen und intellektuellen Austausch stand, einzelne Arbeitsschritte jedoch allein zu Hause in Reichweite ihrer Kinder absolvierte. In einem solchen Umfeld, da war sich Regina sicher, könnte sie ihre Unlust ein für alle Mal vergessen und mit neuer Lebens- und Schaffensfreude ans Werk gehen.

Regina war so durchdrungen von ihren Vorstellungen, dass es der geübten Texterin nicht schwer fiel, ein Bild, einen Vorsatz und das entsprechende Gefühl zu kreieren. In sehr intensiven Visualisierungen gab sie ihre Vorstellung bekannt und ankerte sie auch in sich. Am Ende des Seminars hatte sie ein gutes Gefühl, wesentliche Schritte in eine lebensfrohe Zukunft gesetzt zu haben.

Und dann passierte drei Jahre lang nichts. Im Gegenteil, die alte Unlust eskalierte. Regina nahm kurze Zeit nach dem Workshop einen Job an, der voll auf der alten Schiene lag. Über ein Jahr quälte sie sich durch ihre Arbeitstage. Der Frust wurde so groß, dass Regina ständig krank war oder in tiefe Depressionen stürzte. Schlimmer ging es wirklich kaum mehr.

Schließlich stieg sie aus und begann sich nach neuen Arbeitsmöglichkeiten umzusehen. Aber es schien wie verhext. Es boten sich nur solche Tätigkeiten an, die den alten Stress heraufbeschworen, gleichzeitig jedoch deutlich schlechter bezahlt wurden. Ab und zu blitzte in der jungen Frau die Erinnerung an unseren Workshop auf. Dann kam sogar so etwas wie Sarkasmus in ihr auf: »Ich scheine erfolgreich erträumt zu haben, dass ich künftig mit meiner Arbeit kein Geld mehr verdienen will«, äußerte sie bei einem zufälligen Treffen. Doch trotz ihrer Frustration berichtete Regina auch, dass nach wie vor ein Energieschauer durch ihren Körper floss, wenn sie unsere Übung wiederholte. Der Glaube an ihre Vision war also noch völlig intakt.

Fast auf den Tag genau nach drei Jahren wendete sich Reginas Schicksal auf eine ganz und gar erstaunliche Art und Weise. Bei einem ihrer üblichen, schlecht bezahlten Jobs begegnete sie im Vorzimmer eines Kunden einer Frau, von der sie augenblicklich fasziniert war. Nach fünf Minuten waren die beiden Frauen per du, nach einer Viertelstunde vertrauten sie sich Dinge an, die üblicherweise nur in Gesprächen langjähriger Freundinnen Platz finden. Nach einer weiteren Viertelstunde hatte Regina den ersten Auftrag für ein Projekt in der Tasche, das ganz und gar ihren Zukunftsvorstellungen entsprach. Noch immer schlecht bezahlt, doch immerhin.

Mittlerweile haben die beiden eine ganze Reihe weiterer Frauen um sich geschart. Gemeinsam bilden sie ein Projektteam, das es in sich hat. Und

Regina lebt und arbeitet genau so, wie sie es sich drei Jahre zuvor erträumt hatte. Dass mittlerweile auch die Bezahlung stimmt, bedarf bei so viel mentaler Kraft kaum einer Bestätigung.

Wenn es anders kommt oder: Die Grenzen der Möglichkeiten

Leider gibt es noch einen Grund, warum ein großer Appell an das eigene und das kollektive Unterbewusstsein des morphogenetischen Feldes fruchtlos bleiben kann. Und tragischerweise taucht er auch immer wieder auf: Das Traumziel des Menschen passt nicht in jenes vorgegebene Konzept, das ich hier den »Seelenplan« nennen möchte.

In meinem unmittelbaren Freundeskreis musste ich vor einigen Jahren mit ansehen, wie sich zwei lieb gewonnene Menschen nur schwer mit diesem Gedanken anfreunden konnten. Luise kam eines Tages völlig außer sich zu mir. Ihr Mann hatte zwei Tage zuvor an seinem 50. Geburtstag von seinem Hausarzt eine schlechte Nachricht bekommen. Sein bereits zweimal operierter Hautkrebs war binnen vier Monaten schon wieder zurückgekehrt. Die Ärzte waren am Ende ihrer Weisheit angelangt, schlugen jedoch erneut eine Operation mit anschließender Chemo- und Strahlentherapie vor.

Für Luise war die Ratlosigkeit der Schulmediziner unerträglich. Sie begann bereits nach der ersten Operation ihren Mann zu Alternativmedizinern und Heilpraktikern zu schleppen. Willig ging Heinrich mit, obwohl ich vermute, dass er nicht viel von deren Angeboten hielt.

Schließlich kamen die beiden zu einem sehr fähigen Heilpraktiker in der Nähe von Hamburg, der ihnen riet, die Genesung auch auf mentalem Weg einzuleiten. Er hatte eine Methode entwickelt, die im Großen und Ganzen meinem Ansteuern eines Traumzieles nicht unähnlich war. Luise reagierte begeistert auf die Vorschläge des Heilpraktikers, und auch Heinrich schien zum ersten Mal Zutrauen zu fassen. Beide erklärten mir hinterher, dass es vor allem jene Art des Mannes gewesen sei, seine Methode zu erklären.

Gemeinsam entwarfen Luise und Heinrich in den folgenden Tagen ihr Ziel, gesund und voller Lebensfreude noch lange zusammenzubleiben, und begannen es in den folgenden Wochen auch vor ihrem geistigen Auge anzusteuern.

Beide schienen wie ausgewechselt. Zum ersten Mal seit der Diagnose strahlten sie frischen Lebensmut aus. Sie schmiedeten Reisepläne und waren ganz sicher, die große Krise gut überstanden zu haben. Ich freute mich sehr mit ihnen, schließlich waren es liebe Freunde. Ihr Erfolg zeigte mir noch einmal die ungeheure Kraft der Traumbilder und bestätigte mich auch in meiner Arbeit.

Doch plötzlich kam ein völlig unerwarteter Rückschlag. Heinrich zog sich ohne ersichtliche Gründe völlig in sich selbst zurück. Doch im Gegensatz zu früher wirkte er nicht fahrig und nervös, sondern schien ganz gelöst und ruhig zu sein. Der nächste Kontrolltermin beim Arzt brachte die fast schon erwartete Bestätigung. Der Krebs war zurückgekehrt. Verzweifelt drang Luise auf ihn ein, weitere Alternativmediziner aufzusuchen und zusätzlich die mentalen Anstregungen weiter zu verstärken. Auch ich bot mich in einem ersten, hilflosen Impuls an, die beiden auf diesem Weg zu begleiten und zu unterstützen.

Doch Heinrich winkte ab. Genauso, wie er weitere Operationen und Therapien ablehnte. Ruhig und gesammelt wirkte er, als er sich auf die Suche nach einem Arzt für die letzte Etappe seiner Krankheit machte. In einem kleinen Kärntner Ort wurde er fündig. Dort traf er auf eine Krebsspezialistin, die weit über die Grenzen der Region dafür bekannt war, Chirurgie, alternative Ansätze und eine funktionierende Schmerztherapie optimal zu verbinden. Sie bestätigte ihn in seiner Meinung, weitere Operationen zurückzuweisen, um stattdessen für den verbleibenden Rest seines Lebens ein Maximum an Lebensqualität zu schaffen. Sie hielt ihm allerdings auch schonungslos vor Augen, dass dieser Rest vermutlich nur noch wenige Monate dauern würde.

Wir hatten alle das Gefühl, dass Heinrich sehr genau wusste, was er tat. Zunächst ordnete er in einem unglaublichem Tempo sein Leben. Er brachte nicht nur sein Testament unter Dach und Fach, sondern sogar die Steuererklärung. Dann fuhr er nach Kärnten, um in der kritischen Endphase in der Nähe der neuen Ärztin zu sein. In ihrem Onkologiezentrum wurde er nicht nur mit Schmerzmitteln versorgt, sondern bekam auch sonst alle erdenkliche liebevolle Aufmerksamkeit. Bis er ständig bettlägrig wurde, nahm er noch an den täglichen Yogaübungen teil. In den letzten Tagen seines Lebens machte er unter fachkundiger Leitung noch mentale Reisen ins Licht. Als ich ihn zwei Tage vor seinem Tod besuchte, wirkte er völlig ruhig und zuversichtlich. Er hatte offensichtlich seinen Frieden gefunden.

Seiner Frau Luise ging mit dieser Entwicklung dagegen wesentlich schlechter um. Sie konnte sich einfach nicht damit abfinden, von diesem geliebten Menschen Abschied nehmen zu müssen, auch wenn sie selbst bemerkte, wie ruhig und zuversichtlich ihr Mann geworden war. Immer wieder ging sie in Gedanken die möglichen Fehler der vergangenen Monate durch. Sie schien zu glauben, mit einer Korrektur in letzter Sekunde könnte sie das Ruder vielleicht doch noch herumreißen. Immer wieder rief sie mich an, um die einzelnen Punkte ihrer Traumzielsteuerung durchzugehen und vielleicht dort auf den verhängnisvollen Fehler zu kommen.

Dann starb Heinrich. Vielleicht hatten sie in ihrem Bemühen, eine für beide glückliche Lösung zu finden, das falsche Traumziel angesteuert. In mir war bereits einige Zeit zuvor die Vermutung aufgestiegen, Heinrichs wahres Ziel habe darin bestanden, schmerzfrei und begleitet sterben zu dürfen. Vielleicht wollte er aber tatsächlich weiterleben und mit seiner Frau alt werden. Doch warum starb er dann, wo sie doch mit aller Intensität ihr Bild entworfen und mental bekannt gegeben hatten? Lusie kam nicht zur Ruhe, diese Frage quälte sie unaufhörlich. Die Antwort ist denkbar einfach und doch für uns Menschen so schwer akzeptierbar: Es gibt Dinge, die wir uns mit ganzem Herzen wünschen, deren Erfüllung jedoch nicht in unseren »Seelenplan« paßt.

In der Psychotherapie ist es unumstritten, dass eine todbringende Krankheit für einen Menschen eine wichtige Funktion erfüllen kann. Ja, im Extremfall erlebt er die Krankheit sogar als hilfreichen Begleiter. Genau betrachtet ist dies auch gar nicht so selbstzerstörerisch, wie es aufs Erste klingen mag – und wie es von vielen Psychologen und Psychotherapeuten auch heute noch gedeutet wird.

Der Mensch entwickelt sich sein ganzes Leben hindurch. Geburt, Elternhaus, Schule und Beruf bringen eine Reihe von Impulsen, die für diese Entwicklung ganz bedeutsam sind. Der Mensch wächst mit jeder Aufgabe, die er erfüllt; er wird reifer, mit jedem Problem, das er löst. In unserer Gesellschaft, in der Jugend und Gesundheit die höchsten Werte zu sein scheinen, sind Krankheit und Tod eindeutig negativ besetzt. Dabei spielen sie in unserer »Ent-Wicklung« auch keine andere Rolle als jene von wichtigen Impulsgebern. Das mag schwer zu akzeptieren sein, entzieht sich aber letztlich unserer Macht.

Meist bleiben die Bedeutung von Krankheit und Tod in den Tiefen unseres Unterbewussten verborgen. Bei Heinrich konnte dagegen auch ein Außenstehender deutlich verfolgen, wie sich offensichtlich ein Wissen um die Bedeutung seiner Krankheit in ihm breit machte. So gesehen darf es nicht wundern, dass die Traumziele bei Heinrich zu keiner Genesung führten. Unser Unterbewusstsein weiß sehr viel besser als unser Bewusstsein, was gut und richtig für uns und unsere Entwicklung ist. »Wenn es sein darf!« ist der Zusatz, mit dem wir uns immer wieder ins Gedächtnis rufen sollten, dass es gut ist, wenn die Kraft unserer Gedanken nicht unbegrenzt wirkt.

Heilung aus der anderen Welt oder: Die Kunst des Schamanen

Seit 20 000 bis 30 000 Jahren suchen die Menschen dieser Welt Gesundheit und Heilung im Traum: Im Inkubationsschlaf an heiligen Stätten wurden sie genauso fündig wie bei Trancesitzungen großer Heiler.

Eine weit verbreitete Anwendung des Traums zum Heilen ist der Inkubationsschlaf oder genauer die Trauminkubation, bei der Träume durch das Schlafen an einem heiligen Ort hervorgerufen werden. Sie ist aus Tibet und Nepal ebenso bekannt wie aus der griechischen Antike, sie wurde in Frankreich in Saint-Martin de Tours und anderen Kirchen ebenso gepflegt wie im 17. und 18. Jahrhundert in Italien und Österreich, in Griechenland wie bei den Indianern Nordamerikas oder in Marokko. Reinheit, Fasten, Opfer, Gebete, im Falle der Asklepiosheiligtümer das Schlafen auf dem Fell des Opfertieres inmitten von Äskulapnattern, und die Gemeinschaft mit anderen Pilgern, die in der gleichen Absicht an den heiligen Ort gekommen waren – das war die Vorbereitung für das erhoffte Erlebnis, so eingestimmt schlief man der Heilung durch den Gott entgegen. Geträumt wurde bei den Griechen die Begegnung mit dem Gott oder dem Heiligen, aus dem Traum mitgebracht wurde entweder die erfolgte Heilung (der Lahme kann am nächsten Morgen wieder gehen) oder die Angabe des Gottes, was nun zur Heilung zu unternehmen sei. Bei den Indianern war es nach Möglichkeit ein ganz bestimmter Trauminhalt, der anzustreben war. Auch »Rezepte« waren Trauminhalt mittelamerikanischer Indianer, wie das Beispiel des Curare-Rezeptes zeigte.

Zu einem ganzheitlichen Gesundheitssystem auf der Basis von Träumen und Trancen entwickelte sich der Schamanismus. Auf der ganzen Erde ähneln sich seine Ansätze überraschend, auch wenn sich die einzelnen Kulturen ansonsten stark voneinander unterscheiden. Selbst bei uns in Europa war der Schamanismus ursprünglich beheimatet. Er wurde jedoch von der Inquisition ausgelöscht.

Wer einmal in Kontakt mit schamanischen Gesellschaften war, weiß, dass ihre Heilkunst weit mehr ist als Hokuspus. Die Weltgesundheitsorganisation der Vereinten Nationen, WHO, erkannte dies bereits 1980 an. In der Abschlusserklärung ihres Weltkongresses beschlossen die Deligierten, dem Schamanismus die gleiche Bedeutung bei der Behandlung psychosomatischer Erkrankungen zuzugestehen wie der westlichen Medizin.

Mittlerweile denken in Europa und in Amerika immer mehr Schulmediziner um. Sie anerkennen, dass die seelische Bedeutung unserer Krankheiten weit über den üblichen psychosomatischen Ansatz hinausgeht. Und sie voll-

Mongolische Schamanin mit Rasselschlegeln und großer Trommel auf einem Stich des 18. Jahrhunderts.

ziehen damit nach, was für einen Schamanen seit Jahrtausenden außer Frage steht.

Schamanen werden in unseren Breiten häufig mit den Medizinmännern indianischer und afrikanischer Völker oder den Kräuterweibern des mittelalterlichen Europas verwechselt. Die Verwechslung ist verständlich, begegnen uns doch oftmals beide Fähigkeiten in einer Person. Doch während der Medizinmann und die Kräuterfrau ihre Heilkunst vor allem ihrer Kenntnis der Natur verdanken, diagnostizierten und heilen der Schamane und die Schamanin aufgrund ihrer spirituellen Kraft. Noah Gordon beschreibt in seinem Roman »Der Schamane« die Heiltätigkeit einer indianischen Schamanin, die zwar auch die Kräuter und Heilmittel kennt, vor allem aber Priesterin ist.

Der Schamane gilt als Mittler zwischen unserer Welt und der anderen Wirklichkeit, einer geistigen Parallelwelt. Er ist in der Lage, zwischen beiden Welten hin und her zu pendeln. Diese Fähigkeit rückte ihn in den Augen »aufgeklärter« westlicher Menschen lange Zeit in die Gesellschaft Geisteskranker. Doch anders als ein Kranker ist der Schamane nicht nur in der Lage, selbstbestimmt zwischen den beiden Wirklichkeiten hin und her zu wechseln. Er behält auch stets die Erfordernisse und Bedürfnisse beider Welten im Auge.

Er bedient sich für seine Reisen eines traumähnlichen Zustands, der sich in Trance und Ekstase äußert. In diesem Bewusstseinszustand ist er in der Lage, die normalerweise verborgenen Wirklichkeiten genau zu untersuchen, Krankmachendes zu identifizieren und zu verändern sowie Wissen, Kraft und Hilfe für sich und andere mit zurück in unsere Welt zu bringen. Der Traum dient sowohl der Diagnose wie auch der Therapie.

Schamanen trachten übrigens vor einer Heiltrance danach, möglichst viel über ihren Patienten zu erfahren. Sie interessieren sich für die Sehnsüchte und Ziele des Kranken, über knapp zurückliegende Krisen und Misserfolge. Außerdem sammeln sie möglichst viele Informationen zum Erscheinungsbild der Krankheit. Dies alles hilft ihnen, sich für den anderen in der spirituellen Welt zurechtzufinden.

So sucht er beispielsweise für einen Kranken die andere Wirklichkeit auf, prüft, ob das Krafttier den Patienten verlassen hat und ob es Mittel und Wege gibt, es zu ihm zurückzuführen. Sollte dies nicht der Fall sein, begibt sich der Schamane für seinen Patienten auf die Suche nach einem neuen Krafttier oder anderen Hilfsgeistern, die ihn beim Gesundwerden unterstützen. Während der Trance tanzt und rasselt der Schamane unter Umständen weiter und führt einige rituelle Handbewegungen aus, die auch die Veränderungen in der spirituellen Welt symbolisieren.

»Wirklichkeit ist, was wirkt«, meinte Jung. Und weiter: »Die Phantasien des

Unbewussten wirken – darüber ist kein Zweifel gestattet.« Doch das Wirken der Schamanen in ihrer anderen Wirklichkeit geht weit über die Jung'sche Vorstellung von der Kraft des Unbewussten hinaus. Mittlerweile bestätigt sogar die moderne Wissenschaft den Schamanen, nach dem Eintauchen in die Trance Veränderungen provozieren zu können, die auch im Wachbewusstsein unserer Realität wirken. Gerda Cramer-Bochow zitiert F. W. Doucet: »Nach neuesten Erkenntnissen in diesem Bereich ist es so, dass der Schamane durch die Vornahme symbolischer Handlungen tatsächlich ein noch weitgehend unerforschtes Feld psychischer Energie anzapft, eine Energie, die auf den Körper des Kranken effektiv einwirkt und materielle Veränderungen auslöst.«

Da wären wir also wieder beim Konzept des morphogenetischen Feldes angelangt. Dort taucht der Schamane ein und verändert bisherige »Fehlinformationen«, um seinen Patienten wieder auf die Beine zu bringen. Er fügt bislang Getrenntes wieder zusammen – symbolisiert durch den Patienten und das davongelaufene Krafttier. Er verscheucht krank machende Einflüsse – symbolisiert durch böse Geister – und bringt hilfreiche Medizinen zurück.

Symptome zwischen Verschleierung und Erlösung

Mittlerweile ist es auch in unserem Kulturkreis durchaus üblich geworden, Genesungsprozesse über das morphogenetische Feld anzusteuern. Schon mit Joseph Murphys Entdeckungen zur Kraft unseres Unterbewussten und der heilenden Wirkung von Imaginationen beginnt die moderne Tradition des Heilens über Traumbilder.

Ob Murphy, Silva, Hay . . . Fast endlos lassen sich Verfasser von Entspannungs- und Imaginationstechniken aufzählen, die uns Heilung und Gesundheit durch die Kraft unserer Traumbilder versprechen. Da reiten kleine Zwerge in der Vorstellung von Krebskranken im Körper aus, um die Krebszellen zu bekämpfen. Und tatsächlich steigt die Anzahl der weißen Blutkörperchen bei diesen Patienten signifikant an.

Die Verfahren werden immer ausgeklügelter, beziehen auch immer mehr körperliche Aspekte mit ein. So können beispielsweise die Meridiane, die Energiebahnen unseres Körpers, durch Massagen und Akupressur in die Imagination einbezogen werden, um dem Bild zusätzliche Kraft zu verleihen. Viele dieser Methoden lassen sich mittlerweile sogar mit naturwissenschaftlichen Messungen nachvollziehen. Ihre Erfolge liegen schwarz auf weiß in langen Statistiken und Tabellen vor. Aber macht sie das auch nur um einen

Deut ganzheitlicher als die Symptomkuren unserer klassischen Schulmedizin?

Provokant hält etwa der deutsche Arzt Rüdiger Dahlke die gängigen Imaginationstechniken für die gleiche Symptomverschleierung, wie sie durch Medikamente und Operationen hervorgerufen wird. Er argumentiert, dass jedem Krankheitsgeschehen eine missglückte seelische Lernerfahrung zugrunde liegt. Schafft der Mensch es nicht, ein Thema über Verhaltensänderungen zu lösen, schlägt sich das Problem früher oder später in einer Krankheit nieder. Nun kann man über Traumbilder und Imaginationstechniken dem Körper suggerieren, die Krankheit aus der Welt zu schaffen. Das zugrunde liegende Problem bleibt jedoch bestehen und wird sich früher oder später mit einer anderen Krankheit oder einem Rückfall einen neuen Weg suchen, sich bemerkbar zu machen.

Auf wissenschaftlicher Ebene bin ich nicht in der Lage, in diese Diskussion einzugreifen. Was ich mit den Träumen Kranker erlebt habe, lässt mir Dahlkes Überlegungen jedoch sehr plausibel erscheinen.

Warum eine mental angesteuerte Genesung trotz aller Intensität der Wünsche misslingen kann, haben wir schon gesehen. Entweder entspricht das Ziel nicht den unterbewussten Wünschen des Kranken oder es widerspricht seinem »Seelenplan«.

Auf einen dritten Grund möchte ich hier näher eingehen: Mit der Vorstellung, die Krankheit zu bekämpfen, gelingt es uns häufig hervorragend, uns an der eigentlichen Ursache unserer Krankheit vorbeizuschwindeln. Es ist einfacher, Herzprobleme etwa auf eine zu cholesterinhaltige Nahrung zu schieben als auf »Herzlosigkeit« im Umgang mit anderen. Begegnet man dem »Herzensfehler« mit einer Null-Cholesterin-Diät und Imaginationen zur Beruhigung der Herzrhythmusstörungen, kann man kurzfristig vielleicht einiges bewirken. Doch auf lange Sicht wird man nicht darum herumkommen, sich der eigentlichen Störquelle zu stellen.

Erst wenn es uns gelingt, mit den Imaginationen auch unsere Wertesysteme und Verhaltensmuster zu ändern, werden wir auch gesund. Doch dafür ist sehr viel Einsicht in unsere Schattenseite und Fehler notwendig, eine Ein-Sicht, die uns der Traum vermitteln kann.

Gesteuerte Traumbilder sind für Kranke sicherlich sehr hilfreich, solange man ihre begrenzte Wirkung im Auge behält. Mit ihnen kann man aktuellen Problemen gegensteuern, ohne auf schwere »chemische Waffen« zurückgreifen zu müssen. So kenne ich persönlich einen 70-Jährigen, der mit einer Formel des autogenen Trainings und einem Tagtraumbild seine schweren Asthmaanfälle in den Griff bekam. »Ruhig fließt mein Atem. Es atmet mich« verband er mit der Vorstellung eines völlig regelmäßig und kräftig arbeitenden Blasebalgs, der in einem ewig gleichmäßigen Rhythmus in ein Segel blies.

Walter hatte das Bild so verinnerlicht, dass es auch ständig in seinen nächtlichen Träumen auftauchte. Es wirkte wie ein Impuls, sich nun doch auch mit der Ursache seines Asthmas auseinander zu setzen. Und genau dies scheint mir der Punkt zu sein, wo die Kraft unserer Träume bei der Heilung bislang noch vernachlässigt wird: als Hinweis auf geistig-seelische Fehlentwicklungen, die uns die Krankheit zeigen will.

Walter sah sich jene Träume, in denen der Blasebalg in irgendeiner Form auftauchte, deshalb einmal genauer an.

> »In einem Traum sitze ich am Steuer eines Segelschiffes. Hinter mir hängt mein Blasebalg an einer Stange und bläst in das Segel. Mein Boot gewinnt an Fahrt. Doch anstatt auf dem Wasser zu bleiben, neigt es sich leicht und taucht ganz langsam ab. Wir versinken jedoch nicht im Wasser, sondern in Schlamm. Die übel riechende Masse quillt bereits über die Reling und saugt mich mit dem Boot in einen Abgrund.«

> *Wasser* im Traum weist auf den bevorstehenden Tod eines Verwandten, einen Unfall oder Verdruss hin. Träumt man, man wate durch Wasser, so wird man viel weinen müssen. Fällt man im Traum ins Wasser, so wird man krank werden oder, wenn man dabei untergeht, sterben oder eine Sünde begehen. Trübes Wasser im Traum bedeutet Krankheit, Unglück, einen bevorstehenden Unfall, Verdruss, Klatscherei; dunkles und tiefes Wasser den Tod, helles Wasser Glück.
>
> *(Deutscher Aberglaube)*

Die Interpretation des Traumes fällt Walter nach einigem Nachdenken nicht schwer.

> »Die ganze Situation erinnert mich an mein Leben vor vierzig Jahren. Immer dann, wenn ich das Gefühl hatte, recht gut in Fahrt zu sein, lähmten mich die äußeren Umstände. Ich verdiente nie besonders viel Geld, und so wohnten meine Frau und ich lange Zeit nach dem Krieg mit unseren drei Kindern weiterhin in einem Hinterzimmer bei meinen Eltern. Der Mief dieses Raumes war so groß, dass ich glaubte, darin zu ersticken.
>
> So kam ich immer seltener heim, blieb im Wirtshaus und auf dem Sportplatz. Darunter litt nicht nur die Familie, sondern auch die Arbeit. Da ich morgens unausgeschlafen war, entsprachen meine Leistungen nie den Vorstellungen des Chefs. Zweimal wurde ich versetzt, dann gekündigt. Jede Veränderung war mit empfindlichen finanziellen Einbu-

ßen verbunden. Die Stimmung zu Hause wurde gänzlich unerträglich. Es war wie ein Morast, der mich ganz zu verschlingen drohte. Als mich meine Frau verließ, schien ich am Grund angekommen zu sein. Ich ging für einige Jahre nach Übersee, wo ich halbwegs ein Auslangen fand.«

Der Traum erzählt Walter recht deutlich, dass ihm nicht nur auf körperlicher Ebene in seinem Leben die Luft auszugehen droht. Doch noch lässt das Traumbewusstsein nur jene Dinge aufsteigen, bei denen der Mann die Schuld in der Außenwelt festmachen kann. Frau und Kinder, beengte Wohnverhältnisse, zu wenig Geld und beruflicher Frust sind der Morast, in dem er zu versinken droht.

Bei der Interpretation des Traumgeschehens weist es Walter noch weit von sich, dass der Schlamm auch etwas mit seinen eigenen dunklen Seiten zu tun haben könnte. In einer klassischen therapeutischen Situation wäre es durchaus angebracht, nachzuschauen, ob das Unbehagen durch Frau und Kinder nicht etwas mit Walters Einstellung zur Sexualität zu tun haben könnte; ob die beengten räumlichen Verhältnisse seine Fluchttendenzen spiegeln und der berufliche und finanzielle Misserfolg für Leistungsverweigerung und Antriebslosigkeit stehen. Aber Walter befand sich nicht in therapeutischer Obhut, und von selbst kam er noch nicht auf die Idee, die Gründe für seine Atemlosigkeit bei sich zu suchen.

In einem anderen Traum erlebte Walter wiederum, wie die Luft des Blasebalges in seinem Segel das Boot flott dahintrieb. Doch wie auf magische Weise wurde Walter mit jeder Bewegung des Blasebalges immer größer. »Es geht mir wie einem Ball, der bis zum Bersten aufgepumpt wird. Plötzlich stehe ich auf einer riesigen Bühne. Das Boot und der Blasebalg sind verschwunden. Alle Augen sind auf mich gerichtet, da platze ich.«

Oftmals sprechen Träume eine schonungslose Sprache. In diesem Fall begann er ganz harmlos mit einem genauen Abbild der Krankheit. Als Asthmatiker atmete Walter übermäßig ein, wird durch Krämpfe jedoch daran gehindert, angemessen auszuatmen. Soweit bereitete es dem Senior auch keine Probleme, den Traum zu interpretieren. Das drastische Ende auf der Bühne machte ihm dagegen zu schaffen. Was sollte das wohl bedeuten? In einem Gespräch fiel Walter schließlich ein, wie ihn seine zweite Frau im Zuge der Scheidungsstreitereien einen »aufgeblasenen Kerl« genannt hatte. Und bei einigem Nachdenken musste er zugeben, dass er sich immer wieder hinter einem Wall von Selbstzufriedenheit verschanzte und dabei seine Mitmenschen völlig ignorierte.

Der Traum war für den 70-Jährigen schlussendlich dann doch ein Anstoß, sein Verhalten und seine Einstellungen gründlich zu überdenken. Seine dritte Frau hat heute seine ausdrückliche Erlaubnis, ihn auf seine »Aufgeblasenheit« aufmerksam zu machen. Gelingt es ihr nicht, übernimmt das Asthma diese Aufgabe. Doch seit ihm der Traum ein Stückchen Selbsterkenntnis vermittelte, ist das immer seltener notwendig.

Zugegeben, Walters Träume sind fast schon lehrbuchreif. Nicht jeder hat das Glück, von seinen Träumen derart nachdrücklich auf die eigentlichen Quellen seiner Krankheiten hingewiesen zu werden. Zumal die Impulse des Traumbewusstseins oft derart schonungslos ausfallen, dass wir es kaum wagen, sie auf unsere verdrängten Schattenseiten zu beziehen. So kannte ich bespielsweise eine schwer krebskranke Frau, die immer wieder in ihren Träumen eine Stadt aus der Vogelperspektive sah, die krebsartig ins Umland wucherte. Bis zu ihrem Ende war diese Frau nicht in der Lage, zu hinterfragen, in welchen Aspekten ihres Lebens sie sich wie ein Krebsgeschwür ihrer Umgebung bemächtigte. Aber einmal ehrlich: Wer könnte das ohne hilfreiche und liebevolle Begleitung schon?

Die Herkunft einer Krankheit oder: Suche im Tagtraum

Ich halte es für so gut wie ausgeschlossen, dass sich unser Traumbewusstsein einer gefährlichen Krankheit völlig entzieht. Schließlich befinden wir uns in solchen Situationen in immens großen Krisen, die auch an unserem Unterbewussten nicht spurlos vorbeigehen. Oft sind wir allerdings nicht in der Lage, den Inhalt eines Traumes einem Problem zuzuordnen. In einem solchen Fall kann es zunächst hilfreich sein, wiederum auf den Tagtraum auszuweichen. Ich empfehle in einem solchen Fall eine Technik, die mir aus den Arbeiten Serge Kings bekannt ist. Er nennt sie »die beiden Kreise«.

Bereiten Sie zu diesem Zweck Ihren Platz wiederum feierlich für einen Tagtraum vor. Entzünden Sie Kerzen, stellen Sie vielleicht auch eine Aromalampe mit einem angenehmen Duft auf. Dann wählen Sie eine Entspannungstechnik, die Sie möglichst tief in den Alphabereich führt. Ich habe bei dieser Übung besonders gute Erfolge mit einer leicht beschleunigten Atmung, die ich etwa zehn Minuten lang durchführe. Dann lasse ich den Atem zur Ruhe kommen und entlasse Körper, Geist und Seele in die ausgeprägte Ruhe eines tiefen Meditationszustandes.

Lassen Sie dann vor Ihrem inneren Auge einen Kreis entstehen. Stellen Sie Ihre Krankheit oder ein passendes Symbol für Ihre Krankheit in diesen Kreis. Betrachten Sie sich dieses Bild eine Weile. Dann lassen Sie links daneben einen weiteren Kreis entstehen. Bitten Sie nun Ihr Traumbewusstsein, Ihnen die Ursache Ihrer Krankheit in diesem Kreis zu zeigen. Lassen Sie sich Zeit.

Irgendetwas wird mit Sicherheit in dem Kreis auftauchen, sei es als Bild, als Wort oder auch nur als Form oder Farbe.

Sollten Sie nicht verstehen, was da vor Ihrem inneren Auge auftaucht, fordern Sie Ihr Traumbewusstsein auf, die Darstellung zu wechseln. Versuchen Sie, ein neues Bild, Wort oder Gefühl auftauchen zu lassen. Sie können einige Male auf diese Art und Weise die Vorstellung verändern, doch berücksichtigen Sie dabei die Kapazität Ihres Gedächtnisses. Sie sollten alle Symbole behalten und mit zurück ins Wachbewusstsein bringen.

Schreiben Sie sich Ihre Vorstellungen sofort auf. Nehmen Sie sich Zeit und beginnen Sie, die Symbole festzuhalten. Umschreiben Sie sie in einer Geschichte, in der sie sich Mühe geben, alle Bilder in einen Zusammenhang zu setzen. Malen Sie ihre Vorstellungen oder geben Sie Ihnen eine andere Ausdrucksform. Vermutlich wird sich durch die Beschäftigung mit diesen Bildern ein Verständnis für die Ursachen Ihrer Krankheit herausbilden, das Sie verkraften können. Vielleicht fallen Ihnen Zusammenhänge zu bislang ignorierten oder rätselhaften Traumbildern ein, oder Sie begegnen diesen Symbolen in künftigen Träumen plötzlich wieder. Doch selbst wenn Sie nicht den Schimmer einer Ahnung über die Ursachen Ihrer Krankheit zu gewinnen scheinen, hilft nach meiner Erfahrung bereits der Versuch.

Wenn Sie eine der bekannten Imaginationstechniken verwenden, um Ihre Krankheit in Ihre Schranken zu verweisen, sollten Sie die Methode »der beiden Kreise« jedenfalls mit einbauen. Verbinden Sie Ihre positiven Affirmationen und Imaginationen mit jenen Bildern, Worten, Farben oder Formen, die während Ihres Tagtraumes in Ihnen aufgestiegen sind. Sie entfalten Ihre Wirkung auch dann, wenn Sie die Bedeutung Ihrer Symbole nicht verstanden haben. Denn auf diesem Umweg rühren Sie an den eigentlichen Ursachen, auch wenn sie dem Wachbewusstsein noch zu schrecklich erscheinen, um anerkannt zu werden. Auch Ihr Traumbild wird – wie beim Schamanen – zum Hilfsmittel für Diagnose und Therapie.

Teil IX:

Traumsymbolik

Wer seine Träume analysiert oder nach streng vorgegebenen Regeln irgendeiner psychotherapeutischen Schule deutet, missachtet eines der wertvollsten Geschenke, die er bekommen kann. Träume sagen uns so viel mehr, als in den Registern irgendwelcher Deutungsbücher vorgesehen ist. Wir müssen nur von neuem lernen, die Sprache unserer Träume zu verstehen, ihre Symbole zu entschlüsseln. Doch dazu gehört Mut. Denn oft ist es sehr schwer, den schonungslosen Botschaften unserer Träume standzuhalten. Erst wenn wir uns dies bewusst machen und uns bereit erklären, mutig den Träumen entgegenzusehen, bekommen wir den dazugehörigen Schlüssel in die Hand.

Wollen Sie die Sprache Ihrer Träume verstehen, vergessen Sie am besten alles, was Sie jemals über Traumsymbolik und Interpretation gehört haben. Es steht Ihnen bei Ihrer Suche nach Erklärungen nur im Wege. Auch der einfühlsamste Therapeut und der erfahrenste Traumdeuter ist nicht in der Lage, die einzig richtige »Übersetzung« Ihres Traumes zu liefern. Wenn Ihnen jemand das verspricht, sollten Sie unbedingt auf Abstand gehen.

Individuell und mehrdeutig oder: Ihre persönlichen Symbole

Zunächst gilt es zu verstehen, dass sich ein Traum mit seinen Bildern und Symbolen immer nur aus den aktuellen Lebenszusammenhängen des Träumers erklären lässt. Gesetzt den Fall, zwei Menschen hätten ein und denselben Traum, so wäre die Bedeutung vermutlich höchst unterschiedlich. Ja, darüber hinaus kann ein Traum sogar für einen einzigen Träumer gleich mehrere stimmige Interpretationen beinhalten.

Ich erlebte dies bei Irene, einer Mittdreißigerin knapp nach einer akuten Ehekrise. Sie erzählte folgenden Traum:

> »Ich bin zu Hause. Da sehe ich plötzlich durch meine Terrassentür, dass ein Auto mitten in meinem Garten auf dem Rasen steht. Aufgebracht laufe ich heraus. Offensichtlich ist der Fahrer ins Schleudern gekommen und hat die Kontrolle über das Fahrzeug verloren. Deshalb steht er jetzt da.
>
> Ich trete durch die Terrassentür und stelle erstaunt fest, dass ich im Garten meines Elternhauses stehe. Während ich auf den Fahrer zugehe, schaue ich ihn mir genauer an. Es ist ein hübscher junger Mann, eine Spur jünger als ich und sichtlich ein Typ, der das Leben leicht nimmt.

Feixend verzieht er sein Gesicht zu einer komisch entschuldigenden Grimasse. Ich spüre, wie Zorn in mir aufsteigt. Er verkörpert für mich jene Zeitgenossen, die sehr vergnügt auf Kosten anderer leben und für nichts und niemanden Verantwortung übernehmen. Gereizt beginne ich, auf den Fahrer einzuschimpfen.

Er solle sich und sein Auto sofort aus meinem Garten entfernen, schimpfe ich, obwohl mir gleichzeitig auffällt, dass das schlicht unmöglich ist. Das Haus steht auf einem Hanggrundstück. Auf einer Seite trennt es ein hoher Zaun vom Berg und der dahinter liegenden gewundenen Bergstraße, auf der anderen Seite werden die steilen Böschungen von einer einen Meter hohen Mauer gestützt. Die Treppe zum Hauseingang ist viel zu schmal, um hier mit einem Auto durchzukommen.

Der Mann setzt sich wieder hinter sein Lenkrad, legt den Rückwärtsgang ein und beginnt, quer durch den Garten rückwärts zu setzen. Schimpfend renne ich hinter ihm her. Ich weiß genau, dass er mit seiner Aktion die Beete und den Rasen nutzlos zerstört, denn auf der anderen Seite des Hauses fehlt ebenso jede Zufahrtsmöglichkeit zur Straße. Ich rege mich fürchterlich auf, verbiete ihm jede weitere Bewegung im Garten und fordere gleichzeitig völlig hektisch, er solle sofort das Grundstück verlassen. Selbst im Traum erkenne ich die Sinnlosigkeit meines Verhaltens. Ich weiß, ich sollte Hilfe holen oder ihn einfach seinem Schicksal überlassen, jedenfalls nicht völlig sinnlose Hektik verbreiten. Mit diesem Gefühl wache ich auf.«

Irene hatte sich vor unserem Treffen bereits eine Erklärung des Traumes zurechtgelegt. Für sie symbolisierte der junge Mann im Auto ihren als Baby verstorbenen Bruder, das Auto sein Leben, sein Verweilen im elterlichen Garten die Rolle, die er auch als Toter für die Familie spielte. Der Bruder, so ihre Deutung, hatte die Kontrolle über seinen Lebensweg verloren und war im Garten der Eltern gelandet. Dort stand er nun, war unfähig, die Familie zu verlassen, richtete dort aber nur Schaden an.

Irene bezog ihre eigene Reaktion im Traum auf ihre Versuche als Kind, den Tod des Bruders möglichst gründlich zu verwischen. Sorgsam verhinderte sie, dass irgendetwas die Eltern an dieses früh verstorbene Kind erinnern könnte. Gleichzeitig litt sie unter Schuldgefühlen, statt des Bruders am Leben geblieben zu sein.

Wenige Tage vor jenem Traum hatte Irene das Familiengrab in ihrer Heimatstadt besucht. Eigentlich hatte sie der Großmutter eine Ehre erweisen wollen, nun stand sie unvermittelt vor dem Grabstein des Bruders. Diese

Begegnung förderte all die längst verdrängten Gefühle aus ihrer Kindheit wieder ans Tageslicht. Und die wiederum sorgten für eine Aufarbeitung während der Nacht. So sah Irene jedenfalls ihren Traum.

Mir erschien Irenes Erklärung im ersten Augenblick zu bequem. Ich wusste, dass einige Zeit zuvor ein anderer Mann in das Leben der verheirateten Frau getreten war. Es war eine kurze, sehr heftige Attraktion, aus der er sich allerdings zurückzog, bevor es zu ernsten Konsequenzen kam. So, wie Irene sein Erscheinen beschrieb, hatte er sich recht unbekümmert im Leben des Paares breit gemacht, den geordneten »Seelengarten« der beiden ordentlich durcheinander gebracht und dann den Rückwärtsgang eingelegt. Sein Rückzug kam für Irene so abrupt und so schlecht nachvollziehbar, dass sie Monate brauchte, um ihn loszulassen. Es war ein schmerzhafter, schwieriger Prozess, bei dem die junge Frau viel in Scherben gehen sah und auch selbst viel Porzellan zerschlug.

Für mich als Außenstehende diente genau diese Situation als »Drehbuch« für Irenes Traum. Gemeinsam besprachen wir die Akteure und Symbole. Nach anfänglichem Zögern musste auch Irene zugeben, dass der unbekannte Autofahrer in seiner Unbekümmertheit viel mit dem neuen Mann in ihrem Leben zu tun hatte. Der Bann war gebrochen, als Irene die Übereinstimmung der seltenen amerikanischen Automarke ihres Freundes mit jenem Wagen in ihrem Traumgarten bemerkte.

Gemeinsam sahen wir uns Irenes Irritation an, die jene erotische Attraktion in ihr Leben gebracht hatte. Da jener Mann verheiratet war, offensichtlich jedoch Zuneigung und Erotik außerhalb seiner Ehe suchte, hatte auch er für eine kurze Zeit die Kontrolle über seinen Lebensweg verloren. Er war ins Schleudern geraten und fand sich in einem fremden Garten wieder. Seine Unbekümmertheit in dieser Situation entsprach recht gut Irenes Wahrnehmung vom Umgang mit der Situation am Anfang ihrer Bekanntschaft. Während in Irene die Hektik wächst, legt der Mann den Rückwärtsgang ein, um aus dieser Situation herauszukommen. In Irenes Augen wählt er jedoch einen ungeeigneten Weg, bei dem er viel zerstört. Ihr Unwillen gegen seine Anwesenheit wächst, auch wenn sie zunächst versucht, ihn am Ort des Geschehens festzuhalten.

Am Ende eines intensiven Gesprächsnachmittages kann Irene diese Interpretation ihres Traumes annehmen. Sie nimmt sie zum Anlass, nochmals über Anfang und Ende ihrer außerehelichen Beziehung nachzudenken und sich nochmals zu vergegenwärtigen, in welchen Traumsitutationen sie sich eigentlich unwohl gefühlt hat. Dies hilft ihr zu erkennen, dass bereits der Beginn für sie voller Hektik und Unbehagen war.

Grundsätzlich liegt die stimmigste Deutung eines Traumes immer im Träumer selbst verborgen. Manchmal braucht man jedoch ein kritisches Gegenüber, das aufpasst, dass man sich nicht um die heiklen Botschaften eines Traumes herumschwindelt. Trotzdem glaube ich nicht, dass in Irenes Fall eine Deutung besser war als die andere. Im Gegenteil; nachdem Irene mich verlassen hatte, ließ auch ich ihren Traum noch einmal Revue passieren. Und plötzlich erschien mir die erste Deutung ebenfalls völlig plausibel.

Es mag merkwürdig klingen, doch schließen sich die beiden Erklärungsmöglichkeiten durchaus nicht aus. Offensichtlich macht der Mensch in seinem Leben eine Entwicklung durch, bei der bestimmte Themen in unterschiedlichsten Gestalten immer wieder auftauchen. Warum sollte Irene also nicht durch das Zusammentreffen mit jenem atttraktiven Mann und seinen überraschenden Rückzug ähnliche Seiten in ihrem Leben angerührt haben, wie sie schon durch den Tod des Bruders entstanden sind? Der Traum, der sich auf beide Situationen beziehen lässt, deutet jedenfalls darauf hin.

Gefühl, Funktion und Sprachgebrauch oder: Drei Regeln zur Traumdeutung

Auch wenn sich Träume nur individuell deuten lassen, so gibt es doch einige grundsätzliche Regeln, die uns beim Verstehen helfen. Regel Nummer eins: Achten Sie auf Ihre Gefühle beim Traum. Viel wichtiger als das Symbol an sich sind die Emotionen, die Sie während des Traumes und knapp nach dem Aufwachen spüren. Ein Feuer kann beispielsweise positive, wärmespendende Gefühle in Ihnen wecken oder negative, vernichtende. Für den einen bedeutet ein Haus Schutz und Geborgenheit, für den anderen Einengung und Mief. Es kann sein, dass sie völlig emotionslos beobachten, wie Sie sterben, eine Gliedmaße oder ein Auge verlieren oder ihnen sonst etwas zustößt, was Sie wach höchst unangenehm fänden.

Lassen Sie sich bitte nicht beirren, wenn ihre Gefühle den vordergründigen Deutungsmöglichkeiten völlig unangemessen sind. Es ist nichts weiter als ein ziemlich sicheres Indiz dafür, dass die Interpretation eben nur vordergründig ist und herzlich wenig mit dem Geschehen in ihrem Traum zu tun hat. Ein gutes Beispiel ist der Traum vom Tod. In den allerseltensten Fällen zeigt er einen knapp bevorstehenden Tod eines Menschen an. In aller Regel steht er nämlich für sein genaues Gegenteil: den Beginn von etwas Neuem. Achten Sie also auf jeden Fall auf Ihre Gefühle und ärgern oder schämen Sie sich nicht, wenn Sie dem Traumgeschehen völlig unangemessen erscheinen.

Die Regel Nummer zwei führt Sie bereits in das Zentrum des eigentlichen Traumgeschehens. Auch wenn ich für alle und alles gültige Interpretationshilfen ablehne, so habe ich doch in meiner Praxis die Erfahrung gemacht, dass es symbolische Anhaltspunkte gibt. Überlegen Sie sich daher zunächst, was Sie persönlich mit den einzelnen Objekten und Ereignissen im realen Leben verbinden.

Ein Auto beispielsweise dient im Alltag der Fortbewegung. Prüfen Sie daher, ob ein Traumauto Ihnen oder einem nahe stehenden Menschen als Fortbewegungsmittel durchs Leben gedient haben könnte. Ist dies so, könnte Ihr Traumbewusstsein Sie mit dem Bild eines Autounfalles auf ein Hindernis auf Ihrem Lebensweg aufmerksam machen. Schäden an diesem Auto könnten Sie auf Probleme oder Schäden in Ihrem Leben hinweisen.

Ausgangspunkt einer derartigen Interpretation ist immer die Frage: »Wozu dient der Traumgegenstand in der Realität? Und was wären die tatsächlichen Konsequenzen, wenn er beschädigt würde oder verloren ginge?« Die Windschutzscheibe Ihres Autos schützt Sie beispielsweise vor dem Fahrtwind, so dass Sie klare Sicht behalten. Eine zerstörte Autoscheibe in einem Traum könnte demnach darauf hindeuten, dass Ihnen in einem bestimmten Bereich die klare Sicht fehlt. Scheinwerfer bringen Licht auf Ihren Weg. Es lohnt ein Blick, was sie enthüllen wollen.

Meine Freundin Susanne träumte, während eines Italienurlaubes sei der Kofferraum ihres Autos aufgebrochen und komplett ausgeräumt worden. Der Ansatz, das Auto als Symbol ihrer Persönlichkeit zu deuten, machte sofort Resonanz in ihr. Gemeinsam sahen wir uns die Funktion des Kofferraumes im täglichen Leben an.

Er ist der Stauraum des Autos, ein Platz, um Gepäck zu transportieren und alle wichtigen Hilfsmittel fürs Weiterkommen wie Reserverad, Werkzeug und Benzinkanister unterzubringen. Es handelt sich allerdings nicht um den einzigen Ort, wo man in einem Auto Gepäck aufbewahren kann. Doch während die Dinge im Fahrgastraum für alle anderen gut sichtbar bleiben, sind sie im Kofferraum den Blicken der Allgemeinheit entzogen. So gesehen könnte es sich beim Kofferraum um das Unterbewusste der Träumerin handeln. Für Susanne wird damit die Bedeutung allerdings noch nicht ganz klar. In einer ersten Näherung identifiziert sie das verschwundene Gepäck als Ballast, den sie unterbewusst mit sich herumschleppt.

Wir setzten unsere Überlegungen fort. Da ein Auto als Repräsentant der Persönlichkeit auch zur Fortbewegung dient, hat es etwas mit dem Lebensweg zu tun. Der Kofferraum befindet sich hinten, auf dem Lebensweg also in der Vergangenheit. Dieses Stichwort sorgte bei meiner Freundin für ein Aha-Erlebnis. Sie war sich sofort sicher, dass jenes Gepäck im Kofferraum des Wagens unnötiger Ballast aus der Vergangenheit war, von dem sie die »Diebe« befreit hatten. Was zunächst wie ein böses Ohmen für den nächsten Urlaub wirkte, war in Wirklichkeit eine verheißungsvolle Aussicht auf einen knapp bevorstehenden, persönlichen Entwicklungsschritt.

Das passte auch völlig zu dem Kulissenwechsel mitten während des Traumes, den sie bei ihrer ursprünglichen Erzählung zu erwähnen vergessen hatte: Eben noch im mediterranen Umfeld, befindet Susanne sich plötzlich im westdeutschen Heimatort der Eltern.

Ähnliche Wege der Interpretation lassen sich mit allem beschreiben, was in einem Traum auftaucht. Wenn während eines Traumes etwas mit Ihrem Körper passiert, schauen Sie zunächst, welches Körperteil oder Organ davon betroffen ist. Fragen Sie sich dann, welche Funktion ihm körperlich zukommt. Mit Ihrer Hand greifen Sie beispielsweise zu, können geben und nehmen. Dies ist bereits ein wertvoller Hinweis auf dem weiteren Weg der Interpretation. Denn die nächste Frage gilt der Überlegung, welche geistig-seelische Funktion der körperlichen entspricht. Im Falle der Hand weist uns schon unsere Sprache nachdrücklich darauf hin: Es geht um unsere Handlungsfähigkeit, um das Zugreifen und Festhalten.

Fragen Sie sich nun, welche Konsequenzen aus einer gehemmten Handlungsfähigkeit oder Problemen beim Zu- und Festhalten resultieren können. Berücksichtigen Sie dabei auch die Art und Weise, wie die Probleme im Traum auftreten. Brechen Sie sich die Hand, weil Sie etwas krampfhaft festhalten wollen? Verstauchen Sie sich bei dem Versuch, etwas abzuweisen? Überlegen Sie schließlich auch, was die Konsequenz des Traumgeschehens sein könnte. Wäre es Realität, woran würden Sie dann künftig gehindert? Wer im Traum zu ersticken droht, dem könnte im täglichen Alltagstrott die Luft ausgehen.

Regel Nummer drei legt Ihnen unsere Sprache als hervorragende Interpretationshilfe ans Herz. Unsere Sprache ist viel symbolträchtiger, als wir uns dessen bewusst wären. Aus der alten Phase des »Stimmenhörens« ist ihr eine unglaubliche Eindringlichkeit geblieben, sie scheint direkt aus den Tiefen unserer Seele zu stammen. Mit dieser Rechtfertigung hatte Ella Freeman Sharpe ihre psychoanalytische Methode auf Sprache aufgebaut und aufgrund von Assoziationen zur Wortwahl ihrer Patienten Rückschlüsse auf die eigentliche Aussage gezogen. Aus dem gleichen Grund ist es meist sehr hilfreich, sich zu überlegen, ob Floskeln oder Redewendungen rund um das Traumgeschehen existieren

Der Traum eines brennenden Hauses findet beispielsweise eine Entsprechung in Bemerkungen wie »Mir brennt der Hut« oder »Da ist Feuer am Dach«. Meist spüren wir instinktiv, ob wir uns als Beobachter am Ort des Traumgeschehens befinden, oder ob das brennende Haus für unsere Persönlichkeit steht, die Feuer gefangen hat.

Wenn Sie sicher sind, dass Sie das Geschehen direkt betrifft, sollten Sie als viertes prüfen, welche der drei Ebenen Ihrer Persönlichkeit betroffen sein könnte: Steht Ihr Körper in Flammen, etwa weil Sie einen Entzündungsherd in sich tragen? Brennt Ihnen ein Problem auf der Seele? Oder hat eine zündende Idee Ihren Geist entflammt? Ich habe es sogar sehr häufig erlebt, dass auf jeder dieser drei Ebenen eine stimmige Deutung existierte.

So träumte meine Klientin Martina von einer Autofahrt. Als die Außendienstmitarbeiterin an die deutsch-österreichische Grenze kam, wurde sie zum allerersten Mal in ihrem Leben vom Zöllner aufgehalten. Er fragte die junge Frau, die im tatsächlichen Leben mehrmals wöchentlich über diese Grenze fährt, nach ihrem Führerschein. Da sie einen falschen Führerschein vorwies, ließ sie der Mann aussteigen und beschlagnahmte den Wagen. Martina kam deshalb erst nach Stunden zu ihrem Termin und verlor dadurch ihren wichtigsten Kunden.

Zunächst ist Martina der Traum ein Rätsel, zumal er so realistisch war, dass sie fast geneigt war, ihn als Vorboten für Ärger mit den Behörden aufzufassen. Der Ansatz, das Auto mit ihrer Persönlichkeit gleichzusetzen, bringt allerdings auch in diesem Fall mehr Licht in die Angelegenheit.

Martina hatte seit zwei Jahren die äußerst aufreibende Arbeit als Pharmareferentin eines deutschen Konzernes übernommen. Durch organisatorische Probleme lag ihr Gebiet dies- und jenseits der deutschen Grenze. Da Österreich damals noch nicht Mitglied der Europäischen Gemeinschaft war, entstand aus den besonderen Arbeitsbedingungen ein Papierkrieg, der die junge Frau viel Zeit, Kraft und Nerven kostete. Sie war zum Zeitpunkt ihres Traumes im Zustand absoluter körperlicher Erschöpfung. Diese Grenze zu überschreiten, hätte sie die Gesundheit gekostet.

Die körperlichen Warnzeichen wie Kopf-, Magen- und Rückenschmerzen waren bereits seit einiger Zeit kaum mehr zu übersehen. Doch hatte sich in Martina die fixe Idee festgesetzt, eine Reduktion ihres Arbeitseinsatzes würde sie die wirtschaftliche Existenz kosten. Ihr Traumbewusstsein griff ihre Ängste auf, der Aufenthalt beim Zoll kostete sie ihren wichtigsten Kunden.

Gemeinsam überlegten wir einen Ausweg aus dieser Situation. Der falsche Führerschein wurde zum Schlüssel der folgenden Lösung. In ihm erkannte Martina ein Symbol für die fehlende Legitimation, derartig räuberisch mit ihrer Persönlichkeit umzugehen. Auf dieser Ebene begriff die ehrgeizige junge Frau zum ersten Mal, dass sie nur durch die Achtung ihres Körpers die Berechtigung zur Fortsetzung ihres Lebensweges bekommen könnte. Martina ging zum Arzt, machte einen ausgedehnten Urlaub und besprach danach mit ihrem Arbeitgeber eine Veränderung ihres Zuständigkeitsgebietes.

Auch auf der geistigen Ebene war Martina zu diesem Zeitpunkt an einer Grenze angelangt. Sie stammte aus einem Elternhaus, das einer strengen, lustfeindlichen und leistungsorientierten Sekte angehörte. Allen geistigen Wachstumsversuchen waren seit der Kindheit rigoros Zügel angelegt worden. Martina hatte es bis zu diesem Zeitpunkt nicht geschafft, sich aus dieser beengenden Gemeinschaft zu lösen, obwohl sie schon lange das Bedürfnis danach verspürte.

Auf der geistigen Ebene verkehrt sich die Symbolik. Der Zollbeamte steht für die Moralwächter der Sekte, die jede Grenzüberschreitung der jungen Frau als nicht legitim zurückweisen. Da sie sich in seine Argumentation fügt und es versäumt, die bislang fehlende Legitimation zum Grenzübertritt zu mobilisieren, entzieht sich ihr Ziel jenseits der Grenze der Erreichbarkeit. Martina hat in ihrem Traum die Chance verpasst.

Diese Interpretation machte die junge Frau fast noch betroffener als die körperliche. Zu genau passt sie zu den Gefühlen, sich von den Werten und Glaubenssätzen der Kindheit riogoros trennen zu müssen. Wir tauchen in unserem Gespräch noch einmal in den Traum ein, um zu schauen, wo die fehlende Legitimation herkommen könnte. Dabei ergibt sich etwas Bemerkenswertes.

Das Ziel jenseits der Grenze ist vor allem wirtschaftlich interessant, also rein erfolgsorientiert. Es steht für die vordergründig vertretenen Werte der Sektengemeinschaft. Indem sich Martina jedoch an die Grenzen der Sekte hält und weder Theater besucht noch Bücher liest, rückt ihr das Sektenziel »Erfolg« außer Reichweite. Zum ersten Mal in ihrem Leben erlaubt sich Martina die Vermutung, dass die Glaubensgemeinschaft mit ihrer doppelten Moral vielleicht gar nicht zu den eigenen Idealen stehe. Der Gedanke hat etwas enorm Befreiendes.

Gemeinsam entwickeln wir ein Bild, in dem Martina den Zöllner in seine Schranken weist. Sie hält ihm den alten Führerschein unter die Nase und fährt mit ihrem neuen Auto einfach über die Grenze. Oder anders ausgedrückt, besteht sie auf die Rechtmäßigkeit, mit einer Legitimation, die die Sekte nicht anerkennt, den Weg ihrer neuen, unabhängigen Persönlichkeit selbst zu bestimmen. In einem Tagtraum verankern wir das neue Bild.

Die seelische Interpretation offenbart sich auf Grund der beiden vorangegangen wie von selbst, wäre ohne sie jedoch kaum erreichbar. Mit ihrem Job und den auferlegten rigiden Grenzen aus der Kindheit hatte Martinas Seele kaum eine Chance, sich zu entwickeln. Die junge Frau reagierte entsprechend. Das wenige Gefühl, das Arbeitsstress und Sektendisziplin ihr ließen, unterdrückte sie noch mit Alkohol.

> *Wein trinken* im Traum bedeutet allgemein Tränen. Wenn jemand wenig und guten Wein aus kleinen Bechern trinkt, so ist das gut. Träumt man, dass man mit Wein überladen ist, so ist das weder für Männer noch für Frauen gut.
>
> *(Deutscher Aberglaube)*

Die Grenze, vor die sie ihr Traumauto führt, ist eine drastische. In der Entspannung findet Martina selber die Erklärung: Ihre Seele sieht sich vor der Alternative, doch noch einen Entwicklungsschritt zu tun oder aus dem Leben zu gehen, um es in einem neuen Anlauf zu versuchen. Lässt sie sich weiterhin von Alkohol, Arbeit und Kindheitsmustern am Überschreiten dieser Entwicklungsschwelle behindern, verpasst sie auch seelisch ihr Erfolgsziel.

In einem weiteren Tagtraum räumt Martina deshalb ihr Auto gründlich aus, lässt Weinkisten und Cognacflaschen am Straßenrand zurück, durchforstet den Aktenkoffer und lädt einen riesigen Rucksack voller Ermahnungen und Beschränkungen aus. Dann fährt Martina intuitiv richtig zu einer Tankstelle, lässt den Wagen nochmals volltanken und in Hochform bringen und braust dann mit Vollgas über die Grenze.

Die gesunde Mischung oder: Vom Sinn der Traditionen

Zugegeben, solche Interpretationen mögen auf herkömmlich geschulte Analytiker und Traumdeuter irritierend wirken. Und Träumende schrecken oft vor der eigenen Leistung zurück, die für ein derartiges individuelles Traumverständnis notwendig ist. Doch Hand aufs Herz: Sind sie nicht ungleich orgineller als jene in Schema »F« gepressten Träume?

Ich kann nur jedem empfehlen: Lösen Sie sich von bekannten Deutungsschemata, meiden Sie sie jedoch nicht zwanghaft. Es kann durchaus sein, dass etwa eine der bekannten Freud'schen Erklärungen auch von Ihnen innerlich nachvollzogen wird. Dann ist es durchaus legitim, bei dieser Erklärung zu bleiben. Im Gegenteil, je mehr Abwehr sie in Ihnen auslöst, desto mehr lohnt es sich, sie in Erwägung zu ziehen. Näher betrachtet ergibt sich unter Umständen eine Deutung, die sich als sehr hilfreich erweist.

Monikas Traum zeigt, was ich damit meine:

> »Es ist Hochsommer. Meine Tochter sitzt auf ihrer Krabbeldecke im Garten in der Sonne. Da sehe ich, wie plötzlich eine kleine dünne

Schlange über die Gartenmauer schnellt. Ich rufe meinen Mann und fordere ihn auf, die Schlange zurückzubefördern. Er beschwichtigt mich und meint, das Tier sei völlig ungiftig und stelle keinerlei Gefahr dar. Ich bestehe jedoch darauf, und so wirft er sie in hohem Bogen zurück über die Mauer. Doch innerhalb von Bruchteilen einer Sekunde ist die Schlange zurück. Und diesmal ist sie eine Spur größer als vorher.

Wiederum bestehe ich darauf, dass das Tier zurück muss. So geht es viele Male hin und her. Und jedes Mal wird die Schlange eine Spur größer. Zu guter Letzt handelt es sich um eine ausgesprochene Riesenschlange. In Panik gelingt es mir, mein Kind ins Haus in Sicherheit zu bringen. Mein Mann kann sich nur mit äußerster Mühe aus dem Würgegriff der Schlange befreien und schleudert sie mit letzter Kraft von sich. Schnell rettet auch er sich ins Haus. Da sehe ich, dass ihn die Schlange am Ohr verletzt hat.«

Auch Monika träumt diesen Traum immer wieder, bis sie schon im Vorhinein weiß, was im nächsten Augenblick sein wird. Die Intensität und die Häufigkeit des Traums vermitteln ihr das Gefühl, dass es sich um ein ungelöstes Problem handelt, was unmittelbar bevorsteht. Wir beschließen, uns gemeinsam auf die Suche nach der Traumsymbolik zu machen.

Zunächst frage ich Monika, was die Schlange bedeuten könnte. Sie antwortet mit heftiger Ablehnung: Mit ihrer Sexualität habe die Schlange sicher nichts zu tun, denn die sei völlig in Ordnung. Ihre Reaktion erstaunte mich, denn bis dahin hatte ich eine Freud'sche Interpretation der Schlange überhaupt noch nicht in Erwägung gezogen. Ich nehme ihre Beteuerung zunächst einmal hin, beschließe jedoch, darauf zurückzukommen.

Langsam tasten wir uns in Richtung von Monikas Lebensumständen vor. Die junge Mutter war nach der Geburt ihres Kindes zu Hause geblieben. Nun näherte sich ihr Elternurlaub dem Ende. Ihr Mann begrüßte die Aussicht, auch die finanzielle Verantwortung für die Familie wieder teilen zu können. Monika fürchtete jedoch den Wiedereinstieg in den Beruf zutiefst. Als möglicher Ausweg erschien ihr eine neue Schwangerschaft, obwohl ihr klar war, dass ihr Mann kein weiteres Kind wollte.

Wenige Tage vor dem Traum keimt in Monika der Verdacht auf, wieder schwanger zu sein. Ihre erste Reaktion schwankt zwischen maßloser Freude und maßloser Angst. Wie wird der Mann reagieren? Wie wird ihr Kind das Geschwisterchen aufnehmen? Wird das Baby die Familie sprengen? Im tiefsten Inneren weiß sie, dass ihr Mann das zweite Kind letztlich akzeptieren wird. Doch ahnt sie auch, dass es im Alltag Reibereien geben wird.

Kann ein Traum genauer Auskunft geben über Ängste und Sehnsüchte als in diesem Fall? Allen Widerständen gegen die Freud'sche Deutung zum Trotz ist es Sexualität, die da über die Gartenmauer springt. Es handelt sich zwar eher um die Folgen, ein Baby, doch ist die Ursache wohl kaum zu verdrängen. Je mehr die junge Frau ihren Kinderwunsch verdrängt, umso mächtiger wird er. Zum Schluss wird er zur Bedrohung für die ganze Familie, obwohl der Mann anfangs durchaus in der Lage ist, die Ungefährlichkeit dessen, was da über den Zaun kommt, anzuerkennen.

Betrachtet man die übliche Situation eines Erstgeborenen bei der Ankunft eines Geschwisterkindes, ist auch ganz klar, warum die Frau ihr erstes Kind gefährdet sieht. Dazu muss man allerdings wissen, dass Monika ebenfalls als Älteste mehrerer Geschwister auf die Welt kam, also das Drama des Erstgeborenen aus eigener Erfahrung kennt.

Am erstaunlichsten und gleichzeitig am amüsantesten ist der Biss der Schlange ins Ohr des Ehemannes. Lange Zeit hatte er sich dem Wunsch seiner Frau nach einem weiteren Kind entzogen, hatte auch ihre guten Gründe dafür geflissentlich überhört. Jetzt zwickt ihn das neue Kind in Gestalt der Schlange kräftig ins Ohr. Die neue Situation zwingt ihn, sein Problem mit dem Hinhören zur Kenntnis zu nehmen.

Träume in Fortsetzungen oder: Die Zeit erklärt alle Symbole

Manchmal erhellt sich die wahre Bedeutung eines Traumsymboles auch erst im Nachhinein. Ja, oft sind sogar weitere Träume erforderlich, um der Symbolik auf die Schliche zu kommen. Julia, die junge Frau mit den problematischen, zukunftsweisenden Träumen über ihre Mutter (S. 348 ff.), erlebte dies sehr nachdrücklich.

Tagsüber schien die junge Frau ihre Mutterbeziehung aufgearbeitet zu haben. Sie hatte eingesehen, dass es der Mutter nicht möglich war, die übliche Rolle als Mutter und Großmutter zu übernehmen. Eine große Erleichterung in diesem Prozess war die Einsicht, die Gründe dafür ausschließlich bei der Mutter und nicht bei sich selbst zu suchen. Julia schien bereit, loszulassen und den Weg der Mutter zu respektieren. Trotzdem begann die Mutter in jenen Tagen wieder, regelmäßig in Julias Träumen aufzutauchen.

Zunächst begann es ganz harmlos. Julia lag mit einer Magen- und Darmverstimmung im Bett und döste vor sich hin.

»Ich war sehr erschöpft, weil ich eine anstrengende Zeit hinter mir hatte mit sehr viel Arbeit. Meine Übelkeit schien eine eindringliche Aufforderung des Körpers zu sein, endlich einmal Frieden zu geben. Mit sehr viel schlechtem Gewissen legte ich mich hin. Ich war so müde, dass ich binnen Minuten in einen Tagtraum entglitt. Rund zwei Stunden tauchte ich in meinen Bildern auf und ab, immer wieder knapp an der Bewusstseinsgrenze. Ich war erstaunlich klar und gut in der Lage, den Grad meiner Entspannung zu steuern. Mehrfach befand ich mich kurz vor dem Aufwachen, entschied mich aber bewusst dagegen und tauchte wiederum in meine Traumbilder ein.

Es waren die unterschiedlichsten Dinge, die da auftauchten. Einige Traumfragmente betrafen meine derzeitige Arbeit, andere die Kinder, wieder andere hatten keine konkrete Ausformung, sondern kamen eher als diffuse Farben und Formen. Es war sehr angenehm, weshalb ich mich auch über Stunden diesem Zustand überließ. Und dann, ganz plötzlich, stand meine Mutter vor mir. Die Erscheinung war so intensiv, dass ich sie sogar zu riechen und zu fühlen vermochte.

Das Bild war zunächst ganz wertfrei. Sie sah längst nicht so schlecht aus, wie ich sie von unserem letzten Treffen in Erinnerung hatte. Ich blieb zunächst ganz ruhig, schien nur interessiert ihre Anwesenheit zur Kenntnis zu nehmen. Doch plötzlich ging etwas bedrohlich Strenges von ihr aus. Sie war nicht mehr die Mitleid heischende Mutter meiner Kindertage, sondern eine strenge, böse Frau, die ihre Kräfte mit den meinen messen wollte.

Erstaunlicherweise fühlte ich weder Angst noch Panik, sondern eine Mischung aus Interesse und leichtem Unbehagen. Ich sah mein Traumbild fest an, worauf es so schnell verschwand, wie es aufgetaucht war. An seine Stelle traten wiederum die angenehmen Bilder, die vorher meinen Tagtraum gefüllt hatten.«

Interessiert nimmt Julia das Auftauchen der Mutter als Hinweis zur Kenntnis, dass ihr Problem noch nicht völlig ausgestanden sei. Was auch nicht weiter verwunderlich ist. Schließlich sind Mutter und Nichte nach wie vor verschwunden und der Rest der Familie eifrig in die Suche einbezogen. In der Zwischenzeit hatte sich auch das deutsche Bundeskriminalamt eingeschaltet, so dass Julia ab und zu Informationen über den vermutlichen Verbleib der Mutter bekam.

Es bleibt in Folge nicht bei diesem ersten Tagtraumbild. Schon in der folgenden Nacht taucht die Mutter wiederum in einem Traum auf.

»Wir haben meine Mutter gefunden. Sie sieht tatsächlich so ruhig und stark aus wie bei unserer Begegnung während des Tagtraumes. Aber es ist eiskalte Ruhe, von der etwas Unheilvolles ausgeht. Ruhig dreht sich meine Mutter um und geht in die Küche. Sie sagt: ›Wir essen nur noch schnell und kommen dann mit.‹ Mit diesen Worten stellt sie vorbereitete Teller voll Gemüse vor sich und das Kind. Ganz ruhig schiebe ich den Teller des Kindes weg und sage: ›Wenn du dein Leben nicht ertragen kannst, werde ich das respektieren. Iss, wenn du willst. Aber du wirst Veronika nicht vergiften. Ich nehme sie jetzt mit.‹ Mit diesen Worten nehme ich meine Nichte an der Hand und verlasse ganz ruhig und mit festem Schritt den Raum.«

Zunächst reagiert Julia auf das erneute Auftauchen der Mutter in ihren Träumen verunsichert. Hat sie nicht genug an sich und diesem Thema in den letzten Monaten gearbeitet? Bei näherem Hinsehen zeigt sich jedoch, wie viel sich seit den ersten Träumen verändert hat. Ärger über die Mutter, Panik oder unkontrolliertes Anziehen und Abstoßen sind kein Thema mehr. Im Gegenteil, Julia kann der Mutter ruhig und bestimmt entgegentreten, auch wenn sich ein Gefühl von Unbehagen einschleicht. Hier begegnen sich zwei erwachsene Frauen, die ihre Kräfte miteinander messen.

Auf der symbolischen Ebene erlebt Julia, wie sich ihr altes Mutterbild verabschiedet und mit ihrer Zustimmung aus dem Leben scheidet. Sie hat in der Zwischenzeit gelernt, ihre Sehnsüchte nach der Mutter ihrer Kindheit loszulassen. So betrachtet kann das Kind an Julias Seite auch jener neue Aspekt der Mütterlichkeit in ihrem Leben sein, den sie nun an die Hand nimmt und mit zurück in ihr Wachbewusstsein nimmt. Es ist der Tod, der notwendig ist, damit etwas Neues wachsen kann.

Zudem erhellt diese dritte Traumsequenz einen Teil der Symbolik im ersten Traumgeschehen. Dort rafft Julia in wilder Hast ihr Besteck zusammen, das völlig verdreckt in der mütterlichen Wohnung herumliegt. Bei der Deutung waren wir bei unseren ersten Treffen zu keiner völlig befriedigenden Lösung gekommen. Das Besteck hatte die junge Frau als Hilfsmittel gedeutet, mit denen man sich Nahrung (= Energie) zuführt. Daraus schloss sie, dass sich die Mutter in der Vergangenheit immer wieder die Energie für ihre Aktivitäten bei ihr geholt hatte. Aus dem Zustand des Besteckes leitete Julia die missbräuchliche und unpflegliche Behandlung ihrer Energien ab. Sie zog daraus die Konsequenz, der Mutter, die sie auch nach ihrem Untertauchen regelmäßig anrief, diese Unterstützung zu entziehen und sie zu bitten, die Telefonkontakte einzustellen.

So ganz schien Julia diese Erklärung jedoch noch nicht zufrieden zu stellen. Immer wieder überlegte sie, welche symbolische Funktion Messer, Gabel und Löffel haben könnten. In dem dritten Traum wird dies ganz deutlich. Ein Besteck wird zum selbstverständlich verwendeten Hilfsmittel, um sich und das Kind mit Gift dem Zugriff durch die Behörden zu entziehen. Nur ist es diesmal nicht Julias Besteck. Die junge Frau hatte bereits in ihrem ersten Traum und den daraus abgeleiteten Konsequenzen eine wichtige Grundlage gelegt, sich nicht in das Verhalten der Mutter hineinziehen zu lassen.

Unbefriedigend blieb jedoch die Tatsache, die Nichte aus den Augen verloren zu haben. Mit ihrem Schuldgefühl erklärt sich Julia die zweite Traumsequenz, in der sie immer wieder unkontrolliert auf den Aufenthaltsort der Muttter zufällt, um im letzten Augenblick weggedrückt zu werden. Durch den dritten Traum kann Julia auch diese Schuldgefühle loslassen. Sie nimmt die Gewissheit mit aus dem Schlaf, in einer offenen Auseinandersetzung mit der Mutter die Nichte mitnehmen zu können. Sie bezieht ihre Kraft und ihre Ruhe für diese Konfrontation aus dem Umstand, den Weg der Mutter akzeptiert zu haben. Das nimmt auch dem Gedanken an den möglichen Zukunftsgehalt des Traums den Schrecken. Schließlich war die erste Traumreihe genauso eingetroffen, wie Julia sie interpretiert hatte.

Anhang

Literaturverzeichnis

Quellen, Traumschilderungen

Die Bibel, Einheitsübersetzung. Katholische Bibelanstalt GmbH, Stuttgart 1980. – Nicht nur wegen der hier zitierten Träume lesenswert!

Martin Bartels (Hrsg.), Traumspiele, Junius Verlag, Hamburg 1994. – Eine Zusammenstellung von Originaltexten über das Phänomen Traum der bedeutendsten Philosophen durch die Jahrhunderte.

Charlotte Beradt, Das dritte Reich des Traums, Nymphenburger Verlagshandlung, München 1966. – Eine eindrucksvolle Sammlung von Träumen, die sich mit der Gewalt und dem Verlust der Menschenwürde unter dem Regime des Dritten Reichs auseinandersetzen.

Allgemeine Literatur zum Thema Traum

David Coxhead, Susan Hiller, Träume. Eine Bilddokumentation, Umschau Verlag, Frankfurt/M. 1976

David Fontana, Die geheime Sprache der Träume, Hugendubel (Kailash), München 1996

Georg Haddenbach, So deutet man Träume. Die Bildersprache des Unbewussten. Falken Verlag 1978

Norman MacKenzie, Träume. Emil Vollmer Verlag, Wiesbaden, Lizenz vom Ariston Verlag, Genf 1978

Julia und Derek Parker, Die geheimen Botschaften unserer Träume, Bechtermünz Verlag im Weltbild Verlag GmbH, Augsburg 1996

Hildegard Schwarz und Norbert Teupert, Das Bilderbuch der Träume. München: Knaur 1994

Literatur zur antiken Traumdeutung

K. Brackertz, Artemidor, Das Traumbuch, 1979

E. R. Dodds, Die Griechen und das Irrationale, 1970

I. Hahn, Traumdeutung und gesellschaftliche Wirklichkeit. Artemidorus Daldianus als sozialgeschichtliche Quelle, 1992

L. Hermes, Traum und Traumdeutung in der Antike, Kösel Verlag, 1996

L. Herzog, Die Wunderheilungen von Epidauros (1931)

Th. Hopfner, »Traumdeutung«, in: Paulys Realencyclopädie Band VI A, 1937, 2233 ff.

Hedwig Kenner, s. v. »Oneiros«, in Paulys Realencyclopädie Band XVIII 1, 1939, 448 ff.

Norbert Miller, Archäologie des Traums. Versuch über Giovanni Battista Piranesi. Carl Hanser Verlag, München 1978. – Klassiker über Piranesi, seine Quellen und seine Rezeptionsgeschichte unter dem Aspekt des Traumhaften in Piranesis Stichen.

Träume fremder Völker

Gerda Cramer-Bochow, Ur-Energie Traum, Kösel Verlag, München 1995. – Ein absolut gelungener Brückenschlag zwischen archaischer Traumkraft und modernen Sehnsüchten. Sorgfältigst recherchierte anthropologische Quellen, fruchtbar mit der aktuellen Problematik der Persönlichkeitsentwicklung in Verbindung gebracht.
W. Y. Evans-Wentz, The Tibetan Book of the Dead, Oxford University Press, New York 1960
Joan Halifax: SCHAMANEN – Zauberer, Medizinmänner, Heiler, Insel Verlag, Frankfurt 1983
Michael Harner, Der Weg des Schamanen. Ein praktischer Führer zu innerer Heilkraft. Rohwolt Verlag, Hamburg 1986. – Ein Reiseführer, um ohne Drogen in den schamanischen Bewusstseinszustand zu gelangen; die andere Wirklichkeit wird hier verständlich, und Sie begreifen, wie sie in unsere Welt hineinwirkt.
Mihály Hoppál, Schamanen und Schamanismus. Pattloch, Augsburg 1994. – Eindrucksvolles ethnologisches Material, zusammengetragen aus russischen Archiven.
Holger Kalweit, Die Welt der Schamanen, Bern : Scherz Verlag, 1984
Eike Winkler und Josef Schweikhardt, Expedition Mensch. Streifzüge durch die Anthropologie. Verlag Ueberreuter, Wien 1982
Jeremey Narby, Die Realität hat keine M. . ., Freiburger Nachrichten, 1996
Hermine von Weltzien (Hrsg.), Das große Praxisbuch der Aura- und Chakra-Arbeit, Goldmann Verlag, München 1993

Die Welt der Psychoanalyse

Ella Freeman Sharpe, Traumanalyse (1937), Fischer Taschenbuch Verlag 1994. – Die Freud-Schülerin entwickelte eine Technik der Traumlektüre, die stark auf der Analyse sprachlicher Analogien basiert, nach dem Motto: Etwas, das ähnlich wie das Geträumte klingt, ist die eigentliche Aussage des Traums.
Sigmund Freud, Die Traumdeutung. Frankfurt am Main: Fischer 1977
Sigmund Freud, Drei Abhandlungen zur Sexualtheorie. Frankfurt am Main: Fischer 1984
Sigmund Freud, Massenpsychologie und Ich-Analyse. Frankfurt am Main: Fischer 1971
Sigmund Freud, Schriften über Träume und Traumdeutungen. Frankfurt am Main: Fischer 1994
Egon Friedell, Kulturgeschichte der Neuzeit. München: dtv 1991
Erich Fromm, Märchen, Mythen, Träume. Eine Einführung in das Verständnis einer vergessenen Sprache, Rohwolt Taschenbuch Verlag, Reinbek bei Hamburg 1981
Erich Fromm, Sigmund Freud. München: dtv 1959
J. Haley, Die Psychotherapie Milton H. Ericksons. München: Pfeiffer 1987
Brigitte Hamann, Meine liebe, gute Freundin. Wien: Ueberreuter 1993
Ernst Hanisch, Der lange Schatten des Staates. in: Österreichische Geschichte 1890–1990. Wien: Ueberreuter 1994
Albrecht Hirschmüller, Freuds Begegnung mit der Psychiatrie. Tübingen: diskord 1991
C. G. Jung, Traum und Traumdeutung, Band 4 der Taschenbuchausgabe in elf Bänden, dtv, München 1990

Edith Kurzweil, Freud und die Freudianer. dtv, München 1993
Octave Mannoni, Freud. Reinbek bei Hamburg: Rowohlt 1971
Alexander Sixtus von Reden, Österreich-Ungarn. Wien: Ueberreuter 1995.
Erwin Ringel, Lesebuch. Wien: Europaverlag 1986
Andrew Samuels, Bani Shorter, Fred Plaut, Wörterbuch Jung'scher Psychologie. dtv. München
Spiel, Hilde: Glanz und Untergang. Wien 1866–1938. München: List 1987
Strotzka, Hans: Psychotherapie und Tiefenpsychologie. Springer: Wien, New York: Springer 1982.
Tichy, Marina: Alltag und Trauma. Leben und Lektüre der Dienstmädchen im Wien der Jahrhundertwende. Wien: Böhlau 1984
Jos van Ussel, Sexualunterdrückung. Gießen: Focus 1977
Young, Bruehl Anna Freud. Wien: Wiener Frauenverlag 1988

Von der Biologie des Traums

Julian Jaynes, Der Ursprung des Bewusstseins durch den Zusammenbruch der bikameralen Psyche. Rowohlt Verlag, Reinbek bei Hamburg 1988
Solomon H. Snyder, Chemie der Psyche. Drogenwirkungen im Gehirn. Spektrum der Wissenschaft-Verlagsgesellschaft, Heidelbert 1988

Zur Arbeit mit eigenen Träumen

Jens Bertelsen: Traumarbeit und Meditation, Kösel Verlag, München 1988
Gayle Delaney, Lebe deine Träume. Eine Anleitung zum aktiven Träumen, Ullstein Verlag 1985. – Genau das, was der Titel besagt; der antike Inkubationsschlaf erfuhr hier seine profane Wiederbelebung, mit anschaulichen Beispielen fern von theoretischem Ballast.
Sonja von Eisenstein, Verschlafet eure Träume nicht. Verlag Hermann Bauer, Freiburg i. Br., 1992. – Leichte und leicht verständliche Lektüre zum Umgang mit den eigenen Träumen.
Ann Faraday, Positive Kraft der Träume, Gondrom Verlag, Bindlach 1996. – Praxisnahe Deutung von Träumen, von Perls Gestalttherapie (Rollenspiele) beeinflusst, mit Tipps zum Umgang mit eigenen Träumen von Erinnern bis Umträumen.
Helmut Hark, Traumbild Baum. Vom Wurzelgrund der Seele. Walter Verlag Olten und Freiburg i. Br. 1986. – Rund um das Traummotiv »Baum« werden die verschiedenen Ebenen der Deutung und des Umgangs mit Baumträumen geschildert.
Garfield, Patricia: Kreativ träumen, Knaur, München 1980
Klausbernd Vollmar und Johannes Fiebig: Gelebte Träume sind die besten Träume. Klein Königsförde: Königsfurt 1993

Vom Umgang mit dem Unterbewussten

Claudine und Henri Czechorowski, Spirituelle Einweihungen, Windpferd Verlag, Aitrang, 1991. – Enthält ganz simple, wirksame Übungen, mit denen Sie in Traum und Visionssphären eintauchen können. Stark auf praktische Nachvollziehbarkeit ausgerichtet, führen zu völlig neuer Ein-Sicht.
Gisela Eberlein, Fröhlich wollen wir den Tag beginnen. Meditationstexte für den Alltag. Rowohlt Verlag, Hamburg 1987. – Klassikerin des autogenen Trainings. Beispiele gelungener formelhafter Vorsatzbildung.
Luisa Francia, Starke Medizin. Handbuch zur Selbstheilung. Verlag Frauenoffensive, München 1995. – Heilung, auch mit Affirmationen, doch ohne Verdrängung der Ursachen der Krankheit.
Louise Hay, Liebe deinen Körper. Positive Affirmationen für einen gesunden Körper. Verlag Alf Lüchow, Freiburg 1990. – Ausgehend von der seelischen Komponente jeder Krankheit stellt dieser Klassiker positive Affirmationen zusammen.
Serge King, Ihr Körper glaubt, was Sie ihm sagen. Aurum Verlag, Braunschweig 1992. – Der Klassiker, der die über Affirmationen hinausgehende Art und Weise beschreibt, den eigenen Körper mit Traumbildern zu heilen.
Walter Lübeck, Handbuch des spirituellen NLP, Windpferd Verlag, Aitrang 1995. – Tagtraumbereich, wie man sie erkennt, damit umgeht und gezielt einsetzt.
Dudley Lynch, Paul Kordis, DelphinStrategien. ManagementStratgien in chaotischen Systemen, Paidia-Verlag, Fulda 1992. – Behandelt morphogenetisches Feld und die Mögllichkeiten, es für persönliche und berufliche Entwicklungen einzusetzen. Völlig neue Stragetien: Träumen Sie sich erfolgreich.
Dr. Joseph Murphy, Die Macht Ihres Unterbewusstseins, Ariston Verlag, Genf, 1962. – Einer der ersten, der sich mit der Kraft von Imagionationen befasst hat.
Harry Palmer, Resurfacing. Techniken zur Erforschung des Bewusstseins. Context Verlag, Bielefeld 1995. – Neue Techniken der Bewusstseinserweiterung.
José Silva, Robert B. Stone, Der Heiler in dir. Techniken und Übungen, sich selbst und andere zu heilen. Goldmann Verlag, München 1990. – Neben Hay ist Silva ein Klassiker der imaginativen Techniken, die er zu einer eigenen Methode der gesteuerten tiefen Entspannung und Traumsteuerung ausbaut.
Dr. Steven Foster, Meredith Little, Vision Quest. – Präzise, nachvollziehbar beschriebene Einführung in die Visionssuche panamerikanischer Indianer. Für jeden, der Visionen zu seiner eigenen Entscheidungsfindung einsetzen will, ein Muss.
James Redfield, Die Prophezeiungen von Celestine. Ein Abenteuer. Wilhelm Heyne Verlag, München 1994. – In etlichen der Prophezeiungen stecken Jung'sche Archetypen, die siebte behandelt die Funktion der Träume.
James Redfield, Carol Adrienne, Das Handbuch der zehnten Prophezeiung von Celestine. Wilhelm Heyne Verlag, München 1997. – Arbeitsbuch, in dem auch der Inhalt der ersten neun Prophezeiungen aufgegriffen wird.

Eva Geelen

Lexikon der TRAUM SYMBOLE

Vorwort

Anna hatte sich Bedenkzeit erbeten. Sie konnte sich nicht von einem Tag zum anderen entscheiden, ob sie hier alles aufgeben und mit Daniel ins Ausland gehen wollte. Er machte die gemeinsame Zukunft davon abhängig. Sie konnte sich trotzdem kaum vorstellen, ihr Zuhause, den Job, die Freunde zurückzulassen. Andererseits: Daniel war der Mann ihres Lebens. Gestern hatte er Anna ein Ultimatum gestellt: „Du kannst es dir noch bis morgen abend überlegen. Ich fliege um 21 Uhr." Jetzt, zwei Stunden vor seinem Abflug, wußte Anna, daß er ihr wichtiger als alles andere war. Aber sie konnte ihn nirgendwo erreichen. Sie mußte so schnell wie möglich zum Flughafen kommen. Und jetzt war diese verflixte Tür ins Schloß gefallen, die keine üblichen Klinken hatte – nur diesen Drehgriff, der gemeinsam mit dem Schlüssel funktioniert. Aber wo war jetzt der Schlüsselbund? Fieberhaftes Suchen – ach ja, hier! Wieso paßte denn plötzlich kein Schlüssel? Sie hatte es mit jedem versucht, mehrmals sogar. Also noch einmal von vorn ... einer mußte es doch sein, vielleicht dieser schmale hier – tatsächlich, er paßt! Aber warum läßt sich dieses verdammte Ding jetzt nicht drehen? Und was um alles in der Welt klingelt jetzt auch noch wie verrückt?

Na, was wohl? Der Wecker.

Anna war ganz durcheinander. Der Traum war so realistisch. Sie war fast erstaunt, keine Schlüssel in der Hand zu halten. Dieser Traum ... alles wie damals. Daniels Ultimatum, dann seine überstürzte Abreise. Ohne sie. Es ging ihr alles zu schnell, sie wollte nachkommen, ihm alles erklären. Aber er war nicht mehr umzustimmen: jetzt oder nie.

Anna hatte ihn besucht. Er wirkte sehr verändert. Seit mehr als zwei Jahren war der Kontakt abgebrochen.

Und jetzt dieser Traum. Nach dieser langen Zeit. Warum? Das hat doch etwas zu bedeuten. Oder?

Anna stand unter der Dusche und versuchte, die Traumgeschichte noch einmal abzurufen. Schwierig, einzelne Bilder daraus wieder in einen Zusammenhang zu bringen, der Faden war abgerissen. Wenig später, beim Kaffeetrinken, fielen ihr nur noch einige Details ein: Wieso hatte die Tür keine Klinke? Was sollte der dik-

ke Schlüsselbund, sie hatte nie einen ähnlichen gehabt. Und was hatte es mit dem Flugplatz auf sich? Daniel fuhr damals doch mit dem Auto weg.
Anna war überzeugt davon, daß der Traum einen Sinn hatte – einen, der ihr helfen könnte, das Kapitel Daniel endlich abzuschließen. In einem solchen Moment möchte man irgendwo nachschlagen, um das wenige zu enträtseln, an das man sich gerade noch erinnern kann.
Sie kennen auch solche Momente – sonst hätten Sie jetzt nicht dieses Buch aufgeschlagen: Hier geht es um Träume und ihre Deutungsmöglichkeiten, um die Signale des Unterbewußtseins und ihre bewußte Wahrnehmung. Sie können Hinweis und Hilfestellung sein, Warnung oder Aufforderung. Träume können Zusammenhänge transparent machen, auf ein Fehlverhalten verweisen und Lebenslügen demaskieren.
Bevor Sie weiterblättern und nach einem Begriff suchen, der für Sie gerade von aktueller Bedeutung ist: Vergessen Sie dabei nicht, daß es IHR Traum ist, den Sie jetzt verstehen und interpretieren möchten. Der Sinn IHRER Traumgeschichte entspricht IHRER Biographie, er steht in direktem Bezug zu IHREN Empfindungen, IHRER ganz persönlichen Vorstellung von Wertigkeiten IHRES Lebens. Seine symbolischen Hinweise haben genauso viel mit IHREN Hoffnungen, Wünschen oder Ängsten zu tun wie IHRE diesbezügliche Auslegung.
Stellen Sie sich ein kleines, rotes Boot auf einem See mit trübem Wasser vor. Dieses Traumbild hat für Sie eine ganz andere symbolische Bedeutung als für ein vierjähriges Mädchen oder für einen fünfzigjährigen Familienvater. Es wird für alle eine emotionale Situation beschreiben, in der die betreffende Person (auf ihre Art) versucht, nicht „in Gefühlen zu ertrinken“, sondern aktiv zu werden und die Situation positiv zu verändern. Aber es wird sich um drei sehr unterschiedlich erlebte Gefühle handeln, mit denen jede Person auf andere Weise zurechtkommen will.
Die aktuelle Traumforschung geht davon aus, daß ein Traumbild niemals nur einen eindeutigen Symbolwert hat. Ein Traum ist keine glatte Rechenaufgabe unserer Empfindungen, in der 2 + 2 = 4 bedeutet – also ist dieses Lexikon der Traumsymbole auch kein einfacher, einer Norm entsprechender „Symbole-Katalog“ geworden.
Damit provoziere ich alle LeserInnen, die bis jetzt die Lehren und Interpretationen der „Päpste“ der Traumdeutung, Sigmund Freud und C. G. Jung, für unfehlbar hielten.
Sigmund Freud, der Urvater der Psychoanalyse und Traumdeutung, hatte vor ei-

nem Jahrhundert (er arbeitete von 1895 bis 1897 an seinem Werk „Die Traumdeutung") die Werte des Abendlandes und sämtliche gültigen Moralvorstellungen auf den Kopf gestellt – aber auch bei größtem Respekt vor seinem Werk: Aus heutiger Sicht kann man es einfach nicht mehr ernst nehmen, wenn alles, aber auch wirklich alles (vom Taschenmesser und Schuh über eine Blechdose oder Gießkanne bis zum Regenschirm und der Nagelfeile) sexuelle Bedeutung hat. In Dr. Freuds Vorstellungswelt hatte man es nur mit Penis- und Vaginasymbolen zu tun. Ganz gleich, ob man einen Schuh anziehen wollte oder eine Keksdose füllte – er hatte es als Geschlechtsverkehr interpretiert.
Natürlich sprechen diese Deutungsansätze Bände über die geistig-emotionalen Turbulenzen im Leben ihres Verfassers. Doch diesen verdanken wir es letztendlich, daß er überhaupt an sein Lebenswerk ging und es dem „weiten Land der Psyche" und ihrer Erforschung gewidmet hat. Wer weiß, vielleicht würde es ohne seine Pionierarbeit noch immer keine ernstzunehmende Traumdeutung geben? Aus dieser Überlegung heraus habe ich auch vielen aktuell interpretierten Traumsymbolen die (damals so schockierende) Auslegung Freuds in seiner „Traumdeutung" hinzugefügt, was in manchen Fällen sicher auch hilfreich sein kann, einen brauchbaren „Mittelwert" herauszufinden, wenn Sie sich nun mit Ihrer ganz persönlichen Traumdeutung befassen wollen.
Zu Sigmund Freuds „Traumdeutung" und den entsprechenden Zusatzbemerkungen in diesem Lexikon möchte ich noch gerne anfügen: So sonderbar seine ständige Bezugnahme auf die Sexualität heute auch wirken mag – man muß sie immer im Zusammenhang mit seiner Zeit sehen. Wenn man bedenkt, daß damals ein Mädchen schon eine Vergewaltigung riskierte, wenn es den Rocksaum vor den Augen anderer für einen Moment bis in Kniehöhe hob (vielleicht nur, weil ein Strumpf verrutscht war), dann kann man schon eher nachvollziehen, warum er jede Blume zum Vaginasymbol erklärte: Wo einfach alles tabuisiert und verboten ist, treibt die Phantasie eben die seltsamsten Blüten.
Carl Gustav Jung vertrat in seinen Traumseminaren (von 1936 bis 1941) die Ansicht, daß man Traumsymbole auf einer allgemeinen Ebene auch ohne die Kenntnis des Träumenden verstehen und in die Alltagssprache übersetzen könne. Er ging davon aus, daß Menschen in allen Zeitabschnitten mit ähnlichen Grundsituationen konfrontiert wurden, die dann im Traum immer wiederkehrende Bilder und Symbole auslösen – bzw. sich nach einem allgemeingültigen Grundmuster „übersetzen" lassen. Feinheiten der Deutung allerdings waren, das erkannte auch Jung bereits, nur aus der individuellen Lebensgeschichte des Träu-

menden verständlich. C. G. Jung hatte zu seiner Zeit Sigmund Freuds Traumdeutung geradezu revolutionär hinterfragt und aktualisiert – aber inzwischen ist ein weiteres halbes Jahrhundert vergangen, in dem die Traumforschung die Grenzen der Lebenswerke von Jung und Freud längst gesprengt hat.
Sie können also davon ausgehen, daß Sie mit diesem Band nicht die hundertste aktueller aufbereitete Variante von Freuds „Traumdeutung“ in Händen haben – obwohl dieser Verdacht zum „hundertsten Geburtstag“ dieses Werkes ja gar nicht so unbegründet wäre. Dieses Lexikon der Traumsymbole ist für die psychische Befindlichkeit vieler Menschen um die Jahrtausendwende gedacht – und für den gegenwartsbezogenen Versuch, sich mit dem Informationswert unserer Träume, ihrer symbolischen Signale, Hinweise, Warnungen und Ermutigungen zu beschäftigen. Sie werden Spaß daran haben, manchem verworrenen Traumbild einen „Tip“ zu entlocken und Zusammenhänge zu enträtseln, die Ihnen im realen Alltag so manchen kleineren oder größeren Umweg ersparen können – und sei es nur gedanklich. In diesem Sinne: Träumen Sie schön!

Eva Geelen

Einleitung

Wer sich mit dem Inhalt und Sinn seiner Träume befaßt, ist deswegen sicher kein „verträumter“ Mensch, dem es an Realitätsbezug fehlt. Im Gegenteil – er nützt nur eine weitere Möglichkeit, um sein Leben bewußter zu gestalten.

Daß man sich heute mehr denn je mit Trauminhalten befaßt, entspricht dem Wesen dieser Jahrtausendwendezeit, in der wir leben. Viele Menschen setzen sich (viel offener als noch vor einigen Jahren) mit Erfahrungen auseinander, die jenseits der sichtbaren, berechenbaren und abwägbaren Welt des Rationalen zu machen sind.

Abbau von Berührungsängsten

Heute ist es normal, sich mit Hilfe alternativer Heilmethoden seelisch und körperlich wieder ins Gleichgewicht bringen zu lassen – immer mehr Ärzte der Schulmedizin haben ihre diesbezüglichen „Berührungsängste“ (und Vorurteile) gegenüber den alternativen Therapien überwunden und probieren die eine oder andere auch in der eigenen Praxis aus. Es ist noch gar nicht so lange her, daß man Esoteriker sein (oder zu einer exotisch anmutenden Gruppe „abgehobener“ Indien-Freaks zählen) mußte, um regelmäßig zu meditieren. Heute tun es auch mal Studenten, Verkäuferinnen, Akademiker – vielleicht nicht gerade täglich, aber es ist nun einmal eine wunderbare Möglichkeit, den Alltag hinter sich zu lassen und Streß abzubauen.

Und manche Leute, die kürzlich noch über diesen „Humbug“ gelacht haben, bitten jetzt einen Wünschelrutenkundigen oder eine Feng-Shui-Spezialistin in die neu bezogene Wohnung, um die geeignetsten Plätze für Bett, Schreibtisch und Kinderzimmer auf diese sensitive Art orten zu lassen.

Und mancher, der zum letzten Geburtstag noch mit einem

Luxusfeuerzeug oder einer Champagnerflasche beschenkt worden ist, bekommt diesmal ein individuell erstelltes Horoskop überreicht.

Ein Traumlexikon als Mittel zur Selbst-Lebenshilfe

Man muß ein Lexikon der Traumsymbole also nicht mehr in der Schublade verschwinden lassen, wenn Gäste kommen, es kann im Regal bleiben und als eine Form der Selbst-Lebenshilfe benützt werden, wann immer man Lust darauf hat, seinen Träumen auf die Mitteilungsspur zu kommen. Der bewußte Umgang mit den eigenen Träumen ist sicher eine der wenigen Möglichkeiten, sich „von außen zu betrachten", um wirklich „nach innen sehen zu lernen". Im Traum wird man zum neutralen Beobachter der eigenen Persönlichkeit: Wir sehen uns selbst Rollen spielen, die uns im Alltag völlig fremd wären. Wir können im Traum plötzlich abheben und fliegen, wenn es auf dem harten Boden der Realität zu rauh zugeht. Die logischen Zusammenhänge der Vorgänge in unserem Leben sind für die Zeit eines Traumes ungültig – was gerade noch absurd erschien, ist plötzlich so vertraut, daß es im Traum ein Teil der eigenen Persönlichkeit wird. Der Traum ist der einzige Spielort unseres Lebens, an dem wirklich alles möglich ist. Man kann dort schockierende Konfrontationen mit den eigenen seelischen Abgründen erleben, und man kann dort heilsame Erfahrungen machen – im wahrsten Sinn des Wortes.

Ein Ausflug in die Traumforschung

Wußten Sie, daß träumen gesund ist? Oder umgekehrt: daß man krank wird, wenn man nicht träumen kann?

Traumphasen sind lebenswichtig

Apropos „Träume sind Schäume": In der Schlafforschung wurde seit den fünfziger Jahren nachgewiesen, daß die Traumphasen unseres Schlafes eine lebenswichtige Funktion erfüllen. Längerer Schlafentzug kann einem Menschen schwer zu schaffen machen, aber ein gezielt erzwungener Traumentzug hat weitaus verhängnisvollere Folgen für die psychische und physische Gesundheit eines Menschen.

Tiere träumen von der Jagd

Auch Tiere kommen ohne Träume nicht zurecht – was ebenfalls wissenschaftlich belegt ist und bedeutet, daß Träumen eine wesentliche biologische Funktion hat. Leider ist diese Erkenntnis (auch) grausamen Tierversuchen zu „verdanken": Ein französischer Wissenschaftler entfernte u. a. Katzen operativ jenen Gehirnbereich, der die Körperbewegungen während des Traumschlafes kontrolliert. Wenn die Katzen nach dem Eingriff träumten, bewegten sie ihre Pfoten wie reißende Tiger, die über ihre Beute herfielen.

Man hätte sich diese Experimente letztendlich sparen können, jeder aufmerksame Tierhalter kennt diese Erfahrungen aus eigener Beobachtung: Zumindest Säugetiere träumen von Beutezügen und ihrer jeweils eigenen Art, sich „Nahrung" zu beschaffen, man kann es ihnen deutlich ansehen. Schlafende Hunde „kauen" und „schlucken" im Traum und strecken anschließend entspannt und „satt" alle viere von sich, wie nach dem üblichen Futter im Wachzustand. Und Katzen holen mit der Vorderpfote nach imaginären Mäusen aus, um wenig später während des geträumten Fressens genießerisch zu schmatzen, um sich abschließend ein paarmal die Beutepfote und das Mäulchen zu lecken – wie üblich.

Das Träumen ist also bewiesenermaßen kein Hirngespinst, sondern eine nachgewiesene Gehirnleistung, die sich von anderer Gehirntätigkeit allerdings grundlegend unterscheidet: Die „Traumarbeit" unseres Gehirns entstammt nicht dem Bewußtsein, sie ist ein veränderter Bewußtseinszustand. Sigmund Freud war also sehr zu Recht mit der Frage befaßt: Träumen wir, um zu schlafen, oder schlafen wir, um zu träumen?

Träume als Entspannungsübungen unseres Gehirns?

Letzteres könnte eine Erklärung dafür sein, daß wir die enorme Reizüberflutung, der wir in unserer Zeit ständig ausgesetzt sind, relativ „heil" überleben. Den Träumen kommt eine sehr wesentliche Ventilfunktion in Sachen Streßabbau zu. Die Theorie hat etwas für sich: Unsere Traumphasen sind die „Müllhalden" für den kaum noch verkraftbaren Psychoschrott, den wir Tag für Tag einsammeln. Und das ist auch auf der biologischen Ebene gemeint, wie wir weiter unten noch sehen werden.

Sind Träume letztlich nichts anderes als notwendige Entspannungsübungen unseres Gehirns? Die amerikanische Traumforschung vertritt diese Theorie immer wieder, seit 1953 an der Universität von Chicago das Phänomen des „rapid eye movements" (REM) entdeckt wurde. Das heißt: Entdeckt wurden die auf Träume hinweisenden verräterischen Augenbewegungen im Schlaf bereits von einem englischen Arzt um 1874 an Kaninchen und Affen.

Rasche Augenbewegungen – sichtbares Zeichen des Träumens

Der deutsche Neurologe und Psychiater Hans Berger setzte diese Erfahrungswerte mit Elektroden und Verstärkern fort – im Jahr 1929 war das Elektroenzephalogramm erfunden, das heute als „EEG" ein Begriff (und aus der Gehirnforschung bzw. der Diagnose von Gehirnströmen nicht mehr wegzudenken) ist. Im Jahr 1930 stellte dann der Amerikaner Jacobsen fest, daß Augenbewegungen auftreten, sobald ein Mensch träumt. 1938 wurde diese Entdeckung publiziert, aber erst zu Beginn der fünfziger Jahre wurde sie zum Auslöser und Anlaß eines revolutionären wissenschaftlichen Abenteuers – der Schlafforschung.

Eugene Aserinsky und Professor Nathan Kleitmann wurden die „Väter der Schlafforschung" an der Universität Chicago. Sie entdeckten die rollenden Augenbewegungen (die bisher nur an Neugeborenen festgestellt wurden) auch an den zahlreichen (mit Sonden und Elektroden verkabelten) freiwilligen erwachsenen Testpersonen.

Ihre Augenbewegungen im Schlaf stellten sich als noch viel intensiver und hektischer heraus, als man es von den Beobachtungen bei Kleinkindern kannte. Sie dauerten zwischen einigen Minuten bis zu einer halben Stunde und wurden (der englischen Bezeichnung für rasche Augenbewegungen entsprechend, siehe oben) REM-Phase genannt. In den Arbeiten ihrer Schlafforschung weckten Kleitmann und Aserinsky ihre Testpersonen in den verschiedenen Schlafphasen: Von den lebhaftesten Träumen hatten die Leute zu erzählen, die während einer REM-Phase geweckt wurden.

Der Traum war nicht mehr Theorie, sondern bewiesene Tatsache. Menschen, die immer wieder zu Versuchszwecken am Anfang ihrer REM-Phasen geweckt – und somit am Träumen gehindert – wurden, mußten in der nachfolgenden Nacht bis zu viermal länger als gewöhnlich träumen – sie hatten extremen Nachholbedarf. Dieser Vorgang, der vom Hirnstamm gesteuert wird, scheint also für unsere körperliche und geistige Gesundheit unentbehrlich zu sein.

Traumentzug und die Folgen

Je länger Menschen in ihrer REM-Phase gestört werden, desto „gestörter" reagieren sie, sie beginnen an Entzugserscheinungen zu leiden, Gereiztheit, Angstzustände, Aggressivität nehmen zu, es kommt früher oder später zu körperlichen Funktionsstörungen, Fieber, Halluzinationen. Das Zeitgefühl und der Bezug zu Menschen und realen Vorgängen geht nach und nach verloren.

Nach spätestens elf Tagen wird der Schlaf von Körper und Psyche einfach erzwungen – und dann geschieht etwas Erstaunliches: Der Körper holt nicht nur den Schlaf nach, sondern auch die REM-Phasen, und das vordringlich. Immerhin sind Körper und Seele durchschnittlich 5–6 REM-Phasen pro Nacht gewöhnt, und sie müssen im Notfall nachträglich wieder eingebracht werden.

Wenn also jemand behauptet: „Ich träume nie!", ist das völliger Unsinn – er wäre ein biologisches Wunder. Alles, was daran stimmen könnte, wäre, daß es einfach nicht seinem Wesen entspricht, sich an die Träume zu erinnern.

Wir träumen ständig

Der Tagtraum – eine Energiesparmaßnahme unseres Gehirns

Von C. G. Jung stammt die Bemerkung, wir träumen ständig. Er hat damit völlig recht. Meist merken wir es nur nicht, nämlich dann, wenn unser Bewußtsein sich über unser Träumen legt, unsere Träume überlagert und übertönt. Wir erkennen die Phasen, in denen unser Bewußtsein aktiv ist, im EEG an den Beta-Wellen. Dies sind aber jene, die die höchste Frequenz aufweisen und damit am meisten Energie „verbrauchen". Sobald es möglich ist, spart unser Körper Energie, und das ist die Erklärung dafür, daß wir im Laufe eines Tages immer wieder in den Tagtraum abgleiten.

Nur in relativ wenigen Phasen am Tag sind wir hellwach

Was wir in diesem Zustand alles leisten können, zeigt folgendes Beispiel:

Sie sitzen im Auto, fahren, unterhalten sich dabei mit Ihrer Mutter, hören nebenbei Radio, füttern Ihre hinter Ihnen sitzenden Kinder mit Bananen und überlegen sich, was Sie zum Mittagessen einkaufen wollen. Vielleicht mit Ausnahme des Gesprächs mit Ihrer Mutter spielt sich dies alles ziemlich automatisch ab, ohne viel Bewußtsein, fast wie im Schlaf. – Da, plötzlich, taucht vor Ihnen ein tiefes Schlagloch auf. Sofort sind Sie hellwach. Mutter, Kinder, Einkaufsliste und Radio sind beiseite geschoben, und Sie wenden Ihre volle Aufmerksamkeit, ihr gesamtes Bewußtsein diesem Loch zu, um sich zwischen Bremsen, Ausweichen und Hineinkrachen zu entscheiden.

So wenig ist es also gar nicht, was wir in einem traumartigen Zustand zustande bringen. Nur in relativ wenigen Phasen am Tag sind wir wirklich hellwach. Den größten Teil des Tages verbringen auch wir noch auf geistiger Sparflamme, in einem Tagtraum, der gehirnphysiologisch dem Energieniveau der Alpha-Wellen entspricht, die unser Gehirn im Traumzustand kennzeichnen.

Wege in den Traumzustand

Veränderte Bewußtseinszustände sind mit herabgesetzten Gehirnfrequenzen verbunden. Daß diese dem Schlaf vorbehalten seien, ist ein weitverbreiteter Irrtum. Wir Menschen der westlichen Welt haben allerdings fast vollständig verlernt, diesen Zustand willentlich herbeizuführen und so zu erleben, daß wir ihn hinterher nachvollziehen können.

Wege in den Alpha-Zustand sind Wege zu den eigenen Träumen

Es existieren unzählige Mittel und Wege, die Hirntätigkeit gezielt zu verändern und kontrolliert in die Welt der Träume einzusteigen. Einige hängen stark an der Kultur, die sie entwickelte, andere tauchen rund um den Erdball in sehr ähnlichen Formen immer wieder auf.

Allen gemeinsam ist der Versuch, die Hirntätigkeit aus dem wachen Frequenzbereich zwischen 40 und 14 Hertz in den Bereich von Schlaf und Trance zwischen 4 und 13 Hertz zu senken. In diesem Traumstadium ist die linke Hirnhemisphäre bereit, ihre Dominanz vorübergehend aufzugeben und die bild- und gefühlsreiche Welt des Unterbewußten aufsteigen zu lassen. Dies wird durch sehr unterschiedliche Stimulationen sonst wenig genutzter Hirnbereiche erreicht.

Wege in den Traumzustand des Gehirns gibt es viele. Manche funktionieren auf Knopfdruck (Drogen) und sind mit entsprechenden Neben- und Nachwirkungen verbunden, andere sind mit körperlicher Anstrengung verbunden, wieder andere erfordern eine gewisse vorbereitende Übung, sind dafür aber zuverlässig, ungefährlich und frei von unerwünschten Effekten für den Traumsucher. Jeder muß den ihm angemessenen Zugang selbst finden. Hier werden im folgenden einige beliebte Methoden, Träume zu suchen, herausgegriffen und ihre möglichen Auswirkungen beschrieben.

Langeweile für die linke Gehirnhälfte

Das Prinzip, das hinter all diesen Techniken steht, heißt: Langeweile für die linke Gehirnhälfte. Unsere beiden Gehirnhälften leben nämlich mit strikter Arbeitsteilung. Die rechte ist für das bildhafte Denken zuständig. Mit ihr erfassen wir gesamtheitliche Zusammenhänge, ordnen gleichartige Dinge zu Gruppen und schaffen kreative, unerwartete Lösungen. Die linke Gehirnhälfte kümmert sich dagegen um die Details. Sie analysiert, kümmert sich um Ursache und Wirkung und pocht auf rationales Verhalten. Sie hat in unserer Gesellschaft das Sagen.

Schäfchen zählen oder: Konzentrierte Langeweile

Der Trick für Disziplinierte: Schäfchen zählen

Die bildhafte Sprache der Träume kommt aus der rechten Gehirnhälfte. Daher muß die dominante linke Hemisphäre zunächst einmal ausgeschaltet werden. Uns Europäern gelingt das erfahrungsgemäß am leichtesten, wenn wir ihr eine Aufgabe geben, die sie langweilt. Jeder kennt das berühmte „Schäfchen zählen" vor dem Einschlafen. Was uns schon unsere Mütter und Urgroßmütter gegen Schlaflosigkeit empfahlen, ist nichts anderes als der Versuch, links „auszuknipsen". Das Gehirn stellt sich anfangs der Aufgabe. Die Bilder kommen von rechts, die Zahlen von links. Während die rechte Hemisphäre mit ihrer Aufgabe, Bilder zu produzieren, zufrieden ist, schaltet die linke Seite bald ab. Sie fühlt sich mit dem stereotypen Mitzählen immer gleicher Bilder unterfordert. Entweder verweigert sie nach einiger Zeit den Gehorsam. Dann denken wir plötzlich an etwas anderes als unsere Schäfchen, und der Versuch, einzuschlafen, ist mißglückt. Oder sie gibt ihre Dominanz auf und schaltet ab, da sie offensichtlich nicht gefordert wird. Der Versuch ist geglückt, wir sind eingeschlafen.

Dieses altbekannte Hausmittel zum Einschlafen hat einen gravierenden Nachteil: Man braucht Disziplin, um beide Hirnhälften bei der Stange zu behalten. Denn bevor die dominante linke Seite aufgibt und den Weg für die rechte Seite freimacht, wehrt sie sich in der Regel noch einmal kräftig. Sie führt uns mit aufregenden oder anregenden Ideen und Erinnerungen an Ereignisse des Tages oder ungelöste Probleme in Versuchung. Gelingt es doch, dann sind wir meist sehr gründlich eingeschlafen und bekommen nur manchmal die Chance, die aufsteigenden Bilder bewußt festhalten zu können.

Der Trick für Rechenkünstler: rückwärts zählen

José Silva kennt eine weitere Methode, sich in den Alpha-Zustand zu versetzen. Nach ihm reicht es aus, an 10 aufeinanderfolgenden Tagen beim Schlafengehen von 100 bis 0 rückwärts zu zählen. An den nächsten 10 Tagen zählen Sie von 50 bis 0, an den darauffolgenden 10 Tagen beginnen Sie erst bei 25, an den nächsten 10 Tagen reicht es bereits aus, von 10 rückwärts zu zählen. Nach 40 Tagen dieses Trainings brauchen Sie nur noch von 5 rückwärts bis 0 zu zählen, um sich in den Alpha-Zustand zu versetzen.

Ich kann mir sehr gut vorstellen, daß dieses Verfahren erfolgreich ist, auch wenn ich es noch nie ausprobiert habe. Das liegt daran, daß ich selbst schönere, weniger mechanische Methoden vorziehe, um in veränderte Bewußtseinszustände zu gelangen.

Atemkontrolle oder: Körperliche und seelische Ruhe

Der Trick für Geduldige: Atemkontrolle

Auch der Atem ist eine jedem Menschen leicht zugängliche Möglichkeit, seinen Bewußtseinszustand zu verschieben. Mit dem Rhythmus der Atmung schließt sich der Mensch an den ewigen Kreislauf des Lebens an, mit jedem Ein und Aus greift er die unendlichen Wiederholungen von Tag und Nacht, Freude und Schmerz, Geburt und Tod, Anfang und Ende auf. Grundsätzlich lassen sich alle Atemtechniken zur Bewußtseinsverschiebung in folgende Kategorieren einteilen: Mit den schnellen Atemtechniken läßt sich das Unterbewußte zügig durchqueren. Sie eignen sich daher besonders gut, Träume zu suchen, sind allerdings auch nicht ungefährlich. Die langsameren Atemtechniken entspannen uns und schaffen dadurch die Grundlage für den Erfolg anderer Meditations- und Traumtechniken.

Grundsätzlich kann man den Atem in drei große Energiezentren des Körpers steuern: den oberen und den mittleren Teil des Brustkorbes sowie den Bauch. Mit einiger Erfahrung kann man auf diese Art und Weise die Wirkung der einzelnen Atemübungen noch weiter differenzieren und ausprobieren, welche Energiezentren einen bei einem Besuch im Land der Träume am besten unterstützen.

Atmen durch den Mund oder die Nase

Eine weitere Unterscheidung gilt dem Weg, den die Atemluft nimmt. Auf der rein organischen Ebene aktiviert die Atmung durch den Mund den Blutkreislauf, die inneren Organe werden stärker mit Sauerstoff versorgt. Auf der energetischen Ebene bringt ein Einatmen durch den Mund nach kurzer Zeit Blockaden zum Vorschein. Dies kann durch große Emotionen wie Freude oder Verzweiflung geschehen, die oft durch intensive Bilderlebnisse noch verstärkt werden. Die Atmung durch die Nase wirkt auf den ersten Blick weniger spektakulär. Sie unterstützt das Nervensystem, was eine gute Grundlage für eine ruhige Innenschau ist. Auch in diesem Fall werden oftmals Bilder lebendig, doch sind diese von einer weniger großen Gefühlsintensität. Kein Wunder, hilft das gestärkte Nervensystem dem Bewußtsein doch, eine stabile Selbstkontrolle aufzubauen.

Als effiziente Vorbereitung für eine nachfolgende Meditationsübung wird häufig die Bauchatmung eingesetzt. Der Betreffende setzt sich mit gestreckter Wirbelsäule entspannt auf einen Stuhl, zieht leicht sein Kinn ein und schließt die Augen. Zunächst atmet er für drei Minuten ganz normal, wobei sich das Bewußtsein auf die Kälte der Atemluft beim Einatmen und die Wärme beim Ausatmen konzentriert. Nach drei Minuten beginnt er, die Luft schrittweise bis hinunter in den Bauch zu ziehen: Beim ersten Atemzug atmet er in den oberen Brustbereich, beim zweiten in den mittleren Brustbereich, schließlich in den Bauchraum. Zwischen diesen drei Atemzügen wird nicht ausgeatmet. Eine Hand ruht auf dem Bauch und spürt die Luft dort ankommen. Dann wird in drei Stufen ausgeatmet, wobei die Luft zunächst den oberen Teil der Brust, dann den mittleren und schließlich den Bauchraum verläßt.

Nach rund zehn Minuten tritt eine Ruhe und Entspannung ein, die eine optimale Grundlage für weiterführende Traumreisen bildet. Das Gehirn gibt nach der „langweiligen" Konzentration auf den Atemrhythmus den Weg frei für bildhafte Assoziationen, und der Körper hat einen Teil des Alltagsstresses „abgeatmet".

Innere Klarheit und tiefe Ruhe: die Alpha-Atmung

Eine weitere, leichte und unverfängliche Form der meditativen Atmung begegnet uns in Form der Alpha-Atmung. Sie versetzt uns in einen Zustand innerer Klarheit und tiefer Ruhe. Da sie auch unser Wahrnehmungsvermögen schärft, bietet sie nicht nur eine tragfähige Basis für nachfolgende Meditationsübungen, sondern ist bereits für sich allein genommen eine Möglichkeit, in die Traumwelten des Unterbewußten einzutauchen.

Für eine Alpha-Atmung ist es sehr wichtig, daß der Rücken gerade bleibt. Entweder sitzt man aufrecht auf einem Stuhl oder im Lotussitz auf dem Boden, oder man liegt gestreckt auf dem Boden. Die Wirkung der Atmung wird noch verstärkt, wenn man die geschlossenen Augen leicht zur Mitte der Stirn hin verdreht und die Zungenspitze gegen den oberen Gaumen rollt. Die Atemübung beginnt mit fünf Minuten Bauchatmung. Dabei ist es besonders wichtig, daß der Atmende mit seiner gesamten Aufmerksamkeit den Weg der Atemluft durch den Körper verfolgt. Die linke Hand liegt auf dem Herzen, die rechte über der linken. Für fünf Minuten konzentriert sich der Atmende auf den Schlag seines Herzens.

Atmen im Rhythmus des Herzschlags

Dann beginnt die eigentliche Alpha-Atmung. Man atmet während sechs Herzschlägen tief ein, hält für drei Herzschläge den Atem an, atmet während sechs Herzschlägen langsam wieder aus und hält wiederum für drei Herzschläge den Atem an. Diesen Rhythmus sollte der Atmende fünfzehn Minuten hindurch beibehalten. Nach rund einer Woche ist man in der Regel in der Lage, diese Atmung auch mit geöffneten Augen zu praktizieren. Nun kann man die Übung abwandeln: So kann man den Rhythmus beispielsweise so weit verlangsamen, bis man bei einem Takt 12:6:12:6 angelangt ist. Mit ihm verliert man das Gefühl, überhaupt noch zu atmen.

Yantra als Hilfe auf der Suche nach Bildern

Wer in diesem Zustand noch keine Bildfolgen erlebt, kann mit einem Yantra, einer einfachen Zeichnung, nachhelfen. Zu diesem Zweck klebt man ein weißes Quadrat auf eine etwas größere schwarze Fläche. Im Zentrum des weißes Quadrates befindet sich ein kleiner schwarzer Punkt, der unser Bewußt-

sein symbolisiert. Nun atmet man rund eine halbe Stunde im Alpha-Rhythmus. Diese Übung sollte man einige Tage wiederholen. Spätestens am fünften Tag stellen sich ganz unbeschreiblich intensive Bild- und Gefühlserlebnisse ein.
All diese langsamen Atemtechniken kann man auf der Suche nach seinen Träumen durchaus auch allein ausprobieren. Man braucht allerdings ein gerüttelt Maß an Beharrlichkeit, da sie alle einige Übung erfordern und oft beim ersten Mal noch nicht die erhofften Erfolge bringen.

Intensivatmung oder: Jenseits des Krampfs

Der Trick für Abenteurer: Hyperventilation

Es gibt allerdings Atemtechniken, die weit über eine dosierte Atmung hinausgehen. Bei einer Intensivatmung oder Hyperventilation atmet man beim Auftreten des ersten Kribbelns unvermindert weiter. Häufig verkrampfen sich daraufhin die Extremitäten, und es treten Hasenpfötchen wie bei einem Spastiker auf: Die gesamte Streckmuskulatur der Finger erstarrt, die Hände können nicht mehr geballt werden. Gleichzeitig wandert das Gefühl des Kribbelns die Arme und Beine hinauf.
Es ist ein unangenehmes Gefühl, das viele Menschen beim ersten Mal veranlaßt, die Atmung zurückzunehmen. Wer jetzt aufhört, kann damit rechnen, daß die Krämpfe bis zu 30 Minuten anhalten und erst ganz langsam schwächer werden. Wer hingegen unvermindert weiteratmet, erlebt meist nach wenigen Minuten ein ekstatisches Gefühl der Befreiung. Die Krämpfe und das Kribbeln sind plötzlich verschwunden, der Atmende bekommt zu diesem Zeitpunkt oft ein schier unbeherrschbares Bedürfnis, mit seinen Muskeln einen Widerstand zu spüren.
Gleichzeitig beginnt das Gehirn zu halluzinieren. Ist der Atmende entspannt und angstfrei, verliert er jeden Bezug zur Zeit und zur Umwelt. Er kann sich über viele Stunden in diesem Zustand halten und immer wieder fast mühelos mit einem leichten Forcieren der Atmung neue Bilderfolgen auslösen.

Oftmals hat der Atmende nach vier bis fünf Stunden das Gefühl, maximal 20 bis 30 Minuten „auf Reise“ gewesen zu sein.

Zwischen ekstatischem Glückserleben und Horrorvisionen

Welche Bilder im einzelnen das Geschehen beherrschen, hängt wie beim Nachttraum ganz von der psychischen Situation des Betroffenen ab. Vom ekstatischem Glückserleben bis zur schrecklichen Angstvision ist alles möglich. Zwischen beiden Extremen treten oftmals auch recht unspektakuläre Ereignisse aus dem täglichen Leben auf den Plan. Welche Bildfolgen überwiegen, hängt zu einem großen Teil von der Intensität ab, mit der sich der Betreffende auf die Atmung einläßt.

Ob eine solche durch Atem provozierte Trance ein angenehmes oder ein unangenehmes Erlebnis wird, hängt nicht zuletzt von den Gefühlen in der Einstiegsphase ab. Spätestens in dem Augenblick, in dem Krämpfe auftreten, ist Angst ein allzu natürliches Gefühl.

Gefahren der Hyperventilation

Bei einer Hyperventilation bedarf es grundsätzlich der Begleitung durch kompetente und erfahrene Therapeuten. Sie sollten dem Atmenden die gesamte Zeit hindurch das Gefühl geben, bei ihm zu sein, ihn zu unterstützen und zu beschützen. Sie sollten ihn ermutigen, sich durch seine Krämpfe durchzuatmen, sollten sein Erleben unter Umständen bereits während der Atmung erklären und ihn in der Ruhephase nach der Hyperventilation ständig daran erinnern, ruhig weiterzuatmen.

Die Überversorgung mit Sauerstoff schaltet nämlich den Atemreflex aus. Der wird nur dann ausgelöst, wenn die Kohlendioxydkonzentration eine gewisse Schwelle erreicht. Ist nun das übliche Verhältnis deutlich verschoben, kann es passieren, daß die Atmung aussetzt. Aus der Überversorgung wird unbemerkt eine Unterversorgung mit Sauerstoff, und der Mensch wird noch vor dem Wiedereinsetzen der Atmung ohnmächtig. Taucher beispielsweise fürchten dieses Phänomen. Es gilt als unverzeihlich leichtsinnig, vor dem Schnorcheln einige Minuten zu hyperventilieren, um länger unter Wasser bleiben zu können.

Die Beeinträchtigung des Atemreflexes ist nicht das einzige Risiko, das in einer Hyperventilation über Stunden liegt. Der At-

mende taucht sehr tief in seine Trance ein. Entsprechend labil ist jener kleine Rest von ihm, der im Wachbewußtsein bleibt. So kann eine Katze, die durch den Raum spaziert, mit einer unerwarteten Berührung einen solchen Schock auslösen, daß dem Atmenden das Herz stehenbleibt. Labile Menschen reagieren auf solcherart forcierte Tranceerlebnisse manchmal auch mit einem vorübergehenden Gedächtnisverlust.
Auch die seelischen Probleme, die sich im Zuge einer Atemtrance einstellen können, sollten nicht unterschätzt werden. So berichten erfahrene Therapeuten, daß sich Menschen hin und wieder weigern, aus dem Trancezustand ins Wachbewußtsein zurückzukehren. Dies passiert vor allem nach befreienden Traumerlebnissen, in denen sich der Atmende zunächst durch alle seine unbewußten Beschränkungen und Beklemmungen durcharbeitet, um dann ekstatische Gefühle der Freude und Freiheit zu erleben.
Schließlich sei noch eine letzte Warnung vor einer Gefahr angebracht, die sogar vielen Alternativtherapeuten offensichtlich nicht bewußt scheint. Wie der Trommelschlag reizt auch die Hyperventilation wenig verwendete Bereiche im Gehirn und stellt neue Vernetzungen her. Es können sich während der Trance hellsehende oder „hellfühlende" Bilder einstellen, die einen ziemlich genauen Vorgeschmack auf eine mögliche Zukunft liefern. Und die sind gar nicht so leicht wieder auszuschalten.

Autogenes Training oder: Die Überzeugungskraft des Wortes

Der Trick für Faule: autogenes Training

Der Mensch verfügt über ein mächtiges Instrument, gezielt in Traumphasen zu gleiten, das gänzlich ohne äußere Impulse wie Drogen oder Trommeln auskommen kann: Sein Wille ist ein Weg in sein Himmelreich – oder in diesem Fall: in sein Traumreich.
Wobei nicht jener „eiserne Wille" gemeint ist, mit dem wir in unserer erfolgsorientierten Welt versuchen, Dinge herbeizu-

zwingen. Vielmehr geht es um eine tiefe innere Bereitschaft, eine Haltung der Selbstverantwortung auch für jene Bereiche, die wir sonst „widrigen Umständen" zuzuschreiben pflegen. Jeder Mensch kann sich – bildlich ausgedrückt – selbst bei der Hand nehmen und in das Reich der Träume führen. Alles, was er dazu braucht, ist eine Vorstellung, der er zu folgen bereit ist. Lange Zeit galt es in unserer Schulmedizin als unvorstellbar, daß der Mensch die Funktionen seines autonomen Nervensystems willentlich beeinflussen kann. Heute wissen wir es besser. Mit Entspannungsübungen und den hilfreichen Rückmeldungen des Biofeedbacks können wir sehr wohl Blutdruck und Muskelverspannungen, Darmperistaltik und Magensekretion steuern.

Hilfe für kalte Füße

In Europa erwies sich der deutsche Arzt J. H. Schulz bereits in der Zwischenkriegszeit als bahnbrechender Pionier der autosuggestiven Steuerung. Seine Entspannungstechnik wurde zunächst eingesetzt, um Fehlfunktionen wie übermäßiges Schwitzen, Erröten oder Herzklopfen zu kurieren. Mittlerweile kann man Schulz getrost als Vater einer Vielzahl suggestiver Heilverfahren betrachten, auch wenn ihm in dem ursprünglichen Verfahren der bildhaften Selbstbeeinflussung noch keine wesentliche Rolle zufällt.

Im autogenen Training nach Schulz werden nacheinander die einzelnen Gliedmaßen und Organe mit der Vorstellung angesprochen, ruhig und warm zu werden. Tatsächlich ist es schon nach wenigen Tagen möglich, bei einem Menschen mit Durchblutungsproblemen während des Trainings einen Temperaturanstieg in den Füßen zu messen. Es stellt sich eine Form der Tiefenentspannung ein, die auf dem Weg ins Traumland gleich doppelt genutzt werden kann.

Der Weg in den selbstbestimmten Traum

Autogenes Training ist nicht nur eine Möglichkeit, schnell und gezielt in andere Bewußtseinszustände einzusteigen und ins Reich der Träume zu steuern. Mit Hilfe des autogenen Trainings oder anderer Entspannungsverfahren lassen sich nächtliche Träume sogar beeinflussen. So konnte ein von Alpträumen gequälter Mann durch regelmäßiges autogenes

Training nach dem Zubettgehen und den formelhaften Vorsatz „Ich begegne Traumfreunden" wirksam in sein Traumgeschehen eingreifen. „Ich träume klar" oder „Ich träume bewußt" sind Vorsätze, die oft ohne weitere Umschweife die Tiefenentspannung in einen bilderreichen Schlaf führen.

Entspannung ist das Zauberwort, das in das Reich der Träume führt. Selbstverständlich muß man nicht unbedingt das autogene Training verwenden, um in einen Zustand innerer und äußerer Ruhe und Gelassenheit einzutreten. Es hat sich nur als ausgesprochen einfach und praktikabel erwiesen. Doch welche Form man nun tatsächlich wählen möchte, ist eine Frage der persönlichen Vorlieben und bleibt einem jeden selbst überlassen. Die einen hören schöne Musik, die anderen setzen sich in die Sonne oder legen sich ins Bett. Wieder andere praktizieren die progressive Muskelentspannung nach Jacobsen, einem Zeitgenossen von Schulz.

Jacobsens Entspannungstechnik fußt auf dem Prinzip, zunächst einmal genau das Gegenteil des Angestrebten zu tun, ganz so, wie ein Diskuswerfer zunächst einmal nach hinten ausholt, um weit nach vorne zu werfen. Die Muskeln des Körpers werden nacheinander für einige Sekunden so stark wie irgendwie möglich angezogen und dann in einem willentlichen Akt losgelassen. Dadurch steigt nicht nur die Durchblutung der Muskulatur. Der Übende bekommt sehr schnell ein Gespür für den Grad seiner Anspannung. Mit der Zeit braucht er die Kontraktionsübungen gar nicht mehr ausführen, sondern kann seine Muskeln willkürlich und gezielt locker lassen.

Fasten oder: Freiheit von der Last der Verdauung

Der Trick für Ernährungsbewußte: Fasten

Disziplin ist das Schlüsselwort, das wir allzu gerne übersehen, wenn wir die Traumsuche anderer Kulturen nachahmen. Vielleicht ist deshalb ein bei uns kulturell tief verwurzeltes Verfahren, mit Hilfe halluzinogener Stoffe Träume zu provozieren, aus der Mode gekommen. Es geht um das Fasten, das bereits nach einer relativ kurzen Zeit von zwei bis drei Tagen körpereigene Morphine freisetzt. Jeder, der schon einmal für einige Tage die Nahrungsaufnahme eingestellt und sehr viel Wasser getrunken hat, weiß, was für überraschend euphorische Gefühle auftauchen können.

Der Körper kommt durch den Verzicht auf Essen zur Ruhe, wird im Extremfall sogar schläfrig. Viele Menschen in unserem Kulturkreis verwechseln dieses Gefühl mit Mattigkeit und Kraftlosigkeit. Eine krasse Fehlinterpretation! Denn während der Körper möglichst kraftsparend in Ruhestellung geht, schwingen sich Seele und Geist zu Höchstleistungen auf. Sie profitieren von jener Energie, die sonst von der Verdauung blockiert wird.

Stellt sich der Fastende auf die Nahrungsumstellung ein, das heißt, schafft er sich bewußt Ruhe und Abstand vom üblichen Alltagsgeschehen, kann er mit Hilfe der Stoffwechselvorgänge und der energetischen Verschiebungen in seinem Körper Bilder und Traumgeschehen initiieren.

Visionen von Himmel und Hölle

Im frühen Mittelalter machten irische Augustinermönche in Donegal eine Höhle auf einer Insel in der Nähe ihres Klosters zum Schauplatz von Höllenqualen und Paradiesesfreuden – in Form von Visionen. Zur Vorbereitung spielte das Fasten eine wichtige Rolle. Die Sache war für die Pilger nicht ungefährlich, denn wer nur aus Neugier hineinging, so eine Weissagung, werde darin bleiben müssen bis zum Jüngsten Tag.

Mit einer denkbar intensiven körperlich-geistigen Vorbereitungsarbeit wurde dafür gesorgt, daß sich Visionen fast zwangsläufig einstellten. Erst mußte der Pilger sieben Tage lang fasten, den achten Tag verbrachte er in einer sargartigen Zelle, die keinerlei Bewegungsfreiheit bot, und am neunten Tag wurde er nach Empfang der Sterbesakramente zum Höhleneingang geführt. Nach einem Tag in der Höhle – sofern er den Ausgang wieder fand – hatte der Pilger in der Regel von Visionen zu berichten, die von den Mönchen auch ehrfürchtig aufgegriffen wurden.

Ausdauersport oder: Körperliche Monotonie

Der Trick für Sportliche: Joggen, Schwimmen, Radfahren

Wer sich gerne bewegt, sollte auch einmal einen meditativen „Geheimtip" ausprobieren: den Ausdauersport. Joggen, Schwimmen oder Wandern beschwören Traumbilder geradezu herauf, auch wenn dies von den wenigsten Menschen wahrgenommen wird. Wichtig ist nur, daß es sich um eine Tätigkeit handelt, die ohne große Aufmerksamkeit für die Umwelt gefahrlos ausgeübt werden kann. So können sich beim Radfahren durch die ungarische Pußta beispielsweise durchaus meditative Bilder einstellen. Die gleiche Tätigkeit auf der Hauptverkehrsstraße einer Großstadt wird dagegen wirkungslos bleiben.

Auf physiologischer Ebene ist es völlig logisch, warum Jogger, Schwimmer oder einsame Wanderer in eine Bilderwelt eintauchen. Wird ihre Aufmerksamkeit nicht von holprigen Wegen, dichtem Menschengetümmel oder anderen Reizen gefangengenommen, beginnt sich die linke Hirnhemisphäre durch die monotone Tätigkeit zu langweilen. Sie schaltet ab und gibt der rechten Hälfte den Weg frei. Gleichzeitig kommt es zu interessanten Veränderungen im Stoffwechsel des Sportlers: Er beginnt nämlich, die Produkte seines Alltagsstresses wie Hormone, erhöhte Blutfette und Blutzucker zu verbrennen. Der Körper atmet erleichtert auf. Energien, die bislang in schädigenden Streßprodukten gebunden waren, werden frei und beginnen, Seele und Geist auf ihrer Wanderschaft zu unterstützen.

Bei Joggern kommt oft noch ein weiterer Faktor hinzu. Nach einigen Minuten scheint der Körper zu ermüden. Überwindet der Läufer diese erste Müdigkeit, scheint der Körper plötzlich wie ausgewechselt. Ganz mühelos geht es dahin, losgelöst vom Willen des Menschen, der zu seinem eigenen Beobachter wird. Das Geheimnis dieser Veränderung liegt ebenfalls im Stoffwechsel verborgen. Denn ähnlich wie beim Fasten reagiert der Körper des Menschen auch auf große Anstrengung mit der Produktion körpereigener Morphine.

Es mag paradox klingen, ist allerdings längst wissenschaftlich nachgewiesen: Während der Körper seine Ausdauer beweist, kommt das Gehirn im Alpha-Bereich zur Ruhe. Es bedarf allerdings einiger Übung, derartige Meditationsphasen in Bilder zu übersetzen. In anstrengenden Situationen achten wir instinktiv zu stark auf unsere Umwelt, um die auftauchenden Gefühle in Bilder verwandeln zu können. Weniger anstrengende Bewegungsformen wie das einsame Wandern oder Schwimmen eignen sich für eine bildreiche Innenschau in der Regel besser.

Meditationen oder: Träume auf Abruf

Der Trick für Stille: Meditationen

Auch eine Meditation ist eigentlich nichts anderes als ein gezielt herbeigeführter Traum. Versuchen wir allerdings, wie ein indischer Yogi zu meditieren, ist die Enttäuschung oft groß. Entweder spazieren unsere Gedanken völlig undiszipliniert durch unseren Kopf, oder wir schlafen ein. Wer in einem solchen Augenblick enttäuscht aufgibt, ist einem unserer größten Feinde aufgesessen: unserem Leistungsanspruch. Das Absenken der Hirntätigkeit in jene Regionen des Schlafes ist ja das erklärte Ziel unserer Übungen. Trotzdem ärgern wir uns, wenn wir nicht hellwach jede einzelne Regung unserer Innenwelt verfolgen können. Was für eine Kuriosität!

Auch die scheinbar so disziplinlosen Gedanken, die nicht bei der gestellten Aufgabe wie der Beobachtung des Atems bleiben wollen, sind kein Zeichen des Versagens, sondern Beweise unseres Erfolges. Wenn wir an die Traumbilder des Unterbewußten herankommen wollen, so müssen wir zunächst einmal den Anspruch aufgeben, alles fest im Griff zu haben.

Selbstverständlich gibt es Formen der Meditation, die uns Europäern leichterfallen, und Formen, die schwieriger sind. Ganz unspektakulär die innere Ruhe zu suchen und ein Traumgeschehen zu lenken, gehört für uns offensichtlich zu den schwierigen Übungen. Wer sich dies einmal bewußtge-

Auch beim Weg zur Ruhe: Übung macht den Meister

macht hat und akzeptieren kann, hat einen Meilenstein bereits hinter sich.
Ehe Sie sich in irgendwelche Abenteuer stürzen, sollten Sie sich so etwas wie einen soliden Urgrund erarbeiten, eine Meditationstechnik, mit der wir auch in Krisenzeiten durch alle inneren Turbulenzen hindurch zur Ruhe kommen können.
Formen langsamer Atemmeditationen haben wir uns bereits angesehen. Sie unterstützen die rechte Hirnhemisphäre dabei, kurzfristig die Dominanz der linken zu beseitigen, und sind für viele Europäer recht gut geeignet. In den allermeisten Meditationstechniken spielt der Atem die eine oder andere Rolle – und sei es nur als Hilfsmittel, um die Gedanken zu beruhigen und zu zentrieren.
Sehr wirksame und schöne Atemübungen als Starthilfe zu Meditationen sind uns aus den Exerzitien der katholischen Kirche vertraut. Solche Veranstaltungen empfehlen sich als „Grundschule der Traumsuche“, da sie eine ganze Palette unterschiedlicher Möglichkeiten vermitteln und zudem den großen Vorteil haben, fest in unserer Kultur verwurzelt zu sein. Allerdings sind Kirche und Religion für viele Menschen so eindeutig besetzt, daß die Barrieren schier unüberwindbar scheinen. Das ist wirklich schade, denn dort könnten viele Suchende das finden, was ihnen in den Techniken ferner Kulturen letztlich doch fremd bleiben wird.

Yoga oder: Geistige Durchlässigkeit

Hilfreiche Meditationsanleitungen, die immer populärer werden, finden sich schließlich auch im Yoga. Allerdings sollte man sich – wie überall sonst auch – die Lehrenden und ihre Weltanschauung sehr genau ansehen.
Genauer Prüfung bedürfen vor allem die Mantren, das sind formelhafte Glaubenssätze, mit denen manche Yogi ihre Schüler in den Ruhephasen befeuern. Die Mantren werden unendlich oft wiederholt und brennen sich dabei dem Unter-

bewußtsein fast unauslöschlich ein, ähnlich wie der immer gleich gebetete Rosenkranz.

Der Trick vom Yogi: Den Lidschlag unterdrücken

Eine sehr eindrucksvolle Übung, um in die Traumwelt zu wechseln, stammt aus dem indischen Kulturkreis. Sie stammt vom Yogi Wanastil Radscha Sekaran aus Kerala. Sie führt Sie direkt in die innersten Bereiche der Seele.

Setzen Sie sich für diese Übung in einem dunklen Raum vor einen Spiegel, und stellen Sie eine Kerze so neben sich, daß Ihr Gesicht beleuchtet wird. Schauen Sie unverwandt in den Spiegel, und bemühen Sie sich dabei, Ihren Lidschlag so gut wie möglich auszuschalten. Das mag schwer vorstellbar sein, ist in Wirklichkeit aber gar nicht so schwierig. Nach den ersten Minuten, in denen Sie zugegebenerweise stark mit dem Zwinkern kämpfen müssen, geht es ganz mühelos. Sollten Tränen kommen, so erlauben Sie sich, sie fließen zu lassen. Tränen wirken reinigend.

Rund 40 Minuten lang sollten Sie mit offenen Augen vor dem Spiegel sitzen, und zwar drei Wochen lang jeden Tag zur gleichen Zeit. Schauen Sie unermüdlich in Ihr Spiegelbild, und versuchen Sie dabei, an so wenig wie möglich zu denken. Nach wenigen Tagen passiert etwas sehr Merkwürdiges: Ihr Gesicht verliert zunächst seine Konturen, um Ihnen in neuen Gestalten wiederzubegegnen. Reinkarnationstherapeuten führen diese Erscheinungen auf frühere Leben zurück, die Ihnen aus dem Spiegel entgegensehen, einige Tiefenpsychologen interpretieren die Gesichter als jene Masken, die Sie sich in ihrem Leben aufzusetzen pflegen. Mit Jung gesprochen, begegnet Ihnen hier Ihre „Persona“.

Wenn der Spiegel leer bleibt …

Nach etwa einer Woche folgen die Masken aufeinander wie die Bilder eines Films. Sie können Probleme bekommen, sich während der Meditation an Ihr eigentliches Gesicht zu entsinnen. Und dann bleibt irgendwann zwischen dem 18. und dem 21. Tag der Spiegel überhaupt leer, wenn Sie hineinschauen. Schließen Sie nun Ihre Augen, und begeben Sie sich auf die Reise durch jene andere Welt.

Was passiert während einer solchen Meditation? Durch den ausgeschalteten Augenreflex wird der Mensch durchlässiger, er kann auch die kleinsten Informationsschwingungen von außen in vollem Umfang aufnehmen und in sich verstärken. Es ist, als hätte er eine Barriere gegen die Außenwelt eingerissen und ließe nun all jene Dinge, die er üblicherweise herausfiltert, in vollem Umfang in sich wirken.

Rausch ohne Drogen oder: Der High-Traum

Gar kein Trick: high sein ohne Drogen

„Als ich noch studierte, hatte ich einen Traum, der sich von allem, was ich bisher schlafend oder wachend erlebt hatte, radikal unterschied. In diesem Traum stand ich auf der Veranda meines Elternhauses und blickte in den Garten hinab, der in voller Blüte stand. Plötzlich wurde der Garten mit einer ganz neuen Art Leben erfüllt. Die Blumen und Bäume pulsierten mit Energie und strahlten exotische Farbkaskaden aus, und mein eigener Körper fügte sich in den ekstatischen Tanz der Natur ein. Dieses Erlebnis schien nur eine oder zwei Minuten zu dauern, dann verwandelte sich der Garten in seinen normalen Zustand zurück, und ich wachte auf. Es war ein einzigartiges, ungewöhnliches Erlebnis für mich, und erst sehr viel später, als ich mich an einem Experiment zur Erforschung psychedelischer Drogen beteiligte, wurde mir klar, daß sich mein Gehirn auf irgendeine merkwürdige Weise in den Zustand versetzt hatte, den der Genuß von LSD, Mescalin oder in geringerem Maße Cannabis hervorruft."

So schildert Ann Faraday in ihrem Buch „Positive Kraft der Träume" ihren ersten High-Traum, einen Traum, in dem sie „high" war wie von Drogen. Ganz ohne Drogen können wir also einen Zustand erreichen, in dem wir uns so fühlen wie mit den Drogen.

Das hat eine biochemische Ursache. Unser Gehirn funktioniert nicht nur als gigantisches Stromnetz aus Ladungen und elektrischen Impulsen, in diesem Netz spielt auch eine Menge Chemie eine Rolle. Bei der Impulsweitergabe von einer Zelle auf eine andere werden Stoffe freigesetzt, die den Zwischenraum zwischen den Zellen (die Synapsen) überspringen und in der Zielzelle an ganz bestimmte Stellen andocken. Damit ist der Impuls weitergegeben, und aus der Summe der andockenden Chemikalien von dieser und allen anderen Zellen, die ihr Impulse schicken, „entscheidet" die Zielzelle, ob sie einen Impuls weiterleiten will oder nicht.

Gar nicht ohne: Biomüll unserer Psyche

Diese Stoffe produziert das Gehirn, und sie heißen Neurotransmitter. Chemisch sind sie psychedelischen Drogen ungeheuer ähnlich. Was deren Wirkungsweise erklärt und sie als Eingriffe in dieses ungemein fein austarierte Netz aus Elektrizität und Chemie, das unser Gehirn bildet, ja auch so problematisch macht.

Die biochemische Grundlage des High-Dream ist vermutlich ein „simpler" Stoffwechselprozeß. Während der Nacht regeneriert sich etlichen Forschern zufolge der Stoffwechsel des Gehirns. Wozu ist das nötig? Eine Ebene ist der Abtransport von ganz normalen Abfallprodukten. Eine andere Ebene ist der Abbau von überflüssigen Neurotransmittern, die zwar produziert, aber letztlich doch nicht gebraucht wurden. Das kann in gefährlichen Situationen der Fall sein.

Ein Beispiel: Sie fahren auf der Autobahn, vor Ihnen taucht plötzlich ein Stau auf. Warnblinker an, runter vom Gas, bremsen, o. k. Die große Angst kommt erst beim Blick in den Rückspiegel. Da hat nämlich die Weitergabe der Information mit dem Warnblinker nicht rasch genug funktioniert, und Sie sehen entsetzt, wie ein Auto mit fast unverminderter Geschwindigkeit in die vor ihm fahrenden Fahrzeuge rast. Hinter Ihnen kommt es zu einer Massenkarambolage, Sie schalten voll auf Flucht. Ihr Herz tobt, Ihr Adrenalinspiegel ist auf Hochtouren, alle inneren Alarmglocken läuten auf einmal und nichts passiert. Das letzte Auto, das von dem Aufprall betroffen ist, ist das Auto hinter Ihnen.

Streß, falscher Alarm und der Abbau von Neurotransmittern

Bis Sie das begreifen, dauert es eine Weile. Bis Ihr Adrenalinspiegel und Ihr Kreislauf wieder normal ist, dauert es etwas länger. Und bis Ihre bereitgehaltenen Neurotransmitter abgebaut werden, dauert es bis zum nächsten Morgen. Denn Sie sind ja in dieser Situation nicht sofort rechts rangefahren und haben „sich abreagiert", einen Boxkampf inszeniert oder wenigstens 10 Minuten lang wütend schreiend Teppiche geklopft. Eben. Und daher müssen Sie die Chemie Ihres Gehirns in der folgenden Nacht wieder normalisieren, und das kann zu eigenartigen Träumen wie High-Träumen führen.

Forscher, die sich mit mystischen Religionslehren wie dem Buddhismus oder dem Christentum auseinandergesetzt haben, weisen häufig darauf hin, daß ein ganz ähnliches psychedelisches Erlebnis auch auf dem Wege tiefer Meditation erreicht werden könne. In einem interessanten Experiment versuchte 1962 ein Theologe und Psychiater herauszufinden, was an dem dran sei. Er gab 20 Studenten der Theologie, die alle behauptet hatten, bereits mystische religiöse Erlebnisse gehabt zu haben, einen Wirkstoff, den er ihnen als Psilocybin vorstellte, den Wirkstoff des mexikanischen Zauberpilzes. In Wirklichkeit erhielt nur die Hälfte der Studenten die Droge, die anderen erhielten ein Vitamin-B-Präparat, das eine Wärmeempfindung und ein Kribbeln der Haut verursacht, wie sie auch bei Psilocybin vorkommen, ohne jedoch dessen psychedelische Wirkung zu besitzen.

Mystische Erlebnisse durch Vitaminpräparate

Das Ergebnis war ein wenig enttäuschend. Zwar behauptete keiner der Vitaminempfänger, psychedelische Wahrnehmungen religiöser Art gehabt zu haben, doch auch von den anderen zehn Personen, die die Droge bekommen hatten, gaben nur drei an, daß sie deutliche mystische Erlebnisse gehabt hätten, die dem ähnelten, was sie ohne Drogen in religiöser Trance erlebt hatten.

Immerhin läßt dieser Versuch und die Erfahrung des High-Traumes eine Schlußfolgerung zu: Um in einen psychedelischen Zustand zu gelangen, benötigen wir keine Drogenzufuhr von außen. Unser Körper schafft das ganz von allein.

Wenn es Ihnen gelingt, durch Meditation oder eine der anderen Techniken, die ich in den vorangegangenen Kapiteln beschrieben habe, in einen Traumzustand zu gelangen, versäumen Sie grundsätzlich nichts gegenüber jemandem, der dies mit Drogen versucht.
Sie ersparen sich allerdings viele unangenehme Nebenwirkungen.

Vom Traum ins Bewußtsein: Die Erinnerung an Träume

Schule der Erinnerung

Sie kennen das sicher von Gesprächen: Sie wollen etwas sagen, doch plötzlich ist der Gedanke weg. Oft hilft es, wenn Sie daraufhin das gesamte Gespräch rekapitulieren, denn damit wiederholen Sie die gleichen Assoziationsketten, und die gleiche Gedankenverbindung kann nochmals geknüpft werden.
So ähnlich ist es bei Träumen. Sie wachen des Morgens auf, wissen, daß Sie etwas Wichtiges geträumt haben, aber es fällt Ihnen nicht ein, was das war. Und da Sie nicht Nebukadnezar sind, der einfach seine Wahrsager zusammentrommeln und von ihnen verlangen konnte, ihm seinen vergessenen Traum zu erzählen, sind Sie ein wenig hilflos. In einem solchen Fall kann es übrigens helfen, nach dem Aufwachen noch ein Weilchen liegenzubleiben und sich mit dem Ziel, den verlorenen Traum zu suchen, noch einmal zu entspannen. Erstaunlich häufig schleicht er sich ganz unauffällig zurück ins Bewußtsein. Während der kleinen „Draufgabe" im Bett ist er dann meist noch nicht greifbar. Steht man dann jedoch auf und geht zu den morgendlichen Routinetätigkeiten über, fällt er einem plötzlich wieder ein.
Die Aussage „Ich träume nicht" ist medizinisch gesehen jedenfalls Unsinn: Jeder gesunde Mensch träumt. Nur fällt es einigen leichter als anderen, ihre Träume ins Wachbewußtsein zu retten.

Tips und Tricks oder: Werkzeug für Traumdetektive

Unerläßliche Voraussetzung: die innere Einstellung

Die wichtigste Grundvoraussetzung ist, wie bei fast allem auf dieser Welt, unsere Grundeinstellung. Wer seine Träume unwichtig findet, wird sie auch häufig übersehen. Manchmal reicht es schon aus, sich die Bedeutung des bildhaften Geschehens vor Augen zu führen, um lebendige Träume aus der Nacht mitzubringen.

Oft ist es auch notwendig, bewußt Mut zu sammeln, die eigenen Träume anzusehen. Träume können nämlich sehr unangenehm werden. Entweder stoßen sie einen beharrlich auf Eigenschaften oder Situationen, die man lieber vergessen würde. Oder sie äußern sich in der Gestalt eines Angsttraumes, der einen in Schweiß gebadet aus dem Schlaf schrecken läßt. Besäßen wir eine Traumkultur wie das malayische Volk der Senoi, wäre sehr viel weniger Mut notwendig, unseren Träumen in die Augen zu sehen. Denn dann hätten wir gelernt, im Zweifel in ihren Ablauf einzugreifen und zu unseren Gunsten zu verändern. Kein Senoi überläßt sich im Traum dem freien Fall, er verwandelt das Geschehen so, daß er zu fliegen beginnt.

Außerdem wüßten wir mit einer ordentlichen Traumschulung auch in den tiefsten Gründen unseres Seins, daß uns Träume lebenstüchtiger machen und auf Gefahren vorbereiten. So träumen bei vielen Naturvölkern die Jäger altptraumartige Jagdszenen immer und immer wieder, um für den Augenblick der tatsächlichen Gefahr gerüstet zu sein.

Unerläßliche Übung: Wahrnehmungstraining

Schließlich sollten wir uns und unsere Beobachtungsgabe während des Tages einmal scharf unter die Lupe nehmen, bevor wir eine der zahlreichen „Traumkontrolltechniken" anwenden. Erfahrungsgemäß sind vergeßliche Träumer auch schlechte Beobachter am Tag. Versuchen Sie einmal bewußt einen ganzen Tag lang, die Kleinigkeiten in ihrer Umgebung wahrzunehmen. Konzentrieren Sie sich am nächsten Tag vielleicht auf die Farben Ihres Umfeldes, am dritten Tag auf die

Töne, am vierten Tag auf die Gerüche. Zwei bis drei Tage sollten der Beobachtung Ihres Verhaltens und Ihrer Gefühle gehören, ein weiterer den Reaktionsmustern Ihrer Mitmenschen. Mit einem derart geschärften Bewußtsein wird es Ihnen vermutlich auch leichterfallen, die Eindrücke der Nacht in den Tag hinein zu retten.

Neben solchen Übungen, die große Auswirkungen auf unsere innere Einstellung, auf unsere Wertesysteme und Verhaltensmuster haben, gibt es natürlich auch weit weniger tiefschürfende Methoden. In der Regel wirken sie jedoch nur, wenn wir zumindest die Bedeutung unserer Träume akzeptiert haben und bereit sind, der „Traumrealität" ins Gesicht zu sehen.

Unerläßliche Hilfsmittel: Papier und Bleistift

Ein weitverbreiteter und gleich doppelt wirksamer Trick besteht darin, Papier und Bleistift auf der Bettkante bereitzulegen. Erstens signalisiert man sich auf diese Art und Weise die eigene Aufmerksamkeit. Und zweitens kann man mit Hilfe eines Schreibzeugs tatsächlich Traumeindrücke festhalten, die sonst verlorengingen. Meist steigen unsere Träume des Nachts so weit in unser Bewußtsein, daß wir durchaus in der Lage wären, sie kurz zu notieren. Versäumen wir diese Chance, dann entwischen sie uns in der Regel. Selbst routinierte Traumerinnerer sollten auf diese pragmatische Hilfe nicht verzichten. Auch wer gewöhnt ist, seinen Bewußtseinssensor auf seine Träume einzustellen, rettet selten den gesamten Traum ins Tagbewußtsein.

Anfangs finden es viele Menschen auch sehr schwierig, Träume angemessen zu beschreiben. Denn entweder wirken die Worte auf dem Papier völlig absurd und zusammenhanglos, oder sie treffen das Wesen des Traumes nicht. Wenn Sie aus einer Welt erwachen, in der Sie sich sehr sicher und geborgen gefühlt haben, in der Licht und Wind und Luft „irgendwie anders", dichter, wärmer waren und in der Ihnen jemand, der seit langem tot ist, mit einem Satz einen Ansatz zur Lösung für ein Problem gegeben hat, das Sie sehr beschäftigt, dann ist es einfach nicht angemessen, wenn Sie hinterher Ihrem Partner erzählen: „Ich habe heute von meinem Großvater geträumt. Er hat mir geraten, vor der Entscheidung erst noch mit Gisela zu sprechen." Das paßt nicht zusammen. Tagessprache ist dem Traumerleben nicht angemessen, sie kann viele Qualitäten davon gar nicht ausdrücken. Gerade deshalb ist es aber sehr wichtig, die Erinnerungen an Träume so ausführlich wie möglich festzuhalten. Sie bewerben sich mit Ihren Traumnotizen nicht um einen Nobelpreis für Literatur. Sie halten damit nur etwas fest, was ansonsten unwiederbringlich verlorengeht: Botschaften aus Ihrem Unbewußten.

Kein bloßes Sammelsurium: das Traumtagebuch

Im Idealfall bleibt es nicht bei einzelnen Notizen. Wer seinen Träumen ernsthaft auf den Grund gehen will, sollte die nächtlichen Zettel nicht nur sammeln, sondern auch in ein eigenes Traumtagebuch eintragen. Während Sie die Schmierzettel der Nacht übertragen, können Sie diese Gelegenheit auch gleich dazu nutzen, sich noch einmal die Einzelheiten des nächtlichen Traumes vor Ihr geistiges Auge zu rufen. Schmücken Sie den Traum durchaus auch mit Hilfe Ihrer Phantasie weiter aus. Markieren Sie allerdings, was Ihr Traumprodukt im engeren Sinn ist und was Sie später hinzugefügt haben.

Das Traumtagebuch eignet sich auch hervorragend dazu, durch Erinnerungen an ähnliche Gefühle und zurückliegende Träume, Interpretationsansätze und aktuelle Ereignisse ergänzt zu werden. Wichtig ist nur, daß alles, was Sie in Ihr Traumtagebuch eintragen, für Sie mit Ihrem nächtlichen Traum zusammenhängt.

Idealer Traumstart: der anregende Tagesausklang

Sehr hilfreich kann es auch sein, sich vor dem Einschlafen auf das Träumen vorzubereiten. Dies können Sie dadurch tun, daß Sie kurze Phantasieträume vor dem Einschlafen erfinden oder den abendlichen Fernsehfilm als Projektionsfläche Ihrer Gefühle auswerten. Ich sehe mir im Bett noch gerne einen schönen Bildband an oder lese einige Seiten in einem guten Buch. Und eine sehr liebe Freundin von mir hört jeden Abend im Bett 15 Minuten Mozart, der ihre Seele offensichtlich so beflügelt, daß sie des Morgens mit den anregendsten Traumbildern erwacht. All diese Methoden bringen keine bestimmten

Assoziationsketten in Gang, sondern stimulieren vor allem Ihre rechte Hirnhemisphäre.
Egal, welche Technik Sie bevorzugen, hilfreich ist es immer, mit Hilfe einer Entspannungstechnik die Hirnfrequenz bereits in den ruhigeren Alpha-Bereich zu senken.
Warnen möchte ich dagegen vor Empfehlungen wie jener, den Wecker im Stundenrhythmus zu stellen. Bei einigen Zeitgenossen mag das Wachbewußtsein nur streßerfüllt funktionieren. Sie scheinen zu glauben, auch das Traumbewußtsein könne nur so arbeiten. Und vielleicht ist das ja auch so. Ich kenne jedoch eine ganze Reihe von Beispielen, wo solch verkrampfte Zutrittsversuche in die Traumwelt nicht nur den Traum, sondern auch den Schlaf verscheuchten. Ich kann es beiden nicht verdenken.
Ich bevorzuge einen anderen Ansatz. Nach meiner Erfahrung sind unsere Träume köstliche Erfahrungen, auch wenn sie uns manches Mal arg mitnehmen. Echte Geschenke sollte man nicht erzwingen. Sie kommen dann nicht von Herzen. Und ähnlich verhält es sich auch mit unseren Träumen. Wir können unsere Wünsche mit formelhaften Sätzen äußern, wir können ihnen mit geeigneter Stimulation den Weg ebnen. Und wir können ihnen mit aufmerksamer Beobachtung unsere Achtung erweisen. Mehr geht nicht. Wenn sie dann eintreffen, haben wir allen Grund zum Feiern. Stellen Sie bei Ihren Festen im Stundentakt den Wecker? Na also!

Traumdeutung ohne Psychoanalyse

Ansätze zur Deutung Ihrer Träume

C. G. Jung riet allen seinen Patienten und Lesern, über ihre Träume nachzudenken, bis sie eine Deutung gefunden hätten. Die Methode, die er dazu verwendete, war die des inneren Dialogs. Der Träumer sollte sich mit einer seiner Traumfiguren unterhalten. Dabei findet eine stärkere Identifizierung und ein genaueres Hinsehen statt, als wenn der Traum nur zusammenhängend einem Fremden, und sei er ein noch so sorgfältig ausgebildeter neutraler Beobachter, erzählt würde.

Der amerikanische Traumforscher Calvin Hall machte etwas, was manchmal sehr fruchtbar ist: Er trat einen Schritt zurück. Freud und Jung hatten als Psychiater die Träume von Kranken untersucht und gedeutet. Es fehlte der Vergleich zu dem, was normal war. Halls Buch „The Meaning of Dreams“ (Die Bedeutung der Träume, erschienen 1953) enthielt die Resultate der Auswertung von 10.000 Träumen „normaler Durchschnittsbürger“. Damit legte er das statistische Vergleichsmaterial vor, aus dem seither geschöpft wird. Die meisten Träume spielen an naheliegenden Orten: in der Wohnung, im Auto, auf der Straße, in einem Laden, allerdings nur selten am Arbeitsplatz. Aggressivität, Besorgnis, Bedauern oder Zorn waren Emotionen, die wesentlich häufiger auftraten als Freude, Liebe, Geborgenheit und andere positive Gefühle. Die Personen, von denen der normale Durchschnittsbürger träumt, sind ebenfalls ihm nahestehende, ganz normale Durchschnittsbürger und nur höchst selten Persönlichkeiten des öffentlichen Lebens.

Der Traum – ein Brief an die eigene Seele

Hall kam angesichts seiner Fülle von Material zu dem Schluß, daß Träume wie ein Brief des Träumers an sich selbst sind. Ihr Ziel ist es keineswegs, den Träumer zu täuschen oder irrezuführen. Im Gegenteil: Träume enthüllen klar und ökonomisch den gegenwärtigen Geisteszustand des Träumers. Der Traum tarnt keine Gedanken und entstellt sie auch nicht. Das macht ihn ja gerade so erschreckend: Wenn ich von meinem Partner träume, er verwandle sich jedesmal, wenn ich ihn etwas fragen will, in einen Esel, dann sollte ich unsere Beziehung einmal daraufhin abklopfen, ob sie meinen Anforderungen an Intellektualität entspricht. Vor allem mit den unendlich vielen verborgenen Phallussymbolen räumte Hall auf.

Auch Hall rät übrigens dazu, eigene Traumserien zu sammeln, ehe man sich an die Deutung der eigenen Träume macht. So lassen sich Überbewertungen unwichtiger Traummotive verhindern, so fallen offenbar wichtige Themen ganz von selbst ins „Auge“.

Der innere Dialog und die Gestalttherapie

Traumdeutung als Lernprozeß der Gestalttherapie

Einen anderen Aspekt von Jungs Ansatz zur Beschäftigung mit Träumen griff Fritz Perls auf: den des inneren Dialogs. Perls (1893–1970) war geborener Österreicher, fast 20 Jahre jünger als Jung, und wanderte in den vierziger Jahren nach Amerika aus. Sein Name ist mit der Gestalttherapie verknüpft. Bei ihr steht ein äußerst praktischer Aspekt im Mittelpunkt, nämlich die Klärung der Art und Weise, wie der einzelne Tatsachen, Wahrnehmungen und Verhaltensweisen in seinem Leben organisiert. Sie will den Menschen helfen, ihr Leben und ihre Persönlichkeit als Ganzes zu sehen und zu diesem Ganzen zu finden. Daher lehnt er auch die langwierige Einzeltherapie ab und arbeitete mit intensiven Kurzzeittherapien oder Trainings, wie es so schön auf Neudeutsch heißt, die in kleinen Gruppen stattfinden. Auch unser Leben spielt sich in Gruppen ab, daher sei diese Form realistischer.

Das Jetzt und Hier steht wie bei Hall und Jung im Mittelpunkt der Träume. Ein Traumsymbol repräsentiert die Art und Weise, wie wir derzeit unser Leben gestalten. Verdrängte frühkindliche Neurosen sind auch hier kein Thema mehr. Neu ist die Methode, die Perls entwickelt hat, um sich der eigentlichen Aussage der Träume anzunähern. In seinen Gruppensitzungen forderte er den einzelnen Träumer auf, seine Traumbilder wie auf einer Bühne zu spielen. Der Träumer schlüpft dabei nacheinander in die Rolle der einzelnen Komponenten des Bildes, um ihre Bedeutung für sein Leben zu erfahren. Dabei spielt er Dialoge, möglicherweise mit einem Wechsel des Sitzplatzes verbunden, was zunächst fraglos komisch wirkt, aber sehr aufschlußreich sein kann. Die Rolle des Therapeuten besteht darin, darauf zu achten, welche Themen, welche Symbole, welche Rollen der Teilnehmer geschickt umschifft.

Von Topdogs und Underdogs

Ein Mann träumt, er habe auf einen Teppich uriniert. Aufgefordert, einen Dialog daraus zu machen, erkundigt sich der Teppich zunächst leicht beleidigt, warum er das gemacht habe. Der Mann rechtfertigt sich, etwas von oben herab: Er habe den Teppich kaum bemerkt, der sei doch sowieso schon alt und zu nicht mehr viel nütze, und es sei doch nicht weiter schlimm. Woraufhin der Teppich beleidigt protestiert. Der Seminarleiter greift ein, der Teppich müsse überzeugender protestieren. Die therapeutische Wirkung besteht jetzt darin, daß der Mann der ganzen Gruppe überzeugend klarmachen muß, er lasse sich nicht länger bepinkeln. Dann kann er seine Vorzüge als Teppich überzeugt anpreisen und hat Selbstbewußtsein gewonnen.

Für die Redeweise des Mannes, die von oben herab aus dem „Eltern-Ich" stammt, prägte Pearls die Bezeichnung „Topdog" (wörtlich „Oberhund"), für die des Teppichs, die weinerlich-beleidigte aus dem „Kind-Ich", die Bezeichnung „Underdog" („Unterhund"). Beide sind in jedem von uns vorhanden und prägen unser Verhalten in den erstaunlichsten Situationen. Achten Sie einmal bei sich selbst darauf, wann Sie Ihren Topdog herauskehren, wann Ihr innerer Underdog sich nicht traut, sich überhaupt zu rühren. Das allein ist sehr aufschlußreich und kann von Ihnen allein zu Hause durch die Technik des inneren Dialogs erarbeitet werden.

Aufgabe der Therapie: die Macht des Topdogs brechen

Darüber hinaus besteht die Aufgabe der Therapie darin, mit Hilfe der Gruppe die Macht des Topdogs zu brechen und dem Underdog zu erlauben, seine Bedürfnisse offen zu äußern, seine Wünsche ehrlich zu vertreten. Am Ende sollte etwas mehr an „Erwachsenen-Ich" dabei herauskommen.

Mit diesen Wegen zu einer Deutung des eigenen Traums ist das Diktat der Freudschen Deutungsansätze gebrochen. Was bleibt, ist die Verantwortung für sich selbst. Oder gibt es die Archetypen vielleicht doch? Darüber erfahren Sie mehr in Ihren Träumen und im nachfolgenden A–Z der Traumsymbole.

Zu guter Letzt

Wenn Sie nun beginnen, im A–Z der Traumsymbole zu lesen, wird Ihnen auffallen, daß einige Begriffe einen Hinweis auf die Einleitung enthalten. Sie sind für die Lexikonseiten zu speziell.

Zahlen im Traum

Deswegen möchte ich nun auf zwei „heikle Themen" der Traumsymbolik hier etwas näher eingehen. Zum einen wird jeder, der sich mit Traumarbeit befaßt, immer wieder darauf angesprochen, warum es denn nicht möglich wäre, aus geträumten Zahlen praktische Hinweise für den Alltag zu beziehen. Was diese Frage eigentlich meint: Wenn ich alle Zahlen notiere, die ich im Lauf der Zeit träume, könnten es doch auch millionenträchtige Lottokombinationen sein – oder?

Oder Gegenfrage: Warum sind Leute, die sich intensiv mit Traumarbeit (oder übersinnlicher Wahrnehmung wie Hellsehen und Hellhören) befassen, nicht längst stinkreich – sie müßten doch am besten wissen, „wie so etwas geht"? Eben! Es „geht nicht", weil Zahlen eben fast immer einen symbolischen Inhalt transportieren – und nicht „einfach Zahlen" sind. Natürlich hat es immer einen Sinn, geträumte Zahlen zu notieren, aber die eigentliche Bedeutung stellt sich häufig erst nach und nach heraus. Ein Beispiel gefällig? Sie träumen von einer 9 (notieren sie auch), später von einer 2, ein andermal vielleicht von 92 oder 29. Eines Tages möchten Sie eine größere Wohnung und besichtigen dies und das. „Zufällig" blättern Sie in diesem Zeitraum in Ihren Traumnotizen – und Sie erkennen den sinnvollen Hinweis: Eine der in Frage kommenden Wohnungen hat die Hausnummer 92, eine andere, die Ihnen auch sehr gut gefällt, ist über eine Hausnummer 47 zu bekommen. Sie denken an die notierten Zahlen und hören auf Ihre innere Stimme – Sie entscheiden sich für die Wohnung mit Hausnummer 92. Bald nachdem Sie dort eingezogen sind und sich wohl fühlen, erfahren Sie, daß unmittelbar neben dem Haus 47 ein Betrieb eröffnet wurde, der Tag und Nacht eine enorme Lärmbelästigung verursacht. Ihr Zahlentraum hatte also seinen Sinn.

Aber ob Sie nun jahrelang sämtliche Spielarten und Quersummen von 2 und 9 im Lotto setzen sollten, ist sicher eine Frage, die hier nicht zu beantworten ist. Selten, sehr, sehr selten gibt

Traumdeutung mit Blick auf den Boden der Tatsachen

es „gewinnträchtige“ Zahlen im Traum – aber wenn es so sein soll, fallen Ihnen diese dann auch spontan ein, wenn Sie gerade einen Lottoschein ankreuzen wollen. Oder eben nicht. Gelegentlich macht es Sinn, geträumte Zahlen zusammenzuzählen, die Quersumme ergibt öfter einen brauchbaren Hinweis. Welche seltsamen Zusammenhänge sich dabei ergeben können, möchte ich aus eigener Erfahrung beisteuern: Einige Zeit lang sammelte ich Traumzahlen, irgendwann wechselte ich dann das Notizbuch und vergaß dadurch, auf die alte Zahlenkombination zu achten. Vor einigen Jahren fiel sie mir anläßlich eines Umzuges wieder in die Hände: Die Zahlen ergaben präzise und in der richtigen Reihenfolge ein Datum: Dieser Tag war in einem Buch (und in meinem Gedächtnis) als der schönste, emotional „perfekteste“ und glücklichste Tag meines bisherigen Lebens notiert. Das alte Traumnotizbuch, in dem dieses denkwürdige Datum festgehalten war, hatte ich exakt eine Woche zuvor ausgemustert und weggeräumt: Ich „brauchte“ es nicht mehr – ich erlebte es einfach.

Zum zweiten, etwas „heiklen“ Traumthema: Wenn sich jemand mit Esoterik zu befassen beginnt, wird sehr leicht jedes mutmaßliche „Zeichen“ überbewertet. Es mag an der Faszination dieser neuen Erfahrungen liegen und auch daran, daß man besonders in der ersten „Entdeckerphase“ das Gefühl bekommt, auf einer völlig neuen, ganz besonderen „Frequenz zu schweben“. Vorsicht: Wenn Sie es mit dieser Weise, das Leben zu betrachten (und den dazugehörigen Erfahrungen), ernst meinen, sollten Sie erst recht „mit beiden Beinen am Boden bleiben“ – es wird sonst mit den Selbsttäuschungen kein Ende nehmen.

Wenn Sie etwa an die Wiedergeburt der Seele (in verschiedenen menschlichen Existenzen) glauben, suchen Sie möglicherweise besonders in Ihren Träumen nach einem Hinweis auf ein „anderes Leben“. Es mag durchaus sein, daß Sie in Träumen auf Bilder und Szenenabläufe stoßen, die Ihrer Empfindung nach Inkarnationsspiegelungen sind. Wer aber gleich in jedem (besonders tragischen oder glanzvollen)

Traum von einer speziellen Persönlichkeit eines seiner „früheren Leben" wiedererkennen will, hat irgend etwas falsch verstanden.
Besonders „gängige" Traumgestalten, die nur zu gern als eigene Inkarnationsexistenzen mißverstanden werden, sind Kleopatra, indische Tempeltänzerinnen, irische Priester, Hexen auf dem Scheiterhaufen, James Dean, J. F. Kennedy, Marilyn Monroe – um nur einige zu nennen. In einer seriösen Umfrage in den US-Staaten Florida und Kalifornien behaupteten allein im Zeitraum von 1986 bis 1988 mehr als 17.000 Frauen und Männer im Alter zwischen 18 und 30 Jahren, völlig überzeugt davon zu sein (und dafür „Beweise" mehrmals geträumt zu haben!), in ihrem „früheren Leben" Elvis Presley bzw. Marilyn Monroe gewesen zu sein.
Falls Sie auch einmal in Versuchung kommen sollten, sich mit einer legendären Traumgestalt besonders „vertraut" zu fühlen: Fast immer war es „nur geträumt". Aber als Symbol hat J. F. Kennedy sicher genausoviel Bedeutung und Aussagekraft wie eine Hexe, ein Teich, ein Kleid ... am besten, Sie schlagen unter H, T oder K nach.
Und noch ein Hinweis zu einer kreativen, individuellen Deutung Ihrer Traumsymbole: Jedes Traumbild kann sowohl eine Herausforderung für den Träumenden darstellen, als auch eine Bestätigung seiner individuellen Persönlichkeit sein.

TRAUM SYMBOLE von A–Z

Aal Den entscheidenden Hinweis für den Sinn des Traumes gibt die Qualität des Wassers. Tummelten sich die Aale durch klares, fließendes Gewässer? War der Anblick angenehm? Dann könnte jetzt mehr (geistige) Beweglichkeit Ihr Leben positiv verändern, klare Vorstellungen und ihre rasche, flexible Umsetzung sind gefragt. Das Festhalten eingefahrener Gewohnheiten sollte jetzt abgelegt werden.
Oder zogen die Aale träge durch schlammig-trübes Wasser? Sie möchten gerne „aalglatt" sein, um sich leichter durch eine ungeklärte, bedrohlich empfundene Situation „schlängeln" zu können. Wenn Ekel oder Angst die Grundstimmung eines Aaltraumes war, sollten Sie Ihre derzeitige Einstellung zur Sexualität (bzw. zum Partner) überdenken. Ekeln Sie sich davor, möchten Sie sich seiner Berührung entziehen? (In der klassischen Psychoanalyse gilt der Aal als Penissymbol bzw. Ausdruck triebhafter Sexualität.)

Abbruch Welches Gebäude wurde abgebrochen, was haben Sie im Traum dabei empfunden? Darauf kommt es an, wenn man die spezielle Symbolik entschlüsseln möchte. Der Abbruch von Häusern, Wänden und Brücken steht häufig für eine Situation, in der man den Kontakt zu bestimmten Menschen, Orten oder Tätigkeiten abbrechen will und den entscheidenden Schritt noch nicht gewagt hat. Träumt man z. B. den Gang durch ein verfallenes Abbruchhaus, stellt sich die Frage: Welche aussichtslose Beziehung (erfolglose Anstrengung, sinnlose Gewohnheit usw.) blockiert mein Lebensgefühl? Es gilt zu erkennen, daß es hier „nichts mehr zu retten gibt". Träumt man wiederholt den Abbruch von Räumen, die in der Kindheit das „Zuhause" bedeutet haben, fühlt man sich (vielleicht uneingestanden) durch Eltern/Angehörige kontrolliert und manipuliert. Man wünscht sich, den zu eng gewordenen Kontakt abzubrechen. Was immer auch im Traum abgebrochen bzw. abgerissen wird: Es ist Symbol für Einengung. Man würde am liebsten „alles niederreißen" oder „die

Brücken hinter sich abbrechen" – zu allem, was man gerade als hemmende Verpflichtung erlebt.

Abend Abendstimmungen in einem Traum, farbenprächtige Sonnenuntergänge über einer idyllischen Landschaft sind oft Symbol für das Abgleiten in den Bereich des Unbewußten.
Wer in extremen Belastungsphasen immer wieder erholsame Abendszenen träumt, sollte sich endlich das gönnen, was er unter einem „schönen Feierabend" versteht – das Unterbewußtsein spielt dem Träumer eine verlockende Warnung zu: Erholung ist ein Grundbedürfnis, das sich so lange verdrängen läßt, bis der Energiepegel auf Null und der psychisch-physische Zusammenbruch nur mehr eine Frage der Zeit ist.
Abendszenen mit nahestehenden alten Menschen können – manchmal – auch den baldigen Tod einer Person ankündigen.

Abendessen Immer wiederkehrende Träume von einer typischen Abendessenszene mit einem geliebten Partner (gepflegtes Ambiente, Kerzenlicht usw.) drückt oft den Wunsch nach einer festen Bindung, Familiengründung aus. Man möchte sicher sein können, in eine harmonische, anregende Atmosphäre heimzukommen.
Eher das Gegenteil sagen Träume von spannungsgeladenen abendlichen Tischrunden aus: unfreundliche Gesichter, eisiges Schweigen am Tisch, man stochert nur lustlos im Essen. Der Träumer ist häufig von familiärer Erwartungshaltung überfordert, er soll ständig „funktionieren", er hat keinen Freiraum innerhalb der Beziehung usw. – es ist ihm am Familienleben „der Appetit vergangen", er „hat es satt".

Abendkleidung (→ auch Kleidung) Sehen Sie sich im Traum häufig in eleganter Abendkleidung als strahlenden Mittelpunkt einer Gesellschaft? Dann müssen Sie zwar derzeit noch „in den Startlöchern" warten, aber Ihr Karrierestreben ist kaum noch aufzuhalten. Ihr Traum greift der Realität schon vor: Sie wollen „ganz nach oben" – besonders wenn Sie in unübersehbarem Rot oder in Schwarz und Gold auftreten. Es sind die Farben der Macht, des Reichtums – sozusagen anziehbare Statussymbole (Frack, große Abendrobe, Schmuck, Uniform hochrangiger Offiziere, Limousinen usw.).

Abenteuer Ganz allein im Dschungel, hinter Ihnen wilde Tiere, vor Ihnen Schlingpflanzen – weit und breit kein Mensch, kein Ausweg? Ein Alptraum! Haben Sie sich übernommen, verausgabt (finanziell, gesundheitlich)? Ein häufiger Angsttraum in einer

allzu spannenden Lebensphase – man ist ein hohes Risiko eingegangen. Überzeichnete Bilder von Gefahr und bedrohlichem Umfeld wollen bewußtmachen, daß man seine Möglichkeiten ausgereizt hat.
Wer dagegen von einem erotischen Abenteuer mit einer fremden Person träumt, hat im realen Leben eher einen Mangel an Herausforderungen: meist nur ein Hinweis auf reizlose Routine im Alltag oder Liebesleben. Verdrängte Wünsche nach außergewöhnlichen Erfahrungen machen sich bemerkbar!

Abfall Sie sammeln immer wieder Müll ein, wollen ihn wegbringen, finden aber noch einen Korb voll, noch einen überquellenden Eimer – und kein Ende? Sie wollen sich von „Seelenmüll" befreien und wissen nicht so recht, womit Sie eigentlich beginnen sollen. Man möchte endlich alte Probleme „entsorgen", hat aber noch keinen konkreten Plan.

Abgrund Sie hielten sich im Traum an einem Geländer fest und sahen – angsterfüllt – in einen Abgrund (auch reißenden Strom, Sturzbach, Wasserfall usw.). Sie leben gerade in einer kritischen Situation, in der Sie sich „gerade noch halten" konnten. War der Boden unter Ihren Füßen glitschig oder hatte die Brücke Risse, ist das Problem noch nicht gelöst, die Belastung noch nicht durchgestanden. Eine Aufforderung, in Ihrem Umfeld genauer hinzusehen, wer (oder was) Sie zu Fall bringen könnte.
Stehen Sie aber auf festem, trockenem Boden, haben Sie eine Krise gerade bewältigt, hatten aber noch nicht die nötige Ruhe, um den angefallenen Streß aufzuarbeiten. Entspannen!

Abflug Keine Angst vorm Fliegen hat jemand, der sich bedenkenlos und spontan auf ein intensives Gefühl oder ein riskantes Vorhaben einläßt. Wer gerade so eine „Alles-oder-nichts"-Herausforderung glänzend gemeistert hat und vor Freude regelrecht abheben möchte, verarbeitet diese Überdosis Glück häufig in Abflugträumen: Startsituation, ein Fensterplatz im Flieger, abheben, und weit entfernt wird alles Alltägliche kleiner, kleiner – dann ab durch die Wolken ins grenzenlose Blau. Was heißt, daß auch Glücksmomente und Euphorien psychisch verkraftet sein wollen.

Abhang Sie standen im Traum am Abhang eines Berges – hatten Sie Lust, unbeschwert hinunterzulaufen? Dann ist es an der Zeit, einen allzu ehrgeizigen Plan aufzuheben, der nur einen weiteren (anstrengenden) Aufstieg erfordern würde. Der Traum symbolisiert die Erleichterung, die jemand empfindet, nachdem er sich von einem zu hochgesteckten Ziel durch einen klaren Entschluß verabschiedet hat.

Ablehnung Wer träumt, von einem ihm wichtigen Menschen (Partner, Chef usw.) abgelehnt zu werden, muß es deswegen noch lange nicht sein. Vielmehr fühlt man sich in seiner persönlichen oder sozialen Wertigkeit verunsichert, man „kennt seinen Stellenwert“ nicht, mißt der Bestätigung durch andere zu hohe Bedeutung bei. Eine Problematik vieler Menschen, die sich (z. B. als Kind) Liebe und Anerkennung immer erst mit besonderer Leistung „verdienen“ mußten.

Abmagerung Symbol für den eigenen, meist psychischen Substanzverlust. Man sieht sich im Traum immer dünner und dünner sein, will „möglichst wenig Platz brauchen“, um übersehen und kaum wahrgenommen zu werden – so bleibt man von weiteren Anstrengungen und Erwartungen verschont. („Dafür bin ich jetzt ohnehin zu schwach.“)
Wer allerdings wirklich an Übergewicht leidet, träumt ganz banal seinen Wunschtraum: endlich dem Schönheitsideal zu entsprechen.

Abreise Sie packen im Traum Ihren Koffer, eilen zum Bahnhof, Flugplatz oder steigen ins Auto. Aber der Koffer läßt sich nicht schließen. Sie verpassen den Zug, der Weg zum Flughafen ist durch einen Stau blockiert, das Auto springt nicht an? Mit Sicherheit ist es kein Warntraum vor den Gefahren einer Reise! Sie wollen am liebsten „einfach nur weg“ – aus der öden Alltagsroutine, einer extremen Streßsituation, dem Ehekrach oder vor einer Verantwortung fliehen. Aber Sie wissen auch: keine Chance!

Absatz Sie gehen in Schuhen mit höheren Absätzen, als es bequem ist. Zuweilen stolpern Sie auch, aber um keinen Preis möchten Sie die Schuhe wechseln. Ein Ehrgeiztraum: Man will auf andere „herunterschauen können“, auch wenn es noch so mühsam wird. Man möchte sich von seinem Umfeld abheben und genießt es, größer zu erscheinen, als man ist – und sei es um den Preis der Sicherheit, Seriosität.

Abschied Ein neuer Lebensabschnitt, eine notwendige Änderung vertrauter Abläufe und Gewohnheiten steht bevor. Man befürchtet, sich völlig neu orientieren zu müssen, der Traum drückt die Angst vor dem Neuen, vor einer großen Umstellung aus, man muß sich von der bisherigen Lebensform verabschieden. Ganz selten bedeuten Abschiedsträume den tatsächlichen Verlust eines liebgewordenen Menschen.

Abschuß Man muß kein Jagdliebhaber sein, um im Traum einen Abschuß zu „genießen“ – egal, ob Wild, Tontauben oder Zielscheiben dran glauben müssen. Vor allem ist der geträumte Schuß ein Aggressionssymbol, man will etwas „erlegen“ oder jemanden „zur Strecke bringen“. Tiefenpsychologisch steht der gezielte und mit Befriedigung erlebte Schuß für sexuelle Lust und den männlichen Orgasmus.

Absperrung Sie sind zu Fuß oder per Auto unterwegs und müssen plötzlich vor einer Absperrung stehenbleiben. Weder eine Umleitung noch eine Abzweigung ist zu sehen – es bleibt nur eine Möglichkeit: der Rückweg. Dieser Traum symbolisiert eine „ausweglose“ Situation, in der es auch bei bestem Willen kein Weiterkommen gibt. Eine Aufforderung, die Grenzen des Möglichen (auch z. B. der eigenen Kraft) zu erkennen, ein Tabu zu respektieren, eine notwendige Einschränkung zu akzeptieren.

Abstieg Wie sind Sie abgestiegen? Gehetzt, eilig, erleichtert? Bei diesem Traumsymbol ist die Empfindung wichtiger als der Ort. Wer wie gejagt eine hohe Treppe hinuntereilt, war möglicherweise indiskret und hat sich in einen Bereich gewagt, der nicht für ihn bestimmt war. Nun rät die Angst vor negativen Konsequenzen den möglichst schnellen Rückzug.
Ganz anders wäre der behutsam Schritt für Schritt gesetzte Abstieg in einer Felswand zu verstehen: Eine besondere Leistung hat Sie zum Gipfel des Erfolges gebracht. Der Freude folgt nun die Erschöpfung – man genießt erleichtert das Ende der Anstrengung.
Über eine schmutzige oder nasse Treppe (= Gefahr, auszurutschen) in einen dunklen Raum (Keller) abzusteigen, bedeutet den Verlust von Vorteilen, gesellschaftlichen oder sozialen Abstieg – oder die Angst davor.

Absturz Zu früh gefreut? Absturzträume, in denen man in schwindelerregende Tiefe fällt, sind oft als Warnung zu verstehen – vor Selbstüberschätzung, voreiliger Euphorie, Überheblichkeit. („Wer zu hoch fliegt, kann auch tief fallen.“)
Manchmal symbolisiert der Absturz auch die Angst, sich fallenzulassen, den befürchteten Kontrollverlust. (In der traditionellen Psychologie: Orgasmusprobleme.)

Abwasser Symbol für das Bedürfnis, „Schmutz wegzuspülen“. Man möchte eine Belastung loswerden, etwas Unerfreuliches „lieber nicht wissen“, sich eine Verlegenheit ersparen. („Ich wasche meine Hände in Unschuld.“)

Abzeichen (→ Medaille, Orden)

Abszeß Allgemein übertriebene Angst vor (ansteckender) Krankheit, aber manchmal auch uneingestandener Ekel vor dem eigenen Körper, zwanghaftes Reinigungsbedürfnis. In emotionalen Krisen: die Befürchtung, daß ein unartikulierter Seelenschmerz zur psychosomatischen Krankheit führt, daß man es „auf der eigenen Haut austragen“ muß, was einem angetan wurde.

Acht Die Bedeutung der Zahl Acht ist (nach C. G. Jungs analytischer Psychologie) ein Ganzheitssymbol: Ausdruck positiver Vollständigkeit. Daß man z. B. Lottozahlen träumt und sich dann auch noch am Morgen daran klar erinnern kann, bleibt – ein Wunschtraum.

Acker Träume von reifem Getreide in sommerlicher Ackerlandschaft stehen für die Sehnsucht nach einer natürlich-bodenständigen Lebensform ohne Streß und Großstadthektik. Man möchte dem Alltagstrott entfliehen, am liebsten „aussteigen“.
Wer allerdings in einer Konfliktsituation von dürren Äckern und hart verkrusteter Erde träumt, ist aufgefordert, seine starre Haltung abzulegen und für die Meinung anderer etwas „durchlässiger“ zu werden.

Ader (→ Blut)

Adler Ein traditionelles Machtsymbol auf Wappen, Flaggen, Orden usw. Beinahe gegenteilig ist er als Traumsymbol zu verstehen: Ausdruck von grenzenloser Freiheit und Beweglichkeit. Man möchte einer Einschränkung und der Kontrolle durch andere entfliehen – einfach auf und davon!

Adoption Man hat einen ausgeprägten Beschützerinstinkt, möchte sein Leben lang die behütende Elternrolle spielen. Vorsicht! Wer häufig träumt, jemanden zu adoptieren, könnte Freunden und Angehörigen mit seiner übertriebenen Fürsorglichkeit auf die Nerven fallen. Eine Aufforderung, den persönlichen Freiraum anderer zu akzeptieren.

Adresse Durchsuchen Sie im Traum die Post nach Briefen mit Ihrer Anschrift? Dann könnte es sich um etwas mehr als eine „gesunde Portion Egoismus“ handeln. Je größer die Buchstaben Ihres Namens, desto nachdrücklicher leben Sie Ihre Selbstbezogenheit aus.
Wer wiederholt die Adresse des Partners träumt (auf Türschildern, Visiten-

karten, im Telefonbuch usw.), sehnt sich oft danach, diese zu teilen: ein Heiratswunsch!

Affe Schaukeln verspielte Äffchen gelenkig von Ast zu Ast, sehnt sich der Träumer (meist unbewußt) nach der unbeschwerten Sorglosigkeit seiner Kindheit. (Ein häufiger Traum von Menschen, die nach eigener Aussage „viel zu früh erwachsen sein" mußten.) Ganz anders liegt die Symbolik, wenn man von Affen träumt, die eine sichtbare Wandlung durchleben und Gesichter von Menschen annehmen: Man setzt sich mit den eigenen animalischen Instinkten und Gelüsten auseinander – vielleicht versucht man sie gerade „in den Griff zu bekommen", zu kontrollieren und zu kultivieren. Oder man hat sie stets verdrängt und möchte endlich seine animalische Sinnlichkeit ausleben. In jedem Fall ist diese Thematik aktuell geworden.

Aids-Angst Wer träumt, ständig nach Handschuhen zu suchen und sich bei jeder denkbaren Gelegenheit Gummihandschuhe überzuziehen (ein Kondomsymbol), könnte unter einer irra-

Der Affe: Ein häufiger Traum von Menschen, die viel zu früh erwachsen sein mußten.

tionalen Angst vor Aids leiden, die ihm vielleicht gar nicht bewußt ist. Durch die überall präsente Aktualität des Themas Aids sind viele Träume, die vordergründig Berührungsängste darstellen, einer allgemeinen Aids-Panik zuzuordnen. Dagegen hilft nur eines: Informieren Sie sich über die (wenigen) realen Risikosituationen.

Akrobat Träumen Sie einen atemberaubenden Trapezakt – und Sie sind der Star in der Manege? Sie haben Lust auf riskante Unternehmungen, möchten endlich Ihr Können beweisen – aber nicht heimlich und diskret. Vielmehr wollen Sie damit glänzen, die Bewunderung der anderen genießen. Man sucht Bestätigung und Applaus – selbst wenn man dafür „Kopf und Kragen" riskieren müßte.

Akte Wiederholte Träume von Aktenschränken, Aktenmappen usw. lassen auf eine Tendenz zu zwanghaft-neurotischem Verhalten schließen. Man wünscht Ordnung um jeden Preis, kann sich nur wohl fühlen, wenn man die totale Kontrolle über sich und andere ausübt. Meist ist eine extreme seelische Belastung die Ursache für den Zwang, sämtliche Bedürfnisse und Vorgänge zu regulieren.

Alarm Symbol für die Empfindung, daß „unbedingt etwas geschehen muß" – und zwar sofort. Vielleicht haben Sie anstehende Probleme in letzter Zeit vor sich hergeschoben, dann verdrängt und schließlich vergessen? Wenn man Alarmträume hat, wäre zu überlegen, in welchem Lebensbereich nun dringend etwas in Ordnung gebracht (oder „gerettet") werden müßte – bevor es zu spät ist.

Alkohol Ein Symbol für gesteigerte Emotionalität, Hemmungslosigkeit, den Rauschzustand – und für mangelnden Durchblick bei der (nötigen?) Auseinandersetzung mit aktuellen Problemen. Im Traum „angenehm beschwipst" zu sein, drückt den Wunsch nach unkontrolliertem Genuß, nach rauschhaften Empfindungen (auch sexuell) aus.
Die negative Traumvariante – man torkelt hilflos betrunken und fühlt sich ausgeliefert – symbolisiert die Angst davor, Hemmungen abzubauen, sich fallenzulassen usw. – der „Kater" (die Reue) wird als unvermeidbare Folge erwartet. Allgemein deuten häufige Rauschträume auf die Neigung hin, sich unangenehmen Situationen – der harten Realität – zu entziehen. Man möchte vieles nicht mehr „so nüchtern betrachten".

Almosen Wer sie im Traum verteilt, ist gern großzügig, erwartet dafür aber auch Dankbarkeit und Gegenleistung.

Wer träumt, daß er bettelnd Almosen annimmt, fürchtet materielle Not so sehr, daß er sich „um jeden Preis“ absichern möchte. Auch wenn er sich dafür erniedrigen (lassen) müßte.

Altar Ein Symbol für Ideale, die man verteidigen möchte. Träumt ein gläubiger Mensch von einem reichgeschmückten Altar, empfindet er ihn als Zufluchtsstätte, an der er sich seelisch stärken kann.
Ohne religiösen Bezug gelten Altarsymbole als Hinweis auf eine geistige Höherentwicklung, auf einen (positiven) Gesinnungswandel.

Alter Hohes Alter (bzw. alte Leute) als Symbol stiller Zufriedenheit einerseits, als Verlust von Lebenskraft und Attraktivität andererseits. Wer oft in panischer Stimmung vom Alter träumt, befürchtet den negativen Aspekt und hat Angst, beim anderen Geschlecht „nicht mehr anzukommen“, vielleicht klammert er/sie sich verzweifelt an ein jugendliches Image.
Dagegen sind Träume von vitalen, freundlichen alten Leuten ein Zeichen, daß man Sehnsucht nach der Ruhe und Weisheit des Alters hat und darauf hofft, später an persönlicher Freiheit zu gewinnen.

Ambulanz Träumen Sie häufiger vom Einsatz eines Krankenwagens mit Blaulicht und Alarmton? Dann leben Sie vermutlich (gern) gefährlich, greifen bedenkenlos nach allem, was sicher nicht gesund ist, aber garantiert Spaß macht, und hoffen, daß Sie im letzten Moment verläßlich gerettet werden – egal, wovor, wie und von wem. Sie haben die Verantwortung für Ihr Leben längst abgegeben – es gibt ja immer wieder einen Menschen, der für Sie den „Notarzt“ spielt – oder?
Die Gegenvariante: Sie nehmen Ihre ständige Unfallangst und Hypochondrie sogar in den Tiefschlaf mit – und träumen sie konsequent zu Ende: Die Rettung naht – verläßlich.

Ameise Kein harmloses Traumsymbol, die klassische Psychologie deutet es als ernsthaftes Warnsignal: Eine Störung des vegetativen Nervensystems kann nicht ausgeschlossen werden. Es sollte ein Arzt oder Psychotherapeut aufgesucht werden. Ameisenträume kündigen nicht selten den Ausbruch einer Psychose an. Zumindest sind sie eine Warnung: abschalten, entspannen und dringend etwas für die physisch-psychische Gesundheit tun!

Amerika Das Land der unbegrenzten Möglichkeiten – dieser Begriff ist so tief in unseren Denkmodellen verankert, daß er selbst im Traum für Freiheit, Neuland (und ungeahnte Chancen) steht. Wer davon träumt, hat die europäische Kultur und Tradition satt. Oder er ist einfach neugierig und unkonventionell. Ein Klischee – aber eines, das selbst im Unterbewußtsein „funktioniert".

Ampel Ein Symbol für Bewegung und Ordnung (Gesetz) gleichermaßen. Grüne Ampel: Ermutigung. Rote Ampel: Aufforderung, innezuhalten, abzuwarten – genauso wie „im wirklichen Leben"! Viel zu rasch wechselnde Signale sind Symbol für Orientierungslosigkeit, momentane Verwirrung. Oder Sie haben sich (unter Druck?) für etwas entschieden, was „normalerweise" schiefgeht. Der Traum soll bewußtmachen, daß Sie ein hohes Risiko eingegangen sind.

Amputation Welcher Körperteil wurde im Traum amputiert? Daraus ergibt sich der eigentliche Sinn dieser Symbolik. Der Verlust eines Beines z. B. steht für eingeschränkte Bewegungsfreiheit, man fühlt sich daran gehindert, „einen entscheidenden Schritt zu tun" (geistig, beruflich, materiell usw.). Die Amputation von Armen oder Händen wird häufig nach dem Tod des Partners geträumt, wenn der Verlust so empfunden wird, als wäre man allein nicht lebensfähig. Frauen, die von ihrem Mann betrogen oder verlassen werden, träumen oft die Amputation einer Brust – als Ausdruck ihrer Angst, erotisch nicht mehr begehrenswert zu sein. Ein sehr häufiger Traum vor einem Scheidungstermin oder zu Beginn des Klimakteriums.

Amsel (→ Vogel)

Amt Wer ein Amt aufsucht, will etwas erreichen, bestätigt bekommen usw. – in die Symbolsprache des Traumes übersetzt: Man möchte etwas festlegen, nach außen hin erkennbar machen. Vielleicht hat man einen ehrgeizigen Plan und befürchtet, ihn nicht durchzusetzen. Oder man möchte eine Beziehung (und damit auch die eigene Wertigkeit als Partner) demonstrativ „absichern", indem man vom Standesamt träumt. (Was übrigens in Konfliktsituationen und bei großer Angst vor Trennung und Liebesverlust weitaus häufiger geträumt wird, als wenn tatsächlich eine Partnerschaft „amtlich bestätigt" werden soll.)

Amulett (→ Talisman)

Ananas Wie fast jede süße, saftige Frucht ein Zeichen für Genuß, Sinnlichkeit, Erotik und Lebensfreude. In der herkömmlichen psychologischen Deutung gilt die Ananas auch als weibliches Sexualsymbol.

Anarchist Von Rebellion und Anarchie zu träumen bedeutet die Notwendigkeit eines „Umsturzes" im eigenen Leben – also einer drastischen Veränderung. Wer sich selbst als Anarchist in Aktion sieht, hat den starken Wunsch, eine bestehende Bindung, Verpflichtung usw. in Frage zu stellen oder aufzugeben. Auch die Lust an einem möglichst unangepaßten Lebensstil und die Verletzung eines Tabus kann sich auf diese Art ausdrücken.

Andenken Der typische Erinnerungstraum. Er weist darauf hin, daß man etwas verdrängt – oder immer wieder aufgeschoben und schließlich vergessen hat, was ursprünglich wichtig war. Manchmal auch Symbol für eine (im eigenen Leben) wesentliche Thematik, mit der man sich gegenwärtig aber nicht befassen will.

Anfall Ausdruck seelischer Hochspannung und Symbol für den Wunsch nach dem Ausbruch aus der Normalität des eigenen Lebens. Manchmal bedeuten Anfallsträume auch eine lange verdrängte bzw. unterdrückte Sehnsucht nach sexueller Ekstase. Wenn sich aber beängstigende Träume von krampfartigen Anfällen wiederholen, könnte dies ein ernstzunehmendes Warnsignal sein. Es sollte ein Arzt oder Therapeut aufgesucht werden.

Angeln Wer im Traum die Angel auswirft, möchte sich auch im Wachzustand „etwas an Land ziehen" oder „jemanden angeln" – einen raschen Erfolg, einen Wunschpartner usw. Oder man will eine (begehrte) Person, die sich aber verweigert, in ein Abhängigkeitsverhältnis (sexuell) zwingen. Ein Traum, der einen starken Machtwunsch oder auch sadomasochistische Vorlieben ausdrückt.

Angriff Verdrängte Minderwertigkeitsgefühle oder eine (oft anerzogene) Aggressionshemmung können sich durch den Angriffstraum bemerkbar machen. Man hat sein eigenes Gewaltpotential unterschätzt, Triebe unterdrückt und „kämpft sich – wenigstens im Traum – frei". Manchmal kann auch der verzweifelte Wunsch nach körperlicher Nähe eines abweisenden Partners der Auslöser für Angriffsträume sein. („Um jeden Preis!")

Angst Meist ist eine Angst gemeint, die man wirklich empfindet und die sich nun als Alptraum überdeutlich darstellt. Angst ohne spezielle Thematik steht auch für das Empfinden, daß es im eigenen Leben zu eng und freudlos geworden ist – oft eine symbolische Aufforderung, nach Alternativen zur bisherigen Lebensform zu suchen.

Anker Ein Symbol für Sicherheitsbedürfnis, für die Hoffnung auf eine ersehnte Bindung: Man will sich in einer Wunschsituation „verankert" fühlen. Manchmal auch der Wunsch nach einer sehr ruhigen und überschaubaren Lebensweise.

Ankunft Man hat einen Lebensabschnitt hinter sich, eine Herausforderung bewältigt und fühlt sich nun (zumindest „bis auf weiteres") am Ziel angekommen.

Ansprache Sie sahen sich am Rednerpult vor dem versammelten Publikum ganz souverän eine Ansprache halten? Es geht Ihnen um Anerkennung. Sie wollen sich mitteilen, auf Ihre ganz speziellen Stärken hinweisen, andere von sich überzeugen. Sie möchten bei anderen „gut ankommen".

Antilope Ein typischer Männertraum: Symbol für die exotisch-erotische Frau – sehr reizvoll, stolz und schwer zu erobern.

Anwalt In schwierigen Lebensphasen drückt ein Anwaltstraum die Hoffnung auf kompetente Hilfe aus. Ohne besonderen Anlaß geträumt: das Bedürfnis nach (sozialer) Gerechtigkeit, die korrekte Regelung eines anstehenden Problems.

Anzug Er gilt als Symbol für das Konventionelle, für das konservative männliche Erscheinungsbild – auch im Traum. Im Sinne C. G. Jungs: die „Persona" – das nach außen hin dargestellte Ich.

Apfel Einerseits symbolisiert der Apfel Gesundheit und natürliche Kraft, andererseits die „verbotene Frucht" vom Baum der Erkenntnis (Bibel). Allgemein ist er ein Verführungssymbol (Adam und Eva) und nach S. Freud (im Sinne der Psychoanalyse) ein typisches Sexualsymbol. Später interpretierte C. G. Jung den Apfel als Sinnbild des Lebendigen.

Apotheke Manchmal als Warntraum zu verstehen, daß sich eine Krankheit ankündigt. Allgemein symbolisiert die Apotheke im Traum, daß man demnächst die „heilsame" Hilfe anderer braucht.

Applaus (→ Beifall)

Aquarium Gilt als Symbol für einen abgeschirmten, künstlichen Lebensraum, in dem natürliche Verhältnisse nur dargestellt werden. Träume, in denen Aquarien eine Rolle spielen, drücken das Verlangen nach „mehr Freiraum" (meist emotional) – oder nach einer spontanen, naturnahen Lebensform aus. Der Träumende fühlt sich „wie hinter Glas“ abgeschirmt und möchte diesen Zustand verändern.

Arbeit Arbeitsverrichtungen im Traum zeigen an, daß man mit seiner Arbeit „noch nicht fertig ist“. Man hat sich viel vorgenommen und muß nun aktiv bleiben und weitermachen – auch wenn man mittlerweile weniger Motivation und Lust hat, dieses spezielle Vorhaben erfolgreich zu realisieren.

Arena Symbol für einen Raum, in dem man sich unter allen Umständen bewähren muß – und das „vor aller Augen“. Oder: Man neigt zu übertriebener Selbstdarstellung und unterschätzt dabei die Möglichkeit, daß sie mehr schaden als nützen könnte.
Ist dieser Traum mit Angst und Schüchternheit verbunden, gilt das Gegenteil: Ihr Erfolgsstreben bleibt Theorie. Sie wagen sich nicht in den Mittelpunkt des Geschehens, beneiden andere um ihr Selbstbewußtsein.

Aristokraten Träume von blaublütigen Herrschaften in repräsentativem Ambiente zeigen genau das auf, was dem Träumer fehlt: soziale Überlegenheit, die Achtung der anderen, Statussymbole. Ein Aufforderungstraum zur Überprüfung der eigenen Wertvorstellungen – und zum Loslassen überspannter Wünsche und Illusionen.

Armbanduhr (→ auch Uhr) Ein Symbol für Zeitdruck – der ständige Blick auf die Uhr mahnt zur Eile, man ist ein Gefangener seiner Termine und Verpflichtungen. (Das Armband ist zugleich Symbol für die Fessel, Handschellen usw.)

Armut Meist ein Angsttraum, der in bedrückenden Bildern sichtbar macht, wovor Sie sich fürchten: alles zu verlieren – was immer Sie gerade unter „alles“ verstehen. Außerdem: Sie haben vielleicht häufig den Verdacht, betrogen oder ausgenützt zu werden. Eine Aufforderung, Ihre wirklichen Bedürfnisse herauszufinden – und eine Warnung vor allzu großem Materialismus.

Artisten (→ Akrobat)

Arzt Symbol für kompetente Hilfe, Befreiung vor Schmerzen, Schutz vor Krankheit und Lebensgefahr. Also ein Autoritätstraum: Der Arzt als hochgeachtete Symbolgestalt, für den beinahe alles machbar ist. Der „Gott in Weiß“ als Herr über unser Befinden. Wenn man sich selbst in der Rolle des Arztes sah, war es eher ein Wunschtraum: ein Machtanspruch, man wäre zu gern „Herr über Leben und Tod“ – zumindest im übertragenen Sinn.

Asche Ein Symbol für Auflösung, Vergänglichkeit. Sieht man sich selbst im Traum mit Asche hantieren, gilt es als Hinweis, daß man geschwächt und „ausgebrannt" ist. Zugleich ist ein Aschentraum als Aufforderung zu verstehen, wieder optimistisch und aktiv zu werden und mehr Lebenslust zu entwickeln.

Asiaten Es kommt sehr auf Ihren persönlichen Standpunkt an, welche Symbolik sich in einem Asiaten-Traum verbirgt. Vielleicht sind Sie in den 50er Jahren aufgewachsen, in denen oft von „der gelben Gefahr" die Rede war. Möglich, daß Ihr Unterbewußtsein dieses Bild gespeichert hielt und Sie zutiefst Angst vor dem Verlust Ihrer Lebensqualität haben, wenn asiatische Massenprodukte den Markt überschwemmen und eine Vielzahl asiatischer Einwanderer soziale Hilfe und Arbeit benötigt.
Wenn Sie an spirituellen Themen interessiert sind, symbolisiert ein Asiate aber eher die Weisheit der fernöstlichen Kultur (Buddhismus).

Ast (→ Baum, Zweig)

Astronaut Sinnbild für „geistige Höhenflüge", Bewußtseinserweiterung. Ein Symbol für den Wunsch, Neues zu entdecken – auch jenseits unserer vertrauten Realität.

Atem Das Symbol für Leben schlechthin. Wem der Atem „wegbleibt", der ist starr vor Angst – wer nicht mehr atmet, ist tot.
Wenn man träumt, völlig außer Atem zu sein und erschöpft in einen Sessel zu sinken, sollte man die Warnung beachten: das Lebenstempo drosseln und sich Zeit nehmen, um „endlich tief durchzuatmen" – andernfalls – siehe oben!

Athlet Ein typischer Männertraum, wenn es an eigener Kraft mangelt und man sich schlapp und unzufrieden fühlt. Häufig geträumt bei geistiger Erschöpfung, Überforderung im Beruf, körperlicher Tiefstform – und bei Potenzproblemen: Der geträumte Athlet symbolisiert auch die männliche Sexualität.

Atombombe Ein Traumsymbol für Existenzangst und Sorge um das soziale Umfeld. Manchmal Todesangst.

Attentat Man fühlt sich ausgeliefert und befürchtet Gewalt. Wer im Traum ein Attentat aus sicherer Entfernung beobachtet, bleibt auch in bedrohlichsten Lebenslagen zuverlässig, „cool" und souverän.

Aufführung (→ Arena, Bühne)

Aufseher Wer sich von Aufsehern beobachtet und kontrolliert fühlt, hat

Angst vor der Einschränkung seiner persönlichen Freiheit. Geträumt gilt der Aufseher als negative männliche Autorität, als jemand, der Druck und Zwang ausübt. Vor welcher „Entdekkung" haben Sie Angst? Was möchten Sie am liebsten „unkontrolliert" (und uneingeschränkt) tun?

Aufstieg Ganz klar – erst strengt man sich an, um nach oben zu kommen, dann genießt man (am Ziel – „von oben") die Freiheit und das Glücksgefühl des Sieges: ein Erfolgstraum!

Auftritt Ganz allein im Rampenlicht, alle Augen im Saal nur auf Sie gerichtet? Ein schreckliches Gefühl? Dann haben Sie Angst vor Mißerfolg – oder Sie haben einen Perfektionstick und fürchten stets, nicht gut genug zu sein und „ihr Gesicht zu verlieren".

Aufzug (→ Lift)

Auge Sie gelten als Spiegel der Seele, als Symbol des Willens und Wissens. Die Befindlichkeit von Körper, Geist und Seele drückt sich durch unsere Augen aus. Als Traumsymbol steht das Auge für Bewußtsein, die Fähigkeit, etwas zu erkennen („Durchblick" haben – oder „den Überblick verlieren"), zu beurteilen, anzunehmen (näher hinsehen) oder abzulehnen (wegschauen). Gefühle werden durch

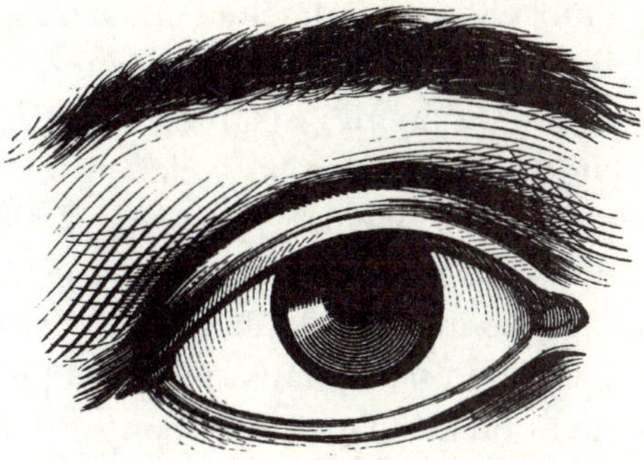

Das Auge gilt als Spiegel der Seele.

Blicke ausgedrückt. Liebe wie Haß sind dem Gegenüber anzusehen. Wenn man sich im Traum selbst in die Augen sieht (im Spiegelbild), symbolisiert dies Selbsterkenntnis – oder die Aufforderung zum näheren Betrachten der eigenen Schwächen und Stärken. Ein Lernprozeß soll eingeleitet werden, neue Erfahrungen stehen bevor.

Ausflug Symbol für Ortsveränderung und neues Umfeld. Man soll „sich umsehen" und „neue Wege gehen". Müdigkeit bzw. Erschöpfung während eines Traumausfluges bedeuten: Gönne dir eine Pause, entspanne! Warnung vor Überforderung und Energiemangel.

Ausgrabung Hier geht es nicht um archäologisches, sondern um emotionales Fündigwerden. Ausgrabungsträume bedeuten, daß es höchste Zeit wird, ein verschüttetes (verdrängtes)

Gefühl wieder freizugeben und auszuleben. Wichtig bei solchen Träumen ist das Erinnerungsvermögen: Was wurde ausgegraben, in welchem Zustand war es, wie hat es sich angefühlt usw.? Eine solche gedankliche Suchaktion könnte sich lohnen. Nicht selten ergaben sich daraus Hinweise, die eine Konfliktsituation beenden – oder eine abgebrochene Beziehung wieder neu beleben konnten.

Ausland Geträumte Auslandsreisen sind immer eine Aufforderung, Neues zu entdecken, Lernprozesse zuzulassen. Fast immer symbolisiert das fremde Land die „weißen Flecken auf der Landkarte" der eigenen Gefühlswelt – und den Hinweis, daß es hier noch Wichtiges zu erkennen gibt. Eine Reise ins Innere ist angesagt!

Ausleihen Das Symbol für einen Vertrauensbeweis – den man von anderen erwartet oder den man selbst erbringen muß.

Ausrutschen Wer im Traum auf glattem Boden ausrutscht und hinfällt, hat die Befürchtung, sich „danebenzubenehmen", dem glatten Parkett (gesellschaftlich) nicht gewachsen zu sein und zu stolpern, was heißt: sich vor anderen lächerlich zu machen, unangenehm aufzufallen oder den Erwartungen der Umgebung nicht zu entsprechen. Wer häufig von einem „Ausrutscher" träumt, müßte etwas für die Steigerung seines Selbstwertgefühls unternehmen.

Aussaat Symbol dafür, daß eine Idee, eine Arbeit „Früchte tragen soll" – ein Einsatz soll sich lohnen, man erwartet „reiche Ernte": ein häufiger Traum kreativ arbeitender Menschen. Manchmal auch ein Hinweis, daß man sich zwar um Erfolg bemüht, aber trotzdem nicht genug positive Ergebnisse vorweisen kann. Von solchen Träumen sind oft Menschen geplagt, die abends nicht „abschalten" können und ihre berufliche Streßsituation erst im Schlaf langsam abbauen.

Aussicht (→ Fernblick, Gipfel)

Ausstellung Man ist im Traum aufgefordert, etwas (von sich) zu zeigen, preiszugeben. Manchmal auch: Hinweis dafür, daß man sich anders präsentiert, als man wirklich ist. Ein Traumsymbol für Selbstdarstellung – und dafür, daß man sie kultiviert und sehr bewußt (zum eigenen Vorteil) einsetzt.

Aussteigen Ein Fluchtsymbol, man will sich verweigern, die bisherige Lebensform abbrechen. Manchmal träumt man tatsächlich vom besinnlicheren, naturnahen Landleben, aber viel häufiger haben Frauen mit konkreten Scheidungsplänen solche Aussteigerträume.

Austern Ein Austernessen symbolisiert Luxus, gesellschaftlichen Aufstieg und die Freude daran (wenn Frauen davon träumen). Als Männertraum ist er ganz eindeutig sexueller Natur – zumindest nach tiefenpsychologischen Kriterien.

Auswandern Man träumt davon, sich eine völlig neue Umgebung zu schaffen, von vorne zu beginnen, alte Gewohnheiten abzuschaffen usw. – aber es könnte auch ein Tip aus dem Unterbewußten sein: Wovor läufst du eigentlich davon, warum willst du dich nicht mit deiner Realität auseinandersetzen?

Ausziehen Wer sich im Traum „eine Blöße geben" muß, ist aufgefordert, sich zu zeigen, wie er ist, und ein (ihm nicht entsprechendes) Rollenverhalten abzulegen. Man soll sich unverstellt anderen mitteilen. In einer Problemlage kann „Seelen-Striptease" durchaus Erleichterung bringen.

Auto In verschiedensten Zusammenhängen ist das Auto eines der häufigsten Traumsymbole überhaupt. Es gilt als Statussymbol, steht für Freiheit, Bewegung, Energieumsetzung, Unabhängigkeit von fixen Gegebenheiten, stellt (besonders in Männerträumen) auch die sexuelle Potenz und Aggression dar.
Speziell die Farbe und das Aussehen des Autos sagt Näheres zum Sinn des jeweiligen Traumes aus: Mit einem Geländewagen möchte man unter erschwerten Bedingungen gut zurechtkommen, mit einem Sportwagen Machismo ausleben. Zu schnelles Fahren in einem roten Auto: übersteigertes Selbstgefühl und „Auffallen um jeden Preis". Eine schwarze Luxuslimousine steht für Prestigedenken, Machtgehabe – aber auch für Souveränität und Führungsqualitäten.

Autobahn (→ Straße)

Autofahrt Auch im Traum ein Symbol für Fortbewegung. Nähere Hinweise kann man aus der Grundstimmung während der Fahrt beziehen. Wollten Sie nur schnell weiterkommen, oder war es eine erholsame Reise mit wichtigen Eindrücken? Erlebten Sie einen Unfall? Überlegen Sie gut – auf diese Weise können Sie die Traumsymbolik entschlüsseln und erkennen, wie Sie sich auf Ihrem Lebensweg verhalten und wo Ihre Herausforderungen und Chancen liegen.

Automat Spielautomaten sind ein Symbol für „Erholung in der Anspannung" – Sie brauchen auch in der Freizeit Streß, um sich aktiv und lebendig zu fühlen. Allgemein symbolisieren Automaten Vorgänge in der Alltagsroutine, die man sich durch flexibles Handeln erleichtern kann. Wer träumt, selbst ein Automat zu sein und irgendwelche Gegenstände auszuspucken, soll daran erkennen, daß sein Leben fast nur mehr aus festgefahrenen Gewohnheiten und „automatischen Reaktionen" besteht – er funktioniert nur mehr „nach Bedarf", und sowohl Phantasie als auch ein intensiveres Gefühlsleben sind auf der Strecke geblieben. Ein Warntraum!

Autoschlüssel Sie gelten als Freiheitssymbol – wer sie hat, kann sich nach Belieben fortbewegen, kann losfahren, wann und wohin er möchte. Der geträumte Verlust von Autoschlüsseln symbolisiert die versäumte Gelegenheit, etwas zu erreichen, eine verpaßte Chance – ein Zwang, abzuwarten oder eine einengende Situation durchzustehen.

Axt Der Gebrauch einer Axt ist in jedem Fall ein aggressiver Vorgang, egal, wie nützlich oder sinnvoll er auch sein mag. Im Traum ist die Axt ein Symbol für Durchsetzung und Machtausübung, aber auch für unkultiviertes und unsensibles Verhalten. („Er benimmt sich wie die Axt im Walde.")
Laut S. Freud ist die Axt in Aktion dem Geschlechtsakt (aus männlicher Sicht) entsprechend. Die Handlung Ihrer Traumgeschichte bestimmt den eigentlichen Sinn: Waren Sie Opfer von Axthieben – oder haben Sie selbst mit diesem Werkzeug ausgeholt?

B

Baby Allgemein als Symbol für Neues zu verstehen, das sich erst noch entwickeln muß, kann es – von Frauen geträumt – durchaus auch wörtlich zu nehmen sein: Ein Schwangerschaftsbeginn kündigt sich an. Häufigere Babyträume sind ein Hinweis auf intensive Auseinandersetzung mit einem (gegenwärtig vielleicht nicht erfüllbaren) Kinderwunsch. Träumt man entnervende Szenen mit einem Baby (z. B. daß es durch nichts zu beruhigen ist und ohne erkennbaren Grund ständig schreit und weint), kann dies auf eine ungewollte Schwangerschaft hinweisen – oder auf die Angst davor.

Bach (→ Fluß, Wasser)

Backen Träume vom Brotbacken symbolisieren die Sehnsucht nach dem „kleinen Glück" – Häuslichkeit, eine Familiengründung, überschaubare, solide Verhältnisse ohne große Aufregungen. Oft ein Traum in Phasen der Erschöpfung und Resignation.

Backofen Sinnbild für „im Zaum gehaltene Glut" – also unterdrückte oder zumindest kontrollierte Triebhaftigkeit. Nach S. Freud das Symbol für die Gebärmutter.

Bad Eine (geträumte) Badeszene versinnbildlicht einen erholsamen Vorgang der Entspannung und Reinigung. Es kann sich durchaus auch eine seelische Reinigung empfehlen: die Aufforderung, ein längst fälliges, klärendes Gespräch mit einem Partner zu führen, eine Anspannung loszuwerden, gemeinsam in ein neues Wohlbefinden „einzutauchen" – was immer man darunter auch verstehen mag.

Bagger Ein Bagger zerstört eine Oberfläche, um etwas aus der Tiefe zu heben, eventuell Raum für ein Fundament zu schaffen. Als Traumsymbol hat er keine andere Bedeutung: Man soll den Mut haben – bzw. die Kraft aufbringen –, „an der Oberfläche zu kratzen" und Verborgenes freizulegen. Eine Aufforderung, sich mit verdrängten Problemen und „inneren Werten" auseinanderzusetzen.

Bahnhof Eines der häufigsten Traumsymbole und immer Hinweis auf eine Änderung der Lebenssituation. Es könnte ein Abschied aktuell werden, neue Begegnungen kündigen sich an, und man ist aufgefordert, sich wachsam und flexibel zu verhalten. Im Sinne der Tiefenpsychologie ist ein Zug Symbol für das eigene Unbewußte, das uns „auf das richtige Gleis" bringen will.

Bahnsteig Symbol für Veränderung nach einiger Zeit des Stillstandes. Oft auch die Ankündigung von rasch wechselnden Begegnungen.

Bahre Gestreßt „bis zum Umfallen" sind Menschen, die von einer Bahre träumen – Hauptsache, man darf endlich einmal passiv sein und nur daliegen und die anderen Leute aktiv sein lassen – auch zur eigenen Unterstützung und „Rettung". Ein ganz typischer Erschöpfungstraum. Nur in speziellen Zusammenhängen als Angsttraum zu verstehen, z. B. wenn man eine nahestehende Person, die tatsächlich eine lebensgefährliche Krankheit hat, auf einer Bahre liegen sieht.

Balkon Symbol für einen sicheren Platz im vertrauten Umfeld, der dennoch Ausblick und Übersicht (= Kontrolle über andere) gewährleistet. Haben Sie gut getarnte Machtgelüste? Vermutlich – wenn Sie dabei nicht allzuviel riskieren müssen.

Ball Waren Sie selbst „am Ball" in diesem geträumten Spiel? Ihr Unterbewußtsein fordert Sie auf, spielerischer und aktiver mit den Herausforderungen Ihres Lebens umzugehen. Haben Sie dabei Aggressionen empfunden? Dann würden Sie wohl gerne „jemanden ins Abseits spielen" – einen Konkurrenten vielleicht. Sieht man sich selbst als Spielball, der von anderen geworfen bzw. getreten wird, deutet dies auf einen Mangel an Durchsetzungskraft und Willensstärke hin – man „läßt mit sich spielen", ohne sich zu wehren.

Ball (Tanz) Dieses Symbol für kultiviertes Vergnügen im großen Stil drückt häufig den Wunsch nach Anerkennung, Bewunderung oder nach gesellschaftlichem Aufstieg aus. Man möchte vor den Augen anderer zum Mittelpunkt werden und „glänzend dastehen" (= Abendkleidung usw.) – manchmal auch innerhalb einer Beziehung.

Ballon Ein Wunschtraum, der mitteilt, daß man sich in einer (als einengend empfundenen oder erstarrten)

Lebensphase befindet und zutiefst nur mehr eines im Sinn hat: Nichts wie weg! Wie ein schwereloser Ballon abheben und fliegen – und für alles Belastende unerreichbar sein.

Ballonfahrt Auch hier schmiedet das Unterbewußtsein Fluchtpläne – man will der aktuellen Situation am liebsten „lautlos entkommen", aus einer Beziehung ausbrechen, sich der Kontrolle anderer entziehen, sich über alles das erheben, was man als Einschränkung empfindet.

Banane Sie gilt allgemein als Penissymbol – nicht nur (wie üblich) nach S. Freud. Nun kommt es allerdings sehr auf die genaue Handlung des Bananentraumes an. War er z. B. mit Angst oder Ekel verbunden, ist dies sicher als Aufforderung zu verstehen, das eigene Sexualverhalten (oder das des Partners) zu überdenken – und sich geheime Wünsche ebenso einzugestehen wie auch Tabus, über die man sich vielleicht dem anderen zuliebe, aber lustlos hinwegsetzt.

Band Man darf es ruhig wörtlich nehmen, wenn man von verknoteten Bändern (oder einem Knäuel daraus) träumt, die nur schwer zu entwirren sind: Im eigenen Leben ist manches „durcheinandergeraten und verworren" – man weiß kaum noch, wo man eigentlich zuerst beginnen soll, seine Probleme zu lösen. Nun wären Durchblick und Konsequenz gefragt!
In der traditionellen Traumdeutung sind Bänder (besonders rote) als Bindungssymbol verstanden worden. Vielleicht haben Sie mit jemandem „angebandelt" und tragen nun im Traum Ihre Bindungswünsche (oder Ängste?) aus.
Durchschnittene oder schäbige Bänder sind als Symbol für eine bevorstehende Trennung zu verstehen.

Bandagen Fast wie im wirklichen Leben – Sie brauchen „mehr Halt" oder Hilfe von außen, hoffen auf Unterstützung, Bestärkung in einem Vorhaben usw. – wenn die Bandagen angenehm sind, ein stabiles Gefühl geben. Zu straff gewickelte Verbände, die schmerzen (unbeweglich machen), sind ebenfalls wörtlich zu nehmen: Man fühlt sich von übertriebener Zuwendung oder ungebetener Hilfe eingeengt.

Bank (Garten/Park) Der Träumende sehnt sich nach ruhigeren Zeiten, möchte „Zeit zum Luftholen" haben und dem Streß entfliehen.
Von älteren Menschen geträumt, ist die Parkbank oft Ausdruck des Wunsches, „miteinander alt zu werden" und noch viel (geruhsame) Zeit füreinander zu haben.

Bank (Geldinstitut) Ein Angsttraum, wenn Sie zur Bank eilen, die gerade geschlossen hat: Der Zugang zu Ihrem Vermögen ist „gesperrt“ – Sie sind von Existenzangst geplagt, können sich durch eine momentane Einschränkung sehr irritiert fühlen, und Sie möchten immer „aus dem vollen schöpfen“ können und fühlen sich ohne materielle Absicherung verwundbar und hilflos. Aber auch angenehme Bankträume (z. B. man „wühlt in einem Berg von Geld“, oder man hebt große Beträge ab) sind letztlich ein Hinweis darauf, daß man sein (gutes) Lebens- und Selbstwertgefühl vor allem aus der Überzeugung „Geld = Macht und Ansehen“ bezieht.

Bankrott Ein Symbol für Verlustangst, wobei es durchaus nicht um materielle Probleme gehen muß. Wer im Traum pleite macht, befürchtet oft einen emotionalen Verlust oder hat Angst vor der Meinung anderer: Man will nicht „sein Ansehen verlieren“ oder sucht in einer unglücklichen Beziehung nach der rettenden Idee, die alles noch einmal positiv verändern könnte – man gewinnt wieder an Wert.

Bar Sie sitzen in einer Bar und befürchten, dort von jemandem angesprochen oder erkannt zu werden? Dann sollten Sie sich vielleicht einmal darüber Gedanken machen, wie offen (oder verkrampft) Sie mit Ihrer individuellen Vorstellung von allem, was Lust bedeutet, umgehen! Sie fürchten sich davor, einem Reiz zu erliegen, der für Sie tabu ist – zumindest offiziell.
Wer häufig erotische Barszenen träumt, in denen er selbst möglichst unerkannt bleiben will, verdrängt den Wunsch nach sexuellen Abenteuern „außer Haus“ – oder mit Fremden.

Bär Das mächtige Tier symbolisiert die Urkraft, den animalischen Instinkt, der den kultivierten (= gezähmten) Verstand, die Vernunft in Frage stellt – oder bedroht. Weshalb auch besonders „kopflastige“ und vom Intellekt bestimmte Menschen eher zu Angstträumen neigen, in denen es darum geht, den Bären „bis aufs Blut zu bekämpfen“, zu erlegen.
Andererseits symbolisiert der Bär auch die positive Urkraft, das starke, warme Muttertier, das seine Jungen „mit Bärenkräften“ verteidigt.

Barriere Ein Symbol für Grenze und Absperrung – Sie sind einer Herausforderung nicht gewachsen und sollten überlegen, ob Sie diese Einschränkung akzeptieren und „umkehren“ wollen.
Manchmal symbolisiert die Barriere aber auch einen problematischen (z. B. sozialen) Kontakt, und man ist

Nach C. G. Jung ist der Bär Sinnbild des negativen Aspektes männlicher Stärke.

aufgefordert, Gegensätze zu überwinden oder sich „über Grenzen hinwegzusetzen": Mut und Toleranz wären gefragt!

Bart Ein langer Bart galt in vielen Kulturen als Symbol für Macht und Ansehen – laut S. Freud stellt er die männliche Potenz dar. Er ist Sinnbild einer sehr konservativen Vorstellung von maskuliner Überlegenheit und Autorität. Wenn er gegen den Willen des Bartträgers der Schere zum Opfer fällt, steckt meistens die männlichste aller Ängste dahinter: die vor Impotenz.

Bauch Das Symbol für sinnlichen Genuß und Fruchtbarkeit (Schwangerschaft) bekommt erst durch die Handlung der Traumgeschichte Bedeutung. Vielleicht sollte man mehr „aus dem Bauch heraus" leben, d. h. zu seinen Bedürfnissen stehen, ohne sie ständig nach ihrem Sinn zu hinterfragen. Wenn Frauen im Traum den Bauch einziehen (ihn mit enger Kleidung „in Form halten" usw.), steckt oft die Angst vor ungewollter Schwangerschaft dahinter – oder der Wunsch nach intensiv gelebter Sexualität.

Bauen Wenn Sie wirklich gerade ein Haus planen oder umbauen, heißt es nichts anderes als: Sie können nicht abschalten! Als Symbol ist der Bauplatz bzw. der Hausbau für den eigenen Körper zu verstehen – im weiteren Sinn für die persönliche Identität. Wie gehen Sie damit um? Konstruktiv – oder eher zerstörerisch?

Bauernhof Er gilt als Symbol für Saat und Ernte, Geben und Nehmen. Was müßten Sie „säen", um nach Ihrer Vorstellung „reiche Ernte einzubringen"? Manchmal steckt hinter dem Traum vom Bauernhof aber auch einfach nur der Wunsch nach einem bodenständigen Leben, in dem man „mit eigenen Händen etwas schaffen" möchte.

Baum Das archetypische Symbol des Lebens schlechthin (der Baum des Lebens). Auch der Stammbaum einer Familie bedeutet: verwurzelt sein und dennoch Entfaltungsfreiheit haben. So ist der Baum Symbol für Erde und Himmel, Basis und Erweiterung, für Realitätsbezug und Visionen. Wer von Bäumen träumt, erweitert vielleicht gerade sein Wissen, stellt sich einer Herausforderung, läßt sich in seiner (geistigen) Entfaltung nicht bremsen – und „die Bäume in den Himmel wachsen".

Baumblüte Haben Sie Frühlingsgefühle? Blühende Bäume symbolisieren erfüllte Sehnsucht, Freude und die Fülle des Lebens. Wer begonnen hat, seinen Lebenstraum zu verwirklichen, wer sich gerade intensiv verliebt hat, träumt häufiger als andere vom Spaziergang unter duftend blühenden Zweigen.
S. Freuds Interpretation: Der romantische Traum war sicher von nächtlichem Samenerguß begleitet.

Baumstamm Ein Symbol für Sicherheit und Stabilität. Kein gutes Zeichen, wenn der Stamm im Traum abgesägt wurde – das Unterbewußtsein läßt warnend grüßen: Intrigen sind angesagt, Vorsicht vor zuviel Optimismus und falschen Freunden.

Baustelle (→ Bauen) Auch Symbol für Existenzaufbau und Lebensplanung.

Becher Wie sah er denn aus? Klar und transparent wie Glas oder „undurchschaubar" – wie der Giftbecher im bösen Märchen? Ein Warntraum: Vorsicht, genauer hinsehen, wenn man etwas freundlich angeboten bekommt.
Manchmal ist die „Botschaft" aber viel banaler: Man ist durstig und träumt einfach vom Trinken.

Beerdigung Keine Panik, Sie träumen sicher nicht von der eigenen! Mag sein, daß für Sie „jemand gestorben ist" – Sie wollen nichts mehr mit ihm/ihr zu tun haben, den Kontakt völlig abbrechen. Manchmal muß man auch ein Problem „gedanklich begraben", um den Kopf wieder frei für Neues zu haben. Wer von der eigenen Beerdigung träumt, hat mit einer wesentlichen Phase seines Lebens abgeschlossen – vielleicht kündigt der Traum eine Scheidung, einen Umzug, berufliche Veränderungen oder Auslandsaufenthalte an – bestimmt aber nicht Ihren Tod.

Beeren Ein Warnsymbol. Man pflückt etwas vom Strauch und nascht davon, ohne zu überlegen, ob es nicht auch giftig sein könnte. Was heißt: Nicht alles, was verlockend aussieht oder „süß schmeckt", muß in der Folge auch „bekömmlich" sein. Genauer hinsehen – und nicht allzu gutgläubig sein!

Begleitung Die Frage ist: Wer hat Sie im Traum begleitet – und wohin? Oft steckt der Wunsch nach einem intensiveren Kontakt zu einem bestimmten (vielleicht geliebten) Menschen dahinter, der sich aber eher rar macht. War es ein harmonisches Umfeld, in dem er Sie begleitet hat, könnte es eine tatsächliche Annäherung bedeuten. War die Traumszene chaotisch, die Stimmung feindlich, ist es als Aufforderung zu verstehen: Vergiß es! Selbst wenn der Kontakt zu diesem Menschen intensiver werden könnte, müßten Sie viel Unangenehmes dafür in Kauf nehmen – es wäre nie eine wirkliche Paarsituation.

Begrüßung Wer Begrüßungsszenen träumt, möchte häufiger „freundlich begrüßt" – vom Umfeld akzeptiert – werden, ein willkommener Gast sein bei Menschen, die man liebt oder braucht. Vermutlich haben Sie gerade eine Enttäuschung hinter sich oder fühlen sich zu wenig beachtet – oder aus einer Gemeinschaft ausgeschlossen. Ihr Selbstwertgefühl braucht dringend ein Erfolgserlebnis!

Behörde (→ Amt)

Beichte Symbol für eine Problemlösung durch Kommunikation und Aufrichtigkeit, der man sich stellen sollte, obwohl man Schwierigkeiten dabei befürchtet – oder diesem Gespräch immer wieder aus dem Weg gehen möchte.
Träumt ein streng gläubiger Mensch von der Beichte, hat er verdrängte Schuldgefühle oder Angst davor, „Strafe verdient" zu haben.

Beifall Ein Symbol für die Angst vor Ablehnung, man kann keine Kritik vertragen, möchte überall beliebt sein und gerne mehr im Mittelpunkt stehen. Bei häufigen Beifallsträumen steht es um Ihr Selbstbewußtsein nicht besonders gut. Sie brauchen Bestätigung wie die Luft zum Atmen!

Beil (→ Axt)

Bein Ein Symbol für Beweglichkeit (auch geistig) und Antrieb aus eigener Kraft. Sie setzen selbst die entscheidenden Schritte im Leben. Als Männertraum hat das (Frauen-)Bein eher eine erotische Bedeutung.
Nach S. Freud: befriedigtes Begehren.

Bekannte Gute Bekannte im Traum zu treffen heißt nach traditioneller Deutung: Ein Verlust kann verhindert werden, etwas Verlorenes wird bald wiedergefunden.
Meistens wünscht man sich nur mehr Kontakt zu bestimmten Menschen (die z. B. auch im Traum vorkamen) oder gemeinsame, harmonische Erlebnisse.

Belagerung Ein Symbol für Unfreiheit, räumliche oder emotionale Einengung, Zeit- und Leistungsdruck unter der Kontrolle ungeliebter oder nichtakzeptierter Menschen.

Beleidigung Meistens kein Symbol, sondern die Aufarbeitung einer real erlebten Beleidigung. Oder man hat selbst jemanden (zu Unrecht?) beleidigt und bekommt nun im Traum zu spüren, wie es sich anfühlt.

Beleuchtung Man träumt sie oft in einer speziellen Farbe, die darüber symbolisch Auskunft gibt, wie man „etwas sehen" will. In sanftes rosa Licht getaucht: Sie neigen dazu, sich etwas „schön zu denken" – und auch zu voreiliger Euphorie. Kühles Hellblau ist die Farbe nüchterner Betrachtungsweise, und düstere Beleuchtung läßt alles grau in grau erscheinen – die Farbe der Pessimisten.

Bellen Das Symbol für unterdrückte Aggression. In der traditionellen Deutung: Warnung vor Gefahr.

Benzin (→ Tankstelle)

Berg Sie standen erschöpft, aber glücklich auf dem Gipfel? Eine Zeit harter Arbeit bzw. großer Anstrengung ist positiv bewältigt, nun sind Sie von der Mühe des „Aufstieges" befreit und haben das Schwerste bereits hinter sich.
Manchmal auch als Warnung zu verstehen: Nicht den Überblick verlieren! Auch ein „Rückzug" (Abstieg) kostet Kraft.

bergab Bergab zu gehen und dabei nur ängstlich vorsichtige Schritte zu wagen – ein typischer Traum für Menschen, die Angst vor Kontrollverlust haben und sich „nicht fallenlassen" können, besonders in der Sexualität.

bergauf Ein Symbol für Anstrengung und „mühsames Gelingen" – aber auch die Freude am Aufstieg (aus eigener Kraft) drückt sich darin aus.

Bergführer Er stellt Autorität und kompetente Hilfe dar – wenn er häufig durch Ihren Traum klettert, sollten Sie sich um mehr Unabhängigkeit bemühen und lernen, eigene Schritte zu setzen – und entschlossener vorzugehen.

Bergkristall Traditionell gedeutet: Ein Traum, der ein Glückserlebnis ankündigt – man „findet einen Schatz". Der Kristall gilt als Symbol für Schönheit und Wert ideeller Art – für Erfolg durch klare, „saubere" Vorgangsweise und für die Verwirklichung eines Ideals.

Bergwerk Sie waren ganz allein in einem Bergwerk? Dann neigen Sie zu einsamen Entscheidungen und zum Alleingang in vieler Hinsicht. Sie planen und verwirklichen vieles „im Verborgenen" – Teamgeist und Vertrauen in andere ist nicht Ihre Stärke. Aber Sie haben Tiefgang, wissen, was Sie wollen, und sind damit erfolgreich.
In der traditionellen Deutung symbolisiert das Bergwerk die geheimnisvolle (Seelen-)Tiefe und „verborgene Schätze" – auch geistiger Art: Kreativität, Inspiration, eigenwillige neue Ideen.

Besen Mit ihm sollten Sie nichts „unter den Teppich kehren" – er symbolisiert, daß es „aufzuräumen und auszukehren" gilt: Probleme wollen nun erkannt und gelöst werden.
Traditionell galt der Besen als Zauberstab (auf dem die Hexen reiten) – was Dr. Freud sicher nur darin bestätigte, ihn zum Penissymbol zu erklären.

Bestrafung War es ein Angsttraum, hat das Unterbewußtsein die rote Karte gezeigt: Man verdrängt erfolgreich, daß man eigentlich „Strafe verdient", hört aber wider besseres Wissen nicht damit auf, jemanden (oder auch sich selbst) zu schaden.
Wer sich nach einem Bestrafungstraum erleichtert und befreit fühlt, mag vielleicht ein schlechtes Gewissen haben – aber sicher einen Hang zum Masochismus.

Besuch Als angenehmer Traum ist er Symbol für positive Veränderungen und gute Kontakte.
Wer von störenden Besuchen träumt, kann auch bei völliger Überforderung kaum nein sagen, ist „immer für alle da" und sollte lernen, sich (und seine geforderte Hilfe) zu verweigern. Man braucht dringend Ruhe und Abstand von Verpflichtungen. Wiederholen sich die Besuchs-Alpträume immer häufiger, kann dies als Warnung vor einem Nervenzusammenbruch gelten.

Beton Das Symbol für einen verhärteten Charakter – „der Charakterpanzer" nach der Lehre von Wilhelm Reich. Allgemein steht Beton für

Härte, emotionale Kälte und Abgrenzung.

Betrug Wer häufiger träumt, betrogen zu werden, hat Angst, nicht wichtig genug zu sein – ob in einer Partnerschaft, Familie oder Arbeitssituation, zeigt die entsprechende Handlung des Traumes auf. Eine Aufforderung, jetzt eine bessere Position zu erkämpfen und sich nicht immer mit einer „Nebenrolle“ im Leben zufriedenzugeben!

Bett Symbol für Ruhe, Intimität und Erotik – je nach Grundstimmung des Traumes. Nach C. G. Jung gilt das Bett als Ort des Schutzes und der Pflege – demnach ein „positiver Fluchtort“. Traditionell wird das Bett als Symbol für den Kreislauf des Lebens verstanden: Hier werden Kinder gezeugt und geboren, Kranke gesund – und es ist der Platz der Sterbenden.

Bettdecke Sie vermittelt Wärme und Geborgenheit – auch als Symbol. In einem negativen Traum sollte man allerdings darauf achten, mit wem man „unter einer Decke steckt“ – es könnte eine Warnung vor ungerechtfertigtem Vertrauen sein – oder vor einer Partnerschaft, die nicht hält, was sie verspricht.

Bettler Träumt man sich selbst in der Rolle des Bettlers, ist man von Minderwertigkeitsgefühlen geplagt und meint, daß man sich Liebe und das Vertrauen anderer immer erst verdienen oder „erbetteln“ muß. Man ist süchtig nach Bestätigung der eigenen Wertigkeit und ist sogar bereit, sich dafür zu erniedrigen.

Beute Symbol für Gewinn und Erfolg durch „die Jagd danach“ – durch eigenen Einsatz und flexibles Handeln. Wichtig: Wer oder was wurde zur Beute? Die Antwort gibt Auskunft darüber, was Sie für unverzichtbar halten.

Beutel (→ Tasche)

Bewerbung Man möchte etwas erreichen, was auch andere Menschen anstreben – man stellt sich einem Konkurrenzkampf. Wofür? Hier liegt der eigentliche Symbolwert dieses Traumes. Vielleicht gibt er Auskunft über ein (noch zu entwickelndes) Talent, das demnächst gefragt sein wird.

Bibliothek Ein Raum, um Wissen und Erkenntnis zu sammeln und zu bewahren. Als Traumsymbol: Man ist aufgefordert, mit offenen Augen durch das Leben zu gehen, Eindrücke und Erfahrungen bewußt zu verarbeiten und sich einem Lernprozeß (oder einer neuen Entwicklung der eigenen Persönlichkeit) zu stellen.

Biene Allgemein gilt sie als Symbol für Fleiß und selbstlose Leistung in einer Gruppe. Träumt man aber davon, von Bienenschwärmen bedroht und gestochen zu werden, ist es ein Hinweis auf psychische Überforderung durch zu viel Streß im Beruf oder in anderen Leistungsbereichen.

Bienenstich Ein Symbol für Geschlechtsverkehr – wenn man der griechischen Mythologie (und wieder einmal Dr. Freud) glauben möchte.

Bier In der traditionellen Traumdeutung gilt das Bier als Symbol für Geldverlust, den man sich wohl „ertrunken" hat. Aber vielleicht sind Sie nur durstig zu Bett gegangen?

Bild Als Traumsymbol sind Bilder Spiegelung – oder subjektive Betrachtung – der Realität. Manchmal warnt ein solcher Traum davor, sich von jemandem „ein falsches Bild" zu machen und auf ihn (nur dieser Fehleinschätzung entsprechend) zu reagieren. Es wäre also wichtig, sich daran zu erinnern, wen das Bild gezeigt hat!

Ein Bild als Traumsymbol gilt als Spiegelung – oder als subjektive Betrachtung der Realität.

Bildhauer Im positiven Traum gilt er als Symbol für Kreativität, die sich auch gegen die Härte des Alltags (oder unter schweren Bedingungen) durchsetzen kann.
Als Alptraumgestalt will der Bildhauer sagen: Vorsicht, man sieht die Realität nicht mehr, man flüchtet in eine Traumwelt und meißelt sich seine eigene Wirklichkeit wider besseres Wissen zurecht.

Birke Symbol für zarte, geschmeidige Jugendlichkeit. In traditioneller Deutung: Schutzbaum gegen böse Geister und Magie.

Birne Weibliches Sexualsymbol.

Bischof Symbol für traditionellen männlichen Machtanspruch – und dessen Mißbrauch unter dem Deckmantel einer „unantastbaren hohen Persönlichkeit".

Biß Ein Symbol für „animalische" Wut und Aggression – wenn in einem negativen Traum gebissen wurde. Haben Sie selbst jemanden gebissen? Eine Warnung aus dem Unterbewußtsein, daß Sie berechtigte Wut schon zu lange unterdrücken – vielleicht treffen Sie sich mit Ihrem Bißopfer zu einer klärenden Aussprache?
Bisse in einem erotischen Traum symbolisieren exzessive Sexualität: Ein Partner will den anderen „verzehren" bzw. sich „auffressen lassen". Ein häufiger Traum bei Neigung zu sadomasochistischen Wünschen.

Blasebalg Symbol für Wichtigtuer – jemand „bläst sich auf" und macht sich größer, als er ist.

Blasinstrument Symbol für starken Kraftausdruck. Im Sinne der klassischen Tiefenpsychologie (z. B. nach Freud): Penissymbol.

Blässe Wer sein eigenes Spiegelbild kreidebleich träumt, befürchtet eine Krankheit – oder „wünscht" sich eine, um sich pflegen und verwöhnen zu lassen. Ein typischer Traum in Phasen der psychischen und physischen Erschöpfung. Und eine Warnung, daß es Zeit wäre, eine Pause einzulegen.

Blatt In der traditionellen Deutung gelten grüne Blätter als Symbol des Lebens und der Wunscherfüllung – und welke als Ankündigung von Sorgen und Verlust.

Blau Traditionell gilt Blau als die Farbe der Treue. Farbpsychologisch: die Seelentiefe und Entspannung durch heilsame Ruhe. Auch: die unendliche Weite des Himmels, die Sehnsucht nach der Ferne.

Blech Gilt als Symbol für geringen Wert, etwas, das man nicht wichtig nehmen sollte („Rede kein Blech!") – und für nützliche Formbarkeit.

Blei Diese schmelzbare und giftige Materie hat Symbolwert für das Schwerfällige, die mühsame Bewegung und die gewichtige Schwere (auch eines Vorganges, einer Mitteilung usw.) – Bleigegenstände in Träumen deuten Überforderung und langsames Vorwärtskommen an.

Bleistift Man träumt von ihm, wenn man sich etwas hätte merken sollen – er ist Symbol für die Notiz, Gedächtnisbrücke. Und nach S. Freud kann er natürlich nur eines symbolisieren: den Penis.

Blendung Wie im wirklichen Leben: Irritation durch zuviel Licht, Überbelichtung, Täuschung durch ein glänzendes, allzu effektvolles Äußeres – ohne innere Werte. Also könnte es ein Warntraum gewesen sein, wenn Sie eine Ihnen bekannte Person „in blendendem Licht" gesehen haben – Vorsicht im Umgang mit ihr – und besser genauer hinsehen!

Blicke Sie sind Symbol für die bewußte Wahrnehmung, das aufmerksame Betrachten. Wer ist es denn, den Sie sich gern „näher anschauen" wollen – oder sollten?

Blinder Ihr Unterbewußtsein signalisiert, daß Sie etwas nicht sehen, wie es ist – oder daß Sie zu oft „wegsehen", wenn Ihnen der Anblick nicht gefällt: Man drückt sich vor der Verantwortung!

Blitz Symbol für überraschende Gewalt, Affekthandlungen – „unkontrollierte Entladungen" aller Art. Sie kennen doch die Verwünschung: „Den soll der Blitz treffen!"
(Nach S. Freud – und auch nach C. G. Jung – ist alles, was einschlägt, ein Phallussymbol.)

Blöße Wer sich im Traum eine Blöße gibt, will in der Realität meist das Gegenteil erreichen: etwas verbergen, geheimhalten, eigene Fehler und Schwächen vertuschen. Dieser Druck ist auf Dauer schwer zu verkraften, deswegen nützt die Psyche den Traum als Ventil und präsentiert „nackte Tatsachen". Man träumt z. B., daß man nackt beobachtet wird, Nähte platzen, Kleider vom Leib gerissen werden – oder ähnlich peinliche Situationen.

Blüte Das Symbol für Freude und die Fülle des Lebens – für emotionale und erotische Glückserlebnisse.
(Nach S. Freud symbolisieren Blüten die weibliche Sexualität.)

Blume (→ Blüte)

Blumentopf Ein Sinnbild kultivierter – und vom menschlichen Willen eingegrenzter – Natur. Wer öfter davon träumt, Blumentöpfe zu bepflanzen, kann es als Hinweis darauf verstehen, daß er sich angepaßter und „kultivierter" zeigt, als er gerne wäre. Sein Temperament würde lieber „unbeschnitten wuchern" können.

Blut Das klassische Symbol für Leidenschaft, Liebe und pralle Lebensfreude. „Die Stimme des Blutes" übertönt die Vernunft, wenn jemand „heißblütig" ist. Demnach bedeutet ein geträumter Blutverlust (oder auch blutende Wunden) Angst vor Liebesentzug, verletzte Gefühle, Einschränkung – oder das Ende einer intensiven Liebesbeziehung.

Blutegel Dieses nicht gerade beliebte Tierchen ist fast immer als Symbol für (uneingestandenen?) Ekel vor dem eigenen Körper zu verstehen.
Manchmal bedeutet ein Blutegeltraum aber auch, daß man sich ausgenützt fühlt – man befürchtet, „ausgesaugt" zu werden.

Blutung Keine Angst, dieser Traum ist nicht (wie in alten Deutungen) als Warnung vor schweren Krankheiten zu verstehen. Wenn in Ihrem Traum Blut geflossen ist, sollten Sie versuchen, einen (emotionalen) Verlust zu akzeptieren oder „zerronnenen Wünschen" nicht nachzutrauern. Es ist die Aufforderung, jemanden oder etwas loszulassen – selbst wenn es sich noch anfühlt, als würde man „aus allen Wunden bluten".

Bock Er ist auch als Symbol nur wörtlich zu nehmen, der „geile Bock" steht für männliche Kraft und ungezügelte Wildheit.

Boden Mit beiden Beinen fest auf dem Boden zu stehen, bedeutet Realitätssinn. Und der ist gefordert, wenn man häufiger von Fußböden oder Erde träumt; was meistens als Aufforderung zu verstehen ist, ein akutes Problem entschlossen und realistisch anzupacken, anstatt darüber zu grübeln!

Bogenschütze Ein Symbol für die Konzentration auf das Wesentliche und für zielgerichtetes Vorgehen. Trotz „höchster Anspannung" ist der Erfolg schon in Sicht – ein Glückssymbol, das zum Durchhalten ermutigen soll.

Bohne Wie alles Keimfähige symbolisiert die Bohne (nicht nur nach S. Freud) Sexualität und Zeugung.

Bohrer Nach neueren Theorien gilt er nicht nur als klassisches Penissymbol, sondern auch als Hinweis auf Zweifel an einem schwierigen Vorhaben – bzw. an dessen Gelingen.

Boje Ein Symbol für Orientierungshilfe, Hoffnung auf Sicherheit und für den glücklichen Ausgang einer riskanten Unternehmung.

Bombe Wer häufig von Bomben und deren Explosion träumt, hat keine düstere Ahnung von naher Kriegsgefahr – er geht zu aggressiv und dominant durchs Leben und ist deshalb in seinem Umfeld etwa so beliebt und willkommen wie ein Bombenangriff. Ein Traumsymbol, das vor geistiger Zerstörungswut und Übergriffen auf die persönliche Freiheit anderer warnen soll!
In der Psychoanalyse symbolisiert die Bombenexplosion einen Orgasmus (Enthemmung und Entladung).

Boot (→ Schiff)

Bordell Das Symbol für Geschäfte mit der Sexualität will sagen: Du verkaufst dich – oder deine Gesinnung – und verstellst dich aus Berechnung.
Als Männertraum ist es, was es ist: Mann ist neugierig auf neue, fremde oder „grenzwertige" Lusterfahrungen.

Blumen und Blüten symbolisieren Freude und die Fülle des Lebens.

Boxkampf Den Traum vom aggressiven Durchsetzungsvermögen hat man oft in Beziehungskrisen – oder in einer allzu spannenden Phase der beruflichen Kraftproben und Machtkämpfe. Was man sich im Wachzustand nicht (ganz) eingesteht, wird zu Ende geträumt: Man möchte den Gegner gern wehrlos sehen, ihn „fertigmachen" und „auf ihn hinunterschauen".

Brand Ein oft geträumtes Symbol für die Angst vor dem eigenen (feurigen) Temperament – oder für den heftigen Wunsch, endlich einmal Öl in die Flammen zu gießen, zumindest emotional. Man hat sein Leben auf Sparflamme satt und wünscht sich „einen Flächenbrand der Gefühle".

Brandung Das Symbol für die „Wogen der Seele und Brandung der Gefühle" will Ihnen sagen: Keine Angst, laß dich fallen und gib deinen Wünschen nach.
Oder ganz banal und dennoch gültig: Sie lieben das Meer und waren schon viel zu lange nicht dort. In beiden Fällen ein Traum von eingestandener Sehnsucht – und der Ermutigung, sie zu erfüllen.

Braten In traditioneller Deutung: Man wünscht sich das Gelingen eines Vorhabens. Der Traum vom Sonntagsbraten wird häufiger, wenn man die gemütliche Atmosphäre von „zu Hause" und eine harmonische Familiensituation vermißt.
Bratenträume symbolisieren auch die Lust am sinnlichen Genuß und die Neigung, „nichts anbrennen zu lassen".

Braut Nein, Sie träumen nicht von der eigenen Hochzeit – eher plagt Sie ein Bindungswunsch im positiven oder negativen Sinn, und Sie grübeln an der Entscheidung (dafür oder dagegen), anstatt sie zu treffen. Ein häufiger Traum junger Männer, die auf einen speziellen Frauentyp fixiert sind und diese „Traumfrau" in allen suchen.

Bremsen Ein Symbol für Hindernis und Hemmung. Es wäre wichtig, wenn man sich erinnern könnte, wer oder was der Bremsgrund war – daraus könnte man folgern, wovor man wirklich stehenbleiben und ausweichen sollte.

Brennessel Ein Warnsymbol, daß man eine Gefahr unterschätzt und erst zu spät erkennen könnte, daß es doch „schmerzliche Folgen" zu verkraften gibt.

Brennholz Wenn es schon lodert, haben Sie sich auf ein „Strohfeuer" eingelassen: eine heiße, aber kurze Affäre. Nach traditioneller Deutung ein Symbol für eine flüchtige Bekanntschaft.

Brett Je glatter und flacher das Brett, desto eindeutiger und überschaubarer ist die Situation, um die es in Ihrem Traum ging. Die Symbolik liegt in der Funktion des Brettes: Wofür wurde es gebraucht? Hier liegt die Antwort auf die Frage, was so leicht zu „hobeln" ist.

Brief Er gilt als das Kommunikationssymbol schlechthin. Wer davon träumt, sollte sich fragen, welche „Botschaft" nicht bei ihm angekommen ist. Was überhört oder übersieht man immer wieder? Was will man nicht verstehen?

Briefmarke Ein Wertsymbol, das etwas mehr Aussagekraft bekommt, wenn man sich an die Farbe der Marke erinnern kann.

Brieftasche Ganz einfach – Symbol für Geld, Eigentum und Besitz.
Allerdings: Wenn man wiederholt vom Verlust der eigenen Brieftasche träumt, kann es auch eine Warnung vor drohendem Identitätsverlust sein.

Brille Symbol für die Möglichkeit, etwas genauer zu betrachten – eine neue Sicht und mehr Durchblick wären gefragt.
Eine zerbrochene Brille muß nicht unbedingt Unglück symbolisieren. Eher bedeutet sie, daß man ein Hindernis überwinden oder eine Einschränkung akzeptieren muß, um ein Problem zu lösen.

Brosche (→ Schmuck)

Brot Das klassische Symbol für Nahrung, Stärkung, soziale Sicherheit und die Gewißheit, zu überleben. Achten Sie auf die Größe und Form Ihres Traumbrotes: Daraus könnten Sie erfahren, ob Sie in nächster Zeit „kleine Brötchen backen müssen" – oder das erfreulichere Gegenteil: Wohlstand und Erfolg kündigen sich in Form großer Brotlaibe an.

Brücke Eine stabile Brücke über dem drohenden Abgrund ist eines der wesentlichsten und meistgeträumten Symbole überhaupt. Gläubig erzogene Kinder werden in Angstträumen von ihrem Schutzengel über rettende Brücken geleitet, und fast jeder Mensch kennt Brückenträume, die Sicherheit in Gefahr bedeuten – oder eine „Grenzüberschreitung" – nahe am Abgrund.
Die Brücke gilt als Symbol für die Verbindung von Getrenntem, die Überwindung von Gegensätzen.
C. G. Jung sieht in der Brücke ein Symbol für unsichere Stellen des Bewußtseins, die immer wieder vom Unbe-

wußten „unterspült“ und bedroht werden.

Bruder In einem Männertraum ist der Bruder Symbolgestalt für das zweite Ich – was heißt: Man ist auf sich selbst gestellt, muß seine Probleme allein lösen – vielleicht mit Hilfe einer typisch männlichen Eigenschaft. In einem Frauentraum steht die Brudergestalt für ihren maskulinen Wesensanteil.

Brunnen Nicht nur der „Jungbrunnen“ gilt als Symbol des Lebendigen, der unerschöpflichen Lebensenergie. Von einem tiefen, fest gebauten Brunnen mit klarem Wasser zu träumen, bedeutet klug genützte, nie versiegende Energie: ein wahrer Glückstraum. Eine Warnung, mit seiner Lebenskraft ökonomischer umzugehen, könnte ein baufälliger oder ausgetrockneter Brunnen sein.

Brust Wenn ein Mann auffällig oft von diesem Weiblichkeitssymbol träumt, hat er entweder eine sexuelle Fixierung – oder eine übertriebene Mutterbindung. Ödipus läßt grüßen!

Buch Symbol für Klugheit und Wissen – wenn allerdings der Buchtitel oder die Farbe des Umschlages das Wesentlichste an Ihrem Buchtraum war, ist hier die eigentliche Symbolik zu finden.

Buckel Ein Symbol für „die Last des Lebens“, die schwer zu tragen ist und den Rücken beugt. Wer unter Existenzangst leidet, „buckelt“ zur (eigenen) Sicherheit und macht sich bestimmt nicht die Mühe, für andere Menschen „geradezustehen“. Sinn des Traumes: Werfen Sie (unnötigen) Ballast ab, entlasten Sie sich durch mehr Selbstvertrauen, und machen Sie sich endlich stark für das, was Sie wirklich wollen. Sie sind zu angepaßt und „leiden zu gern“!
(Oder Sie ärgern sich häufig über einen solchen Buckelmenschen in Ihrem Leben, und er fällt Ihnen zur Last.)

Büffel Der Bulle ist ganz eindeutig Symbol für männliche Sexualität und Kraft. Wenn er durch Ihre Alpträume trabt, haben Sie Angst vor Ihrer eigenen (ausgelebten) Sexualität – oder vor der des Partners.

Bügeleisen Das handliche Haushaltsgerät ist genauso simpel wie sein Symbolgehalt: Wer vom Bügeln träumt, möchte etwas in Ordnung bringen und läuft dabei Gefahr, sich „die Finger zu verbrennen“.

Bühne Die Bretter, die für viele die Welt bedeuten, ist ein Schauplatzsymbol für eine „Position im Rampenlicht“, die man anstrebt. Man sieht sich gern im Mittelpunkt und genießt die

Aufmerksamkeit anderer. Kein Wunder, daß introvertierte Menschen sich kaum an solche Träume erinnern.

Bulldozer Ein Symbol für fremde Kraft, die „etwas aus dem Weg räumen soll". Wer davon häufig träumt, hat Machtgelüste, möchte sich aber lieber nicht die eigenen Hände schmutzig machen.

Bulle (→ Büffel)

Burg Sie sichert und schirmt einen Mächtigen (oder Macht) ab und gilt als Symbol für Abkapselung, die sich nicht vereinnahmen läßt.
Nach S. Freud ist die Burg Symbol für die Frau – die es zu erobern gilt.

Büro Je nach Attraktivität oder Häßlichkeit Ihres Traumbüros fällt die Symbolik aus: gut und gern verrichtete Arbeit in Gemeinschaft – oder der Wunsch, sich davon zu distanzieren, um eiligst ganz allein die Karriereleiter zu erklimmen.

Bus Wie in der Realität: rasches Vorwärtskommen in Gemeinschaft. Manchmal ein Hilfestellungstraum für Menschen, die sich vergeblich bemühen, allein ein Ziel zu erreichen.
Außerdem: wie alle Fahrzeuge Symbol für Veränderung, Ortswechsel und Aufbruch. Wer häufig von Busfahrten träumt, sollte sich an den Zustand des Busses und die Mitreisenden zu erinnern versuchen – hier wird der eigentliche Sinn des Traumes zu entschlüsseln sein.

Busch (→ Gebüsch)

Busen (→ Brust)

Butter Ein Symbol für das „kleine Glück" – „alles in Butter". Das eigene Leben hat seine beruhigende Ordnung, und niemand muß Mangel erleiden.
Ganz anders: Wenn Wertgegenstände mit Butter beschmiert sind oder man auf einem Stück Butter ausrutscht – dann ist es eben dieses kleine Glück, das man absolut nicht erstrebenswert findet. Man lehnt jede kleinbürgerliche Lebensweise ab – oder man will mehr erreichen und verachtet alles Durchschnittliche.

Café Im Café sucht man Anregung und Kontakte. Selbst wer dort gern allein sitzt und sich lieber hinter einer Zeitung verschanzt, nimmt doch passiv an dieser spielerisch-unverbindlichen Atmosphäre des Kommens und Gehens (und Genießens) teil. So ist auch der Traum zu verstehen: Man ist gern mitten im (angenehmen) Geschehen und hält sich trotzdem nach Lust und Laune heraus.

Camping Ein Symbol für die Verbindung des einfachen Lebens (in freier Natur) mit lockeren sozialen Kontakten. Wer davon positiv träumt, ist offen für die unterschiedlichsten Begegnungen und für ein wechselndes Umfeld: Ein häufiger Traum in einer Phase des Lebens, in der man sich nicht gerne festlegen möchte – man will sich erst umsehen und vergleichen können.
Wer dagegen von negativen Campingerlebnissen träumt, hat ein erhöhtes Bedürfnis nach Sicherheit, Geborgenheit und sucht die Möglichkeit, sich jederzeit (auch räumlich) zurückziehen zu können.

Cello In der Psychoanalyse gilt das schön geschwungene Instrument als Symbol für den Frauenkörper.

Champagner In der traditionellen Deutung galt der Champagner als Symbol für Verschwendungssucht und ein lasterhaftes Leben („in Champagner baden"). Heute ist er zum durchaus erschwinglichen „kleinen Luxus" geworden – und so sind auch Träume zu verstehen, in der er eine Rolle spielt: Sehnsucht nach gehobener Lebensfreude und einem „prickelnden" (erotischen?) Genuß.

Champignon (→ Pilze)

Chauffeur Der bezahlte Mann am Steuer gilt als Symbol für fremde Hilfe, die etwas in Bewegung bringt. Man erreicht sein Ziel, ohne sich selbst dafür anzustrengen, und „läßt die anderen machen", behält aber doch gern den Überblick.

Chef Er gilt als Symbol der Autorität und Verantwortung für andere. Wer

sich selbst in einer Chefposition träumt, kompensiert entweder seinen (noch) nicht befriedigten Ehrgeiz – oder es gilt als Hinweis, daß man wohl die Fähigkeit, aber nicht den Mut hat, den Schritt in die Chefetage zu schaffen.
Nach C. G. Jung macht sich in Chefträumen ein herrschsüchtiger, maskuliner Wesenszug bemerkbar.

Chemie Hier handelt es sich häufig um einen subtil verschleierten Machtwunsch – man will etwas erkennen bzw. analysieren, um es dann nach eigenem Willen zu verändern. Menschen, die gern ihr Umfeld bzw. ihre Angehörigen manipulieren, sehen sich gelegentlich selbst aktiv im chemischen Labor.

Der Clown in einem Frauentraum bedeutet Witzigkeit und Lieblichkeit, in einem Männertraum die Angst, sich lächerlich zu machen.

Chirurg Symbol für einen rettenden oder „heilsamen“ Vorgang, dem aber doch etwas zum Opfer fallen wird – wie der Organbereich, der operiert werden muß –, damit der übrige Körper wieder gesund werden kann.

Chor Ganz einfach – er ist Symbol dafür, daß man „mit einer Gruppe im Einklang sein“ möchte. Als Alptraumvariante: Man versucht es vergeblich und hört sich als einzige Person laut falsch singen – was heißt: Man schafft es trotz seines Bemühens nicht, die erwünschte Harmonie herzustellen.

Christus (Kruzifix) Symbol für Reue und schlechtes Gewissen, daß jemand anderer für ein eigenes Versagen „büßen“ muß.

Chrom Metallisches Symbol für kühle Sachlichkeit.

Chrysantheme Die typische Grabschmuckblume gilt als Trauersymbol – oder als Aufforderung des Unterbewußtseins, von jemandem innerlich Abschied zu nehmen.

Clown Frauen, die sich selbst in der Rolle des Clowns sehen, sind das typische Funny-Girl: Immer so witzig und lieb wie nur möglich – getrieben von der Angst, niemanden auch nur irgendwie belasten zu dürfen, da man sonst sofort mit Liebesentzug bestraft wird. Für Männer haben Clownträume eine andere Bedeutung: die Angst, sich lächerlich zu machen – oder den Wunsch, trotz einiger Schwächen und unseriösem Verhalten beliebt zu sein.

Computer Im positiven Traum ist er das Symbol für hohes Reaktionsvermögen und ein perfektes Funktionieren – im negativen: gefühllose, geradezu unmenschliche Perfektion.

Couch Dieser gemütliche Platz der Entspannung hat im Traum häufig eine erotische Bedeutung. Die Frage ist: Wer saß auf der Couch? Gemeinsam mit Ihnen? Allein? Es könnte sich ja um jemanden handeln, den Sie sich – bis jetzt „streng geheim“ – auf Ihr Polstermöbel wünschen.

Cowboy Ein ziemlich maskulines Symbol für Freiheitsdrang und Abenteuerlust. Als Männertraum hat er eine unmißverständliche Aussage: Man ginge lieber heute als morgen „auf und davon“ und möchte vor allem eines – weniger Verantwortung tragen müssen.

Creme (Haut) Meist ist sie Symbol für jenen Seelenbalsam, den man derzeit einfach nicht bekommen kann: Man möchte sich pflegen und verwöhnen lassen und sich nicht der „harten Realität" stellen. Ein häufiger Frauentraum in besonders stressigen Zeiten.

Creme (Essen) Man möchte sich etwas auf der Zunge zergehen lassen, worauf man Lust hat: Appetit nach der „Süße der Liebe" und anderen sinnlichen Genüssen – aber bitte ohne viel Mühe! Denn man will deswegen nicht „an etwas knabbern müssen".

cutten (Film) Wenn eine Traumszene so plötzlich mitten in der Handlung abbricht, daß es wie ein gezielter Filmschnitt wirkt, kann man darin eine Zensur des Unterbewußtseins sehen: Man hätte die weitere Handlung des Traumes zu diesem Zeitpunkt kaum verkraftet. Gerade daß man sich an das „Cutten" erinnern kann, soll vermitteln, daß dies eine Schutzfunktion hatte.

D

Dach Ein Dach über dem Kopf zu haben, bedeutet Schutz und Sicherheit – im Traum ist es demnach als Symbol für Geborgenheit zu verstehen. Aber nicht nur: Nach C. G. Jungs Traumpsychologie bewahrt man alles das „auf dem Dachboden" (des Unbewußten) auf, was man weder zu denken noch zu äußern – und erst recht nicht auszuleben – wagte. Ein Traum, dessen Handlung auf dem Speicher (bzw. Dachboden) spielt, könnte eine starke Aussagekraft über wesentliche Themen unseres Lebens beinhalten. Was sich vielleicht lange verdrängen ließ, aber trotzdem in der eigenen Vergangenheit prägend war, macht sich darin bemerkbar. Versuchen Sie sich an alles, was sich in Ihren Träumen „unter dem Dach" abspielt, so klar wie möglich zu erinnern. Damit könnten Sie verhindern, daß es zu dem kommt, was man unter „Feuer auf dem Dach" versteht: eine äußerst kritische Situation – Alarmstufe 6 für die Psyche!

Dachgiebel Symbol für einen Ort der Sicherheit, auf den man sich retten kann, wenn die Wellen des Lebens einmal zu bedrohlich hochschwappen. Manchmal auch ein Tip des Unterbewußtseins, etwas „noch rechtzeitig in Sicherheit zu bringen", bevor es verloren ist.

Dackel (→ Hund)

Dame Ein häufiger Männertraum: Eine fremde, oft „gesichtslose" Dame bewegt sich unnahbar, fast unheimlich durch eine Traumhandlung. Sie wirkt faszinierend und bedrohlich zugleich. Was heißt: Mann hat Angst vor weiblicher Überlegenheit oder allen typisch weiblichen Eigenschaften, die er nicht durchschaut – und somit nicht in den Griff bekommen kann. Ein Unterlegenheitstraum.
Von Frauen geträumt: eine übermächtige Mutter (oder Vorgesetzte usw.), die immer etwas emotional „Unerreichbares" an sich hat und Wert darauf legt, mehr gefürchtet als geliebt zu werden.

Damm (Bahndamm) Wie auch die

Schienen gilt er als vorgegebener Weg, von dem man nicht abweichen kann – wer es versucht, riskiert ein Unglück. Eine Warnung davor, ein zu hohes Risiko einzugehen oder etwas in Frage zu stellen, was solide aufgebaut wurde.

Damm (Staudamm) Einerseits ein Symbol für Schutz und Sicherheit – andererseits auch für Einengung und unterdrückte Gefühle, wie auch für einen großen Plan (oder Wunsch), den man nicht zu verwirklichen wagt, weil dafür zuviel aufs Spiel gesetzt werden müßte. Ein Unsicherheitstraum, man möchte ganz anders, als man sollte, weiß um das hohe Risiko und kann sich nicht entscheiden.

Dammbruch Er symbolisiert sehr anschaulich, daß sich eine übermächtige Kraft nicht länger zurückhalten läßt: Das Wasser (Gefühl) durchbricht die Absperrung (Pflicht, Tradition, Zwänge), um endlich frei fließen zu können. Ein Symboltraum für eine sich ankündigende (und längst fällige) aggressive Entladung. Manchmal auch dafür, ein Gefühl über den Verstand siegen zu lassen, eine Leidenschaft auszuleben.

Dämmerung Die Verschmelzung von Licht und Dunkelheit gilt als Symbol für Romantik und das (psychische) „Schweben zwischen zwei Welten". Die Abenddämmerung steht auch für ein sanftes Abschiednehmen, das zugleich die Chance eines Neubeginns (der nächste Sonnenaufgang) in sich trägt. Die Morgendämmerung ist ein sprichwörtliches Hoffnungssymbol.

Dampf Ein Symbol für Hitze und Überdruck. Aber auch für einen Auflösungszustand, eine „lautlose Veränderung".

Dampfkessel Wer sich im Traum am dampfenden Wasserkessel die Finger verbrennt, kann es ruhig wörtlich nehmen – er hat Angst davor, daß ihm etwas „zu heiß wird" und daß er „sich die Finger verbrennt", wenn er der Versuchung nachgibt, einem Gefühl freien Lauf zu lassen – es nicht mehr mit einem „Ventil zu sichern", was heißt, es unter Kontrolle zu haben. Oft ein Wunschtraum!

Dattel Die „sinnliche Frucht" gilt als Symbol erotischer Leidenschaft – und nach S. Freud als Sinnbild der weiblichen Geschlechtsteile.

Daumen Er soll sexuelle Triebhaftigkeit darstellen – laut S. Freud. Aber der Daumen gilt auch als Symbol für Kreativität – und für Sieg oder Verlust, je nachdem, ob er nach oben oder nach unten zeigt.

Daumenlutschen Weil es normalerweise nur Kleinkinder tun, gilt es als Symbol für die Flucht in Kindlichkeit – und als Sehnsucht nach der frühkindlich oralen Phase.
In der Lehre der Psychoanalyse gilt Daumenlutschen als Onaniesymbol.

Deck (Schiff) Befinden Sie sich im Traum auf dem Ober- oder Unterdeck? Letzteres symbolisiert, daß Sie mehr „aus dem Bauch leben" – oder dies endlich einmal versuchen sollten. Das Oberdeck des Schiffes gilt als Hinweis auf eine sehr „kopfgesteuerte" Phase, in der Gefühle auf der Strecke bleiben und geistige Ziele konzentriert angepeilt werden.

Decke Sie wärmt, und man kann sich auch „unter ihr verbergen" – deswegen ist es wichtig, daß man sich nach einem solchen Traum merkt, mit wem man „unter einer Decke steckt": Sie ist Symbol für Vertrautheit – und auch für gemeinsamen Rückzug – z. B. vor der Indiskretion anderer.

Decke (Zimmerdecke) Als die Obergrenze eines Raumes symbolisiert sie eingeschränkte Möglichkeiten „nach oben hin". Wer davon träumt, hat sicher etwas durchzustehen, wobei ihm manchmal „die Decke auf den Kopf fällt".

Degen Er ist ein vitales Aggressionssymbol, und wer von ihm träumt, hat Macht und Einfluß im Sinn – selbst wenn er dafür „über Leichen gehen" müßte!
Kein Wunder, wie S. Freud den Degen sah: als männlichstes aller Machtmittel (seiner Zeit) – den Penis. Nach heutiger Interpretation der psychoanalytischen Therapie gilt ein Degen eher als das trennende, etwas zerreißende Schwert, das man als Symbol für Trennung und Abschiedsschmerz betrachtet.

Delphin Das kluge Tier aus dem Element Wasser ist Symbolgestalt der mit Intelligenz gepaarten Tiefe eines Gefühls.

Demonstration Wer demonstriert in Ihrem Traum wofür? Am wichtigsten: Auf welcher Seite stehen Sie? Wollen Sie – aktiv beteiligt – etwas zum Positiven verändern – oder stehen Sie auf der Seite, welche die geforderte Veränderung mit allen (meist von konservativer Einstellung bestimmten) Mitteln verhindern will? Allein Ihre Position im Geschehen bestimmt die Traumaussage. Sie soll Ihnen klarmachen, was Sie mit höchstem Einsatz erreichen oder verhindern wollen.

Denkmal Ganz eindeutig als Machtsymbol zu verstehen – und als „versteinertes“ Bild einer Machtposition, die zwar zu beachten, aber nicht mehr aktuell ist.

Detektiv Ein Traumbild, das Ihnen auch die Gefahren (bzw. die nicht immer ganz geraden Wege) eines Vordringens in neue, unbegrenzte Möglichkeiten anschaulich machen will.
Wenn Sie sich selbst in der Rolle des Detektivs erlebt haben, wollen Sie etwas „ohne Rücksicht auf Verluste“ erfahren, um das Ergebnis anschließend für Ihre – vielleicht geheimen – Ansichten zu verwerten.

Diadem Es im Traum stolz getragen zu haben, bestätigt Ihr starkes Selbstbewußtsein und das Wissen um Ihre Wirkung auf andere Menschen.
Wenn Sie jemanden um ein Diadem beneidet haben, wären Sie selbst gern in seiner „alles überstrahlenden“ guten Position.

Diamant Verständlich, daß er als das klassische Symbol für höchsten Wert gilt – seine Härte, Klarheit und Strahlkraft ist kaum zu überbieten – und so sind auch Diamantenträume zu verstehen: Ist er in Ihrem Besitz, sind sie „unschlagbar“ und in einer Position des Glücks und der geradezu unbegrenzten Möglichkeiten.
Nach C. G. Jung symbolisiert der Diamant die höchste Vollendung des irdischen Körpers, der irdischen Form.
Wenn Sie träumen, einen Diamanten verloren zu haben, sollten Sie den Hinweis aus dem Unterbewußten ernst nehmen: Was immer auch für Sie von höchstem Wert ist, könnte demnächst kaum zu erreichen und nur mit Mühe wiederzuerobern sein.

Dichter Ein Symbol für Inspiration und kreative Arbeit durch eigene Vorstellungskraft. Häufig als Aufforderung zu verstehen, einen individuellen Weg nach eigenen Ideen – und ohne die herkömmlichen Sicherheitsvorstellungen (sozial, materiell usw.) zu wagen.

Diebstahl Es könnte ein Warntraum sein, wenn Sie Zeuge oder Opfer eines Diebstahls waren. Das heißt: Wenn Sie alle Zeichen beachten und sensibel vorgehen, könnte sich ein drohender Verlust vermeiden lassen – wobei solche Träume selten materielle Verluste andeuten. Viel häufiger geht es um den Verlust einer Chance, einer Beziehung zu einer geliebten Person, einer erkämpften Position im Leben.
Wenn Sie selbst der Dieb waren, würden Sie sich gern aus einer Verpflichtung oder Bindung „davonstehlen“.

Diener Wer sich selbst in der Rolle eines Dieners träumt, soll erkennen, daß er sich zu leicht unterordnet und an mangelndem Selbstwertgefühl leidet. Wer sich im Traum bedienen läßt, hält die Zuwendung und „Dienstleistungen" anderer für viel zu selbstverständlich – ein Hinweis, sich über die eigenen Vorstellungen zum Thema Geben und Nehmen ein paar kritische Gedanken zu machen!

Diktator Die klassische Symbolfigur für unnachgiebiges Machtstreben und Geltungssucht – und falls er in Ihrem Traum vielleicht sogar sympathisch war und durchaus „menschliche Züge" an sich hatte: Überdenken Sie doch einmal in Ruhe Ihre eigenen Ambitionen, den großen Diktator zu spielen, wenn nicht gleich alles nach Ihrer Pfeife tanzt!

Dinosaurier Hier geht es um die Faszination des Gigantischen und Monumentalen – entweder erliegt man ihr – oder man fürchtet sie. Die genauere Handlung des Traumes stellt dann ohnehin den Zusammenhang her.

Diplom Es im Traum zu erhalten bestätigt die Hoffnung auf Anerkennung einer erbrachten Leistung. – Während einer Diplomverleihung abseits zu stehen symbolisiert das Gegenteil: Man fühlt sich unterschätzt und übergangen.

Diplomat Sie waren in einer Diplomatenresidenz zu Gast und sonnten sich in dieser kultivierten Atmosphäre der weltgewandten, eleganten, sich mehrsprachig unterhaltenden Gesellschaft? Alles nur geträumt – und genau hier liegt die Aussage dieses Traumes: Sie wollen „mehr" und nicht mehr nur Zaungast sein. Daß Sie selbst gefordert sind, aktiv zu werden und ehrgeizige Träume kaum ausreichen, um „nach oben" zu kommen – was immer das auch für Sie sein mag –, wollte Ihnen dieser Besuch in der „Zielgruppe" anschaulich machen.

Dirigent Er stellt eine Autorität dar, der es aber weniger um die Macht an sich geht, vielmehr um die Möglichkeit, eine Gruppe „in Harmonie" zu führen. Wer selbst im Traum am Dirigentenpult stand, der hat ein starkes Harmoniebedürfnis und will aktiv dafür sorgen, daß sein Umfeld auf der gewünschten Wellenlänge schwingt.
Wer im Traum von einem Dirigenten fasziniert ist, wünscht sich zwar auch Harmonie – aber dafür sorgen (und mit Spannungen zurechtkommen) müssen andere. Selbst gibt sich der Dirigentenfan gern übersensibel und kompliziert, er duldet keinen „schrägen Ton" in seinem Umfeld und verhält sich extrem konfliktscheu. Für Disharmonie sind immer nur die anderen verantwortlich.

Diskothek Symbol für intensives Lebensgefühl und jugendliche Selbstdarstellung.

Diskussion Ist kein eigentliches Traumsymbol – eher „Tagesreste" eines unausgesprochenen Problems, das im Traum durchklingt und sich erneut zum „Diskussionsthema" macht.

Distel Sie gilt als Symbol für mühsame Arbeit oder für eine unerfreuliche, „stachelige" Stimmung, mit der man konfrontiert ist.

Doktor (→ Arzt)

Dolch Dieses Symbol aggressiver Männlichkeit kann vor allem als Frauentraum bedeuten, daß es eher ersehnt als gefürchtet ist. Frauen, die sich gern besonders verletzlich und schwach geben, um den Beschützerinstinkt der Männer zu provozieren, sind hier angesprochen. In der Psychoanalyse steht der Dolch für einen absoluten (erotischen) Hingabewunsch von Frauen mit masochistischer Neigung.

Dom (→ Kirche)

Donner Wer es im Traum öfter mal donnern hört, sollte es als Aufforderung sehen, selbst häufiger „loszudonnern" und nicht alles still in sich hineinzufressen, was man an Frust serviert bekommt. Donnerträume bedeuten Ermutigung zur positiven Gegenwehr!

Dorf In der altägyptischen Traumdeutung hat das Dorf noch als Sinnbild des friedlichen, nach außen hin geschützten Gemeinschaftslebens gegolten. Die aktuellere Bedeutung: eine allzu kontrollierte, beengte Lebensweise – oder trügerische Romantik.

Dornen Ob einzelner Dorn oder ganzer Dornbusch – wer davon träumt, hat einen „dornigen Weg" vor sich: Probleme und Hindernisse sind zu überwinden.

Dose Was war denn in der Dose? Auf den Inhalt kommt es an – und was Sie damit tun wollten. Erst dieser Zusammenhang ergibt den Sinn des Traums. Dr. Freud sah in der Dose die weibliche Sexualität – was sonst?

Drache Früher nahm ihn die Traumdeutung wörtlich – das feuerspeiende Fabelwesen mußte als Symbol für ein böses Weib (bzw. die Schwiegermutter) herhalten: für den Hausdrachen eben. In der Psychotherapie steht das mächtige Ungeheuer für den menschlichen Urtrieb, und es gilt, ihn mit geistiger Überlegenheit zu bekämpfen.

Draht Wer von ihm träumt, hat zu anderen Menschen „einen guten Draht", und so ist er auch symbolisch zu betrachten: Verbindung, Kommunikation, positive Wechselwirkung.

Drama (Bühne) Die Symbolik liegt einzig in der Rolle, die Sie (oder ein Ihnen nahestehender Mensch) darin zu spielen haben. Sind Sie nur Zuschauer, bedeutet dies, daß Sie lieber neutraler Beobachter bleiben und sich gern heraushalten, wenn es sich wo „dramatisch abspielt": Nur keine wichtige (verantwortungsvolle) Rolle übernehmen!

Drei Die Zahl Drei gilt als Symbol für Dynamik, Spannung, Rhythmus und Vollständigkeit – wurde aber auch sehr widersprüchlich interpretiert: aus religiöser Perspektive: die Dreieinigkeit Gottes (Vater – Sohn – Heiliger Geist).

Nach C. G. Jung steht die Drei für das Teuflische: Die „Triebhölle" wird als dreiköpfige Schlange dargestellt, die in der Mythologie den Satan personifiziert.

Sigmund Freud sah in der Drei ein Sinnbild der männlichen Genitalien.

Mythologisch und traditionell hat die Drei magische Bedeutung: „Ein dreimaliges Tun des gleichen stellt die Verbindung mit der Wirklichkeit her" – weswegen (nach dem Aberglauben) nur magische Rituale wirksam werden können, wenn man sie dreimal wiederholt: Faust mußte dreimal rufen, um Mephistos Erscheinen zu beschwören. Dreimal auf Holz zu klopfen und sich dabei das Gewünschte vorzustellen, „macht es bald wahr". Nach einem Unglückserlebnis drei Schritte zurückzugehen, macht es „rückgängig" – und den Weg für eine bessere Lösung frei. Und in Märchen werden von guten Feen stets drei Wünsche erfüllt, nicht mehr und nicht weniger – immer nur drei.

Weitere Symbole dafür, daß erst die Drei ein Ganzes ergibt (was auch in der geträumten Bedeutung eine Rolle spielen kann): Die Urfamilie = Vater + Mutter + Kind.

Die menschliche Persönlichkeit = Körper + Seele + Geist.

Die Zeit = Vergangenheit + Gegenwart + Zukunft.

Dreieck Nicht nur nach S. Freud gilt es als Vaginasymbol, aber gerade weil es so einfach ist, kann es so vieldeutig sein. Für die Alchimisten hat es das Wasser symbolisiert, in der Meteorologie bedeutet es Regenschauer.

Ein Dreieck, auf der Spitze stehend, wirkt dynamisch (nicht statisch wie ein Quadrat) – ein labiles Gleichgewicht, das jeden Moment kippen kann. Seine erotische Symbolik ist eindeutig.

Früher galt der Drache als Symbol für ein böses Weib – heute steht das mächtige Ungeheuer für den menschlichen Urtrieb.

In der traditionellen Traumdeutung: Ein Dreiecksverhältnis bahnt sich an.

Droge Wie im realen Leben: Symbol exzessiver Erfahrung, rauschhafter Zustände. Aber auch Wirklichkeitsflucht und der Wunsch, Schmerzen (auch seelische, emotionale) zu betäuben. Wer davon träumt, ist mit einer solchen Problematik befaßt.

Drossel (→ Vogel)

Dschungel Wenn es ein Alptraum war: Sie werden Mühe haben, sich „einen Weg freizuschlagen", um vorwärts zu kommen. Sie sind von Hindernissen umgeben und sollten auf verwirrende Überraschungen gefaßt sein. Der Dschungel gilt allgemein als Symbol für eine undurchschaubare Situation, in der man leicht „vom Weg abkommt", was aber auch emotionale Probleme (und eine kaum einschätzbare Beziehung zu einem Partner) ausdrücken kann.

Dudelsack Er wird üblicherweise von einem Mann im Schottenrock gespielt, also gilt er als Symbol für Androgynie und eventuell als Hinweis auf eine (uneingestandene) homosexuelle Neigung.

Duell Ein häufiges Traumsymbol, wenn man „mit sich selbst auf Kriegsfuß steht" und man unter widersprüchlichen Gefühlen leidet: Wenn der Kopf will, was das Herz ablehnt – oder umgekehrt.

Duett Symbol für widersprüchliche Empfindungen, die man in Einklang bringen möchte.

Düne Entweder sind Sie „reif für die Insel" und brauchen dringend Erholung, oder die geträumte Strandidylle will Sie an die Vergänglichkeit mahnen: Es „versandet" Gefühl, oder eine Beziehung verändert sich, wie der Küstenwind die Dünen umformt.

Dünger Auch wenn er nicht gut riecht, er ist ein Glückssymbol – eine (geistige) Saat geht auf und bekommt Förderung (Dünger) – ihrem Gedeihen steht nichts mehr im Wege. Ein Ermutigungstraum: Ideen werden erfolgreich umgesetzt, Wünsche gehen in Erfüllung, Pläne bekommen starke Unterstützung.

Dunkelheit Symbol für Ungewißheit, Verirrung und unbekannte Gefahren – es sei denn, es war ein angenehmer Traum: Dann bedeutet das Dunkel der Nacht ein (heimisches) Liebesglück, das man noch für sich behalten bzw. noch nicht der Realität des Alltags und der Einmischung anderer aussetzen will.

Durchblick Sie standen vor einer beschlagenen Fensterscheibe und machten sie sauber, bis Sie „klaren Durchblick" hatten? Genauso war der Traum gemeint: ein Hindernis überwinden, eine eingeschränkte Situation nicht passiv zur Kenntnis nehmen, sondern etwas dagegen tun – sich „Klarheit verschaffen"!

Durchbruch Ebenfalls ein Traum, der dazu ermutigen soll, eine beengte Situation nicht zu akzeptieren, sondern mit eigener Kraft „neuen Freiraum" zu schaffen.

Durchfall (Krankheit) Einfach ein Alptraum, wenn man diese peinliche Verdauungsstörung träumt und es nicht schafft, aufzuwachen. Oder als Symbol ein Hinweis auf einen Verlust, der „nicht mehr aufzuhalten" ist.

Durchschrift (Kopie) Ein Warntraum, daß man sich in einem wichtigen Anliegen unbedingt absichern sollte – man wird vielleicht etwas gegen falsche Behauptungen „schwarz auf weiß" beweisen müssen. Es kann sehr nützlich und hilfreich sein, wenn man solche Träume ernst nimmt, sie sind oft die Bilder einer Vorahnung, die man aber im nüchternen Alltag nicht beachtet.

Dürre Ein Hinweis auf einen geschäftlichen Verlust, auf „dürre, magere Zeiten".

Durst Wenn Sie nicht durstig zu Bett gegangen sind, könnte es sich doch um einen Symboltraum handeln: für ein Gefühl des Mangels, der ungestillten Sehnsucht nach jemandem, für ein unbefriedigtes Grundbedürfnis und einen unfreiwilligen Verzicht. Wonach dürstet es Sie?

Dusche Der Wunsch nach einer Wiederherstellung Ihres Wohlbefindens kann Auslöser dieses Traumes sein. Sie haben sich „mit etwas schmutzig gemacht", was Sie nun vergessen wollen, möchten Belastungen „wegspülen", sich von einer unerfreulichen Erfahrung (Schmutz) säubern. Vermutlich brauchen Sie eine „Pflegepause" – psychisch, aber vielleicht auch physisch, weil Sie eine Zeit der „schweißtreibenden" Mühen durchzustehen hatten.

Duzen Sie möchten eine Distanz überwinden, sich mit einem bestimmten Menschen gleichwertig (und von ihm akzeptiert) fühlen. Häufig geht es ohnehin um die Person, mit der Sie sich im Traum geduzt haben.

E

Ebbe Sie symbolisiert Entspannung und die Beruhigung eines intensiven Gefühls. Eine Erregung „ebbt ab".

Ebene Als Traum mit negativer Stimmung: Langeweile, es sind weit und breit keine Herausforderungen und Anregungen in Sicht.
Als positiver Traum: ungehinderter Ausblick („Weitblick"), keine Hindernisse oder überraschende Störungen sind zu befürchten.

Ebenholz In der traditionellen Deutung ein Symbol für edle Schönheit.

Eber Das Tier ist Symbol für die animalisch-männliche Kraft und meist mit Bezug auf Sexualität zu verstehen.

Echo Man hofft auf Reaktion, erwartet, daß eigene Aktivitäten „ihr Echo bekommen". Manchmal ein Warntraum: Gehe vorsichtiger mit deinen Äußerungen um, achte auf den Inhalt deiner Mitteilungen – sonst könntest du negatives Echo auslösen.

Ecke Wer sich im Traum in eine Ecke kauert, will etwas (oder sich vor etwas oder jemandem) verstecken.
Machmal: Flucht vor der Realität.

Edelstein In der Psychologie gelten Edelsteine als Symbol für innere Werte. In der traditionellen Traumdeutung dagegen: Je größer und glitzernder der Stein, desto eitler der Mensch. Steine mit dunklen Einschlüssen oder Sprüngen haben einen negativen Symbolwert, sie deuten auf Täuschung durch andere hin – oder eine Beziehung hat „einen Sprung bekommen".

Efeu Das immergrüne Rankengewächs symbolisiert das Gedeihen von bestehenden Beziehungen.

Ehe War es ein Wunschtraum? Wenn der Traummann mit dem tatsächlichen Partner identisch ist, steht keine besondere Symbolik dahinter, Sie haben nur die Tagesreste Ihres Heiratsplanes weiterverarbeitet und der Realität ein bißchen vorgegriffen. – Wenn die Eheschließung mit unbestimmten Ängsten

verbunden war, sollten Sie Ihr Vorhaben noch einmal gründlich überdenken. Negative Eheträume, die einer bevorstehenden Hochzeit vorangehen, sind oft ein energisches Warnsignal aus dem Unterbewußtsein, daß zumindest der Termin (wenn nicht der Partner) oder die Voraussetzung für diese Ehe nicht „stimmt".
Neutrale Eheträume symbolisieren dagegen die Vereinbarkeit von Gegensätzen oder die Verschmelzung der weiblichen und männlichen Komponente.

Ehering Ganz einfach, Sie träumen auch in Wirklichkeit davon – ein Heiratswunsch.
Vom Verlust eines Eheringes zu träumen bedeutet selten Gutes. Die Beziehung könnte auf eine Trennung zusteuern.

Ei Als klassisches Fruchtbarkeitssymbol kann es eine Schwangerschaft ankündigen – oder im übertragenen Sinn zu verstehen sein: Chancen auf einen Neubeginn, fruchtbare Ideen u. ä. Manchmal sind Eier auch als Symbol für Zerbrechlichkeit zu verstehen.

Eiche Wie andere Bäume auch, kann sie Symbolgestalt für den Träumenden selbst sein – die eigene Persönlichkeit. Wichtig wäre es also, den Zustand der Eiche in Erinnerung zu bringen, das könnte Rückschlüsse auf die eigene Verfassung zulassen.

Eichel Phallussymbol.

Eichhörnchen Wenn dieses flinke, neugierige Tierchen durch Ihre Träume huscht, kann es ein Hinweis auf Ideen und Hoffnungen sein, die sich rasch realisieren lassen.
In der traditionellen Deutung: Fleiß bei harter, mühsamer Arbeit.

Eid Wer ihn im Traum ablegt, möchte zuverlässig und willensstark sein. Auch: Entschluß, ein Versprechen einzuhalten.

Eidechse Traditionell ein Glückssymbol.

Eigenheim Als Symbol für Eigenständigkeit in abgesicherter Situation kann es auch die Abnabelung vom Elternhaus bedeuten.

Eile Naheliegendes Symbol für die Angst, etwas zu versäumen. Kann auch als Tip des Unterbewußtseins gelten, Zeitabläufe und Termine großzügiger zu planen, weil man andernfalls auf eine Erschöpfungsphase zusteuert.

Eimer Gefüllte Gefäße deuten oft an, daß man „aus der Fülle schöpfen kann" und viel zu geben hat.

Nach S. Freud: weibliches Sexualsymbol.

Einbahnstraße In einem positiven Traum bedeutet sie Zielstrebigkeit und rasches Vorwärtskommen ohne Ablenkung. Im negativen Sinn: Einseitigkeit und Sturheit.

Einbrecher Ein Zeichen für übertriebenes Mißtrauen – man vermutet in seinem Umfeld Besitzgier und Täuschung und neigt dazu, die Schuld an Konflikten stets zuerst bei den anderen zu suchen. Ein typischer Traum von Menschen, die ständig – auch völlig grundlos – Angst vor materiellen Verlusten und negativen Überraschungen haben.

Einfahrt Das Symbol für „grünes Licht" und Offenheit ist eventuell auch als sexuelle Aufforderung zu verstehen.

Einhorn Legendäres Symboltier für Unschuld und die Aufhebung von Gegensätzen. (Im Bild des Einhorns verbindet sich der „phallische Drang" mit Unschuld. Was aus psychotherapeutischer Sicht heißt: Lassen sich die „animalischen Triebe" auch ohne jedes Schuldempfinden ausleben?)
Nach C. G. Jung ist das Einhorn Symbol für das Selbst.

Einladung Wer davon träumt, wünscht sich mehr sozialen Kontakt und fühlt sich einsamer, als er sich eingesteht.

Eins Die Zahl Eins gilt als Symbol für das Unteilbare, die Einheit und das Individuum.
Diese Zahl zu träumen kann aber auch einen viel einfacheren Grund haben: Man möchte „an die erste Stelle vorrücken" bzw. „eine Eins sein" – man hat einerseits Motivation zur herausragenden Leistung, andererseits mangelt es auch nicht an Geltungsdrang und „gesundem Selbstbewußtsein": Man fühlt sich für eine Führungsposition geeignet.

Einsamkeit Wer davon träumt, kultiviert sie vielleicht sogar. Typischer Traum von Menschen, die sehr ichbezogen leben, gern allein sind, dies aber nur ungern zugeben.

Einsiedler In der Klause des Eremiten lebt jemand nur seiner Selbstbesinnung und inneren Einkehr – er verliert den Kontakt zu anderen Menschen und begibt sich freiwillig in Isolation, und genau das symbolisiert auch ein solcher Traum: Man neigt zur Realitätsflucht und stellt dies aber gern als überlegene, unabhängige Lebensform dar. Vom Einsiedlerleben träumt man auch in Lebenskrisen, in denen man sich für eine Rückkehr in eine Beziehung (oder Gemeinschaft) – oder für ein konsequentes Single-Leben entscheiden muß.

Eis Es symbolisiert das Einfrieren von Kontakten, seelische Kälte, ein großes Distanzbedürfnis und den Hang zur Vereinsamung.
Einbruch im Eis: Gefahr von emotionalen Abstürzen und Depressionen.

Eisberg Ein Symbol für die Angst vor Gefühlen, erhöhtes Kontroll- und Distanzbedürfnis und willentlich gesteuerten emotionalen Rückzug.

Eiscreme Sinnlicher Genuß und „Lust auf Lust" – durchaus auch sexuell zu verstehen.

Eisen Seine Härte und Kälte stehen für Willensstärke und Widerstandskraft.

Eisenbahn (→ Zug)

Eiszapfen (→ Eis)

Elch Das mächtige Tier gilt als starkes Symbol für Freiheit und unbegrenzte Weite, aber auch für ein einfaches, unabhängiges Leben in der Natur. Wer von ihm träumt, sehnt sich danach und sollte sich zumindest im Urlaub eine Auszeit gönnen. Ein typischer Aussteigertraum.

Elefant Er ist Symbolgestalt für Ruhe und Gelassenheit, aber auch für Weisheit und Macht. Der sprichwörtliche „Elefant im Porzellanladen" ist aller-

Der Elefant ist Symbolgestalt für Ruhe und Gelassenheit.

dings mehr für Schwerfälligkeit und unsensibles Verhalten zuständig. Es kommt also ganz darauf an, in welchem Bezug man von ihm träumt.

Elektrizität (→ Strom)

Elfe Wer von ihr träumt, möchte wie sie abheben und fliegen können, spielerisch und schwerelos: ein typischer Realitätsfluchttraum in einer Phase der Überforderung. Die Sehnsucht nach der Leichtigkeit des Seins macht sich bemerkbar, und das Unterbewußtsein setzt Signale in Elfengestalt: eine Aufforderung, etwas spielerischer mit Herausforderungen umzugehen und auch mal „nein“ zu sagen.

Elster Die „diebische Elster“ gilt als Verlustsymbol. Wer von ihr träumt, befürchtet, etwas oder jemanden zu verlieren. Oder man kompensiert im Traum sein schlechtes Gewissen, weil man anderen Verlust zugefügt hat.

Eltern Kommen sie häufig im Traum vor, könnte man es als Hinweis auf geringe Eigenständigkeit verstehen: Man möchte sich noch immer gern versorgen und bemuttern lassen.

Elternhaus Als klassisches Symbol für Sicherheit und Geborgenheit gilt es im Traum auch als Zeichen für eine (noch) nicht vollzogene Abnabelung. Andernfalls stellt sich die Frage: Welche Erlebnisse und Empfindungen Ihrer Kindheit waren dermaßen prägend, daß Ihr gegenwärtiges Leben noch immer davon bestimmt sein könnte?

Endstation Eindeutiges Signal für geistige und körperliche Erschöpfung. Wenn es doch ein schöner Traum war: Momentan sind Sie zwar „am Ende“ (Ihrer Kraft), haben aber viel geleistet und ein Ziel erreicht.

Enge Symbol für Einschränkung und Unfreiheit – man fühlt sich „in der Enge eines Gefühles gefangen“ und träumt davon, wenn man einen emotionalen „Belagerungszustand“ erlebt: Jemand „klammert“, übt Kontrolle aus und hält es fälschlicherweise für Liebe.

Engel Im Sinne C. G. Jungs sind Engel als Animus-Gestalten zu verstehen: Sie stellen noch unfertige, unverstandene und überraschend neue Gedankenkräfte und Persönlichkeitsideale dar.
In der traditionellen Traumdeutung: Glück in der Liebe, Wunscherfüllung.
Im religiösen Bezug: Offenbarungsträume, deren Inhalte zu befolgen sind.

Entdeckung Wer im Traum eine Entdeckung macht, findet Vergessenes wieder.

Entführung Ein Entführungstraum kann als Hinweis gelten, daß man einmal ein traumatisches Gewalterlebnis hatte, es „erfolgreich" verdrängte, aber immer noch daraus Minderwertigkeitsgefühle bezieht – und eine permanente Angst, sich „jemandem auszuliefern" – auch sexuell.

Enthauptung Wer „kopflos" ist, kann nicht mehr klar denken und muß somit auch nicht eigenverantwortlich sein. Ein geistiger „Fluchttraum", wenn man keine Lust hat, etwas konsequent zu Ende zu denken oder „vernünftig wider Willen" zu sein.

Entkleiden Es symbolisiert den vielzitierten „Seelen-Striptease": Man gibt sich preis, legt offen, was unter der „Verkleidung" steckt, teilt bislang geheime, intimste Empfindungen mit – auch mit der Absicht, geliebt zu werden. Wer davon träumt, hat die Neigung, „sich eine Blöße zu geben", um dafür Zuwendung zu bekommen. Oder er hat gerade davor große Angst.

Erbrechen Man hat etwas erlebt, was man „zum Kotzen" findet – allzu schwer Verdauliches, das man rasch wieder loswerden will – wie das Erbrochene im Traum.

Erbschaft Wer hofft, es könnte sich um einen Wahrtraum handeln, wird enttäuscht sein: Das Erbstück ist Symbol für die eigenen Anlagen und Talente, und der Traum fordert auf, sie entsprechend umzusetzen – und zu nützen.

Erbse Im Sinne der „Prinzessin auf der Erbse" wird ein solcher Traum gern als Hinweis auf besondere Sensibilität verstanden. Häufiger ist aber das sprichwörtliche „Erbsenzählen" damit gemeint: Man ist vielleicht übergenau, kleinkariert und ein wenig geizig? Traditionell: Ein Glück soll geduldig erwartet werden.

Erbstück (→ Erbschaft)

Erdbeben Sie müssen nicht nach Kalifornien reisen, um eines zu erleben – es sind heftige seelische Erschütterungen, die im Traum durch Bilder dieser Naturkatastrophe aufgearbeitet werden. Nach C. G. Jung: Ein bisheriger Standpunkt wurde erschüttert. Man muß sich einer Situation stellen, der man nur gewachsen ist, wenn man den alten Standpunkt völlig aufgibt. In diesem Sinne kann ein Erdbebentraum auch Ermutigung bedeuten: Man gewinnt „neuen Boden unter den Füßen" – eine Chance zum Neubeginn!

Erdbeere Die süße kleine Frucht gilt als (positives) Sexualsymbol.

Erde Symbol für Verwurzelung, Ursprung, Herkunft – das Basissymbol schlechthin. Wer gut „ge-erdet" ist, kann mit den realen Bedingungen des Lebens gut umgehen und läuft nie Gefahr, den „harten Boden der Realität" schmerzlich zu empfinden.

Erektion Als Männertraum: Angst vor Impotenz – oder das Gegenteil, Freude an der eigenen Männlichkeit. Frauen, die davon träumten, hatte S. Freud Penisneid unterstellt, was man aus heutiger Sicht bestimmt vergessen kann.
Für beide Geschlechter ist ein Erektionstraum – naheliegend – als Ausdruck des Bedürfnisses nach positiv erlebter Sexualität zu verstehen.

Eremit (→ Einsiedler)

Erfolg Wer von ihm träumt, wünscht sich ein Erfolgserlebnis – im Zusammenhang des jeweiligen Traumes.

Erfrieren (→ Eis)

Erlösung Symbol eines Befreiungsaktes, ausgelebter Freiheitsdrang.

Ernte Der Wunsch nach einem konkreten Erfolg – man möchte für seine Leistung auch „die Ernte einbringen". Geträumte Mißernten verweisen auf Minderwertigkeitsgefühle und auf die Angst, zu versagen.

Eröffnung Symbol für einen Neubeginn, einen erfolgreichen Start – meist im geschäftlichen oder gesellschaftlichen Bereich.

Erschießung Ein Alptraum, der meist einen seelisch-geistigen „Mord" aufzuarbeiten versucht: Man hat eine Empfindung, ein Talent, eine Beziehung „umgebracht" – häufig aus Gründen der Anpassung und Vernunft.
Übrigens: Kein Grund zur Panik! Mit Sicherheit will Ihnen dieser Traum nicht andeuten, daß Sie demnächst zum Mordopfer werden.

Erspartes (→ Sparen)

Erstaunen Eine positive Überraschung steht bevor.

Erstechen (→ auch Erschießung) Zusätzlich klingt eine deutliche sexuelle Symbolik an: Der Stich dringt in den Körper ein. Häufiger Angsttraum von Frauen, die ein gestörtes Verhältnis zur Sexualität haben und sich als „Opfer" des Mannes sehen.

Ersticken Seltener ein Traumsymbol – viel häufiger ein Angsttraum, von ganz realer Atemnot ausgelöst: Man hat das Gesicht im Kissen vergraben oder leidet an Schnupfen.
Wenn beides auszuschließen ist: Sie

haben ein Problem zu lösen, das Ihnen „die Luft zum Atmen" nimmt.

Ertrinken Auch kein Todestraum! Der Ertrinkungstod symbolisiert Hilflosigkeit – und die Angst, zu versagen, eine schwierige Situation nicht zu meistern: Sie fürchten sich davor, „unterzugehen".
Eventuell auch: Sie befürchten, in überdimensionalen „Gefühlswogen" zu ertrinken. Liebeskummer?

Erwachen Wer davon träumt, hat entweder „Angst vor bösem Erwachen" – oder er wird sich demnächst eines Talentes oder einer Eigenschaft bewußt, die es zu erwecken gilt.

Erwürgen Ein häufiger Alptraum in bedrängter Situation: Sie können nicht frei atmen, bis Ihr Problem bewältigt ist – etwas „schnürt Ihnen die Kehle zu". Hier wäre die eigentliche Antwort auf die Frage zu finden, wer oder was Ihnen „die Luft raubt" – darin liegt der Symbolwert dieses Traumes.

Esel Er ist ein besonders symbolträchtiges Tier und „Verleumdungsopfer" der menschlichen Vorurteile, denn der sprichwörtlich „dumme" und „störrische" Esel funktioniert zwar nicht (wie im Märchen) als „Goldesel, streck dich" – aber er ist schlau und sehr eigenwillig: Wenn er schon menschlichen Befehlen gehorcht, „muß er wollen", sonst geht gar nichts – und genau deswegen gilt er auch als Symbol der männlichen Potenz, die ja ebenfalls kaum willentlich zu beeinflussen ist. Im Traum einen Esel zu reiten bedeutet für einen Mann, seiner sexuellen Kraft nach Belieben „Zügel anlegen zu können". Weshalb das Tier wohl auch als erotisches Glückssymbol in Frauentraumdeutungen so beliebt ist.

Essen Häufig geträumtes Symbol für sinnlichen Genuß: Etwas „lustvoll zu sich zu nehmen" oder „sich etwas einzuverleiben" – so ist der Traum von der bewußt zelebrierten Gaumenfreude gemeint!

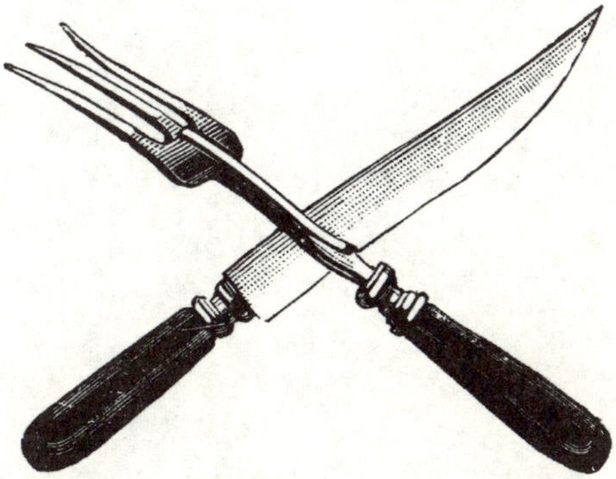

Essen: Symbol für sinnlichen Genuß.

Essig Man hat einen Grund, „sauer zu sein": vergebliche Liebesmüh', Beleidigung, Enttäuschung – daher auch das resignative Sprichwort: „Damit ist es jetzt aber Essig!"

Estrich Ein Basissymbol wie auch die Erde und der Boden.

Eule Man würde „Eulen nach Athen tragen", wenn man diesen faszinierenden Vogel nur als Symbol der Weisheit betrachten wollte. Vom Blick einer Eule fühlt man sich scharf beobachtet und „durchschaut". Deswegen gilt sie auch als Symbolgestalt für tiefe Geheimnisse und übernatürliches Ahnungsvermögen.

Eva Unsere Urahnin mit der verhängnisvollen Affäre in Sachen Apfel & Schlange ist ja allgemein als Symbol der Verführung bekannt. Aber für Traumsymbole gelten andere Gesetzmäßigkeiten: Hier ist sie Urmutter und personifizierte Empfindungsfähigkeit.

Expreßzug Wohl nicht besonders aktuell, gilt er auch jetzt noch als das Traumsymbol für präzise Schnelligkeit, Wichtigkeit und Streß. Wer von ihm träumt, hat es gern besonders eilig, hält die Bezeichnung Workaholic für einen Ehrentitel, nimmt sich gelegentlich zu wichtig und wird im Tiefschlaf noch vom ICE gestreift – nach heutigem Verständnis.

F

Fabrik Sie gilt als positives Traumsymbol für Aktivität im Team, kollektiven Erfolg und – aus psychologischer Sicht – für die Zusammenarbeit verschiedenster Persönlichkeitsanteile. Ein Ehrgeiztraum, der über die zielgerichtete Anpassungsfähigkeit des Träumers Auskunft gibt.
In der Negativvariante steht die Fabrik für gesellschaftlichen Abstieg, Verarmung, Ausbeutung und entfremdete Arbeit. Solche Träume plagen einen Menschen, der sich ausgenützt und unter Leistungszwang sieht – und von Existenzängsten so heftig geplagt ist, daß er es nicht wagt, sich zu wehren.

Fackel Weil einst der „eheliche Herd“ unserer Vorfahren durch rituell weitergereichte Fackeln entzündet wurde (was als Höhepunkt des Hochzeitsfestes galt), ist die Fackel Symbol für Heirat und Ehe – und für den „häuslichen Herd“.
Aus zeitgemäßerer Sicht symbolisiert die Fackel seelisch-geistige Energie und das Zünden des „schöpferischen Funkens“, der Kreativität. Die individuelle Botschaft des Traumes liegt also im Detail – und an Ihrem Erinnerungsvermögen. Sonst werden Sie nie dahinterkommen, ob Sie nun heiraten, häuslicher werden oder das Feuer Ihrer Kreativität entfachen sollten.

Faden Symbol für flüchtige Ideen und spontane Einfälle: Wer nicht mehr weiß, was er gerade sagen wollte, hat „den Faden verloren“. Im Traum geht es dabei meist um Zusammenhänge von Sinn und Äußerung.

Fahne (→ Flagge)

Fähre Sie ist in Legenden wie im Traum ein Sinnbild des Überganges und der Verbindung zwischen zwei Orten. Man kommt mit der Fähre von einem Ufer zum anderen, weswegen auch in einigen Deutungen von einem Todessymbol die Rede ist – sie bringt den Menschen auf ungewisser Fahrt (Wasser) in eine „andere Welt“.

Fahren (→ Reise)

Fahrkarte Symbol für Reiselust, neue Pläne und räumliche Veränderung.

Fahrrad Das Symbol für den Einsatz der eigenen Kräfte gibt Hinweis darüber, welcherart man vorwärts kommen will – und ob man in der Lage ist, eigene Wege zu wagen.
In der traditionellen Deutung hielt man sich an das Sprichwort: „Ein Radfahrer ist jemand, der nach unten tritt und nach oben buckelt."

Fahrstuhl (→ Lift)

Fährte Ein Symbol für Suchen und Finden: Man ist jemandem (oder auch sich selbst) „auf die Spur gekommen".

Fahrzeug Als Inbegriff der Bewegungsfreiheit ist es auch Symbol für die individuelle Unabhängigkeit. Wer davon träumt, „in Bewegung zu kommen", möchte weg und bindende Verpflichtungen in Frage stellen. Die Farbe und Größe Ihres Traumautos geben Aufschluß darüber, auf welche Art (und mit welchen Mitteln) Sie Ihre Reise in die emotionale oder materielle Unabhängigkeit antreten wollen.

Falke Der gefährliche Vogel ist ein Symbol für Weitblick und Freiheit durch Macht – aber auch für einen aggressiven und leidenschaftlichen Gegner, der es auf den Träumer abgesehen haben könnte. Hat der Falke Ihres Traumes „menschliche Züge"? Wem sieht er ähnlich? Vorsicht!

Falle Naheliegendes Symbol für Gefahr, Unfreiheit und diverse Abhängigkeiten. Wer im Traum „in der Falle sitzt", ist aufgefordert, kritischer und vorsichtiger zu sein.

Fallen Man träumt häufig vom Fallen, wenn es Zeit wäre, sich fallenzulassen. Man sollte ein überzogenes Sicherheitsdenken relativieren, auch einmal „ungesicherte Schritte" (Entscheidungen) riskieren, sich weniger gegen individuelle Bedürfnisse wehren, die man nicht mit seinem „Bild von sich" vereinbaren kann.
Nach S. Freud haben Fallträume immer eine sexuelle Bedeutung: Es geht um Nachgiebigkeit der Frauen, die erotischen Wünsche der Männer zu erfüllen – was zu seiner Zeit „gefallene Mädchen" zur Folge hatte. Wer es genauer wissen will: Freuds „Die Traumdeutung" bietet reichlich Lesestoff über das Fallen.

Fallschirm Ein Symbol dafür, sich „sanft fallen zu lassen" – mit einem Sprung ins Ungewisse nicht gleich „Kopf und Kragen zu riskieren". Was eventuell auch für ein Gefühl, eine Beziehung gültig sein könnte.

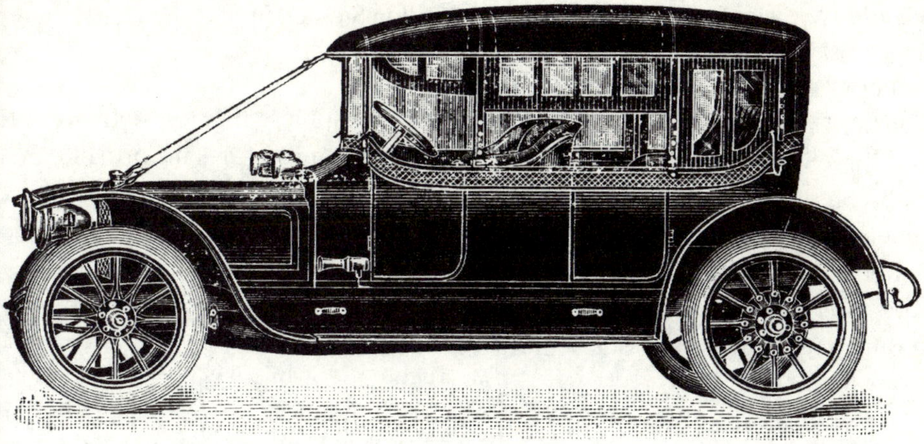

Das Fahrzeug gilt als Inbegriff der Bewegungsfreiheit.

Falltür Sie gilt als Symbol für einen „schmerzlichen Absturz" – auch sozial und gesellschaftlich, nachdem man „auf jemanden hereingefallen" ist.

Falschgeld Dieses Sinnbild für Falschheit und Verstellung kann ein Hinweis darauf sein, daß man sich aus Berechnung völlig anders gibt, als man eigentlich ist. Man ist der sprichwörtliche „falsche Fünfziger". Falschgeldträume mahnen zur Kurskorrektur in Sachen Verhalten & Lebensstil.

Falte Es ist nicht alles so schön glatt, wie Sie es gerne hätten! Die Frage stellt sich: Was haben Sie denn „auszubügeln"?
Nach S. Freud wieder einmal: weibliches Sexualsymbol.

Familie Die Familie steht als Symbol für die Erfüllung eines Grundbedürfnisses nach Sicherheit und – auch emotionaler – Geborgenheit. Es könnten auch „geistige Familien" wie Freunde, Arbeitsgruppen usw. gemeint sein.

Farben (→ Blau, Rot usw.)

Farm (→ Bauernhof)

Farn In der traditionellen Deutung: Üppiges Farn ist Symbol für „die Hilfe der Natur" – was mit Wohstand im Sinne von guter Ernte und reichem Viehbestand zu tun hatte.

Faß Volles Faß – gute Zeiten, leeres Faß – schlechte Zeiten. So simpel können Traumsymbole auch sein.

Fassade Wie sieht sie denn aus? Gepflegt und makellos – oder „bröckelt der Putz“? Hier geht es um Ihre persönliche Fassade, die Auskunft gibt über Ihre Selbstdarstellung und den gesellschaftlichen Status, den Sie anstreben oder bereits erreicht haben. Erinnern Sie sich? Vielleicht wäre ein neuer „Anstrich“ fällig – das heißt, daß Sie Ihr Image auffrischen oder verändern sollten.

Fasten Ein Hinweis darauf, daß man „weniger Raum einnehmen“ möchte – sich verweigern oder zurückziehen.

Fäulnis In Alpträumen ein häufiges Symbol für Verfall. Was verfault, ist nicht mehr zu regenerieren – man muß es verloren geben, und hier liegt auch die eigentliche Symbolik: Fäulnisträume weisen auf Eigenschaften hin, die man endgültig ablegen sollte, weil sie nie mehr nützlich sein werden. Eine Aufforderung zu mehr Selbstkritik – und zum Mut, Veränderungen zu akzeptieren.

Fax Symbol für effektivere Kommunikation – oder für „Übertragung“ im psychoanalytischen Sinn.

Feder Sehnsucht nach Leichtigkeit und Bewegung – auch im übertragenen Sinn. Kann aber auch die psychische Folge einer Schlankheitskur sein: Wollen Sie „leicht wie eine Feder“ werden?

Fee Sie ist ein gängiges Mythen- und Märchensymbol für Rat und Hilfe aus einer „besseren Welt“. Die sprichwörtlich gute Fee stellt uns drei Wünsche frei – und in beengten oder aussichtslos scheinenden Situationen träumt man gelegentlich von ihr – wenn sonst „nichts mehr hilft“!

Fehler Fast immer hat man gerade einen begangen, wenn man davon träumt. Also kein Symbol – sondern ein „Mahntraum“!

Fehlgeburt Wenn jemand tatsächlich schwanger ist, kann es sich um einen Angsttraum handeln, der auf übermäßiger Sorge und Unsicherheit basiert. Als Symbol deutet eine geträumte Fehlgeburt darauf hin, daß man eine hinderliche Eigenschaft los wird – oder daß ein Start in einen neuen Lebensabschnitt gefährdet ist.

Feile „Sich an etwas reiben“ – das heißt: Eine Auseinandersetzung mit jemandem ist fällig.

Feind Wenn es kein Alptraum ist, der Aufschluß über die feindlichen Absichten einer durchaus vertrauten Person gibt: In Feindesgestalt erscheinen im Traum häufig eigene schlechte Gewohnheiten und Eigenschaften.

Fell Gängiges Symbol für die Sehnsucht nach wohltuender Berührung, Zärtlichkeit und körperlicher Nähe. Ihr Kuschelbedürfnis macht sich bemerkbar. Eventuell könnte der Traum auch meinen: Haustier gefällig?

Fels Der sprichwörtliche „Fels in der Brandung" gilt als Symbol für unerschütterliche Prinzipien, Härte und Unbeugsamkeit, aber auch für Charakterstärke und Verläßlichkeit. Wer davon träumt, tut es auch im Wachzustand: Man möchte sich an einer starken Schulter anlehnen und von der Härte des Lebens erholen.
(Nach S. Freud: Penissymbol. In diesem Fall wohl eher ein Traumsymbol!)

Fenster Es symbolisiert den Blick „von innen nach außen" – und auch umgekehrt, was sich hauptsächlich im Traum auf psychische Vorgänge bezieht. Man wünscht sich „mehr Durchblick", möchte „sein Innerstes nach außen kehren", sich mitteilen und sich zugleich von neuen „Einsichten" inspirieren lassen.

Fernblick Ein Sinnbild für das Zukünftige – wovon man meint, daß es „noch in weiter Ferne ist". Es stellt sich die Frage: Was hat man „in Aussicht", und wie weit ist es schon zu überblicken? Welche Personen oder Orte werden dann wichtig?

Fernglas Es gilt als Symbol für mangelnde Geduld – man möchte alles so rasch wie möglich aus nächster Nähe betrachten können. Und man will nicht abwarten, bis sich jemand oder etwas im eigenen Tempo annähert – man „holt es sich her": Zoom!

Fesseln Leben Sie „in zu enger Bindung" für Ihren Geschmack? Wer von Fesseln träumt, ist selten masochistisch veranlagt – viel eher fühlt er sich von einer Partnerschaft oder beruflichen Verpflichtung eingeengt. Und man fühlt sich dazu gezwungen, nicht wegzulaufen.

Fest (→ auch Fiesta) Ein Traum vom gemeinsamen Genuß bei angenehmer Kommunikationsmöglichkeit. Wer von einem unerfreulichen Fest träumt, möchte lieber allein sein und in Ruhe gelassen werden.

Festnahme (→ Verhaftung)

Festung (→ Schloß)

Fett Meist ein Ekeltraum. Oder man fühlt sich von den Sorgen um einen großen Besitz („fettes Grundstück") und dessen Erhaltung überfordert.

Feuer Die „Lebensflamme" ist Symbol für psychische und physische Energie. In Träumen vom Feuer kann

sich aber auch die Angst vor selbstzerstörerischer Leidenschaft bemerkbar machen: Man befürchtet, sich nach jemandem „zu verzehren" – in sexuelle Abhängigkeit zu geraten.
Im positiven Sinne symbolisiert Feuer auch die absolute Verschmelzung, die Aufhebung von Grenzen.

Feuerwehr Waren Sie selbst aktiv am Einsatz beteiligt? Dann neigen Sie vermutlich auch in Ihrem Gefühlsbereich dazu, das Feuer lieber zu früh als zu spät unter Kontrolle zu halten. Eher das Gegenteil trifft zu, wenn man sich im Traum als faszinierter Beobachter eines Brandes erlebt, der dem Feuerwehreinsatz wie einem spannenden Film zusieht. Vielleicht äußert sich in der Symbolik ein uneingestandener Hang zur Pyromanie, der sich nur ungern mit den kontrolliert züngelnden Flammen eines Kaminfeuers zufriedengibt. Sich häufig wiederholende Feuerwehrträume sind durchaus als Hinweis zu verstehen, daß man real – oder emotional – ein bißchen mehr als andere Leute zum „Zündeln" neigt.

Feuerwerk Ein Lusttraum! Ein Feuerwerk gilt als Symbol für sprühende Begeisterungsfähigkeit – und für ein intensives Orgasmuserlebnis. Oder für die Sehnsucht danach.

Fiesta Wer von einem rauschendbunten Straßenfest träumt, in dem öffentlich – und ohne besondere Hemmungen – sinnliche Genüsse wie Essen, Trinken und Tanzen ausgelebt werden, hat ähnliches im Sinn: Er möchte „in aller Öffentlichkeit" und ohne Rücksicht auf die Vorbehalte anderer einer Empfindung nachgeben – vielleicht ist es eine heimliche Liebesbeziehung zu einem anderwärtig gebundenen Partner, vielleicht geht es aber auch um eine Leidenschaft bzw. um ein „Laster" (in den Augen anderer), zu dem sich der Träumer „vor aller Augen" bekennen will.

Film Wenn man träumt, im Kino oder vor dem Fernseher zu sitzen, geht es meist weniger um den Inhalt des gesehenen Films. Die Symbolik liegt darin, daß man ein Geschehen „von außen betrachtet" – oder „aus sicherem Abstand". Man ist zwar daran interessiert, aber doch nicht so sehr, daß man auch selbst „mitspielen" möchte. Ein Grund zum Nachdenken, wenn in der Hauptrolle der eigene Partner/die Partnerin zu sehen war: Man hat die eigentliche Beziehung zu diesem Menschen verloren und erlebt ihn nur mehr als distanzierter Beobachter.

Finger In der traditionellen Deutung war er das Symbol für Geschicklichkeit und für das Gelingen einer Arbeit. („Sie hat den grünen Finger").

Im Sinne S. Freuds: ein Penissymbol. Tatsächlich verbirgt sich in Männerträumen vom verlorenen Finger (z. B. durch Messer, Säge usw.) häufig die Urangst vor Potenzverlust.
Als Frauentraum: Man hat eine „emotionale Beweglichkeit" verloren – oder befürchtet dergleichen. Liebesentzug, der Verlust einer Beziehung oder eventuell eine körperliche Einschränkung kann gerade noch verhindert – oder muß demnächst akzeptiert werden.
Manchmal ist es auch als Warntraum zu verstehen: Schütze etwas, solange du noch dazu imstande bist, sonst könnte es „weh tun".

Fingerhut (Nähzubehör) Ein Symbol für den Schutz vor Verletzung. Wer ihn im Traum (vergeblich?) sucht, könnte ihn vermutlich gebrauchen: Man befürchtet eine emotionale Verletzung, oder man möchte wenigstens eine weitere verhindern, solange man noch darauf Einfluß hat.

Finsternis (→ Dunkelheit)

Fisch In der psychologischen Deutung gilt der Fisch als Symbol für eine tiefe Empfindung bzw. für ein intensives seelisches Erlebnis.
Nach C. G. Jung stellt der Fisch ein Ganzheitssymbol dar, auch: die ganze Persönlichkeit des Träumenden, den Gefühlsbereich der Sexualität.

Fischen Erinnern Sie sich, ob Ihre Beute nur „kleine Fische" oder eben „große Fische" waren – hier liegt das eigentliche Symbol, und es geht meistens um die Bewältigung eines Problems, um das erfolgreiche „Fangen" (Bekämpfen) eines Gegners.
Oder haben Sie „im trüben gefischt"? Diesen Traum sollten Sie wörtlich nehmen und eine unklare Situation bereinigen.

Flagge Nicht nur ein Symbol für (nationale) Zugehörigkeit, auch für „kriegerische" Vorhaben, für Idealismus, Leidenschaft und für das Verfechten von Ideen. Wem dies zu schwierig ist, der „dreht seine Fahne nach dem Wind".

Flammen (→ Feuer)

Flasche Nach S. Freud ein weibliches Sexualsymbol.
In der traditionellen Traumdeutung: eine Warnung davor, sich „einem Rausch hinzugeben" oder „sich vergiften zu lassen".

Flechten (→ Zopf)

Flecken In der Psychologie gelten Flecken meist als „die dunklen Stellen" im Gefühlsbereich, und sehr ähnlich sind sie auch im Traum zu deuten: Es geht meist um Schuldgefühle, uneingestandene Fehler und belastende Geheimnisse – oder um eine recht peinliche Situation, in der man real oder im übertragenen Sinn „befleckt dasteht".

Fledermaus Diese scheuen Nachttiere gelten einerseits als „Vampire" – andererseits sind sie Symbol für eine hohe Sensibilität und für einen besonders gut entwickelten Orientierungssinn. Hier ergibt also erst die Handlung des Traumes den eigentlichen Symbolwert, häufig geht es aber um die Angst, sich zu verirren – oder sich in jemandem zu irren.

Fleisch Ein typisches Symbol für körperliche Kraft und sexuelle Energie – eben auch für „Fleischeslust" und für Tabus im religiösen Sinn.
Wenn der Fleischgenuß im Traum mit Ekel verbunden war, könnte es als „Tip des Unterbewußtseins" zu verstehen sein, daß man es einmal mit vegetarischer Ernährung versuchen sollte, weil man den Gedanken an „tote Tiere" beim Fleischessen zwar verdrängt, aber eben doch gelegentlich hat.
Umgekehrt kann ein genüßlicher Traum von „vollen Fleischtöpfen" bedeuten, daß man sich den (vegetarischen?) Eßgewohnheiten seines Umfeldes nur widerwillig anpaßt und seine eigenen Bedürfnisse verleugnet.

Flieder Die betörend duftenden Frühlingsblüten gelten traditionell als Symbol für romantische Liebe – oder für den Wunsch, eine neue Liebe „mit allen Sinnen zu genießen".

Fliege Die kleinen lästigen Tierchen kommen in Alpträumen vor, in denen man sich vergeblich gegen etwas wehrt und „um sich schlägt", die Nerven verliert – oder etwas „einfach nicht fassen kann", wogegen man aber hilflos ist. Häufige Fliegenträume sollte man als warnenden Hinweis ernst nehmen, daß man „keine Nerven mehr" hat, völlig überreizt ist und möglicherweise ärztliche Hilfe nötig hätte.

Achtung vor häufigen Fliegenträumen.

Fliegen Der Traum vom Fliegen ist wohl einer der häufigsten überhaupt, und es gibt für dieses Traumgeschehen die unterschiedlichsten Deutungsmöglichkeiten: Wer in einer besonders streßbeladenen Situation

schon zu lange durchhalten mußte, „flüchtet" in Flugträumen aus seiner realen Überforderung und möchte „nur mehr abheben und fliegen".
Ganz anders sind Träume zu deuten, in denen man aus dem Flugzeug mit einem Fallschirm abspringt, der sich aber nicht öffnen läßt: Ein Alptraum, der anzeigt, daß man in einer speziellen Problematik am Ende seiner Möglichkeiten ist und sich nur mehr (vergeblich?) auf „Hilfe von außen" verlassen möchte.
Flugträume von Kindern und Jugendlichen sind dagegen häufig ein Hinweis, daß sie von den übersteigerten Erwartungen und dem Erfolgsdruck (von Eltern, Schule usw.) ihres Umfeldes völlig überfordert sind. Ihr Unterbewußtsein spielt den Spannungsregler und läßt die gestreßten Kids wenigstens per Flugtraum in luftig-leichte Unerreichbarkeit entfliehen.
Die traditionelle Deutung hat Flugträume mit der Sehnsucht nach „rauschhaften Zuständen" (auch sexuell) erklärt, und auch in der mythologischen Auslegung ging es vor allem um Liebesrausch und Ekstase. So auch bei S. Freud, der sich in seinem Werk „Über den Traum" ausführlich mit dieser Thematik befaßte: Wer (keine) „Angst vorm Fliegen" hat, lebt im Traum sexuelle Wunschvorstellungen aus – was in Erica Jongs gleichnamigem Roman aktueller, aber doch sehr freudianisch-literarisch verpackt wurde.
Moderne amerikanische Traumexperten sehen in Flugträumen nicht ausschließlich die sexuelle Komponente, sondern eher den Wunsch, aus einer belastenden Situation zu entfliehen – oder die Grenzen der eigenen Persönlichkeit zu überschreiten.
In der Summe sind also Flugträume oft auch Fluchtträume: Symbol für die Sehnsucht, abzuheben und sich über Beschränkungen und allzu bodenständige Regeln hinwegzusetzen, auf welche Art auch immer.

Fließen Wenn es ein angenehmer Traum war, in dem man fließendes Wasser (bzw. auch andere Flüssigkeiten, z. B. in typischen Farben wie Rot/Blut, Gelb/Öl usw.) beobachtet hat, sollte man sich etwas mehr „treiben lassen" – sich und andere weniger kontrollieren und „dem Leben seinen Lauf lassen".

Floh Sie haben zuviel Streß zu bewältigen und sind mit Ihren Nerven „am Ende", wenn Sie von den springlebendigen, bissigen kleinen Plagern träumen!

Floß Es ist das älteste und einfachste Transportmittel auf dem Wasser. Allerdings – ein Floß ist nicht so leicht zu steuern und deshalb von Strudeln und

plötzlich auftauchenden Hindernissen gefährdet. Hier liegt auch die Symbolik: Es ist vielleicht der einfachste, aber nicht immer der ungefährlichste Weg, „sich treiben zu lassen". Wer ohne Steuerung und Orientierung dahinlebt, könnte eine notwendige Kurskorrektur am Ende nicht mehr schaffen. Ein Warntraum, der auffordert, nicht immer den Weg des geringsten Widerstandes zu wählen – und nicht alles seiner Eigendynamik zu überlassen.
Nur wenn der Flößertraum besonders schön und positiv war, gilt eher die gegenteilige Aussage: Laß den Dingen ihren Lauf, du bist auf dem richtigen Weg – du kannst dem „Fluß des Lebens" vertrauen.

Flöte In Mythen und Märchen konnte ihr Klang Menschen und Götter verzaubern („Die Zauberflöte") – sie gilt als Symbol für Harmonie und Lebensfreude. In der psychologischen Auslegung: Penissymbol und autoerotische Selbstbezogenheit.

Fluch Wer träumt, verflucht zu werden, hat vermutlich ein schlechtes Gewissen – und das nicht ohne Grund.
Wer selbst jemanden im Traum verflucht, unterdrückt Aggressionen gegen diese Person und läßt ihnen auf diesem Weg freien Lauf. Der Traumtip: Eine Aussprache, eine Klärung der angespannten Situation wäre fällig.

Flucht Wovor waren Sie denn auf der Flucht? Oft ist es eine im Traum deutlich erkennbare Person oder „Szene", vor der man am liebsten davonrennen möchte – auch in der Realität. Allerdings: Man will es nicht wahrhaben oder befürchtet, daß man für diese „Flucht" einen zu hohen Preis bezahlen müßte. Ein häufiger Traum in einer Lebensphase, die eine Entscheidung verlangt, vor der man sich so lange wie möglich drücken möchte.

Flügel Symbol für den spielerisch-leichten Umgang mit (neuen) Ideen und Plänen. Vielleicht sollten Sie „Ihren Gedanken Flügel wachsen lassen" und Veränderungen wagen, die anderen „zu abgehoben" sind.

Flugplatz Ein 1:1-Symbol – Ausgangspunkt für Reisen (Veränderungen, den Wechsel eines Standpunktes usw.) und ein Ort, der rasch wechselnde Eindrücke und Freiheit (vom Alltag) verheißt. In nächster Zeit könnte es turbulent werden, Flexibilität ist gefragt!

Flugzeug Ebenfalls ein Symbol für (überraschende) Veränderungen. Eine neue, erweiterte Perspektive tut sich auf, man hat die Chance, sich über Einschränkungen hinwegzusetzen oder sich über eine festgefahrene Situation zu erheben. Vielleicht läßt sich

auch eine trennende Distanz „mit Leichtigkeit" überwinden.
Der Vollständigkeit halber: Nach S. Freud ist das Flugzeug ein Penissymbol – weil „er sich entgegen der Schwerkraft emporrichten kann".

Flugzeugabsturz Keine Angst vorm Fliegen – es war bestimmt kein böser Wahrtraum! Alles, was „herunterkommen" und zerschellen könnte, sind unhaltbare Illusionen und übersteigerte Erwartungen – es ist höchste Zeit, sie als solche zu erkennen. Andernfalls wäre ein emotionaler Absturz und eine unsanfte Landung auf dem harten Boden der Realität durchaus möglich. Eine Aufforderung, wieder „mit beiden Beinen auf den Boden zu kommen"!

Flur Ein Grund zur Freude, wenn der Flur hell, freundlich und übersichtlich war – Sie haben ein anstehendes Problem positiv zu lösen begonnen, einen Ausweg gefunden und sind nun „auf dem richtigen Weg". Leider ist das Gegenteil der Fall, wenn es eher ein Alptraum war: Sie liefen durch einen finsteren, schmutzigen Flur und haben verzweifelt und vergeblich nach einem Ausgang gesucht? Dann wird es eng! Sie brauchen jetzt eine rasche Problemlösung, bei der jeder weitere Schritt überlegt sein will – selbst wenn es sich um „unbequeme Schritte" handelt und so mancher mühsame Rückweg in Kauf genommen werden muß. Ein Warntraum, der zu einer konsequenten Korrektur der bisher eingeschlagenen Wegrichtung mahnt – in welcher Angelegenheit auch immer.

Fluß Einerseits Symbol für den Strom des Lebens und den Fluß der Zeit, andererseits kann eine Flußfahrt (z. B. per Schiff, aber auch dem Ufer entlang) im Traum Bereiche des eigenen Lebensweges beschreiben. Wer von „stillen Wassern" träumt, wird sich selten von heftigen Wogen der Leidenschaft mitreißen lassen. Wer sich unwiderstehlich vom Sog eines Strudels angezogen fühlt, dürfte auch in der Realität zu tiefen Gefühlen fähig sein – und eine Schwäche für „verhängnisvolle Affären" haben. Wer im Traum eine halsbrecherische Wildwasserfahrt riskiert, hat auch im Alltag kein Problem damit, sich den Herausforderungen der heftigeren Art zu stellen. Und wer im Traum in einem tiefen Fluß zu ertrinken droht, hat die Untiefen eines Gefühls unterschätzt und wollte sich nicht ans „rettende Ufer" begeben, „bis ihm das Wasser bis zum Hals stand".
Ganz allgemein gelten Träume, in denen Gewässer eine wesentliche Rolle spielen, als eine Konfrontation mit dem Unbewußten.

Flußpferd (→ Nilpferd)

Flut Symbol einer überwältigenden Kraft – und von ihr zu träumen bedeutet häufig, Angst vor dem Versinken (und „Ertrinken") in den eigenen Gefühlswellen zu haben. Wer sich im Traum begeistert in die Brandung stürzt und „die Wellen reitet", ist mit großer Wahrscheinlichkeit frisch verliebt und will die emotionale und erotische Herausforderung in jeder Variante annehmen.
Ebbe und Flut gelten darüber hinaus als Symbol für den Rhythmus des Lebens – für Entspannung und Spannung.

Fohlen Ein Symbol für die ungezügelte Kraft und Lebensfreude der Jugend.

Folter Ein Alptraum, der die schmerzlichste Form des Ausgeliefertseins beschreibt – und dennoch nicht selten ein Wunschtraum ist: Menschen mit einer Vorliebe für sadomasochistische Spiele träumen häufig Folterszenen. Oft steht hinter solchen Träumen auch die uneingestandene Lust daran, die sich auf diesem Weg bemerkbar macht.
Jenseits aller sexuellen Aspekte toben sich in blutrünstigen Folterträumen aber auch unterdrückte Rachsucht und Aggressionen gegen einen bestimmten Menschen aus, der dann in der Opferrolle alles zu erledigen hat, was man ihm zumindest symbolisch gern antun würde – käme man straffrei davon.

Forelle (→ Fisch)

Foto Was war darauf zu sehen? Vermutlich Bilder aus der eigenen Vergangenheit und Erinnerungen an Erlebnisse, die man „festhalten und aufbewahren möchte" – am liebsten für immer. Fotos im Traum sind Symbole für idealisierte Erinnerungen, aber auch für den Wunsch, sich von erlebten Situationen „sein eigenes Bild zu machen" und nur das schönste davon zukünftig zu betrachten. Ein Hinweistraum, daß man manches nicht so sehen möchte, wie es wirklich ist. Schärfer hinsehen wäre gefragt!

Fotocollage Sicher kein häufiger Traum – wer sich trotzdem an einen solchen erinnern kann, beschäftigt sich gerne mit ganz speziellen „Ausschnitten" aus seinem Lebensfilm und setzt sie – wie ein Puzzle – in der Erinnerung zu einem möglichst harmonischen Bild zusammen. Das Ergebnis ist der Erkenntnis gleichzusetzen: „Zu schön, um wahr zu sein." Vielleicht wird auch eine sorgfältig kreierte Lebenslüge über einen längeren Zeitraum aufrechterhalten, immer weiter kultiviert und der (weniger attraktiven) Realität „überklebt" – wie die einzelnen Teilchen einer Collage.

Frau Träumt eine Frau von einer Unbekannten (und beschäftigt sie sich mit deren Eigenschaften), bedeutet dies die Auseinandersetzung mit dem Selbstbild, der eigenen Weiblichkeit. Der Traum kann auch als Aufforderung zu verstehen sein, sich mehr um die eigenen Anlagen, Talente und Bedürfnisse zu kümmern und sie bewußter auszuleben.
Wenn dagegen ein Mann von einer unbekannten, vielleicht sogar „gesichtslosen“ Frau träumt, handelt es sich (nach C. G. Jung) um die femininen Anteile seiner eigenen Persönlichkeit. Nach dieser Theorie sind fremde Frauen im Männertraum als „Anima“ zu verstehen: die weibliche Seelenseite des Träumenden. Die Grundstimmung des Traums und seine Handlung gibt nähere Hinweise darüber, wie ein Mann seine „weibliche Seite“ auslebt – oder verdrängt.

Freimaurer Wer von Geheimbünden und ihren Symbolen träumt, sucht entscheidende (und karriereförderliche) Kontakte zu einflußreichen Personen, möchte in jeder Hinsicht „dazugehören“ und in der Lage sein, Macht auszuüben. Fast wie im wirklichen Leben.

Fremder Die Begegnung mit einem Fremden ist meistens ein Hinweistraum: Du hast wesentliche Eigenschaften (oder verfügst über Begabungen), die du ablehnst – oder die dir nicht bewußt (also „fremd“) sind. Solche Träume sind als Ermutigung zu verstehen, diese bisher ungenützten Möglichkeiten zu erkennen und weiterzuentwickeln.

Fremdsprache Man „kann etwas nicht verstehen“ oder will etwas Wichtiges einfach nicht verstehen, weil man sich dann Mühe geben müßte, auch Unbekanntes zu akzeptieren und den eigenen Horizont zu erweitern, um daraus zu lernen. Ein Traum, der auffordert, geistig flexibler zu sein – sich auf Neues und Fremdes ohne Vorurteile einzulassen.

Freude Freudenszenen im Traum signalisieren häufig, daß man selbst mehr davon gebrauchen könnte. Man empfindet das eigene Leben zu nüchtern und eintönig – zu freudlos eben.

Freunde Das Zusammensein mit Freunden im Traum gilt als Wink des Unterbewußtseins: Man vermißt Kontakte und Beziehungen, die auf Vertrauen, Zuneigung und „gemeinsamer Wellenlänge“ basieren.

Friedhof Allem Aberglauben zum Trotz: Wer dort im Traum spazierengeht (oder gar im Grab liegt), wird sicher nicht demnächst sterben. Der Friedhof ist ein Ort der Stille und Besinnung – und so auch als Traumsymbol zu verstehen. In Phasen der körperlichen und geistigen Überforderung träumt man im wahrsten Sinn des Wortes von „Friedhofsruhe" und einem Platz, an dem Streß und Überreizung der Nerven und Sinne mit Sicherheit tabu ist.

Friseur Das ist ein erotisch-sexueller Traum, in dem man die (als Pflege „getarnten") Streicheleinheiten und die Aufmerksamkeit einer fremden Person genießt, ohne deswegen Schuldgefühle haben zu müssen. Ein häufiger Traum von Menschen in „Vernunftehen" oder ähnlichen sinnvollen, aber lustlosen Beziehungen: Der Austausch von Zärtlichkeit und hautnahen Sinnesfreuden kommt einfach zu kurz.

Frosch „Sei kein Frosch!" fordert man jemanden auf, den man gern zugänglicher, aufgeschlossener für die eigenen Wünsche hätte – und so ist er auch als Traumsymbol gemeint. Jemand ist kühl und „ungreifbar" – man kriegt ihn nicht so leicht zu fassen.

Frost Das typische Symbol für Kälte und Distanz – die „frostige Stimmung" zwischen Menschen, die einander ablehnen, ist ja sprichwörtlich. Wenn man träumt, eine bestimmte Person durch frostbeschlagene Fensterscheiben zu sehen, ist von diesem Kontakt kaum „Herzenswärme" (oder „heiße Liebe") zu erwarten – er bleibt „eisig". Frostige Traumbilder sind oft auch als Symbol für „vergebliche Liebesmüh'" zu verstehen, bei der man sich doch nur „kalte Füße" holt.

Früchte Egal welche, sie symbolisieren pralle Sinnlichkeit und Lust – von erotischen Erfolgserlebnissen und Sexualität wird geträumt, wenn man in Äpfel, Pflaumen und Bananen beißt – nicht nur nach Dr. Freud, der vor allem die weiblichen Brüste den fruchtigen Träumen zugeordnet hatte.
In der traditionellen Deutung verheißt dagegen (faules) Obst nichts Gutes: Danach ist Krankheit zu erwarten oder Gefahr durch Verlust – „etwas ist faul" an der Sache.

Frühgeburt Kein Grund zur Sorge, es handelt sich weder um eine unglücksschwangere Prophezeiung noch um einen düsteren Warntraum. Frühgeburten sind Symbol für einen unausgereiften Plan, für etwas, das man (meist beruflich) präsentieren soll, bevor man es als gelungen oder abgeschlossen betrachtet. Oder eine Idee ist nicht zu verwirklichen, ein Projekt noch nicht „lebensfähig" – ein typischer Streßtraum.

Frühling Allgemeingültiges Symbol für glücklichen Neubeginn, Jugend und Fruchtbarkeit.

Frühstück Wer hat Sie denn zum Frühstück eingeladen? Sie können ihm trauen, mit ihm wäre ein erfolgreicher Start, ein erfreulicher Neubeginn möglich.

Fuchs Der sprichwörtlich „schlaue Fuchs" ist Symboltier für instinktsichere Geschicklichkeit, für geistige Wendigkeit und Cleverneß.
Nach C. G. Jung verbirgt sich in der Gestalt des geschmeidigen Reineke ein listiger, „ausgefuchster" Mensch – vor dem gewarnt sein soll.

Führerschein Wieder einmal wie im Leben – er gilt als Symbol für Bewegungsfreiheit und das Recht, „seine Wege selbst zu bestimmen". Man ist autorisiert, unabhängig von anderen ein Ziel zu verfolgen.
Durchaus ein Alptraum kann es sein, wenn man den Führerschein verloren hat oder vergeblich sucht: ein Symbol für Identitätsverlust und Abhängigkeit.

Füllfeder/Füller Ein traditionelles Symbol für gelungene Kommunikation, Vertragsabschluß – und manchmal ein Tip aus dem Unterbewußtsein: Besser, etwas schriftlich festzuhalten, als es zu vergessen!

Fundament Wer am Fundament seines Hauses arbeitet (oder dabei zusieht), sollte es auch in der Realität tun: die Grundlagen des eigenen Lebens überdenken – und eventuell neu bestimmen – und absichern.

Fünf Als geträumte Zahl muß sie nicht gleich zum Lottotip werden, sie gilt als Symbol für den Menschen in Harmonie, für die Verbindung männlicher und weiblicher Eigenschaften, für das Wesentliche im höheren Sinn. Also doch eine Glückszahl.

Funke (→ Feuer)

Furche Wer einen Pflug in der Ackererde Furchen ziehen sieht, hat nach traditioneller Deutung Sehnsucht nach der Natur und dem bodenständigen Leben auf dem Land.
Nach Sigmund Freud: Wie könnte es anders sein – das weibliche Geschlechtssymbol.

Furcht Wenn einem Träume das Fürchten lehren, hat das sehr oft einen ganz banalen Grund: Man hat zu spät zu viel gegessen, getrunken oder geraucht – der eigene Organismus ist in Panik geraten. Wenn diese Ursache auszuschließen ist, wäre es wichtig, den Auslöser des Furchtzustandes in Erinnerung zu bringen – erst daraus ergibt sich der Sinn des Traumes.

Fuß Ob der eigene oder ein fremder – er ist immer ein Erdungssymbol, beschreibt den eigenen „Standpunkt“ in einer Streitfrage oder Unklarheit – und gilt als Unabhängigkeitssymbol: Man „kann auf eigenen Füßen stehen“.
(Und nach Freud ist unser aller Gehwerkzeug ein Penissymbol, das in die Scheide eindringt – beim Schuheanziehen.)

Fußball Symbol für spielerischen Kampfgeist oder aggressiven Spieltrieb. Für Fans vielleicht auch gar kein Symbol, Sie wünschen Ihrem Club den Sieg. Nur geträumt?

Fußboden (→ Boden, Erde)

Fußmatte Wer von ihr träumt, sollte etwas für sein Selbstbewußtsein tun und eine höhere Meinung von sich haben: Man fühlt sich getreten, erniedrigt, minderwertig – als Fußabstreifer.

Futter Sie „nähren das Tier in sich“ – geben Ihren animalischen Instinkten Nahrung. Mit einem Wort: Sie leben „aus dem Bauch“ und tun, worauf Sie Lust haben – mehr oder weniger exzessiv. Oder träumen Sie nur davon?

Gabel Was man sich „aufgabelt“, soll verzehrt, genützt oder aufbereitet werden – die Gabel gilt als Symbol für nützliche Aktivität. In der traditionellen Deutung war sie ein Zeichen für Aggression und Bedrohung. Kein Wunder, früher sind auf dem Land so manche Meinungsverschiedenheiten mit der Heu- oder Mistgabel ausgetragen worden, und man hat damit Diebe und faules Gesinde vom Hof gescheucht.

Galgen Kaum zu glauben, daß es kein Alptraum war, aber nach neueren Erkenntnissen der Traumforschung gilt dieses drastische Sinnbild für Strafe und Tod eher als Symbol der Entlastung von drohenden Konflikten.

Gammler (→ Bettler)

Gang (→ Flur)

Gans Schon im Märchen „Die goldene Gans“ war sie Symbol für das Wertvolle, und in der traditionellen Deutung gilt sie als Sinnbild des „kleinen Glücks“, der gesicherten Lebensumstände eines wohlhabenden Kleinbürgertums.

Gänseblümchen Die Blume der Unschuld und kindlichen Natürlichkeit – wer sie im Traum pflückt, muß diese Eigenschaften nicht unbedingt besitzen – eher hat er es darauf abgesehen. Manchmal auch ein versteckter Aggressionstraum: Man fühlt sich von einem allzu „braven“, naiven Menschen genervt. Besonders dann, wenn man die unschuldigen Blümchen geträumterweise ausreißt oder niedermäht.

Garage Wer im Traum sein Auto in die Garage fährt, hat nicht nur ein erhöhtes Sicherheitsbedürfnis – er stellt auch materielle Werte und Prestigedenken über Emotionales und Ideelles.

Garderobe Ein ganz typischer Frauenalptraum: Man wühlt hektisch und ratlos in einem vollen Kleiderschrank, und je mehr man vom Bügel reißt, desto verwirrender und unpassender wird die Auswahl. Am Ende ist der ganze Raum voll von Kleidung, aber nichts davon entspricht dem speziellen Anlaß. Ein sehr häufiger Ventiltraum in einer Situation der Überforderung durch den Partner – oder durch eine sehr hochgesteckte Erwartungshaltung (eigene oder Umfeld), der man trotz aller Anstrengung und Anpassung kaum noch entsprechen kann. Auch als Hinweis aus dem Unterbewußtsein zu verstehen, daß man sich viel zu oft möglichst makellos und perfekt präsentiert, um nur ja nicht unbeliebt oder abgewiesen zu werden. Man will die Schönste und Beste sein, bis zur totalen Erschöpfung soll damit verhindert werden, was man am meisten fürchtet: Liebesentzug.

Gardine Symbol für „transparente Abgrenzung" – man wünscht sich, selbst das zu durchschauen und zu „überblicken" (kontrollieren), was andere lieber für sich behalten bzw. verbergen würden. Andererseits ist man bemüht, den eigenen Bereich und die eigenen Interessen vor dem „Durchblick" seines Umfeldes zu schützen. Wer sich im Traum von Kopf bis Fuß hinter einem Vorhang versteckt, während andere nach ihm suchen, empfindet den Einblick in seine momentanen Lebensumstände als akute Existenzbedrohung.

Garn Symbol für das „Gedankenspinnen", für Überlegungen, Ideen und Empfindungen, die sich langsam entwickeln und erst nach und nach Form annehmen.

Garten Idealerweise sind Gärten Orte der Entspannung und Harmonie, aber auch der Freude (Blumen) und Fruchtbarkeit (Obst u. Gemüse) – und wer sich im Traum darin aufhält, wünscht sich eine ausgewogene, harmonische und „gepflegte" Lebenssituation, in der man von der Härte des Existenz- oder Konkurrenzkampfes abgeschirmt ist.
S. Freud hielt es eher mit der altägyptischen Deutung: Der „Garten der Lüste" war Symbol weiblicher Sexualität.

Gärtner Symbolgestalt für den Einklang und Austausch mit der Natur im Sinne von geben und nehmen, gestalten und sich inspirieren lassen.

Gas Symbol für eine unsichtbare Gefahr oder für Umstände, denen man ausgesetzt ist, ohne sie zu kennen.

Gast Waren Sie selbst eingeladen? Dann suchen oder brauchen Sie mehr Zuwendung und Aufmerksamkeit. Ihre sozialen Kontakte dürften auf ein notwendiges Mindestmaß reduziert sein.

Wer sich in der Rolle des Gastgebers träumt, hat ein (derzeit vielleicht unterdrücktes) Bedürfnis, andere zu umsorgen, aber auch durch die eigene Großzügigkeit zu glänzen. Man will „gebraucht werden", um dafür Aufmerksamkeit und Zuneigung zu bekommen. Ein häufiger Traum von Phasen der (unfreiwilligen) Zurückgezogenheit oder Isolation.

Gasthaus Ort der Kommunikation und des Genießens – und wie bei vielen anderen Träumen, die einen speziellen Raum zeigen, kommt es auch hier auf die Stimmung und das Aussehen der Umgebung (und der anderen Anwesenden) an. Daraus kann man folgern, unter welchen Umständen man gern mit jemandem zusammen wäre bzw. welches Umfeld gerade „bekömmlich" und sinnvoll für die eigenen Bedürfnisse ist.

Gauner In dieser miesen Gestalt steckt meist eine aktuelle Warnung: Sie unterschätzen ein Risiko, sind zu gutgläubig.

Gazelle Das elegante Tier gilt in jeder Deutung als Symbol für eine schöne, begehrte Frau, die „nicht so leicht zu fassen" ist.

Gebäck Wünschen Sie sich mehr Geborgenheit und „kindliche Genüsse"? Sie möchten verwöhnt, umarmt, vielleicht liebevoll „bekocht" werden – und lassen es aber doch häufig nicht zu (bzw. Sie meiden die Gelegenheiten), weil Sie Angst um Ihre Unabhängigkeit haben? Ein häufiger Männertraum von den (eher leiblichen) Genüssen der Zweisamkeit, auf die aber immer noch lieber als auf die „große Freiheit des Single-Lebens" verzichtet wird. Was aber auch für Frauen gilt: Wer heimlich aus fremden Keksdosen nascht, könnte sich an seinen Beziehungsängsten „verschlucken" – nicht nur im Traum!

Gebärmutter Ein Symbol für Fruchtbarkeit und den „inneren Reichtum" – im Traum eher die Aufarbeitung einer seelischen „Altlast" bezüglich der eigenen Herkunft.

Gebäude (→ Haus)

Gebet Wer im Traum betet, wünscht sich dringend Hilfe „von oben" oder sieht sich einer problematischen Situation nicht mehr gewachsen. Es soll „ein Wunder geschehen".

Gebirge (→ Berg)

Gebiß Wer es im Traum verliert, sollte es als Warnung wörtlich nehmen: Die Fähigkeit, sich „durchzubeißen", die eigenen Interessen wahrzunehmen und um wichtige Anliegen zu kämpfen, ist abhanden gekommen. Ein Aufforderungs-Traum, der sagen will: Es ist wichtig, aktiv zu werden – und nicht alles nur kritiklos zu „schlucken“, was man „vorgekaut“ bekommt.

Geburt Vorausgesetzt, Sie sind nicht schwanger oder träumen im wahrsten Sinn des Wortes davon: Neues kündigt sich an, Ideen „werden geboren“, kreative Talente lassen sich jetzt erfolgreich verwirklichen, oder man „geht mit einem Projekt schwanger“, das viel Energie und Aufwand erfordert, aber eine entscheidende positive Erweiterung bringt. Träume von einer besonders schmerzhaften oder problematischen Geburt weisen ebenfalls fast immer auf einen letztlich erfolgreichen kreativen Vorgang hin, der aber die Überwindung von Widerständen bzw. einen sehr hohen Einsatz verlangt.

Geburtstag In der traditionellen Deutung stets ein Glückstraum, man hat Wünsche frei, die erfüllt werden. Die geträumten Geschenke symbolisieren oft Eigenschaften oder Chancen, die entwickelt bzw. verwirklicht werden sollten. Menschen, die unter den Geburtstagsgästen zu erkennen waren, könnten dabei hilfreich (oder gute Partner) sein.

Gebüsch Symbol für einen (unsicheren) Zufluchtsort, ein Versteck in einer bedrohlichen Situation. Auch: Man hat sich im Gestrüpp (Gebüsch) seiner eigenen Empfindungen verirrt, steckt in einer „dornigen“ Gemütslage. Ein häufiger Traum in Lebensphasen, die eine erfüllte Sexualität unmöglich erscheinen lassen, wie z. B. schwere Krankheit des Partners, Trennung – oder auch die Reaktion auf eine sexuelle Beziehung außerhalb der Partnerschaft.

Gedränge Sie sind ins Gedränge geraten und haben kaum Bewegungsfreiheit? Ein Traumhinweis, den Sie wörtlich nehmen sollten: Auch wenn Sie es vielleicht nicht wahrhaben wollen oder sich auch gelegentlich mit etwas „Ellenbogentechnik“ dagegen wehren – jemand versucht, Sie zu „steuern“ und in eine Richtung zu drängen, die mehr die seine als die Ihre ist. Eine Beziehung ist zu eng geworden, jemand versucht, Ihre „Schritte“ zu manipulieren. Sie brauchen mehr Freiraum und Durchsetzungskraft!

Gefängnis Einschränkungen und Abhängigkeiten aller Art – und Sie in einer engen Zelle: ein Alptraum! Welche Situation oder welche Beziehung (beruflich, sozial oder emotional bedingt) fällt Ihnen dazu ein? Wo möchten Sie am liebsten „ausbrechen", welchen Bereich Ihres Lebens empfinden Sie als dermaßen einengend, daß Sie sich insgeheim „erleichterte Haftbedingungen" wünschen? Wenn sich Gefängnisträume häufiger wiederholen, sollten Sie zumindest über einen psychischen Befreiungsakt nachdenken!

Gefäß Wie hat es ausgesehen, und erinnern Sie sich an seinen Inhalt? An die Flüssigkeit, Farbe, Geruch? Hier liegt die eigentliche Symbolaussage eines solches Traumes. Und lassen wir Dr. Freuds Theorie (nach der alle, aber auch wirklich alle Gefäße ausschließlich sexuell zu interpretieren sind) dort gelten, wo sie hingehört: im vergangenen Jahrhundert. Wer denkt denn heute noch beim Gläserfüllen oder beim Entkorken einer Flasche an Sex – und beim Blumengießen an eine Ejakulation? Eben.

Geflügel „Auch Kleinvieh macht Mist", sagt der Volksmund, und wer von flatternden und gackernden Hühnern träumt, denkt auch im Wachzustand über „nützliche Kleinigkeiten" und Alltägliches nach. In der traditionellen Deutung hat das Federvieh als Symbol für Flatterhaftigkeit und triebgesteuertes Vergnügen gegolten.

Gegner Wenn Sie im Traum mit einem listigen, raffinierten Gegner kämpfen, haben Sie sich in Wirklichkeit mit Ihren eigenen „wesensfremden" Aspekten und Ihren widersprüchlichen Meinungen herumzuschlagen.

Geheimnis Wer davon träumt, sehnt sich nach geheimnisvollen Erlebnissen – ihm ist das Leben zu nüchtern und überschaubar geworden. Die Phantasie möchte gefordert sein.

Gehen Ein häufiger Traum: Man geht und geht und geht ... der Weg scheint kein Ende zu nehmen, kein Ziel ist zu erkennen. Trotzdem ist es ein positiver Traum, der andeuten will, daß man Schritt für Schritt durch eigene Kraft vorankommt, wenn auch die „Zielvorstellungen" noch nicht konkret sind, ist man doch (seinen eigenen Anlagen und Talenten entsprechend) auf dem richtigen Weg. Auch als Hinweis zu verstehen: Setze dir wenigstens Etappenziele, so kannst du deine Zeit und Energie effektiver nützen.

Gehorsam Traumszenen, in denen willkürlich Gehorsam und Unterwerfung verlangt werden, verweisen auf sinnlose Disziplinierungen in der Vergangenheit (meistens: Kindheit), unter deren psychischen Verletzungen man noch immer leidet – auch dann, wenn sie bewältigt scheinen.

Geier In der traditionellen Deutung war er immer ein Gefahrensymbol. Bedrohliche Vögel gelten in der aktuellen psychologischen Deutung als „unbekannte Macht", die man fürchtet – oder als Symbol für die eigene Angst vor Ausbeutung.

Geige Wer sie im Traum virtuos spielt, möchte auch im wirklichen Leben durch brillante Leistungen auffallen und am liebsten überall „die erste Geige spielen". Außerdem ist die Geige ein Symbol für Harmonie durch den Ausgleich von Spannung und Entspannung. Und – ausnahmsweise nicht nur – nach Freud: Sinnbild des weiblichen Körpers.

Geizhals Sie ärgern sich im Traum über den Geiz anderer? Kein Symbol, eher ein Verarbeitungstraum: Sie tun es tatsächlich, wünschen sich von einem bestimmten Menschen mehr Großzügigkeit und hassen es, sich von anderen „kleinkarierte Situationen" aufdrängen zu lassen. Sie genießen gern aus dem vollen und schätzen das Motto: Leben und leben lassen. Geiz stört Sie zutiefst in Ihrem Lebensgefühl.

Gelb Die Farbe der Bewegung und der Kommunikation (z. B. Post) – und die Farbe des Sonnenlichtes ist Symbol für Energie, für die Fülle des Lebens und für „reiche Ernte" – auch im geistigen Bereich.

Geld Das naheliegendste Symbol für materiellen Wert und Reichtum – im Traumgeschehen gilt es allerdings eher als Machtsymbol. Nach C. G. Jung und auch nach der Lehrmeinung aktueller Psychoanalytiker gilt Geld im Traum vor allem als Sinnbild „erotischer Macht über eine begehrte Person" – ein Potenzsymbol.
Ein Glückstraum kann es sein, wenn man unerwartet Geld gefunden hat. Die Bedeutung: Man verfügt über mehr Energie, Chancen und Talente, als einem bewußt ist. Dagegen weisen Träume von Geldverlusten darauf hin, daß man seine Möglichkeiten und Begabungen nicht entsprechend nützt und „Chancen verschenkt".

Geliebte/Geliebter Kein Symbol – ein Wunschtraum unter dem Motto: Die oder keine – oder: Der oder keiner! Der Träumende ist glücklich (und ziemlich fixiert) verliebt. Oder er wünscht sich „mehr als alles andere im Leben", von dieser – und nur dieser! – Person geliebt zu werden.

Gelübde (→ Schwur)

Gemälde Man „macht sich ein Bild" – von sich selbst oder von einer bestimmten Person. Häufig sind solche

Träume als Hinweis zu verstehen, daß man sich jemanden „schöndenkt“ und daß er in der Realität dieser Idealvorstellung nur bedingt entspricht – oder ihr gar nicht entsprechen möchte. Außerdem: Bilder, die ein spezielles Ambiente darstellen, spiegeln häufig das Weltbild (die persönliche Sicht) des Träumenden wider.

Gemse Dieses wendig-bewegliche und genügsame Tier gilt als Symbol für ebendiese Eigenschaften: genügsame Geschicklichkeit.

Gemüse In der traditionellen Deutung geht es um „junges Gemüse“: Kinder und Jugendliche. Nach C. G. Jung sind solche durchaus nicht „vegetarischen“ Träume eher mit „Fleischeslust“ verbunden und sexuell-erotischen Inhalts.

General Der ältere Herr in Uniform ist als Symbolgestalt für autoritär-aggressive Herrschaftsansprüche zu verstehen.

Genesung Wer von der eigenen träumt, darf sich freuen: Man „gesundet an Körper und Seele“ – was nichts anderes heißt, als daß man demnächst in optimaler Form größeren Herausforderungen gewachsen sein wird – meist geistiger bzw. emotionaler Art.

Gepäck Woran haben Sie denn so schwer zu tragen, daß Sie sogar schon davon träumen? Ein naheliegendes Symbol für (meist psychische) Belastungen: Ihre Kraftreserven sind gefordert! Auch als Tip zu verstehen: Vermeiden Sie extreme Überlastung.

Gepäckträger Es kommt darauf an, wie die Rollen im Traum verteilt waren. Hatten Sie selbst die Last der anderen zu tragen? Dann nehmen Sie es wörtlich: Sie laden sich viel zuviel auf und gehen für die Bequemlichkeit anderer Menschen immer wieder über Ihre eigene Belastbarkeitsgrenze. Sie sollten dringend „nein“ sagen lernen.
Oder waren Sie es, der den Gepäckträger brauchte? Vielleicht machen Sie es sich gern ein bißchen zu leicht im Leben und muten – unter dem Motto: Irgend jemand muß es ja tun – stets den anderen zu, worauf Sie selbst keine besondere Lust haben.

Gericht Allgemein als Symbol für die Suche nach Gerechtigkeit zu verstehen. Wenn einem im Traum der Prozeß gemacht wird, verarbeitet das Unterbewußtsein möglicherweise ein (zu Recht?) wohl empfundenes, aber immer wieder auch verdrängtes Schuldgefühl. Erlebt man sich im Traum als Richter oder Staatsanwalt, könnte das als „rote Karte“ zu verstehen sein: Zu selbstgerecht? Zu wenig Toleranz – oder zu viele Vorurteile?

Gerste Wogende Gerstenfelder, die nach reicher Ernte aussehen, sind nach traditioneller Deutung ein Symbol für gutes Gelingen eines Vorhabens – und für materiellen Erfolg und Wohlstand.

Geruch Geruchsträume sind äußerst selten, und es könnte durchaus sein, daß man im Schlaf tatsächlich etwas riecht und diese reale Sinneswahrnehmung dann dem Traum einer Duftnote beisteuert.
Andererseits: Man verbindet (bewußt und unbewußt) ein Leben lang Gerüche mit Erinnerungen – und umgekehrt. Der Gedanke an bestimmte Menschen und Orte steht oft mit einer ganz speziellen Dufterinnerung in direktem Zusammenhang. Wer z. B. einen besonders glücklichen Abend mit einem geliebten Menschen in einem Garten erlebt hat, der intensiv nach Jasmin oder Lindenblüten duftete, wird diesen typischen Frühlingsgeruch noch Jahre später als euphorisierend empfinden. Und wer am liebsten einen großen Bogen um Arztpraxen und Kliniken macht, weil er ihren „antiseptischen" Geruch unbewußt mit Krankheit und Schmerzen verbindet, weiß, wovon hier die Rede ist. Insofern sind Duftträume vielmehr Erinnerungsträume, die sich auf jene Erlebnisse und Personen beziehen, die „damals nach Zimt" (oder nach billigem Rasierwasser – oder nach was auch immer) gerochen haben.

Gerüst Symbol für einen „Wiederaufbau", einen zweiten Versuch mit guten Chancen und für Unterstützung – meistens in bezug auf geschäftliche oder gedankliche Vorgänge.

Gesäß Im Traum eher eine sexuelle Phantasie als ein Symbol. Wer allerdings träumt, die Hose zu verlieren und „vor aller Augen" plötzlich mit nacktem Hinterteil dazustehen, hat „einiges zu verbergen" – und deswegen wohl auch Angst, „sich eine Blöße zu geben".

Gesang Wer sich im Traum singen hört, hat gerade eine seelische Belastung hinter sich und stimmt nun „ein Lied der Erleichterung" an – meint die traditionelle Deutung.
Musikträume sind äußerst selten und eher eine real gehörte Wahrnehmung (vielleicht aus der Nachbarwohnung?), die dann möglicherweise einer Traumhandlung „die Tonspur unterlegt".

Geschäft Wenn es kein Traum war, in dem Tagesreste aus dem Berufs- bzw. Geschäftsalltag aufgearbeitet wurden, gilt eine Geschäftsabwicklung als

Symbol für ökonomischen Austausch. Bei solchen Träumen liegt der eigentliche Sinn aber im Detail: Wer hat – warum – mit wem ein Geschäft gemacht? In welchem Umfeld und in welcher Stimmung?

Geschäftszeit Man rennt gehetzt los und möchte noch unbedingt etwas ganz Wichtiges einkaufen – aber wo immer man gerade die Ladentür öffnen will, ist schon geschlossen. Die Ladenschlußzeit als kleiner Alltags-Alptraum ist Symbol für emotionales „Ausgesperrtsein" – man leidet unter dem Eindruck, daß alle anderen mehr Glück haben, eher einen Wunschpartner (die schönere Wohnung, die besseren Beziehungen, die besseren Berufschancen usw.) und auch sonst viel mehr von der Sonnenseite des Lebens abzubekommen. Ein sehr häufiger Frauentraum (besonders in Trennungssituationen), wenn die eigene Durchsetzungskraft und das Selbstwertgefühl einen Tiefpunkt erreicht haben. Solche Träume sollten als Hinweis verstanden werden, daß man „rechtzeitig etwas tun" (aktiv werden) muß, um eine positive Veränderung einzuleiten.

Geschenk Haben Sie eines bekommen? Ein Zufriedenheitstraum – Sie haben, was Sie sich wünschten, oder ein entsprechendes Erlebnis steht unmittelbar bevor.

Wer selbst im Traum Geschenke für andere besorgt, möchte seine Beziehung (meist zur beschenkten Person) verbessern oder eventuell auch den eigenen Stellenwert innerhalb einer Gruppe anheben.

Der Traum vom Geschenk: Ein Zufriedenheitstraum.

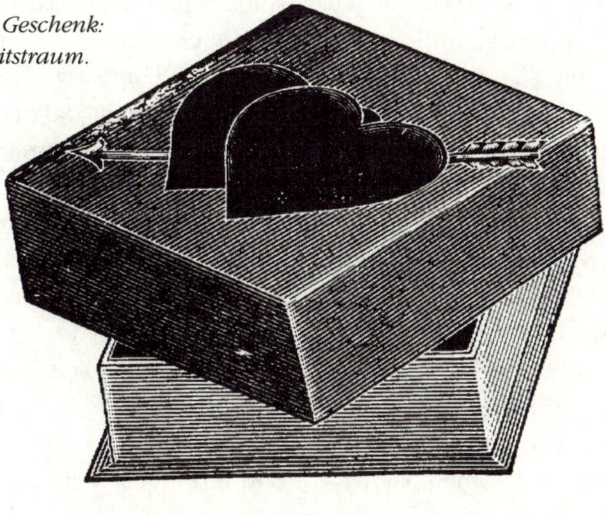

Geschichten Im Traum erzählte Geschichten sollte man sich möglichst merken können – sie handeln meist von wesentlichen Ereignissen oder entscheidenden Situationen des eigenen Lebens, deren besonderen Stellenwert man aber leider erst später (zu spät?) erkennen kann. Tip: Auch wenn die ganze Geschichte am nächsten Morgen nicht mehr restlos erinnert werden kann – was immer davon „noch da" ist, bitte notieren. Mit größter Wahrscheinlichkeit wird diese Traumnotiz später einen wichtigen Hinweis geben oder ein fehlendes Gedanken-„Puzzle" darstellen. Das gilt ganz besonders für Geschichten, die man wiederholt oder gar in Fortsetzungen (wie eine Filmserie) träumt.

Geschicklichkeit Vielleicht träumen Sie manchmal von irgendeinem handwerklichen oder kunstgewerblichen Talent, das Sie geschickt und erfolgreich ausüben? Es könnte durchaus ein Hinweis auf eine bislang ignorierte – oder unterschätzte – Begabung sein. Wie wäre es mit einem Versuch?

Geschirr Ein Symbol für Häuslichkeit – und in der traditionellen Deutung für Unglück in der Ehe, wenn es in Scherben ging. (Der Brauch, am Polterabend vor der Hochzeit Geschirr zu zerschlagen, sollte sozusagen „vorbeugend wirken" und somit spätere – unfreiwillig geschlagene – Scherben vorwegnehmen.) Die aktuellere Deutung von kaputtem Geschirr im Traum: Demnächst wird etwas „in Scherben gehen", was ohnehin schon „einen Sprung hat" – z. B. ein erfolgloses Projekt, eine kaum realisierbare Idee, eine ziemlich „angeschlagene" Beziehung, die nur mehr (durch Mitleid oder Gleichgültigkeit) notdürftig „zu kitten" war. Solche Scherbenträume können bewußtmachen, daß eigentlich nur mehr „ein schäbiger Rest" bewahrt wird, den man besser rechtzeitig „entsorgen" anstatt „unter den Teppich kehren" sollte.

Geschlechtsorgane Wenn jemand „anschaulich" davon träumt, hat es vermutlich mehr mit Lust als mit Symbolik zu tun. Trotzdem – es gibt sie, die symbolische Doppeldeutigkeit solcher nur scheinbar sexuellen Träume: Nicht selten hat ein riesiger geträumter Phallus vor allem die „Macht" (oder die Angst davor) der in vielen Lebensbereichen immer noch präsenten „männlichen Überlegenheit". Andererseits geht es in vielen psychischen Vorgängen und Wahrnehmungen (wozu sicher auch Träume gehören) nach S. Freud um „die Loslösung der Sexualität von den Genitalien". Das heißt: Auch wenn es (ganz besonders eindeutig) danach aussieht, daß ein Mensch „immer nur das eine will", sucht er doch eigentlich das ideale sinnlich-erotische Gesamterlebnis, die Liebe.

Geschmack Es soll ja nicht oft vorkommen, daß man von einem speziellen Geschmack träumt. Wenn Sie aber doch einmal beim Aufwachen etwas ganz deutlich „schmecken", was nur geträumt gewesen ist: Sie haben ein besonders ausgeprägtes „sinnliches Bedürfnis" – egal, ob Chili oder Schoko, Sie sollten sich den Traumgenuß bei nächster Gelegenheit auf der Zunge zergehen lassen.

Geschwindigkeit Ein typisches Streßsymbol in Lebensphasen voll Termindruck und Zeitnot. Man kann sich selbst im Traum nicht mehr bremsen und leidet darunter, daß vieles nicht noch rascher zu bewältigen ist. Ein Traum, der in Erinnerung bringen will, daß ein Tag nur 24 Stunden hat!

Geschwister Wenn man nicht deutlich erkennbar von eigenen Geschwistern träumt, sind sie Symbole für verschiedene eigene Persönlichkeitsanteile: Nach C. G. Jung bedeuten ältere Geschwister Eigenschaften oder Fähigkeiten, die man entwickeln will bzw. die zu Zielvorstellungen geworden sind. („So möchte ich einmal werden.")

Geschwür Symbol für Minderwertigkeitsgefühle oder Ekel vor dem eigenen Körper – oder dessen natürlichen Funktionen. Manchmal auch: Man will einen körperlichen Makel (oder etwas, das man dafür hält) auf keinen Fall akzeptieren.

Gesicht Es ist das klassische Identitätssymbol, und wenn man von verschiedenen, undeutlich verschwommenen Gesichtern träumt, kann es als Hinweis gelten, daß man auf der Suche nach seiner eigentlichen Identität ist – im psychologischen Sinn. Träume von maskenhaft erstarrten Gesichtern bedeuten oft blockierte bzw. verleugnete Gefühle – und daß man sich anders gibt, als man eigentlich ist. Man „maskiert" sich für andere und zeigt ihnen nur das, was für sie bestimmt ist – eben nicht „das wahre Gesicht".

Gespenster Keine Angst, wenn es in Ihren Träumen spukt! Was sich hier bemerkbar macht, ist keine „übersinnliche Wahrnehmung", sondern ein (verdrängtes) Schuldgefühl. Vielleicht haben Sie einem nahestehenden Menschen unrecht getan, es aber darauf beruhen lassen, weil sie dem Konfliktstoff (bzw. einer klärenden Aussprache) lieber aus dem Weg gehen wollten. Nun konfrontiert Sie das Unterbewußtsein mit Ihrem schlechten Gewissen, das bereits „gespenstische

Gestalt" angenommen hat. Sie wird nicht mehr beunruhigend durch Ihre Träume geistern, sobald die Problematik bereinigt ist.

Gespött Es kann schon ein Alptraum sein, wenn man „zum Gespött der Leute wird". Genau das will aber um jeden Preis vermeiden, wer sich ständig um mehr Ansehen (und seinen Stellenwert in den Augen anderer) kümmert, indem er sie stets auf seine Vorzüge und Möglichkeiten verweist, um sich überall so beliebt wie nur möglich zu machen. Dieser Kampf um Anerkennung und Zuwendung bedeutet für die Psyche enormen Streß, der durch die „Schocktherapie" des peinlichen Traumes radikal abgebaut werden soll. Man bekommt vorgespielt, wie es einem „im schlimmsten Fall" ergehen könnte – unter dem Motto: Wer nichts zu verlieren hat, hat auch nichts zu befürchten – er ist (innerlich) frei.

Gespräch Kommt ganz darauf an, in welcher Atmosphäre es verlief. Hitzige Streitgespräche sind Hinweis auf einen inneren Konflikt, über dessen Thematik der Träumende mit sich selbst zu keiner befriedigenden Einigung gelangen kann: Er schwankt zwischen zwei konträren Meinungen (oder Wunschvorstellungen) und kann sich nicht entscheiden.
Träume von ruhigen, harmonischen Gesprächen gelten als Signal für besonders gute Chancen durch Kommunikation (oder durch die Mitteilung von Gefühlen) – Stimmung und „Handlungsort" des Traumes beschreiben näher, ob es um berufliche oder private Gesprächserfolge geht.

Getränk Fast nie ein Traumsymbol – fast immer ein Bedürfnis: Sie haben während des Schlafens einfach Durst bekommen.

Getreide Alle Getreidearten gelten als Symbol für geistige und körperliche Vorgänge, Bedürfnisse usw. – es geht um die Saat (Idee und Einsatz), um das Wachstum (Anstrengung und Entwicklung) und letztlich um das Erlebnis (Ernte und Wert). Nach solchen Träumen stellt sich die Frage, in welchem Lebensbereich etwas begonnen bzw. investiert werden soll – und was man ganz persönlich dann als „reiche Ernte" empfinden würde.
In der traditionellen Deutung galt Getreide als Symbol für Erfolg (die sprichwörtliche „reiche Ernte") nach harter Anstrengung.

Gewächshaus Naheliegendes Symbol für einen besonders geschützten, abgeschirmten Lebensraum – oder für eine kontrollierte, isolierte Lebensform. Bei Akzeptanz dieser gegebe-

nen Einschränkung ist aber auch „sicheres Gedeihen" garantiert. Ein Traumsymbol, das Wertigkeiten wie Freiheit und Risiko gegen Kontrolle und Schutz zur Diskussion stellt.
Außerdem eine Warnung vor Aggression und eine Mahnung zur (momentanen) Anpassung an vorgegebene Rahmenbedingungen: „Wer im Glashaus sitzt, darf nicht mit Steinen werfen."

Gewalt Träume von Gewalttätigkeiten sind sehr häufig ein psychischer Protest gegen eine Situation, in der man sich eben nicht „wehren kann", in der man „einstecken muß" – obwohl man viel lieber „austeilen" und „zurückschlagen" möchte.
Manchmal kann auch sexueller Triebstau der Auslöser von aggressiven Traumbildern sein.

Gewebe Ein Symbol für das „Verwobensein" mit anderen Menschen und dem gesamten eigenen Umfeld. Die Art des Gewebes, seine Farbe und Beschaffenheit kann darüber Auskunft geben, wie man seine momentanen Lebensbedingungen empfindet – und wie man sich „darunter fühlt": kratzig wie Jute oder „von Seide umschmeichelt"?

Gewehr Wenn Sie es selbst betätigen, ist Ihnen auch in der Realität nach Demonstration von Macht und Überlegenheit zumute – und vielleicht kümmert es Sie nicht so sehr, wen (oder was) Sie in Ihrem Interesse „abgeschossen" haben. Wenn Sie sich in der Opferrolle träumen und ein Gewehr auf Sie gerichtet ist, fühlen Sie sich bedroht und „in die Enge getrieben" – sehr häufig spiegelt sich in einem solchen Alptraum eine emotionale Zwangslage wider: Sie fühlen sich genötigt, zu einer Beziehung, einer persönlichen Entscheidung usw. ja zu sagen – „mit dem Gewehrlauf an der Brust", also nicht gerade freiwillig.
Außerdem gilt ein Gewehr als das eindeutigste (männliche) Sexualsymbol in der klassischen psychoanalytischen Bedeutung.

Geweih Es gilt ebenfalls als eindeutiges Symbol aggressiv-männlicher Triebhaftigkeit. Und als sprichwörtliches Untreuezeichen: Wenn der Platzhirsch durch fremde Reviere stolziert, „stößt er sich die Hörner ab" – und einem anderen werden „welche aufgesetzt".

Gewicht Die Gewichte einer Waage sind Symbol für eine Situation, in der es nötig wird, zwei unterschiedliche Wertigkeiten „gegeneinander abzuwägen". Das schwere Gewicht eines Gegenstandes symbolisiert eine Belastungsphase und warnt vor Überlastung. Die näheren Einzelheiten des Traumgeschehens können auf die spezielle Art der besonderen (oft psychischen) Belastung hinweisen.

Gewinn Welche Art von Gewinn auch immer geträumt wird, es bedeutet Erfolg oder die Erfüllung eines Wunsches, der aber nicht unbedingt materieller Natur sein muß.

Gewitter Ein eindeutiges Symbol für aggressive Energieentladung, die aber durchaus positive Folgen haben kann. Wie eben ein „reinigendes Gewitter" im sprichwörtlichen Sinn die Atmosphäre verbessert. Ein häufiger Traum, wenn sich ein anstehendes Problem bis zur „bedrohlichen Wolke" steigert, die bereits das gesamte Lebensgefühl „überschattet" – es wäre Zeit für ein bereinigendes Donnerwetter.

Gewölbe In der traditionellen Deutung galt es als düsterer Hinweis auf Ungerechtigkeit oder Gefangenschaft. Diese Symbolik stammt aber aus einer Zeit, in der „Missetäter" in Kasematten und Gefängniskellern (die meist Gewölberäume waren) ihre Strafe verbüßen mußten.
In der psychologischen Deutung symbolisiert ein Gewölberaum den Mutterleib oder das Geborgenheitsgefühl in einer Höhle.

Gewürz Ein Symbol für Schärfe – „geschärfte Wahrnehmung" bedeutet, daß jemand „sehr scharfsinnig" ist.
Außerdem: Alles geschmacklich Scharfe symbolisiert auch Überreizung, Extravaganz, exzessive Genüsse und heftige Leidenschaft – alles, was „scharf macht".

Gicht Wer sie im Traum spürt, verhält sich (geistig?) zu „unbeweglich" oder „ungelenk" – oder empfindet eine aktuelle Situation als hemmend und einschränkend: Er fühlt sich um seine Bewegungsfreiheit gebracht.

Gier Man ist unersättlich – auf welche Weise auch immer, und möchte in vieler Hinsicht „mehr vom Leben haben".

Gießkanne Symbol für Überfluß und „reichliche Versorgung".
Nach S. Freud ein Penissymbol, aus dem „Fruchtbarkeitsbringendes" fließt.

Gift Meist sind es Gedanken und Gefühle, die „vergiftet sind" oder so empfunden werden, was oft bedeutet, daß man anderen die Schuld für das eigene Unbehagen zuweist. Oder man ist selbst „giftig" oder „eine Giftspritze". Gift symbolisiert also erlittene oder „ausgeteilte" Bosheit.

Giftschlange (→ Schlange)

Gin Wie alle anderen harten Getränke in typischen Flaschen oder Gläsern gilt auch der Gin als „rote Karte" in Sachen Suchtgefährdung.

Gipfel Ist es schon zu lange her, daß Sie Ihr letztes „Gipfelerlebnis" hatten? Sie wollen endlich wieder etwas beweisen und erreichen – und möglichst „hoch hinaus". Dafür nehmen Sie die Anstrengungen (und Streßbedingungen) eines steilen Weges nach oben in Kauf – Sie agieren sehr entschlossen und zielorientiert.
Umgekehrt ist die Symbolaussage zu deuten, wenn Sie im Traum am Fuße eines Berges stehen und den Gipfel mit der Empfindung, daß er ohnehin unerreichbar wäre, betrachten: Es würde Ihnen zwar gefallen, „aufzusteigen", aber es erscheint Ihnen doch als zu mühsam – Ihnen ist die ganze Angelegenheit „zu hoch" und die Anstrengung letztlich nicht wert.

Gips Bedeutet auch im Traum nichts Gutes – Unbeweglichkeit, Erstarrung, etwas Wertloses oder Unechtes im Sinne von Gipsabdruck: nur eine Kopie des Originals. Manchmal als Hinweistraum zu verstehen, daß man „erstarrt" an etwas festhält, was seinen Sinn und seine Lebendigkeit verloren hat.

Gipsverband Selten, aber manchmal eben doch kann der unerfreuliche Traum vom „Gipshaxen" eine Warnung sein, daß man demnächst einen tragen wird, wenn man weiterhin so „gefährlich lebt" – ob nun im übertragenen Sinn oder ganz realistisch zu deuten, hängt von den aktuellen Lebensumständen und Gewohnheiten des Träumenden ab.

Giraffe Das elegante Steppenhuftier mit dem sprichwörtlich langen Hals gilt als Symbol für das Überragende – oder dafür, daß man alles „gut überblicken" kann und deswegen auch große Vorhaben wenig Risiko bedeuten.

Girlande In der traditionellen Deutung ein Symbol für baldige Hochzeit – die Brautjungfern „winden schon den Kranz".
Die psychologische Interpretation: Man hat die Hauptleistung schon erbracht, aber es wäre noch einiges zu optimieren – die letzte „Ausschmükkung" fehlt noch zur Perfektion.

Gitarre Fast wie im Kino der fünfziger Jahre, als Elvis seinem Traumgirl mit Gitarrenbegleitung „die Sterne vom Himmel herunter" sang: Symbol für leidenschaftliche Gefühle und Romantik. Nach Freud & Co. hat natürlich auch die Gitarre (wie die Geige, Bratsche usw.) nur eine Bedeutung: Symbol weiblicher Körperformen.

Gitter Das klassische „Gefängnissymbol“ bedeutet im Traum sehr häufig eine bevorstehende Trennungssituation, das Ende einer Beziehung, die Unerreichbarkeit einer geliebten Person. Manchmal auch: Es wird etwas „durch ein Gitter fallen“ (unerreichbar werden), was eher materiellen Verlust und vergebliche Bemühungen bedeutet.

Glacéhandschuh Mit genau dem möchte man angefaßt werden – also sehr, sehr vorsichtig und einfühlsam. Wer davon träumt, ist überreizt und überfordert und hat wirklich eine „Schonzeit“ nötig.

Gladiator Sicher kein alltäglicher Traum – aber wer ihn hat, sieht entweder zu viele einschlägige Filme, oder er fühlt sich selbst „von der Meute gehetzt“ oder „vor aller Augen erniedrigt“.

Glas Das klassische Symbol für Transparenz und Klarheit, aber auch für Zerbrechlichkeit und Sprödheit. Geträumte Glasgefäße stellen manchmal Denkvorgänge dar, in denen etwas „transparent wurde“ – Zusammenhänge wurden erkannt und Lösungen gefunden. Zerbrochenes Glas im Traum kann durchaus als Hinweis des Unterbewußtseins zu verstehen sein, daß „etwas Zartes zerbricht“ – Gefühle verletzt werden. Auch ein Symbol für die Flüchtigkeit besonderer Glücksmomente – und für die Unmöglichkeit, ein optimales Lebensgefühl zu „konservieren“ (für immer frisch zu halten). „Glück und Glas, wie leicht bricht das.“
Wer im Traum ein gesprungenes Glas klebt, will eine schmerzliche Erkenntnis (z. B. die Tatsache, daß man betrogen wird) nicht wahrhaben – oder zumindest nach außen hin „nicht zur Kenntnis nehmen“: Hauptsache, es sieht wenigstens auf den ersten Blick so aus, als wäre noch alles heil – und hätte noch keinen „Sprung“ bekommen.

Glashaus (→ Gewächshaus)

Glaswand Ein sehr häufiges Traumsymbol für ein Gefühl der Isolation und für „Unerreichbarkeit trotz Nähe“. Man kann jemanden (oder etwas) sehen, aber weder anfassen noch hören. Mag man auch nur wenige Schritte voneinander entfernt sein, bei aller Transparenz verhindert die Glaswand den wirklichen Kontakt: Bestenfalls kann man einander noch „Zeichen geben“. Wer Liebeskummer hat oder nach einer unfreiwilligen Trennung den (jetzt für die eigenen Gefühle unerreichbaren) geliebten Menschen immer wieder sieht, träumt oft von der trennenden Scheibe – egal, ob das nun ein Fenster, eine Glaswand oder eine Tür ist. Was auch bedeuten kann:

Die Giraffe gilt als Symbol für das Überragende oder daß man alles gut überblicken kann.

Schau noch einmal genau hin, ob es wirklich Sinn macht, das Trennende „zerschlagen“ zu wollen.

Glatze Ein Symbol für den Alterungsprozeß und das Nachlassen der Lebenskraft. Wer träumt, plötzlich sein Haar zu verlieren, muß in diesem Zeitraum mit einer aktuellen Verlustangst zurechtkommen. Nicht selten fallen einem tatsächlich verstärkt Haare aus, wenn man gerade unter dem Schock

eines emotionalen oder materiellen Verlustes steht. Sobald das Ärgste überstanden ist, normalisieren sich die „Vorgänge im Kopf" gleichzeitig mit jenen „auf dem Kopf" – wenn man wieder klar denken kann, sich vom erlebten Verlust zu distanzieren beginnt und „den Kopf wieder frei" für Neues hat, stoppt auch der Haarausfall, und neues Haar wächst merkbar nach.
Glatzenträume sind auch als Signal des Unterbewußtseins zu verstehen, daß es besser wäre, etwas (oder jemanden) freiwillig loszulassen, bevor man durch fremde Entscheidungen dazu gezwungen wird.

Gleise Wer ihrem vorgegebenen Weg im Traum folgt, neigt auch in der Realität dazu: Er vertraut (vorsichtshalber) lieber den „eingefahrenen Wegen", und er möchte nicht von den „festgefügten Gleisen" abweichen. Sicherheit bedeutet ihm alles, und allein das Wort „Risiko" kann ihn zutiefst verstören. Wiederholte Träume, die sich am Bahndamm bzw. den Gleisen entlang abspielen, wollen signalisieren, daß sich der Träumende extrem „festgefahren" verhält und seine Entwicklung in jeder Hinsicht blockiert.

Gletscher (→ Eis)

Globus Eine „runde Sache" – man sucht nach einer „glatten" oder „umfassenden" (globalen) Lösung – und sie ist auch möglich.

Glocke In der traditionellen Deutung galt es kaum als Grund zur Freude, wenn jemand vom Glockenläuten geträumt hat: Ihm „hat die Stunde geschlagen" – sein Glück oder sein Leben ging zu Ende. Auch: Jemandem wird die Totenglocke geläutet.
In der aktuelleren psychologischen Symbolik bedeutet Glockenläuten eher einen Grund zur Freude über etwas Neues und positiv Überraschendes. Oder auch: Eine „sanfte" Warnung, etwas lieber nicht „an die große Glocke zu hängen" – also etwas besser für sich zu behalten, weil andernfalls Mißgunst oder Neid das Glück beeinträchtigen könnten.

Glühwürmchen Symbol für eine „kleine Freude" und das Aufflackern eines alten, romantischen Gefühls: Es ist nicht mehr das frühere Feuer der Leidenschaft, aber ein Fünkchen springt schon noch über.

Glut Ein Symbol für „innere Wärme" und Lebenskraft. Vielleicht als Hinweis zu verstehen: Achte darauf, daß „die Glut nicht erlischt" – daß ein intensives Gefühl (oder eine „zündende Idee") nicht ungenützt „erkaltet".
Wenn es ein negativer Traum war, eine

Warnung, aus einer „wärmenden Glut“ keinen Schwelbrand werden zu lassen – aus einem positiven Geschehen kann durch „unkontrollierte Entwicklung“ oder Übertreibung auch ein zerstörerischer Vorgang werden.

Gold Ein naheliegendes Symbol für unvergängliche Werte und Glück – man ist im Traum „auf Gold gestoßen“ oder sieht „goldenen Zeiten“ entgegen.
Nach der Lehre C. G. Jungs: der größte „innere Schatz“ des Träumenden, seine wertvollsten Anlagen und Talente – sein „höheres Selbst“.

Goldfisch Ein Glückssymbol – und auch Hinweis auf eine reiche, unerschöpfliche Gefühlswelt (Empfindungsfähigkeit) des Träumenden.

Golfspiel Wie könnte es anders sein: Symbol für Wettbewerbsdenken und Ehrgeiz unter kultivierten gesellschaftlichen Rahmenbedingungen.

Gondel Wenn Sie nicht gerade aus Venedig kommen und Ihre Urlaubsfreuden zu Ende träumen, bedeuten Gondeln spielerische Phantasie und den Hang zu erotischen Abenteuern mit wenig Sinn für „Konsequenzen“.

Gorilla Obwohl er in Wirklichkeit ein friedlicher Pflanzenfresser ist, gilt er als Symbolgestalt für unberechenbare Empfindungen und Neigung zur Gewalt. Wer davon träumt, wird sich demnächst mit diesem Thema auseinandersetzen müssen, besonders wenn im Traumgeschehen ein Kampf mit dem Gorilla (oder der Versuch, ihn zu überlisten) vorkam.

Gott/Götter Wenn es keine religiös verwurzelten Traumbilder waren, geht es um ein Autoritätsproblem: Entweder man überschätzt die Autorität (und Macht) anderer und verhält sich so „demütig“ wie nur möglich (unter dem Motto: Wer keine Macht hat, muß auch keine Initiative ergreifen und keine besondere Verantwortung tragen), oder man will selbst zur Autorität werden und erträgt es nicht, sich unterzuordnen. Man „duldet keine Götter neben sich“.

Gourmand Symbolgestalt für einen mächtigen „Lebenshunger“ in jeder Hinsicht. Man kann von den sinnlichen Genüssen nicht genug bekommen und ist auch ein „erotischer Vielfraß“.
Wenn es ein negativer Traum war – vielleicht mit Ekelempfindungen verbunden –, fürchtet man seine sinnlichen und emotionalen Bedürfnisse, der Begriff „Lust“ ist negativ besetzt, und die Sexualität wird möglichst ausgeklammert.

Gourmet Ebenfalls ein Symbol der Sinnesfreude, aber hier geht es um Qualität, nicht um Quantität. Wer von den erlesensten Genüssen eines Gourmets träumt, hat eine Abneigung gegen alles Gewöhnliche. Was immer er an seinen „Luxuskörper" läßt, muß exklusiv und vom Feinsten sein, wobei es sicher nicht nur um kulinarische Freuden geht – hier fühlt sich jemand als „Kaschmirseide- und Traumpartner-Typ", und jeder kleine Abstrich davon wird als verminderte Lebensqualität empfunden. Allerdings ist es häufig nur ein Wunschtraum, der das Ersehnte (oder ehrgeizig Angestrebte) widerspiegelt.

Gouvernante Die nicht besonders zeitgemäße Verkörperung strengster und sehr konservativer Erziehungsmethoden gilt als Traumsymbol für ein entsprechendes Weltbild, demnach jeder Autorität blind zu gehorchen war. Es geht um die kritiklose Anpassung an traditionelle Werte und um das Verleugnen eigener Wünsche und Empfindungen zugunsten eines „makellosen Rufes in der Gesellschaft". Wer heute noch von Gouvernantenträumen geplagt wird, sollte seine Autoritätshörigkeit einmal in Frage stellen und „endlich aufwachen", um seine eigentlichen Anlagen und Bedürfnisse zu entwikkeln.

Grab Wer davon träumt, hat keine düsteren Todesahnungen, sondern ist einfach erschöpft – er wünscht sich für eine Weile „Grabesstille" und möchte zwecks Regeneration ungestört und unerreichbar sein – als wäre er gestorben.

Ein weiterer Symbolgehalt ähnlicher Träume: Wenn man an einem offenen Grab steht und einer Beerdigung zusieht, „begräbt" man damit häufig ein Problem oder einen Konflikt – man möchte, daß dieses Thema ein für allemal „gestorben" ist.

Graben Ein Hindernissymbol – man muß es mit Geschick überwinden oder einen „Abstieg" in Kauf nehmen, um danach den geplanten Weg fortsetzen zu können.

Nach S. Freud: weibliches Geschlechtssymbol.

Granate Träume von Granaten- und Bombenexplosionen sind nach C. G. Jung der Versuch des Unbewußten, ein Schockerlebnis zu verarbeiten, das die Psyche „wie ein Granateinschlag" verletzte und erst durch Wiederholung der Schreckensempfindung nach und nach zur seelischen Heilung führt.

Gras Wie hat es denn ausgesehen? Saftig grünes Gras bedeutet wie im wirklichen Leben Gesundheit und Vitalität, dürres oder ausgerissenes symbolisiert Schwäche, Krankheit, Verlustsituationen. Wild wuchernde, blühende und von Schlingpflanzen durchwachsene Wiesen gelten als Symbol für eine ebenso „wild blühende" Phantasie, aber auch für faszinierende, doch kaum realisierbare Ideen und Wunschträume.

Grau Wer alles grau in grau träumt, hat vermutlich vom „grauen Alltag" genug und möchte es gern etwas bunter treiben – das ist aber nur eine mögliche Interpretation von auffällig graustichigen Träumen. Diese „unbunte Mischfarbe" aus hell und dunkel gilt als Symbol für „das gerade noch Unbewußte" und Undefinierte (an der Schwelle der Erhellung/Erkenntnis) in der psychologischen Bedeutung.
In der traditionellen Deutung: Die „graue Maus" wie auch der „graue Schatten" symbolisierten das Unscheinbare, kaum Erkennbare – eben „nichts Wesentliches".

Grenze Sind Sie im Traum an einer Grenzschranke gestanden und warteten vergeblich auf grünes Licht? Dann sollten Sie es wörtlich nehmen und – zumindest fürs nächste – eine Einschränkung akzeptieren. Aber nicht resignativ, sondern als Herausforderung: Suchen Sie nach „Auswegen" und neuen Vorgangsweisen, um an das angepeilte Ziel zu kommen, vielleicht ist sogar ein (gedanklicher) Umweg oder eine (emotionale) Grenzerfahrung notwendig?

Größe Wenn jemand (oder etwas) im Traum deutlich größer wirkt, als er (es) tatsächlich ist, ist man aufgefordert, die „wahre Größe" zu erkennen und diesem Menschen (oder dieser Sache) einen neuen Stellenwert einzuräumen, ihm besondere Aufmerksamkeit zu schenken.

Großmutter Ein Symbol für „vergangene Geborgenheit" und eine beschützte Lebensphase. In der traditionellen Deutung: Wer die eigene Großmutter im Traum trifft, wonach sie sich verabschiedet und langsam entfernt, sieht ihren nahen Tod voraus. Die aktuelle Auslegung derselben Traumszene: Man distanziert sich von eigenen Kindheitserlebnissen und läßt die Lebensphase, in welcher Großeltern eine besondere Wertigkeit hatten, auch emotional hinter sich. Man ist auf dem Weg zur „reifen Persönlichkeit", ist endgültig „erwachsen geworden".

Großvater (→ auch Großmutter) Außerdem gilt der Großvater als archetypische Symbolgestalt und übermächtige Vaterfigur (im Gegensatz zum – realen – Vater). Er verkörpert das „Vaterprinzip" in der Psychologie.

Grotte Der geheimnisvolle Ort gilt als Symbol des Urweiblichen. Die traditionelle Traumdeutung sieht Grotten als Kultstätten und „magische Plätze", an denen sich unsere reale Welt mit dem Übersinnlichen verbindet.

Grube „Wer anderen eine Grube gräbt ..." und von einer solchen träumt, sollte sich überlegen, mit welchen Personen und Handlungen er sein schlechtes Gewissen verbindet. Vielleicht läßt sich die Grube ja noch rechtzeitig zuschütten, bevor jemand „hineinfällt"? Dann könnte auch bald wieder „Gras darüber wachsen". Wer ein gutes Gewissen und niemandem die sprichwörtliche Grube gegraben hat, kann den Traum als Warnhinweis verstehen: Vorsicht, Falle!
Nach S. Freud und weiteren psychoanalytischen Theorien: ein Vaginasymbol.

Grün Es grünt so grün, was wächst, wuchert und gedeiht – und dementsprechend ist auch die symbolische Bedeutung dieser Farbe.
Außerdem gilt Grün als Synonym für Unreife verschiedenster Art: Grünes Obst erhält erst durch den Reifeprozeß die eigentliche Farbe (und mit ihr Geschmack und Nährwert), und wer „noch grün hinter den Ohren" ist, hat zu Omas Zeiten als „Grünschnabel" gegolten – und wurde von Mädchen als „grüner Junge" nicht besonders ernst genommen.

Gummi Im Traum wie im wirklichen Leben: Sinnbild für Geschmeidigkeit und Anpassungsfähigkeit. Gesetzesformulierungen, die auf unterschiedlichste Art interpretiert werden können und dann „immer noch irgendwie richtig sind", gelten als „Gummiparagraphen".

Gurke Ein Penissymbol. Trotzdem: Wer träumt, in eine Gurke zu beißen, hat nichts Böses im Sinn – sondern einen Genesungstraum, falls er krank war.

Gürtel Er gilt als Symbol für die „Mitte des Menschen", in der sich Bewußtes und Unbewußtes, „kopflastiges" Denken und emotionales „Aus-dem-Bauch-Leben" miteinander verbinden. Wer von Gürteln träumt, sollte sich über seinen Bezug zur eigenen Sinnlichkeit Gedanken machen. Möglich, daß sie nur sehr eingeengt wahrgenommen und ausgelebt wird – vielleicht aus Gründen des Selbstschutzes, weil man schon zuviel ertragen mußte, was „unter die Gürtellinie gegangen ist". Unter diesem sprichwörtlichen „den Gürtel enger schnallen müssen" ist meistens Verzicht, Einengung und lustlose Bescheidenheit gemeint. So ist ein Gürtel auch häufig als

Traumsymbol zu verstehen: Man fühlt sich eingeengt, bedrängt, kontrolliert – man muß eine andere „Form" präsentieren, als man eigentlich hat.
In der aktuellen psychologischen Bedeutung gelten (zu enge) Gürtel als Symbol für unterdrückte sexuelle Bedürfnisse und Gefühle – und für die Aufrechterhaltung sinnloser Tabus, häufig aus Angst vor dem Kontrollverlust.

Gürtelschnalle Als Traumsymbol bestätigt sie, daß „zwei zusammenhalten" – oder es sollten. Eine Verbindung soll zugelassen, ein Zusammenhang hergestellt werden: „Der Kreis schließt sich."

Haar Träume, in denen Haar eine Rolle spielt, haben immer eine symbolische Bedeutung. Unsere natürliche Kopfbedeckung galt seit der Antike in vielen Kulturkreisen als Sinnbild der Freiheit und Macht. Mit der Art, das Haar zu tragen, wurde der gesellschaftlich-soziale Rang eines Menschen anschaulich gemacht. Wer seiner Haarpracht beraubt wurde, war auch der Freiheit beraubt – er hatte Rechte und Würde verloren und galt als vogelfrei. Gefangenen wurde zu allen Zeiten (und in den unterschiedlichsten Gesellschaftsformen) das Kopfhaar geschoren – oft unter dem Vorwand, damit einer Verlausung vorzubeugen –, was aber immer als Demütigung und demonstrative Entwürdigung gemeint war. Selbst auf einer möglichen Flucht konnte man so den Geschorenen sofort als einen Menschen ohne Rechte erkennen – er war damit jeder Willkür und Gewalttätigkeit ausgeliefert.

Bis vor einigen Jahrzehnten war es allgemein üblich, daß Nonnen und Mönchen vor dem „ewigen Gelübde" (dem endgültigen Ordenseintritt) das Haar stoppelkurz geschnitten oder geschoren wurde. Mit diesem traditionellen Ritual ist zugleich die Verbindung zu allem Weltlichen jenseits der Klostermauern „abgeschnitten" worden: Ab nun „gehörten" diese Menschen Gott, ihre Individualität war mit den Haaren abgelegt worden, sie hatten sich den Regeln des Ordens bedingungslos zu unterwerfen.

Ein anderes „Ergebenheitsritual" ist heute noch genauso üblich wie „zu Großmutters Zeiten" – wenn es auch den meisten Verliebten nicht bewußt ist, die einander Locken oder Strähnchen abschneiden (bzw. schenken), es symbolisiert eine erotische „Unterwerfungsgeste": Hier hast du „ein Stück von mir", du kannst damit machen, was du willst. Und es ist noch gar nicht so lange her, daß die Locke einer neuen Freundin unter jungen Männern als „Trophäe" vorgezeigt wurde – zum Beweis dafür, daß sie das Mädchen „haben konnten".

Lange, wilde Mähnen hatten zuletzt in

den sechziger und siebziger Jahren als das Freiheitssymbol schlechthin gegolten: Im Kultmusical „Hair“ geht es ausschließlich um die Flower-Power-Love-Peace- und Freedom-Ideale der 68er-Generation, die mit wildem, langem Haar gegen die bis dahin gültigen Tabus und gesellschaftlichen Zwänge demonstrierte.
Die „haarige“ Symboldeutung ist in unserem Unterbewußtsein so präsent, daß sie sich häufig im Sprachgebrauch niederschlägt: Wer unbedingt recht behalten will, betreibt „Haarspalterei“, wer fürchtet, einem Problem nicht gewachsen zu sein, spricht von „einer haarigen Sache“. Streitsüchtige Leute haben „Haare auf den Zähnen“ – und wer einen Verlust zu verkraften hat, „muß Haare lassen“. So sind auch Träume zu verstehen, in denen Haar ausfällt, abgeschnitten oder ausgerissen wird: Man hat sich mit einem wesentlichen materiellen oder emotionalen Verlust auseinanderzusetzen (→ auch: Glatze).

Haarnadel Ein subtiles Aggressionssymbol – das kleine spitze Ding kann Kratzspuren hinterlassen und soll „mit Gewalt eine künstliche Form wahren“. Frauen, die häufiger davon träumen, sich straff gestylte Knotenfrisuren zu stecken, leiden an Kontrollzwang und haben nicht selten ein gestörtes Verhältnis zur (eigenen) Sexualität.

Habergeiß Die Spukgestalt aus den magischen „Rauhnächten“ geistert nur dort durch die Träume, wo sie in traditionellen Bräuchen und Sagen präsent ist. So heißt es auch in einem Traumbuch aus dem süddeutschen bzw. österreichischen Raum: „Wenn dir die Habergeiß in die Schlafstube kommt, wird dich bald auch der Teufel holen.“ Very spooky – und bestimmt nicht wörtlich zu nehmen!

Habicht Der Raubvogel gilt als Symbol für einen plötzlichen Verlust oder für einen überfallsartigen Diebstahl.

Hacke Aggressiv ausgelebte Sexualität ist gemeint – etwas wird „ohne Rücksicht auf Verluste“ zerstört, wenn eine Hacke zuschlägt und eindringt.
Als Männertraum: Warnung vor der eigenen rücksichtslosen Art, mit Frauen umzugehen, speziell im sexuellen Bereich.
Als Frauentraum: Angst vor einem gefühllosen Partner. Von niederkrachenden Hacken träumen Frauen, die sich nicht geliebt und begehrt, sondern nur mehr sexuell „benutzt“ fühlen.

Häckselmaschine Man wirft reife Halme hinein und bekommt zerkleinertes Schnittstroh heraus. Ein naheliegendes Symbol für einen „notwendigen Zerstörungsvorgang“ – man muß etwas auf ein Minimum reduzieren (oder auflösen), damit daraus eine neue Wertigkeit entstehen kann. Solche Träume haben fast immer die Bedeutung einer Aufforderung, eine Fixierung (emotional) zu erkennen und loszulassen, um einen konstruktiven Neubeginn (oder eine andere Beziehung) zu ermöglichen.

Hafen Wer im sicheren Hafen vor Anker geht, braucht die stürmische See nicht mehr zu fürchten: ein Sicherheits- und Geborgenheitssymbol. Wenn man häufiger davon träumt, wünscht man sich eine Partnerschaft, die zugleich eine soziale oder materielle Absicherung bedeutet – der „Hafen der Ehe“ soll auch vor den „Gezeiten des Lebens“ schützen.

Hafer Sticht Sie der Hafer? Dann haben Sie jede Menge Energie – und Lust auf intensive Erlebnisse quer durch den „Vergnügungspark des Lebens“. So unter dem Motto: Spaß muß sein, aber bitte sofort und reichlich!

Haft (→ Gefängnis)

Haftung Sie haben im Traum für etwas die Haftung übernommen oder jemandem eine Bürgschaft geleistet? Vorsicht, es könnte ein Warntraum sein: Sie könnten demnächst für einen Vorgang zur Rechenschaft gezogen werden, der eigentlich gar nicht „Ihre Sache“ ist.

Hagel Wie im Leben, wenn ein Hagelschlag zur Erntezeit buchstäblich im letzten Moment alles zunichte macht – ein Symbol für plötzlichen Schaden, vergebliche Mühe und Enttäuschung.

Hahn Ein Machowunschtraum ist es, wenn ein Mann den Gockel krähen hört. Er möchte selbst gern „Hahn im Korb“ sein, verwöhnt und begehrt von den vielen „Chicks“, die ihn aufgeregt umschwirren und um sein spezielles Interesse kämpfen.

Hai Vor allem ist er eine Projektionsfigur für emotionale Ängste, wenn Frauen von dieser unheimlichen Begegnung unter Wasser träumen. Der Hai gilt als Symbol für (männliche) brutale Hemmungslosigkeit und unberechenbare Aggressivität.

Haken Wer hat Sie denn am Haken? Wenn Sie häufiger davon träumen, geht es um ein akutes Abhängigkeitsproblem. Sie „hängen“ nicht nur an jemandem – Sie kommen auch bei größter Anstrengung (ohne fremde Hilfe) nicht mehr von ihm los. Es kann eine emotionale oder sexuelle Abhängigkeit sein, die den Partner zur „Droge“ macht, ohne die man „nicht mehr leben kann“. Oder es handelt sich um ein anderes, ernstzunehmendes Suchtproblem. Wenn sich deutliche

Von einem Hahn zu träumen, ist ein Machowunschtraum: der Träumende möchte gern „Hahn im Korb" sein.

Hakenträume regelmäßig wiederholen, wird therapeutische Hilfe nötig werden.

Halbmond (→ Mond, Vollmond)

Hälfte Wenn man von „halben Sachen" träumt – egal, ob es ein halbvolles Glas, der Halbmond oder eine Apfelhälfte ist –, hat man Sehnsucht nach der „besseren Hälfte", fühlt sich ohne Liebesbeziehung/Partnerschaft nur „wie ein halber Mensch" und hat das Single-Leben gründlich satt. Man empfindet sich nicht mehr als eigenständige Persönlichkeit, sondern als unvollständige Hälfte eines Ganzen, die sich „halbiert" und abgetrennt fühlt – ein häufiger Traum nach unfreiwilliger Trennung.

Halle Ein Ort der Öffentlichkeit, für Kommunikation und den Austausch von Interessen, Werten und Informationen gedacht – und als Traumsymbol auch so zu verstehen. Wichtig wäre, sich an die anderen Menschen dort zu erinnern, und auch daran, was dort „ausgetauscht" oder angeboten wurde – daraus ergibt sich der eigentliche Sinn eines solchen Traumes. Er könnte ein nützlicher Hinweis sein.

Hallig Wer im Traum durchnäßt und vom Küstenwind zerzaust den Halligen entlang durch das Watt stiefelt, ist selbst so eine winzige Insel in den „Stürmen des Lebens", die regelmäßig (wie der Gezeitenwechsel) von heftigen Gefühlen „überflutet" wird und solchen emotionalen „Elementarereignissen" ziemlich hilflos gegenübersteht – wie die nordfriesischen Halligen eben.

Halluzination Vorsicht, Sie lassen sich in einem wesentlichen Bereich Ihres Lebens immer wieder täuschen! Oder: Sie sehen einen nahestehenden Menschen völlig anders, als er ist, und lieben nur das Bild, das Sie sich von ihm machen – nicht ihn.

Hals Sie haben einen „engen Hals bekommen"? Vielleicht sind Sie ja nur unbequem gelegen, und ein Bettzeugwulst hat Ihnen während des Traumes „den Hals zugedrückt" – solche beängstigenden Träume haben häufig diese ganz banalen Ursachen.
Sollte es aber doch ein Traumsymbol gewesen sein, ist zu überlegen: Was ist mir denn „im Hals steckengeblieben" – was habe ich nicht zu sagen gewagt? Oder gibt es sonst eine beklemmende Situation in Ihrem Leben, die Sie dermaßen fürchten, daß es Ihnen „die Kehle zuschnürt"?

Hammer Kommt ganz darauf an, wer vom Hämmern träumt. Beim ambitionierten Heimwerker dürfte es eher ein „Tagesrest" sein. Für eine Frau in einer (sozial oder emotional) bedrohlich empfundenen Situation symbolisiert der geträumte Hammer, daß sie sich „in Sicherheit bringen" oder entsprechend wehren sollte. Und ganz allgemein gilt das durchschlagskräftige Werkzeug als ein Symbol für ebendieses: entschlossenes, praktisches „Zupacken", Tatkraft und Durchsetzungsvermögen.

Hamster Das putzige Tierchen gilt als Symbol für das ängstliche und übertrieben gründliche Anlegen von Vorräten aller Art. Wer vom Hamster träumt, mag keine Überraschungen, schmiedet langfristige Zukunftspläne und ist nicht selten von Existenzangst geplagt – er/sie hat ein überhöhtes (und etwas zwanghaftes) Sicherheitsbedürfnis.

Hand Symbol für Tatkraft und Handlungsfähigkeit – mit einem Handschlag wird besiegelt, was Gültigkeit hat. Eine geträumte Verletzung – oder gar der Verlust – einer Hand symbolisiert eine wesentliche Einschränkung der persönlichen Freiheit, des Lebensgefühls. Auch: ein häufiger Traum nach dem Tod des Partners oder eines anderen, sehr nahestehenden Angehörigen.
S. Freud sah in der (männlichen) Hand ein Symbol für das männliche Glied.

Handschuh Ein naheliegendes Symbol für Distanzbedürfnis, Zurückhaltung und diverse Berührungsängste. Ergebnis einer aktuellen Studie: Wer unter irrationaler Angst vor Aids leidet, träumt auffallend häufig von Handschuhen. (Daraus kann man ableiten, daß so mancher Handschuhtraum eigentlich ein Kondomtraum wäre.)

Handtasche Ein typischer Frauentraum und ein Symbol für „weiblichen Besitz“ – die Art, „etwas für sich zu behalten“ und nicht jedem zu präsentieren. Viele psychologische Auslegungen sehen in der Handtasche (deren Inhalt meist sehr individuell ist und etwas Intimes darstellt) ein weibliches Sexualsymbol.

Handtuch „Ich wasche meine Hände in Unschuld“ – und trockne sie anschließend im Handtuch ab – es ist ein Symbol dafür, „etwas abzuwischen“, ungeschehen zu machen. Und wenn man „das Handtuch wirft“, gibt man etwas auf und distanziert sich davon.

Handwerker Eine Symbolgestalt für die praktische Umsetzung von Ideen und für Tatkraft im Alltagsbereich.

Handy Sicher ein sehr aktueller „Neuzugang“ unter den Traumsymbolen. Wer häufig vom Handy träumt (es mit sich zu tragen, viel unterwegs zu telefonieren usw.), ist auch in der Realität der typische Handybenutzer – er schätzt Unabhängigkeit in allen Lebenslagen, mag es zu improvisieren und läßt sich von seiner Umgebung nicht kontrollieren – er haßt es, jemandem Rechenschaft abzulegen, z. B. auch darüber, warum und wann er mit jemandem Kontakt haben möchte. Ein sehr „heutiges“ Symbol für individuelles Freiheitsbedürfnis.

Hang (→ Abhang)

Harem Ein typischer Männertraum – besonders in Phasen der sexuellen „Unterforderung“. Was in der Realität nicht möglich ist, wird im Traum kompensiert, wenn die Haremsdamen alle erdenklichen erotischen Extrawünsche erfüllen. Wer häufiger davon träumt, leidet unter mangelndem (männlichen) Selbstbewußtsein und träumt im wahrsten Sinn des Wortes davon, sexuell attraktiv und ein begehrter Mann zu sein.

Harfe Ein religiös inspiriertes Symbol für besondere Harmonie, feierliche Besinnlichkeit – aber auch für Todessehnsucht. Depressive Menschen träumen häufiger von diesem exklusiven Instrument, wenn sie mit ihren Problemen nicht mehr fertig werden und am liebsten „allem entfliehen“ möchten. Sie träumen von einer „besseren Welt“ voll Harmonie und Sorglosigkeit – und „dem Engel mit der Harfe“. Allerdings: Wer im Traum selbst die Harfe spielt, hat nur ein erhöhtes Bedürfnis nach

Schönheit und innerem Gleichklang mit einem geliebten (und möglicherweise idealisierten) Menschen.

Harlekin (→ Clown)

Harmonika Dieses eher für Volksmusik typische Instrument gilt als Symbol spontaner Lebensfreude, für die Lust daran, „grundlos" und improvisiert zu feiern und ein unbeschwerter „Kontaktmensch" zu sein, der überall gut zurechtkommt.

Härte Wer sich im Traum an harten Gegenständen stößt (oder auf harten Boden fällt) und sich dabei verletzt, hat es mit einer Spiegelung seiner gegenwärtigen Situation zu tun: Das Leben ist ihm „zu hart" geworden, überall trifft er auf Widerstände („Kanten und Ecken"), und er hat von der „harten Realität" einfach genug. Er empfindet sich als psychisch verletzt, allgemein überfordert und braucht dringend eine Phase der Regeneration und Geborgenheit. Ein Erschöpfungstraum, der als „rote Karte" zu verstehen ist: Höchste Zeit, mehr an sich und seine individuellen Bedürfnisse zu denken!

Harz Sind Sie an jemandem „klebengeblieben"? Genau das ist gemeint, wenn Sie vom intensiv duftenden, klebrigen „Blut der Bäume" träumen. Sie haben ein starkes (sinnlich geprägtes) Bedürfnis nach der Nähe eines ganz bestimmten Menschen – und Sie wünschen sich nicht nur, daß er an Ihnen „klebenbleibt", sondern auch den erotischen „Austausch von Körpersäften". Im harmlosesten Fall möchten Sie sich an seiner Schulter gründlich ausweinen können.

Haschisch Entweder Sie würden damit gern Ihre Erfahrungen machen – oder Sie haben sie bereits hinter sich und haben „Lust auf Kontrollverlust". Könnte es sein, daß Sie suchtgefährdet sind? Wer öfter davon träumt, befindet sich auf jeden Fall in einer labilen Gemütsverfassung und neigt zur Flucht ins „Rauschhafte" – wobei Haschisch durchaus nur als Symbol gelten kann, es kann auch jedes andere „Genußgift" eine Rolle spielen.

Hase Im Frauentraum symbolisiert das weiche Hasenfell ein ausgeprägtes Bedürfnis nach Zärtlichkeit. Allgemein gelten Hasen als Fruchtbarkeitssymbol – aber auch als ein Zeichen für Schutzbedürftigkeit und den Wunsch, sich schwächer (oder ängstlicher) zeigen zu dürfen, als man es tut: Man möchte „nicht mehr stark sein müssen".

Haß Wer Haß und Wut im Traum auslebt, hat einen Aggressionsstau – ein sehr häufiger Traum von Menschen, die sich immer beherrscht und kontrolliert geben, sich selten emotional zeigen und noch seltener „nein“ sagen können. Hier ist aber nicht der „Opferlamm-Typ“ gemeint, sondern Leute, die nichts so sehr fürchten wie offene Auseinandersetzungen – u. a. deshalb, weil sie ihr tatsächliches Aggressionspotential kennen: Sie haben Angst davor, in einer entsprechenden Situation „durchzuknallen“ und gegen ihren Willen eine Gewalttat zu begehen. Wer öfter haßerfüllte Aggressionsträume hat, sollte unbedingt therapeutische Hilfe in Anspruch nehmen.

Hast Durch das Traumgeschehen zu hasten, einer Person oder einem Geschehen eiligst hinterherzurennen – und trotzdem zu spät zu kommen, wer kennt solche Träume nicht? Sie gelten als ganz besonders häufige Signale aus dem Unterbewußtsein, die mitteilen, daß man überlastet ist und sich (freiwillig) viel zuviel vornimmt. Ein ganz typischer Workaholic-Traum!

Haube Nach der traditionellen Deutung träumen Mädchen davon, wenn sie heiraten – „unter die Haube kommen“ wollen. Die Trachtenhaube als Privileg einer verheirateten Frau hat aber in unserer Zeit sicher ihre Symbolbedeutung verloren. Eher ist sie – wie viele andere Kopfbedeckungen auch – ein Sinnbild für Geborgenheit oder Zugehörigkeit zu einer bestimmten Gruppe.

Häuptling Zu viele Winnetou-Filme gesehen? Wenn exotische Stammeshäuptlinge im Traum erscheinen, sehnt man sich nach mehr Ursprünglichkeit, nach der „Macht der Natur“ und fühlt sich „zivilisationsgeschädigt“.

Hauptstadt In der traditionellen Bedeutung ein Symbol für einen „Bittgang zu hohen Herren“ – auf heutige Umstände übertragen könnte es heißen: Man hat Behördengänge und Erledigungen zu absolvieren, die auf dem Land eben nicht möglich sind.

Haus Die eigene Persönlichkeit, das Ich (psychisch und physisch), aber auch die Art, wie Sie leben und mit sich selbst umgehen, wird durch Haussymbole im Traum anschaulich gemacht. Stehen Türen und Fenster offen? Ein neuer Lebensabschnitt kommt auf Sie zu, neue Herausforderungen, ungeahnte Chancen und wichtige Kontakte könnten bevorstehen. Dagegen sind geschlossene Türen und Fenster oft ein Hinweis dafür, daß Sie sich „abschotten“ und offene Möglichkeiten übersehen – oder sich gegen Veränderungen sperren.

Je nach Situation des Träumenden kann das Haus auch Symbol für Schutz und Geborgenheit sein und seinen Wunsch nach einem „sicheren, überschaubaren Ort" widerspiegeln.
Nach C. G. Jung symbolisieren die einzelnen Räume des Hauses unterschiedliche Befindlichkeiten und Bedürfnisse: Die Treppe zum Keller kann als Weg zu Erkenntnissen aus dem Unbewußten gedeutet werden. Keller und Dachboden sind Orte der „verdrängten Inhalte" (dort wird ja meist etwas aufbewahrt). Die oberen Räume bzw. Etagen des Hauses „bieten Überblick", das Schlafzimmer gilt als „Ort sexueller Empfindungen", die Küche ist Symbol für Veränderung/Wandlung/Transformation (auch im spirituellen Sinn), Bad und Sanitärräume symbolisieren Reinigung (bzw. Ausscheidung und das, was man „von sich gibt") – und Arbeitsräume machen Alltagsgeschehnisse anschaulich.

Hausdemolierung Sie sollten Ihr Aggressionspotential nicht unterschätzen, wenn Sie vom Abtragen eines Hauses oder von durchbrochenen (bzw. niedergerissenen) Wänden träumen. Dies gilt als Zeichen für enormen psychischen Druck und für einen Hang zur Selbstzerstörung.
Wer davon träumt, eigenhändig seine Wohnung bzw. sein Haus zu demolieren, flüchtet bei psychischer Überlastung in Arbeitswut und Hyperaktivität.

Hausecke Sie gilt als Symbol für eine „fertige Persönlichkeit" oder eine „Person mit Ecken und Kanten". Mit einem Wort: eine Herausforderung für die lieben Mitmenschen.

Haushalt Wie sieht er denn aus? Er spiegelt nämlich den Zustand der eigenen Psyche, den „Seelenhaushalt" wider. Eine stabile, harmonische Verfassung zeigt sich in „aufgeräumten" Bildern – Chaos im Haushalt läßt auf ein solches in der eigenen Gemütsverfassung und Gefühlslage schließen.

Hausmeister Er gilt als Symbolgestalt für das eigene Gewissen. Sieht man ihn im Traum an der Arbeit, ist es ein Hinweis, daß man sich um die eigene Befindlichkeit – um seine psychische und physische Verfassung – kümmern sollte. Das Haus (die Persönlichkeit, das Ich) soll gepflegt und „von Altlasten befreit" werden, damit es sich wieder gut damit leben läßt.

Haustier Vielleicht wünscht man sich ganz einfach eines, wenn man davon träumt – man hat Sehnsucht nach einem liebevollen, zugehörigen Geschöpf. Als Symbol weist ein Haustiertraum auf eine Spannung zwischen den natürlichen, ursprünglichen, sinnlichen Bedürfnissen und den (diese unterdrückenden) angepaßten Lebensbedingungen hin.

Haut Sie ist die „Abgrenzung" zur Außenwelt, Schutz und Hülle des Menschen. Als Symbol ist sie Spiegel seines emotionalen und geistigen Zustandes. So ist ein geträumter Ausschlag z. B. als Zeichen seelischer Spannungen und unterdrückter Gefühle zu verstehen. Die Harmonie zwischen inneren Vorgängen und dem äußeren Erscheinungsbild ist gestört, und man möchte nur ja nicht „grob angefaßt" werden.

Hautfarbe Ein Symbol für Zugehörigkeit (die eigene Hautfarbe) oder für das Interesse an Neuem, Unbekanntem (die typische Hautfarbe einer anderen Menschenrasse). Manchmal auch: die Angst vor Fremdem.

Häutung Wenn sich im Traum die Haut schält, fühlt man sich „in seiner

Durch einen Haustraum wird die eigene Persönlichkeit, das psychische und physische Ich und auch die Art, wie man lebt, anschaulich gemacht.

alten Haut“ nicht mehr wohl. Man sucht und benötigt eine – eventuell radikale – Veränderung der Lebensverhältnisse, einen Wohnortswechsel, neue Kontakte, Herausforderungen. Ein Zeichen dafür, daß man etwas Vertrautes, zur Selbstverständlichkeit Gewordenes „abstoßen“ möchte.

Hazienda Ein typischer Aussteigertraum eines Menschen, der zwar „einfach weg“ will, aber mit bescheidenen Startbedingungen und dem einfachen Leben in Gottes freier Natur nichts im Sinn hat. Er will wohl seinen Alltagsstreß und Verpflichtungen zurücklassen und möglichst ganz von vorne beginnen – aber unter exklusiven Voraussetzungen.

Hebamme Fast immer steckt hinter solchen Träumen der Wunsch nach einem Neubeginn oder nach der Verwirklichung einer Idee, wobei man aber auf die Mitarbeit oder Hilfe anderer angewiesen ist.
Außerdem: ein ganz realer Kinderwunsch oder das Gegenteil: Angst vor einer Schwangerschaft.

Hecke Wie auch der Zaun ein typisches Abgrenzungssymbol. Wer vom Heckenschneiden träumt, möchte eine solche (meist emotionale) Abgrenzung zwar „pflegen“, aber auch reduzieren – oder eine Trennung zwar nicht ganz, aber „ein bißchen“ rückgängig machen. Ein häufiger Traum, wenn ein geschiedenes Paar (z. B. der Kinder wegen) regelmäßigen Kontakt hat oder wenn aus einer Partnerschaft nach einer Krise Freundschaft wird.

Hefe Symbol für etwas, das „aufgeht“ – kleine Investitionen, die Gewinn bringen, eine lohnende Anlage, eine Idee, die bessere Erfolge (als erwartet) bringt.

Heft Meist eine symbolische Aufforderung, sich an etwas zu erinnern, unter dem Motto: Das hättest du dir notieren sollen!

Heide Dieses idyllische Landschaftsbild gilt als Bescheidenheitssymbol, eventuell auch als Aufforderung zur Zurückhaltung.
In der traditionellen Deutung: Ein kleines, bescheidenes Glück gedeiht.

Heiligenbild Ein (religiöses) Symbol für unerreichbare Vollkommenheit. Wenn dieses Bild die eigenen Gesichtszüge trägt, hält sich der Träumende für weitaus perfekter und hervorragender, als er ist – er meint, „über allem zu stehen“.

Heilung Ein geträumter Heilungsprozeß ist meistens auch ein ganz realer: Ein verletztes Gefühl ist wieder heil, eine „seelische Verwundung“ gut vernarbt – eine Trauer bewältigt.

Heim (→ Haus)

Heimat Ein Sicherheits- und Zugehörigkeitssymbol, und wer von seiner eigenen Heimatstadt bzw. seinem damaligen Zuhause träumt, weiß, „wo er steht“ – er ist selbstsicher und in seiner Existenz „gut verwurzelt“. Er weiß, wo er hingehört, und ist dort angekommen.

Heirat Wer davon träumt, träumt davon: er/sie möchte heiraten oder zumindest eine feste Bindung eingehen. Wer von einer chaotischen Hochzeitsszene träumt – oder von einer verschobenen oder versäumten Heirat –, sollte es sich noch einmal gut überlegen: Er/Sie „ist noch nicht soweit“ oder hat den „falschen Partner“, und das Unterbewußtsein schlägt Alarm. Dieses Signal fällt noch eindeutiger aus, wenn man sich selbst im Traum heiraten und dabei weinen, „nein“ sagen oder davonlaufen sieht – letzteres wäre dann dringend zu empfehlen.
Eine Heirat von einem Paar „ohne Gesicht“ hat reinen Symbolwert und meint die Vereinbarkeit von Gegensätzen – meist in der Persönlichkeit des Träumenden.

Heiserkeit Wenn man nicht am Morgen mit Bronchitis aufwacht und alles nur geträumt war, dann hat man etwas erlebt (und verdrängt), was einem „die Sprache verschlägt“ und „im Hals steckenbleibt“. Nicht wieder „hinunterwürgen“ – besser „ausspucken“!

Held Wer selbst im Traum der Held war, wäre es gern – er sucht Anerkennung, möchte im Mittelpunkt stehen. Ein häufiger Traum in Phasen der allgemeinen psychisch-physischen Verunsicherung, wenn man sich alles andere als heldenhaft fühlt: während der Pubertät, in Midlife-crisis-Stimmung oder wenn man plötzlich ein typisches Anzeichen des Alterns an sich entdeckt.

Helm Symbol für den Schutz vor unvorhersehbarer, akuter Gefahr.

Hemd Symbol für die Rolle, die man spielt, für das Image (das Traumhemd sieht so aus, wie man selbst gern gesehen werden möchte) – und im negativen Traum die Angst vor dem Imageverlust. Wer sich um solche Dinge keine Sorgen macht, „gibt sein letztes Hemd“ für andere.

Hengst War es ein wilder, ungezähmter? Dann haben Sie enorme Lebensenergie und sind „nicht zu zügeln“. Aber wenn der Hengst geritten oder dressiert worden ist: Was immer Sie „im Zaum halten“, möchten Sie viel

lieber ausleben – es ist nur eine Frage der Zeit, bis Ihnen doch „die Pferde durchgehen".
Nach S. Freud gilt der Hengst als Symbol sexueller Triebunterdrückung.

Henker Ein Alptraum? Nicht doch: Sie haben etwas „zu erledigen" – oder ein (berechtigtes) Schuldgefühl durch Klärung oder „Wiedergutmachung" zu entschärfen, bevor etwas „kaputtgeht".
Was hier „zum Tode verurteilt" ist, kann nur eine spezielle Belastung, ein unbewältigtes Problem sein.

Henne Das nützliche Federvieh symbolisiert biedere Häuslichkeit und mütterliche Eigenschaften im sehr konservativen Sinn – die „Glucke", die ihre Küken unter dem Flügelflaum warm hält.

Herbst Die Jahreszeit der Ernte, der Auswertung, des Reflektierens mit ihren kurzen Tagen und langen Nächten ist ein Symbol der Zurücknahme von Aktivität, der Stille, der äußeren und inneren Ruhe. Psychologisch werden die jahreszeittypischen Stimmungen und Vorgänge als (im Traum) „bildhaft umgesetzter Konfliktstoff" gedeutet: Man will sich nicht damit auseinandersetzen und erst recht nicht akzeptieren, daß alles Lebendige der Gesetzmäßigkeit von Werden und Vergehen unterworfen ist. Man verdrängt jeden Hinweis der Natur auf Vergänglichkeit – und genau das ist der Sinninhalt von Träumen, in denen es „herbstelt".
In der traditionellen Deutung galt der Herbst als Symbol für Reife und Ernte, und wer von ihm träumte, konnte auf „Glück und Wohlstand der späten Jahre" hoffen.

Herd „Zurück an den häuslichen Herd" wollen immer weniger Frauen kommen, weswegen er als Glückssymbol für sorglose Geborgenheit wohl ausgedient hat. Diese (traditionelle) Deutung stammt noch aus der Zeit, als der Herd der Mittelpunkt familiärer Abläufe war – hier kam man zusammen, um sich zu wärmen und um satt zu werden und miteinander zu reden. Nach etlichen Jahrzehnten der feministischen Kämpfe gegen sämtliche „Hausfrauen-und-Herd-Idylle" ist er eher zum Negativsymbol für weibliche Resignation und Unselbständigkeit geworden.
Nach S. Freud war er als Symbol für die Frau und ihren Körper zu verstehen.

Herde Wer „mit der Herde blökt", gilt als „Herdenmensch" und hat mit seiner individuellen Entwicklung (und herausragenden Leistungen) nicht viel im Sinn. Dafür kann er sich gut in eine Gemeinschaft einfügen, mag den Zusammenhalt eines „Herdenlebens" und hat keine Probleme damit, sich einem „Leithammel" unterzuordnen. Das geträumte Schäfchenzählen symbolisiert also auch nichts anderes als die genannten Eigenschaften (vor denen Ihnen graut, falls es keine Schäferidylle, sondern eher ein Alptraum war). Davon wird häufig geträumt, wenn Jugendliche wegen der Berufsausbildung in ein Internat oder zum Wehrdienst einrücken müssen. (Kein Witz – sondern das Ergebnis der Fragebogenauswertung einer amerikanischen Studie für die Traumforschung.)

Hering Ein Fruchtbarkeitssymbol.

Hermelin Vermutlich, weil in vielen Märchen die Krönungsmäntel der Kaiser und Könige „besetzt mit Hermelin" sind, hat das arme Tierchen nur als Fellieferant Symbolwert erhalten: für Herrscherwürde, Macht und Reichtum.

Herrenabend Männer träumen gar nicht so selten von diesem angeblich frauenlosen Vergnügen. Symbolwert ist darin allerdings kaum zu suchen, es ist, was es ist (auch als Traum): der Spaß daran, unter sich zu sein und dadurch „außer Kontrolle geraten" zu können.

Herrscher/in Naheliegende Symbolgestalt für Einfluß, Selbstbestimmung, Macht – und Selbstherrlichkeit.

Herz Das klassische Symbol für Liebe, Mut und Lebensenergie. Wenn man im Traum Herzbeschwerden hat, „krankt" es im eigenen Leben an einem dieser Begriffe. In unserem Sprachgebrauch ist „Herz" wohl das symbolträchtigste Wort in den unterschiedlichsten Varianten: Wenn jemand „ein gebrochenes Herz" hat, ist ein „kaltherziger" oder „herzloser" Mensch daran schuld. Wenn man liebt, hat man jemanden „ins Herz geschlossen" und „Herzchen in den Augen" – und wer nichts und niemanden fürchtet, hat „ein Herz wie ein Löwe" und ist „großherzig". Wenn sich jemand zu Tode erschreckt, steht ihm das Herz still, aber wenn das nur im übertragenen Sinn geschah, dann kann durch „herzliche Zuneigung" und „Herzenswärme" alles wieder gut werden. Durch Liebeskummer hat schon so manches „Herz einen Sprung" bekommen, weil eine Enttäuschung zu sehr „zu Herzen gegangen" ist – die Beispiele für „herzberührende" Symbolik ließen sich beliebig fortsetzen.
Fast alle Empfindungen, die auch nur im weitesten Sinn der Liebe zugeordnet werden können, stehen im (meistens sprichwörtlichen) Zusammenhang mit dem Herzen – und auch wer

Stärke zeigt und Mut beweist, „faßt sich ein Herz" oder „gibt seinem Herzen einen Stoß". Fast selbstverständlich ist der Symbolwert des Herzens für Lebensenergie: Wenn das Herz nicht mehr schlägt, ist sie erloschen. Also – tun Sie etwas „aus ganzem Herzen", wenn es Ihnen im Traum mit diesem Symbol „ans Herz gelegt wird"!

Heu Weil früher auf dem Land so manches heimliche Liebespaar seine ersten erotischen Erfahrungen im Heu gemacht hat, galt es in der volkstümlichen Deutung als Symbol für Sexualität. Es war ja auch kaum von Arbeit die Rede, wenn ein junger Mann meinte: „Mit dir geh' ich einmal ins Heu!"
In der traditionellen Deutung war es ein Symbol für großen materiellen Reichtum – wer ihn besaß, hatte „Geld wie Heu".

Heuernte Man „bringt reiche Ernte ein", indem man Geld scheffelt.

Heuschrecke Sie hüpft als Symbol für Verlust durch Gier und Maßlosigkeit durch unsere Träume.

Hexe Begriffswort und auch Traumsymbol für eine „magische Frau" – wobei in Träumen selten die (für die damaligen Gegebenheiten) viel zu persönlichkeitsstarken und unkonventionellen – angeblich magiekundigen – Frauen gemeint sind, die „im Namen Gottes" auf dem Scheiterhaufen hingerichtet wurden.
Heute sind es vor allem Männerträume, in denen Hexen zwar nicht auf dem Besen reiten, aber sinngemäß nicht weit davon entfernt sind: Eine besonders erotische, charismatische Frau hat den Träumenden „verhext". Wenn sie ihn mit ihrer „magischen Anziehungskraft" verzaubert und vielleicht ein beziehungstaktisches Spielchen mit seinen „entflammten" Gefühlen spielt, stellt sein Unterbewußtsein den klassischen Bezug her: Er fühlt sich ihrem erotischen Bann hilflos ausgeliefert und „bestraft" seine Traumfrau mit der Hexenrolle im traditionellen Sinn dieses Symbols. Nun kann er sich wenigstens eine REM-Phase lang „ihrer bemächtigen" und sie „auf den Scheiterhaufen seiner Leidenschaft" schicken.

Hibiskus Wer vom blühenden Eibisch träumt, ist „reif für die Insel" und braucht „Heilung durch Sonnenenergie". Ein typischer Winter- und Frauentraum und vielleicht weniger ein Symbol als ein im Schlaf fortgesetztes Schmökern in den Fernreisekatalogen, aus deren bunten Seiten über südliche Sonneninseln die Hibiskusblüten locken und zur gebuchten „Flucht" aus Nebel und Schneematsch animieren.

Hiebe Wer sie im Traum einstecken muß, will sie in Wirklichkeit austeilen – meistens an eine Person, die den Träumenden gern „verbal niederprügelt" und mit „hieb- und stichfesten" Argumenten vor Dritten ins Unrecht setzt. Die Traumbotschaft lautet: Nicht zuschlagen – aber endlich darüber reden!

Hierarchie Man ist ziemlich ehrgeizig und leidet nicht an mangelndem Selbstbewußtsein, wenn man von den Vor- oder Nachteilen einer gesellschaftlichen (oder auch beruflich relevanten) Rangordnung träumt. Es geschieht auch meist in Phasen, die eine gute Chance bieten, in dieser Hierarchie eine Stufe höher zu kommen. Beachten Sie die handelnden Personen und die Szenerie dieses Traumes, es könnte durchaus ein (verschlüsselter?) karriereförderlicher Hinweis zu entdecken sein. Das gilt besonders für wiederholte „Rangordnungsträume" und für solche in Fortsetzungen: Ihr Unterbewußtsein läßt hilfreich grüßen!

High-Society Kein Symbol, ein echter Wunschtraum – wer ihn hat, will um jeden Preis „nach oben" kommen und läßt auch in der Realität nichts aus, was ihn der „Welt der Reichen und Schönen" auch nur ein Schrittchen näherbringen könnte.

Hilfe Wer träumt, bei einem Unfall aktiv Hilfe zu leisten, könnte demnächst (im übertragenen Sinn) in eine ähnliche Situation kommen: Häufig ist es ein „Tip" aus dem Unterbewußtsein, daß ein nahestehender Mensch emotional „verunfallt ist", in einer Beziehungskrise steckt oder sich in einer Situation befindet, die er als seelischen Notstand bzw. als äußerst schmerzlich erlebt. Wer könnte es sein, der nun dringend Zuwendung (und ein „Pflaster auf seine Wunden") braucht?

Hilflosigkeit Wenn man kaum bereit ist, anderen zu helfen (oder die tatsächliche Hilflosigkeit eines Menschen zum eigenen Vorteil ausnützt), bekommt man nicht selten im Traum „die andere Seite" präsentiert: Man erlebt sich selbst in einer ausweglosen Situation, der man nur mehr mit Hilfe anderer entkommen kann. Kein Alptraum, sondern ein Hinweis, den eigenen Standpunkt zu diesem Thema zu überdenken.

Hilfsbereitschaft Sie helfen und helfen – und immer noch war es zu wenig, kaum sind Sie bei Frau X eingesprungen, werden Sie dringendst von Herrn Y gebraucht. Sie sind zwar schon völlig geschafft, aber es macht Sie glücklich, daß sich alle an Sie wenden – niemand versteht es besser als Sie, bei anderen „rettend einzuspringen". Kommt Ihnen diese Geschichte bekannt vor, weil Sie ähnliches in diversen Varianten schon geträumt haben? Vorsicht, Sie haben ein „Helfersyndrom" – ein schon etwas zwanghaftes Hilfsbedürfnis –, Sie fühlen sich nur beliebt und akzeptiert, wenn Sie „gebraucht werden" – deswegen bieten Sie unter dem Motto „Hilfe gegen Liebe" ständig Ihre (oft gar nicht erwünschten) „Dienstleistungen" an. Wer häufig solche Träume hat, benötigt selbst Hilfe: therapeutische.

Himmel Ein widersprüchliches Traumsymbol. Im religiösen Verständnis „möchte man einmal in den Himmel kommen" – demnach ist er jener unbegrenzte Raum, „wo Gott wohnt", der (besonders in kindlichen Gebeten) auch als „Himmelvater" benannt wird. Andererseits geht es um sehr „irdische" und sinnliche Glücksgefühle, wenn jemand sagt, er hätte „den Himmel auf Erden" gefunden. Und als „Himmelstürmer" bezeichnet man Menschen, die sich über die allgemein akzeptierten Grenzen der Realität hinwegsetzen und „abgehobene" Ideen verwirklichen. Außerdem gilt der Himmel als Symbolwelt der Phantasie und der überhöhten Wunschvorstellungen. Glücklich Verliebte sind sprichwörtlich „im siebenten Himmel" oder „mit beiden Beinen fest in den Wolken" – womit ihr „entrückter" Zustand der Euphorie beschrieben ist.
Nach Sigmund Freud stellt er den Ort der Wunscherfüllung dar.
Nach C. G. Jung ist er Begriff für eine irreale Welt, in der der Mensch seine „Erdung" (= Realitätsbezogenheit und Lebensfähigkeit) verliert.
Wer immer wieder träumt, „in den Himmel abzuheben", kommt mit seinen realen Lebensbedingungen und mit seinem Umfeld nur schlecht, ungern oder gar nicht zurecht und gönnt sich im Traum die Flucht in „unerreichbare Höhen", die ja auch mit „grenzenloser Freiheit" assoziiert werden.

Hindernis Ein Hindernislauf im Traum bedeutet auch einen auf dem eigenen Lebensweg: Symbol für Widerstände und geistige Stolpersteine – und häufig als Aufforderung zu verstehen, sie gezielt zu umgehen oder zu überwinden, je nach Traumhandlung.

Hinken Wenn Sie nicht gerade ein Gipsbein oder eine ähnlich reale Behinderung haben (was sich durchaus auch im Traum bemerkbar machen kann), ist es ein Hinweis auf eine seelische Verletzung: eine schmerzhafte Ursache für eingeschränkte Bewegungsfreiheit. Sie wollen „lieber stillhalten, solange es noch so weh tut". Es ist wörtlich zu nehmen und ein

Grund, sich selbst Gutes zu tun und zu schonen – was immer Sie darunter verstehen.

Hinrichtung Der schlimmste aller Alpträume hat eine durchaus positive Bedeutung: Sie sollten sich in Ihrem Gefühlsbereich (auch seelisch-geistig) völlig neu orientieren, umdenken, „bei Null anfangen". Die bisherige Art zu leben (zu denken, zu agieren) blockiert Sie und Ihre Möglichkeiten. Sie sollten Ihre „alte Existenz sterben lassen".

Hinterhof Ein Symbol für Geheimnisse, die auch besser welche bleiben sollten – ihr Inhalt gehört nicht dorthin, „wo sich das Leben abspielt", sondern eben an ein verschwiegenes, uneinsehbares Plätzchen, wie es ein Hinterhof ist.
In der traditionellen Deutung: Armut.

Hintertür Wer sich gern „ein Hintertürchen offenhält", weiß auch dann noch einen Ausweg (oder einen Zugang), wenn andere schon „vor verschlossenen Türen stehen". Man kann es wörtlich nehmen.

Hirsch Wer den „Platzhirsch" spielt, ist sich seiner Potenz und „männlichen Ausstrahlung" nicht nur bewußt, er übertreibt es damit auch ein wenig. Ein erotisch-sexuelles Symbol.

Hirse Das nahrhafte Getreide galt in der traditionellen Deutung als Symbol für größtes Glück.

Hirte Das archetypische Symbol des Seelenführers und Priesters.

Historische Persönlichkeit Wer von einer solchen träumt (ob es nun die Jungfrau von Orleans, Napoleon, Marlene Dietrich oder Willy Brandt war oder wer auch immer), braucht ein Lexikon oder eine Biographie: Nach C. G. Jung soll man nach Träumen von bedeutenden Persönlichkeiten unbedingt nachschlagen und sich über deren Eigenschaften, Tätigkeit und Umfeld informieren – es wäre immer von Bedeutung.

Hitze Vielleicht sollten Sie ein bißchen „cooler" werden? „Heiße" Träume symbolisieren glühende Leidenschaft und heißes Begehren.
(Oder waren Sie einfach zu warm zugedeckt?)

Hobel Wo gehobelt wird, fallen auch Späne. Haben Sie den Hobel fest in der Hand? Das werden Sie auch brauchen können, denn in solchen Träumen geht es um sehr zielstrebige (und nicht gerade rücksichtsvolle) Vorgänge und Verhaltensweisen. Es soll und kann viel erreicht werden, aber wer Späne fliegen läßt, darf nicht zimperlich sein. Hier wird „mit allen Mitteln" dafür gesorgt, „daß alles glattgeht".

Hoch (Wetterlage) Wer davon träumt, hat auch eines zu erwarten. Sie sind in absoluter Hochform (seelisch, geistig, körperlich), von besten Bedingungen und einem förderlichen Umfeld umgeben. Kein Wölkchen trübt jetzt Ihren Himmel, Sie können den Ballon Ihrer kühnsten Träume steigen lassen: ein absoluter Glückstraum!

Hochebene Ein Symbol für das Erreichen eines Etappenzieles, man hat nun „freien Überblick" und kann sich neu orientieren, dem nächsten Ziel zuwenden.

Hochhaus Aus gesicherter, vertrauter Situation (Haus) ist „freie Sicht" und ein großer Überblick möglich.
Wenn es ein negativer, angstbesetzter Traum war: Verlust der Individualität. Man ist einer unter vielen, kann keinen „Abstand wahren".

Hochplateau (→ Hochebene)

Hochsitz Warnung vor Überheblichkeit und Machtmißbrauch, im Sinne von: selbst kein Risiko eingehen, aber jemand anderen (unerkannt und unentdeckt) skrupellos „abschießen".

Hochspannungsleitung Wer davon träumt, steht selbst unter höchster Spannung, die Leitung ist also das Symbol für den eigenen Zustand – die Drähte der Leitung entsprechen den Nervensträngen.

Hochwasser Ein Sinnbild für bedrohlich „hochsteigende" Gefühle, die jeden Moment überschwappen und eine (emotionale) Katastrophe anrichten könnten. Man träumt davon, wenn man Angst vor der eigenen Gefühlsintensität hat, deren Folgen „Schaden anrichten könnten".

Hochzeit (→ Heirat)

Hochzeitspaar Nach C. G. Jung gilt es als Symbol der Fruchtbarkeit und des „Lichtes" im spirituellen Sinn.

Hocker Wenn man entspannt und in angenehmer Umgebung (Barhocker z. B.) auf ihm sitzt, ist der Hocker ein Symbol für gesteigertes Lebensgefühl. Man fühlt sich „obenauf" und genießt eine Position, die ein bißchen höher als üblich ist.
Umgekehrt ist die Bedeutung, wenn der Hocker als wackelig empfunden wird und man die Lehne eines Stuhles vermißt: Man fühlt sich den Blicken der anderen ausgesetzt, verunsichert und möchte sich viel lieber „wo anlehnen können".

Höhe Wer sich im Traum auf schwindelerregende Höhe begibt, sehnt sich nach großen Herausforderungen (und Erfolgen), meidet gern alles Durchschnittliche und gibt sich mit „den Niederungen des Lebens“ (und allem Minderwertigen) nicht zufrieden. Wer häufiger einen geträumten Höhenrausch erlebt, sollte es als Warnung vor Selbstüberschätzung verstehen.

Höhle Sie erinnert als Traumsymbol nach C. G. Jung daran, daß der Mensch einst Höhlenbewohner war und „vom Tier herkommt“ (bzw. sich aus dem Säugetier entwickelt hat) – und daran, daß das Unbewußte des Menschen Ursprung darstellt.
Nach Sigmund Freud gilt die Höhle als Vaginasymbol.

Hohn Wer träumt, verhöhnt zu werden, fürchtet solches ganz besonders.

Hölle Sie ist das archetypische Symbol für die Sünde und für „Gewissensqualen“ schlechthin, das auch in unserem heutigen – von Höllenängsten im Sinne der religiösen „Strafandrohung“ doch weitgehend befreiten – Verständnis auf unbewußter Ebene uneingeschränkt wirkt. Wer Alpträume von der Hölle hat, durchlebt gerade eine „höllische Situation“ (oder fürchtet sich davor), wobei es am häufigsten um eine „Gefühlshölle“ geht, um Haß, Eifersucht, Unterdrückung und emotionale Erpressung in der Partnerschafts- oder Familiensituation. Es sind immer unerträgliche Lebensbedingungen damit gemeint, wenn jemand sagt (und träumt): „Das ist einfach die Hölle für mich!“

Höllenfeuer Ein naheliegendes Symbol für quälende Leidenschaft oder für einen Zustand, in dem man genötigt ist, sexuelle Bedürfnisse und Sehnsüchte zu unterdrücken: Es ist eine „Löschaktion wider Willen“ angesagt.

Hollywoodschaukel Man gibt sich gern verspielt, bzw. man spielt mit den Gefühlen anderer Menschen, tut es aber nicht unbewußt oder „weil man eben so ist“, sondern ganz gezielt. Man will damit einen bestimmten Effekt erzielen, tut es aus Berechnung – es ist sozusagen eine „Show“, die man abzieht.

Hologramm Das „Speicherbild“ gibt visuelle Eindrücke in dreidimensionaler Struktur wieder – und es wird gar nicht so selten holographisch geträumt. Hier ergibt das Dargestellte (der Bildinhalt) erst den eigentlichen Sinn, und auch die Formgebung (rund, eckig) ist für die symbolische Aussage wichtig. Auf jeden Fall weist ein Hologramm/Hologrammtraum darauf hin, daß man auf vielschichtige, „gutstrukturierte“ Eindrücke und

Vorgänge wert legt und leicht etwas als „zu flach" (nichtssagend, langweilig) empfindet. Man hat eine Vorliebe für alles besonders Ausgeprägte, Auffallende, Schillernde und liebt die (emotionale und geistige) Herausforderung.

Holunder Ob Blüte, Beeren oder Strauch, der „Hollerbusch" ist ein Symbol für heilsame Vorgänge, Erholung und innere Harmonie – oder für die eigene Sehnsucht danach. Holunderblüten sind auch ein Sinnbild für eine intakte Liebesbeziehung mit „fruchtbaren Folgen": Kinderwunsch.

Holz Das Symbol für Wärme und Natürlichkeit ergibt erst im Zusammenhang mit seiner speziellen Beschaffenheit eine Traumaussage. Brennholz z. B. weist darauf hin, daß ein Gefühl oder eine Beziehung „langsam abkühlt" und daß man „ein Scheit nachlegen" müßte, wenn „das Feuer nicht erlöschen soll".
In der traditionellen Deutung hatten „hölzerne Träume" nichts Gutes zu verkünden – sie galten als schlechtes Omen und düstere Vorahnung auf einen baldigen Todesfall (Sarg) oder daß man demnächst „abbrennen wird" – verarmt.

Holzbein Im makabren Traum von der (nicht mehr aktuellen) Prothese macht sich die eigene Angst vor Hilflosigkeit anschaulich. Man fürchtet, irgendwelchen Vorgängen ausgeliefert zu sein, auf die man keinen Einfluß hat, weil man dafür „zu unbeweglich" ist. Manchmal auch: Unfallangst, die man sich und anderen aber nicht eingesteht.

Holzfäller Eine Symbolgestalt für eine aggressive Handlung gegen die eigene Natur oder Gesundheit – oder gegen etwas, das gute Wachstumschancen (auch materiell oder emotional) hätte, würde man es nicht „fällen" oder „zu Kleinholz machen".
In der traditionellen Deutung: viel Mühe um wenig Gewinn.

Homosexualität Sie ist im eigenen Leben „zum Thema geworden" – auch wenn man diesen Umstand verdrängt oder tabuisiert. Wer von der gleichgeschlechtlichen Liebe träumt, hat entweder eine latente Neigung und „wagt es nur im Traum", sich damit auseinanderzusetzen. Oder er fürchtet (oder hofft), daß ein ihm nahestehender Mensch homosexuell ist. Auf jeden Fall haben solche Träume einen Sinn und eine spezielle Aussagekraft für jemanden, der sie (wiederholt) hat.

Honig Wünschen Sie sich paradiesische Zustände und möchten Sie im Land leben, „wo Milch und Honig fließen"? Das süße Produkt der fleißigen Bienen gilt als Symbol für Luxus, Vermögen – und für (genossenen) Sex und die „Süße der Liebe" – nicht erst seit „9½ Wochen", sondern schon in der Antike. Wer im Traum einen bestimmten Menschen Honig naschen sieht, dürfte ihn (oder sie) demnächst „Honey" nennen – und das Unterbewußtsein weiß es schon ein wenig früher.

Honorar Schreiben Sie im Traum Honorarnoten aus? Dann sind Sie mit Ihrem Job unzufrieden, möchten „wichtiger" sein und mehr verdienen – und eigenständiger bzw. freiberuflich arbeiten.

Horn (Musikinstrument) In der traditionellen Deutung galt es als Symbol für Neuigkeiten und Ortsveränderungen – aber damals gab es ja auch noch das Posthorn.

Hörner In der traditionellen Version: Man wird „vom Teufel geritten" oder „man fürchtet weder Tod noch Teufel", der als der Gehörnte dargestellt wurde – auf jeden Fall hatte es immer etwas mit Übermut zu tun.
Die aktuellere Version: ein Symbol für Härte und Durchsetzungsvermögen – man wagt es, jemanden „auf die Hörner zu nehmen". Oder man möchte jemandem „Hörner aufsetzen".

Hornisse (→ Wespe)

Horror Es war der blanke Horror, und Sie sind schweißgebadet aufgewacht? Entweder es haben sich „Tagesreste" verselbständigt, weil Sie zu viele Horrorfilme sehen oder überhaupt eine Schwäche für Gewaltthemen haben, die Ihre Psyche langsam überfordert und nun über entsprechende Träume auslebt. Oder Sie haben eine „Horrorvision" – eine sehr negative, angsterfüllte Vorstellung von einem bestimmten Thema (Menschen, Vorgang usw.) in Ihrem Leben. Der Traum will darauf hinweisen, daß Sie die gefürchtete Angelegenheit nicht immer verdrängen – sondern endlich „näher anschauen" und sich damit auseinandersetzen sollten: Dann wird sich möglicherweise herausstellen, daß es gar keinen Grund für Ihre Ängste und einen entsprechenden Alptraum gibt.

Hörspiel Sie erinnern sich an eine spannende (vielleicht besonders schöne) Traumgeschichte, die aber „unsichtbar" war, keine Bilder und Szenen hatte, sondern (wie ein Hörspiel) nur als Erzählung oder Dialog stattfand? Dann haben Sie etwas Wichtiges überhört oder neigen dazu, etwas „einfach zu überhören", wenn Sie gerade keine Lust auf diese Thematik haben. Der Traum will Ihnen zeigen, daß es sehr lohnende oder aufschlußreiche Informationen bzw. Gespräche für Sie geben könnte, wenn Sie nur „richtig hinhören" würden und für manche Mitteilung öfter „ein offenes Ohr" hätten.

Hose Im Männertraum: Ein positives Symbol dafür, daß er „seine Rolle als Mann" richtig verstanden hat bzw. sie erfolgreich spielt und seine maskulinen Wesenszüge entsprechend auslebt.
Im Frauentraum: Sie will „die Hosen anhaben" und gibt sich härter (oder maskuliner), als sie ist. Ein Symbol für Durchsetzungsvermögen und die besonders konsequente Umsetzung ihrer männlichen Wesensanteile.
Traditionell: Symbol für Eitelkeit und für die (gespielte) Überbetonung der eigenen Moral und Keuschheit: Man „läßt nie die Hosen fallen".

Hosenträger Man möchte sichergehen, daß man sich nicht blamiert – nicht „bloßstellt". Manchmal auch: Man will sich „bedeckt halten", also nur teilweise etwas mitteilen – es nur andeuten, anstatt auszusprechen.
Traditionell: Man hat etwas Peinliches zu verbergen.

Hospital (→ Krankenhaus)

Hosteß Ein Männertraum – und darin Symbol für den Wunsch, einen bisher nur gesellschaftlichen (oder beruflichen) Kontakt zu einer bestimmten Frau etwas „hautnäher" zu gestalten.
Oder: Symbol für sexuelle Wünsche in bezug auf eine Frau, die nichts davon wissen will.

Hostie Symbol für göttliche Weisheit und Energie (im religiösen Sinn), die dem Menschen zugänglich wird, wenn er sich darum bemüht.

Hot dog Sie haben Appetit, wenn Sie vom eilig konsumierten Würstelstandgenuß träumen – aber nicht auf Hot dogs, sondern auf den „flüchtigen Genuß, von dem niemand etwas mitbekommt", während zu Hause die „offizielle bessere Hälfte" (vergeblich) mit dem Essen auf Sie wartet. Ein Traum vom Fremdgehen, und wer ihn öfter träumt, holt sich nicht nur auswärts den Appetit und ißt zu Hause. Er neigt eher dazu, sich spontan „einzuverleiben", was immer er – gerade – „lecker findet".

Hotel Sie befinden sich in einer Übergangssituation – ob bewußt oder unfreiwillig. Das Hotel symbolisiert den „kurzen, unverbindlichen Aufenthalt": eine Station auf Ihrer Lebensreise, Unstetigkeit, äußere und innere Unruhe. Ein sehr positiver Traum nach Zeiten des Stillstandes und der blockierten Möglichkeiten. Sie könnten demnächst mehr Kontakte, Chancen und Umfeldveränderungen angeboten bekommen, als Sie sich wünschen.

Hubschrauber (→ Flugzeug)

Hufeisen Ein traditionelles Glückssymbol, auch im Traum.

Hüfte Ein Körperteil mit erotisch-sexueller Bedeutung, aber auch ein Symbol für „die Verbindung des oberen mit dem unteren Bereich" (geistig), des Bewußten mit dem Unbewußten.

Hügel Sind Sie oben? Dann haben Sie ein (kleineres) Hindernis überwunden und die Möglichkeit, sich aus dieser neuen Position „einen guten Überblick zu verschaffen".

Huhn Der nützliche Hausvogel weiblichen Geschlechts gilt als Symbol für ein naives Mädchen, das „sich leicht herumkriegen" läßt – aktueller ausgedrückt: Ein Girlie mit sexueller Neugier und entsprechender Aufmachung. (Popmusiker nennen Fans, die ihnen nachreisen und im Hotel auflauern „Chicks" – Hühnchen.)

Hühnerauge Ein Symbol für Verhärtung oder unerwünschte Härte. Aber vielleicht haben Sie nur eines an der Zehe, das sogar im Schlaf weh tut. (Unangenehme körperliche Empfindungen sind seltener ein Symbol als ein ganz realistisches, kleines Schmerzsignal.)

Hülle Woraus auch immer sie ist: ein Schutz- und Wärmesymbol. Falls sie aus transparentem Material (Folie) ist: Man möchte sich abgrenzen, obwohl man dabei für Informationen offen ist und darauf achtet, nicht „den Durchblick zu verlieren".
Wer sich anderen (Blicken) aussetzt, „läßt alle Hüllen fallen".

Hummel (→ Wespe)

Hummer Ein traditionelles Symboltier für Wohlstand und Glück. Vermutlich, weil sich „nicht jeder" Hummer (zu essen) leisten kann.

Humpeln Wer es im Traum tut, hat eine „schmerzliche Erfahrung" gemacht und ist dadurch „aus dem Gleichgewicht geraten". Ein häufiger Traum, wenn man das „liebevolle Mitleid" anderer genießt und sich gern verwöhnen läßt, falls es einem nicht so gut geht.

Hund „Des Menschen bester Freund" gilt als Symboltier für den geschärften Instinkt, den man bewußt nützen sollte. Wenn man im Traum einen Hund abrichtet, versucht man seine instinktiven Empfindungen zu kultivieren

bzw. seine Triebe „in den Griff zu bekommen“.
In der traditionellen Deutung galt ein Hund als Symbol für „bissige Frauen“ und hemmungslose Eifersucht.

Hüne Man hat Angst vor einer „unbekannten Größe“ oder vor einer Situation, die man nur aus Gesprächen kennt – und von der man annimmt, daß man sich überfordert fühlen wird.

Hunger Tatsächliche – oder symbolisch zu verstehende – Mangelsituation. Man ist geistig, seelisch oder körperlich „ausgehungert“ und braucht dringend Nahrung. Ein häufiger Traum bei Liebeskummer! Und eine Symbolwirkung, die nicht nur in der REM-Phase, sondern erst recht in der Realität „funktioniert“: Menschen mit einem glücklichen Liebesleben leiden selten unter dem Zwang, nachts an den Kühlschrank zu schleichen – oder anderen „Eßsuchtattacken“ zu erliegen. Je größer der Hunger nach Liebe (und erfüllter Sexualität), desto unwiderstehlicher wird die „Versuchung auf dem Teller“.

Hure (→ Prostituierte)

Hurrikan (→ Wind)

Husky (→ Hund)

Husten Symbol für eine ablehnende Reaktion (die zu erwarten ist oder die man selbst zeigen möchte), manche Leute hüsteln verlegen, wenn sie etwas nicht sagen wollen – häufig auch als Geste, die anzeigen soll, daß man etwas peinlich findet.

Hut Kommt ganz darauf an, wie er aussieht: Ein Trachtenhut symbolisiert Tradition, aber auch Überholtes und eine besonders konservative Lebenseinstellung. Ein modischer Hut mit breiter Krempe ist ein Symbol für eleganten Lebensstil – ein Strohhut mit breitem Band gilt als Sinnbild der Eitelkeit und Selbstdarstellung.
Geträumte Kopfbedeckungen symbolisieren häufig persönliche Merkmale des Träumenden.
Der aktuellste Stand der Hutsymbolik: Knapp sitzende Hüte sind als Kondom zu verstehen.

Hütte „Platz ist auch in der kleinsten Hütte“ – in diesem Sinne ein Symbol für Geborgenheit unter bescheidenen Umständen – und für einen „sicheren Ort“ in einer bedrohlichen Situation, ein Sinnbild für Zuflucht auf (beschränkte) Zeit.

Hyäne Das Raubtier ist Symbolgestalt für ungehemmte Gier, Skrupellosigkeit und überfallsartige Aggression.

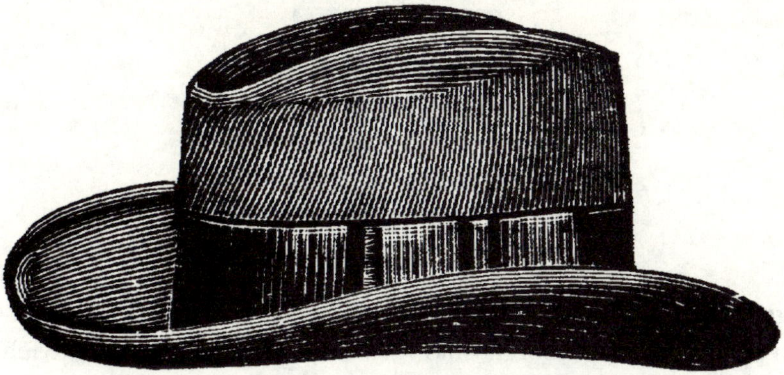

Der Hut als geträumte Kopfbedeckung symbolisiert häufig persönliche Merkmale des Träumenden.

Auch: für „emotionale Verfressenheit“. Man kann von Zuwendung, körperlicher Nähe und Sex nicht genug bekommen.

Hyazinthe Die berauschend duftende Frühlingsblume gilt als Symbol für besondere Lebensfreude und anspruchsvollen Genuß.

Idealfigur Ein typischer Frauentraum unserer Zeit, aber kein harmloser: Man sieht sich selbst, vor dem Spiegel stehend, abnehmen und abnehmen ... und bis auf die ersehnten Mindestmaße der Models „schrumpfen“ – und je dünner man wird, desto glücklicher fühlt man sich dabei. Wer das häufiger träumt, hat ein Problem und leidet psychisch ernsthaft unter der Zwangsvorstellung, wie eine der dürren Beauties aussehen zu müssen, um Anerkennung und Liebe zu bekommen. Hier geht es um keine symbolische Bedeutung – es ist ein ernstzunehmendes Signal der Psyche bei beginnender Magersucht und Bulimie oder ähnlichen „schlankheitsfördernden“ Suchtproblemen. Wer solche Träume kennt, braucht therapeutische Hilfe.

Identitätsausweis Wer ihn im Traum verloren hat und überall vergeblich danach sucht, hat Angst, seine Identität zu verlieren. Ein häufiger Frauentraum, wenn vom Partner/Ehemann die totale Anpassung bis hin zur Selbstaufgabe verlangt wird – wenn sie nur mehr sagen, tun, anziehen und sehen darf, was er ihr vorgibt, und das dann auch noch kontrolliert.

Idiot Ein Ausgrenzungssymbol, der „Idiot“ ist anders als die anderen, sie verstehen ihn nicht – er versteht sie nicht.
Außerdem: Symbol für den (verdrängten) Wunsch nach einem kindlich-sorglosen, einfachen Leben, in dem andere die Verantwortung tragen und man sich treiben lassen kann. Ein Traumsignal, wenn jemand geistig/beruflich völlig überfordert ist und „einfach nicht mehr kann“.

Idol Wer Träume von „seinem Star“ (Popstar, Sportler, Politiker usw.) in den Schlaf mitnimmt und in gesteigerter (meist erotischer) Variante weiterspinnt, kann zwar „nur ein Fan“ sein, ist aber häufig auf diese Idolgestalt dermaßen fixiert, daß er zu keiner realen Beziehung fähig ist. Jeder mögliche Partner im „wirklichen Leben“ hat nur über kurze Zeit eine Chance, wenn er dem Idol (zumindest äußerlich) so ähnlich wie nur möglich ist – oder sich so darstellt. Wenn man als Erwachsener oft solche idolfixierten Träume hat und lebbare Beziehungen meidet, deutet es auf einen neurotischen Realitätsverlust hin. Man braucht therapeutische Hilfe, wenn man nicht allein bleiben und Jahre seines Lebens an einen irrealen Traum verlieren will.

Idylle Als Traumsymbol ein Hinweis, daß man zumindest urlaubsreif (wenn nicht total erschöpft) ist – man könnte „ein idyllisches Leben" gut gebrauchen, wenigstens einige Tage lang.

Igel „Man igelt sich ein" und gibt sich „stachelig", wenn man sich besonders verletzlich oder (psychisch, emotional) verletzt fühlt. Der Igel als Traumsymbol macht diesen hypersensiblen Zustand anschaulich.

Imker (→ Biene, Honig)

Immergrün Das zähe Pflänzchen symbolisiert Durchhaltevermögen und Bescheidenheit.

Impfung Wer von der vorbeugenden Spritze träumt, „sieht eine Krankheit kommen" und will auf keinen Fall ins Bett: Ein kleiner Alptraum bei großer (beruflicher) Belastung, wenn man keinen einzigen Tag ausfallen will – oder wenn man sich „unentbehrlich" fühlt.
Nach Freud gilt jeder Stich (Spritze, Stachel usw.) als Sexualsymbol – es wird „in die Haut eingedrungen".

Indianer In der traditionellen Deutung: Abenteuerlust und ein typischer männlicher Pubertätstraum.
In psychologischer Auslegung symbolisiert die Gestalt des Indianers Realitätsflucht und den Traum vom „idealistischen Heldentum".

Indizienprozeß Ein wahrer Alptraum: Man steht vor Gericht, fühlt sich unschuldig, aber eine Reihe von Indizien (bzw. falsche Zeugenaussagen) führen zur Verurteilung. Hauptsächlich Männer träumen davon, wenn sie in einer extremen Belastungssituation etwas (beruflich) Wichtiges vergessen, verlegt oder verloren haben (und eventuell in „Beweisnot" geraten, daß diese spezielle Leistung schon erbracht wurde – z. B.), was für den momentanen Erfolg aber wesentlich wäre. Da hilft nur eines: aufwachen.

Inflation Träume von Pleiten und Wirtschaftskrisen sind nur selten auf materielle (und berechtigte) Ängste bezogen. Viel häufiger deuten sie an, daß die Nerven „blank" liegen und das

Konto der eigenen Kraftreserven leer ist. Ihre Gesamtverfassung dürfte in die „roten Zahlen“ gesunken sein.

Infusion Wenn Sie träumen, „am Tropf zu hängen“, fühlen Sie sich geistig erschöpft, und Ihr Gefühlsleben ist „am Verdursten“ – Sie können sich aber nicht aufraffen, etwas positiv zu verändern. Es fehlt Ihnen an Energie, und Sie hoffen auf „rettende Impulse“ von außen – Sie möchten sich emotional „aufpäppeln“ lassen.

Inkarnation Wenn Sie an Inkarnation (die Wiedergeburt der Seele in unterschiedlichen menschlichen Existenzen) glauben, suchen Sie vermutlich auch in den Träumen nach Hinweisen auf ein „anderes“ oder „früheres“ Leben. Mag sein, daß sich Inhalte, Bilder und Empfindungen mit einer Ihrer Inkarnationsvorstellungen dekken. Aber wenn Sie sich mit dieser Thematik ernsthaft befassen, sollten Sie um so kritischer mit geträumten „Informationen über ein früheres Leben“ umgehen: Nicht alles, was einem „irgendwie bekannt und vertraut vorkommt“, ist ein „Blick hinter den Spiegel“ – manchmal ist es auch eine Projektion (Näheres s. Vorwort).

Inkognito Wer träumt, unerkannt oder bis zur Unkenntlichkeit verkleidet (bzw. unter einem falschen Namen) unterwegs zu sein, möchte nur zu gern eine spezielle (oft intime) Information über eine bestimmte Person in Erfahrung bringen – will aber unbedingt vermeiden, daß dieser Mensch etwas von dieser „Geheimaktion“ bemerkt oder erfährt.
Außerdem: Je wichtiger die Situation oder bestimmte Menschen für den Träumenden sind, desto eher neigt er zur Verstellung. Er möchte dem erwarteten (oder erwünschten) Bild von seiner Person entsprechen und seine wahren Absichten (und Eigenschaften) lieber verbergen.

Insekten Traumsymbol für unbewußte Ängste und/oder extreme Nervosität.

Insel Sind Sie reif für die Insel? Wer häufiger davon träumt, ist es mit Sicherheit: Ein typischer Frust- und Unlusttraum, wenn Alltagseinerlei und Berufsstreß überdimensional empfunden werden und die Sehnsucht nach Ruhe, Sonne und Urlaubsfreuden langsam zur fixen Fluchtidee wird.
Manchmal meint man sich auch selbst mit der „Insel der Träume“ – man will endlich in Ruhe gelassen und für (fast) niemanden erreichbar sein – zumindest in der nächsten Zeit.

Inserat Symbol für das Bedürfnis, eigene Vorstellungen, Wünsche (oder

Ein typischer Frust- und Unlusttraum ist der von einer Insel – wer häufiger davon träumt, „ist reif für die Insel".

Zukunftsträume) mitzuteilen – damit „an die Öffentlichkeit zu gehen".

Invalide Symbolgestalt für eingeschränkte Bewegungsfreiheit – womit aber meist die geistige (also Entscheidungsfreiheit, Handlungsspielraum usw.) gemeint ist. Ein häufiger Traum in Phasen der persönlichen Verunsicherung und Lebensangst – man fühlt sich angreifbar, verletzt und meint, von der Gunst und Hilfestellung anderer abhängig zu sein, und traut sich nicht mehr zu, in nächster Zeit wieder „ganz auf die Beine zu kommen". Wenn sich solche Träume mehrmals wiederholen, sollte man positive Impulse zu setzen versuchen und aktiv werden, damit man nicht in eine Depression abrutscht, aus der man ohne fremde Hilfe nicht so leicht herausfindet. Ein Warntraum, die vermeintliche „Behinderung" abzulegen!

Inzest Ein heikles Thema, das als Traum aber sehr oft „nur" eine tiefe emotionale Verbundenheit zu einer verwandten Person symbolisiert. Wenn Sie sich an Einzelheiten dieses Traums erinnern können, denken Sie jede Szene und jede Empfindung bewußt zu Ende – das ist sicher befreiender, als wenn man eine Traumhandlung zensuriert. Vielleicht haben Sie zu diesem geliebten Menschen ja auch wirklich ein erotisches Gefühl entwickelt – nun kommt es darauf an, wie Sie damit im „wirklichen Leben" umgehen. Auf jeden Fall ist ein Inzesttraum als Herausforderung zu deuten, sich dieser Thematik zu stellen. Es kann gut möglich sein, daß sich dann ein (weitaus weniger problematischer) Trauminhalt ergibt: Häufig sieht man im Liebespartner das „gleiche", die Entsprechung – also die „innere Verwandtschaft" in Form gleicher Wünsche, Vorstellungen, Bedürfnisse und Lustempfindungen. Und das Äußere einer verwandten (vielleicht ähnlichen) Person war wirklich nur die Symbolgestalt in Hinweisfunktion. In jedem Fall ein „Nachdenktraum"!

Irrlicht Symbol für eine verführerische Situation mit „schmerzlichen Folgen", ein Irrtum, der nachträglich „teuer zu stehen kommt" – oder für eine „verhängnisvolle Affäre" mit einem (fast) unbekannten Menschen.

Irrweg Symbol für sinnlose Umwege – real, gedanklich oder emotional. Es fehlt eine konkrete Zielvorstellung – oder man läßt sich (zu) leicht ablenken und „von seinem Weg abbringen".

Isolation Ein Alptraum, in dem man sich „wie in einer Gummizelle gefangen" fühlt. Häufig, wenn man sich tatsächlich ausgeschlossen und (von wichtigen Menschen) übergangen sieht – oder aus Angst davor „freiwillig in Isolation flüchtet": sich demonstrativ abkapselt – unter dem Motto: „Ihr könnt mir nicht mehr weh tun, ich bin für euch unerreichbar."

Jacht Das Statussymbol zu Wasser hat auch im Traum eine sehr ähnliche Bedeutung. Es ist Sinnbild für verwöhnte Frauen und für das Ausleben typisch weiblicher Eigenschaften – auf luxuriöse und anspruchsvolle Art. Ob sie durch Frauen- oder Männerträume segelt, es werden klischeehafte Schickeria-Sehnsüchte transportiert.

Jacke Ein Symbol für das Image, das „man sich anzieht“: wie man sich präsentiert und auf andere wirken will.

Jackpot Leider kein Traum, der einen Millionengewinn ankündigt, sondern nur Symbol für angestrengte Überlegungen über die Chancen, aus einem riskanten (und vielleicht nicht ganz seriösen) Geschäft doch noch Gewinn zu ziehen. Oder: Sinnbild für den Plan, einen finanziell potenten und überlegenen Geschäftspartner zum eigenen Vorteil auszutricksen und möglichst „über den Tisch zu ziehen“.

Jade Traditionell gilt der zartgrüne Halbedelstein als Weisheits- und Glückssymbol – im Sinne von: Etwas ist viel mehr wert, als du glaubst, greif zu, dann wird sich der wahre Wert herausstellen und dich „bereichern“.

Jagd Wenn der Träumer in der „Beute“-Situation ist und selbst gehetzt und gejagt wird, gilt das weniger als Symbol für eine tiefere Bedeutung, sondern als Streßverarbeitung in einem „gehetzten“ Zustand. Ein Signal, daß es an der Zeit ist, sich nicht von einem Termin zum anderen „jagen“ zu lassen, weil sonst die psychisch-physische Gesamtverfassung „erlegt“ wird.
Anders sind Träume zu deuten, in denen man selbst der Jäger ist: Man verfolgt „ohne Rücksicht auf Verluste“ eigene Ziele und geht dabei mit anderen nicht sehr rücksichtsvoll um – ihre „Schonzeit“ ist vorbei, und dem Träumer geht es nur mehr um wirklich erfolgreiche „Abschüsse und Trophäen“.

Jagdaufseher Symbolgestalt für Schutz und Gerechtigkeit – jemand, der verhindert, daß „in fremden Revieren gewildert" und ein „heimlicher Abschuß" riskiert wird.

Jagdhund (→ Hund)

Jagdtrophäe Naheliegendes Symbol für Gewinn, den man nicht durch Arbeit, sondern durch förderliche Umstände und Cleverneß im Konkurrenzkampf „abgeschossen" hat.
Oder: Sinnbild für ungerechtfertigte Eitelkeit und Überheblichkeit.

Jaguar Die elegante Wildkatze symbolisiert genau das: wilde, exotische und unnahbare Schönheit – z. B. einer Frau.

Jahrmarkt Bedeutet „geschäftiges Vergnügen" oder leichte Geschäfte.

Jähzorn Wer im Traum einen Zornesausbruch hat, zwingt sich im Wachzustand zur Disziplin und Selbstbeherrschung und ist kurz vor dem „Durchknallen" – aber er wagt es (aus Diplomatie, Vorsicht, Berechnung oder Rücksichtnahme?) einfach nicht. Ein Verdrängungstraum mit Ventilfunktion.

Jasmin Der Strauch mit den intensiv duftenden Frühlingsblüten symbolisiert weibliche Erotik und Sinneslust.

Jauche In der traditionellen Deutung galt sie als Fruchtbarkeitssymbol – schließlich war Jauche früher Düngemittel Nummer eins.
Die aktuellere (psychologische) Deutung: Minderwertigkeitsgefühle und Ekel vor sich selbst bzw. dem eigenen Körper, besonders im Zusammenhang mit dem Intimbereich und der Sexualität.

Jeans Sigmund Freud hätte ihnen mit Sicherheit sexuelle Symbolik in die Taschen geschoben – aber zu seiner Zeit gab es die meistgetragenste Hose der Welt (in Europa) noch nicht. Die engen Blauen haben erst seit den siebziger Jahren – und einer Traumforschungsstudie in Kalifornien – Symbolwert: für Individualismus, der „unter förderlichen Umständen und bei Bestätigung durch ein entsprechendes Umfeld zu positivem Gruppenverhalten führt".
Alles klar? Übrigens: Mehr als 90% der Befragten dieser Studien sahen in Jeans ein „Unabhängigkeitssymbol", weil sie „sexy und pflegeleicht" sind, praktisch „in jeder Situation tragbar" – Jeans hätten die Welt von konventionellen Kleidungszwängen befreit. So realistisch können Umfrageergebnisse für die Traumforschung sein.

Jet-set Wer davon träumt, träumt davon, möglichst „dazuzugehören".

Johannisbeere Ein süß-saures Symbol für ein glückliches Leben.

Joint (→ Haschisch)

Jonglieren Wie viele Bälle können Sie halten, während Sie versuchen, sich „durchs Leben zu jonglieren"? Darum geht es in diesem Traum vom zirkusreifen Geschicklichkeitsspiel: um die spielerische Beweglichkeit des Geistes, die bei aller Leichtigkeit und Sprunghaftigkeit doch „zielstrebig agiert", um mehrere (verschiedene) Ideen und Abläufe zu einem positiven Gesamtergebnis zu vereinen.

Juckreiz Ein geträumter ist kein besonders gutes Zeichen für Ihre psychische und nervliche Verfassung. Ein typischer Traum von scheinbar „coolen" Leuten, die gerne Sätze wie „So etwas kann mich nicht erreichen" oder „Das juckt mich nicht!" sagen, aber die Anspannung der entsprechenden Situation nur vor anderen „wegstecken". Tatsächlich sind sie viel sensibler, und solche Vorfälle gehen ihnen so sehr „unter die Haut", daß sie zur nervlichen Überreizung führen, die dann als heftiger Ausschlag bzw. als akuter Juckreiz geträumt wird. Was so realistisch empfunden werden kann, daß man sich blutig kratzt – und das nicht nur im Traum. (Bei häufigen Juckreizträumen wird ein Arztbesuch fällig!)

Jugend Solange man dazugehört,

Ein Jaguar oder Leopard im Traum symbolisieren wilde, unnahbare Schönheit und gelten als Symbolgestalten für sexuelle Triebenergie.

träumt man selten davon. In späteren Jahren tauchen vergessene und verdrängte Jugenderlebnisse gelegentlich in Träumen auf. Meist in sehr realistisch wirkenden „Rückblenden“ mit deutlichen Bildern bekommt man noch einmal Situationen präsentiert, die Einfluß auf wesentliche Entscheidungen hatten oder Vorlieben (bzw. besondere Abneigungen) prägten. Ursache und Wirkung, Auslöser und Ergebnis – es soll neu überdacht und für die Gegenwart „ausgewertet“ werden. Je älter Menschen sind, desto häufiger und klarer träumen sie Szenen aus der eigenen Jugend – es könnte eine Chance für so manche neue Erkenntnis und positive Veränderung sein, wird aber oft nur als sentimentaler Ausflug in die Vergangenheit verstanden.
Übrigens: Wenn alte Menschen sich selbst im Traum als Kind erleben (und Angehörige als sehr viel jünger, als sie gegenwärtig sind), bedeutet es – bei häufiger Wiederholung – oft, „daß sich der Lebenskreis schließt“ und das Ende sich langsam ankündigt.

Jungfrau In der traditionellen Deutung galt sie als klassisches Unschulds- und Reinheitssymbol.
Die psychologische Bedeutung: Im Traum eines Mannes stellt die Jungfrau seine „Anima“ (den weiblichen Wesensanteil) dar – im Frauentraum häufig eine eigene unbekannte oder abgelehnte Seite. Wenn sich eine Frau selbst als Jungfrau träumt, kann es auch ein Hinweis auf eine extreme Vaterbindung sein – oder auf Frigidität bzw. Ekel vor der Sexualität.

Junggeselle Wer davon träumt, es zu sein, wäre es gern – falls er in einer Bindung lebt. Zumindest für den Zeitpunkt des Traumes gilt, daß man sich in einem Single-Leben wohler (und seinen gegenwärtigen Lebensvorstellungen „entsprechender“) fühlen würde. Was übrigens genauso für weibliche Träume vom Single-Leben gilt. Sie tauchen bei beiden Geschlechtern immer wieder dann auf, wenn eine Bindung, in der man lebt, „emotional tot“ ist.

Juwelen In der traditionellen Deutung: Eitelkeit und Prahlsucht.
Aktuellerer Sinn: Juwelen sind ein Symbol für „verborgene Schätze“, die man besitzt – Begabungen und Ideen, die es zu entdecken und entwickeln gilt und die Erfolg versprechen.
Manchmal träumt man auch von Schmuck und Edelsteinen, wenn man sich ganz gern „vom schönen Schein“ verführen läßt – oder von Menschen, die ein blendendes Auftreten haben und „schillernde Persönlichkeiten“ sind.

Jux Den will sich jemand im Traum machen, wenn er in Wirklichkeit nichts zu lachen hat. Träume von „Jux und Tollerei“ sind Signale unterdrückter (und vom familiären/beruflichen Umfeld eingeschränkter) Lebenslust. Man weiß, daß man „sich zum Narren macht“, wenn man dazu steht, im eigenen Leben mehr Spaß haben zu wollen. Also reißt man sich zusammen und setzt erwartungsgemäß sein seriösestes Gesicht auf. „Alles Maske!“ spiegelt dann das Unterbewußtsein im Traum – und warnt vor weiterer Selbstverleugnung und Resignation.

Kabel Wenn es glatt aufgerollt ist, symbolisiert es eine „geordnete Beziehung“, und man hat einen „guten Draht“ zu (einem nahestehenden) Menschen. Dementsprechend gilt auch ein abgeschnittenes Kabel als Trennungssymbol – „die Leitung wurde durchtrennt“. Ein wirres Durcheinander von Kabeln beschreibt unschlüssig-verworrene Gefühle (zu einem Partner) oder auch, daß ein Gefühlschaos entstanden ist, weil es noch weitere Beziehungen zu/mit anderen Personen gibt: Man hat also einen emotionalen „Kabelsalat“ zu entwirren.

Kabine Der relativ kleine Raum (egal, ob man von einer Schiffs- oder Umkleidekabine träumt) ist ein Sinnbild für einengenden Schutz (oder beschützende Enge) – für einen Ort (oder einen Zustand), in den man sich zurückziehen kann, um sich dort für kurze Zeit geborgen zu fühlen. Man weiß aber von Anfang an, daß es einem dort „auf Dauer zu eng“ wird. Ein typischer Traum für die Flucht in eine Beziehung, die zwar emotionale Wärme, aber keine besondere (erotische oder geistige) Herausforderung bietet. Wenn man wieder „seine alte Form“ hat und es lieber turbulenter möchte, wird es darin „zu eng“, und man fängt an, von Kabinen und anderen allzuleicht überschaubaren Räumen zu träumen.

Kabrio Ein naheliegendes Symbol für Unabhängigkeit und „grenzenlose Freiheit“ – unter komfortablen Bedingungen.

Kachelofen Sinnbild für emotionale Sicherheit und Wärme, die man bei vertrauten Personen sucht.

Käfer Der „Glückskäfer“ ist ein traditionelles Symbol für das „kleine, aber sichere Glück“. Besonders der Marienkäfer.

Käfig Wer darin sitzt, muß sich mit dem Verlust seiner Freiheit und (geistiger, emotionaler oder räumlicher) Enge abfinden. Ein Einschränkungssym-

bol, welches auch einen gewissen (zusätzlichen) Schutzaspekt darstellt – ähnlich wie die Kabine.
Außerdem: Sinnbild der Zähmung und Unterwerfung unter den Willen anderer – und meistens ein Alptraum in Situationen (oder Beziehungen), die einem „über den Kopf wachsen" und „den Bewegungsspielraum" nehmen.

Kaftan Ein Traditionssymbol – wer ihn im Traum anzieht, legt großen Wert auf ein besonders konservatives (oder einer bestimmten Gruppe angepaßtes) Image.

Kaiman (→ Krokodil)

Kaiser (→ Herrscher)

Kakerlaken Symbol für „lichtscheues Gesindel" und Schmarotzer.

Kaktus Ist auch symbolisch gemeint, wie er aussieht: ein harmloser Zeitgenosse mit Nehmerqualitäten, aber wenn man ihm zu nahe kommt, wird er „stachelig": Symbol für einen einfachen (oder bescheidenen) Menschen, auf den man sich verlassen kann, solange man ihn nicht zu sehr vereinnahmt – oder ihm sonstwie „zu nahe tritt" und zuviel Belastung zumutet. Wenn man davon träumt, hat man sich meistens schon den ersten Stachel eingezogen – gleich tut es weh!

Kalb Symboltier für einen jungen Menschen, dessen gute Eigenschaften man nicht überschätzen (oder ausnützen) sollte. Ein typischer (und selten richtig verstandener) Elterntraum, wenn sie ihre Kinder mit Leistungsdruck überfordern und ihnen zu viele „Erwachsenenpflichten" aufladen – und sie „nicht Kind sein" lassen.

Kalender Ein Symbol für Vergänglichkeit, manchmal auch für die Angst vor dem Altern und Sterben – und für das Bedauern, daß man „die Uhr nicht zurückdrehen kann". Wenn man Kalenderträume hat, würde man häufig ein (im Wortsinn) „unwiederbringliches" Erlebnis noch einmal „genauso wie damals" – nur eben bewußter und intensiver – wiederholen. Auch: Man bereut etwas, das man nicht mehr rückgängig machen kann, und würde zu gern in seinem Lebenskalender zurückblättern – wenn daran etwas positiv zu verändern wäre.
Wenn es ein angenehmer Kalendertraum war: Man hat noch „viel Zeit" vor sich und weiß sie intensiv zu nützen.

Kalk In der traditionellen Deutung: Erbschaft. Außerdem symbolisiert der Kalk Starrsinn und eine typische „Schrecksekunde", in der man „kalkweiß" (blaß) wird.

Kalkulation Wer im Traum eine Kalkulation erstellt, hat mehr Probleme, als er (auch vor sich selbst) zugibt. Er kann nicht abschalten und nimmt seine Existenzangst mit in den Schlaf. Oder – wenn es ein Traum mit positiver Stimmung war: Man ist gewissenhaft und will immer alles verantworten können, was man tut. Das muß durchaus nicht nur berufliche oder geschäftliche Entscheidungen betreffen – es kann auch um den eigenen „Gefühlshaushalt" gehen: Alle Entwicklungen einer Beziehung sollten für den Träumenden vorstellbar und auch „kalkulierbar" sein, sonst „riskiert er lieber nicht zuviel". Wer solche Träume hat, sollte sich sein emotionales Sicherheitsbedürfnis eingestehen und um Partner mit konträrer Gefühlswelt (und einem größeren Bedürfnis nach persönlichem Freiraum) einen großen Bogen machen!

Kalorientabelle Wenn sie sogar im Traum präsent ist, wurde der Kampf um die Wunschfigur zum alles bestimmenden Thema Nr. 1 im Leben. Oder der Traum ist als Warnung vor einer Gefährdung durch Magersucht oder Bulimie zu verstehen. Wenn man davon oft träumt: Bitte checken Sie einen Arzttermin!

Kälte Wenn man emotionale Kälte zeigt, verhält man sich distanziert – die Beziehung ist „abgekühlt". So sind auch Träume von Eis, Schnee, kaltem Wind und kaltem Wasser zu verstehen. Außerdem: ein Symbol für die Neigung, sich überall „herauszuhalten" und eben „kalt" auf die Probleme anderer zu reagieren. Wenn man jemandem seine Gleichgültigkeit demonstrieren will, „zeigt man ihm die kalte Schulter".

Kamel In der traditionellen Deutung: Symbol für „harte" Abenteuer, Entbehrungen und besonders anstrengende, kräfteraubende Reisen.
Die psychologische Auslegung: Es geht um Durchhaltevermögen und die Fähigkeit, materielle (oder emotionale) Durststrecken zu überwinden – oder um die Motivation, etwas „unter allen Umständen" zu erreichen – ganz egal, wie schwierig und mühsam es werden könnte.

Kamera Ein Hinweis darauf, daß man etwas objektiver (distanzierter) betrachten sollte – vor allem, wenn die Thematik für den Träumenden von großer Bedeutung ist und eine Entscheidung erfordert. Und eine Aufforderung, zu überlegen (und es „von allen Seiten zu betrachten"), ob man etwas (oder jemanden) „festhalten" will.

Kamin Symbol für „gezügeltes Feuer" – man hat seine sexuellen Wün-

sche und sein Triebleben im Griff – oder man sollte es versuchen (je nach Handlung der Traumgeschichte).
Nach S. Freud: weibliches Sexualsymbol.

Kamm Traditionell: Eitelkeit. In der psychologischen Deutung ist der Kamm ein Symbol für einen Vorgang, den man genauer beobachten und nicht vorschnell beurteilen sollte – eben: „Nicht alles über einen Kamm scheren."

Kampf Wenn Sie sogar in den REM-Phasen in Kämpfe verwickelt sind, haben Sie ein Problem mit Aggressionen, gegen die Sie häufig „ankämpfen" und die Sie besser in konstruktive Energie umsetzen sollten. Beispiel: Anstatt gegen „Wände zu rennen" (Widerstände, die nicht zu bewältigen sind), kann man mit demselben Energieaufwand an einer Veränderung der betreffenden Situation arbeiten.
Manchmal sind geträumte Kämpfe auch ein Sinnbild widerstreitender Gefühle, von denen man gerade geplagt ist.

Kanada Waren Sie im Traum durch die wildromantischen Seen- und Waldgebiete Kanadas unterwegs? Wenn Sie nicht gerade einschlägige Urlaubspläne schmieden, hatten Sie einen typischen Männertraum: den von grenzenloser Freiheit und „wilden Erlebnissen", in denen Sie Ihr Männlichkeitsverständnis austoben können. Wie so oft, gilt auch hier: Wer davon träumt, träumt davon und lebt es zu wenig aus.

Kanal Haben Sie „den Kanal voll"? Sie empfinden Ihr Leben zu „reguliert", es verläuft Ihnen zu vieles „in künstlichen Bahnen", und Sie haben einfach keine Lust mehr darauf, daß alles vorhersehbar, geregelt und „in praktischen Abläufen" weitergehen soll. Wenn Sie häufiger davon träumen, ist das als Hinweis zu verstehen, daß Sie Ihren Empfindungen (und unterdrückten Gefühlen) freien Lauf lassen sollten – Sie leben wider Ihre Natur und müßten dieses allzu beengende (Kanal-)System „brechen".

Kanarienvogel Ein naheliegendes Symbol für die (vergebliche) Sehnsucht nach (mehr) Freiheit. Man hat das Gefühl, im Käfig zu leben – selbst wenn es ein „goldener" sein sollte, hat man Angst vor „gebrochenen Flügeln" – und vor dem Kontrollverhalten anderer.

Kaninchen (→ Hase)

Kanister Wie bei allen Gefäßen liegt der Symbolwert mehr im Inhalt als in der Form.

Kannibale Symbolgestalt für eine sehr „besitzergreifende Person", die alles „auffrißt" und sich „einverleibt", was ihr in den Weg kommt. Nicht selten versteckt sich in einem Kannibalentraum die (uneingestandene) Problematik einer Mutter-Sohn-Beziehung, in der die Mutter sehr dominant ist und ihren Sohn als ihre Hauptbeziehung und ihren emotionalen „Besitz" empfindet – und jede mögliche Schwiegertochter als natürliche Feindin, die sich den jungen Mann ja „einverleibt" – während die Mutter sich damit bescheiden muß, ihn „zum Fressen gern" zu haben (und auch das noch mit der neuen Frau in seinem Leben teilen zu müssen).
Wer selbst den Alptraum hat, von einem Kannibalen aufgefressen zu werden, kann es wörtlich nehmen: Er ist von einer solchen emotional „verfressenen" Person umgeben, die im wahrsten Sinn des Wortes „nicht genug bekommen kann" – von ihm.

Kanone Symbol für eine „gewaltige" Energieentladung – ein „Power-Traum", der auf ein besonders starkes Durchsetzungsvermögen, aber auch auf eine enorme „Kraft der Triebe" (Sexualität und Sinnlichkeit, intensiv ausgelebt) schließen läßt. Die nähere Mitteilung ergibt sich aus der Traumhandlung, wenn man selbst eine Kanone abfeuert, gelten die genannten Eigenschaften für den Träumer – wenn man jemanden mit der Kanone hantieren sieht, ist diese Person der „energiegeladene" Hauptakteur des Traumes – und hat es möglicherweise auf den Träumenden abgesehen.

Kante Sie symbolisiert einen Menschen „mit Ecken und Kanten", der nicht so leicht „glattzuhobeln" ist: eine ausgeprägte und eigensinnige – und manchmal egozentrische – Persönlichkeit, an der man sich „blaue Flekken" holt, wenn man nicht auf „den nötigen Abstand" achtet.
Wenn man träumt, eine Kante mit Feile oder Hobel „anzurunden", dann ist fast immer der Versuch gemeint, einen Menschen mit den genannten „kantigen" Eigenschaften besser in den Griff zu bekommen – oder eben seinen „Spitzen die Schärfe" zu nehmen – meistens vergebliche Liebesmüh'!

Kanüle (→ Impfung)

Kapellmeister (→ Dirigent)

Kapitän Symbolische Leitfigur und „verläßliche Autorität". Jemand, „der weiß, wo es langgeht", man kann sich beruhigt „in sein Fahrwasser begeben" und annehmen, daß er „auf dem richtigen Kurs ist" und das Steuer fest in der Hand hält.

Kappe Haben Sie „verkappte Ansichten“? Dann sitzen ein paar allzu fixe Ideen in Ihrem Kopf fest und verhindern, daß Sie „freier denken“ können und flexibler agieren.
Die in den Märchen vielzitierte Tarnkappe (eine magische Kopfbedekkung, die den Träger unsichtbar macht) ist oft ein Symbol für Vordringen von Personen in Bereiche, die ihnen sonst unzugänglich blieben. Menschen mit verkappten Ideen tun das häufig auch – sie mischen auch ganz gern dort mit, wo sie eigentlich nichts verloren haben.
In der traditionellen Deutung war die Kappe ein Liebeskummersymbol – aus naheliegendem Grund: Der Treulose hat „den Hut genommen“ – und weg war er.

Kardinal Die personifizierte (geistliche/geistige) Macht und Würde und Symbol für „erstrangige“, wesentliche Entscheidungen.

Karneval Die Zeit, in der „alles erlaubt“ ist, symbolisiert unbeschwerte Hemmungslosigkeit, aber auch Falschheit (Maske) ohne Reue. Wer öfter (und gar nicht besonders vergnügt) von Karnevalsszenen träumt, kann es als Hinweis verstehen, daß er seine Empfindungen „hinter einer Maske versteckt“ – er sollte mehr „aus sich herausgehen“. Wenn man aus dem – geträumten – Karnevalsgetümmel erschrocken oder angewidert davonläuft, bedeutet es Angst vor dem eigenen Übermut – oder daß man sich keine allzu spontanen, „wilden“ Gefühle zutraut (oder sie nicht ausleben will). In jedem Fall präsentiert man sich anders, als man ist.

Karren Es bedeutet große Anstrengung, wenn es darum geht, „den Karren aus dem Dreck zu ziehen“ – er ist ein Sinnbild für Belastungen und Herausforderungen. Der Zustand des Karrens kann außerdem noch ein Hinweis auf die eigene Verfassung geben – vorausgesetzt, man kann sich daran erinnern.

Karriere Wieder ein 1:1-Traum – man träumt in des Wortes Bedeutung davon, und am häufigsten dann, wenn es gerade eine besondere Überlegung oder den Totaleinsatz der eigenen Möglichkeiten bräuchte, um die nächste Sprosse der Karriereleiter zu schaffen.
Außerdem: In manchen Karriereträumen geht es auch um einen wesentlichen und notwendigen „größeren Schritt“ auf dem eigenen Lebensweg.

Karten Wenn Sie „gute Karten haben“, steht Ihnen eine erfolgreiche Zeit bevor – aber ein solcher Traum kann auch als Warnung verstanden werden, daß man nicht allzuleicht vorhandene Werte (auch geistig und emotional) „aufs Spiel setzen" sollte. Wichtig für den Symbolinhalt ist, ob es gute oder schlechte Karten waren. Falls Sie eine spezielle Karte gezogen haben (oder eine aus der Hand gefallen ist) und Sie sich daran erinnern können, was diese Karte zeigte: Bitte dieses Symbol unbedingt beachten, Sie werden in kürzester Zeit mit dem entsprechenden Thema konfrontiert.

Kartoffel Ein Fruchtbarkeitssymbol – sie vermehrt sich rasch und ohne großen Aufwand. In der psychologischen Auslegung macht die Kartoffel die seelisch-emotionale Verwurzelung der träumenden Person anschaulich.
In der traditionellen Deutung: Ein Armutsomen, weil sie früher „das Essen der Armen" (und auf „reich gedeckten Tischen" nicht erwünscht) war. In manchen südeuropäischen Regionen galt sie gar als unheimlicher Auswuchs giftiger Stauden.

Karton Erinnern Sie sich an seinen Inhalt? Nur darauf kommt es an.

Karussell In Ihrem Leben spielt es sich dermaßen turbulent ab, daß Sie kaum noch „über die Runden kommen". Ihre Gedanken und Gefühle „laufen im Kreis" – und in Ihrem Kopf „dreht sich schon alles": Ein Streßtraum, der anzeigt, daß Sie zwar vital und „gut drauf sind", aber ein „schwindelerregendes Tempo" halten und demnächst „die Übersicht verlieren" könnten. Vielleicht bremsen Sie Ihr Lebenskarussell ein bißchen ein?

Kasse Der Traum zeigt die Befürchtung an, daß man „zur Kasse gebeten" wird. Man will immer mehr und kann nichts „loslassen". Hier wird Maßlosigkeit und Gier angesprochen – und auch der Umstand, daß man seine Beziehungen fast nur auf „nützliche" und „gewinnträchtige" beschränkt. In der traditionellen Deutung – ganz einfach Wohlstand: Arme Leute hatten keine Kasse – höchstens einen (leeren) Beutel.

Kastanie Das vordergründige Symbol für die Fruchtbarkeit des Herbstes hat einen doppelten Boden: Man soll jemandem „die Kastanien aus dem Feuer holen" – etwas Unangenehmes für andere erledigen – oder ein Risiko im Interesse anderer auf sich nehmen.

Kastration Der schlimmste aller Männeralpträume ist es eigentlich nicht – es geht in den gefürchteten Kastrationsträumen vielmehr um Minderwertigkeitsgefühle und „Beziehungskrieg".
Zur Zeit S. Freuds und C. G. Jungs waren solche Träume noch relativ häufig,

und dementsprechend intensiv hat man sich damals damit auseinandergesetzt. Heute sind die Sexualtabus, Ängste und Schuldgefühle dieser Zeit kaum noch vorstellbar, also hat auch fast niemand mehr die entsprechenden Selbstbestrafungsideen, die viele Kastrationsträume ausgelöst hatten. Ihre aktuelle Symbolbedeutung bezieht sich häufig auf (auch sexuelle) Aggressionen in der Partnerschaft, wer davon träumt, fühlt sich unterdrückt und in der „potenten Umsetzung seiner Empfindungen" behindert. Im allerschlimmsten Fall wird die momentane Wut auf den Partner bis zum Griff nach dem Messer zu Ende geträumt und war damit eher ein beziehungsstreß-abbauendes Ventil – mehr nicht.

Katakomben Symbol für eine „gedankliche Flucht" aus einem akuten Problem – und dafür, daß man es verdrängt und „ganz tief begräbt": im Unterbewußtsein.

Katalog Wer in einem blättert, sucht nicht nach Hausrat oder neuer Garderobe – er möchte in aller Ruhe und ganz diskret auswählen: unter mehreren möglichen Partnern, von denen er sich gerade „ein genaueres Bild machen" will. Wer in einer Bindung lebt und trotzdem per Traum in Katalogen schmökert, möchte fremdgehen (aber bitte „ganz diskret") und die Beziehung trotzdem nicht aufs Spiel setzen. Er ist der typische Abenteuerkonsument, Kontaktanzeigenleser und „selbstverständlich gut verheiratet".

Kathedrale (→ Kirche)

Katze Sehr zu Unrecht galt die Katze (in der traditionellen Deutung) als hinterlistige Symbolgestalt für Falschheit

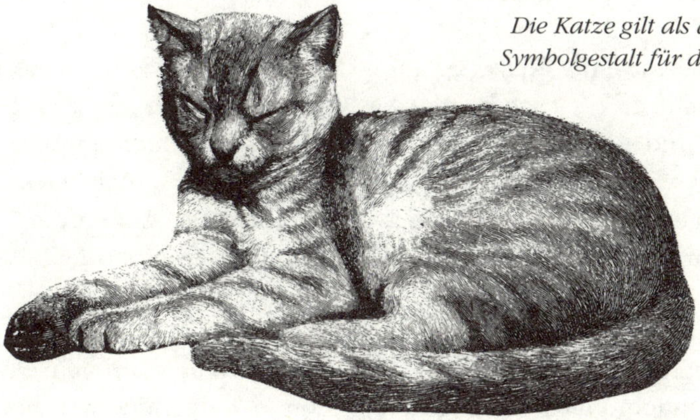

Die Katze gilt als archetypische Symbolgestalt für das Weibliche.

und „teuflische Wesenszüge", was von der damals geläufigen, frauenverächtlichen Meinung inspiriert war: Man sprach den Frauen Katzeneigenschaften und den Katzen Fraueneigenschaften zu. Tatsächlich gilt die Katze als archetypische Symbolgestalt für das Weibliche, für besonders feminine Eigenschaften und auch für die „Persönlichkeit Frau". Als Traumsymbol repräsentiert die Katze für beide Geschlechter Unterschiedliches: Im Frauentraum gilt sie als Sinnbild der (bewußten) Willensseite der Frau, für ihre Selbständigkeit und Kreativität. Aber sie symbolisiert auch Lust und Sinnlichkeit der Frau, Eigensinn und geistige Flexibilität.

Im Männertraum stellt die Katze das Gefühlsleben des Träumenden dar, wie auch seine femininen Wesensanteile (im Sinne C. G. Jungs).

Die „Pussy" ist (im Englischen wörtliches) Symbol der weiblichen Geschlechtlichkeit und Orgasmusfähigkeit.

Träumt man von einer Katze, ist ihre sprichwörtliche Geschmeidigkeit (körperlich und geistig) genauso angesprochen wie ihr typisch unangepaßtes Verhalten, ihre Beobachtungsgabe und ihr blitzschnelles Reaktionsvermögen. Jeder Katzenkenner hat diese Erfahrung mit Krallen „eingeschärft" bekommen: Es ist unmöglich, einem Stubentiger etwas zu befehlen. Was eine Katze tut, will sie tun – oder es passiert nie (wenn man von roher Gewalt absieht). Wen wundert es, daß im Mittelalter (das alle diese Eigenschaften generell verdammte) die Katzen gleich zusammen mit den entsprechend „wesensverwandten" Frauen auf dem Scheiterhaufen verbrannt wurden? Sie können einander so ergänzen und ähnlich sein, daß jemand, der eine Frau vernichtet, eine Katze nicht ertragen kann.

Kaufmann Er symbolisiert den Austausch von Werten zwischen Menschen – welcherart auch immer. Der Besitz des Kaufmannes kann einen Hinweis auf die „geistigen Reserven" des Träumenden ergeben (seine Talente, deren Entwicklung erfolgversprechend wäre). Macht der Kaufmann im Traumgeschehen einen hohen Umsatz, kann es als Sinnbild des eigenen Energieumsatzes verstanden werden.

Kegeln Wollen Sie „eine ruhige Kugel schieben"? Ein Traumsymbol für erholsame Unterhaltung einerseits – für Gewinn durch Geschicklichkeit andererseits. Außerdem: Im Kegeln läßt sich versteckte Aggression spielerisch ausleben.

Keks Wenn man sich eines auf der Zunge zergehen läßt, ist eigentlich

Lustbefriedigung gemeint. Wer hat mit Ihnen aus einer Dose genascht? Hatten Sie hart „daran zu kauen“ – oder war es ein Genuß ohne Reue?

Kelch Er enthält die Flüssigkeit, die menschliche Gefühle und Bedürfnisse symbolisiert – denen er durch seine Beschaffenheit „die äußere Form gibt“. Das Traumthema ist also: Kultivierung – eventuell auch Einengung – von Empfindungen.

Keller (→ auch Haus) Nach C. G. Jung der symbolische Ort des Unbewußten, Verdrängten und Undurchschaubaren.

Kellner Er symbolisiert die Eigenschaften, die er haben sollte: Freundlichkeit und Geschicklichkeit – während einer Dienstleistung (oder Hilfestellung).

Kerker (→ Gefängnis)

Kern Haben Sie sich daran „die Zähne ausgebissen“? Dann werden Sie bald mit einem vergleichbaren Thema konfrontiert – und einen Widerstand zu überwinden haben oder einer Sache „auf den Kern gehen“ müssen. Manchmal gilt so ein kerniger Traum auch als Hinweis darauf, daß jemand „einen guten Kern“ unter seiner rauhen Schale hat – dem man es eigentlich gar nicht zutraut und deshalb zu wenig Beachtung geschenkt hat.

Kerze Symbol für „das Lebenslicht“ – man spricht von einer „Kerze, die an beiden Seiten brennt“, wenn jemand dermaßen intensiv lebt, daß er seine Lebenserwartung (an Jahren) dadurch offensichtlich „dahinschmelzen läßt“. Heruntergebrannte Kerzen werden als Symbol für das nahe Erlöschen der Lebensenergie verstanden.
Außerdem gilt die Kerze als männliches Sexualsymbol – nach S. Freud gilt eine gebrochene Kerze als Zeichen der Impotenz.

Kessel Was im Kessel kocht und brodelt, wird dadurch einer Veränderung unterzogen – das Rohe wird gar, das Harte weich. Der symbolische Sinn: kreative Umwandlung, Neugestaltung, Veredelung.
Auch: Emotionale und seelische Kraft verschmilzt zur Gesamtpersönlichkeit.

Kette Wollen Sie jemanden „an die Kette legen“? Dann schenken Sie ihm eine – sie gilt als Symbol für eine feste Bindung im positiven Sinn und für „zu enge Fesseln“ in der negativen Bedeutung.

Kettenhund Das arme Tier ist traurige Symbolgestalt für menschliche Unterwerfungsgelüste (der Natur) im Sinne der „durch Zwang erreichten Nützlichkeit" und für die Ausbeutung animalischer Kraft. Wer häufiger vom Kettenhund träumt, fühlt sich „in einem unwürdigen Zustand gefangen" und der Willkür anderer preisgegeben. Ein typischer Beziehungsendetraum in einer Phase, die nur mehr als „angekettet sein" empfunden wird.

Keule Die primitive Waffe unserer Vorfahren ist Sinnbild für unbeherrschte, aggressive Triebenergie. Wer davon träumt, hat Angst, von einem unberechenbaren Ereignis überwältigt zu werden und sich danach „wie erschlagen zu fühlen". Als Frauentraum kann es auch Angst vor einem „überwältigenden", aber gefühlsarmen Sexualerlebnis mit einem (eher ungeliebten) Partner bedeuten, dem man – aus welchen Gründen auch immer – nicht „entkommen kann".

Kind Als Traumsymbol ein positiver Hinweis, daß sich neue Chancen auftun und „fruchtbare" Ideen verwirklichen lassen.
Bei Frauen geht es oft weniger um den Symbolwert – viel eher ist es im wahrsten Sinn des Wortes ein Wunschtraum oder (im entsprechend negativ empfundenen Zusammenhang) die Angst vor einer möglichen (unerwünschten) Schwangerschaft.
Wenn dieser persönliche Bezug nicht gegeben ist: Achten Sie auf die Eigenschaften des Traumkindes – es sind vermutlich eigene, die Sie beachten und fördern („ans Licht der Welt bringen") sollten.

Kino (→ Film)

Kirche Ein Ort der Besinnung und Selbstbesinnung – im religiösen Sinn Fluchtpunkt in einer Situation der Verirrung und Rastlosigkeit. Kirchen im Traum symbolisieren die Auseinandersetzung mit dem Sinn des Lebens, die Aufforderung, in sich zu gehen.

Kirsche Ein süßes, saftiges Symbol für die Lippen einer Frau – und weil sie manchmal herzförmig aussehen (es gibt ja auch „Herzkirschen"), gelten die roten Früchtchen als Zeichen der Liebe und Verliebtheit.

Kissen Ein kuscheliges Symbol für Ruhe, Entspannung und gemütliche Häuslichkeit, aber falls Sie von einer Kissenschlacht oder von aufgeschlitzten, zerrissenen Kissen träumen, ist es genau das, was Sie jetzt nicht wollen: Sie möchten intensiv und vor allem nicht allzu „häuslich" leben, Ihnen ist nach Abwechslung, Herausforderung und schlaflosen Nächten zumute – bis Sie irgendwann erschöpft in die Kissen sinken.

Kiste Haben Sie Probleme mit einer „Beziehungskiste"? Dann wäre es nützlich, wenn Sie sich an den Inhalt Ihrer Traumkiste erinnern könnten: Was sich darin verbirgt, könnte einen aufschlußreichen Zusammenhang ergeben.

Kitt Ein Symbol für den Zusammenhalt in harten Zeiten – gegen die (bedrohliche) Umgebung.

Klaue Die Klaue (wie auch die Kralle) versinnbildlicht unsere Angst vor dem „Tierischen" als Wesenszug eines Menschen. Als Traumsymbol weist sie darauf hin, daß man dazu neigt, auf tierisch wilde, unbeherrschte Art nach dem zu greifen, wonach man (lebens-) gierig verlangt. Wenn ein schüchterner, durchsetzungsschwacher Mensch von Klauen und Krallen träumt, ist es aber als Ermutigung zu verstehen, daß er es einmal versuchen sollte, sich „mit Klauen und Zähnen" zu verteidigen – bzw. sich durchzusetzen.

Klavier Ein Symbol für die menschliche Gefühlsskala – die Kultivierung intensiver Empfindungen und kreativer Lebendigkeit.
Der Rhythmus des Klavierspiels wurde von S. Freud als Symbolgeschehen für den Geschlechtsverkehr interpretiert.

Klee Eines der bekanntesten Glückssymbole, wenn er vierblättrig wächst. Dagegen will der dreiblättrige Klee auf den gewöhnlichen Ablauf des Geschehens, die Normalität, verweisen.

Kleidung „Kleider machen Leute" – also ist Kleidung ein naheliegendes Symbol für das Image eines Menschen, für die Art, sich den anderen zu präsentieren. Außerdem kann man damit seine soziale Stellung und die finanziellen Möglichkeiten, über die man verfügt, „vorzeigen", ohne daß man sich dem Vorwurf aussetzt, man würde damit renommieren wollen. Man zieht eben an, was man sich leisten kann, und pflegt damit auf „seriöse" Art Selbstdarstellung.
Außerdem ist Kleidung als nonverbales Kommunikationsmittel zu gebrauchen: Die „richtige" Garderobe im entsprechenden Umfeld kann gesellschaftliche Barrieren überwinden und Türen zu wichtigen Persönlichkeiten öffnen, die beim Auftreten in unpassender Kleidung geschlossen bleiben würden.
Im psychologischen Sinn drücken vor allem die Farben der Kleidung aus, welche „Botschaft" an die Umgebung signalisiert werden soll. Dementsprechend sind Träume von (farbiger) Kleidung ein deutlicher Hinweis auf die Eigenschaften oder Absichten des Trägers.
Rot: Wenn eine Frau intensive Rottöne trägt, will sie auf keinen Fall überse-

hen, sondern auffallen und begehrt werden. Sie signalisiert den Wunsch nach „Erfolgserlebnissen als Frau“: Erotisch möchte sie wirken, geliebt und begehrt sein. Gedeckte und dunkle Rottöne (Rostrot) symbolisieren verhaltene (oder uneingestandene) Leidenschaftlichkeit und den Wunsch, auf „seriösere“ Art im Mittelpunkt des Interesses zu stehen.

Grün symbolisiert Seriosität und Sicherheitsbedürfnis, je mehr Brauntöne sich mit dem Grün mischen (Oliv oder das typische Grün der Heeresuniformen), desto „erdverbundener“ und konservativer will man wirken. Giftgrün dagegen soll als Blickfang wirken und „spielerische Gefährlichkeit“ signalisieren.

Dunkelblau steht für „seriöses Ansehen“ und Disziplin (z. B. Schul- und Matrosenuniformen), strahlendes Royalblau ist dagegen schon wieder als (edler) Eyecatcher gemeint: Seht her, ich bin etwas Besonderes!

Intensive Türkisblau-Mischtöne sind die Farben der Kreativen und unkonventionellen Leute, die wenig Lust auf Anpassung und viel Interesse an großem persönlichen Freiraum haben. Was auch für die Träger klarer Orange- und Gelbtöne gilt, die sich gern in jeder Hinsicht flexibel und ungebunden geben – Leute, die ihr Leben lang „unterwegs sind“.

Das gegenteilige Extrem symbolisiert Braun, die „erdigste“ Kleidungsfarbe – von Menschen bevorzugt, die vor allem Geborgenheit, Unauffälligkeit und Sicherheit suchen und jedes Extrem ablehnen – es kann ihnen gar nicht ruhig und konservativ genug zugehen. Was aber nicht für helleres Schokobraun bis Kupfer gilt: Hier „flirtet“ seriöse Eleganz mit den Venusfarben Rosé und Kupfer, was auf „edle Bedürfnisse“ – also einen anspruchsvollen Lebensstil und Lust auf Luxus – verweist. Grau ist nicht nur die Farbe der depressiven Zurückgezogenheit, je mehr sie sich mit silbrig-bläulichen Tönen mischt, desto exklusiver möchte der Träger dieser Kleidung wirken: Im edlen Grau fühlt sich manche „graue Eminenz“ ganz besonders wohl. Dagegen ist braunstichiges, „schlammiges“ Grau die sprichwörtliche Farbe der (gerne) unscheinbaren, demonstrativ bescheidenen „grauen Mäuse“.

Weiß trägt, wer „farblos“ auffallen und – schon allein durch die Schmutzempfindlichkeit weißer Kleidung – extravagant wirken (und sich von den anderen abheben) will (früher: die weißen Uniformen höherer Offiziere, die typische Ballkleidfarbe der Töchter aus gutem Haus usw.).

Schwarz und Gold trägt, wer faszinierend wirken (typische Künstlerkleidung), „anders sein“ oder auf seinen besonderen Stellenwert hinweisen möchte (Abendkleidung für beide Geschlechter, die typischste Farbe offizieller und festlicher Anlässe usw.).

Pastellfarben symbolisieren „kindliche" Eigenschaften, spielerisch-verträumte Wesenszüge, Sensibilität und ein besonders stark ausgeprägtes Harmoniebedürfnis. Wer in allen Lebenslagen Pastelltöne trägt, fühlt sich von allen kräftigen und grellen Farben überfordert, er braucht den „optischen Weichspüler" von Lindgrün, Himmelblau, Zartgelb, Rosa und Blaßlila, um die Härte des Lebens erträglich zu finden.

Nach C. G. Jung ist Kleidung Symbol der „Persona" – sein Begriff für die Persönlichkeit eines Menschen, die er (meist unbewußt geprägt) der Umwelt präsentiert – die er nach außen kehrt.

Kleider machen Leute – somit ist Kleidung ein naheliegendes Symbol für das Image eines Menschen.

Kleister Damit will man etwas zusammenfügen, das zerbrochen ist und eigentlich zusammengehört. Ein häufiger Traum im entsprechenden Stadium einer Beziehungskrise: Man träumt, eine Kleistermischung anzurühren oder mit einem Kleber ein zerbrochenes Geschirr zu „kitten". Solche Träume wollen aber auch bewußtmachen, daß dieser Vorgang wohl beide Teile wieder „aneinander bindet" und auf den ersten Blick zu einer neuen „Gesamtheit" und Einheit führt, aber daß der Sprung dadurch nicht ungeschehen gemacht werden kann – bei größerer Belastung könnte er wieder „zum Bruch führen".

Klempner Vermutlich, weil er auch das eine oder andere „Rohr verlegt", symbolisiert er (auch) sexuelle Aktivität. Aber eigentlich gilt der Klempner und seine Arbeit als Sinnbild der „Kanalisierung von Gefühlen" – Wasser ist immer das Symbol für den emotionalen Bereich.

Kleptomanie Wer im Traum zwischen Supermarktregalen auf Raubzug geht und „nicht anders kann", als einige Kleinigkeiten (auch des Nervenkitzels wegen) zu stehlen, hat sich in eine verheiratete Person verliebt. Das klammheimliche, lustvolle Klauen symbolisiert die Wunschsituation: Man will sich jemanden (möglichst unentdeckt) „nehmen", der eigentlich schon (zu) einem andern „gehört". Wer oft davon träumt, ist an „legalen" Beziehungen und einer wirklichen Bindung gar nicht interessiert – ihm geht es um die „spannende Situation" des Seitensprungs manchmal mehr als um den begehrten Menschen selbst.

Klette Die „anhängliche" Pflanze ist Symbol für einen Menschen, der auch dann noch eine Beziehung aufrechterhalten will, wenn sich der Partner bereits innerlich und äußerlich abgewandt hat – jemand, der wider besseres Wissen bedingungslos und unbeirrbar „klammert" – eine Klette eben.

Klettern Man will „hoch hinaus" – auch wenn es noch so mühsam und riskant ist, das Ziel zu erreichen.

Klimpern Ob man davon träumt, mit Münzen zu klimpern oder ähnliches auf Klaviertasten zu versuchen – es ist immer eine Symbolhandlung für etwas, das man tut, um Aufmerksamkeit zu erregen (oder sich selbst abzulenken), obwohl „die geeigneten Mittel gering" sind. (Typische Äußerung über einen Versuch, Werbung für etwas oder jemanden zu machen: „Klimpern gehört zum Handwerk!") Wenn eine Frau „mit den Wimpern klimpert", ist es ebenfalls eine Signalgeste, die überspielen soll, wie wenig (echtes Gefühl) dahintersteckt.

Klinge Lassen Sie jemanden „über die Klinge springen“, obwohl Sie damit rechnen müssen, daß es ihn „verletzt“? Wer davon träumt, setzt seine eigenen Interessen nach „messerscharfen Überlegungen“ konsequent und aggressiv durch. Er tut es „ohne Rücksicht auf Verluste“ und kennt Mitgefühl nur vom Hörensagen – hier spielt sich mancher Vorgang „auf des Messers Schneide“ ab.

Klinik (→ Krankenhaus)

Klippe Es ist im Traum wie im realen Leben – man möchte „etwas überblikken“ und mit nötiger Distanz und „Weitblick“ ein Ziel betrachten, zu dem man nur gelangen kann, wenn man einen mühsamen Aufstieg dafür in Kauf nimmt. Hier sind meistens gesellschaftliche oder materiell ausgerichtete Ziele angesprochen.

klitschnaß In diesem Zustand läuft man durch die tosende Brandung und durch strömenden Regen, ist von der Nässe genauso „durchdrungen“ wie von einem intensiven Glücksgefühl: Hier geht es weniger um tiefgründige Symbolik – vielmehr um vordergründige Euphorie, weil der Träumende gerade „der Liebe seines Lebens“ begegnet ist und nun „in des Meeres und der Liebe Wellen“ badet. Man taucht ganz tief ein und möchte „im Glück ertrinken“ … bis man aufwacht.

Kloster Ein Ort der Stille und Selbstbesinnung – aber auch eine hervorragende Möglichkeit, um sich der Realität und den Anforderungen des Lebens zu entziehen. Genauso ist die symbolische Bedeutung dieser „Insel des Friedens und der Abgeschiedenheit“ zu verstehen: Man hat Angst vor dem „wirklichen Leben“ und neigt zur Realitätsflucht, und wenn sich für dieses Problem eine akzeptable Lösung anbietet, nimmt man dort Zuflucht – auch dann, wenn man sich „strengen Regeln unterwerfen“ (und auf Individualität verzichten) muß.
Manchmal auch: ein Selbstbestrafungstraum, in dem man „für etwas büßen möchte“.

Knebel Naheliegendes Symbol für Unfreiheit und eine Zwangslage. Aber auch für die Verpflichtung, über etwas zu schweigen, was – ausgesprochen und weitererzählt – negative Folgen hätte: Man fühlt sich „geknebelt“.

Kneipe (→ Restaurant)

Knie In der traditionellen Deutung: Ein Signal „erotischer Ermunterung“ – ein Zeichen der Verführung.

Aktueller: Wer von Knieverletzungen träumt, fühlt sich in seiner (auch geistigen) Bewegungsfreiheit behindert – es geht um Starrheit (festgelegt sein), Unbeugsamkeit. Ein häufiger Alptraum, wenn man aus einer „beengenden Situation flüchten" will und die Kniegelenke plötzlich steif werden.

Knochen Es kann einem „bis an die Knochen gehen", wenn man ein erschütterndes Erlebnis hatte. Träumt man vom „Gerüst des Körpers", ist man häufig „zutiefst erschüttert": ein Symbol für (schmerzliche) Erfahrungen, denen man sich stellen muß – will man nicht „verknöchert wirken".

Knopf Sind Sie „zugeknöpft"? Dann verschließen Sie sich vor Empfindungen, die Offenheit verlangen würden. Es geht nicht um Kleidung, wenn man von Knöpfen und Knopflöchern träumt, sondern um „einengende Vorstellungen" – oder um eine „aufgeschlossene Denkweise".

Knospe Ein Symbol für noch ungenützte Lebensenergie oder das Anfangsstadium einer Entwicklung – auch im Gefühlsbereich.

Knoten „Da ist ein Knoten drin", wenn man mit einer (scheinbar) verworrenen Situation oder einem nur schwer lösbaren Problem konfrontiert wird.
Löst man einen Knoten im Traum auf, symbolisiert es die Lösung des aktuellen Problems. Eine „Gewaltlösung" bietet sich an, wenn man den „unlösbaren" Knoten durch einen Schnitt trennt, was dann das Ende der „Verwicklungen" bedeutet – manchmal aber auch: das Ende einer Entwicklung.

Kochen Man „kocht vor Wut", wenn ein Aggressionsstau zu schaffen macht. Eine weitere Bedeutung: das Kochen als Symbol eines Wandlungsvorganges: Rohes wird gar, Ungenießbares zur Nahrung. Ein Traum, der erst durch die Zusammenhänge von Handlung, „Szene" und handelnden Personen einen speziellen Sinn ergibt.

Koffer Reisen Sie „mit leichtem Gepäck" durchs Leben? Dann sind Sie clever, nützen Ihre Talente und sind geistig und körperlich beweglich. Dementsprechend dürfte auch das Traumgepäck keine schwere Last symbolisieren.
Dagegen symbolisieren große, schwere Koffer ungelöste und „schwerwiegende" Probleme und Belastungen, die geeignet sind, einer weniger stabilen Persönlichkeit „das Kreuz zu brechen".
Ein solcher Traum fordert zum „Abladen" (zumindest der überflüssigen Belastungen) auf, damit Sie bald wieder „unbeschwert" sein können.

Kohl Traditionell: Ein runder, fester Kohlkopf galt als Zeichen für gute Gesundheit und ein langes Leben.
Aktueller: Symbol für einfache, ursprüngliche Nahrung – auch geistig.

Kohle Wer von „Kohle“ träumt, meint meistens Geld damit, und vielleicht enthält dieser Traum ja einen Hinweis darauf, wie man „an die große Kohle kommt“. Eigentlich gilt Kohle als Energiesymbol, wörtlich und im übertragenen Sinn zu verstehen.
Nach S. Freud: ein Libidosymbol und Sinnbild für Trieb- und Lebensenergie.
Nach C. G. Jung: Ein alchimistisches Wandlungssymbol – Kohle verwandelt sich im Verbrennungsprozeß in Wärme und schließlich in Asche.

Komet Vom Stern von Bethlehem bis zum aktuellsten Schweifstern unserer Zeit – Kometen galten immer als „Himmelszeichen“, die besondere Ereignisse ankündigen sollten. So sind sie auch als Traumsymbol zu verstehen – sie haben Hinweischarakter und meistens Themen wie Erfolgs- und Leistungsanstieg zum Inhalt. Wenn Sie Ihren persönlichen Kometentraum (durch Ihr geschärftes Erinnerungsvermögen) entschlüsseln können, „ist Ihnen ein Stern aufgegangen“. (Das war die traditionelle Deutung, die lau-

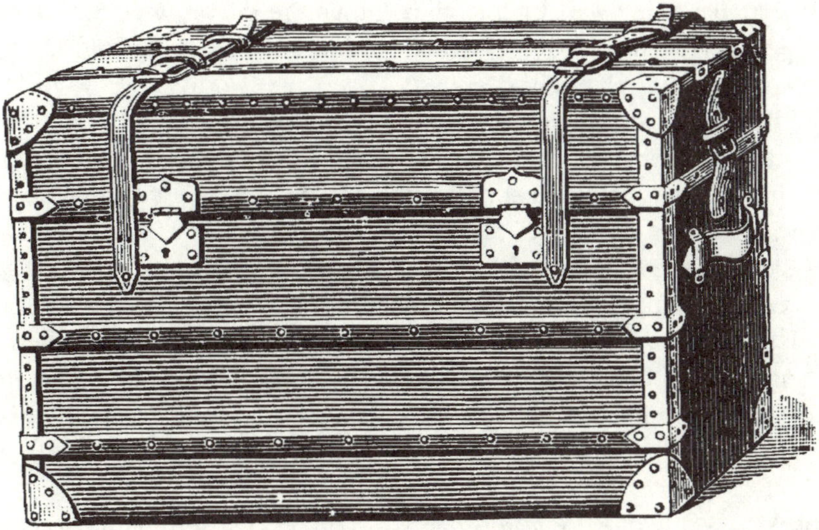

Große, schwere Koffer symbolisieren im Traum ungelöste und schwerwiegende Probleme und Belastungen.

tete, daß man „so lange zum Himmel schauen soll, bis einem ein Stern den Gedanken weist.“) Dann stünde Ihrem „kometenhaften Aufstieg nichts mehr im Wege. Auf jeden Fall ist er ein Glückssymbol – zumindest, bis ein Kometeneinschlag auf unserem Planeten das Gegenteil beweist.

Kompaß In welche Richtung soll Ihr Lebensweg denn führen? Dieser Symbolinhalt teilt sich durch einen Kompaßtraum mit, der auf zielorientierte „Schritte“ verweist – oder eine Neuorientierung zum Thema macht.

Konditorei Fast nie ein Symbol – fast immer die „psychische Rache“ für eine physische „Entzugserscheinung“ – auch Diät genannt! Man träumt vom Naschen, wenn man vom Naschen träumt – ob damit erotische Genüsse (und die „Süße der Liebe“) gemeint sind oder doch eher eine Sachertorte die Erfüllung des begehrlichen Traumes wäre, hängt davon ab, wonach man sich „verzehrt“. Auf jeden Fall geht es um eine „süße Sünde“ – und den Hinweis, daß man sich schon zu lange kasteit hat. Und jetzt geht es ans Eingemachte: „Aber bitte mit Sahne!“

Konfekt (→ auch Konditorei) Man möchte sich etwas „auf der Zunge zergehen lassen“.

König/Königin Symbolgestalten für Bewußtsein (auch: Selbstbewußtsein) – die Fähigkeit zur Selbstbestimmung und Selbstkontrolle – man „regiert sich selbst“, ist Be-Herrscher seiner Anlagen, Ideen und Empfindungen (und deren Umsetzung in den realen Lebensbereichen).
Auch: die Überwindung eines Minderwertigkeitsgefühls, die Entwicklung wichtiger Ideale. Träumt man eine nahestehende Person in einer königlichen Rolle, idealisiert man sie und ihre realen Eigenschaften.
Weniger um psychologische Einsichten geht es, wenn Sie gern und oft in den einschlägigen Illustrierten blättern, die randvoll mit Stories über die „gekrönten Häupter“ sind: Dann träumen Sie davon, weil Sie „davon träumen“!

Konkurs Davor wird gewarnt, falls man nicht ökonomischer mit der eigenen Lebensenergie umgeht. Fast immer gilt diese „rote Karte“ aus dem Unterbewußtsein nicht dem geschäftlichen „Überleben“ des Träumenden, sondern seiner körperlichen Verfassung, die bei wiederholten Konkursträumen kurz vor dem Offenbarungseid steht.

Konzert Viele Instrumente ergeben einen „Gleichklang“, vereinen sich zu einem harmonischen Ganzen. Dieses

Traumsymbol läßt anklingen, daß man sich nach Harmonie sehnt und nach einem sinnesfreudigeren, intensiveren Leben, das man nicht als „Solo“ empfindet. Ein typischer Single-Traum, wenn der Frustpegel ziemlich hoch steht und wenn man nicht nur mit sich selbst „im Einklang“ leben möchte – sondern nach dem Motto: „Geige sucht Kontrabaß zwecks gemeinsamen Wohlklangs.“

Kopf Wollen Sie „mit dem Kopf durch die Wand“? Kein Wunder, daß dieser Zustand „schmerzt“ und sogar noch „mit Kopfweh“ im Traum aufgearbeitet wird. Unser Sitz des Verstandes und der Vernunft ist überfordert, wenn er sich ständig gegen Wünsche und Gefühle wehren soll, um sie zu unterdrücken und „kopflastige“ Zielvorstellungen durchzusetzen. Wer häufiger von Kopfschmerzen träumt (meist von realen begleitet), ist aufgefordert, sich nicht über jede Kleinigkeit „den Kopf zu zerbrechen“. Versuchen Sie doch einmal, mehr „aus dem Bauch heraus“ zu leben – und leisten Sie es sich manchmal, einfach „kopflos zu sein“.
In der traditionellen Deutung galten Kopf(weh)träume als Zeichen für Herrschsucht.
Nach S. Freud symbolisiert der Kopf Männlichkeit. (Daß Frauen „auch“ denken können, war vor einem Jahrhundert wohl noch eines der bestgehütetsten Geheimnisse?)
In C. G. Jungs Theorie gilt der Kopf als archetypisches Symbol des Selbst.

Kopfkissen (→ auch Kissen) Symbol für kultivierte Häuslichkeit und geistreiche Entspannung. Wer Kopfkissen aufschüttelt oder neu bezieht, träumt den Wunsch, die häusliche Atmosphäre kreativer zu gestalten, man soll sich hier nicht nur entspannen, sondern auch (gesellschaftlich) effektvoll präsentieren können.

Kopflosigkeit Kein Alptraum von einer Enthauptung (wie es vielleicht im Traumgeschehen passiert ist), sondern die Aufforderung, auch einmal ohne „kopflastige Überlegungen“ auszukommen und spontaner, lockerer – eben manchmal ein wenig „kopflos“ – zu sein.

Kopfstand Sie brauchen dringend eine neue Perspektive und sollten Ihre bisherigen Wertigkeiten (und die Schwerpunkte Ihres Lebens) nicht nur überdenken und relativieren – es wäre Zeit, sie „auf den Kopf zu stellen“. Daß dabei manches aus dem Gleichgewicht gerät und neu ausbalanciert werden müßte, ist ein weiterer Hinweis eines solchen Traumes.

Kopfverband Ein besonders drastisches Zeichen dafür, daß man sich viel häufiger „den Kopf zerbricht“ und mit ihm „gegen Wände rennt“, als man (psychisch) heil verkraften kann.

Kopilot Ganz wie im Flugzeug: Sie haben (oder brauchen) einen gleichwertigen Partner, auf den Sie sich in jeder Lebenslage verlassen können – und wenn sie noch so „abgehoben“ sein sollte und der „Boden unter den Füßen“ weit, weit entfernt ist. Als Team wären Sie mit diesem (oder einem solchen) Partner niemals „absturzgefährdet“, könnten zu zweit so manchen „Höhenflug“ riskieren und würden trotzdem immer wieder (gemeinsam) sanft landen. Ein besonders beachtenswerter Glückstraum, den man nur hat, wenn der Kopilot schon eingestiegen ist – oder zumindest auf dem Weg zum Flieger. Wenn Sie ihn noch nicht getroffen haben, sehen Sie bei jeder neuen Begegnung in nächster Zeit genauer hin: Er könnte darunter sein. (Es ist immer ein Signaltraum, das Unterbewußtsein will Sie zu erhöhter Aufmerksamkeit und Kontaktbereitschaft animieren.)

Koppel Das Pferd sind Sie – zwar sind Sie gut versorgt und haben Ihren „Lebensraum zugewiesen“ bekommen, aber Ihr individueller Freiraum ist etwa so „weiträumig“ wie eine mittlere Koppel. Der Traum symbolisiert eine (mögliche) Entscheidung, vor der Sie bald stehen könnten: Entweder man riskiert „den Sprung ins Ungewisse“ und „rennt dafür Zäune nieder“ – oder Sie „reißen sich am Riemen“, „zügeln“ Ihre Wünsche und Ambitionen und arrangieren sich mit dem knappen Spielraum unter wohlvertrauten „Weideflächen“. Wer auffallend häufig ähnliche Träume hat, steht unmittelbar vor einer Ent-Scheidungs-Situation.

Koralle Symbol für „schöne Erlebnisse“ im Gefühlsbereich. Wasser ist immer Symbol für Emotionales – die Koralle hat dort ihren Lebensraum.
In der traditionellen Deutung: Ein gegenwärtig ferner Geliebter kommt wieder zurück und „ankert in nahen Gewässern“.

Korb Haben Sie jemandem einen Korb gegeben? Wer davon träumt, läßt sich auch in der Realität auf keine nähere Beziehung ein – zumindest nicht mit dem aktuellen „Korbempfänger“.
Eine weitere Bedeutung und meistens ein Männertraum: Sie möchten „Hahn im Korb sein“ und verwöhnt werden.
In der Psychoanalyse gilt der Korb im Traum eines Mannes als Symbol für die Vagina.

Korken Nach Sigmund Freud (aber nicht nur): Der Korkenzieher symbolisiert den Penis, der in den Korken/die

Flasche eindringt (Sex), wonach entkorkt (ejakuliert) wird.
Kann sein – muß nicht sein. Haben Sie Durst?

Kornfeld Naheliegendes Symbol für Fruchtbarkeit und Erfolg (Ertrag) durch intensiven Einsatz (Arbeit) der eigenen Kraft.
Auch: Ein Sinnbild für eine Lebensaufgabe, einen langfristigen Vorgang, dessen einzelne Bereiche immer wieder „neu bestellt" werden müssen (→ Ernte, Saat).

Kornkreis Eines der neuesten Traumsymbole (Kornkreise werden ja erst in letzterer Zeit entdeckt), und es gilt als Hinweis auf eine – als aussichtslos empfundene – Situation, die nur durch Hilfe von außen (und das plötzliche Eingreifen einer „höheren Macht") zu bewältigen ist.

Körper Wer vom eigenen Körper träumt, beschäftigt sich auch im Wachzustand intensiv mit ihm. Das Badezimmer ist der wichtigste Raum, und man pflegt und stylt seinen Body, so oft und gut es nur möglich ist. Sicher sind auch Solarium, Kosmetikstudio und Fitneßcenter regelmäßig angesagt – mit einem Wort, ein gewisser Hang zur Selbstverliebtheit und zum Narzißmus ist nicht zu leugnen. Kein Wunder, daß dieser Körper „ein Traum" ist!

Kosmetik Symbol für den Versuch einer Image-Aufwertung, man kreiert ein „neues Bild" von sich und will es dann auch entsprechend effektvoll präsentieren.
Auch: Man verspricht sich (mehr) Erfolg und Beliebtheit, indem man sich anders gibt, als man eigentlich ist: Man „macht sich schöner".

Kosmische Ereignisse Wenn man von Kometen, Ufos, Feuerregen vom Himmel, unerklärlichen Erscheinungen und der Landung von Aliens träumt, dürfte man sich überdurchschnittlich häufig und intensiv mit solchen Themen befassen. Nach C. G. Jung wird ein Mensch durch solche Träume auf eine „kollektive Rolle" (in seiner Existenz) vorbereitet. Wem diese Auslegung zu weit hergeholt ist: Vielleicht sind Sie nur ein „Akte X"-Fan und können „einfach nicht abschalten" – nicht einmal im Traum.

Kostümierung (→ Karneval, Kleidung)

Kraft Träume von Vorgängen, die einen kräftigen Körper und eine gute Kondition erfordern, machen häufig auf das Gegenteil aufmerksam: Man ist (oder fühlt sich) für etwas zu schwach. Es bezieht sich aber selten auf einen Mangel an körperlicher Kraft – meistens geht es um Durchhaltevermögen und um geistige Herausforderungen, wofür nun die nötige Kraft aufzubringen wäre.

Kragen Sinnbild „gepflegter Ordnung".

Krähe Symbol für eine (als aggressiv empfundene) Frau, vor deren „spitzem Schnabel" man sich fürchtet. Ein Traum, in dem sich das Unbehagen vor einem Gespräch mit einer solchen Frau niederschlägt – und fast immer ein Männertraum.
In der traditionellen Deutung: Ankündigung eines Todesfalles; die Krähe galt wegen ihres schwarzen Federkleides als „Totenvogel".

Kran Wenn man träumt, daß ein Kran eine Last aufnimmt, um sie woanders abzuladen, kann man es auf sich beziehen und wörtlich nehmen: Man möchte eine aktuelle Belastung (oder auch eine emotionale „Altlast") loswerden und sich gerne dabei helfen (entlasten) lassen. Man empfindet diese Angelegenheit als „zu schwer" und traut sich nicht zu, sie mit eigener Kraft aus der Welt zu schaffen.

Krankenhaus Nach C. G. Jung gilt es als Symbol für „einen Ort, an dem man gepflegt wird": Krankenhausträume sind häufig als seelischer Notruf zu deuten, wenn man zu depressiv ist, um sich selbst wieder in einen „heileren" Zustand zu bringen. Man möchte sich nur mehr fallenlassen und, auf „die Bahre gebettet", weggetragen werden – von jemandem, dem man vertrauen kann (Sanitäter im Traum) und der dafür sorgt, daß man unter „pfleglichen Bedingungen" an einem „geschützten Ort" (Krankenhaus) und mit Hilfe anderer (Arzt) wieder langsam „lebensfähig" werden kann. Ein Signaltraum, daß man mit seiner psychischen Kraft am Ende ist und Gefahr läuft, in eine Depression abzustürzen.

Krankenschwester Die Symbolgestalt für einfühlsame Hilfeleistung ist häufig die begehrte Hauptdarstellerin in Machos erotischen Wunschträumen, sich den kundigen Händen einer jungen „Frau" auszuliefern.

Krankheit Ein Traum, in dem es um psychische und emotionale Verwundungen genauso gehen kann wie z. B. auch um eine neurotische Neigung zur Selbstverletzung oder um das Bedürfnis nach erhöhtem Selbstschutz. Ein Krankheitstraum kann über die seelische Verfassung des Träumenden und seine wesentlichen Bedürfnisse (um sich „heil" und lebenstüchtig zu fühlen) gute und nützliche Hinweise geben. Dafür wäre es aber wichtig, sich genauer an die Krankheit und auch an die angewendeten Heilungsmaßnahmen (oder Operationen) zu erinnern. Vielleicht ergibt sich auch aus dem Äußeren eines Arztes oder einer Krankenschwester der Hinweis auf jene Person, die in einer solchen Lebensphase als „rettend" (oder zumindest als hilfreich) empfunden wird. Es ist auf jeden Fall ein Traum, dessen Inhalt reflektiert werden sollte.

Kranz Die genauere Traumhandlung wird aufschlüsseln, ob Sie von einem Siegeskranz oder von einer Beerdigung (samt dem üblichen Kranzschmuck) geträumt haben. Übrigens können auch Totenkränze Symbol für die Vollendung einer Aufgabe und die Ehrung (den Erfolg, die Achtung) nach erbrachter Leistung sein.
Traditionell galt der „Jungfrauenkranz" als Sexualsymbol. Wenn Mädchen davon geträumt hatten, wurde das immer als Zeichen für eine baldige Hochzeit gedeutet. Tatsächlich war es aber viel eher die Umsetzung ihrer „jungfräulichen" Angst vor der Hochzeitsnacht, in der ihr „Kränzchen zerrissen" werden sollte.

Kräuter Nach C. G. Jung symbolisieren Kräuter den Heilungsvorgang.
In der traditionellen Deutung war es ein Unglückszeichen, von Kräutern zu träumen – und als Warnung zu verstehen, daß man in nächster Zeit niemandem vertrauen sollte, weil die „Kräuterhexe" auch als „Giftmischerin" verrufen war. Wer also ein heilsames Kräutlein brauchte, war undurchschaubaren Vorgängen ausgeliefert, die mit allerlei abergläubischen Befürchtungen in Zusammenhang gebracht wurden. Im Zweifelsfall ließ man die Kräuter lieber weg, denn „gegen den Teufel ist kein Kraut gewachsen".

Krawatte Ein Symbol betont seriöser Männlichkeit, das durch den Knoten an der Kehle auf „wenig Freiraum, um tief Luft zu holen", also auf Disziplin und Selbstbeherrschung hinweist. Davon möchte ein Mann gern etwas weniger aufbringen müssen, wenn ihn das Bedürfnis, „den Knoten zu lokkern", bis in den Traum verfolgt. Im Frauentraum symbolisiert eine korrekt getragene Krawatte häufig eine Vorliebe für den entsprechenden Männertyp. – Oder das Gegenteil: Daß es ihr „den Hals zuschnürt", wenn sie mit dem typischen Krawattenmann zu tun hat – sicher bevorzugt sie die Jeans- und T-Shirt-Typen.

Krebs (Tier) Auch als Traumsymbol gilt er als Hinweis, daß man sich nicht entschlossen und „geradlinig", sondern eher „im Krebsgang" einem angepeilten Ziel nähert: einen Schritt vor, zwei zurück, einen Schritt seitlich, einen retour ... und so weiter. Wer davon träumt, sollte konsequenter und zielstrebiger werden.

Krebs (Krankheit) Der Alptraum vieler Menschen, die sich in der Realität mit dieser Krankheit und allen ihren Aspekten befassen, besonders wenn jemand Verwandter an Krebs erkrankt ist, werden die damit verbundenen Ängste in den Schlaf mitgenommen. Wer daraus folgert, daß auch in seinem Erbgut mit hoher Wahrscheinlichkeit diese Krankheitsanlage gegeben ist, sollte sich nicht um den Sinn des Traumes, sondern um einen Arzttermin kümmern.

Kreis Symbol der Ganzheit und des Ewigkeitsbegriffes: Ein Kreis (wie auch ein Ring) hat weder Anfang noch Ende. Traditionell galt der Kreis als magisches Symbol für Schutz und „Geborgenheit in des Himmels Macht". Man hat daran geglaubt, daß „Dämonen und finstere Unwesen" (böse Geister) niemandem schaden können, der sich innerhalb eines gezogenen Kreises oder runden Raumes befindet. „Weil sich das Böse nur in gerader Linie fortbewegen kann", hat man Bannkreise angelegt – und daran geglaubt, daß „der Teufel nur in Ecken wohnt" – in allem Runden war man vor ihm sicher.
Der tiefere Sinn hinter diesem Aberglauben: Der Kreis gilt als Symbol der (göttlichen) Vollkommenheit. Als Traumbild können Kreise andeuten, daß man sich in einer Situation, mit einem Gefühl „nur mehr im Kreis bewegt" – man kommt nicht weiter, die damit verbundenen negativen Abläufe wiederholen sich – man müßte den „verhängnisvollen Kreislauf" unterbrechen, um „diesem Teufelskreis zu entkommen".

Kreuz Wenn man von der religiösen Bedeutung einmal absieht, gilt ein Kreuz als Ordnungssymbol. Im Traum kann man es als Sinnbild des Kreuzes sehen, das man „zu tragen" hat – oder in einem positiven Traum als Siegeskreuz.
Nach C. G. Jung gilt das Kreuz als Symbol der Qual – sicher nicht zu Unrecht, vor allem anderen war und ist es Mittel zur Vollstreckung von Folter- und Todesurteilen.

Kreuzung Sie stehen an einer Kreuzung und können sich nicht entscheiden, welche Richtung Sie einschlagen wollen? Hier liegt die Symbolaussage: Es geht um Entscheidungssituationen, um die Verbindung zweier unterschiedlicher Wege – wer davon träumt, hat häufig zu diesem Zeitpunkt (in einer wichtigen Angelegenheit) die Qual der Wahl. Wenn man von einer heute üblichen Ampelkreuzung träumt, gilt es zusätzlich als Aufforderung, die anstehende Entscheidung rasch zu treffen: bevor die Ampel umschaltet.

Krieg Wenn Sie nicht von realen Kriegsängsten geplagt sind, machen geträumte Kriegsbilder auf innere Zerrissenheit aufmerksam. In Ihnen selbst findet ein Krieg statt, häufig zwischen „Kopf und Bauch", Intellekt und Emotion.
Manchmal auch: Man sollte sich seinem eigenen Aggressionspotential stellen und herausfinden, wie es sich positiv umsetzen läßt, ohne „Kriegsschäden" anzurichten.

Kristall Naheliegendes Sinnbild für Harmonie und Klarheit.
Traditionell: die Reinheit und Strahlkraft des Herzens oder eines „unschuldigen" jungen Mädchens.

Krokodil Das gefürchtete Tier mit dem riesigen Maul gilt als Symbolgestalt für Vorgänge, in denen jemand vereinnahmt – oder etwas „verschlungen" wird: auf emotionaler oder materieller Ebene.

Krokus Das farbenprächtige, giftige Frühlingsgewächs gilt als Symbol für Zuversicht und glückliche Erwartung – aus einem naheliegenden Grund: Krokusse sind in vielen Regionen Europas die allerersten Lebenszeichen der Natur, die blühen, während rund um sie noch der letzte Schnee liegt. Als Traumsymbol sind sie Grund zur Freude: Selbst die härtesten Widerstände in einer Durchstartsituation

Das Krokodil gilt als Symbolgestalt für Vorgänge, in denen jemand vereinnahmt oder etwas verschlungen wird.

sind zu überwinden, ein Neubeginn steht unter glücklichen Vorzeichen.

Krone Eindeutiges Symbol für Macht und Ansehen.

Kröte (→ Frosch)

Krücke Das typische Zeichen für Behinderung (körperlich, geistig und emotional zu verstehen) und eingeschränkte Bewegungsfreiheit, kann auch auf Minderwertigkeitsgefühle und Abhängigkeit (Suchtgefährdung) verweisen.

Krug Ein Symbol für seelisch-emotionales Fassungsvermögen. Deshalb kommt es auch mehr auf seinen (Traum-)Inhalt als auf seine Form an: War er „randvoll" mit Freude, Trauer, Glück oder Verzweiflung? (Flüssigkeit = Emotion = Inhalt des Kruges.) Das Aussehen des Kruges gibt eventuell einen Hinweis, wie der Träumende mit den Gefühlen umgeht, die er „zu fassen" hat. War er groß und neu? Dann haben Sie genug Energie, und es „geht noch einiges rein". Oder hatte er schon abgeschlagene Stellen und Sprünge? („Der Krug geht zum Brunnen, bis er bricht.")

Krüppel In diesem Traum geht es um seelische oder geistige „Behinderung" – jedenfalls um reduzierte Beweglichkeit. Man träumt von Verkrüppelungen, wenn man sich für eine Schwäche schämt – oder wenn man gern in (gespielte) Hilflosigkeit flüchtet, damit man mehr Zuwendung bekommt. Umgekehrt kann es auch sein, daß man durch das Traumbild eines verkrüppelten Körpers daran gemahnt wird, daß Unversehrtheit und Vitalität keine Selbstverständlichkeit ist – ein Appell an den Träumenden, weniger überheblich und „mitleidlos" zu sein. Welche persönliche Thematik hier bewußtgemacht werden soll, ergibt sich aus der genaueren Traumhandlung.

Küche Ein Symbolort für Wandlungsvorgänge (roh – gegart, ungenießbar – bekömmlich usw.). Was in der Küche geschieht, versinnbildlicht vor allem seelische Veränderungsprozesse.

Kuchen Ein süßes Sinnbild für liebevolle Zuwendung und Belohnung, die man bekommt – oder jemandem schenken sollte (→ auch Konditorei).

Kugel Das Symbol der Vollständigkeit und Ganzheit, der harmonischen Vereinigung von Gegensätzen schlechthin. Wenn man von gläsernen Kugeln träumt, ist auf das Thema Zerbrechlichkeit (von Harmonie, Vollständigkeit usw.) zu achten: Was könnte es in Ihrem Leben sein, das Sie als vollkommen, als eine wunderschöne „runde Sache“ empfinden? Ist es vielleicht gefährdet, zu zerbrechen, wenn man damit zu sorglos umgeht und nicht ganz bewußt auf seinen (verletzlichen) Zustand achtet?

Kuh Das „liebe Vieh“ symbolisiert Fruchtbarkeit und derbe Mütterlichkeit.

Kühlschrank Sind Sie hungrig zu Bett gegangen? Wenn nicht: Sie geben sich so „cool“ wie nur möglich und legen jedes Gefühl (jede Thematik) „auf Eis“, wenn Sie befürchten, daß die Sache „zu heiß“ werden könnte. Mit distanziertem Verhalten sorgen Sie für „Abkühlung“, wenn Ihnen jemand gern „die Hölle heiß machen“ möchte. Etwas weniger Gefühlskälte wäre noch immer nicht „uncool“!

Künstler Kein alltägliches Traumsymbol – sollte aber doch eine typische „Künstlergestalt“ in Ihren Träumen auftauchen, gilt dies als Hinweis auf eine kreative Begabung, die es zu entdecken und fördern lohnen würde. Oder Sie streben eine Veränderung Ihrer Lebensform an, die dem Klischee vom freien, unkonventionellen Künstlerleben entspricht.

Kupfer Das „Metall der Venus“ symbolisiert entsprechende Eigenschaften: Schönheitssinn und Kreativität, spielerisch-leichter Erfolg bei allen gestalterischen und künstlerischen Tätigkeiten, Sensibilität, Freude am Genießen, kultivierter Lebensstil, Freude an Luxus und auch das Bedürfnis danach – Gefühlsintensität und Liebesfähigkeit. Wer im Traum Gegenstände oder Schmuck aus Kupfer (oder Rotgold, dem der Kupferanteil anzusehen ist) verschenkt, lebt die genannten Eigenschaften und Bedürfnisse aus und „beschenkt“ auch andere in diesem Sinne. Wer träumt, etwas aus Kupfer zu bekommen, hat Sehnsucht danach und ist von den typischen Venuseigenschaften leicht in Versuchung zu bringen.

Kurzsichtigkeit Sie träumen, etwas beim Lesen ganz nah an die Augen zu halten? Es fehlt Ihnen an „Weitblick“, und Sie wollen vieles nicht sehen – es sei denn, man „trägt es an Sie heran“.

Kuß Es geht in Kußträumen um innige Nähe und „Kommunikation“ physischer und psychischer Art. Häufig ist der geküßte Traumpartner gerade unerreichbar (räumlich oder emotional „weit weg“), und man leidet an der Trennung so sehr, daß man in der REM-Phase den ersehnten Zustand des Distanz- und Kontrollverlustes auslebt.

Küste Sie haben eine schwierige Phase Ihres Lebens überstanden, eine emotionale Überforderung gemeistert, ohne dabei „unterzugehen". Nun ist bereits „Land in Sicht", und Sie werden demnächst wieder „festen Boden unter den Füßen haben". Ein Traum, der überstandene und fast schon bewältigte Strapazen im Gefühlsbereich beschreibt.

Kutsche Ein Symbol für die Persönlichkeit des Träumenden – manchmal auch als Statussymbol zu verstehen. In welchem Zustand war die Kutsche?

Kuvert In der traditionellen Deutung: ein Symbol für eine geheime Mitteilung, wenn das Kuvert verschlossen war. (Oder die Aufforderung, ein Geheimnis zu bewahren, eine Information „unter Verschluß zu halten".)
Ein geöffnetes Kuvert bedeutet Neugier und Indiskretion.

Labor Ein Raum, der Vorgänge symbolisiert, die „noch im Versuchsstadium“ sind (meist abgeschirmt gegen den Zutritt Fremder, die keinen Einblick erhalten sollen) – hier wird etwas ganz Spezielles „ausprobiert“, bis man zu einem erfolgversprechenden Ergebnis gelangt. Für den Träumenden stellt sich die Frage: Mit welchen Empfindungen und Ideen experimentieren Sie derzeit? Und was soll daraus werden, wenn es „fertig“ ist?

Labyrinth Auf welchem unübersichtlichen, verschlungenen Weg befinden Sie sich? Woraus finden Sie keinen Ausweg? Wer davon träumt, in labyrinthischen Gängen herumzuirren und verzweifelt nach dem richtigen (zielführenden) Weg zu suchen, befindet sich in einer Situation, die er momentan als „ausweglos“ einschätzt. Er meint, nur mehr „gegen Wände zu rennen“ und „vor verschlossenen Türen zu stehen“. Ein Labyrinthtraum will darauf aufmerksam machen, daß man sich in diesem panischen Zustand nur „verrennt“ und die tatsächlich möglichen Auswege gar nicht mehr wahrnimmt, weil man sich nur mehr sinnlos „im Kreis bewegt“. Wichtig ist für den Träumenden, daß er den symbolischen Mitteilungswert erkennt: erst einmal zur Ruhe kommen und dann konzentriert – Schritt für Schritt – der Problemlösung näher kommen.
Eine weitere Bedeutung von Labyrinthträumen: Sie sind im Grunde Ihres Wesens ein „Landmensch“, der naturverbunden leben möchte – und damit Probleme hat, sich im „Labyrinth des Großstadtdschungels“ zurechtzufinden. In diesem Traum verarbeiten Sie dieses emotionale „Gefangensein“ in den Lebensbedingungen der Stadt und träumen schon mal davon, diesem „Asphaltlabyrinth“ zu entkommen.

Lachen Davon träumt man in Lebenslagen, die „wenig Grund zum Lachen“ bieten – und in denen man sich um so mehr danach sehnt, wieder unbeschwerter zu sein. Gerade in depressiven Phasen kommt es vor, daß man nicht nur träumt, zu lachen, sondern vom eigenen lauten Lachen aufwacht – dann ist man allerdings in einer psychischen Verfassung, die wirklich „nicht mehr zum Lachen“ ist.

Lachs Wie alle Fische und Wasserbewohner symbolisiert ein Lachs vor allem emotionale Vorgänge – und die Art, wie man sie auslebt, könnte man der (dem Lachs eigenen) Stromaufwärtsbewegung entnehmen: Man nimmt im Gefühlsbereich keine Rücksicht auf die „üblichen“ Ansichten anderer (die sich vielleicht einmischen wollen) – und zieht es vor, „gegen den Strom zu schwimmen“.

Lack Wenn man von Gegenständen träumt, an denen „der Lack ab ist“, oder wenn der sprichwörtliche „Kratzer im Lack“ darauf hinweist, daß etwas nicht mehr intakt (oder makellos) ist, gilt dies als Hinweis auf eine „angekratzte Gemütslage“ (oder verletzte Gefühle). Besonders dann, wenn man in einer Partnerschaft gern nach außen hin „den Schein wahrt“ und mit einer Vorzeigebeziehung „glänzen“ will. Der Traum ist als Aufforderung zu verstehen, mit etwaigen „Lackschäden“ ehrlicher umzugehen. Träumt man von Schäden am Autolack, bezieht sich das auf die eigene Verfassung (Auto = die motorische Energie der Person) – man braucht wieder einmal die Möglichkeit, sich „aufzutanken“ – und psychisch wie physisch ein „Generalservice“.

Laden Sinnbild eines Energieumsatzes und eines Ortes, an dem man Werte vergleicht und austauscht. Nach C. G. Jung will man im Laden bekommen, was man selbst nicht besitzt, weswegen man eben „dafür bezahlen“ muß. Im Traum sicher als Hinweis zu werten: Will ich das wirklich? Was muß ich dafür geben – und was kann ich damit anfangen? Worin liegt für mich der „Gewinn“?

Lagune Symbol für romantische Erotik und sinnliche Befriedigung – aber „in überschaubaren Grenzen“ – in allzu „tiefen Gefühlen baden“ möchte man derzeit lieber doch nicht. Ein typischer Traum in einer Phase spielerischer Verliebtheit, die aber zu keiner festen Beziehung führen soll.

Lähmung Ein Hinweistraum – auf die eingeschränkte „Bewegungsfreiheit“ im seelisch-geistigen Bereich. Man muß sich mit einer „lähmenden“ Problematik auseinandersetzen und wird von anderen kontrolliert (oder behindert), wenn man eigene Ideen und Empfindungen „in Gang bringen“ möchte.

Lama Das „spuckende“ Tier gilt als Symbolgestalt für Unberechenbarkeit und unkonventionelles Verhalten. Man träumt davon, wenn man sich zu sehr unter Kontrolle hat und auch dann noch mit geschliffenen Manieren glänzt, wenn man am liebsten „um sich hauen“ würde. Vielleicht sollten Sie sich einmal ganz emotional verhalten und notfalls „danebenbenehmen“ – Sie müssen ja nicht gleich wild um sich spucken – wie das Lama.

Lametta Kein Traum von Weihnachten und vom lamettabehangenen Baum, sondern ein Tip, daß Sie gerade dabei sind, hinter einem „billigen Glanzeffekt“ nach Werten zu suchen, die nicht vorhanden sind: Alles bloß Lametta!

Lamm Das sprichwörtlich geduldige, sanftmütige Tier symbolisiert ein angepaßtes, schicksalergebenes Verhalten und kann als Hinweis verstanden werden, daß sich der Träumende ausnützen (und im Interesse anderer manipulieren) läßt. Seien Sie kein Unschuldslamm, das unbesehen alles „frißt“, was ihm andere vorsetzen – sonst werden Sie demnächst die Rolle des Opferlammes zu spielen haben. Wer sich „lammfromm“ verhält, könnte von „Lämmergeiern“ zerfleischt werden.

Lampe Demnächst wird Ihnen „ein Licht aufgehen“, und ein Problem kann durch einen „Geistesblitz“ erhellt und gelöst werden. Oder es gelingt Ihnen, etwas „näher zu beleuchten“ und damit „dunkle Machenschaften“ und finstere Absichten transparent zu machen.

Im Traum symbolisiert das Lamm angepaßtes, schicksalergebenes Verhalten.

Lampion Die typische romantische Sommerfestbeleuchtung symbolisiert den Wunsch nach unbeschwertem Vergnügen und flüchtiger Euphorie: Die Lust am Glück des Augenblicks, das gerade bis zum nächsten Morgen hält, wenn die letzten Lampions verlöschen.

Landgut Ein Symbol für wachsenden Gewinn und gründlich abgesicherten Besitz.

Landhaus Sinnbild für rustikale Lebensfreude und „deftig" genossenen Wohlstand.

Landkarte Wer sie im Traum betrachtet, sucht nach „neuen Wegen", möchte in seinem Lebensplan einen Schritt weiterkommen und ist darauf bedacht, sich Umwege zu ersparen.
Wer nach einer Landkarte sucht, benötigt eine Orientierungshilfe.
Nach Sigmund Freud: die Darstellung des menschlichen Körpers – mit allen seinen Kurven, Hügelchen und Höhlen.

Landschaft Siehe oben – nicht nur nach Freud.

Landstreicher Symbolgestalt für ein Höchstmaß an persönlicher Freiheit – und für das Brechen von Tabus und konventionellen Wertvorstellungen. Wer davon träumt, steht unter enormem Leistungsdruck und hat ihn so satt, daß er manchmal lieber „unter der Brücke schlafen" möchte.

Lanze Nach S. Freud (wie jede längliche Waffe) ein Penissymbol.
Die etwas aktuellere Interpretation: ein Hinweis auf sexuelle Spannungen, die sich „aggressiv" entladen möchten. Oder auch: Man will sich mit Vehemenz für eine Idee oder Person einsetzen – „für jemanden eine Lanze brechen", auch wenn man sich dafür selbst in eine riskante Situation bringt.

Lappen Wer im Traum mit dem Putzlappen hantiert, will „etwas bereinigen" (eine Angelegenheit in Ordnung bringen, die jemand „verpatzt" hat) oder ein anstehendes Problem „vom Tisch wischen" – es soll „aufgeräumt werden", und man möchte gern „einen sauberen Eindruck hinterlassen".

Lärm Sie wollen jemandem „einen Krach machen" oder „Lärm schlagen", weil Sie (berechtigten) Ärger haben. Dazu wollen Sie sich nicht mehr „ruhig verhalten" – nun möchten Sie sich „Gehör verschaffen", selbst wenn Sie richtig „laut werden" müßten. Darum geht es in Träumen, die Lärm zum Inhalt haben.

Lasso Wem hetzen Sie denn nach? Sie sind wild hinter jemandem her, der sich nicht so leicht „einfangen" läßt, was den Reiz natürlich erhöht – und das verfolgt Sie bis in die REM-Phase. Vielleicht versuchen Sie es einmal mit weniger Eroberungsstreß und „Zähmungswillen" – dann läßt „das Objekt der Begierde" vielleicht ganz freiwillig eine Annäherung zu?

Lastwagen Symbol für die Art, mit einer großen Belastung zurechtzukommen. Ist Ihr Lkw schwer überladen – oder steuern Sie ihn trotzdem sicher zum Ziel? Welche „Güter" müssen transportiert werden, welche Werte wollen Sie vermitteln? Was empfinden Sie als „zu schwer" für einen Transport auf Ihrer Lebensroute? Ein Nachdenktraum, der Sie auffordert, geistige, psychische und physische Dauerbelastungen nicht selbstverständlich zu ertragen, sondern den Ballast abzuladen, der Sie am Weiterkommen hindert.

Laterne Naheliegendes Symbol für „ein Licht in der Dunkelheit" – ein Zeichen der (berechtigten) Hoffnung.

Latschenkiefer Die zähe Legeföhre, die selbst den extremsten hochalpinen Wetterlaunen trotzt, symbolisiert ungebrochenes Durchhaltevermögen und große Widerstandskraft. Sie verliert selbst in den heftigsten „Stürmen des Lebens" nicht ihren Halt.

Laub Im Traum ein Sinnbild der Gefühlswelt einer Person. Wichtig ist der Zustand und die Farbe der Blätter: Grünes oder buntes Laub bedeutet Wachstum und Freude – abgefallenes, modriges Laub symbolisiert Enttäuschung und Verlust.

Laus Nicht gerade ein Glückstraum! Es geht an die Substanz und ans Lebensgefühl, wenn man von Läusen gequält wird. Ein Hinweis, daß man von lästigen Parasiten umgeben ist, die man aber erst als solche erkennt, nachdem sie sich schon „bedient" und „gesättigt" haben.

Lava Symbol für eine „gewichtige Entladung" von Spannung und gestauter Energie.

Lavendel Eine Symbolblüte für „das kleine Glück" in einem Frauenleben – in der traditionellen Deutung.

Lawine Fühlen Sie sich von einer Lawine überrollt? Das bedeutet: Heftigste Gefühle machen sich über Sie her, verselbständigen sich in ihrer „alles mitreißenden" Energie – und es wird eine Weile dauern, bis Sie wieder „frei atmen" können. Ein häufiger Traum, wenn man sich „wider besseres Wissen" auf eine Beziehung (einen Partner) einläßt, die man „wie ein Elementarereignis" erlebt, aber gedanklich ablehnt, weil man sie als chancenlos empfindet – aber die „Macht der Gefühle" war eben stärker.

Lebensbaum (→ Baum)

Lebensmittel (→ Vorräte)

Leck In einer „emotionalen Abschottung" ist ein Leck – eine Schutzschicht wurde durchbrochen, ein blockiertes (zurückgehaltenes) Gefühl kann nun frei fließen. Wer davon träumt, hatte Angst, in einer übermächtigen „Emotionswoge" zu ertrinken, sich einer Empfindung zu sehr auszuliefern – weswegen „dicht gemacht wurde".
Ein häufiger Versöhnungstraum nach längerer, konsequent durchgehaltener Trennungszeit.

Leder Traditionell galt es als ein Symbol für Zähigkeit.
Die aktuellere Bedeutung: Es geht um aggressiv-erotische (auch fetischistische) Lust, um die „glatte Haut" als Symbol höchster Verletzlichkeit und intensivster Sinnlichkeit.

Lehm Wer im Traum mit Lehm zu tun hat, erfährt (psychische) „Heilung durch Erdung" – was gar nicht so abstrakt gemeint ist, wie es auf den ersten Blick wirkt: Schließlich gibt es auch „im realen Leben" Kurbehandlungen mit Schlammpackungen, Fangobädern und Heilerde. Wer davon träumt, sehnt sich nach einer ursprünglichen, „erdverbundenen" Art, Probleme zu lösen, an denen sein Lebensgefühl bereits „krankt".

Lehrer In der psychologischen Deutung gilt ein Lehrer als „archetypische Autoritätsgestalt". Aber vielleicht geht es in manchem Lehrer-Traum eher um ganz reale Autoritätsprobleme, die daraus resultieren, daß man andere stets „belehren" möchte, was zu ständigen kleinen Machtkämpfen innerhalb einer Familie (oder Beziehung) führt. Oder man leidet darunter, weil ein nahestehender Mensch nicht damit aufhören kann, alles „besser zu wissen".

Leiche Haben Sie „eine Leiche im Keller"? Solche unangenehmen Träume können andeuten, daß Sie etwas zu verbergen haben, was Sie am liebsten „längst begraben" wüßten. Aber das wäre die harmloseste Bedeutung eines Leichentraumes, der (im Gegensatz zu Träumen von einer Beerdigung, vom Sterben, die meistens einen Neubeginn symbolisieren) fast immer ein ernstzunehmendes Gefahrensignal ist: Eine Leiche gilt als Symbol für die „tote", unbeseelte, sich bereits zersetzende Seite einer Persönlichkeit – für die „psychische Vergiftung" eines Menschen, der „abgestorbene, verwesende Beziehungsreste“ und Komplexe mit sich trägt, die dringend endgültig „begraben und erlöst“ werden müßten – was bei wiederholten Leichenträumen sicher nur mehr mit Hilfe eines Therapeuten zu erreichen ist. Hierbei handelt es sich um eine absolut nicht harmlose psychische Störung.

Leichtigkeit Sie wollen sich federleicht fühlen, abheben und fliegen können, jede Art von Ballast abwerfen und in Ihrem eigenen Leben herausfinden, ob die „unerträgliche Leichtigkeit des Seins“ nicht doch „sehr leicht erträglich sein“ könnte! Ein Sehnsuchtstraum von Menschen, denen das reale Alltagsleben „zu schwer“ geworden ist und die ihrem Wesen nach nur „in Freiheit und Leichtigkeit“ Entfaltung und Erfüllung finden können.

Leine Man möchte jemanden „an die Leine legen“ oder hat Angst davor, daß man selbst von jemandem „zu kurzgehalten wird“ – vielleicht in einer „Bindung“, die man nur bei „sehr langer Leine“ akzeptieren könnte.
Nach S. Freud: ein Penissymbol.

Leinwand Symbol für eine Projektions- und Bildfläche – als Traumsymbol gilt eine Leinwand demnach als „Darstellungsraum“ eines seelisch-geistigen Zustandes. Es wäre wichtig, sich daran zu erinnern, was auf der geträumten Leinwand zu sehen war.

Leiter Im Traum das Symbol für eine Übergangssituation – und für den Verbindungsweg von unten (dem Unbewußten) nach oben (dem Bewußten). Traditionell: Man „steigt auf“ oder „will hoch hinaus“ – ein Zeichen für sozialen Aufstieg.

Leitung „Stehen Sie auf der Leitung?“ Jemand will Verbindung zu Ihnen aufnehmen, und Sie bemerken es nicht. Die Leitung (wie auch der Draht, das Kabel usw.) symbolisiert Verbindung durch Kommunikation und „Energieaustausch“.

Leopard Fürchten Sie sich vor der eleganten, prächtigen Großkatze? Dann haben Sie Angst vor „überfallsartigen“ Empfindungen und der Macht der Erotik. Der Leopard gilt als Symbolgestalt für emotional-sexuelle Triebenergie.

Lerche Der Singvogel ist Symbol für Fröhlichkeit und „guten Überblick“ über Belastungen, die man hinter sich gelassen hat. Man kann diese Angelegenheit distanziert und locker „von oben betrachten“.

Leuchter Sinnbild der (geistigen) Erhellung und Bewußtseinserweiterung.

Leuchtturm Er bringt „Licht ins Dunkel“ und ist die rettende Orientierungshilfe in einer unsicheren, als gefährlich empfundenen Situation – und genau das ist auch seine symbolische Bedeutung, wenn man von einem Leuchtturm träumt.
Aber Dr. Freud sah im Leuchtturm natürlich nur eines: ein „strahlendes“ Phallussymbol. Aus dem Verständnis seiner Zeit ist es sogar nachvollziehbar. Eine Frau war ohne Ehe (= Sex = Kinder = soziale Absicherung) ja nur in seltensten Ausnahmefällen existenzfähig, und wenn, dann in einer Lebensform, die alles andere als eine „gesicherte Position“ war: mit Dienstbotenarbeit oder als Prostituierte – also eher eine „gestrandete Existenz“.

Licht (→ Laterne, Leuchter usw.)
Das Symbol für Hoffnung, Klarheit, Intellekt, Freude, Verstand und des „göttlichen Funkens“ (bis hin zur „Erleuchtung“ im spirituellen Verständnis) schlechthin. Wenn einem das sprichwörtliche „Licht aufgegangen ist“, hat man Zusammenhänge erkannt, Lösungen gefunden.

Liebe Sie haben von Liebe geträumt? In welcher Form? Welche Empfindungen, Eigenschaften, Erlebnisse verbinden Sie mit dem Begriff Liebe? Was genau stellen Sie sich darunter vor? Hatten Sie den Wunsch, „richtig lieben zu können“, oder träumten Sie von einer unerfüllten Liebe und „vergeblichen Liebesmüh'“ in bezug auf einen realen Partner? Auf jeden Fall geht es in Träumen, die das Thema Liebe zum Inhalt haben, um eine Aufforderung zur Reflexion: Sie sollten für sich herausfinden, was Sie eigentlich unter Liebe verstehen und was Sie in einer Liebesbeziehung suchen – und selbst zu geben bereit sind. Vielleicht ist der Traum auch als Hinweis zu sehen, daß in einer bestehenden Partnerschaft der Begriff Liebe neu definiert werden soll, daß diese Liebe einer Veränderung der Gefühle standhalten mußte – und sie nun eine neue Qualität gewonnen hat, oder eben „keine Liebe mehr“ ist. Selten, aber doch haben Liebesträume einen anderen Symbolwert – falls Sie gerade allein und „auf der Suche“ sind: Wenn es ein besonders schöner, harmonischer Traum mit geradezu körperlich spürbaren Glücksempfindungen war, kann es ein Hinweis sein, daß Ihnen eine entsprechende Begegnung unmittelbar bevorsteht. Also schauen Sie genauer hin, wenn Sie jemandem über den Weg laufen, bei dem es ebenfalls „funkt“, wenn Blicke und Worte gewechselt werden. Auch wenn es keine „Liebe auf den ersten Blick“ ist.

Lift Ein Symbol für rasches, müheloses Nachobenkommen – man will

hoch hinaus, und das am liebsten ohne große Anstrengung. Im Traum kann es auch eine Warnung beinhalten: Vorsicht vor dem Abheben aus der Realität, vor allzu „abgehobenen" Ansprüchen.
Träumt man, daß der Lift so schnell nach unten fährt, daß man sich unbehaglich (oder gar gefährdet) fühlt, hat man Angst, sich (z. B. in Gefühle) „fallen zu lassen", und ein erhöhtes Kontrollbedürfnis.
Zum Alptraum wird es, wenn ein Lift steckenbleibt und man eingeschlossen ist – aber keine Angst, Sie haben nicht mit einer ähnlichen Situation in der Realität zu rechnen: Es geht um den etwas drastischen Hinweis aus dem Unterbewußtsein, daß Sie sich stärker mit sich selbst auseinandersetzen sollten – und nicht immer nur mit Ablenkung und Hilfe von außen rechnen dürfen, wenn Sie wirklich in Ihrem Leben weiterkommen wollen.

Likör Sie halten es mit der „frommen Helene" von Wilhelm Busch: „Wer Sorgen hat, hat auch Likör." Das süße Zeug mit den versteckten Promillen gilt als Symbol für die „Flucht" vor Streß und Sorgen in eine künstlich erzwungene Entspannung – zum Beispiel durch Alkohol oder andere „berauschende" Spannungsregler. Die Süße des Likörs gilt noch als zusätzlicher Hinweis, daß Ihnen das Leben „zu herb" geworden ist und Sie sehr gern an der „Süße der Liebe" naschen möchten. Es könnte auch eine Warnung vor (selbstzerstörerischen) „Ersatzbefriedigungen" und einer Neigung zum Suchtverhalten in diesem Traum mitschwingen.

Lila Die Farbe Lila (an der äußeren Grenze des sichtbaren Farbspektrums) symbolisiert den Wunsch nach höherer Erkenntnis im spirituellen Sinn. Und Lila war (und ist) tatsächlich die bevorzugte (und demonstrativ getragene) Kleidungsfarbe von Menschen, die damit ihr „Anderssein" und ihre besondere Position im Leben anschaulich machen wollten: Meßgewänder der katholischen Kirche zu „Bußezeiten" sind lila, die konservative hohe Geistlichkeit des Mittelalters (adelige Kardinäle) trug Lila. Und eine Gruppe, wie sie konträrer nicht sein könnte, hat ebenfalls die Farbe Lila zur „ihren" gemacht: Jede mehr oder weniger radikale Feministin trug zumindest zur „Demo" lila Latzhosen oder lila-violetten Alternativ-Look. Nicht zu vergessen: Es ist auch (in Kombination mit Rosa) die Imagefarbe von Menschen, die sich zur Homosexualität bekennen. Also haben „lila Träume" symbolisch mit dem einen oder anderen „Extrem an der Grenze des Spektrums" zu tun.

Lilie Symbolblüte der Unschuld und Reinheit.

Linde In der traditionellen Deutung: Symbol der romantischen, heimlichen Liebe – „unter den Linden" war ein bevorzugter Treffpunkt für Verliebte. Außerdem gilt die Linde als Symbolbaum für Heilkraft und positive, belebende Energie – wer gegen Erkältungskrankheiten reichlich Lindenblütentee trinkt, lernt die realistische Seite dieser Symbolik wohltuend kennen. Übrigens: In depressiver Stimmung den Duft blühender Linden einzuatmen, wirkt „wahre Wunder", die dunklen Gemütswolken verfliegen rasch, und man empfindet eine leichte Euphorie. Leider nur zur Blütezeit der Linden und wenn das heilsame Aroma tief und zumindest einen Spaziergang lang eingeatmet wird.

Lippen Manchmal ein Kommunikationssymbol – immer eines für erotische Wünsche und ihre (geträumte) Erfüllung.

Loch Man „fällt in ein tiefes Loch", wenn man unter realen oder emotionalen Verlusten leidet, in Verunsicherung und Angst lebt.
Nach S. Freud und C. G. Jung hat es ganz eindeutig eine sexuelle Symbolik.

Locke (→ Haar)

Lokomotive Als Traumsymbol gibt sie Hinweis auf einen dynamischen Vorgang in einer Gemeinschaft oder auf ein Ziel, das durch gemeinsame Anstrengung erreicht werden kann: Die Lokomotive bringt den ganzen Zug „in Fahrt" und „in Zielrichtung".
Die psychologische Deutung: Symbol für kollektive psychische Energie.

Lorbeer Wer hofft, „einen Lorbeerkranz zu bekommen", erwartet Erfolg und Anerkennung – darin liegt auch die symbolische Bedeutung der kräftig-grünen Blätter.
Traditionell: Warnung vor Eitelkeit und Geltungssucht – aber auch ein Zeichen für materielles Glück. Wer es hatte, konnte „sich auf seinem Lorbeerkranz ausruhen".

Los Haben Sie im Traum das große Los gezogen? Dann hoffen Sie auch in der Realität auf „geschenktes Glück" und wollen so manches Spielchen spielen, um auf die „Gewinnerseite" des Lebens zu kommen – und einen „Volltreffer" zu landen. Ein Hinweistraum, daß man vieles leichter nimmt, als es eigentlich ist – und daß man im positiven wie auch im negativen Sinn zu den typischen „Spielernaturen" gehört.

Lösegeld Wer es im Traum bezahlen muß, will sich auch unter größtem (emotionalen) Aufwand aus einer Situation befreien, die er als Abhängigkeit empfindet. Er würde für das, was er unter Freiheit versteht, jeden Preis bezahlen. Ein häufiger Männertraum in der Trennungsphase einer Partnerschaft, die „teuer wird".

Lotse Ein Hinweis, daß man (derzeit) ohne Hilfe anderer auf seinem Lebensweg „verloren" ist – oder es zumindest so empfindet: Man vertraut anderen mehr als sich selbst.
Sah man sich selbst in der Rolle des Lotsen, ist man bereit (und auch in der Lage), eine Führungsposition zu übernehmen – oder anderen auf ihrem Weg „zielführend" behilflich zu sein.

Lotterie Eine Warnung vor einem riskanten Vorgang, dessen Endergebnis nicht abzusehen ist.
Oder: Man hat unrealistische Wünsche.

Löwe Der König der Tiere gilt als Symbolgestalt für Mut, Wachsamkeit, Macht – und den „geschmeidigen", geistig beweglichen Umgang mit diesen Themen.

Der Löwe gilt als Symbolgestalt für Mut, Wachsamkeit, Macht und den geistig beweglichen Umgang mit diesen Themen.

In der traditionellen Deutung galt der Löwe (nach früherer Meinung) als Symbol einer unbezwingbaren Macht, deren Herkunft und Ziel gleichermaßen geheimnisvoll blieb: Man hat daran geglaubt, daß Löwen mit dem Schwanz ihre Spur verwischen und so nicht gefunden und gefangen werden können. Demnach gilt er auch im Traum als Sinnbild für eine rätselhafte Macht, die jemand auszuüben versucht, ohne dabei „Spuren zu hinterlassen".

Luft Wenn man jemanden keinesfalls verlieren will, braucht man ihn „wie die Luft zum Atmen" – sie ist das unverzichtbarste Element – ohne Luft kann man nicht leben – was nicht mehr atmet, wird zur toten Materie.
Luft gilt als Symbol des Geistes, der Idee, Vorstellungskraft und des kreativen Denkens.
Auch im Traum hat die Empfindung, daß man „keine Luft bekommt" (oder verbrauchte, rauchige Luft), immer eine negative Bedeutung, die auf eine beengende Situation, auf einen Mangel an Lebensqualität hinweist.

Luftballon (→ Ballon)

Lüge Als Traumsymbol oft Ausdruck eines schlechten Gewissens, einer Falschheit, die man vielleicht in Erwägung zieht, um ein eigenes Interesse durchzusetzen.
Oder: Man neigt dazu, im Leben „Rollen zu spielen" und sich nicht seinem Wesen – sondern einem Zweck entsprechend zu verhalten.
Wenn man im Traum eine Lüge durchschaut, gilt es als Hinweis auf eine wichtige Einsicht.

Lumpen Im Traum in Lumpen gekleidet zu sein, ist ein Signal für Existenzangst und die fixe Idee, man könnte völlig verarmen, wenn man sich nicht mehrfach (materiell, sozial, gesellschaftlich) absichert.
Ganz anders, wenn man es im Traum lustig findet, nur so zum Spaß „in Lumpen" (oder in sehr schlampiger, billig aussehender Aufmachung) unterwegs zu sein: Man hat Aussteigerträume und Lust am Provozieren – und alles Konventionelle empfindet man (zumindest in diesem Zeitraum) als lästige, unzeitgemäße Einschränkung.

Lunge Wer von der Befindlichkeit seiner Lungen träumt, braucht „mehr Luft zum Atmen", mehr Freiraum – und jede Form von Einengung macht ihm zu schaffen.

Lyrik Schreiben Sie im Traum Gedichte? Oder liest Ihnen jemand Lyrik vor? Es geht Ihnen um eine idealisierte, überhöhte Form der Kommunikation, Sie träumen von der romantischen Verliebtheit, wie sie in Gedichten, Songs und Filmen sehr häufig vorkommt – und sehr selten im „wirklichen Leben". Häufig ein Hinweistraum, daß man seine Liebe zur Poesie und seine Vorliebe für „lyrische Momente" etwas überzieht und seine realen Möglichkeiten, glücklicher und intensiver zu leben, dadurch übersieht – und versäumt.

M

Macht Hatten Sie im Traum Machtgelüste? Waren Sie davon fasziniert, über andere Menschen Macht zu haben? In solchen Träumen wird man mit den eigenen Schwächen und Stärken konfrontiert, man bekommt einen Spiegel vorgehalten, in dem man erkennen kann, wie weit man selbst (in einer Machtposition) gehen würde: Vielleicht hätte man sie nur genützt, um über seinen „Schatten zu springen" und Hemmungen abzulegen, die aus einem Gefühl der Machtlosigkeit, der Unterlegenheit entstanden sind. Oder man würde nicht vor Machtmißbrauch zurückschrecken und notfalls „über Leichen gehen". Aus dem Traumgeschehen und Ihrer Rolle darin können Sie schließen, ob Sie sich generell eher als Opfer der Mächtigen oder als machthungriger „Täter" sehen.

Mädchen Im Frauentraum ein Hinweis auf die eigene, mädchenhafte Wesensseite oder auf den Wunsch nach kindlicher Unbeschwertheit.
Im Männertraum gelten Mädchen häufig als Symbol für spielerische, „unverbrauchte" Erotik – und für den Wunsch nach sexuellen Erlebnissen mit einem möglichst unerfahrenen (jungen) Mädchen, das „noch keine Vergleichsmöglichkeiten hat" – was als verlokkender Vorteil empfunden wird, wenn es um das eigene männliche Selbstbewußtsein nicht so gut bestellt ist.
Nach C. G. Jungs Theorie stellt das Mädchen im Männertraum die „Anima", seinen weiblichen Wesensanteil, dar.

Made Die sprichwörtliche „Made im Speck" ist Sinnbild für Gier und Faulheit – und die Absicht, es sich (auf Kosten anderer) so richtig gutgehen zu lassen.

Madonna Abgesehen von der traditionellen religiösen Bedeutung geht es in Träumen von Madonnenfiguren (oder auch Madonnenaltären und Wallfahrtsorten) um Themen wie Selbstverleugnung, erhöhte Opferbereitschaft – aber auch Selbstüberschätzung. Häufig weist die Madonnengestalt im Traum (im Sinne der „unbefleckten Empfängnis") des römisch-katholischen Glaubens auf eine Ablehnung der Sexualität hin. Angeblich träumen Frauen besonders häufig von Madonnenbildern, die ihre sexuellen Empfindungen verdrängen und tabuisieren – oder mit „Sünde" gleichsetzen. Damit rückt das Unterbewußtsein ihr gestörtes Verhältnis zur eigenen Weiblichkeit zwar nicht „ins rechte Licht" – aber immerhin in ein „verklärendes", womit die Angst vor der „Todsünde Unkeuschheit" kompensiert wird.

Magen Unser Verdauungsorgan hat auch im Traum eine entsprechende Bedeutung: Es soll etwas „verdaut" und (positiv) verarbeitet werden, was einem „schwer im Magen liegt" und woran man „zu schlucken hatte" – es geht um die Bewältigung von belastenden Erlebnissen und negativen Gefühlen, die sich „auf den Magen geschlagen haben".

Magnet Wenn Sie sich gerade von jemandem „magnetisch angezogen" fühlen, ist der Sinn eines solchen Traumes klar: Der Magnet ist Symbol für den geliebten Menschen.
Andernfalls: ein Hinweistraum, in dem es um die Macht der Faszination geht und der anschaulich darstellt, wie unwiderstehlich eine „magnetische Ausstrahlung" auf das entsprechende „Opfer der Anziehungskraft" wirkt. Man träumt davon, wenn man sich wie ein Metallspänchen fühlt, das vor einem großen Magneten landet: Keine Chance, ihm zu entkommen. Häufig machen solche Träume bewußt, daß man von einer „verhängnisvollen Affäre" (und ihrer übermächtigen Leidenschaft) abhängig geworden und im Begriff ist, den letzten Funken Individualität und das letzte Stückchen Freiraum dieser zerstörerischen Anziehungsenergie zu opfern.

Mahlzeit Träume vom Essen symbolisieren die Aufnahme psychischer Energie, einen Kräftezuwachs.

Maikäfer Ein Symbol für das „kleine Glück" – auch im Traum.

Maiskolben Ein Phallussymbol.

Maler Symbolgestalt für Kreativität und eine unkonventionelle Lebensform.

Mandala Ein (spirituelles) Ganzheitssymbol. Nach C. G. Jung zeigt ein Mandala die persönliche Entwicklung eines Menschen an (C. G. Jung: Gesammelte Werke 9/1, 1976).

Mandel Ein Symbol erotischer Weiblichkeit. In der traditionellen Deutung gilt die Bittermandel als Hinweis auf eine Enttäuschung, die süße Mandel als Glückssymbol.

Mann Ein unbekannter Mann stellt in einem Männertraum die eigene unbewußte Seite, den unbekannten Wesensanteil dar (nach C. G. Jung).
Im Frauentraum: die Sehnsucht nach einem Idealmann oder Männerideal, häufig vom Bild des eigenen Vaters geprägt.

Mansarde Symbol für einen Raum, der einen „weiten Überblick" gestattet. Traditionell: ein Armutssymbol. Bevor es üblich wurde, Dachgeschoße zu Luxuswohnungen und Ateliers auszubauen, hatten Dienstboten und mittellose, alleinstehende Leute bescheidene Dachkammern zur Wohnung. Die Mansarde war häufig die billigste Möglichkeit, überhaupt „ein Dach über dem Kopf" zu haben – natürlich ohne Heizung, Wärmedämmung und Fernblick. Träume von Mansarden haben bei alten Menschen oft noch dieses Sinnbild einer „armseligen Behausung" (und die Angst davor) an sich. Deswegen hängt der Sinn solcher Träume auch vom Alter (und sozialem Umfeld) des Betreffenden ab. Für junge Leute kann die Mansarde ein Symbol der ersten Unabhängigkeit (Singlewohnung) von zu Hause sein, von der im wahrsten Sinn des Wortes geträumt wird.

Mantel Ein Schutzsymbol – die Art des Mantels macht anschaulich, wovor man sich schützen und „bedeckt halten" will.
Nach S. Freud galt der Kurzmantel – auch „Überzieher" genannt – als Kondomsymbol.

Manteltasche Darin soll im Traum ein „kleines Geheimnis" gut aufgehoben sein – und verborgen bleiben.

Märchengestalten Ihre symbolische Bedeutung hängt vom Inhalt des jeweiligen Märchens ab, was aber sicher nicht immer „märchenhaft einfach" zu entschlüsseln ist – im Gegenteil. Daß es sich bei Aschenputtel um weibliche Machtkämpfe (um die Liebe eines Mannes) handelt, ist klar. Aber daß Schneewittchen in einigen Deutungen als Nymphomanin mit Kastrationsgelüsten gilt, macht den Versuch, die Märchensymbolik nach aktuellem Verständnis zu „übersetzen", ziemlich kompliziert. Als Hinweis kann gelten: Die weibliche Hauptfigur einer Märchenhandlung stellt die eigene „Rolle" im Leben einer Frau dar – der männliche Märchenprotagonist entspricht dem Ich im Männertraum.
Alles klar? Trotzdem: Bitte nicht alles Märchenhafte zu wörtlich nehmen – und lieber keine Frösche küssen!

Maria (→ Madonna)

Marionette Sinnbild für Vorgänge des Nervensystems – die Marionette funktioniert über Fäden und Drähte, im menschlichen Körper spielen Nervenstränge eine vergleichbare Rolle. Eine Warnung davor, die „Nerven zu verlieren" und sich von einem entsprechenden „Drahtzieher" zur Marionette machen zu lassen.

Markt Symbolischer Ort für soziale Beziehungen und „Austausch" aller Art. Geträumte Marktszenen zeigen, wie man sich präsentiert (zur „Beachtung anbietet") und unter welchen Umständen man „mit sich handeln läßt" – oder eben nicht.

Marmelade Wie alles Süße gilt auch Marmelade als Symbol für den sinnlichen Genuß und erfüllte (erotische) Sehnsucht: Man nascht von der „Süße des Lebens". Wenn es den eigenen umgangssprachlichen Gewohnheiten entspricht, kann der geträumte Griff nach dem Marmeladenglas auch bedeuten, daß es demnächst in einer speziellen Sache „ans Eingemachte geht" – was immer der Träumende darunter auch verstehen mag.

Marmor In einem positiven Traum ist Marmor Sinnbild für beständigen Wert, hohe ästhetische Ansprüche und Luxus. In einem negativ empfundenen Traum symbolisiert Marmor Härte, Gefühlskälte und Frigidität.

Maschine Von Maschinen zu träumen bedeutet häufig, daß man das Gefühl hat, selbst „wie eine Maschine zu funktionieren" – man verrichtet ganz automatisch das Notwendige, ohne viel darüber nachzudenken, ohne etwas dabei zu empfinden.

Maske Eine Maske symbolisiert immer die Form der Selbstdarstellung, die man nach außen hin präsentiert. Im Traum deutet die Art einer Maske an, welche Gefühle oder Schwächen man lieber hinter einer Maske verstecken will – z. B. ein geringes Selbstwertgefühl, das Verbergen einer belastenden Wahrheit.
Aber Masken sind auch Sinnbilder für Spaß, Lust, Täuschung, falschen Schein und spielerische Verführung. Nicht zu vergessen: Die Maske dient dem Träger als Mittel (und oft einzige Möglichkeit in seinem Leben), um ungehemmt und unerkannt Phantasievorstellungen und erotische Wünsche auszuleben.

Maskottchen Symbol für einen Menschen oder einen Vorgang, von dem man sich eine glückliche Veränderung der eigenen Lebensumstände erhofft.

Massage Auch in der geträumten Massage geht es um den Genuß einer entspannenden (und oft auch erotischen) Berührung. Aber wenn man davon sogar schon träumt, drückt es die diesbezüglichen „Entzugserscheinungen" (und das Fehlen von Zärtlichkeit und positivem Körperkontakt) aus. Hier sehnt sich jemand schon viel zu lange vergeblich nach Umarmungen, Berührungen und liebevollen Haut-an-Haut-Erlebnissen.

Unangenehme Massageträume gibt es auch: Sie zeigen an, daß einem jemand auf negative Art „zu nahe gekommen ist" und daß man sich „seiner Haut wehren" sollte.

Massaker Ein Alptraum mit relativ harmloser Bedeutung: Man arbeitet darin ein Erlebnis auf, bei dem man Zeuge eines ungerechten Vorganges (oft beruflich oder im sozialen Umfeld) war, in dem einige Hoffnungen oder Ideen von mehreren Leuten „niedergemacht" wurden. Oder: Ein kreatives Vorhaben einer Gruppe wurde von einem Neider (oder Konkurrenten) „gekillt". Man hätte die Möglichkeit gehabt, etwas dagegen zu unternehmen, ließ es aber aus Bequemlichkeit (oder Konfliktscheu) bleiben. Nun plagt einen doch das schlechte Gewissen und „bestraft" das untätige Zusehen mit dem Massakertraum.

Massen Von unübersehbaren Menschenmassen wird häufig bei Angst vor (für den eigenen Geschmack) „zu vielen" Kontakten geträumt. Eventuell bezieht sich der Traum auch auf eine latente Platzangst, mit der man zurechtzukommen versucht. Wer häufig von beängstigenden Massenansammlungen träumt, hat sicher ein Problem mit sozialer Anpassung, zieht sich gern in einen gepflegten, harmonischen (und vor allem ungestörten) Bereich zurück und schätzt es, „in Ruhe gelassen zu werden" – er benötigt einen großen Freiraum, um ein positives Lebensgefühl zu entwickeln. Nicht nur, aber auch: ein typischer Exzentrikertraum.

Mast Ein Mast symbolisiert im Traum immer ein Phallussymbol – jedenfalls im Sinne der Psychoanalyse.

Traditionell gedeutet: Eine weite Reise über ein großes Wasser steht bevor.

Mästung Wer davon träumt, hat sich in einer für ihn typischen Art „überfressen" – es können zu reichliche (und zu deftige) sinnliche Genüsse gewesen sein, aber man kann auch eine Übersättigung durch Eindrücke, Reize usw. empfinden. Man will selbst „nicht daran schuld sein" und schiebt es anderen in die Schuhe, daß man sich nun „übersättigt" – und nicht besonders gut fühlt: gemästet eben.

Matratze Ein typisches Symbol für Sexualität, Geburt und Tod (→ auch Bett). In der traditionellen Deutung: Ein junger Mann „aus gutem Haus" hat sich „unstandesgemäß" mit einer „Matratzenmademoiselle" amüsiert.

Matrose Der Seemann gilt als Symbolgestalt für „typisch männliche" Gefühle wie Abenteuerlust, Freiheitsdrang und Unabhängigkeit von gesellschaftlichen Normen.

Mauer Ein Schutz- oder Hindernissymbol. Je nach dem Inhalt der Traumhandlung gilt eine Mauer als Hinweis, daß man sich mehr abgrenzen – oder offener werden – sollte.

Maulwurf Ein Hinweistraum: Man sollte sich „tiefen Empfindungen" gegenüber nicht sperren und sich auch mit verdrängten Triebbedürfnissen und zurückgehaltenen Aggressionen auseinandersetzen („In der Tiefe schürfen").

Maurer Wer von ihm träumt, ist aufgefordert, aktiv und konstruktiv „an die Arbeit zu gehen", anstatt lange darüber zu grübeln, ob es denn Sinn hat und was es denn bringen könnte.

Maus Der kleine, graue Nager gilt als Symbolgestalt der „Macht des Unscheinbaren" – und der typischen Eigenschaften, die man den Mäusen allgemein nachsagt: Neugier, List, Geschicklichkeit und große Fruchtbarkeit. Sie ist auch naschhaft und „durch Leckerbissen bestechlich".
In der traditionellen Deutung galten besonders schwarze Mäuse als Todesomen. (Weil man Ratten und Mäusen nachgesagt hat, sie brächten „den Tod ins Haus" – auch in bezug auf die Pestepidemien zu verstehen.)

Die Maus gilt als Symbolgestalt der „Macht des Unscheinbaren".

Medaille Ein Auszeichnungs- und Zugehörigkeitssymbol – wenn man davon träumt, wünscht man sich entsprechende Erlebnisse und Situationen, man fühlt sich übergangen und unterschätzt.

Medizin Wer im Traum eine „bittere Medizin" zu schlucken hat, leidet an einem seelisch-körperlichen Tiefpunkt und nimmt auch Hilfe an, die ihm bei voller Vitalität (und „in besseren Zeiten") zuwider wäre. Man traut sich nicht mehr zu, aus eigener Kraft wieder „auf die Beine zu kommen" – deshalb „schluckt man alles", was nur irgendwie helfen könnte.

Meer Symbol für die Urkraft und Gewalt der Gefühle. Man sehnt sich danach, in den „Wogen der Emotionen" zu baden, sich von positiven Empfindungen „umspülen" zu lassen.
Oder – viel banaler – man ist urlaubsreif und verbindet „das Meer" mit allem, was man unter Erholung und Urlaubsfreuden versteht.

Meerjungfrau (→ Nixe)

Meerschweinchen Wer davon träumt, möchte nicht „wie ein Kind behandelt", verniedlicht, abgewertet und „nicht für voll genommen" werden. Ein häufiges Traumsymbol, wenn man in einer Familie (oder Gruppe) „die Kleinste" oder der Jüngste ist und deshalb oft nicht ganz ernst genommen wird. Oder wenn man es haßt, mit unerwünschten Streicheleinheiten belästigt zu werden – von älteren Verwandten oder Vorgesetzten.

Mehl Sinnbild für Versorgung und seriös erworbenes Vermögen.

Meister (→ Chef)

Melone Die saftige Frucht gilt als Symbol für Erotik und Liebesglück.

Memoiren Wenn Sie im Traum an Ihren Memoiren schreiben, vermissen Sie Erlebnisse (oder einen entsprechenden Lebensstil), die dafür ausreichenden Inhaltsstoff liefern würden. Sie würden gern „weniger normal" und etwas sensationeller wirken, mehr im Mittelpunkt stehen, können sich aber nicht aufraffen, in der Realität etwas Besonderes zu wagen und über Ihr bisheriges Leben hinauszuwachsen.
Es bleibt alles, wie es war – auch wenn es nichts Großartiges gibt, über das es sich zu erzählen lohnt. Ein häufiger Resignationstraum von Menschen, die meinen, sie hätten „sich etwas Besseres verdient", und die sich fragen: Und das soll schon alles gewesen sein?

Menschenansammlung (→ Massen)

Menü (→ Gourmet)

Mephisto (→ Teufel)

Messe Auch im Traum ein Sinnbild für Kommunikation, Austausch von Interessen und Werten, neuen und erfolgversprechenden Kontakten.
In der traditionellen Deutung: Wohlstand.

Messe (Kirche) Symbolsituation für religiöse und spirituelle Ritualhandlungen, aus denen die Anwesenden geistige Kraft und neue Erkenntnis beziehen wollen. Auch eine Zufluchtssituation (und ein Ausnahmezustand), in die man „flüchtet“, um einem sorgenvollen Alltag für eine Weile zu entkommen.

Messer (→ auch Säbel) Man hat eine schwierige oder riskante Entscheidung zu treffen: „Auf des Messers Schneide.“ Von einem Messer zu träumen, kann auf die Doppelsymbolik hinweisen: Mit ihm kann man Brot schneiden, Nahrung zubereiten – aber auch Tiere schlachten und Menschen töten.
Allgemein gilt ein Messertraum ohne spezielle Handlung als Anzeichen eines Aggressionsstaus.
Nach S. Freud: Penissymbol. (Aber nur im Zusammenhang mit den längst überholten Vorstellungen zum Thema Sexualität zu verstehen, die um die Jahrhundertwende – relativ – üblich waren.)

Messing Wie die meisten Metalle gilt auch Messing (oder ein Gegenstand daraus) als Symbol für Erfolg und Wohlstand – oder dem Wunsch danach.
In der traditionellen Deutung: falsche Freunde (Messing für Gold).

Meßlatte Ein eindeutig zweideutiger Männer-Traum.

Metall Allgemein (und traditionell) auch im Traum Symbol für Wertbeständigkeit, Reichtum, materiellen Erfolg (siehe Gold, Messing usw.).
Außerdem kommt in Träumen auch noch die sprachgebräuchliche Symbolik ins Spiel: Jemand zeigt „eisernen Willen“, andere sind „von bleierner Angst“ gelähmt. Man kann quicklebendig wie Quecksilber sein – oder „eiserne Prinzipien“ haben. Es ist nicht alles Gold, was glänzt – und im silbernen Mondschein werden romantische Gefühle wach – usw. Die Traumdeutung liegt häufig in diesen allgemein bekannten Vergleichsbegriffen. Von einem puren Stück Metall träumt man sicher nicht so oft – es sei denn von einem Goldbarren: Das ist der Traum vom Reichtum – in der REM-Phase wie im wirklichen Leben.

Meteor Ein Sinnbild für die plötzliche, zündende Idee – für den Gedankenblitz, der „einschlägt“ wie ein Meteor.
In der traditionellen Deutung galt er als Himmelsbote, der dem Träumer den Weg zur geistlichen Berufung, zur Erleuchtung weisen kann.

Metro (→ U-Bahn)

Miete/Mieter Sinnbild für etwas, das man nutzen kann, ohne es zu besitzen. Wenn man träumt, daß man eine

Wohnung mietet, ist damit häufig ein Vorteil gemeint, den man eine Zeitlang nützt, obwohl man weiß, daß dieses Privileg eigentlich jemandem anderen zusteht.

Mikrophon Ein symbolischer Hinweis darauf, daß man etwas nicht für sich behalten, sondern „öffentlich mitteilen" sollte – auch wenn es nicht ganz einfach (und eventuell peinlich) wird.

Mikroskop Hier geht es um eine gezielte Vergrößerung – man sollte nicht flüchtig „über etwas hinwegsehen", sondern sich Zeit nehmen, um diese spezielle Angelegenheit in Ruhe und voll Aufmerksamkeit zu betrachten, um jedes Detail wahrzunehmen – auch das (auf den ersten Blick) kleinste, scheinbar nebensächlichste.

Milch Milch gilt als Sinnbild der Urnahrung, die von Geburt an die lebensnotwendige Energiezufuhr bedeutet. Wer vom Milchtrinken träumt, wünscht sich mehr Kraft (und Wachstumschancen) – oft im seelisch-geistigen Bereich – und vermißt zugleich mütterliche Wärme.
In der traditionellen Deutung: Saure Milch war Sinnbild für Kummer und Verluste.

Militär Ein naheliegendes Autoritätssymbol – im Männertraum bedeutet der Militärdienst, daß man an Minderwertigkeitsgefühlen leidet, diesen Umstand aber möglichst „cool" überspielt. Auch unreife Vorstellungen von einem konservativen Männlichkeitsideal und ein gewisser Aggressionsstau spielen eine Rolle.
Im Frauentraum vom Militär tarnt sich häufig der Wunsch nach „lustvoller Unterwerfung" in aggressiver Sexualität mit einem dominanten Partner.

Millionengewinn Leider kein Wahrtraum, sondern die Aufarbeitung realer Existenzsorgen, von denen man sich im Traum für diesen Moment „erholen" kann.

Mimose Die sprichwörtlich zarte, empfindliche Blüte der Silberakazie gilt als typisches Symbol besonderer Sensibilität, aber auch für kapriziöse Launen, Stimmungsschwankungen und Überempfindlichkeit – eben für „mimosenhaftes Verhalten".

Mine/Minenfeld Sinnbild einer „explosiven" Situation, in der jeden Moment mit einem negativen Knalleffekt zu rechnen ist. Ein häufiger Traum in einer realen Konfliktsituation, in der man so lange wie möglich versucht, den „Gegner" nicht zu provozieren, weil man seine Überreaktion und die Konsequenzen fürchtet.

Minigolf Gilt als Sinnbild für Ehrgeiz und Wettbewerbsdenken in kleinem Rahmen.

Minister In diesem Traum spiegelt sich Ihre Einstellung zu Einfluß und Macht wider. Wenn Sie sich selbst in Ministerposition erlebten, legen Sie größten Wert auf Entscheidungsfreiheit und Selbstbestimmung. Sie tragen auch gern Verantwortung – allerdings neigen Sie gelegentlich auch zur Selbstüberschätzung und „Selbstausbeutung" – das heißt ein 16-Stunden-Arbeitstag ist für Sie keine Zumutung, sondern eine „liebe Gewohnheit". Ein typischer Workaholic-Traum.
Wenn Sie träumen, in einer untergeordneten Rolle mit einem Minister zu arbeiten, steht es um Ihr Selbstbewußtsein nicht besonders gut. Sie fürchten und bewundern Menschen, „die es geschafft haben", so sehr, daß Sie sich ungefragt unterordnen und Ihren Ehrgeiz immer nur in den Erfolg anderer investieren.

Ministrant Symbolgestalt für den Wunsch, durch Anpassung und die Einhaltung gesellschaftlicher Spielregeln angenehm aufzufallen – und letztlich doch im Mittelpunkt des Interesses anderer zu stehen, und sei es durch eine effektvoll gespielte „Nebenrolle" im Leben. Ein typischer Traum, wenn man beabsichtigt, „karriereförderlich" zu heiraten, oder seine Freunde immer unter Leuten sucht, die „im richtigen Moment am richtigen Ort sind". Unter dem Motto: Hauptsache, es trägt Zinsen.

Mirabelle (→ Pflaume)

Mistel Der Mistelzweig symbolisiert „magische Heilkraft" und „heilsame Liebe".

Mißbildung Sie träumen, plötzlich einen Buckel, einen verkürzten Arm oder riesige Narben zu haben? Hier teilt sich über die Wahrnehmung von körperlichen Mißbildungen eine seelische „Verkrüppelung" mit, die Sie nicht wahrhaben wollen. Sie leiden an neurotischen Ängsten und sind aus dem Gleichgewicht geraten. Aber Sie tarnen und leugnen Ihr Problem, anstatt etwas dagegen zu tun – und sei es mit therapeutischer Hilfe.

Mittag Geträumte Tageszeiten sind Hinweise auf eine spezielle Situation des Träumenden. Wenn die Sonne am höchsten steht, ist die Mitte des Tages, die sichtbare „Halbzeit" erreicht. Das kann (aber muß nicht) bedeuten, daß man den Zenit seines Lebens, seiner Leistungsfähigkeit und seiner „energetischen Strahlkraft" erreicht hat. Oder: Der Höhepunkt einer Karriere, der Zenit des Erfolges steht unmittelbar bevor: Es ist gerade noch „1 Minute vor 12“.

Mitternacht Das Ende des alten und zugleich der Anbruch eines neuen Tages symbolisiert, daß man sich erst von einer bisherigen Wertigkeit (oder von einem Plan, einer Beziehung, einer Empfindung usw.) trennen muß, wenn Raum für einen Neubeginn sein soll. Jedes Ende bedingt einen Anfang. In der traditionellen Deutung galt die Mitternacht als „Geisterstunde“ und als Symbol für unheimliche Vorgänge, die „nicht von dieser Welt“ gesteuert waren.

Mitverschulden Wenn man träumt, an einem Unfall beteiligt zu sein, den man zwar nicht allein verursacht, aber eben „mitverschuldet“ hat, fürchtet man sich auch in der Realität davor, für etwas allein verantwortlich zu sein, eine riskante oder schwerwiegende Entscheidung allein zu treffen. Man fühlt sich nur stark und „entscheidungsfähig“, wenn man zu zweit oder in einer Gruppe aktiv ist. Ein häufiger Traum von Menschen, die keine Erfahrung im „Alleingang“ haben, weil sie aus einer Familiensituation (Eltern und Geschwister) gleich in die nächste (Ehe im Jugendlichenalter, frühe Familiengründung) gewechselt haben. Müssen sie in einer kritischen Situation einmal „solo“ zurechtkommen, haben sie aus Verunsicherung rasch das Gefühl, alles falsch zu machen und an jeder kleinen Panne „mit schuld“ zu sein. Wenn solche Träume häufig kommen, ist das als Aufforderung zu verstehen, endlich etwas allein auf die Beine zu stellen – aber ohne „Schuldgefühle“.

Möbel Wenn man im Traum eine Wohnung einrichtet und Möbel auswählt, geht es um die Art der psychischen „Innenausstattung“ des Träumenden. Die Form, Farbe und Stilrichtung geben Auskunft über den Ausdruck der eigenen Identität. Anstatt zu fragen: „Wie geht es Ihnen?“, könnte man auch sagen: „Wie haben denn Ihre Möbel ausgesehen?“

Mode Auch im Traum geht es um Selbstdarstellung – man zieht sich so an, wie man wirken und „ankommen“ möchte. Mode ist nicht nur ein (symbolischer) Ausdruck des persönlichen Stils (und der entsprechenden materiellen Möglichkeiten), sondern auch ein Rollenverhalten: Kleider machen Leute! Wenn man sich an seine Traummode erinnert, kann das ein guter Hinweis darauf sein, mit welchen Mitteln man welchen Effekt erzielen möchte.

Model Sie tänzeln über den Catwalk und sonnen sich im Rampenlicht und

Applaus? Hier geht es nicht um Ihren Traumjob, sondern um Ihren Alptraum, nicht immer die Schönste, Beste und Wunderbarste zu sein. Ihr Selbstbewußtsein hat einige Kratzer abbekommen, und wenn Sie morgens (ungeschminkt) Ihr Spiegelbild betrachten, finden Sie sich häßlich. Aus diesem Minderwertigkeitsgefühl resultiert der angestrengte (und anstrengende) Versuch, ständig dem neuesten Schönheitsideal zu entsprechen. Diesem Dauerstreß ist Ihre Psyche nicht gewachsen, sie sucht sich ein

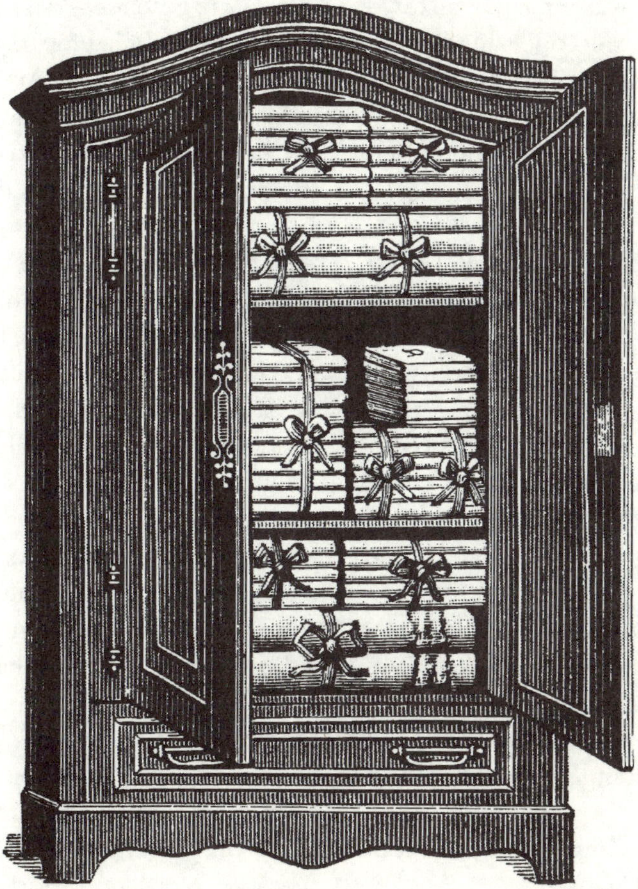

In einem Möbel-Traum geht es um die Art der psychischen „Innenausstattung" des Träumenden.

Ventil und sorgt dafür, daß Sie sich schönträumen. (Wußten Sie, daß es durchschnittlich 2–3 Stunden Totaleinsatz von Visagisten und Hairstyling braucht, bis ein Model wie ein Model aussieht?)

Mohn Ein Symbol für „rauschhafte Zustände" und Selbstaufgabe – und eventuell eine Warnung vor allzuviel Selbsterfahrung mit (oder durch) Drogen und andere „berauschende" Erlebnisse.
In der traditionellen Deutung: Man wird in Versuchung geführt.

Mönch Symbolgestalt für Selbstdisziplin und Selbstvergessenheit, Verzicht, Anpassung – und Weltflucht.
Wenn es ein schöner, harmonischer Traum war: Sie brauchen für eine Weile Zurückgezogenheit, Selbstbesinnung und Ruhe, um wieder psychisch und physisch „der Welt gewachsen" zu sein.

Mond „Frau Luna" ist der weiblichste aller Himmelskörper und gilt als Symbol für „typisch weibliche" Eigenschaften wie intensive Gefühle, Stimmungsschwankungen, Launen, Zärtlichkeit usw.
Nach S. Freud symbolisiert der Mond das weibliche Hinterteil.
Nach C. G. Jung gilt der Mond als „der Ort der abgeschiedenen Seelen" – und er ist auch Sinnbild für das Unbewußte. – Träume, in denen der Mond eine Rolle spielt, beziehen sich immer auf weibliche Eigenschaften oder auf eine wichtige Frau im Leben des Träumenden.

Monster Wer von Monstern träumt, hat möglicherweise zu viele einschlägige Filme gesehen – das wäre die banalste, aber auch eine naheliegende Erklärung. Wenn nicht: Als Traumsymbole stellen Monster und Fabeltiere den animalischen Instinkt in uns, die „ungezügelte Triebhaftigkeit" dar.

Moor Machten Sie einen Spaziergang in einer Moorlandschaft? Danebengetreten? Eingesunken? Fast erstickt – und in letzter Sekunde aufgewacht? Es ist (laut psychologischer Deutung) Ihre Triebhaftigkeit, die Sie „hinunterzieht" und der Sie fast „zum Opfer fallen" – weil Sie sich nicht offen genug mit ihr auseinandersetzen.
In der traditionellen Deutung: Todesangst, Angst vor unbekannten Gefühlen und rätselhaften Hindernissen.

Moos Symbol für Ruhe, Besinnlichkeit und Ausgeglichenheit.

Mord Ein Alptraum mit tieferem Sinn: Wer von Mord und Mördern träumt, soll es als Warnung verstehen, etwas sehr Lebendiges in seiner Existenz

„nicht umzubringen“ oder von anderen „killen“ zu lassen: eine Liebe, ein besonderes Talent, intensive Gefühle, einen „Lebenstraum“. Ein häufiger Traum in depressiven Phasen, in denen man am liebsten „alles umbringen möchte“, woran man am meisten glaubt und worauf man ganz fest hofft (in besseren Stimmungen) – „weil es ohnehin schon egal und alles sinnlos ist“. Aufwachen!

Morgen Morgenstimmung – Nebel über den Tälern, Sonnenaufgang, der allem wieder Konturen und Farbe gibt: ein typischer Hoffnungstraum, der auf einen positiven Neubeginn (in einer speziellen Angelegenheit) und auf einen starken „Durchstart“ schließen läßt.

Mosaik Ein naheliegendes Symbol für das Zusammenwirken verschiedener Empfindungen und Erfahrungen zu einem harmonischen Ganzen.

Motor Auch im Traum, wie im Leben: Symbol für Energie, Umsetzung verschiedener Mechanismen und Kräfte in einen Prozeß der Fortbewegung.

Motorboot Veranschaulicht, daß man viel Energie (Motor) im Gefühlsbereich (Wasser) einsetzt, um etwas „in Bewegung zu bringen“, das man sich ersehnt.

Motorrad Symbol für individuelle Beweglichkeit und Zielstrebigkeit „im Alleingang“. Außerdem gilt der „Feuerstuhl“ als Potenzsymbol und stellt im Männertraum die eigene Triebhaftigkeit und Leidenschaft dar – und wie Mann damit umgeht.

Motte Wie Motten umschwirren sie Ihr Lebenslicht, wenn Sie destruktive Gedanken und negative Gefühle nicht daran hindern, sich zu entpuppen. Darüber sollten Sie sich Gedanken machen, falls Sie häufiger vom Mottenbefall träumen.

Mühle Symbol für materiellen Erfolg und Sorglosigkeit nach einer anstrengenden, arbeits- und streßreichen Zeit.

Müll Was man im Traum in einen Mülleimer wirft, verdrängt man und möchte man „entsorgen“. Können Sie sich erinnern, was weggeworfen wurde?

Mumie Es mag ja wie ein grausiger Alptraum ausgesehen haben, aber eine Mumie symbolisiert nur etwas, das in uns allen (zumindest unbewußt) existiert: Sehnsucht nach Unsterblichkeit – oder der Wunsch, wenigstens in den Gefühlen und Erinnerungen nahestehender, geliebter Menschen „unsterblich“ zu sein.

Mummenschanz (→ Karneval, Maske)

Mund Symbol für Kommunikation – und für Erotik.
Nach C. G. Jung und S. Freud: weibliches Sexualsymbol.

Mundart Wenn man im Traum in seiner Mundart spricht, gilt es als starkes Verwurzeltsein in der eigenen Herkunft – aber (manchmal) auch als Intoleranz gegenüber Fremdem und Neuem.
Träumt man von einem fremden Dialekt, weist es auf (noch) unbekannte Seiten der eigenen Persönlichkeit hin.

Munition Symbol für versteckte, zurückgehaltene Aggression.

Münze Geld – auch im Traum. Münzen gelten als Besitzsymbol in jeder denkbaren Spielart.
Traditionell: ein Glückssymbol, besonders dann, wenn die Münze aus Kupfer war. Dann hatte man Glück im Spiel und in der Liebe zu erwarten. (Kupfer ist das „Metall der Venus".)

Murmel Man will etwas „spielerisch ins Rollen bringen" – oder eine Reaktion zwar auslösen, später aber nicht für die Folgen verantwortlich sein.

Muschel Das weibliche Sexualsymbol schlechthin – und nicht nur nach S. Freud. Eine geschlossene Muschel gilt (im Traum) als Sinnbild für Jungfräulichkeit, eventuell auch für Frigidität.

Museum Gilt als Symbol für die Person des Träumenden – und für das, was er (an Empfindungen, Talenten usw.) in sich „aufbewahrt". Erinnern Sie sich, was Sie im Traummuseum betrachtet haben? Es könnte aufschlußreich sein!

Musik Ein Symbol für Emotionen und ihre Umsetzung. Wichtig wäre, wenn man sich an die eigene Empfindung beim Hören dieser Traummusik erinnern könnte – und worum es in einem Liedtext ging.

Müsli Wenn Sie davon auch noch träumen, treiben Sie es mit Ihrem Gesundheits- und Körperbewußtsein auf die Spitze. Also kein eigentliches Symbol – nur ein Tip, daß man auch im positiven Bereich ein bißchen übertreiben kann.

Mustang (→ Pferd)

Mutprobe Wenn Sie davon träumen, andere Leute einer Mutprobe zu unterziehen, wollen Sie eigene Interessen auf Kosten anderer durchsetzen. Sie

neigen dazu, andere Menschen gelegentlich als „Versuchskaninchen" zu mißbrauchen.
Wer selbst im Traum eine Mutprobe besteht, möchte sich auch in der Realität immer wieder beweisen, wie gut er doch eigentlich ist – und was er alles „unter größtem Streß" zustande bringt.

Mutter Von der Mutter zu träumen gilt häufig als Hinweis, daß man seelische Wärme und tiefe Vertrautheit vermißt und (vergeblich?) in einer Partnerschaft sucht. Die Mutter gilt im Traum auch als „Helferin in der Not" – aber auch als steuernde, „treibende Kraft", die „für ihr Kind etwas erreichen will" – was aber nicht unbedingt auch im Sinne des „Kindes" ist.
Nach C. G. Jung gilt die Mutter als das archetypische Symbol für das Geheime, Verborgene, die belebte Umwelt, das Unentrinnbare und Verführende.
C. G. Jungs Theorien in Ehren – aber manchmal ist ein Traum von der Mutter ganz einfach ein Traum von der (eigenen) Mutter. Besonders dann, wenn Sie ihre Wesens- und Gesichtszüge im Traum wiedererkennen.

Mütze Ein Sinnbild geistiger Identität. Von einer Mütze zu träumen gilt als Warnung, daß man sich vor geistiger Beeinflussung „hüten" sollte (Mütze – Hut – Kopf).

Nabel Das Grübchen in der Körpermitte gilt als Symbol für Egozentrik. Im Männertraum gilt der Nabel als Sinnbild der Mutterbindung.

Nachbar Symbolgestalt für Verantwortungs- und Mitgefühl gegenüber anderen. Manchmal personifiziert eine Nachbargestalt im Traum auch eigene Wesenszüge und Verhaltensweisen, die einem zwar nicht völlig, aber doch relativ bewußt sind.

Nacht Symbol für das Unbewußte und Unbekannte – manchmal auch für Angstvorstellungen, die „bei Tage besehen" keinen Grund zum Fürchten darstellen.

Nachtigall Der Singvogel gilt als Symbol für die Sehnsucht nach Glück und Harmonie in der Liebe.

Nacktheit Sie waren im Traum nackt und fühlten sich dabei unbehaglich und verkrampft? Das bedeutet, daß Sie häufig Angst vor (allzu) offenen und ehrlichen Äußerungen und „unangenehmer Wahrheit" haben – Sie fühlen sich sehr leicht bloßgestellt und können die Vorstellung nicht ertragen, sich vor anderen „eine Blöße zu geben".

Nadel Nadelstiche symbolisieren „schmerzliche Erlebnisse", vor allem seelischer, manchmal auch körperlicher Art. Im Sinne der Psychoanalyse gilt die Nadel als Phallussymbol.

Nagel Symbol für Durchhaltevermögen und Haltbarkeit, wenn es um die sprichwörtlichen „Nägel mit Köpfen" geht. Aber auch für Treffsicherheit – meist im übertragenen Sinn: Man hat den Nagel auf den Kopf getroffen. Es ist schon fast überflüssig, zu sagen, daß S. Freud auch im Nagel ein Penissymbol gesehen hat (in der Nagelfeile übrigens auch).

Nagelfeile Man möchte „etwas hinkriegen", einer Äußerung „die Spitze nehmen" und etwas zurechtfeilen – also in eine gefälligere, „glattere" Form bringen.

Nagetiere Kommt ganz darauf an, welche Rolle die putzigen Nager im Traum spielen. Wenn es eher eine „zerstörerische" ist und sie etwas auffressen, gilt es als Hinweis auf „nagende Sorgen", die dem Träumenden an die Substanz gehen. In einem harmlos-positiven Traum gelten Nagetiere als Symbol für Fruchtbarkeit und reichliche Vermehrung.

Nahrung Sinnbild für körperliche und seelische Energie – und Energiezufuhr.

Nähseide Man möchte eine harmonische Verbindung herstellen, Getrenntes wieder vereinen, einen Kontakt „einfädeln".

Nähzeug (→ Nadel, Nähseide)

Namen Träumt man davon, daß ein Name gerufen oder aufgeschrieben wird, ist es fast immer als ein (über den Traum „zugefunkter") SOS-Ruf einer Person gleichen Namens zu verstehen, die man näher kennt. Solche Signale haben immer eine wesentliche Bedeutung, man sollte sofort Kontakt zu diesem Menschen aufnehmen – wobei sich herausstellen wird, daß man tatsächlich „gerufen" wurde: Hier braucht jemand Zuwendung, Hilfe – oder befindet sich auf andere Weise in einer Extremsituation.

Narbe Ein symbolischer Hinweis auf emotionale und psychische Verletzungen in der Vergangenheit, die mittlerweile aber „vernarbt" sind. Man sollte sie nicht wieder „aufreißen" – und geistig damit abschließen.

Narkose Sinnbild der Unbewußtheit – wer davon träumt, möchte sich gerne aus der Realität (oder einer speziellen realen Überforderung) „ausklinken" und erst wieder aufwachen und präsent sein, wenn das Schlimmste überstanden ist.

Narr Haben Sie sich „zum Narren gemacht"? Wenn Sie von einer Narrengestalt träumen, gilt dies eher als gegenteiliger Hinweis: Wie früher die Hofnarren ihrem Herrscher bittere Wahrheit und herbe Kritik (wie niemand sonst) geschickt „servieren" durften, indem sie den Inhalt ironisch, witzig und in originellen Formulierungen verpackt mitteilten, haben auch Sie die Chance, mit der „Weisheit des Narren" viel für sich zu erreichen. Sie können riskieren, daß andere vielleicht über Sie lachen, weil Sie etwas scheinbar Verrücktes tun – oder „den Unmut der Herrschenden" (Chef, Öffentlichkeit usw.) provozieren – egal, Sie haben ein besonderes Talent zur Verfügung und Ihre Chance erkannt – und während Sie Ihr Ziel anpeilen, sind die Konkurrenten und Neider ausgeschaltet – sie sind ja damit beschäftigt, sich über Sie zu amüsieren, bis die anderen merken, daß sie selbst die Narren waren, während Sie von Ihnen witzig und weise ausgetrickst wurden. Ein „kluger“ und etwas verwirrender Glückstraum – er hatte eben eine Narrenmaske auf.

Nase Wer „seine Nase überall hineinsteckt“, ist neugierig und mischt sich gerne ein: So – und als Symbol für Intuition und Instinkt – ist auch ein „nasaler“ Traum zu verstehen – man hat eben „einen guten Riecher“ und ist auf diese Weise den anderen immer „eine Nasenlänge voraus“.
(Außerdem ein – weiteres – Penissymbol, nicht nur nach Freud, auch in der traditionellen Deutung. „Wie die Nase des Mannes ...“)

Nasenbluten Wenn man davon träumt, hat man es manchmal wirklich – und die teils verstopfte, „rinnende“ Nase löst den Traum aus.
Wenn es doch nur geträumt war: im Männertraum ein Hinweis auf Potenzschwäche und „verletzte Gefühle“ im Zusammenhang mit der Sexualität – oder die Angst davor. Im Frauentraum: die Angst, den Partner zu verlieren, Liebesentzug. Manchmal auch ein Menstruationstraum.

naß (→ klitschnaß)

Navigation Ein häufiger Hinweis darauf, daß der Träumende eine (geistige) Orientierungshilfe benötigt – er hat eine neue Richtung auf seinem Lebensweg zu finden, eine Entscheidung zu treffen, ob es nun „nach links, nach rechts oder geradeaus“ gehen soll.

Nebel Typisches Sinnbild für eine „vernebelte“ Situation – man hat „den Durchblick verloren“, muß sich verunsichert weiterbewegen, weil man vergeblich „auf Klärung“ der Umstände hofft und „das Ziel aus den Augen verloren hat“. Eine Warnung vor Täuschung und sinnlosen „Umwegen“, die (meist in beruflicher Hinsicht) nicht „zielführend“ sind.
Nebelträume können sich aber auch auf eine Verunsicherung im Gefühlsbereich beziehen.

Nebenrolle Sie haben eine Nebenrolle in einem Bühnenstück oder Film zu spielen? Auch wenn Sie einschlägige Berufswünsche haben sollten oder in Ihrer Freizeit gern „in Rollen schlüpfen“ – das war kein „vielversprechender“ Glückstraum, sondern ein deutlicher Hinweis darauf, daß Sie demnächst schmerzlich feststellen könnten, „falsch besetzt zu sein“: Die Hauptrolle im Leben Ihres Partners würde gern jemand anderer spielen und hat sich schon sehr intensiv und

„liebevoll" mit dem „Rollenstudium" befaßt. Könnte es sein, daß Ihre bessere Hälfte sich gerade in einer völlig neuen Variante einer Liebesszene übt, in der Sie selbst „keine Rolle mehr" spielen? Wenn Sie diesen Warntraum ernst nehmen (und sehr einfühlsam mit seinem Informationswert umgehen), ist es vielleicht doch noch möglich, die „Besetzungsliste" neu zu gestalten und Ihnen die Hauptrolle zu sichern.

Neid Im Leben wie im Traum – eine innere Spannung, die aus der Empfindung resultiert, benachteiligt zu sein.

Nelke Wenn man etwas durch die Blume sagen will, ist es meist eine schöne Umschreibung einer Wunschvorstellung. Während die Rose z. B. Liebe und Begehren symbolisiert, gilt die Nelke eher als Symbol eines „unverbindlichen" Kompliments – auch wenn sie noch so betörend duften kann, soll sie nicht allzu euphorisierend wirken. Wer sie im Traum geschenkt bekommt, ist interessant für den „Nelkenkavalier" – aber sehr viel mehr (noch) nicht.
In der traditionellen Deutung: ein käufliches Mädchen, das auffällig duftet und „leicht zu entblättern" ist.

Nesseln Wenn man sich im Traum „in die Nesseln setzt", kann es als Hinweis wörtlich nehmen: Vorsicht – gleich tut es weh!

Nest Ein Symbol für Geborgenheit im Schutz der Familie (Mutter) – was sonst? In einem negativen Traum: Man vermißt „Nestwärme" und fühlt sich „den Stürmen des Lebens" hilflos ausgesetzt.

Netz Wollen Sie jemanden „ins Netz gehen lassen"? Wer davon träumt, hat Bindungswünsche – oder Absichten. Wenn Sie selbst das Netz ausgeworfen haben, will Ihnen der Traum aufzeigen, daß Sie es ein bißchen zu angestrengt versuchen – es könnte sein, daß das Objekt Ihrer Begierde schon heimlich nach einer „lockeren Bindung" schielt, um doch noch zu entkommen. Oder sind Sie es, die einem „verlockenden Köder" gefolgt sind und sich einfangen ließen? Sollte Ihnen dieser Traum besonders viel Spaß machen, geht es Ihnen weniger um Bindung – vielmehr um erotische (sexuelle) „Abhängigkeitsspielchen". Ein Netztraum ohne persönlichen Bezug deutet dagegen ganz seriös auf eine sinnvolle Verbindung im geistigen Bereich hin – auf ein Netzwerk, das wichtige Aufgaben erfüllen könnte.

Neubau Neuorientierung, eine neue Aufbauphase in Ihrem Leben wird nun aktuell.

Neun Die Zahl Neun gilt als Symbol für Vollendung. Man sollte geträumte Zahlen möglichst notieren – bei verschwommener Erinnerung (z. B. ob es nun eine 6 oder doch eine 9 war) besser alle, die in Frage kommen. Sehr oft ergibt sich nachträglich daraus ein sinnvoller Hinweis, manchmal aber erst nach längerer Zeit.

Nichtschwimmer Ein Alptraum ist es, wenn man als Nichtschwimmer ins Wasser geworfen wird und panische Angst hat, zu ertrinken. Was dieser Traum symbolisch darstellt, ist ebenfalls eine Situation, in der man sich zeitweise hilflos fühlt und „nach Luft ringt": Sie sind einer emotionalen Bindung nicht gewachsen, fühlen sich von diesen übermächtigen „Gefühlswogen" überfordert und wollen „dagegen anschwimmen", um wieder „festen Boden unter den Füßen" zu haben. Aber man läßt Sie nicht ans Ufer: Der Partner wehrt sich verzweifelt dagegen, daß Sie sich „aus seinem Gewässer" (seinem Gefühlsbereich und Einfluß) „freischwimmen" könnten. Vor allem, wenn sich solche „atemberaubenden" Träume wiederholen, wird es Zeit für eine (entscheidende) Aussprache.

Nickel Ein Metall, das Haltbarkeit und „feste Prinzipien" symbolisiert und darauf hinweist, daß Nickel allergische Reaktionen auslösen kann. Vielleicht ist der Träumende ja gegen allzu große Prinzipienstrenge „allergisch"?

Niederlage Wer im Traum eine zu verkraften hat, arbeitet häufig eine ähnliche Situation aus der letzteren Zeit auf – und kann sich durch die geträumte Wiederholung noch einmal damit auseinandersetzen, um den Vorfall nun endgültig „zu verschmerzen".

Nilpferd Das schwerfällige Tier ist Symbolgestalt für „plumpe Triebe" und entwicklungsbedürftige Kräfte – auch für das „verschlingende Unbewußte".
Nach C. G. Jung bedeutet ein Nilpferd im Traum oft das „innere Ungeheuer", das Böse, das den Träumenden verschlingen will.

Nische Wer sich im Traum in einer Nische verbirgt, hat etwas zu verstekken: ein Symbol für Heimlichkeiten.

Nixe In der Mythologie ist die Nixe „ein zauberisches und bezauberndes Wesen, das der Erlösung bedarf".
Wer von Nixen träumt, hat sich mit einer emotionalen Problematik auseinanderzusetzen: Einerseits fühlt er sich von Frauen magisch angezogen, andererseits hat er Angst vor Frauen, vor ty-

Das Nilpferd ist Symbolgestalt für „plumpe" Triebe und entwicklungsbedürftige Kräfte.

pisch weiblichen Eigenschaften und auch vor der Sexualität, die er als Ausgeliefertsein (dem undurchschaubaren Zauber der Frau – wie er es empfindet) erlebt.
Nach C. G. Jung: „Die Nixe verlockt, ihr in ein Reich zu folgen, unter dessen spiegelnder Oberfläche (Wasser = Emotion) unauslotbare Tiefen verborgen liegen." Jung bezeichnet die Nixe als die instinktive Stufe, die Vorstufe eines zauberischen weiblichen Wesens, der „Anima".

Nonne Eindeutige Symbolgestalt für Jungfräulichkeit, Leben ohne Sexualität und Sehnsucht nach geistiger Erfüllung.

Norden Auf der Landkarte ist der Norden immer „oben" – ein Symbol für den Kopf, den „geistigen Bereich". Auch für das Kühle und Klare – und für Distanzbedürfnis.

Noten (Musik) Sinnbild für das Streben nach Harmonie.

Notiz Sie haben sich im Traum eine Notiz gemacht? Ein Hinweis darauf, daß Sie in nächster Zeit auch scheinbar Unwichtiges genauer betrachten sollten – und Eindrücke festhalten, Ideen niederschreiben: eben Notizen machen und später wieder beachten.

Null Wenn man von jemandem nichts hält, sagt man, daß er „eine Null ist". Auch als Traumsymbol gilt die Null für Belangloses, Nichtiges, Wertlosigkeit.

Nuß Ein Ganzheitssymbol, das auch als Sinnbild für das Denken und den menschlichen Kopf gilt, weil Nüsse optisch eine ähnliche Struktur wie die Gehirnwindungen aufweisen. Und Nüsse haben ebenfalls eine deutlich erkennbare rechte und linke Hälfte.

Nußbaum Symbol für soliden Reichtum, Stärke – und die „Fülle des Lebens".

Nußschale Sinnbild für einen kleinen, engen Raum, der dennoch Schutz bietet und „allen Witterungen standhält".
Traditionell: Es gibt „etwas zu knakken", man sollte einer Sache „auf den Kern gehen".

Nymphe (→ auch Nixe) Im Männertraum: Wenn eine Nymphe die erkennbaren Gesichtszüge oder andere typische Kennzeichen einer bestimmten Frau hat, hält der Träumende diese Bekannte für nymphoman – oder verbindet einschlägige Wunschvorstellungen damit.

Oase Auch im Traum ein Sinnbild für Erholung nach großer Anstrengung, für Reiseabenteuer und Fernweh.
In der traditionellen Deutung: Ein Ausweg in Bedrängnis, ein Retter in der Not kündigt sich an.

Obelisk Ein Macht- und Penissymbol.

Obergeschoß Was sich dort im Traum abspielt (auch in Mansarden, Dachwohnungen usw.), wird vom Träumenden zu „kopflastig", zu ausschließlich intellektuell betrachtet.
Nach C. G. Jung wird der geistige Bereich und das Bewußtsein durch den obersten Bereich eines Hauses symbolisiert.
Darauf bezieht sich auch die Äußerung, daß jemand „nicht ganz richtig im Oberstübchen ist", wenn man damit sagen will, daß er „geistig nicht normal" wirkt.

Obst Es ist Sinnbild für „die Früchte des Lebens" und für erotisch-sexuelle Bedürfnisse. Reife Früchte sind ein Hinweis auf Ausgeglichenheit, Lebensfreude und sexuelle Erfüllung.

Obst ist Sinnbild für die „Früchte des Lebens".

Ochse Wenn man wie der sprichwörtliche „Ochs vorm Berg steht", sucht man nach einer Lösung, ist mit seiner Weisheit am Ende. Auf diese Art ist ein Ochse im Traum auch meistens zu deuten, der im übrigen eine Symbolgestalt für Kraft, aber auch für Starrsinn ist.

öffentliche Verkehrsmittel Ob Bus oder Bahn – in der Symbolik geht es immer um „kollektive Bewegungsmöglichkeit" – um eine sinnvolle (und sparsame) Art der Fortbewegung in einer Gemeinschaft: wörtlich und im übertragenen Sinn.

Offizier (→ Militär)

Ohnmacht Wer im Traum in Ohnmacht fällt, will sich vor einer Verantwortung drücken: Er kann ja nichts dafür, daß er nicht ansprechbar ist – also kann man ihn auch nicht für einen Vorgang zur Rechenschaft ziehen, der in diesem Zeitraum geschieht – er ist ja ganz offensichtlich „ohne Macht".
Wenn man öfter von Ohnmachtsanfällen träumt, fühlt man sich psychisch total überfordert und spielt auch in Wirklichkeit (manchmal) mit dem Gedanken, „in eine Krankheit zu flüchten", um endlich einmal in Ruhe gelassen zu werden.

Ohr Ein Wahrnehmungssymbol – wenn Ohren im Traum eine besondere Rolle spielen, kann man es als Hinweis nehmen, daß man in nächster Zeit „genauer hinhören" (oder aufmerksamer zuhören) sollte.

Okkupation Traumbilder, die Szenen einer überfallsartigen Besetzung eines Gebäudes (einer Stadt usw.) schildern, können einen ernstzunehmenden Hinweis auf eine psychische Erkrankung bedeuten. Der Träumende fühlt sich „fremden Mächten ausgeliefert" – wenn sich solche Träume häufiger wiederholen, sollte ein Therapeut aufgesucht werden.

Öl Als Traumsymbol ist es meist im sprichwörtlichen Sinn zu deuten: Wenn man „Öl ins Feuer gießt", will man eine aggressive Stimmung, eine Erregung noch steigern – „anheizen" eben. Es geht um gezielte Provokation. Träumt man, daß Öl auf einer Wasserfläche schwimmt, soll etwas „in Grenzen gehalten" werden. Sinngemäß etwa: Man versucht, „die Wellen des Gefühls" zu glätten.
In der traditionellen Deutung galt Öl im Traum als Todesomen: Der Priester mit dem „Sakrament der Letzten Ölung" kommt bald ins Haus.

Oliven Ein Symbol für erotische, sexuelle Abenteuer.
Traditionell: Wohlstand ist zu erwarten.

Onkel Symbolgestalt für eine „zweitrangige Autorität".

Opal Der geheimnisvoll schillernde Stein gilt als Symbol für die reiche Vielfalt des Lebens – für den raschen Wechsel von „trüben Tagen" und „sonnigen Zeiten".

Oper Im Traum ein Sinnbild für Pathos, Selbstdarstellung und den Hang zur Übertreibung: Einfache Vorgänge werden dramatisch geschildert, Kleinigkeiten aufgebauscht.

Operation Wer davon träumt, wird nicht vor einer realen Operation gewarnt – es ist vielmehr als Hinweis zu verstehen, daß etwas im eigenen Leben „nicht mehr funktioniert" oder daß es an einem wesentlichen Punkt „krankt" und dagegen etwas unternommen werden muß. Es wird nicht mehr „von selbst" heil, sondern es muß eingegriffen werden. Vielleicht ist ein „Einschnitt" oder die Beseitigung eines „Störfaktors" nötig. Überlegen Sie nach einem Operationstraum, worum es gehen könnte. Vielleicht ist ein „radikaler Eingriff" noch zu vermeiden?

Opiate (Opium) Symbol für die Flucht aus der Realität, Rauschzustände und Selbsterfahrungs-Experimente – ganz wie „im wirklichen Leben" auch.

Optiker Sie brauchen mehr „Durchblick" und eine klare Sicht, um das (für Sie) Wesentliche zu erkennen. Was wollen Sie lieber „nicht so genau sehen"?

Orangen Im Traum fast immer ein erotisches Symbol für die weiblichen Brüste.

Orangensaft Kaum als Symbol zu verstehen – Sie hatten Durst.
(Selten, aber doch: Sehnsucht nach der Mutterbrust, der Stillphase.)

Orchester In einem Orchester zu spielen, bedeutet kreativen und aktiven Einsatz der eigenen Möglichkeiten, um im Gleichklang mit anderen (mehr) Harmonie zu erreichen. Genau das ist es, was ein Orchester- oder Konzerttraum anschaulich machen will. Häufig geht es um Harmonie und Erfolg in einem Team oder einer Interessensgruppe.

Orden Ein naheliegendes Symbol für besonderen Ehrgeiz und für das demonstrative Vorzeigen eines Erfolges. Wer im Traum einen Orden trägt (oder einen bekommen möchte), sucht Anerkennung und legt auch großen Wert auf Äußerlichkeiten.

Orgel Sinnbild feierlicher Andacht, innerer Sammlung.
In der traditionellen Deutung: im hei-

teren Traum: Hochzeit; im düsteren Traum: Beerdigung.

Orgie Wer davon träumt, erlebt sie nicht – ganz im Gegenteil: ein typischer Traum in einer Phase freiwilliger, aber vor allem unfreiwilliger Enthaltsamkeit – wenn sich „die wahren Abenteuer nur im Kopf" abspielen.

Orient Orientalische Traumbilder machen häufig Vorgänge (und Empfindungen) anschaulich, die der Träumende aufregend, faszinierend – und trotzdem unbegreiflich findet.

Orkan Ein Traumsymbolgeschehen, das harte und „wilde" Zeiten ankündigt, die unmittelbar bevorstehen – und genauso plötzlich wieder vorbei sein werden.

Osten Das Morgenland, dort geht die Sonne auf – im Traum fast immer als Sinnbild der Hoffnung, des (möglichen) Neubeginns zu verstehen.
Manchmal die Sehnsucht nach geistiger Klarheit und Erkenntnis nach der spirituellen Weisheit des Ostens.

Ostern Symbol der Auferstehung (im religiösen Sinn) und des Frühlings. Im Traum deuten typische Osternszenen an, daß nach „dunklen" wieder „sonnige Zeiten" bevorstehen, daß man sich wieder mehr vornehmen und mehr verwirklichen kann (die Tage werden deutlich länger). Man kann in jeder Hinsicht wieder mehr „nach außen gehen".

Overall Wer ihn im Traum anzieht, möchte sich einer aktiven Gruppe von Gleichgesinnten anschließen (wörtlich oder sinnbildlich). Hat der Overall eine besonders auffällige, grelle Farbe, ist die symbolische Bedeutung gegenteilig zu verstehen: Wer ihn trägt, will sich durch „Anderssein auf den ersten Blick" gegen das „graue Umfeld" abgrenzen, als schillernde Ausnahmeerscheinung dastehen – und lieber provokant (als konventionell) wirken: Hauptsache, man ist „unverwechselbar".

Ozean (→ Meer)

Ozelot (→ Leopard, Löwe)

P

Päckchen „Jeder hat sein Päckchen zu tragen“ – es gilt in diesem Sinne als Symbol für alltägliche Belastungen und Sorgen, auch in der Traumbedeutung.

Paddelboot Sinnbild für rasches Vorwärtskommen unter großem persönlichem Einsatz.

Pagode Meistens: Fernweh – ein Reisetraum im wahrsten Sinn des Wortes.
Manchmal auch: Der eigene Körper wird als Tempel der Seele angesehen.

Paillettenkleid: Ein Frauentraum; hier sehnt sich jemand nach einem besonders effektvollen, „glanzvollen“ Auftritt und möchte unbedingt mit Hilfe der eigenen Attraktivität gesellschaftlich „hoch hinaus“.

Palme Ein Palmenzweig gilt als Symbol des Friedens, eine Palme im Traum als Sinnbild überschäumender Lebenslust.

Panne Hatten Sie selbst eine Autopanne? Ein „Hindernistraum“. Wenn Sie aus „sicherer Distanz“ Augenzeuge einer Panne waren, aber in keiner Weise helfen wollten: Sie sind schadenfroh – und das auch noch gern.

Pantoffeln Haben Sie die Pantoffeln an – oder einen Pantoffelhelden an Ihrer Seite? In jedem Fall sind die bequemen Latschen Sinnbild biederer Häuslichkeit und „fauler“ Gemütlichkeit. Man gibt sich mit kleinkarierten Verhältnissen zufrieden und fühlt sich dabei ziemlich wohl.
Nach S. Freud: wie fast alle Schuhe Symbol für die weiblichen Genitalien.

Pantomime Falls Sie im Traum mit einer Pantomimennummer aufgetreten sind, wollten Sie Ihrer Umgebung längst klarmachen, daß viel mehr Talent in Ihnen steckt, als man für möglich hielt. Ein Traumbild, das auf die Entschlossenheit hinweist, daß man es den anderen endlich einmal „so richtig zeigen will“ – und es auch kann.

Panzer (Kriegsgerät) Man will sich „ohne Rücksicht auf Verluste" durchsetzen, auch wenn man einiges dafür „einfach überrollt".

Panzer (Tier) Sie möchten sich am liebsten selbst einen „Panzer wachsen lassen", sind sensibel und „dünnhäutig" und sehnen sich nach Schutz im allgemeinen und vor der „Härte des Lebens" im besonderen.

Papagei Symbol für eine exzentrische, „schillernde" Person – einen schrillen, schrägen und „bunten Vogel" in Menschengestalt: sehr unkonventionell und ziemlich anstrengend. Und dieser Mensch beschäftigt Ihre Gedanken – sonst würden Sie nicht von ihm träumen.
In der traditionellen Deutung: Ein Tratschmaul und „frecher Schnabel" verbreitet Gerüchte.

Papier Das sprichwörtlich „unbeschriebene Blatt" ist ein Unschuldssymbol, aber auch eine Herausforderung, um „darauf seine Handschrift zu hinterlassen".

Papierkorb Sinnbild für Verdrängtes, das man auch nie mehr in Erinnerung bringen möchte – man „wirft es weg".

Papierschnitzel Etwas soll geheimgehalten werden, weil man andernfalls einen wesentlichen Verlust (oder unerwünschte Einmischung und Indiskretion) zu befürchten hat.

Paprika Ob Gewürzpulver oder Schote – der Paprika gilt als Symbol für Temperament und Lebenslust.

Parade Wer von einer Truppenparade träumt, läßt sich von Machtsignalen beeindrucken und ist bereit, sich unterzuordnen und zu disziplinieren, wenn sich daraus für später Aufstiegsmöglichkeiten ergeben.
In der psychologischen Deutung: koordinierter Ausdruck eines Aggressionspotentials.
Traditionell: Es kommen neue Bekanntschaften, die eine Heiratschance bringen.

Paradies Was immer man selbst unter seinem persönlichen „Paradies" versteht, im Traum bedeutet es: Wesentliche Erlebnisse unter idealen Vorzeichen kündigen sich an, man ist seelisch offen für weitreichende, positive Veränderungen und hat auch die nötige Energie, um eine besondere Chance zu nützen. Mit einem Wort: Paradiesische Zustände sind angesagt!

Parfum Wer es im Traum benützt, will sich positiv und „seiner Empfindung entsprechend" präsentieren, beachtet, anerkannt und geliebt werden. Man „markiert“ das Umfeld mit seinem besonderen Duft, will „sinnliche Präsenz“ und eine erotische Duftspur hinterlassen. Kein Traumsymbol, sondern eine Spiegelung der Realität und des weiblichen Grundbedürfnisses, mit subtilen Mitteln eine optimale Wirkung zu erzielen.

Parken Ein kleiner Alptraum und fast wie im Leben: Man dreht seine Runden und sucht nach einem freien Parkplatz – und sucht und sucht vergeblich. Dann noch einmal und noch einmal … (und dann sind Sie aufgewacht). Ein häufiger Traum, in dem sich die Unzufriedenheit mit der gegenwärtigen Lebenssituation ausdrückt. Es geht um den Wunsch, nach „vielen Umwegen endlich anzukommen“ – um dann auch „bleiben zu können“ und zur (inneren) Ruhe zu kommen, für eine Weile wenigstens. Der Traum hat weniger mit freien Parkplätzen als vielmehr mit einer tiefen Sehnsucht nach dieser „einen und einzig richtigen“ Liebesbeziehung zu tun, in der man sich seelisch und emotional „zu Hause fühlt“. Wer lange vergeblich davon träumt, träumt davon.

Parklandschaft Die kultivierte (und „vergewaltigte“) Natur symbolisiert verdrängte bzw. gelähmte Wildheit im Wesen des Träumenden, aber auch Schönheitssinn und Pflegebedürfnis und den Wunsch, Ursprünglichkeit und Kultur auf einen gemeinsamen Nenner zu bringen.

Der Papagei ist ein Symbol für eine exzentrische, schillernde Person – für einen „bunten Vogel“.

Parlament Sicher kein alltäglicher Traum, aber wer ihn hat, beschäftigt sich auch in der Realität mit sozialen Anliegen, die „intellektuell aufbereitet" und mitgeteilt werden. Ein Kommunikationstraum, in dem es auch um die Umsetzung von Fähigkeiten und um Karrierewünsche geht.

Partner Ein „gesichtsloser Traumpartner" ist Symbolgestalt für eigene, oft unbekannte und unbewußte Persönlichkeitsanteile.
Ein Problem in Ihrer realen Partnerschaft tarnt sich in einem Traum, der ein gemeinsames Auftreten in sehr unterschiedlicher Aufmachung darstellt. Z. B.: er in Arbeitskleidung, sie im Badeanzug – oder sie im Abendkleid und er im Jogger. Solche und ähnliche Traumsituationen sollen darauf hinweisen, daß man in der ersten Verliebtheit „übersehen" wollte, daß man in wichtigen Punkten einer Partnerschaft nicht zusammenpaßt und im Grunde völlig konträre Bedürfnisse und Lebensziele hat. Man träumt davon, wenn die ersten ernsthaften Konflikte „anklopfen", um demnächst zum unerfreulichen Hauptthema dieser Beziehung zu werden.

Pastete Falls Sie kulinarische Träume haben, Pasteten und andere feine Happen, die nicht zu den Grundnahrungsmitteln gehören, sind ein Symbol für Genuß und kultivierte Lebensfreude.

Pauke Sie hauen im Traum auf die Pauke? Ein 1:1-Symbol, Sie neigen auch im Alltag zur umtriebigen Selbstdarstellung und halten nicht viel von einem stillen, zurückgezogenen Leben. Sie sind kontaktfreudig und sicher nie langweilig – aber ein bißchen „weniger" wäre manchmal „mehr".

Pech Man muß keine „Pechsträhne" haben, wenn man davon träumt. Pech gilt als ein Symbol für die Eigenschaft, an Menschen, Orten und Gewohnheiten auch dann noch zu „hängen", wenn es keinen Sinn mehr hat. Man bleibt einfach „kleben", kann sich kaum „losreißen". Die positive Seite: Menschen, die auch unter Belastungen „wie Pech und Schwefel" zusammenhalten, sind verläßlich, bindungsfähig, und man kann auch noch Jahre später mit ihnen Kontakt aufnehmen, ohne daß es „fremdelt". Ihre Zuneigung bleibt stabil wie Pechdraht.

Pedale Wer im Traum energisch in die Pedale tritt, hat präzise Zielvorstellungen, keine Scheu vor großer Anstrengung, will aber auch rasch „weiterkommen" und eine Etappe nach der anderen erfolgreich hinter sich bringen: ein Karrieretraum.

Peinlichkeiten Sie geben sich zwar eine Blöße und treten in manches Fettnäpfchen, aber Sie durchbrechen auch einengende, überholte, allzu konventionelle Gesellschaftsspielregeln. Ein Traum, der auf eine plötzliche (und dann konsequent durchgehaltene) Veränderung hinweist: Sie haben lange genug angepaßt gelebt und fallen jetzt ins andere Extrem, selbst wenn es manchmal ziemlich „schräg" wirkt und peinlich werden könnte: Macht nichts, es ist „echter", Sie sind dabei, Ihre eigentliche Persönlichkeit zu verteidigen – gegen das Bild, dem Sie bisher entsprechen wollten, das aber von anderen „kreiert" wurde.

Peitsche Das typische Symbol für Aggression und Unterwerfung, Verfügungsgewalt und Verfügbarkeit. Wer von Peitschen und ihrer „Anwendung" träumt, beschäftigt sich mehr mit diesen Themen, als ihm bei Tageslicht recht ist. Ein Traumhinweis, daß man sich selbst (seelisch) „Gewalt antut", sich gedanklich zu Verhaltensweisen zwingt, die man emotional als „Dressurakt" empfindet.
Der weitaus häufigere Grund für solche Träume ist allerdings eine (latente?) sadomasochistische Neigung, mit der man in der Realität nicht zurechtkommt.

Pelz Er symbolisiert die typische Eigenschaft des Tieres, von dem er stammt.
Nach S. Freud ein Symbol für Schamhaare.
Nach C. G. Jung: „Das Tier in uns."

Penis Auch als Traumsymbol ein Zeichen männlicher Macht und Handlungsfähigkeit.

Penner Symbolgestalt für überzeichneten Freiheitsdrang – unter dem Motto: Lieber unter der Brücke schlafen, als nur einen Tag lang von jemandem abhängig sein.

Penthouse Als Traumort ein sicherer Hinweis auf die Zielvorstellungen des Träumenden: Er möchte in jeder Hinsicht „hoch hinaus" – und zwar so hoch wie nur irgendwie möglich.
Auch: das Bedürfnis, sich „nach unten hin abzugrenzen", sich vom Alltäglichen abzuheben.

Pergament Sinnbild für einen Vertragsabschluß, für eine verbindliche Abmachung, die mit einem Schriftstück belegt ist, für ein wichtiges Dokument – auch im Traum.

Perle Ein Symbol für die Reife und Vollständigkeit einer Empfindung.

Außerdem: Sinnbild des Kostbaren, Vollkommenen, auch für eine geliebte Frau.
Nach S. Freud & Co.: weibliches Sexualsymbol für die Klitoris.
Traditionell: „Perlen bringen Tränen" – vor allem, wenn die Kette reißt.

Person Eine (bekannte) Person im Traum kann dieser realen Person entsprechen, besonders dann, wenn Eltern, Kinder, Liebespartner und enge Freunde im Traum vorkommen, spielen sie fast immer „ihre eigene Rolle".
Außerdem kann jede geträumte Person auch einen Persönlichkeitsanteil, einen Wesenszug des Träumenden darstellen.
Selten, aber doch: Manchmal schlüpft eine „fremde" Persönlichkeit in die vertraute Gestalt einer bekannten Person, die ihr (äußerlich) „zum Verwechseln ähnlich" ist – was sich aber aus der gesamten Traumhandlung ergeben würde. Vorausgesetzt, man kann sich an sämtliche Einzelheiten, handelnde Personen und das gesamte Traumgeschehen erinnern.

Perücke Symbol für eine Persönlichkeitsveränderung, man will anders erscheinen, als man „darunter" ist, sich „keine Blöße geben".

Petersilie In der traditionellen Deutung ein Erfolgssymbol.

Pfad Sinnbild dafür, daß man „seinen persönlichen Weg" gefunden und beschritten hat.

Pfanne Haben Sie im Traum jemanden „in die Pfanne gehauen"? Als Symbol ist das ganz harmlos: Ihnen geht es um gemütliche (gemeinsame) Häuslichkeit.
Nur Dr. Freud hat das ganz anders gesehen: Alles, was man auf den Herd setzen kann, ist ein Sexualsymbol.

Pfarrer Symbolgestalt für eine Vaterfigur und einen Seelenführer.

Pfau Das klassische Symboltier für Eitelkeit, Narzißmus und Hochmut – besonders wenn er im Traum sein schillerndes „Rad" präsentiert.
Außerdem: Wie auch der Phönix gilt der Pfau als archetypisches Wiedergeburtssymbol.

Pfeffer Ob Gewürzkörner oder Schote, er ist auch im Traum, was er ist: eine „scharfe Sache".

Pfeife Ein Symbol für Entspannung und Genuß – trotzdem weist die Pfeife im Traumzusammenhang auch oft auf Unsicherheit und seelische Probleme hin. Die genaue Bedeutung ist dann nur der speziellen Traumstory zu entnehmen.

Pfeifen Wer im Traum pfeift, möchte auf sich aufmerksam machen.

Pfeil Mit Pfeil und Bogen umzugehen bedeutet: Man hat eine klare Vorstellung von dem Ziel, das man „anpeilt". Als Traumsymbol weist der Pfeil auf Eigenschaften wie Konzentrationsvermögen, Zielgerichtetheit und visuelles Vorstellungsvermögen hin.
Außerdem: Wie alle länglichen und „durchbohrenden" Waffen gilt der Pfeil als Penissymbol.

Pferd Das elegante Tier stellt auch im Traum gebündelte Lebensenergie, Motorik, animalischen Stolz, Kraft, Beweglichkeit und Triebkraft dar.
In traditionellen Deutungen gilt ein Pferd manchmal als die Symbolgestalt für eine begehrte Geliebte – des angeblich „typisch weiblichen", wohlgeformten Hinterteils wegen.
Bei S. Freud: Sinnbild des Lebens- und Todestriebes (Eros und Thanatos).

Pfirsich Das süße Früchtchen gilt als erotisch-sexuelles Symbol.
In der traditionellen Deutung: Vereinigung mit der Geliebten.

Pflanzen Wer im Traum eine Pflanze einsetzt, möchte mit dieser Symbolhandlung eigentlich seine eigenen Talente und Fähigkeiten „zum Wachsen und Gedeihen bringen".

Das Pferd stellt im Traum Lebensenergie, Motorik, animalischen Stolz, Kraft und Beweglichkeit dar.

Pflaume Ein eindeutig zweideutiges Symbol für weibliche Sexualität.
In der traditionellen Deutung: Zu Hause wartet das „eheliche Glück" auf dich. (Möglicherweise auch ein erotisches, früher hätte man es wohl nicht eindeutiger in die Traumbücher geschrieben.)

Pflug Sinnbild einer Umwälzung – gilt auch als Symbol für „aufgelockerten" Lebensstil.
(Nach Freud: Geschlechtsverkehr.)

Pfütze Wer in eine Pfütze tritt, hätte auch gleich ein Fettnäpfchen nehmen können: peinliche Situation.

Phönix Sprichwörtliche Symbolgestalt der Verwandlung, Auferstehung und Wiedergeburt.

Photographie (→ Foto)

Pilger Symbol für spirituelle Suche und Selbstverwirklichung. Nach C. G. Jung ist er die archetypische Gestalt des alten Weisen, der im Traum auf wichtige Abschnitte der Selbstvervollkommnung verweist.

Pillen Wer „bittere Pillen" schlucken muß, setzt sich im Traum entweder mit Krankheit oder mit einer „bitteren Wahrheit" auseinander.

Pilze Weil sie „aus dunkler, geheimnisvoller Tiefe" kommen und auch giftig sein können, gelten Pilze als Symbol für „rauschhafte, religiöse, ekstatische und sexuelle Erlebnisse".
Nach S. Freud: Penissymbol.

Pilze gelten als Symbol für rauschhafte, religiöse, ekstatische und sexuelle Erlebnisse.

Pinsel Im Traum ein Hinweis auf Kunst und Gestaltungstalent.
Im Sinne der Psychoanalyse gilt der Pinsel als Sexualsymbol.

Pirat Wer von ihm träumt, stellt Freiheit und Unabhängigkeit über alles. Es darf auch gern ein bißchen gefährlich werden.

Pistole Sie ist auch im Traum ein „drohendes Zeichen für Macht, Ag-

gression und Durchsetzungsvermögen".
(Und – wie könnte es anders sein: ein Penissymbol.)

Pokal Man sucht Anerkennung und Bestätigung. Wenn man im Traum einer anderen Person einen Pokal überreicht, bewundert man diesen Menschen – oder seine Leistung, sein Talent.

Polizist Ein Polizist im Traum gilt als Symbolgestalt des Über-Ichs.
Die nähere Bedeutung ergibt sich aus der Traumhandlung. Manchmal spielt die sprichwörtliche „Freund-und-Helfer"-Position eine Rolle, in wieder anderen Zusammenhängen geht es um das Verständnis der Begriffe „Recht und Ordnung" des Träumenden.
In der traditionellen Deutung galten Polizisten ausschließlich als Respektspersonen und Autoritäten, die eher gefürchtet waren.

Polster Das Sinnbild für Entspannung und Ruhe sah S. Freud als Symbol für die Frau.

Pony (→ Pferd)

Pornographie (→ Prostituierte)

Porträt (→ Bild)

Porzellan Selbst wenn es im Traum gegen die Wand geworfen wird, gilt Porzellan als Symbol für kultivierte Häuslichkeit und (traditionell) Eheglück. Das ist unübersehbar zerbrochen, wenn man nur von Scherben träumt.

Post Symbol für die Übermittlung von wichtiger Information (aus dem Unbewußten) – etwas für den Träumenden Wesentliches wird durch Kommunikation (im Traum) bewußtgemacht.

Preis Wer in einer Traumhandlung einen hohen Preis bezahlen muß, erhält dafür ein „wesentliches Geschenk" (= Symbol für eine Information, die in der Realität hilfreich sein wird) als Draufgabe zum erworbenen Gegenstand. So stellt sich jedenfalls das Preis-Leistungs-Verhältnis in der traditionellen Deutung dar.
Preise und Zahlungsbeträge symbolisieren meistens den (hohen oder niedrigen) Energieumsatz der träumenden Person.

Priester (→ Bischof, Pfarrer)

Prinz/Prinzessin Eine „geschönte" Symbolgestalt für die träumende Person, aber oft auch Sinnbild des „Seelenadels" (der seelischen Qualitäten).

Professor Ein Symbol für Aufstieg durch geistige Leistung. Oder in einem negativ empfundenen Traum: Jemand führt ein zu „kopflastig" ausgerichtetes, einseitig intellektuelles Leben.

Prostituierte Häufig schlägt in solchen Träumen ein ganz reales Bedürfnis nach „unbürgerlicher" Sexualität durch. Oder die Sehnsucht nach exzessiven erotischen Abenteuern in einer Phase der unfreiwilligen Enthaltsamkeit.
In der Psychoanalyse symbolisiert eine Prostituierte verdrängte Wünsche, die nicht ausgelebt werden.
Ein geträumter Bordellbesuch gilt als „Ventil" für ein abweisendes, sexfeindliches Verhalten des eigenen Partners bzw. für eine entsprechend „lustlose" Situation im Alltag.

Prozeß Wenn Ihnen im Traum der Prozeß gemacht wird, wäre es ganz wichtig, wenn Sie sich an die Anklagepunkte erinnern könnten. Daraus ergibt sich ein Hinweis auf eine reale Problematik in Ihrem Leben.

Prüfung Eine geträumte Prüfungssituation deutet oft Probleme im Berufsalltag an, die demnächst „gefragt sein" könnten. Der typische Alptraum vom gnadenlosen Durchfallen bei einer Prüfung (obwohl man doch gerade noch alles gewußt hat) gilt aber fast immer als Hinweis, daß es momentan um das eigene Selbstwertgefühl (und um das Vertrauen zur eigenen Leistung) schlecht bestellt ist.

Publikum Ein Selbstdarstellungstraum, in dem man herausfinden möchte, ob man – entsprechend der eigenen Vorstellung – „gut ankommt" oder eher „durchfällt".

Pudding Kein Symbol – meistens ein gieriger Heißhungertraum in den „mageren Zeiten" einer einseitigen Diät. (Was ebenfalls für Eis, Torten und andere „ungesunde Genüsse" aus dem verbotenen Paradies der süßen Dickmacher gilt.)

Puder (→ Maske)

Pumpe Ein Symbol für Fruchtbarkeit, den „Fluß der Empfindungen" – und für sexuelle Aktivität.

Puppe Wenn man sich selbst im Traum als Puppe sieht, gilt es als Hinweis, daß man sich als Spielzeug anderer empfindet, die nur wollen, daß man nach ihrem Sinn „funktioniert" und dabei keine Gefühle und keinen eigenen Willen zeigt – wie eine Puppe eben. Sie gilt als Sinnbild hübscher, lebloser Kindlichkeit, das erst durch die Phantasie und die Projektion des Kindes, das mit ihm spielt, zu einem „Wesen mit Eigenschaften" wird. Ein typischer Frauentraum in kritischen Phasen einer Beziehung, wenn der Partner z. B. im Streit immer wieder sagt: „Alles, was du bist, hast du mir zu verdanken“, oder: „Ohne mich bist du ja gar nicht lebensfähig.“ Häufige Puppenträume deuten auf Identitätsverlust hin.

Pusteln Wenn man träumt, von Pusteln oder Bläschen übersäht zu sein (oder einen Ausschlag zu haben), symbolisiert dieser „Ausscheidungsvorgang“ der Haut einen entsprechenden im psychologischen Bereich: Man will die „glatte Oberfläche“ präsentieren und nach außen hin „alles in Ordnung“ halten, aber eine innere Belastung, eine seelische „Vergiftung“, läßt sich nicht länger verborgen halten.
Die „bricht durch“, wird sichtbar und verlangt nach einer Beschäftigung mit den Ursachen – nach „Heilung“.

Putzen Ein geträumter „Putzfimmel“ zeigt an, daß man ein schlechtes Gewissen hat und unbedingt „mit dem Konfliktstoff aufräumen“ bzw. „etwas in Ordnung bringen sollte“ – damit man sich wieder wohl fühlen kann und diese spezielle (belastende) Thematik nicht „unter den Teppich kehrt“.

Pyramide Nach C. G. Jung symbolisiert eine Pyramide (auch im Traum) den Auferstehungsgedanken.
In der psychologischen Deutung ist es der Wunsch, durch eine herausragende Leistung (oder einen besonderen gesellschaftlichen Stellenwert – z. B. als prominenter Künstler) „unsterblich“ zu sein.

Quaddel (→ Haut, Pusteln)

Quadrat Ein Symbolbild für Erdung und seelische Ausgewogenheit. Im spirituellen Sinn auch ein Ganzheitssymbol.

Quaken Wer im Traum Frösche quaken hört, befürchtet, Opfer von verleumderischen Gerüchten, von „Tratsch" zu sein (meint die traditionelle Deutung).

Qualle Versinnbildlicht ein starkes Gefühl der Verunsicherung – man weiß nicht und kann auch nicht einschätzen, von welchen (nicht erkennbaren) Gefahren man umgeben ist.

Quarantäne Unangenehme Träume von einer Quarantänesituation sind als Warntraum (und als „Tip aus dem Unterbewußtsein") zu verstehen: Man neigt dazu, sich bei großer psychischer Belastung (bewußt oder auch unbewußt) in eine Krankheit zu flüchten oder nach außen hin völlig „abzuschotten" – die Isolation zu suchen.

Quecksilber Auch im Traum Symbol für Geschwindigkeit, quirlige Rastlosigkeit – man ist innerlich und äußerlich „nicht in den Griff zu kriegen".

Quelle Symbol für „sprudelnde" Lebenskraft, Ideenreichtum, Kreativität, unerschöpfliche Energie.
Im spirituellen Verständnis: Durst nach Erkenntnis und einem klaren Geist.
Quellen sind immer als Glückssymbol zu verstehen, selbst in einem negativen Traum zeigt eine Quelle die „Bereinigungsmöglichkeit" – die Chance, daß alles besser werden kann.

Quirl (→ bei Quecksilber)

Quizspiele Wer davon träumt, wird demnächst eine ähnliche Situation zu bestehen haben. Man wird sich Anforderungen stellen müssen, auf die man nicht vorbereitet ist – man muß wie in einem Quiz flexibel und reaktionsschnell mit der momentanen „Fragestellung" (Herausforderung) umgehen können, Ideenreichtum und Improvisationstalent sind gefragt.

Rabe Man muß deswegen nicht gleich ein Unglücksrabe sein, wenn man vom großen schwarzen Vogel träumt. Er gilt zwar (traditionell) als Todessymbol, aber das hat einen völlig natürlichen Grund: Raben und Krähen picken eben (wie viele andere Vogelarten) auch Saatkörner aus der Erde, um im Winter überleben zu können. Nachdem die Saat aber nicht als Vogelfutter, sondern als „Grundstein" der erhofften guten Ernte des kommenden Jahres gedacht ist, gelten die Raben als spezielle Unglücksbringer und „Vertilger künftiger Lebenskraft". Damit haben sie sich so unbeliebt gemacht, daß sie zum Unglückssymbol schlechthin geworden sind.
In vielen Sagen und traditionellen Erzählungen ist es aber gerade der gefürchtete Rabe, der mit seiner Weisheit eine Gefahr abwenden kann.

Rache Rache ist süß? Sie bleibt jedenfalls selten ohne (negative) Folgen, was Sie bedenken sollten, nachdem Ihnen der geträumte Racheakt nun vielleicht einen speziellen „Tip" gegeben hat. Träume von Racheaktionen wollen nur als Aufforderung zu mehr Durchsetzungsvermögen verstanden sein – und daß man manches konsequent „durchziehen" muß, ohne dabei (von Selbstzweifeln geplagt) ständig zu überlegen, ob sich nicht vielleicht jemand dafür rächen könnte, daß man einmal zielstrebig „in eigener Sache" aktiv war.

Rachen „Der kann seinen Rachen nicht voll bekommen!" sagt man von gierigen, berechnenden und (meist materiell) „unersättlichen" Leuten – und so ist diese Körperstelle auch symbolisch zu deuten, falls der Rachenbereich in einem Traum einmal besondere Bedeutung hat.

Rad Symbol für Bewegung und eine „in sich runde Ganzheit" (→ Kreis).

Radiergummi Wer davon träumt, etwas „auszuradieren", will etwas loswerden, ungeschehen machen – oder dafür sorgen, daß etwas vergessen, ein Fehler übersehen wird.

Radio Als Symbol für Information und Kommunikation kann es im Traum auch bedeuten, daß man mehr auf seine „innere Stimme“ hören sollte.

Rahmen Wollen Sie endlich einmal „aus dem Rahmen fallen“? Sie haben keine Lust mehr, einem Bild zu entsprechen, das sich andere von Ihnen machen.
Oder: Man hat Angst davor, „aus dem Rahmen zu fallen“, weil man auf ein makelloses Image bedacht ist, also den „Rahmenbedingungen“ einer Situation entsprechen will.

Rakete Ein „Aufsteiger“-Symbol im Traum – es geht um einen raschen Durchstart und um das Vorhaben, sich zielstrebig (und auf dem kürzesten Weg) von Belastungen (Einschränkungen usw.) zu befreien. Man will „nach oben“, und das so schnell wie möglich. Die Angst vor einem Risiko läßt man gar nicht erst aufkommen, die Lust am Risiko ist groß.
Außerdem: ein männliches Sexualsymbol.

Rampenlicht Dort möchte man stehen, wenn man davon träumt: im Mittelpunkt der Aufmerksamkeit und Bewunderung (→ Beifall, Bühne).

Rand Symbol für einen Grenzbereich, einen Übergang. Stehen Sie abseits, am „Rand des Geschehens“? Oder haben Sie sich nicht „an den Rand drängen lassen“, und konnten Sie sich im Mittelpunkt behaupten? Welche Personen empfinden Sie als „Randgruppen“?

Randalieren Wer von Randalen träumt und aktiv dabei war, ist viel unsicherer und schwächer, als er sich gibt. Er fühlt sich nur in einer Gruppe (von Gleichgesinnten) stark und tobt seine Aggressionen an Menschen (oder Gegenständen) aus, die hilflos, wehrlos oder eindeutig physisch unterlegen sind. Solche Träume sind alles andere als ein „Überlegenheitsbeweis“.
Wenn man sich im Traum von Randalierern überfallen sieht, ist man in der Realität häufig Opfer von „Gruppenzwängen“, man paßt sich dem Verhalten der (teilweise überlegenen) Mehrheit an, um akzeptiert zu werden und auf diese Weise in der Rangordnung dieser Personengruppe aufzusteigen. Ein häufiger Traum in beruflichen Machtkampfsituationen.

Rasen (→ Gras, Wiese)

Rasiermesser Man will etwas freilegen, systematisch bloßlegen, um es in

seiner ursprünglichen Form zu betrachten. Ein Symbol für subtil ausgetragene Aggressionen – oft unter dem Vorwand einer konstruktiven, analytischen Überlegung.
Oder: Man will jemanden „bloßstellen“.

Rathaus Symbolort für „Amt und Würde“, den man aufsucht, wenn man etwas erledigen oder bestätigt bekommen möchte. Der Traum teilt mit, daß man etwas Wichtiges bekommt (oder erreichen kann), wenn man es versteht, mit gewissen „Spielregeln“ (gesellschaftlich-sozialer Art) oder mit einer Autorität zurechtzukommen.

Rätsel Man ist auf der Suche nach einer Antwort, wenn man im Traum Rätsel lösen soll.
Oder: Man soll sich von einer „fixen Idee“, die immer wieder nur neue Fragen aufwirft und Probleme beinhaltet, endlich verabschieden, weil keine „Lösungsmöglichkeit“ erkennbar ist.
Was ebenfalls mit einem Rätseltraum gemeint sein kann: Es wäre gut, sich von einem Menschen zu distanzieren, der einem ständig neue Rätsel aufgibt – sei es, um das Interesse an seiner Per-

Ein Radio (hier in altertümlicher Form) im Traum bedeutet, daß man mehr auf seine „innere Stimme“ hören sollte.

son wachzuhalten, oder auch, weil er einiges zu verbergen hat und davon mit seinem „rätselhaften Verhalten" ablenken will.

Ratte Rattenträume gelten als Warnsignal: Sie können auf „nagende Zweifel" und depressive Gedanken hinweisen, die Teil einer psychischen Erkrankung sind. Wenn sich Träume von (als bedrohlich empfundenen) Ratten häufiger wiederholen, deutet dies auf eine Angstneurose hin. Man sollte therapeutische Hilfe in Anspruch nehmen.

Raub/Räuber Sind Sie im Traum überfallen worden? Sie befürchten, daß Ihnen ein (geliebter) Mensch „geraubt" wird und meinen, daß Sie es verhindern können, wenn Sie besonders „auf der Hut sind" – also eher eifersüchtig und mißtrauisch als zu gutgläubig. Zugleich wissen Sie natürlich, daß es Verluste gibt, die man nicht durch Wachsamkeit verhindern kann. Dieses Hinundhergerissen-Sein zwischen Angst und der Hoffnung, daß Sie Ihren „Schatz behalten" können, wird im Traum als Raubszene umgesetzt.
S. Freud interpretierte Raubträume als Angst vor der Sexualität, was aber nur aus der Sichtweise seiner Zeit zu verstehen ist: Damals wurde Frauen „die Unschuld geraubt".

Raubtiere Sie sind Symbolgestalten des „Animalischen in uns", sexueller Empfindungen und Bedürfnisse, die wir genießen und ausleben möchten. Oder die uns verwirren und überfordern, je nach Grundstimmung und Handlung des Traumes.

Rauch Ohne Feuer kein Rauch – und umgekehrt. Es geht um Ursache und Wirkung in einem „rauchigen" Traum und um Energie, die in ihrer Umsetzung Spuren hinterläßt.
Eine andere Möglichkeit: Sie möchten jemandem „ein Rauchzeichen geben" – oder Sie hoffen auf eines von einem Menschen, der sich zurückgezogen hat.

Rauchen Kein Symbol, nur ein Verarbeitungsversuch der Entzugsproblematik, wenn jemand gerade zu rauchen aufgehört hat. Wem es besonders schwerfällt, träumt davon und sieht sich und andere genüßlich qualmen.

Raupe In einzelnen Fällen ist ein Raupentraum Ausdruck eines tieferen Ekelempfindens, man sieht in dem „unfertigen" wurmähnlichen Tier nur das Gierig-Ekelhafte. Die eigentliche Symboldeutung einer Raupe liegt aber in ihrem Zustand, der ja nur die unscheinbare Vorstufe zum zarten, bunten Schmetterling ist: ein Transformationssymbol.

Rausch Ein geträumter Rauschzustand gilt als Warnung vor Realitätsflucht und soll darauf hinweisen, daß klares Bewußtsein (und die daraus resultierende geistige Leistungsfähigkeit) gefragt ist. Vielleicht gerade in einer unmittelbar bevorstehenden Situation, in der der Träumende darauf angewiesen ist, nicht „benebelt" zu sein, sondern klaren Kopf zu behalten.

Rauschgift (→ Haschisch)

Rebell Eine Symbolgestalt, die zur Durchsetzung der eigentlichen (und unbeeinflußten) Empfindungen und Ideen ermutigt.

Reben In der traditionellen Deutung gelten sie als Glückssymbol.

Rechnung Von einem Rechnungsbeleg zu träumen, kann bedeuten, daß man für einen bestimmten Vorgang die Verantwortung übernehmen muß: Man soll die wesentlichen Punkte „belegen" können, andernfalls würde man „zur Kasse gebeten". Wenn man gerade ein schlechtes Gewissen hat, kann es auch bedeuten, daß man für sein Fehlverhalten „bezahlen" muß.
In der psychologischen Deutung wird eine im Traum präsentierte Rechnung als Aufforderung verstanden, daß man seine „Lebensbilanz" ziehen sollte, um alte Belastungen zu erledigen und frei für einen neuen Lebensabschnitt zu sein.

rechts Wenn in einem Traum stark die „rechte Seite" (Hand, Körperhälfte, Sitzordnung an einem Tisch, Wegwahl an einer Kreuzung usw.) betont wird, ist es als Hinweis auf Eigenschaften zu verstehen, die man der rechten Gehirnhälfte zuschreibt: z. B. Aktivität, Durchsetzungsvermögen, logisches Denken, Sachlichkeit usw.
Selten, aber wenn es der Zusammenhang der Traumhandlung ergibt, kann „die Rechte" auch einen politischen Inhalt symbolisieren.

Rechtsanwalt Symbolgestalt für ein ausgeprägtes Bedürfnis nach gerechter (oder – den eigenen Vorstellungen entsprechend – richtiger) Selbstbewertung und Behandlung der eigenen Person. Man achtet vorrangig darauf, daß einem kein Unrecht geschieht, daß man keiner Fehleinschätzung zum Opfer fällt. Man verteidigt ganz entschieden alles das, was man (für sich und die eigene Lebensform) für richtig hält.
Außerdem: Man hat gerade vor, gerechte Forderungen geltend zu machen.

Rede Im Traum gehaltene Reden zeigen an, daß spezielle Gefühle und Bedürfnisse jetzt ihren verbalen Ausdruck finden sollten. Es ist der richtige Zeitpunkt, um jemanden „zur Rede zu stellen“ – oder jemandem etwas ausführlich und vorbehaltlos zu erklären, was man bis jetzt zurückgehalten hat.

Regal Das eindeutige Symbol für Aufbewahrung (oder um etwas zu sammeln) weist darauf hin, daß man „schon zu viele Regale voll hat“ – daß man zu sehr an der Vergangenheit, an alten Gefühlen, Beziehungen, Erinnerungen hängt – auch wenn sie längst „verstaubt“ sind. Der Traum will sagen: aussortieren!

Regel Geben Sie die Spielregeln vor? Oder ordnen Sie sich den Regeln anderer unter? Diese Fragen sollten Sie sich stellen, wenn Sie Träume haben, in denen Regeln aufgestellt, übergangen, an neue Umstände angepaßt usw. werden. Es geht um Themen wie Ordnung und Unterordnung, Organisation und kreatives Chaos, Systematik oder abstrakte Folgerungen.

Regen Ein typisches Fruchtbarkeitssymbol, aber der Regen ist auch Sinnbild für friedvolle Entladung von Energie, für Entspannung und Bereicherung emotionaler Art – und für frische, klare, von Belastung gereinigte Atmosphäre.

Regenbogen Er gilt als das Friedens- und Vereinigungssymbol schlechthin: Das Licht der Sonne (Feuer) und das Wasser des Regens tragen nicht (wie sonst immer) den Kampf der Elemente aus, verhalten sich nicht „wie Feuer und Wasser“ (auflösend und auslöschend) – sie verbinden sich zum faszinierenden, spektralfarbenen Himmelszeichen: Gefühl (Wasser) und Wille (Feuer) verschmelzen zu harmonischer Einheit. In der christlichen Tradition galt ein Regenbogen als Symbol für das Bündnis zwischen Gott und den Menschen. Heute gilt er vor allem als Sinnbild vereinter Gegensätze, für Phantasie und Kreativität – und als Glückssymbol der Liebenden.
Nach C. G. Jung: die Brücke zum Jenseits.

Regenschirm Ein Abwehrsymbol, man will sich gegen einen Kontakt, gegen ein Gefühl (Regen = Wasser = Emotion) „abschirmen“, man verhindert, daß man von einer Empfindung „durchdrungen“ wird.

Regie/Regisseur Führen Sie selbst im Spiel Ihres Lebens Regie? Oder befolgen Sie die Regieanweisungen anderer? Darum geht es in einem solchen Traum und natürlich auch um den Stellenwert der Rolle, die Sie (unter welcher Regie?) zu spielen hatten. Eine Haupt- oder Nebenrolle? War es ein heiteres, witziges Stück oder ein bedrückend empfundenes Drama? Es geht um Ihren eigenen Entscheidungsspielraum, um Selbstverwirklichung – oder um Ihr „Mitspielen" bei einem gemeinsamen Anliegen.

Reh Das sprichwörtlich scheue Reh gilt als Symbol für eine zarte, junge, besonders sensible Mädchenfrau.

Reichtum Haben Sie in Ihrem Traum so richtig „aus dem vollen geschöpft" und alles, was gut und teuer ist, genossen? Solche Träume drücken die Sehnsucht nach Erfüllung und der „Fülle des Lebens" aus, ideell, materiell, emotionell – je nachdem, was Ihnen als erstes zum Stichwort „Reichtum" einfällt. Sie sollten sich vor falscher Bescheidenheit hüten und versuchen, Ihr Leben bewußt „reicher zu gestalten".

Reinkarnation (→ Inkarnation)

Reis (→ auch Getreide) Traditionelle Deutung: Durch falsche Ratgeber kann ein Plan gefährdet sein.

Reise Reiseträume gelten als symbolische Darstellung des Lebensweges – oder einer aktuellen Teilstrecke. Es geht auch darum, wie beweglich Sie sind, welche Eindrücke Sie während der Lebensreise aufnehmen, welchen Mitreisenden Sie begegnen und was Sie dann mit ihnen verbindet. Wer begleitet Sie, wer bleibt zurück? Ein häufiger Traum, der viele Themen Ihres Lebens anklingen läßt und manche Antwort bietet, wenn Sie sich an Ihre Reise „mit allem Drum und Dran" gut erinnern können. Wenn Sie Traumnotizen machen oder ein Traumbuch führen, sollten Reiseträume unbedingt festgehalten werden. Sie können von großem Mitteilungswert sein. Außerdem: Fast immer folgt nach einiger Zeit eine (dann aktuelle) Fortsetzung. Bei S. Freud gilt eine Abreise als das häufigste Todessymbol im Traum.

Reisepaß Meistens ein Persönlichkeitssymbol des Träumenden, womit er „sich ausweisen kann". Manchmal auch: Ein emotionaler Abschied wird fällig, man geht demnächst auf Reisen, d. h., man läßt den bisherigen Lebensabschnitt hinter sich und beginnt den nächsten von einem neuen „Standort" aus.

Reiten Sinnbild „beherrscht ausgelebter" (gezügelter) Erotik: Sinnlich-animalische Kraft (Pferd) wird durch „kultivierte Bewegung" (Reiter) und menschlichen Willen (Dressur) harmonisch umgesetzt, aber auch „im Zaum gehalten".
Nach S. Freud: Symbol für sexuelle Aktivität.

Reklame Sinnbild für Kreativität und deren Umsetzung.
Oder: Machen Sie (zuviel) „Reklame für sich selbst"?

Religion Religiöse Trauminhalte sind häufig als Hinweis zu verstehen, daß man sich von seiner religiösen Erziehung (oder einer stark durch die Religion geprägten Lebensphase) distanziert. Dementsprechend schlecht kann anfangs das Gewissen sein – und die alten Wertigkeiten und religiös-rituellen Gewohnheiten dann per Traum „einmahnen".

Rennen Sind Sie im Traum außer Atem geraten? Man rennt und rennt und rennt – und wacht dann meistens (schweißgebadet) auf: ein typischer Streßphasentraum, der das Tempo der Tagesaktivitäten aufnimmt, weiterspinnt und verarbeitet. Vielleicht auch als Hinweis zu deuten, daß man sich von den eiligen Abläufen, die man sich selbst „antut", langsam „verfolgt" fühlt, man ist ständig „gehetzt und atemlos" unterwegs. Ausspannen!

Reptilien (→ Schlange)

Restaurant Auch als Traumsymbol ein Ort des kultivierten Genusses, in Gesellschaft und mit Kommunikation. Das ist es, was sich der Träumende derzeit wünscht: mehr angenehme soziale Kontakte, mehr „konsumierbare" Lebensfreude – etwas mit anderen und vor anderer Augen genießen. Entweder war man zu lange allein, oder man fühlt sich isoliert und im gesamten Lebensgefühl „auf Diät gesetzt" – jetzt möchte man endlich wieder mal unbeschwert „schlemmen" – was sich nicht nur auf kulinarische Freuden beschränken muß.

Rettungsboot Ganz einfach: Man hat von den „Stürmen des Lebens" und von den heftigen „Wogen übermächtiger Gefühle" ein bißchen zuviel abbekommen. Man will „nur mehr weg" und Abstand von diesen allzu heftigen, intensiven „überbordenden" Empfindungen bekommen – ab ins Rettungsboot, und das am liebsten ganz allein.

Revanche (→ Rache)

Revolution (→ Rebell)

Revolver (→ Pistole)

Rezept Im Traum beinhalten Rezepte oft einen Hinweis auf real wirksame Heilmittel, die man gerade gut gebrauchen könnte – oder auf andere „heilsame Dinge", die das Lebensgefühl steigern könnten.

Rhythmus Haben Sie Ihren eigenen Rhythmus gefunden, oder fühlen Sie sich vom hektischen Rhythmus anderer gehetzt? Im Traum ist er häufig das Sinnbild für Zeitrhythmen, denen man sich anpaßt oder die man einhalten sollte.

Richter Er gilt als Symbolgestalt für das Über-Ich und ist oft als Warnung vor Ungerechtigkeit (oder einer „unrechten" Entscheidung) zu verstehen.

Riese Nach C. G. Jung ist ein Riese als archetypisches Symbol des übermächtigen Vaters zu verstehen – oder in Kinderträumen als Sinnbild des Erwachsenseins. In der Gestalt eines Riesen können sich im Traum Entwicklungsphasen und Zukunftschancen darstellen.

Ring Das klassische Symbol einer liebevollen Verbundenheit oder Bindung, von der man sich wünscht, daß sie „ewig bestehen könnte", denn „ein Ring hat kein Ende".

Der Ring: das klassische Symbol einer liebevollen Verbundenheit, die ewig bestehen sollte.

In der traditionellen Deutung: Wenn ein Junggeselle einen Ring trägt, will er damit zeigen, daß er keine Bindung eingehen will: Er ist nur sich selbst verbunden.

Ringkampf Packen Sie die Lösung Ihrer Probleme energisch an, oder verdrängen Sie sie lieber? Ein geträumter Ringkampf bedeutet, daß man „innerlich mit etwas zu ringen hat". Wenn man sich immer wieder davor drückt und sich dieser Herausforderung nicht stellt, „mahnt" der Traum vom Ringen zum „Kampf".

Ritter In der psychologischen Deutung weist eine Rittergestalt im Traum auf seine „Rüstung" als Gleichnis hin: Man hat sich einen Panzer zugelegt, um gegen (emotionale und seelische) Verletzungen immun zu sein. Man möchte „mit Schild und Schwert" (wie ein Ritter) seine Empfindungen schützen und verteidigen, wünscht sich, unverwundbar zu sein.
In der traditionellen Deutung: Symbolgestalt für unreife junge Männer und ihre Abenteuerlust.

Ritual Fast immer ein Sinnbild für Alltagsrituale, die man immer wieder „zelebriert", ohne darüber nachzudenken, ob sie im eigenen Leben (noch) einen Sinn ergeben. Solche Träume kann man als Signal aus dem Unterbewußtsein deuten, daß man mehr Lebendigkeit und Spontaneität in seinen „ritualhaften Abläufen" zulassen sollte.

Rivale Manchmal symbolisiert eine Rivalitätssituation im Traum einen inneren Machtkampf zwischen verschiedenen, einander widersprechenden Empfindungen.
Häufiger: Man leidet an Eifersucht, und dieser emotionale Streß sucht sich in entsprechenden Traumgeschichten ein Ventil.

Roboter Sie leiden an einer Situation, in der Sie „wie ein Roboter funktionieren" und die von lähmender Routine geprägt ist. Bei häufiger Wiederholung ist ein solcher Traum als ernste Warnung zu verstehen, daß man nur mehr „ferngesteuert" lebt und seine Emotionen völlig unterdrückt – ein Zustand, der über längere Zeit krank macht!

Rock (→ Kleidung)

Rockmusik/Rockkonzert Wer davon träumt, will sich seine Unabhängigkeit und Lebendigkeit erhalten – oder zurückgewinnen. Ein Sinnbild „sanfter" Revolution gegen eine konventionelle Lebensform und für einen sinnlichen, lustbetonten, „wilden" Selbstausdruck.

Roggen (→ Getreide)

Rohr Nicht nur nach S. Freud ein Sexualsymbol. Träumt man von verstopften Rohren, blockiert man seine sexuellen Empfindungen, lebt zu enthaltsam – oder hält Gefühle bewußt zurück.
Ein Rohrbruch versinnbildlicht, daß ein Gefühl außer Kontrolle geraten ist – oder daß man mit seinen sexuellen Bedürfnissen nicht zu Rande kommt: Sie „sprengen den üblichen Rahmen" – was immer das im speziellen Fall auch bedeuten mag.

Rollstuhl Ein Alptraum, wenn man selbst im Rollstuhl sitzt: Man muß sich mit Behinderung und Abhängigkeit (auch im übertragenen Sinn) auseinandersetzen und ist darauf angewiesen, ob und wieviel „Bewegungsfreiheit" von anderen ermöglicht wird. Auch: Man kann seinen Problemen nicht mehr weglaufen – oder man muß nach einer schweren Zeit, in der jede (auch geistige, emotionale) „Beweglichkeit lahmgelegt war", erst wieder langsam „laufen lernen".

Roman Bei einem geträumten sind vor allem der Titel und die Handlung von symbolischer Bedeutung.

Rose Als traditionelle Blume der Liebe ist sie vor allem ein Symbol tiefer,

erfüllter Gefühle zweier Menschen zueinander – und mahnt zugleich, daß auch die wunderbarste Zweisamkeit „ihre Stacheln" haben kann – keine Rose ohne Dornen!
Im Altertum galt eine Rose als Symbol für wichtige Geheimnisse und als Gebot der Verschwiegenheit: Wenn eine Rose auf dem Tisch war (an dem gegessen und miteinander gesprochen wurde), galt es als verbindliche Verpflichtung zur absoluten Geheimhaltung alles Gehörten und Gesehenen. In diesem Zusammenhang gilt die Rose auch als Symbol verborgener Weisheit (und des Geheimwissens). Z. B. trug der Orden der Rosenkreuzer („Im Namen der Rose") als Ordenszeichen eine „Rose im Kreuz".
Nach C. G. Jung gilt die Rose immer als Symbol der Ganzheit, der höheren geistigen Weltordnung.
Wenn Rosen im Traum vorkommen, symbolisieren sie aber fast immer als Venus- und Liebesblume erotische Empfindungen. Dabei wäre es wichtig, sich an die Farbe zu erinnern – ihre Bedeutung ist unterschiedlich: Weiße Rosen symbolisieren Bewunderung und Verehrung, dabei aber auch eine gewisse Distanz zur beschenkten Person. Rote Rosen sind eindeutiges Sinnbild erotischer, leidenschaftlicher Liebe. Rosen in diversen „sonnigen" Gelb-Orange-Rosé- und Hellrot-Tönen sollen dem Beschenkten signalisieren: „Du bist meine Sonne, ich bin glücklich, daß es dich gibt – und was du willst, möchte ich dir geben."
Dagegen bedeuten rosa Rosen die romantische, idealisierende Liebe ohne sexuelle Komponente. Und welche Farbe hat die Rose Ihrer Träume gehabt?

Rosengarten Symbol für ein großes, schönes Ziel, das aber nur mit viel Mühe und „über einen dornigen Pfad" erreicht werden kann: ein „Paradies auf Erden" – aber hier haben paradiesische Zustände eben ihren Preis.

Rosenkranz Fast immer als Sinnbild im religiösen Zusammenhang zu sehen, daß jemand „einen Rosenkranz beten" will, um Trost und Hilfe zu finden.

Rosine Man will sich „die Rosinen aus dem Kuchen holen" – sich „süße Vorteile" verschaffen, auf das Alltägliche legt man weniger Wert. Kein Wunder, daß es dann heißt, man hätte „Rosinen im Kopf" – man will das Besondere.

Rost Eindeutiges Symbol für „den Zahn der Zeit", der an allem Lebendigen nagt – für Vergänglichkeit.

Rot Die Farbe der Liebe, Lebensenergie, Leidenschaft und Aktivität. Ihre

Bedeutung im Traum hängt zusätzlich davon ab, in welchem Bezug Sie „Rot gesehen“ haben.
In einer hektischen oder beängstigenden Traumhandlung bedeutet Rot häufig Aggression, Wut und Racheabsichten. In jedem Fall symbolisiert Rot einen intensiven, leidenschaftlichen Vorgang oder Zustand – im positiven wie auch im negativen Sinn: Es ist die Farbe des Blutes, des Feuers – der überwältigenden (auch unkontrollierbaren) Empfindungen. Wer auffallend häufig „rote Träume“ hat, muß mit den Ausbrüchen seines cholerischen Temperaments zurechtkommen und ist vor Affekthandlungen gewarnt: Es würden ihm „alle Sicherungen durchbrennen“, er ist zu Überreaktionen aller Art fähig, die für sein Umfeld Grund genug sein könnten, „rot zu sehen“.

Rübe Traditionell: ein Armutssymbol.

Rücken Wenn man im Traum einen Menschen nur von hinten (bzw. seinen Rücken) sieht, symbolisiert es seine Distanz und sein „Sichabwenden“. Er hat einem „den Rücken zugekehrt“ – oder er mißtraut und fürchtet, man könnte „ihm in den Rücken fallen“.

Rucksack Woran haben Sie denn so schwer zu tragen, daß es Ihnen „den Rücken krümmt“? Wenn Sie bald wieder „gerade dastehen“ wollen, müßten Sie einiges ablegen und sich von mancher alten Belastung trennen, die Sie immer noch „mitschleppen“.

Ruder Bleiben Sie am Ruder, Sie haben die Richtung (Ihres Lebensweges) zu bestimmen: Ein Aufforderungstraum, der anschaulich macht, daß ein entschlossener, aber auch überlegter Einsatz der eigenen Kraft (und eine konkrete Zielvorstellung) derzeit besonders gefordert ist.

Ruf In der traditionellen Deutung: Wenn man im Traum gerufen wird, bekommt man einen „schlechten Ruf“, falls man nicht auf den Rat (die Zurufe) seiner Umgebung hört.

Ruhe Wer von einem Zustand der Ruhe (oder des Ausruhens) träumt, hat ihn dringend nötig: ein Erschöpfungstraum!

Ruhm Träume von Ruhm und öffentlichem Interesse an der eigenen Person sind ein Anzeichen innerer Unzufriedenheit, man wünscht sich mehr Aufmerksamkeit, Bestätigung der eigenen Fähigkeiten und die Anerkennung des (beruflichen und familiären) Umfeldes.

Ruine Sie sollten mehr auf Ihre Ge-

sundheit (und auch auf Ihre seelische Verfassung) achten, wenn Sie von Ruinen träumen – sonst fühlen Sie sich selbst bald als eine solche.
In der traditionellen Deutung: Man steht vor den Trümmern und der Ruine seiner Existenz.

Rundfunk (→ Radio)

Runzeln Naheliegendes Sinnbild für einen Alterungsprozeß – auch in einer übertragenen Bedeutung.

Rüssel Egal, ob vom Elefanten oder vom Rüsselkäfer, im Sinne der psychoanalytischen Bedeutung kann er nur eines sein: ein Penissymbol.

Rüstung (→ Ritter)

Rutschen/Rutschbahn Symbol für ein „haltloses Gleiten" nach unten: für bedenkenloses und „ungebremstes" Genießen, für „Haltlosigkeit" im herkömmlichen Sinn. Aber auch für eine Stimmung, in der man der Meinung ist: Nichts kann mich halten! Auf jeden Fall hat dieser Traum mit einer Stimmung zu tun, in der man lieber riskiert, „auf die Nase zu fallen", anstatt an Zurückhaltung und Vorsicht zu denken.

Saal Dieses Sinnbild für einen Ort der Kommunikation (oder der gemeinsamen Unterhaltung) symbolisiert in einem Traum häufig, daß man mehr „unter Leute kommen" will, sich mitteilen, zeigen und amüsieren möchte. Ein häufiger Traum am Ende einer Phase der Zurückgezogenheit und Selbstbesinnung.

Saat Auch im Traum ein Symbol für Fruchtbarkeit, Wachstum, Reife und Ernte – meist in bezug auf seelisch-geistige Vorgänge zu verstehen.

Säbel Typisches Anzeichen eines Aggressionsstaus, man möchte am liebsten „alles niedersäbeln" – wenn man könnte, wie man wollte.
Nach S. Freud: Penissymbol – wie alle Waffen, die in einen Körper eindringen können.

Sabotage Was haben Sie denn Schlimmes vor? Wer von einem Sabotageakt träumt, befaßt sich auch bei Tage mit „vorsätzlichen Zerstörungsplänen" – und verfolgt dabei meist ein extrem egoistisches Ziel. Ein häufiger Traum in einer Phase, die von (selbst-)zerstörerischer Eifersucht geprägt ist.

Sack Ein Symbol für Überraschungen, die das Leben bereithält – sozusagen die „Wundertüte der Realität". Ein riesiger Sack läßt auf sehr hohe Erwartungen und übersteigerte Hoffnungen schließen. Können Sie sich an den Inhalt erinnern? Hier liegt der eigentliche Traumhinweis.

Sackgasse Sind Sie im Traum in eine Sackgasse geraten? Dann machen Sie derzeit eine Erfahrung, deren Sinn Sie nicht erkennen – der sich aber später herausstellen wird. Der scheinbar sinnlose Weg, der zur Umkehr zwingt, beschreibt einen „unumgänglichen Erfahrungswert" – Sie werden ihn eines Tages nicht missen wollen.

Safari Sie wollen spannende Abenteuer (in vieler Hinsicht) erleben, viel unterwegs sein und einiges zu sehen bekommen, was nicht unbedingt selbstverständlich ist. Aber wenn es zu aufregend oder riskant wird, gehen Sie rasch auf sicheren Abstand. Oder Sie machen einen Rückzieher und treten kurz entschlossen die „Heimreise“ an – in die vertraute Umgebung (oder zur bisherigen Partnerschaft) –, hier fühlen Sie sich geborgen, und hier können Sie sich ausruhen – bis Sie wieder die Lust packt, auf die nächste „Lebenssafari“ zu gehen. Ein Traum, der Ihren Hang zum „Doppelleben“ anschaulich macht.

Saft Symbol für Nahrung (auch emotional und geistig zu verstehen), Freude und Vitalität.

Säge Ein Sinnbild dafür, daß etwas „Einschneidendes“ geschieht, daß zwei getrennte Teile je eine neue Funktion erhalten. Häufig sind „einschneidende Erlebnisse“ gemeint, die eine neue Betrachtungsweise ermöglichen, man kann das Wesentliche vom Unwichtigen unterscheiden.

Sahne Haben Sie gründlich „abgesahnt“? Hier geht es um einen „üppigen Genuß“ – welcher Art, ist aus der Traumhandlung deutlicher zu erkennen.

Salamander Wie auch die Schlange gilt der Salamander als Symboltier für unbewußte Vorgänge – und er gilt als magisches Wesen.

Salat Sicher kein häufiger Traum, aber wenn Sie von einer vollen Schüssel mit knackigem Grünzeug träumen, plagt Sie das schlechte Gewissen, weil Sie gar so ungesund leben. Es verfolgt Sie bis in die REM-Phase: Da haben Sie den Salat!

Salbe Ein Symbol für Heilung – im Traum ein Hinweis auf seelische Verletzungen, die sorgfältig „gesalbt“ werden wollen.

Salz Wissen ist das Salz in der Suppe des Alltags: In diesem Traum geht es um die „geistige Würze“ und den „geschärften Intellekt“ – worum man sich gerade besonders bemüht, wenn man häufiger so „gesalzen“ träumt.

Samen Ein Symbol für Ideenreichtum, geistige Produktivität, Kreativität: Was einem jetzt einfällt, soll „gut gestreut“ werden, damit es eine reiche Erfolgsernte gibt.

Samt Auch als Traumsymbol der Stoff, aus dem luxuriös-sinnliche Träume sind.
Nach S. Freud: Schamhaar.

Sanatorium Sie träumen von einem „heilsamen Ort“, an dem Sie besonders einfühlsam und individuell betreut sein wollen: Regeneration unter erfreulichen Umständen.

Sand Ein vieldeutiges Symbol: Man streut jemandem Sand in die Augen, wenn man ihn täuschen will. In der Sanduhr wird er zum sprichwörtlichen Sinnbild der „verrinnenden Zeit" – der Vergänglichkeit, obwohl man noch Pläne „wie Sand am Meer" hat. In unserer Zeit ist ein Traum vom Sandstrand ein besonders häufiger; wenn man einfach urlaubsreif ist, dann ist er zum Traumziel geworden.
Oder gehören Sie zu den unablässigen Grüblern und Tüftlern, die selbst noch im Traum von ihren abstrakten „Sandkastenspielen" fasziniert sind?

Sarg Ein Symbol für den Grund, etwas (sehr selten: jemanden) zu beerdigen. Man muß sich von Altem verabschieden, um sich einem neuen Lebensabschnitt zuzuwenden. Je nach Traumhandlung könnte es auch um eine geistige Hinterlassenschaft gehen, um eine Aufgabe, die zu übernehmen ist.

Satan (→ Teufel)

Sattel Ein Symbol für soziale Sicherheit und Etabliertheit: Man „sitzt fest im Sattel".

Sauna Dieser Ort der Reinigung, Fitneß und Entspannung hat im Traum oft eine erotische Bedeutung – wie im Leben ja gelegentlich auch.

Säure Sind Sie auf jemanden sauer? Vielleicht auf sich selbst? Irgend etwas „frißt" an Ihnen, wenn von Säure geträumt wird.
Traditionell: zersetzende Ideen.

Schablone Wer von Schablonen träumt, ist sich dieser „vorgeprägten Form" so bewußt, daß er sich bestimmt nicht hineinpressen läßt.

Schach Ein symbolträchtiges Spiel, das im Traum den Kampf zwischen Schwarz und Weiß (im Sinne von geistigen Kräften: verneinende und bejahende Energie, die jeder in sich trägt) anschaulich macht.

Schacht Ein Symbol für den Abstieg in den Bereich des Unbewußten im Traum.
Nach Dr. Freud: eines der unzähligen Vaginasymbole.

Schachtel (→ Gefäß)

Schaf Das Symboltier für die sprichwörtliche Schafsgeduld (→ Herde).

Schaffner Eine Kontrollgestalt, die im Traum die Frage stellen könnte, ob man wohl die „richtige Richtung auf seinem Weg" gewählt hat.

Schal Auch im Traum ein 1 : 1-Symbol für Wärme, Schutz und Wohlbehagen, wenn es „rundherum kalt und unfreundlich“ wird.

Schale (→ Gefäß, Krug)

Schale (Nuß) Sind Sie vom Typ „harte Schale, weicher Kern“? Als Traumsymbol, wie auch sonst: Es geht darum, daß sich unter einem harten, rauhen Äußeren ein sensibles Wesen verbirgt – man muß die Schale nur zu „knacken“ wissen.

Schalter Ein Sinnbild für den bewußten Umgang mit Ihrer Lebensenergie: Sie haben es in der Hand, Ihren Einsatz und Verbrauch zu regulieren – und bei Bedarf rechtzeitig „abzuschalten“.

Schämen (→ Blöße)

Schatten Stellen Sie alles in den Schatten – oder werden Sie von anderen in den Schatten gestellt? In einem solchen Traum geht es um die Inhalte dieser sprichwörtlichen Vorgänge, die wir mit den entsprechenden „Bildern“ verbinden. Es kann auch bedeuten, daß „große Ereignisse ihren Schatten vorauswerfen“, wenn man davon träumt. Ein besonders häufiger Sinn: Man meint (und leidet darunter), „an der Schattenseite des Lebens“ zu stehen, und viele Überlegungen sind vom Wunsch bestimmt, mehr „Strahlkraft“ und Ausstrahlung zu gewinnen, um sich endlich „ins rechte Licht“ rücken zu können – und an der „Sonnenseite des Lebens“ anzukommen. Wer Minderwertigkeitsgefühle hat, wird Mühe haben, kein „Schattendasein“ zu führen. Welches angesprochene Thema am meisten Ihrem Traum entspricht, können Sie der Handlung und Ihrer eigenen „Rolle“ darin entnehmen.
Außerdem: Der Schatten ist eine der ursprünglichsten Seelendefinitionen: Wer keinen Schatten wirft, hat keine Seele (in der banalen Variante ein Thema jeder Vampirgeschichte). Deswegen gilt in einigen südlichen Ländern der Mittag als Geisterstunde, weil die Schatten mittags so „klein“ sind, daß man nie weiß, ob sich nicht ein „Untoter“ (seelenloses Wesen) unters Volk mischt, man könnte den Unterschied zum (beseelten) Menschen kaum erkennen.

Schatz Ein Symbol für verborgene, ungenützte Talente, die man „aus dem Schatzkästchen holen“ und aktivieren sollte.
Im Traum einen Schatz zu finden, gilt als Symbolhandlung für eine Suche, die erfolgreich endet: Man ist „fündig geworden“ und kann sich am Reichtum der neuen Wertigkeit freuen.
Nach S. Freud gilt ein Schatz als Sinnbild für den geliebten Menschen.

Schauer (→ Regen)

Schaufel Man sollte sich daran erinnern, daß etwas „vergraben und zugeschaufelt“ ist: Man hat ein Problem verdrängt, nun soll es „freigeschaufelt“ und ans Tageslicht (Bewußtsein) gebracht werden.

Schaukel Ein Sinnbild für das Auf und Ab des Lebens. Häufig sind Schaukelträume als Hinweis auf starke Gefühlsschwankungen und Launen zu sehen.
Oder fühlen Sie sich von jemandem „verschaukelt“?

Schauspieler Spielten Sie die Hauptrolle – oder eine Nebenrolle? In jedem Fall wünscht sich der Träumende, (entsprechend) mehr im Mittelpunkt des Interesses und der Bewunderung anderer zu stehen.
Oder: Man wird durch den Traum darauf hingewiesen, daß man „eine Rolle spielt“ und nicht wirklich ist, wie man vorgibt, zu sein.

Scheck Wenn man ihn im Traum vergeblich sucht oder verloren hat, könnte er tatsächlich ein Hinweis auf einen (realen) Verlust eines gewissen Betrages sein. Können Sie sich an die Summe auf dem Scheck erinnern? Vielleicht schärft es Ihre Aufmerksamkeit, und es bleibt „nur ein Traum“ – als Warnung.

Scheidung Trennungsträume befassen sich häufig mit einem aktuellen Thema und der eigenen Angst vor einer Scheidung. Oder mit einem (noch nicht ausgesprochenen) Scheidungswunsch.

Schere Im Traum gilt sie häufig als Trennungssymbol: Man „durchschneidet“ eine Verbindung – etwas, das bis dahin „eins“ war.
Nach der psychoanalytischen Bedeutung gilt die Schere (wie alle „stechenden Gegenstände“) auch als Symbol männlicher (bzw. aggressiver) Sexualität.
In der traditionellen Deutung: Eine Freundschaft, ein Kontakt ist plötzlich „wie abgeschnitten“.

Scheune (→ auch Heu) Ein Ort, der vor Regen und Kälte schützt und an dem sich (nach C. G. Jung) „Dämonen und Geister aufhalten“. Im Traum dürfte aber meistens die erstere, naheliegende Symbolik von Bedeutung sein: Man kann sich an einen geschützten Platz „verkriechen“ – allein, aber eher zu zweit. So meint es auch die traditionelle Deutung: Wenn man von der Scheune träumt, hat man eine heimliche Leidenschaft, die das Tageslicht nicht verträgt.

Schickeria (→ High-Society)

Schiedsrichter Ein Traum, der sich mit dem eigenen Begriff von Fairneß befaßt: sich selbst und anderen gegenüber.
Außerdem kann es ein Hinweis sein, daß man sich an bestimmte „Spielregeln" im Leben halten sollte.

Schießen Ein Ziel war anvisiert, dann entscheidet die Treffsicherheit, ob etwas (oder jemand) „abgeschossen" wird. Ein Traum, der sich mit dem menschlichen „Jagdinstinkt" und mit kalkuliert aggressivem Verhalten befaßt.

Schiff Sie haben von einer Schiffsreise geträumt? Das kann bedeuten, daß Sie emotional erschöpft oder urlaubsreif sind. Aber viel häufiger geht es in solchen Träumen um den eigenen distanzierten Umgang mit Gefühlen (Wasser = Gefühl). Je größer das Schiff, desto mehr „Abstand zur Wasseroberfläche" hat der Passagier – vor allem am Oberdeck, das in diesem Bezug die „kopflastigen" Überlegungen symbolisiert, den „kalten" Verstand, der sich von allzu emotionalen Entscheidungen distanziert. Der Passagier betrachtet das Meer (große, tiefe Emp-

In Schiffsträumen geht es häufig um den eigenen distanzierten Umgang mit Gefühlen.

findungen) aus sicherer Entfernung und „macht sich dabei nicht naß" – auch wenn die Emotionen noch so heftig hochschlagen sollten.
Wenn sich Schiffsträume wiederholen, kann es als Hinweis verstanden werden, daß man mit dieser Haltung (sich Gefühlen möglichst „fernzuhalten") Schiffbruch erleiden könnte: Besser, man setzt sich dem „Wellenschlag der Emotionen" freiwillig aus und versucht es einmal mit etwas weniger „kühler Distanz".

Schild (Schutzschild) Wer davon träumt, könnte eines gebrauchen, um sich vor Angriffen und (emotionalen) Verletzungen zu schützen. Notfalls kann man sich dahinter „frei bewegen", um zu einem gezielten „Gegenangriff" auszuholen.

Schild (Namensschild) Steht Ihr eigener Name auf dem Türschild? Dann sollten Sie „Ihr Revier verteidigen", Ihren (Ihnen zustehenden) Freiraum wahren und sich notfalls „hinter verschlossener Tür verschanzen", wenn Sie sich von anderen überfordert und bedrängt fühlen. Der Traum will sagen: Man hat ein Recht auf einen eigenen, ungestörten Bereich – man muß nicht jedem „Tür und Tore öffnen", der etwas von einem will.
Wenn der Name eines Wunschpartners auf dem Türschild steht: Am liebsten würden Sie Ihren eigenen Namen dazugravieren lassen, Sie möchten „bei ihm zu Hause sein" und mit Ihren Gefühlen (für ihn) vor „verschlossenen Türen stehen": Ein Bindungswunschtraum!

Schildkröte (→ Panzer [Tier])

Schimmel Das weiße, edle Pferd symbolisiert einerseits positive Kraft. Andererseits gilt es in vielen (nordischen) Regionen Europas als das legendäre Fabeltier, welches die Seelen der Verstorbenen „über das Ufer, durch den Fluß und in die andere Welt" trägt.
Es kommt auf die Traumgeschichte an.

Schinken Hat man Sie auf Nulldiät gesetzt – welcherart auch immer? Wenn Sie der Appetit auf „fleischliche Genüsse" bis in den Traum verfolgt, leiden Sie an „Entzugserscheinungen". Sie haben von „Entsagungen" aller Art die Nase voll und Hunger nach deftigen Sinnesfreuden. Es muß nicht unbedingt ein Schinken gemeint sein – eher im übertragenen Sinn!

Schirm (→ Regenschirm)

Schlacht Ein häufiger Männertraum, wenn die Traumfrau keinen Trick ausläßt, um mit Widerstand, verbalen Kriegserklärungen und Verweigerungsspielchen die (erotische) Spannung dermaßen hochzuschaukeln, daß der „müde Held" bereit ist, seine „Eroberungstaktik" mit ständig neuen (und aufwendigeren) Mitteln zu perfektionieren. Sein leidenschaftlicher Schlachtplan verfolgt ihn bis in den Schlaf.

Schlachthaus Grausiger Symbolort für „das Töten des Tierischen" – im Traum sind meistens „animalische Bedürfnisse" gemeint. Welche genau, kann die Art des „Schlachtviehs" andeuten.

Schlaf Man „flüchtet in den Schlaf" – weicht Problemen und (zu hohen) Anforderungen aus.

Schlagen Ein Symbol für „aggressiven Energieaustausch". Schläge im Traum (die man bekommt) drücken aber häufig eine verzweifelte Sehnsucht nach „intensiver Berührung" und nach „Nähe eines Menschen um jeden Preis" aus. Oft geht es in solchen Träumen um emotionale und sexuelle Abhängigkeit. („Lieber lasse ich mich schlagen, als überhaupt keine Berührung mehr von dir zu spüren.")

Schlamm Ein „rutschiges" Symbol für die Angst des Träumenden, die Kontrolle über seine „Schritte" zu verlieren, in „Gefühlen zu versinken" oder sich in ein Erlebnis „fallen zu lassen", von dem er meint, es könnte ihn „beschmutzen".

Schlange Schlangen tauchen plötzlich aus dem Unterholz, dem Gestrüpp auf und erregen Angst und Ekel. Man ist ihnen hilflos ausgeliefert, weil sie auf „Kommunikationsversuche" aller Art nicht reagieren, was sie noch unheimlicher erscheinen läßt: Wer von Schlangen träumt, hat Angst vor dem schwer einzuschätzenden, nicht steuerbaren Triebhaften – also häufig vor der Sexualität.
Nach S. Freud: ein Penissymbol.
Nach C. G. Jung: Etwas Wichtiges im Unbewußten macht sich bemerkbar – gefährlich oder heilbringend.
(→ auch Aal)

Schleichen Wie im Leben – man möchte leise, unauffällig und unbemerkt an ein (verbotenes?) Ziel gelangen.

Schleier Ein Sinnbild für das Geheimnisvolle. Wer es ergründen will, muß „den Schleier lüften".
In der traditionellen Deutung: Jungfräulichkeit, die unschuldige Braut, ein Hochzeitsomen.

Schleppe Wer eine Schleppe trägt, erscheint „in Glanz und Würde" – ein Symbol der Unnahbarkeit, der bewußt gewahrten Distanz.

Schleuse Hier wird der Wasserstand den Bedürfnissen des Schiffsverkehrs angepaßt – es geht um „regulierte Gefühle“, die sich nur den Umständen entsprechend ausleben lassen.

Schlitten Fahren Sie „mit jemandem Schlitten“? Das heißt: Er hat sich nur in eine Richtung zu bewegen, die Sie ihm vorgeben. Hinter Schlittenträumen steckt häufig dieser sprichwörtliche Sinn. (Oder es versucht jemand, „mit Ihnen Schlitten zu fahren“, dann sind Sie in der unerfreulichen, passiven Position, in der Sie keinen Einfluß darauf haben, „wie es weitergeht“.)
In einem anderen Bezug symbolisiert eine geträumte Schlittenfahrt „vergnügliches Dahingleiten“.

Schlittschuhlaufen Man „begibt sich auf Glatteis“ – ein kalkuliertes Risiko, wenn man nicht dabei „einbricht“.

Schloß Ein traditioneller Symbolort für Sicherheit, aber auch für Abhängigkeit (von den „Schloßherren“) oder Gefangenschaft.

Schloß (Schlüssel) Sie wollen etwas „hinter Schloß und Riegel“ halten, etwas verbergen oder (sich) verschließen – gegen Übergriffe aller Art, aber vielleicht auch gegen (wichtige) Erkenntnisse. Ein Traum, der auf psychische Anspannung verweist.

Schlüssel (→ auch Schloß) Außerdem: Wer träumt, einen Schlüssel zu verlieren, ist in seiner Bewegungsfreiheit eingeschränkt (real, geistig oder emotional). Er kann nicht „aus und ein gehen“, wie es ihm paßt. Ein Traum, in dem es um Autonomie geht.
Nach S. Freud: Geschlechtsverkehr. Der Schlüssel symbolisiert den Penis, das Schloß die Vagina.

Schmerzen Geträumte Schmerzen verweisen auf seelische Verletzungen oder allzu hohe „Schmerzempfindlichkeit“ im Gefühlsbereich.
Eine weitere Auslegung: Man soll „sich einem Schmerz stellen“ – seine Trauer oder einen emotionalen Schmerz ausleben, damit eine „Heilung“ (Bewältigung) möglich wird.

Schmetterling (→ Raupe) Ein positives Verwandlungssymbol, das zarte Schönheit und spielerische, „beflügelte“ Leichtigkeit darstellt. Häufig als Hinweis zu verstehen, daß der Träumende mit Begeisterungsfähigkeit und unbeschwerter Kreativität mehr erreichen kann als mit allzu ernster, nüchterner und „bodenständiger“ Vorgangsweise.

Schmuck Traditionell gilt Schmuck als Symbol der Anerkennung und des (sicheren) Wertes. Im negativen

Traum kann er auch auf Oberflächlichkeit hinweisen, auf den äußeren Glanz ohne innere Werte. Es kommt aber gerade im Traum besonders auf die Form und das Material (Metall) des Schmucks an, wenn es um eine präzisere Deutung geht. Wichtig wäre auch, sich daran zu erinnern, in welchem Umfeld der Schmuck getragen wurde bzw. von wem man ihn bekommen hat.

Schmutz Ein Symbol für „unsaubere Gefühle", die den Träumenden belasten – was immer er selbst darunter verstehen mag. Nicht selten geht es um Schuldgefühle im Zusammenhang mit „unerlaubter" Sexualität, besonders wenn man sehr konservativ und nach überholten Moralvorstellungen erzogen worden ist – oder wenn sexuelle Bedürfnisse in der Kindheit als „schmutzig" bezeichnet wurden, was ja bekanntlich nicht nur in Klosterschulen vorkommt – immer noch.

Schnalle (→ Gürtelschnalle)

Schnecke Wollen Sie sich in Ihr Schneckenhaus zurückziehen? Der Traum zeigt auf, daß man derzeit wenig Kontaktbedürfnis hat und überempfindlich auf alles reagiert, was einem „zu nahe kommen könnte".
Nach S. Freud: weibliches Sexualsymbol.

Schnee Ein Kälte- und Helligkeitssymbol, das im Traum aber oft andeutet, daß scharfe Konturen an Bedeutung und Härte verlieren – die weiche, weiße Schneeschicht ebnet so manches ein, was zuvor noch deutlich voneinander abgehoben war.

Schnur (→ Band)

Schokolade Wer im Traum nascht, hat Sehnsucht nach körperlicher und seelischer „Verschmelzung" mit einem geliebten Menschen. Man möchte sich „die Süße der Liebe auf der Zunge zergehen lassen". Aber falls Sie gerade eine Schlankheitskur machen, sind Schokoträume eher ein 1:1-Hinweis auf das, was Sie zuallererst „hemmungslos genießen" möchten.

Schönheit In der traditionellen Deutung galt alles besonders Schöne (Mensch, Tier, Natur, Gegenstand) als Glücksomen. In der psychologischen Interpretation: Man wünscht sich, alles sollte „schöner" werden, man ist harmoniebedürftig und kann mit harten Herausforderungen oder schwierigen Leuten in dieser Phase absolut nichts anfangen. Fürs nächste will man lieber die „geschönte" Version von allem präsentiert bekommen.

Schornstein (→ Rauch)
Nach Freud: Penissymbol.

Schornsteinfeger Der „schwarze Mann“ mit dem einschlägigen Kehrwerkzeug gilt traditionell und aktuell als eines der gängigsten Glückssymbole.

Schramme Ein Aufarbeitungstraum, wenn man gerade vom Leben „seine Schrammen abbekommen hat“.

Schranken (→ Barriere)

Schraube In der Traumsymbolik gelten Schrauben als Verbindungszeichen, aber auch sehr häufig als verschlüsseltes Sinnbild für Sex.

Schrei Ein Warntraum! Sie sollen „den Schrei hören“ und auf etwas Wichtiges aufmerksam werden. Erinnern Sie sich an die Traumszene? Daraus könnte sich schließen lassen, wer oder was „nach Ihnen schreit“. – Manchmal wacht man auch durch seinen eigenen Schrei auf – ein Grund zur Erleichterung, denn es kann sich nur um einen Alptraum gehandelt haben.

Schreiben Im Traum ein Hinweis darauf, daß man sich etwas merken – oder jemandem etwas mitteilen – sollte.

Schrumpfen Wer im Traum wie eine Märchengestalt „schrumpft“, möchte sich „klein machen“ können, um in einer belastenden Situation nicht weiter aufzufallen und nicht zur Verantwortung gezogen werden zu können. Am liebsten wäre man nicht nur winzig und leicht zu übersehen, sondern gleich „ganz weg“.

Schublade Auch im Traum ein Sinnbild für ein gut gehütetes Geheimnis – eine (wichtige) Information, die „sicher aufbewahrt“ und „unter Verschluß“ ist.

Schuh „Den Schuh ziehe ich mir nicht an“ – sagt jemand, wenn er mit einer Sache nichts zu tun haben will oder einem bestimmten Image nicht entsprechen möchte. Der Schuh kann anzeigen, „wo man im Leben steht“.
Nach S. Freud: Sexualakt.

Schulaufgaben (→ Prüfung)

Schulden Im Traum fast immer ein Hinweis auf Schuldgefühle, die sich nicht auflösen lassen, sondern immer größer werden.
Bei hoher realer Verschuldung kann es natürlich auch ein Versuch der Psyche sein, diesen Streß über Traumbilder zu verarbeiten.

Schule Sinnbild für einen Lernprozeß – manchmal auch für den Ort, an dem er stattfindet, und für die näheren Umstände dieser Situation, wenn es ein sehr bildhafter, „anschaulicher“ Traum war.

Schuß (→ Schießen)

Schutt Sie träumen von der Schutthalde, auf der Ihr „Seelenmüll“ entsorgt werden soll: Wie sieht er aus? Wer hilft Ihnen dabei? Erinnern Sie sich an etwas, das Sie eigentlich noch nicht wegwerfen wollten – es lag aber trotzdem unter „all dem Mist“? Ein Zeichen dafür, daß Sie sich dazu zwingen (oder motivieren) ließen, davon Abschied zu nehmen, obwohl Ihnen noch gar nicht danach zumute war. In diesem Traum können Sie „es“ noch einmal betrachten – und beurteilen, ob es zu den „Altlasten“ gehört oder eben doch noch einmal aufgehoben werden soll.

Schütze (→ auch Schießen) In der psychologischen Interpretation gilt der Schütze (Jäger) als Symbolgestalt für ein zielorientiertes Vorgehen, von dem man andere lieber ablenkt: Man möchte frei entscheiden können, wann man welchen Schritt setzt – um dann ungehindert und allein „zum Schuß kommen“ zu können.
In der traditionellen Deutung: Wenn man von einem Schützen träumt, liebt man einen Menschen, den das Fernweh plagt und der lieber „durch die Wälder streift, als daß er seine Stiefel auszieht und in der Stube bleibt“.

Schwalbe Eine Schwalbe macht noch keinen Sommer – aber im Traum reicht ihr Zuflug für „das kleine, sichere, häusliche Glück“.

Schwamm Schwamm drüber! Sie wollen etwas „wegwischen“, ungeschehen machen und so bald wie möglich vergessen.

Schwan Der majestätische Wasservogel gilt als Symbol der Treue: Schwäne paaren sich nur einmal im Leben und ziehen ihre Jungen gemeinsam auf.

Schwanz Egal, welches Tier damit auch um sich schlägt: Im Traum hat er immer sexuelle Bedeutung – eventuell gilt er auch noch als „Schwanz des Teufels“ – in der traditionellen Auslegung.

Schwarz Auch im Traum die Farbe der Trauer – und der Magie.
In der traditionellen Deutung galt es als Unglücksomen, von schwarzen Tieren (besonders von Katzen und Raben) zu träumen.

Schwein Schwein gehabt? Ein bekanntes Glückssymbol.

In der psychologischen Interpretation: die „geile Fruchtbarkeit" oder der besonders ursprüngliche (auch unkultivierte) Umgang mit der Sexualität.
In der traditionellen Deutung: Wer von Schweinen träumt, „wühlt gern im Dreck".
Nach Freud hat auch das Schwein sexuelle Bedeutung.

Schwelle Wer im Traum Schwellenangst hat, ist auch in der Realität nicht ganz frei davon: Man hat Probleme mit einem fremden Umfeld und kann sich schwer von Altem, Vertrautem trennen. Am liebsten will man „bleiben, wo man ist".

Schwert (→ Säbel)

Schwester Im Männertraum stellt sie häufig die „weibliche Seite" des eigenen Wesens dar.

Schwimmen Man möchte sich „freischwimmen" (alte Belastungen abstreifen) – oder ganz bewußt und entspannt „in Gefühlen baden".

Schwur Ein Alptraum, wenn man sich in einer wichtigen Angelegenheit festgelegt und verpflichtet hat, die man nur mehr als lästige Pflicht empfindet. Der Traum weist häufig auf eine solche „ungeliebte Bindung" an eine eigene (frühere) Entscheidung hin.

See (→ Wasser)

Seemann Eine Symbolfigur für Fernweh, Abenteuerlust und unstete Gefühle.

Seerose Symbol für Vollkommenheit und Schönheit – in bezug auf Empfindungen (→ auch Rose).

Segelboot Man wird von Inspiration und Kreativität „in Bewegung gehalten".

Seide Auch als Traumsymbol der Stoff, aus dem die sinnlich-luxuriösen Träume sind.

Seife Man möchte etwas in Ordnung bringen, „säubern" – aber man hat nicht „den richtigen Griff" (Kontrolle) getan – die Angelegenheit „entgleitet" einem und löst sich irgendwann ganz von selbst.

Seil Ein naheliegendes Sinnbild für Sicherheit und Hilfe, aber auch für Bindung und Abhängigkeit.

Sekt (→ Champagner)

Senf Haben Sie im Traum „Ihren Senf dazugegeben"? Dann waren Sie mit Ironie und intellektueller Schärfe an einem Gespräch beteiligt.
(Oder, viel banaler: Sie haben Heiß-

Das Schwein ist ein bekanntes Glückssymbol und gilt in der psychologischen Interpretation als „geile Fruchtbarkeit".

hunger auf Scharfes – und träumen davon.)

Sense Ein Todessymbol. Wenn etwas unmöglich geworden ist, ein für allemal vorbei (und nicht mehr zu erreichen) – dann ist es „damit Sense".

Sex Sexualität im Traum gilt als Symbol für unerfüllte Wunschvorstellungen, für Sehnsucht nach Nähe und Kreativität, manchmal auch für Todessehnsucht. Trotzdem: Fast immer ist es ein Wunschtraum in Phasen unfreiwilliger Enthaltsamkeit.

Sichel (→ Sense)

Sieben Als Zahlentraum ein Hinweis auf einen Vorgang, in dem die Sieben eben eine Rolle spielt: 7 Tage, 7 Menschen einer Gemeinschaft (Familie), vielleicht ein wichtiges Datum für den Träumer – die Sache mit der „bösen Sieben" können Sie getrost vergessen! Es war kein verschlüsselter Unglückstraum.

Sieg Auch im Traum geht es um Sieg oder Niederlage – um das Durchsetzungsvermögen und das Selbstwertgefühl des Träumenden.

Signal Signalträume aller Art können (aber müssen nicht!) als „Hilferuf" einer nahestehenden Person zu deuten sein. Am häufigsten dann, wenn auch die geträumte Situation bedrückend oder erschreckend war und darin der Mensch eine Rolle gespielt hat, den Sie tatsächlich kennen. (Für alle Fälle: Ein Anruf kann nicht verkehrt sein – setzen Sie ein „positives Signal"!)

Silber Das Symbolmetall für die weibliche, emotionale Seite des Lebens – und für „typisch weibliche" Empfindungen und Eigenschaften.

Skalpell Welche „einschneidenden Maßnahmen" haben Sie denn vor? Wem soll denn messerscharf Konkurrenz gemacht werden? Wen möchten Sie „bis an die Knochen" treffen? Lauter Fragen, die man sich stellen sollte, wenn man im Traum das Skalpell geführt hat.

Skorpion Von diesem nicht gerade vertrauenerweckenden Tierchen träumt man sicher nicht häufig. Wenn doch: Er gilt als Symbol für Tod und Todessehnsucht, für analytisches Denken und erbarmungslose Rache (Eifersucht), aber auch für tiefste Empfindungen, leidenschaftliche Liebe und hemmungslose Sexualität.
Und für die „Lust am Schmerz" – am eigenen und an fremdem Schmerz.

Smaragd Er ist einer der härtesten und wertvollsten Edelsteine und gilt dementsprechend als Symbol für Wertbeständigkeit und Charakterfestigkeit.

Sohn Wenn man einen Sohn hat, ist natürlich er gemeint – wenn er zur Symbolgestalt wird, geht es um zukunftsträchtige Pläne, Kreativität – und eventuell auch um einen neuen Lebensabschnitt.

Solarium Man braucht so dringend Licht und Wärme, daß man sogar schon von der „Sonne aus der Steckdose" träumt. Ein sehr „heutiger" Traum, dem man aber trotzdem Beachtung schenken sollte: Er deutet an, daß der eigene Energiepegel radikal gesunken ist und man sich vielleicht wirklich im Solarium „auftanken" sollte.

Soldat Symbolgestalt für männliche Aggression – aber auch für gemeinsame Anliegen und ihre Durchsetzung.

Sommer Wer vom Sommer träumt, käme gern in Sommerstimmung, um diese zu genießen: Sonne, lange Tage, Aktivität – man wünscht sich eine unbeschwerte Zeit mit mehr sinnlicher Qualität.

Sonne Symbol für schöpferische Energie, Licht und Wärme, aber auch für die Gefahr, „zu verbrennen" oder „geblendet zu werden".

Spalte In der traditionellen Deutung: Ein Hindernis tut sich auf.
Außerdem: weibliches Sexualsymbol.

Sparen Ein Sinnbild dafür, daß Kräfte gesammelt werden sollen, auf die man später zurückgreifen kann – im Sinne von seelisch-geistigen Reserven und einem „inneren Rückhalt".

Spargel Nicht nur nach S. Freud ein Penissymbol.

Spatz Besser der Spatz in der Hand als die Taube auf dem Dach? In diesem Sinne: Spatzen sind Symbolfiguren für ein kleines Glück, das sich bald vermehrt. Zumindest in der traditionellen Deutung.

Speck Mit Speck fängt man Mäuse, aber im seltensten Fall Traummänner. Und darum geht es im Frauentraum: Man „will abspecken" und mit einem neuen „Erscheinungsbild" jemanden verführen – vielleicht auch nur beeindrucken.

Speise (→ Nahrung)

Sphinx Klassisches Symbol für das Rätselhafte.

Spiegel Ein Bild, das die Realität reflektiert. Wenn man träumt, in den Spiegel zu sehen, kann es auf Unsicherheit hinweisen: Man versichert sich seiner eigenen Identität.
Nach C. G. Jung gilt der Spiegel als „wissendes zweites Ich", das einem Antwort geben kann.
Kein Glückssymbol war es, wenn im Traum ein Spiegel zu Boden gefallen und zerbrochen ist: Etwas ist unwiderbringlich vorbei und „nicht mehr wiederherzustellen". Was letztlich auch einen positiven Sinn ergibt, wenn man gerade „harte Zeiten" und große Probleme hinter sich gebracht hat. In diesem Fall gehören sie ab sofort der Vergangenheit an – zumindest in ihrer „alten Form": Ein neuer Lebensabschnitt beginnt.

Spiel Wer von Spielen träumt, sollte spielerischer mit seinen Aufgaben umgehen und das Leben nicht so nüchtern und „bitterernst" betrachten.

Spielzeug Auch als Traumsymbol ein Hinweis auf (unausgelebte) Kindlichkeit und „unreife" Wünsche.

Spinne Im Frauentraum häufig ein Hinweis auf eine problematische Mutter-Beziehung.
Traditionell: Angst vor Intrigen.

Spinnennetz (→ Labyrinth)

Spirale Ein Symbol für psychische Dynamik und eine „unaufhaltsame", häufig sehr positive Entwicklung.

Spital (→ Krankenhaus)

Splitter Wer sich im Traum einen Splitter aus der Haut entfernen muß, fühlt sich verletzt – und zwar „von einer Kleinigkeit". Ein Symbol für Überempfindlichkeit. (Sind Sie etwas zu wehleidig?)

Sport Ein Symbolgeschehen für ehrgeizige Leistungen: Man will sich an jemandem messen, sich bestätigen und im Idealfall auch einen stärkeren Konkurrenten besiegen. Wer davon träumt, ist auch in der Realität nicht zu unterschätzen, wenn ihn der Ehrgeiz packt!

Sportwagen (→ Auto)

Springbrunnen Ein Symbol für Schönheit und Harmonie – und für den weiblichen Orgasmus.

Spritze Im Traum hat eine Spritze weniger mit Injektion als mit Erektion zu tun: ein Penissymbol. Angst vor Spritzen ist als sexuelle Hemmung zu verstehen – im Frauen- und Männertraum.

Spur Wer im Traum Spuren sieht, ist einer wichtigen Sache „auf die Spur gekommen" – oder eine solche Entdeckung steht demnächst bevor.

Stab Wenn Sie nicht gerade Ihre Freizeit damit verbringen, sich im Stabhochsprung zu üben, dann ist ein Stab im Traum (nicht nur nach Freud) ein Penissymbol. Und zwar eines, das auch „der Machtausübung dient" – so will es die psychologische Interpretation.

Stachel Der „Stachel im Fleisch" gilt als Symbol für ein schmerzlich empfundenes, verzehrendes Begehren in einer leidenschaftlichen erotischen Beziehung, wobei die Betonung auf „leiden" liegt. Tatsächlich träumen Frauen häufig von einem Dorn oder Stachel, den sie sich eingezogen haben, in entsprechend „schmerzlichen" Phasen einer Beziehung, in der sexuelle Abhängigkeit eine Rolle spielt.

Stacheldraht Sinnbild für eine demonstrative Abgrenzung – wer sie durchbrechen will, bekommt die Stacheln zu spüren. Was in der Symbolsprache des Traumes heißt: Riskieren Sie besser keine „Grenzüberschreitungen" im Gefühlsbereich – es könnte weh tun.

Stadt Typische Großstadtszenen im Traum sind häufig als „Zustandsbericht" über die seelisch-geistige Verfassung des Träumenden zu verstehen: Er hat mit vielen Menschen und Eindrücken zurechtzukommen, ist von Hektik und Termindruck bestimmt und kommt nur selten zur Ruhe. Dieser Dauerstreß will abgebaut werden – zum Teil geschieht es durch entsprechende Traumbilder. Sie sollen die Reizüberflutung, der man ausgesetzt ist, „anschaulich“ und somit bewußtmachen.

Stadtplan Symbol eines Lebensplanes.

Staffelei Auch im Traum ein Sinnbild für aktiv umgesetzte Kreativität.

Stahl Das sprichwörtlich harte Metall gilt als Symbol für Entschlossenheit, Willensstärke und kompromißlose Durchsetzung der eigenen (egoistischen) Pläne, die man eben „stahlhart durchzieht“.

Stall Die eigenen Triebe (das Animalische) werden zu eng „an die Kette gelegt“. Wer von einem Stall träumt, sollte seinen sinnlichen Bedürfnissen ein bißchen mehr „Auslauf“ gönnen, „kurze Ketten“ durch „lange Leinen“ ersetzen – und lieber bei Gelegenheit „die Sau rauslassen“, bevor er sämtliche ursprüngliche Regungen domestiziert.

Stamm (→ Baum)

Starrheit/Erstarrung Zu träumen, daß man plötzlich starr und bewegungsunfähig wird, ist ein symbolischer „Wink mit dem Zaunpfahl“: Ihr Starrsinn macht anderen schwer zu schaffen. Ein bißchen mehr Offenheit und Flexibilität wäre jetzt sehr gefragt.

Statue Wenn die Figur auf dem Podest eine verblüffende Ähnlichkeit mit dem Träumenden aufweisen sollte und vielleicht sogar seine Gesichtszüge trägt, geht es weniger um tiefgründige Symbolik, sondern um den vordergründigen Hinweis: Hier leidet jemand an extremer Selbstüberschätzung und Anerkennungssucht. Daß er selbst noch nicht auf dem Podest steht, hat nur einen Grund: Es wäre ihm auf die Dauer zu unbequem. Die Botschaft lautet: Bitte wieder „herunterkommen“!

Staub Ein Symbol für Vergänglichkeit.

Steinbruch Als Traumort ein Hinweis, daß man eine versteinerte Haltung „aufbrechen“ sollte – sonst meinen die anderen bald, man hätte „ein Herz aus Stein“.

Stempel Wenn im Traum „gestempelt“ wird, soll jemandem etwas eingeprägt oder aufgezwungen werden – vielleicht die eigene Meinung? Was „abgestempelt“ wurde, hat dadurch eine „Entwertung“ erlitten.

Stern Als Traumsymbol vor allem als „Licht in der Finsternis" zu verstehen: ein Hoffnungs- und Ermutigungssignal. „Seinem Stern zu folgen", bedeutet, daß man seine Talente und Bedürfnisse kennt, seine Chancen realistisch einschätzt, aber trotzdem unbeirrbar seinem Ziel näher kommt: Man beschreitet mutig einen unkonventionellen Weg.

Steuerrad Haben Sie es fest in der Hand und Ihr Ziel vor Augen? Wer solche Träume hat, weiß auch in der Realität, „wo es langgeht".

Stich (→ Spritze, Stachel)

Stiefel Wer im Traum die Stiefel anzieht, will „in Bewegung kommen" – und das recht energisch und möglichst schnell.

Stier Man „muß den Stier an den Hörnern packen", wenn man im Traum von ihm verfolgt wird: Er ist die Symbolgestalt der eigenen Triebhaftigkeit. Rennt Ihnen der Stier im Traum hinterher, sind Sie mit Ihren Triebbedürfnissen in Widerspruch geraten. Eine Aufforderung, sich mit diesem „animalischen" Thema in nächster Zeit intensiver zu beschäftigen.

Stimme Wer sich im Traum laut reden oder singen hört, sollte sich in der Realität „mehr Gehör verschaffen" und „seine Stimme erheben", wenn er etwas zu sagen (und auf dem Herzen) hat.

Stock (→ Stab)

Stockwerk Die Lage eines Stockwerks im Traum kann das Niveau Ihres Bewußtseins symbolisieren. Vorausgesetzt, Sie beschäftigen sich mehr mit Ihrer geistigen Entwicklung – als (z. B.) mit der Planung Ihrer nächsten Wohnung.

Stoff Ein Symbol für Be- und Verkleidung und den Wunsch, sich attraktiv zu präsentieren. Welche Farbe hatte Ihr Traumstoff? Hier liegt die eigentliche Aussage dieses Traumes.

Stollen Symbolort des Unbewußten, aus dem „innere Schätze" zutage befördert werden sollen.
Nach S. Freud: Vaginasymbol.

Storch Nach traditioneller Deutung: Gefühlskraft, Zuversicht, Familiensinn und Kinderwunsch.

Strafe/Sträfling Wer öfter davon träumt, leidet unter massiven Schuldgefühlen und neigt zur Selbstbestrafung. Ein Traum, der auf einen psychischen Notstand schließen läßt – eine häufige „Spätfolge" längst überholter, erzkonservativer Erziehungsmethoden.

Strand Wenn Sie nicht gerade ganz besonders urlaubsreif sind, ist es doch ein Traumsymbol: für die „fließende“ Grenze zwischen Gefühl und Verstand, Unbewußtem und Bewußtem.

Straße Wie sind die Straßenverhältnisse? Geht es zügig weiter – oder stecken Sie im Stau? Ist der Straßenbelag in einem guten Zustand, oder werden gerade Baustellen-Absperrungen gesteckt? Nicht so wichtig – es war doch nur ein Traum? Irrtum: Hier ist die Rede von Ihrem Lebensweg. Es wäre also recht informativ, wenn Sie sich doch genauer an den „Straßenzustandsbericht“ Ihres Traumes erinnern könnten.

Straßenbahn (→ Zug, Lokomotive)

Strauch Ein Symbol für die Persönlichkeit des Träumenden. Trägt er reichlich Blüten oder Früchte? Dann wird es an positiven Entwicklungen, Freude und Erfolgserlebnissen nicht mangeln. Und lassen Sie bloß nicht zu, daß jemand Ihren Strauch beschneidet!

Streichholz Ein kleines Ding mit großer Symbolkraft: Jemand ist für Sie „entflammt“ – oder Sie selbst sind „Feuer und Flamme“ für eine bestimmte Person. Vielleicht will der Traum andeuten, daß Sie gerade dabei sind, sich gründlich „die Finger zu verbrennen“.

Streit Eine geträumte Streitsituation ist als Sinnbild innerer Konflikte und Widersprüche zu verstehen.

Strom Im Traum wie im Leben: Es geht um (Ihren) Energiehaushalt, um das sinnvolle Nützen (oder Verschwenden) von Lebensenergie. Und vielleicht ist der Traum auch als Hinweis zu verstehen, daß Sie „unter Hochspannung stehen“ und die Leitungen (Nerven) überholt werden müßten.

Stufensteigen Es geht bergauf – auch wenn es Mühe macht und einem manchmal der Atem knapp wird.

Stuhl Ein Hinweis, daß man etwas mehr Ruhe gebrauchen könnte.

Stundenplan (→ Terminkalender)

Sturm Meistens im Traum als Symbol für „die Stürme des Lebens“ zu verstehen: Wenn es „stürmisch zugeht“, hat man mit Widerständen fertig zu werden. Ein „frischer Wind“ bedeutet aber auch eine Chance für Neues, Aufbruchstimmung und „gereinigte Atmosphäre".

Süden Der Süden ist für viele Menschen die „Himmelsrichtung ihrer Sehnsucht": Symbol für Sonne, Wärme, temperamentvolle Menschen und die Buntheit des Lebens. Süden bedeutet aber auch: mehr Armut und weniger Sicherheit, mehr soziales Unrecht und weniger (sinnvolle) Ordnung. Wer „vom Süden träumt" – was immer er darunter auch verstehen mag –, hat vielleicht Aussteigerpläne – und unsere traditionell „leicht unterkühlten" mitteleuropäischen Durchschnittswerte (auch sinngemäß) hat er satt. Es zieht ihn in „sonnigere Regionen" – mit allen ihren Schattenseiten.

Sumpf (→ Moor)

Suppe Ein Symbol für die sprichwörtliche Konsequenz, daß man nun „auslöffeln" muß, was man sich „eingebrockt" hat.

Surfen (→ Wellenreiten)

Süßigkeiten „Leckeres" Symbol für Lebens- und Sinnesfreude, Sehnsucht nach Liebe und „erotische Genüsse" (→ Konditorei).

Tabak Ein Symbol für Genuß (mit Reue) und für ein „gewohnheitsmäßiges“ Suchtverhalten.

Tablette (→ Pillen)

Tafel (Tisch) Ein Sinnbild für unbeschwertes Zusammensein, Familienatmosphäre und ein (aus der Kindheit vertrautes) Zugehörigkeitsgefühl.

Tag Vom „nächsten Tag“ oder einem Tagesablauf zu träumen bedeutet Planung, Zuversicht und viele offene Möglichkeiten: Der ganze Tag liegt ja noch vor mir.

Taille (→ Gürtel)

Tal Ein Symbol für einen Tiefpunkt: Man ist „ganz unten“, will entweder „einer Sache auf den Grund gehen“ oder steckt in einer Krise. Im Traum bedeutet eine Tallandschaft nicht selten einen Hinweis auf eine Depression.
In der traditionellen Deutung: Man „liegt am Boden“ – ist krank.

Talisman Ein Symbol für erhöhtes Schutzbedürfnis und den Glauben an magische Kräfte, die vor realer Bedrohung schützen sollen. Ein Wunschtraum in einer bedrängten Situation.

Tandem Zu zweit auf einem „Drahtesel“ unterwegs: Geträumtes Sinnbild für den Wunsch, „nie mehr allein“ unterwegs zu sein und eine Belastung (die etwas in Bewegung bringt) zu teilen.

Tankstelle Naheliegendes Symbol für einen Ort, an dem man „Energie tankt“. Wer davon träumt, möchte „sich aufladen“ und braucht neue Kraftreserven.

Tanz Ein typischer Frauentraum, der Selbstausdruck und „Selbstverwirklichung“ in Bewegungsabläufe umsetzt. Man stellt sich spielerisch (und erotisch) dar.
Ein Tanz mit dem Partner gibt Hinweise über das Rollenverhalten in der Partnerschaft: Wer führt, wer schmiegt sich an (paßt sich an)?
Nach S. Freud: Geschlechtsverkehr.

Tasche Ein Symbol für das, was wir (im Verborgenen) mit uns tragen. Haben Sie in Ihrer Traumtasche nach etwas gesucht? Wonach? Und was stekken Sie heimlich ein?

Taschenlampe Symbol für ein Licht (eine Hilfe), das man notfalls zur Hand hat – ein Hoffnungstraum.

Tasse Symbol für Bedürfnisse und Gefühle, die man „nebenbei" und ohne Aufwand befriedigen kann.
Nach S. Freud: Symbol für weibliche Sexualität.

Tätowierung Ein Symbol für exzentrische (und sinnliche) Selbstdarstellung: „Seht her, ich bin anders als ihr!" Im Traum als Hinweis zu verstehen, daß man dieses Selbstbild reizvoll findet oder es für sich selbst in Anspruch nimmt.

Taube Sie denken an die „Friedenstaube"? Als Traumsymbol stellt der freundliche (und verfressene) Vogel vor allem „schnäbelnde Zärtlichkeit" (in der traditionellen Deutung) dar: Paarverhalten in animalischer Selbstverständlichkeit, sexuelle (und geistige) Höhenflüge.

Taubheit Wer davon träumt, will in der Realität „nicht alles hören" – vor allem nichts Unangenehmes. Man verschließt sich gern gegen problematische Mitteilungen, „stellt sich taub", wenn man sich aus einer (notwendigen) Kommunikation ausklinken will. Ein Verweigerungstraum.

Tauchen Kein Urlaubstraum, sondern „seelischer Tiefgang" ist angesagt: Man beschäftigt sich mit den „Untiefen" des eigenen Gefühlslebens. Häufig auch ein erotischer Traum, der Sehnsucht nach ekstatischen Erlebnissen ausdrückt.

Taufe Sicher kein häufiger Traum – aber wenn doch: Er bedeutet „Lossprechung von Schuld" – und man kann nicht zur Verantwortung gezogen werden.

Täuschung Wer im Traumgeschehen einer Täuschung „zum Opfer fällt", ist in vielen Fällen gerade damit befaßt, sich aus einer Selbsttäuschung (Lebenslüge) zu befreien.

Tautropfen Ein Symbol für ausgelebte, befreite Sexualität.

Taxi Sinnbild für Fortbewegung ohne Eigenleistung: Sie bestimmen das Ziel und „lassen die anderen machen".

Teddybär Kuscheliges Symbol für den Wunsch nach „Geborgenheit in

Zärtlichkeit" – und manchmal ein (verdrängter) Kinderwunsch.

Tee „Abwarten und Tee trinken!" Genauso ist ein Traum gemeint, in dessen Handlung Tee getrunken wird: Man soll in Ruhe den Dingen ihren Lauf lassen und Geduld bewahren.

Teer (→ Pech)

Teich Stille Wasser sind tief – und erotische Wünsche, die von „stehenden Gewässern" symbolisiert werden, sind auch nicht ohne: Unter der ruhigen Oberfläche lauern „Strudel der Leidenschaft", deren Sog den ahnungslos (in Gefühlen) Badenden nicht mehr freigeben will.
Soweit die psychologische Interpretation. Aber vielleicht wollen Sie ja auch nur einen Biotop anlegen und konnten nicht „abschalten".

Telefon Ein häufig geträumtes Symbol für „gute Verbindungen". Telefongespräche können auch ein Hinweis auf die seelisch-geistige Kontaktfähigkeit des Träumenden sein. Abgebrochene oder kaum verständliche Gespräche im Traum gelten als Kommunikationshemmung oder mangelhafter Selbstausdruck.

Telegramm Ein nicht mehr ganz aktuelles Traumsymbol für die schnellste Möglichkeit, etwas Wichtiges mitzuteilen.

Teleskop Sie sollten sich etwas (oder jemanden) näher anschauen – Sie achten zu sehr auf Abstand.

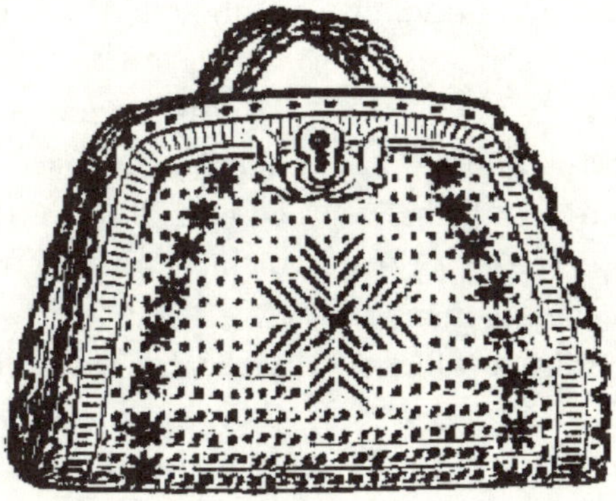

Die Tasche ist ein Symbol für das, was wir (im Verborgenen) mit uns tragen.

Teller Sinnbild für Lebenshunger.

Tempel Ein Ort, der Vollkommenheit und geistige Erfüllung symbolisiert.

Tempo Sie haben es auch noch im Traum eilig: ein Streßsignal mit Warnfunktion!

Tenne (→ Heu, Scheune)

Terminkalender Symbol für effizientes Arbeiten, Ordnung und Disziplin – im negativen Traumzusammenhang: Erstarrung in fixen Ideen und Prinzipien.

Terrasse Symbol für einen privaten und doch für andere „überblickbaren" Ort: Man zeigt, daß man nichts zu verbergen hat – nicht einmal „bei sich zu Hause". Man macht sein Privatleben (teilweise) „öffentlich", präsentiert seine Eigenschaften und Gewohnheiten der Außenwelt.

Testament Wer davon träumt, hat manchmal (uneingestandene) Todesangst, die sich bis in den Traum weiterspinnt. Auch: Ein Hinweis, daß man seine Lebensverhältnisse ordnen will bzw. einen Überblick über das bisher Erlebte geben (und verarbeiten) möchte.

Teufel Der Teufel als Traumsymbol hat mit dem herkömmlichen (religiös bestimmten) Satansbild wenig zu tun. (Wenn überhaupt, dann in Angstträumen von sehr religiösen Menschen – und Kindern, die mit diesem Teufelsbegriff aufwachsen.) Wer vom Teufel träumt, projiziert seine ganz persönlichen Ängste und „Schreckensbilder" auf die „vertraute" Teufelsgestalt mit Hufen, Hörnern und Glutaugen. Nachdem es keinen Teufel in realer Gestalt gibt, kann er auch kein „verbindlich gültiges" Symbolbild ergeben. Wenn überhaupt, kann man von einer tierhaften, teufelsähnlichen Gestalt träumen, die unberechenbar und bedrohlich wirkt – und letztlich nur eigene Spannungen „verkörpert".

Theater Machen Sie zuviel Theater? Im Traum ist häufig die eigene Person als Hauptdarsteller „maskiert": Man kann Szenen seines eigenen Lebens „unbeteiligt" als Zuseher betrachten.

Thron Setzen Sie sich selbst auf einen Thron? Dann sind auch im realen Leben Ihre „Herrschaftsansprüche" nicht zu unterschätzen.

Tiefe Im Traum in die Tiefe abzutauchen gilt als Auseinandersetzung mit dem eigenen Unbewußten.

Tiefgarage Fast immer ein Frauentraum und mit Angst- und Verfolgungsszenen verbunden: Hier geht es um (unbewußte) Ängste vor unbekannten Verfolgern.

Tier Laut Traumpsychologie symbolisiert jedes Tier die animalische Seite, das Triebhafte des Menschen.
Laut S. Freud: die menschlichen Instinkte. Wichtig ist, von welchem Tier man am häufigsten träumt. C. G. Jung schlug vor, sich in „Brehms Tierleben" über den Charakter des geträumten Tieres zu informieren.
Nach Sigmund Freud werden Kinder und Geschwister als kleine Tiere symbolisiert – wilde Tiere stellen sinnlich erregte oder erregende Menschen dar – ebenfalls ungezügelte Triebe und Leidenschaften.

Tiger Die prächtige Großkatze ist ein Symboltier für unbändige (und ungebändigte) Leidenschaft und enorme Vitalität. Kein Wunder, daß er häufig durch Frauenträume schleicht, zumal er der weiblichen Sexualität (nach C. G. Jung) entspricht. So reizvoll der Tiger als Traumgestalt auch sein mag, wenn man oft und in regelmäßiger Wiederholung von ihm träumt, hat es nichts mehr mit weiblicher Sehnsucht nach „animalischer Leidenschaft" zu tun: Dann ist es ein ernstzunehmender Hinweis auf eine latente Psychose, man braucht therapeutische Hilfe.

Tinte Ein Symbol für „bindende Verpflichtungen". Was haben Sie denn unterschrieben?

Tochter Sie ist Symbolgestalt für das kreative Weibliche, das noch viele offene Möglichkeiten der Entwicklung vor sich hat.

Tod Keine Angst: Wenn man vom eigenen Tod träumt, geht es fast immer um das Ende eines bisherigen Lebensabschnitts, man ist aufgefordert, alte Verhaltensformen zu „begraben". Der Tod ist ein Traumsymbol für einen radikalen Wechsel, der das Ende der alten Lebensform und zugleich den Anfang einer neuen darstellt. Mag sein, daß man sich in dieser Phase von eingefahrenen Gewohnheiten, nicht mehr lebensfähigen Beziehungen, erstarrten Situationen und Routineabläufen trennt – all das ist plötzlich „gestorben". Man selbst lebt nach diesem Ablösungs- und Erneuerungsprozeß weiter – meistens vitaler als bisher.

Tonband Man soll etwas „bewußt aufnehmen".

Töpfer Symbolgestalt für das Bilden einer (neuen) Ausdrucksform der eigenen seelischen Energie.

Tor (→ Tür)

Torhaus Dieses Haus mit einem offenen Verbindungsweg zwischen zwei Straßen ist Symbol einer „nützlichen Durchlässigkeit“: Etwas wird von zwei Gegnern wider Erwarten einig beschlossen, eine ungeahnte Verbindung läßt sich plötzlich herstellen, ein vermutetes Hindernis erweist sich als problemlos. Eine offene Möglichkeit tut sich auf!

Tränen Symbol für Loslösung, Erleichterung – etwas „schmerzlich“ Zurückgehaltenes kann frei fließen.

Trauben Ein Fruchtbarkeits- und Freudensymbol.

Traum Das gibt es: Man träumt zu träumen, das Unbewußte übertönt die bewußte Wahrnehmung. Ein Signaltraum: Jetzt ist ein „wacher Verstand“ gefordert.

Trauzeuge Graue Theorie: Wer von ihm träumt, sehnt sich nach einer festen Bindung – und hat sie (leider) nicht.

Treibhaus (→ Gewächshaus)

Treibsand Im positiven Traumgeschehen: glückliches Versinken in Gefühlen.
Im negativen Zusammenhang: Versandete Ideen, ein „konturloser Zustand“ und labile Emotionen kosten Kraft.

Treppe Geht es hinauf – oder hinunter? Ein Symbol für eine Übergangssituation, in der die Richtung der nächsten Schritte noch nicht feststeht.
Manchmal auch: Ein Abstieg wäre (noch) vermeidbar. Ein Aufstieg scheitert (vorerst) an der eigenen Planlosigkeit.
Sigmund Freud sah im Treppensteigen ein Symbol für „geschlechtliche Vereinigung“.

Tresor Ein Symbol für erhöhtes Sicherheitsbedürfnis – aber auch dafür, daß man selbst „wie ein Tresor“ wirkt: Viel zu verschlossen und distanziert, jede innere Regung wird verborgen gehalten: „Wie es da drin aussieht, geht niemanden was an.“ Sie wirken auf andere Menschen etwa so locker und zugänglich wie ein Panzerschrank.

Trinken Sie sind durstig zu Bett gegangen! – Sollte es doch ein Traum „mit Sinn“ gewesen sein, dann ging es um emotionale Bedürfnisse. Die genauere Symbolbedeutung ergibt sich aus der Beschaffenheit des Trinkgefäßes (Glas, Becher, Tasse?) und dessen Inhalts (Wasser, Saft, Milch, Wein?).

Tritte Wer sie im Traum austeilt, hat wenig Sensibilität und viele Feinde. Wer sie einstecken mußte, hat Angst vor einem möglichen sozialen Abstieg und läßt sich zuviel (von anderen) gefallen.

Trommeln Im harmlosen Fall ein Traum, der Neuigkeiten ankündigt oder einen Aufruhr der Gefühle beschreibt. Im weniger harmlosen: Sie brauchen einen Arzttermin. Nach neuesten amerikanischen Forschungen sind Störungen des Nervensystems ein Auslöser häufiger Trommelträume.

Trompete Ein Hinweis darauf, daß man „mit allen Mitteln" versucht, auf sich aufmerksam zu machen – auch mit den spektakulärsten. Es kann Ihnen gar nichts bunt und laut genug sein, wenn es nur der Eigenwerbung dienlich ist.

Tuch Ein Symbol für Verhüllung und Schutz. Die eigentliche Bedeutung ergibt sich aber erst aus der Farbe und dem Material des Tuches.

Tulpe Ein erotischer Frauentraum.

Tür Wenn man davon träumt, stehen einem im wahrsten Sinn des Wortes „Türen und Tore offen". Ein Symbol für einen Neubeginn, offene Möglichkeiten, unerwartete Chancen – man

Im harmlosen Fall kündigt ein Traum über Trommeln Neuigkeiten oder einen Aufruhr der Gefühle an, im weniger harmlosen Störungen des Nervensystems.

muß nur den entscheidenden Schritt über die Schwelle wagen.
Nach S. Freud: Ein Vaginasymbol.
Nach C. G. Jung: Symbol für einen Übergang in eine andere, neue Lebensphase.

Turm Ein Sinnbild für (notwendige) Wachsamkeit – man hat „mehr Überblick" nötig. Im Frauentraum auch ein häufiges Penissymbol. Wer träumt, in einem Turm eingeschlossen zu sein, verdrängt sexuelle Hemmungen – oder die träumende Person möchte ihre Sexualität exzessiv ausleben, aber unterdrückt diesen Wunsch zugleich.

Turteltauben (→ Taube)

Tyrann Eine Tyrannengestalt symbolisiert Gewalt und Machtmißbrauch. Wenn Frauen real begründete Angst vor ihrem Mann (besonders in Phasen vor einem Scheidungstermin) und seinen unkontrollierten Wutausbrüchen haben, träumen sie nicht selten von einem irreal-übermächtigen Tyrannen.

U-Bahn Die rasche Fahrt (in Gemeinschaft mit anderen) durch Tunnelschächte beschreibt (nach C. G. Jung) eine „eilige“ Begegnung mit dem (kollektiven) Unbewußten. Man wird für einen kurzen Moment mit einem psychischen Ausnahmezustand konfrontiert – und sieht auch schon wieder „das Licht am andere Ende des Tunnels“, um wieder in die realen Bereiche des Bewußten hochzusteigen. Verwirrend? Ein Traum!

U-Boot Man möchte versinken und die Existenz aus der Gefühlsperspektive (Wasser) betrachten. Nachdem sich ein U-Boot präzise steuern läßt, bleibt man in einem solchen Traum „trotz tiefer emotionaler Empfindungen geistig flexibel und manövrierfähig“. Ein weiterer Selbsterfahrungstraum, dessen Einzelheiten sicher nicht leicht in Erinnerung zu bringen sind.

Überfahren werden Man kommt im Traum „unter die Räder“, wenn man auch in der Realität sinngemäß „überfahren“ wird – in Phasen, die von Minderwertigkeitsgefühlen, Unsicherheit und dem Eindruck, ständig von anderen übervorteilt zu werden, bestimmt sind.

Überfall Ein Alptraum, in dem man sich gegen körperliche Gewalt und gegen den Verlust materieller Werte gleichermaßen wehren muß. Er symbolisiert „doppeltes Ausgeliefertsein“. Ein Signaltraum, der einem möglichen psychischen Zusammenbruch vorausgehen kann – vor allem, wenn er sich wiederholt.

Überschwemmung Eigentlich kein Traumsymbol, sondern ein Hilferuf der Psyche. Übermächtige Gefühle und unkontrollierbare Erregungszustände überfluten das Bewußtsein, man fühlt sich in den „Untiefen“ des Triebhaften und Unbewußten gefangen: Wirklichkeitsfremde Wahnbilder und überwältigende Emotionen schütten den Träumenden völlig zu: Wenn sich solche Träume wiederholen, muß unbedingt ein Psychotherapeut aufgesucht werden, allein und ohne kompetente Hilfe könnte man diesen „Hochwasseralarm“ der Seele nicht positiv verkraften.

Ufer Sie konnten sich noch mühsam zum rettenden Ufer schleppen und hatten Angst, doch noch zurückzugleiten? Die Symbolbilder dieses Traumes sind weitaus dramatischer als ihre Bedeutung: Sie haben den Gefühlsbereich (Wasser) „mit Anstrengung“ verlassen, um sich nun wieder mehr um die realistische Seite des Lebens (Ufer) zu kümmern. Sie haben eine neue Sicht gewonnen und wollen fürs nächste nicht so intensiv „in Gefühlen baden“, wie es in der letzten Zeit der Fall war: Nun wollen Sie wieder „Land gewinnen“.

Ufo Nein, Sie wurden nicht im Schlaf von einer Ufo-Crew entführt. Ihr intergalaktisches Flugobjekt war nur ein Symbol für die Inspirationen, die Ihnen jetzt „von allen Seiten zufliegen“.
Geträumte Flüge in Ufos sind allerdings als Warnsignale zu verstehen: Sie bedeuten eine schon fast bedrohliche psychische Entfernung vom eigenen realistischen Lebensbereich und den hier erlebten Beziehungen zu anderen Menschen. Es wäre gut, sich wieder etwas mehr mit „erdigeren“ Themen zu befassen.

Uhr Das Symbol für Zeit und zeitbezogene Abläufe schlechthin.
In der traditionellen Deutung: Die Lebensuhr könnte stehenbleiben.

Umarmung Wer von Umarmungen träumt, leidet bereits an „Entzugserscheinungen“ in Sachen liebevoller Nähe und Hautkontakt. Wichtig wäre auch, sich daran zu erinnern, wen man im Traum umarmt hat. Wer weiß – vielleicht war es ein Tip? Nur wenn es ein bedrückender, negativer Umarmungstraum war, gilt er als Hinweis auf Bindungsängste und die Furcht, daß jemand zu sehr „klammern“ könnte.
Nach Freud: Sehnsucht nach sexueller Vereinigung.

Umhang (→ Mantel, Tuch)

Umschlag (→ Brief)

Umweg Wer davon träumt, möglichst große Umwege zu machen (die überhaupt keinen Sinn ergeben und das Ziel immer knapp verfehlen), sollte auf seinem Lebensweg tatsächlich einen Umweg riskieren. Er würde bei dieser Gelegenheit vermutlich ein Erlebnis haben, das seine gegenwärtigen Zielvorstellungen aufhebt – und ihn eine völlig neue Richtung einschlagen läßt. Was der Traum andeutet: Der Umweg ist das Etappenziel. Und dann? Auf ein neues!

Umzug Symbolischer Hinweis auf weitreichende Standortveränderungen – häufig in bezug auf eine seelisch-geistige Neuorientierung.

Unfall Hatten Sie tatsächlich einen? Dann soll der real erlebte Unfall auf diese Art psychisch verarbeitet werden. Von symbolischem Inhalt ist ein Unfalltraum, wenn man das Gefühl hat, daß man auf seinem Lebensweg derzeit „außer Kontrolle geraten" ist und insofern in Gefahr ist, „einen Unfall zu verursachen".

Ungehorsam Im positiv erlebten Traum ein Symbol für die Durchsetzung des eigenen Freiheitsbegriffes. In Verbindung mit einer destruktiven Traumhandlung: Man neigt zur Verantwortungslosigkeit.

Ungeziefer Wenn es sich über den Träumenden hermacht, beißt, sticht und Blut saugt, gilt es als Hinweis auf eine große Anspannung, die auf unbefriedigte (bzw. unterdrückte) Sexualität – besonders bei jungen Menschen – zurückzuführen ist.

Uniform (→ Militär)

Universität Im Traum als symbolischer Ort für die intellektuelle Seite des Lebens zu verstehen. Oder: Man möchte sich von allem Vorstellbaren ein „geschlossenes Einzelbild" machen.

Die Uhr ist das Symbol für Zeit und zeitbezogene Abläufe.

Unkraut Wer im Traum Unkraut jätet, sagt seinen (ihm unbekannten) instinktiven Empfindungen und impulsiven Regungen den Kampf an: Nichts soll sich entwickeln können, was nicht eindeutig einem bestimmten (erwünschten) Sinn und Zweck entspricht.

Untergang Man weiß nicht so recht, ob es ein Alptraum oder eigentlich doch wunderschön war: Man ging einfach unter, versank in die überwältigende Welt seiner Gefühle, Instinkte und Sinneserlebnisse. Es war kein uferloses Versinken in unheilvollen Verstrickungen – durch solche „üppigen" Träume hat man die Chance, sich und seine Bedürfnisse neu kennenzulernen, sie auszuleben und „trotzdem" nicht unterzugehen.

Untergrund Man träumt, sich „irgendwo tief unten" verstecken zu wollen. Ein häufiges Symbol des Unbewußten, mit dem dieser Traum „eine nähere Bekanntschaft" empfiehlt. Man soll in die Bereiche des eigenen Unbewußten vordringen und sich mit ihnen vertrauter machen.

Unterschrift Wer von seiner eigenen Unterschrift träumt, beschäftigt sich mit seinem Identitätsbegriff.
Handelt es sich um die Unterschrift einer anderen Person, gilt es als Hinweis, daß man sich mit diesem Menschen intensiver beschäftigen sollte.

Unordnung Chaosträume gelten als Aufforderung, das Leben „neu zu ordnen" und ein überschaubares System in die eigenen Abläufe zu bringen, weil einem sonst alles bald „über den Kopf wächst".

Unwetter (→ Gewitter, Sturm)

Urin Davon zu träumen gilt als Hinweis auf sexuelle und emotionale Spannungen.

Urteil Ein Traumsymbol für Ihre eigene Meinung in einer wichtigen Angelegenheit.
Außerdem: Ihr Gerechtigkeitssinn soll unter Beweis gestellt werden.

Urwald Ein Symbol für ungebändigte Lebensenergie – und eine Warnung davor, den „wilden Tieren" (animalischen Trieben) zum Opfer zu fallen.

V

Vamp Im Frauentraum: Sie könnten sich ruhig ein bißchen raffinierter zurechtmachen. Sie präsentieren sich viel zu „brav" und unerotisch.
Im Männertraum: ein Symbol für den Wunsch nach raffinierten Sexerlebnissen.

Vampir Wer vom Blutsauger im schwarzen Cape träumt, hat mit dem Grafen Dracula nichts im Sinn. Er fühlt sich einfach nur „ausgesaugt" und ist (eventuell) am Rande einer Depression. Vorsicht, viel mehr Substanzverlust können Sie kaum noch „heil" verkraften.

Vase (→ Gefäß)

Vater Wenn man nicht vom eigenen Vater träumt, stellt eine archetypische Vaterfigur Autorität, Durchsetzungsvermögen, Ordnung und Sicherheitsstreben dar.
Nach C. G. Jung symbolisiert eine Vatergestalt das Zeugende und Gestaltende, das sinngebende geistige Prinzip.

Veilchen Das zarte, duftintensive Frühlingsgewächs gilt in der traditionellen Deutung als Symbol für bescheidene junge Frauen oder Mädchen.

Verband Welcher Körperteil war im Traum verletzt und mußte mit einem Verband geschützt werden? Es könnte sein, daß Sie an dieser Stelle Ihres Körpers zwar nichts zu verbinden, aber Ihrer Meinung nach etwas „zu verbergen" hätten. Ein typischer Verunsicherungstraum von Frauen, die einen (oder einige?) Bereiche ihres Körpers so häßlich finden, daß sie ihn am liebsten mit einem Verband „tarnen" möchten.

Verbannung (→ Einsiedler)

Verbrecher (→ Raub/Räuber)

Verbrennung Ein häufiges Traumsymbol für einen sehr riskanten Vorgang, auf den man sich eingelassen hat: Man könnte sich zumindest „die Finger verbrennen".

Verfolgung Eines der meistgeträumten Symbole für die eigene Angst, daß man seinen Idealvorstellungen, Hoffnungen und Ansprüchen vergeblich hinterherläuft.
Dagegen meinte Freud, daß man sich von seiner Triebhaftigkeit verfolgt fühlt und ihrem Lustanspruch davonrennt.

Verhaftung Man fühlt sich schuldig, weil man bestimmte Gewohnheiten und Eigenschaften hat, die anderen Probleme machen – und die man längst ablegen (oder positiv verändern) wollte. Sie sind aber noch da – und stellen einen Störfaktor im eigenen Persönlichkeitsbild dar. Mit der geträumten Verhaftung hofft man, die „Täter" (in sich selbst) endlich loszuwerden. Ein Traum, der sich mit Fehlverhalten, Motiven, „Besserungsabsichten" und ihren Auswirkungen befaßt.

Verirren Ein Traumsymbol für die Suche nach dem richtigen Ausweg in einer verwirrenden Situation.

Verkehrsmittel (→ öffentliche V.)

Verkleinerung (→ Schrumpfen)

Verletzung Kein Symbol, eher eine Zustandsbeschreibung: Man fühlt sich emotional verletzt – so sehr, daß man selbst im Traum noch „seine Wunden leckt".

Verlobung (→ Heirat)

Verlust Was haben Sie denn verloren? Eigentlich sollte es heißen: Wen? Verlorene Gegenstände symbolisieren fast ausschließlich emotionale Verluste und Trennungssituationen.

vermissen Ein Mensch wird erwartet – vergeblich. Dann wird er verzweifelt gesucht, man verfolgt alle Spuren, versucht, seinen Weg zu rekonstruieren, gerät dabei in leere Häuser, Sackgassen, Labyrinthe – der Abgängige bleibt verschwunden. (Keine Angst, dieser Traum kündigt nicht den Verlust eines Menschen an!) Die vermißte Person ist Symbolgestalt für ein Talent (Kunst, Sport usw.), das man gerne entwickelt und ausgelebt hätte. Der Träumer hat diesen – meist nicht freiwilligen – Verzicht nie ganz verwunden, also verarbeitet das Unterbewußtsein den Verlust über den Abgängigkeitstraum: Vergiß es, es hat sich erledigt, belaste dich nicht mehr damit!

Vermögen Ein Traumsymbol für Talente und (positive) Eigenschaften, die man besitzt.

Verspätung Ein sehr häufig geträumtes Symbol für die Angst, etwas nicht rasch genug zu verstehen – und deswegen „nicht auf dem laufenden zu sein".

Außerdem: Man befürchtet, daß das Leben „vorbeirast“ und man benachteiligt zurückbleibt: Man fühlt sich „vom Glück vergessen“.

Versteck Man wünscht sich, von einer wichtigen (oder geliebten) Person gesucht und gefunden zu werden. Man will „diesen Aufwand wert sein“.

Verteidigung (→ Kampf, Krieg, Ritter)

Verwandlung Geträumte Verwandlungsszenen symbolisieren die starke (eigene) Hoffnung auf eine (radikale) Veränderung einer belastenden Situation.

Vier Die Zahl Vier gilt als Ganzheitssymbol – sie „schafft Ordnung im Chaos und in der Fülle der Erscheinungen“ (nach C. G. Jung). Unser aller Leben ist von der Vier entscheidend geprägt: 4 Jahreszeiten, 4 Himmelsrichtungen, 4 Elemente, 4 Mondphasen – und der Mensch hat 4 Gliedmaßen, um nur einige Beispiele für die Präsenz der Vier zu nennen.

Villa (→ Haus) Außerdem: Ein Statussymbol und Sinnbild des materiellen Reichtums – und insofern ein häufiger Wunschtraum.

Violett Die Farbe der Ausgeglichenheit und Vollkommenheit – die Farbe „am Rande des Spektrums“ – ein Symbol für die höchste und feinste

Alle Vögel sind Symbolgestalten des „Sich-über-alles-Erhebens“.

Schwingung, für Inspiration und Spiritualität (→ auch Lila).

Violine (→ Geige)

Visitenkarte Ein Symbol für sozialen Aufstieg.

Vogel Ob Rabe, Eule, Taube – alle Vögel sind Symbolgestalten des „Sich-über-alles-Erhebens". Eine besondere Bedeutung hat der Vogelschwarm, der in seiner einheitlichen Bewegung die Intelligenz der Natur anschaulich macht. Im Traum kann ein Vogelschwarm aber (wie auch ein Insektenschwarm) eine Bedrohung durch eine Gruppe symbolisieren.

Vollmond Symbol der Ganzheit und der (weiblichen) magischen Kräfte.

Vorgesetzter (→ Chef, Vater)

Vorhang Man möchte etwas verbergen – oder man hat etwas zu verheimlichen.

Vorräte Ein Symbol für die Angst, zu verarmen. Man „hamstert" Vorräte, weil man der gegebenen Situation mißtraut. Wer häufig vom Auffüllen und Sortieren seiner Vorratskammer träumt, leidet an einer beginnenden Neurose.

Vortrag Halten Sie einen Vortrag vor einer größeren Öffentlichkeit?
Man kann Ihnen einen Hang zur Selbstdarstellung nicht absprechen, wenn Sie häufiger von „öffentlichen Auftritten" träumen.

Vulkan Ein Symbol für Streßabbau und Triebentladung: Das Innerste kehrt sich nach außen.
Außerdem ein anschauliches Sinnbild für „feurige" erotische Verschmelzung.

W

Waage Ein Symbol für gerechte Bewertung, Balance und Ausgeglichenheit. Kaum – oder sehr selten ein Traumsymbol.

Wabe (→ Honig, Süßigkeiten)

Wachs Ist jemand „Wachs in Ihren Händen"? Wenn Sie davon träumen, versuchen Sie, einen anderen Menschen nach Ihrer Wunschvorstellung „umzuformen".

Wächter Symbolfigur für eine konsequente Abwehrhaltung.

Waffen (→ Gewehr, Schießen)

Wagen (→ Auto)

Wahnsinn Ein Symbol für instinktiv-emotionales Handeln ohne geistige Klarheit und Logik.

Wald (→ Baum, Urwald)

Walzer Ähnlich der Rose ein erotisches Symbol (→ Tanz).

Wand (→ Mauer)

Wanderung Sinnbild einer mühsamen, aber sinnvollen (idealistisch motivierten) Annäherung an ein Ziel.

Wange Im Traum wird die Wange mit den Ohrfeigen der Kindheit und den ersten „freundschaftlichen" Kußerfahrungen in Zusammenhang gebracht.

Wanne (→ Bad)

Wappen Symbol für Ehrgeiz, Macht und „Familienehre".

Wärme (→ Sommer, Sonne, Süden)

Warnung Auch geträumte Warnungen soll man ernst nehmen. Es kann hilfreich – und manchmal auch wesentlich werden!

Wärter (→ Wächter)

Wäsche Weiße Wäsche gilt als Symbol für Unschuld und Reinlichkeit. Aber vielleicht ging es in Ihrem Traum ja um die sprichwörtliche „weiße Weste“, unter der sich bekanntlich so mancher „bunte Vogel“ tarnt?

Waschen (→ Bad)

Wasser Das „elementare“ Symbol für die emotionale Ebene und alle Vorgänge im menschlichen Gefühlsbereich.
Außerdem: Häufig wird Wasser als die „sanfte“, liebevoll bestimmte Entladung sexueller Empfindungen betrachtet. Fließendes Wasser symbolisiert, daß die Sexualität positiv erlebt wird. In ein Wasser zu fallen bedeutet in Emotionen einzutauchen.
Für S. Freud stellte ein Wassertraum die Erinnerung an das Leben im Mutterleib dar.

Wasserfall Man läßt sich in Gefühle fallen.

Wasserhahn Nicht nur nach Freud ein Penissymbol.

Webstuhl In der traditionellen Deutung: Hier werden die Fäden des Schicksals versponnen.

Weg (→ Straße)

Wegkreuzung (→ Kreuzung)

Weide Symbolbaum der Biegsamkeit und Geschmeidigkeit, aber auch der Trauer – als „Trauerweide“.

Weiher (→ See, Wasser)

Weihnachten Abgesehen von der religiösen Symbolik, das Fest des Lichtes und der Hoffnung – auch ganz realistisch betrachtet: Ab Weihnachten werden die Tage wieder länger – und heller.

Wein Symbol für Sinnenfreude und „berauschenden“ Genuß.

Weinen Befreiung von Schmerz und das Loslassen alter Belastungen wird durch das Weinen symbolisiert. Die Tränen „spülen“ das erstarrte Leid fort.

Weiß Die Farbe der Reinheit, Unschuld und Sauberkeit. Wer eine „weiße Weste“ hat, kann unbehelligt durchs Leben gehen, egal, wie es darunter wirklich aussieht. Weiß gilt auch als Symbolfarbe für Naivität und Ahnungslosigkeit. Eigenschaften, die man „den Göttern in Weiß“ aber beim besten Willen nicht nachsagen kann.

Weizen (→ Getreide)

Wellen „Des Meeres und der Liebe Wellen“ gelten als Symbol für zärtliche Gefühle und liebevolle Sexualität.

Wellenreiten Surfen gilt auch als Symbol für andere euphorisierende Erlebnisse, in denen das Wasser (das Gefühl) eine „tragende Rolle" spielt.

Wellensittich (→ Vogel)

Weltraum Ein Symbol für das geistige Umfeld des Träumenden.

Werkstatt Auch als Traumsymbol ein „Produktionsort". Was wurde dort in Ihrem Traum bzw. für Sie angefertigt?

Wespe Ein „stacheliges" Symboltier für subtile Aggression und Egozentrik.

Wetterfahne Das sprichwörtliche Sinnbild für Launen – einen „wetterwendigen Charakter" eben.

Wettrennen Ein geträumtes Wettrennen bezieht sich fast immer auf einen beruflichen Konkurrenzkampf. Es geht nicht nur um Gewinn und Verlust, sondern vor allem auch um Prestige und die Steigerungsmöglichkeit für den eigenen Stellenwert.

Wiege Das klassische Symbol für einen Kinderwunsch – und dessen Erfüllung.

Wiese Sinnbild für Wachstum und Lebensfreude.

Wiesel Das Symboltier für wendige Schnelligkeit.

Wildnis (→ Dschungel)

Wind Ob Wind, Sturm oder Orkan, hier sind „die Luftgeister in Aktion" – der Wind gilt als Symbol des Intellekts und der geistigen Leistung. Man sagt, daß „ein frischer Wind weht", wenn neue Ideen eine positive Veränderung bewirkt haben.

Windmühle Symbol für die Nutzung der Geisteskraft, für den Einsatz des Intellekts.

Winter (→ Eis, Kälte, Schnee)

Wirbelsäule Symbol für die „aufrechte Haltung", für Mut, Zivilcourage und Selbstbewußtsein eines Menschen.

Wissenschaft Im Traum wie im Leben: Sinnbild der beweisbaren Gewißheit einer Lehre – einer nachvollziehbaren und nachprüfbaren intellektuellen Leistung.

Witwe und Witwer Symbolgestalten für Einsamkeit, Trauer und Trennung.

Wohnung Sinnbild des eigenen Lebensbereiches, der überschaubaren individuellen Ordnung, Sicherheit und Geborgenheit.

Wolf Ein typischer Männertraum: Der mit dem Wolf kämpft, schlägt sich mit dem (psychischen) Problem sexueller Unbeherrschtheit und einer Neigung zu rücksichtslos-aggressivem Verhalten herum. Der „Wolf" in ihm ist häufig stärker als der gute Wille, daß ihm „diesmal" der animalische Anteil seines Wesens nicht durchgeht. Das nächste Rotkäppchen kommt bestimmt.

Wolke Sie symbolisiert die Stimmung der träumenden Person: Zarte, weiße Wölkchen sind Sinnbild für eine gute, sonnige Zeit der Freude und Lebenslust. Wenn „dunkle Wolken am Horizont" auftauchen, kündigt es nicht nur am Himmel Gewitterstimmung an, sie ist auch im eigenen Gefühlsbereich einer (aggressiven) Entladung nahe.

Wrack Ob Auto oder Schiff – Wracks stehen im Traum fast ausschließlich für Ihre (uneingestandene?) Existenzangst und für Ihre Bedenken, etwas ganz Wichtiges vielleicht doch nicht zu schaffen. Und wenn, dann nur mit großem Risiko. Vielleicht haben Sie sich total übernommen (körperlich oder finanziell) und fürchten, eines Tages „als Wrack dazustehen". Ein Traumsymbol, das zum Überdenken Ihrer Belastungen und Chancen auffordert.
Ausnahme:
Erkannten Sie im Wrack ganz eindeutig Ihr eigenes Auto, kann es nicht schaden, dies als Unfallwarnung zu beachten.

Wunde (→ auch Verband, Verletzung)

Wunder Als Traumsymbol für eine Grenzüberschreitung ist es im Traum „normal" und muß im genauen Zusammenhang mit der Traumhandlung interpretiert werden.

Wünschelrute Sinnbild hoher Feinfühligkeit und subtiler Reaktion.

Wurm (→ Raupe, Schlange)

Wurzel „Tiefgründiges" Symbol für Erdung und Verwurzelung, auch im Sinne der eigenen familiären Herkunft.
Haben Sie ein gutes Verhältnis zu „Ihren Wurzeln"? Fühlen Sie sich in Ihrer Familie (oder Partnerschaft) tief verwurzelt? Oder sind Sie ein besonders unabhängiger und flexibler Mensch, der überall „Wurzeln schlagen kann", wo es ihm gefällt?

Wüste Symbol für einen Ort der Angst, Gefühlsarmut und seelischen Einsamkeit.

Außerdem:
Rückzug in die Askese und spirituelle Grenzerfahrungen.

Wer im Traum mit einem Wolf kämpft, schlägt sich mit dem Problem sexueller Unbeherrschtheit und einer Neigung zu aggressivem Verhalten herum.

Yacht (→ Jacht)

Y-Form Auch als Buchstabe ein Sinnbild der Vereinigung des Männlichen und Weiblichen. Eine Wünschelrute hat die Y-Form – sie hilft, Verborgenes aufzuspüren. Das Y ist die bildhafte Darstellung der magischen Formel, nach der sich 1 zu 2 teilt und als 2 wieder zur 1 (zu einem Ganzen) wird.

Yoga Die äußere Form perfekter Körperbeherrschung in Meditation verweist auch als Traumsymbol auf einen „vergeistigten" und bewußten Umgang mit dem eigenen Körper.

Yogi Er ist Symbolgestalt für die menschliche Sehnsucht nach einer Möglichkeit, sich über Naturgesetze erheben zu können: der Ausdruck jenseits des Berechenbaren.

Z

Zahlen Wenn man von Zahlen träumt, sollte man versuchen, sie nicht zu vergessen und dann so rasch wie möglich zu notieren. Wenn es mehrere Zahlen sind, ist oft die Quersumme daraus von Bedeutung, was sich aber häufig erst einige Zeit später herausstellt. Allerdings träumt man kaum die „Richtigen" für einen Lottogewinn – schon eher ein wesentliches Datum.

Zahn Wer Vitalität ausstrahlt, hat „Biß" – die Zähne sind Symbol der ungebrochenen Lebenskraft und positiv-aggressiven Energie des Träumenden. Wer in Extremsituationen Stärke zeigen muß, darf keine „Beißhemmungen" haben.
Nach C. G. Jung und S. Freud gelten die Zähne als Penissymbol. Eine überraschende Ergänzung dieser Theorie: Nach dem aktuellen Stand der amerikanischen Traumforschung haben Frauen im Klimakterium häufig Träume, in denen es um das Erhalten oder den Verlust von Zähnen geht.
Wenn man träumt, Zähne „wie von selbst" zu verlieren, ist es der „treffsicherste" Hinweis auf realen Liebesentzug oder das plötzliche, oft „unbegründete" Ende einer langjährigen Liebesbeziehung oder Ehe. Leider hat diese seltsame Übereinstimmung zweier wesentlicher Verlusterlebnisse nicht nur Symbolwert: In extremer emotionaler Belastung und in einer „hart" ausgetragenen Trennungssituation verliert man sehr leicht (und ohne merkbaren äußeren Einfluß) plötzlich einen Zahn. Einen, der am Vortag noch fest wie immer saß. Als hätte man sich im Kampf um diese Beziehung tatsächlich „die Zähne ausgebissen".

Zange Wenn man im Traum „in die Zange genommen wird", ist es als Tip zu verstehen, daß man etwas (oder jemanden) energischer anpacken müßte. Oder man wird selbst von einer entsprechenden Situation „in die Zwickmühle" genommen.

Zank (→ Streit)

Zapfen Ein Penissymbol (laut S. Freud).

Zaun Auch im Traum ein Symbol für Abgrenzung, Sicherheit – aber auch Einengung. Und manchmal ein Hinweis darauf, daß man immer versuchen soll, „über den eigenen Gartenzaun hinwegzuschauen". Sonst wird es wirklich eng – vor allem im geistigen Bereich.

Zebra Symboltier für die harmonische Vereinbarkeit der Kontraste Schwarz und Weiß.

Zehen Gingen Sie im Traum auf Zehenspitzen? Es symbolisiert eine behutsame und diplomatische Vorgangsweise, die allerdings mit mangelnder „Standfestigkeit" bezahlt werden muß.

Zeichnen Sinnbild für präzise Wahrnehmung und kreative Wiedergabe.

Zeigefinger Der mahnende Fingerzeig gilt (auch) als Penissymbol.

Zeit (→ Uhr) Wenn im Traum „die Uhren stillstehen" oder „die Zeit stehenbleibt", wird damit ein Zustand der Stagnation ausgedrückt.

Zeitung Im Traum ein Hinweis, daß man sich mehr um allgemein interessante Ereignisse und das Außerhäusliche kümmern sollte, man hat sich zu sehr eingeigelt und blockiert (vielleicht unbewußt) viele Kommunikationsmöglichkeiten.

Zement Eine Situation ist „einzementiert" – aussichtslos, weil absolut erstarrt.

Zeuge (→ Anwalt, Gericht)

Zeugnis Ein wohlbekanntes Symbol für die Angst, zu versagen und dafür – wie auch immer – „bestraft" zu werden.

Ziege Die weibliche Ziege gilt in der traditionellen Deutung als launenhafte, zänkische Frau.
Der Ziegenbock als animalischer Kraftprotz – „als geiler Bock".

Zielscheibe Ein Traumsymbol für zielstrebig angepeilten Erfolg durch Konzentration und Willenskraft (→ auch Schütze).

Ziffern (→ Zahlen)

Zigarre Symbol für einen gemütlichen älteren Herrn (und wieder einmal ein Penissymbol).

Zimmer (→ Haus)

Zimmermann Symbolgestalt für bewußte und gekonnte Vorgangsweise.

Zink Als Traumsymbol das Metall der „gesicherten Zukunft“ – ein Glückszeichen.

Zinn Gilt als metallisches Sinnbild der Zufriedenheit.

Zirkel (→ Kreis)

Zirkus Machen Sie keinen Zirkus, wenn Sie von ihm träumen – er gilt als Symbolort für die „Kultivierung der animalischen Triebe“ (durch Dressur) – dort haben Sie also nicht einmal den Tiger zu fürchten.

Zitrone Wenn man im Traum hineinbeißt, ist man – folgerichtig – „sauer“. Aber es könnte auch heißen: Sauer macht lustig.

Zopf Man sollte endlich „alte Zöpfe“ abschneiden und mit überkommenen Traditionen brechen.

Zucker Man will sich (oder jemand anderem) „das Leben versüßen“.

Zug Ist es „höchste Eisenbahn“? Oder haben Sie Angst, nicht „zum Zug zu kommen“? Auf jeden Fall gilt der Zug als Symbol für eiliges Vorwärtskommen in Kontakt mit anderen Personen. (→ auch Bus, Lokomotive)

Zugbrücke (→ Brücke)

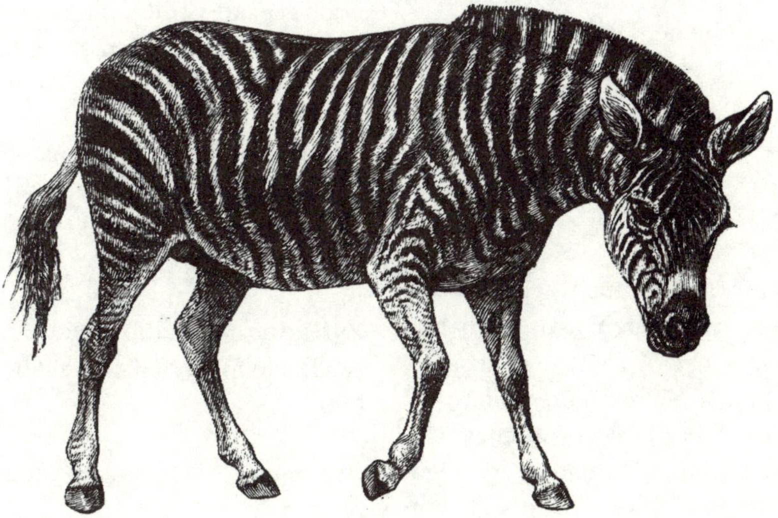

Das Zebra im Traum gilt als harmonische Vereinbarkeit zwischen den Kontrasten Schwarz und Weiß.

Zunge Haben Sie sich „auf die Zunge beißen müssen“, um etwas zu verschweigen, was besser nicht gesagt werden sollte? Sie ist Symbol für Kommunikation aller Art: von der hochgeistigen bis zur hocherotischen.

Zuschauer (→ Arena, Bühne, Publikum)

Zwang Ein wichtiges Traumgeschehen, das oft durch die bildhafte Umsetzung körperlich durchzustehender Zwangslagen (Enge, Fesseln usw.) auf psychische Zwänge (und im Ernstfall auch manchmal auf Zwangsneurosen) verweist.

Zwei Die Symbolzahl für Gegensatz und Widerspruch – und den Ausgleich der Unterschiede. Die Zwei ist das typische Doppeldeutigkeitssymbol und macht den Begriff Ambivalenz anschaulich.
(„Zwei Zwillinge können im Zweifelsfall auch ein Paar sein.“)

Zweig Ein Symbol für Wachstum und Gedeihen, weswegen man auch niemandem „einen Ast (Zweig) absägen sollte“. Ein Zweig mit Blüten gilt (nicht nur nach Freud) als erotisches Geschenk, das einen eindeutig zweideutigen Vorschlag überbringen soll. Man will mit „blühender Phantasie“ eine Freude machen, die nur mit einem „hautnahen“ Danke zu beantworten ist.

Zwiebel In der traditionellen Deutung für jede Schalenschicht etwas: Glück, Kraft, die Würze des Lebens und falsche Tränen.

Zwillinge (→ auch Zwei) Manchmal symbolisiert eine Zwillingsgestalt auch „die bessere Hälfte“ oder „das zweite Ich“.

Zwinger (→ Gefängnis, Käfig)

Zwirn Er gilt im Traum als Symbol für den „roten Faden“ – die legendäre Verbindung zwischen zwei Menschen, die „ewig halten soll“, auch wenn sie noch so zart ist. Er soll aus jedem Labyrinth heraus- und in die „einzig richtige“ Umarmung hineingleiten.

Zwölf Die Zahl des Zeitmaßes: zwölf Stunden, zwölf Monate usw. Sie gilt als Vollendungssymbol, verweist auf Ende und Neubeginn zugleich.

Zylinder (→ Haube, Hut)
Auch: ein Symbol für Macht und Ansehen.

Zypresse Das baumgewordene Symbol für Schlankheit und Eleganz.

Register
zu
Traumdeutung

Register